汤显祖与明代戏曲
——纪念汤显祖逝世400周年学术研讨会论文集

主编 赵晓红
副主编 廖亮 万俊

中国财经出版传媒集团
经济科学出版社
Economic Science Press

图书在版编目（CIP）数据

汤显祖与明代戏曲：纪念汤显祖逝世400周年学术研讨会论文集/赵晓红主编. —北京：经济科学出版社，2018.12
ISBN 978-7-5218-0121-7

Ⅰ.①汤… Ⅱ.①赵… Ⅲ.①汤显祖（1550-1616）-人物研究②汤显祖（1550-1616）-戏剧文学-文学研究 Ⅳ.①K825.6②I207.37

中国版本图书馆CIP数据核字（2018）第294256号

责任编辑：于海汛　陈　晨
责任校对：杨晓莹
责任印制：李　鹏

汤显祖与明代戏曲
——纪念汤显祖逝世400周年学术研讨会论文集

主　编　赵晓红
副主编　廖　亮　万　俊

经济科学出版社出版、发行　新华书店经销
社址：北京市海淀区阜成路甲28号　邮编：100142
总编部电话：010-88191217　发行部电话：010-88191522
网址：www.esp.com.cn
电子邮件：esp@esp.com.cn
天猫网店：经济科学出版社旗舰店
网址：http://jjkxcbs.tmall.com
北京季蜂印刷有限公司印装
710×1000　16开　58.75印张　1004000字
2018年12月第1版　2018年12月第1次印刷
ISBN 978-7-5218-0121-7　定价：178.00元
（图书出现印装问题，本社负责调换。电话：010-88191510）
（版权所有　侵权必究　打击盗版　举报热线：010-88191661
QQ：2242791300　营销中心电话：010-88191537
电子邮箱：dbts@esp.com.cn）

本书为 2018 年度上海大学戏剧与影视学高峰学科成果

汤显祖与明代戏曲——纪念汤显祖逝世400周年学术研讨会集体合影

上海大学上海电影学院开幕式

左1　上海大学上海电影学院赵晓红教授；左2　东南大学艺术学院院长王廷信教授；左3　上海大学上海电影学院执行院长何小青教授；左4　上海戏剧学院学术委员会主任、中国古代戏曲学会会长叶长海教授；左5　《艺术百家》杂志原主编冯健民研究员；左6　《中国戏剧》杂志副主编李小青女士

上海大学上海电影学院执行院长何小青开幕式致辞

研讨会主会场（1）

研讨会主会场（2）

研讨会分会场（1）

研讨会分会场（2）

闭幕式会场

《艺术百家》常务副主编楚小庆博士闭幕式发言

会议开幕式欢迎辞

尊敬的各位领导，各位专家学者，老师们朋友们：

大家上午好！

今年适逢世界文化名人、我国明代戏剧家、文学家汤显祖逝世400周年，为纪念这位伟大的戏剧家，由上海大学、上海戏剧学院、东南大学、艺术百家共同主办，我们上海大学上海电影学院承办的"汤显祖与明代戏曲——纪念汤显祖逝世400周年学术研讨会论文集"今天在此隆重召开。

我谨代表上海大学上海电影学院并以我个人名义向各位戏曲学者致以崇高的敬意，对大家的到来表示热烈的欢迎，对会议的召开表示最衷心的祝贺！

上海大学上海电影学院是原上海大学影视艺术技术学院，2015年更名为上海大学上海电影学院，上海电影学院一更名便得到上海市人民政府的大力支持，作为环上大国际影视园区建设的重要组成部分，学院承载着重振和促进上海电影产业发展及建设全国电影高峰的重要使命。目前学院设有导演系、表演系、影视艺术系、影视工程系四个系和电视制作部及影视实验中心。已经形成了覆盖学士、硕士、博士三个层次的完整的教育体系。学院可授予博士学位的学科有戏剧与影视学、艺术学理论、数字媒体技术与应用、文化创意产业发展与管理5个学科和方向；戏剧与影视博士后流动站。

学院戏剧与影视学专业目前设有戏剧戏曲学、广播电视艺术学、电影学三个二级学科。2016年，我们学院新开设的"表演系""导演系""摄影系"面向全国招生。在今年6月我们又正式获得了上海市教委获批的上海电影科教工作技术研究中心，这是上海大学第三个省部级工程技术研究中心。我们也想在这个整体的专业建制和相关的制作领域的平台建设当中，更好地发挥学院的人才培养综合优势。未来我们也将积极申报电影学院戏剧影视文学和录音艺术等相关专业，逐渐建成覆盖全产业链建制的新型的国际化电影学院。作为国际影视产业园的重要组成部分，上海大学电影学院承载了重振和促进上海电影产业发展，及全国电影高峰建设的重要使命。

本次会议是以"汤显祖与明代戏曲"为主题，集聚了海内外的戏曲学界大家和其他各界学者朋友们，可谓名家新秀"齐登台"。这与我们戏剧与影视学科和学院整体发展目标是很契合的，不仅仅可以帮助老师和学生们吸收海内外研究的最新信息，还为上海大学上海电影学院早日成为国际知名电影学院提供了更好的助力。

本次会议旨在弘扬戏曲文化，深入探讨汤显祖与明代戏曲活动，分享和交流最新学术研究成果。在此希望大家借此机会能坐在一起把茶言欢、畅所欲言，促进交流与合作。我真诚地希望各位参会人员都能通过此次活动，交流学习，收获满满。我也希望会有更多的朋友了解上海大学，了解上海大学电影学院，关注上海大学的戏剧与影视学科建设和戏剧戏曲学专业，我们也愿意与大家一起发展。

学校、学院各级领导高度重视此次会议，投入了大量的人力、物力以确保会议的顺利召开。其间还安排富有诗意的"雅集"和相关的戏曲观演活动为本次会议增添雅趣，学术与诗意并行相信一定能大家带来一次艺术和学术的盛宴。在此感谢各主办单位和承办单位的支持与帮助，以及为本次大会付出劳动的每一位朋友，谢谢你们。

最后，我预祝这次学术研讨会取得圆满成功！祝各位来宾、专家、学者与会期间身体健康，心情愉快，度过美好的时光！谢谢大家！

何小青
2016 年

汤显祖与明代戏曲

——纪念汤显祖逝世400周年学术研讨会综述

由上海大学、上海戏剧学院、东南大学和《艺术百家》杂志社主办，上海大学上海电影学院承办的"汤显祖与明代戏曲——纪念汤显祖逝世400周年学术研讨会"于2016年12月9日至11日在上海大学召开。来自上海戏剧学院、东南大学、《艺术百家》杂志社及全国各地从事戏曲研究的150余位专家、学者参与出席此次会议，共收到学术论文79篇。会议开幕式由上海大学上海电影学院执行院长何小青致欢迎词，上海戏剧学院叶长海教授、东南大学王廷信教授、《艺术百家》常务副主编楚小庆、《中国戏剧》杂志社副主编李小青分别做大会开幕发言。此次学术研讨会以汤显祖"四梦"文本创作及传播、汤显祖"临川四梦"的舞台演出问题、中国地方戏剧种对"临川四梦"的改编及演出、汤显祖"临川四梦"的海外传播以及关于汤显祖与明代戏曲的发展、理论及文化方面五大分论坛形式进行，每个分论坛设有主持和点评环节，为学术研讨过程增添了更多思考空间和交流机会。

一、关于"临川四梦"文本创作及传播

对《牡丹亭》思想内容方面周华斌教授认为汤显祖逝世400年来，"临川四梦"（书中简称为"四梦"）中的《牡丹亭》受到世间普遍关注，走上世界文坛和艺坛的主要原因，在于对以人为本的"人本精神"——人性与人情的关注，尤其表现为汤显祖年轻时"爱花"的佳丽情结和"护花"的侠义情结。周立波认为汤显祖以性体与情用合于一心、排除私欲、只存天理这一理论为基点，将性、情、欲严格地区分开来，从而通过具体的创作，尤其是戏曲作品的创作，充分展现了他的至情观。徐大军认为杜丽娘在实现青春渴望过程中关于崇情、崇理的言行表现，既有汤显祖个人观念的体现，也有对当时文学传统的遵循；既寓含了汤显祖关于情理关系的思想认识，又承续了同时代戏曲抒发至

情力量、探讨情理关系的表现策略。胡明伟解读杜丽娘的独特个性与时代气息，影响了明清女性的情感、性心理、女性美、个性风格。陈新瑜认为汤显祖是透过《牡丹亭》提出对封建社会、传统礼教、腐败政治之不满，并企图以个体自觉的外化方式，期待某些社会群体文人的认同。施旭升认为《牡丹亭》的美感魅力实质来自人心之"乐"感，汤显祖所遵从一种"真情""至情"的自然美学观自觉不自觉地继承了中国乐文化基因，批判地吸收融合了礼乐、俗乐、巫乐等诸多文化因子，才成就了这部作品的伟大。丁芳分析了《李超无问剑集序》和《批点〈牡丹亭〉题词》的误读，论述了汤显祖伦理治世的儒学思想。何梦醒认为《牡丹亭》中的杜丽娘是一个"至情"的化身，是对"情"的渴望达到了极致情欲的形象，是一个"先欲而后情"的叛逆女性。乔丽对比了《西厢记》与《牡丹亭》中主要人物的动作出发点、内在推动力不同产生的效果不同，指出《牡丹亭》客观上体现了戏曲发展的时代进步性问题。饶黎以泰昌吴兴刻《牡丹亭》插图为例，探讨了戏曲插图与剧本和山水画之间的联系，从艺术学理论的视角阐述了明清文人艺术思想、人生哲学和艺术观念的体现。徐晨从杜丽娘人物出发，通过与崔莺莺形象对比，认为《牡丹亭》是描写了杜丽娘的情感超越。杨秋红考证了汤显祖对元剧的收藏及在《牡丹亭》传奇中的元剧印记，以及时人对汤显祖"熟拈元剧"的评价，阐述了元剧对汤显祖传奇的影响，以致招来时人的众多非议的原因。

对《牡丹亭》文本的艺术形式方面，丁明拥认为《牡丹亭》代表着中国文人案头剧的最高水准，这一论断主要体现在其诗化上，主要表现在：抒情诗化的表现方式、剧诗意境的创造、诗词韵味的华瞻等方面。刘玉伟从喜剧人物的设置与艺术手法的运用两个角度分析《牡丹亭》中的喜剧艺术，认为《牡丹亭》采取了多种艺术手法，营造出精彩的喜剧效果。卢翾认为汤显祖对神鬼入戏的准确把握与调度，使之成为《牡丹亭》中不可或缺的结构性要素，对后世相关情节的创作和排演有重要的借鉴意义。甄杨林、高益荣认为在《牡丹亭》中，"还魂"的叙述又有所突破发展，是作品叙事、主题及民族文化心理需要的体现。柯香君从明代雅俗辩证的背景中分析《牡丹亭》所呈现的雅俗内涵，探讨汤显祖如何化俗为雅，通过多样化的传播形式使《牡丹亭》成为不歇名剧。杨绪容分析了《牡丹亭》折子戏在《红楼梦》的中心人物塑造、关键情节叙事、重点结构功能与主要思想矛盾诸方面起到基本内核的重要作用认为《牡丹亭》在多次改编中向世俗化演变，然昆曲"雅正"艺术品格依然长期稳定。伏涤修认为关于汤显祖《牡丹亭》的所谓"创作声腔",诸说存在各说自话、误读偏题、牵强附会的情形较为严重。《牡丹亭》创作依据的是格律而非声腔,而且汤显祖创作时为了体现"意趣神色"以至于时时不顾曲韵格律。李亦辉认为《牡丹亭》的曲词风格应是"雅俗并陈"。其戏曲史意义,一方面打破了文辞派的一统局面;另一方面《牡丹亭》部分曲词已臻于雅、俗深层融合的境界,为"雅俗兼济"的曲词审美理想的最终确立导夫先路。鲍开凯通过梳理清代昆曲工尺谱中的《牡丹亭》剧目的改变情况,认为《牡丹亭》在多次改编中向世俗化演变,然昆曲"雅正"艺术品格依然长期稳定。刘芳从《紫钗记》和《牡丹亭》曲律规则中分析了汤显祖从体会传统曲律对文学创作的束缚到最终形成曲调音乐旋律的独特曲律观的变化历程。对于《牡丹亭》的传播方面,蒋宸分析了《牡丹亭》在清代文人群体中的传播与品鉴,认为《牡丹亭》在清代广泛影响文人阶层对戏曲的接受和认可,对探讨清代文人意趣的生成与转变具有一定参考意义。刘淑丽通过对《柳浪馆批评玉茗堂还魂记》进行分析,认为评点戏曲文本的目的不只在于诠释文本,还在于通过评点的方式揭示、传达其中隐含的思想价值。洪惟助教授分别针对《南词新谱》《格正还魂记词调》《南词定律》《九宫大成南词官调》以及《吟香堂曲谱》和《纳书楹曲谱》中对《牡丹亭·遇母》【番老虎】曲牌在文辞、格律和工尺谱方面不同的改编和观点做了详细梳理,认为近代学者将《牡丹亭》曲调的改进多归功于叶堂是有待商榷的,叶堂只是其中一人而已,他对前人改动的地方并不多。因此,我们在赞扬叶堂之时,也不要忘记众多前人的积累和贡献。

对汤显祖其他三个剧的讨论有:罗丽容认为中国传统剧本,虽都会有一个圆满的结局,但这并不表示中国就没有悲剧,悲剧绝对不是"始困而终亨"的一个具有悲惨结局的故事而已,它还具有许多意蕴深厚的条件;她以《紫钗记》为例向我们分析了剧中所呈现的唐代社会风气、氏族制度、"强凌弱、众暴寡"的悲剧社会现象以及人物悲剧性格等,从而展现《紫钗记》之悲剧精神。江巨荣以清代诗人杨士凝的《阅汤义仍邯郸传奇和元微之梦游春七十韵题其后》为研究对象,首先将其诗分为三个部分,分析了此诗的思想内容,指出诗题虽据《邯郸梦》着笔,内容则以元稹《梦游春》诗为主干,这在阅读和观演《邯郸梦》的诗歌中实属罕见。丁淑梅从汤显祖原作给示的特定空间叠层出发,探讨王嘉明改编新版昆曲《南柯记》演述的空间归转,在给定的传统中接引并突破了证道成佛的惯性逻辑。齐静分析了《南柯记》《邯郸记》中佛道思想对汤显祖的影响。从中既有作者看破世事人生的悲悯与无奈，也有在理想与现实矛盾中的苦苦挣扎。陈建平从叙事线索与叙事时空两方面分析了汤显祖的《邯郸记》对《枕中记》结构的改编。卢柏勋针对《紫箫记》主要讨论三个问题：一是论《紫箫记》之政治讽喻问题，从创作背景，与该剧流播、查禁与付印的时间，以及相关社会原因提出看法。二是论《紫箫记》未成与改写之因，外因多集中在政治讽喻上，内因其为汤显祖游戏、实验之笔，曲文、宾白、情节等不适宜上演。三是论《紫钗记》对《紫箫记》之改写。从文学造诣、人物形象、情节安排，讨论《紫钗记》有何革新，以观察汤显祖创作手法演变的轨迹。

潘玥从汤显祖《邯郸记》文本传播的角度入手进行分析，通过其语言美、思想美、情感美这三个方面分析《邯郸记》"虚"与"实"的传播特点及其传播价值。饶莹综述了21世纪以来学界对《牡丹亭》的传播与接受，探讨了《牡丹亭》在蓝本、声腔等方面存在的问题。孙书磊详细梳理了民国报刊中的《牡丹亭》的美学精神的传播与文艺争鸣的原因，指出《牡丹亭》演出对民国昆曲的发展起到了很大的作用。汪花荣分析了说唱中的《琵琶记》的产生与说唱文学的关系，阐述了从《琵琶记》中存在的大量说唱文学可以看出其世俗化的审美趣味。王鑫分析了"临川四梦"在地方全国及国际区域的传播，指出"临川四梦"的传播存在不平衡性。袁玉洁分析了《南柯记》中的佛学禅理思想，阐明禅佛对汤显祖及其作品的影响很大。张颖认为汤显祖《紫箫记》对梅鼎祚《玉合记》有很大影响，而《玉合记》又是对《紫箫记》的一种发展，《紫箫记》是对《玉合记》的接纳和融合，阐明了《紫箫记》与《玉合记》的互动关系。

总论汤显祖"临川四梦"的问题有：周锡山认为"临川四梦"以"爱情"和"战争"双线结构组成并作为最重要内容的原因：一是汤显祖有文豪情节。二是汤显祖有英雄情节。三是汤显祖一生艰难却永不言败。分析了"临川四梦"中的战争描写，认为明代文臣带兵是受到八股文有效的智力、智慧训练，思维能力得到提升的结果。儒家文化通过八股文的形式把小知识分子培养成大人才。汤显祖作为优秀的文人代表，在他的著作里显示了中国优秀的文化传统，显示了中国古代、中国文化、中国文人的伟大。钱海鹏、官文华认为戏曲改编和戏曲禁毁的共同作用促成了汤显祖的"临川四梦"全本戏向清中后期《清车王府藏曲本》所收折子戏的转变。黄桂娥分析了清代戏曲争论中的汤显祖及其作品在社会中的评价，虽然有沉浮，但是汤显祖的剧作即是集大成制作，仍然能够历经数百年魅力不减。陈翔羚通过梳理叶堂《四梦全谱》等文本，整理出叶堂运用集曲调整汤显祖《玉茗堂四梦》的问题所在。王文君、苗怀明梳理了近年来汤显祖的佚作，认为对汤显祖佚作的搜集整理是作为衡量汤显祖研究整体水平的一个重要参照，其意义是多方面的。

也有从传统文化的角度分析汤显祖"临川四梦"的文化意蕴。翁敏华从汤显祖大量表现岁时节日的诗作中发掘汤氏及其同时代人节日生活、情感生活、精神生活的一个侧面；同时，通过对汤显祖记录的民俗尤其是"踏歌"之俗的分析，她认为汤显祖是热爱生活、热爱祖国的传统文化的。他以自己的生花妙笔，记录、描绘、演绎了祖国的传统文化，特别是节日文化，在客观上为传播、继承中华传统文化做出了贡献，这是值得我们今人学习的。李志云认为"临川四梦"受晚明文人士子侈靡享乐之风下民俗生活的影响，既有文人传奇的高雅情趣，又以丰富的节日民俗、地方民俗、宗教信仰等民俗事象与民俗生活描写表现出浓厚的民俗文化特征。刘彦君从比较文学方法角度出发，提出了目前关于比较汤显祖和莎士比亚文章中出现的问题，即中国学者写文章的比较方法或思维方式过于偏执。认为不能强行地用"高下"进行比较，不要用价值判断，应该客观地去认识汤显祖和莎士比亚在他们各自文化中的地位、影响和审美价值。比较不应该争高低、塞优劣，要站在平和的立场。随着国家的强大，我们的心态更要放平和，这种平和不仅仅表现在外交、在对外事务的处理上，也表现在我们对一些学术现象的研究和分析上，包括对汤显祖和莎士比亚的比较研究。

二、关于"临川四梦"的舞台演出问题

俞为民教授着眼于汤显祖的戏曲表演理论，重点提出汤显祖对戏曲表演的四条要求：一是要求演员在演出之前专心致志，精神集中。二是要理解曲白，领会剧情。三是熟悉和把握角色的性格，所谓"写旦常作女想，为男者常欲如其人"。四是要修容养声。他认为，在表演过程中，演员自己的情与角色的情融为一体，要能够达到出神入化的艺术境界，这样便能产生出巨大的艺术感染力。顾聆森先生认为汤显祖对于表演理论最卓越的贡献，在于他指出了体验角色情感对于艺人进行成功表演的决定意义。艺人准确体验角色的情感除了对

剧本通领其意，还要留心生活的一切事态变化，勤于思索，积累生活底蕴。戏曲演员在情感体验外化过程必须经历表演程式，以舞台化了的虚拟程式动作表达角色内心情感世界的独特意蕴，以体验与写意相结合的独特方式真实地表现一人内心的情感体验。蔡珊珊以《九宫大成》所收【会河阳】为例研究其曲牌旋律的流变规律，探讨其产生的原因，有新意。裴雪莱、彭志以"临川四梦"为例总结出晚清宫廷常演折子戏分别为《劝农》《肃苑》《学堂》《冥判》《打番》《游园惊梦》《扫花三醉》和《云阳法场》等出目。说明"临川四梦"凭借其丰富多样的艺术面貌在宫廷礼法森严、等级分明的特殊环境中赢得宫廷观众认可喜爱，并且具有非凡的艺术生命力。沈惠如介绍了台湾地区的实验昆剧《掘梦人》，该剧合戏剧、舞蹈，融合古代、现代，及梦幻和现实间的后现代戏剧创作，将昆曲名作《牡丹亭》的还魂片段，转换成一篇爱情与生存的寓言。潘婷阐述了越剧电视剧对《牡丹亭》的改编，突出其"情"之上的成分，肯定了电视手法在后期制作中对《牡丹亭》的完美呈现，然而却难以替代舞台表演的优势，提出了在戏曲传播方面如何将电视艺术与舞台艺术相结合的问题。王顗瑞认为近年关于清初曲家张坚的《梦中缘》和汤显祖的《牡丹亭》之研究专著在创作理念、剧本主张上已具备相当质量之探究，但在汤、张剧作的排场分析上尚有深入探讨空间，因此对比分析了汤、张剧作场面上的冷热相济、剧情分析与唱曲比重的劳逸均衡，以观察二人之排场理念，并探讨了其中现象。张静搜集整理了《南柯记·瑶台》在当代演出与传播情况，认为《瑶台》一剧，兼具音节之美、身段之妙，能够很好地呈现昆曲表演艺术"载歌载舞"的特点。同时，剧中不论旦、生、净，都需文武兼备，且不同人物的表演又各具雅俗趣味。并且提出在多元并存、行当齐整、适度加工、勿缺《花报》四方面的传承思考。赵晓亮认为舞台表演的传承，于一部戏剧作品的舞台演绎而言是一把双刃剑。文本的经典，原本可赋予后人二度创作时更多的解读可能性，但舞台经典的再演绎，却经常成为描红式的演出，以传承为第一要义。研究当下昆曲《牡丹亭》的多版本舞台演绎，对考察古典戏曲在新时期的传播与发展，有着重要意义。周飞评价青春版昆曲《牡丹亭》的内在文化基因，唤醒了我们根植于内心深处的价值回归；其策略性的传播方式，更多纬度地连接了经典与未来的无限可能；青春版昆曲《牡丹亭》"以古人之规矩，开自己之生面"，也给中国文化的传承、优化、演进带来更多的启示。陈均对北京昆曲研习社的"节编全本"《牡丹亭》的缘起、筹备与排演进行了分析，阐明"节编全本"演出情况对《牡丹亭》演出文本的影响。吴波以上海图书馆藏《昆弋身段谱》中的《拾画》《叫画》为例，详细分析了文学本《六十种曲》、舞台演出本《缀白裘》与作为艺人自抄本《昆弋身段谱》对演员表演创造和了解、把握身段功能、戏曲艺人授徒传艺、导演指导舞台艺术都有着追本溯源、匡正时弊的作用，能给当下戏曲舞台艺术创作有一定的启发。刘轩从解释何为昆曲身段谱入手，梳理了清代身段谱流传至今的情况，分析了身段谱中对《牡丹亭》的收录及在清代中后期舞台演出的大致面貌。

三、中国地方戏剧种对"临川四梦"的改编和演出

黄振林教授谈论了石凌鹤赣剧弋阳腔和江西地方声腔剧种改编"临川四梦"，并详细分析在改变过程中的一些问题，如石凌鹤的改译本精妙但唱词却因改动而逊色；黄文锡改编的《还魂后记》，杜丽娘打上了现代个性解放的思想烙印，形象反不如原著闺秀真实美丽。他认为，戏剧改编者不能深刻理解中国戏曲美学的特质和精髓，就有可能伤害传统戏曲特质，只有顺应戏曲艺术规律，才能焕发传统艺术精髓。智联忠评价了上海昆剧团"临川四梦"演出，认为这四部昆剧遵循了昆曲艺术美学特征，其歌舞并重、委婉细腻的特点得到了充分发挥。在戏剧结构、舞美设计、灯光设计等方面的创作，是推动昆曲发展的有益创造。上海昆剧团这次完整搬演"玉茗堂四梦"，既不是对昆曲的教条传承，也不是大刀阔斧的解构创新，而是传承与创造的完美融合。仝婉澄分析了清代流行于八旗人士间的一种说唱艺术——子弟书中所包含的以《牡丹亭》为题材的作品。认为子弟书作者对原作从萃取故事、抒写情景、趋向世俗等几个角度进行的这些重构与子弟书的表演形式、体制特点、创作及接受人群等有着密切的关联。窦笑智、尹震认为新编越剧《寇流兰与杜丽娘》中的杜丽娘部分，实为我国地方戏曲对《牡丹亭》的重新改编。在手法上对原著回目的选择、删减与合并，还运用了其他戏曲改编本中不常出现的，回目表现形式上的创新。《寇流兰与杜丽娘》剧在对《牡丹亭》的改编理念从审美节奏的改变，审美趣味的创新，以及审美重构的发生，都值得深思。

四、汤显祖"临川四梦"的海外传播

朱恒夫从汤学研究角度出发评析了 21 世纪汤显祖研究所取得的成果主要是对汤显祖佚文的发现和对伪作的辨别、探讨汤显祖与儒佛道的关系以及他的

思想变化、多角度地审视"临川四梦"、深入考察汤显祖的交游、介绍《牡丹亭》在域外的译作与研究状态、剖析"临川四梦"传播严重失衡的原因。而研究也有两大不足：一是对汤显祖的思想与一些作品的价值赞誉过度。二是牵强附会。邹元江教授介绍了英国利兹大学话剧《梦南柯》的演出，邹元江认为，这出戏可以说是划时代的由英国人第一次在本土对本国人以他们所熟悉的话剧形式完整地表现汤显祖的剧作魅力。这种落地生根式的对于西方人不太熟悉的东方文人艺术家汤显祖形象的塑造是极其有效的，让英国人记住了"Tangxianzu"，为我们提供了非常好的如何传播中国文化的样板。高玉海、王雅欣认为，俄罗斯汉学界从20世纪中期开始关注并翻译研究汤显祖的戏曲创作，直至当今仍然重视对汤显祖的研究，尽管在作品翻译总体上的落后于欧美及日本等，但在对汤显祖的研究领域仍取得了不可忽视的成果，这不仅是海外研究汤显祖的重要组成部分，也为汤显祖研究走向世界做出了不可磨灭的贡献。李霖通过对20世纪30年代德国汉学家洪涛生译介和搬演《牡丹亭》的历史回溯，以及与同时代《申报》中有关德译本《牡丹亭》演出信息的对照和整理，进一步揭示和论证了20世纪30年代德译本《牡丹亭》的搬演及赴欧演出的历史事实，补缺了《牡丹亭》海外演出的历史资料。

谢柏梁总结了2016年关于汤学的海内外研究、演出和演讲情况。其中，在英国演出场次最多的是芭蕾舞剧《牡丹亭》，赞扬中央芭蕾舞团做到了中英文化的双向交流，从芭蕾舞的样式上扩充了牡丹亭的影响。然而令人惋惜的是2016年关于汤显祖的论文研究，西方几乎没有出现。但从传播学意义上，汤学研究已经取得了前所未有的成绩。

五、关于汤显祖与明代戏曲的发展、理论及文化方面

艾立中讨论了明末清初南北曲的演变，北曲的振兴和南曲的改良。进而认为魏良辅改良南曲和沈宠绥振兴北曲在实质上都是复古，但是他们的理论区别主要在于认清南北曲音乐和文字孰重孰轻，沈、冯二人把乐器的旋律和声调抬到最高位，文辞的演唱从属于音乐；而魏良辅更强调文字平仄本身。王春晓认为明刊戏曲选本《曲响大明春》是明代万历时期福建建阳书商金魁的书坊刻本；"教坊掌教司扶摇程万里"很可能是书贾为射利而故意托名；书中所摘剧目也与相关史料存在较大差距。因此，《曲响大明春》不宜被用为明代宫廷戏曲演出的文献资料。杜丽萍通过对《录鬼簿续编》所载戏曲家占籍及流寓分

布的地理信息考辨，利用GIS技术对元明戏曲作家占籍、流布、交游情况进行可视化呈现，有助于更好地观察戏曲发展过程中的地域文化因素。郭梅谈论明清女曲家通过梦表现其所在社会现实及描绘其理想世界，陈同等女性曲评家更擅长通过对"梦"的深层解析反映当时知识女性的女性意识和女性立场。王珏认为明清之际以冯小青为题材的作品是对千百年来紫姑文化的延续，是中国文学作品中姬妾形象的重要组成部分。文人塑造冯小青形象除了有自我写照，传达对世事沧桑的感慨寄托作用外，也把小青视为自己的红颜知己和精神寄托。张真对《宝剑记》中林冲故事源流考略，并与《水浒传》中林冲形象来源相关联，认为《宝剑记》是将文官林冲之改写成文武双全的林冲，而"林六回"又将文武双全的林冲改写成粗通文墨的禁军教头，直到《水浒传》将他与其他水浒故事中那个绰号豹子头的小张飞合二为一。张晓兰新发现了藏于苏州博物馆的《复庄今乐府选》4册抄本，该抄本与藏于台湾中央图书馆的16册属于同一版本系统。抄本系统的发现为研究《复庄今乐府选》提供了更多的信息。王灵均认为梅兰芳是民国昆曲事业有力的助推手，并提到了昆曲身段表演资料的缺乏，认为以程长庚为代表的"京昆"对此传承方面作突出贡献。周巩平分析了汤显祖的一则佚文，指出这些佚文对了解汤显祖生平创作及其所在时代的重要性，同时为汤显祖与吴江曲家之间的关系等问题提供参考，对汤学研究，汤显祖全集全编的补充修订有所助益。周固成对汤显祖诗文集中涉及明代六位理学家詹在泮、章潢、顾允成、刘浙、罗大纮、高攀龙的具体交游如生卒年、相识时间、交游地点、人品内涵、世代家风、理学争议等情况予以考证，查漏补缺，并从中洞悉汤显祖以科举、乡土、理学为契机的交游特点。钟明奇在《汤显祖二论》中一论戏曲创作者必须具有宽广的胸怀、高尚的情操、崇高的审美追求；二论戏曲创作者要想创作出像汤显祖《牡丹亭》一样的高耸之曲，必须具有高大的创作境界和政治情怀。

关于历史上有名的学术之争的"汤沈之争"。解玉峰认为如果说"汤沈之争"在史实上并不存在，但汤、沈在曲律方面的理解确实有差异。沈璟新编曲谱所做工作主要是建立南曲宫调系统和确立各南曲曲牌格律，沈璟倡导法度、格律，但是是哪种法度、格律至今仍未能解决。汤显祖对沈璟的《增订南九宫谱》及其曲学主张是有看法的，然让后人抓住把柄，编造出"汤沈之争"的故事。程华平认为戏曲史上"吴江派"与"临川派"的命名得以确立，是由民国时期的戏曲史家完成的。民国以来一些戏曲史家之所以不承认临川派的存在，很大程度上在于他们是在用现代流派理论来衡量古代文学流派，因而在流派认知上出现了偏误。因此他认为构建切合古代戏曲发展实际的流派理论，显得尤为必要。武翠娟从舞台实践角度分析了"汤沈之争"。认为曾有丰富舞台实践经验的沈璟关注的是戏曲本体自身，他的努力皆以符合戏曲艺术搬演规律为旨归。而作为纯文人剧作家的汤显祖，关注的则是人的情感如何借助戏曲这一艺术形式得以发抒、倾吐，讲究的是高出戏曲本体艺术的审美层面的问题。石艺分析了南曲文化的进程，阐述了汤沈之争的原因是对曲本质属性的不同判断造成的，并且认为汤沈之争的性质是由于对南曲文化的认识不同所造成的。肯定了汤沈之争的理论成果：双美说的正确性。

此次汤显祖与明代戏曲——纪念汤显祖逝世400周年学术研讨会的顺利召开让我们感受到中国文化尤其是明代戏曲文化的博大精深。会上学者们激烈争锋，会下深刻讨论，大家以文会友，以曲会友，共同缅怀汤显祖这位伟大的作家，表达我们对这位文学巨匠的敬意。通过此次会议不仅推动了汤学研究的进一步发展，而且弘扬了中华民族优秀的传统文化。随着社会的不断进步，我们需要更加科学、更多知识来审视我们的研究，我们需要以一种更加平和、包容的心态去看待历史、现在和未来，看待不同文化、不同学科间的相互对立与融合。汤学研究，我们有反思、有期望。汤学研究，我们还在路上。

赵晓红
2017 年

目 录

论明末清初南北曲的演变
　　——兼论魏良辅和沈宠绥的曲唱理念 ………………… 艾立中　1
清代昆曲工尺谱中的《牡丹亭》 …………………………… 鲍开恺　14
《九宫大成》所收【会河阳】曲牌旋律考论 ……………… 蔡珊珊　25
昆曲《牡丹亭》的符号化建构研究 ………………………… 曹凌燕　31
结构的转变
　　——从《枕中记》到《邯郸记》看叙事艺术的发展 …… 陈建平　43
北京昆曲研习社"节编全本《牡丹亭》"考述 …………… 陈　均　55
叶堂改订《玉茗堂四梦》探析 ……………………………… 陈翔羚　66
《牡丹亭》所反映之明代时弊 ……………………………… 陈新瑜　107
"吴江派"与"临川派"之构建与检讨
　　——以民国时期戏曲史著为考察对象 ………………… 程华平　133
谫议汤显祖研究中两则经典材料的误读
　　——兼论汤显祖的伦理治世思想 ………………………… 丁　芳　149
诗化《牡丹亭》 ……………………………………………… 丁明拥　161
原乡无梦南柯成
　　——从王本"还原"看《南柯梦》的空间归转与
　　　自性证成 ……………………………………………… 丁淑梅　169
新编越剧《寇流兰与杜丽娘》对《牡丹亭》改编之审美
　　述评 ………………………………………… 窦笑智　尹　震　177
从《录鬼簿续编》看元明之际戏曲作家地理分布 ………… 杜丽萍　185
汤显祖及其《牡丹亭》在俄罗斯的翻译和研究 …… 高玉海　王雅欣　192
汤显祖：中国戏曲表演理论的奠基人 ……………………… 顾聆森　201
明清女曲家笔下之"梦"及其女性立场 …………………… 郭　梅　205

也说"至情"杜丽娘……………………………………何梦醒 215
《牡丹亭·遇母》【番山虎】曲牌探究………………洪惟助 220
杜丽娘"精神出现留与后人标"与明清女性的认同………胡明伟 232
清代戏曲论争中的汤显祖………………………………黄桂娥 243
试论赣剧高腔改编"临川四梦"的艺术得失……………黄振林 254
清诗人杨士凝所作阅《邯郸梦》诗浅释…………………江巨荣 267
《牡丹亭》在清代文人群体中的传播与品鉴……………蒋　宸 272
论《牡丹亭》之雅与俗…………………………………柯香君 284
德译本《牡丹亭》的搬演与赴欧演出……………………李　霖 352
论《牡丹亭》"雅俗并陈"的曲辞风格及其戏曲史意义……李亦辉 360
由《紫钗记》《牡丹亭》所见
　　——汤显祖曲律观之演变…………………………刘　芳 373
《柳浪馆批评玉茗堂还魂记》的传播价值…………………刘淑丽 387
清代昆剧身段谱中的《牡丹亭》研究……………………刘　轩 395
试析《牡丹亭》的喜剧艺术………………………………刘玉伟 407
作为结构性力量的神鬼
　　——《牡丹亭》中的花神与胡判官…………………卢　翮 414
论汤显祖《紫钗记》之悲剧因素…………………………罗丽容 423
论越剧电视剧《牡丹亭还魂记》的改编之道……………潘　婷 455
汤显祖文本传播中"虚"与"实"的艺术美
　　——以《邯郸记》为例………………………………潘　玥 460
论晚清宫廷演剧中昆腔剧目的变化
　　——以汤显祖"临川四梦"为中心…………裴雪莱 彭　志 470
度人难度己，厌世懒生天
　　——论汤显祖的度脱剧《南柯记》《邯郸记》………齐　静 481
从《清车王府藏曲本》看"临川四梦"在清中后期戏曲中的
　　传播……………………………………钱海鹏 宫文华 494
论《牡丹亭》戏剧动作的进步性
　　——兼论《牡丹亭》《西厢记》戏剧动作差异………乔　丽 503
泰昌吴兴刻本《牡丹亭》插图、剧本、山水画关系的
　　研究……………………………………………………饶　黎 511

新世纪以来《牡丹亭》研究若干问题述评	饶　莹	527
汤显祖在台北		
——实验昆剧《掘梦人》的后设演绎	沈惠如	541
关于中国乐文化传统视域下的《牡丹亭》评价问题		
——兼与朱恒夫等商榷	施旭升	552
汤沈之争		
——南曲文人化过程中的文律之争	石　艺	564
论民国报刊视阈中的《牡丹亭》传播	孙书磊	580
从说唱文学看《琵琶记》的民间重构	汪花荣	596
浅议"临川四梦"当代传播之地方化、全国化、国际化	王　鑫	607
明刊戏曲选本《曲响大明春》考论	王春晓	613
由紫姑传说再论冯小青形象	王　珏	624
梅兰芳《春香闹学》《游园惊梦》昆曲折子戏表演艺术论略及其启示	王灵均	630
对近年来汤显祖佚作搜集整理的总结与思考	王文君　苗怀明	640
《牡丹亭》与《梦中缘》排场比较研究	王顗瑞	655
汤显祖诗作中的岁时节日及其在剧作中的投影	翁敏华	689
对《昆弋身段谱》中《拾画》《叫画》表演提示的些许思考	吴　波	703
从舞台实践看"汤沈之争"	武翠娟	712
昆曲的现代化舞台演绎		
——以上海昆剧团《南柯记》为例	徐　蕾	720
从"死亡"到"重生"		
——杜丽娘情感悲剧的超越性	徐　晨	726
理解杜丽娘：为了反抗还是为了实现	徐大军	734
论元剧对汤显祖传奇的影响	杨秋红	750
《红楼梦》演述《牡丹亭》折子戏的功能与价值	杨绪容	763
汤显祖的戏曲表演论	俞为民	776
浅析《南柯记》中的佛教思想	袁玉洁	781
《南柯记·瑶台》的当代演出与传承	张　静	786

新发现《复庄今乐府选》抄本考略 ····················· 张晓兰 796

试论汤显祖与梅鼎祚早期戏曲创作的相互映证

  ——以《紫箫记》《玉合记》《紫钗记》为例 ··········· 张　颖 807

《宝剑记》林冲故事源流考略 ························· 张　真 814

由《牡丹亭》的多版本演绎漫谈当代戏曲舞台的

  可能性 ······································· 赵晓亮 822

论"还魂"母题在《牡丹亭》中的呈现 ············ 甄杨林　高益荣 829

传承与创造的融合

  ——评上海昆剧团"临川四梦"的创作与演出 ······· 智联忠 838

汤显祖二论 ······································· 钟明奇 848

再谈青春版昆曲《牡丹亭》的传播 ····················· 周　飞 856

从汤显祖一则轶文说起 ······························· 周巩平 861

汤显祖与明代理学家交游考略 ························· 周固成 870

"爱花"的佳丽情结与"护花"的侠义情结

  ——汤显祖逝世400周年祭 ······················· 周华斌 879

性·情·欲

  ——汤显祖至情观的内涵 ······················· 周立波 891

"临川四梦"中的战争描写述评 ······················· 周锡山 900

走近汤显祖

  ——新世纪汤显祖研究评析 ····················· 朱恒夫 914

论明末清初南北曲的演变

——兼论魏良辅和沈宠绥的曲唱理念

艾立中

一、南北曲演变的原因

自明代中叶嘉隆时期梁辰鱼以来，南曲开始成为文人戏曲和散曲的创作的主要曲体，特别是和梁辰鱼同时代的魏良辅改良昆山腔以来，演唱南曲之风迅速蔓延开来，这让一批酷好北曲、复古元音的文人的痛心疾首。早在嘉靖时期张羽曾说："近时吴越间士人，乃弃古格、改新声，若《南西厢记》，及公余漫兴等作，鄙俚特甚，而作者之意微矣，悲夫！……且今之缙绅先生，既多南士，渐染流俗，异哉所闻，故率喜欢南调，而吴越之音靡靡乎不可止已。间闻北调纵不为厌怪，然非心知其趣，亦莫能鉴赏，其间故信而好者不多有之，大抵新声之易悦，而古调之难知，所从来远矣。"① 这是张羽在校对《董西厢》时所发出的一段感慨。作者感叹《董西厢》这部早期的北曲唱本正日益被忽视、湮没，积极把它整理出来，主要是针对北曲逐渐被南曲所代替的严峻形势而做出的抢救性工作。考察这段文字是嘉靖丁巳年（1557）秋，而梁辰鱼的散曲集《江东白苎》于嘉靖三十五年后刊行，即 1556 年。嘉靖四十四年（1565），梁辰鱼《浣纱记》和李日华《南西厢》两大传奇风靡海内。这些都说明了南曲裹挟着改良后的昆山腔正逐步代替北曲，并挑战着其他南曲声腔。和张羽同时代的何良俊也极力推崇北曲："近世北曲，虽郑、卫之音，然犹古者总章北里之韵，梨园教坊之调，是可也证。"②

---

① 张羽：《西厢弹词序》，引自蔡毅编：《中国古典戏曲序跋汇编》（二），齐鲁书社 1989 年版，第 571 页。
② 何良俊：《曲论》，引自《中国古典戏曲论著集成》（四），中国戏剧出版社 1959 年版，第 6 页。

推崇南曲，贬低北曲的也大有人在，徐渭在《南词叙录》谈道："有人酷信北曲，以至伎女南歌为犯禁，愚哉是子！北曲岂诚唐、宋名家之遗？不过出于边鄙裔夷之伪造耳。夷、狄之音可唱，中国村坊之音独不可唱？"① 其实这更多是负气之辞。实际上，南曲的发展已经不可遏止。晚明万历时期沈璟和王骥德等吴江派成员，虽然还时时表示对北曲（更多是元代南戏）的崇敬，但在理论建构和实践上都在极力发展和完善南曲。他们在戏曲和散曲创作上大量使用南曲曲牌，编辑南曲曲谱，对格律提出了更严格的要求。尽管沈璟等人提倡古曲古调，但在实际创作中重辞藻，好典雅之风。正如任二北先生所说的："沈璟之曲派，乃一面文字受梁氏之影响，而一面自己又专求律正与韵严。"② 南曲的兴盛、北曲的衰落成为晚明曲坛上较显著的特色。

值得关注的是，明末清初（这里的明末清初指天启、崇祯、顺治、康熙四朝）出现了北曲复兴现象，一方面是北曲的文学创作兴盛。曲家在创作戏曲和散曲时除了继续使用南曲曲牌，同时对北曲曲牌发生了浓厚的兴趣，尤其是在散曲上。特别要强调的是，北曲的复兴只是相对晚明北曲极度衰落而言的。明末清初不少著名散曲家如施绍莘、徐石麒、沈谦、朱彝尊等，他们部分甚至大量创作北曲。如朱彝尊的《叶儿乐府》除了一首【南商调·黄莺儿】，其他都是北曲小令。徐石麒《坦庵乐府》除了两首南曲套数，其他都是北曲。北曲在散曲中大量出现并非孤立，与此同时，北曲杂剧创作也呈现复苏。当时像沈自征、凌濛初、尤侗、吴伟业、徐石麒等都有杂剧传世。当时吴江派沈氏族亲的一位女曲家叶纨纨还创作杂剧《鸳鸯梦》，沈君庸作序道："若夫词曲一派，最盛于金元，未闻有擅能闺秀者。即国朝（明朝）杨升庵亦多杂剧，然其夫人第有黄莺数阕，未见染指北词。……吾家词隐先生（沈璟），为词坛宗匠。其北词亦未多。"③ 晚明以来，杂剧选本也开始增多。自臧懋循的《元曲选》之后，明末又出现了像《盛明杂剧》《古今名剧合选》《杂剧三集》等。不过，就整体来看，南曲仍多于北曲，到清中叶，南北曲已呈大致均衡之势。

另外，北曲演唱方法也在复兴。明末文学家张岱在《祁奕远鲜云小伶歌》

---

① 徐渭：《南词叙录》，引自《中国古典戏曲论著集成》（三），中国戏剧出版社1959年版，第241页。
② 任二北：《散曲概论》卷二"派别"第九，商务印书馆1931年版。
③ 沈君庸：《鸳鸯梦序》，引自叶绍袁编：《午梦堂集》（上），中华书局1998年版，第387页。

诗云："昔日余曾教小伶，有其工致无其精。老腔既改白字换，谁能熟练更还生。出口字字能丢下，不配笙箫配弦索。"① 又如清代章金牧《金谷悲》（其六）云："伊梁弦索入云齐，旧本江南《水调》低。自学龟兹翻北曲，对人羞唱《白铜鞮》。"② 这些诗说明当时北曲的演唱处于从不绝如缕状态到再度复兴的状态，曲家对北曲的尊崇还一直延续至清代中叶，后面还将论述。

这一现象值得我们深入寻绎。有学者已指出是缘于复古崇雅意识，正如曲学专家李昌集先生所说："散曲本有'文本'与'歌本'的双重性质，一旦案头化，使之成为一种纯粹的'文体'，这就使创作散曲时的'择调'有了极大的自由，在元散曲的避世超脱精神又获得文人心理契合的背景下，晚明以来久已'不唱'而鲜为人采用的北曲一体重新被文人起用，这一事实本身已在一个表面层次上映现了复古主义倾向"，"'元曲化'的清散曲，其时代的意味，不在'创造'，而在'复古'。清初'元曲化'一流散曲的出现，不是北曲自身活力的产物，而是因元曲这一已'作古'的文学作为一种既有的精神范式契合了清初文人的某种心理。"③ 尽管他说的是散曲，戏曲也不外如此。不过，他把崇雅意识产生的时间仅限定在清代不够准确，其实曲家的崇雅复古意识并非突然始于清初，明末已有较为明显的反应。北曲复兴除上述原因之外，笔者认为还有以下三个原因。

第一，明末清初文人对南北曲在抒情写意的功能有了更深刻的认识。北曲在散曲和戏曲中的复苏，这二者不存在谁影响谁，而是共同受当时艺术观念的影响。正如明末徐翙所说的"今之所谓南者，皆风流自赏者之所为也。今之所谓北者，皆牢骚肮脏不得于时者之所为也。"④ 这说明曲家意识到晚明以来占统治地位的南曲已经不能满足多种感情的宣泄，邹式金在《杂剧三集》序云："北曲南词如车舟各有所习，北曲调长而节促，组织易工，终乖红豆；南词调短而节缓，柔靡倾听，难协丝弦。"再次说明南北曲各有长短，北曲这一传统的曲体被再次重视起来。

与此相应的是，自明代万历以来不少曲家开始反思南曲繁缛俗艳之风。比如凌濛初在《谭曲杂札》中说："自梁伯龙出而始为工丽之滥觞，一时词名赫

---

① 张岱：《张岱诗文集》，引自《张子诗秕卷之三》，夏咸淳校点，上海古籍出版社1991年版。
② 章金牧：《莱山诗集卷七》，引自《四库全书存目丛书集》（235），齐鲁书社1997年版。
③ 李昌集：《中国古代散曲史》（第二卷），华东师范大学出版社1991年版，第426页。
④ 徐翙：《盛明杂剧·序》，引自沈泰：《盛明杂剧初集》影印本，中国戏剧出版社1958年版。

状。盖其生于嘉隆间,正七子雄长之会,崇尚华靡。……以故吴音一派,竞为剿袭靡词……不惟曲家一种本色语抹尽无余,即人间一种真情话埋没不已。"①他尖锐批判了梁辰鱼把南曲带入了雕琢靡丽的不良之境。孔尚任在《桃花扇·凡例》中也批评道:"词曲入宫调,叶平仄,全以词意明亮为主。每见南曲艰涩扭挪,令人不解,虽强合丝竹,止可作工尺字谱,何以谓之填词耶。"② 还有人批评南曲缺乏精深的学理,如冯梦龙说:"然而南不逮北之精者,声彻于下,而学废于上也。"③ 当时曲家正在寻找途径矫正南曲艰涩雕镂之弊,而一直被推崇但早已衰落的北曲被曲家看中,充当曲体、曲风变革的利器。

清中叶凌廷堪在《与程时斋论曲书》精辟地总结了南北曲盛衰的原因:"虽然北曲以微而存,南曲以盛而亡,何则?北曲自元人而后,绝少问津,间有作者亦皆不甚逾越闲,无黎邱野狐之惑人,有豪杰之士兴取元人而法之,复古亦竭为力。若夫南曲之多不可胜计,握管者类皆文辞之士。彼之意以为吾既能文辞矣,则于度曲何有。于是悍然下笔,漫然成编,或诩秾艳,或矜考据,谓之为诗也可,谓之为词也亦可,即谓之为文也亦无不可,独谓之为曲则不可。"④ 他把二百多年来南北曲的演变概括了。不过,清初以来北曲命运和南曲一样,常被用来写考据、艳情之作,北曲的复兴更多是表层的、形式上的,元代和明中叶北曲中的豪放泼辣、率直纯朴的精神内涵早已丧失殆尽。

第二,北曲昆腔化后,南北曲体正在趋同。魏良辅在《曲律》提出:"南曲不可杂北腔,北曲不可杂南字。"⑤ 虽然南曲和北曲的演唱技巧、声情上仍有区别,但改良后的昆山腔以字声行腔,这就导致南曲曲体与北曲曲体走向趋同,王骥德《曲律》"论过搭二十二"中说:"或谓南曲原不配弦索,不必拘拘宫调,不知南人第取按板,然未尝不可取配弦索。"⑥ 明末清初,南北曲体趋同之势更明显,如沈自晋《南词新谱》卷十四【黄钟·点绛唇】曲下注曰:"此曲乃南吕引子,不可作北调唱……今人凡唱此调及【粉蝶

---

① 凌濛初:《谭曲杂札》,引自《中国古典戏曲论著集成》(四),中国戏剧出版社 1959 年版,第 253 页。
② 孔尚任:《桃花扇》,人民文学出版社 1959 年版,第 12 页。
③ 冯梦龙:《步雪初声集序》,引自谢伯阳编:《全明散曲册三》,齐鲁书社 1997 年版,第 3646 页。
④ 凌廷堪:《校礼堂文集》卷二十二,引自《续修四库全书册》(1480),上海古籍出版社 1995~2002 年版。
⑤ 魏良辅:《曲律》,引自《中国古典戏曲论著集成》(四),中国戏剧出版社 1959 年版,第 7 页。
⑥ 王骥德:《曲律》,引自《中国古典戏曲论著集成》(三),中国戏剧出版社 1959 年版,第 128 页。

儿】，俱作北腔，竟不知有【南点绛唇】及【南粉蝶儿】也，可笑。"又在【二犯江儿水】曲下注明："此曲本为南调，前辈陈大声诸公作此调者甚多，今《银瓶记》亦作南曲唱。不知始自何人，将《宝剑记》诸曲唱北腔，此后《红拂》《浣纱》而下，皆被人作北腔唱矣。然作者元未尝以北调题之也"①；李玉在其所编订的《北词广正谱》还第一次列了北曲中与南曲格律相同的曲调。如正宫内的【金殿喜重重】【怕春归】【锦庭芳】等曲调，皆注明"与南词同"，还在【番马舞西风】【普天乐】【锦庭芳】三曲下注云："以上三章一套，断属南调，北有其目，而缺其词也。"② 因北曲无相应的曲文可选，故李玉以南曲为范文，这正说明了南北曲体趋同已经成为曲学家的共识。

正因为南北曲走向趋同，所以南曲可以用北曲的旋律演唱，只要在旋律中加入乙、凡二音，即 7 和 4 两音，如《铁冠图·别母》有一【南越调·小桃红】用了北曲中的"乙"音，表达了苍凉悲壮的心境。《长生殿·惊变》中【南扑灯蛾】加入了凡音（即简谱中4），在委婉中透出一种活泼。北曲也可用南曲的旋律来演唱。在《玉珏记》第二十九出中，有如下叙述：

（丑）大姐，央你唱一套马东篱《百岁光阴》。（小旦做北调唱介）（丑）我不喜北音，要做南调唱才好。（小旦）也罢。（唱）【集贤宾】光阴百岁如梦蝶，回首往事堪嗟。……③

可见昆腔改革后，只要遵循依字声行腔，从理论上讲南北曲是可以换唱的，但实践中还不多。南北曲的通融性还表现在板式的变化上存在一致，正如《康熙曲谱·凡例》中说："然亦随宜消息，欲曼衍则板可赠，欲径净则板可减，欲变换新巧则板可移，南北曲皆然。"④

沈德符《顾曲杂言》曰："今南方北曲，瓦缶乱鸣，此名'北南'，非北

---

① 沈自晋：《南词新谱》，中国书店1985年版。
② 李玉：《北词广正谱》，引自《续修四库全书影印清刻本册》（1748），上海古籍出版社1995~2002年版。
③ 毛晋编：《六十种曲》（九），中华书局1958年版。
④ 王奕清主编：《康熙曲谱》，岳麓书社2000年版。

曲也。"① 沈宠绥还认为当时的北曲："名北而曲不真北也，年来业经厘剔，顾亦以字清腔径之故，渐近水磨，转无北气，则字北曲岂尽北哉?"② 这一切正如俞为民先生所言："从曲体上来说，无论是南曲，还是北曲，两者都与以前的南曲、北曲产生了差异，故从这点上来说，经过魏良辅对剧唱昆山腔加以改革后，南曲与北曲产生了交流与融合，昆山腔所唱的南北曲，不仅北曲已非以前的北曲，而且南曲也已不是以前的南曲了。"③ 当然，曲体的演变对剧唱的影响也渗透到了清唱的散曲。

第三，曲家的欣赏个性和创新意识。艺术规律昭示艺术家，一种文体如果臻于完善，并成为严格的法则，就会对艺术创作和发展产生制约作用。当传统的艺术规范束缚了艺术家自由表达情感时，体制的扩展、改造和重建就不可阻挡了。晚明汤显祖在《牡丹亭》中就有曲体的创新，如第四十七出《围释》曲牌构成是【出队子】、【双劝酒】、北【夜行船】、北【清江引】、【前腔】、北【尾】，【前腔】本为南曲所有，却引入北曲。明末清初由于昆唱北曲已经成熟，部分曲家在南曲中引入北曲只曲，如阮大铖《燕子笺》第二十出：【南越调】【水底鱼】【前腔】【北双调】【清江引】。吴伟业《秣陵春》第六出：【南仙吕】【青歌儿】【光光乍】【皂罗袍】【前腔】【北仙吕】【骂玉郎带上小楼】【前腔】【南仙吕】【掉角儿序】。李渔《凰求凤》第 8 出：【北双调】【青玉案】【前腔】【南正宫】【玉芙蓉】【前腔】【前腔】【前腔】。

如果说上述曲家的创新还局限于文体上的，那么明末松江地区著名曲家施绍莘（1588~?）则将文体创新和音乐演奏方式名副其实地结合起来。施绍莘在套数《春游述怀》的跋云："予雅好声乐，每闻琵琶筝阮声，便为魂销神舞。故迩来多作北宫，时教慧童，度以弦索，更以箫管叶予诸南词。院本诸曲，一切休却。"④ 可见，施绍莘偏好北曲弦索音乐，也不废南曲，这促使他在音乐上积极革新。在他很多散曲中，都在体现着南北曲文体和音乐上的创新。比如他的套数《旅怀》，曲牌构成是【南仙吕入双调·二犯江儿水】【前

---

① 沈德符：《顾曲杂言》，引自《中国古典戏曲论著集成》（四），中国戏剧出版社 1959 年版，第 204 页。
② 沈宠绥：《度曲须知》，引自《中国古典戏曲论著集成》（五），中国戏剧出版社 1959 年版，第 198 页。
③ 俞为民：《曲体研究第二章"南曲曲体的沿革与流变"》，中华书局 2005 年版，第 75~76 页。
④ 谢伯阳：《全明散曲》（三），本文关于施绍莘的引文和评点俱见《全明散曲》册三施绍莘部分。

腔】【沽美酒】【幺篇】【清江引】，前面两曲牌是南曲，后面三曲牌是北曲【双调】，而且前两曲子是押"尤侯"韵，后面三曲子是押"江阳韵"，这种套曲模式明显不是严格意义上的南北合套，而是作者的一种创新，为的是配合在北曲弦索音乐的演奏。又如他的《四景闺词》【北双调】，曲牌构成为【八不就】【前腔】【前腔】【前腔】，四支曲子分别押"庚青""萧豪""尤侯""皆来"，作者在后面写道："此等词本被弦索，须带肉麻，当在不文不俗之间，方入词家三昧。右词似亦梦见一斑者，每花月之下，令两童以三弦箫管，凄声度之，宛然一燕赵佳人，攒眉酸涕矣。"①《弦索词》的曲牌构成为【北南吕·骂玉郎】【前腔】【前腔】②，也是南北曲牌融合。不过，由于这一创新更多是对于传统南北曲合套规律的天才式的破坏，而未建立一种严谨的规范，在明末清初这一段时期内，正是昆曲曲律成型的重要的时期，施绍莘的艺术创新只能是个别的实践，而不能被曲家广泛接受。

施绍莘《旅怀》所附陈继儒的跋中还论述道：

> 吾松弦索几绝统，近来诸名家，始稍稍起废，然不久便散逸。……子野避地空山，绝迹城市，日撰新声，令宗工名手，商榷翻度，差为弦索兴灭继绝。时时率诸童过予顽仙庐，丝竹嘈嘈，随风飘扬，村姑里叟，皆负子凭肩而听，亦山林快事也。

又有王季长的评点：

> 王元美谓北曲多词情，南曲多声请。子野以南词韵语作北词，且箫管弦索，合而翻度，宜其声情词情，洒洒倾听也。

由上观之，可以得出以下结论：明末以来弦索北曲的复兴也并非是施绍莘个人的心血来潮，而是时代风气在发生变化，陈继儒说松江地区"近来诸名家，始稍稍起废，然不久便散逸"，证明当时有人力图恢复北曲，但效果不佳。

---

① 谢伯阳：《全明散曲》（三），本文关于施绍莘的引文和评点俱见《全明散曲》册三施绍莘部分。
② 谢伯阳的《全明散曲》册三所收施绍莘《弦索词》的结构为【北南吕骂玉郎】—【幺篇】—【幺篇】，误。见今依：《续修四库全书》第1340册影印《秋水庵花影集》明末刻本。

后面要提到的明末清初著名曲家沈宠绥和冯梦龙便是恢复北曲弦索的代表人物之一。

自魏良辅改革昆曲后，昆曲的主要乐器由箫管和鼓板承担，弦索乐器居次要地位，而施绍莘"箫管弦索，合而翻度"与昆曲的演奏方式虽貌合但神离。施绍莘在套数《花生日祝花》后的《乙丑百花生日记》一文中叙述道："予时有歌童六人，善三弦者曰停云，善琵琶者曰响泉，善头管及搊筝者曰秋声，善及箫笛者曰永新，善阮咸吹凤笙者曰松涛、霓裳。于是各奏其技，称觞而前。每进一杯，歌小词一解，而丝竹之音，从而和之。"这是一支规模虽不大、但乐器比较完备的家乐，箫管乐器和弦索乐器都有，但作者把乐器的主次顺序分得很明白，先弦索后箫管。这说明施绍莘家乐的主要乐器是弦索，符合他对北曲的审美喜好。除施绍莘之外，明末清初还有一些曲家投身北曲表演，据徐珂《清稗类钞》"音乐类"记载："（顺治康熙时期）疁城（今上海嘉定）陆君旸（陆曜）初尝学吴弦于吴门范昆白，得其技。已而尽弃不用。以为三弦，北音也。自金、元以降，曲分南北，今则有南音而无北音，三弦犹饩羊也。然而吴人歌之，而只为南曲之出调之半，吾将返于北，使撩掭之曼引而离迤者，尽归激决。"①显然他对当时流行的缠绵委婉的吴音即昆腔并不欣赏，出于物以稀为贵的原因，他推崇激决奔放的北曲，这其实是以复古为创新的艺术表现方式。

二、沈宠绥和魏良辅的复古实质

尽管明末北曲出现复苏，但依然有人对其忧心忡忡。著名吴江籍曲律专家沈宠绥《度曲须知》"弦律存亡"中对北曲的演变做了如下阐述：

> 若乃古之弦索，则但以曲配弦，绝不以弦和曲。凡种种牌名，皆从未有曲文之先，预定工尺之谱，夫其以工尺谱词曲，即如琴之以钩剔度诗歌，又如唱家箫谱，所为浪淘沙沽美酒之类，则皆有音无文，立为谱式者也。慨自南调繁兴（经魏良辅改良的新声昆腔），以轻讴废弹拨，不异匠氏之弃准绳。况词人率意挥毫，曲文非尽合矩，唱家又不按谱相稽，反就

---

① 徐珂：《清稗类钞》（十），中华书局1986年版，第4994页。

平仄例填之曲,刻意推敲,不知关头错认,曲词先已离轨,则字虽正而律且失矣。故同此字面,昔正之而合谱,今则梦中认醒而惟格是叛;同此弦索,昔弹之确有成式,今则依声附和而为曲子之奴。总是牌名,此套唱法,不施彼套;总是前腔,首曲腔规,非同后曲。以变化为新奇,以合掌为卑拙;符者不及二三,异者十常八九。即使以今式今,且毫无把捉,欲一一古律绳之,不迳庭者!

与此相似,吴江派著名曲家冯梦龙在传奇《双雄记》叙中提道:"说者又谓:北调入于弦索,南调便于箫管。吴人贱弦索而贵箫管,以故南词最盛。是又不然。吴人直不知弦索耳,宁贱之耶?若箫管是何足贵?夫填词之法,谓先有其音,而以字肖之。故声与音戾,谓之不协,不协者绌。今箫管之曲,反以歌者之字为主,而以音肖之,随声作响,共曲传讹,虽曰无箫管可也。然则,箫管之在今日,是又南词之一大不幸矣。"①

可见,沈、冯二人对魏良辅改良昆腔都持保留态度。他们批评魏良辅将北曲改成按平仄演唱的方式是背弃了按谱唱北曲的传统。在我们看来,魏良辅和沈宠绥、冯梦龙的理论区别主要在于认清南北曲音乐和文字孰重孰轻。沈、冯二人虽强调字声,但把乐器的旋律和声调抬到了最高的地位,文辞的演唱是从属于音高、旋律以及音乐风格,而魏更强调对文字平仄本身的把握:"五音以四声为主,四声不得其宜,则五音废矣。平上去入,逐一考究,务得中正,如或苟且舛误,声调自乖,虽具绕梁,终不足取。"

然而,就曲文和音乐的关系上来看,沈宠绥在《度曲须知》批评魏良辅之流云:"但正目前字眼,不审词谱为何事;徒喜淫声聒听,不知宫调为何物。踵舛承讹,音理消败,则良辅者流,固时调功魁,亦叛古戎首矣。"但从历史的角度来看,沈、冯在复古,魏也在复古,魏和【尚书·尧典】"歌永言,声依永,律和声"的中国早期音乐理想有渊源关系,目标比沈、冯更久远。唐代元稹(字微之)的《乐府古题》序云:"操、引、谣、讴、歌、曲、词、调……在音声者,因声以度词,审调以节唱,句度长短之数,声韵平上之差,莫不由之准度……诗、行、咏、吟、题、怨、叹、章、篇……往往取其词度为歌曲,

---

① 冯梦龙:《双雄记叙》,引自蔡毅编:《中国古典戏曲序跋汇编》(二),齐鲁书社1989年版,第1342页。

盖选词以配乐，非由乐以定词也。"① 显然，元稹认为，在音乐和文辞的关系上，汉乐府存在两种方式，一种和沈、冯二人提倡的依乐腔唱词、填词方式相符，一种和魏良辅提倡的依字声唱词、填词方式吻合。北宋时期，依乐声填词的创作方式却遭到个别人的质疑。北宋王安石指出："古之歌者，先有词，后有声，故曰：'歌永言，声依永'。如今先撰腔子后填词，却是永依声也。"② 南宋王灼《碧鸡漫志》卷一云："今先定音节，乃制词从之，倒置甚矣。"③ 王安石和王灼其实是遵从上古诗歌的创作和演唱方式，和沈、冯二人的观点正好相反，我们不难看出，晚唐北宋以来都是先有曲子或曲谱，然后填词。乐器演奏和音乐旋律决定了作词和唱词的方式，并成为自晚唐和北宋时期词作和演唱的主要方式。《碧鸡漫志》卷二中曰："江南某氏者，解音律，时时度曲。周美成与有瓜葛，每一解（曲），即为填词，故周集中多新声。"④

又如苏轼的【醉翁操】自序云⑤：

> 琅琊幽谷，山水奇丽，泉鸣空涧，若中音会。醉翁喜之，把酒临听，辄欣然忘归。既去十余年，而好奇之士沈遵闻之往游，以琴写其声，曰醉翁操，节奏疏宕，而音指华畅，知音者以为绝伦。然有其声而无其辞。翁虽为作歌，而与琴声不合。又依楚词作醉翁引，好事者亦倚其辞以制曲。虽粗合韵度，而琴声为词所绳约，非天成也。后三十余年，翁既捐馆舍，遵亦没久矣。有庐山玉涧道人崔闲，特妙于琴。恨此曲之无词，乃谱其声，而请于东坡居士以补之云。

南宋陈秀明《东坡诗话录》对上面这段逸闻还有发挥："方补其词，闲（崔闲）为弦其声，居士倚为词，顷刻而就，无所点窜。"⑥ 这两段逸闻反映了一个问题：北宋同时出现了依曲作词、依字声作曲的现象，但在当时文人看来，"虽粗合韵度，而琴声为词所绳约，非天成也"，说明靠字声的把握来度曲总是不如靠对音乐节奏和旋律的把握来得自然。

---

① 元稹：《乐府古题》，引自郭绍虞主编：《中国历代文论选》（二），上海古籍出版社1979年版，第110～111页。
②③④ 唐圭璋编：《词话丛编》（一），中华书局1986年版。
⑤ 唐圭璋编：《全宋词》（一），中华书局1965年版，第331页。
⑥ 施蛰存、陈如江编：《宋元词话》，上海书店出版社1999年版，第705页。

这一方式还影响到元曲即早期北曲的写作和演唱。周德清《中原音韵》自序开头提道："每病今之乐府有遵音调作者"① 正好说明当时的元曲大部分还是依乐曲旋律和乐器伴奏行腔，明代还有曲家以此法创作南曲。如明初朱有燉在【南南吕·楚江情】《春》的序中云："迩者，闻人有歌南曲【罗江怨】者，予爱其音韵抑扬，有一唱三叹之妙。乃令其歌之十余度，予始能记其音调，遂制四时词四篇，更其名曰【楚江情】。"② 考察朱有燉的【楚江情】的平仄及句式和原南曲【罗江怨】有所差异，显然这并非是依字声作腔的，而应该是依乐曲音高旋律来制曲。至于北曲和旋律的配合要求更严格。又如沈德符《顾曲杂言》记载："老乐工云：'凡学唱从弦索入者，遇清唱则字窒而喉劣。'"这都证明了弦索乐器对于演唱北曲的重要性。从这也说明一个问题，所谓的按音乐行腔过渡到按字声行腔并不是整齐划一的，正如路应昆先生所说的"然而'文从乐'到'乐从文'的过渡很漫长，曲乐内部的不同种类也各有不同情形，并非步调一致，不同做法长期处于交错混杂状态。"③

显然，沈、冯二人期望的古音的写作和演唱方式远自晚唐、北宋依乐填词、依乐唱词，近承元至明中叶北曲的创作和演唱方式。沈宠绥在《度曲须知》"弦律存亡"中具体论述了字声和弦索乐器的配合："而欲以作者之平仄阴阳，叶弹者之抑扬高下，则高徽须配去声字眼，平亦间用，至上声固枘凿不投者也。……以故作者、歌者，兢兢共禀三尺，而口必应手，词必谐弦。"这和前面提到的苏轼的做法是相通的。当然沈宠绥上面讲究的以词配乐细化到四声，其实也有依字声行腔的成分，但这种腔格是不能违背乐曲的旋律。

和沈、冯以词配乐的做法相反，北宋末年特别是南宋出现了以乐配词、依字声唱词方式。宋代词人在配乐填词或演唱的同时就逐渐严格字声，如李清照《词论》中说："诗分平侧（仄），而歌词分五音，又分六律，又分清浊轻重。"④ 他们讲究四声与乐曲旋律的应和，但主要着眼点还是乐曲本身，字声

---

① 周德清：《中原音韵》，引自《中国古典戏曲论著集成》（一），中国戏剧出版社1959年版，第175页。
② 谢伯阳：《全明散曲》（一），齐鲁书社1997年版，第285页。
③ 路应昆：《文、乐关系与词曲音乐演进》，载于《中国音乐学》（季刊）2005年第3期。
④ 郭绍虞：《中国历代文论选》（二），上海古籍出版社1979年版，第350页。

安排妥当，可以帮助乐曲旋律更美听。至于依字声唱词形成的原因，"是由'由乐以定词'所决定的文辞'字声'伏涵着音乐基质反生出的歌法，是'依字声成歌'古老形式在一个新层次上的返归，是一种自觉化、艺术化的'依字声成歌'。"① 南宋王灼《碧鸡漫志》是主张先有文字然后谱曲，稍后词人姜夔所谓的"初率意为长短句，然后协以律"、张炎的"古人按律制谱，以词定声"，这和魏良辅提出"箫管以工尺谱词曲，即如琴之勾、剔度诗歌也"意义一样。比魏良辅更早的周德清《中原音韵》也特别讲究"明腔、识谱、审音"，把字的四声及阴阳提到一个极高的位置，对后来北曲昆唱的依字声行腔产生了深远影响。明初，朱有燉是比较鲜明地反对以乐定辞的代表人物，他在散曲《咏秋景引》的序言中云："其时，已有李太白之【忆秦娥】【菩萨蛮】等词，渐流入腔调律吕，渐违于声依永之传，后遂全革古体，专以律吕音调，格定声句之长短缓急，反以吟咏情性，求之于音声词句耳。"② 要补充说明的是，明中期所形成的依字声传腔的主流模式，一定程度上反映了文人的音乐才华在逐渐退化。

从声乐变迁的角度来看，我们最后可以得到三点启示：第一，魏良辅的改良昆腔并没有"叛古"，而是在复古。他的本意是借古老的"声依永"模式来改造南曲，使其按字声行腔，至于北曲后来的命运是魏良辅始料未及的。第二，宋代开始的所谓的曲唱复古与否的争论，很大程度上源于主流艺术理念与非主流艺术理念之间的摩擦互动。非主流艺术理念希望回到主流，而主流艺术理念不愿边缘化。宋以前，"声依永"和"永依声"并行不悖，二者无争论。当"永依声"成为主流理念时，便遭到持"声依永"理念之人的批评，反之亦然。魏良辅批评"永依声"之时，正是南曲依字声传腔模式尚在社会边缘之时。而沈宠绥对魏良辅的批评，一方面是缘于魏良辅改良昆腔导致北曲唱法受走向衰落，另一方面是已成为非主流的"永依声"曲唱理念对主流的"声依永"的理念的一次反击。反击的武器仍然是"复古"，但沈宠绥缺乏先秦圣贤经典作为证据，只有宣扬金元以来的北曲依弦索乐器演唱的传统。可贵的是，他清醒认识到这是声乐变迁的必然结果，不可勉强，只能适应。第三，"永依声"和"声依永"并非完全对立，宋代词人在以乐声定词的同时就逐渐

---

① 李昌集：《中国古代散曲史》，华东师范大学出版社1991年版，第120页。
② 谢伯阳：《全明散曲》（一），齐鲁书社1997年版，第277页。

严格字声,他们讲究四声与音乐旋律的应和,沈宠绥讲究的以乐声定词细化到四声阴阳,其实也是在提倡"声依永"的理念。

作者单位:苏州大学文学院

清代昆曲工尺谱中的《牡丹亭》

鲍开恺

明代剧作家汤显祖的《牡丹亭》传奇，自问世以来便与昆山腔结缘，成为昆曲舞台上久演不衰的剧作。根据实际演出的需要，《牡丹亭》的改本层出不穷。其中，昆曲工尺谱作为记录昆曲唱腔音乐、曲文念白的重要载体，具有重要的文献价值与实用价值。

一、《牡丹亭》在清代昆曲工尺谱中的收录情况

在当代昆曲演出史上，《牡丹亭》无疑已经成为昆曲艺术的代表剧目。然而，在浩如烟海的古典戏曲剧目中，《牡丹亭》究竟居于何位？

笔者曾选择清代不同时期、不同类型的工尺谱，将曲谱中《牡丹亭》的选录情况统计之后发现：作为一部颇负盛名的传世经典，《牡丹亭》在昆曲工尺谱中的入选折数无法与《琵琶记》《长生殿》抗衡。它几乎从未出现在榜首，通常位居第三名之后。例如，《遏云阁曲谱》的选录折数排名前4位的分别是：《琵琶记》24出、《长生殿》14出、《绣襦记》13出、《牡丹亭》9出；《集成曲谱》的前四位是：《琵琶记》36出、《荆钗记》28出、《长生殿》25出、《牡丹亭》20出；《与众曲谱》的前3位则是：《琵琶记》12出、《长生殿》9出、《牡丹亭》7出。更有甚者，在大型曲谱《异同集》中，选录《牡丹亭》15出，屈居全书的第20位。

以下，笔者将清代具有代表性的八部昆曲工尺谱所收录的《牡丹亭》具体出目统计并罗列，如表1所示。

表1　　　　　　　　　　八部昆曲工尺谱《牡丹亭》

题目	《纳书楹四梦全谱》	《遏云阁曲谱》	《异同集》	《牡丹亭曲谱》	《昆剧手抄曲本一百册》	《天韵社曲谱》	《集成曲谱》	《与众曲谱》
1 标目								
2 言怀	言怀							
3 训女	训女						训女	
4 腐叹	腐叹							
5 延师	延师							
6 怅眺	怅眺							
7 闺塾	闺塾	学堂	学堂	学堂	学堂	闺塾	学堂	学堂
8 劝农	劝农	劝农	劝农	劝农	劝农	劝农	劝农	劝农
9 肃苑	肃苑							
10 惊梦	惊梦（附"堆花"）	游园/惊梦	游园/堆花/惊梦	游园/惊梦	游园/堆花/惊梦	游园/惊梦	游园/惊梦	游园/惊梦
11 慈戒	慈戒							
12 寻梦	寻梦	寻梦	寻梦	寻梦	寻梦		寻梦	
13 诀谒	诀谒							
14 写真	写真		写真		写真		写真	
15 虏谍	虏谍							
16 诘病	诘病							
17 道觋	道觋							
18 诊祟	诊祟							
19 牝贼	牝贼							
20 闹殇	闹殇		离魂	离魂	离魂		离魂	
21 谒遇	谒遇							
22 旅寄	旅寄							
23 冥判	冥判	冥判	冥判	冥判	冥判	冥判	冥判	冥判
24 拾画	拾画	拾画	拾画	拾画	拾画	拾画	拾画	拾画
25 忆女	忆女							
26 玩真	玩真（附"俗玩真"）	叫画	叫画	叫画	叫画	叫画	叫画	叫画

续表

题目	《纳书楹四梦全谱》	《遏云阁曲谱》	《异同集》	《牡丹亭曲谱》	《昆剧手抄曲本一百册》	《天韵社曲谱》	《集成曲谱》	《与众曲谱》
27 魂游	魂游		魂游	道场/魂游	魂游		魂游	
28 幽媾	幽媾			前媾/后媾		幽媾	前媾/后媾	
29 旁疑	旁疑							
30 欢挠	欢挠							
31 缮备	缮备							
32 冥誓	冥誓							
33 秘议	秘议							
34 诇药	诇药							
35 回生	回生						回生	
36 婚走	婚走						婚走	
37 骇变	骇变							
38 淮警	淮警							
39 如杭	如杭							
40 仆侦	仆侦	问路	问路	问路	问路		问路	
41 耽试	耽试							
42 移镇	移镇							
43 御淮	御淮							
44 急难	急难						急难	
45 寇间	寇间							
46 折寇	折寇							
47 围释	围释							
48 遇母	遇母							
49 淮泊	淮泊							
50 闹宴	闹宴							
51 榜下	榜下							
52 索元	索元							
53 硬拷	硬拷		硬拷	硬拷	硬拷	硬拷	硬拷	
54 闻喜	闻喜							
55 圆驾	圆驾		圆驾	圆驾	圆驾		圆驾	

《纳书楹四梦全谱》中有《牡丹亭》等四剧之全本工尺谱,足见"四梦"在叶堂心目中不可逾越的完美地位。但除此之外,《牡丹亭》被各大工尺谱的收录的折子戏均未超过原作的 1/3。1921 年出版的殷溎深《牡丹亭》曲谱,上、下二册,共收录折子戏 16 出。《牡丹亭》被广为传唱的剧目大抵不过此数。究其原因,《牡丹亭》虽为明清传奇中首屈一指的扛鼎之作,但将之搬演于舞台,则在结构、音律上确有自身之不足。一方面,情节的枝蔓,使得演出全本必然会过于冗长。《虏谍》《牝贼》《缮备》《淮警》等关于民族矛盾的出目均不见收录,由此推断,在《牡丹亭》的实际演出中,通常忽略此条线索,而使才子佳人爱情的演绎更为紧凑和集中。另一方面,文辞与昆山腔音律之不和,也是限制《牡丹亭》中许多折子戏演唱的重要原因。王骥德《曲律》有云:"临川汤奉常之曲,当置'法'字无论,尽是案头异书。……《还魂》妙处种种,奇丽动人,然无奈腐木败草,时时缠绕笔端。"① 《牡丹亭》瑕瑜互见,文律之矛盾必然使众多曲目易读而难唱。倘若搬演全本,则难以处处尽美。在长期舞台的筛选之下,《牡丹亭》的大量折子戏被淘汰,留存下来的十几出则精打细磨,历经数代改编与润色,焕发出独特的艺术魅力。

二、《牡丹亭》在曲谱中的再度改编

工尺谱中的曲文、宾白来自文学作品原著,却又与剧作的原文存在许多差异。此类改编绝非一时、一人所为,而是在舞台实践中,不断地根据演出需要与观众反馈进行修改,或接受过文人的指点与曲谱编订者的加工润色,逐渐成为曲谱中较为固定的内容。昆曲工尺谱中的二度改编,主要分为以下五种情况:

一是题目变更与剧目拆分。题目既是一出戏的概括,又会被作为演出的广告写在招子上,张贴出来。因此,题目要追求简洁、通俗、醒目,甚至眩人眼球。早在《纳书楹》与《缀白裘》中,已有大量的折子戏的题目与剧作原著不同。它们在清代中叶的舞台演逐渐约定俗成。例如,改《闹殇》为《离魂》,改《玩真》为《叫画》,改《仆侦》为《问路》,原题令人费解,修改

---

① 王骥德:《曲律》,引自中国戏曲研究院:《中国古典戏曲论著集成》(四),中国戏剧出版社 1959 年版。

之后则一目了然。

将一出戏拆分为两出也是曲谱中的常见现象。王季烈先生《集成曲谱·凡例》有云:"本编皆依原本并作一折。惟长剧之为曲子两套者,如《折柳》《阳关》《玩笺》《错梦》等,则仍从俗。"① 他认为,由两个套曲组成的剧目可以拆分,其余则不可,仍应依原著并为一出。按此规律,曲谱中拆《惊梦》为《游园》、《惊梦》,拆《幽媾》为《前媾》《后媾》,此二出前后两部分均为情节、音乐相对独立两套曲子,可分可合,符合曲体规律。

二是情节的渲染与曲文、宾白的增加。简短宾白的增加,避免徒唱之单调,使唱念的衔接更自然而流畅。例如,《牡丹亭·游园》【步步娇】之前,《缀白裘》加入"好天气也"四字,在后世曲谱中均以保留。仅此四字,由旦、贴对话引入悠长的曲唱,匠心独运。篇幅较长的,如殷溎深《牡丹亭曲谱》之《游园》,由花郎最先出场,唱【普贤歌】之后,加入了一段新的念白:

> 自家乃杜衙内府中看守花园花郎便是。怎见得花园景致?但见枯木翘空,短短长长,丽却晴空云影;姣花仿佛,锦锦片片,映着苍翠苔痕。长松上挂着一溜溜百岁枯藤,短篱边栽的重叠叠万般瑶草,红牵紫、紫牵红,亦浅亦深。都是天宫斗巧,蝶恋花、花恋蝶,鱼鱼雅雅。须知春色多情,牡丹亭斜对芍药栏边,木香棚直接着荼蘼阶畔。杨柳千金拖万缕,纷纷馥馥,馥馥菲菲,中间池清山凸。说不尽楼台几处,言不了花卉多般,只是老爷侍君辛劳,正是"千缕御香常在袖,一年花草不关情"。昨日春香姐着我打扫亭台,扫除花径,同小姐在此游玩。不免回避则个。正是:东郊风物正薰馨,应喜山家接女星。莫遣儿童触红粉,便教莺语太叮咛。②

以上整段文字为殷谱首见,后《集成曲谱》亦有收录,其余各曲谱皆无。花郎自报家门之后,介绍花园的格局景致,引出后文主婢游园。文词虽然不甚深奥,但出自一个底层的花郎之口,已过于文雅,不符合人物身份。像这样大

---

① 王季烈、刘凤叔:《集成曲谱》,商务印书馆1924年版。
② 殷溎深、张芬:《牡丹亭曲谱》,上海朝记书庄1921年版。

段的独创性宾白，在昆曲工尺谱中较为罕见。从遣词造句的工整流畅来看，此段念白应是经过了文人的加工改造。

曲文的增加，以《堆花》最为典型。在《缀白裘》中，《惊梦》新增【双声子】一支：

【双声子】柳梦梅，柳梦梅，梦儿里成姻眷。杜丽娘，杜丽娘，勾引得香魂乱。两下姻缘非偶然。羡梦里相逢，梦里同欢。①

至《纳书楹四梦全谱》，《堆花》中共收录五支曲子，其中【鲍老催】为原著所有，另四支皆为后世所增：

【出队子】娇红嫩白近，向东风次第开。愿教青帝护根荄，莫遣纷纷点翠苔，把梦里姻缘发付秀才。

【画眉序】好景艳阳天，万紫千红尽开遍，满雕栏宝砌，云簇霞鲜。督春工连夜芳菲慎，莫待晓风吹颤。为佳人才子谐缱绻，梦儿里有十分欢忻。

【滴溜子】湖山畔，湖山畔，云缠雨绵。雕栏外，雕栏外，红翻翠骈。惹下蜂愁蝶恋。三生石上缘，非因梦幻。一枕华胥，两下蘧然。

【鲍老催】（略）

【五般宜】一个儿意昏昏，梦魂颤。一个儿心耿耿，丽情牵。一个巫山女，趁着云雨天。一个桃花乱处，幻成刘阮。一个精神忒展，一个欢娱恨浅。两下里万种恩情，则随这落花儿一会转。②

以上数曲，以第三人称渲染了柳、杜的性爱画面，文辞浅近、香艳，颇有民间说唱艺术的痕迹。此四曲究竟为何时所增，难以查考。至少，在《纳书楹》订谱的清代中期，昆曲演出中已出现比较完整的"堆花"场面。上述六曲在晚清民国各工尺谱中的收录数量出入较大。例如，同为殷溎深传谱，《异同集》专把完整的"堆花"单列为一出，而《昆曲大全》、《牡丹亭曲谱》和

---

① 钱德苍、汪协如：《缀白裘》（二），中华书局2005年版。
② 叶堂：《纳书楹四梦全谱》，引自《续修四库全书》（1757），上海古籍出版社2002年版。

《霓裳文艺全谱》等仅收【鲍老催】【双声子】二曲;《遏云阁曲谱》收【出队子】【画眉序】【滴溜子】【鲍老催】四曲;《集成曲谱》和《与众曲谱》则【出队子】【画眉序】【滴溜子】【鲍老催】【五般宜】【双声子】六曲全收。曲目的不同,说明"堆花"在实际的昆曲演出中稍有出入与变化。

面对原著和各种曲谱的鱼龙混杂,《纳书楹》等清宫谱维护原著的权威性,把《俗增〈堆花〉》《俗〈玩真〉》等艺人加工的曲文仅作为附录收于书后。《纳书楹》所附《俗〈玩真〉》之【二郎神】眉批云:"左俗伶作,谬甚。左戈韵、阻鱼韵。"① 冠以"俗"字,颇有居高临下的蔑视之态。然而,这些文辞粗浅直露、音律舛误颇多的曲文,因其场上效果良好,已然成为昆曲舞台演出的惯例。

三是文字的移花接木与重新组合。移花接木,如《学堂》(原著第七出《闺塾》),自《缀白裘》始,以【一江风】("小春香,一种在人奴上")为开头,之后所有曲谱都沿用至今。【一江风】曲,为《牡丹亭》原著第九出《肃苑》春香所唱第一曲。将此曲移至《学堂》,集中而突出地塑造了春香机智、俏皮、伶俐的形象。此出戏俗称《春香闹学》,成为贴、末两行的代表性折子戏。又如,殷溎深传谱的单行本《牡丹亭曲谱》中,《游园》一出先由花郎演唱【普贤歌】("一生花里小随衙")。【普贤歌】为《牡丹亭》原作第九出《肃苑》花郎所唱之曲。殷本《游园》,花郎在主角登场之前率先出场,避免了杜丽娘一开场便直接位于舞台中心的突兀。当此剧作为独立的折子戏演出时,确有女主角"千呼万唤始出来"之感,产生了新的艺术效果。但此版本并未通行,仅此一曲谱所独见。

文字的重组,如《集成曲谱》中的《寻梦》,开场为杜丽娘独白:

> 忽忽花间起梦情,女儿心性未分明。无眠一夜灯明灭,恨煞梅香唤不醒。我杜丽娘,昨日偶尔游春,忽然入梦,绸缪顾盼,如遇平生。独坐思量,情殊怅怳。寻思展转,竟夜无眠。乘此空闲,不免悄悄向园中寻看一回。(行介)一路行来,且喜园门洞开。守花的都不在,则这残红满地呵!②

---

① 叶堂:《纳书楹四梦全谱》,引自《续修四库全书》(1757),上海古籍出版社2002年版。
② 王季烈、刘凤叔:《集成曲谱》,商务印书馆1924年版。

以上文字，将汤显祖《寻梦》前半部分的两段念白稍加删改，串联在一起，情节却发生了细微的变化：原著中的两段话发生在杜丽娘晨起、春香劝她梳妆前后，曲谱中则春香并未出场，改为杜丽娘晨起后独自一人来到花园。独白之后再以【懒画眉】唱出，将个故地重访的缘由与心境交代得更为完整、合理。

四是曲文与宾白的删减。这是昆曲工尺谱对原著最常见的改动。由于受到演出时间与空间的制约，删去原作的部分曲牌，在折子戏中普遍存在。如《牡丹亭·寻梦》中的【夜游宫】、【月儿高】二曲，曲谱中大多删去不录。而"删繁白为简白"，为《遏云阁曲谱·序》所提出，则系昆曲工尺谱对原著宾白最常见的处理。曲谱中的宾白力求简洁、凝练地传达必要的信息。例如，在《惊梦》的后半部分，杜丽娘一场春梦惊醒，被杜母训斥数句之后，杜母下场。【绵搭絮】之前，汤显祖原著中有一大段三百多字的杜丽娘独白，内容无非是把《惊梦》的情节复述一遍，若完整念出，颇显啰嗦。至《遏云阁曲谱》，此段文字仅删至一句："娘吓，你叫孩儿到学堂中看书，叫我看那一种书才消得俺闷吓？"① 如此大刀阔斧地删减，避免了拖沓。后世曲谱均沿用《遏云阁曲谱》的处理，足见这一改动已经过舞台的检验，被后人普遍认可。

三、记谱符号的发展与《牡丹亭》音乐唱腔的传承

任何一种曲谱，无论多么细致入微，都不可能百分百地再现音乐本身的全部美感。然而，在无有录音、录像条件的明清时期，工尺谱成为记录昆曲音乐、传承昆曲唱腔的唯一物质载体。那些密密麻麻的工尺、板眼、口法符号，串联成动人的旋律，又涉及文学、音韵等问题。毋庸置疑，在收入工尺谱之前，《牡丹亭》的作曲早已完成，而"订谱"的重点则在于音律的推敲与记谱符号的研校，追求每字、每句的尽善尽美。

昆曲工尺谱的记谱符号，在由清初至民初，经历了两大方面的发展：

一是小眼标注从无到有。叶堂《纳书楹曲谱·凡例》云："板眼中另有小眼，原为初学而设。在善歌者自能生巧，若细细注明，转觉束缚。今照旧谱，

---

① 王锡纯、李秀云：《遏云阁曲谱》，上海著易堂书局1925年版。

悉不加入。"① 省略小眼，固然能给度曲者提供灵活性，但往往不能保持真实的唱腔。自晚清《遏云阁曲谱》始，昆曲工尺谱中的小眼落到了实处。时至民国，板眼的标记更为细化，并逐渐固定。至《与众曲谱》："'、'为头板，'⌒'为腰板，'一'为底板，'×'为头赠板，'｜×'为腰赠板，'○△'为正侧中眼，'·⌒'为正侧头末眼。"② 上述板眼符号成为后世昆曲工尺谱板眼标记的规范，沿用至今。昆曲工尺谱小眼标注的固定，更能完整地保持昆曲音乐唱腔的本来面貌。

二是口法标记的丰富。清代昆曲工尺谱的各种口法标记经历了由简到繁的发展过程。《九宫大成》《纳书楹》和《吟香堂》，只有基本的工尺和板眼，未标注任何口法。《遏云阁曲谱》之后，各种口法标记陆续加入，不断丰富了工尺谱记录小腔的功能。及至晚清俞宗海所传《粟庐曲谱》，口法符号之细致达到顶峰。《粟庐曲谱·凡例》所注的口法符号如下：

带腔	撮腔	垫腔	叠腔	啜腔	滑腔	擞腔	豁腔	气口
· 或旁注工尺	·	旁注工尺	· ··	旁注工尺	·	—	⌒	⌞

以《牡丹亭·惊梦》【山坡羊】为例，笔者将《纳书楹四梦全谱》《遏云阁曲谱》《昆曲大全》《与众曲谱》《粟庐曲谱》五种工尺谱中该曲的口法标记进行对比分析，各谱使用口法标记的次数如下：《纳书楹四梦全谱》0 处，《遏云阁曲谱》22 处，《昆曲大全》9 处，《与众曲谱》10 处，《粟庐曲谱》119 处。

按成书时间顺序，以下五种工尺谱的口法标记使用数量明显递增，各种符号越来越密集。究其原因，一是昆曲工尺谱记谱方式的渐趋成熟，二是在昆曲较为流行的时期，曲唱主要靠口头传承，曲谱只是起到辅助作用。而当昆曲衰落之后，能歌者渐稀，能通音律而灵活处理小腔者更寡，工尺谱从辅助地位上升为传承唱腔的主要形式，因此，口法的详尽细致成为大势之所趋。正因为《粟庐曲谱》等工尺谱不厌其烦地将烦琐的昆曲口法记录完备，才给后学者依

---

① 叶堂：《纳书楹曲谱》，引自《续修四库全书》（1756），上海古籍出版社 2002 年版。
② 王季烈：《与众曲谱》，商务印书馆 1940 年版。

谱而歌提供了便利，最大限度地保存了昆曲唱腔音乐的原腔古调。

结语　清代昆曲工尺谱与《牡丹亭》的通俗化演绎

《牡丹亭》传奇素来以杰出的文学成就而称著，其典雅华美的曲词令人叹服。然而，精雕细琢的文风给普及带来一定障碍，曲文与昆山腔曲律的失谐之处又给传唱带来诸多不便。因此，对文字作出必要的改动、对音乐进行认真的修订，有助于作品被更多层次的观众所接受和认同。

在本文的第二部分，笔者举例分析了晚清民国昆曲工尺谱中与剧作原著的文本差异。小至一个字的变动，大至主体结构的调整，其目的与效果究竟何在？

题目上，将原本表意含蓄的标题改得直白、醒目、扣人心弦，并将剧情的亮点与看点囊括其中。情节上，所有增加的内容几乎都是对既有情节的扩展与生动化。而在串折演出中，往往将双线、多线的作品，剪除芜杂的线索和旁支错节，只呈现故事的主线脉络。文辞上，删去冗长的或重复的曲文宾白，使原本语言尽量地简洁晓畅。新增的曲文和宾白，则多将描述性、解说性、动作性的文字加入其中，把原作演绎得更为通俗而活泼。

较之文字改动，清代昆曲工尺谱在记谱方式上对通俗化的迁就则有过之而无不及。《昆曲大全·凡例》云："从前坊间出版之曲谱，大抵谬误百出，且于曲调妄加删节。本编力矫斯病，采曲则声文并茂为宗，订剧则以雅俗共赏为的。"① 《与众曲谱·凡例》云："此谱专选歌场习见之曲，以期通行。取孟子'与众乐乐'之意，名曰《与众曲谱》。""所选各曲，以文章雅驯、音律谐和为主。"② 这两种曲谱都不约而同地强调"雅俗共赏"。由于晚清民国昆曲工尺谱对"戏宫"的逐渐重视，在剧目选择上，逐渐注重折子戏的场面、情节、人物等因素；兼之曲谱中逐渐加入宾白、科范、锣段等元素，导致某些以情节、动作、念白为主的剧目也被选入曲谱中。如《训女》《回生》《婚走》等重"戏"轻"曲"之作，以鲜活的生命力受到普通观众的喜爱。尽管此类剧目的增加，虽未能与《惊梦》《寻梦》等重"曲"之戏抗衡，但至少反映了晚

---

① 殷溎深、张芬：《昆曲大全》，世界书局1925年版。
② 王季烈：《与众曲谱》，商务印书馆1940年版。

清工尺谱选剧观念的适度世俗化倾向。此外，清代后期的昆曲工尺谱中的《牡丹亭》，记谱更加具体、琐细，艺术风格侧重"戏宫"。究其本质，皆为避免曲高和寡，更广泛地传承与传播昆曲《牡丹亭》。

综上所述，在对《牡丹亭》的多次改编中，数代文人、艺人与观众对原著不再是敬慕的仰视，而尽量把它放到平等的位置，尝试以大众的审美理想来重新包装它。于是，无论内容调整还是文辞增删，所有改动不约而同地以一个目的为旨归——文人传奇的世俗化阐释。事实上，既要保持原作的精髓，又要追求场上效果，谈何容易？尽管文本的改动者没有留下姓名，但在曲谱文本的字里行间，我们读到了数代艺人在实践中为追求最佳演出效果而不断地摸索与改进。当然，昆曲的世俗化，与"花部"之世俗不可同日而语。工尺谱选剧的总体主流依然是重"曲"轻"戏"，究其本质，正是昆曲"雅正"艺术品格的长期稳定性所造成的。尽管《牡丹亭》的世俗化历程在清代昆曲工尺谱中清晰可见，但其在步入近现代之后，意欲普及，依然任重而道远。此系本文未尽之意，留待方家进一步深入探讨。

作者单位：苏州科技大学人文学院

《九宫大成》所收【会河阳】曲牌旋律考论*

蔡珊珊

南曲是我国戏曲发展史中一种重要的曲体形式。自宋元以来，南曲诸多代表性曲牌得到传承与发展，并逐渐衍生出若干变体格式。笔者选取《九宫大成》所收南曲【会河阳】正、变格二曲为研究对象，试图探究【会河阳】曲牌旋律曲调之流变规律及其产生原因。

《新定九宫大成南北词宫谱》（以下简称《九宫大成》）为清代周祥钰等人奉旨编纂的一部官修谱，收录南北曲曲调正格、变体共计4466首，其中南曲曲调正格1513首。《九宫大成》收列曲调乐谱容量庞大，时间跨度久远，曲学家吴梅先生称之为："词山曲海，汇成大观"。①《九宫大成》）卷十中吕宫正曲收录【会河阳】正、变格二曲，分别出自清宫戏《月令承应》与明清传奇《一捧雪》。如图1所示。

《月令承应》为清代宫廷戏一种，在各岁时节令期间演出，以展示各种祥征瑞应为主要内容。②《一捧雪》为明清传奇，讲述明代嘉靖年间，莫怀古连番设计保卫祖传玉杯"一捧雪"。《九宫大成》南词宫谱凡例第一条写道："今选《月令承应》《法宫雅奏》作程式，旧体式不合者删之。新曲所无，仍用旧曲。"③ 因此清宫戏《月令承应》中【会河阳】曲牌被列为正格。笔者将对《九宫大成》【会河阳】正、变格二曲（以下简称【会河阳】二曲）旋律曲调进行分析比对。

---

* 本文刊登于《艺术百家》2014年第6期。
① 吴梅：《新定九宫大成南北词宫谱序》，《新定九宫大成南北词宫谱》卷首，引自《续修四库全书》（1753），上海古籍出版社2002年版，第604页。
② 廖奔、刘彦君：《中国戏曲发展史》第四卷，山西教育出版社2003年版，第365页。
③ 周祥钰、邹金生等：《新定九宫大成南词宫谱·凡例》，引自《新定九宫大成南北词宫谱》卷首，《续修四库全书》（1753），上海古籍出版社2002年版，第170页。

正格：

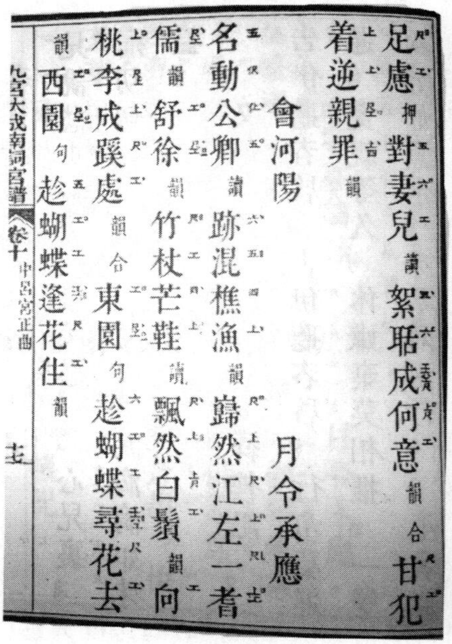

九宮大成南詞宮譜 卷十 中呂宮正曲

足慮對妻兒絮聒成何意甘犯
着逆親罪
會河陽
名動公卿跡混樵漁鼎然江左一者
月令承應
儒舒徐竹杖芒鞋飄然白鬚向
桃李成蹊處東園趁蝴蝶尋花去
西園趁蝴蝶逢花住

又一体：

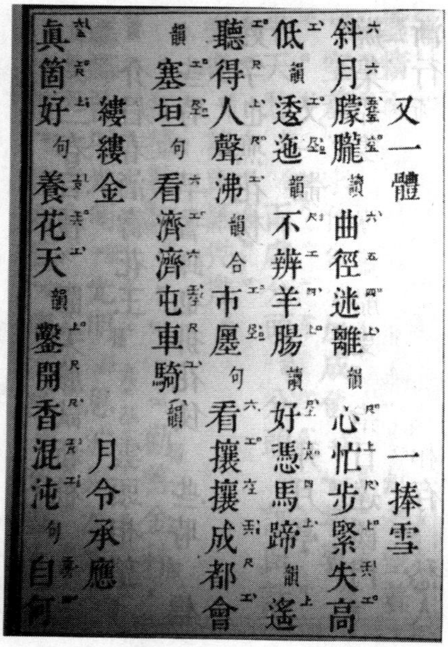

又一體
一捧雪
斜月朦朧曲徑迷離心忙步緊失高
低透迤不辨羊腸好憑馬蹄遙
聽得人聲沸市廛看攘攘成都會
塞垣看濟濟屯車騎
縷縷金
月令承應
真箇好養花天鑿開香混沌自有

图1 《月令承应》与《一捧雪》

资料来源：周祥钰、邹金生等：《新定九宫大成南北词宫谱》卷十，引自《续修四库全书》(1754)，上海古籍出版社2002年版，第170页。

1. 调式与音阶

【会河阳】二曲均为中吕宫调，笔者参考《新定九宫大成南北词宫谱校译》书中译谱，宫调与曲调的对应参照昆曲各宫调所用笛色，此二曲定为小工调（小工调 = D 调），来分析二曲。① 正格全曲共出现“四上尺工六五仕伬”八工尺谱字，其中“四”为低八度的“五音”，“仕”为高八度的“上”音，“伬”为高八度的“尺音”，转换成D调应为：$\underset{\cdot}{7}$23#46723。变格全曲共出现“四上尺工六五仕”七工尺谱字，即D调：$\underset{\cdot}{7}$23#4672，较之正格，减少一工尺谱字“伬”音。【会河阳】二曲皆为南曲，南曲音阶体制以五声音阶为基准，不用“凡乙（一）”二音，此二曲皆符合此规律，全曲皆无“凡乙”二音，故二曲音阶为：D调DE#FAB。

---

① 参见刘崇德校译：《新定九宫大成南北词宫谱校译·凡例》，天津古籍出版社1998年版，第11页。

2. 工尺谱字总数

正格全曲共标注工尺谱字 57 音，变格全曲共标注工尺谱字 60 音，较之正格增加三谱音。其中曲文一字搭配三音者，变格有二：即首句第三字"朦"字（五仩五）与末句第 4 字"屯"字（工六工），正格全曲仅一处一字配以三音，即第 7 句第 4 字"寻"字（工六工）。

3. 板式运用

【会河阳】二曲，板式运用颇为相似，二曲皆为 21 板，除首句正格在第 6 字"混"字处用"彻眼"，而变格在首句第 7 字"迷"字处用"正眼"外，其余板、眼俱同。

4. 腔板搭配

腔格与板式既是组成曲调的重要部分，又是区分曲调的重要因素。腔与板二者相互对应，联系紧密。笔者将【会河阳】二曲旋律音出现频次与头板运用次数进行统计，如表 1、表 2 所示。

表 1　　　　　　　　　《月令承应》格（正格）

工尺谱字	四	上	尺	工	六	五	仩	伬
出现频次	2	10	14	21	4	4	1	1
头板次数	1	2	6	6	1	0	1	0

表 2　　　　　　　　　《一捧雪》格（变格）

工尺谱字	上	尺	工	六	五	四	仩
出现频次	9	12	20	11	4	3	1
头板次数	3	5	6	1	1	1	0

由表 1 可见：全曲中的八工尺谱音并非平均分配，而是主次分明。全曲以"工尺"二音（D 调#4 3），出现频次与头板运用次数最多。其中"工"音出现高达 21 次，并 6 次在头板出现，分别在"须""处""寻""去""逢""住"字处用头板，全曲结音仍为"工"音，可见"工"音在全曲中至关重要。"尺"音出现频次仅次于"工"音，多达 14 次，且配以头板次数亦为 6 次；"上"音（D 调 2）运用频次也达 10 次，并搭配两次头板。全曲以"工

音为首的"上、尺、工"三音,运用头板次数与出现频次最多。

由表 2 可见:全曲仍以"工"音出现频次与头板运用次数最多,高达 20 次,并 6 次在头板出现,分别在"低""沸""成""会""屯""骑"字处用头板,全曲结音仍在"工"音。"尺"音次之,出现频次高达 12 次,并 5 次配以头板。此格"上"音出现 9 次,搭配头板次数增至 3 次。此外,"六"音(D 调 6)在此格中使用频率明显增多,共出现 11 次,并一处搭配头板;而正格仅出现 4 次。由此可见,全曲"上、尺、工、六"四音运用最多,较之正格,"六"音作用明显增强。

通过对【会河阳】二曲腔格与板位搭配的数据分析表明:头板运用次数最多的旋律音,也是全曲出现频次最高的旋律音,又是全曲之结音,即"工"音,它在二曲中的作用极其重要。正格中出现频次最多的音,依次为"工、尺、上"三音,"四、六、五、仩、伬"五音则运用较少;变格依次以"工、尺、六、上"四音出现频次最多,而"五、四、仩"三音运用较少。较之二曲,腔格与板位搭配既有重合,亦有变化,正因为这些变化,致使同名曲牌的曲调旋律在严格的律曲模式中亦能显现其鲜活个性与生命力。

5. 旋律音程关系

笔者将【会河阳】二曲中所有相邻旋律音之间的音程关系做统计,如表 3 所示。

表 3　　　　　　　　【会河阳】二曲音程关系统计

音程关系	一度	二度	三度	四度	五度	八度
月令承应格	10	30	10	4	1	1
一捧雪格	8	27	20	2	1	1

由表 3 所示,【会河阳】二曲相邻两个旋律音之间均以二度关系行进最多,正格二度运用高达 30 次,变格达到 27 次。由于五声调式音阶中不存在半音,没有小二度,故二曲旋律音之间二度关系俱为大二度。二曲五度与八度的运用最少,均为 1 次,且运用位置、行进方向、搭配音符皆相同。二曲相较,旋律音均以二度上下行形式行进最多,三度与一度次之,变格曲中三度音程运用更为频繁,正格曲中三度与一度音程关系使用均衡,二曲四度、五度、八度

运用较少,六度、七度均无运用。正由于不同音程关系的搭配与组合,给曲牌音乐提供了更为丰富的表现形式。

6. 旋律编配

【会河阳】二曲工尺谱旋律编配,主要有以下两点差异:其一,音区跨度不同。二曲在五声音阶保持不变的形态下,音区跨度略有不同。正格音区由"四"音(D调7)到"伬"音(D调高音3);变格音区由"四"音到"仩"音(D调高音2),正格音域更为宽泛,比变格高音区提高一个大二度,由"仩"音提高到"伬"音。其二,旋律音的不同。两曲的工尺谱旋律在曲调主体近似的基础上,工尺谱音高低、多寡,亦有不同。如首句四字搭配,正格为"名"(五)"动"(伬)"公"(仩)"卿"(五);变格为"斜"(六)"月"(六)"朦"(五仩五)"胧"(六五),正格搭配"五伬"(D调7高音3)二音开头,音域更为清亮;变格用"六六"(D调66)二音,其声更为平缓。又如正格曲文首4字搭配曲谱4音;而变格首4字则配7音,仅曲文第3字,乃配3音(五仩五),音符多寡有别。

二曲旋律编配尽管存在差异,但共性仍占主导,即旋律主体相同,主要体现为:其一,弱起与结音。二曲均以弱起节奏形式起音,自曲文第3字才运用板位;二曲结音皆为"工"音,且在曲中均为出现频次最高的乐音。其二,诸多句字,旋律音编配完全相同。如二曲中所有二字分句,旋律音均为"工尺工"。又如二曲首句末4字,旋律音均为"六五四上"等。其三,二曲一字配三音处,皆在头板。如正格第7句第4字"寻"字配(工六工);变格首句第3字"朦"字配(五仩五),末句第4字"屯"字配(工六工),皆用头板。

本文通过对《九宫大成》所收【会河阳】正、变格二曲调式音阶、板式运用、腔板搭配、音程关系、旋律编配等方面的分析表明:二曲旋律、板式主体结构与框架保持一致,虽细节处存在差异,但其旋律曲调主体保持统一,并占主导,其衍变规律及原因具体如下:

(1)《九宫大成》【会河阳】正、变格二曲旋律与板式主体结构的一致性体现其高度的统一性与传承关系。

二曲板位总数相同,板式运用亦颇为相似;二曲旋律音阶相同且旋律框架一致,曲调主体特征与精髓得到巩固与传承。

(2)《九宫大成》【会河阳】正、变格二曲旋律运用细节处差异体现其创新性与变革关系。

二曲在曲调腔格主体统一的原则下，旋律音调编配也存在差异，其原因系曲文字声、旋律音配比、曲文内容等不同与变化所致。

①二曲读、韵处所用平声字字声不同，导致旋律音搭配有所变化。如二曲首句第四字句读处，正格为"卿"（阴平）搭配"五"音，而变格为"胧"（阳平）搭配"六五"二音；又如二曲第二句末字韵位处，正格为"儒"（阳平）搭配"尺工"二音，而变格为"低"（阴平）搭配"工"音；再如二曲第四句末字韵位处，正格为"须"（阴平），搭配"工"音，变格为"蹄"（阳平）搭配"上"音等。

②二曲旋律音运用比例的不同，导致旋律音搭配有所变化。

二曲在巩固"工、尺、上"三音地位与作用的同时，变格一曲"六"音运用频次与作用明显加强，致使旋律音调编配也发生改变。如二曲第二句第五字，正格为"一"字搭配"尺"音；而变格为"失"字搭配"工六"二音，"一"字与"失"字均为入声作上声，但腔格搭配却不同。再如二曲首句与末句第一字，变格再次用二"六"音替换正格二"五"音，"六"音被不断强调。

③二曲曲文内容与情境的不同，导致旋律音搭配有所变化。

二曲虽同为【会河阳】曲牌，但由于出自不同的戏剧名目，曲文内容完全不同，所要表达的音乐情境与情感也不相同，致使二曲旋律曲调也不可能完全一致。如曲首二字正格"名动"搭配（五伬）二音，而变格"斜月"搭配（六六）二音，正格开头即用一个纯四度，并且运用全曲最高音"伬"音，给人以清亮、抑扬顿挫之感，正格全曲共四次运用纯四度，使旋律更为舒缓、开阔，与宫廷节令期间承应戏功能相吻合；而变格则以"六六"纯一度二音开头，起音便比正格低一个二度，全曲仅二处使用纯四度，旋律更显深沉、低缓，与其传奇剧中之情境相吻合。

综上所述，【会河阳】这一南曲代表性曲牌，见于元代，流入明清，并逐渐衍生出多种格式，其曲文格律产生流变的同时，旋律音调亦在不断变革与发展。《九宫大成》所收【会河阳】正、变格二曲，曲调腔格主体保持统一，细节处各有其特点，体现了【会河阳】曲牌巩固与传承旋律曲调精髓，保持曲调共性主导的同时，寻求创新、展现个性的流变规律。

作者单位：南京艺术学院

昆曲《牡丹亭》的符号化建构研究

曹凌燕

符号建构在文化发展中具有非常重要的意义。文化发展的过程本质上是一个符号意义的建构过程。人类学家格尔茨强调,文化实质上是一个符号学的概念,"它表示的是从历史上留下来的存在于符号中的意义模式,是以符号形式表达的前后相袭的概念系统,借此人们交流、保存和发展对生命的知识和态度"①。艺术作为文化有机整体的组成部分,在其符号化的构形过程中,渗透着人类的各种文化内涵。汤显祖的传奇巨作《牡丹亭》,自从以昆曲的形态呈现后,即成为昆曲场上最受欢迎的剧目,在不断地演出传承中,实现了从传奇文本到演出脚本、从语言符号向戏剧符号的转化。此后,这一优质文化资源在内涵意义的延伸、积淀中进行着符号化的动态建构。经过数百年的舞台沉浮与符号衍化,传唱至今的《牡丹亭》已不仅是昆曲的指称、古老戏曲的代名词,同时被赋予多元符号意义和功能,逐渐凝结为中国传统艺术的象征、对外文化交流的符号。反观昆曲《牡丹亭》符号意义的建构路径,解析其演变轨迹的影响因素和蕴含的理念、精神,探讨其现代符号体系的重塑,对进一步提升《牡丹亭》的符号价值和功能,对如何从浩如烟海的传统文化资源中挖掘、塑造世界性的民族文化符号具有重要启示。

一

符号现象涵盖了人类的全部文化领域,人类的一切文化形式都是符号形式,文学创作也不例外。《牡丹亭》是汤显祖"临川四梦"中成就最高、最受瞩目的代表作。传奇以文辞优雅、情文并茂的浪漫主义笔触书写大家闺秀杜丽

---

① 格尔茨著,韩莉译:《文化的解释》,译林出版社2008年版,第95页。

娘和儒雅书生柳梦梅的爱情故事，表现了杜丽娘为梦中之情而死、生死不渝的至情至性和生命追求，如《牡丹亭·题词》中所言："情不知所起，一往而深，生者可以死，死可以生。生而不可与死，死而不可复生者，皆非情之至也。梦中之情，何必非真，天下岂少梦中之人耶？"① 作品所表达的女性意识的觉醒，自我肯定、执着追求的个性解放思想，一往情深、人间真情重于一切的情爱理念等可贵的人文内涵，在被封建礼教禁锢几千年、人性解放意识萌芽的微茫时代，受到特别推崇，使其甫一问世，即吸引了读者的目光，"文人学士案头无不置一册。"② "家传户诵，几令《西厢》减价。"③ 尤其是对杜丽娘形象的塑造，对"至情"思想的表达，引起闺阁女子的情感共鸣，形成明清两代女性阅读评点之热，使其得到广泛传播。④ 可见，《牡丹亭》这一富有创造性的文学作品，"以个性化的语言（能指），将人引向湛深而精致的主题（所指），"⑤ 显示出其语言符号独具的审美价值。

然而，艺术品是将情感呈现出来供人观赏的，是由情感转化成的可见的或可听的形式。它是运用符号的方式把情感转变成诉诸人的知觉加之曲词深奥，不易理解，不和音律，似乎只是"案头之书"，非"登场之曲"，即"有意味的形式"。⑥《牡丹亭》从传奇文本到演出脚本、从单一语言符号向多重戏剧符号的转化，经历了艺术化再创造。

由于《牡丹亭》全本55折，结构冗长，剪裁失度，徐日曦（即硕园）改本：硕园删定本《还魂记》。如李渔曾评说《惊梦》《寻梦》二折戏辞藻一般人听不懂，"止可作文字观，不得作传奇观"（《闲情偶记·词曲部》词采第二）。尽管如此，它问世后即被搬演。清代石韫玉在《吟香堂曲谱·序》中记述："汤临川作《牡丹亭》传奇，名擅一时。当其脱稿时，翌日而歌儿持板，又一日而旗亭已树赤帜矣。"邹迪光《临川汤先生传》记载："若紫箫、'二梦'、还魂诸剧，每谱一曲，令小史当歌而自为之和，声振寥廓。"汤显祖指导伶人演出之事在他于《牡丹亭》完稿次年创作的《七夕醉答君东》诗中亦

---

① 见徐朔方笺校：《汤显祖全集》，北京古籍出版社1998年版，第12页。
② 陈同、谈则、钱宜：《吴吴山三妇合评牡丹亭还魂记》，清康熙三十三年（1694）刻本，梦园刻。
③ 沈德符：《顾曲杂言》，人民文学出版社1991年版，第77页。
④ 冯钢：《艺术符号学》，东华大学出版社2013年版，第30页。
⑤ 姚文放：《文学理论》，江苏教育出版社2007年版，第212页。
⑥ 苏珊·朗格（Susanne K. Langer）著，滕守尧译：《艺术问题》，中国社会科学出版社1983年版，第24页。

有提及："玉茗堂开春翠屏，新词传唱牡丹亭。伤心拍遍无人会，自招檀痕教小伶。"① 曲家沈璟自组家班演出，其族侄沈君张家中也蓄有"女乐七八人，俱十四五女子，演杂剧及玉茗堂诸本，声容双美。"② 只是因无法确定《牡丹亭》是为何种声腔而作，所以它最初的演出声腔和搬演形式不得而知。

然而，《牡丹亭》诞生之时，正值昆山腔兴盛，并压倒其他各种声腔，成为传奇剧本的标准唱腔。昆曲因剧本抒情性强，摹写悲欢离合，极尽其妙；文辞优美，旖旎典雅；讲究声韵，音节纡徐柔曼；动作细腻，歌唱与舞蹈身段巧妙结合，逐渐形成完整的表演体系，由长江以南的苏浙一带向外扩展，流行广远，成为影响最大的全国性声腔剧种，称显于歌场舞榭间，成为文人雅集、喜庆聚会的主要戏曲样式。尤其家班演出之盛令人瞩目，当时文人士大夫阶层把宴饮赏剧作为生活之必需，几乎"无日不开宴，无日不观剧"（潘允端《玉华堂日记》），乃至明代中叶后形成"年来俚儒之稍通音律者，伶人之稍习文墨者动辄编一传奇"③ 的时尚风习。至清乾隆年间，昆曲进入全盛时期，不仅在上层社会受到追捧，在民间里巷也得到普遍传唱。如王宪煦《昆腔偶谈》所云："当盛清乾嘉间，其腔最盛，上至公卿大夫，下而走卒贩夫，皆以能唱几句为荣，而笑谈亦竟由以百出。"④

在这种文化语境下，《牡丹亭》不仅有了昆曲版的演出，更是成为红氍毹上必不可少的剧目。根据文献记载，明清时期以演出《牡丹亭》著名的戏曲家班有：太仓王锡爵家班、无锡邹迪光家班、徽州吴越石家班、常熟钱岱家班、吴中沈君张家班、云间（即松江）顾明威家班等，各戏班争奇斗艳，促成了昆曲的兴起及《牡丹亭》的盛演。明清两代许多伶人因擅演该剧，甚至达到如痴如醉、似幻似真的艺术境界而名噪一时，如明代万历到崇祯年间戏曲串客赵必大，扮演杜丽娘技艺高超，可得人物神情之精髓。张大复在《梅花草堂笔谈》中记述："赵必大扮杜丽娘，生者可死，死者可生，譬之以灯取影，横斜平直，各相乘除。又如秋夜月明，林间可数毛发。"⑤

为了将原作中丰富的情感意蕴通过视觉与听觉的符号组合，直观立体地加

---

① 徐朔方笺校：《汤显祖诗文集》，上海古籍出版社1982年版，第735页。
② 叶绍袁：《叶天寥四种》，出版地不详，1936年版，第87页。
③ 陆萼庭：《昆剧演出史稿》，上海教育出版社2006年版，第42～43页。
④ 王宪煦：《昆腔偶谈》，载于《申报》1925年4月23日7版[211]，435。
⑤ 张大复：《梅花草堂笔谈》（下），上海古籍出版社1986年版，第676页。

以呈现，明代文人吕天成、沈璟、臧晋叔、冯梦龙、徐日曦等，从昆山腔的格律要求、场上演出的需要出发，均对其进行改订。从场次的删并、改动，曲词的删改，到情节结构的调整，修改本虽各有不足之处，但为舞台演出提供了可选择的脚本。其中以冯梦龙的改本最受欢迎。清代敬呈皇帝的冰丝馆本《牡丹亭》的出现，说明它在宫廷演出中也成为不可缺少的重要剧目。乾隆、嘉庆年间折子戏盛行后，清代艺人根据原本和文人的改编，在演出实践中形成《牡丹亭》折子戏改本，风行于世，成为宫廷与民间筵宴、清末茶园常演的剧目。清末常演于上海茶园的折子戏有：《游园》《堆花》《惊梦》《离魂》《冥判》《拾画》《叫画》《劝农》《学堂》等。① 与原作及文人的修改本相比，体现了"另一种意趣神色"。（汤显祖语）无论民间还是宫廷，演出最多、最受欢迎的是《游园》《惊梦》两出折子精华。清初宫廷演剧兴盛时，《劝农》《堆花》作为常演的"吉利戏"颇受欢迎，呈现出不同于民间演出的风格特色，迎合了观者对安乐祥和生活美景的热爱、期盼心理。在民间，这两出热闹、喜庆的折子戏也成为舞台上经常上演的剧目，《劝农》作为节令戏演出于每年的三月初一。修改后的折子戏浓缩了原作的精华，并从舞台演出着眼，更注重通俗化、人情化、趣味性和表演性，成为演出的重要形式，扩大了其流传范围。同时，清代乾隆、嘉庆、道光、咸丰年间，《牡丹亭》全本仍有演出，未被折子戏取代。

经过对案头文学自觉或不自觉的赋形化、符号化，以昆曲形式呈现的《牡丹亭》，将一部传奇类型的语言符号转化为由视听符号构成的多重艺术符号系统，通过昆曲艺术特有的"形"（身段表演和舞台布置等）与"声"（"水磨调"声腔）的传达媒介，传承着这部文学名著所具有的文化内涵，并赋予其独特的物态符号即舞台形象，形成场上表演之符号体系，以至情的表达，典雅的气息，综合性的艺术之美，外形与内涵的高度契合，达到对昆曲的精致呈现，逐渐凝结成为昆曲之标志性符号。

二

符号是意义的载体，探究符号意义成为符号学研究的核心问题。在现代

---

① 陆萼庭：《昆剧演出史稿》，上海教育出版社 2006 年版，第 347 页。

符号学研究者看来，"符号是携带意义的感知"，符号学即为"研究意义的学说"。① 在昆曲《牡丹亭》的符号系统结构中同样包含着多种意义，其形象的塑造与传播过程即是符号意义的建构行动，包含原有指称意义的确立，引申意义的生成、消长与拓展，使其内涵意义在开放状态中得以延伸。

产生于明代文运昌盛的江南、作为一代文学典型代表的《牡丹亭》，承载着那个时代特有的文化记忆，诞生后即吸引读者、观者，尤其是文人群体、闺阁女子的关注。自由的灵魂，飞扬的情思，痴情的形象，唯美的文辞，赋予其特有的符号意义，被解读为传奇精华，至情至性理念的载体，供案头阅读或场上改编。当《牡丹亭》以昆曲的形式演绎形成一种固定形态和呈现方式后，它便逐渐成为传统戏剧样式——昆曲的指称，缭绕于厅堂雅集中，影响远播。

以家班"厅堂"演出为主的观演方式，原作多重丰富的内涵信息，昆曲文字典雅、词采粲然、音律舒缓雅驯、表演优美娴雅的独特美学风貌，各种因素的综合作用，又使其具有了典雅精致的符号意义，成为高雅艺术的象征。创作者、观赏者将参与其中视为展示才学、附庸风雅与修养心性、制造幻觉的身份标志与生活方式。这种特定符号意义的形成与明清时期文人士大夫追求风雅、喜欢筵宴酬唱之社会文化风尚相联系，由当时"语境"中的参与者共同建构、共同分享。

"艺术符号的审美意义是在历史框架中生成的"，但"它不是永恒不变的，而是在历史进程中不断创造出新意义、获得新的解释。"② 乾隆、嘉庆以后，由于蓄养家班的风气日趋式微，家班逐渐没落，昆曲演出主要依靠民间职业戏班。特别是乾隆末年后，戏曲演出场合从私人厅堂转向戏楼、茶园等公共剧场空间，更多观众可以欣赏到《牡丹亭》等昆曲的演出。然而昆曲日渐雅化的趋势，清代同治、光绪年间花雅之争中地方戏的胜出，尤其是京剧的兴盛，使得曾风靡一时的国粹昆曲逐渐由热而冷，由盛而衰。此后，作为一种盛世遗音，《牡丹亭》的演出与时代的更迭、文运的兴衰、昆曲的命运联系在一起，随着传统文化的兴衰演变、主流意识形态的主导渗透，以及传播媒介、观演方式和交流体系的变化，发生着符号意义的衍变，映照着艺术符号与社会间无法

---

① 赵毅衡：《重新定义符号与符号学》，载于《国际新闻界》2013 年第 6 期。
② 杨春时：《艺术符号与解释》，载于《求是学刊》1989 年第 5 期。

割离的关系。

近代以来，受到在变革大潮中兴起的京剧和地方戏的极大冲击，昆曲的优势地位被取而代之，昆曲艺人只能以京昆同台等形式与其他剧种合演。至民国初年，昆班衰微，以上海为例，一度仅有沪上大雅之旧属在苏州组成的"全福班"和北方韩世昌领衔的"荣庆社"演出。新文化运动中两大阵营对待昆曲及《牡丹亭》截然不同的态度：或视之为腐朽封建文艺的代表加以否定批判，或对其文辞之典雅大加赞赏，造成对昆曲《牡丹亭》接受、解读的多元复杂性。俞平伯、胡先骕、王季思等都曾在报刊发文，肯定《牡丹亭》的民主思想、浪漫主义风格。京、津、沪、苏、宁等地，作为昆曲演出、传播的主要阵地，在当地的主要报刊上登载了大量《牡丹亭》演出的信息和剧照，反映出即便在昆曲演出极度衰微之际，只要有水磨调唱响之时，便少不了《牡丹亭》的登场。

"荣庆社"名旦韩世昌擅演《春香闹学》和《游园惊梦》，他演出的《游园惊梦》，因"曲谱悠扬婉转，极其悦耳，而姿态掩映，情义低徊，实为乱弹中所不能见也。"成为1918年北京最流行之剧。① 此后，他也数次到上海演出，大受沪上观众欢迎。可见，《牡丹亭》优柔典雅的美学风格依然能唤起观众对昆曲雅乐的观赏趣味。

独特的美学精神和符号意义，使昆曲《牡丹亭》主要出现于文人雅集、昆曲会串、酬神演剧、喜庆娱宾等各种演出场合，通常以折子戏的形式呈现，最常演的是《游园惊梦》《寻梦》《拾画》《叫画》《闹学》几折。苏州大章、大雅昆班、宁波昆班、昆曲传习所、咏霓社、仙霓社等民间班社成为传承昆曲的主要力量，对其寄予"古乐中兴"之厚望。② 此后，昆曲"传"字辈艺人成为长期延续昆曲血脉的主要力量，由他们组成的仙霓社，传承了《牡丹亭》折子戏11出，直至新中国成立后仍有演出。1927年12月13日上海笑舞台新乐府开幕时，演出大戏有顾传玠、朱传茗、张传芳联袂合演的《牡丹亭》全本及《长生殿》《狮吼记》，吸引了吴昌硕、周信芳、徐志摩和陆小曼等许多沪上名流。倡导者将《牡丹亭》等昆曲视为"阳春白雪"，希冀在社会动荡、人心暴烈浮躁、文化衰落、礼义几亡、市井叫嚣之际，"半以提倡国学，半以陶冶人心。""以剧风正人心"。③ 赋予昆曲特定的符号意义和功能。

---

① 署名"章"的《韩世昌之游园惊梦》，载于《新闻报》1919年12月7日。
② 参见《申报》1927年12月9日增刊1版［241］201。
③ 罗振元：《提倡昆戏》，载于《申报》1946年6月30日。

民国时期，一些京剧名家，如梅兰芳、程砚秋、尚小云、荀慧生、李世芳、毛世来等，都曾加盟演出，身体力行倡导昆曲，对《牡丹亭》的传播发挥了积极作用。如沧玉《牡丹亭札记（下）》中记载："今通行于昆曲者，仅《闺塾》（春香闹学）《惊梦》（游园惊梦）《冥判》《拾画》（《叫画》）诸折。……此曲（指《惊梦》）二簧伶人中亦有唱演，惜乎贴旦同为重要，终难望齐全。闻尚小云、荀慧生曾合演，恨未亲睹。李世芳、毛世来闻亦合演此剧，予曾得平友来函赞美。"① 梅兰芳和俞振飞三次合演过《游园惊梦》，二人的表演珠联璧合，被叹为观止。1946 年梅兰芳复出登台仍以昆剧为前锋，有起衰挽颓之意。虽然有关当时昆曲舞台演出形态的记录缺乏，但众多刊载于报刊的剧照记录下了《牡丹亭》演出者曼妙的身段和妆容。他们的演出与实践，使昆曲《牡丹亭》与京剧在相同的演出场域中彼此促进，形成更为完善的表演符号体系。

在昆曲随着文运起落兴衰的历史进程中，作为昆曲雅乐之代表、曾被社会广泛接受的昆曲《牡丹亭》，逐渐成为社会上只有少数人尚可接触、欣赏到的阳春白雪，主要以文人雅集、曲社演出的形式存在，成为文人名士酬唱往还、切磋探讨的消闲娱乐方式，怡情养性、追求风雅的精神品位体现，在具有一定文化素养，受过艺术熏陶的文人雅士阶层得以延续。少数富商巨贾亦将其视为附庸风雅、摆阔炫耀的必需，在家庭喜庆筵宴之时，奉上昆曲雅韵助兴，并以示家道之殷实、身份之尊贵、趣味之高雅。诚如有学者所言："符号的象征意义来源于社会环境或文化背景，它所表征的主要话语系统是关于地位、品位、时尚、身份、高雅、幸福等观念及其生活方式。"② 此时昆曲《牡丹亭》所传达的不仅有演出所直观呈现的"指示"意义（舞台意象），同时也兼具人们所赋予它的衍生"内涵"，诸如国学、雅韵清音、传统艺术、典雅美、阳春白雪等意义所指，传承着社会文脉，并被附着上雅好诗词曲赋，具有文化修养、文人气息、文化品位和上流社会身份的象征意义，影响着一定范围的审美取向和文化消费。昆曲虽也曾偶尔进入迎神赛会等演出场所，进入乡民视野，但在当局者以厚人伦、循礼法、敦风俗、维护道德秩序等名义一再禁止"风流淫戏"的社会舆论和普通民众的欣赏趣味影响下，始终未能成为大众生活的一部分，

---

① 参见《北平半月剧刊》1937 年第 12 期。
② 贺绍俊：《大众文化影响下的当代文学现象》，载于《文艺研究》2005 年第 3 期。

也无法纳入乡民意识形态和符号意义，仅局限于上流社会文人士绅阶层。

新中国成立后，剧场观赏成为人们接近、欣赏"百戏之祖"、古老昆曲的主要途径。昆曲《十五贯》的成功，带动了《牡丹亭》等剧的演出。随后（20世纪五六十年代），出现不同新改编的《牡丹亭》演出版。其中俞振飞、言慧珠1957年合作的全剧《牡丹亭》，被称为"俞言版"。剧场表演"综合统一语言意义、形象意义、声音意义；将作家赋意、表演传意及观者释意等各个层次和各方面都有机地融为一体"①。完整的演出体系，在观演互动、相生的解读与阐释中，表达着人们对典雅艺术的接受、欣赏、热爱，对传统文化的尊重、崇尚、敬意。梅兰芳、俞振飞合演的电影版《牡丹亭》，因传播媒介与传播方式的不同，形成不同的符号形态，使昆曲《牡丹亭》丰富的文化内涵和美学意蕴得到更广泛的传播。

舞台上的消与长，反映了昆曲《牡丹亭》这一艺术符号随着时代的变化对不同意识形态的表征，及其文化意义所发生的变迁和衍化。在文艺百花凋零的10年"文革"期间，昆曲剧社被解散，《牡丹亭》被视为封建毒草，摧折于断井颓垣，几近枯萎凋谢。新时期以来，对古老昆曲和传统剧目的挖掘整理得到重视，"北昆""苏昆""上昆"各昆剧院团竞相编演《牡丹亭》，出现了不同的演出版本，包括以交响乐形式或融入话剧元素的全新呈现。各种整理和重塑本的演出，无不是尊重优秀传统文化的历史语境下传播《牡丹亭》的自觉行为。

艺术符号属于表现性形式，其意义、理念是通过一系列外在特征、形式表现出来的，因而，符号意义的构建必然受其形式与呈现方式的影响。在现代剧场艺术潮流影响下，长期起着传承戏曲文化功能的《牡丹亭》，因舞台演出手段的丰富，演出情境与观演交流系统的复杂，其表征的符号意义、功能也发生着变化。新时期以来，不同视角的改编阐释，各种舞台塑形符码的运用，使昆曲《牡丹亭》呈现出更加多元的形态。进入21世纪之交，在国内外舞台上出现了几种各具特色的《牡丹亭》演出版本。白先勇策划制作的青春版《牡丹亭》，抓住男女主人公之间的"情"，既保持昆曲抽象写意、以简驭繁的美学传统，又融入现代人文气息和审美取向，适当利用现代剧场的种种概念，实现了传统经典的现代化、创新性发展，呈现出青春纯美的风

---

① 王朝元主编：《艺术形态的审美人类学阐释》，人民日报出版社2014年版，第205页。

格气息。① 2016 年，文化界以汤显祖逝世 400 周年为契机，掀起了演出、研讨、宣传汤显祖的热潮，昆剧《牡丹亭》及"临川四梦"以不同形式频频亮相，再度广受热议追捧。

在今天这个思想解放，个性自由，爱情早已走出父母之命、媒妁之言的时代，《牡丹亭》的情爱主题、内涵所引起的情感共鸣已不再是人们观赏追逐的主要出发点。对传统艺术精髓的感知，对先哲的纪念和推崇，对一部走过数百年的不朽经典的致敬和一睹芳容的好奇心等，成为不同观众走进剧场的心理驱动。

经过数百年舞台沉浮、传唱至今的昆曲《牡丹亭》，已不仅是典雅昆曲的代名词，古老戏曲的象征，更是成为中华传统艺术的代表性符号，承载着文化传承、交流等多重功能。今天《牡丹亭》在国内外舞台的演绎和传播，即寄托着人们传承古代精粹、复兴中华文化的历史怀想与追梦之行。保护非物质文化遗产、弘扬优秀传统文化、坚定文化自信等意识与理念的主导，视听演出符号的有机组合，依托于文本和舞台演出的双重交流体系的互动转化，主创、观众、学界、传媒不同解读的综合作用，将赋予昆曲《牡丹亭》更加丰富多元的符号意义。

三

符号的本质在于交流与沟通，符号的传播过程即是人与人、人与物之间在一定情境中借助符号进行相互对话、交流的过程。当代荷兰知名学者迈克·鲍尔（Mieke Bal）和英国艺术史论家诺曼·布赖逊（Norman Bryson）在他们的符号学艺术研究中认为，意义来自与他人的社会互动，符号的意义并非固定，而是依赖于被观看的方式。艺术观看具有动态本质，符号系统即"循环"于形象、观众和文化之中。② 戏剧作为一种观演交流的演出体系，其符号意义的构建更离不开观众的参与互动及意义阐释。如果失去观众的参与和互动，便无法实现戏剧符号交流情感、沟通思想、影响他人的作用，其传播的文化价值和

---

① 白先勇：《牡丹亭上三生路——制作"青春版"的来龙去脉》，引自《姹紫嫣红牡丹亭：四百年青春之梦》，广西师范大学出版社 2004 年版，第 99 页。
② 参见迈克·鲍尔（Mieke Bal）、诺曼·布列逊（Norman Bryson）：《符号学和艺术史》（Semiotics and Art History），载于《艺术公告》72 卷第 2 期（1991 年 6 月号），第 174～208 页。

功能也必大打折扣。

《牡丹亭》从追求个性解放、人性自由梦想的文学作品、语言符号，转化为昆曲雅韵、戏曲精粹的标志性符号，被士绅阶层奉为堂会雅集中追求风雅、表征品位的身份象征，到伴随国学的复兴、衰落，历经沉浮，凝结为高雅艺术、传统艺术的代表，其符号意义的构建、认知始终是在人与符号的社会互动中形成和维持的，并通过个体的解释得以修正。① 在其符号意义的演变过程中，能否在传统性与现代性、高雅化与大众化、艺术性与商业性等诸种关系间达成平衡，形成观演良性互动的交流体系，直接影响着它的符号建构路径和走向。

《牡丹亭》诞生之时，就传奇剧本而言，不仅具有典雅、精致的美学特征，同时涉及当时社会生活的方方面面，表演穿插有民间娱乐、神魔祭祀、狂欢笑闹等风俗场景和民间技艺，具有雅俗兼收的特质，所以才能很长时期被广泛欣赏、传唱。随着昆曲的不断雅化，《牡丹亭》的传播越来越文人化、小众化，逐渐成为文人雅士、达官贵人等中上层社会堂会雅集的特权享受、自我陶醉，代表着特定的文化身份和美学趣味。然而，一味地高雅化，将昆曲铁定为只堪供绅士阶级消遣的"厅堂戏剧"，也导致了昆曲落寞乃至曲高和寡的尴尬境遇。民国时期，昆剧传习所、仙霓社等虽曾坚持演出，也时有吸引各界名流、观众满坑满谷之盛况，但终难挽回衰退局势。时人分析昆剧被社会漠视的状况，认为观众心理和欣赏趣味的变化为其重要原因，指出，"最大的症结，确还认识乎在本身和时代落后得太远了。"② 进而批评从事或研究昆剧的人固执的两种定见："一种是把昆剧看得太'文献化'，仿佛除了一般懂得吟诗作赋的才子佳人而外，平常人就不用想染指。……另一种成见以为昆剧也是秦砖汉瓦的一类古董，处处应该让它保存古色古香的风格，要动它就等于是破坏它。"③

落后于时代，趋向于贵族化、保守性，无法如京剧般迎合一般平民的心理，造成了昆曲的衰落。前人在当时情境下非常清醒地认识到了它远离观众的症结，且发出改良的呼声和愿望。无奈这种微弱的呼声终究未能扭转昆曲的颓

---

① 孙英春:《跨文化传播学 = Intercultural communication: global and indigenous perspectives》，北京大学出版社 2015 年版，第 214~215 页。
② 畸人:《红白斋剧谈》（三），载于《申报》1938 年 11 月 9 日 13 版 [359] 503。
③ 畸人:《红白斋剧谈》（五），载于《申报》1938 年 11 月 14 日 13 版 [359] 577。

势,使其走出阳春白雪的小众化娱乐圈子,进入普通民众的消费视野。

任何文化符号都是一定时代的凝结物,带有那一时代的特殊印记,形成符号后自然具有相对稳定性,呈现出较长时间的稳定状态。但符号并非凝固不变的,具有与时迁移的时代性,会随着文化的兴衰、艺术形态和审美趣味的演变、主流意识的影响等发生变化,同样具有可开发性,是可以被挖掘和培育的。当昆曲极度萧条之际,苏州昆曲传习所的开办,培育了一批"传字辈"新秀,将昆曲的血脉传了下来,不至于断裂。在昆曲几至衰亡之时,《十五贯》"一出戏救活了一个剧种"[1],使《牡丹亭》的演出又重回观众视野,并有了电影《游园惊梦》借助新媒介的大众化传播。进入 21 世纪后不同昆曲版《牡丹亭》在国内外的传播,及 2016 年昆剧院团不失时机掀起的编演、传播热潮,即与新时期以来国家对昆曲非遗的重视和对弘扬优秀传统文化的倡导密切相关。可见,文化不只是"历史沿袭"的符号意义的传递,而且还是一个历史和当下的符号意义的建构行动。[2]

昆曲《牡丹亭》所表达的至情主义、浪漫情怀、理想追求、生命意义等人文主义精神,体现了传统文化中所蕴含的普世价值观。这种跨越时空的内在精神和它所呈现的典雅精致的美学风范,使它能够连接起过去、现在和未来,保有取之不竭的创作源泉和永恒的艺术生命力,这正是它今天依然受到关注、喜爱的原因。

重视对此类传统文化资源的挖掘,传承其独特的艺术个性和符号语言,是对民族文化的自觉自信,也是构建中华文化符号新体系的需要。但诸如《牡丹亭》等游移于传统与现代间的文化符号,无不面临着继承与创新、固守与改革的矛盾关系,如果一味保守,以阳春白雪自居,高傲地远离观众,不仅无益于传承传播,还会被冷落、被漠视,甚至被时代淘汰。需正确处理好二者的关系,既传承经典的人文精神,守住昆曲的美学特性,又面向现代,允许创新,与现实文化融通,赋予其现代意义、多种样式,并且在走向世界、传播中国故事和中华文化的对外交流中,充分考虑民族形式与世界语汇的交融与转化,在高雅化与大众化、艺术性与商业性、民族性与世界性等双重符码间找到契合点,构建开放的现代符号体系。

---

[1] 《从"一出戏救活了一个剧种"谈起》,载于《人民日报》1956 年 5 月 18 日。
[2] 马翀炜:《文化符号的建构与解读——关于哈尼族民俗旅游开发的人类学考察》,载于《民族研究》2006 年第 5 期。

艺术符号作为一种"发明型符号",既要保持一定的通用性,又最怕因凝固而失去衍化性。通过不断刺激接受者的理解机制,使欣赏者永远保持审美愉悦,是被接受的最低原则。① 因而,依托其多元丰富的思想内涵和符号形态,以符合现代人接受要求、被观众理解的传播路径和表达方式,在常演常新中保持其活态传承,方可在与观众互动中产生持续、不竭的创造活力和广阔、自由的创造空间。与汤显祖同时代的莎士比亚的经典名剧不拘一格、多姿多彩的演绎形态和传播方式,使其早已成为世界性的文化符号。《牡丹亭》经典版、青春版、厅堂版、园林版、小剧场版、中外合作版等多种形式、不同形态的演绎传播,有效提高了这一传统艺术符号在现代社会的认知度和影响力,体现了对传统文化创新性发展的可贵实践,也是对古老昆曲符号体系重构的有益探索。

跨越时空、走出国门的昆曲《牡丹亭》,经过长期的历史文化积淀,已凝结为传统戏曲的象征,被赋予多重文化内涵,所到之处,发挥传播中华文明与中国传统美学风范、增进文化交流对话等符号功能,表达着对中华文化历久弥新、走上世界舞台的自信与更多期待。在弘扬优秀传统文化、实现民族文化复兴意识的主导下,对昆曲《牡丹亭》的不断传承与重塑,必将使这一符号的戏剧学、文化学意义得到进一步提升与拓展,成为中华传统文化的代表性符号。

作者单位:上海艺术研究所

---

① 余秋雨:《艺术创造学》,长江文艺出版社 2013 年版,第 174 页。

结构的转变

——从《枕中记》到《邯郸记》看叙事艺术的发展

陈建平

由于中国戏曲"剧诗"的独特属性,古典戏曲的抒情性理所当然地受到人们的重视。而对与"抒情性"相对的"叙事性",似乎瞩目不多。其实,在中国戏曲从短篇的元杂剧发展到长篇的明清传奇时,如何在一个较长的篇幅内,把故事编排得更加摇曳多姿、引人入胜,已经日渐成为剧作家们首要关注的大事。虽然,彼时并未提出过叙事视角、叙事时空、叙事结构、叙事话语等叙事学的范畴,但在剧作家的创作实践中,却不乏在叙事技巧方面堪称典范的优秀之作。汤显祖的《邯郸记》即是一例。下面,即从《邯郸记》对《枕中记》结构的改编,分叙事线索和叙事时空两方面略为阐述:

一、叙事线索:从单线到多线

叙事线索是在叙述故事的过程中贯穿情节始终的脉络。中国古代的小说或戏曲处理结构的方式大都是线性的,即多以某一人物或事件作为贯穿全文的脉络,其他种种情节、细节便围绕着这个脉络渐次敷衍开来,这与西方叙事文学中的团块结构迥然相异。但即便如此,小说和戏曲的线性结构也由于不同体裁的差异,而判然有别。譬如讲述同一故事的唐传奇《枕中记》与明传奇《邯郸记》,其叙事线索即不尽相同:

唐传奇《枕中记》是史学家兼小说家的沈既济,在历尽人世沧桑后,恪守史传风格、简笔写就的一则短篇小说。小说以卢生数十年宦海沉浮的经历为主要线索,把人物的一生浓缩在一张履历表中,故事情节的演进主要通过官职的变化而实现:

> 明年，举进士，登第，释褐秘校，应制，转渭南尉，俄迁监察御史，转起居舍人知制诰，三载，出典同州，迁陕牧……移节汴州，领河南道采访使，征为京兆尹……帝思将帅之才，遂除生御史中丞、河西道节度……归朝册勋，恩礼极盛，转吏部侍郎，迁户部尚书兼御史大夫……大为时宰所忌，以飞语中之，贬为端州刺史。三年，征为常侍，未几，同中书门下平章事。与萧中令嵩、裴侍中光庭同执大政十余年……同列害之……数年，帝知冤，复追为中书令，封燕国公。①

小说提纲挈领式的叙述，颇似史传中的人物传记，虽简练清晰，但又觉粗疏冷峻、索然无味，人物形象亦显得单薄、模糊。不过，主人公屡贬屡升的曲折经历，却为后人的改编预留了极大空间。

明传奇《邯郸记》正是汤显祖在唐传奇《枕中记》的历史缝隙中，精心编织、补苴罅漏而成。围绕着卢生梦境中的官场遭际，汤显祖设置了多条线索分头演进，把现实社会的宦海波澜在虚幻世界中演绎得跌宕起伏、惊心动魄。剧本的中心线索依然是卢生波谲云诡的仕宦生涯。为了展现更为广阔的社会内容，汤显祖又增设了崔氏、宇文融、热龙莽、萧嵩与裴光庭四条副线，有条不紊地拱卫着卢生这条主线，彼此穿插、互为补充、共同演进。

《邯郸记》共三十出，以卢生为主的内容就有十六出，分别是：行田、入梦、骄宴、外补、凿陕、望幸、东巡、西谍、大捷、勒功、死窜、备苦、召还、极欲、生瘝、合仙。围绕着卢生的这条主线，剧本从现实中抑郁不得志的书生写起，到梦中经历了奇特的逼婚、劝试、高中状元、除翰林学士兼知制诰、贬知陕州、开河三百里、延边近千里、封为定西侯兼兵部尚书、发配崖州鬼门关、获免恢复相位、帝赐御医诊病，再到梦醒大悟、拜见七仙。迤逦写来，六十年宠辱迁谪，历历在目；道不近人情世故，如在眼前："宠辱之数，得丧之理，生死之情，尽知之矣"②。

如果仅此而已，则汤氏《邯郸记》不过是唐传奇《枕中记》的加长版而已。考虑到传奇戏曲生旦双线齐头并进的传统格局和舞台演出的观赏性，汤显祖又对卢生的妻子崔氏一线着意揣摩，细加点染。唐传奇中，对崔氏的叙述只

---

① 汪辟疆：《唐人小说》，上海古籍出版社1978年版，第45~46页。
② 汤显祖：《邯郸记》，引自毛晋编：《六十种曲》，中华书局1958年版，第109页。

有"清河崔氏女，女容甚丽""其妻救之"① 的寥寥数语；《邯郸记》中，则有"入梦、赠试、外补、东巡、闺喜、死窜、织恨、极欲、生寤"等九出戏，或以崔氏为主，或以其为关键角色，赋予这一人物不可剥夺的女一号地位。

卢生从入梦到即将梦醒，崔氏始终不离不弃、相伴左右：梦境伊始，崔氏便巧遇卢生、结为夫妇；婚后不久，即促夫京城赴试；状元新任不许还乡，崔氏苦等三年；三年后等来了丈夫双手捧来的五花封诰，也等来了卢生被贬陕州凿石开河的钦命；但陕州三年虽苦尤乐，一来有夫君相伴，二来夫君开河有功；不想边境告急，立功心切的卢生竟不辞而别，从此又是天各一方；春去秋来，崔氏终于等来了卢生大捷封侯的喜讯；然好景不长，卢生被诬陷将斩首的大祸又从天而降，坚强的崔氏用聪慧和隐忍护持了卢生的残生，直到其耄耋高龄、安然离世。

卢生宦海的起起伏伏，崔氏不仅是见证者，很多时候还起了关键的引导作用。比如"赠试"中，是知书达理的崔氏，给了沉湎于儿女情长的温柔乡里的卢生一剂清凉散："卢郎，自招你在此，成了夫妇，和你朝欢暮乐，百纵千随，真人间得意之事也。但我家七辈无白衣女婿，你功名之兴却是何如？"② 且不论崔氏的功名观是否迂腐，单就其对卢生的激励作用而言，也是不可小觑的。卢生的仕途由此起步，人生的百相从此展开。

再如，卢生在惊闻将被斩首的噩耗，不知所措而欲自刎时，是崔氏及时阻拦，并巧言劝之："圣旨不准自裁，要明正典刑哩。"③ 所谓"留得青山在，不愁没柴烧"，看来人情练达的崔氏是深谙此理的。果然，后来痴情而勇敢的崔氏先是带领众子到午门喊冤，免了丈夫死罪；后又巧用回文锦打动圣上，最终成功解救了自己的夫君。围绕着崔氏的这一系列层层相因的事件，既重塑了一个挚爱丈夫、有胆有识的贤妻形象，又从多个侧面揭示了宦途的叵测、世态的炎凉。

要让故事一波三折，卢生的对立面自然也不可忽略。于是，专在背后一心一意搞破坏的宇文融，便被提了出来，围绕着这个擅长放冷箭的狠毒角色，《邯郸记》安排了"夺元、骄宴、东巡、飞语、谗快、功白"等六出戏，从宇文融意图操纵科举排名写起，到轻狂傲慢、不谙世事的卢生因在曲江宴上大放

---

① 汪辟疆：《唐人小说》，上海古籍出版社1978年版，第45页。
② 汤显祖：《邯郸记》，引自毛晋编：《六十种曲》，中华书局1958年版，第21页。
③ 汤显祖：《邯郸记》，引自毛晋编：《六十种曲》，中华书局1958年版，第67页。

厥词，而得罪当朝宰相宇文融，于是宇文融便处心积虑地罗织"题目"，意欲"处置"卢生而后快，紧接着便有了接二连三的"题目"被构设出来：先是阴告卢生利用职务之便偷写五花官诰、蒙骗圣上，继而力荐不懂军法的卢生征西讨蕃，最后是诬告卢生阵前通敌卖国。但这些旨在刁难卢生的精心布局，并未如宇文宰相所愿，相反，却把彼此推向了两个极端：卢生最后位极人臣，而宇文融则落得了阶下囚的惨局。由上观之，卢生的仕宦沉浮和宇文融这条副线密切交织。删去宇文一线，卢生的仕宦人生可能会平坦幸福得多，但观者诸君恐无从想象明代科举之污浊、官场之黑暗、世情之冷暖，竟至于此。这也正是《枕中记》中语焉不详的"大为时宰所忌，以飞语中之"这十几个字，却被汤显祖铺排得如此舒展有致、波澜起伏的妙处所在。

吐蕃大将热龙莽，是卢生敌对阵营中的一员，但这个骁勇豪强的"敌人"却与阴险狡诈的宇文融截然不同。他既是促成卢生事业之巅的重要陪衬，又是剧作家寄托其投军报国理想的一个载体。《枕中记》对这一人物的原型烛龙莽只有"攻陷瓜沙"的简单描述，而《邯郸记》中，汤显祖却围绕着热龙莽的征战生涯，精心设置了"虏动、边急、大捷"三出戏，讲述了热龙莽先是与吐蕃丞相互相策应，斩杀了凉州都督羽林大将军，后来与卢生交战，力单不支而败走天山；临危之际，想出雁足寄书的妙策，既打动了惺惺相惜的卢生，又保全了自己的性命和边疆的安宁。沙场之上，无论是大捷还是惨败，热龙莽都表现出沉着应战、机智应敌的大将风范。这与巧用离间杀人、大展韬略之才的卢生也可谓旗鼓相当了。总之，热龙莽一线的加入，让戏曲舞台上的文戏和武戏互相交错、冷热交织，起到了调剂舞台气氛、陪衬卢生的良好作用。

萧嵩与裴光庭，是汤显祖潜心埋设的另一条副线。作为卢生的同年，他们与卢生似乎并无多深的交情，而更像宦海风波中的一叶扁舟，不由自主地被时代风浪裹挟着踉跄前行。在《枕中记》中，与二人相关的描述，只有"与萧中令嵩、裴侍中光庭同执大政十余年"这一句话，而《邯郸记》则为其安排了"招贤、骄宴、东巡、飞语、死窜、功白、友叹"等七次出场机会，从二人结伴赴试，与卢生一同高中，直至看到卢生病危、感慨万分，他们更像是卢生一生仕途遭遇的见证者。他们亲眼见证了卢生高中雁塔题名、卢生开河政绩灿然、卢生延边功勋卓著、卢生被贬命悬一线、吐蕃侍子为卢生雪冤、卢生因滥用采战之术而命不久矣等种种际遇。

其中，对于萧嵩在卢生被发配崖州的冤案中的作用，作者用笔尤多。这起冤案的始作俑者，虽非宇文融莫属，但被胁迫并屈从的萧嵩，毕竟也同意了签押宇文融事先拟好的诬陷卢生通敌卖国的奏章，并将其上呈君王；不过，良心未泯的萧嵩却在其中暗做了手脚，这为以后在皇帝和诸番侍子面前澄清是非埋下了伏笔。但令人心寒的是，在卢生险些被砍头直至发配的过程中，除了崔氏拼死为夫喊冤外，群臣之中却并无一人伸出援手。不过，从另一方面来看，萧嵩与裴光庭此时的"不作为"，似乎也是汤显祖的有意为之。现实生活中的汤显祖也曾仗义执言，但他更见惯了官场老手们的明哲保身，所以，索性就让卢生的遭迹来得更凄惨些吧。或许，这正是汤翁的机心所在。因此，萧嵩与裴光庭一线的设置，并非只像那些无聊的看客可有可无，这条线索看似若有若无，却绵延始终，与卢生的主线互相映衬，为观者一同揭开了封建社会群僚图的重重面纱。

由上述论述可知，在集中笔力铺叙卢生梦境中的宦海风波时，汤显祖又刻意安排了多条线索，交错进行，主次分明，既突破了生旦各领一线，最终团圆当场、两线并做一线的模式化叙事线索模式的窠臼，又通过崔氏、宇文融、热龙莽、萧嵩与裴光庭等多条副线的设置，拓宽了剧本的社会内涵，避免了舞台气氛的沉闷呆板，做到了角色的均衡分工、劳逸结合，取得了远比《枕中记》更为动人心魄的艺术效果。

二、叙事时空：从僵硬嵌套到无缝衔接

戏曲作为舞台艺术，要在特定的舞台时空中讲述一段故事，因此从叙事学意义上说，戏曲艺术中的时空就具有双重意义：一是故事时空，指故事本身涉及的时间和空间；二是叙事时空，指通过剧作家特殊的艺术处理而呈现出来的舞台时间与空间。本节重点探讨《邯郸记》的叙事时空。

中国古典戏曲向来"重视叙事文学所具有的那种时间和空间的转换自由，重视叙事文学那种开放式的对故事情节的铺叙和人物形象的描写"[1]，《邯郸记》显然继承并发扬了这种时空流转自如的叙事传统，把几十年的漫长岁月和遍布天南地北的辽阔天地浓缩在一方小小舞台上，而不让人觉得勉强生硬，下面分叙事时间和叙事空间两方面，试为阐述：

---

[1] 张庚、郭汉城主编：《中国戏曲通论》，上海文艺出版社1993年版，第169页。

先看叙事时间。

叙事时间是故事在叙事文本中呈现出来的时间状态，它不同于故事发生的自然时间状态。对此，法国叙事学家托多罗夫有深入的论述："从某种意义上说，叙事的时间是一种线性时间，而故事发生的时间是立体的。在故事中，几个事件可以同时发生，但是话语则必须把他们一件一件地叙述出来，一个复杂的形象就被投射到一条直线上。"① 这种直线式的顺叙框架，也是中国古典小说和古典戏曲主要的叙述方法，但并非是唯一的。汤显祖在《邯郸记》中就尝试了多种改变叙事时序的方法。前文所分析的多条线索交错进行，即是对同一时段发生的不同故事进行多侧面补充交代的一种技巧，这种多线交替并置的方法，借助故事与故事之间的关系所造成的张力，获得了强烈的戏剧效果。此外，剧作家还采用了预叙、追叙、概述、间断等方法，对故事时间或重新构建或进行压缩或刻意拉长，满足不同情境和叙事意图的需要。

预叙，是提前暗示故事走向的一种叙事方法，它产生的效果是叙事时间的倒错。在《邯郸记》中，预叙或者通过人物的唱词，或者通过人物的上下场诗来完成。如《邯郸记》第三出《度世》写吕洞宾寻遍岳阳楼，无人可度，接下来会去向何方呢？本出的最后一曲【尾声】预示了情节的下一步走势："欠一个蓬莱洞扫花人，走一片邯郸城寻地主。但是有缘人，俺尽把神仙许。则这热心儿，普天下遇着他都姓吕。"② 其中的"邯郸城"就是吕洞宾下一个搜寻目标，紧接着第四出一开始就是赵州桥北店小二的出场。故事情节自然吻合，清晰明了。又如第六出《赠试》下场诗："开元天子重贤才，开元通宝是钱财。若道文章空使得，状元曾值几文来？"③ 既含有对黑暗科场的揭露和讽刺，又是对下一出《夺元》剧情的交代。再如第十九出《飞语》的下场诗："功臣不可诬，奸党必须诛。有恨非君子，无毒不丈夫"④，已经让人预感到卢生未来仕途的血雨腥风似乎马上就要到来，同时也预示了宇文融终会受到惩罚的结局，是第二十四出《功白》的先声。这种提前告知故事走向的预言叙事貌似削弱了受众的阅读期待，但同时又促成了观众的另一种心理期待："这种事情会怎样发生呢？"进而引发人们的思考，进入更高的欣赏层面。

---

① 张寅德编选：《叙述学研究》，中国社会科学出版社1984年版，第294页。
② 汤显祖：《邯郸记》，引自毛晋编：《六十种曲》（四），中华书局1958年版，第10页。
③ 汤显祖：《邯郸记》，引自毛晋编：《六十种曲》（四），中华书局1958年版，第23页。
④ 汤显祖：《邯郸记》，引自毛晋编：《六十种曲》（四），中华书局1958年版，第64页。

追叙和预叙相反,是对已发生事件的事后追述。它是重构叙事时序的另一种手段。这种叙述方法可以在有限的篇幅内,扩大戏曲的故事容量。如《邯郸记》第二出《行田》卢生刚登场时的定场白,就具有追叙的叙事功能:

"……小生乃山东卢生是也。始祖籍贯范阳郡,土长根生。先父流移邯郸县,村居草食。自离母穴,生成背厚腰圆。未到师门,早已眉清目秀。眼到口到心到,于书无所不窥;时来运来命来,所事何件不晓。数什么道理茧丝牛毛,我笔尖头一些些都篦的进挑的出;怕那家文章龙牙凤尾,我锦囊底一样样都放的去收的来。呀,说则说了百千万般,遇不遇今二十六岁……"①

这段念白通过人物"背景介绍式"的追叙,把故事叙述的上限时间向前大大推移了,便于读者了解现阶段之前卢生二十多年间的人生经历。

又如第十出《外补》中崔氏的念白:

"……我家深居独院,天赐一位夫君,欢心正浓,忽动功名之兴。我将家资打发他上京取应,一口气得中头名状元,果中奴之愿矣。只为圣恩留他,单掌制诰。三年之外,方许还乡……"②

第十九出《飞语》中宇文融的念白:

"数年前,状元卢生不肯拜我门下,心常恨之。寻了一个开河的题目处置他,他又倒奏了功,开河三百里;俺只得又寻个西番征战的题目处置他,他又奏了功,开边一千里。圣上封他为定西侯,加太子太保,兼兵部尚书,还朝同平章军国事……"③

第二十四出《功白》中热龙莽之子的念白:

---

① 汤显祖:《邯郸记》,引自毛晋编:《六十种曲》(四),中华书局1958年版,第2页。
② 汤显祖:《邯郸记》,引自毛晋编:《六十种曲》(四),中华书局1958年版,第30页。
③ 汤显祖:《邯郸记》,引自毛晋编:《六十种曲》(四),中华书局1958年版,第61~62页。

"……俺父亲当年战败，为卢元帅追剿，危急之际，白雁题书，求他拨转马头，放条归路。书云：'莫教飞鸟尽，留取报恩还'……"①

这三段念白都是对以往事件的追述，但它们并非一种简单的重复，而是一种别有意味的强调："过去描写的事件用现在的眼光看又具有了新的意义"②。以宇文融的念白为例，《飞语》追叙的是第十一出《凿陕》和第十六出《大捷》中所发生之事，但《凿陕》和《大捷》所述，旨在表现卢生的显耀政绩和赫赫战功；而宇文融的追述，暴露的则是这一人物的阴险狠毒、老谋深算。这种追述通过对叙事时序的重构，营造了一种意蕴更丰富的时间形式。

再如第十出《外补》通过生旦之间的对话，交代了过去三年发生的事情：

（旦）闻的你中了状元，留你中书三年掌制诰。因何便得锦旋？（生）你不知，小生因掌制诰，偷写下了夫人诰命一通，混在众人诰命内，朦胧进呈，侥幸圣旨都准行了。小生星夜亲手捧着五花封诰，送上贤妻，瞒过了圣上来也。③

这里通过角色的追叙，既把卢生中状元以来发生的事情做了个简单回顾，又把本出和被第九出"中断"了的第八出的剧情前后勾连起来，三言两语之间即弥补了故事情节的"漏洞"。

概述，是把故事时间大大压缩的一种手法。如《邯郸记》第二十出《死窜》堂候官的念白："铁券山河国，金牌将相家。自家定西侯卢老爷府中堂候官便是。我家老爷掌管天下兵马数年，同平章军国事。文武百官，皆出其门。圣恩加礼，一日之内，三次接见。"④ 这段陈述性念白虽然高度概括，却把卢生受封定西侯以来数年间的荣耀全盘托出，与第十八出《闺喜》的故事时间自然衔接。在这里，寥寥数语间，时间就跨过了好几个春秋，故事时间远大于叙事时间。又如第十出《外补》崔氏的唱词："状元郎拜满了三年限，猛思量那日雕鞍，又早春风一半，展妆台独自撚花枝叹。"三年光阴，在人物的浅吟

---

① 汤显祖：《邯郸记》，引自毛晋编：《六十种曲》（四），中华书局1958年版，第86页。
② 罗纲：《叙事学导论》，云南人民出版社1994年版，第139页。
③ 汤显祖：《邯郸记》，引自毛晋编：《六十种曲》（四），中华书局1958年版，第31页。
④ 汤显祖：《邯郸记》，引自毛晋编：《六十种曲》（四），中华书局1958年版，第64页。

低唱中倏忽而过,这种灵活处理时间的方式,正反映了戏曲艺术"无戏则短"的情节特点。

间断,是戏曲艺术常用的暂时中止故事时间、有意拉长叙事时间的一种手段。由于戏曲擅长描摹人物内心情感的抒情性特点,在故事进展中,几秒钟或者几分钟的物理时间,在剧中往往被放大为几分钟或几十分钟的叙事时间。如《邯郸记》第三出《度世》中,吕洞宾接连唱了【鲍老儿】【满庭芳】【耍孩儿】【尾声】四支曲子,抒发其寻遍千山万水,好不容易觅得"一道清气"时的惊讶与喜不自胜。又如第十八出《闺喜》连用【桃源忆故人】【掷破金字令】【夜雨打梧桐】【掷破金字令】【夜雨打梧桐】五支曲子(几乎占了一出的篇幅),尽情抒发崔氏埋怨卢生为了功名轻易离别,感叹春光易逝、孤寡难度的落寞寂寥之情。所以,本出名曰"闺喜",实为"闺怨"。像这些用大段唱词抒发人物情感、让时间仿佛静止下来的技巧,极大地深化了人物的内心世界,与前之"概述"恰成鲜明对比,是戏曲情节"有戏则长"的典型体现。

上述追叙和预叙两种技巧主要是为了叙事时序的重构,概述和间断两种方法则是为了叙事时间的变形。《邯郸记》通过对这些技法的娴熟使用,把剧作家对官场世情之慨叹、对善情恶情之褒贬,倾向鲜明地铺陈在了读者和观众面前。

再看叙事空间。

《邯郸记》的故事跨越了人间、梦境和仙界多重空间。梦境中又从京城到边疆、从卢府到宫廷、从朝房到战场、从高山到大海、从客厅到庭院……如此变幻多姿的空间转换,在简陋的舞台上是如何实现的呢?汤显祖继承了前人的优良传统,主要采取了以下三种方法:

一是通过人物的唱念,暗示故事空间的变化。如第三出《度世》中吕洞宾所唱【醉春风】:"则为俺无挂碍的热心肠,引下些有商量来的清肺腑。这些时,瞪着眼下山头,把世界几点儿来数数:这底是三楚三齐,那底是三秦三晋,更有找不着的三吴三蜀。说话中间,前面洞庭湖了。好一座岳阳楼也!"①伴随着人物的唱念,仿佛顷刻之际就穿越了三楚三齐、三秦三晋、三吴三蜀,来到了洞庭湖畔的岳阳楼。又如借由第二十二出《备苦》中的【玉翘子】:

---

① 汤显祖:《邯郸记》,引自毛晋编:《六十种曲》(四),中华书局1958年版,第5页。

"是乌艚还是白艚,浪崩天雪花飞到。(内风起介众)飓风起了。恶风头打住蓬梢,似大海把针捞。浮萍一叶希,带我残生浩渺。"① 观众在转瞬之间又被带到了波涛汹涌的大海面前。正是这些或叙述或描写的曲词,让一方小小舞台自由变幻成各种各样的故事场域。

二是通过演员的身段表演来实现空间的转换。如《邯郸记》第四出通过"生作睡不稳介看枕介""抹眼介""瞧介""起向鬼门关惊介""做跳入枕中枕落去生转行介"等动作提示,轻快自如地完成了从现实到梦境的空间变换。又如《邯郸记》第二十二出《备苦》通过"行介""叹介""走介""虎跳上生惊介""张伞作斗介""醒介""看介""跤起正头叫疼介""望介疼介""船覆众下介生得木板漂走哭上介""各色随意舞弄介""鬼替挦须塞口诨介""跳介""生抱颈介""倒介"等动作表演,把卢生被发配途中所经历的崇山峻岭、苍茫大海、阴曹地府、荒蛮之地,交替展现在观众面前。从京城到崖州鬼门关,其间千山万水,不可历数,但戏曲舞台上丝毫不用拘泥,一个圆场几十里,一个趟马几百里,剧本中仅需一个"走介"的提示,就可让空间瞬间发生转移。

三是通过人物的上下场自由转换空间。如《邯郸记》第二十出《死窜》,开始的场景是崔氏和卢生在家中饮酒欢庆,官兵突然到来,奉旨要将卢生押赴云阳市斩首,于是,官兵、卢生和崔氏先后下场;紧接着,高力士和崔氏母子相继登场,场景已经转到了正阳门,崔氏母子的苦苦跪告,终于换来了皇帝的一纸赦命,高力士、崔氏母子、裴光庭遂次第下场;再接着,是身着囚服的卢生被刽子手押上场来,舞台又变成了刑场。从卢府到正阳门,再到刑场,在现实生活中至少需要几个小时的时间,但戏曲舞台通过人物的频繁上下场,在一场戏中,轻松自如地就实现了空间的转移,让故事显得更加紧凑。另外,像《虏动》《边急》这样的过场戏,更是通过番将热龙莽、番相悉那逻和羽林大将军的上下场,充分发挥了舞台空间自由变换的优势。

以上三种方法并不是截然分开的,它们最终都汇聚在了演员的表演中,通过演员的唱、念、做、打,把故事空间从田庄小店延展到虚幻梦境,从森严地府延伸到缥缈仙山,从古道寒鸦伸展到红粉高墙,从宫廷府衙拓展到荒郊沙场,从闺房密室延伸到机坊边疆。凡此种种,不一而足,空间转换之灵活、地

---

① 汤显祖:《邯郸记》,引自毛晋编:《六十种曲》(四),中华书局1958年版,第76页。

域变幻之不定，莫不给人以俯视天地、一览万物之浩叹。但这些虚拟出来的空间，又并不让人感到杂乱无章，而是在观众的默契配合下，有条不紊地转换的。这正是中国古典戏曲处理叙事空间的独特之处和傲人之处，也是《邯郸记》较之《枕中记》的场景转换更为流畅自如的三昧之所在。

《枕中记》中，卢生入梦是经由外力推动而强行进入的："翁乃探囊中枕以授之，曰：'子枕吾枕，当令子荣适如志。'"① 带有明确的目的性。卢生的出梦也很简洁，直接由死亡过渡到梦醒："是夕，薨。卢生欠身而悟，见其身方偃于邸舍，吕翁坐其傍……"② 这种现实和梦幻僵硬嵌套的处理方式，虽带来虚实相对的显见效果，却不利于人生如梦的意蕴传达。

而《邯郸记》的处理则要高明得多，卢生的入梦与出梦都是在无意识状态下自然而然转换的。剧中写卢生欲睡而少枕，吕洞宾遂开囊取枕赠于卢生，卢生却翻来覆去睡不安稳，突然发现磁枕两头光明大作，其中竟暗藏着齐整官道和红粉高墙……壶中乾坤由此展开。现实与梦境在演员的唱念与身段配合下衔接流畅，似梦又非梦。卢生的出梦也是在浑然不觉进行的：奄奄一息的卢生在交代完临终遗言、写下遗表后，解下朝衣朝冠，换上旧衣旧帽，安然辞世；随即在一片凄凄哀号中，卢生被崔氏"卢郎好醒呵"的连声呼叫陡然惊醒，梦中情景，历历在目，片时方知："六十年光景，熟不的半箸黄粱"③。梦中时空与现实时空实现了了无痕迹的无缝衔接。这种双重构架的时空重叠，把现实社会难以或不便传言的感慨与沉思，通过虚实交错、似梦非梦的巧妙连接，委婉地传达了出来，取得了发人深省的效果。

叙事空间和叙事时间其实是很难分开的，上文出于论述的需要才分而论之。《邯郸记》改编自《枕中记》，而能不拘泥于兹，在三十出的篇幅中，纵横六十载，驰骋千万里，和剧作家对预叙、追叙、概要、间断等叙事技巧的灵活运用，以及通过人物的唱念、上下场、身段表演等方法，流畅自如地转换空间，是密不可分的。这样处理叙事时空的编剧技巧依然值得今人借鉴。

对《邯郸记》的叙事结构，前贤一向评价甚高。如吴梅先生曾盛赞《邯郸记》："惟此记与《南柯》皆本唐人小说为之，直截了当，无一泛语。增一

---

① 汪辟疆：《唐人小说》，上海古籍出版社1978年版，第45页。
② 汪辟疆：《唐人小说》，上海古籍出版社1978年版，第47页。
③ 汤显祖：《邯郸记》，引自毛晋编：《六十种曲》，中华书局1958年版，第108页。

折不得,删一折不得,非张凤翼、梅禹金辈所及也。"① 今人邹自振先生亦曰:"从戏剧结构看,《邯郸记》以卢生宦海浮沉为主线,笔力相当集中。情节既连贯又有分割,针线缜密,张弛相济,在明清传奇中可算得短小精悍之作。关目安排跌宕多姿态,常用极端的变化推动戏剧情势的发展。"② 本文不过是在前贤的肩膀上,"接着说"而已。当然,从《枕中记》到《邯郸记》叙事结构的变化,绝非只有上文所言叙事线索和叙事时空两方面,还应包括情节方面的繁复与简略、突转与发现、渲染与铺垫、伏笔与悬念等,限于篇幅,本文仅从线索和时空两方面探讨了汤显祖的叙事意识,不足之处,还请方家指正!

作者单位:中国戏曲学院戏文系

---

① 吴梅《中国戏曲概论》,引自《吴梅戏曲论文集》,中国戏剧出版社1983年版,第158页。
② 汤显祖著,邹自振评注:《邯郸记》,中国戏剧出版社2010年版,第6~7页。

北京昆曲研习社"节编全本《牡丹亭》"考述

陈 均

全本《牡丹亭》演出,现在已成为常事,甚至可称为一个新的"当代传统"①。自 2004 年青春版《牡丹亭》巡演,"全本"成为一个流行概念。2014 年 12 月北京的《牡丹亭》会演,全国七大院团都演出不同版本的《牡丹亭》,以及主要由老艺术家演出的"大师版"《牡丹亭》,虽然这些版本,大约都可归属到 3 或 4 个全本《牡丹亭》系统,但也可以看出,所谓全本《牡丹亭》,已成为昆曲院团的基本剧目。这些"全本",分为一本、三本,也曾出现过二本、六本等类型。总体而言,实际上应称为"节编全本"。如果追溯这一演出方式在近代以来的源起,一般都会提到 1957~1959 年由北京昆曲研习社排演的"节编全本《牡丹亭》",因为,虽然明清及民国时期,皆可能有全本或"节编全本"《牡丹亭》的排演,但往往仅有少数笔记提及,难以知晓详情。而北京昆曲研习社排演的"节编全本《牡丹亭》"或许是现今所知较为详细的第一部全本《牡丹亭》的演出,因此成为叙述全本《牡丹亭》演出的一个起点。其中,写作时间较早,也较多为人征引的是吴新雷在《一九一一年以来昆曲〈牡丹亭〉演出回顾》一文里的描述:

1957 年 10 月,由俞平伯主持的北京昆曲研习社演出了华粹深缩编的《牡丹亭》全本戏,全剧共十一折:

《肃苑》《游园》《惊梦》《慈戒》《离魂》《冥判》《忆女》《叫画》《魂游》《婚走》《杖圆》。

除了保留原著的精华外,在前后串联处也做了一些简编和改动。其中

---

① 参见拙文:《一种"当代传统"?——从〈牡丹亭〉会演说起》,引自《中国昆曲年鉴 2015》,苏州大学出版社 2015 年版。

《婚走》《杖圆》两折是过去舞台上少见的，排演时请"传"字辈名师朱传茗、沈传芷、张传芳来导演。担任演出任务的则是曲社的业余曲友，由袁敏宣扮小生柳梦梅、周铨庵扮小旦杜丽娘、张允和扮小丑石道姑。1959年10月3日、6日、8日，还在长安大戏院作了全本《牡丹亭》的公演，受到观众的热情称赞。①

这一段描述基本概括了此版《牡丹亭》的基本情况，还有需辨析、增补之处，如演出时间，详见后文。此外，在关于《牡丹亭》的当代改本及舞台演出的文章，一般都会提及此版《牡丹亭》，但多以吴新雷文为依据，或者基本未超出吴新雷文章的范围，因此不再赘举。从现今的视角来看，由俞平伯主持策划、北京昆曲研习社排演的"节编全本《牡丹亭》"尚有一些特殊之处可供挖掘，譬如，它何以被认为是当代排演的第一部全本《牡丹亭》？又如，它是唯一一部由业余曲友创演的全本《牡丹亭》，等等。在《牡丹亭》的文本改编和舞台演出等论域里，都有可以追溯、总结和思考的价值。本文以吴新雷文为基本参照，综合相关档案、回忆录等材料，对此版《牡丹亭》之始末及基本状况进行"细描"。

一、"节编全本《牡丹亭》"的缘起、筹备与排演

1956年8月19日，北京昆曲研习社成立大会召开。张琦翔在《辛亥以来京津业余曲会一瞥》一文里介绍说："1956年俞平伯领导组织北京昆曲研习社，委员有：项远村、许时珍、伊克贤、袁敏宣、张允和、周铨庵、许宝驯、郑缤、钱一羽等。1964年停止活动。1979年恢复活动，推张允和为主任委员，周铨庵、楼宇烈为副主任委员。"② 一般认为北京昆曲研习社由居住在北京的昆曲爱好者组成。民国期间，北京先后出现了北京大学音乐研究会昆曲组、言乐会、谷音社、国剧学会"昆曲研究会"、北文曲社、北平昆曲学会、北京京剧基本艺术研究社昆曲组等，北京昆曲研习社往往被认为是这些民国时期北京曲社的重新整合及延续。

---

① 吴新雷：《一九一一年以来昆曲〈牡丹亭〉演出回顾》，引自《昆曲史考论》，上海古籍出版社2015年版，第420页。
② 《昆曲纪事》，语文出版社2010年版，第89页。

在俞平伯的"文化大革命"时期的"材料"①里，也有关于北京昆曲研习社的介绍：

> 北京昆曲研习社（以下简称曲社、京社）并非突然地办起来的，其前身为北京基督教青年会内所附设的"昆曲会"，在解放后不久就没有了。其主持人为伊克贤（已故）、叶仰曦等。（叶后在北方昆曲剧院工作）教师徐惠如（已故）。该会的活动除清唱以外，也有彩排串戏，如曾演前半本的《长生殿》。到56年夏，徐惠如另有他就，北京市文化局给他干薪养老，同时青年会也不肯再借给地方，曲会不能维持下去。我那时是一个普通社员，没有职务，就有些人要我来主持重办，因我于抗战前曾在清华大学办过"谷音曲社"，有些经验，我当时很不愿意干，他们再三恳劝，也就答应了。以项衡方（字远村，时在轻工业部工作，后退休病故）年纪最高，推他领衔，共三十多人为发起人，1956年八九月间，送呈文化部请求立案……得准于注册，领有证件……

从俞平伯的叙述里，可知"彩排串戏"是北京昆曲研习社的前身北京基督教青年会附设"昆曲会"的日常活动之一，而且"曾演前半本《长生殿》"。北京昆曲研习社成立后，彩串演出时或有之，如1956年有两次：9月28日，在东皇城根9号演出《游园》；10月3日，在统战部演出《游园》；1957年有3次：2月16日，在市文联礼堂演出《思凡》《寄柬》《痴梦》《游园》《寄子》《小宴》；4月20日，在文联礼堂演出《扫松》《定情赐盒》《见娘》《学堂》《游园》《惊梦》；11月2日，在文联礼堂演出《守岁》《胖姑》《出猎》《絮阁》。就业余曲社的彩串而言，应算是较为频繁了。在1956年9月袁敏宣写给吴必忠的信里，也谈及彩串之事，"这次演得颇为齐整。最难得的是纯粹昆曲彩串，其中两位小曲友的《游园》，演得非常精彩……下次如有彩串机会，必再相告。"②

1957年是汤显祖逝世340周年，各地纷纷组织一些范围并不算小的纪念活动，譬如《文艺报》1957年12月7日发表《纪念汤显祖逝世340周年》的

---

① 未刊。见于《俞平伯（1900~1990）张允和（1909~2002）赵景深（1902~1985）等南北昆曲研习社材料一批》，西泠印社拍卖有限公司。
② 吴必忠：《北京曲社忆旧》，引自《昆曲纪事》，语文出版社2010年版，第104~105页。

社论，《戏曲研究》《戏剧报》《解放日报》《文汇报》等报刊也发表了关于汤显祖的文章①。江西省演出了石凌鹤改编的弋阳腔剧本《还魂记》，并由长春电影制片厂摄制成彩色戏曲艺术片，产生较大影响。1957年12月，上海市戏曲学校校长俞振飞、副校长言慧珠演出了苏雪安改编的本戏《牡丹亭》。正是在这种氛围里，北京昆曲研习社的节编全本《牡丹亭》开始筹备、创作并排演。据《俞平伯年谱》②《苏州昆剧传习所师生与北京曲家曲社的渊源》③ 等文，大致过程如下：

> 1957年3月至4月间俞平伯校订华粹深删节的《牡丹亭》剧本。
>
> 1957年5月3日下午，第一次"节编全本《牡丹亭》"剧本讨论会召开。俞平伯强调一场演完，只删节压缩而不改写汤显祖原作词句。
>
> 1957年6月30日下午，曲社社务会议上，俞平伯提议请传字辈老师朱传茗、张传芳、沈传芷、华传浩暑假期间来京指导。
>
> 1957年7月9日，"节编全本《牡丹亭》"学习排练时间表制定。
>
> 1957年7月21日下午，"节编全本《牡丹亭》"排演工作座谈会召开，欢迎四位传字辈老师。俞平伯致欢迎辞并详述此戏编写、排演主旨（"鼓励大家努力排好《牡丹亭》，要打破清规戒律，要一面保存，一面改革"）。
>
> 1957年8月25日，"节编全本《牡丹亭》"演委员会成立。但因华粹深被定为"右派分子"，排演暂时搁浅。
>
> 1957年12月1日，曲社社员大会上，"节编全本《牡丹亭》"排演重新启动。
>
> 1957年12月15日，"节编全本《牡丹亭》"首次响排。
>
> 1958年1月5日，"节编全本《牡丹亭》"二次响排。
>
> 1958年1月12日下午，"节编全本《牡丹亭》"在文联礼堂首次试

---

① 据《晚明文学思潮研究》所列，有黄芝冈：《汤显祖年谱》（《戏曲研究》，1957年）、戴不凡：《纪念汤显祖》（《戏剧报》，1957年）、《纪念汤显祖逝世340周年》（《文艺报》，1957年）、石凌鹤：《试论汤显祖及其剧作：纪念汤显祖三百四十周年》（《江西日报》，1957年）、俞振飞：《纪念汤显祖学习汤显祖》（《文汇报》，1957年）、周贻璋：《汤显祖和他的传奇》（《解放日报》，1957年），引自吴承学、李光摩编：《晚明文学思潮研究》，湖北教育出版社2002年版，第531页。
② 孙玉蓉编纂：《俞平伯年谱》，天津人民出版社2000年版，第303页。
③ 朱复：《苏州昆剧传习所师生与北京曲家曲社的渊源》，引自《昆曲纪事》，语文出版社2010年版，第144~147页。

演。此为纪念汤显祖逝世340周年活动。俞平伯的讲话里有"要纪念汤显祖,最好就是演出他的代表作《牡丹亭》"①。

1959年5月15日下午,"节编全本《牡丹亭》"排演小组扩大会议召开,商谈确定剧本、分配角色等事情。

1959年5月24日下午,曲社社务(扩大)会议召开,商定于7、8月间组织响排、彩排并演出"节编全本《牡丹亭》"之事。

1959年6月28日,曲社社务(扩大)会议召开,决定响排、正式彩排昆剧"节编全本《牡丹亭》"的时间。

1959年7月20日,"节编全本《牡丹亭》"排演小组扩大会议召开,商谈改进《牡丹亭》剧本和提高演出效果的问题。

1959年7月26日,"节编全本《牡丹亭》"在京剧院第二次响排。

1959年8月2日,曲社在京剧院上装排演"节编全本《牡丹亭》"。

1959年8月8日,曲社在京剧院彩排"节编全本《牡丹亭》"。

1959年8月15日,"节编全本《牡丹亭》"在文联礼堂彩排演出。

1959年10月3日,"节编全本《牡丹亭》"在长安大戏院首次公演。

1959年10月8日,"节编全本《牡丹亭》"在长安大戏院第二次公演。

以上排列,可见筹备、排演过程的基本过程,大约是分作两个阶段:第一阶段是纪念汤显祖的"试演",在1958年1月12日。第二阶段是纪念建国十周年的"公演",在1959年10月3日、8日。从这一时间来看,与吴新雷所叙述的"节编全本《牡丹亭》"排演情况有一些差异。吴新雷文章记录"节编全本《牡丹亭》"演出于1957年10月,但从以上排演过程来看,1957年8月25日至12月1日,因华粹深被定为"右派",排演搁浅,至1958年1月12日方首演。而且,如前所述,为纪念汤显祖诞辰340周年,1957年12月,上海市戏曲学校校长俞振飞、副校长言慧珠演出了苏雪安改编的本戏《牡丹亭》。与"节编全本《牡丹亭》"正式首次试演的1958年1月12日相比,时间要更早一些。如此说来,俞言版《牡丹亭》应是当代第一部公演的本戏《牡丹亭》。

---

① 王湜华:《红学才子俞平伯》,北京大学出版社2006年版,第115页。作者所写《牡丹亭》试演时间有误。

二、"节编全本《牡丹亭》"的演出情况

"节编全本《牡丹亭》"的演出情况,笔者所搜集的一则戏单,为1959年8月15日晚上7:30在文联大楼礼堂试演此剧的戏单,从署名信息可见,此剧全名为《节编全部牡丹亭还魂记》,节编者:华粹深、俞平伯,乐谱整理:吴南青、朱传茗,导演:沈传芷、朱传茗、张传芳、华传浩、沈盘生及本社《牡丹亭》排演小组。这应是此剧的主创名单。

在《苏州昆剧传习所师生与北京曲家曲社的渊源》一文里,朱复整理了1958年1月12日首次试演的此剧演职人员名单,此处录下:

胡保棣(春香)、钱一羽(陈最良)、周铨庵(杜丽娘)、徐再萌(花郎)、刘煌(睡魔神)、袁敏宣(柳梦梅)、傅润森(大花神)、王剑侯(正月花神)、姜宗禔(二月)、杨大业(三月)、单方群(四月)、樊书培(五月)、张毓文(六月)、张守蕴(七月)、邵怀民(八月)、钱一羽(九月)、许宝騄(十月)、刘煌(十一月)、杜廉(十二月)、伊克贤(杜母)、张允和(石道姑)、范崇实(杜宝)、沈学敏(家院)、张守蕴、张毓文、傅丽德、徐再萌(四小鬼)、杨大业(大鬼)、苏靖(判官)、樊书培(癞头鼋)、王剑侯(船夫)、傅润森、胡忌、苏靖、姜宗禔(四军校)、杨大业、邵怀民、张守蕴、张毓文(四青袍)、王剑侯(解差)、单方群(家院)(以上以出场为序。有的曲友担负两三个角色)。

音乐伴奏:李金寿、沈盘生、徐惠如、徐振民、许雨香、王振声、李伯琴、谢锡恩。①

综合这两份材料,可知此剧之参演人员基本面貌②。关于演出的情况,偶可从相关叙述、会议里见到,如俞平伯1968年9月20日关于北京昆曲研习社的材料里写道:

---

① 朱复:《苏州昆剧传习所师生与北京曲家曲社的渊源》,引自《昆曲纪事》,语文出版社2010年版,第145~146页。

② 试演、首演、公演,若干配角有所变动,如樊书培在《一点更正引起的回忆》一文里,就忆及他在几次试演里扮演癞头鼋,庆祝国庆十周年公演里由王剑侯饰演癞头鼋(引自《昆曲纪事》,语文出版社2010年版,第116~117页)。此处不赘述。

1959年庆祝建国十周年，在西单长安戏院演出缩编全本《牡丹亭》，凡两晚场，售票情形还好，没有赔。第二晚场，有陈叔通先生、康生、欧阳予倩两同志均来观，会后并摄影。其主要演员为袁敏宣（饰生），周铨庵（饰旦）。

历次彩排到场来观的，我无从知道其详。就主要的，记得的来说。康生同志是常来的，有时一人来，有时偕他爱人曹同志来，有一次偕胡乔木来。……①

演出之后的评价，据俞平伯的叙述，"舆评称可"。不过，俞平伯则自认为有"顾此失彼"的缺点。

及五十年代又偕君改编《牡丹亭》，缩全本为一剧，由京中曲社试排，于1959年参加建国十年国庆献礼，在北京长安戏院演出两场，舆评称可。此记流传已久，前后重轻不匀，今本删繁就简，不免顾此失彼，……②

吴小如在《关于〈牡丹亭〉的几件小事》一文里，专节谈及关于《牡丹亭》的改编，并引述了俞平伯对此版《牡丹亭》改编的评价，认为对于古典名剧的改编不如另写③。陈朗在评述北方昆曲剧院于1981年改编的全本《牡丹亭》时，也以俞平伯主持的"节编全本《牡丹亭》"作为参照：

把《牡丹亭》压缩成为一个晚会演出，解放之后并不始于今天的北昆剧院，一九五七年北京昆曲研习社就曾排演过，本子是经华粹深先生整理和该社社长俞平伯先生校订的，当时还特地从上海请来了朱传茗、张传芳、沈传芷、华传浩四位老师来为社友们排戏，参加演出的有袁敏宣、周铨厂（庵）、张允和、范崇实等。那次是为了纪念汤显祖逝世三百四十周年而演出，也可以说是一次盛举。当时只作为内部观摩，曾在文联礼堂等处先后演出过好几场。一九五九年为建国十周年献礼时，又在长安戏院公

---

① 未刊。见于《俞平伯（1900～1990）张允和（1909～2002）赵景深（1902～1985）等南北昆曲研习社材料一批》，西泠印社拍卖有限公司。
② 俞平伯：《序》，引自《华粹深剧作选》，中国戏剧出版社1984年版。
③ 引自《汤显祖研究论文集》，中国戏剧出版社1984年版，第282～285页。

演过两场。接着上海戏校由俞振飞、言慧珠两位校长率领师生们到北京也演出过，所演的即是部分参考了华、俞整订本。①

陈朗所述"节编全本《牡丹亭》"创演之经过，大体如此。不过，如前所述，俞言版《牡丹亭》在上海首演时间，要在"节编全本《牡丹亭》"之前，"参考"之说，或另有来源。

"节编全本《牡丹亭》"一般被认为是当代第一部全本《牡丹亭》，此说流传甚广，如张允和在1985年所写的《北京昆曲研习社的过去和现在》一文中提及节编全本《牡丹亭》是"新中国成立后第一个演出的全本《牡丹亭》，颇得当时好评"。②朱复在《苏州昆剧传习所师生与北京曲家曲社的渊源》一文里，亦认为"这是长期沉寂后，全国专业和业余昆曲团体中，首次较完整地排演《牡丹亭》全剧，这也是四位'传'字辈老师心血的结晶。嗣后上海等昆曲专业团体才开始着手整理演出全本《牡丹亭》"③。《中国昆剧大辞典》里关于"新编《牡丹亭》"的条目，列有十部新编《牡丹亭》，而据演出时间排列，因认为"节编全本《牡丹亭》"演出于1957年10月，故排在第一部。俞言版则排在第二位。④……如前所述，此版《牡丹亭》虽是策划排演在前，但正式演出（试演、公演）却是在俞言版《牡丹亭》之后。

在1980年复社后，北京昆曲研习社曾试图恢复排演"节编全本《牡丹亭》"，张允和在一篇由周铨庵、沈性元与她共同署名、写于1980年5月30日的一篇文章《致爱好昆曲者及各界人士》里，即说明因排演节编全本《牡丹亭》的计划而筹款：

> 今年9月24日，是我国明代著名戏剧家汤显祖四百三十年诞辰。我社准备重排华粹深先生整编、俞平伯先生校订的全本《牡丹亭》，及时演出，但排练、演出及其他费用，均无来源。因此，我们希望昆曲爱好者及各界人士，大力协助，予以经济上的支持。让我们大家共同完成纪念我国

---

① 陈朗：《亭外的旁白——看北方昆曲剧院新排〈牡丹亭〉》，载于《人民戏剧》1981年第11期。
② 张允和：《我与昆曲》，百花文艺出版社2014年版，第129页。
③ 《昆曲纪事》，语文出版社2010年版，第145页。
④ 吴新雷主编：《中国昆剧大词典》，南京大学出版社2005年版，第161页。

杰出戏剧家汤显祖的任务！①

与"文化大革命"前北京昆曲研习社有一笔不菲的政府津贴相比，此时经费尚无着落，故张允和筹款来排演，得到200元捐款，但最终并没有演出。张允和解释说："《牡丹亭》演不出有种种原因，无人排练下半本，又无场址排戏"。② 事实上，没有固定的政府拨款，也无固定的活动场所，一直持续了很多年。与20世纪50年代相比，境况可谓大相径庭。

此后节编全本《牡丹亭》再无演出记录。在张允和的《昆曲日记》里，录有数次关于节编全本《牡丹亭》的公期演唱的安排。从最详细的两次日记③里，可知《牡丹亭》公期的大致安排：

8月23日

9月21日《牡丹亭》公期剧目如下：

（1）《学堂》：春香（樊翠云）、杜丽娘（邹慧兰）、陈最良（吴鸿迈）。

（2）《游园》：杜丽娘（姜若瑾）、春香（樊翠云）。

（3）《惊梦》：杜丽娘（吴受琚）、柳梦梅（许淑春）、春香（樊翠云）、睡魔神（王湜华）、杜母（肖漪）。

"堆花"：大花神（朱家溍）、一月（马英环）、二月（程燕）、三月（王纪朝）、四月（王纪英）、五月（佟书田）、六月（李花君）、七月（朱尧亭）、八月（张光中）、九月（刘景义）、十月（欧阳启名）、十一月（杨大业）、十二月（张春荣）。

（4）《寻梦》：杜丽娘（王颂椒）散曲

（5）《慈戒》：杜母（肖漪）、春香（崔洁）。

（6）《离魂》：杜丽娘（周铨庵）、杜宝（赵笠天）、杜母（肖漪）、春香（樊翠云）、石道姑（张允和、林蕊）、陈最良（赵履中）、院子（徐书城）。

（7）《冥判》：判官（胡文华）。

（8）《拾画》：柳梦梅（徐书城、樊书培）。

---

① 张允和：《致昆曲爱好者及各界人士》，引自《我与昆曲》，百花文艺出版社2014年版，第156页。
② 张允和著，欧阳启名编：《昆曲日记》（上），中央编译出版社2012年版，第269页。
③ 张允和著，欧阳启名编：《昆曲日记》（上），中央编译出版社2012年版，第263～265页。

（9）《叫画》：柳梦梅（宋铁铮）

（10）《魂游》：杜丽娘（周铨庵）、柳梦梅（李小蒸）

（11）《婚走》：杜丽娘（王纪英、周铨庵）

（12）《杖圆》：柳梦梅（李小蒸、楼宇烈）、杜母（肖漪）、杜宝（赵笠天）、石道姑（林蕊）、春香（樊翠云）、四军校（佟书田、朱尧亭、王纪朝、马英环）、解差（杨大业）

8月24日

《牡丹亭》场面：

笛——沈化中，鼓——张荫朗，二胡——崇光起，三弦——关德泉，唢呐——黄振瀛，小锣——张琦翔，大锣——张荫朗，铙钹——张鸿明，琵琶——欧阳启名，笙——许声甫。

在1980年9月21日的日记里，张允和记下了《牡丹亭》公期的简况：

在工商联礼堂，举行纪念汤显祖诞辰430年《牡丹亭》公期，签到者131人。有叶圣陶、金紫光、刘导生、胡絜青、徐聪佑、章元善、任桂林、赵荣琛、陈慧、王金璐、吴景略、吴文光（古琴）等人。下午2时半开始，我讲话2分钟，楼宇烈谈《牡丹亭》，然后唱曲，由徐孜报幕。①

此次北京昆曲研习社纪念汤显祖诞辰430周年的《牡丹亭》公期，或许就是此版节编全本《牡丹亭》完整呈现的最后记录了。此版《牡丹亭》以纪念汤显祖逝世340周年始，以纪念诞辰430周年告一段落。

三、"节编全本《牡丹亭》"文本的特点及其时代印记

在近代以来的昆曲史上，"节编全本《牡丹亭》"被当作第一部改编的全本《牡丹亭》，从现存史料可知，在20世纪30年代，仙霓社曾演出《牡丹亭》的整本戏，但已无传。1957年，北方昆曲剧院的演出也曾有《牡丹亭》折子戏串演的舞台演出形式。在"节编全本《牡丹亭》"同时，俞振飞言慧珠

---

① 《昆曲日记》（上），中央编译出版社2012年版，第266~267页。

主演的《牡丹亭》亦编演。20世纪80年代，北方昆曲剧院演出了由时弢改编、蔡瑶铣主演的《牡丹亭》，江苏省昆剧院演出了张继青主演的《牡丹亭》，并拍摄成电影，流传甚广。亦有张弘改编、石小梅主演的《牡丹亭》。上海昆剧团有岳美缇华文漪主演的《牡丹亭》，今有录音存世。梁谷音、蔡正仁亦改编演出《牡丹亭》。至20世纪90年代，又有陈士铮导演的全本《牡丹亭》、上海昆剧团的三本《牡丹亭》。2004年，白先勇策划的青春版《牡丹亭》由苏州昆剧院演出，形成《牡丹亭》热。2014年12月，全国七大昆曲院团组织《牡丹亭》会演。至此，《牡丹亭》全本的演出蔚为大观。

如果将俞平伯策划、北京昆曲研习社演出的"节编全本《牡丹亭》"放置在这个历史脉络里，可以说是一个别样的起点。一是此版《牡丹亭》是最早策划演出的《牡丹亭》，俞言版《牡丹亭》虽然演出时间略前，占去第一的位置，但其创意、编演应是受到此版《牡丹亭》的影响；二是此版《牡丹亭》为全本，也即其情节大致包括了《牡丹亭》整个故事，相比之下，之后的一本版《牡丹亭》多集中于《牡丹亭》前半部分，直至20世纪90年代之后的陈士铮导演的全本《牡丹亭》、上海昆剧团的三本《牡丹亭》、青春版《牡丹亭》才将范围扩大至全部《牡丹亭》。三是此版《牡丹亭》是文人理念的产物。从其创演过程可知，其创意、编撰皆来自文人（俞平伯、华粹深），演职员则是昆曲爱好者，在表演上则借助于艺人之力，请来四位传字辈艺人作为身段指导与导演。因这一特殊构成，使得此版《牡丹亭》不同于其后各版全本《牡丹亭》。当代以来，《牡丹亭》改编整理的原则，有串折与新创二途，此版《牡丹亭》为俞平伯等昆曲曲家研究昆曲的产物，因此以保存原貌为主，因此采用串折的方式，但之后各版《牡丹亭》虽多以《牡丹亭》原折子戏为基础，处理方式也大体不出这两种方式。总体而言，因文艺体制之限定，以新创为整理改编《牡丹亭》的主要路径，直至青春版《牡丹亭》以"只删不改""原汁原味"为号召，以原本为基础，以"串折"形式来改编昆曲，方成为保存传统的一种主要观念。至于各版《牡丹亭》之具体比较，则需要更细致的工作，这大概是另一篇文章或专著的任务了，关于俞平伯所策划、北京昆曲研习社演出的"节编全本《牡丹亭》"的考述也就此打住。

作者单位：北京大学艺术学院

叶堂改订《玉茗堂四梦》探析

陈翔羚

前　言

　　自《玉茗堂四梦》问世，汤显祖以诗人彩笔，挥洒才气，纵横词坛，然其不拘格套舛律甚多，尤以《牡丹亭》一剧，更是突显出后世曲家们对于辞藻与曲律之间的拿捏与权衡角度。而沈璟、臧晋叔等曲家，虽对汤显祖的才情多所推崇，却也不得不指出其不合律的缺憾，于是企图从曲律或场上之曲的角度，加以调整或删改汤显祖剧作不合律的问题，然而此举往往也引来正反两面的评价[①]。无论如何，这些诸家改本，在显示《玉茗堂四梦》受青睐的程度，同时也不得不承认汤显祖在创作上这种"不拘格套"所带来的影响。

　　在重编改订《玉茗堂四梦》的曲律家中，叶堂自然是不容忽视的。叶堂，字广明，一字广平，号怀庭，江苏长洲人[②]，生于世医之家，精于度曲，早年得到徐大椿传授，并创立叶氏唱口，乾隆五十七年（1792）编成《纳书楹曲谱》，蜚声曲坛[③]。另外又改订《西厢记全谱》《纳书楹四梦全谱》，对于这些

---

　　① 吴梅《顾曲麈谈》第四章《谈曲》云："余所论《四梦》各语，已散见于前，兹不备论。惟臧晋叔删改诸本，则大有可议耳。晋叔所改，仅就曲律，于文字上一切不管，所谓场上之曲，非案头之曲也。且偶有将曲中一二语改易己作，而往往点金成铁者。"参见《吴梅全集》（理论卷上），河北教育出版社2002年版，第108页。

　　② 叶堂（1724～1797），字广平，又字广明，号怀庭居士，长洲（今江苏吴县）人，约生于雍正二年（1724），约卒于嘉庆二年（1797），享年73岁。关于其生平叙述，可参见于广杰、王晓曦：《叶堂及其〈纳书楹曲谱〉》，载于《保定学院学报》，2013年5月第26卷第3期，第77～80页。

　　③ 吴梅《顾曲麈谈》第三章《度曲》云："当乾隆时，长洲叶怀庭（堂）先生，曾取临川《四梦》及古今传奇散曲，论文校律，订成《纳书楹谱》，一时交相推服。乃至今日，习此谱者，迄无一人。问之，则曰此谱习之甚难，且与时谱不合耳。余曰非习之者畏其难，恐教之者畏其难也。夫为学之道，苟因其难能。而别求一易也者，以期合乎前哲，吾知古今以来未有若是者也。度曲且难，又安论他学哉？且怀庭之谱，分别音律，至精至微。其高足钮匪石曾云：'有哀秘之声，不轻传授。'（略见龚璱人《定庵集》中。）然则欲求度曲之妙，舍叶谱将何所从乎？而今之俗工，偏视为畏涂也，则尚何研究之足云。元音未没，牙、旷难期，愿与海内知音君子，一为商榷焉。"参见《吴梅全集》（理论卷上），河北教育出版社2002年版，第108页。

剧本的演唱与传播，具有推波助澜的功劳。《玉茗堂四梦》在宫调组合、曲牌联套等，往往有"非本调者"，面对这些"非本调者"，叶堂一一重订其律，苦心孤诣，堪称知音。

　　世人皆云叶堂《纳书楹四梦全谱》是利用"集曲"这种改调就词的方式，一方面保存"四梦"的文辞原貌，一方面又调整了汤显祖不合曲律的问题。然而，这不禁使笔者好奇：首先，叶堂在调整改订的过程中，究竟发现《四梦》的哪些问题，让他采取使用"集曲"来加以调整？这种有意识地保留汤显祖曲文的意图，难道只使用了"集曲"作为调整重订的唯一方式吗？如果不是，叶堂用了什么样的方式来调整改订呢？而这些现象与方法，在"四梦"当中，有无一致性？本文试就《玉茗堂四梦》①与《纳书楹四梦全谱》②两个文本相互比对参照，逐步分析，希望透过文本的考察，以深入理解叶堂《四梦全谱》改调就词的原因与方法。

---

　　① 本文所采用底本，均以徐朔方笺校的《汤显祖全集》（北京古籍出版社1999年版）为主。至于《牡丹亭》采用的文本，则为怀德堂版本。关于《牡丹亭》的版本，可参见傅惜华《明代传奇全目》第63~64页、毛效同编：《汤显祖研究资料汇编》，上海古籍出版社1986年版，第1421~1424页、郭英德：《〈牡丹亭〉传奇现存明清版本叙录》，载于《戏曲研究》第71辑，第18~39页。《牡丹亭》有众多版本，日本专研汤显祖的学者根山彻，在《明清戏曲史论叙说——汤显祖〈牡丹亭还魂记〉研究》第六章《〈牡丹亭还魂记〉版本试探》中，将所寓目的明代十三种《牡丹亭》刊本，分属于四个版本：（1）万历四十五年（1617）石林居士本、万历间刻本、明末朱元镇校本；（2）万历间文林阁本、泰昌元年（1620）吴兴闵氏朱墨套印本；（3）天启五年（1625）梁台卿刻词坛双艳刻本、崇祯间蒲水斋校刻本；（4）天启间柳浪馆刻本、天启三年（1623）张弘毅着坛刻本（即清晖阁本）、明末张弘毅着坛刻本、崇祯间安隆堂本、崇祯九年（1636）独深居点定本、崇祯间汲古阁原刻本。（关于此书，可见吴书荫：《〈牡丹亭〉不可能成书于万历十六年》，载于《文学遗产》2011年第五期，第111页，笔者试将自己收入的资料，重以二卷本、四卷本查询相关资料，与此结果略相吻合）。此四个版本，又以万历四十五年（1617）刊本最早，而明末朱元镇校本，即以万历四十五年为底校刻而成。一般所说"怀德堂刊本"，又是以朱元镇的校本覆刻而成，故徐朔方云："现存《牡丹亭》刻本很多，怀德堂是较早的一个刻本。校勘证明，它是现有的最可靠、最接近原本的一个版本。它和别的版本差异处，大多都是正确的。别的版本都不免有删改，在校勘中未发现它有任何删改的痕迹，它一向就是影响最大的一个版本。"参见徐朔方、杨笑梅校注《牡丹亭》，台湾里仁书局2000年版，第359页。

　　② 《纳书楹曲谱》目前所见都仅有一版本，即清乾隆壬子（五十七年至五十九年）常州叶氏纳书楹刊本。关于此刻本：（1）收有"正集"四卷、"续集"四卷、"外集"三卷、"补遗"四卷、《纳书楹四梦全谱》八卷，计三函，22册。板心有"纳书楹曲谱"，单鱼尾，双栏，9行。（2）《续修四库全书》《善本戏曲丛刊》、生斋出版社所收《纳书楹曲谱》都是同一个来源，但都各有疏漏。（3）《续修四库全书》收："正集""外集""续集""补遗"另有《纳书楹四梦全谱》，在内容上最为完备，并没有将"四梦全谱"独立而不收。但未放各编封页的版藏，是其缺失。因为各集版藏分别为："乾隆壬子春镌刻 纳书楹正集曲谱 纳书楹藏板""乾隆壬子春镌刻 纳书楹外集曲谱 纳书楹藏板""乾隆壬子春镌刻 纳书楹续集曲谱 纳书楹藏板""乾隆甲寅春镌刻 纳书楹补遗曲谱 纳书楹藏板"。所以，未收藏板，就忽略这四集刻的时间是不完全相同的。序文的位置，就善本来看，共收两篇王文治的序文、两篇叶庭庭的自序文，分别放在"四梦全谱"之前，与正集之前（两篇序文的年代不同）（4）其他两种，都有收"藏板""序言""凡例"都无误，然未将"四梦"收入，是其缺憾。

一、以集曲改调就词

《玉茗堂四梦》传播影响深远，除了剧本本身内质条件外，改编改订的功劳亦谓不小，吴梅《顾曲麈谈》第四章《谈曲》云：

> 惟臧晋叔删改诸本，则大有可议耳。晋叔所改，仅就曲律，于文字上一切不管，所谓场上之曲，非案头之曲也。且偶有将曲中一二语改易己作，而往往点金成铁者。如《紫钗记》中《观灯遣媒》折，【三学士】曲，若士原文云："是俺不合向天街倚暮花"，正得元人浑脱之意。而晋叔以"倚暮花"三字为欠解，遂改为"是俺不该事游耍"，强协【三学士】首句之格，而于文字竟全无生动之气。抑知原文之妙。正在可解不可解，如此改法，岂非黑漆断纹琴乎？叶广明讥其为孟浪汉，诚哉孟浪也。《四梦》删改处，不知凡几，余亦不能一一拈出，姑引其一，以概其余而已。然布置排场、分配角色、调匀曲白，则又洵为玉茗之功臣也。①

从场上搬演的角度来看，臧晋叔注重排场角色的调匀、曲文的谐和，这样的舞台效果，对于剧本的演出传播而言，自然是功臣。但在强调曲文和谐的同时，却改易了汤显祖的原作，将"倚暮花"改为"事游耍"，虽好理解，但文字缺少含蓄灵动之气。叶堂既讥嘲臧氏为"孟浪汉"，本身便不会以此轻率的态度来看待汤显祖的文字。吴新雷（《紫钗记》昆曲演唱史略）：

> 叶谱的特点是按照汤显祖《紫钗记》原著的曲文照单全收，不改写，不删节。他对臧懋循随意删改原曲的作法很不满意，斥之为"孟浪汉"。②

叶堂基本上对于是汤显祖的曲文是采取保留的态度，而这样的态度影响他采用在制曲订律上拥有最大弹性空间的"集曲"，来救济调整汤显祖不合曲律的现象，兹有以下几种情形。

---

① 《吴梅全集》（理论卷上），河北教育出版社2002年版，第147～148页。
② 吴新雷：《〈紫钗记〉昆曲演唱史略》，载于《古代戏曲研究》（《中国古代小说戏剧研究丛刊》第七辑）2010年，第22～23页。

(一) 以"集曲"补救曲文字数的缺漏

叶堂改订《玉茗堂四梦》主要都是针对曲文不合律的现象，逐加改订。改订的原因并不完全一致，有些是因为曲文字数的落差造成的。此种情形，如《牡丹亭》第二十出《闹殇》：

【玉莺儿】旅榇梦魂中◎盼家山千万重◎做不的病婵娟桂窟里长生◎则分的粉骷髅向梅花古洞◎看他强扶头泪蒙◎冷淋心汗倾◎不如我先他一命无常用◎（合）恨苍穹◎妬花风雨。偏向月明中◎。①

【玉莺儿】为集曲，合【玉抱肚】【黄莺儿】二调。按照常例，以【玉抱肚】为主，组合他曲的"集曲"，通常都是取【玉抱肚】首四句，接下来的第五句至尾句，则撷取他曲的某句至末句，如【玉肚交】【玉山供】皆然。《康熙曲谱》虽未收录此曲，也可推知此集曲首四句应该为【玉抱肚】首四句，再接【黄莺儿】第四句到末。比对原著曲文，可知汤显祖的一二句并不符合【玉抱肚】的一二句，明显在字数上不合格律。虽然原著此曲一二句的字数不符合【玉抱肚】，却符合【黄莺儿】的首二句的字数。叶堂字斟句酌，加以调整，将曲牌更名为【黄玉莺儿】，这都是基于原著曲文字数不符合【玉莺儿】，而用"集曲"之法加以调整的结果。具体情况，如表1所示。

表1　　　　　　　　各版本的"集曲"情况

句序	汤显祖【玉莺儿】	叶堂改订为【黄玉莺儿】	其他	
1	旅榇梦魂+中◎	【黄莺儿】首至二 旅榇梦魂中◎	【玉抱肚】首句 四◎	【黄莺儿】首句 五◎
2	盼家山千万重◎	设设的浑如魅◎	【玉抱肚】第二句 七◎	【黄莺儿】第二句 三。三◎
3	做不的病婵娟桂窟里长生◎	【玉抱肚】第三句 做不的病婵娟桂窟里长生◎	【玉抱肚】第三句 七◎	
4	则分的粉骷髅向梅花古洞◎	【玉抱肚】第四句 则分的粉骷髅向梅花古洞◎	【玉抱肚】第四句 七◎	

---

① 本文曲词句逗符号："。"表句，"◎"表韵，"、"表逗，"+"表平仄皆可。"断"桓欢韵"借韵"。

续表

句序	汤显祖【玉莺儿】	叶堂改订为【黄玉莺儿】	其他
5	看他强扶头泪蒙	【黄莺儿】第四句至末 看他强扶头泪蒙◎	【黄莺儿】第四句至末 五
6	冷淋心汗倾◎	冷淋心汗倾◎	五
7	不如我先他一命无常用◎	不如我先他一命无常用◎	七◎
8	（合）恨苍穹◎	（合）恨苍穹◎	三◎
9	妒花风雨	妒花风雨	四
10	偏在月明中◎	偏在月明中◎	五◎

又如《邯郸记》第六出《赠试》：

【雁来红】宽金盏泻杜康◎紧班骓送陆郎◎他无言觑定把杯儿偢◎再四重斟上◎怕湿罗衫这泪几行◎（合）凝眸望◎开科这场◎但泥金早传唱◎

【雁来红】是合【雁过沙】与【朱奴儿】二曲而成的集曲。比对曲谱之后，可以发现，前四句，不符合原【雁来红】的字数①。也因此，叶堂将利用集曲【普天绿过红】，合【普天乐】【绿襕衫】【雁过沙】【红娘子】② 四调，调整不合字数的地方。各版【雁来红】的对比如表2所示。

表2 各版本【雁来红】对比

句序	汤显祖【雁来红】	叶堂改订为【普天绿过红】	康熙曲谱【雁来红】
1	宽金盏泻杜康◎	【普天乐】首至二 宽金盏泻杜康◎	【雁过沙】论穷通各有时◎
2	紧班骓送陆郎◎	紧班骓送陆郎◎	是吾心欲预知◎
3	他无言觑定把杯儿偢◎	【绿襕衫】二至三 他无言觑定把杯儿偢◎	想石崇豪富甘罗贵◎

---

① 虽然如此，如果再查看《六十种曲》里【雁来红】的情况，一共有12例，字数、句数与汤显祖的【雁来红】模式是相同的，可见这或许当时曲家惯常之例。
② 一名【朱奴儿】。

续表

句序	汤显祖【雁来红】	叶堂改订为【普天绿过红】	康熙曲谱【雁来红】
4	再四重斟上◎	再四重斟上◎	堪嗟陋巷居颜子◎
5	怕湿罗衫这泪几行◎	【雁过沙】第五句 怕湿罗衫这泪几行◎	都是五行先定期◎
6	凝眸望◎	【红娘子】合至末 凝眸望◎	【朱奴儿】蒙不弃◎
7	开科这场◎	开科这场◎	特求指迷◎
8	但泥金早传唱◎	但泥金早传唱◎	选高的留一位◎

《邯郸记》第二十二出《备苦》：

【江神子】则道晚山如扇插云高◎怎开交◎遇鲸鳌◎则他眼似明珠摄摄的把人瞧◎翅邦儿何处落◎才一闪。命秋毫◎

经查《康熙曲谱》于"越调过曲"录【江神子】："且莫教儿童扫◎满斟一任玉山倒◎醉来花下眠芳草◎赢得满身兰麝异香飘◎风韵好◎"① 不过，此曲因为《康熙曲谱》正衬不明，使得此曲在句格上不够清楚。而吴梅《南北词简谱》云此曲为【江神子】的"又一体"，并标明正衬②，可知此曲格式为："六◎七◎七◎七◎三◎"，本格是"五◎七◎六◎七◎七◎"③。然而，曲谱所录的【江神子】与汤显祖这支【江神子】在格式上落差甚大，可见此曲与词的关系比较密切。

《钦定词谱》录【江城子】："唐词单调，以韦庄词为主，余俱照韦词添字，至宋人始作双调。晁补之改名【江神子】，韩淲词有'腊后春前村意远'句，名【村意远】，单调三十五字，七句五平韵。"韦庄的【江城子】："髻鬟狼藉黛眉长。出兰房。别檀郎。角声呜咽、星斗渐微茫。露冷月残人未起。留不住。泪千行。"

汤显祖的【江神子】，是词体的【江城子】，但在第五句的字数少一字。也因为如此，叶堂认为不合【江城子】的句格，进而改定为【石榴枪】，合

---

① 王奕清编：《康熙曲谱》，岳麓书社2000年版，第321~322页。
② "且莫教儿童扫◎满斟一任玉山倒◎醉来花下眠芳草◎赢得满身兰麝异香飘◎风韵好◎"
③ 吴梅：《南北词简谱》，河北教育出版社2002年版，第747~748页。

【石榴花】与【急三枪】二曲而成的集曲。叶堂《邯郸记全谱》"眉注"云："原本题作【江城子】，词谱有，曲谱失载，兹改作集曲。"详改内容如表3所示。

表3　　　　　　　　　　　叶堂改订对照

句序	汤显祖【江神子】	叶堂改订为【石榴枪】
1	则道晚山如扇插云高◎	【石榴花】首至三 则道晚山如扇插云高◎
2	怎开交◎	怎开交遇鲸鳌◎
3	遇鲸鳌◎	则他眼似明珠摄摄的把人瞧◎
4	则他眼似明珠摄摄的把人瞧◎	【急三枪】五至末 翅邦儿何处落◎
5	翅邦儿何处落◎	才一闪
6	才一闪	命秋毫◎
7	命秋毫◎	

（二）以"集曲"补救曲文句数的缺漏

多句、少句的情形，往往伴随字数、句式的落差，也是汤显祖曲文中常见的现象，尤其在《牡丹亭》中屡见不鲜，吴梅《顾曲麈谈》中"论南曲作法"：

> 每一牌必有一定之声，移动不得些微，往往有标名某宫某牌，而所作句法全非本调者。令人无从制谱，此不得不以不知音三字诿罪也。（此误《牡丹亭》最多，多一句，少一句，触目皆是，故叶怀庭改作集曲也。）[1]

句非本调，触目皆是。例如《牡丹亭》第二十六出《玩真》：

> 【啼莺序】他青梅在手诗细哦◎逗春心一点蹉跎◎小生待画饼充饥。姐姐似望梅止渴◎未曾开半点么荷◎含笑处朱唇淡抹◎晕情多◎如愁欲语。只少口气儿呵◎

原著此曲标为【啼莺序】，实际上应为【莺啼序】，属商调过曲。【莺啼

---

[1] 吴梅：《顾曲麈谈》，引自《吴梅全集》（理论卷上），河北教育出版社2002年版，第60页。

序】此曲，《康熙曲谱》的例曲："云羞雨涩缘分悭◎恨历尽艰难◎这门庭那得安闲◎到头终有包弹◎从古道烟花聚散◎谁愿把家私积趱◎凝泪眼◎日夜短吁长叹◎"可知【莺啼序】本格当为八句。汤显祖的曲文在句数上多了一句。

叶堂遂将此曲改为将【莺啼序】、【簇御林】合调的集曲，更定为【莺啼御林】，以就济句数上多一句的问题。详改内容如表4所示。

表4　　　　　　　　　叶堂改订对照

句序	汤显祖【啼莺序】	叶堂改订为【莺啼御林】
1	他青梅在手诗细哦◎	【莺啼序】首至五 他青梅在手诗细哦◎
2	逗春心一点蹉跎◎	逗春心一点蹉跎◎
3	小生待画饼充饥	小生待画饼充饥
4	小姐似望梅止渴◎	小姐似望梅止渴◎
5	未曾开半点么荷	未曾开半点么荷
6	含笑处朱唇淡抹◎	含笑处朱唇淡抹◎
7	晕情多◎	【簇御林】合至末 晕情多◎
8	如愁欲语	如愁欲语
9	只少口气儿呵◎	只少口气儿呵◎

注：(1)《康熙曲谱》【莺啼序】："云羞雨涩缘分悭◎恨历尽艰难◎这门庭那得安闲◎到头终有包弹◎从古道烟花聚散◎谁愿把家私积趱◎凝泪眼◎日夜短吁长叹◎"计八句。王奕清编：《康熙曲谱》，岳麓书社2000年版，第345页。(2)吴梅《南北词简谱》【莺啼序】："春花秋月生憎◎扫不断闲情日如年夜夜凄清◎听遍鸡唱钟鸣◎将乌兔忙忙送遣◎想云雨看看渐近◎低徊省◎盼杀人照命花星◎"(有赠)，计八句。吴梅：《南北词简谱》，河北教育出版社2002年版，第673页。(3)《康熙曲谱》【簇御林】："亲师范。近友朋◎把诗书。勤讲明◎囊萤凿壁皆堪敬◎他每都显父母扬名姓◎奋鹏程◎名题雁塔。白屋显公卿◎"

又如《牡丹亭》第十三出《诀谒》：

　　　　【桂月上南枝】俺有身如寄◎无人似你◎俺吃尽了黄淡酸甜。费你老人家浇培接植◎你道俺像甚的来。镇日里似醉汉扶头。甚日的和老跎伸背◎自株守。教怨谁◎让荒园。你存济◎
　　　　【前腔】俺橐驼风味◎种园家世◎不能觳展脚伸腰。也和你鞠躬尽力◎你费工夫去撞府穿州。到不如依本分登科及第◎道你滕王阁。风顺随◎则怕鲁颜碑◎响雷碎◎

此曲合仙吕【桂枝香】、双调【锁南枝】两调而成的仙吕入双调过曲。本格应为十一句，即取【桂枝香】首四句，与【锁南枝】的三到九句。然而此曲【桂花锁南枝】，却为十句，即取【桂枝香】首四句，与【锁南枝】的四到九句，总体而言，比实际曲牌的句数少了一句。

叶堂发现此问题，为存汤氏曲词，又要修正此错误，只好用集曲的方式加以修正。他将原著的【桂花遍南枝】修正为【桂月上南枝】，也就是首四句仍以【桂枝香】，末四句用【锁南枝】，为了符合汤氏的十句体，中间曲段则用【月上海棠】的第四、五句，加以调整。叶堂《牡丹亭全谱》："此曲旧名【桂花遍南枝】，又名【桂香宜南枝】，俱属牵强，今改【月上海棠】，句顺调协。"再如原著第二出《言怀》：

【真珠帘】河东旧族柳氏名门最◎论星宿连张带鬼◎几叶到寒儒。受雨打风吹◎谩说书中能富贵◎颜如玉和黄金那里◎贫薄把人灰◎且养就这。浩然之气◎

此曲为双调引子，又作【珍珠帘】，句数当为十句，分别为："七◎三◎七◎五◎五◎七◎七◎三。四。四◎"此曲经过比对，可以发现从"论星宿连张带鬼◎几叶到寒儒。受雨打风吹◎谩说书中能富贵◎颜如玉和黄金那里◎贫薄把人灰◎且养就这。浩然之气◎"，此部分的曲文皆符合【真珠帘】的句式句数，也就是第三句之后，是符合本曲。然而，"河东旧族柳氏名门最◎"句数句式都不能吻合【真珠帘】的第一二句。

叶堂的救济方法，就是将【真珠帘】改为【绕池帘】，就是首二句是由商调引子【绕池游】的前两句，句式为："四◎五◎"，藉此符合汤氏曲文的字数。但以平仄来看，仍有不和曲谱之处。就这支曲来说，叶怀庭是觉察到汤氏在此曲的句数、字数安排上有所疏漏，于是才用相同句数字数也同为引子的曲牌【绕池游】与【真珠帘】，合为【绕池帘】的集曲，来配合保存汤氏的曲词。

这样的情形在《邯郸记》中亦然，如第二十九出《生寤》：

【簇御林】风流帐◎难算场◎死生情。空跳浪◎埋头午梦人胡撞◎刚等得花阴过窗◎鸡声过墙◎说甚么张灯吃饭才停当◎似黄粱◎浮生稊米。

都付与滚锅汤◎

此支【簇御林】比本格九句多了二句,所以,叶堂将其改订为【御林莺】,也就是利用合【簇御林】与【黄莺儿】两调而成的集曲来就济汤显祖曲文比本格多句的问题。详改内容如表5所示。

表 5　　　　　　　　叶堂改订对照

句序	汤显祖【簇御林】	叶堂改订为【御林莺】	康熙曲谱【簇御林】
1	风流帐◎	【簇御林】首至四 风流帐◎	亲师范
2	难算场◎	难算场◎	近友朋
3	死生情	死生情	把诗书
4	空跳浪◎	空跳浪◎	勤讲明
5	埋头午梦人胡撞◎	埋头午梦人胡撞◎	囊萤凿璧皆堪敬◎
6	刚等得花阴过窗◎	【黄莺儿】四至末 刚等得花阴过窗◎	他每都显父母扬名姓◎
7	鸡声过墙◎	鸡声过墙◎	奋鹏程
8	说甚么张灯吃饭才停当	说甚么张灯吃饭才停当	名题雁塔
9	似黄粱◎	似黄粱	白屋显公卿◎
10	浮生秭米	浮生秭米	
11	都付与滚锅汤◎	都付与滚锅汤◎	

又如《南柯记》第七出《偶见》:

【对玉环带过清江引】拍手天坛◎凤飘长绣幡◎答剌兜绵◎腰身拴束的弯◎衫袖打斓斑◎西天俏锦阑◎燕尾翩翻◎观音座宝栏◎合掌开莲瓣◎散天香婆罗门回笑眼◎

【对玉环】【清江引】皆是北曲双调曲牌。南北曲都有【江儿水】这个牌名,北曲【清江引】入双调,又名【江儿水】,句式:"七◎五◎五。五◎七◎",无赠板,吴梅指出【对玉环】【清江引】本是北曲,借作南曲唱,相沿成习。

汤显祖原文曲牌【对玉环带过清江引】，既然是带过曲，理应两支曲子都应该保持其完整性，在句数总数上应有十五句。然而实际上，汤显祖原文句数只有十句，句数是不足的。

叶堂按照实际的曲文情形，标示前八句为【对玉环】，后两句为【清江引】的末二句，如此一来，便为集曲的形式，而非带过曲的样态，所以，曲牌的名称改订为【玉环清江引】，这点小小的调整，也可以看出叶堂对于曲格的要求是很一致的。详改内容如表6所示。

表6　　　　　　　　　　　　叶堂改订对照

句序	汤显祖【对玉环带过清江引】	叶堂改订为【玉环清江引】
1	拍手天坛◎	【对玉环】首至八　拍手天坛◎
2	凤飘长绣幡◎	凤飘长绣幡◎
3	答剌兜绵◎	答剌兜绵◎
4	腰身拴束的弯◎	腰身拴束的弯◎
5	衫袖打斓斑◎	衫袖打斓斑◎
6	西天俏锦阑◎	西天俏锦阑◎
7	燕尾翩翻◎	燕尾翩翻◎
8	观音座宝栏◎	观音座宝栏◎
9	合掌开莲瓣◎	【清江引】四至末　合掌开莲瓣◎
10	散天香婆罗门回笑眼◎	散天香婆罗门回笑眼◎

注：（1）【对玉环】："歌舞婵娟◎风流胜玉仙◎拆散姻缘◎柳青忒爱钱◎佳人蓦上船◎书生缘分浅◎几句新诗。金山古寺边◎一曲琵琶。长江秋月圆"。王奕清编：《康熙曲谱》，岳麓书社2000年版，第83页。

（2）【清江引】："弃微名去来心快哉◎一笑白云外◎知音三五人。痛饮何妨碍◎醉袍舞嫌天地窄◎"。王奕清编：《康熙曲谱》，岳麓书社2000年版，第68页。

《南柯记》第七出《偶见》中还有一支【江儿水】，虽名为【江儿水】，实际是【古江儿水】，也比本格少了一句。本格的第四句为七字句，但汤显祖的句格少了一句七字句。叶堂将此曲牌改订为【江水东风】，也就是前三句维持【古江儿水】的句格，第四句以后，有问题的部分就用【沈醉东风】的末三句，加以救济。详改内容如表7所示。

表7　　　　　　　　　　　　　叶堂改订对照

句序	汤显祖【江儿水】	叶堂改订为【江水东风】
1	淳于弟子	【古江儿水】首至三　淳于弟子
2	愁情一片◎	愁情一片◎
3	销愁无处去听闲经卷◎	销愁无处去听闲经卷◎
4	签名自签◎	【沈醉东风】合至末　签名自签◎
5	观音试观◎	观音试观◎
6	水竹池边因何活现◎	水竹池边因何活现◎

注：（1）【古江儿水】："如来证明。鉴兹邑启◎我双亲在途路。不知如何的◎仰惟菩萨大慈悲◎龙天鉴知◎龙神护持◎护持他登山涉水◎"。王奕清编：《康熙曲谱》，岳麓书社2000年版，第383页。
（2）【沈醉东风】："你爹行见得好偏◎只一下子不留在身畔◎他只道我不贤◎要将你迷恋◎这其间怎不悲怨◎为爹泪涟◎为娘泪涟◎何曾为着夫妻上意牵◎"。王奕清编：《康熙曲谱》，岳麓书社2000年版，第399页；吴梅《南北词简谱》云末句诸谱皆作八字。吴梅：《南北词简谱》，河北教育出版社2002年版，第603页。

（三）以"集曲"补救调整句式的不稳定

汤显祖的不合格律，除了字数、句数的问题之外，有时与句式的不稳定也有关系，如《牡丹亭》第三十八出《淮警》：

　　【霜天晓角】英雄出众◎鼓噪红旗动◎三年绣甲锦蒙茸◎弹剑把雕鞍斜鞚◎
　　【前腔】帐莲深拥◎压寨的阴谋重◎你夜来鏖战好粗雄◎困的俺孩心没缝◎

【霜天晓角】，为越调引子。吴梅《南北词简谱》："此亦诗余，应作两迭，诸谱皆混而为一，非。又换头首二句，不知有叶韵，亦误。"①【霜天晓角】应作两迭，《康熙曲谱》云："两结处'病'字、'倦'字，文法略断，不可连作一句。"第四句表面上是一句，但文法上理应断句。因此，句式当为："三◎五◎六◎三。三◎"，由这段文字，再来比照汤显祖这支曲文的问题，恰恰也出现在末句，此为七字句，句式为上三下四，不仅连成一句，也与"三。三◎"的句式要求有落差。

---

① 吴梅：《南北词简谱》，河北教育出版社2002年版，第740页。

叶堂用集曲的方式，也就是首三句取【双天晓角】前三句、末句取【杏花天】的末句，合成一调【霜天杏】。叶堂将原著的【霜天晓角】调整为【霜天杏】，就是从末句的句式加以考虑，以【杏花天】的末句，也就是上三下四的句式，取代末句句式不合的部分。使末句的字数、句式完全相合。详改内容如表 8 所示。

表 8　　　　　　　　　　　　叶堂改订对照

句序	汤显祖【霜天晓角】	叶堂改订为【霜天杏】	康熙曲谱【霜天晓角】
1	英雄出众◎	英雄出众◎	难捱怎避◎
2	鼓噪红旗动◎	鼓噪红旗动◎	灾祸重重至◎
3	三年绣甲锦蒙茸◎	三年绣甲锦蒙茸◎	最苦婆婆死矣◎
4	弹剑把雕鞍斜鞔◎	弹剑把雕鞍斜鞔◎	公公病。又将危◎*
句序	【前腔】	【前腔】	【换头】
6	帐莲深拥◎	帐莲深拥◎	悄然魂似飞◎
7	压寨的阴谋重◎	压寨的阴谋重◎	料应不久矣◎
8	你夜来鏖战好粗雄◎	你夜来鏖战好粗雄◎	纵然抬头强起
9	困的俺垓心没缝◎	困的俺垓心没缝◎	形衰倦。怎支持◎

注：《康熙曲谱》【杏天花】："曲江赐罢琼林宴◎称蓝袍宫花帽篇◎玉鞭袅袅如龙骑。簇拥着传呼状元◎"

＊《康熙曲谱》云："两结处'病'字、'倦'字，文法略断，不可连作一句。此调换头，依诗余'然'字亦当用韵断句，不知者将'魂'字作衬，非。"

此外，《牡丹亭》第八出《劝农》也有类似的情形：

　　【清江引】黄堂春游韵潇洒◎身骑五花马◎村务里有光华◎花酒藏风雅◎你德政碑随路打◎

如前所述，南北曲都有【江儿水】，此支【清江引】，实际上是北曲的【江儿水】，传奇组套中多将北曲【江儿水】，借作南词使用，名之为【清江引】，需辨明之。此调句式："七◎五◎五。五◎七◎"照理，汤氏这首是符合句数的，传奇组套的尾声以【清江引】收尾的情形也很常见①。本来应该没什么问题。

然而，叶堂改此曲为【清南枝】，也就是首到四句，是【清江引】原来的结构，而汤氏的第五句，改为以【锁南枝】的七八句收尾。变动后的句式为："七◎五◎五。五◎三。三◎"从这样的改动过程，可以看出，汤氏末句"你德政碑随路打◎"的"你"字，本不算衬字，如此字数是符合【江儿水】第五句的字数，但【江儿水】第五句是上四下三的七字句，汤氏原文在句式是不够稳定的。叶堂更动之后，"你"字当为衬字，字数仅剩六字，以符合【锁南枝】的七八句收尾。

另外，此集曲在改定时除了句数字数的斟酌，也有考虑音乐性，在《全谱》的批注云："凡曲之前后不相连属者，宜各归本调。此曲正以仍用工调为佳，后《惊梦》出【鲍老催】一曲仿此，深于音律者自能知之。"此出起调为工调，刻意再以工调收尾，足见叶堂之用心。

（四）以集曲修正汤氏犯调之误

此种情形，虽然也伴有字数句数的错误，但问题相对复杂，叶堂采用与原著相同的集曲曲牌，做了不同程度的调整。如第十八出《诊祟》，原著从【金落索】【前腔】到【金索挂梧桐】【前腔】，一连四支，到了叶堂却改成【金落索】【其二】【其三】【其四】，由于此四支，都有不同的问题，分析说明如下，原著的第一支【金落索】：

---

① 《六十种曲》以【清江引】作为剧情收束的部分不少，共计有37出，若再加上容易与之混淆的【江儿水】，如此，以【清江引】、【江儿水】作为剧情收束的情形，在各类单行曲牌收尾的情形中，蔚为壮观。以【清江引】此支曲牌作为尾声收束的情形，容易与【江儿水】混淆不清。所以在观察以【清江引】作为尾声收束时，也需辨明二者之间的差异，兹将二者在形式与剧用上的差异比较说明如下：首先，【清江引】与【江儿水】二者在形式上不同。一是北曲【清江引】入双调，又名【对玉环】，句式："七◎五◎五。五◎七◎"，无赠板，吴梅指出【对玉环】本是北曲，借作南曲唱，相沿成习。此曲独用居多，且在南北合套中，用作收煞。就笔者针对《六十种曲》所收录的情形来看，【清江引】可以用作剧末的尾声，并非仅限在"南北合套"，即使是完全以南曲组套的情形也可以用【清江引】收尾，如《玉镜记·拆书见镜》《邯郸记·边急》《彩毫记·海青死节》等，都是如此，故特此补充说明。二是南曲【江儿水】为仙吕入双调过曲，又名【岷江绿】，句式："五。三◎七◎七◎七◎六◎四。六◎"，赠板与否皆可。就笔者从剧末收【清江引】的角度来看，其实南曲【江儿水】用在剧套中段的情形较多，而北曲【清江引】用在剧末的较多，二者在使用名称上，大致壁垒分明。换句话说，用在剧套收尾的【清江引】，指得就是北曲的【清江引】，而非南曲的【江儿水】。其次，二者在剧用上也不同。就目前所收录的情形来看，【清江引】37个例子中，逐步分析比对，可以发现：使用【清江引】来作剧套的收束，最多的情形用在即将出兵，传令起兵的情节，通常由角色上场后，交代出兵的理由，随即号令出兵，最后或由角色（通常是净）或众将唱【清江引】下场。而【江儿水】通常用在听闻噩耗，情绪激愤、悲伤的场景，如《香囊记·闻讣》，偶有用在诉情场合，但不多见，如《怀香记·醉娱佳期》。

【金落索】贪他半饷痴◎赚了多情泥◎待不思量。怎不思量得◎就里暗消肌◎怕人知◎嗷腔腔嫩喘微◎我这惯淹煎的样子谁怜惜◎自噤窄的春心怎的支◎心儿悔◎悔当初一觉留春睡◎信他冲的个甚喜◎到的年时◎敢犯杀花园内◎

　　此曲【金落索】，是首句以【金梧桐】为主，别犯他曲的集曲①，按例应取【金梧桐】（首至五句）、【东瓯令】（第二到四句）、【针线厢】（第六句）、【解三酲】（第七句）、【懒画眉】（第四句）、【寄生子】（末三句），合了六曲，共计14句。比照原著曲文，有两处需要讨论：

　　（1）按照本格【金落索】第六到第八句，是取南吕过曲【东瓯令】的第二到第四句："三◎七◎七◎"，所以第七句处，应为七字句，然而汤显祖的曲文第七句只有六字。而叶堂为了救济此处的问题，遂将【东瓯令】换成同宫调的【秋夜月】，取【秋夜月】的第一到第三句："三◎五◎七◎"，如此一来，字数、句数、宫调都一并考虑进去，同时将以调整。

　　（2）汤显祖此曲的结段，究竟是收在第十三句还是第十四句？如果从《康熙曲谱》所收的谱例，看来是收在第十三句，如此一来，与叶堂更定的又有出入，莫衷一是。经查【寄生子】一曲，《康熙曲谱》并未收入此曲牌。吴梅《南北词曲谱》倒是记载此曲的情形："旧谱皆不载此曲，而犯取中有用此牌者，令人未知本调，此亦愦愦也。因录此曲，用二支即可成出焉。"其收录【寄生子】的谱例，从第二十句开始为："吾羡彼不必恩斯⊕不必勤斯⊕七日内成伊嗣⊕"故可得知，【寄生子】末三句因为迭唱一句四字句，所以应该为"七◎四◎六◎"。《康熙曲谱》省略了这个迭唱的四字句，因此十三句，而叶堂将"信他冲的个甚喜到的年时敢犯杀花园内"调整为"他冲的个甚喜◎到的年时◎敢犯杀花园内◎"

　　从叶堂调整的这支【金落索】，先用【秋夜月】来更替【东瓯令】，弥补原著字数不足；再考虑【寄生子】可以迭唱的性质，藉此增句，以符合原著

---

① 翔羚按："梧桐"系列的集曲很多，总的来说，根据起句的曲牌可以分成两大类：一是以【金梧桐】为首的，如【金梧系山羊】【梧桐秋水桂枝香】【七条弦】【八宝妆】；二是以【梧桐树】为首的，如【梧桐满山坡】【梧桐坠五更】【六宫春】。【金梧桐】与【梧桐树】非常相近，其前四句与后三句都与【梧桐树】相同，只有第五、第六句不同。【金梧桐】第五、第六句，皆为"五字句"，而【梧桐树】的第五、第六句则皆为"六字句"。

句数问题。此【金落索】，表面名称不变，实质的内容却已改变调整。这样的调整，正如其在《纳书楹四梦全谱·凡例》所云：

> 南曲之有犯调奇异同得失，最难剖析，而临川四梦为尤甚。谱中遇犯调诸曲，虽以细注某曲某句，然如【双梧斗五更】【三节鲍老】等名，余所创始，未免穿凿，第欲求合临川之曲，不能谨守宫谱集曲之旧名，识者谅之。

"第欲求合临川之曲，不能谨守宫谱集曲之旧名，识者谅之。"不能谨守集曲的旧名，除了反映在集曲的命名上，也反映在像【金落索】这样同名却不同质的犯调上。详改内容如表9所示。

表9　　　　　　　　叶堂改订对照

句序	汤显祖【金落索】	叶堂改订为【金落索】	康熙曲谱【金落索】
1	贪他半饷痴◎	【金梧桐】贪他半饷痴◎	【金梧桐】春来丽日长◎
2	赚了多情泥◎	赚了多情泥◎	渐觉和风荡
3	待不思量	待不思量	犹记临行
4	怎不思量得◎	怎不思量得◎	烂漫桃花放◎
5	就里暗消肌◎	就里暗消肌◎	倏忽柳絮飞
6	怕人知◎	【秋夜月】怕人知◎	【东瓯令】过炎光◎
7	嗽腔腔嫩喘微◎	嗽腔腔嫩喘微◎	金井梧飘积渐凉
8	我这惯淹煎的样子谁怜惜	我这惯淹煎的样子谁怜惜	相将半截分离去*
9	自噤窄的春心怎的支◎	【针线厢】自噤窄的春心怎的支◎	【针线厢】怎地音信全无纸半张◎
10	心儿悔◎	心儿悔	【解三酲】伤情处**
11	悔当初一觉留春睡◎	【懒画眉】悔当初一觉留春睡◎	【懒画眉】嘹嘹呖呖雁儿过南厢
12	信他冲的个甚喜。到的年时	【寄生子】信他冲的个甚喜	【寄生子】听一声声叫得清凉
13	敢犯杀花园内	到的年时◎	愁锁在眉间上◎
		敢犯杀花园内	

注：《康熙曲谱》云："【金落索】或作【金索挂梧桐】，非。"王奕清编：《康熙曲谱》，岳麓书社2000年版，第339页。

* 《康熙曲谱》此句不押韵，然经查此集曲第六至第八句当取【东瓯令】第二至第四句，【东瓯令】第四句应当押韵，特此说明。

** 《康熙曲谱》此句不押韵，然经查此集曲第十句当取【解三酲】第七句，原【解三酲】第七句应当押韵，特此说明。

再看原著的第二支【金落索】的【前腔】：

【（金落索）前腔】看他春归何处归◎春睡何曾睡◎气丝儿。怎度的长天日◎把心儿捧凑眉◎病西施◎梦去知他实实谁◎病来只送的个虚虚的你◎做行云先渴倒在巫阳会◎全无谓◎把单相思害得忒明昧◎又不是困人天气◎中酒心期◎魆魆地常如醉◎

比对结果，有三处需要加以讨论：

（1）【金落索】，本来是以首句为【金梧桐】为主，别犯他曲的集曲。此支既为【金落索】的【前腔】，首到五句理应以符合【金梧桐】的首到五句，然而，原著的曲文字数、句数都不符合【金梧桐】的字句数。针对一到五句，字句数不合【金梧桐】的情形，叶堂采用了与【金梧桐】相似的【梧桐树】来更换，【金梧桐】与【梧桐树】非常相近，经常混淆不清，差别在于【金梧桐】第五、第六句，皆为"五字句"，而【梧桐树】的第五、六句则皆为"六字句"。叶堂用【梧桐树】就可以救济汤显祖曲文第五句为六字句的问题。

（2）第九句应该是取【针线厢】的第六句，是七字句，然而汤显祖的曲文完全不合【针线厢】第六句的格律。叶堂直取【针线厢】的第五句，来解决此问题。

（3）原著第三句本为三字句，按照【金落索】的原格第三句为四字句，在字数不合的部分，叶堂云："此句照三妇本增入'一'字，如此一来，字数句数都能有所调整。

从叶堂调整的这支【金落索】，先用【梧桐树】更替【金梧桐】，再以【针线厢】的第五句更替【针线厢】的第六句，甚至增字，来弥补调整原著字数句数不符格律的情形。叶堂并未大胆使用【前腔】一词，反而用"其二"，从用词上，就可以发现叶堂良苦用心，一方面认定这样的调整仍在【金落索】的集曲模式内，故曰'其'；另一方面，也说明此支【金落索】与第一支【金落索】的内容也略有不同，故曰'二'。详改内容如表10所示。

表 10　　　　　　　　　　　　叶堂改订对照

句序	汤显祖【前腔】	叶堂改订为【其二】	康熙曲谱【金落索】
1	看他春归何处归◎	【梧桐树】首至五 看他春归何处归◎	【金梧桐】首至五 春来丽日长◎
2	春睡何曾睡◎	春睡何曾睡◎	渐觉和风荡
3	气丝儿	气一丝儿	犹记临行
4	怎度的长天日◎	怎度的长天日◎	烂漫桃花放◎
5	把心儿捧凑眉◎	把心儿捧凑眉◎	倏忽柳絮飞
6	病西施◎	【东瓯令】二到四 病西施◎	【东瓯令】二到四 过炎光◎
7	梦去知他实实谁◎	梦去知他实实谁◎	金井梧飘积渐凉◎
8	病来只送的个虚虚的你◎	病来只送的个虚虚的你◎	相将半截分离去*
9	做行云先渴倒在巫阳会◎	【针线厢】第五句 做行云先渴倒在巫阳会◎	【针线厢】第六句 怎地音信全无纸半张◎
10	全无谓◎	【解三酲】第七句 全无谓◎	【解三酲】第七句 伤情处。**
11	把单相思害得忒明昧◎	【懒画眉】第四句 把单相思害得忒明昧◎	【懒画眉】第四句 嘹嘹呖呖雁儿过南厢◎
12	又不是困人天气◎	【寄生子】又不是困人天气◎	【寄生子】听 一声声叫得清凉◎
13	中酒心期◎	中酒心期◎	
14	魆魆地常如醉◎	魆魆地常如醉◎	愁锁在眉间上◎

注：《康熙曲谱》云："【金落索】或作【金索挂梧桐】，非。"王奕清编：《康熙曲谱》，岳麓书社 2000 年版，第 339 页。

* 《康熙曲谱》此句不押韵，然经查此集曲第六至第八句当取【东瓯令】第二至第四句，【东瓯令】第四句应当押韵，特此说明。

** 《康熙曲谱》此句不押韵，然经查此集曲第十句当取【解三酲】第七句，原【解三酲】第七句应当押韵，特此说明。

再看原著同出的【金索挂梧桐】：

【金索挂梧桐】他人才忒整齐◎脉息恁微细◎小小香闺◎为甚伤憔悴◎似他这伤春怯夏肌◎好扶持◎病烦人容易伤秋意◎少不得情栽了窃髓针难入◎病躲在烟花你药怎知◎承尊觑◎何时何日来看这女颜回◎（合）病中身怕的是惊疑◎且将息休烦絮◎

汤显祖的这支曲文【金索挂梧桐】，《康熙曲谱》云："【金落索】或作【金索挂梧桐】，非。"可见【金索挂梧桐】并不等于【金落索】，而汤显祖也应该认为此为两个不同的曲牌，于是分列出来。但是曲谱并未列出【金索挂梧桐】的谱例，这在比对上产生了困难。清李渔《闲情偶寄·词曲上·音律》："如【金络索】、【梧桐树】是两曲，串为一曲，而名曰【金索挂梧桐】，以金索挂树，是情理所有之事也。"按照李渔所述，【金落索】是个庞大的集曲，再加上【梧桐树】，句数与体制势必更加庞大，究竟【金索挂梧桐】以何样貌存在，是真有此曲或是一种"想当然耳"的存在，尚须更多证据解决。然而，从叶堂更动的情形来看此支【金索挂梧桐】仍有不合律之处，于是做了以下调整：

（1）在第九到十一句，本格【金落索】是取【针线厢】第六句、【解三酲】第七句、【懒画眉】第四句，计三个曲牌。叶堂则是使用【针线厢】第六、七句、【懒画眉】第三句，才使用两个曲牌，撷句的顺序也与原格不同。

（2）原先在前两支【金落索】，有讨论末段因为【寄生子】有一句迭唱的功能，所以【金落索】取【寄生子】末三句，所以计有十四句。然而，此取因为字数、句数不足，末段从合头开始，即第十二句开始，叶堂用了【寄生子】末二句，也就是不采用迭唱句，因此在总句数上，又恢复了十三句，这些更动都是因应曲文实际情形而做的调整。

同样的道理，这支【金索挂梧桐】是支样貌难解不可得知的曲牌，但从叶堂调整的过程，可知仍在【金落索】的集曲模式内，故曰"其"；另一方面，也说明此支【金落索】与前两支的【金落索】的内容又有不同，故曰"三"，在说明叶堂改调定律时小心谨慎的态度。详改内容如表11所示。

表11　　　　　　　　　　　叶堂改订对照

句序	汤显祖【金索挂梧桐】	叶堂改订为【其三】	康熙曲谱【金落索】
1	他人才忒整齐◎	【金梧桐】首至五 他人才忒整齐◎	【金梧桐】首至五 春来丽日长◎
2	脉息恁微细◎	脉息恁微细◎	渐觉和风荡◎
3	小小香闺◎	小小香闺◎	犹记临行
4	为甚伤憔悴◎	为甚伤憔悴◎	烂漫桃花放◎

续表

句序	汤显祖【金索挂梧桐】	叶堂改订为【其三】	康熙曲谱【金落索】
5	似他这伤春怯夏肌◎	似他这伤春怯夏肌◎	倏忽柳絮飞
6	好扶持◎	【东瓯令】二到四 好扶持◎	【东瓯令】二到四 过炎光◎
7	病烦人容易伤秋意	病烦人容易伤秋意	金井梧飘积渐凉◎
8	少不得情栽了窍髓针难入◎	少不得情栽了窍髓针难入	相将半截分离去*
9	病躲在烟花你药怎知◎	【针线厢】第六至七句 病躲在烟花你药怎知◎	【针线厢】第六句 怎地音信全无纸半张◎
10	承尊觑◎	承尊觑	【解三醒】第七句 伤情处**
11	何时何日来看这女颜回◎	【懒画眉】第三句 何时何日来看这女颜回◎	【懒画眉】第四句 嘹嘹呖呖雁儿过南厢
12	（合）病中身怕的是惊疑◎	【寄生子】末二句 病中身怕的是惊疑	【寄生子】听 一声声叫得清凉
13	且将息休烦絮◎	且将息休烦絮◎	愁锁在眉间上

注：《康熙曲谱》云："【金落索】或作【金索挂梧桐】，非。"王奕清编：《康熙曲谱》，岳麓书社2000年版，第339页。

* 《康熙曲谱》此句不押韵，然经查此集曲第六至第八句当取【东瓯令】第二至第四句，【东瓯令】第四句应当押韵，特此说明。

** 《康熙曲谱》此句不押韵，然经查此集曲第十句当取【解三醒】第七句，原【解三醒】第七句应当押韵，特此说明。

原著同出最后一支【金索挂梧桐】，这也是叶堂用【金落索】改订的最后一支：

【（金索挂梧桐）前腔】你惺惺的怎着迷◎设设的浑如魅◎你听他念念呢呢◎作的风风势◎这钗头小篆符。眠坐莫教离◎把闲神野梦都回避◎须不是依花附木廉纤鬼◎咱做的弄影团风抹媚痴◎些儿意◎正待携云握雨你却用掌心雷◎（合前）病中身怕的是惊疑◎且将息休烦絮◎

比对以后，发现叶堂更动的情形：

（1）第十一句，本格【金落索】是取【懒画眉】第四句，而叶堂则取【懒画眉】第三句，与原格不同。

（2）末段【寄生子】是采不迭唱格，故总句数为十三句。

一如前述，叶堂使用"其四"，来说明其改定的范围与差异。详改内容如表 12 所示。

表 12　　　　　　　　　　叶堂改订对照

句序	汤显祖【前腔】	叶堂改订为【其四】	康熙曲谱【金落索】
1	你惺惺的怎着迷◎	【金梧桐】首至五　你星星的怎着迷	【金梧桐】首至五　春来丽日长
2	设设的浑如魅◎	设设的浑如魅◎	渐觉和风荡
3	你听他念念呢呢◎	你听他念念呢呢◎	犹记临行
4	作的风风势◎	作的风风势◎	烂漫桃花放
5	这钗头小篆符	这钗头小篆符	倏忽柳絮飞
6	眠坐莫教离◎	【东瓯令】二到四　眠坐莫教离◎	【东瓯令】二到四　过炎光◎
7	把闲神野梦都回避◎	把闲神野梦都回避◎	金井梧桐飘积渐凉◎
8	须不是依花附木廉纤鬼◎	须不是依花附木廉纤鬼◎	相将半截分离去*
9	咱做的弄影团风抹媚痴	【针线厢】第六句　咱做的弄影团风抹媚痴	【针线厢】第六句　怎地音信全无纸半张
10	些儿意◎	【解三酲】第七句　些儿意	【解三酲】第七句　伤情处**
11	正待携云握雨你却用掌心雷	【懒画眉】第三句　正待携云握雨你却用掌心雷	【懒画眉】第四句　嘹嘹呖呖雁儿过南厢
12	（合前）病中身怕的是惊疑◎	【寄生子】末二句　病中身怕的是惊疑	【寄生子】听一声声叫得清凉◎
13	且将息休烦絮◎	且将息休烦絮◎	愁锁在眉间上

注：《康熙曲谱》云："【金落索】或作【金索挂梧桐】，非。"王奕清编：《康熙曲谱》，岳麓书社 2000 年版，第 339 页。

*《康熙曲谱》此句不押韵，然经查此集曲第六至第八句当取【东瓯令】第二至第四句，【东瓯令】第四句应当押韵，特此说明。

**《康熙曲谱》此句不押韵，然经查此集曲第十句当取【解三酲】第七句，原【解三酲】第七句应当押韵，特此说明。

沈自晋《复位南词全谱·凡例》：

> 曲之次阕，每称"前腔"。但换头体格不同，有第二即换者，有第二如前，至第三始换，更有三、四各自换头，有与前调不同者。今以"前腔"更作其二、其三、其四，即分注"换头"二字于下，反觉直捷，更

似雅正。意义本同，非辄改弦也。①

沈自晋的剧本凡是"前腔"都用"其二""其三"这类的用词，是因为沈自晋认为后曲有时会与前曲略有不同，但却都以【前腔】名之，如此一来，并无法看出"换头"的差异。而叶堂或许有吸收到这样的概念，在其《牡丹亭全谱》中，凡是与前曲相同，他仍采用【前腔】，只有像【金落索】这样特殊的情形，才用其二、三、四表现其集曲的方式略有变动。从上述过程，可以得知，叶堂为了因应并保存汤显祖的曲文，利用集曲做一系列的调整，除了原著【金落索】的字句问题，也包括内容不明的曲牌【金索挂梧桐】，而叶堂用了四支实质内容略为不同的【金落索】加以调整，不用"前腔"之名，而用"其二""其三""其四"的名称，表示其中同异，足见叶堂的态度。

此种叶堂用集曲来调整汤显祖"犯调"的错误，还可见第八出《劝农》：

【孝白歌】泥滑喇。脚支沙。短耙长犁滑律的拿。夜雨撒菰麻。天晴出粪渣。香风俺鲊（合）官里醉流霞。风前笑插花。把俺农夫们俊煞。

【前腔】春鞭打。笛儿吵。倒牛背斜阳闪暮鸦。他一样小腰报。一般双髻鬌。能骑大马。（合）官里醉流霞。风前笑插花。把俺村童们俊煞。

【前腔】那桑阴下。柳篓儿搓。顺手腰身篓一丫。俺罗敷自有家。便秋胡怎认他提金下马。（合）官里醉流霞。风前笑插花。把俺采桑人俊煞。

【前腔】乘谷雨。采新茶。一旗半枪金缕芽。学士雪炊他。书生困想他。竹烟新瓦。（合）官里醉流霞。风前笑插花。把俺采茶人俊煞。

首先，【孝顺歌】的本调为："三。三〇七〇五〇五〇四〇四。四〇四。四〇"《康熙曲谱》云："此【孝顺歌】本调也，今人知有【孝南枝】，而不知此调。"然而，笔者检视许多剧本所标示的【孝顺歌】，实际上都不是【孝顺歌】，而是【孝南枝】，差别在【孝顺歌】本调后面以四字句收尾，而【孝南枝】实以三字句收尾，所以，比照此曲，【孝白歌】并非【孝顺歌】，也非【孝南枝】。

其次，【孝白歌】实为【孝金歌】，吴梅《南北词简谱》收《牡丹亭》此

---

① 沈自晋：《复位南词全谱·凡例》，引自《沈自晋集》，中华书局2004年版，第251页。

曲为【孝金歌】的谱例，是以【金字令】犯【孝顺歌】①。在《六十种曲》中【孝白歌】仅见二例，一为此例，另一则是《南柯记》第二十四出《风谣》。

既是以【金字令】犯【孝顺歌】，为何叶堂要将此调改为【孝金经】？笔者考察有以下几个原因：

（1）以【孝顺歌】为主的一系列集曲，例如【孝南枝】、【孝顺儿】等，都是前半部为【孝顺歌】后半部转接他曲的形式。《劝农》的这组【孝白歌】实为【孝金歌】，是以【孝顺歌】为主，在曲子中段插接【金字经】的犯调模式，最后又回到了【孝顺歌】，并不符合上述的集曲原则。

（2）所以，按照【孝顺歌】本来的集曲模式，此出的【孝白歌】，本应当在【金字令】收尾，而【金字令】本格在两个五字句后，还有三句：四◎四◎七◎汤氏原词也不符合【金字令】的句数。

（3）总的来说，此组【孝白歌】实为【孝金歌】，但却不符合以【孝顺歌】为主的集曲原则。

基于这些理由，叶堂不得不改定新调来取代【孝白歌】。叶堂救济的方法，是采用【孝顺歌】【金字令】【锦法经】三曲合为一调的集曲方式来救济之，也就是前六句为【孝顺歌】、七、八两句为【金字令】，末句以【锦法经】收尾。这样不仅能救济汤氏曲文句数的问题，也能符合以【孝顺歌】为主体的集曲，当收束在他曲的规范。

虽然，叶堂发现仍然无法避免汤氏原词的落差，也就是三支【前腔】与第一支【孝白歌】在文辞字数上的一致性，所以叶堂还略为"增字"，让字数稳定一致，而四支【孝白歌】的字数完全一致。虽然如此，叶堂的增字，是完全没有影响歌词的"增字"方式，如表13所示。

表13　　　　　　　　　　　叶堂改订对照

汤显祖（以【孝顺歌】收尾）	叶堂改订为（以【锦法经】收尾）
【孝白歌】泥……把农夫们俊煞 【前腔】春……村童们俊煞 【前腔】那……采桑人俊煞 【前腔】乘……采茶人俊煞	【孝金经】泥……把俺农夫们俊煞 【前腔】春……把俺村童们俊煞 【前腔】那……把俺采桑人俊煞 【前腔】乘……把俺采茶人俊煞

---

① 吴梅《南北词简谱》录【孝金歌】：【孝顺歌】乘谷雨。采新茶◎一旗半枪金缕芽◎学士雪炊他◎书生困想他◎竹烟新瓦◎【金字令】官里醉流霞◎风前笑插花◎【孝顺歌】把采茶人俊煞◎（可赠，可不赠）。

由此可见，叶堂利用集曲的方式，除了救济汤氏原著字数句数的落差之外，更是注意到犯调的规则，一旦有不符合的情形，以最大幅度保留曲文的态度，小心翼翼修正汤显祖不合曲律的问题。同样的，在《南柯记》第二十四出《风谣》中也有一组【孝白歌】：

【孝白歌】征徭薄。米谷多。官民易亲风景和。老的醉颜酡。后生们鼓腹歌。你道俺捧灵香因甚么。你道俺捧灵香因甚么。

【前腔】行乡约。制雅歌。家尊五伦人四科。因他俺切磋。他将俺琢磨。你道俺捧灵香因甚么。你道俺捧灵香因甚么。

【前腔】多风化。无暴苛。俺婚姻以时歌伐柯。家家老小和。家家男女多。你道俺捧灵香因甚么。你道俺捧灵香因甚么。

【前腔】平税课。不起科。商人离家来安乐窝。关津任你过。昼夜总无他。你道俺捧灵香因甚么。你道俺捧灵香因甚么。

这组【孝白歌】，实际上与吴梅所说的【孝金歌】不符，也与【孝南枝】不符。叶堂按照实际的句数，将他改订为【孝南枝】，是因为首五句符合【孝顺歌】的格式，最后一句则撷取【锁南枝】最后一句。

如此一来，曲文不仅保存，撷取的形式也符合以【孝顺歌】为集曲主体的模式，这与改订《劝农》的【孝白歌】为【孝金经】的态度是一致的。但因为是合【孝顺歌】与【锁南枝】二调而成的集曲，在命名方式上也只得称为【孝南枝】。

然而，叶堂改订的这支【孝南枝】（这是从实际合成的集曲来命名的，计有6句）与曲谱所载的【孝南枝】（此集曲的本格，计有11句）在本质上仍有不同。也因此，徐朔方先生在《南柯记》的校注云："【孝白歌】，前五句是【孝顺歌】。叶谱题作【孝南枝】，谓【孝顺歌】犯【锁南枝】，实非也。《牡丹亭》第八出亦有【孝白歌】，结尾句格与此曲异。"[①] 仍有可补充说明的地方：

（1）汤显祖这二出所使用的【孝白歌】，本身在句格上就很混乱。而吴梅认为《牡丹亭》第八出的【孝白歌】是【孝金歌】。但这【孝金歌】的句格

---

① 徐朔方笺校：《汤显祖全集》，北京古籍出版社1999年版，第2354页。

是与《南柯记》第二十四出的【孝白歌】不吻合的。

（2）叶堂改订的过程不仅从曲文的句数、句格加以考虑，甚至也注意到集曲组合的原则，因此同样是【孝白歌】，却因为曲文句格的不固定，自然就要有不同的改订方式，一则改订为【孝金经】，另一改订为【孝南枝】。

（3）虽然叶堂改订过后的【孝南枝】与集曲【孝南枝】的本格不同，然而此【孝南枝】又是符合集曲命名的原则，造成二者名字相同，句格不同，却也是不得已的方式。这又呼应到叶堂在《凡例》所云："第欲求合临川之曲不能谨守宫谱集曲之旧名，识者亮之。"详改内容如表14所示。

表14　　　　　　　　　　叶堂改订对照

句序	汤显祖【孝白歌】	叶堂改订【孝南枝】	康熙曲谱【孝南枝】
1	征徭薄◎	【孝顺歌】首至五 征徭薄◎	【孝顺歌】阳台梦
2	米谷多◎	米谷多◎	楚岫云◎
3	官民易亲风景和	官民易亲风景和	镫燃绛腊月满轮◎
4	老的醉颜酡◎	老的醉颜酡◎	香霭洞房新◎
5	后生们鼓腹歌◎	后生们鼓腹歌◎	花发武陵春◎
6	你道俺捧灵香因甚么◎	【锁南枝】你道俺捧灵香因甚么◎	良宵可人
7			同坐同行
8			日亲日近◎
9			【锁南枝】你有万种风流
7			我有十分俊◎
8			心上人◎
9			掌上珍◎
10			亲上亲◎
11			煞和顺◎

注：（1）【锁南枝】："儿夫去⊼。竟不还⊞。公婆两人都老年◎。自从昨日到如今⊼。不能够得餐饭⊞。奴请粮⊼。他在家悬望眼⊞。念我老公婆◎。做方便。"吴梅：《南北词简谱》，河北教育出版社2002年版，第572～573页。

（2）【孝顺歌】："一闻道⊼。办去程⊞。愁肠九回百虑生◎。和伊在云屏⊞。和伊在芳径⊞。和伊共饮◎。怎忍一时◎。鸾凰分影⊞。泪眼偷弹⊼。春衫尽是啼痕⊞。"吴梅：《南北词简谱》，河北教育出版社2002年版，第573～574页。

（五） 以集曲修正联套问题

叶堂为了完整保存汤显祖的曲文，不仅利用集曲来调整字数、句数、句式不合曲牌本格的问题，也利用集曲来调整联套的问题。如《邯郸记》第二十二出《备苦》，主角：

【江儿水】眼见得身难济。路怎熬◎凌云台画不到这风尘貌◎玉门关想不上崖州道◎黑碌碌瘴影天笼罩◎这里有天难靠◎北地里坚牢◎偏到的南方寿夭◎

承前所述，南北曲都有【江儿水】，此调为南曲的【江儿水】，为此出的第一支曲。照理，汤显组这首是符合句数的，平仄音律也大致符合【江儿水】的格律，然而叶堂却将他改为【雁过江】，也就是将首二句改为【雁过声】①，其余都为原来【江儿水】的句式。

在《紫钗记》第六出《堕钗灯影》，也有同样的情形：

【江儿水】则道是淡黄昏素影斜。原来是燕参差簪挂在梅梢月◎眼看见那人儿这搭游还歇◎把纱灯半倚笼还揭◎红妆掩映前还怯◎［合］手捻玉梅低说◎偏咱相逢。是这上元时节◎

【前腔】止不过红围拥翠阵遮◎偏这瘦梅梢把咱相拦拽◎［作避生介］喜回廊转月阴相借◎怕长廊转烛光相射◎［生做见科］［旦］怪檀郎转眼偷相撇◎

这组【江儿水】实际上符合句数，叶堂也将其改为【雁过江】，此【雁过江】是首三句为【雁过声】，第三句以后为原来【江儿水】的句式。

从这两个例子来看，都有共同现象，不是该出主要人物上场所唱的首支曲，就是剧情另起段落时，人物上场之后所唱的首曲，叶堂之所以将【江儿水】改订为【雁过江】，是从联套原则来加以考虑的。南曲【江儿水】，多放在传奇剧套的中段，甚少在剧套一开始就用【江儿水】。笔者观察《六十种曲》里，至少有 55 个剧本，都有使用【江儿水】，也确实置于剧套的中段或

---

① 王奕清编：《康熙曲谱》，岳麓书社 2000 年版，第 166 页。

尾声。① 叶堂让集曲中的【雁过声】具有上场引子的作用，再承接【江儿水】，利用集曲加以调整联套的问题。

二、更正错误调名，以正本清源

叶堂使用集曲来改定汤显祖的曲文失律的情形固然有之，但经笔者考察之后，有些曲牌被叶堂修订调整，就算是使用"集曲"曲牌，也不一定代表汤显祖失律。但叶堂一一检视出来，企图恢复曲调的原貌。此种情形，约略可分为：

（一）因袭误用的曲牌

例如，第三出《训女》：

【玉山颓】爹娘万福◎女孩儿无限欢娱◎坐黄堂百岁春光。进美酒一家天禄◎祝萱花椿树◎虽则是子生迟暮◎守得见这蟠桃熟。【合】且提壶◎花间竹下长引着凤凰雏◎

此曲原著标名为【玉山颓】。实际上即为【玉山供】，本为双调过曲，是集【玉抱肚】的首四句与【五供养】五到八句而成的集曲曲牌。句数为九句：【玉抱肚】四◎七◎七。七◎【五供养】四◎七◎五。三◎七◎【玉山颓】实为【玉山供】，因为俗用讹名，因袭相传。经考察汤氏在句数、字数并未有不合乎本调的情形。

叶堂将【玉山颓】改正为【玉山供】，表面上用"集曲"的更改汤显祖原有曲牌，实际上，只是将历代曲家因袭而误用的牌名，更正回来。《康熙曲谱》："此调本【玉抱肚】【五供养】合成，名为【玉山供】，自《香囊记》妄改作【玉山颓】，使后人不惟不知【玉山供】的来历，且不知【五供养】末句只当用七字，反指七字者为【犯玉山颓】矣。甚至将中间四字一句只点两板，

---

① 例如《青衫记》第五出《元白上路》，此出仅有三曲，正好符合笔者所云的现象。【园林好】怯长途征尘染衣。惜韶春飞花满裾。遥望见红楼十里。何处是帝王居。何处是帝王居。【江儿水】春色皇州丽。春风客路迷。萋萋芳草浑无际。声声杜宇催春去。绿鬓无奈春情系。犹记得闺人私语。【合】野店青帘缥缈。共春云摇曳。【清江引】且喜皇都将到矣。日暮云阴翳。沽酒杏花村。共醉新丰市。今宵幸得论文侣。

尤为失调。"笔者也从《六十种曲》里运用【玉山颓】与【玉山供】的比例加以统计，在《六十种曲》中用【玉山颓】，计有 23 剧 26 出 29 次，而使用【玉山供】的也不过 2 剧 2 出 2 次而已。所以，在曲牌运用上，【玉山颓】的名称虽然是讹误的，但因为因袭太久，用【玉山供】的反而很少。汤氏用【玉山颓】本属因袭自然之事，叶堂却加以修改订正，由此也可看出叶堂虽对于曲调的正源是相当看重的。再如《牡丹亭》第十二出《寻梦》：

　　【二犯么令】偏则他暗香清远◎伞儿般盖的周全◎他趁这春三月红绽雨肥天◎叶儿青偏 迸着苦仁儿里撒圆◎爱煞这昼阴便◎再得到罗浮梦边◎

吴梅《南北词简谱》："此系正曲。张寒山云：'【品令】、【尹令】、【么令】，原系正调，古本旧曲多有之，因坊本误刻为【六么令】，又以字句不协，复题为【二犯六么令】，竟将【么令】之名废矣。后之作者，未经详看，以致以讹传讹，肆行妄作。'余深服其言，故以此曲'为【么令】，以《琵琶》'皇恩念臣'曲为【六么令】，庶眉目清晰。"此段文字，可以知道很多作家，都以此曲为【二犯六么令】，乃是因袭讹误的影响，更甚者简省为【二犯么令】，汤显祖也不例外，叶堂深知这样的道理，遂将【二犯六么令】更正为【么令】。又如第三十八出《淮警》：

　　【锦上花】拨转磨旗峯◎促紧先锋◎千兵摆列万马奔冲◎鼓通通◎鼓通通◎嗓的那淮扬动◎
　　【前腔】军中母大虫◎绰有威风◎连环阵势烟粉牢笼◎哈哄哄◎哈哄哄◎哄的那淮扬动◎

吴梅《南北词简谱》云："此曲旧谱皆作【锦上花】又一体，惟《大成谱》辨之最详，其云沈谱误作【锦上花】，实则不独沈谱误也。今按《红拂》及《月令丞应》，皆与此合，知伯明【新谱】亦有误。"【锦上花】本格与【又一体】差异甚大。汤显祖将此曲列为【锦上花】，实际上是【青天歌】，然此错误，是因袭讹误，叶堂以本调【青天歌】修正调整之。

（二）曲用界线模糊不清

此类从句数、句式加以检视，汤显祖并未有不合律的现象，而叶堂加以调整改动，是因为有些曲名与他曲在用法上容易有混淆不清的情形，如第二十七出《玩真》：

【醉迟归】生和死◎孤寒命◎有情人叫不出情人应◎为甚么不唱出你可人名姓◎似俺孤魂独趁◎待谁来叫唤俺一声◎不分明无倒断再消停◎咳敢边厢甚么书生◎睡梦里语言胡吒◎

首先，【醉迟归】，是越调过曲，叶堂将此曲牌改正为【五韵美】。《康熙曲谱》："【五韵美】或作【醉迟归】，或作【恨薄情】。"所以，【醉迟归】实际上就是【五韵美】，为同调异名。

其次，从句数、句式加以检视，汤显祖此曲并未有不合格律的现象，既然如此，叶堂何以将【醉迟归】改为【五韵美】，而不保留【醉迟归】的原称呢？吴梅《南北词简谱》云："旧坊本传奇，往往与前曲【五般宜】合为一曲，别名【醉迟归】，不知【五韵美】可名【醉迟归】，（又名【恨薄情】）不可与【五般宜】相并。"从吴梅的叙述，我们可以知道【醉迟归】在坊间传奇中，有可能已和另外一曲【五般宜】相互掺和，如此一来，使用【醉迟归】变得界线模糊不清。可见叶堂的界线很清楚，坊间传奇造成这只曲在使用暧昧不明的状态下，干脆以【五韵美】更名，以厘清这种混淆不清的状态。又如第十四出《写真》：

【山桃犯】有一个曾同笑◎待想象生描着◎再消详邈入其中妙◎则女孩家怕漏泄风情稿◎似孤秋片月离云峤◎甚蟾宫贵客傍的云霄◎

经过比对，此为正宫【小桃红】过曲。叶堂将此曲牌修为【小桃红】。《康熙曲谱》云："与越调不同，或作【山桃红】。"关于此曲，吴梅《南北词简谱》讲的更为清楚："【小桃红】有二，一为越调【小桃红】，一为正宫此曲，句法大异。明人传奇中，往往以此曲作【山桃红】，不知【山桃红】为越调集曲，盖【下山虎】内，间入【小桃红】两三句也。此则用在【普天乐】套内，大抵列在【尾声】之前，论次第则最后矣。首两句可不对。七字三句，可扇面对。末句单收，上三下四。"由此可知，正宫的【小桃红】，不仅有同调异名【山桃犯】，也容易和越调的集曲【山桃红】混淆，实际上，笔者检核《六十种曲》，也确实有这两种情况，命名为【山桃犯】或【山桃红】，实际上指的是正宫【小桃红】的所在多有，例如：以【山桃犯】名之，实为正宫【小桃红】，计有《南西厢》第二十九出《秋暮离怀》、《鸾镦记》第十七出《镦订》；以【山桃红】名之实为正宫【小桃红】，计有《红梨记》第六出《赴约》、《义侠记》第三十五出《廷议》。笔者以为叶堂将汤显祖的【山桃犯】改为【小桃红】，就是正本清源，将原来曲牌名称改回，藉此修正曲用混乱不清的现象。

（三）标注不清的犯调

如《牡丹亭》第十四出《写真》：

【朱奴儿犯】你热性儿怎不冰着◎冷泪儿几曾干燥◎这两度春游忒分晓◎是禁不的燕抄莺闹◎你自窨约◎敢夫人见焦◎再愁烦十分容貌怕不上九分瞧◎

关于此曲，汤显祖仅使用【朱奴儿犯】，但究竟是犯了何曲，合了甚调，并未仔细标明。经查《康熙曲谱》此曲句数句式皆符合【朱奴插芙蓉】，【朱奴插芙蓉】一曲是合正宫【朱奴儿】首六句与正宫【玉芙蓉】末句集成的正宫过曲，本格为七句。叶堂将其改订为【朱奴插芙蓉】，又如《邯郸记》第二十三出《织恨》：

【朱奴儿犯】机丝脆怕彊忙摘紧◎机丝润看雨暄风燠◎又怕展污了几夜残灯烬◎奴便待尽时样花文帖进◎【合】凄凉运◎凭谁问津◎问天公怎偏生折罚罚这弄梭人◎

叶堂也改订为【朱奴芙蓉】，将其原来的犯调仔细标出，足见叶堂改订的态度是很谨慎，不随意苟且，犯调不明，理当析清，正本清源。

再如《邯郸记》第十四出《东巡》：

【望吾乡犯】电转星摇◎旌旗出陕郊◎仙公河上谁传道◎三生帝女人悲杳◎万乘亲巡到◎【合】看砥柱。望石桥◎山川天险出云霄◎离宫渺◎帐殿遥。二陵风雨在西崤◎

汤显祖原订【望吾乡犯】，但并未注明犯曲为何？叶堂将其改订为【望乡歌】，并注明是此曲是结合【望吾乡】与【排歌】两调而成的集曲。详改内容如表15 所示。

表 15　　　　　　　　　　　叶堂改订对照

句序	汤显祖【望吾乡犯】	叶堂改订为【望乡歌】	康熙曲谱【望吾乡】
1	电转星摇◎	【普天乐】首至二宽金盏 泻杜康◎	烂漫春光
2	旌旗出陕郊◎	旌旗出陕郊◎	妆成锦绣乡◎
3	仙公河上谁传道◎	仙公河上谁传道◎	嬉游绮陌人来往◎
4	三生帝女人悲香	三生帝女人悲香	觑他莺燕迷花柳。
5	万乘亲巡到◎	万乘亲巡到◎	听箫鼓鸣街巷◎
6	看砥柱	【排歌】合至末 看砥柱	三春景
7	望石桥◎	望石桥◎	疑共赏◎
8	山川天险出云霄◎	山川天险出云霄◎	休负了名园上
9	离宫渺◎	离宫渺◎	
10	帐殿遥◎	帐殿遥◎	
11	二陵风雨在西崤◎	二陵风雨在西崤◎	

再如《邯郸记》第十七出《勒功》，也是如此：

【园林好犯】头直上天山那高◎打摩崖刨锄划锹◎向中间平治了一道◎山似纸。笔如刀◎把元帅高名插九霄◎

【园林好犯】叶堂改订为【园林带一封书】，是合【园林好】与【一封书】的犯曲。此曲末句使用【一封书】的最后一句，虽然只有一句，但与剧情仍有相关，【一封书】此曲牌都常会用在述念书信的等相关剧情，而此出使用【一封书】，也有类似的用法，即卢生率领部众，在天山勒石题名，并由卢生念出"大唐天子命将征西，出塞千里，斩虏百万，至于天山，勒石而还，作镇万古，永永无极，开元某年某月某日，征西大元帅邯郸卢生题。"由此可见，汤显祖使用的犯曲，虽然没有说清楚，但透过叶堂的改定，也可知道汤显祖用曲也有一些考虑的。详改内容如表16 所示。

表 16　　　　　　　　　叶堂改订对照

句序	汤显祖【园林好犯】	叶堂改订为【园林带一封书】
1	头直上天山那高◎	【园林好】首至四 头直上天山那高◎
2	打摩崖刨锄划锹◎	打摩崖刨锄划锹◎
3	向中间平治了一道◎	向中间平治了一道◎
4	山似纸。笔如刀◎	山似纸。笔如刀◎
5	把元帅高名插九霄◎	【一封书】末一句 把元帅高名插九霄◎

注：（1）《康熙曲谱》【园林好】："我孩儿不须挂牵◎爹只望孩儿贵显◎若得你名登高选◎须早把信音传◎须早把信音传◎"。王奕清编：《康熙曲谱》，岳麓书社 2000 年版，第 400 页。
（2）《康熙曲谱》【一封书】："一从你去离◎我家中常念你◎功名事怎的◎想多应折桂枝◎幸得爹娘和媳妇。各保安康无祸危◎见家书。可知之◎及早回来莫更迟◎"。王奕清编：《康熙曲谱》，岳麓书社 2000 年版，第 134 页。

三、其他调动方法

叶堂改订《玉茗堂四梦》，一方面使用"集曲"来修正字数、句数、句式的问题，另一方面也为了"正本清源"，修正错误排牌名。除此之外，还有其他的调动方法：

（一）以正曲加以换调

按照上节分析，叶堂确实使用大量的集曲，来修正救济汤显祖不合格律的情形。实际上除了集曲之外，有时他也会使用适当的引子曲，加以换调补正。此种情形，可见第五出《延师》：

【浣沙溪】山色好。讼庭稀◎朝看飞鸟暮飞回◎印床花落帘垂地◎
【前腔】须抖擞。要拳奇◎衣冠欠整老而衰。养浩然分庭还抗礼◎

【浣溪沙】或作【浣沙溪】，《康熙曲谱》录为"南吕过曲"，本格句数当为八句：三◎三◎七◎七◎七◎三◎七◎七◎。【浣沙溪】本格为八句，汤氏自行将此过曲转为引子曲使用，引子曲虽有全引、半引的形式，但在此处汤氏并非使用"半引"的方式来处理，反而是将原来作为过曲的【浣沙溪】拆成两个段落，分别作为外与末上场的引子曲。汤氏在处理时，特意将第五句应为七字的字数减省成三字，如此减省字数，目的就是让与一到四句、五到八句可以对应成两组，第二组视为【前腔】加以处理。故此，第一支【浣沙溪】，实为本格一到四句，为外所唱；第二支【前腔】，实为本格五到八句，减省第五句为三字，为末所唱。

叶堂的救济方法，就是直接找一支双调引子曲，使之在字数句数，甚至于宫调上都吻合。关于【捣练子】，【捣练子】又作【胡捣练】，《康熙曲谱》收【捣练子】，为双调引子曲，计有二体：一为冯延巳词；另一则为"又一体"，两者差异，在于词体的【捣练子】有五句，句数字数为：三。三◎七◎七。七◎；而"又一体"的【捣练子】，有四句，句数字数为：三。三◎七◎七◎。可见叶堂采用的是非词调的【捣练子】，用的是四句格的【捣练子】，一方面让汤氏用过曲当引子的部分，得以重新调整；另一方面词曲得以适当保存。

叶堂在此曲上的调整，也可以看出他并不是只用"集曲"的方式来修正汤氏的问题，也可以知道叶堂本身对于"引子"与"过曲"界线是区分清楚，不可混淆。再如《牡丹亭》第十二出《寻梦》：

【月上海棠】怎赚骗◎依稀想象人儿见◎那来时荏苒。去也迁延◎非远◎那雨迹云踪才一转。敢依花傍柳还重现◎昨日今朝。眼下心前◎阳台一座登时变◎

实际经过比对以后，可以发现汤显祖将曲牌误植，按照此曲的句数句式，实际为【三月海棠】，叶堂将其更正为【三月海棠】，【三月海棠】实际并非集曲，而是双调过曲。

《邯郸记》第三出《度世》：

【鲍老儿】这是你自来的辛苦◎一口气许了师父◎少不得逢人问渡◎遇主寻涂◎是不是口邋着道词。一路的做鬼妆狐◎

关于此曲，汤显祖原曲使用【鲍老儿】，然【鲍老儿】句格为：七◎五◎七◎五◎四。四。四◎四。四。四◎，计十句。此曲无论句数、字数都不符合【鲍老儿】本格。叶堂将其改定为【十二月】，如此一来在句数上完全吻合【十二月】。不过，【十二月】按例要带【尧民歌】，在此却无法兼顾此情形，叶堂在改订的同时，也有其局限之处。详改内容如表17所示。

表 17　　　　　　　　　叶堂改订对照

句序	汤显祖【鲍老儿】	叶堂改订为【十二月】	北曲曲谱【十二月】
1	这是你自来的辛苦◎	这是你自来的辛苦◎	清明禁烟◎
2	一口气许了师父◎	一口气许了师父◎	雨过郊原
3	少不得逢人问渡◎	少不得逢人问渡◎	三四株 溪边杏桃
4	遇主寻涂◎	遇主寻涂◎	一两处 墙里秋千◎
5	是不是口邋着道词	是不是口邋着道词	隐隐的 如闻管弦◎
6	一路的做鬼妆狐◎	一路的做鬼妆狐◎	却原来是 流水溅溅◎

（二）更调又兼改字句

叶堂修订改正原著调名之后，有时也重新断句并更动原著文辞①。此种情形，如《牡丹亭》第十四出《写真》：

【刷子序犯】春归恁寒峭◎都来几日意懒心乔◎竟妆成熏香独坐无聊◎逍遥◎怎划尽助愁芳草◎甚法儿点活心苗◎真情强笑为谁娇◎泪花儿打迸着梦魂飘◎

首先，关于【刷子序犯】是犯了何曲，合了甚调，原著并未仔细标明。经查曲谱，可知此曲应为【刷子带芙蓉】。【刷子带芙蓉】为首到七句取【刷子序】与八、九句取【玉芙蓉】末二句，共计九句的集曲。然而原著曲文在句数上比【刷子带芙蓉】本格少了一句，第九句也比原格少了 2 字。叶堂在改定的时候，是如何处置这样棘手的问题：

（1）文辞不动，断句调整，如此一来，符合了【刷子序】第一到第六句的字句要求。

（2）曲牌名称不订【刷子带芙蓉】而改订为【刷子芙蓉】，"带"字省略，是有其用心之处。此言何谓？如前述，汤显祖在此曲创作上有两个问题。针对句数减省不符合原格，叶堂利用"文辞不动，断句调整"的方式，让首到六句完全符合【刷子序】的首到六句。前半部稳定，接下来就要处理【玉

---

① 前文第八出《劝农》原著【孝白歌】，经叶堂调整为【孝金经】，之后，为了曲文的一致性，增加了字。此增字与此处的改字略有差别，故另别一类讨论。

芙蓉】的问题。【刷子带芙蓉】，是取【玉芙蓉】本格的末两句，一为四字句，另一则是十字句。汤显祖"真情强笑为谁娇◎泪花儿打进着梦魂飘◎"在第九句明显少了字数，叶堂又利用"文辞不动，断句调整"的方式，将其改为"实情强笑◎为谁娇，泪花儿打进着梦魂飘◎"如此字数、句数完全符合【玉芙蓉】的末两句。

叶堂这样更动之后，原来汤显祖的文辞保留，但句数格律符合首到六句为【刷子序】，七、八句为【玉芙蓉】的集曲模式，同时也把汤显祖【刷子序犯】不够清楚的"犯"曲标示清楚了。然而，即使是这样调整，与真正【刷子带芙蓉】的格律仍不同，【刷子带芙蓉】实为九句格，而叶堂调整后，仍为八句，所以叶堂认为曲牌名称不能称为【刷子带芙蓉】，命名为【刷子芙蓉】，表示与【刷子带芙蓉】区隔。

虽然叶堂在改订的态度上是不愿更动汤显祖的词句，但此曲已做大幅度的调整，终究免不了要改动原来的字词。在第七句"实情强笑"的"实"字，汤显祖原来的曲文是"真情强笑"。更动后格律改变了，只好不得已以入声的"实"改"真"。详改内容如表18所示。

表18　　　　　　　　　　　　　叶堂改订对照

句序	汤显祖【刷子序犯】	叶堂改订为【刷子芙蓉】	康熙曲谱【刷子带芙蓉】
1	春归恁寒峭◎	【刷子序】春闺恁寒峭◎	【刷子序】云雨阻巫峡◎
2	都来几日意懒心乔◎	都来几日意懒心乔◎	伤情断肠人在天涯◎
3		竟妆成熏香	幸锦字无凭
4	竟妆成熏香独坐无聊	独坐无聊逍遥◎	虚度荏苒韶华◎
5	逍遥◎	怎划尽助愁芳草◎	嗟呀
6	怎划尽助愁芳草◎	甚法儿点活心苗◎	春尽永朱扉低亚◎
7	甚法儿点活心苗◎	【玉芙蓉】实情强笑◎	东风静湘帘闲卦
8	真情强笑为谁娇◎	为谁娇，泪花儿打进着梦魂飘◎	【玉芙蓉】黛眉懒画◎
9	泪花儿打进着梦魂飘◎		弹宫鸦，鬓边斜插小桃花◎

注：（1）【刷子带芙蓉】，一名【汲煞尾】。王奕清编：《康熙曲谱》，岳麓书社2000年版，第160页。
（2）汤显祖的八九句，有没有可能本来就是"真情强笑◎为谁娇，泪花儿打进着梦魂飘◎"如此一来，就只有句数不合的问题，还要再仔细思量。

在《南柯记》第十一出《引谒》，也有类似的情形：

【绛都春序】槐阴洞小◎怎千门万户。九市三条◎猛然百步把朱门到◎怎生金殿上炉烟绕◎是吾王端严容貌◎看殿头左右。金瓜玉斧。明晃一周遭◎

【前腔】猛然心跳◎便衣衫造次穿朝◎怎生将驸马来相叫◎向前欲问难亲靠◎丹墀下扬尘舞蹈◎微臣奏复。天颜有喜。驸马来朝◎

叶堂在此曲的名称上并未有任何改订，但在第二支【前腔（绛都春序）】的第二句的曲文增了"未整"二字。

【绛都春】，是黄钟引子①。在第二句的字数"岂容易^{共伊}得到今朝◎"，"共伊"二字，《康熙曲谱》按照《九宫成谱》，视为衬字，因此为七字句。不过，如果再检视《南北词简谱》，此句的曲文为"听高枝午蝉，奏风声咽"，没有衬字，共为九字句。

《南柯记》此出第一支【绛都春序】的第二句为"怎千门万户。九市三条。"也是九字句，如此一来，第二支的【前腔】理应与第一支的字数相同，当为九字句。叶堂发现此处少了二字，于是补了"未整"二字，不仅补齐本格字数，文意的表达更加完整。详改内容如表19、表20所示。

表19　　　　　　　　　　叶堂改订对照

句序	汤显祖【绛都春序】	叶堂改订为【降都春序】	康熙曲谱【绛都春】
1	槐阴洞小◎	槐阴洞小◎	担烦受恼◎
2	怎千门万户九市三条◎	怎千门万户九市三条◎	岂容易^{共伊}得到今朝◎
3	猛然百步。把朱门到◎	猛然百步把朱门到◎	有分忧愁。无缘恩爱何时了
4	怎生金殿上炉烟绕◎	怎生金殿上炉烟绕◎	他那里^{长吁短叹我也}心字晓
5	是吾王端严容貌◎	是吾王端严容貌◎	你有甚情深奥◎
6	看殿头左右	看殿头左右	^{只为这}礼法所制
7	金瓜玉斧	金瓜玉斧	人非土木
8	明晃一周遭◎	明晃一周遭◎	待说苾难道◎

---

① 王奕清编：《康熙曲谱》，岳麓书社2000年版，第281页。

表 20　　　　　　　　　　　叶堂改订对照

句序	汤显祖【绛都春序】	叶堂改订为【降都春序】	康熙曲谱【绛都春】
1	猛然心跳◎	猛然心跳◎	担烦受恼◎
2	便衣衫造次穿朝◎	便衣衫未整造次穿朝◎	岂容易^{共伊}得到今朝◎
3	怎生将驸马来叫◎	怎生将驸马来叫◎	有分忧愁。无缘恩爱何时了◎
4	向前欲问难亲靠◎	向前欲问难亲靠◎	他那里长吁短叹^{我也}心字晓◎
5	丹墀下扬尘舞蹈◎	丹墀下扬尘舞蹈◎	你有甚真情深奥◎
6	微臣奏复	微臣奏复	只为这礼法所制
7	天颜有喜	天颜有喜	人非土木
8	驸马来朝◎	驸马来朝◎	待说^米难道◎

注：吴梅《南北词简谱》【绛都春】："池荷展叶叶。听高枝午蝉，奏风声咽叶。石竹花香。白玉栏杆绿树遮叶。新篁渐长琅玕节叶。更楼畔海棠醉缅叶。数声渔笛不。木兰舟上不。采莲歌接叶。"

（三）合并宾白作曲文

叶堂大幅调动汤显祖原作的情形，就是将原作宾白，裁断音律与本格相符的部分掺入曲文之中。如第二十七出《魂游》：

【下山虎】我则见香烟隐隐◎灯火荧荧◎铺了些云霞橙◎不由人打个吃挣◎魆魆地投明证明◎好替俺朗朗的超生注生◎则为这断鼓零钟金字经◎叩动俺黄粱境◎俺向这地坏里梅根迸几程◎透出些儿影◎【泣介】看姑姑们这般志诚。若不留些踪影。怎显的俺鉴知他。就将梅花散在经台之上。【散花介】抵甚么一点香销万点情◎

此曲，汤显祖的原文作【下山虎】，而叶堂改定后的曲牌也为【下山虎】，表面上并没有什么异样，但实际上因为汤显祖填【下山虎】的习惯，让不删不改的叶堂，也做出大幅度的调整。【下山虎】，本格句数当为十二句，但汤显祖的曲文只有十一句，这个问题，叶堂比对其他剧本，发现这是汤显祖创作的惯性，而且还是错误的惯性。叶堂的批注云："临川填【下山虎】曲，每较正格少第十一句，此出及《紫钗记》撒钱出皆然。'看姑姑们这般志诚'乃界白，非曲文也，以字句恰合并又押韵，故从旧谱添入。"

从这样的比对可知，为了补齐这缺漏的句数，叶堂只好将宾白，挪借作为曲文使用，以补成【下山虎】十二句。详改内容如表 21 所示。

表 21　　　　　　　　　　叶堂改订对照

句序	汤显祖【下山虎】	叶堂改订为【下山虎】	康熙曲谱【下山虎】
1	我则见香烟隐隐◎	我则见香烟隐隐◎	大人^家体面◎
2	灯火荧荧◎	灯火荧荧◎	委实多般◎
3	铺了些云霞帔◎	铺了些云霞帔◎	有眼何曾见◎
4	不由人打个吆挣◎	不由人打个吆挣◎	懒能向前◎
5	魆魆地投明证明◎	魆魆地投明证明◎	他那里弄盏传杯
6	好替俺朗朗的超生注生◎	好替俺朗朗的超生注生◎	恁般腼腆◎
7	则为这断鼓零钟金字经◎	则为这断鼓零钟金字经◎	我这里新人忒煞度◎
8	叩动俺黄粱境◎	叩动俺黄粱境◎	待推怎地展◎
9	俺向这地坏里梅根进几程◎	俺向这地坏里梅根进几程◎	争奈主婚人不见怜◎
10	透出些儿影◎	透出些儿影◎	配合夫妻事
11	抵甚么一点香销万点情◎	看姑姑们这般志诚◎	事非偶然◎
12		抵甚么一点香销万点情◎	好恶姻缘都在天◎

（四）因避讳更改牌名与删出

《纳书楹牡丹亭全谱》，有些曲牌的更名，甚至删改，是因为避讳的缘故。如第十一出《慈戒》：

　　【征胡兵】女孩儿只合香闺坐◎拈花薰朵◎问绣窗针指如何◎逗工夫一线多◎更昼长闲◎不过◎琴书外自有好腾那◎去花园怎么◎
　　【前腔】后花园窣静无边阔◎亭台半倒落◎尚兀自里打个磨陀◎女儿家甚做作◎星辰高犹自可◎厮撞着有甚不着科◎教娘怎么◎

叶堂将【征胡兵】改为【蒸糊饼】。经查【征胡兵】又名【犯胡兵】，《康熙曲谱》列入卷末，不知宫调及犯各调者皆附于此，并云："'犯'或作'征'"，却无【蒸糊饼】一词。经比对结果，曲文格律与【征胡兵】无异，可见此更改有其特殊意义。吴新雷先生在《介绍"吟香堂"和"纳书楹"〈牡丹亭〉的清宫谱》一文提及"进呈本"的问题：

所谓"进呈本",是乾隆四十三年(1778)颁行了《查办违碍书籍条款》,四十五年(1780)谕旨查饬"南宋与金朝关涉词曲,外间剧本往往有扮演过当","应删改及抽掣","解京呈览"(见《大清历朝实录》第47帙,第6册,第17、第18页,1937年日本东京大藏出版株式会社影印),于是在扬州设立了词曲局,"奉旨修改古今词曲"(《扬州画舫录》卷五),在乾隆四十六年(1781)产生了《牡丹亭》"进呈本"(后来有冰丝馆于乾隆五十年刻印),剔除了胡、房等字眼,《房谍》整出抽掉,而且对第47出《围释》中有关溜金王的曲白也进行了部分删节。《纳书楹牡丹亭全谱》就是依照"进呈本"的曲文订谱的。

进呈本何以不录,是因为这出说金帝完颜亮得南宋李全归顺,李全具敌万夫之勇,遂封他为溜金王。命他暗中招兵买马,他日里应外合,吞占南宋江山。这或许在政治上会引来讽刺影射清朝叩关,于是宫廷演出删掉此出。而叶堂将【征胡兵】改为【蒸糊饼】,亦是依循"进呈本",受到政治力的影响,不得不做出的调整。

另外,《邯郸记》第十四出《东巡》,叶堂也做了"挪套增出"的调整:

(生跪伏呼万岁起介)分付众将官。既然边关紧急。钦限森严。就此起程。不辞夫人而去了。正是昔日饥寒驱我去。今朝富贵逼人来。(下)(旦贴上)本来银汉是红墙。隔得卢家白玉堂。谁与王昌报消息。尽知三十六鸳鸯。咱和梅香寻相公去来。呀。怎不见了相公也。
【赛观音】我儿夫知何际。记不起清河店儿。抛闪下博陵崔氏。(合)一片无情。直恁水流西。
(贴问介)一河两岸老哥。见太爷那里去了。(内)唐明皇央及太爷跨马征番去了。(旦哭介)原来如此。
【前腔】为征夫添憔悴。平沙处关河雁低。杨柳外夕阳烟际。(合)听马嘶声。还似在画桥西。
梅香。咱们赶上。送他一程。(走介)
【人月圆】跌着脚叫我如何理。把手的夫妻别离起。等不得半声将息。跨马征番直恁急。(合)征尘远。空盈盈泪眼。何处追随。
(贴)赶不上。且回州去。再作区处。

【前腔】去则去要去谁阑你。便妇女军中颓甚气。咱回家今夕你何州睡。割不断夫妻一肚皮。(合)凄凉起。除则是梦中和你些儿。

此出在曲套的安排上，共分两个段落：
(1) 前部从【太常引】【绕池游】【望吾乡犯】【绛都春】【出队子】【闹樊楼】【莺画眉】【滴滴金】【啄木儿】【三段子】【鬪双鸡】【上小楼】【耍鲍老】【尾声】。
(2) 后部则是【赛观音】【前腔】【人月圆】【前腔】叶堂将后面的部分【赛观音】【前腔】【人月圆】【前腔】，另分为《寻夫》一出。此出应该二十九出，但如果连第一出的开场算入，如《六十种曲》，列为《标引》，算起来就是三十出。叶堂改定时并未收录第一出，所以是二十九出，如果再分出《寻夫》这一出，在总数上也是符合三十出。

结　语

本文重新分析检核，可以发现叶堂首先运用在制曲订律上拥有最大弹性空间的"集曲"，来救济调整汤显祖《玉茗堂四梦》中不合曲律的现象，约有以下几种情形：一是以"集曲"补救曲文字数的缺漏；二是以"集曲"补救曲文句数的缺漏；三是以"集曲"补救调整句式的不稳定；四是以集曲修正汤氏犯调之误；五是以集曲修正联套问题。

叶堂使用集曲来改定曲文失律的情形固然有之，但经笔者考察之后，有些曲牌被叶堂修订调整，就算是使用"集曲"曲牌，也不一定代表汤显祖在格律上的舛误。这些情形包括：一是因袭误用的曲牌；二是曲用界线模糊不清；三是标注不清的犯调。而叶堂一一检视出来，并更正错误调名，以正本清源。

叶堂虽然使用集曲来救济调整《玉茗堂四梦》中失律的部分，但并不是只用集曲的方式，叶堂还使用了其他调动方法，来加以修正调整，一是以正曲加以换调：除了集曲之外，叶堂也依实际情形，以正曲加以调动调整，"引子"与"过曲"界线清楚，不可混淆；二是更调又兼改字句：修订改正原著调名之后，必须重新断句并更动原著文辞；三是合并宾白作曲文：是将原作宾白，裁断音律与本格相符的部分掺入曲文之中；四是因避讳更改牌名与删出：依循"进呈本"删出，将【征胡兵】改为【蒸糊饼】。

刘世珩《暖红室汇刻传奇临川四梦》于《南柯记·跋》云："清远填词，往往得意疾书，不甚检核宫谱，以故讹舛致多，叶怀庭《纳书楹谱》考订极精，并从叶本校正。"每当汤显祖的曲文不合格律之时，叶堂总竭力调整重订，持护汤显祖曲辞的心意与考订谨慎的态度皆是相当明显的。

作者单位：台湾东吴大学中国文学系

《牡丹亭》所反映之明代时弊

陈新瑜

前　　言

《牡丹亭》成书于万历二十六年（1598），该年，汤显祖弃官归于临川，时年四十九岁。汤显祖成长与活动时期正系明代日趋腐朽衰败期，世宗嘉靖滥用民力，大兴土木，迷信道术，好仙丹药；穆宗隆庆沉湎酒色，深居后宫，任情纵欲，寻欢作乐；神宗万历初本励精图治，后亦怠政不朝，财气酒色，荒淫无道，成为明代腐败衰弱之主因。《明史·神宗本纪》载："故论者谓明之亡，实亡于神宗"。[1] 赵翼《廿二史札记·万历中矿税之害》："论者谓明之亡，不亡于崇祯而亡于万历"。[2] 汤显祖素有实学，自有经世济民之心，隆庆五年（1571）、万历二年（1574），两次赴京春试不第，万历五年（1577）、万历八年（1580）因不愿与张居正之子交游，亦不第，直至万历十一年（1583）才以第三甲第二百十一名赐同进士出身。翌年，又因不受辅臣申时行、张四维招致，出为正七品南京太常寺博士；后以其敢于批评朝政、议论风发之"狂奴"性格，得罪当权派；万历十九年（1591），汤显祖上《论辅臣科臣疏》，批判首相申时行专权，言官唯唯诺诺，官员结党营私、贿赂舞弊，上疏后震动朝野，汤氏被谪为广东徐闻县典史，二年后量移浙江遂昌知县，万历二十六年（1598），弃官归乡。

明代中晚期，社会文化剧烈变动，官学化之程朱理学已然僵化，文坛上出现一波以自然为本，表现真实情感之思想浪潮，其反对形式化的文学教条，讲

---

[1] 张廷玉等奉敕修：《明史》，册1，卷21，收入《中国学术类编》，册109，台湾鼎文书局1978年版，第295页。

[2] 《万历中矿税之害》，引自赵翼撰，黄文武译注：《廿二史札记》，收入《中华经典史评》，册4，中华书局2008年版。

求独创与性灵，此风在晚明文坛造成极大影响。晚明文学，在此价值重构的时代，激荡起一波解放人性、发抒人情之浪潮，作家以张扬恣肆、狂狷纵放等浪漫文化性格，刻画出晚明文学之主调。汤显祖从泰州学派及左派王学，其师事泰州学派三传弟子罗汝芳，并受李贽影响甚深，其弃官归隐后所撰作之《牡丹亭》即是此时期杰出的创作，作为当代之文化载体，实质上之意义已超越纯粹的文学创作，汤显祖结合自身经历与体念，讽刺在位执政之无能，抒泄怀才不遇之愤慨，寄托己身之理想。是故，本文即是以汤显祖《牡丹亭》为出发点，将明代时弊分为贪污怠政、外交政策、科举迂腐、贞节禁欲等四类进行爬梳，冀能由此明晰汤显祖活动时代所遭遇之政治与社会问题。

一、贪污怠政

《牡丹亭》一剧之时代背景虽名为宋代，但其所设置之社会环境实属汤显祖所处时代，名义上为一为情还魂之婚恋故事，实际上乃系暗藏讽刺之戏曲创作。明代顾起元《客座赘语·国初榜文》记载：

> 今后人民倡优装扮杂剧，除依律神仙道扮，义夫节妇，孝子顺孙，劝人为善，及欢乐太平者不禁外，但有亵渎帝王圣贤之词曲、驾头、杂剧，非律所该载者，敢有收藏、传诵、印卖，一时拏送法司究治。①

其所言"依律"云云，即是洪武六年（1373）刑部尚书刘惟谦等奉命而撰之《大明律》，其中《刑律·杂犯·搬做杂剧》一条有言：

> 凡乐人搬做杂剧戏文，不许妆扮历代帝王后妃、忠臣烈士、先圣先贤神像。违者杖一百，官民之家容令妆扮者与同罪。其神仙道扮及义夫节妇，孝子顺孙，劝人为善者不在禁限。②

---

① 顾起元：《客座赘语》，卷10，收入《江苏地方文献丛书》，册14，凤凰出版社2005年版，第387页。
② 万历间勅定：《大明律集解附例》，册5，卷26，收入《明代史集汇刊》据万历间浙江官刊本影印，台湾学生书局1970年版，第1888~1889页。

《明刊昭代王章·第三卷·搬做杂剧》亦载："凡乐人搬做杂剧戏文，不许装扮历代帝王后妃、忠臣烈士、先圣先贤神像。违者杖一百。"① 综上观之，可知明人律令禁扮帝王、禁演驾头，然汤显祖却在《牡丹亭》中塑造出一个昏庸无能的皇帝。

如第41出《耽试》中，苗舜宾受圣上青睐，成为典试考官，然苗氏并非学问渊博、知人识才之辈，其登场时言道：

> 圣上因俺香山能辨番回宝色，钦取来京典试。因金兵摇动，临轩策士，问和战守三者孰便？各房俱已取中头卷，圣旨着下官详定。想起来看宝易，看文字难。为什么来？俺的眼睛，原是猫儿睛，和碧绿琉璃水晶无二。因此一见真宝，眼睛火出。说起文字，俺眼里从来没有。如今却也奉旨无奈。②

对于科考典试之经纶，苗舜宾自言"说起文字，俺眼里从来没有"，一位不识书文的识宝商贾何以能成为国家最高考试之考官呢？乃系因皇帝认为其有碧绿琉璃猫儿睛，善于辨识珍宝，皇帝认为能知宝者，亦能识人才。

汤显祖塑造一昏庸无能之统治者，并非随意杜撰，其生活于明代日趋腐朽衰败时期，汤显祖十七岁以前（1566），世宗嘉靖滥用民力，大兴土木③，迷信方士道教，好长生不老之术，服丹药，求神仙，造成巨大糜费；汤显祖二十四岁后（1573），神宗万历即位，在位之初尚处年幼，母后垂帘，军政大事交由冯保、张居正主持，民生经济有所发展，是为万历中兴；神宗亲政后，励精图治、生活节俭，实属明君，然万历十年（1582）内阁首辅张居正逝世，万历十四年（1586）后，神宗怠政不朝，沉湎酒色。《明史·周弘禴传》有载："十七年，帝始倦勤，章奏多留中不下"。④ 万历时大理寺左评事雒于仁

---

① 态鸣岐辑：《昭代王章》，卷3，收入《玄览堂丛书》据师俭堂刊本影印，册17，台湾"中央图书馆"1981年版，第182~183页。
② 汤显祖著，徐朔方、杨笑梅校注：《牡丹亭》，台湾里仁书局1995年版，第257页。
③ 《明史·食货志》说："世宗营建最繁，十五年以前，名为汰省，而经费已六、七百万。其后增十数倍，斋宫、秘殿并时而兴。工场二、三十处，役匠数万人，军称之，岁费二、三百万。其时宗庙、万寿宫灾，帝不之省，营缮益急，经费不敷，乃令臣民献助；献助不已，复行开纳，劳民耗财，视武宗过之。"张廷玉等奉敕修《明史》，册4，卷78，收入《中国学术类编》，册112，台湾鼎文书局1978年版，第1907页。
④ 《周弘禴传》，引自张廷玉等奉敕修《明史》，册9，卷234，收入《中国学术类编》，册117，台湾鼎文书局1978年版，第6099页。

撰《恭进四箴疏》:"臣闻嗜酒则腐肠,恋色则伐性,贪财则丧志,尚气则戕生。陛下八珍在御,觞酌是耽,卜昼不足,继以夜长,此其病在嗜酒也;宠十俊以启幸门,溺郑妃,靡言不听。忠谋摈斥储位久虚,此其病在恋色也;传索帑金,刮取币帛,甚且掠问宦官,有献则已,无则谴怒,李沂之疮痍未平,而张鲸之赀贿复入,此其病在贪财也;今日(扌旁)宫女,明日(扌失)中官,罪状未明,立毙杖下,又宿怨藏怒于直臣,此其病在尚气也。四者之病,胶绕身心,岂药石所可治?今陛下春秋鼎盛,犹经年不朝,过此以往,更当何如?"① 邹漪《启祯野乘》亦言道神宗荒于酒色:"因曲糵而欢饮长夜,娱窈窕而晏眠终日。"② 万历爱财,无物不税,无地不税,多次以亲信内监为专使,前往各地征收矿税,虽名为矿税,实际上是不限行业的勒索敲诈,如两淮盐监,广东珠监等。万历二十七年(1600),吏部侍郎冯琦奏:

> 自矿税使出,民苦更甚。加以水旱蝗灾,流离载道,畿辅近地,盗贼公行,此非细故也。中使衔命,所随奸徒千百……遂令狡猾之徒,操生死之柄……五日之内,搜括公私银已二百万。奸内生奸,例外创例,不至民困财殚,激成大乱不止。伏望急图修弭,无令赤子结怨,青史贻讥。③

除此之外,万历二十三年(1595),御史马经纶直言指斥万历"好货成癖"④;《明通鉴》亦载,万历二十六年(1598),"有奸民张礼等,伪为官吏,群小百十人,分据近京要地,税民间杂物,弗予,捶至死。"⑤ 万历纵容宦官任意加税征赋,收入皇帝私库,致使人民不胜苛捐,进而引发起义与暴动。

此外,汤显祖在《牡丹亭》第二十三出《冥判》中,以一曲【混江龙】刻画出一个阴森凄惨之地府情境:

---

① 《雒于仁传》,引自张廷玉等奉敕修:《明史》,册9,卷234,收入《中国学术类编》,册117,台湾鼎文书局1978年版,第6101页。
② 《冯恭定传》,引自邹漪:《启祯野乘》,卷1,收入《明代传记丛刊》,册127,台湾明文书局1991年版,第54~57页。
③ 《明神宗实录》,引自夏原吉:《明实录》,据北平图书馆红格钞本微卷影印,卷219,台湾"中央研究院历史语言研究所"1962~1966年版。
④ 《马经纶传》,引自张廷玉等奉敕修:《明史》,册9,卷234,收入《中国学术类编》,册117,台湾鼎文书局1978年版,第6104页。
⑤ 夏燮:《明通鉴》,收入《续修四库全书》,册364,上海古籍出版社1998年版。

【混江龙】（净）这笔架在那落迦山外，肉莲花高耸案前排。捧的是功曹令史，识字当该。（丑）笔管儿？（净）笔管儿是手想骨、脚想骨，竹筒般锉的圆滴溜。（丑）笔毫？（净）笔毫呵，是牛头须、夜叉发，铁丝儿揉定赤支翘。（丑）判爷上的选哩？（净）这笔头公，是遮须国选的人才。（丑）有甚名号？（净）这管城子，在夜郎城受了封拜。（丑）判爷兴哩？（净作笑舞介）啸一声，支兀另汉钟馗其冠不正。舞一回，疏喇沙斗河魁近墨者黑。（丑）喜哩？（净）喜时节，溙河桥题笔儿耍去。（丑）闷呵？（净）闷时节，鬼门关投笔归来。（丑）判爷可上榜来？（净）俺也曾考神祇，朔望旦名题天榜。（丑）可会书来？（净）摄星辰，井鬼宿，俺可也文会书斋。（丑）判爷高才。（净）做弗迭鬼仙才，白玉楼摩空作赋；陪得过风月主，芙蓉城遇晚书怀。便写不尽四大洲转轮日月，也差的着五瘟使号令风雷。（丑）判爷见有地分？（净）有地分，则合北斗司、阎浮殿，立俺边傍；没衙门，却怎生东岳观、城隍庙，也塑人左侧。（丑）让谁？（净）便百里城高捧手，让大菩萨好相庄严乘坐位。（丑）恼谁？（净）怎三尺土，低分气，对小鬼卒清奇古怪立基阶。（丑）纱帽古气些。（净）但站脚，一管笔、一本簿，尘泥轩冕。（丑）笔干了。（净）要润笔，十锭金、十贯钞，纸陌钱财。（丑）点鬼簿在此。（净）则见没掂三展花分鱼尾册，无赖一挂日子虎头牌。真乃是鬼董狐落了款，《春秋传》某年某月某日下，崩薨葬卒大注脚。假如他支祈兽上了样，把禹王鼎各山各水各路上，魍魉魑魅细分腮。（丑）待俺磨墨。（净）看他子时砚，忔忔察察，乌龙蘸眼显精神。（丑）鸡唱了。（净）听丁字牌，冬冬登登，金鸡觉梦追魂魄。（丑）禀爷点卷。（净）但点上格子眼，串出四万八千三界，有漏人名，乌星炮粲。怎按下笔尖头，插入一百四十二重无间地狱，铁树花开。（丑）大押花。（净）哎也，押花字，止不过发落簿锉、烧、舂、磨一灵儿。（丑）少一个请字。（净）登请书，左则是那虚无堂，瘫、痨、蛊、膈四正客。（丑）吊起称竿来。（众卒应介）（净）发称竿，看业重身轻，衡石程书秦狱吏。（内作"哎哟"，叫"饶也，苦也"介）（丑）隔壁九殿下拷鬼。（净）肉鼓吹，听神啼鬼哭，毛钳刀笔汉乔才。这时节呵，你便是没关节包待制，"人厌其笑"。（内哭介）怎风景，谁听的无棺椁颜修文，"子哭之哀"！（丑）判爷害怕哩。（净恼介）哎，《楼炭经》，是俺六科五判。刀花树，是俺九棘三槐。脸娄搜，风髭赳赳。眉剔竖，电目崖崖。少不得中书鬼考，录事神差。比着阳世那金州判、银府判、铜司判、铁院判，白虎临官，一样价打贴刑名催伍作；实则俺阴府里注湿生，牒化生，准胎生，照卵生，青蝇报赦，十分的磊齐功德转三阶。威凛凛人间掌命，颤巍巍天上消灾。①

阴司景象惨切可怖，人肉做笔架，人骨当笔管，刀山剑树为律令，牛头马面为鬼差，堂侧判官面容丑陋骇人，淶何桥下污血满布，子时磨砚忔忔察察，摄魂牌碰撞冬冬登登，令人不寒而栗。身于其中之胡判官，乃系玉帝见其正直聪明，故而着权掌管十地狱印信，当其按下笔尖头，鬼魂即打入"一百四十二重无间地狱"，受那"锉、烧、舂、磨"各种身体刑罚，权力之大可见一斑。在汤显祖成长与活动时期，其所见皇帝或大事兴建、迷信方术，或搜刮民脂、怠政不朝；其所遇执政官府烧杀掳掠，苛扣民财，宛若有牌匪盗，故而可知其在《牡丹亭》中所塑造之统治者形象并非任意虚构，而系有所本的讽刺之作。因此，汤氏在刻画阴司地府形象时，将其与阳间官吏相连结，正直聪明之胡判官照样"要润笔，十锭金、十贯钞，纸陌钱财"，阴司亦是"金州判、银府判、铜司判、铁院判"，一样贪赃枉法，同等徇私腐化，这是汤显祖对于现实世界之嘲讽，亦是封建社会之缩影。

二、外交政策

汤显祖生存活动时代，俺答部落时常举兵犯境，山西、河北一带往往沦为战场，甚而有骑兵部队兵临北京城下，朝廷百官束手无策。万历十八年（1590），火落赤部落亦起兵来犯，青海、甘肃南部驻军节节败退，明军溃亡败逃，首相申时行却虚报战功，一味互通议和，种下日后武功衰败，难敌夷犯之因。如此景况，不可不归究于明代之外交政策，以下即就重文轻武、主和误国二项论之。

（一）重文轻武

有明一代，"重文轻武"之风鼎盛。一般而言，多以"重文轻武"形容宋代，事实上，"重文轻武"并未出现于宋代史籍中，其最早见于明人小说《二

---

① 汤显祖著，徐朔方、杨笑梅校注：《牡丹亭》，台湾里仁书局1995年版，第147~149页。

刻拍案惊奇》：

> 子中道："而今重文轻武，老伯是按院题的，若武职官出名自辩，他们不容起来，反致激怒弄坏了事。不如小弟方才说的为妙，仁兄不要轻率。"①

从小说前文"兵备道""参将"等官名推断，引文所言之"而今"当指明代，且凌濛初《二拍》并非系唯一以"重文轻武"形容明朝者，其他如左光斗（1575~1625）之《比例建立武学疏》②、张煌言（1620~1664）之《与台州镇张承恩书》③，皆以该词描述所处时代。易而言之，"重文轻武"四字使用伊始，并非用来形容宋朝，而系明代人对于当朝之形容。宋朝鉴于唐末藩镇割据及五代乱局，行重文抑武之策。明朝承其思想，对武将之限制远超以往，明代虽有"武科举"，却未能选拔真正人才，一系因武人无法得到重用，二因策问考试之失，武举出身者多为骁勇战将，而非运筹将帅。

《牡丹亭》中可见"重文轻武"之策，李全为乱，皇帝不以武将讨平，而派文官出身的杜宝招降平乱，又使陈最良受李全挟制，成为杜宝、李全之传话人，正因这几句话语，陈最良一跃成为"黄门奏事官"，圣旨曰：

> 朕闻李全贼平，金兵回避。甚喜，甚喜。此乃杜宝大功也。杜宝已前有旨，钦取回京。陈最良有奔走口舌之才，可充黄门奏事官，赐其冠带。④

杜宝以"讨金"之利招降李全夫妇，陈最良也以一篇"海贼文字"从中得利，显示执政者并非因事设人，而系以文抑武。自明太祖朱元璋废除中书省后，大都督府一分为五，兵部权力崛起，其除掌握军政大权外，更是以文人身

---

① 《同窗友认假作真 女秀才移花接木》，引自凌濛初：《二刻拍案惊奇》，卷17，台湾三民书局2007年版，第345页。
② 《比例建立武学疏》，收入左光斗：《左忠毅公集》，卷2，收入《续修四库全书》，1370册，上海古籍出版社1995年版，第569页。
③ 《与台州镇张承恩书》，引自张煌言：《张忠烈公集》，卷2，收入《续修四库全书》，1388册，上海古籍出版社1995年版，第300页。
④ 汤显祖著，徐朔方、杨笑梅校注：《牡丹亭》，台湾里仁书局1995年版，第318~319页。

分直接统驭军队。以中央最直接掌握的武装力量——"京营"而言，明初时期，系由武官统领，并直接向皇帝负责，但土木之变后，京营几近覆没，便由兵部尚书兼领提督团营，而这也是明代兵部直接控制京营之始。此后，兵部官员以文臣身份外出提督军务之景况亦甚为普遍，正如黄仁宇记载：除草创时期的洪武永乐两朝外，文官凌驾于武官之上，已成为绝对趋势。多数的武官不通文墨，缺乏政治意识，他们属于纯技术人员。即使是高级武官，在决定政策时，也缺乏表示意见的能力，偶或有所陈献，也绝不会受到文官的重视。① 易而言之，明朝之时，文官集团的发展进入成熟阶段，其社会地位上升到历史高点，武官的社会地位也随之降至历史最低点。

（二）主和误国

明朝时期，火落赤数犯边境，明神宗万历十八年（1590）六月，火落赤率众四千余骑进犯甘肃旧洮州（今甘肃临潭），明军副总兵李联芳督兵追击，遇伏兵，明军溃败；七月又犯河州（今甘肃临夏东北），攻占古城，明临洮总兵官刘承嗣出战兵败，损失甚众。《明史》卷230有载：

> 十八年夏，火落赤诸部频犯临洮、巩昌。七月，帝召见时行等于皇极门，咨以方略，言边备废弛，督抚乏调度，欲大有所振饬。时行以款贡足恃为言。帝曰："款贡亦不足恃。若专务媚敌，使心骄意大，岂有餍足时？"时行等奉谕而退。未几，警报狎至，乃推郑洛为经略尚书行边，实用以主款议也。国钦抗疏劾时行，曰："陛下以西事孔棘，特召辅臣议战守，而辅臣于召对时乃饰词欺罔。陛下怒贼侵轶，则以为攻抄熟番。临、巩果番地乎？陛下责督抚失机，则以为咎在武臣。封疆偾事，督抚果无与乎？陛下言款贡难恃，则云通贡二十年，活生灵百万。西宁之败，肃州之掠，独非生灵乎？是陛下意在战，时行必不欲战；陛下意在绝和，时行必欲与和。盖由九边将帅，岁馈金钱，漫无成画。寇已残城堡，杀吏民，犹谓计得。三边总督梅友松意专媚敌。前奏顺义谢恩西去矣，何又围我临、巩？后疏盛夸战绩矣，何景古城全军皆覆？甘肃巡抚李廷仪延贼入关，不闻奏报，反代请赎罪。计马牛布帛不及三十金，而杀掠何止万计！欲仍通

---

① 详参《戚继光——孤独的将领》，引自黄仁宇：《万历十五年》，台湾食货出版社2012年版，第208页。

市，臣不知于国法何如也。此三人皆时行私党，故敢朋奸误国乃尔。"因列上时行纳贿数事。帝谓其淆乱国事，诬污大臣，谪剑州判官。①

据明史所载，火落赤各部频频进犯临洮、巩昌。七月，万历帝召见申时行等人，以咨方略，首辅申时行却一味求和，认为和议通贡足以解决边疆事端，汤显祖同乡友人万国钦，时任御史，上书弹劾申时行，罗列其饰词欺罔，虚夸战绩，岁馈金钱，漫无成画，通贡媚敌，朋奸误国等罪行，并附申时行纳贿数事以劾之。不料，主张正面迎战之万国钦却反而以淆乱国事、诬污大臣等罪名贬谪剑州。

汤显祖亦是主战派，其透过《胡姬抄骑过通渭》《河州》《吊西宁帅》《王莎衣欲过叶军府肃州》《朔塞歌》二首、《边市歌》等诗，表达自己对于妥协政策之不满与抗议。在《牡丹亭·耽试》中，苗舜宾任主试官，其发表取士标准：

> 且取天字号三卷，看是何如。第一卷，"诏问：'和战守三者孰便？'""臣谨对：'臣闻国家之和贼，如里老之和事。'"呀，里老和事，和不得，罢；国家事，和不来，怎了？本房拟他状元，好没分晓。且看第二卷，这意思主守。（看介）"臣闻天子之守国，如女子之守身。"也比的小了。再看第三卷，到是主战。（看介）"臣闻南朝之战北，如老阳之战阴。"此语忒奇。但是《周易》有"阴阳交战"之说。——以前主和，被秦太师误了。今日权取主战者第一，主守者第二，主和者第三。其余诸卷，以次而定。②

试题有言，面对金兵动摇犯境，和战守三者孰便？苗舜宾胸无点墨，脑如草包，仅以文章起首观点判别等第，三甲三人各有论点，其以为主和之和贼乃如老人和事，主守之守国正如女子守身，主战之战北却如阴阳调和，虽说其比喻皆属家长里短，甚而男女之事，苗舜宾仍将主战者取为第一，主和者判为第三，表现出汤显祖主战之思想。

甚至柳梦梅作答时，其言"可战可守而后能和。如医用药，战为表，守为

---

① 《万国钦传》，引自张廷玉等奉敕修：《明史》，册 8，卷 230，收入《中国学术类编》，册 116，台湾鼎文书局 1978 年版，第 6012 页。
② 汤显祖著，徐朔方、杨笑梅校注：《牡丹亭》，台湾里仁书局 1995 年版，第 257~258 页。

里，和在表里之间。"如此主张，表面主战，实则主和，其中庸颟顸正契合当今圣上想法，苗舜宾赞扬其"三分话点破帝王忧，万言策捡尽干坤漏"。后来，安抚史杜宝对李全叛乱无所作为，只得贿通李全娘子，如《围释》一出，陈最良禀承杜宝之命，奉密启一封予李全夫人：

（丑）陈秀才，封我讨金娘娘，难道要我征讨大金家不成？（末）受了封诰后，但是娘娘要金子，都来宋朝取用。因此叫做讨金娘娘。（丑）这等是你宋朝美意。（末）不说娘娘，便是卫灵公夫人，也说宋朝之美。（丑）依你说。我冠儿上金子，成色要高。我是带盔儿的娘子。近时人家首饰浑脱，就一个盔儿，要你南朝照样打造一付送我。（末）都在陈最良身上。①

杜宝、陈最良不仅允以享用不尽之金财加以贿赂，更用黄金盔冠讨好娘娘，顺利招降李全，杜宝因而立功，平步青云，升为同平章军国事之官。正如《明史·吴兑传》有载："赠以八宝冠、百凤云衣、红骨朵云裙，三娘子以此为兑尽力。"② 隆庆四年（1570），首辅张居正竭力支持边防大将王崇古、方逢时、吴兑、郑洛等人，力主与俺答议和互市，贿赂、利用三娘子以招降俺答部落，自是边境休宁，史称"俺答封贡"，事后几员主事者皆晋升为刑部尚书、兵部尚书等重臣。可见汤显祖以此讽刺明代主政者荒于政务，只图眼前欢享，面对外患边防，只会岁贡议和以对。

三、科举迂腐

明代以科举取士，于政治方面，科举制度使社会各阶层皆有参政机会，政权不致被世家大族垄断，此外，举人限额制度，亦平衡了全国各区域之政治权力分配，避免政权为少数富裕省份所垄断。明代考试规例较前朝尤为严密，树立了考试制度之常规。《明史·选举志》记载："其文略仿宋经义，然代古人语气为之，体用排偶。"③ 宪宗以前，制义或散或对，无严格规定。宪宗以后，

---

① 汤显祖著，徐朔方、杨笑梅校注：《牡丹亭》，台湾里仁书局1995年版，第290页。
② 《吴兑传》，引自张廷玉等奉敕修：《明史》，册8，卷222，收入《中国学术类编》，册116，台湾鼎文书局1978年版，第5849页。
③ 张廷玉等奉敕修：《明史》，册3，卷70，收入《中国学术类编》，册116，台湾鼎文书局1978年版，第1693页。

规定作答有一定格式，即后世所谓八股文。其考试内容遵循四书五经，答卷须代圣人立言，依据指定注疏发挥，如时系以朱熹之四书集注为依归。

（一）思想迂腐

在如此制度下，多少知识分子之青春为科举制度所扼杀，思想被封建教条所僵化，陈最良即为代表典型。其于第四出《腐叹》甫登场即唱：

【双劝酒】灯窗苦吟◎寒酸撒吞。科场苦禁◎蹉跎直恁◎可怜辜负看书心◎吼儿病年来迸侵◎①

陈最良十二岁进学，超增补廪。参与乡试十五次，共四十五年。后因考居劣等而停廪，又两年失馆，衣食单薄，后生晚辈讥其"绝粮"。陈最良埋首苦读，熟谙四书五经与八股，几与现实生活脱节，除封建礼教外，一窍不通。如第七出《闺塾》，陈最良设帐杜家，丽娘晨起来迟，其即以《礼记·内则》训之："凡为女子，鸡初鸣，咸盥、漱、栉、笄，问安于父母。日出之后，各供其事。如今女学生以读书为事，须要早起。"②索要文房四宝时，春香故意取唐代名妓薛涛所造"薛涛笺"与之，陈最良言曰"拏去，拏去。只拏那蔡伦造的来。"后发现砚为"泪眼鸳鸯砚"，更系怒斥"哭什么子？一发换了来。"惹得春香暗骂"标老儿"，言其顽固古板不知趣。后丽娘要求讲解《诗经》大意时，其唱：

【掉角儿】论《六经》《诗经》最葩◎闺门内许多风雅◎有指证姜嫄产哇◎不嫉妒后妃贤达◎更有那咏鸡鸣伤燕羽。泣江皋思汉广。洗净铅华◎有风有化◎宜室宜家◎没多些。只无邪两字。付与儿家◎③

陈最良引朱子说法释义，言《诗经》有其风化教育意义，如言女子"后妃能逮下而无嫉妒之心，故众妾乐其德而称愿之曰：南有樛木，则葛藟累之

---

① 汤显祖著，徐朔方、杨笑梅校注：《牡丹亭》，台湾里仁书局1995年版，第16~17页。本文曲词句逗符号："。"表句，"◎"表韵，"、"表逗，"＋"表平仄皆可。"断"桓欢韵借韵。
② 《内则》，引自郑玄等注：《礼记》，收入《十三经古注》，册5，中华书局2014年版，第980页。
③ 汤显祖著，徐朔方、杨笑梅校注：《牡丹亭》，台湾里仁书局1995年版，第35页。

矣。乐只君子，则福履绥之矣。"① 又《朱子语类》："思无邪，乃是要使人读诗人思无邪也。若以为作诗者三百篇，诗，善为可法，恶为可戒。故使人思无邪也。"② 故陈最良以"无邪"二字赠予丽娘，冀其能以为最终目标，尽女子本分，洗净铅华，宜室宜家。可见陈最良一言一行，一举一动，无不符合礼教规范，无不遵守封建教条，可谓当时知识分子之典型人物。

在《寇间》一出中，陈最良星夜赶往淮扬，不幸为李全俘获，李全要求陈氏讲些兵法，最良言道：

（净）起来，讲些兵法俺听。（末）卫灵公问陈于孔子，孔子不对。说道："吾未见好德如好色者也。"（净）这是怎么说？（末）则因彼时卫灵公有个夫人南子同座，先师所以怕得讲话。③

引文之始，其言"卫灵公问陈于孔子，孔子不对"，此乃出自《论语·卫灵公》，原文乃系："卫灵公问陈于孔子。孔子对曰：'俎豆之事，则尝闻之矣；军旅之事，未之学也。'"④ 其篡改《论语》原意，将孔子"不会"易为孔子"不说"，试图以此为自己的"不说"开脱；后又言"吾未见好德如好色者也"⑤，其实暗讽李全好色薄德，不肯与之讲解兵书，李全问其何解，其又引《孔子家语·七十二弟子解29》及《史记·孔子世家23》所述孔子与卫灵公夫人南子同座之事应答，意指夫人同座，无以讲兵说法。

作为一资深儒生，对于《论语》定是了如指掌，陈最良有意混淆、曲解二篇内容文义，历来学者多称其机敏通变、应对有序。然并非如此，如第十八出《诊祟》中，丽娘伤春害病，梦魂迷离，为情憔悴，陈最良以儒为医，前往诊祟，言其患犯"君子好求"之病，最良言道：

（末）这般说，《毛诗》病用《毛诗》去医。那头一卷就有女科圣惠

---

① 朱熹：《诗集传》卷1，汪中斠补本，台湾兰台书局1979年版，第4页。
② 黄士毅编，徐时仪、杨艳汇校：《朱子语类汇校》，卷80，上海古籍出版社2014年版，第2091页。
③ 汤显祖著，徐朔方、杨笑梅校注：《牡丹亭》，台湾里仁书局1995年版，第280页。
④ 皇侃撰，高尚矩校点：《论语义疏》，收入《中国思想史数据丛刊》，中华书局2013年版，第391页。
⑤ 《子罕》中，子曰："吾未见好德如好色者也。"这章后来多加了"已矣哉"三个字，再度出现在《卫灵公》。详见皇侃撰，高尚矩校点：《论语义疏》，收入《中国思想史数据丛刊》，中华书局2013年版，第224、402页。

方在里。（贴）师父，可记的《毛诗》上方儿？（末）便依他处方。小姐害了"君子"的病，用的史君子。《毛诗》："既见君子，云胡不瘳？"这病有了君子抽一抽，就抽好了。（旦羞介）哎也！（贴）还有甚药？（末）酸梅十个。《诗》云："摽有梅，其实七兮"，又说："其实三兮。"三个打七个，是十个。此方单医男女过时思酸之病。（旦叹介）（贴）还有呢？（末）天南星三个。（贴）可少？（末）再添些。《诗》云："三星在天。"专医男女及时之病。（贴）还有呢？（末）俺看小姐一肚子火，你可抹净一个大马桶，待我用栀子仁、当归，泻下他火来。这也是依方："之子于归，言秣其马。"①

由引文观之，陈最良以《毛诗》为典广开药方：使君子、酸梅十个、天南星三个、栀子仁、当归等。其先引《诗经·郑风·风雨》篇"风雨潇潇，鸡鸣胶胶。既见君子，云胡不瘳"之语，言丽娘害君子病，应以中药"史君子"治之（瑜案：应为使君子），更以"君子抽一抽，就抽好了"等露骨淫词加以戏谑，使丽娘闻之色变；接着又引《诗经·召南·摽有梅》"摽有梅，其实七兮……"等女子待嫁之心，谬言应以十个酸梅入药，医治相思心酸之情；续引《诗经·唐风·绸缪》"绸缪束薪，三星在天"等男女婚恋欢会之诗，言以三个天南星入药，医治男女及时之病；最后更引《诗经·周南·汉广》"之子于归，言秣其马"荒唐释义，以栀子仁、当归与"之子于归"谐音，以抹净马桶与"言秣其马"谐音，胡乱编造，作为戏谑取乐。

在《牡丹亭》中，陈最良讲经桥段不鲜，且多为插科打诨场面，汤显祖常借由陈最良之口曲解、调侃经典，此种叙述编纂方式，或可视为其对于儒仕之途的否定。陈最良埋首苦读，熟谙四书五经与八股，12岁进学，超增补廪，参与乡试15次，共45年，后因考居劣等而停廪，又两年失馆，衣食单薄，致使后生晚辈讥其"绝粮"。多次科场失利，使其有"儒冠误我"之思想，故而以歪解经书揶揄原本所信奉之封建思想，作为精神上的补偿与平衡，借机宣泄不遇之情。此亦可视为其摆脱理学藩篱，张扬人性人情之举。

《牡丹亭》中，熟谙四书五经与八股，终身专注仕进而致迂腐不堪者，不仅陈最良一人，甚而高中状元的柳梦梅亦是如此。如第四十九出《淮泊》中，

---

① 汤显祖著，徐朔方、杨笑梅校注：《牡丹亭》，台湾里仁书局1995年版，第113～114页。

因杜丽娘听闻父亲淮扬兵急，便让柳梦梅沿路体访安危，然客路贫难，赚骗无多，支分有尽，令柳生不禁慨叹："小生看书之眼，并不认的等子星儿。"后进小店投宿，因身无盘缠，只得以书笔换酒：

> （回介）也罢了。店主人，你将我花银都消散去了，如今一厘也无。这本书是我平日看的，准酒一壶。（丑）书破了。（生）贴你一支笔，（丑）笔开花了。（生）此中使客往来，你可也听见"读书破万卷"？（丑）不听见。（生）可听见"梦笔吐千花"？（丑）不听见。……（生）不要书，不要笔，这把雨伞可好？（丑）天下雨哩。（生）明日不走了。（丑）饿死在这里？①

柳生旅中投宿，本以圹中之物支付，不料见风而化，随之消散，其试图以书笔雨伞换取准酒一壶，更用"读书破万卷""梦笔吐千花"等语加以辩解，终被店主认为系闲游奸诈、假充行骗的施诈耍弄之徒。柳生只读四书五经，不识戥子星儿，善于强记诵读，不谙生活之道，无怪乎其言"自恨为儒逢世难"，柳梦梅正是当世为八股科举所戕害之写照。

（二）制度不公

明代科举，最终会由主考官一人决断，此种考试举才制度为揽权弄势、行贿受礼者大开方便之门，如《牡丹亭·耽试》中，柳梦梅进京应试，因路途耽搁，到京时已过科考试期：

> （生）告遗才的，望老大人收考。（净）哎也，圣旨临轩，翰林院封进。谁敢再收？（生哭介）生员从岭南万里带家口而来。无路可投，愿触金阶而死。（生起触阶，丑止介）（净背介）这秀才像是柳生，真乃南海遗珠也。（回介）秀才上来。可有卷子？（生）卷子备有。（净）这等姑准收考，一视同仁。（生跪介）千载奇遇。②

柳生自称"遗才"，何谓遗才？古时秀才参与乡试，须先经学道科考录

---

① 汤显祖著，徐朔方、杨笑梅校注：《牡丹亭》，台湾里仁书局1995年版，第304～305页。
② 汤显祖著，徐朔方、杨笑梅校注：《牡丹亭》，台湾里仁书局1995年版，第258页。

送，若有应考资格因故未参加考试者，称为遗才，遗才可参与补考，临时添补核准，称之"录遗"。按律进士科考不得录遗，故而主考官苗舜宾以圣旨为凭，断然拒绝："圣旨临轩，翰林院封进。谁敢再收"，柳生哭喊愿触金阶而死后，苗舜宾认出梦梅乃系旧识，方以"备有卷子，姑准收考，一视同仁"为借口，允其补考，柳生试后有言"这试官却是苗老大人。嫌疑之际，不敢相认。且当青镜明开眼，惟愿朱衣暗点头。"二人的路遇之交，使柳梦梅不仅被允补考，更得以拂绰珊瑚，番着鳌头，高中头名状元。可见柳生及第，不仅系因为主考官不通文墨，更系凭借人情相关而有所得利，如此景况，在封建科举制度下屡见不鲜，正如柄国首辅张居正，其二子同年应考，却分居状元、榜眼一事，科举制度之腐败可想而知。

从《牡丹亭·言怀》中，可知柳梦梅乃河东旧族，为唐代司马柳宗元之后，其出身官宦之家，父亲朝散之职，母亲县君之封，自身"二十过头，志慧聪明，三场得手"，无奈未遭时势，饥寒交迫，心中不免有怀才不遇之慨叹。正如《谒遇》一出中柳生与苗舜宾之对话：

（生）禀问老大人，这宝来路多远？（净）有远三万里，至少也有一万多程。（生）这般远，可是飞来走来？（净笑介）那有飞走之理。都因朝廷重价购求，自来贡献。（生叹介）老大人，这宝物蠢而无知，三万里之外，尚然无足而至，生员柳梦梅，满腹奇异，到长安三千里近，倒无一人购取，有脚不能飞！①

由引文观之，政府宁可重价求购饥不能食、寒不可衣的奇珍异宝，而不愿广纳百川，为国举才。汤显祖亦是如此，其家学渊源深厚，却在隆庆五年（1571）、万历二年（1574），先后两次赴京应春试不第，怀瑾握瑜而不见重于朝廷。万历五年（1577），汤氏年廿八，三次来京应试，此年时任首辅张居正"欲其子及第，罗海内名士以张之。闻显祖及沈懋学名，命诸子延致。"②张居正欲以海内名士为其次子嗣修陪衬，汤显祖少善属文而有时名，自然获得居正青睐，然汤氏不愿结纳权势、笼络权贵，辞谢不往，同年沈懋

---

① 汤显祖著，徐朔方、杨笑梅校注：《牡丹亭》，台湾里仁书局1995年版，第135页。
② 《张居正传》，引自张廷玉等奉敕修：《明史》，册8，卷230，收入《中国学术类编》，册116，台湾鼎文书局1978年版，第6015页。

学遂与张嗣修同及第，沈为状元，嗣修为榜眼，汤显祖自然落第。万历八年（1580），汤显祖年三十一岁，四次往京会试。张居正三子懋修与乡人王篆前来结纳，以鼎甲相许，汤显祖亦以"吾不敢从处女子失身也"婉谢不受，该次会试，果然张懋修及第。连年失利，并非汤显祖无实学，而系其不愿倚赖金钱、权势、关系取得功名。《牡丹亭》中，柳梦梅接受友人建议"混名打秋风"，"好风凭借力，送我上青云"，企图结交权贵人士以换取功名。柳生谒见于前，后其赴考迟到，主考官网开一面乃因其为旧识，最终高中状元，亦是因其与苗舜宾本有情分。剧作中，柳生虽怀才华实力，然其获取功名的途径乃系汤显祖所不齿，汤氏如此安排撰作，更系加强其对科举制度不公的抗议。

四、贞节禁欲

《礼记·乐记》有言："人生而静，天之性也；感于物而动，性之欲也。物至知知，然后好恶形焉。好恶无节于内，知诱于外，不能反躬，天理灭矣。夫物之感人无穷，而人之好；恶无节，则是物至而人化物也。人化物也者，灭天理而穷人欲者也。"[①] 所谓"道德礼教"，乃系源自人们无限之欲望与有限的欲望物质、条件，为了使有限的资源符合人们无限之欲望，调节人与人之间的利益分配关系，是以有了"礼教"。中国传统农业社会中，统治者以儒为本，儒家以"礼"作为稳定社会秩序、维护宗法社会之道德规范与基本准则，因此，帝王、贵胄、官僚、尊长、男性之权力都在儒家传统礼教中得到相当程度的展现与表述。延及宋明理学，儒学已带有强烈的禁欲主义色彩，其极为重视伦理道德秩序，主张"存天理，灭人欲""无人欲即皆天理"，至明代，统治者为巩固君权，大力推行程朱理学，使封建专制与礼教得以强化，让人性与人欲遭受空前压抑。

在以儒家为主的传统封建社会中，"男女大防"之礼教制度严格规范两性的社会交往，如《孟子·离娄上》："男女授受不亲，礼也。"[②]《礼记·曲礼》将其具体规范为：

[①]《曲礼》，引自郑玄等注：《礼记》，收入《十三经古注》，册5，中华书局2014年版。
[②]《离娄上》，引自杨伯峻译注：《孟子译注》，台湾华正书局1990年版，第190页。

  男女不杂坐，不同施枷，不同巾栉，不亲授，叔嫂不通问，诸母不漱裳，外言不入于捆，内言不出于捆，女子许嫁，缨；非有大故不入其门，姑姊妹女子已嫁而反，兄弟弗与同席而坐，弗与同器而食。①

  即使是同一家庭，共同生活的男女成员不得同坐，不能将衣服挂于同一衣架，禁止同用巾帕栉梳，不得亲手传递物品，叔嫂不通问答话，男子不与女子讨论政事，亦不过问由女子负责之家庭琐事；女子及笄许亲后，若非夫家变故，否则不许进夫家门，更不可与未婚夫相见；女子出嫁后回娘家，兄弟不得与之同席而坐，亦不可同器而食。时至宋代，理学昌盛，规定益发严格，如宋代司马光《涑水家仪》所载：

  凡为宫室，必辨内外，深宫固门，内外不共井，不共浴室，不共厕。男治外事，女治内事。男子昼无故，不处私室，妇人无故，不窥中门。男子夜行以烛，妇人有故出中门，必拥蔽其面。男仆非有缮修，及有大故，不入中门，入中门，妇人必避之，不可避，亦必以袖遮其面。女仆无故，不出中门，有故出中门，亦必拥蔽其面。铃下苍头但主通内外官，传致内外之物。②

  宋人规定，建筑宫室，必分为内室、外室，女子居于内室，内外室不共享井及浴厕；男主外，女主内，男子无故不得进入内室，女子不可张望外室；男子夜行需秉烛，女子因事出中门则需掩面；男仆除有重大事故或修缮之需，否则不得进入中门，如有男仆入内，妇女须走避，无以避之，则须以袖遮蔽其面；女仆除非有要事，不得出内室，若出，则亦须掩面；此外，更设"苍头"负责传递内外室物品。

  传统封建礼教制度下，贵族家礼强调两性的隔离与疏远，不仅禁止女子与非婚配对象有任何接触，在家庭内部，亦严格区分男女；宋代理学发达，形成风气，贵族士夫男女之防益发严厉，形同将女性囚禁于内室之中，不仅限制了人身自由，更扼杀、扭曲了她们的思想、情感与欲望，使其成为封建道德下的

---

① 《曲礼》，引自郑玄等注：《礼记》，收入《十三经古注》，册5，中华书局2014年版，第887页。
② 司马光撰：《涑水家仪》，清顺治丁亥四年（1647）两浙督学李际期刊本。

禁脔。如此规范制度下，婚配缔结并非取决于男女双方的自主意愿，人们并未被赋予交往与恋爱的自由，而系绝对服从于"父母之命，媒妁之言"。一般而言，在默认"女戒淫邪，男恕风流"的双重道德标准下，男女私相悦慕被视为伤风败俗之劣行。时至明代中晚期，封建专制与传统礼教规范得以强化，"存天理、灭人欲"之教条使"人欲"受到空前压抑，在如此宗法制度下，妇女身为弱势群体，无论身心灵皆受到极大的压迫与残害。

  明代社会乃系受封建礼教桎梏之社会，在《牡丹亭》中，作为封建代表之角色，不可不谓杜丽娘之父——杜宝。杜宝作为统治阶层，封建思想为其体内生根落骨之概念，如其于《训女》一出，听春香言杜丽娘白日眠睡，不仅责备夫人"纵容女孩儿闲眠，是何家教？"亦训斥女儿"假如刺绣余闲，有架上图书，可以寓目。他日到人家，知书知礼，父母光辉。这都是你娘亲失教也。"① 为使女儿符合礼教规范，其延师就教，更要求女儿"念遍孔子诗书，略识周公礼数。"② 成为谢道韫、班昭一类女才子。《延师》一出，陈最良问小姐所读何书，杜宝答之，"男女四书，他都成诵了"③ 男《四书》自是不必多言，何为女《四书》？即系东汉班昭《女诫》，唐代宋若昭《女论语》、《女范捷录》，明代仁孝文皇后《内训》，此四书是中国封建社会下四种女子教材之总称，为女子教育之专书，旨在阐发儒家宣倡"三从四德"之妇道。《牡丹亭》中，杜丽娘奉命读书，乃是当时上层社会风气所驱使，明代皇帝后妃积极提倡"女德"，女《四书》自然成为当时风行之"女子道德教科书"，杜丽娘习而成诵，自然不在话下。杜宝为女儿择取教材时，其言"《易经》以道阴阳，义理深奥；《书》以道政事，与妇女没相干；《春秋》、《礼记》，又是孤经；则《诗经》开首便是后妃之德，四个字儿顺口，且是学生家传，习《诗》罢。"④ 杜父选择《诗经》的原因并非考虑女儿兴趣与需求，而是以封建礼教思想为基础，其认为《诗经》开首第一篇《关雎》乃述后妃之德，透过读《诗》希冀丽娘能静贞专而不思邪欲，能乐君子而不淫其心，修身齐家，从德性出发，不离"发乎情止乎礼义"之道。故可知，杜宝在看待万事万物时，仅只一个准则可言，即为封建社会的道德标准。

  如前所述，陈最良为思想被封建教条所僵化之代表典型，《肃苑》一出

---

① 汤显祖著，徐朔方、杨笑梅校注：《牡丹亭》，台湾里仁书局1995年版，第10页。
② 汤显祖著，徐朔方、杨笑梅校注：《牡丹亭》，台湾里仁书局1995年版，第11页。
③④ 汤显祖著，徐朔方、杨笑梅校注：《牡丹亭》，台湾里仁书局1995年版，第22页。

中，其与小春香对话，不仅描绘出陈最良顽固不化之形象，更可见当时社会对于妇女之要求。杜太守下乡劝农，春香说服丽娘游园，正待吩咐花郎，不意在回廊与陈最良相遇，二人以【一江风】轮唱应答：

【前腔】（案：此为【一江风】）甚年光◎忒煞通明相◎所事关情况◎（末）有甚么情况？（贴）老师父还不知，老爷怪你哩。（末）何事？（贴）说你讲《毛诗》，毛的忒精了。小姐呵，为诗章◎讲动情肠◎（末）则讲了个"关关雎鸠"。（贴）故此了。小姐说，关了的雎鸠，尚然有洲渚之兴，可以人而不如鸟乎！书要埋头。那景致则抬头望◎如今分付。明后日游后花园。（末）为甚去游？（贴）他平白地为春伤◎因春去的忙◎后花园要把春愁漾◎（末）一发不该了。

【前腔】（案：此为【一江风】）论娘行◎出入人观望◎步起须屏障◎春香，你师父靠天也六十来岁，从不晓得伤个春，从不曾游个花园。（贴）为甚？（末）你不知，孟夫子说的好，圣人千言万语，则要人"收其放心"。但如常◎着甚春伤◎要甚春游。你放春归怎把心儿放◎小姐既不上书，我且告归几日。春香呵，你寻常到讲堂◎时常向琐窗◎怕燕泥香点涴在琴书上◎我去了。"绣户女郎闲斗草，下帷老子不窥园。"①

春香妙解《诗经·关雎》，以"关了的雎鸠，尚然有洲渚之兴"，慨叹"人不如鸟"，又连用三个春字，"平白地为春伤◎因春去的忙◎后花园要把春愁漾◎"带出情字，正如三妇合评本所批曰："一气三个春字，逼出情来，令人抚然。"② 陈最良先以女子规范对应，封建社会，女子出门必然掩面，如《礼记·内则》有言"女子出门，必拥蔽其面。"③ 明代吕坤《闺范》亦载："女子深藏简出，无与人面相观之理。"④ 故陈老师夫子唱道"论娘行◎出入人

---

① 汤显祖著，徐朔方、杨笑梅校注：《牡丹亭》，台湾里仁书局1995年版，第54页。
② 汤显祖原著，吴吴山三妇合评：《新镌绣像玉茗堂牡丹亭》（孟园藏校本），第24页。
③ 《内则》，引自郑玄等注：《礼记》，收入《十三经古注》，册5，中华书局2014年版，第981页。
④ 吕坤撰：《闺范》，收入吕坤撰，王国轩、王秀梅整理：《吕坤全集》，册3，中华书局2008年版，第1451页。

观望◎步起须屏障◎"试图阻止丽娘游春，又连用三个春字"着甚春伤◎要甚春游。你放春归怎把心儿放◎"阻其情起波澜，正如三妇合评本所批曰："一气三个春字，将情撇开，又令人索然。"① 最末，陈最良引汉代董仲舒之言"下帷老子不窥园"，更可见封建社会不识春，不识情，以礼教规范、封建教条为依归之景况。

《牡丹亭》中，若以杜丽娘与石道姑二人为例，丽娘生理健全，情感细腻丰富，本应得到所盼望的幸福与良人，然这并非是其所处的社会与时代所允许之事，故丽娘仅能在梦中与柳生行一时之欢，后因心生郁闷，伤怀无端，致使缠绵病榻，魂断心伤；至于石道姑，生理残缺，身为石女，本欲"守娘家孝当竭力"②，却在"不由人诸姑伯叔，聒噪俺入奉母仪"③ 的社会压迫下，嫁为人妇，后又因"怕误了他嫡后嗣续"④劝夫婿"请一房妾御绩纺"⑤，最终遁入空门。在石道姑以谐谑言辞所自述的经历中，可见其前半生不仅充满宗法制度、礼教规范下的社会压力，更反映出她的欲望多屈从于"异己的欲望"，身为封建社会中的女子，心中念想皆非"我想要什么？"而系以他人的要求为要求，以他人的欲念为欲念，顺从屈就他人的目光与执念，正如诸姑伯叔及夫婿的需求与期待形塑出石道姑的欲望与行为。

对于石道姑一角，历来评论多以"猥亵"称之，如徐朔方即言：

> 如果说汤显祖的讽刺才能在陈最良身上得到最好的表现，那么，当他描写石道姑时，幽默就降低为苛薄。……描写石道姑的《道觋》这出戏充塞了猥亵的双关语，使人难以读下去。汤显祖写了五本戏，只有在《牡丹亭》里特别描写了陈最良、石道姑、癞头鼋、郭橐驼四个在精神或生理上有着残疾的人物。在他们身上，人们看到了在封建礼教的桎梏中，人的精神状态是何等麻木不仁！人的生理状况是何等丑陋不全！但是由于作家对他们的描写还不够自觉，不够认真严肃，因此留下了斑斑点点的败笔。⑥

---

① 汤显祖原著，吴吴山三妇合评：《新镌绣像玉茗堂牡丹亭》（孟园藏校本），第 24 页。
②③ 汤显祖著，徐朔方、杨笑梅校注：《牡丹亭》，台湾里仁书局 1995 年版，第 102 页。
④⑤ 汤显祖著，徐朔方、杨笑梅校注：《牡丹亭》，台湾里仁书局 1995 年版，第 103 页。
⑥ 汤显祖著，徐朔方、杨笑梅校注：《牡丹亭》，台湾里仁书局 1995 年版，前言，第 13 页。

类似观点颇为普遍，诸如董每戡认为《道觋》是本剧的"白璧之玷，也暴露了作者在美学思想上的缺陷"①；万斌生评述石道姑"形象猥琐，出言污秽，行事贪鄙"②；徐朔方更以为与"集善良与美丽于一身"的杜丽娘相较之下，陈最良和石道姑是"鬼魃一样的人物"③。但其实石道姑之人物形象有其正面意义，其不仅引导杜丽娘还生过程中发挥重要作用，更系传达"人欲观"之重要角色。作为一位被自然天命剥夺人欲的角色形象，石道姑的出现昭示一个重要信念：虽然其实现欲望的基本条件被自然所剥夺，欲望永远失去得到满足的可能性，石道姑身为一个受害者，却能以满腔的热情极力促成杜丽娘、柳梦梅欲望的实现，如此显现出社会对于人欲的压制可以透过抗争而获解放，更展现了人欲的不可遏止性。

在《牡丹亭》的杜家，作为反封建压迫之形象，则不可不谓杜丽娘与春香。二者目标一致，然却因身分地位之不同，二人表现手法亦有所差异。先言春香，其为杜丽娘贴身婢女，机灵可爱，尚有小儿女娇憨之姿，在《闺塾》《肃苑》二出中，可见小春香对于教席先生陈最良之不满与反抗。在《闺塾》中，小春香一上场即道"《昔氏贤文》，把人禁杀，恁时节则好教鹦哥唤茶。"④在封建制度下，闺禁严厉，女子春日游园、日间酣眠皆不被允许，故而春香抱怨，《昔氏贤文》一类教条拘束谨严，若是完全听其训则，除了教笼中鹦哥说话，还有什么事情可消遣呢？接着，陈最良引《礼记·内则》训责丽娘"女学生以读书为事，须要早起。"⑤丽娘温顺道歉，春香则娇蛮答道"知道了。今夜不睡，三更时分，请先生上书。"⑥后来陈最良讲解《关雎》，小春香更是一句还一句，妙解其辞：

（末）听讲。"关关雎鸠"，雎鸠是个鸟，关关鸟声也。（贴）怎样声儿？（末作鸠声）（贴学鸠声诨介）（末）此鸟性喜幽静，在河之洲。（贴）是了。不是昨日是前日，不是今年是去年，俺衙内关着个斑鸠儿，被小姐放去，一去去在何知州家。（末）胡说，这是兴。（贴）兴个甚的那？（末）兴者起也。起那下头窈窕淑女，是幽闲女子，有那等君子好好

---

① 董每戡：《五大名剧论》，人民文学出版社1984年版，第12页。
② 万斌生：《浅谈〈临川四梦〉的非佛道思想》，载于《江西大学学报》1982年2月，第86页。
③ 毛效同：《汤显祖研究资料汇编》，上海古籍出版社1986年版，第750、752页。
④⑤⑥ 汤显祖著，徐朔方、杨笑梅校注：《牡丹亭》，台湾里仁书局1995年版，第35页。

的来求他。（贴）为甚好好的求他？（末）多嘴哩。①

封建时代之文人士子讲解《诗经》，多以礼教为基点，言《关雎》为开首第一篇，乃系其具后妃之德，春香不若丽娘，有千金身分局限，其从自身所经历之生活出发，反而更能说出心里话，她句句诙谐，却直指核心，拆穿封建腐儒对《诗经》的粉饰，还它一首活泼野趣之民间恋歌。接续其后，小春香发现花园，最良先生恼怒取荆条，正待要责罚：

（贴笑介）溺尿去来。原来有座大花园。花明柳绿，好耍子哩。（末）哎也，不攻书，花园去。待俺取荆条来。（贴）荆条做甚么？
【前腔】（案：此为【掉角儿】）女郎行那里应文科判衙◎止不过识字儿书涂嫩鸦◎（起介）（末）古人读书，有囊萤的，趁月亮的。（贴）待映月耀蟾蜍眼花◎待囊萤把虫蚁儿活支煞◎（末）悬梁、刺股呢？（贴）比似你悬了梁。损头发◎刺了股。添疤痆。有甚光华◎（内叫卖花介）（贴）小姐，你听一声声卖花◎把读书声差◎（末）又引逗小姐哩。待俺当真打一下。（末做打介）（贴闪介）你待打、打这哇哇◎桃李门墙。峪把负荆人唬煞◎（贴抢荆条投地介）②

从引文观之，可见小春香娇蛮任性，从本心出发，勇于对抗封建礼教之姿。其以为女子知书识字，接受传统礼教之束缚，不若游园玩春来得赏心乐事，陈最良举囊萤、趁月、悬梁、刺股等典故，劝小姐、丫鬟勤学苦读，不料春香不仅不领情，更以蟾蜍眼花、虫蚁支煞、损发添疤等"歪理"，一一破解陈最良奉为圭臬之神圣准则，可见是以从心而发之"情"，对抗封建教化之"理"。

杜丽娘身为太守千金、宦门之后，自然是在封建礼教的禁锢下成长，因此，其举动言行无不符合大家闺秀之风范，如《闺塾》一出，教席陈最良讲解《关雎》，大发腐论陈言，丽娘与春香皆对此番言论有所不满，春香讽刺诙谐，以嘲笑出之，然丽娘却只说得"师父，依注解书，学生自会。但把《诗

---

① 汤显祖著，徐朔方、杨笑梅校注：《牡丹亭》，台湾里仁书局1995年版，第35页。
② 汤显祖著，徐朔方、杨笑梅校注：《牡丹亭》，台湾里仁书局1995年版，第36~37页。

经》大意,敷演一番。"① 其后,春香闹学,其更言之:

(旦)死丫头,唐突了师父,快跪下。(贴跪介)(旦)师父看他初犯,容学生责认一遭儿。

【前腔】(案:此为【掉角儿】)手不许把秋千索拏◎脚不许把花园路踏◎(贴)则瞧罢。(旦)还嘴,这招风嘴把香头来绰疤◎招花眼把绣针儿签瞎◎(贴)瞎了中甚用?(旦)则要你守砚台。跟书案。伴诗云。陪子曰。没的争差◎(贴)争差些罢。(旦拷贴发介)则问你几丝儿头发◎几条背花◎敢也怕些些夫人堂上那些家法◎(贴)再不敢了。(旦)可知道?②

春香闹学之中,杜丽娘明着依"理",站在陈最良一方,训责春香百般不该,实则循"情",为婢女请求原谅,其要求春香应承"手不许把秋千索拏◎脚不许把花园路踏◎"然为其通报肃苑,伴其游园者,却也是春香,可见丽娘的责备乃是违心之论,是为遵循封建礼教制度而不得不做的行动。

《闺塾》中,春香发现大花园,杜丽娘表面上充耳不闻,待闹学事件平息后,才私下询问春香"花园在哪里?可有甚么景致?"小春香开口分享后,才淡然回答"原来有这等一个所在,且回衙去。"③ 又如《肃苑》中,小春香口述:

看他名为国色,实守家声。嫩脸娇羞,老成尊重。只因老爷延师教授,读到《毛诗》第一章:"窈窕淑女,君子好逑。"悄然废书而叹曰:"圣人之情,尽见于此矣。今古同怀,岂不然乎?"春香因而进言:"小姐读书困闷,怎生消遣则个?"小姐一会沉吟,逡巡而起。便问道:"春香,你教我怎生消遣那?"俺便应道:"小姐,也没个甚法儿,后花园走走罢。"小姐说:"死丫头,老爷闻知怎好?"春香应说:"老爷下乡,有几日了。"小姐低回不语者久之,方才取过历书选看。说明日不佳,后日欠好,除大后日,是个小游神吉期。预唤花郎,扫清花径。我一时应了,则怕老夫人知道。却也由他。④

---

① 汤显祖著,徐朔方、杨笑梅校注:《牡丹亭》,台湾里仁书局1995年版,第35页。
②③ 汤显祖著,徐朔方、杨笑梅校注:《牡丹亭》,台湾里仁书局1995年版,第37页。
④ 汤显祖著,徐朔方、杨笑梅校注:《牡丹亭》,台湾里仁书局1995年版,第53页。

丽娘解"窈窕淑女，君子好逑"，叹然"圣人之情，尽见于此矣。今古同怀，岂不然乎？"所言如此端庄秀丽，不违千金闺秀身份，后春香进言引逗游园赏春，虽为府衙内闲嬉，小姐却一会儿沉吟逡巡，一会儿低回不语，一会儿选看历书，可见其娇羞自持，明知道应符合礼教规范，不可贪看春光，然终究无法抵挡心中对美感、自由之渴望与探求。从上述几则引文观之，如此沉稳、矜持，与春香闹学大相径庭，若春香对封建腐言之厌恶，对美感、自由之向往系出自人的天性本心，是非自觉的行为趋向，那么杜丽娘从沉静、稳重、矜持，至游园、惊梦等情动于心，则体现了其是有意识地从事这些行为，她是自己思想、行动的主宰，甚而为情生、为情死，皆是自觉性的行为。

又如写真画作虽为丽娘虚构，却真实地表现了她的内心世界，所有的意象线索都指向难以排解的春思与闺怨，对于爱情的渴望虽然无法直接被描画，但在丽娘与春香的眼中却是显而易见的存在。

　　【玉芙蓉】（贴）丹青女易描◎真色人难学◎似空花水月。影儿相照◎（旦喜介）画的来可爱人也。咳，情知画到中间好◎再有似生成别样娇◎（贴）只少个姐夫在身旁。若是姻缘早◎把风流堶招◎少什么美夫妻图画在碧云高◎

　　（旦）春香，咱不瞒你，花园游玩之时，咱也有个人儿。（贴惊介）小姐，怎的有这等方便呵？（旦）梦哩！

　　【山桃犯】有一个曾同笑◎待想象生描着◎再消详邈入其中妙◎则女孩家怕漏泄风情稿◎这春容呵似孤秋片月离云峤◎甚蟾宫贵客傍的云霄◎

　　春香，记起来了。那梦里书生，曾折柳一枝赠我。此莫非他日所适之夫姓柳乎？故有此警报耳。偶成一诗，暗藏春色，题于帧首之上何如？（贴）却好。（旦题吟介）"近睹分明似俨然，远观自在若飞仙。他年得傍蟾宫客，不在梅边在柳边。"（放笔叹介）春香，也有古今美女，早嫁了丈夫相爱，替他描模画样；也有美人自家写照，寄与情人。似我杜丽娘寄谁呵！①

虽然写真乃是杜丽娘一人之自画像，梦中书生柳梦梅却隐然在画作中，读

----

① 汤显祖著，徐朔方、杨笑梅校注：《牡丹亭》，台湾里仁书局1995年版，第86页。

者透过文字可以清晰地感觉到柳生的存在，杨柳边、青梅侧、春风处、题诗里，在丽娘的愁肠百转之中，柳梦梅无处不在。这一幅画作，看似是太守千金杜丽娘的自画像，实际上却是在画另一人，此人既是柳梦梅，又是"觉醒的杜丽娘"。此幅画作其实蕴含着双重追求，其一为爱恋欲望，其一为个人身份认同。通过写真，自我展示的强烈欲望与传统礼教的内敛含蓄产生强烈冲突，杜丽娘的"自我觉醒"在封闭压抑的礼教环境中难以求存，是故，她的殉情在表面上是由于情欲，实际上却是出于自我意识的觉醒，而这也是她与其他"痴情女子"大相径庭之处。

明代中叶，以王阳明心学体系之建立为先声，打破程朱理学一统天下之僵局，其以阳明心学之批判本质为基础，强调"心即理"，其言"夫物理不外吾心，外吾心而求物理，无物理矣。""心外无理，心外无物，心外无事。"认为人心即是天理，一切事物道理都从于心，皆属内在、先验，万事万物都是心的产物。如此思想，强调自我意识，张扬主体精神，对于明代中叶后期之人性觉醒与思想解放具有强大的推动作用。嘉靖至万历年间，与"尊情抑理"相互呼应的是对"人欲"的赞赏与弘扬，如明代前七子之一王廷相提出"饮食男女，人所同欲"①，气学代表人物之一罗钦顺有言"人之有欲，因出于天"②，气学另一代表人物吴廷翰则言"人欲不在天理之外"③，此外，泰州学派王艮、颜钧、罗汝芳等人则肯定人欲之合理性与必要性，继而提出"百姓日用即道"等说法。后有李贽继承泰州学派之说，针对提出了"穿衣吃饭即是人伦物理"等命题，后更以"人必有私"肯定人欲之合理性，以"绝假纯真"之"童心"直视真实的人性与欲望。

宋明理学家认为理高于一切，汤显祖则以为情、理无法并存，情高乎一切，若系情之所必有，则无须挂虑理之所必无。其认为情、理冲突时，不应以理为宗，而该服从于情，因此，其所谓人情与名教之统一，乃在于使名教符合人情，而非以人情屈从名教，可知其之主情系积极的"以情反理，寓教于情"，其论情真，讲教化，敢于冲破礼义之羁，拒绝比附封建道德观念，讲究真实之人性与欲望。

---

① 《慎言·问成性》，卷33，引自王廷相：《王氏家藏集》，收入《四库全书存目丛书》册53，台湾庄严出版社1997年版。
② 罗钦顺：《困知记》，卷下，收入《文津阁四库全书》，册236，商务印书馆2005年版。
③ 吴廷翰：《吉斋漫寻》，收入《吴廷翰集》，中华书局1984年版。

结　　语

　　万历二十六年（1598），汤显祖怀着对皇帝贪污怠政、权臣把持朝政、科举制度愚腐之愤懑不满，拂袖弃官，归于故里，并将己身之郁怨忧闷倾注笔下，完成《牡丹亭》传奇。其以太守千金杜丽娘"为情而死，为情复生"为主线，追求个人情感幸福，反对封建礼教制度，彰显人性觉醒与思想解放，弘扬尊情抑理，肯定真实欲望；另外，《牡丹亭》亦展现强大之政治批判力，汤显祖以自身经历为础石，借由柳梦梅、杜宝、陈最良等人物形象，讽刺执政者之昏庸无能，批派当朝权臣之贪污舞弊、结党营私，鞭挞科举制度之腐败不公。正如徐朔方所言："从杜宝、陈最良、石道姑到胡判官，从阳世到阴间，这就是杜丽娘所生活的整个世界。在广阔的画面上所展开的对封建社会的讽刺和批判，同反抗封建婚姻制度的主题相结合，这显示了《牡丹亭》在当时的进步倾向性。"[①] 这不仅是杜丽娘所生活的世界，更是汤显祖本人所生存、活动的世界，其透过《牡丹亭》提出对封建社会、传统礼教、腐败政治之不满，企图以个体自觉的外化方式，赋予文学作品"独特性"，为自我之选择寻求合理化解释，并期待某些社会群体文人的认同。是故，本文借由爬梳汤氏活动时代所遭遇之政治与社会问题，冀能由此明晰其对理想价值的追求及其所反映的社会文化意涵。

作者单位：台湾东吴大学中国文学系

[①] 汤显祖著，徐朔方、杨笑梅校注：《牡丹亭》，台湾里仁书局1995年版，前言，第14~15页。

"吴江派"与"临川派"之构建与检讨
——以民国时期戏曲史著为考察对象

程华平

戏曲史上是否存在沈汤之争?"吴江派"与"临川派"是否存在①,研究者历来都有不同的意见。从现代学术研究的层面上来对"吴江派"与"临川派"加以关注与探究,应从民国时期戏曲史家吴梅、青木正儿、卢前、郑振铎、周贻白等人开始的。他们有关两个流派的各种论述、研究方法及研究中存在的诸多问题,对今日戏曲研究界仍具有不可忽视的影响。这就促使我们有必要"重返"民国戏曲史研究的历史场景之中,追溯"吴江派"与"临川派"构建之过程,寻绎民国戏曲史家如何界定成员派系,如何认识两派之关系、评价两派理论主张,并检讨其中存在的问题。这不仅有助于我们厘清有关两派研究的历史脉络,客观评价民国戏曲史家相关研究所取得的成就与存在的不足,而且对于我们认识古代戏曲流派、构建具有民族特色的流派理论也具有一定的借鉴意义。需要说明的是,本文考察的对象主要是民国时期(1912~1949)出版的戏曲史著,略有涉及同期的文学史类著作。

一

"临川派"与"吴江派"的得名是和戏曲史上影响深远的"沈汤之争"联系在一起的。王骥德的《曲律》和吕天成的《曲品》均记载了这场论争,并皆列举了沈璟曲学主张的追随者。王氏写道:"自词隐作词谱,而海内斐然向

---

① 吴江派一名词隐派,强调戏曲格律,注重语言本色,又叫格律派或本色派;临川派又名玉茗堂派,创作重才情和曲意而不拘守音律,所以又被称为文采派。民国戏曲史家大都以籍贯或名号来称呼这两派。但称为文采派与格律派,或文采派与本色派,学界则多有异议。本文在行文过程中,根据具体语境而有"吴江派""临川派"或"玉茗堂派"等不同称呼。

风，衣钵相承，尺尺寸寸守其矩矱者二人：曰吾越郁蓝生（吕天成），曰檇李大荒逋客（卜世臣）。"① 吕氏将王骥德与叶宪祖也加入其中："一时吴越词流，如大荒逋客、方诸外史（王骥德）、桐柏中人（叶宪祖），遵奉功令唯谨。"② 冯梦龙也是"恪守词隐先生功令，亦持教之杰也。"③ 其后，沈自晋在其传奇《望湖亭》第一出【临江仙】曲中，第一次较为完整地亮出立于沈璟"赤帜"下的戏曲家阵营：

> 词隐登坛标赤帜，休将玉茗称尊。郁蓝（吕天成）继有檞园人（叶宪祖），方诸（王骥德）能作律，龙子（冯梦龙）在多闻。　香令（范文若）风流成绝调，幔亭（袁于令）彩笔生春，大荒（卜世臣）巧构更离群。鲰生（沈自晋）何所似，颦笑得其神。④

这个包括沈璟在内的九人名单被民国时期的戏曲史家看作"不啻对吴江一派，作一系统的说明"。⑤ 沈自友《鞠通生小传》也列举了沈璟的景从者："一时名手，如范、如卜、如袁、如冯，互相推服。"⑥ 沈璟强调曲律、提倡本色的理论主张得到了当时及其后众多戏曲家的认同与呼应，明代曲论中已初显以沈璟为盟主的"吴江派"之端倪。

民国十一年（1922），许之衡《曲律易知》出版。作者认为："自沈宁庵力倡曲律以后，王伯良骥德、吕勤之天成、卜大荒世臣之徒，大扬其波，始竞竞于节奏、排场、声韵，务求咫寸合律。"指出王骥德、吕天成、卜世臣等人遵奉沈璟的曲律主张，关注戏曲"合律"要求与演唱效果，但"文辞不甚能动人，故所作殊不显"；又称明末吴炳"以玉茗之才，兼宁庵之律，所作五种，备极谐美，而曲律始造极精细之境。"⑦ 对吴炳如此评价与定位，对稍后吴梅、青木正儿、郑振铎等人相关论述产生了明显的影响。

---

① 《曲律》卷四《杂论第三十九下》，引自《中国古典戏曲论著集成》（四），中国戏剧出版社1959年版，第172页。
② 吕天成：《义侠记序》，引自《沈璟集》，上海古籍出版社1991年版，第923页。
③ 吕天成：《曲品》，引自《中国古典戏曲论著集成》（六），中国戏剧出版社1959年版，第237页。
④ 张树英：《沈自晋集》，中华书局2004年版，第81页。
⑤ 周贻白：《中国戏剧史》，岳麓书社2007年版，第338页。
⑥ 张树英：《沈自晋集》，中华书局2004年版，第268页。
⑦ 许之衡：《曲律易知》，中国戏剧出版社2015年版，第344页。

如果说许之衡仍在延续王骥德、吕天成等人提法的话，那么，吴梅在《中国戏曲概论》（1926）中，则开始以"流别"来区别戏曲家的创作风格与创作方法了。吴氏提出："有明曲家，作者至多，而条别家数，实不出吴江、临川、昆山三家"。他认为"昆山"作为"一家"，主要体现在歌伶演唱而非戏曲创作上，故略而不论。吴梅按照秉持师传、信守家法的"家数"传统，将吕天成、卜世臣、王骥德、范文若等人确认为"承词隐之法""衣钵相传，不失矩度"者，为遵秉"吴江家数"的成员；他对"临川一家"并没有开列具体成员名单，只是说"正玉茗之律，而复工于琢词者，吴石渠、孟子塞是也"，将吴、孟视为"两家之调人"①，并没有明确交代他们与汤显祖的关系，表明吴梅对是否有"临川家数"还没有十足的把握。吴梅注意到了沈、汤之后戏曲发展的合流趋势，于是又将原本视为"吴江家数"成员的王骥德、范文若等人，视为"守吴江之法，而复出于都雅者"，对"吴江家数"特征的认识前后不一。此时，吴梅关注"家数"的焦点聚于"文辞"与"曲律"之上，流派意识还不甚清晰。"条别家数"虽有助于从总体上把握明代戏曲的发展格局与特点，但对"合流"总趋势的认定却模糊了对吴江与临川"家数"特点的有效揭示。

在《插图本中国文学史》（1932）中，郑振铎认为汤显祖的影响甚至远届晚清，"不仅笼罩了黄金时代的后半期，且也弥漫在后来的诸大作家，如万树，如蒋士铨，以至于如黄韵珊等等。"但他又认为，作为天才的剧作家，汤氏所达到的高度是其他任何一位戏曲家都难以企及的，因而"清远（汤显祖）则在当时是孤立的"。他和吴梅一样，也没有明确列出汤显祖追随者的名单。郑氏指出，和汤氏不同的是，"影响极大，凡论词律者皆归之"的沈璟，生前就拥有不少志同道合者："力为词隐张目者为吕天成、王骥德及沈氏诸子侄"，"受沈璟的影响者，有吕天成、卜世臣二人。"郑氏虽未以"吴江派"来称呼这些沈氏的追随者，但他们"家数"脉络还是比较清晰的。和吴梅一样，郑氏也注意到了明末戏曲的发展态势已非"论律者归沈，尚才者党汤"那般泾渭分明，而是"明末的诸大家，殆无不是秉用沈谱，而追慕汤词的"，呈现"沈谱"与"汤词"的合流态势，就连通常被认为是沈璟"最服从的信徒跟从者"吕天成、王骥德及沈氏诸子侄也是如此；而更多受到汤氏影响的"孟称

---

① 吴梅：《中国戏曲概论》，引自《吴梅戏曲论文集》，中国戏剧出版社1983年版，第151~153页。

舜、范文若、吴炳、阮大铖诸人,并皆三致意于此。"①

由吴梅始创的"吴江"和"临川"两个"家数",在日本学者青木正儿所著《中国近世戏曲史》(1930)中,首次被命名为"吴江派"和"玉茗堂派":

> 《曲律》(卷四)曰:"自词隐作词谱,海内斐然向风。衣钵相承,尺尺寸寸,守其矩矱者二人:曰吾越郁蓝生,曰檇李大荒逋客。"……又吕天成于《曲品》中评叶宪祖之曲曰:"当是词隐高足",是盖亦出于沈之门下者。王骥德之说,虽往往与沈璟不合,尚自曰:"余所恃为词学丽泽者四人:谓词隐先生、孙大司马、比部俟居及勤之,而勤之尤密迩。"直接间接中,影响之不浅也。其他同乡友顾大典,以顾曲故与之交厚,在曲学上,亦必与之互有切磋也。今姑以此一班人,视为"吴江派"。②

> 自汤显祖之"玉茗堂四梦"一挥奔放清新之才笔后,起而效之者不乏其人。然显祖拙于曲律,人皆以之为病,以是有欲"以临川之笔协吴江之律"(原注:吴梅氏《戏曲概论》卷中)之一种协调派出世焉。余姑目之为"玉茗堂派"。③

青木氏主要根据王骥德《曲律》、吕天成《曲品》特别是沈自晋【临江仙】曲,来划定吴江派成员名单,主要有沈璟、顾大典、吕天成、卜世臣、叶宪祖、王骥德以及作为吴江派"余流"的冯梦龙、袁于令、沈自晋等人。

和划分吴江派成员时"心里有底"不同,青木氏对"玉茗堂派"的界定,则显得比较纠结。他依据吴梅《中国戏曲概论》所言,将吴炳归为"玉茗堂派";认为阮大铖诸作,"均以作者胸臆结撰,不借故事巷谈,出自玉茗堂之《还魂记》派";认同吴梅的"李玄玉《一》《人》《永》《占》,直可追步奉常"之说,但又怀疑"李玉果有学汤显祖之意与否",只能将其姑附于"玉茗堂派"中④。很显然,青木氏也注意到了吴梅、许之衡、郑振铎等人对"玉茗堂派"界定时的踌躇不定,注意到了吴梅将吴炳、孟称舜等戏曲家定位为"两家之调人"的用意所在。他认为吴炳"作风力追汤显祖,显祖以后为第一

---

① 郑振铎:《插图本中国文学史》,人民文学出版社1957年版,第854~869页。
② 青木正儿:《中国近世戏曲史》,中华书局2010年版,第161页。
③ 青木正儿:《中国近世戏曲史》,中华书局2010年版,第223页。
④ 青木正儿:《中国近世戏曲史》,中华书局2010年版,第230、237页。

人",又觉其"曾就叶宪祖正法,乃兼临川与吴江之长者","吴炳则出于临川派而学吴江之法者",乃属于"协调派"性质的"玉茗堂派"。而被吴梅鉴定为"正玉茗之律而复工于琢词"的孟称舜,则被他遗漏掉了。他之所以在史著中专列汤显祖为一节,就在于他认识到了"玉茗堂派"戏曲家是"以临川之笔协吴江之律","词法"与"词情"相兼,已不同于汤显祖本人的创作。

卢前于民国二十二年(1933)出版的《明清戏曲史》,步其师吴梅之后尘,将明末曲家分为两大"流别":"其步伯英之芳躅,为曲坛之健将者,有沈自晋、冯梦龙、范文若、袁于令;其师法玉茗之作风而能自树立者,有阮大铖、吴炳,至李玉、邱园之徒。"① 他并没有用"派"来称呼这两类作家。吴梅将沈璟的"衣钵相传"者定为吕天成、卜世臣、王骥德、范文若四人,卢前则保留了范文若,将其他三位成员换成了沈自晋、冯梦龙和袁于令;其评价阮大铖和吴炳,和乃师所言略无差异。至于"李玉、邱园之徒"云云,大概是指他们受到了汤显祖影响,剧作有"玉茗之作风"。一年后,卢前在其《中国戏剧概论》(1934)中,转而接受了青木氏"吴江派"和"玉茗堂派"之提法:"青木正儿君以沈氏为吴江派的首领,以汤氏为玉茗堂派的首领。"② 并认为明末清初的几位传奇家,都程度不一地受到了汤显祖的影响,"其中最显著者,如阮大铖、吴炳、范文若。"但对吴江派剧作家,他仅随意列举了吕天成、卜世臣及沈自晋等沈门子弟而已。

民国二十五年(1936),周贻白《中国戏剧史略》由商务印书馆出版。在这本百页左右的小书中,周氏虽然单列章节,郑重其事地介绍沈璟与汤显祖,但文字非常简单。值得注意的是,周氏断定当时的戏曲创作,"生出两大派别来。其一是讲求格律的沈璟;其一是逞露才华的汤显祖。这两人,对于后世的戏剧写作上,都具有很大的影响,无形中造成两条路线,彼此在理论上曾发生过不少的争执。"③ 和此前研究者更多关注沈汤之后戏曲创作的"合流"情况不同,他十分明确地提出"两大派别"走的是"两条路线",并"发生过不少的争执"。这种提法对后人给两派论争的定性产生了很大的影响。

在1947年定稿的《中国戏剧史》中,周贻白根据戏曲家"各自的信念",将汤、沈之后的传奇家划分为"吴江派"和"玉茗堂派"。他在详细列举成员

---

① 卢前:《卢前曲学论著》,上海书店出版社2013年版,第271页。
② 卢前:《中国戏剧概论》,世界书局1934年版,第131页。
③ 周贻白:《中国戏剧史略》,商务印书馆1936年版,第79页。

名单的时候，全然不见了吴梅、青木正儿等人对"玉茗堂派"表述的谨慎。此外，周氏在汤、沈两派之外，又根据吴梅《中国戏曲概论》《曲学通论》的相关提法，进一步将梅鼎祚、梁辰鱼等戏曲家单独列为"昆山一派"，并构建出了成员谱系。这样实际上就形成了明末的三大传奇家流派：

> 以后的剧作者却形成各自的信念，分成几派作风。如修辞上私淑临川者，则有吴炳、孟称舜、阮大铖等人。格律上瓣香吴江者，则有吕天成、叶宪祖、王骥德、冯犹龙、范文若、袁晋、卜世臣、沈自晋、汪廷讷等人。而取径《香囊》、《玉玦》一类作风，以堆垛藻绘见长，相当于梁伯龙《浣纱记》者，则有梅鼎祚、张凤翼、屠隆等人，即世称所谓"昆山"一派。这些人，虽未明张旗鼓，自标派系，但在个人的作品里，固仍表明着各自的趣向。①

周贻白注重戏曲的舞台演出，他批评明代戏曲家没有涉及与演出紧密相关的排场与关目，因而认为戏曲流派关心的也只是"文章"和"声韵"，失之偏颇。不过，值得注意的是，和吴梅、青木正儿等人有所不同，周贻白开始以"作风"即风格特点为依据来区别流派，流派划定已由此前的"家数"，转变为对剧作风格特色的考量。周氏断言："自从明代中叶在昆山腔的剧本撰作上有了这三大派别之后，一时作者云起，作品繁多，或力求典雅，或专逞才情，或精研音律，大多数都没有跳出者三派的圈子。"至此，"吴江派"与"临川派"的命名得以确立，两派成员统系也大致得到落实。在此后很长的时间里，各类戏曲史、文学史等对此基本上都是予以认同与继承，只是在具体的人员组成、派系归属上有所增减、调整而已。

二

纵观民国时期的戏曲史著，将吕天成、卜世臣、沈自晋等人被划为吴江派，基本上都是戏曲史家的共识。除此之外，临川派以及两派其他成员的归属则显得比较杂乱。这一时期的戏曲史家既没有对流派概念有所界定，也没有划

---

① 周贻白：《中国戏剧史》，岳麓书社2007年版，第419页。

分流派应遵循的共识或准则。此时的流派划分，或从师门传承，或从理论主张，或从作品风格，或从创作影响等不同角度来进行，导致成员派系归属、人数多少各不相同。

以师门传承来划分流派，可以有效地揭示出某一流派的基本追求与重要特点，自古以来就是最常见的做法。以沈璟为首的戏曲家群体比较容易被划定为流派，就缘于这个流派的成员很多是师生、朋友或同乡关系，如沈璟与吕天成、卜世臣等人有师友名分，卜氏与沈氏两家世代联姻，吕天成则是沈璟理论的忠实信奉者。所以，民国戏曲家少有例外地都将吕氏、卜氏划到吴江派门下。而吕天成、叶宪祖、卜世臣、王骥德等人交往密切、相互切磋曲学，自然也被视为一派。同样，沈自晋、沈自征等沈氏诸多子侄也自然被视为家学的传承者。

从师承的角度来讲，汤显祖在生前就显得落寞了。青木正儿认为"显祖拙于曲律，人皆以之为病"，所以那些"起而效之者"如阮大铖、吴炳之辈，基本上都是"以临川之笔协吴江之律"，将他们命名为"玉茗堂派"，确乎出于勉强。所以，在晚明曲坛上究竟是否存在"临川派"或"玉茗堂派"，一些民国戏曲史家显得信心不足。成书于1943年的刘大杰《中国文学发展史》第二十五章列有《沈璟与吴江派》一节，将沈自晋【临江仙】曲中所列作家都看作是"吴江派的阵营"。① 他同样列有《汤显祖的戏剧》一节，但对于是否存在"临川派"则一字不提，干脆付之阙如。

在流派的划分过程中，对与作家个性、才情紧密相关的作品风格的把握，往往会因为研究者的认知不同而产生分歧，进而影响到对作家派系归属的界定。这也是民国时期戏曲史著中"吴江派"与"临川派"成员的派系归属时常出现差异的重要原因。从明中叶的沈自晋、沈自友开始，范文若就被为"吴江派"成员，吴梅《中国戏曲概论》、《曲学通论》和青木正儿《中国近世戏曲史》等著作也是如此。但许之衡《曲律易知》、郑振铎《插图本中国文学史》和卢前《中国戏曲概论》，却将他视为临川派作家，郑振铎甚至将他看作是临川派最杰出的代表："文若所作，受临川的影响也极深。他和吴炳、孟称舜同为临川派的最伟大的剧作家。其绮腻流丽的作风，或嫌过分细致，然而却没有阮大铖那么做作。乃是才情的自然流露，雅俗共赏的黄金时代剧本之最高

---

① 刘大杰：《中国文学发展史》，上海古籍出版社1982年版，第999页。

成就。"① 很显然,无论是沈自晋、沈自友,还是吴梅、青木正儿,都是从"承词隐之法"这一点上将范文若看作是吴江派嫡系的,而许之衡、郑振铎、卢前等人则认为他的作品风格更接近于汤显祖。在民国戏曲史著中,我们时常可以发现因为戏曲史家对流派的考察角度不同,从而影响到了对戏曲家派系归属的划定。在《明清戏曲史》中,卢前视范文若为吴江派翘楚,"步伯英之芳躅,为曲坛之健将者,有沈自晋、冯梦龙、范文若、袁于令"②,但在《中国戏剧概论》中,卢前却写道:"从明末到清初的几位传奇家,的确受汤显祖的影响,是不可讳言的事实。其中最显著的,如阮大铖、吴炳、范文若等。""文若文字之秾丽,是显然的出于玉茗堂。"③ 卢前把范文若列为吴江派成员,主要是从其追随沈璟理论主张着眼的,而从文辞风格来看,他认为文若更明显地受到了汤显祖的影响。青木氏一方面从作品风格的角度,赞扬阮大铖《燕子笺》"曲辞极典丽,甚为世所艳称",将其列为"玉茗堂派";另一方面又引用叶堂之言,从人品的角度对此加以否定:"清叶堂斥此记曰:'以尖刻为能,自谓学玉茗堂,其实全未窥见毫发。'先得吾意者。"④ 认为阮氏之作与汤剧貌合神离,因而将其拒于玉茗堂门外。因而,正是因为派划分标准的不统一,造成了戏曲家派系归属上普遍存在的混乱。

对某位戏曲家的派系归属难以断定,其实也和其同时出入沈、汤两家有关。如范文若属于吴江派还是临川派,前引民国戏曲史家就存在全然不同的看法。之所以如此,和范文若的创作思想大有关系:一方面,他的创作有意识地模仿汤剧,如《梦花酣》传奇第十五出《魂交》和二十八出《榜婿》,就分别模仿了《牡丹亭》第二十八出《幽媾》和五十三出《硬拷》;另一方面,他又严格遵循戏曲格律要求,"韵悉本周德清《中原》,不旁借一字","曲中凡系监咸、廉纤、侵寻闭音,悉明注于首。"⑤ 这正是秉持沈璟曲学主张的。象范文若这样兼有两个流派特征的戏曲家,在当时也是较为常见,他们的作品在某种意义上成了两派交流、互补的桥梁。

与之相关的是,流派成员划分随意、论说草率,在民国戏曲史著中也是常

---

① 郑振铎:《插图本中国文学史》,人民文学出版社 1957 年版,第 1002 页。
② 卢前:《明清戏曲史》岳麓书社出版社 2011 年版,第 271 页。
③ 卢前:《中国戏剧概论》,世界书局 1934 年版,第 159、162 页。
④ 青木正儿:《中国近世戏曲史》,中华书局 2010 年版,第 227 页。
⑤ 范文若:《梦花酣凡例》,引自《中国古典戏曲序跋汇编》,齐鲁书社 1989 年版,第 1366 页。

见现象。在《曲学通论》中，吴梅将梅鼎祚与陆采均视为"以临川之笔，协吴江之律"的"两家之调人"①，将梅鼎祚纳入与临川派有关的谱系中，也仅见于此。梅氏的《玉合记》传奇文情秾丽，科白安雅，历来被视为晚明曲坛文辞派代表作。《玉合记》完成后，汤显祖为之题词，含蓄地批评其有"秾长之累"。② 很显然，吴梅将梅氏视为"以临川之笔，协吴江之律"的"两家之调人"，显然是不合适的。而他说陆采之作也是如此情形，则显得荒唐无稽了。陆采（1497～1537）于正德十年（1515）创作《明珠记》的时候，汤显祖（1551～1616）尚未出生。青木氏认为，顾大典与沈璟既是同乡好友，又有顾曲同好，就应属于吴江派："彼之作风质实而无骈绮习气，盖因与沈璟交，同其风尚也。"③ 其实，这种说法纯属臆想。青木氏之前的曲论家，从王骥德、吕天成、沈自晋，一直到许之衡、吴梅等人，都没有将顾氏列为吴江派。顾氏于万历十五年（1587）罢官家居，他和沈璟的交往应是从万历十七年（1589）沈氏辞官回乡开始的。其时顾氏（1541～1596）年届半百，而沈璟（1553～1610）仅37岁。一位"妙解音律"、风流自赏的长者拜服在年少者门下④，于情于理都讲不大通。实际上，徐复祚在《南北词广韵选》中早就明确指出："独怪沈先生与顾先生同是吴江人，生又同时，又同有词曲之癖。沈最严于韵，不与顾言之，何也？顾与张伯起先生亦最厚，岂其箕裘伯起而弁髦词隐也？沈、顾盖以用韵宽严不同而异趋。"⑤ 大典和沈璟虽有来往，但二人曲律观点并不相同，常常话不投机。青木氏想当然地将顾氏剧作"作风质实而无骈绮习气"，说成是受到了沈璟的影响，岂不荒谬？此后，周贻白《中国戏曲发展史纲要》（20世纪60年代中叶）、孟瑶《中国戏曲史》（1979）和郭英德《明清传奇史》（1999）等皆延续了青木氏说法。如果说作为外人的青木氏对徐复祚这段不难见到的史料疏于查检，还情有可原的话，那么，周贻白、孟瑶等人仍将顾大典列为吴江派，就有点儿说不过去了。

最后，我们仍以周氏《中国戏剧史》为个案，具体揭示当时戏曲家流派统系界定的杂乱情况。书中《沈璟与汤显祖》一节的前半部分，列吴江派成

---

① 王卫民：《吴梅戏曲论文集》，中国戏剧出版社1983年版，第302页。
② 徐朔方：《汤显祖诗文集》，上海古籍出版社1982年版，第1092页。
③ 青木正儿：《中国近世戏曲史》，中华书局2010年版，第163页。
④ 钱谦益：《列朝诗集小传》，上海古籍出版社2008年版，第486页。
⑤ 徐复祚：《南北词广韵选》，引自《沈璟集》，上海古籍出版社1991年版，第999页。

员有吕天成、叶宪祖、王骥德、冯犹龙、范文若、袁晋、卜世臣、沈自晋、汪廷讷等人,列临川派成员有吴炳、孟称舜和阮大铖等人,而在文末图表中,周氏却将此前划为吴江派的叶宪祖、范文若、王骥德、汪廷讷等人,同时列在了吴江派与临川派门下。在今天看来,这种杂乱现象既说明了当时戏曲史家对作家统系归属划分的随意性,也说明他们学术规范意识的缺失。周贻白本人对此似乎也有所察觉:

> 所谓派别,也不一定都是确凿不移,彼此毫无通融余地。这种分别,只能说是这班作家在文词或音律上偏主某一方面的趋势,或从作品来看,或当时已有定评,大致如此而已。①

正如许多研究者所指出的那样,自古以来戏曲史中所谓的"流派",很多都是在"不自觉"状态下形成的。如果要进一步追问:判断和划定流派的标准是什么,这些研究者可能就是一脸茫然了。民国时期的戏曲史家既没有从学理上对流派加以界定,也不去探究构成流派的要素、条件以及流派的特征,仅依据前人之说,甚至仅凭感性认识或主观想象,就去判断与划分成员的派系归属,因而,这一时期戏曲史著中流派成员划分的杂乱也就在所难免了。

三

王骥德《曲律》曾评价沈、汤之间"故自冰炭",沈自友也声言两人"水火既分,相争几于怒詈。"强调的都是汤文沈律,彼此对立。民国时期戏曲史家也大多受此影响。青木氏认为"两者之倾向,正立于相反之两极"②;周贻白声称:"在当时,因为两项主张的壁垒业已形成,一般作曲家和论曲者都集中在这两点各抒己见。"③ 赵景深也指出:"沈璟是与汤显祖对抗的吴江派的领袖。"④ 这种强调两派之间竞争与对立的观点,几乎成了各类戏曲史、文学史家普遍接受的共识。直至今日,影响颇大的《中国文学史》写道:"这两大戏

---

① 周贻白:《中国戏曲史发展纲要》,上海古籍出版社1979年版,第259页。
② 青木正儿:《中国近世戏曲史》,中华书局2010年版,第157页。
③ 周贻白:《中国戏剧史》,岳麓书社2007年版,第330页。
④ 赵景深:《明清曲谈》,古典文学出版社1957年版,第86页。

剧流派的形成与竞争,是明代后期传奇繁荣的重大标志。"① 《明代文学批评史》也认为:两派"就戏曲创作与理论批评中若干共同的问题,展开尖锐激烈的论争。"② 如此等等,不一而足。

事实上,这两个流派之间的界限并非象上述研究者们所说的那般森严,无论是临川派,还是吴江派,都不是全然秉持"家法",党同伐异,排斥异己。相反,他们对不同阵营的戏曲家常给予正面肯定,对自己派系的"同道"也决非一味揄扬。吕天成对汤显祖毫不吝惜赞美之词:"汤奉常绝代奇才,冠世博学",其《牡丹亭》"巧妙迭出,无境不新,真堪千古",《紫箫记》"琢调鲜美,炼白骈俪",《紫钗记》"真堪下泪,真绝技也",《南柯记》则"字句超秀"、"不减王、郑。"③ 与这种热情洋溢的赞美显然有别的是,吕氏沈璟的评价则显得冷静甚至不无贬抑之辞:《红蕖记》"字雕句镂、正供案头",不适合舞台演唱,《合衫记》"不新人耳目",《义侠记》为武松增添妻子"似赘","叶子盈添出,无紧要",《分柑记》"情境尚未激畅",《珠串记》"不脱套耳"。吕天成对沈汤二人的评价是"略具后先,初无轩轾",其实掩盖了他内心的真实想法,即他的审美趣味更趋近于汤显祖,而不是被他誉为"词坛之庖丁"、"吾党甘为北面"④的沈璟。传统师承关系中那种弟子对师说只能唯唯诺诺、一概承受的温情,在吕天成的身上让位于对思想独立的坚持和有好说好,有坏说坏的实事求是的批评态度。王骥德对沈璟和汤显祖的评价也大致如此。

更有甚者,对"吴江派"得以成立的重要支柱、沈璟倾注心血的"曲律"主张,那些"吴江派"成员也多有批评,并非照章全收。被吴梅、青木正儿、赵景深、钱南扬、周贻白、郑振铎等人划为"吴江派"成员的王骥德,就指出沈璟《南九宫谱》存在很多谬误之处,不可不加辨析地盲从:

> 南九宫蒋氏旧谱,每调各辑一曲,功不可诬。然似集时义,只是遇一题,便检一文备数,不问其佳否何如,故率多鄙俚及失调之曲。词隐又多

---

① 袁行霈:《中国文学史》第四册,高等教育出版社 2005 年版,第 100 页。
② 袁震宇、刘明今:《明代文学批评史》,上海古籍出版社 1996 年版,第 594 页。
③ 吕天成:《曲品》,引自《中国古典戏曲论著集成》(六),中国戏剧出版社 1959 年版,第 230~231 页。
④ 吕天成:《曲品》,引自《中国古典戏曲论著集成》(六),中国戏剧出版社 1959 年版,第 212~231 页。

仍其旧，便注了平仄，作谱其间，是者固多，而亦有不能尽合处。故作词者遇有机阱，须别寻数调，仔细参酌，务求字字合律，方可下手，不宜尽泥旧文。①

这和汤显祖批评沈璟又是何其相似："且所引腔证，不云未知出何调犯何调，则云又一体又一体。彼所引曲未满十，然已如是，复何能纵观而定其字句音韵耶？"（徐朔方笺校《汤显祖诗文集》1299）王骥德虽然肯定了沈璟曲学的中兴之功，但对其曲律的诸多失误不仅不讳言、不回避，反而每每提出严厉批评，加以纠正。吕天成还对沈璟"本色"理论提出批评："本色不在摹勒家常语言，此中别有机神情趣，一毫妆点不来。"② 这又很容易让人想起汤显祖"凡文以意趣神色为主"的主张。③

而那些所谓的"临川派"剧作家，在追捧汤显祖的同时，对其剧作不合曲律的现象也有清醒的认识，对沈璟强调曲律的理论主张并不排斥，欣然加以接受。因此，与其说是两派之争，倒不如说这种论争促使剧作家们对戏曲有了更为深刻的认识，即将才情的抒发、文辞的雅丽和曲律的谐和作为最高标准。换一句话说，无论是吴江派还是临川派，最后都是追求"双美"效果的"折中派"或"协调派"。

沈璟在完成《南九宫谱》后，曾在【商调·二郎神】《论曲》中大发感慨道："大家细把音律讲，自心伤，萧萧白首，谁与共雌黄。……吾言料没知音赏，这流水高山逸响，直待后世钟期也无妨。"④ 沈璟的感伤与其说是出于对戏曲家对曲律的不重视，还不如说是如何协调好创作中"文辞"与"曲律"的关系实非易事。王骥德批评沈璟本人同样难以做到："生平于声韵、宫调，言之甚悉。顾于己作，更韵、更调，每折而是，良多自恕，殆不可晓耳。"⑤ 但如果换一个角度来看，这一方面固然显示沈璟曲律理论还有许多不完善甚至错误之处，但另一方面也不妨看作他对曲律束缚的某种突破。徐复祚

---

① （曲律）卷四《杂论第三十九》，引自《中国古典戏曲论著集成》（四），中国戏剧出版社 1959 年版，第 172 页。
② 吕天成：《曲品》，引自《中国古典戏曲论著集成》（六），中国戏剧出版社 1959 年版，第 211 页。
③ 徐朔方：《汤显祖诗文集》，上海古籍出版社 1982 年版，第 1337 页。
④ 徐朔方：《沈璟集》，上海古籍出版社 1991 年版，第 850 页。
⑤ （曲律）卷四《杂论第三十九下》，引自《中国古典戏曲论著集成》（四），中国戏剧出版社 1959 年版，第 164 页。

《曲论》评价《红蕖记》云:"先生严于法,《红蕖》时时为法所拘,遂不复条畅"①,说明沈氏在创作中也碰到了汤显祖"如必按字模声,即有窒滞迸拽之苦,恐不能成句"②的苦恼。同样的情况也发生在卜世臣身上:"大荒奉词隐先生衣钵甚谨,往往绌词就律,故琢句每多生涩之病。"③严格遵守"法"的结果可能是文辞书写的"不复条畅",因而沈璟才不得不"更韵更调"。也就是说,沈璟事实上也意识到了按谱填词对于作家才情的拘囿,对文情的限制乃至损伤。这是否受到了汤显祖的影响,虽不敢贸然断定,但至少说明他对"法"也有变通之处,否则,王骥德也就不会对他"说一套,做一套"加以批评,无法理解其"良多自恕"的行为了。对此,周贻白说得很有道理:"他(指沈璟)在自己的作品中时常更韵更调,为什么不能看作一种创新,而一定要认为不符合曲律呢?……《红蕖记》因为太遵守格律之故,反而失去真挚,其他诸作则不全为格律所拘,所以能够发挥其本色,这就是王骥德所认识不到的地方。"④作为戏曲理论家,沈璟提倡曲律,号召大家守法;但作为一个戏曲作家,他也感受到了"法"对曲意表达的拘缚,因而在创作中有所突破。

无论是对汤显祖、沈璟,还是对其他戏曲家来说,文辞与音律的矛盾始终是存在的。任何一个戏曲家都应该将文辞和音律有机地协调起来,所以"双美"是所有戏曲家追求的目标。沈璟和汤显祖当然也是如此,只是两人的追求侧重点不同而已。因而,民国戏曲史家对"吴江派"与"临川派"对立的过分关注与强调,自有其偏颇之处。

四

从民国戏曲史家开始,一直到当今学界,对于戏曲史上是存在吴江派与临川派,都有不同的看法,否定临川派存在的戏曲史家更是不在少数。之所以如此,自然是与从民国以来,戏曲史家如何认识与界定流派有关。这也促使我们去思考:如何界定古代戏曲流派、建立符合古代戏曲发展实际的流派理论。

---

① (曲律)卷四《杂论第三十九下》,引自《中国古典戏曲论著集成》(四),中国戏剧出版社1959年版,第240页。
② 汤显祖著,徐朔方笺校:《汤显祖诗文集》,上海古籍出版社1982年版,第1337页。
③ 魏同贤:《冯梦龙全集》第十四册,江苏古籍出版社1993年版,第33页。
④ 周贻白:《中国戏剧史长编》,上海书店出版社2007年版,第343页。

我们知道，概念的辨析关乎意义的澄清和阐释的准确有效，是学术研究的必经之路。但古代曲论家虽有流派意识，但没有明确的流派概念。①包括戏曲在内的大多数古代文学流派，都是由一些具有相同或相似的理论主张，或具有某些创作共性的作家在创作过程中自然形成的，他们通常并没有主动的结派意识，所谓"流派"的名称也常常是后人总结、追认的。"吴江派"与"临川派"都是以这种"不自觉"的方式形成的。因此，后世研究者主体性在流派辨识中的作用就十分突出。就民国时期戏曲史家来说，首先要明确的是，他们需要根据什么原则或标准，才能把明中叶以来的某些戏曲家归为"吴江派"，而把另外一些人归为"临川派"？由于没有大家都能认同、接受的共识或准则，他们能做的通常只是根据各自对流派的理解而将某位作家列为某派成员，却很少能对此加以说明与论证。在民国戏曲史著中，吴江派与临川派的成员统系、成员数量几乎各不相同，但却很少见到这些戏曲史家为此而展开讨论甚至论争，就在于他们没有进行论证的前提条件。以一种"不自觉"的模式来设定古代戏曲流派，也许可以避免因分歧而引发的争论，但建立有关流派认知的共识与准则也就指望不上了。

民国戏曲史著在吴江派与临川派成员统系归属、成员数量上之所以存在很大的差异，实际上也和这些戏曲史家缺乏对每一位研究对象的特点作客观而具体的分析有关。只有通过细致的辨异，才能准确地把握每一位戏曲家的戏曲观念和作品的独特风貌，他们的创作方式和审美理想，进而将他们划归到相应的流派之中。即使被当时戏曲史家列为同一派系的作家，如果将他们排列在一起加以考察，也不难发现每个成员其实都各具面目，互有差异。因而，对流派中每一位成员的了解是判断成员派系不可或缺的前提。民国戏曲史家缺少的正是这些辨析的功夫，往往只是不加辨析地沿袭前人之说，或者仅凭主观臆想而"轻举妄动"，最终导致前文所说的杂乱自然不可避免。有鉴于此，我们首先要对古人关于流派的理论成果，进行系统的发掘与整理，把握流派命名的原则与方法，厘清流派概念的内涵与外延。只有这样，才能对古代戏曲流派的特征了然于胸，既可以避免民国戏曲史家对流派认知与界定的"自以为是"，也可

---

① 王骥德《曲律》有《论家数》一节，将戏曲分为"本色一家"和"文词家一体"，主要是从文辞着眼的。吕天成《曲品》也将明代传奇创作分为"藻绘"与"本色"两派，并提出"玉茗之派"、"骈绮之派"与"上虞曲派"等概念，主要也是从文辞风格来梳理的。戏曲流派概念的出现是戏曲史研究成为现代学术后的结果。

以避免生搬硬套域外流派理论来为传统文学流派"把脉诊断",从而避免产生因执他人之药方、以医己病的不适。比如,今人都认为流派具有排他性,明代很多的诗文流派就喜欢标榜门户,党同伐异。但就临川派、吴江派来讲,这个特征就不大明显,虽然沈汤之争在当时的曲坛上产生了较大的影响,不少戏曲家发表了或肯定或批评的看法,但很少看到他们像一些民国戏曲史家所描述的那样相互对立。吴江派与临川派有时界限分明,有时又是模糊不清。如果用当今的流派标准来衡量,自然遮蔽掉了这个特点,因而也就丧失了对古代戏曲流派阐释的合理性和有效性,抹杀掉了古代戏曲流派的民族特色。因此,对流派的研究必须回归到古代戏曲的发展实际中去。当代曲学家任讷曾指出古代戏曲流派的重要特点:

> 以律为重,以文就律者,一派也;以文为重,以律就文者,又一派也。……昆腔作后,沈璟专门倡律,绳墨该严;而汤显祖则只知有文字,笔意所到,宁可拗折天下人之嗓子。此其最著者也。夫"律"与"文"二者,即词曲之所构成者也;于此致力有所轻重,则派别分矣。南与北者,即律之派别也;约与放,华与质者,即文之派别也。此处律与文之对峙,盖又其根本上两种不同之发达趋而耳。①

就古代戏曲流派来说,任讷的话是有道理的。否则,戏曲史上就没有流派可言。这也是民国戏曲史著带给我们研究的启示。

从民国以来一直到今天,许多戏曲研究者都怀疑甚至否定古代戏曲史上曾有临川派的存在。徐朔方认为:"青木正儿的《中国近世戏曲史》列有吴江派,而临川只有汤显祖,不成为一派。周贻白的《中国戏曲史发展纲要》把吴炳、孟称舜、阮大铖算作临川派。他们和汤显祖先后不相及,硬拉在一起,未必恰当。"② 周育德也说:"至于'临川派'的归类,根本就欠科学。……以派而论,汤显祖并未形成流派。汤显祖之后,有些人模仿汤显祖,有些作家言论中推称汤显祖,于是就被拉来说是'临川派'。其实,那些作家与汤显祖并无交往,年代不相及,艺术观也不相同,这和沈璟'登坛标赤帜'而汇聚了

---

① 任中敏:《散曲研究》,凤凰出版社2013年版。
② 徐朔方:《汤显祖诗文集》,上海古籍出版社1982年版,第218~219页。

一大批追随者的情形很不一样。"① 这种对临川派的否认，是在用今人的眼光来对古代流派加以研判，得出的结论就未必符合古代戏曲流派的实际。

实际上，如果承认作家个人情性、艺术趣味的表露，实际上是其创作风格体现的话，那么，各具特色的风格就是构成流派类型最重要的依据。因此，将有意追随甚至效法汤氏剧作风格的孟称舜、吴炳甚至阮大铖、蒋士铨等人归为"临川派"，当然是合情合理的。南宋杨万里在论述江西诗派时指出："江西宗派诗者，诗江西也，人非皆江西也。人非皆江西，而诗曰江西者何？系之也。系之者何？以味不以形也。"② 他也正是从"味"即作品的风格特点来着眼的。作家群体风格的相同或相似是文学流派得以建立的显著标志，以风格为纽带，可以将不一定生活在同一时代的作家维系起来，进而形成流派。无论人们是否明确意识地到这一点，但在实际操作中早已自觉或不自觉地这么做了。以从这个意义上讲，临川派自然是存在的。否则，象古代文学中所谓的山水田园诗派、边塞诗派、江西诗派、婉约或豪放词派、桐城派等，也都统统不存在了。山水田园诗派从陶渊明、谢灵运、王维、孟浩然一直到清代的许多诗人，都可以被视为"派"系成员，那么将那些主动追随、效法汤显祖创作的戏曲家命名为"临川派"或"玉茗堂派"，也是顺理成章的。如果以一种"自觉"的流派标准来检验包括戏曲在内的古代文学流派，那必将很多面目稍显模糊的流派过滤掉，因为大多数古代文学的流派都是以一种"不自觉"方式构建的。

戏曲流派的构成，当然应以戏曲家的理论主张、作品风格、创作方法等为基本条件，但还应和戏曲特殊的生态环境结合起来，将戏曲家的地缘因素、学缘师承甚至血缘关系等因素作综合性的考察，才能真正理解和准确把握古代戏曲流派。由于这些问题非本文讨论的重点，在此不赘。

作者单位：华东师范大学中文系

---

① 周育德：《汤显祖论稿》（增订版），上海古籍出版社2015年版，第429页。
② 杨万里：《江西宗派诗序》，引自辛更儒：《杨万里集笺校》，中华书局2007年版，第1129页。

谫议汤显祖研究中两则经典材料的误读
——兼论汤显祖的伦理治世思想

丁 芳

在汤显祖研究中，学者对几则经典材料存在较为普遍的误读，尤其是《李超无问剑集序》与陈继儒《批点〈牡丹亭〉题词》，关于这两则经典材料解读上的偏差与变化集中反映了时代思潮在汤显祖研究中潜移默化的影响与投射。

一、豫章之剑为何剑：《李超无问剑集序》的误读

《李超无问剑集序》在汤显祖研究中是被普遍误读的一则材料。按照钱谦益《李生至清小传》的记载，李超无是一名自诩才高、任情放纵的青年士子，他因为醉后骂座被官方怀疑为富户失窃案的幕后主使，蒙冤入狱后恃才谩骂县令与富户，以致"令益恨且惧，令狱吏扑杀之"。他与汤显祖有过短暂的交集，但汤显祖并不认同他叛离儒家正统生活轨道的生活方式，故曾"作诗讽之"。[①]

这则材料在明末直至清代甚少有学者关注，新中国成立后的汤显祖研究中，学者对于李超无及其与汤显祖的短暂交往也并不感兴趣，但常会援引《李超无问剑集序》的最后一句"若吾豫章之剑，能干斗柄、成蛟龙，终不能已世之乱，不足为生道也"，将豫章之剑解读为汤显祖被官方打压、得不到施展的治世理想与抱负。如侯外庐先生在《汤显祖牡丹亭还魂记外传》中引用这句话以论证汤显祖"在青年时期怀有用利剑来砍伐世界的壮志"，在《论汤显祖紫钗记和南柯记的思想性》中侯外庐先生再次引用了这句话，"汤显祖指的

---

① 毛效同编：《汤显祖研究资料汇编》（上），上海古籍出版社1986年版，第268页。

'梦'当然是幻想,即和当时现实世界相对立的另一种社会图景。……用汤显祖自己的形象语言,这就是'若吾豫章之剑,能干斗柄、成蛟龙,终不能已世之乱!'"① 侯外庐先生的文章写成于 20 世纪 60 年代,今天读来,依然有着建立在精思明辨基础上不容否认的深刻性。但侯外庐先生将"豫章之剑"理解为汤显祖具有反封建礼教之超前性、战斗性的政治理想抱负,是值得商榷的。笔者举侯外庐先生的两篇文章为例,只是为了说明新中国成立初学术界在汤显祖研究中,对于《李超无问剑集序》这一材料的解读存在细节上的瑕疵。汤显祖的反封建礼教是 20 世纪初尤其是 50 年代由学者发挥出来的,从而为汤显祖在文学史、戏曲史上的地位作了合乎时代话语要求的论证。

进入新时期,学者在解读"若吾豫章之剑,能干斗柄、成蛟龙,终不能已世之乱"这句话时,往往不假思索地沿用了 20 世纪五六十年代的解读。老一辈的戏曲大家自不待言,张庚、郭汉城《中国戏曲通史》中,"豫章之剑"便被理解为主张破解封建礼教、解放人性人欲的治世思想,"在政治生活中,汤显祖没有做到用'豫章之剑''已世之乱'。"② 成熟于 20 世纪八九十年代的学者亦较为普遍地沿袭了新中国成立初的解读,之所以如此,是因为将汤显祖解读为以情抗理之启蒙思想家的思路早已成为学术界定论,而《李超无问剑集序》的末句则一向被从全文割裂开来,作为这一定论的证据之一,并恰到好处地渲染了汤显祖人文主义理想不见容于封建王朝的失落。

通览《李超无问剑集序》短短 600 来字,处处可见汤显祖"讽"劝李超无的用意。汤显祖在初次见到前来求见的李超无时,对其印象是"尽奇侠之气",汤显祖不否定侠气,但并不认为士人可以止于侠,故在李超无询问"何师何友,更阅天下几何人"时,明言自己以儒学为正宗,"达观以侠故,不可以竟行于世。天下悠悠,令人转思明德耳"。可见,汤显祖对李超无探究剑术与兵略的侠者行径是否定的,因为他认为真正能治国的只能是肇始于夫妇伦理的儒家道德,李超无那种个性过于强烈、不肯成家立室的行为有悖儒家伦理,是不能长久的。汤显祖所言的"豫章之剑"亦无特别意味,不过是直用典故,之所以在"豫章之剑"前加一"吾"字,并非指豫章之剑与汤显祖本人有何渊源,而是因为龙泉、太阿剑曾为雷焕在豫章丰城所得,雷焕又是精通名剑玄

---

① 侯外庐:《论汤显祖紫钗记和南柯记的思想性》,引自毛效同编:《汤显祖研究资料汇编》(下),上海古籍出版社 1986 年版,第 815 页。
② 张庚、郭汉城:《中国戏曲通史》(中),中国戏剧出版社 1992 年版,第 467 页。

奥的豫章人。汤显祖渲染"豫章之剑""能干斗柄,成蛟龙"的神妙之处,是为了以欲抑先扬的方式全盘否定李超无所问之剑的社会价值,进而点醒李超无,令其明白豫章之剑"终不可已世之乱"。① 这与后来钱谦益《李生至清小传》中汤显祖对李超无的态度一致,"(李超无)谒义仍于玉茗堂,髡发鬖鬖,然时时醉眠妓馆。义仍作诗讽之,所谓倒城太平桥者,皆临川勾栏地也。"② 陆云龙关于《李超无问剑集序》的评语便直言"'达观以侠故,不可以竟行于世。天下悠悠,令人转思明德耳',数语亦是提醒超无。"③ 在谒见汤显祖之前,李超无曾"负笈游四方"、剃发,复又蓄发从戎,人生放诞而任侠。而汤显祖真正倾心的是王艮、罗汝芳的治国思想,故第一次见到李超无,便欲以师说归正李超无。对于汤显祖的劝诫,李超无无法做到心悦诚服,故在参拜罗汝芳之像后依然选择侧重武事边略的侠之道路,并以"弓箭之余"的心得《问剑》再次求教于汤显祖,不服来辩的意味甚浓。汤显祖则借"剑"之一字,从干将莫邪夫妻共同铸剑引入,刻意发挥,明言李超无所问之剑乃"杀人之剑",真正有价值的剑是"不杀人之剑",即"裹以四时,制以五行,论以刑德,开以阴阳"的天子之剑,而"阴阳者,夫妻也",从而重申了自己建基于夫妇伦理基础上的儒家治世方略。若将"豫章之剑"理解为汤显祖个人具有反封建礼教内涵的治国思想,明显与全文意旨不符,也与汤显祖一贯的思想不符。

汤显祖在《李超无问剑集序》中对李超无的讽劝,反映了晚明心学在治国理世上的根本思路。汤显祖与他的老师罗汝芳一样,怀揣儒家伦理治世思想,但缺少策略层面的考量,因而在某些方面显得迂腐。李超无"问剑"或许有着边备战事方面的考虑,并非全然无用,可惜被汤显祖一笔抹倒,这是李超无不能接受汤显祖规劝的主要原因。大体上,心学赋予道德伦理最高价值及最高功能,认为道德伦理是治家理国的根本利器,并未给技术层面的治国理政方略留下空间,汤显祖同样如此,心学给了他激情澎湃的治国理想,同时也限制了他施展政治抱负的可能。

结言之,"豫章之剑"并非汤显祖的治世理想与抱负,汤显祖的治世理想

---

① 《李超无问剑集序》,引自徐朔方笺校:《汤显祖全集》(二),北京古籍出版社1998年版,第1109~1110页。
② 毛效同编:《汤显祖研究资料汇编》(上),上海古籍出版社1986年版,第268页。
③ 毛效同编:《汤显祖研究资料汇编》(上),上海古籍出版社1986年版,第463页。

也不可能与儒学伦理治世思想相背离，他至多只是在儒学治世思想的基础上有所发挥，这在他的戏曲创作中有清晰的表达。而汤显祖对于儒学治世思想的个人之见，则离不开他所言之情。

二、汤氏之情为何情："师言性，某言情"的误读

与学界对《李超无问剑集序》的误读有深层关联的是，新中国成立前、后学者对陈继儒《批点〈牡丹亭〉题词》存在理解上的不统一，尤其是对"题词"中"师言性，某言情"一言，明清士人与新中国成立后知识分子的解读存在明显差异。

《牡丹亭》在晚明乃至清代的影响毋庸赘言。虽然对《牡丹亭》诲淫诲盗、有伤风化的攻击一直没有停止，甚至汤显祖之子开远亦对乃父耽溺词曲的行为心怀不屑，但在大部分士大夫那里，《牡丹亭》明显超越了一般的言情之作而具有了某种儒学价值。陈继儒《批点〈牡丹亭〉题词》从原始儒学肯定"情"的实例出发，就张位针对汤显祖戏曲创作的责难表达了不同意见。这与明代中后期思想界质疑朱子学背离原始儒学、主张回复孔孟真脉的风气是一致的：

> 张新建相国尝语汤临川云："以君之辩才，握麈而登皋比，何渠出濂、洛、关、闽下？而逗漏于碧箫红牙队间，将无为青青子衿所笑！"临川曰："某与吾师终日共讲学，而人不解也。师讲性，某讲情。"张公无以应。夫乾坤首载乎《易》，郑卫不删于《诗》，非情也乎哉！①

关于这则材料的真实性，明清士人在转述中并无怀疑，虽然转述中出现明显的细节偏差，但对于核心语句"师言性，而某言情"的理解则惊人相似，陈继儒对《牡丹亭》题旨的解读亦成为明清的不刊之论。孟称舜在《二胥记》题词中曾言，"汤若士不云乎，'师言性，而某言情'，岂为非学道人语哉。情与性而咸本之乎诚，则无适而非正也。"吴舒凫在语及这一则传闻时，虽将发问者由张新建替换为罗念庵，但对于"师言性，而某言情"的理解亦未背离

---

① 蔡毅编：《中国古典戏曲序跋汇编》，齐鲁书社1989年版，第1226页。

儒学范畴,"若士言情,以为情见于人伦,伦始于夫妇。丽娘一梦所感,而矢以为夫,之死靡忒,则亦情之正也。"① 至清末,东仙在《养怡草堂乐府·自序》中引用这一公案时,则将张新建误为"座主",这种误用使对话背景发生变化,汤显祖"门生正是讲学。先生讲者,性也;门生讲者,情也"的回答更富戏剧性和冲击力,从而论证了东仙"丝竹两行,亦何异于皋比三尺"②的戏曲观,并暗讽了"座主"对于情性关系的迟钝。

新中国成立后,陈继儒的《批点〈牡丹亭〉题词》依然广泛出现在学者的研究论著中,但值得注意的是,新中国成立后学者对这则传闻,尤其是对"师言性,某言情"的解读,与明清学者截然不同。20世纪五六十年代,学者普遍将这句话阐释为汤显祖对儒学性理之说的叛逆,借以印证晚明进步士人群体(以汤显祖为代表)在心学(尤其是泰州学派)影响下出现了反封建礼教、鼓动人欲解放之思潮的思想史定位;情与理成为互相对立的存在,汤显祖以情抗理是思想进步的表现,而他笔下随处可见的对礼教的肯定则是时代落后性使然。这一思路直至90年代依然被广大学者视为可靠。在张庚、郭汉城:《中国戏曲通史》中,"师言性,某言情"这一传闻被视为汤显祖以情抗理的例证,"从汤显祖与他的老师张位的对话中可以看到,汤显祖提出来的'情'的哲理,是同程朱以来的整个理学传统相悖逆的。""在意识形态领域,他却挥动'情'的宝剑,砍伐了封建专制之一的统治及其官方哲学。"③ 黄卓越《晚明情感论:与佛学关系之研究》在论及这则材料时,亦指出"历来的论者往往借此而说明汤、罗的根本分歧",强调"汤显祖主情论在理论上的本意原是以'情'而排斥正统儒学之'理'。"④

推翻这则材料在新中国成立后的解读方式,意味着必须重新估计晚明思想"启蒙"的复杂性。徐朔方先生在《论汤显祖及其他》中认为:这则材料说明了陈继儒对情理对抗关系的认知,汤显祖虽肯定情的作用,但并不足够自觉,情和理在汤显祖那里"除了矛盾对立的关系,还存在着可以统一的一面"。徐朔方先生认为,这已远比统一在"存天理灭人欲"主题下的朱熹、王阳明进步,因为阳明"四句教"并未给人欲留下空间,而汤显祖肯定至情是对罗汝

---

① 蔡毅编:《中国古典戏曲序跋汇编》,齐鲁书社1989年版,第1247页。
② 蔡毅编:《中国古典戏曲序跋汇编》,齐鲁书社1989年版,第1167页。
③ 张庚、郭汉城:《中国戏曲通史》(中),中国戏剧出版社1992年版,第467页。
④ 黄卓越:《晚明情感论:与佛学关系之研究》,载于《文艺研究》1997年5期。

芳肯定人欲的继承。① 徐朔方先生沿袭了将泰州学派视为王学叛逆的思想史观点，并以之作为定位汤显祖情理观的基础。不过，徐朔方先生对阳明四句教的阐释似乎走了王畿的思路。王阳明绝非不给人欲以空间，他强调的"此心纯乎天理"是道德修养的最高境界，成人之心往往蒙受着物欲、私见等种种灰尘，以致意念有善有恶，四句教中"有善有恶是意之动"是为了替道德实践留下必然性，阳明否定个体私欲但并不否定天下愚夫愚妇的公欲，他亦肯定青年男女的欲望、主张及时为青年男女完成婚姻。汤显祖吸收了罗汝芳的思想，但也吸收了阳明心学不同于朱子的新思想。汤显祖的伟大不仅仅在于对人欲的肯定，更在于他以文学形象阐释了情与性"为物不贰"的关系，强调了情的心性学价值。徐朔方先生在阐释汤显祖所倡扬之情时，笔触极为审慎且富有启发性，但对于汤显祖与阳明心学之关系的理解上，并不是毫无囿于时代的先入为主。

约从20世纪90年代后期开始，一些学者随着时代思潮的变化，已经指出将"师言性，某言情"作为汤显祖以情抗理之佐证并不稳妥。如程芸先生曾在《论汤显祖"师言性，某言情"传闻之不可信》一文中从汤显祖对罗汝芳的态度切入，认为汤显祖"师言性，而某言情"的叛逆性回答难以理解，"陈继儒行文中所透露出的师生'共讲学'时的辩争气氛以及当时汤氏不领师教、特立独行的形象，与汤显祖后来所追述的'中途复见明德先生'的情况却又显然不合。"② 程芸先生的质疑值得重视。从陈继儒《批点〈牡丹亭〉题词》看，汤显祖在"师言性，某言情"前已明言，自己与师乃"终日共讲学"，只不过"人不识"，不识自己苦心的并非罗汝芳而是他"人"，若说汤显祖语中有不屑意味，也只能是指责难者张新建。晚明士人酷好讲学，将心性之学视为人生第一等事，敦化德性是讲学的第一目的，入手处则各人不妨有异，故汤显祖可以直言自己是通过言情以明性。因此，若将"师言性，某言情"理解为只是汤显祖直言自己对讲学"方式"的理解亦无不可，至少张新建也不能从儒学理论层面找出汤氏答语的瑕疵，故"无以应"。事实上，汤显祖的答语恰可视为他在中年受到罗汝芳质问后的反省结果。汤显祖的戏曲创作在罗汝芳的质问之后并未停止，反而取得了更大成就，一个合理的逻辑是，他将自己的反

---

① 徐朔方：《论汤显祖及其他》，上海古籍出版社1988年版，第20~21页。
② 程芸：《论汤显祖"师言性，某言情"传闻之不可信》，载于《殷都学刊》1999年第1期。

省融入了戏曲创作中，在戏曲中阐释了心性之思。黄宗羲所言的"诸公说性不分明，玉茗翻为儿女情"①正是从儒学层面对汤显祖言情之作的深刻理解与认同。结言之，明末到民国的士人在解读"师言性，某言情"时，并未将情与性视为对立存在的事物，这多少有助于我们解读汤显祖对"情"的定位。如果我们将"师言性，某言情"解读为汤显祖叛逆师说的表现，恐怕无法与确实为他所言的"以人情之大窦，为名教之至乐"的提法相统一。

毋庸置疑，汤显祖陈述的"某言情"以男女之情为主体，这是他招致批评的"逗漏于碧箫红牙队间"的戏曲创作决定的。从《牡丹亭》看，男女之情以"人欲"为基础，这与现代爱情的区别十分明显，现代爱情观可能导致的"夫妇不别"、尊卑不分也并不符合儒家伦理的要求。《牡丹亭》中杜丽娘的确感受到礼教的束缚，"昔氏贤文，把人禁杀"，但她最强烈的苦恼在于韶光易逝、婚姻无着，这是杜丽娘青春少艾年龄段必有的"慕色"即情欲萌发现象。杜丽娘慕色，柳梦梅急色，是婚姻成立的基础。杜丽娘梦中见到柳梦梅，二人寥寥数语便"忍耐温存一晌眠"，我们尽可用现代精神分析学的理论解释杜丽娘的梦，但这一梦毕竟是汤显祖在理智状态下设计的情节，表达的是汤显祖关于男女之情的态度。杜丽娘与柳梦梅的"人欲"与宋儒"存天理灭人欲"中的"人欲"并非同一所指，汤显祖所言的青年男女之欲是人性之必然。杜丽娘在花园中见满园春景而感叹"年已及笄，不得早成佳配，诚为虚度青春"，进而入梦与柳梦梅欢会；汤显祖将杜丽娘的慕色春情与姹紫嫣红之春景相对应，意在指明杜丽娘的人欲与自然之荣枯一样，是天地生生之仁的表现。杜丽娘的"慕色"是封建伦理得以存立的基础，绝不能也不应被遏制或消灭。杜宝正因不能认识这一点，固执地认为"一个娃儿甚七情"，耽误了杜丽娘的婚姻大事，所以杜丽娘的生命在柳梦梅没有出现前只能枯萎；柳梦梅则因其"急色"，使杜丽娘死而复生。

汤显祖戏曲创作中所言之情有着阐释个人儒学心得的意图：他尊重青年男女之情这一必然的存在，肯定其是构建儒家伦理秩序的基础。因此，汤显祖笔下的男女之情产生于青春期的大欲，又必然"归于正"。当杜丽娘在慕色时，她的人欲是人类亘古以来具有普遍性的大欲，或者说，她思慕的仅仅是异性。但在梦会柳梦梅后，杜丽娘的慕色便不再针对普遍的异性，而是具体化了，决

---

① 黄宗羲：《黄梨洲诗集》，中华书局1959年版，第102页。

不会再更改思慕对象,这是普遍性的欲到具有个体针对性的情的转变。青年男女大欲本是天下公欲的组成部分,对它的正视与疏导并不会冲破礼教,相反会促使青年男女进入五伦之中。因此也就不难理解,汤显祖在《邯郸记》《南柯记》中除夫妻之情外,还涉及了父子之情、朋友之情等。这种思路在冯梦龙的"情教说"处更为明晰:冯梦龙主张情为伦理世界的维系,同时坚决反对佛教的禁欲论。

三、名教至乐为何乐:汤显祖伦理治世思想

上文已经讨论,汤显祖"言情",但并不止于肯定人欲。他曾明言"以人情之大窦,为名教之至乐",集中表达了自己承自心学的伦理治世思想:汤显祖由情切入,阐发了自己的心性学思想,尤其是对情、性"为物不贰"之辩证关系的理解,主张至情即性;在此基础上主张援情入礼以激活礼教,避免封建礼教脱离天下公欲沦为僵死的条条框框。

汤显祖的伦理治世思想直接沿袭了王艮、罗汝芳的思想。泰州王心斋立论甚高,但同样以伦理道德为关注中心,开出被张居正讥为迂阔的救国之方,"先生拟上世庙书,数千言佥言孝弟也。江陵阅其遗稿,谓人曰:'世多称王心斋,此书数千言,单言孝弟,何迂阔也。'罗近溪曰:'嘻!孝弟可谓迂阔乎?'"[①] 注重教化本是儒学的题中之意,明代开国皇帝朱元璋亦反复强调以儒治国,并以意识形态上的教化与经济上的农桑为本相对应,在心学学者王艮处被重新强调并不意外,但王艮与大多数心学学者一样,赋予道德伦理以过高的价值与功效,难免不切世用之讥。罗汝芳对王艮"家程朱而户孔孟"乃至举世臻于"比屋可封"的理国思路,亦深信不疑。汤显祖作为罗汝芳的学生,在治国思路上与老师是一致的,王艮、罗汝芳伦理治世思想的简易直截是汤显祖认为国家大事"数着亦可毕"的原因。他曾对辅臣余有丁自诩"颇有区区之略,可以变化天下",同时自叹"言之又似迂",并恨余有丁"不见吾师言",推崇师说之意见于言表。王艮、罗汝芳的学说基本沿着阳明的道德救世思想展开,只不过在"入手处"处不尽同于一般的心学流派:心学主张良知自然发用、反对个体义袭于外的观点在泰州一派得到更为具体的阐述,泰州学

---

① 黄宗羲著,沈芝盈点校:《明儒学案》,中华书局1985年版,第718页。

派的伦理治世思想有着力避礼法脱离时代、流为僵化之外在形式的倾向。王艮"乐学歌"用"乐"字形容天理充盈内心并战胜私欲的过程,罗汝芳注重人伦日用层面的儒学伦理"孝悌慈"同时又反复强调赤子之心不虑而知、不学而能,二人皆阐释、强调了心学的道德先验论:伦理道德是个体先天具有的,个体体验、保持道德之心是自然需求,本不会更不应有外在束缚之感。

汤显祖沿着王艮、罗汝芳的治世思想,亦在思考如何激活礼教的活力,使礼教既能维持社会秩序,同时又不致使百姓有束缚之感——让礼教成为人生的至乐。事实上,礼学在明代最为不明,"今《五经》惟《礼》最烦乱,惜不一经朱子绪正。"① 而汤显祖中进士次年所任的南京太常博士,正是主管祭祀礼乐的闲职;他的戏曲创作亦多处流露了对"礼"的强调。与明朝开国皇帝朱元璋以农耕与教化立国的思路一脉相承,汤显祖亦主张百姓勤事农桑、官府清净爱民,如此天下公欲得到满足,百姓行为自然合乎伦理规范。杜丽娘对柳梦梅的"一灵咬住",《牡丹亭》《南柯记》中百姓爱民之官的保育下所呈现的淳朴民风,皆反映了汤显祖对欲与情的理解:正常人欲得到疏导和满足,人心便为真情充溢,言行自然合乎礼教。这并不是指正常人欲与礼教之间可能存在某种潜在的交换,而是指正常人欲的满足,是个体存在以及伦理规范衍生的必要条件。在《牡丹亭》中,如果世上青年男女如杜丽娘与柳梦梅不能"早成佳配",或如陈最良一般不知"伤个什么春,悲个什么秋",又或如石道姑一样根本不具备健康的身体,也就无所谓夫妇,而人伦恰始于夫妇。汤显祖笔下杜丽娘、柳梦梅的爱情明显不同于晚明自附于玉茗一脉的文人曲家:被正面抒写的女性情欲体现了汤显祖的心性学思考,而晚明文人曲家的作品一般以男性为不二主角,女性则成为男性风流自赏的陪衬。值得强调的是,汤显祖对于正当人欲的强调程度并未越出儒家,儒家从来不是禁欲主义,至多只能算是节欲主义。毕竟即便是反复强调克制人欲的王阳明,一样在《南赣乡约》中叮嘱百姓"男女长成,各宜及时嫁娶。"② 因此,若要冠汤显祖以倡扬人欲、反对封建礼教的美誉,恐怕并不符合汤显祖"言情"的本意。与阳明以及大部分心学学者一样,汤显祖反对的只是礼教脱离时代的人之常情,以致沦为一套僵化的条条框框以致失去生命力,失去维持世风的有效性。结言之,汤显祖用来维

---

① 王鏊、王禹声撰;王永熙汇辑;楼志伟等点校:《震泽先生别集》,中华书局2014年版,第8页。
② 王阳明著,吴光等校注:《王阳明全集》,上海古籍出版社1992年版,第602页。

系伦理道德的工具，不是外在高压，而是至诚无伪的情感。

与王艮、罗汝芳不同的是，汤显祖通过"言情"来探讨性的存在方式，不仅强调了情的力量，还讨论了"性"在人伦日用中的显现方式，主张至情即性。这明显受到了心学的影响。朱熹认为理气不可分，同时又坚持理、气终是两个事物，其理气观具有二元论倾向，"形而上与形而下之分为两橛，每易趋于两元论或导致孰为主从。……于朱子，此种两橛渐较显著，因而两难之困局，亦至迫切。"① 阳明对朱子理气观的不足十分警惕，"性善之端，须在气上始见得，若无气，亦无可见矣。……气即是性，性即是气，原无性气之可分也。"② 理气、情性"为物不贰"的主张成为心学后学广泛认同的思想倾向之一。因此，心学学者一直致力于抨击空谈性理的口耳之学，主张从形而下的日用层面切实做践履工夫、正视世人的物质需求与形色之欲，强调性理并非悬空存在的概念，而是人情物欲的恰到好处。如此，伦理道德由形下出发，彻上彻下，更具陶淑世风的有效性。这一学术倾向，使晚明心学学者并不讳言个体情欲、物欲，同时又不致流于自然人性论。汤显祖亦受到心学"为物不贰"之情性观的影响，一个旁证是，他不同意友人罗大紘对自己耽溺绮语的批评，对于罗大紘建议的"息念听于声元，倘有所遇，如秋波一转者"，汤显祖认为这种凭空体悟的心性修养方式是不可靠的，即便"可得而遇，恐终是五百年前业冤耳。"③ 在汤显祖看来，个体不可能跳出形下的人情物欲去寻求性理的真义。

必须予以辨析的是，《牡丹亭》"题词"中"第云理之所必无，安知情之所必有"这一被反复用来证明汤显祖以情抗理思想的断语。事实上，与心学情性"为物不贰"之观点相联系，更与心学"格物"新解相关，心学剔除了宋儒"理"中"所以然"的一部分，将眼光收归社会中人情物理"所当然"的部分，这也对汤显祖产生了切实影响。汤显祖在《牡丹亭》题词中对"理"的批评是针对《牡丹亭》的奇幻情节而发，意在强调杜丽娘情生情死的真实性（这一情节设置似因不合常理而遭到批评），因此题词中有"自非通人，恒以理相格"的反驳，此处"理"指宋儒孜孜以求的"所以然"之常理。程朱理学的"格物"说主张"今日格一物，明日格一物"，强调一事一物有一事一物之理，暗含了对社会人事之外自然常理的探究兴趣。这是心学自阳明便一再

---

① 陈荣捷：《朱学论集》，台湾学生书局1982年版，第9页。
② 陈荣捷：《王阳明传习录详注集评》，台湾学生书局1983年版，第210页。
③ 《答罗匡湖》，引自徐朔方笺校：《汤显祖全集》（二），北京古籍出版社1998年版，第1401页。

批评的，阳明通过对格物说的重新解读，将"理"收缩为社会人事之理，并一再强调个体不可能认识天下万事万物之理，只要做到道德上的纯粹，个体便可成为圣人，客观上流露了漠视事物常理的反智识主义倾向。汤显祖对于能穷通天地万物之理的"通人"亦无信心与兴趣。在《牡丹亭》中，汤显祖笔下的杜宝、陈最良都不失为道德方正之人，但他们囿于常理而流为古板迂腐，正印证了汤显祖《牡丹亭》"题词"中批评的"理"是宋儒"理"中"所以然"的部分。此外，"第云理之所必无，安知情之所必有"与达观佛学情理观并无关系。对于达观从佛教层面强调的情理不能并存、只能二取其一的观点，汤显祖绝难认同，故而面对达观殷殷接引之意，他虽心有感念，依然不得不委婉的指出，情与理绝非不可并存的关系，对于达观"情有者理必无，理有者情必无"的佛学情理观，汤显祖感叹"真是一刀两断语"，因为儒学不可能采取这种情理对立观念，就阳明心学而言，情是性显现的形式，如果没有情，形上之性也就成了悬空之物，故情不可能也不应断灭。若断灭形下之情，则"并理亦无，世界身器，且奈之何。"① 汤显祖虽借佛学排遣苦闷，但自我体认上始终是入世的士大夫。

与晚明大多数心学学者一样，汤显祖对于朱子学的烦琐并无好感，并认为儒学经典的学习与伦理道德之间没有必然的关系。个体并非在接触伦理教条的口耳外在之学后，才能在行动上合乎礼教；个体内心为真情充斥时，才会天然在行动上符合夫妇有别、父慈子孝等一系列礼教规则，这在《邯郸记》中有明晰的表达。淳于生对于父亲的昊天罔极之情，对于妻子瑶芳的夫妇之情，乃至对于朋友的感情，无不发乎天然。在汤显祖的治世思想中，伦理道德依然是最终的目的与最初的手段，他肯定正当人欲但对沉溺人欲高度警惕：《牡丹亭》中复生的杜丽娘要提出"鬼可虚情，人须实礼"之语，《南柯记》《邯郸记》则对名利之心与放纵之欲进行针砭。汤显祖充分肯定了真情在维系礼教中的作用，真情是性理的显现方式，自然合乎礼教，而个体在真情主导下的行为自然合乎礼教，礼教并非对人情的束缚，而是人情的自然行为，故而"人情之大窦"，可以成为"名教之至乐"。礼教为个体自然所需，自然行为而吻合为礼教，故为至乐。

在考察汤显祖思想时，我们无法不关注他肯定至情、人欲的"进步性"，

---

① 《寄达观》，引自徐朔方笺校：《汤显祖全集》（二），北京古籍出版社1998年版，第1351页。

但汤显祖实际上吸取了心学思想的成果，探讨了性理的具体存在形式，目的是使礼教成为有情者的自然需求，达到"名教之至乐"。笔者认为，汤显祖思想的"进步性"或者表现为他对至情的肯定，但其思想的深刻性却表现为他对人欲与礼教的辩证关系。关注汤显祖与儒学传统的断裂性、差异性固然重要，但我们更应关注汤显祖"进步"思想与传统儒学的深刻联系，关注他如何在儒学的系统内有所创新，使儒学这一传统社会的主流思想意识在时代蜕变中显现出自我更新的能力。

作者单位：黄冈师范学院

诗化《牡丹亭》

丁明拥

所谓戏曲的诗化,是指戏曲的诗性品格和诗意追求,以及整体结构中传达出的诗的意境。《牡丹亭》的诗化主要表现在:诗化的现实、诗意的语言和充满诗魅的意象等方面。作为文人戏剧的最高成就,《牡丹亭》是一部典型的、具有诗化特征的戏剧。它是中国戏曲发展到顶峰时自觉的分众创作,演过效果从来都不是作者的追求,因此才会有"汤沈之争",准确地说:汤显祖对"汤沈之争"是不屑的,因为二者的目标人群是不一样的。《牡丹亭》代表着中国文人案头剧的最高水准,主要体现在其诗化上,因为诗是中国所有文体中取得成就最高的一种文学样式,失去诗化这一核心,《牡丹亭》就如《杀狗记》,其魅力将大为减色。《牡丹亭》的诗化主要表现在:诗化的现实、诗意的语言和充满诗魅的意象等方面。本文认为:汤显祖对戏曲诗化的成功,既是戏曲自身发展到最高阶段的必然结果,又与作者、时代、诗词才能和审美、情趣等诸方面都有着密不可分的联系。

从历史的发展来看,中国戏曲与西方戏剧有很多共同点,除了它们最初出现时都有"补政刑不足"的功能外,雅化或诗化一直是戏剧自身发展的内在的向上的自觉追求,更是其得以流传乃至不朽的主要因素。西方戏剧被黑格尔认为代表着文艺的最高形式——诗,并有亚里士多德的《史学》为之论证。中国戏曲也一样,发展到最高阶段一定是诗化的,这是文学或艺术内在规律规定着的,既不以人的意志为转移,也不能用文辞优美来简单评价或限定。《牡丹亭》是中国戏曲发展到最高阶段的产物,也即沈德符在《顾曲杂言》中所说:"牡丹亭真是一种奇文也,牡丹亭梦一出,家传户诵,几令西厢减价,乃才情使之不朽也,《琵琶记》以后无此大手笔,固不许他人追踪也。"

从时间上来看,《牡丹亭》的出现也不是偶然的。卢前先生说过:中国戏曲的发展呈橄榄形,两头尖中间粗。如果从中国戏曲发生的宋代算起,到20

世纪 60 年代中国戏曲式微，汤显祖所处的明代中期恰好是橄榄最粗的中心部位，也就是中国戏曲最成熟的阶段，再加上汤显祖的才情思想，《牡丹亭》成为了中国戏曲王冠上最耀眼的那颗明珠。《牡丹亭》达到艺术的极致有三个标志，一是文学上最美的语言，二是音乐上最动听的昆曲，三是不朽题材爱情中最动人的——生死恋。两个最的美形式加一个最美的内容，使《牡丹亭》成为无法超越的作品。

一、现实的诗化

《牡丹亭》并非汤显祖凭空虚化，很多情节都是有原型的。虽然汤显祖曾自言：《牡丹亭》情节，悉出作者构想，殆无所本。但某些情节显然得到类似故事暗示，比如杜太守身上有晋武都守李仲文的影子，杜丽娘身上有广州守冯孝将女儿事，杜太守收拷柳生有睢阳王拷谈生的雷同，拾画有对于逊《闻见录》载："进士赵颜于画工处得一美人图，依化工所言，呼画中美人名'真真'百日，昼夜不绝，美人乃活，与赵结合，生一子。后赵误听人言，心生疑忌，美人遂携子复入图中"的借用。即便是戏中的"劝农"，也有汤显祖自身生活真实的来源。

汤显祖在这些故老传奇的基础上，用诗化的叙事，模糊了生活的真实，在引人入胜的同时，使人进入了戏曲的语境，虽离奇但不觉其假。同时，题材的选择也与汤显祖"至情"的创作思想相契合。汤显祖是将男女之间的恋情放在生命的觉醒的高度去理解的，在他的眼中，青年男女自发产生的自然的情感具有勃勃的生机与强大的生命力，足以与社会中强大礼制与理学相抗衡。正因为如此，作者用喜爱、欣赏、赞美的态度，用充满诗性的笔调，热情地讴歌美好的爱情，感动了大千仕女雅士。

戏曲的发达，一在故事，一在音乐。早在元杂剧中，已经可以仅凭故事便将戏曲推举到一个很高的水准。元杂剧中，男女恋情是戏曲的一个重要题材，最受欢迎的戏曲故事都是以男女恋情为核心的，有时甚至将男女恋情置于君臣、父子、夫妇等儒家至为推重的人伦情感之上，这具有重要的社会价值和反传统的意义。[①] 同样，汤显祖选择这样的题材与他"至情"的创作思想高度契

---

① 这类题材的戏剧以《西厢记》为重要代表。

合，并成为传达其思想的媒介和载体，它们互相阐发，一至达成内容与形式完美地统一。

从故事情节上看，杜丽娘感梦而亡是因为"情"，柳梦梅由绘像而思慕佳人是因为"情"，丽娘之幽魂与梦梅相会也是因为"情"，丽娘还魂依然是因为"情"。因而，"情"成为推进情节的关键之所在力量，这正是汤显祖所高扬的"世总为情"的人生追求，甚至阴间的判官也为杜丽娘的至情所感，放她回到阳间寻找爱人。所以汤显祖在《牡丹亭题词》中这样总结道："天下女子有情宁有如杜丽娘者乎！梦其人即病，病即弥连，至手画形容传于世而后死。死三年矣，复能溟莫中求得其所梦者而生。如丽娘者乃可谓之有情人耳。情不知所起，一往而深，生者可以死，死者可以生。生而不可与死，死而不可复生者，皆非情之至也。"①

杜丽娘的由生入死，死而复生的过程中，表面上看并没有任何强大的外界压力，戏剧中也没有发生强烈的矛盾冲突，杜丽娘所面对的只是自己的情感，她的压力来自情感本身。在杜柳的爱情和婚姻中，也没有与强大的外力发生激烈的冲突（尽管在后一部分曾遭到杜父的反对）。因而，整部剧中强烈的戏剧冲突的场面并不多，更多的则是言情与抒情。当然，淡化冲突并不是没有冲突，而是更为深隐，更加抽象化。在《牡丹亭》中着重表现的是情与理的冲突，而情与理的冲突并不是通过一个人物或几个场景来实现的，它贯穿于全剧的始终，并深刻地隐藏于叙事的背后，因而从表面上难以发现冲突的存在，需经仔细品味才能领悟。同时，也正是因为以情感发展为线索，那些离奇的情节才有了合理性。为了淋漓尽致地表达这种"至情"，作者文本之中加入了大量的抒情成分，甚至一些叙事的情节也成了抒情陪衬。

联系自然和人物并饱含深情，这是叙事诗的主要特征。《牡丹亭》便是在现实的基础上，以情动人、乃至动鬼神、动万物，达到了对现实极高的诗化。

二、语言的诗化

语言诗化的最大功能是去除现实的丑恶和口语的粗鄙，有利于在文明场合和文明人之间共赏，更有利于流传乃至不朽，即孔夫子《论语》所谓："质胜

---

① 汤显祖：《牡丹亭》，人民文学出版社1963年版，第1页。

文则野，文胜质则史。"

诗话的语言在《牡丹亭》中得到全面使用，全剧共有55出，诗化的语言俯拾皆是。像《惊梦》《寻梦》《写真》《魂游》《幽媾》《冥誓》中，大量的抒情化语言的运用，对于增强戏剧的美感和表现力，传达作者的主观情致起到了凝练集中、节奏和谐的诗化作用。特别是对于不可直接描述的事实进行的诗化描述，展示了其语言跳跃自如、有尽而意无穷的优雅。能引起读者观众的遐思和参与。

所以，在评价《牡丹亭》的文本时，臧懋循说："此案头之书，非筵上之曲也。"既指出了作者的创作企图，又说明了其诗化语言的特点。

语言的诗化在《牡丹亭》中表现得十分突出。如前所举《惊梦》中人人详熟的"皂罗袍""好姐姐"两段，作者以诗化的语言来描摹杜丽娘游园的亲身感受。眼中春光是如此的美好，美好的春光唤醒了杜丽娘心中的生命意识，因而她眼中的一切都充满了勃勃生机。杜鹃的啼叫唤醒了青山，青山披上了红装，荼蘼花外是那飘飞的柳丝，牡丹花伴着生生燕语和婉转的莺歌。这些诗化的语言在继承中国古代诗词成功经验的同时，又有高度的创造性，是完全可以作为抒情诗欣赏的。

作为案头之曲，《牡丹亭》诗化的语言更符合阅读者的欣赏习惯。从受众的角度而言，由于传播媒介不同，观众与读者对作品的关注点也不相同。由于戏剧是集音乐、舞蹈、表演、文学等诸多艺术的综合形式，观众欣赏的是这种综合的艺术形式，戏剧的语言未必是他们品味和欣赏的重点。而对读者而言，语言是文学作品所能够接触到的唯一艺术形式，因此是欣赏的最核心要素。富赡、华美的文辞，往往成为阅读者沉迷的对象，因之成为案头之曲重要标准。

譬如：

最撩人春色是今年，少甚么低就高来粉画垣，元来春心无处不飞悬。哎，睡荼蘼抓住裙衩线，恰便是花似人心好处牵。（《寻梦》）

袅晴丝吹来闲庭院，摇漾春如线。停半晌、整花钿，没揣菱花，偷人半面，迤逗得彩云偏。（《惊梦》）

你道翠生生出落的裙衫儿茜，艳晶晶花簪八宝填，可知我常一生儿爱好是天然。恰三春好处无人见。不提防沉鱼落雁鸟惊喧，则怕的羞花闭月

花愁颤。(《惊梦》)

从这几段曲词我们可以总结出《牡丹亭》的语言特点:

第一,曲词中大量优美意向的使用,能够给人以美的享受。从上面《牡丹亭》华美的篇章中,我们很容易找出诸多优美的意向,像"梨花春影""深闺佩冷""曲径梦回""寻芳迷翠蝶"等,都是诗化的语言、诗中的意向,反复吟咏,令人余香满口,回味无穷。

第二,曲词中多种意向相结合,也能够产生独特的审美效果。诸多的意向的确能够给人以美的享受与回味,但是单个的意向创造出的意境毕竟是单薄的,给人带来的美感享受也是有限的。而将这些意象组合在一起,所创造的审美空间和审美想象则无限的延伸了。从上面几段的意向组合中我们可以发现,这些意象组合在一起,戏剧的语言就具有了朦胧飘忽的特点,从而形成了"梨花春影""似雾蒙花,如云漏月""影空蒙似月笼沙"等倘恍迷离的意境。这些意象既是诸多视觉形象的组合,又超越了视觉形象,用"春如线"喻春光的多彩多姿,用"春心飞悬"表现杜丽娘的春心萌动,用"梨花春影"写杜丽娘魂魄的虚幻,这些绮丽的意象融合,将读者带入深邃而空蒙的想象空间。而其中月、花、光、影等意象的组合又为杜、柳的爱情增添了朦胧、含蓄之美。

第三,大量古诗词的化用,为其创造出典雅的诗化风格。化用古典诗词是古典诗歌创作的常用艺术手法。① 在戏剧的曲词中,尤其是在文人的创作中,化用诗词更为普遍。一方面这是曲词雅化的重要手段,另一方面也反映了作者的丰富的诗词功底,展现了作者的才华。在《牡丹亭》中直接使用,或者化用古典诗词非常多,例如:

"朝飞暮卷"(《惊梦》)化用的是王勃《滕王阁诗》:"画栋朝飞南浦云,珠帘暮卷西山雨"诗句,写春天的美景;"可惜妾身颜色如花,岂料命如一叶"(《惊梦》)化用的是元好问《鹧鸪天·薄命妾》:"颜色如花画不成,命如弃叶薄可怜。"写杜丽娘对命运的感叹;"怕春色三分,一分尘土"(《回

---

① 用典或者化用前人诗意是中国古典诗歌常用的手法,南宋以黄庭坚主张作诗"无一字无来处"同时,强调"夺胎换骨",慧洪《冷斋诗话》中说:"山谷云:诗意无穷,而人之才有限。以有限之才,追无穷之意,虽渊明、少陵,不得工也。然不易其意而造其语,谓之换骨法;窥入其意而形容之,谓之夺胎法。"

生》)化用苏轼的《水龙吟》词:"春色三分,二分尘土,一分流水。"用来抒惜春、伤花之情;"望长淮渺渺愁予"(《移镇》)化用《楚辞·湘君》:"帝子降兮北渚,目渺渺兮愁予。"写自己远离家乡的无限愁绪;"清风明月知无价"(《幽媾》)化用李白《襄阳歌》:"清风朗月不用一钱买。"这里反用原来诗意,用来说两情相悦的时光无限宝贵;"背上驴儿笑,心知第五桥"(《旅寄》)化用杜甫《陪郑广文游何将军山林》:"不识南塘路,今知第五桥。"感到驴儿走得轻快,转瞬来到桥边。

三、意境的诗化

王国维先生在《宋元戏曲史》中说:"然元剧最佳之处,不在其思想结构,而在其文章。其文章之妙,亦一言以蔽之,曰:有意境而已矣。何以谓之有意境?曰:写情则沁人心脾,写景则在人耳目,述事则如其口出是也。古诗词之佳者,无不如是。元曲亦然。"王国维认为有意境的戏剧作品以元曲最佳,而在认真研究明代传奇作品之后,我们会发现,明戏剧中的佳篇也能够达到"写情则沁人心脾,写景则在人耳目,述事则如其口出是也"的境界,《牡丹亭》就是其中的代表。

情景交融是中国古典诗歌的创作手段,也是戏剧诗化的表现形式。《牡丹亭》的很多段落都能够做到情景交融,客观景物与主观情致完美地融合,从而达到和谐相融的境界。如《惊梦》中的两段就是情景交融最好例证:

> 原来姹紫嫣红开遍,似这般都付与断井颓垣。良辰美景奈何天,赏心乐事谁家院!朝飞暮卷,云霞翠轩;雨丝风片,烟波画船——锦屏人忒看的这韶光贱。
>
> 遍青山啼红了杜鹃,荼䕷外烟丝醉软。牡丹虽好,他春归怎占的先!闲凝眄,生生燕语明如翦,呖呖莺歌溜的圆。

花园中美好的春光唤醒了杜丽娘的生命意识,促发了她对爱情的渴望;这种崭新的、对生命的发现和感悟,令杜丽娘体味到了春心无所归依的缺憾。《牡丹亭》中这些情景交融的段落与中国古典诗歌的情景交融有诸多的契合之处,是直接的诗化表征。

虚实相生为戏剧境界表现的第二个层次。在《牡丹亭》中作者以虚写实，超越了现实时空环境，从而获得虚实相生、虚实相映的效果。王骥德在《曲律》中说："戏剧之道，出之贵实，而用之贵虚。《明珠》《浣纱》《红拂》《玉合》，以实而用实者也。《还魂》，'二梦'，以虚而用实者也。以实而用实也易，以虚而用实也难。"《牡丹亭》中《惊梦》《冥判》《魂游》《幽媾》《冥誓》等写梦境与离魂，都是以虚写实，看似虚拟的场景、虚拟的活动，却是现实世界和主人公心理活动的映衬与反映。比如《惊梦》一折是梦中场景，虚拟杜、柳的梦中欢爱，展现了杜丽娘对情欲的认知与觉醒，但又不涉于淫乱。运用虚实相结合手法来塑造杜丽娘，不仅没有破坏杜丽娘纯美的形象，反而使她的形象更为丰富、完满。

最能反映戏剧特性的是第三层次的意境，它是戏剧创作的高层次追求。这个层次不是单一的形象所创造出来的，而是人物、事件、环境、情感等诸多方面组合在一起，共同创造出来的一种既寓于形象之中，又超越于形象之上的境界。杜丽娘不单纯是《牡丹亭》的女主人公，也不仅仅作者心目中的一个理想的女性，更重要的是她作为情本体而存在，她的那种出于本能地对自然的热爱，那种出生入死、死而复生地追求爱情的执着，那种超越生命的痴情，使她成为"至情"的化身。王国维在《人间词话》中说："境非独谓景物也，喜怒哀乐，亦心中之一境界。故能写真景物、真感情者，为之有境界。否则谓之无境界。"《牡丹亭》之意境并非只是表面上的男女痴情相爱，矢志不渝，更是充满了人情美、人性美的"至情"所构成的圆融的情境。

上述就是所谓的戏曲的诗化，指的是戏曲的诗性品格和诗意追求，是戏曲整体结构中传达出的诗的意境，具体到《牡丹亭》，是其表现方式、整体意蕴、结构和语言等所展现出诗化特征。作为文人戏剧的最高成就，《牡丹亭》就是一部典型的、具有诗化特征的戏剧。

除诗化外，《牡丹亭》成为中国文人案头剧最高水准的代表，还有另外一个原因：自由，这自由就有诗格被突破的快感，正如《琵琶记》突破了元杂剧不寻宫调的自由一样，诗的自由是突破格律的自由。南戏发达就是因这自由的缘故，一是不叶宫调，二是各角色同场皆唱，三是篇幅不拘长短。这三点与元剧完全对立，然而却十足表现其出生野地，不知有所谓的规律。希腊悲剧到了诗人手里，社会问题才提得特别鲜明，普通人的形象才占重要地位，心理描写才更为深刻细致，这就是诗人对戏剧发展的贡献。

最后，正是由于戏曲《牡丹亭》的出现，使得建筑学意义上的"牡丹亭"成为了一个有意味的文化符号，这就是诗化的意象。这个诗化的意象的作用有多大呢？清朝有一个叫王昶的人给出了答案，他说：我之所以中举就得力于《牡丹亭》，以后凡遇皓首穷经者，必劝其读《牡丹亭》，读后自可中举。

作者单位：中国传媒大学

原乡无梦南柯成

——从王本"还原"看《南柯梦》的空间归转与自性证成

丁淑梅

《南柯记》作为汤显祖"临川四梦"之终篇的意义何在？除了对世事的感叹与对人生的感悟，如何理解作者《题词》之"梦了为觉，情了为佛"？王骥德为何称它"境往神来"？吴梅为何说"四梦"中"惟此梦最为高贵"？王本改编昆剧《南柯记》如何回转文本的空间感及其负载的人性真实？其为情说法、"立地成佛"之真旨究竟如何？值得再思考。

一、原乡无梦与南柯无归

《南柯记》以武官淳于棼醉梦大槐安国，摇身一变为驸马与瑶芳公主结亲，后宦途通达、戍守南柯，权倾一时，寻欢作乐，遭谗被贬，返乡归国，大梦醒于暴雨洗刷、蚁穴乌有、禅师度蚁，顿悟成佛。作为汤翁"临川四梦"之最后"一梦"，此剧与前三梦最大的不同，在于通过戏剧空间叠层与向度的预设，架空情之虚实，着落佛性自在。

《南柯记》第二出《侠概》【破齐阵】云："乡心倒挂扬州。四海无家，苍生没眼，挂破了英雄笑口"，为淳于棼的现实世界定下了离散的基调。先君边将投荒、失散多年，是亲族的流散；精通武艺、怀才潦倒，是才华的失落；裨将抛掷、仕途落魄，是功业的无着；弟兄不伴，知交远去，是旧友的飘零。如【急板令】前腔"知交一时散休，到家中急难再游……肠断江南，梦落扬州"所唱，扬州的繁华与兵燹，拉开了渺远的外层空间断折的帷幕；扬州的驻足与凝望、倒挂与梦落，则暗示出切近的内层空间的悬置。淳于棼徒有英雄之志，却与身处的世界离散了情感纽带和精神联系，原乡无梦、四海无家，精神原乡流逝的残酷真相，逼仄着淳于棼在中观世界肉身的沦灭。

如何安顿这无在、无往、无住的肉身？就空间的叠层预设看，如果说《邯郸记》是枕上梦，是以中观世界平行移出的"灵魂出窍"，动欲征伐，邀功封赏，来演绎卢生出将入相的黄粱美梦，强以私休招赘的姻缘事，原本与功名路无甚瓜葛的话；那么《南柯记》则是树下梦，是以中观世界对位的"肉身出离"，因情入梦，欲去情尽，来书写淳于棼入地生天的大梦圆觉，功名路与情缘事则靡丽攀缠、同归于一。正如《南柯记》第三出《树国》借蚁王之口，交代"国中有国"，人下有人，淳于棼入幻故事的第一向度，不是"上天"而是入地，未活人间，先历地下，"蝼蚁国"是向下展开的一个微观世界。与夏松、殷柏、周粟堪称比并的大槐安国，俨然是一个时间上接续远古朝代的异邦；长安、吴都、北阙、南柯之所属，前二者集合了地上王城的北国与南朝，后二者则拉开了地下无何有的南方与北方，帝都与南柯幻城在空间上充塞着地上历史的叠层。而第十出《就征》紫衣使者所言"汉朝有个窦广国，他国土广大，也只在窦儿里；又有个孔安国，他国土安顿，也只在孔儿里。怎生槐穴中没有国土？古槐穴，国所居"，则以"窦""孔"比出"穴"，疏散着蝼蚁世界的缩微攒聚感，放大了槐安国的空间存在感。而淳于棼作为一个被选择的闯入者，参与、见证了南柯——这异邦之中的异地，微观不断膨大、摄入、导化中观的历程。

因为蚁国求异族英俊之士为婿，决定了淳于棼被选择、被赐予的命运。与多情才子难遇佳人的现世磋磨不同，他与瑶芳公主一见钟情、姻缘谐美；与酣荡不习政务的人间武将完全颠倒，身处蝼蚁世界的他借妻族之势，求官外郡，镇守南柯。淳于棼在长期无守的远郡南柯任职20年，起废弛之政事，教化德政，挽颓败之风气，克己为民。不仅南柯大治，现国泰民安、一境清明之气象；且檀萝犯边，击退侵兵，守边有功，威震疆宇。然淳于棼的江湖之远终不免受掣于庙堂之高，其于异邦异地的情遂事顺，均以蝼蚁前导，因公主成事，然助成之际已是无归之时。第三十三出公主一病不起，几度启请回朝，原想于己得以养息，于夫打点恩荫，却助力难继，视归如死，有"俺死为你先驱蝼蚁耳"之憾叹。究其实，南柯乃蝼蚁之远郡，太守乃放逐之去程。瑶台玩月，已见炎凉高寒；檀罗衅起，终须倒枝伐柯。蝼蚁之病起，即淳于之殇始，及至酒汉还朝有封相之荣，艳姬粲诱有狂荡之举，尚不知功高过主、槐王忌惮，部下损兵、右相间阻，"世情不同"、大势已去。槐安大王收清君侧、惩淫纵之罗网，股肱右相揽进谗、封杀之大权，在南柯归不得、蚁国回不来的空间叠层里淳于棼被蛮力驱逐、梦断槐安。

　　《南柯记》以强烈的空间扭结与反转感，带给我们不一样的戏剧情境。尤其是以淳于棼为主角架构的"地下"内层空间，在背景模糊、见道轮回的第一重，即淳于生的现世人间之下，凌虚架空五重"地外地"。第二重乃槐树下之蚁穴，蝼蚁巨万，末小微缩。第三重是蚁穴内之蚁国王族，春秋史集结，小重天张大。蚁国之南柯则已入第四重空间，作为蚁族之远郡，南柯不仅是淳于棼因缘历幻的一场大梦，也是整本剧作地下天上反转、幻中设幻扭结的大关目。而南柯的放大，又是通过打开另外的人蚁互为幻影的空间实现的。南柯别郡成新筑瑶台，瑶芳僻地消弥凉热；毗邻西道有犯边檀罗，四太子填房欲夺金枝，则已是极幻而幻灭、渐次接近现世的"天外天"。"地外地"里延伸出"天外天"，是一个设幻、示幻、极幻到除幻的循环。这多重套叠、不断缩放的内层空间，又与契玄禅师所在之外层空间——前世无量佛的"上天"，彼此依倚、往复同在，慈悲喜舍，天地齐一，构成了《南柯记》爱与同情在、悦心无分别的"空"的空间的隐喻，正王骥德《曲律·杂论》所称"境往神来，巧凑妙合"，亦"言外示幻，居中点迷，直与大藏宗门相胳合"（刘世珩《南柯记跋》）①。

　　与淳于棼的"入地"历幻参差绾合的是，《南柯记》以《禅请》《情著》《转情》《情尽》拾掇情理，缔造出"上天"应世说法的一故事向度，这一空间叠层是亦由上向下展开的。淳于棼游禅智寺，禅机问对，前世佛契玄禅师示现烦恼因果："如何是根本烦恼？（净）秋槐落尽空宫里，凝碧池边奏管弦。（生）如何是随缘烦恼？（净）双翅一开千万里，止因栖隐恋乔柯。（生）如何破除这烦恼？（净）惟有梦魂南去日，故乡山水路依稀"。鹦哥"蚁子转身，蚁子转身"的呼唤，叫不醒禅智寺道场的妄起痴情，"女子转身，女子转身"遂牵惹出秋槐空宫、凝碧池边的一场钗盒姻缘，发付了南去槐内梦、无归南柯因。及至寻悟，见槐树中蚁穴被暴雨冲走，央求禅师度化其生天，淳于棼方知听经穴下四万八千的蝼蚁，乃是禅师化出的生灵，"盒内金钗是槐枝，一点情千场影戏"，都则是起处起、去处去。与瑶芳公主再会，已是人神相隔，"忉利天夫妻就是人间，则是空来"，情根断离，入地方能生天。"南枝之上，可宽四丈有余，也像土城一般，上面也有小楼子"，蝼蚁之穴无在无复，自立尚

---

①　蔡毅：《中国古典戏曲序跋汇编》（二），齐鲁书社1989年版，第1269页。

可自安。"（净）众生佛无自体，一切相不真实，马蚁儿倒是你善知识。你梦醒迟，断送人生三不归"，随缘见道，成人即佛，契玄禅师度化三生做道场；南柯大治，淳于无归，"求众生身不可得，求天身不可得，便是求佛身也不可得"，善始恶终而原乡得以永在。南柯一梦始于契玄禅师之度化成佛，而终局却在淳于梦之自在成人，正如汤显祖《南柯梦记题词》自述："人之视蚁，细碎营营，去不知所为，行不知所往，意之皆为居食事耳。见其怒而酣斗，岂不哄然而笑曰：'何为者耶？'天上有人焉，其视下而笑也，亦若是而已矣……客曰：'所云情摄，微见本传语中，不得有生天成佛之事。'予曰：'谓蚁不当上天耶？经云：'天中有两足多足等虫。'世传活万蚁可得及第，何得度多蚁生天而不作佛？梦了为觉，情了为佛。"①

以梦外拾掇之人视之，佛是世间法，而非出世想；以梦中移情之人视之，三身不可得，成人即佛。淳于芬自在磋磨，立生而不执于生，深情而不病于情，梦了情了，立地成佛。这立地佛，不是生身、不是天身、不是佛身，是自性真身。

二、空间回转与自性证成

作为"临川四梦"之终篇大梦的《南柯记》，虽经万历刻本、覆刻清晖阁本、崇祯独深居本、清竹林堂刻本等版刻文献全本保存；亦有明清选本如《月露音》《怡春锦》，以及宫廷《穿戴提纲》《内学昆弋戏目档》存录《就征》《玩月》《瑶台》《花报》等出目；但相比"四梦"之前"二梦"的舞台演出，关于《南柯记》的演出资料却不多，全本演出难见记载。一般来看，《南柯记》在版刻与选本中的存录面貌，呈现出被过滤的痕迹和案头化倾向，如臧改本和冯改本訾议"临川四梦"音律不谐或许影响了它的舞台传播；但叶堂《纳书楹四梦全谱自序》却坚持汤本原貌之正，对臧本改编不以为然，而清代亦有《缀白裘》《缀玉轩曲谱》《霓裳新咏谱》等选本播于教坊、流行场上。《南柯记》的场上传播冷寂，如果不在音律不谐、文辞雅驯等演唱形式本身，那么，钱希言《今夕篇》诗及小序与祁彪佳《归南快录》邀诸友观《南柯记》等观剧记录提供的文人借戏自遣、嚼味哲思佛性的接受界阈，是不是说明作者的主观命

---

① 蔡毅：《中国古典戏曲序跋汇编》（二），齐鲁书社1989年版，第1267页。

意设定不适合大众化传播？还是在某一层面我们误解了汤翁《南柯记》的本旨表达？这是我一直以来读剧的困惑。王嘉明导演新版昆剧《南柯记》对戏剧舞台的空间演绎以及角色考量，让我对此剧有了不一样的理解。

"活明皇"蔡正仁、"昆曲皇后"张继青任艺术总监与顾问，王嘉明导演，施夏明、单雯担纲主演，江苏省昆剧院倾力打造的新版昆剧《南柯梦》，计上下两本二十出戏。上本为《序曲》《禅请》《树国》《侠概》《情著》《入梦》《伏戎》《玩月》《花报》《瑶台》；下本为《序曲》《击帅》《弄权》《召还》《芳陨》《蝶戏》《疑惧》《遣生》《寻悟》《情尽》。在依从原著主干结构、删而不改原作曲词的基础上，以落魄武官淳于棼的醉入梦境、谐情随欲、远宦历险，营造了层层叠叠的空间里梦与戏的纠缠；不仅接续了昆曲演出史上全本"临川四梦"百年空缺的历史链条；而且以角色张大与空间回转对《南柯记》做了"还原"式的舞台全本呈现。

新版昆剧《南柯记》的上本，自《禅请》始，以契玄禅师追叙五百年前燃灯注油入蚁穴、坏了八万四千生灵，代入戏剧情境的第一重空间——虫业将近，前世佛扬州入定了障。《树国》一出接叙国中有国、人下有人的树下蚁国——大槐安国主千岁饮宴、请人择婿。接着《侠概》至《情著》三出，以七月十五中元节盂兰会为契机，不仅将契玄临照扬州孝感寺讲经的上层空间，与聘媒而来琼英公主所示现的蚁国女儿之下层空间，与失意醉酒、烦恼无着的淳于棼"秋槐落叶空宫里，凝碧池边奏管弦"所在的俗世，并置在戏剧舞台上；而且当禅堂上淳于棼与琼芳郡主眉来眼去之际，借"双翅一开千万里，止因栖隐恋乔柯"的禅机问对，导入了"唯有梦魂南去日，故乡山水路依稀"的一场大梦。自《入梦》至《瑶台》五出，是为大梦之"渐入佳境"——入蚁国、招驸马、守南柯、伏檀罗、筑瑶台、庆升平，频示淳于棼次第飞升之福运。然福兮祸之所倚，下本自《击帅》至《遣生》七出，是为大梦之"层层跌破"——瑶芳病养归、夫妻情事冗、妻亡姻缘断，孤栖心意苦、三美设宴诱、右相逸言毁，极现淳于棼"非族异类"之颓势。最后两出，当紫衣使者"一头牛儿送还"，淳郎大梦醒来，侍儿杯中茶尚温，见槐底大窟，生蝼蚁，拜父母，唤妻子，问因果，全本收于"一点情千场影戏"，一佛圆满，万事无常。

如果从视觉效果上看，新版昆剧《南柯记》在调度舞台的预置场景和梦与戏的空间回转上，的确颇具匠心。如淳于棼醉梦入蚁国的过程，有两名使者手持长竹竿牵引游动的类似幻影式的表演，不仅奇妙地实现了进入别有洞天的蚁国场景的虚实转换，而且一步步展演了淳于棼由沉霾黯淡的现实境遇，到被带入扑朔迷离的秘境，疑惧惊喜、焕然透亮的内心风景。而舞台上装置的从空而降的二十根长短不一、前后间隔有层次的木柱，更是将舞台活动起来，柱子或悬空高挂，或升降悬浮，让出入于不同空间区隔里进行表演的角色，或明或暗、或前或后，形成对位和呼应，大舞台的整体镜像与碎片化的小场景呈现，切割了观众的视野，为观众提供了可能的多重的观看点。值得称道的，还有不断变幻的暗示与表达。如果说琼英郡主、上真仙姑和灵芝夫人的戏份改定，突出了故事中的女性亮点人物；灵芝夫人的男旦装扮，青花瓷与山水花鸟映衬的服饰写意，营造了静雅与艳冶相冲突的声色形相之美；那么，金钗佃盒幻化槐枝槐夹的入幻与出幻、云锣音束打击乐器与昆曲曼妙婉转音声对撞形成的入梦与出梦、长杆木柱切割舞台带来的明场与暗场、前幕与后台的层叠镜像，以及游走其间的角色演绎的多重位置关系，则是将舞台之"空灵"感复现到了极致。这样的表达，除了以声色形相出之，又超离于此，唯识无形之外，亦得益于导演对莎士比亚剧本的独到理解与中式转化，"莎剧的流动性很强，空间是未知的，角色不是封闭的，这比较像日常生活，有很多面向"①，莎士比亚剧作的空间关系铺陈得很复杂，在王嘉明看来就像地理学上的地层。正是植入了这种地层同生的意识，使得新版昆剧《南柯记》在结实幻象和破除幻象之间，造就了南柯故事前世佛、下世蚁与当下人一层层套叠的异质同在空间。

从舞台演出对文本内层话语"忏情"的阐释看，新版昆剧《南柯记》在分层区隔的空间里由角色表演带来的情感张力和艺术触感，则更惊心动魄。此剧透过立体呈现的多核梦境与舞台流动空间，揭示淳于棼入梦的所有心理动机——其实是为了找回自我。此剧在细节处理与欲念表达上又非常巧妙，一方面，为了建构进入幻境的通道，淡化了传统士人关注的家国情怀，没有寻找父亲的冲动，没有思念原乡的自觉，割断了淳于棼与现实、与社会的所有联系。另一方面，又不断地破除幻象，让主人公常常在梦与戏中穿梭，在稀释了个体此在的合理性的同时，张大了角色所扮演的淳于棼"人欲"的部分。这"一点情"由琼英公主的回眸闪烁牵起时，在柱子上上下下、错落有致的光影中，淳于棼的执念不舍、贪恋心性，影影绰绰抖搂出来；而当三美人设宴求欢一声

---

① 陈然：《说我实验？我是乱搞吧？——王嘉明谈理查三世》，载于《新京报》2015年5月22日。

声动惹之际，伴随着木桩悬空而下、垂落间阻，男欢女爱的挑逗与遮掩、真假与推让、诱惑与周旋、追逐与躲藏，一层一层地裸露出来。这"一点情"是由琼英公主的回眸闪烁一线悬起；是三女客猜姻缘、穿新郎衣以"胖瘦摸""好一份赤郎当五寸长牛鼻头"一地里逗出；是瑶芳公主"知为谁缱绻"请驸马开扇，"槐安国里春生酒，花烛堂中夜合欢"的天就地和；是檀罗四太子大动干戈、寻欢猎艳的一气难耐；是戎装剑舞、扎靠对阵、刀光剑影中才子佳人的两情缠绵；是绿蚁香浮、恣欢逸乐、香艳旖旎挡不住的欲火心魔。正如王嘉明接受采访时所云，他认为原作者"一直打破自己建立的幻觉，不断打断观众看戏的习惯，到了最后升天是他最大的一次叙事翻转，而且他升的是构成剧场中的众生相：生旦净末丑。……因此，容易令我们对于角色个性、戏剧张力、佛法，甚至所谓汤显祖风格的狭隘视野造成误解。"① 如果理解了导演所说的一直以来我们对《南柯记》的误解，回过头来再对照吴梅《四梦总跋》所说："所谓鬼、侠、仙、佛，竟是曲中之意，而非作者寄托之意"②，或许可以触底新版昆剧《南柯记》对原作是一种怎样的"还原"——汤翁的因情成梦，因梦说戏，其实一直是立足于尘世，立足于芸芸众生，立足于常情常欲，在表演在世成人的生活，而不是引导众生出世成佛。而新版昆剧《南柯记》导演致力于建构的，也"不是要认同一个英雄，而是透过淳于梦去看到其他人。男主角淳于梦像是串佛珠的线，其他的人物像是佛珠的珠。'有线无珠'和'有珠无线'都不是人生，只有将佛珠和线串在一起才是人生"③ 的角色关系，以及借立地成佛的淳于梦道出的"人间君臣眷属，蝼蚁何殊？一切苦乐兴衰，南柯无二"主旨，其实是对原作的一种试探性接近和逆推式"还原"。

记得沈际飞《题南柯梦》云："夫蚁，时术也，封户也，雉堞具也，甲胄从也，黄黑斗也，君臣列也，此昔人之言，非临川氏之梦也。蚁而馆甥也，谣颂也，碑思也，象警也，佞佛也，此世俗之事，临川氏之说也。临川有慨于不及情之人，而乐说乎至微至细之蚁；又有慨于溺情之人，而托喻乎醉醒醒醉之淳于生。淳于未醒，无情而之有情也；淳于既醒，有情而之无情也。惟情至，可以造立世界；惟情尽，可以不坏虚空。而要非情至之人，未堪语乎情尽也。世人觉中假，故不情；淳于梦中真，故钟情。既觉而犹恋恋因缘，依依眷属，

---

① 玉涵：《诸色皆空〈南柯梦〉》，载于《江南时报》2015 年 3 月 10 日。
② 蔡毅：《中国古典戏曲序跋汇编》（二），齐鲁书社 1989 年版，第 1272 页。
③ 刘姝含：《冲突矛盾中的虚幻人生》，载于《中国艺术报》2015 年 3 月 18 日。

一往信心，了无退转，此立雪断臂上根，决不教眼光落地。即槐国蝼蚁，各有深情，同生忉利，岂偶然哉？彼夫俨然人也，而君父、男女、民物，闲悠悠如梦，不如淳于，并不如蚁矣，并不可归于蝼蚁之乡矣。"① 如此看来，汤翁之本说不及情与溺情，淳于梦所经历的执情、深情、溺情"一切相不真实"，"堪不破，酣梦一场；堪得破，立地成佛"。"（净）你待怎的？（生）我待怎的？求众生身不可得，求天身不可得，便是求佛身也不可得，一切皆空了。（净喝住介）空个甚么？（生拍手笑介，合掌立定不语介）"，以其"断送人生三不归"方能"立地成佛也"；以其情尽方能情至；以其"叶落自归山"方能自性证成人。如果说，《牡丹亭》的因情成梦，因梦而亡，将一个沉重的故事举重若轻地讲出来，那么新版昆剧《南柯记》则直面人性的庸常与暧昧，把汤翁原本沉重之下本来要表达的轻情意念复原了。

"纷纷聚观人，谁短更谁长"？读"四梦"之终篇，看新版昆剧《南柯记》，或许可以用一种"姑妄言之姑听之"的游戏心态与非梦视角，来看待这一大篇"新世说"，来理解戾气搅扰的南柯一梦之虚幻性，来体贴淳于梦在众生蝼蚁之外孤独寻梦、爱欲难舍的生命温度与情了悟空、见道度世的永在感？

从汤显祖原作给示的"虚空中一大穴也，倏来而去……因天立地非偶然"② 的幻设空间出发，新版昆曲《南柯记》演述了蚁国之下、瑶台之上的空间回转，在给定的传统中接引并突破了证道成佛的惯性逻辑。淳于梦以鲜亮本色的人生过往，原欲生情，因情入梦，自我放逐而无往无归；而当入地归乡、迷路知返、彼岸此岸、殊途同归之时，淳于梦即蜕去了原乡旧有的芸芸迷思，出离幻域而归真人间，从而立地成人即佛；围绕着淳于梦自在之我的寻绎，自性在委顿与舒展、无住与永在之间的证成，即一种新的人的还原——为人生天的世间佛。

作者单位：四川大学文学与新闻学院

---

① 蔡毅：《中国古典戏曲序跋汇编》（二），齐鲁书社1989年版，第1268~1269页。
② 蔡毅：《中国古典戏曲序跋汇编》（二），齐鲁书社1989年版，第1268页。

新编越剧《寇流兰与杜丽娘》对《牡丹亭》改编之审美述评

窦笑智　尹　震

引　言

汤显祖的《牡丹亭》，自问世时流行的全本搬演，到万历晚期开始"摘锦"式的演唱，再到后来折子戏的演出[①]，其呈现方式不断地经历着删改、加工和改进。当代戏曲舞台上《牡丹亭》的演出版本则更加多元。赵天为教授曾在《〈牡丹亭〉的当代戏曲舞台》一文中做过统计：截至收稿日期2013年4月，戏曲舞台上的《牡丹亭》演出版本有30余种，其中昆剧改编本自1957年上海市戏曲学校苏雪安改编本，到2004年江苏省昆剧院张弘改编本，有15个版本，地方戏改编本也有粤剧、赣剧弋阳腔、豫剧、北路梆子、青海平弦戏、采茶戏、传奇清唱、黄梅戏、越剧等多种形式。[②]

2016年，浙江小百花越剧团又做了一项大胆尝试，在汤显祖逝世400年后的今天，将其著作《牡丹亭》进行改编，并与逝于同年的莎翁剧作《科利奥兰纳斯（大将军寇流兰）》合并，诞生了新编越剧《寇流兰与杜丽娘》（以下简称《寇》）。该剧由国家一级导演郭小男执导，中国戏剧表演最高奖"三度梅"大奖得主茅威涛主演，于2016年7月23日在英国伦敦孔雀剧院全球首演，之后又赴法国巴黎和德国法兰克福巡演，并于2016年10月29日至30日在中国北京国家大剧院上演。

本文的笔者之一有幸担任了该剧的编舞和形体指导，在排演的过程中，笔

[①] 解玉峰：《从全本戏到折子戏——以汤显祖〈牡丹亭〉的考察为中心》，引自《南大戏剧论丛（肆）》中华书局2008年版，第234页。
[②] 赵天为：《〈牡丹亭〉在当代戏曲舞台》，载于《东南大学学报》2013年7月第15卷第4期。

者发现《寇流兰与杜丽娘》(以下简称《寇》剧) 是双线并行下的寇流兰与杜丽娘相撞, 该剧希望把两个不搭调的剧作放在一起之后, 生长出一种全新的秩序来。然而, 就这两剧内容单看而言, 仍然各自完整独立, 换言之,《寇流兰与杜丽娘》中杜丽娘的部分其实是对《牡丹亭》的另一种改编和演绎, 这种改编既要考虑《牡丹亭》与《科利奥兰纳斯(大将军寇流兰)》意义的互文上, 更有赖于确保《牡丹亭》自身的独立性。

双向制约下,《牡丹亭》部分的改编则反而焕发出一种崭新的色彩: 在改编手法上, 不仅有其他戏曲版本改编时常见的, 对原本回目的选择、删减与合并(如上文所列改编版本多为此类), 还出现了其他戏曲版本改编时不会有的, 回目表现形式上的创新。然而, 笔者窃以为《寇》剧对《牡丹亭》的改编不仅限于此, 从更广阔的视野看, 有着深刻的审美意味。笔者将在下文逐一展开详细的阐述。文中观点, 仅为笔者粗陋之观, 错漏之处, 或请同道谅解。

一、《寇》剧对《牡丹亭》原本回目的选择及改编

与其他戏曲版本的《牡丹亭》一样,《寇》剧中对《牡丹亭》的改编, 面临着对回目的选择以及对文本内容的整理。《牡丹亭》原著全本五十五出, 不仅讲述了"杜丽娘为情而死, 又为情而生"的情感主线, 也有支路讲述关于宋金战争, 其中不乏包括社会思想、宗教民俗, 然而在众多的《牡丹亭》改编本里, 编导们都不约而同地突出了"情"的主线, 而删去了其他的枝节。[①]《寇流兰与杜丽娘》中的《牡丹亭》部分, 既然以"杜丽娘"命名, 无疑也是突出了"情"的主题。

《寇》剧的总导演郭小男曾经执导过上海昆剧团1999年版的《牡丹亭》, 当时他就说:"汤式只有一个字:'情'。"[②] 在《寇》剧中, 他仍然宗于该理念, 采纳了国家一级戏曲编剧胡小孩对《牡丹亭》回目的选取及改编, 择七出进行搬演, 分别是:《游园惊梦》《写真》《冥判》《叫画》《魂游》《幽媾》《回生》。

[①] 赵天为:《〈牡丹亭〉在当代戏曲舞台》, 载于《东南大学学报》2013年7月第15卷第4期。
[②] 郭小男:《挚情与梦幻》, 载于《上海戏剧》1999年第10期, 引用于赵天为:《〈牡丹亭〉在当代戏曲舞台》, 载于《东南大学学报》2013年7月第15卷第4期。

首先从整体情节上看，这七出已清楚完整地交代了杜丽娘"情"的主线。丽娘游园，在园中小憩，梦中相会柳梦梅，因梦而迷，又相思成疾，无奈之下，素手生描了自己的遗像。一梦而亡之后，魂魄仍在胡判官面前据理力争，经查姻缘簿，她与新科状元柳梦梅确有夫妻之实，前有幽欢，后成冥配。丽娘因而得胡判官一纸游魂，送回人间，寻找柳梦梅。人间的柳梦梅，却碰巧拾得了杜丽娘生前所画的自画像，一往而深，对画中人款款相唤。丽娘之魂陌夜与柳梦梅相会，并约定开坟回生。

其次，就选取的回目而言，《冥判》一折属净角戏，该折属于"情"转折的中线，丽娘由"为情而死"转化为"为情而生"的点即在此，故而不能删去。而其余选择的回目则均为生旦戏。高妙在于，它正与越剧的属性珠联璧合。

洛地先生曾专为越剧撰文，文中提出了"女子越剧"的属性当属"女性戏剧"，即从扮相上看，女演员在舞台上演男性角色时，不避讳显露"女相"。从唱腔上看，女子越剧的发展过程"男班"到"女班"再到"女子越剧"，唱腔也由"男班"时期的【正调】，到"女班"时期的【四工调】，在发展到"女子越剧"时期的【尺调】，而这个过程就是以柔软细致为其趋势而演化的。① 故而，女小生的地位越过花旦，在女子越剧中充当头等地位，这一确立又改变了摊簧戏中原以"丑、旦"为主的格局，确立了"生旦"格局。所以越剧搬演之戏，第一条必搬"生旦"为主的传奇，并且多半是典型的公子落难之时，小姐与他私订了终身，经过曲折磨难，公子中了状元了，终于团圆……即主合－离－合结构的传奇剧作……昆（高）衰落而产生的"传奇的空白"是由越剧"填补"的。②

以上均属于"改编"之"编"，除此，还有"改编"之"改"，体现在对个别回目文本的压缩与合并上。例如在原本中，《写真》只描述杜丽娘对镜生描自己的春容图。而在《闹殇》（昆曲剧目多以《离魂》搬演）中，则描述了杜丽娘在杜母和丫鬟春香面前，香魂陨落。《寇》剧通过对剔除杜母这个人物，又将原《闹殇》中的"丽娘香陨"直接合并于《写真》之下，从而内容显得更加紧凑殷实。

---

① 参见洛地：《戏曲与浙江》附录二《"女子越剧"——"女性戏剧"》。
② 洛地：《洛地文集》戏剧卷卷三，艺术与人文科学出版社2007年版，第412页。

二、《寇》剧对《牡丹亭》表现形式的创新

《寇》剧于文本之"改"上,方法略同于其他的戏曲改编版本,但在具体表现形式上,充满了创新的意味,而技术手段主要有二点:一是将人物的内心情感外化,二是人物所处的隐形环境可视化。

将"人物内心情感外化"的例证主要体现在《幽媾》一折中。这一折主要讲述杜丽娘的魂魄重归人间,陋夜前来与人间的柳梦梅相遇,相谈,相欢,相和的过程。情节较简,但内心的情感却迸发到了一个制高点,即"情已无视生死,而人鬼相守"。在传统戏曲的程式化表演中,舞台上只置"一桌二椅",杜丽娘与柳梦梅以虚拟的戏曲身段和舞台调度体现两人的至情至爱。在《寇》剧中,在不改变演员程式化表演的前提下,还于舞台后方,立了一块整面的多媒体墙,同步播放了一组无声的男女欢媾现代舞动态造型的视频。视频中的男子是柳梦梅的艺术符号,他赤裸上身,淡着戏妆,不包头,以粉紫渐变的绸带束身;女子是杜丽娘的艺术符号,上着裹胸,略施戏妆,水纱包头,贴戏曲片子,同样以粉紫渐变的绸带束身。两人在彩绸间相抱,扭拥,以现代舞慢镜头的舞蹈化动作360度全方位旋转。杜丽娘和柳梦梅相爱的内心情感被大屏幕外化了,而换个角度看,大屏幕中的视频画面是对《幽媾》传统式演出的审美调和。

"将人物所处隐形环境可视化"的例证主要体现在两折中:《游园惊梦》和《魂游》。《游园惊梦》的传统式表演,杜丽娘在丫鬟春香的陪伴下游园,园中一梦,柳梦梅入梦后,与其附耳悄话,太湖石山后,旖旎情芽。《寇》剧对其的改编在于,杜丽娘的表演为程式化演绎,但在她周身,有一些着现代服装的女子手持白玫瑰,以点成线式绕舞台直角穿插漫步,散落在舞台各处定点后,她们将花持于胸前,卧鱼坐下,舞台上方落下一根根垂钩,她们将花茎倒挂于垂钩上,垂钩缓缓高低升起。这样的场景,在一定程度上将丽娘身处的百花尽放的花园环境可视化了。

《魂游》一折,原著中先有净扮石道姑上,而后旦角作鬼魂步出场,一番曲后,净、贴皆上议论丽娘显魂。但在后来的昆曲演出本中,此出多不做单折演出。江苏省昆剧院的众版本中,也只将该回里的【醉归迟】曲牌折出,放在"幽媾"的开篇第一曲。《寇》剧中将该回目搬演,不仅要让杜丽娘魂返人间寻找柳梦梅,还要在此处,让杜丽娘的魂魄与被赶出罗马的大将军寇流兰相

遇。此时，杜丽娘已"为爱而死"，而寇流兰功勋绰绰，却被母国罗马逐出，正"因恨尚生"。两人的相遇是"人鬼相遇"，所以在艺术处理上，添加了两个人物，黑白无常以"鬼步"来回飘移于舞台四周，这种设计其实在不断地提醒观众，杜丽娘此刻还是鬼魂，两人的相遇环境其实是虚幻的。是将人物所处的隐形环境可视化了。

三、《寇》剧中对《牡丹亭》改编之审美感受

至此，上文已将《寇》剧中对《牡丹亭》的改编做了简要的整理与回顾，粗看之下，不过是一般的文本选取和技术呈现上的处理。但笔者认为，《寇》剧的境界不止于此，应该将其置于更高的审美范畴中加以探寻，于是笔者得出了以下几点感受。

1. "话中话"中审美节奏的调和

《寇》剧中的《牡丹亭》，审美节奏是改变的。单折的改编，如上文所述，有删去人物杜母，"离魂"部分的"丽娘香陨"并入"写真"的折子，使得情节节奏更加紧凑。也有在原《牡丹亭》回目中加入人物，例如《魂游》与全戏的《结局》两折中，植入了杜丽娘鬼魂与寇流兰将军，及寇流兰鬼魂与杜丽娘的互撞。①

出现这种情况的主要原因不得不说，是因为这个《牡丹亭》是置于《寇》剧中的《牡丹亭》，是处于"话中话"的地位。"话里之话"与"话外之话"的节奏需要产生调和。因而《牡丹亭》的审美节奏既要忠于《牡丹亭》原本，还要与《寇》部分的节奏相和谐。

导演的做法是：将两部戏拆分折子，以寇流兰部分和牡丹亭部分交错回目进行演出，当两个节奏不同的戏放在一起，交错并行时，就会在观众脑海里自由生长出第三种审美节奏。

略需一提的是，《牡丹亭》部分所有选取的回目基本都与《寇》部分是"一出一进"，"一生一死"相对的，如此形成了中国美学传统中"圆"的概念。

---

① 《寇流兰与杜丽娘》场次顺序（括号中（寇）表示寇流兰部分（牡）表示牡丹亭部分）：1 凯旋（寇）2 民意（寇）3 游园惊梦（牡）4 选举（寇）5 写真（牡）6 送别（寇）7 冥判（寇）8 叫画（牡）9 魂游（主要表现杜丽娘死，但与寇流兰相遇）10 投敌（寇）11 幽媾（牡）12 犯境（寇）13 探营（寇）14 回生（牡）15 结局（杜丽娘回生，寇流兰死，再次相遇）。

在《牡丹亭》部分，丽娘为爱而死，为爱而生，是一个"圆"形。在《寇》部分，寇流兰因恨出走，反敌为友，为爱感化，向生而死，也是一个"圆"形。而两者的节奏，实为一中一西，一阴一阳，一缓一急，也是"圆"形。

2. "中国戏曲舞台特点——'推'"的换体表达

当谈及中国传统戏曲的特点是什么，多半会出现几个字眼或词汇："空""虚拟""程式化"。但宗白华先生在此基础上看得更加深刻，他认为中国戏曲舞台的特点在于"气韵生动"，站在最高位，一切服从动。他在文中，通过与西方戏剧做对比，将此观点进行了铺陈。西方戏剧舞台，所谓的"动"都局限于固定的空间。但中国戏曲里，空间"随动产生"。例如《梁祝》中"十八相送"的十八个景，都是由动作表现出来的，① 而这些景均是在观众的心境中逐一产生，实际上，演员在舞台的空间位置，非但不固定，甚至还重复。宗白华先生认为这与中国的"画"很像，并非用笔画，"而是'推'，一推就产生了无穷的空间，例如舞台上，演员一推，产生了门，又产生了门内门外两个空间。"②

在《寇》剧中，这种所谓"推"出来的，属于中国戏曲舞台特点的行为，做了换体表达。换在了《牡丹亭》这个戏中，原本没有的，黑白无常的身上，而且这两个人物"推"出的是一个新的环境，更加，也是一种心境。

详言之，上文所述的《魂游》一折，舞台上并没有将由杜丽娘从地狱到人间的环境，做实景化的空间界定，而是利用黑白无常的"动"，将环境的改变"推"了出来。黑白无常从舞台上场门以鬼步直线移动到舞台中央，此时，杜丽娘随后跟出，由黑白无常领路，观众仿佛可看见她走过奈何桥，重返人间的路径。"黑白无常"以戏曲舞台上"气韵生动"的程式化身段，将戏曲美学特点中的"以动推景"体现得淋漓尽致。

3. "审美趣味"表现创新的褒贬博弈

"审美趣味"在艺术学范畴中经常被拿出来探讨，黄仲山在其文中开篇即述："审美趣味在社会文化语境中一般包括官方趣味、精英趣味和大众趣味，按照布尔迪厄的说法，趣味作为文化资本的象征，发挥着阶级的各种功能特征。"③

诚然，在《寇》剧的《牡丹亭》部分中，争议较大的就是，"幽媾"一折背后的大屏，出现现代舞动态，类似男女欢媾的场面是否合适？传统戏曲的卫

---

①② 宗白华：《中西戏剧比较及其他》，引自《艺境》，北京大学出版社1998年版，第388页。
③ 黄仲山：《被误读的走向和未完成的越渡——大众审美趣味权利化批判的几点反思》，载于《内蒙古社会科学（汉文版）》2013年第4期，第131~134页。

道者认为，这一做法是低级的审美趣味，或者说时利用大众对美色的趣味追求做噱头，实质是将《牡丹亭》的审美价值流俗化，且程式化的戏曲表达不应加入现代化实景的背投，将空景做实。

然而笔者认为，这样的说法过于绝对。首先《牡丹亭》这部著作到底说了什么？是否将男女欢媾的场面艺术化处理后，以现代舞动作呈现就是低级审美趣味呢？

王珏和孙海蛟的一篇《〈牡丹亭〉中"性意识"再探究》一文为此设计做了理论铺垫。文中作者认为，除却该剧多篇唱词，以及戏曲舞台，诸如柳梦梅向花瓶中"插柳"等动作表现了性意识以外，单从《牡丹亭》其名也可看见很多。"亭"从甲骨文、金文到小篆、楷书的构字法都表示是男性性交中止。而中国文化中，阴阳平衡，"亭"与"阁"相对，"出阁"指姑娘未嫁，因而"阁"主阴，"亭"主阳。"亭"是男性的艺术符号，"牡丹"一词则常暗喻男女欢爱中女性的艺术符号。因此单从"牡丹亭"之名看，这部著作实际也就在述说柳杜二人对牡丹亭的敦伦之意。① 故而，多媒体投影出现现代舞形式的男女欢媾的场面并非审美趣味低下。

再者，《牡丹亭》中国戏曲舞台的表现手法讲究以"虚"代"实"，"计白当黑"，因此《幽媾》的程式化表演也实现空灵感，导演在此处的创新，虽然是将内心情感外化，但并没有在舞台上置放实景，将戏曲的"活"做"死"。而是运用了背投的现代舞慢动作呈现，且男女的欢媾在彩带环绕下，也充满着"隐"的意味，因而在"隐"的角度，背景的屏幕展示与前方的程式化表演，是处于一个平行面的状态中的。

而放在艺术社会学的角度上说，雅致的戏曲程式化"精英趣味"是否在迎合直白的"大众趣味"呢？笔者以为艺术应该是一个接纳的过程，真正懂得欣赏艺术的人，眼界一定在不断开阔，反之的教条苛刻，则违背了艺术的初衷。

4. "审美重构"是否正在发生？

但毕竟《寇》剧对于《牡丹亭》的融合创新是否值得推赞？笔者认为，不能就事论事，这是一个普遍存在的问题，即戏曲是否应该创新？再向上推一层，就是戏曲的"审美重构"是否正在发生？

---

① 王珏，孙海蛟：《〈牡丹亭〉中的"性意识"再探究》，载于《戏剧艺术》2014年第6期，第29~34页。

诚然，中国传统的美学讲究"意境"的产生，在此大框架下的中国戏曲，如上文所述，也宗于以虚拟和隐喻"推"出"意境"。那么诸如以上"将内心情感外化"和"将人物所处隐形环境可视化"是否就是破除"意境"呢？笔者认为，这应该是"意境"的泛化过程。

就如李然在《泛化：意境范畴现代审美重构的路向》一文中阐释的一样，李然提出"'泛化'并不指消极意义，而是指人们的审美活动中得到审美经验加以'泛化'，并将这一审美经验运用到新的审美活动中去的过程，从而使其能够在新的语境下获得生命力。"①"而'意境'最早也只运用于诗学范畴内，后来又笪重光引入画论，到明清戏曲小说发展之时，又描述戏曲，之后渗透进小说，园林。"② 可见"意境"的概念也是随着中国"一代有一代之艺术"的时间推移下，不断泛化的过程。

而现下，在东方西方互通，现代审美与古代审美交融的今天，"意境"的泛化过程是否应该进入世界化和现代化的语境下重新解构？笔者以为"意境"并非只存在于中国古代传统的美学思想中，而存在于艺术"对话"的过程中。但凡在对话中，有新的"境"的产生，就可认为是"意境"泛化的成功。诸如以上所举，如果说在观众观看"幽媾"时，内心产生了大屏幕现代舞与前方传统戏曲程式的对话，从而创造出了一个新的"境"，那么就不能说创新的表达是破坏"意境"的做法。

在此开放性审美思维下，笔者窃以为《寇》剧对《牡丹亭》中的大胆的创新未必不好。诚如"中国古人李渔曾说变则新，不变则腐；变则活，不变则板。车尔尼雪夫斯基说：'每一代的美都应该为那一代而存在……今天能有多少美的享受，今天就给多少；明天是新的一天，有新的要求，只有心的美才满足它们。'"③

故而，只要把握"度"，艺术的创新是值得赞赏的，而观众的审美创新也需要通过作品创新不断建构。

作者单位：窦笑智，东南大学艺术学院；
尹震，原南京军区政治部前线文工团

---

①② 李然：《泛化：意境范畴现代审美重构的路向》，载于《云南师范大学学报》2014年5月第46卷第3期。
③ 赵天为：《〈牡丹亭〉在当代戏曲舞台》，载于《东南大学学报》2013年7月第15卷第4期。

从《录鬼簿续编》看元明之际戏曲作家地理分布[*]

杜丽萍

明代天一阁旧藏有元钟嗣成《录鬼簿》抄本，此本在增补的明初贾仲明【凌波仙】吊词后，附《续编》一卷，学术界一般认为即贾仲明所作。[①] 笔者以此为基点，围绕贾仲明的交游和记述，从建立作家地理分布数字地图的角度对《录鬼簿续编》所载元末明初戏曲作家进行研究。

贾仲明生于1343年，卒于1422年，正在元明之交[②]。60余年的文坛交往中结识了大量的民间文人。《录鬼簿续编》载贾仲明小传云："贾仲明，山东人。天性明敏，博览群书，善吟咏，尤精于乐章、隐语。尝侍文皇帝于燕邸，甚宠爱之，每有宴会应制之作，无不称赏。公神丰秀拔，衣冠济楚，量度汪洋，天下名士大夫咸与之相友。所作传奇、乐府极多，骈俪工巧，有非他人之所及者。一时侪辈率多拱手敬服以事之。"[③] 从中可见，贾仲明以传奇和词曲创作见长，曾经极得燕王朱棣的赏识，交游范围及至"天下名士大夫"且"一时侪辈率多拱手敬服以事之"。贾仲明的阅历使他的《录鬼簿续编》所收作家可以代表当时全国范围内戏曲创作群体。

一、《录鬼簿续编》曲家的占籍分布

《录鬼簿续编》，收元末明初71位曲家（或取其名，或取其字），其中30人籍贯直接清楚：依次为钟嗣成（古汴，即开封人）、罗贯中（太原人）、汪

---

[*] 本文系教育部人文社科基金项目"中国戏曲数字地图创建研究"（15YJC760023）阶段性成果之一。
[①] 关于该书作者之争议，可参看曾永义：《〈录鬼簿续编〉应是贾仲明所作》，载于《戏曲研究》2014年第2期。
[②] 参见天一阁本《录鬼簿》贾仲明序《书〈录鬼簿〉后》及浦汉明《〈录鬼簿续编〉作者贾仲明生平交游考略》，载于《青海民族学院学报》1990年第4期。
[③] 贾仲明：《录鬼簿续编》，引自《历代曲话汇编》（明代编第一辑），黄山书社2009年版。以下该书引文均出于此。

元亨（饶州人）、谷子敬（金陵人）、陆进之（嘉禾人）、李时英（钱塘人）、须子寿（杭州人）、金文质（湖州人）、汤舜民（象山人）、李唐宾（广陵人）、陈伯将（无锡人）、高茂卿（涿州人）、刘君锡（燕山人）、陶国英（晋陵人）、唐以初（京口人）、夏伯和（松江人）、刘士昌（宛平人）、花士良（高邮人）、宣庸甫（晋陵人）、张伯刚（京口人）、王景榆（家镇江）、魏士贤（高邮人）、王彦中（武林人）、徐景祥（钱塘人）、俞行之（临江人）、贾伯坚（沂州人）、倪元镇（锡峰人）、孙行简（金陵人）、徐孟曾（兰陵人）、陈大用（江陵人）。

另有21人可以根据相关资料考订如下：

贾仲明虽仅标自己籍贯为山东人，但据其《书〈录鬼簿〉后》记载："永乐二十年壬寅中秋淄川八十云水翁贾仲明书于怡和养素轩"①，而此时他已"徙居兰陵，因而家焉"（《续编》贾仲明小传），可知其应为山东淄川人。

周德清虽仅被标为江右人，据欧阳玄《中原音韵序》："高安周德清，通声音之学，工乐章之词"②，知其为高安人。

丁仲明传中无里籍，从其业师徐景祥为钱塘人。

沈士廉传中无里籍，依"钱塘县学生"出身，亦属之钱塘。

杨彦华出身为"滁阳宦族"，属之滁州。

盛从周、刘元臣、龚敬臣、龚国器俱无传，但紧接着的赵元臣下记"俱淮南人"，《元史·百官制》载淮南省始于至正十二年闰三月，治所在扬州。该省在元末至正十七年与二十七年之间为张士诚所控制，张士诚兵败后淮南省不复存，这恐怕是贾仲明将其五人一起录入但又记载极为简略的背景因素，故本文理解为5人共有的籍贯。据臧励龢《中国古今地名大辞典》考："淮南郡，三国魏置……唐改寿州，即今安徽寿县治。"又，"淮南道，唐贞观初置……治扬州"，又，"淮南路，宋置……治扬州，今江都县治……熙宁中分淮南为东西两路。东路仍治扬州，西路治庐州，今安徽合肥县治。"③故于下图定仍

---

① 《录鬼簿提要》，引自《中国古典戏曲论著集成》（二），中国戏曲出版社1959年版，第97~98页。

② 欧阳玄：《中原音韵序》，引自《历代曲话汇编》（唐宋元编），黄山书社2006年版，第228页。

③ 臧励龢：《中国古今地名大辞典》，商务印书馆1982年版，第824页。

定淮南于江都县以代表全部淮南范围。

邾仲谊、邾启文父子为"陇人",因此定位于甘肃。

詹时雨"随父宦游福建,因而家焉",因此定位于福建。

金尧臣住吴门(古代江苏吴县别称,在今苏州吴中区与相城区),王文新兵乱居京江(今丹徒)。为观察方便,下图将其籍贯标示于上述地点。

丁野夫、兰楚芳、赛景初、沐仲易、虎伯恭为西域人。据臧励龢《中国古今地名大辞典》:"西域之名,始于汉时。指敦煌以西诸国而言。"①《汉书·西域传》载:"宣帝始置都护,治乌磊城。"在新疆轮台县东。笔者认为,这里的"西域"应是兼地域及族氏双重意味,这里所说的西域人,也是指元代生活在西域的汉族以外民族之人。

张鸣善为"北方人",只能大致定位。

倪元镇籍贯之"锡峰"地名不可考,无法标示,实为50人。

其他不见里籍但略知地理信息者2人:刘廷信(曾与贾仲明之父庚和与武昌)、陈敬斋(月景辉曾与其"同接",疑为月景辉居"京江"时)。

另有标明里氏者5人(王景榆为女真人完颜氏,因小传中另有"家于镇江"的信息,已入上图,不计数于此):金元素、金文石父子为康里人(康里是游牧于乌拉尔河以东至咸海东北的突厥部落),杨景贤为故元蒙古氏,全子仁为高昌家秃兀儿氏人(元时西域畏兀儿族系)②,月景辉为也里可温氏人(基督教世家)。

仍有13人传记简略甚至缺失,也不见籍贯及游踪信息。

总体而言,元末明初戏曲作家地域分布、民族构成和宗教包容都十分广泛。依贾仲明生平见闻之远近,地理记述上有略记与详记之别。

《录鬼簿续编》作家的占籍情况与《录鬼簿》相比有很大变化。元末钟嗣成《录鬼簿》③ 收录作家56人,标有籍贯者53人,绝大部分为北方籍,以大都、真定、平阳等地为主,如表1所示。

---

① 臧励龢:《中国古今地名大辞典》,商务印书馆1982年版,第353页。
② 据《元史·全普庵撒里传》,全子仁名普庵撒里。《录鬼簿续编》云:"全子仁,名普庵。撒里高昌家秃兀儿氏。"疑为句读有误。
③ 钟嗣成:《录鬼簿》,引自《历代曲话汇编》(唐宋元编),黄山书社2006年版,第313~427页。

表1　　　　　　　　　　《录鬼簿》收录作家名录

姓名	籍贯	姓名	籍贯	姓名	籍贯
关汉卿	大都人	高文秀	无	郑廷玉	彰德人
白朴	真定人	庾吉甫	大都人	马致远	大都人
李文蔚	真定人	李直夫	女直人	吴昌龄	西京人
王实甫	大都人	武汉臣	济南府人	王仲文	大都人
李寿卿	太原人	尚仲贤	真定人	石君宝	平阳人
杨显之	大都人	纪君祥	大都人	于伯渊	平阳人
戴善甫	真定人	王廷秀	山东益都人	张时起	东平府学生
费赞臣	大都人	赵子祥	无	姚守中	洛阳人
李好古	保定/西平人	赵文殷	彰德人	张国宝	大都人
红字李二	京兆人	花李郎	无	赵天赐	汴梁人
梁进之	大都人	王伯成	涿州人	孙仲章	—
赵明道	大都人	赵公辅	平阳人	李子中	大都人
李进取	大名人	岳伯川	济南/镇江人	康进之	棣州人
顾仲卿	东平人	石子章	大都人	侯正卿	真定人
史九散人	真定人	孟汉卿	亳州人	李宽甫	大都人
李行甫	绛州人	费君祥	大都人	江泽民	真定人
陈宁甫	大名人	陆显之	汴梁人	狄君厚	平阳人
孔文卿	平阳人	张寿卿	东平人	刘唐卿	太原人
彭伯威	保定人	李时中	大都人		

其中李好古记为保定或西平人，取保定以标识；岳伯川记为济南或镇江，取济南为标识。

经过《录鬼簿》及其《续编》曲家占籍信息的可视化对比，可以发现元明之际戏曲重心确已南移几十年之久①，否则不会涵养出诸多江南本土戏曲作家。但由于百年以来的戏曲兴盛与传播，作家占籍的广度和民族分布范围已达到空间的规模，昭示了这种文艺样式跨越朝代的生命力。

---

① 田仲一成《中国戏剧史》通过对录鬼簿作家时代与籍贯的综合考查，认为"元代中期以后，杂剧乐曲系统戏曲的中心明显地向江南转移了"，这一点在《录鬼簿续编》中可以得到证实。参见云贵彬、于允译本，北京广播学院出版社2002年版，第164页。

二、元末明初戏曲作家在钱塘、金陵的交游活动

虽然来源各异，但这些戏曲作家们却在明初集中寓居或卒葬于江浙一带，统计如表 2 所示。

表 2　　　　　　　　元末明初戏曲作家在钱塘、金陵的交游活动

钱塘（杭州）	金陵（南京）	京江（丹徒）	镇江	句容（今属镇江）
丁野夫、花士良（卒葬）、赛景初（卒葬）、胡伯恭	须子寿（卒葬）、杨景贤（卒葬）、唐以初、金文石（卒葬）、沈士廉、俞行之	月景辉	王景榆	魏士贤
吴山（在今杭州）	吴门（苏州一带）	京口（今属镇江）	兰陵	常熟
郏仲谊	金尧臣	张伯刚	贾仲明	汪元亨
武昌	吴江	吴门	荆溪	松江
刘廷信（卒葬）	宣庸甫	王文新	倪元镇（卒葬）	夏伯和

注：高邮人魏士贤"元末避兵渡江，隐于苏门。洪武初，入国朝，占籍于句容白土，遂居焉。"表中仅录其苏门经历。

经过动乱之后各地聚集而来的戏曲家们更愿意围绕距离政治中心较近，而且又水路交通方便的长江下游一带繁华城市居住，核心城市是钱塘和金陵。这应该是文艺交流和政治观察双重目的导致。尽管金陵和杭州的寓居者亦有须子寿和花士良是"因事而卒"，但这些文艺家们大体获得了善终。戏曲作家们的创作活动遭受的挫折主要是由于战乱，因朝代更迭而产生戏曲政策变化对戏曲创作的影响并非主因。

按贾仲明与曲家交游地列表如表 3 所示。

表 3　　　　　　　　贾仲明与曲家交游地列表

钱塘（杭州）	金陵（南京）
郏仲谊、陆进之、虎伯恭、王彦中、徐景祥、丁仲明	汤舜民、杨景贤、俞行之、沈士廉、孙行简

据《续编》，孙行简是金陵人，洪武初年以才行仕为上元县（属南京）县丞，"交余（贾仲明）甚厚，与余子言（是人名还是贾仲明之子尚难断定）、周仲彬、达古今、张碧山、魏文质、缪唐臣辈为诗禅友"，可知这个文人群体应该也是围绕着金陵进行交流的一个以创作诗禅（谜语）为兴趣的圈子。在贾仲明对元代曲家的生平记载中，隐语（诗禅、即谜语）经常被附于"乐府"之后，作为作家们的重要才艺被记述，杭州群体的交游也多有此项目，故元参省刘君锡隐语亦号称燕南独步，可见当时这种文艺样式之兴盛。① 隐语文体在此时奠定的成就对后世小说写作也有一定的影响。

元末吴地曲家的交往活动非常活跃，先以杭州来看。

本土作家有：沈士廉（名廉，钱塘县学生，工选诗，能小楷书，善画梅花。洪武初，拜监察御史，为事戍辽阳。永乐初徙金陵）、李时英（钱塘人，所作隐语极妙，乐府亦多）、须子寿（杭州人，隐语极通，钱塘县吏，以事卒于金陵）、王彦中（名庸，武林人，通音律、善诗词，为诗禅宗主）、徐景祥（钱塘人，善乐府、工隐语。有诗谜一卷。与王彦中齐名。集名《包罗天地》）、丁仲明（徐景祥门弟子，极工于隐语，时人皆称"丁猜"。乐府小令亦多）。

参与杭州戏曲活动的作家有：陆进之（嘉禾人，多有乐府、隐语于时。福建省都事，与贾仲明在武林会于酒边花下）、邾仲谊（名经，陇人，八分书极高，善琴操，能隐语，乐府为余事，侨居吴山之下，因而家焉。与贾仲明交深，日相游览湖光山色于苏堤、林墓间，吟咏不辍于口）、虎伯恭（西域人，乐府、隐语靡不究其意，与余忘年交，不时买舟载酒，作湖山之游。昆弟钱塘风流人物称首）、赛景初（西域人，书法极为工妙，常熟判官，老于钱塘西湖之滨）、丁野夫（西域人，元西监生，善丹青、套数、小令极多，隐语亦佳，驰名寰海，卒于钱塘）、花士良（时人戏呼为花巧儿。高邮人，善丹青，吹凤箫，弹紫檀槽，歌白苎词，乐府、隐语，靡不究意。至正末，从张士诚住吴下，为省都镇抚。洪武初，擢知凤翔府事。引年归老，家于钱塘。后以事死于非命）。此外，至正年间与贾仲明交于吴门的汪元亨可能也在此群体。

杭州的曲家多兼善隐语，而杭州的湖光山色也为他们的交游提供了自然条件，这个圈子的戏曲活动更加具有文艺属性。

---

① 详参石艺、黄斌：《元曲家隐语创作考论》，载于《广西师范学院学报》2012年第1期。

再以金陵曲家的交往活动来看：谷子敬（金陵人，元末任枢密院掾史。乐府、隐语盛行于世）、俞行之（名用，临江人，乐府、小令极其工巧。善琴操，亦能写竹。永乐中，上嘉其才，官以营膳大使，后家金陵）、汤舜民（象山人，好滑稽，皇帝在燕邸时，宠遇甚厚，永乐间，恩赉常及。所作乐府套数、小令极多，语皆工巧，江湖盛传之）、杨景贤（名暹，后改名讷，号汝斋，故元蒙古氏，善琵琶，号戏谑，乐府出人头地，与贾仲明交五十年，永乐初，与舜民一般遇宠，卒于金陵）、贾仲明（号云水散人，山东人，尤精于乐章、隐语，尝侍文皇帝于燕邸，甚宠爱之。天下名士大夫，咸与之相友，后徙居兰陵）、金文石与弟武石（俱补荫国子监生，幼年从名姬顺时秀歌唱，因疾卒于金陵）。贾伯坚（名固，山东沂州人，善乐府，谐音律，扬州路总管，后拜中书左参政事）王景榆（完颜氏，女真人，故元镇江贰牧，因家镇江，与贾仲明交久而，尝被征至京师）、郏启文（仲谊之子，亦善乐府、隐语，曾任中书宣使）、杨彦华（名贲，号春风道人，滁阳宦族，洪武辛巳以明经擢濮阳令，永乐初改赵府纪善）、刘士昌（官为中省掾、授府库院经历，洪武初年与贾仲明相识，其地也应在金陵）。

金陵是明初的都城，时时透露出统治者的文艺政策讯息，从戏曲家往来于此的时间周期和人数统计来看，明初对这些散曲家的政策是优容的，尤其是明成祖朱棣，周围交游着一批擅长词曲、隐语创作的艺人，戏曲的发展，在此时期应该更多地受艺术形式本身发展规律的支配，以及戏曲重心由北而男所带来的影响，而非一般戏曲史所讲的政策性因素。

总体来说，由于寓居地转为江南，自然与人文环境中的婉丽属性自然会打并入曲体。戏曲家们兼善词、曲、隐语等多方面技艺的情况也说明了戏曲在情韵与文辞两个方面得到强化的事实。

作者单位：华北科技学院人文社会科学学院

汤显祖及其《牡丹亭》在俄罗斯的翻译和研究

高玉海　王雅欣

相较于英国、法国等西方汉学大国和东方的日本及东南亚地区对中国古典戏曲的翻译和研究，俄罗斯的中国戏曲翻译和研究比较薄弱，除了《西厢记》之外，篇幅稍长的戏曲几乎没有完整的翻译。① 但苏联时期的汉学家对中国古代的戏曲大家如关汉卿、汤显祖、洪昇、孔尚任等的研究却取得了很大的成就，随着苏联的解体，人们对汉学家们取得的成绩缺少应有的关注，国内相关领域研究资料匮乏。2007 年《中华戏曲》第 2 期刊登张莉《汤显祖研究资料目录索引》梳理了 1998 年至 2005 年国内外研究汤显祖的著作和论文，国外研究部分时间不限，却无一处提及俄罗斯的汤显祖研究；王丽娜《中国古典小说戏曲名著在国外》只列有俄罗斯研究汤显祖的三篇论文名称，而且翻译并不准确。国内一些期刊介绍相关内容寥寥无几，而且时常出现错误，如《敦煌学辑刊》2002 年刊登《孟列夫与汉学研究》中说"孟列夫先是翻译、出版了《张生煮海》《倩女离魂》等选自《西厢记》中的故事和《红楼梦》一书的诗词部分。接着，1966 年在列宁格勒出版了《西厢记》，《元〈杂剧选〉》的俄译本，在莫斯科出版了《牡丹亭》（《世界文库丛书——东方古典戏剧》）的俄译本"。② 所论破绽百出，一是《张生煮海》、《倩女离魂》并不是《西厢记》中的故事；二是俄译本《西厢记》不是 1966 年出版，而是 1960 年；三是孟列夫只是翻译了《牡丹亭》中的片段内容，并没有出版《牡丹亭》俄文单行本或全译本。鉴于此本文拟将俄罗斯汉学家对明代汤显祖及其作品的翻译和研究做细致的梳理，并论述他们取得的成就。

---

①　高明的《琵琶记》在 2015 年出版了直接译自汉语的全译本，译者青年汉学家马义德（Маяцкий）。
②　李玉君：《孟列夫与汉学研究》，载于《敦煌学辑刊》2002 年第 2 期。

一、有关工具书、文学史对汤显祖的介绍和评论

俄罗斯对汤显祖和《牡丹亭》的简要介绍主要见于文学百科全书或工具书、有关中国的文学史等著作中。如 1972 年出版的《简明文学百科全书》第七卷，有"汤显祖"词条，介绍了汤显祖是中国明代戏曲家及其代表作品《牡丹亭》。

俄罗斯有关中国文学史对汤显祖介绍和评论也不多，综观俄罗斯在 20 世纪出版的《世界文学史》《东方文学史》及《中国文学史》著作，提及汤显祖及其作品的主要有如下几部。

1956 年出版的费德林《中国文学史概要》主要论述的是中国现当代文学，但第一章概述了中国古代文学的发展状况，其中第六小节提及了晚明时期戏剧家汤显祖及其《牡丹亭》，但汤显祖的卒年误写为 1617 年。①

1962 年出版的索罗金、艾德林合著的《简明中国文学史》主要篇幅也是介绍中国现当代文学，但第一章分"诗歌""小说""戏剧"三部分介绍中国古代文学。其中在戏剧部分介绍了汤显祖及其戏曲作品，认为汤显祖是明代最杰出的传奇作家，指出他深受哲学家王守仁的思想影响，在《牡丹亭》中表现为情是"生者可以死，死可以生"的情节，接着概括了《牡丹亭》的基本情节，并指出汤显祖在《牡丹亭》剧作中大量使用如诗如画的语言，因而他的主要目的并非是"观众"，而是"读者"。②

1975 年苏联莫斯科大学出版社出版的由波兹涅耶娃、谢曼诺夫主编的四卷本《东方文学史》共有五册，分为《古代东方文学史》《中世纪东方文学史》（1、2 册）《近代东方文学史》和《现代东方文学史》③，其中《中世纪东方文学史》从 3 世纪到 17 世纪上半叶，包括六朝、唐宋和元明时期的文学史。元明时期的戏曲列有关汉卿、白朴、马致远，以及高明、吴昌龄、王实甫六人，竟然没有提及汤显祖，而且在主要论述清代文学的《近代东方文学史》

---

① Н. Т. Федоренко. Китайская литература——Очерки по истории китайской литературы. М. 1956. с. 141.
② В. Сорокин, Л. Эйдлин. Китайская литература——Краткийочерк. М. 1962. С. 105.
③ Л. Д. Позднеева. Литература востока в средние века, М. 1970.
　Л. Д. Позднеева. Литература востока в новое время. М. 1975.

中列有李渔、洪昇、孔尚任三人。主编波兹涅耶娃提出中国文学不但存在类似欧洲的文艺复兴时期，而且也有西方所谓的"启蒙主义"阶段，曾引起汉学界不小的争论。但论述元明清三代戏剧作家，竟没有提及汤显祖及其《牡丹亭》，个中原因，不得而知。

　　1987 年苏联科学院高尔基文学研究所编撰出版的九卷本《世界文学史》的第四册，在第一章论述的中国文学，其中李福清撰写的中国戏剧部分中对汤显祖及其戏剧作品进行了评述。论者首先简要介绍了汤显祖的生平经历，进而认为《牡丹亭》"是一部讲述爱情战胜死亡的故事""传统的大团圆结局在这里充满深刻的社会意义，它没有当时大部分传奇剧千篇一律的乐观主义，因为这里说的不是偶然的结果或者是中举的结果，而是主人公无畏的斗争和他们坚信'心想事成'的胜利"。汤显祖是 16 世纪王阳明的追随者，在作品中将爱情放到了首位，并把爱情视为自己的创作动机。最后还论述了汤显祖的《南柯记》，认为作者在《南柯记》中虚构的大槐安国如同儒家理想的社会情形，而实际上只是一个幻景、一个梦境。戏剧的结尾显然受到了佛教思想的影响，作者希望在佛教思想中寻找批判儒家理性主义的哲学基础。认为汤显祖"是最早认识到文学创作中个性因素重要性的一个作家，并要求尊重作者对自己作品的所有权"。汤显祖"创立了自己的戏剧流派，后来根据他的家乡而命名为临川派，并一直与吴江派的观点作斗争"。①

　　2008 年，俄罗斯科学院远东研究所出版了由季塔连科主编的《中国精神文化大典》第三卷即"文学、语言文字分卷"，其中有中国古代戏曲作家及相关词条的介绍，包括元代的关汉卿、白朴、马致远、纪君祥、郑光祖、王实甫、高明，明清时期的朱有燉、徐渭（误作"许胃"）、汤显祖、冯梦龙、李渔、洪昇、孔尚任等重要戏曲作家。汤显祖词条由索罗金撰写，他指出"汤显祖是杰出的传奇剧作家"，创作了五种传奇剧，除了《牡丹亭》之外，都取材于唐代传奇小说，但都进行了极大的艺术加工和改编，这是汤显祖在南戏（传奇）发展中的巨大贡献。② 2010 年出版的《中国精神文化大典》第六卷即"艺术卷"，其中传统戏曲部分介绍了昆曲的发展历史，对汤显祖进行了较为详细的评述，主要围绕《南柯记》和《牡丹亭》展开，指出《南柯记》虚构

---

① Академиянаук СССР. История всемирной литературы. том четверный. М. 1987. с. 500－501.
② Духовная культура Китая. энциклопедия. том третий. М. 2008. с. 442.

的乌托邦的社会图景与汤显祖接受泰州学派思想的关系,《牡丹亭》中作者极力表达的"至情"理论及其在戏曲作品中的艺术表现形式。①

二、俄罗斯对汤显祖戏曲、诗文的翻译

俄罗斯对中国古典戏曲的全译本主要是元杂剧,这方面有 1961 年孟列夫的《西厢记》全译本、1966 年出版的《元曲选译》等。明清时期戏曲的全译本很少,尤其是传奇剧本至今还没有真正的全译本。② 汤显祖的戏曲在俄罗斯的翻译至今只有 1976 年苏联国家文艺出版社出版的《东方古典戏剧:印度、中国、日本》(《世界文学大系》第一种第 17 分册),该书前有索罗金撰写的序言《中国古典戏曲》,正文收有元代关汉卿的《窦娥冤》(索罗金译)、马致远的《汉宫秋》(谢列布里亚科夫、戈鲁别夫译)、郑廷玉的《忍字记》(索罗金译)、无名氏的《杀狗劝夫》(雅罗斯拉夫采夫译)等,明清戏曲则选译了汤显祖的《牡丹亭》中的"作者题词"、第 7 出"闺塾"、第 10 出"惊梦"(孟列夫译)三个片段。③ 译者在"作者题词"之后附有简短的情节叙述,"闺塾"之后也有简单的说明,"惊梦"之后附有一整页的说明。孟列夫是俄罗斯汉学界为数不多的精通汉语诗词的学者,他翻译过《西厢记》《张生煮海》等元杂剧全本,后来主要翻译和研究敦煌文献。可惜没有全译《牡丹亭》。值得一提的是,2016 年 9 月 7 日汉俄对照《牡丹亭》(全 2 卷)在莫斯科国际书展上举行。本书是全球第一个《牡丹亭》的俄文全译本。为了纪念汤显祖逝世 400 周年,湖南人民出版社在今年出版汉俄对照《牡丹亭》。该书的俄文译者是曾获"彩虹"翻译奖的李英男教授。当然,严格说来,这已经超出了本文所讨论的"俄罗斯对汤显祖的作品的翻译和研究"范畴了。

汤显祖除了《牡丹亭》为代表的戏曲创作之外,他还创作了大量的诗歌作品,国内有徐朔方整理的《汤显祖诗文集》最为通行。汤显祖的诗歌在俄罗斯翻译的不多,只见于一些中国诗歌俄文译本中,主要集中在对其《江宿》

---

① Духовная культура Китая. Энциклопедия. том щестой. М. 2010. с. 362 – 363.
② 2016 年 9 月 7 日在俄罗斯莫斯科召开《牡丹亭》俄文全译本新闻发布会,该译本是由湖南人民出版社出版的"大中华文库"中的一种,译者是国内俄语专家李英男教授。
③ Классическая драма Востока Индия, Китай, Япония. М.: Художественная литература, 1976. — (Библиотека всемирной литературы). М. 1976. с. 449 – 470.

《送别刘大甫谒赵玄冲胶西》（即《送刘大甫》）两首诗歌的选译，笔者见到的有：1977年出版的世界文学文库之一的《印度·中国·朝鲜·越南·日本古典诗歌》，收有汤显祖的诗歌一首，即维特果夫斯基翻译的《江宿》。1989年出版的《玉阶：中国明代诗歌选》（14至17世纪）中收录汤显祖诗歌1首，即斯米尔诺夫翻译的《送别刘大甫》；同年出版的《中世纪中国朝鲜越南诗歌选》收录汤显祖诗歌两首，译者也是斯米尔诺夫。2000年出版的由斯米尔诺夫编选的《清影：明代诗歌选》，收录汤显祖诗歌1首，斯米尔诺夫翻译的《送别刘大甫》；2008年出版的《中国古典诗歌》（10世纪至17世纪）中收录斯米尔诺夫翻译的汤显祖诗歌2首，分别是《送别刘大甫》和《江宿》。俄罗斯20世纪以来收录汤显祖诗歌作品的译文的情况如表1所示。

表1　　　　　　　俄罗斯20世纪以来收录汤显祖诗歌作品译文情况

出版时间	诗集名称	诗歌名称	译者
1977年	《印度中国朝鲜越南日本古典诗歌》	《江宿》	叶·维特果夫斯基
1989年	《玉阶：中国明代诗歌选》	《送别刘大甫》	伊·斯米尔诺夫
1989年	《中世纪中国朝鲜越南诗歌选》	《送别刘大甫》《江宿》	伊·斯米尔诺夫
2000年	《清影：明代诗歌选》	《送别刘大甫》	伊·斯米尔诺夫
2008年（2010年再版）	《中国古典诗歌》（十至十七世纪）	《送别刘大甫》《江宿》	伊·斯米尔诺夫

伊·斯米尔诺夫（И. Смирнов）出生于1948年，曾在苏联科学出版社东方文学编辑部、东方学研究所工作，1978年以《高启的生平和创作》获副博士学位，是俄罗斯汉学界翻译和研究明清诗歌的著名学者，他不但翻译了大量的中国古典诗词，而且还翻译了许多中国古典小说俄译本中的诗词部分。

三、俄罗斯对汤显祖戏曲的研究

与汤显祖戏曲在俄罗斯的翻译相比，俄罗斯汉学家似乎更重视对他的戏曲作品的研究，从20世纪后期开始至今，许多汉学家对汤显祖戏曲进行了细致深入的研究，不但有学术论文探究汤显祖的"临川四梦"，而且出现了研究汤显祖及其戏曲的著作。

　　研究汤显祖及其戏剧的主要有马努辛、马利诺夫斯卡娅、谢罗娃等。比较早关注并研究汤显祖戏曲的是马努辛，马努辛主要的贡献是翻译了长篇小说《金瓶梅》，1972 年马努辛撰写了《论汤显祖的第一部没有完成的戏曲》短文，载《远东文学理论的研究问题》（1972 年列宁格勒第五次学术会议论文报告提纲），① 这篇仅有两页的论文提纲后来形成了长篇论文，即 1974 年马努辛发表的《论汤显祖的〈紫箫记〉》，载《远东文学理论的研究问题》。② 作者这篇论文中全面探讨了汤显祖早期戏曲《紫箫记》，指出汤显祖是在进京考试不顺利的时期创作这部传奇，因而与唐代小说《霍小玉传》的作者蒋防有着明显的不同关注点，汤显祖没有把霍小玉设置为主人公，而是通过男主角李益的形象表达"有爱国思想的、博学多才的当时的先进人物"的理想，传奇的另一个名字叫做"李十郎紫箫记"也是清楚地表明了这一点。1974 年马努辛又发表了《论汤显祖戏曲〈霍小玉〉（又称〈紫钗记〉）》，载于《中国语文学问题》。③ 作者在这篇论文中全面探讨了汤显祖"临川四梦"之一的《紫钗记》，认为汤显祖在《紫钗记》中尽管保留了蒋防《霍小玉传》的基本情节，但汤显祖远受王学左派人物王艮思想的影响，同时受到当时的罗汝芳、李贽、达观和尚等思想的影响，在对待妇女婚姻问题上表现出进步性，作品中霍小玉的母亲与唐传奇中不同，戏曲中霍小玉的母亲允许小玉自己决定命运。马努辛还将《紫钗记》中霍小玉在得知李益另娶他人之后的态度与此前高明《琵琶记》中赵五娘、此后邵灿《香囊记》中邵珍娘进行了比较，指出汤显祖对待男女感情方面的进步思想，认为"真正的爱情一旦产生，就不会也不能消失"。进而认为汤显祖是陈腐的儒家伦理教条的批判者，是男女自由表达情感权利的维护者，而汤显祖的这些思想是在"早期启蒙主义思想者"李贽的影响下形成的。

　　谢罗娃是俄罗斯科学院东方研究所专门研究中国古典戏剧的著名学者，她对明清戏曲的研究用力最勤，成果丰富。1982 年谢罗娃发表《道家人生观与

---

① В. С. Манухин. О первой незавершенной драме Тан Сянь‐цзу. —— Теоретические проблемы изучения литератур Дальнего востока. М. 1972. с. 27 – 28.

② В. С. Манухин. О драме Тан Сянь‐цзу Пурпурная свирель. ——Теоретические проблемы изучения литератур Дальнего востока. М. 1974. с. 103 – 112.

③ В. С. Манухин. Драма Тан Сянь‐цзу Хо Сяоюй, или История пурпурной шпильки——Вопросы китайской филологии. М. 1974. с. 74 – 88.

戏剧（十六至十七世纪）》一文，载于《中国的道和道教》。① 1987 年谢罗娃发表了《汤显祖的〈南柯记〉的社会理想》，载于《中国社会的"乌托邦"》论文集。② 这两篇文章都是谢罗娃在俄罗斯一年一度召开的"中国的社会与国家"学术研讨会上的论文。前者论及了明末各种哲学流派，从明宪宗成化（1465～1487）至明世宗嘉靖（1522～1566）期间王阳明的王学左派到王艮泰州学派，再到罗汝芳、李贽等高举"性情"旗帜，实际上既非传统的儒家，也不是传统意义上的道家思想，但其从自然人性到顺情从欲的思想发展极大地影响到戏剧家汤显祖的人生观和性情观。这种强调人的本身的价值，把人的生活看成最大的幸福，已经与道家的生活观背道而驰，汤显祖在其《牡丹亭》中"道觋"的情节只是起到使戏剧增加趣味的作用，因为戏剧是基于人的感性的感受，而不是理性的感受来创作的。后者是一篇长文，论文前半部分先是介绍了汤显祖在中国的研究状况，专门提到 1982 年在江西举办的纪念汤显祖逝世 366 周年的活动，研究汤显祖及其戏曲详细梳理了汤显祖思想来源，指出王学左派创始人王艮的三传弟子罗汝芳对汤显祖思想的影响，还有同时代的李贽、达观和尚等。论文后半部分则集中分析了汤显祖"临川四梦"中的《南柯记》的社会理想，指出作者在《南柯记》中通过淳于棼的仕宦经历不仅表现人生如梦的主题，更主要的是寄寓了作者理想社会的图景，即晚明时代文人的乌托邦思想。

谢罗娃长期关注中国古典戏剧，尤其对明清戏曲中反映的中国社会思想进行深入研究，1990 年谢罗娃出版了研究中国古典戏剧的专著《中国戏剧与 16 至 17 世纪的中国社会》。③ 全书除了引言部分外，分为五个问题展开，其中大量篇幅论述汤显祖的思想及其戏剧作品，为便于说明，列全书五章目录如下：

一、史料·史料研究·基本范围
二、思想观念·生活和戏剧
  1. 汤显祖与泰州学派
  2. 汤显祖的生死观

---

① С. А. Серова. Даосская концепция жизни и театр: XVI – XVII вв. ——Дао и Досим в Китае. ред. Л. С. Васильев и др. М. Наука. 1982. с. 229 – 243.
② С. А. Серова. Социальный идеал в пьесе Тан Сяньцзу "Сон о Нанькэ" ——Китайские социальные утопии. – Сборник статей. – М., Наука, 1987, – с. 125 – 157.
③ С. А. Серова. Китайский театр и традиционное китайское общество (XVI – XVII вв.) М.: Наука, 1990. 276 с.

3. 汤显祖生命观念中的"情"

三、汤显祖的社会思想

1. 汤显祖和同时代人的社会理想

2. 汤显祖作品中的理想国家

四、戏曲美学与戏剧

1. 构思在戏剧美学中的作用（汤显祖与沈璟的论争）

2. 戏剧美学中"情"的类型

3. 戏剧美学中的"梦"

五、戏剧的社会组织形式

1. 戏班的类型

2. 戏班组织与内部活动

3. 戏班·社会·国家

4. 戏剧与观众

5. 演员的宗教活动

  谢罗娃主要以汤显祖的思想和戏剧创作对中国 16 世纪至 17 世纪的社会进行研究，对汤显祖的论述文字贯穿始终，因而可以说这是俄罗斯一部研究汤显祖思想及其戏剧创作的专著。全书 12 幅插图中除了两幅是演员服饰外，其余 10 幅中 3 幅选自《牡丹亭》，4 幅选自《南柯记》，1 幅选自《邯郸记》，1 幅选自《水浒传》，1 幅选自《琵琶记》，也可见汤显祖戏曲在全书中的重要程度。2005 年谢罗娃在莫斯科东方文学出版社又出版了《中国戏剧：世界美学形象》一书。① 这是谢罗娃此前研究汤显祖及 16 世纪至 17 世纪中国戏剧思想与美学的基础上，进一步全面阐释中国戏剧美学的著作，主要探讨中国古典戏剧的创作、道具、演员、服饰、组织、技巧等种种方面的理论和特征，其中第三部分题为"天地人三位一体中的'情'"，主要围绕汤显祖的思想及其戏曲创作展开，内容是在《中国戏剧与 16 至 17 世纪的中国社会》中第二章基础上的扩充。

  另外，俄罗斯女汉学家马利诺夫斯卡娅主要研究中国明代杂剧，出版有《中国古典戏剧杂剧简史（14～17 世纪）》，同时也对汤显祖有过研究，1989

---

① С. А. Серова. Китайский театр – эстетический образ мира. М. 2015. с. 168.

年她发表了《汤显祖（1550~1616）的宗教哲理剧作》一文,① 探讨了汤显祖《南柯记》《邯郸记》中表现的宗教思想。

综上所述，俄罗斯汉学界从20世纪中期开始关注并翻译研究汤显祖的戏曲创作，直至当今仍然重视对汤显祖的研究，尽管在作品翻译总体上落后于欧美及日本等，但在对汤显祖的研究领域仍取得了不可忽视的成果，这不仅是海外研究汤显祖的重要组成部分，也为汤显祖研究走向世界做出了不可磨灭的贡献。

作者单位：高玉海，浙江师范大学人文学院；
王雅欣，浙江师范大学（古代文学硕士研究生）

---

① Т. А. Малиновская. Философско‐религиозные драмы Тан Сяньцзу——Уч. зап. ЛГУ. № 423. 1989. Сер. востоковед, наук, вып. 31; Востоковедение, 15, с. 104—112.

汤显祖：中国戏曲表演理论的奠基人

顾聆森

中国古代戏曲的表演理论起步较晚，早期的表演理论（如燕南芝的《唱论》、魏良辅的《南词引正》等），曾长时间滞留在唱念等技术性的探讨上。古代戏曲表演得到较高层次的理性观照，是在明中叶《牡丹亭》问世以后。《牡丹亭》的作者汤显祖也就是中国古代戏曲表演理论的奠基人。

汤显祖开创的"临川派"也被后人称为"言情派"。"情"是汤显祖剧本文学创作思想的核心，也是他关于舞台二度创作思想的出发点。汤显祖把"言情"作为舞台上艺人表演创造的一个根本特征提出来，从而为中国古代戏曲表演理论的建设奠定了基石。

汤显祖对于表演理论最卓越的贡献，在于他指出了体验角色情感对于艺人进行成功表演的决定意义。他认为艺人只有在舞台上自觉地流露出角色真实的内心感情，才有可能使观众在观赏中进入忘我的境界。先有了"舞蹈者不知情之所自来"，而后才会出现"赏叹者不知神之所自止"[①]，这是汤显祖为艺人表演提出的最高的艺术标准。汤显祖认为，要能够准确体验角色的情感，艺人对于剧本必须想方设法"博解其词而通领其意"[②]。汤的精辟还在于，他同时指出，艺人准确揣摩角色，光靠"博解""通领"这些临场前的准备是远远不够的，艺人的真正功夫还在戏外，这就是："为旦者常作女想，为男者常欲如其人"[③]。"作女想""如其人"恰如冰冻三尺，绝非一日之寒，故艺人在平时就应该做到："动则观天地人鬼世器之变，静则思之"[④]。这也就是说，只有留心于生活中一切事态变化，并勤于思索，才能深刻理解生活，生活的经验也才能化成艺术因子积淀于内心。因而艺人在舞台上塑造人物不仅要依靠临场前的揣摩，更重要的要依靠日积月累的生活底蕴。也只有凭借深厚的生活底蕴，他才

---

①②③④ 汤显祖：《宜黄县戏神清源师庙记》，引自徐朔方笺校：《汤显祖全集》（二），北京古籍出版社1999年版，第1188页。

能真正地"作女想"或"如其人"。也只有准确地体验到了角色的情感,他才有可能通过形体、歌喉去感染、打动观众。那种"微妙之极,乃至有闻而无声,目击而道存"①——无声但有所闻,无形的哲理仿佛也能为人所见的微妙的艺术至境,只能是艺人内心体验与卓越的外部表演技巧高度结合的产物。

汤显祖没有给我们留下有关表演艺术的专门论著,他的论述仅散见于《牡丹亭题记》《宜黄县戏神清源师庙记》等少量文字之中。但他的艺人为"言情"而登场的见解,直接切入了戏曲表演艺术的根蒂,这和汤显祖以前的戏曲理论家只局限于唱念技巧的具体讨论相比,便是一种突破与超越。"言情"既是戏剧创作的任务,也是舞台表演的任务。作为一种理论的基础,以后各代的表演理论家大抵都在这个阶石上起步,甚至一直影响到近现代的戏曲表演理论。

有明一代的戏曲表演理论,正是在汤氏"言情"的基础上做了更深入的补充与发展。比汤显祖略小几岁的潘之恒曾借汤显祖的名著《牡丹亭》中的主人公对"情"进行了阐说。他认为艺人要演好杜丽娘、柳梦梅,就必须把握杜、柳的真情:"杜之情,痴而幻,柳之情,痴而荡,一以梦为真,一以生为真。唯其情真,而幻、荡将何所不至矣"②。这种真情的把握,自然离不开艺人对角色内在的"情痴"境界的体验:"能痴者而后能情,能情而后能写其情"③。所谓"写其情"即是艺人内心体验通过唱念等艺技表演而外化。他在《鸾啸小品》中为表演艺术总结了五个环节——"度、思、步、呼、叹",指的其实就是艺人对于剧中人物的分寸、情感逻辑、形态以及语气的准确把握,无一不是为"言情"服务的。显然,潘之恒在这里充分肯定了情感的内在体验是艺人外化表达的基础这一汤显祖的著名论断。

中国古代戏曲的表演理论到了清代得到了长足的发展,清代戏剧理论家对于艺人内在的情感体验外化过程有了进一步认知:戏曲总是拒绝直接模仿生活,即拒绝再现生活。"情"的流露必须经历一个中介——表演程式。生活只能通过戏曲的表演程式才能表现于舞台。清代戏曲理论家黄幡绰在他的理论著作《梨园原》中列举了"辨八形""分四状"等八种身段表演的原则和方法,称之为"身段八要"。最可贵的是著者令人信服地指出,艺人在表现"声欢"

---

① 汤显祖:《宜黄县戏神清源师庙记》,引自徐朔方笺校:《汤显祖全集》(二),北京古籍出版社1999年版,第1188页。
②③ 潘之恒:《鸾啸小品》崇祯刊本上海图书馆藏。

"声恨""声悲""声竭"这"四状"的时候,要有成竹在胸,所谓"各声音皆从口出,若无心中意,万不能也":

声欢:降气,白宽,心中笑;
声恨:提气,白急,心中躁;
声悲:喧气,白硬,心中悼;
声竭:吸气,白缓,心中恼。

这些见解业已阐明了各类表演程式与"情"的关系。在这里,所谓的笑、躁、悼、恼,即是艺人的"心中意",而降气、提气、喧气、吸气,以及声音的宽、急、硬、缓,便是表达内心体验的某种外化公式要领。二者完美结合,才能有汤显祖指出的那种"不知情之所自来"的境界,方能感染观众而"不知神之所自止"。事实也正是如此,称职的戏曲演员总是力求赋予程式动作以活泼的情感生命,而不会单纯地表演程式。于是中国戏曲创立的以舞台化了的虚拟程式动作表达角色内心情感世界的独特艺术意蕴,在《梨园原》那里被揭示无遗。

明代汤显祖对于戏曲表演的理论内涵已经有了相当明确而独到的认识,同时代的戏曲理论家从汤显祖的基础出发,对戏曲导演理论有了新的感知。例如,潘之恒就提到,为使艺人更精确地把握剧本,应该"先以名士训其义,继以词人合其调,复以通士标其式"①,这正是通过"说戏"帮助艺人找到感觉,然后通过"技导"协助艺人向表演的最高艺术要求靠拢。明末冯梦龙在《墨憨斋定本传奇》中对登场演员作了许多重要的表演提示,可以称得上我国较早的戏曲导演的案头工作了。明代的戏曲导演实践是"演员为中心"的演出格局的产物,那朴素的导演理论是场上(表演)理论的合乎逻辑的派生,我们同样可以在汤显祖那里找到它的源头,因为实际上,这就是汤显祖要求艺人"博解其词而通领其意"的具体化。

清代戏曲理论家李渔通过《闲情偶寄》,集词曲、表演、导演、舞美、教学理论之大成,构筑起了中国戏曲理论体系的完整大厦。李渔对"情"的认识和分析,可谓鞭辟入里、幽邃透彻。试以《琵琶记·赏月》一折为例,他

---

① 潘之恒:《鸾啸小品》崇祯刊本,上海图书馆藏。

以为"此折之妙，全在共对月光，各谈心事，天上仅一月，但牛氏有牛氏之月，蔡伯喈有蔡伯喈之月"，由于情各有异，从而形成了不同的唱法和表演身段，"是清淡之内，原有波澜"。他对当时的"导演"把此折的重头曲牌【念奴娇序】处理成生、旦、净、末、丑的合唱大为不满，唯"混作同场"，"情"就不见了，情的丢失，艺人必然"无可施其志"，故戏无冷热，"只怕不合情"。而传奇之妙，就妙在入情。故他要求艺人"于演剧之际只作家内想，勿作场上观"。在这里，李渔显然直承了汤显祖"为旦者常作女想，为男者欲如其人"的表现思想。然而，李渔又同时深化了自己的观点。他指出，体验角色的目的并不是为了自己变成角色，而仅仅是为了"施其态"——场上之态。李渔对中国戏曲理论的一大贡献，是他发现并总结了艺人的"场上之态"和生活中的"自然之态"的联系与差别。自然之态，能使艺人把人物"当日的神情活现于氍毹之上"，而"场上之态"是一种"类乎自然"的神情"酷肖"艺术。艺人一旦把观众请入戏，观众既能和剧中人物同呼吸共命运，又能随时使自己和戏境保持距离。这也就是说，艺人的"场上之态"能使观众在身临其境观赏艺术的同时，始终保持一种冷静的心态：在介入舞台上发生的所有过程的同时，以自己观众的身份对表演（包括反面人物的表演）作出"点头称赞、拍手声扬"等客观评价。演员与观众的若即若离，导致观众对戏境的忽进忽出，从而将"内心体验"与"间离效果"高度结合起来。在从汤显祖开始的这座严谨的体系大厦的营建过程中，历代的构建者纷纷匠心独运，务使这座大厦的上下左右、前后里外都紧紧围绕了一个核心：表演。为"出之贵实、而用之贵虚"①——即以体验与写意相结合的独特方式真实地表现充盈在艺人内心的情感体验，为在剧场中获取最佳的"言情"效应而创造条件。

作者单位：苏州中国昆曲博物馆

---

① 王骥德：《曲律》，引自《中国古典戏曲论著集成》（四），中国戏剧出版社出版1959年版，第154页。

明清女曲家笔下之"梦"及其女性立场*

郭 梅

古往今来,"梦"始终是文学作品表现的一个重要内容,或者说是文学创作的一个常用手段。明清戏曲作品中就有很多"梦",在《牡丹亭》中,汤显祖安排主人公惊"梦"、寻"梦",最后圆"梦"。"梦"不仅是该剧最核心的内容,也是结构的一条主线。剧中女主人公杜丽娘所代表的要求性灵解放、爱情自由、婚姻自主的思想主题,仿佛暗夜中的一盏明灯,为被封建礼教死死束缚的人们、特别是青年妇女指出了奔向光明的道路。正如弗洛伊德所言:"梦也不是指我们贮存的一部分观念在沉睡着,而另一部分观念在开始苏醒。相反,它们是完全有效的精神现象——是欲望的满足"①,梦境之美好,正在于它是人们欲望的折射和理想的假性实现,写作者在纸上写梦,往往是借笔下主人公的梦境构建自己人生的理想画图。汤显祖是如此,明清时期的女性曲家们自然也不例外,她们常常有意无意地通过"梦"来表现自己的女性意识和女性立场——在这里,"女性意识"是指女性开始关注自身的生存状况,审视女性特有的心理情感和表达自身的生命体验,对追求自己的独立人格开始有清晰的认识和体悟,并拒绝完全接受传统男权社会对女性的定义和约束,同时对男性权力提出一定的质疑和挑战。自然,由于时代的限制,明清时期女曲家其"女性意识"与今天的女性主义不可相提并论,她们的思想意识大致处于混沌和萌芽状态,或者更多是出于一种"天才"的无意识表现。如果说有"女性意识",也是不自觉的。但在那个时代,仍然可以视为是最早的女性解放与男女平等的"呐喊"。具体来说,体现在女曲家笔下的主题,首先就是追求恋爱和婚姻的自由,然后进一步希望男女平等,和男子一样拥有走出家门建功立业的权利和机会。而在表现形式上,女曲家充分利用了"拟男"这一虽然古已

---

* 本文为文化部课题"中国古代江南女性曲家艺术生态研究"(项目编号14DB09)阶段性成果。
① 西格蒙德·弗洛伊德著,陈名之等译:《梦的解析》国际文化出版公司2001年版,第122页。

有之但在她们笔下才被真正充分运用的艺术手法。而且值得强调的是，也正因为她们只能以"拟男"方式表现她们对女性解放的期盼，而在现实生活中依然不得不面对男权社会的歧视和身边男性的欺压，不得不对男权社会作出一定的妥协。这种理想与现实的强烈冲突表现在创作中，有时就会呈现出矫枉过正的偏激，把对男女真正平等的追求变成对自己女性身份和女性生理特征的厌倦、厌恶和断然抛弃，而"拟男"这一艺术手法的过多运用，事实上也多少反映出女曲家内心深处的不平和明知无法改变现状的无奈。

作为当时最有文化修养的女性，明清女曲家往往把她们的女性意识和女性立场以及里面对现实的无奈，自觉不自觉地体现于创作中，于是，她们在对"梦"的书写中更多运用"拟男"手法，就是很自然也可以理解了。

女曲家笔下主人公的梦，首先是鸳鸯"梦"——现在我们能看到的出自女性剧作家之手的《鸳鸯梦》有两部，一部是明代叶小纨的杂剧，另一部是清代刘清韵的传奇。

叶小纨（1613～1657），字蕙绸，江苏吴江人，有姐叶纨纨（1610～1633）和妹叶小鸾（1616～1632）。崇祯五年（1632），叶小鸾在出嫁前5日不幸病逝，叶纨纨在叶小鸾死后70日亦悲恸而亡，《鸳鸯梦》便是叶小纨为哀悼姐妹所作。

《鸳鸯梦》描写西王母、上元夫人与碧霞元君的侍女文琴、飞玖和茝香，"偶语相得，松柏绾丝，结为兄弟"，被西王母以凡心少动为由而谪贬凡间，成为人世间三位怀才不遇的少年。一日，茝香因梦而登临凤凰台，遇到文琴和飞玖，三人重逢，再度结拜。不久，文琴与飞玖相继谢世，茝香经吕洞宾点化而顿悟。值得注意的是，在剧中叶小纨安排自己成为翩翩浊世佳公子，连早逝的姐妹也都化身男儿，很好地表现了三姊妹类似于才子名士的精神特质，字里行间闪烁着她们愿化身男子建功立业的理想的梦之光华，可敬，亦可叹。

与叶小纨《鸳鸯梦》异曲同工的，是刘清韵的传奇《拈花悟》。刘清韵（1842～1915），原名古香，小字观音，因排行第三又称刘三妹，江苏沭阳人。她有个丫鬟叫芒姐，主仆情同姐妹。芒姐出嫁后被小姑子折磨而死，刘清韵为之"花晨月夕，未能忘怀"，特作传奇《拈花悟》。在剧中，刘清韵叫芒姐为芒儿，而刘三妹则当然是她自己。

《拈花悟》也假托天仙下凡，通过描写玉虚与惜红被贬在人间的七年主仆之情，表现出刘三妹和芒儿之间生死不渝的情谊。其中，三妹在芒儿死后梦见自己应邀去天上赴宴，了解了与芒儿的前世因缘。这个梦和《红楼梦》里的贾宝玉梦游太虚幻境，大到情节意蕴，小至人名物名，均颇相似。显然，《拈花悟》，"悟"的是人生如"梦"，大彻大悟。换言之，"梦"不仅是该剧的结构主线，亦是主旨的载体。

其次，需要强调的是，仅仅让自己剧中的女主人公鸳鸯梦圆，对明清女曲家来说显然是不满足的。换言之，其女性意识的关键词里，除了爱情，还有独立、自尊和自信，她们的女性立场，就是希望自己和男人一样走出家门干一番事业。明清时期，社会上对于女性的束缚已不如前时严酷，在经济富裕的江南地区，士家大族已将女子教育列为重要内容，女性从小接受诗书教育蔚然成风，培养了良好的文艺素养。但当时女性教育的目的只是培养贤妇，绝不可能以让她们如男子一样建功立业为目的。而女性一旦接受了良好的教育，视野就开阔了，见识和潜能得到了激发，便不再甘于一味相夫教子，于是，她们无奈地陷入了痛苦的思想困境，叶小纨和刘清韵就是其中的典型。刘清韵的另一部传奇《望洋叹》叙述的就是东海一带几位文人在现实中怀才不遇、报国无门的苦情，剧中主角王诩在生活中是刘清韵与丈夫钱梅坡的老师。但因为和叶小纨《鸳鸯梦》一样，刘清韵在剧中使用了"拟男"的手法，故王诩在一定程度上也是她自己的化身。为了安慰老师和自己，她还安排主人公在身后成就了一番事业，也等于是在梦中实现了理想抱负。

拟男，即女扮男装，历来是中国文学的传统手法，有提升女性价值的作用。在明清时期，喜欢使用拟男手法抒怀泄愤，做化身男儿之美梦的女曲家还有不少，吴藻及其独幕杂剧《乔影》显然就是更为典型的例子。

吴藻（1799~1862），字苹香，自号玉岑子，仁和（今杭州）人，自伤婚姻不谐，颇多伤感之作。《乔影》是其青年时的代表作，一开始就让主人公谢絮才穿男装，饮酒读《离骚》，渴望冲破现实生活对女性的束缚：

> 百炼钢成绕指柔，男儿壮志女儿愁。今朝并入伤心曲，一洗人间粉黛愁。我谢絮才，生长闺门，性耽书史，自惭巾帼，不爱铅华。敢夸紫石镌文，却喜黄衫说剑。若论襟怀可放，何殊绝云表之飞鹏；无奈身世不谐，竟似闭樊笼之病鹤。咳！这也是束缚形骸，只索自悲自叹罢了。但是仔细想来，幻化由天，主持在我，因此日前描成小影一幅，改作男儿衣履，名为《饮酒读〈骚〉图》。敢云绝代之佳人，窃诩风流之名士。

谢絮才无疑是吴藻本人的自我投影，而这件事本来也出在她自己身上——正如梁绍壬《两般秋雨庵随笔》卷二"花帘词"条所记："（吴藻）又尝作饮酒读《骚》长曲一套，因绘为图，己作文士装束，盖寓速变男儿之意"①，表现出她对处于主动地位的男性角色的真诚羡慕和对于自身女性角色的真心舍弃。

同时，值得注意的是，明清女曲家对爱情自由的渴慕不仅表现在创作上，也表现在评论方面。汤显祖的《牡丹亭》对女读者的震撼就是无比强烈的，不必说娄江俞二娘等年轻女子为痴迷杜丽娘付出了生命的代价，清初陈同、谈则和钱宜三位女子前赴后继完成的《吴吴山三妇合评牡丹亭还魂记》更是至今传为佳话。

吴吴山（1657~?），姓吴名人，字舒凫，又吴山，浙江钱塘（今杭州）人。吴吴山三妇指其早夭的未婚妻陈同以及前后两位妻子谈则和钱宜。陈同，黄山人，字次令，她去世后，所评点的《牡丹亭还魂记》上卷为吴吴山从其乳母手中买下，上面"密行细字，涂改略多"②。康熙十一年（1672），吴吴山娶谈则为妻。谈则，字守中，清溪人，对陈同评本"爱玩不能释"③，潜心补评下卷，"其钞芒微会，若出一手，弗辨谁同谁则"④。康熙十四年（1675），谈则去世。十余年后，吴吴山续娶钱宜。钱宜，字在中，古荡人，见到陈、谈评本，"怡然解会"⑤，努力予以整理补充，并卖掉首饰筹措出版费用。康熙三十三年（1694），《吴吴山三妇合评牡丹亭还魂记》问世。

窃以为，三妇点评的重点首先就是《牡丹亭》的曲眼"梦"，尤其是第十出《惊梦》和第十二出《寻梦》，点评人主要是陈同。

显然，陈同和杜丽娘一样对爱情有着难以言说的向往。也许，陈同和杜丽娘梦见柳梦梅一样，也曾梦见与吴人情话绵绵吧。她有诗云："家近西湖性爱山，欲游娘却骂痴顽。湖光山色常如此，人到幽扃更不还。"⑥可见陈母和杜母一样，拘束着女儿不让游玩。可惜，陈同仿佛预感到自己会未嫁而亡，诗

---

① 梁绍壬：《两般秋雨庵随笔》，上海古籍出版社1982年版，第62页。
②③④⑤ 汤显祖著，陈同、谈则、钱宜合评：《吴吴山三妇合评牡丹亭》，上海古籍出版社2008年版，第145页。
⑥ 汤显祖著，陈同、谈则、钱宜合评：《吴吴山三妇合评牡丹亭》，上海古籍出版社2008年版，第152页。

云:"簇蝶临花绣作衣,年年不著待于归。那知著向泉台去,花不生香蝶不飞。"① 嫁衣上绣的是花开并蒂的美梦,只是梦未成真人已逝,唯留点评手迹长留人间,向后人诠释着属于陈同也属于杜丽娘的女儿"梦"。

《牡丹亭》的故事从梦而起,"梦"既是汤显祖思想的体现,也是陈同展开联想的线索:"淡淡数语述梦,便足与后文丽娘入梦,有详略之妙。"② "柳生此梦,丽娘不知也;后丽娘之梦,柳生不知也。各自有情,各不自以为梦,各遂得真。"③ 细心的陈同指出杜、柳二人的梦"有详略之妙"——丽娘之梦即《惊梦》《寻梦》中的"梦",与柳生之梦相较,确实在内容、表现力度和联想尺度上都更为具体、浪漫而美好。陈同的点评,也便从"梦"肇始。

《惊梦》一出,杜丽娘上场唱的第一支曲子【绕地游】,第一句是"梦回莺啭",陈同马上评曰"'梦'字逗起"④。一个"逗"字,轻快而愉悦,俏皮而有趣,仔细咀嚼,可以体味到点评人的细腻才情和幽微的女儿家心态。然后,随着杜丽娘游园过程的深入,陈同的点评也渐入佳境。杜丽娘在唱【好姐姐】一曲时,春香插话道:"成对儿莺燕呵",陈同评曰:"'成对'语,暗触小姐心事。便从花鸟上想到自己,左叹右惜,并不叙湖山流水,恰合此际神情,更为寻梦生色。"⑤ 怀春的丽娘见鸟儿成双燕儿成对,听春香"成对儿"一语,勾起她无限心事,于是,尚未"惊梦",便已为"惊梦"之后的"寻梦"做好铺垫了。汤公如此细丝密线,端的大手笔也。而陈同点评之细致入微,亦堪称汤公和杜丽娘的知音人了。游完园林,杜丽娘惘然若失,唱了一句"倒不如兴尽回家闲过遣",陈同点评道:"游园原为消遣,乃乘兴而来,兴尽而去,恐去后惘然,益难消遣耳。然无可奈何,只得如此发付玩。'倒不如'三字,浓情欲滴也。"⑥ "浓情欲滴",一个"浓"字点出丽娘之春情春意春心萌动,为其随后之"惊梦"张本,下得何其精妙乃尔!

然后,杜丽娘入梦,唱"俺的睡情谁见?",陈同评曰:

---

① 汤显祖著,陈同、谈则、钱宜合评:《吴吴山三妇合评牡丹亭》,上海古籍出版社2008年版,第152页。
②③ 汤显祖著,陈同、谈则、钱宜合评:《吴吴山三妇合评牡丹亭》,上海古籍出版社2008年版,第3页。
④ 汤显祖著,陈同、谈则、钱宜合评:《吴吴山三妇合评牡丹亭》,上海古籍出版社2008年版,第20页。
⑤⑥ 汤显祖著,陈同、谈则、钱宜合评:《吴吴山三妇合评牡丹亭》,上海古籍出版社2008年版,第21页。

睡情谁见谁知我梦耶?幽梦谁边?我欲梦谁耶?此时小姐已梦情勃勃矣。①

于是,待柳梦梅手执柳枝上场,见丽娘道:"小生那一处不寻访小姐来,却在这里!"陈同点评说:"孰知梦情一起,已有人跟着矣。"② 到生旦合唱"是那处曾相见,相看俨然,早难道这好处相逢无一言?"陈同说:"楚楚之中忽作一片梦境迷离语,非谓柳生梅花树下梦见也。"花神上来道:"杜小姐游春感伤,致使柳秀才入梦",陈同又强调:"看'致使'二字,可见不游春,便自无梦。"到【鲍老催】一曲唱完,"他梦酣春透了怎留连?拈花闪碎的红如片"之后,陈同指出:

是小姐极不如意想,是小姐极如意梦,向使对景无因,何缘有梦耶?③

"梦"之"极如意"反衬现实的"极不如意",亦是之所以入梦的缘由和之后主动寻梦的肇端,分析极细,极到位。于是,杜丽娘醒后自言自语一番,陈同认为"自语一番,才觉梦境难忘"④,也是"补写梦中心事"⑤,可见汤翁笔致之合乎情理和严丝合缝,亦可见陈同体悟之深细,一路下来,紧紧抓住一个"梦"字细抠细论,无不妥帖,说服力颇强。于是,顺理成章地,在对《惊梦》的最后评点中,陈同强调:

起句逗一"梦"字以为入梦之缘,煞句又拖一"梦"字以为寻梦之因,从此无时不在梦中矣。⑥

再一次分析"梦"字,完美收缩了《惊梦》之"梦",并为《寻梦》张

---

①② 汤显祖著,陈同、谈则、钱宜合评:《吴吴山三妇合评牡丹亭》,上海古籍出版社 2008 年版,第 22 页。
③ 汤显祖著,陈同、谈则、钱宜合评:《吴吴山三妇合评牡丹亭》,上海古籍出版社 2008 年版,第 23 页。
④ 汤显祖著,陈同、谈则、钱宜合评:《吴吴山三妇合评牡丹亭》,上海古籍出版社 2008 年版,第 24 页。
⑤⑥ 汤显祖著,陈同、谈则、钱宜合评:《吴吴山三妇合评牡丹亭》,上海古籍出版社 2008 年版,第 25 页。

本,且点明从此杜丽娘始终"在梦中",对《牡丹亭》之"梦"作了高度总结和内涵深意的挖掘。

在相对被动的游园惊梦后,杜丽娘背了春香,主动"悄向花园寻看",陈同认为:"'寻'字是笃于情者之所为,后《冥判》随风跟寻,止了此寻梦之案"①,对这一出的眼目"寻"字的解释,可谓十分精准。杜丽娘自言自语,回忆"昨日偶尔春游"的情态,陈同道:"可见梦非无因"②;杜丽娘游园前精心梳妆,寻梦时草草出门,陈同评曰:"前次游园,浓妆艳饰;今番寻梦,草草梳头,极有神理"③;杜丽娘游园后"睡起无滋味,茶饭怎生咽?"陈同指出:"懂得梦中滋味,便觉一般睡起,两样情怀"④。丽娘眼里"池亭俨然",陈同评曰:"可知眼前心上,都是梦境"。园林中,景物依旧,只是少了一个许她终身的俊妍书生,丽娘"依稀想象人儿见",一一唱来,陈同说:"光景宛然如梦,梦中佳景,那得不一一想出,极力形容。四段已种丽娘病根"⑤,"乃得诺梦中,如之何弗思"⑥,"忽迷忽悟,想出神来,试思梦与想所争几何"⑦,论析细致入微,合情合理。

杜丽娘寻寻觅觅,在大梅树下突发奇想:"这梅树依依可人,我杜丽娘若死后,得葬于此,幸矣!"陈同指出:

> 爱梅阴而思昼梦,想见小姐此时倦极欲眠,故因长眠短眠想到葬处。本在牡丹亭上做梦,何以要葬梅花树边,真是不知所起。故下曲即以"偶然间"三字接落。⑧

所谓下曲,即【江儿水】"偶然间心似缱",陈同又指出:"无处寻柳,决意守梅,丽娘是时已定以身殉梦之意矣"⑨,由游园而惊梦,继而寻梦,最后决定"以身殉梦",为后面的写真、离魂张本,汤公的描写如行云流水、水到渠成,陈同的评论细致到位、丝丝入扣,可谓双美。

---

①②③④ 汤显祖著,陈同、谈则、钱宜合评:《吴吴山三妇合评牡丹亭》,上海古籍出版社2008年版,第27页。
⑤⑥ 汤显祖著,陈同、谈则、钱宜合评:《吴吴山三妇合评牡丹亭》,上海古籍出版社2008年版,第28页。
⑦⑧ 汤显祖著,陈同、谈则、钱宜合评:《吴吴山三妇合评牡丹亭》,上海古籍出版社2008年版,第29页。
⑨ 汤显祖著,陈同、谈则、钱宜合评:《吴吴山三妇合评牡丹亭》,上海古籍出版社2008年版,第30页。

总之,"梦"乃《牡丹亭》的关键,陈同对"梦"的深层解析,则在揭橥《牡丹亭》深刻主旨和高妙艺术成就的同时,袒露了她的女儿心性女儿情怀,让后人体察捕捉到她的女性意识和女性立场。毋庸置疑,《吴吴山三妇合评牡丹亭还魂记》,是陈同、谈则、钱宜对《牡丹亭》和汤显祖的致敬之作,也是她们丰富幽微的内心世界的自画像,弥足珍贵。

毋庸讳言,"拟男"手法并非只有女作家喜欢使用,我国文学史上有很多作品是拟男的,但不同作品却有不同的主旨,如著名的木兰从军和英台求学故事,主人公最后都重返闺阁,作者满足于表现女子的才华和能力,让她称雄一时,却完全不考虑其真正的出路何在?她如何还能脱下代表优秀的男装,安心回去做那个相对平庸的女人?其实,如果要深刻表现那个时代女性的命运,恐怕更值得书写的,就是这些杰出女性"脱下男装"之后的状况。而不少具有独立女性意识的女作家使用拟男手法时,其笔下主人公穿上男装时,那件衣服往往已成为女性生命意识的一个有机组成部分。相应地,其作品也不以情节取胜,而更注重心理描写。在明清戏曲史上,这样的作品并不鲜见,《乔影》之前有叶小纨的《鸳鸯梦》、王筠的《繁华梦》等,《乔影》之后则有何佩珠的《梨花梦》等。值得强调的是,这些作品重在书写男权社会对于女性的压迫,和女性被迫幽居闺中的不满与不甘。这些女作家本身的才华不逊于男子,却由于与生俱来的性别而备受压抑,于是在她们的作品中我们看到了不满和抨击,甚至还可以说看到了一种女性主义的萌芽。其中,《乔影》就以犀利大胆的动作和言辞表现了作者较为深刻的女性解放思想——吴藻真切体会到了身为女子的生命困境,力求摆脱喑哑的人生状态,但严酷的现实逼得她只能在纸上恣意自慰。其【雁儿落带得胜令北】这样写道:

我待趁烟波泛画桴,我待御天风游蓬岛,我待拨铜琶向江上歌,我待看青萍在灯前啸。呀,我待拂长虹入海钓金鳌,我待吸长鲸贳酒解金貂,我待理朱弦作《幽兰操》,我待著宫袍把水月捞。我待吹箫比子晋还年少,我待题糕笑刘郎空自豪,笑刘郎空自豪……

在这支曲子里,吴藻借用历史上诸多奇人异士的想象和传说,一气甩出长达十句的排比句以及一连串典故,以李太白、王子乔、刘禹锡等著名的俊逸神仙、洒落文士自喻,气势磅礴,表现出绝对的自豪与自信,表达了渴望发展个性、展现才华、向往极致自由的迫切心情，从中可以看出她渴望自由的急切热烈和其本人的豪迈俊爽。于是，《乔影》在当时引起轰动，赢得了许多读者、观众尤其是女性的共鸣，是毫不奇怪的。有的男性文人高度评价吴藻，甚至将她比作屈原，女文人则在表示共鸣的同时还深感自愧不如，或索性在创作中模仿吴藻。如清末何佩珠的《梨花梦》就在文辞上刻意模仿《乔影》，其《仙会》一折有一曲【雁儿落带得胜令北】和吴藻如出一辙："我待跨青鸾上玉天，我待驾金鳌游蓬苑，我待弄瑶笙向鹤背吹，我待拨吴钩作霜花炫。呀！我待拂宫袍入海捉冰蟾，我待倚银槎直到女牛边，我待理朱琴作幽兰怨，我待著戎衣把黛笔捐。我待参禅，比玉局尤豪迈；我待游仙，笑秦皇空自怜，笑秦皇空自怜。"而《梨花梦》故事写少妇杜兰仙男装小坐，梦见二位仙子，顿悟原为姐妹，模式则和叶小纨《鸳鸯梦》差相仿佛。可见，以表现女性备受摧残压抑的痛苦和对化身男子冲出闺阁的强烈向往为主题的作品，在当时是一定能够引起知识女性的强烈共鸣的。

显然，《乔影》是吴藻的拟男之梦、人生大梦，剧中还有一曲【折桂令北】激昂悲愤："怎狂奴样子新描，真个是命如纸薄，再休题心比天高……"梦醒后，吴藻无路可走——随着阅历的增长，吴藻越来越感到男性的世界可以容许女性读书识字、结社聚会，但却不会容许女性脱离他们的掌控。不再年少气盛的她最终不免心灰意冷，选择青灯古佛了却余生，而大气磅礴的《乔影》也终究只能是一曲女性自由解放的狂想曲罢了。曾经男装携妓，以名士自居，写过《洞仙歌·赠吴门青林校书》之类作品的吴藻，甚至"故意"忘却了"青林校书"也是需要平等自由的女性，说明在那个年代，知识女性如吴藻，其女性意识里面还无法具备真正的男女平等，她的自尊、自信、自傲的背后，依然有着难以彻底摆脱的自卑。曾经放浪形骸、惊世骇俗的吴藻，终究和叶小纨、刘清韵一样，只能在纸上让自己心想事成美梦成真。而刘清韵虽然有幸嫁得如意郎君，但因自己不孕，不得不主动替丈夫纳妾，甚至在好几个戏里描写了"一夫二妻""正妻不妒"的情节，如《镜中圆》。或许，她明里表彰剧中正妻薛氏知书达理，主动代聘赵小姐等符合当时封建道德规范的行为，暗里却将薛氏女作为自己的化身而寄寓着真情实感，宣泄胸臆中的郁闷？在剧本的结穴处，有下场诗为："谁云平地有神仙，欲海难将艳福填……"，一句"欲海难将艳福填"显然既是对现实状况的无奈描述，又是不满情绪的抒发，又怎么可能是乐意丈夫移情别恋？她知书达理，与钱梅坡琴瑟和谐，另一方面却扮演着一个无力传宗接代的无奈角色，不得不在心灵上和现实生活中接受一夫多妻制。在她的现存剧作中，除了《镜中圆》，还有《飞虹啸》和《氤氲钏》涉及一夫多妻。这三个剧本的结局大同小异，都引用兰蕙同婚、英皇并嫁的成例，最后都是才子双娶佳人的大团圆结局，明显地反映出刘清韵认可一夫二妻的思想倾向，体现了其女性意识和女性立场的局限性。而刘清韵的思想局限性，绝非个例。

总之，明清女曲家的一些创作，在表现那个时代的男女不平等、呼唤爱情、婚姻的自由和期盼女性解放等问题上，作出了一些即便在今天看来也不失为大胆的描写，体现出天才的"女性主义"意识。尽管由于时代的限制，她们的"女性主义"不可能是自觉的，而只能是朦胧的，致使她们的创作充满了矛盾和局限。但毫无疑问，她们已经完成了在她们那个时代所能达到的最深刻的思考和最优秀的艺术形式。在这个意义上，说她们的创作和思考开启了中国近现代女性主义文学的历史，应该大致不错。

作者单位：杭州师范大学

参考文献：

[1] 刘清韵撰：《小蓬莱阁传奇》，清光绪二十六年（1900）石印袖珍本，上海图书馆藏。

[2] 吴藻：《花帘词》，道光九年（1829）刻本，浙江图书馆藏。

[3] 汤显祖著，陈同、谈则、钱宜合评：《吴吴山三妇合评牡丹亭》，上海古籍出版社2008年版。

[4] 吴藻撰：《乔影》，引自《续修四库全书》（1768），据清道光刻本影印，上海古籍出版社2001年版。

也说"至情"杜丽娘

何梦醒

一

汤显祖用"一生四梦，惟爱牡丹"来表达自己对《牡丹亭》的赞赏深爱，这部"家传户颂，几令《西厢》减价"的名剧塑造了一个"生生死死为情多"的"至情"女主形象——杜丽娘。所谓"至情"便是唯"情"至上，"以情反理"摆脱"存天理、灭人欲"的封建教条，肯定、张扬人性的自然欲求。

《牡丹亭》一开篇便道："天下女子有情，宁有如杜丽娘者乎？""如丽娘者，乃可谓之有情人耳""情不知所起，一往而深，生者可以死，死可以生。生而不可与死，死而不可复生者皆非情之至也"① 汤显祖创造杜丽娘这一形象时已把她视为"至情"的化身。吴山三妇点评《牡丹亭》时也多次肯定丽娘的"至情"。比如，"回生甚难，丽娘竟作此想，说来只是情至。"（《悼殇》批语），"为柳郎"三字认得真，故为情至（《冥誓》批语）。"伤春便埋"，直以死殉梦。至此喜心倒极，忽悲忽叹，无非至情"（《婚走》批语。）② 诸如此类的批语。王思任对杜丽娘"至情"的也极尽赞誉之词："月可沉，天可瘦，泉台可瞑，獠牙判官可狎而处，而'梅''柳'二字，一灵咬住，必不肯使劫灰烧失……若士以为情不可以论理，死不足以尽情，百千情事，一死而止，则情莫有深于阿丽者矣"③ 可以说《牡丹亭》中杜丽娘的"至情"形象已经得到了历代评论家的普遍认可。

---

① 《牡丹亭题词》，引自汤显祖著；王思任批评，李萍校点：《王思任批评本牡丹亭》，南京凤凰出版社2011年版。
② 汤显祖著陈同，谈则，钱宜合评：《吴吴山三妇合评牡丹亭》，上海古籍出版社2008年版。
③ 《批点玉茗堂〈牡丹亭〉叙》，引自汤显祖著；王思任批评，李萍校点：《王思任批评本牡丹亭》，南京凤凰出版社2011年版。

二

从杜丽娘自思自叹、一梦而亡,而后又死而复生、至死不渝的执着中可以看出她对"情"的渴望的确达到了极致,这在《惊梦》《寻梦》两折中表现得最为淋漓尽致。杜丽娘梦中沉醉那场云雨之欢,醒后又百般回味"两情合和,真个是千般爱惜,万种温存",以至于后来苦苦寻梦,寻而不得发出"这般花花草草由人恋,生生死死遂人愿,便酸酸楚楚无人怨"的痛苦呼号。《惊梦》《寻梦》生动细腻地呈现出杜丽娘游园伤春骤然觉醒之后最激烈、最动人的内心世界,强有力地塑造了杜丽娘的"至情"形象,这两出也因此成为戏曲舞台上长演不衰的经典剧目。正如董每戡的评价:"这个作品之有较高的思想性,全赖有'放荡不羁'的梦,使封建毒焰黯淡无光。在那个社会'有女怀春'当然有'吉士怀之',手持柳枝的梦中人才到了眼前,顺理成章,自然而然。"①

梦中的杜丽娘敢于将郁积在内心的情欲彻底释放,死后亦不肯放下心中渴盼,为魂的杜丽娘带着对梦中之情的执念也一直勇敢大胆,敢于对鬼判陈情梦中之事,敢于不顾礼法幽会柳梦梅。这一切似乎都证实了她的"情之至也",但是她的一切躁动,一切叛逆,事实上都只是深深封存于她自己的内心深处,(梦是她内心的渴求,魂也是她内心的幻化)从未敢在现实当中表现出来。杜丽娘不顾一切地"至情"只敢在梦中和为鬼魂时痛快淋漓地显露出来,一旦回归到现实当中,她便又不自觉地压抑克制自己的情感,反抗精神明显削弱。

对比元代出现过的另一个光辉、经典的女性叛逆者形象:崔莺莺,亦可明显印证。崔莺莺与杜丽娘同是封建时代上流社会的贵族少女,虽然皆为才貌双全的大家闺秀却深深被封建礼教束缚,无法获得理想的爱情,因此二者都渴望真挚的爱情,追求自由的婚姻,并且都采取了行动来反抗封建礼教的压迫。但二者对待情爱的态度大不相同。

首先从对待心上人的功名上来看,自始至终崔莺莺只要张生一片赤诚心别无他求,张生被迫上京取应离开莺莺时,莺莺满心愁绪恋恋不舍,不甘心为着"蜗角虚名,蝇头微利,拆鸳鸯在两下里",认为"但得一个并头莲,

---

① 董每戡:《五大名剧论》,人民文学出版社1984年版,第356页。

煞强如状元及第",并嘱咐张生"此一行得不得官疾便回来",完全不计较张生能否高中,一片痴情显露无遗。而杜丽娘从一开始对心上人的身份和功名就有所要求,自题小像上的诗句"他年得傍蟾宫客,不在梅边在柳边"已表明她心目中的理想伴侣必须是个状元郎。死而复生,正值新婚宴尔的杜丽娘急急催促"相公只索快行"赶去科场求功名,不似为鬼魂时那般留恋柳梦梅,"盼今朝得傍你蟾宫客,你和俺倍精神金阶对策"一心念着柳梦梅高中状元。从这一点上来讲,尽管杜丽娘对情爱的渴望和追求十分强烈而且执着,但是她并未能如崔莺莺那样,爱得十分纯粹完全不计较功名利禄,难以称得上"至情"。

其次,从对待自己的名节上来看,作为一个已有婚约在身的相国千金,她甘冒无媒无聘的风险,不顾自身清誉,不顾母亲反对,以身相许与张生私订终身。这一步虽走的犹豫艰难,但最终崔莺莺还是为爱情抛下了一切。而杜丽娘在梦中与素昧平生的柳梦梅欢爱一场,化为鬼魂后痴痴寻找柳梦梅,主动托付"千金之躯"并表明"每夜得工枕席,平生之愿足矣"。为了实现自己心中所愿,杜丽娘完全摆脱了封建礼教的羁绊,不再顾惜自己的名节和身份,这时的杜丽娘面对情爱是那样的直接、果敢、大胆,比崔莺莺热烈干脆得多。

然而这一切都只存在于梦中,只存在于摆脱了肉体束缚的魂魄中,一旦回归现实世界,那个大胆直接敢于反抗封建礼教的"至情"杜丽娘就立刻变成了谨守礼教的大家闺秀。因梦垂危的杜丽娘至死未敢对父母言明染病根由,嘱咐春香藏画之时,还特意提到"我那春容,题诗在上,外观不雅"要用紫檀匣盛着,生怕被外人发现了她思春之情。杜丽娘回生之后,柳梦梅满心欢喜提出"便好今宵成配偶",杜丽娘却推说"嘈腾还自少精神"不肯答应,又义正严词地表明"必待父母之命,媒妁之言""前夕鬼也,今日人也。鬼可虚情,人须实礼"。杜丽娘深知为鬼魂时的欢情并不会破坏她的处子之身,"伴情哥则是游魂,女儿身依旧含胎",不会有损她的贞洁,大可以尽情做个藐视礼教的自由鬼。一旦回到现实她便自觉收起内心的放任,重新做个恪守礼法的规矩小姐。

可以说,杜丽娘内心对"情"的渴望达到了极致,但是现实中她对"情"的实际追求却并不极致,梦里魂中的杜丽娘是"至情"的化身,现实中的她不敢越礼教雷池,也不能真正做个"至情"之人。对杜丽娘而言,自由只在梦魂中,现实处处是牢笼,她的渴望再强也无法彻底摆脱束缚。她能为"情"抛却性命,却始终不敢为"情"抛掉礼教,她的内心世界与她的现实世界相互矛盾。这种矛盾也正是汤显祖内心世界矛盾的表现,他认识到了"存天理、灭人欲"以及三纲五常的封建教条对自然人性的压抑之重,忍不住要在黑暗压抑的氛围中大声疾呼,但是并不能改变冰冷残酷的现实。另外,作为生活在那个时代、接受着那个时代思想渗透的人,汤显祖或多或少还是会认同甚至维护那个时代的社会规范,并且绝对不只是汤显祖一人。如果杜丽娘不是在梦中或化为鬼魂时与柳梦梅幽会,而是在现实当中与陌生男子沉湎床笫之欢,恐怕杜丽娘很有可能会成为被人唾弃的对象而不再是人人称颂的"至情"之人。

三

不过,即便杜丽娘不是真正"至情"的化身,也不能因此否定《牡丹亭》的价值,否定杜丽娘的独特魅力。因为"《牡丹亭》一剧之所以惊世骇俗,就在于它不同于一般的才子佳人故事。它不是描写一见钟情、心心相印、欲语还休式的爱情,而是肯定并张扬了人性中自然的情欲。"① 现实当中,杜丽娘根本没有机会去结识一位与自己心意相通的男子,而人的本能又让她难以抑制对异性的渴求,即便没机会获得现实的感情,也要在梦中与情郎缠绵一番,所以她的情感轨迹是"先欲而后情",敢于做梦,敢于寻梦,这在黑暗压抑礼教森严的封建时代已是难能可贵。

对于那些常年束缚于闺阁之中无法呼吸到自由空气的封建女子而言,杜丽娘与她们处境相同,却敢为情爱越雷池,思她们所不敢思之情,为她们所不敢为之事,并且能够为情为欲上天入地,不达目的,死不罢休,这些已经强烈地触动了她们的内心,满足了她们深藏的渴望。哪怕这一切无法真正在现实中实现,能在做梦时、做鬼时放肆一番,也足以令无数深闺女子信以为真、心驰神往,甚至为此伤情殒命的也大有人在。比如,挑灯夜看《牡丹亭》以杜丽娘自比的冯小青,痴迷《牡丹亭》断肠而死的娄江俞二娘,演唱《牡丹亭》过分入情气绝而死的伶人商小玲等。杜丽娘算不上完全的纯粹之人、"至情"之人,但她在梦魂中发出了那个时代的最强音,振奋了更多

---

① 刘淑丽:《〈牡丹亭〉接受史研究》,齐鲁书社 2013 年版,第 186 页。

深受压迫的心灵，她身上依然散发着耀眼的光芒，她的形象依然拥有独特的艺术感染力。

作者单位：上海大学上海电影学院（硕士研究生）

参考文献：

［1］汤显祖著，徐朔方、杨笑梅校注：《牡丹亭》（插图版），人民文学出版社1963年版。

［2］王实甫著，张燕瑾校注：《西厢记》（插图版），人民文学出版社1995年版。

［3］汤显祖著，王思任批评，李萍校点：《王思任批评本牡丹亭》，南京凤凰出版社2011年版。

［4］汤显祖著，陈同，谈则，钱宜合评：《吴吴山三妇合评牡丹亭》，上海古籍出版社2008年版。

［5］董每戡：《五大名剧论》，人民文学出版社1984年版。

［6］刘淑丽：《〈牡丹亭〉接受史研究》，齐鲁书社2013年版。

《牡丹亭·遇母》【番山虎】曲牌探究

洪惟助

前　　言

汤显祖《牡丹亭》曲词不合格律，令歌者挠喉捩嗓，但由于文辞精妙、意趣高远，为后学者所不忍弃。因而有沈璟、臧晋叔、冯梦龙等人的"改词就调"，更有钮格、叶堂等人的"改调就词"，"改调就词"即以集曲的方法改变曲调以适应原作的歌词。钮格以集曲"格正"原作六十四曲，叶堂有集曲四十七首改变原作曲牌旋律。① 这些集曲，以《遇母》折【番山虎】曲牌各家所论最为纷歧。《牡丹亭·遇母》原作【番山虎】四曲，分由老旦杜母，旦丽娘，净石道姑，贴春香所唱，四曲的句数、字数各不相同。兹将各重要曲谱论及此曲牌者分述于下：

一、沈自晋《南词新谱》

沈自晋《南词新谱》②在越调过曲中【番山虎】收三体，以《牡丹亭·遇母》第一曲老旦杜母唱为正体，旦丽娘唱为"又一曲"；另有"又一体"列《鸾鎞记》"他挂名虎榜"。杜母唱一曲列于下：

【蛮牌令】则道你 烈性上青天◎端坐在 西方九品莲◎不道 三年鬼窟里。重相

---

① 参见洪惟助撰《绕喉捩嗓到歌称绕梁的〈牡丹亭〉》引自《汤显祖与牡丹亭》中国文哲专刊32，台湾"中央研究院中国文哲研究所"2005年版，第737~780页。
② 沈自南《复位南九宫新谱序》署"乙未菊月弟自南述"。乙未，顺治十二年（1655），《南词新谱》当刊行于此时。

见◎【下山虎】_{哭的我}手麻肠寸断◎心枯泪_点穿◎梦魂沉乱。_我神情倒颠◎看时儿立地。叫时娘各天◎_{怕你}茶酒饭无浇奠◎牛羊_侵墓田◎【忆多娇】〔合〕今夕何年◎今夕何年◎还怕_这相逢梦边◎①

前四句以【蛮牌令】首至四句"格正",但【蛮牌令】曲,沈璟《南曲全谱》、沈自晋《南词新谱》、吴梅《南北词简谱》都以《进梅谏》传奇为例曲,前四句:"得遇艳阳时◎妆点_在鬟云垂◎一从春去了。_{寂寞}在疏篱◎"第二、第三、第四句的平仄与《牡丹亭》都不甚合。第二句《牡丹亭》作"平平仄仄平",沈璟等谱【蛮牌令】作"仄仄仄平平"。第三、四句《牡丹亭》正字作"平平仄平仄。平平仄◎"沈璟等谱【蛮牌令】作"仄平平仄仄。仄平平◎"徐于室辑钮少雅订的《九宫正始》列【蛮牌令】四格,首四句格律亦同沈璟等谱。

【下山虎】,沈璟《南曲全谱》、沈自晋《南词新谱》、吴梅《南北词简谱》、《九宫正始》第一格俱以《拜月亭》"大人家体面"一曲为例曲,兹录于下:

大人_家体面◎委实多般◎有眼何曾见◎懒能向前◎_{他那里}弄盏传杯。怎般腼觍◎_我这里新人忒煞虔◎待推怎地展◎_{争奈}主婚人不见怜◎配合夫妻事。事非偶然◎好恶因缘都在天◎

【下山虎】曲牌共十二句,《牡丹亭》集曲【下山虎】八句,很难在原曲牌中找到相对应的八句,句法、平仄均不甚相合。

【忆多娇】曲牌,《南曲全谱》《南词新谱》俱以《荆钗记》"子嗣悭"一曲为正体,其末三句:"〔合〕休得愁烦◎休得愁烦◎他是读书大贤◎"《牡丹亭》【番山虎】末三句句法、平仄尽合。

《南词新谱》以旦丽娘唱为"又一曲",列于下:

【下山虎】_你抛儿浅土。骨冷难眠◎吃_不尽爷娘饭。江南_寒食天◎_{可也}不

---

① 本文曲词句逗符号:"。"表句,"◎"表韵,"、"表逗,"+"表平仄皆可。"断"桓欢韵"借韵"。

想_有_今日。也道_不_起从前◎似这般糊突谜。甚时_明_白也天◎鬼不要人不嫌◎不是前生断◎今生怎_得_连◎【忆多娇】〔合〕今夕何年◎今夕何年◎还怕_这_相逢梦边◎（此曲押先天韵，"嫌"廉纤韵，"断"桓欢韵，"借韵"）

【下山虎】十二句，此取其前十一句，格律颇有不合。《南词新谱》等谱以《拜月亭》"大人家体面"为例曲，仅第五句"杯"字、第十句"事"字不协韵；此则第一句"土"、第三句"饭"、第五句"日"、第七句"谜"，俱不协。第七句《拜月亭》"_我_这里新人忒煞虔"七字，此作"似这般糊突谜"只六字。平仄四声亦颇有不合，如第五句《拜月亭》作"弄盏传杯"仄仄平平，此作"不想今日"仄仄平仄。第二句《拜月亭》"恁般膊觑"仄平仄仄，此作"道起从前"仄仄平平。第八句《拜月亭》"待推怎地展"仄平仄仄仄（"地"或当读平），此作"甚时明白也天"仄平仄仄平。

从上面文字格律的对比，可以看出《南词新谱》的《牡丹亭》【番山虎】集曲，也只是勉强凑合而已。真正要达到文与乐谐合的是沈璟改词又改律的《同梦记》【蛮山忆】。沈璟改《牡丹亭》为《同梦记》已佚，唯《南词新谱》存两曲，一为《言怀》中的【真珍帘】，一为《遇母》中的【蛮山忆】。沈自晋《南词新谱》将【蛮山忆】置于【番山虎】后，注云："前《牡丹亭》二曲，从临川原本，此一曲从松陵串本。备录之，见汤沈异同。"沈璟【蛮山忆】列于下：

【蛮牌令】说起泪犹悬◎想着胆犹寒◎_他已_成双成美爱。还与他做七做中元◎那一日不铺孝筵◎那一节不化金钱◎【下山虎】_只说你_同穴无夫主。_谁知_显出外边◎撇了孤坟_双双_同上船◎【忆多娇】〔合〕今夕何年◎今夕何年◎还怕_是_相逢梦边◎

以【蛮牌令】首至六句，【下山虎】末三句【忆多娇】末三句集曲。与原曲牌格律完全相合。

二、钮少雅《格正还魂记词调》

《牡丹亭·遇母》【番山虎】四曲，钮少雅《格正还魂记词调》以不同的集曲"格正"。少雅云:"下调据原题四曲皆曰【番山虎】,然【番山虎】一调按新旧诸谱从无此题,因散曲中不识何人撰有'一夜雨滴空阶'套,以致今人颇有仿彼而作之者。况此四曲之章句每各不同,甚至其腔板知识者亦少。今推其义,必为犯调耳。余今斗胆摩其句律平仄,妄拟数调于下,虽皆不脱【下山虎】之题,但其是非莫辨,再俟博者订正。"

第一曲老旦杜母唱以【黄莺儿】【亭前柳】【下山虎】【桂枝香】【忆多娇】五曲牌零句集曲,各为【山外娇莺啼柳枝】。录之于下:

【商调黄莺儿首至三】_{则道你}烈性上青天◎_端坐在西方九品莲◎_{不道}三年鬼窟里重相见◎【越调亭前柳三至四】_{哭得我}手麻肠寸断◎心枯泪点穿◎【越调下山虎首至四】梦魂沉乱◎_我神情倒颠◎看时儿立地。叫时娘各天◎【仙吕桂枝香末二句】_{怕你茶}酒饭无浇奠◎牛羊侵墓田◎【越调忆多娇末句】今夕何年◎今夕何年◎_{还怕这}相逢梦边◎

【黄莺儿】,《南词新谱》以散曲为例曲,其前三句:"霜降水痕收◎迅池塘已暮秋◎满城风雨还重九◎"《牡丹亭》"烈性上青天"曲与之比对,三句句法平仄皆合。("窟"字入声,《中原音韵》入作上)《九宫正始》【黄莺儿】以《乐昌公主》作例曲,前三句:"深夜静沉沉◎睹天河白似银◎正双星牛女传芳信◎"《南北词简谱》以散曲为例曲,前三句:"芳馆坐黄昏◎对幽兰欲断魂◎微风逗处香成阵◎"句法、平仄皆同。

【亭前柳】,《南词新谱》《南词定律》《南北词简谱》俱以《荆钗记》"衰鬓已星星"为例曲,其第三、第四句:"况兼寒凛凛。那更冷清清◎"《九宫正始》以传奇《苏武》"北海牧羊群"为例曲,其第三、第四句:"充饥皆草木。相亲是猩猩◎"其格律应为:平平仄仄。平平仄平平◎。《牡丹亭》此曲:仄平平仄仄。平平仄仄平◎,"点"字平仄不合。

"梦魂沉乱◎我神情倒颠◎看时儿立地。叫时娘各天◎"四句。《格正还魂记》以【下山虎】首至四"格正",《南词新谱》等谱例曲【下山虎】第三句"有眼何曾见",《牡丹亭》"看时儿立地",平仄不合。其他三句平仄相合。"_{怕你茶}酒饭无浇奠◎牛羊_侵墓田◎"《格正还魂记》以仙吕【桂枝香】末二句"格正"。【桂枝香】《南词新谱》《九宫正始》俱以《琵琶记》"书生愚见"

一曲为例曲，末二句："_{道你是}相府公侯女。不能_够嫁状元◎"《南北词简谱》以《疗妒羹》"魂还非谬"为例曲，末二句："烛闪搴衣护。窗开剪纸修◎"均为两五字句，平仄做：仄仄平平仄。平仄仄平◎《牡丹亭》"酒饭无浇奠"句合律，"牛羊侵墓田"句平平平仄仄，"侵"字平声不合。

末三句，《格正还魂记》亦以【忆多娇】末三句集曲，平仄尽合，在"一、沈自晋《南词新谱》"中已论述。

钮少雅将《牡丹亭·遇母》杜母唱一曲，以五首曲牌零句集曲，真是开肠剖肚，动了大手术，才将格律大致"格正"。少数几个字仍不合律，只好在订谱时改动音乐旋律了。

其他三首【番山虎】亦以数个曲牌零句集曲，并改曲牌名。旦丽娘唱一曲名【山桃竹柳四般宜】，以【下山虎首至四】【南吕番竹马二至三】【越调小桃红明珠格五至六】【越调蛮牌令七至八】【越调亭前柳三至四】【越调忆多娇末三句】六曲牌零句集曲。净石道姑、贴春香唱二曲名【山下多麻秸】，以【越调下山虎首至四】、【越调山麻秸六至终】（春香唱山麻秸全）、【越调忆多娇末三句】三曲牌零句集曲。三曲集曲方法与第一曲相同，此不再比对。

三、吕士雄等编的《南词定律》

《南词定律》由吕士雄、杨绪、刘璜、唐尚信等人合编，刊行于康熙五十七年（1720）。它是格律谱，又附有工尺谱，其编辑体例影响了乾隆十一年（1746）刊行的《九宫大成南北词宫谱》。

《南词定律》在《牡丹亭》原作【番山虎】四曲中收录两曲，一为旦丽娘唱的"你抛儿浅土"，一为净石道姑唱的"近的话不堪提咽"。

旦唱一曲，《南词定律》名为【山桃竹柳四多娇】列于下：

【下山虎首至四】_你抛儿浅土。骨冷难眠◎_吃不尽爹娘饭。江南_寒食天◎【番竹马四句】_{可也}不想有今日、也道不_起从前◎【小桃红八至末】似这般糊突谜。甚时明白_也天◎【四般宜合至八】鬼不要。人不嫌。【亭前柳三至合】不是前生断◎今生怎得连◎【忆多娇合至末】今夕何年◎今夕何年◎还怕_这相逢梦边◎

《南词定律》的集曲颇受《格正还魂记》影响，所用曲牌与《格正还魂记》大致相同。

首四句《南词定律》与《格正还魂记》均以【下山虎】首四句集曲，【下山虎】首四句，《南词新谱》等谱以《拜月亭》为例曲，前四句："大人$_家$体面◎委实多般◎有眼何曾见。懒能向前◎"格律相合，仅第一句《拜月亭》押韵，《牡丹亭》不押韵。《南词定律》【下山虎】以《荆钗》为例曲，首四句："$_{正是}$见鞍思马。睹物伤情◎触起$_我$关心事。$_{教人}$怎不泪零◎"仅第四句第二字平仄不同。

第五句"$_{可也}$不想有今日、$_也$道不起从前"，以【番竹马】第四句集曲。【番竹马】《南曲全谱》《南词新谱》《南词定律》皆以《拜月亭》为例曲，首四句："喊声漫山漫野◎招飐皂旗、万点寒鸦◎千户万户每。领雄兵、围绕中都城下◎"（《南北词简谱》亦以《拜月亭》为例曲，但订为："喊声漫山漫野◎招飐皂旗。万点寒鸦◎千户万户。每领雄兵、围绕中都城下◎"）

《牡丹亭》第五句"$_{可也}$不想$_有$今日、$_也$道不起从前◎"与《拜月亭》【番竹马】第四句"领雄兵，围绕中都城下◎"句法、字数、平仄俱不符。在《南词定律》中，其工尺谱亦不相似。《格正牡丹亭词调》《牡丹亭》第五句订为【番竹马二至三】，依《南词新谱》《南词定律》订律【番竹马】第二、第三句是："招飐皂旗、万点寒鸦◎千户万户每。"字数、句法、平仄均不合。如依吴梅《南北词简谱》所订，第二、第三句是"招飐皂旗，万点寒鸦◎"比较接近，平仄亦未全合。

六、七二句："似这般糊突谜。甚时明白$_也$天◎"《南词定律》以"小桃红八至末"集曲。《南词定律》【小桃红】曲牌以《拜月亭》"状元执盏与婵娟"一曲为正体，仅八句，何来"八至末"？后录有九句体《红梨记》八、九二句作："天成就美前程。何须用卖花婆◎"字数、句法、平仄与《牡丹亭》未全合，后又录《牧羊》《白兔》《卧冰》三体，格律更不合。《格正还魂记》以【越调小桃红明珠格五至六】"格正"，明珠格余未见，《南北词简谱》以《金锁记》为古体，五、六句："年纪乍垂髫◎$_{父亲行}$去求名。"以散曲为今体，五、六句："$_{和咱有}$燕莺期。凤鸾交◎"格律和《牡丹亭》均不合。

八、九二句："鬼不要。人不嫌。"《南词定律》以【四般宜合至八】集曲，《格正还魂记》谓"越调蛮牌令七至八"【蛮牌令】即【四般宜】，七至八，即合至八，两者相同。《南词定律》【蛮牌令】以《琵琶记》"终日走千遭"为正体，其七、八句："穷_酸秀才。直恁乔◎"《南词定律》《南北词简谱》以《进梅谏》"得遇艳阳时"为例曲，其七、八句："雕阑畔。曲槛西◎"字数、句法相合，平仄略有差异。

十、十一两句："不是前生断◎今生怎得连◎"《南词定律》《格正还魂记》都以【亭前柳三至四（即三至合）】集曲。【亭前柳】《南词新谱》《南词定律》《南北词简谱》均以《荆钗记》"衰鬓已星星"为例曲，其三、四句："况兼寒凛凛。那更冷清清◎"字数、句法与《牡丹亭》俱合，平仄略异。

末三句"今夕何年……"以【忆多娇合至末】集曲，格律相合，前已论述。由上文论述，可见《南词定律》之集曲，其文字格律亦未全合，只是勉强凑合。

净石道姑所唱"近的话不堪提咽"一曲，《南词定律》同《格正还魂记》均名为【山下多麻秸】首四句二谱均订为【下山虎首四句】。五、六两句，《格正还魂记》订【越调山麻秸六至终】，《南词定律》订【山麻秸五至末】其实二者相同，指的都是【山麻秸】的末两句，只是断句的不同。如《南词定律》【山麻秸】以《红梨记》为正体：

_他恨好事无端蹉◎_{好一似}天畔黄姑、望断银河◎多磨◎_他一句句怨着、孤辰难躲◎料不是王魁浪子。尾生魇汉、宋玉伴哥◎

共六句。如将逗"、"断为句"。"，句数就多出来了。

四、周祥钰等编辑的《九宫大成南词宫谱》

《九宫大成谱》将《牡丹亭》【番山虎】四曲均收入越调正曲中，曲牌名【番山虎】，不列入集曲，把它当正曲看待。断句与《南词定律》略有不同。旦唱"你抛儿浅土"一曲，第五句《南词定律》作："_{可也}不想_有今日、也道不_起从前◎"《大成谱》作"_{可也}不想_有今日也。道不起从前◎"做为两句，并在"也"字断句。"起"字《定律》视为衬字，《大成谱》视为正字。"鬼不要。人不嫌。"《定律》视为两句，《大成谱》做为一句。末句"还怕_这相逢梦边"《定律》视"这"为衬，《大成谱》作为正字。

二谱的板位几乎相同，工尺谱相似度也很高，将前四句比对列于下：

```
                    上 工 尺   四上四  上尺        尺工尺 四  上  尺工
《定律》①你 抛 儿  浅    土      ②骨    冷 难 眠
                    上尺 上尺  四上四  上尺        尺工尺上四  上  尺工
《大成》①你 抛 儿  浅    土      ②骨    冷 难 眠

                    六  六五  六工尺  上尺 尺工尺上
《定律》③吃 不 尽  爹      娘    饭
                    六  六 五 六六工尺 上尺  尺工尺上
《大成》③吃 不 尽  爹         娘   饭

                    尺   上  上   上尺
《定律》④江 南 寒 食 天
                    尺   上尺  四  四上  尺
《大成》④江 南 寒  食  天
```

四句板位相同，只是《大成谱》点板眼，《定律》只点板。工尺几乎相同，《大成谱》略有改进，可以唱得更婉转一些。

净石道姑唱一曲，《大成谱》的格律、工尺与《定律》亦大致相同。《大成》将《定律》部分衬字订为正字。举四句比对，见其文字格律与工尺之异同。

```
                 工  尺  工  尺  尺   上尺 上四_
《定律》①近  的  话  不   堪   提   咽◎
                 工  尺  工  尺  尺   上尺 上四_
《大成》①近  的  话  不   堪   提   咽◎

                 上  尺  尺  工  尺  尺  上尺  尺工
《定律》②早 森 森 地 心  疏   体   寒◎
                 上  尺  尺  工  尺  尺上 四上四  工尺
《大成》②早  森 森  地  心   疏    体    颤◎
```

		六	工	六	五	六▼	五	工尺▼	尺工
《定律》③		空	和	他	做	七	做	中	元◎

		六	工	六	五。	工	五六	工尺	尺工
《大成》③		空	和	他、	做	七	做	中	元◎

		上	尺	尺	上▼	尺	上尺	五	五六工
《定律》④		怎	知	他	成	双	成	爱	眷◎

		上	尺	尺	上▼	尺。	上尺	五六	工尺
《大成》④		怎	知	他、	成	双	成	爱	眷◎

第一句《定律》三个衬字，《大成》订为正字，但是板位工尺完全相同。第二句《定律》"早森森地"四个衬字，《大成》只有"早"是衬，"森森地"变成正字。后三字《大成》多两个音，旋律不那么平板，较有起伏。第三句《定律》"空和他"三个衬字，《大成》变成正字。工尺只有一个音不同，《大成》将《定律》"七"字的"六"音改为"工"，《定律》前后都是"六五""五六"，"七"字又作"六"，太平板，故改用"工"。第四句《定律》"怎知他""爱"是衬，《大成》都变成正字。前五字工尺相同，末二字的音符《定律》"五五六工"，《大成》改为"五六工尺"，似较婉转有韵。由上所述，可见《大成谱》是在《定律》的基础上琢磨改进的。

五、冯起凤《吟香堂曲谱》与叶堂《纳书楹曲谱》

冯起凤《吟香堂曲谱》于乾隆五十四年（1789）由其子"懋才秀林梓"，《纳书楹曲谱》乾隆五十七年（1792）刊刻，时叶堂仍在世。由此推测，冯起凤年岁可能大于叶堂一、二十岁。冯、叶二人同乡同行，《吟香堂》早三年问世，但叶堂从不提起冯起凤或《吟香堂曲谱》。叶堂在世时，名气已很大，《纳书楹曲谱》有正集、续集、外集、补遗、四梦全谱、西厢，著述宏富。《吟香堂》只有《牡丹亭》和《长生殿》全谱。

其实《纳书楹》《吟香堂》及更早的《九宫大成》《南词定律》都有很大的相似度。《牡丹亭》【番山虎】，《吟香堂》、《纳书楹》四曲皆收，曲名都称【番山虎】。《吟香堂》在曲牌名上标"越调正曲"，《纳书楹》只标"越调"。兹以石道姑所唱一曲"近的话不堪提咽"的第五句至末（接上一节《定律》

《大成》的比对）做比对：

第五句

		▼		▼		
《定　律》	我 四	捉 上尺上	鬼 四尺	拿 尺工六	奸◎ 工	
《大　成》	我 上	捉 ○上尺	鬼 四	拏 ▼上尺工	奸◎ ○尺	
《吟香堂》	我 上	捉 尺	鬼 四	拏 上尺工	奸◎ 尺	
《纳书楹》	我 四	捉 上尺上	鬼 四	拏 上尺	奸◎ 工	

第六句

		▼		▼				▼
《定　律》	知 尺工	他 尺	影 上尺	戏 工尺	儿 上	做 尺上	的 四	怎 尺	活 上尺	现◎ 尺工
《大　成》	知 尺	他 尺	影 上尺	戏 工尺	儿 上尺	做 ○工	的 尺	怎 工	活 上尺	现◎ 上四
《吟香堂》	知 尺	他 尺	影 上尺	戏 工六	儿 上	做 尺上	的 四	怎 工六	活 上尺	现◎ 上四
《纳书楹》	知 △尺工	他 ▼尺	影 上尺	戏 上四	儿 ○合四	做 ▼工尺上	的 四上	怎 尺	活 上尺	现◎ ▼工尺上

第七、第八句

		▼						▼
《定　律》	这 工	样 尺	奇 上尺	缘◎ 尺工	这 五	样 五	奇 六五	缘◎ 上
《大　成》	这 ○六	样 工尺	奇 上工	缘◎ 尺工	这 伬	样 五	奇 六五仩上①	缘◎ 工六
《吟香堂》	这 ○五	样 工尺	奇 上工	缘◎ 尺工	这 伬	样 五仩	奇 六五仩五	缘◎ ○工六
《纳书楹》	这 ○五	样 工尺	奇 上尺工	缘◎ 尺工	这 五仩	样 五	奇 六五六	缘◎ 工

---

① 《大成谱》第八句"奇"字的工尺似作"六五仩上"，"上"字印刷很不明晰。昆曲在一板中做八度跳进，甚少见。《吟香堂》作"六五上五"似较合理。

第九句

```
              ▼              ▼
        上  尺  上  上  上尺  上尺 上四
《定　律》打　当　了　轮　回　　一　　遍◎

              ▼        ○    ▼
        尺  工  尺  上  上尺工尺 上尺 上四
《大　成》打　当　了　轮　回　　一　　遍◎

              ▼        ○    ▼
        尺上 工  尺上 上  上尺工尺 上尺 上四
《吟香堂》打　当　了　轮　回　　一　　遍◎

              ▼        ○    ▼
        尺  工六 工尺 上  上尺工尺 上尺 上
《纳书楹》打　当　了　轮　回　　一　　遍◎
```

由上面四个谱的对照，可以看出它们彼此的相似度很高；曲牌音乐源远流长，一脉相传，个人的创造是有限的。《吟香堂》承袭《大成谱》较多，《纳书楹》承继《定律》较多。后出的谱音符较多，较为细腻婉转。

第六句"活现"二字，《纳书楹》"上尺工尺上"比《大成》、《吟香堂》"上尺上四"、《定律》"上尺尺工"，更能表达"活现"的情境。第八句"这样奇缘"，《吟香堂》高揭其音，"奇"字有高音"六五仩五"四个音符，易吸引听者注意力，显现"奇缘"之"奇"。

结　语

汤显祖《牡丹亭》文辞精妙，但往往不合格律，有碍歌唱，同时代乃至后代曲家遂以集曲方式"格正"。同时代的沈璟即以改词又改调的方式改善其拗嗓。其后钮少雅《格正还魂记词调》、吕士雄等编《南词定律》、周祥钰等编《九宫大成南北词宫谱》、冯起凤《吟香堂曲谱》、叶堂《纳书楹曲谱》等都运用集曲改善《牡丹亭》的不合律。【番山虎】一曲，《格正》、《南词定律》甚至以五六个曲牌集曲。但这些集曲仍非完全合律，还要订谱家做音乐的调整修饰。

由上文曲牌文字格律和工尺谱的比对，可以看出昆曲曲牌音乐源远流长，一脉相传，《南词定律》（1720 年刊）到《纳书楹曲谱》（1792 年刊）七十余年间的衍变并不大，是有迹可寻的。近当代学者将《牡丹亭》曲牌音乐的挠喉捩嗓改变成为歌称绕梁的曲调，多归功于叶堂。但从我们比对中可以看到历代曲家累积的贡献，叶堂只是其中一人而已，他对前人的改动并不多。

　　笔者在 2005 年曾著有《从挠喉捩嗓到歌称绕梁的〈牡丹亭〉》一文，论述叶堂《牡丹亭》曲谱的集曲四十七曲，其中承袭旧有集曲者三十一曲，完全袭自钮少雅《格正》者十三曲，《纳书楹》自创集曲并不多。文中比对《惊梦》【皂罗袍】曲，《纳书楹》与《吟香堂》相似度甚高，其差异各有优胜。

　　叶派唱口当时即已名闻遐迩，叶堂整理众多曲谱确实有功曲坛；但其成就是奠基在众多前人的基础上的。在誉扬叶堂之时，也不要忘记众多前人的积累和贡献！

作者单位：台湾"中央大学"

杜丽娘"精神出现留与后人标"与明清女性的认同

胡明伟

一、"情有者理必无,理有者情必无"——汤显祖构建的《牡丹亭》情感世界

文学家不一定是思想家,他不一定有系统的思想,但他可能比思想家敏锐地捕捉到时代情绪,把握时代趋势。

汤显祖受到了明代中叶罗汝芳、达观禅师以及李贽的影响,形成了以"情"为核心的思想。汤显祖"以情反理"。陈继儒《批点牡丹亭题辞》引述汤显祖与其师的分歧:"临川曰:某与吾师终日共讲学,而人不解。师讲性,某讲理。"性即理。汤显祖在《寄达观》中说:"情有者理必无,理有者情必无。"① 他改造王阳明的"有善有恶意之动"论题、罗汝芳的"万物皆是吾身,则嗜欲岂出天机之外"论调,形成自己"情分善恶"的命题。情,指人的真情实感、要求欲望,是人的本能天性。人的情感欲望得以满足,人性才完整。理,是理学家制定的伦理道德,其目的在于束缚限制人的发展,强迫人牺牲真情实感、要求欲望,适应道德伦理。因此,情与理对立。人性要充分发展,就必须知生、贵生,尊重人的生存发展权利。汤显祖说:"天地之性人为贵……故大人之学,起于知生。知生则知自贵,又知天下之生皆当贵重也。"② "人生大患,莫急于有生而无食,尤莫急于有士才而蒙世难。"③ 汤显祖推崇"有情之天下",贬斥"有法之天下"。他在《青莲阁记》中说:"世有有情之天下,

---

① 《寄达观》,引自徐朔方笺校:《汤显祖全集》,北京古籍出版社1999年版,第1351页。
② 《贵生书院说》,引自徐朔方笺校:《汤显祖全集》,北京古籍出版社1999年版,第1225页。
③ 《蕲水朱康侯行义记》,引自徐朔方笺校:《汤显祖全集》,北京古籍出版社1999年版,第1168页。

有法之天下……令白也生今之世,滔荡零落,尚不得一中县而治。彼诚遇有情之天下也。"① 在"有情之天下"里,人们可以率性而行,个性张扬。他在《牡丹亭题辞》中说:"第云理之所必无,安知情之所必有邪",直接将情、理对立。

汤显祖进一步认为,情有善恶之分。"性无善无恶,情有之。因情成梦,因梦成戏。戏有极善极恶,总于伶无与。"② 他不仅把情分成善恶两种,即"真情"与"矫情",而且解释了两种情的不同归宿。真情长留人间:"情致所极,可以事道,可以忘言。而终有所不可忘者,存乎诗歌序记词辩之间。固圣贤之所以不能遗,而英雄之所不能晦也。"③ "矫情"则是"百年如幻忍何论"④,他以佛道思想否定"矫情"。

"因情成梦,因梦成戏",这是汤显祖的创作基点与思维模式。作家有自己独特的人生经历和独特的思想观点,势必要寻找一种对应的艺术形式,通过艺术形象以表达自己的思想观念。汤显祖用戏曲以表现人生感悟与社会见解,因为他认为,戏曲有其他文学样式所不能代替的感染娱乐作用:"生天生地生鬼生神,极人物之万途,攒古今之千变。一勾栏之上,几色目之中,无不纡徐焕眩,顿挫徘徊。恍然如见千秋之人,发梦中之事。使天下之人无故而喜,无故而悲。或语或嘿,或鼓或疲,或端冕而听,或侧弁而咍,或窥观而笑,或市涌而排。乃至贵倨弛傲,贫啬争施。聋者欲玩,聋者欲听,哑者欲叹,跛者欲起。无情者可使有情,无声者可使有声。寂可使喧,喧可使寂,饥可使饱,醉可使醒,行可以留,卧可以兴。鄙者欲艳,顽者欲灵。"戏曲有强大的教育启迪作用:"可以合君臣之节,可以浃父子之恩,可以增长幼之睦,可以动夫妇之欢,可以发宾友之仪,可以释怨毒之结,可以已愁愤之疾,可以浑庸鄙之好。然则斯道也,孝子以事其亲,敬长而娱死;仁人以此奉其尊,享帝而事鬼;老者以此终,少者以此长。外户可以不闭,嗜欲可以少营。人有此声,家有此道,疫疠不作,天下和平。岂非以人情之大窦,为名教之至乐也哉。"⑤

---

① 《青莲阁记》,引自徐朔方笺校:《汤显祖全集》,北京古籍出版社1999年版,第1174页。
② 《复甘义麓》,引自徐朔方笺校:《汤显祖全集》,北京古籍出版社1999年版,第1464页。
③ 《调象庵集序》,引自徐朔方笺校:《汤显祖全集》,北京古籍出版社1999年版,第1098~1099页。
④ 《达公过盱便云东返,寄问贺知忍》,引自徐朔方笺校:《汤显祖全集》,北京古籍出版社1999年版,第563页。
⑤ 《宜黄县戏神清源师庙记》,引自徐朔方笺校:《汤显祖全集》,北京古籍出版社1999年版,第1188页。

汤显祖将情理对立，又以为情分善恶，"因情生梦，因梦成戏"，于是他构建了戏曲创作的两个系统：情分善恶，故戏也分为两类——叙写"善情"的《紫钗记》《还魂记》；抨击"矫情"的《南柯记》《邯郸记》。

《牡丹亭》故事来源于明代话本小说《杜丽娘慕色还魂》，但它不是去再现小说的杜丽娘"慕色"（青年男女对爱情的渴望），而是表现"情"。《牡丹亭》的"情"具有丰富复杂的内涵：既指人的真情实感包括了男女爱情；也涵盖人的各种要求欲望包括男女色欲；还包括对理想、幸福、自由的追求倾向。

汤显祖创造梦中境、幽冥境、人间境三种境界，构建《牡丹亭》的情感世界。人间境是现实世界。杜丽娘事事不自由，"人而不如鸟"，在闺塾中苦闷度日，"手不许把秋千索拿，脚不许把花园路踏"，"则要你守砚台，跟书案，伴诗云，陪子曰"。她的情感无人理解，她的父母不懂女儿心思，她老师陈最良只会依注解书，更没有情趣。梦中境是理想的世界、有情世界，景美、情真、人美。杜丽娘自由自在生活，无拘无束地与梦中情人柳梦梅欢爱。幽冥境是介于梦中境、人间境之间的幽冥世界。判官有情，保护杜丽娘肉身不坏。尽管判官是有情人，幽冥界也是有情世界，但并非理想境界，杜丽娘要还魂，要续情、圆情。

汤显祖通过梦中境、幽冥境、人间境三种境界，来表现《牡丹亭》中"情"的本质特性：摆脱专制束缚，追求自由解放，呼唤个性。

二、"但是相思莫相负，牡丹亭上三生路"——杜丽娘和柳梦梅的三世情缘与三次欢爱

汤显祖说："但是相思莫相负，牡丹亭上三生路。"《牡丹亭》按照"三生石"传说，构思杜丽娘和柳梦梅的爱情，即杜丽娘和柳梦梅的三世情缘：

第一世是梦魂情缘。杜丽娘读《关雎》而感"人而不如鸟"。杜丽娘游览花园，促发主动追求情爱的契机，"不到园林，怎知春色如许"，发现"一生爱好是天然"，她怀春做梦，在梦里与书生柳梦梅相识，成为情人，做春梦"美满幽香不可言"。这是他们的第一世情缘——梦中情缘。

第二世是人鬼情缘。杜丽娘梦醒之后寻梦，但伊人已不可见。"这般花花草草由人恋，生生死死遂人愿，便酸酸楚楚无人怨。"她和现实生活环境、封

建礼教意识发冲突,只能以死殉情。杜丽娘痴迷地为自己写真:"若不趁此时自行描画,流在人间,一旦无常,谁知西蜀杜丽娘有如此之美貌乎?"以写真留影的方式使自己不朽,"精神出现留与后人标"(《写真》)。父亲杜宝葬她在花园中。柳梦梅赶考,路过杜家花园,捡到了杜丽娘写真,一见钟情,深情地叫画,把杜丽娘从阴间叫了出来,杜丽娘的鬼魂跟柳梦梅夜夜私会,成就他们的第二世情缘——人鬼情缘。

第三世是俗世姻缘。杜丽娘真情未灭,感动冥王,冥王让她还魂。柳梦梅掘墓开棺,杜丽娘还魂复活,两人结为夫妻,前往临安寻找父亲杜宝。一番风波后,柳梦梅中了状元,皆大欢喜,众人团圆。

汤显祖构建杜丽娘与柳梦梅的三生情缘,这只是杜丽娘青春觉醒与幸福追求的外在故事框架。他借"三世情缘"外在躯壳,要把杜丽娘塑造成一个"至情"的形象,而不是一个"欲望"的符号。他在《牡丹亭记题词》中说:"天下女子有情,宁有如杜丽娘者乎……情不知所起,一往而深。生者可以死,死者可以生。生而不可与死,死而不可复生者,皆非情之至也……"① 杜丽娘为之生为之死,又可以生而死,死而复生,就是追求一个"情"字!杜丽娘追求爱情的自由、婚姻的幸福,并把它们作为理想生活的一部分,执着地、大胆地追求:"怎划尽助愁芳草,甚法儿点活心苗""情栽了窍髓针难入,病躲在烟花你药怎知"。

汤显祖特别描写了杜丽娘与柳梦梅的三次欢爱,即梦中之欢、人鬼之欢、人间之欢,大胆地表现了杜丽娘的情感追求倾向。

梦中之欢。杜丽娘赏春后,春情萌动,渴望有情人的出现。"春色恼人,信有之乎?常观诗词乐府,古之女子,因春感情,遇秋成恨,诚不谬矣。吾今年已二八,未逢折桂之夫。忽慕春情,怎得蟾宫之客?"(《惊梦》)杜丽娘受到春色感发,进而领悟男女关系的自然性。她赏春、伤春,感叹自己虚度青春:"吾生于宦族,长在名门,年已及笄,不得早成佳配,诚为虚度青春,光阴如过隙耳。"杜丽娘真实心理是"不得早成佳配,诚为虚度青春"。面对自然春光,她感受到青春易逝的紧迫感:

【山坡羊】没乱里春情难遣,蓦地里怀人幽怨。则为俺生小婵娟,拣名

---

① 《牡丹亭记题词》,引自徐朔方笺校:《汤显祖全集》,北京古籍出版社 1999 年版,第 1153 页。

门一例里神仙眷。甚良缘，把青春抛得远。俺的睡情谁见？则索因循腼腆。想幽梦谁边，和春光暗流转。迁延，这衷怀那处言？淹煎，泼残生，除问天。

她与柳梦梅相见在梦中，并谐鱼水之欢：

【山桃红】则为你如花美眷，似水流年，是答儿闲寻遍。在幽闺自怜。小姐，和你那答儿讲话去。(旦作含笑不行)(生作牵衣介)(旦低问)哪边去？（生）转过这勺药栏前，紧靠着湖山石边。(旦低问)秀才，去怎的？（生低答）和你把领扣松，衣带宽，袖梢儿揾著芽儿苫也，则待你忍耐温存一晌眠。(旦作羞)(生前抱)(旦推介)（合）是那处曾相见，相看俨然，早难道这好处相逢无一言？(生强抱旦下)

【山桃红】(生、旦携手上)（生）这一霎天留人便，草借花眠。小姐可好？(旦低头介)（生）则把云鬟点，红松翠偏。小姐休忘了啊，见了你紧相偎，慢厮连，恨不得肉儿般团成片也，逗的个日下胭脂雨上鲜。

杜丽娘与梦中人素不相识。性梦只代表她希望一场恋爱，至于这个人是柳梦梅还是张梦梅，一点都不重要。她爱上的并不是柳梦梅这个人，而是爱情本身。杜丽娘由"惊梦"而"寻梦"，"寻梦"是"惊梦"的自由发展，是梦中向往恋爱婚姻的惯性动作。

【忒忒令】那一答可是湖山石边，这一答似牡丹亭畔。嵌雕阑芍药芽儿浅，一丝丝垂杨线，一丢丢榆荚钱。线儿春甚金钱吊转！呀,昨日那书生将柳枝要我题咏,强我欢会之时。好不话长！

【嘉庆子】是谁家少俊来近远，敢迤逗这香闺去沁园？话到其间腼腆。他捏这眼，奈烦也天；咱噷这口，待酬言。

【尹令】那书生可意呵,咱不是前生爱眷，又素乏平生半面。则道来生出现，乍便今生梦见。生就个书生，恰恰生生抱咱去眠。那些好不动人春意也。

【品令】他倚太湖石，立着咱玉婵娟。待把俺玉山推倒，便日暖玉生烟。推过雕阑,转过秋千，捎着裙花展。敢席着地，怕天瞧见。好一会分明，美满幽香不可言。梦到正好时节,甚花片儿吊下来也！

【豆叶黄】他兴心儿紧咽咽，捂住咱香肩。俺可也慢揸揸做意儿周旋。等闲间把一个照人儿昏善，那般形现，那般软绵。忑一片撒花心的红影儿吊将来半天。敢是咱梦魂儿厮缠？咳,寻来寻去,都不见了。牡丹亭,芍药阑,怎生这般凄凉冷落,杳无人迹?好不伤心也！

我之所以征引唱腔，只是为了说明杜丽娘的惊梦、寻梦历程，杜丽娘的梦是少女的梦，是少女的春梦。杜丽娘的春梦具有生理层面和幻想层面的双重意义，借春梦倾诉内心对意中人的梦想，以春梦承载情爱理想的实现方式。

人鬼之欢：杜丽娘的鬼魂夜夜与柳梦梅幽会交欢，只因"泉下长眠梦不成，一生余得许多情"。梦没有圆，情没有尽，所以要续梦，要接情。

人间之欢：杜丽娘还魂婚走，与柳梦梅泊舟入睡。柳梦梅问："新婚佳趣，其乐如何？"杜丽娘回答："柳郎，今日方知有人间之乐也。"

汤显祖描绘梦中欢、人鬼欢、人间欢三次欢爱，以反映杜丽娘青春的觉醒与幸福的追求。

正因为《牡丹亭》描绘了丰富复杂的情感形态及情感本质特性，塑造了具有独特个性和时代气息的杜丽娘，所以《牡丹亭》和杜丽娘影响了明清女性的情感、性心理、女性美、个性风格。

三、"精神出现留与后人标"与"闺阁中多有解人"——明清女性对杜丽娘的多样化认同方式

《牡丹亭》一问世，明代文坛即轰动。沈德符在《顾曲杂言》中记载："汤义仍《牡丹亭梦》一出，家传户诵，几令西厢减价。"《牡丹亭》受到戏曲爱好者热爱，特别受到女性读者的热爱。明清女性非常痴迷于《牡丹亭》，在历史上留下了许多阅读、评点、演出逸事。明代冯小青、俞二娘、商小玲、叶小鸾，清代黄淑素、李淑、林以宁、顾姒、吴吴山三妇、洪之则、程琼等，在《牡丹亭》的阅读传播、评点史上留下了自己的名字，有人认为她们是《牡丹亭》"闺阁解人"，即清初顾姒《还魂记跋》："百余年来，诵此书者如俞娘、小青，闺阁中多有解人……"①

因为杜丽娘"精神出现留与后人标"，明清女性对杜丽娘的认同方式有多种，呈现出多样化态势。

（一）忘我式沉浸阅读——显现出当时闺阁女性的情感状态

明清女性对《牡丹亭》的阅读和理解是一种感性的、情绪化的阅读体验，这种忘我式沉浸阅读混淆文学情节与现实真实，把故事当成了事实，以假为

---

① 毛效同：《汤显祖研究资料汇编》，中州古籍出版社1986年版，第906页。

真,并亲自参与到故事当中。她们把《牡丹亭》的故事情节和人物,当成了真实的事件与真实的人物,追思杜丽娘抑郁成疾甚至抑郁而终。吴人《三妇评牡丹亭杂记》记载,钱宜以杜丽娘为真人,并设牌位酒果祭奠,充分反映了女性阅读的忘我式沉浸阅读特色:

> 甲戌冬暮,刻《牡丹亭还魂记》成……元夜月上,置净几于庭,装褫一册,供之上方,设杜小姐位,折红梅一枝,贮胆瓶中,燃灯陈酒果为奠。夫子忻然笑曰:"无乃太痴!观若士自题,则丽娘其假托之名也,且无其人,奚以奠为?"予曰:"虽然大块之气,寄于灵者,一石头也物或凭之,一木也神或依之,屈歌湘君,宋赋巫女,其初未必非假托也,后成业祠。丽娘之有无,吾与子又安能定乎!"夫子曰:"汝言是也,吾过矣。"

有些女性读者阅读《牡丹亭》而"误了卿卿生命"。清代史震林在《西青散论》中记:"才子制淫书,传后世,炽情欲,坏风化,不可胜计。近有二女,并坐读《还魂记》,俱得疾死……此皆缘情生感,缘感成痴,人非木石,皆有情,慧心红粉,绣口青衫,以正言相劝,尚或不能自持,况导以淫词,有不魂消心死者哉。"① 虽然史震林的论调迂腐酸臭,但却从侧面提供了女性读者阅读《牡丹亭》的极端情况。这些女读者很可能把自己当成剧中人物,化身为杜丽娘,去体验杜丽娘的感受与痛苦,引起了强烈的心灵震颤,而一旦不可控的时候,就导致了不堪设想的死亡后果。

(二)情感认同及共鸣——认同杜丽娘的大胆坚定与缠绵执着

她们赞叹杜丽娘"生者可以死,死可以生"的深情,与"搜抉灵根,掀翻情窟"的热烈执着。她们通过杜丽娘来审视自己的情感需求,与杜丽娘隔代产生了共鸣,甚至不惜殒身。鲍倚云《退余丛话》记载:

> 崇祯时,杭有商小玲者,以色艺称,演临川《牡丹亭》院本,尤擅场。尝有所属意,而势不得通,遂成疾。每演至《寻梦》、《闹殇》诸出,真若身其事者,缠绵凄婉,横波之目,常搁泪痕也。一日,复演《寻

---

① 毛效同:《汤显祖研究资料汇编》,中州古籍出版社 1986 年版,第 912 页。

梦》，唱至"打并香魂一片，阴雨梅天，守得梅根相见"，盈盈界面，随声倚地。春香上视之，已殒绝矣。

戏曲演员商小玲身世有不可言说之苦，虽有意中人，却无法暗通款曲，只有抱恨成疾了。而《牡丹亭》是偶合商小玲身世情境的剧目，杜丽娘的心路历程与商小玲自己的感情经历相同，仿佛都是自己经历，于是她将千万碎心，款款道出，最终柔肠寸断，与情俱殒，风流绝唱，后世无人可及了。

（三）性意识的觉醒——俞二娘等展现了女性意识的觉醒

杜丽娘的情梦既是生理层面上的梦，又体现出杜丽娘心灵的渴望和情感的追求。《牡丹亭》大胆地展现女子的情欲："行来春色三分雨，睡去巫山一片云"，启迪明清女性读者的春情、春梦。张大复《梅花草堂笔谈》卷七"俞娘"条记：

俞娘，丽人也。行二，幼婉慧，体弱……当俞娘之在床褥也，好观文史。父怜而授之，且读且疏，多父所未解。一日，授《还魂》传。凝睇良久，情色黯然。曰：书以达意，古来作者多不尽意而出。如"生不可死，死不可生，皆非情之至"，斯真达意之作矣。饱研丹砂，密圈旁注，往往自写所见，出人意表，如《感梦》一出注云："吾每喜睡，睡必有梦。梦则耳目未经涉，皆能及之。杜女故先我着鞭耶。"如斯俊语，络绎连篇。

俞二娘也做着青春期少女的春梦、性梦，她痴迷于杜丽娘惊梦、寻梦的浪漫过程，可惜的是青春好梦未能圆，抱恨终此生。

（四）女性美的欣赏——审视女性美和显现自我意识的朦胧觉醒

杜丽娘重视容貌和自描画像，实际上体现女性自我意识觉醒。许多女性读者对此深有感慨，并模仿杜丽娘写真留影的做法。"杜丽娘写真对自我呈现所表露的幽微心理，在后来的许多女性读者中得到认同和共鸣，从她们对《牡丹亭》的阅读行为中我们可以发现，女性读者都格外关注杜丽娘写真的行为和她的画像。这是一种对女性躯体和容貌等女性美的审视，通过审视的目光，可以发现女性对自我的关注以及自我意识的朦胧觉醒。"① 冯小青读《牡丹亭》后，作绝句："冷雨幽窗不可听，挑灯闲看牡丹亭。人间亦有痴于我，岂独伤心是小青。"她视杜丽娘为知己，抒发同病相怜之情，甚至直接模仿杜丽娘写真的做法，在人世间留下自己美妙形象。《小青传》记载：

> 一日语女奴曰："传语冤业郎，可觅一良画师来。"师至，命写照。写毕，揽镜熟视，曰："得吾形矣，未得吾神也。姑置之。"师易一图进，姬曰："神是矣，丰采未流动也。昔杜丽娘自图小像，恐为雨为云飞去，丰采流动耳。"乃命师且坐，自与老媪扇茶铛，或检图书，或整衣褶，或代调丹碧诸色，纵其想会。久之，命写图。图成，极妖纤之致。笑曰："可矣。"取供榻前，爇名香，设梨汁奠之曰："小青小青，此中岂有汝缘分耶？"抚几而泣，泪雨潸潸下，一恸而绝，年才十八耳。②

小青留影不但要"形似""神似"，而且要求"丰采流动"，这固然受到杜丽娘重视容貌和自描画像的影响，也反映了明清女性对女性自我价值的思考，还体现女性自我意识的觉醒。

（五）女性"感性评点"——女性感同身受又别出心裁的评点评论

明清女性读者以评点的形式，表达自己阅读《牡丹亭》的感受，但只有少数的闺阁评论得以流传下来。清初李淑说："自有临川此记，闺人评跋，不知凡几，大都如风花波月，漂泊无存。"

有的女性用题词写诗的方式，表述着她们对《牡丹亭》的感悟与体会，对杜丽娘的同情与赞扬。浦映渌作《题牡丹亭》："情生情死亦寻常，最是无端杜丽娘，亏杀临川点缀好，阿翁古怪婿荒唐。"③ 浦映渌的小诗体现了女性解读的功力，她概括了《牡丹亭》中的三个主要人物，并分别用两个字传神地点评了三个人物的不同个性——杜丽娘"无端"、阿翁（杜宝）"古怪"、女婿（柳梦梅）"荒唐"。

明清女性对《牡丹亭》的评点带有突出的性别特点。明末黄淑素的《牡

---

① 张筱梅：《杜丽娘"写真"与女性的自我呈现》，载于《徐州师范大学学报（哲社版）》2007年11月。
② 支增如：《小青传》，引自毛效同：《汤显祖研究资料汇编》，上海古籍出版社1986年版。
③ 刘云份编：《名媛诗选》，杂志公司1936年版，第26页。

丹记评》是最早的女性评点本《牡丹亭》，康熙年间吴吴山三妇的合评本《牡丹亭》、雍正年间程琼所评的《才子牡丹亭》是系统评点本。伴随着深沉的情感体验特点，女性评点《牡丹亭》时显现出强烈的情感色彩。如陈同评点的《牡丹亭还魂记》，"密行细字，涂改略多，纸光囧囧，若有泪迹。评语亦痴亦黠，亦玄亦禅，即其神解，可自为书，不必作者之意果然也。"女性评点者细致入微体会《牡丹亭》感情内涵，注重分析杜丽娘情感心理，认同主人公杜丽娘的情感发展过程。黄淑素说："《西厢》生于情，《牡丹》死于情也……柳梦梅、杜丽娘当梦会闺情之际，如隔万重山，且杜宝势焰如雷，安有一穷秀才在目？时势不得不死，死则聚，生则离矣……"①，指出"情"在《牡丹亭》情节发展中的重要作用。吴吴山三妇本《牡丹亭》中，陈同说："情不独儿女也，惟儿女之情最难告人，故千古忘情人必于此处看破。然看破而至于相负，则又不及情矣……世境本空，凡事多从爱起，如丽娘因游春而感梦，因梦而写真，而死而复生，许多公案皆受踏春阳一念之误也。"吴吴山三妇就认为杜丽娘是"笃于情者""情至"，是一位"千古情痴"。她们还留意到杜丽娘的青春自恋、孤芳自赏心理。诸多女性为杜丽娘所打动，因为她们有共同的生活体验。女性读者感受到杜丽娘对自己的青春、容貌的赞美，产生青春消逝、容颜易老的感慨。"如花美眷、似水流年照青春虚度一段，柳生顺路跟来故幽闺自怜之语历历闻之，几句伤心话儿能使丽娘倾倒也。"②《写真》是丽娘自恋的集中体现。吴吴山三妇本评为："丽娘千古情痴惟在'留真'一节，若无此，后无可衍矣。"③ 女性品评者针对杜丽娘"对镜"情节，揭示其"自美自赏"心理："美人对镜名为看己实是看他，袁中郎'皓腕生来白藕长，回身慢约青鸾尾，不道别人看断肠，镜前每自消魂死。'可与'没揣菱花，偷人半面，迤逗得彩云偏'三句相发。"④

程琼在《才子牡丹亭》中，张扬人性，肯定女子的情色欲望。她阐述《牡丹亭》的主题是"色情难坏"："此书大指，大概言色情一事。若非阳法谓辱，则阴谴亦不必及，而归罪于天公开花……色至十分，未有谴情者，色情难

---

① 徐扶明：《牡丹亭研究资料考释》，上海古籍出版社1987年版，第88页。
② 吴吴山：《三妇合评牡丹亭还魂记》（上卷）同治九年庚午刊本，上海图书馆藏，第33页。
③ 《〈牡丹亭〉十四出〈写真〉批语》，引自《吴吴山三妇合评牡丹亭还魂记》，同治九年庚午刊本，上海图书馆藏。
④ 参见《笺注牡丹亭》十出《惊梦》批语。雍正年间吴震生、程琼刊刻：《才子牡丹亭》，乾隆年间重刻易名《笺注牡丹亭》，版心仍题《才子牡丹亭》。

坏一句，亦要合离看，因色生情，因情见色，其难坏，一也……佛教全在去妄，而若士独言色情是真。""爱欲是心之本体，顺之则喜，逆之则怒，失之则哀，得之则乐，反之则恶。"她肯定女性的正当欲望，认为杜丽娘"形至环秀，心至缠绵，眼至高远，智至强明，志至坚定"。她还释柳为男根，释牡丹为女根，并进而指出"'色情难坏'四字，不但睡倒'六经'，亦且抛翻'大藏'，岂可作等闲语看过，辜负作者深心耶。"[①] 这些评点推动了《牡丹亭》在女性读者中的传播。

总之，明清女性对《牡丹亭》的阅读、评点及演出活动，是《牡丹亭》传播和流布的重要途径之一，它们构成了《牡丹亭》传播与接受史的关键一环。

作者单位：北京戏曲艺术职业学院

---

① 参见《笺注牡丹亭》三十九出《如杭》批语。

清代戏曲论争中的汤显祖

黄桂娥

汤显祖的作品一直是赞誉与争议并存。在明代,汤显祖就亲身经历了一场争战,这就是历史上著名的"汤沈之争"。进入清代以后,在独特的政治、经济、社会、思想文化的作用下,围绕着汤显祖作品的评价之争,不仅没有停止,反而向更复杂、更多元的方向展开。

一、雅俗之争中的汤显祖

清初曲坛尚雅,清代诸多士子文人,借戏曲创作尽显学识才情,并以之作为评判戏曲艺术成就高低的标志。尚雅的戏曲家,他们会把戏曲当作一种案头把玩之物,比如尤侗。尤侗在《西堂乐府·自序》云:"然古调自爱,雅不欲使潦倒乐工斟酌,吾辈只藏箧中,与二三知己浮白歌呼,可消块垒。亦惟作者各有深意,在秦筝赵瑟之外。"[①] 尤侗借戏曲寄托个体不济、落魄失意的情怀,在小范围的文人群体里分享他的"雅调",颇能抚慰遭际相似文人的心。但就本质来说,戏曲具有俗文学的特征,它的审美旨归应是大众化、通俗化及民间化的。李渔就对戏曲的文人化、案头化很是不满,他偏偏高举戏曲世俗化的大旗,结果突出了重围,占据了要地。李渔之所以能够成功,主要是由社会的几个根本的转变造成的:对传统和既定政治秩序的逆反、明代市场经济恢复加速、个人主义增高、印刷业的迅速扩大、大众识字率的提高、知识越来越通俗化、白话文学日益受到欣赏……[②]于是,戏曲中的雅与俗,就发生了较量。

崇雅的戏曲批评家,对汤显祖推崇备至。黄宗羲为《牡丹亭》而沉醉,

---

① 蔡毅编:《中国古典戏曲序跋汇编》,齐鲁书社 1989 年版,第 933 页。
② 张春树、骆雪伦著,王湘云译:《明清时代之社会经济巨变与新文化——李渔时代的社会与文化及其"现代性"》,上海古籍出版社 2008 年版,第 274 页。

他写了一首诗:"掩窗试按牡丹亭,不比红牙闹贱伶。莺隔花间还呖呖,蕉抽雪底自惺惺。远山时阁三更雨,冷骨难销一线灵。端为情深每入破,等闲难与俗人听。"① 汤显祖的作品既是雅品,自然受到清代崇雅士人的推崇。尤侗在《艮斋杂说·辑录》盛赞汤显祖:"明有两才子,杨用修、汤若士是也。"尤侗赞赏汤显祖的"四梦"为"南曲野狐精",对其作品的独创性和无可匹敌之魅力的高扬溢于言表。② 孙郁对汤显祖的评价,似乎是对"野狐精"的一种解释:"古曲如杀狗、白兔、陈巡检等,虽云本色,难免太俚。近若汤临川、卢次楩、范香令、王伯良、吴石渠诸君子,林立飙起,千娇百变,自是后来者居上。"(孙郁:《双鱼佩凡例记略》)③ 因为汤显祖文采之雅,所以独辟蹊径,超越了古人。

但是李渔反对戏曲的这种雅,他提出"雅中之俗",也就是说填词这一雅事,最终的目的是要在场上动人欢笑,实现世俗的价值。李渔认为汤显祖只有一部《牡丹亭》值得赞赏:"是若士之传,还魂传之也。"(李渔《闲情偶记·结构第一》)④ 李渔对汤显祖的态度是非常复杂的。一方面他肯定他的成绩,一方面他又对他获得如此高的名誉,感到很气,很嫉恨。他说:"汤若士之四梦,求其气长力足者,惟还魂一种,其余三剧,则与粲花比肩。使粲花主人及今犹在,奋其全力,另制一种新词,则词坛赤帜,岂仅为若士一人所攫哉?所恨予生也晚,不及与二老同时,他日追及泉台,定有一番倾倒,必不作妒而欲杀之状,向阎罗天子掉舌,排挤后来人也。"(李渔《闲情偶记·科诨第五》)⑤

在《闲情偶寄》卷一中,李渔从曲文"贵浅显"的主张出发,认为《牡丹亭》中的一些句子失之于雅,过于含蓄而令人费解。如《惊梦》首句"袅晴丝吹来闲庭院,摇漾春如线"。李渔评道:"以游丝一缕,逗起情丝,发端一语即费如许深心,可谓惨淡经营矣。然听歌《牡丹亭》者,百人之中有一二人解出此意否?"对于"停半晌,整花钿,没揣菱花,偷人半面""良辰美景奈何天,赏心乐事谁家院""遍青山啼红了杜鹃"等曲词,李渔也不满,评

---

① 俞为民、孙蓉蓉编:《历代曲话汇编·清代编》(第一集),黄山书社2008年版,第219页。
② 俞为民、孙蓉蓉编:《历代曲话汇编·清代编》(第一集),黄山书社2008年版,第459页。
③ 俞为民、孙蓉蓉编:《历代曲话汇编·清代编》(第一集),黄山书社2008年版,第642页。
④ 俞为民、孙蓉蓉编:《历代曲话汇编·清代编》(第一集),黄山书社2008年版,第247~248页。
⑤ 俞为民、孙蓉蓉编:《历代曲话汇编·清代编》(第一集),黄山书社2008年版,第284页。

为"字字俱费经营,字字皆欠明爽。此等妙语,止可做文字观,不得做传奇观"。(李渔《闲情偶记·词曲部》)①

因为当时崇雅的力量很大,所以李渔的言论很受鄙视。宋廷魁在谈戏曲的雅俗问题时,反驳了李渔的一个观念:"诗为学人观,曲为不学人观,故无伤于俗。"他说:"昔日有人曾说世间不都是雅人,也不都是俗人。一百个俗人诋毁一个作品,有一个雅人出来赞誉,不为少;一个雅人诋毁的作品,一百个俗人出来赞许,只会增加惭愧。就比如牡丹亭,曲家俎豆,恐雅人有不尽解;西厢记,至今脍炙人口,俗人可解矣,窃恐非其妙处,所以李渔的言论何足录乎。"(宋廷魁:《介山记或问》)②

在"雅俗之争"中,由于主雅的阵营占据主流,这样汤显祖的作品,在明末清初时期,可以说是捧为至宝,深得一些儒雅文人的喜爱。钱谦益视汤显祖为万历以来,将戏曲挽回大雅的功臣。他在《姚叔祥过明发堂共论近代词人戏作绝句十六首》第二、第三两首说道:"一代词章孰建镳,近从万历数今朝。挽回大雅还谁事,嗤点前贤岂我曹。峥嵘汤义出临川,小赋新词许并传。何事后生饶笔舌,偏将诗律议前贤。"③

林以宁指出汤显祖的剧作,是文人案头必备之品。他在《吴吴三妇合评牡丹亭·题记》中说:"今玉茗还魂记,其禅理文决,远驾西厢之上,而奇文隽味,真足益人神智。风雅之俦,所当耽玩,此可以毁元稹、董、王之作者也。书初出时,文人学士案头无不置一册,惟庸下伶人,或嫌其难歌,究之善讴者,愈增韵折也。"(林以宁:《还魂记题记》)④ 质疑汤显祖的词句太雅的李渔,得不到主流的支持。批评家们总是以王维的"雪中芭蕉"来为汤显祖不被世俗理解进行辩护。

二、情理之争中的汤显祖

晚明文人滥情,其所创作的戏曲中,越来越充满赤裸裸的自然情欲。明朝

---

① 俞为民、孙蓉蓉编:《历代曲话汇编·清代编》(第一集),黄山书社2008年版,第248~249页。
② 俞为民、孙蓉蓉编:《历代曲话汇编·清代编》(第二集),黄山书社2008年版,第239页。
③ 钱谦益:《初学集》卷十七,引自钱仲联标校:《钱牧斋全集》,上海古籍出版社2003年版,第601页。
④ 俞为民、孙蓉蓉编:《历代曲话汇编·清代编》(第一集),黄山书社2008年版,第717页。

的覆亡，使得一部分戏曲界人士深切地感受到民族的耻辱和亡国的痛苦。他们走上了从戏曲思想上深刻总结明亡的历史教训、批判晚明遗留在戏曲中的浓重爱欲之邪风，强化戏曲教化功能的道路。但崇情的文化思潮不会随朝代的改变而立即消失，它还在一些文人那里、在社会心理中很有地盘。再加上明代类似于资本主义的商品经济，在清代的继续发展，士商混淆，人性解放的欲求仍十分强烈。这样，清代戏曲领域就发生了情理之争。

关于清代的"情理之争"，在毛声山与金圣叹那里体现很明显。金圣叹写了一本《第六才子书批西厢记》之后，毛声山很不满，他写了一本《第七才子书批琵琶记》。他写此书的目的很明显，就是要与金圣叹针锋相对。金圣叹批西厢中，一个重要的观念是崇情。他认为爱情是天地间的精气、日月中的灵魂，男女相爱和相悦是其自然本性。毛氏父子合作完成的《第七才子书琵琶记》，对才子佳人之情持贬抑态度。毛氏认为《琵琶》胜过《琵琶》。《琵琶记》中的情感也胜于《西厢记》中的情感。所胜何处？他说："西厢言情，琵琶亦言情。然西厢之情，则佳人才子花前月下私期密约之情也；琵琶之情，则孝子贤妻敦伦重谊缠绵悱恻之情也。"（毛声山：《第七才子书西厢记》）① 西厢之情有坏人心性之嫌，而琵琶之情则有养性之功效。毛氏认为琵琶之情最大的特点，是"不淫不伤，发乎情，止乎礼仪者也。"（毛声山：《第七才子书西厢记》）② 这种情给人的感受是自然平淡，贞洁纯净。

在情理之争中，对汤显祖的接受出现了两极分化。崇情的戏曲批评家，往往对汤显祖很推崇。《牡丹亭》对"情"字的勘破与体悟，及对"有情人"杜丽娘等形象的刻画与塑造，震撼着他们的心灵。朱彝尊说："义仍填词，妙绝一时，语虽靳新款，源实出于关、马、郑、白，其牡丹亭曲本，尤极情挚。"（朱彝尊：《静志居诗话》）③ 其中，洪昇的《牡丹亭》"掀翻情窟"说，最为精彩。他说《牡丹亭》："掀翻情窟，能使赫蹄为大块，喻糜为造化，不律为真宰，撰精魂而通变之。"（洪之则：《吴吴山三妇合评牡丹亭还魂记跋》）④ 洪昇认为汤显祖敢于"掀翻情窟"，并树杜丽娘为"至情"的典范，这十分了不起，是一种天才的"翻空转换"之能。

崇理的势力，对汤显祖的作品进行了围剿。清赵惠甫的《能静居笔记》

---

①② 俞为民、孙蓉蓉编：《历代曲话汇编·清代编》（第一集），黄山书社2008年版，第465页。
③ 俞为民、孙蓉蓉编：《历代曲话汇编·清代编》（第一集），黄山书社2008年版，第627页。
④ 俞为民、孙蓉蓉编：《历代曲话汇编·清代编》（第一集），黄山书社2008年版，第715页。

云:"若《牡丹亭》则何为哉?徒然一梦,而即情移意夺,随之以死,是则怀春荡妇之行检,安有清净闺阁如是者。"黄正元的《欲海慈航》云:"此词一出,使天下多少闺女失节。"史震林的《西青散记》卷二更曰:"才子罪业胜于佞臣,佞臣误国害民,数十年耳;才子制淫书,传后世,炽情欲,坏风化,不可胜计。近有二女,并坐读《还魂记》,俱得疾死。"程琼的辩护,正说明了汤显祖被诬的事实。程琼认为读了《牡丹亭》,只会让人更热爱知识:"看牡丹亭即无不欲淹通书史,观诗词乐府者。"(程琼:《批才子牡丹亭序》)① 可是,偏偏有些人,不肯为前人传名,还要"恶伤其类"。(程琼:《批才子牡丹亭序》)② 从徐树丕那里,我们得知,汤显祖的逝世方式也被诬的情况:"闻若士死时,手足尽堕,非以绮语受恶报,则嘲谑仙真亦得此报也。"(徐树丕:《识小录》)③ 这样的传闻应该是理学家搞出来的,吓唬后人的。

以一个理学家的态度去接受汤显祖,虽对他不会完全拒斥,但关于"四梦"成就的排序问题,就会发生变化。总体来看,将《牡丹亭》排在第一位的比较常见。但理学家往往会把《邯郸记》《南柯记》排在《牡丹亭》前面,比如黄周星就是如此。他说:"曲至元人,尚矣。若近代传奇,余惟取汤临川四梦。而四梦之中,邯郸第一,南柯次之,牡丹亭又次之。若紫钗,不过与昙花、玉合相伯仲,要非临川得意之笔也。"(黄周星:《制曲枝语》)④ 可以说,这也是情理之争的一个具体体现。《牡丹亭》言"情",黄周星不喜欢,他喜欢《邯郸记》和《南柯记》,这两部作品都是参透仕宦况味、勘破世幻的作品。里面通过描绘科场黑暗,说出了多少文人心中的郁结。作为一个儒生,能感动黄周星的,自然也是这方面的内容。清代有人写了一部《续牡丹亭》,竟然得到他的赏识。剧中柳梦梅、杜丽娘、春香,全部变成了理学家眼中的理想形象。黄周星推崇的作品,原来是这种能切合他理学家情怀的作品。

由于整个清王朝都是站在"理"这边的,这对于汤显祖作品的评价很不利。在情理之争中,汤显祖的地位仍能保持坚挺,原因是《牡丹亭》中的情感虽奇,但仍有情理融合的端倪。杜丽娘由鬼变为人之后,很讲礼节,行动无可指责。于是,一些认同情理统一的戏曲批评者,在汤显祖这里仍能找到契合点。吴吴山三妇对《牡丹亭》的评价,就是这一观念的体现。她们也强调杜

---

①② 俞为民、孙蓉蓉编:《历代曲话汇编·清代编》(第三集),黄山书社2008年版,第312页。
③ 俞为民、孙蓉蓉编:《历代曲话汇编·清代编》(第一集),黄山书社2008年版,第433页。
④ 俞为民、孙蓉蓉编:《历代曲话汇编·清代编》(第一集),黄山书社2008年版,第225页。

丽娘"情"之"正",但她们是同夫妇人伦联系起来相言之"情",认为汤若士的"情"从"性"中来,而见于"人伦""夫妇"。把"言情""伦""理"结合了起来。她们认识到情过了是欲:"性发为情,而或过焉,则为欲,《书》曰:'生民有欲'是也。流连放荡,人所易溺。"(吴吴山三妇:《吴吴山三妇合评牡丹亭还魂记》)① 这是情的负面效应。吴吴山三妇对《牡丹亭》的评论,可见情理统一的端倪,是时代变迁带给文人思想的影响。

三、南北之争中的汤显祖

清代的文化思想,从总体看,有一种明显的复归传统的价值取向。对于戏曲来说,其复古必然是复戏曲繁荣的元代之古,加之明代戏曲的种种流弊,元曲自然地成为戏曲创作的典范与批评标准。复古的戏曲批评家希望清空质古的元曲,能扫除明南曲的绮靡、柔弱、软媚的听觉感受,将士人的人格精神更多地与原乐气质相贯通,将一种宏大、崇高、刚健的气象,贯注到曲家的人格和戏曲创作中。在彰显刚健戏曲气象的同时,激昂士人的民族自觉精神。追本溯源成为这一派的共同追求。正如徐大椿所说:"后世之所以治不遵古者,乐先亡也。乐之亡,先王之教失也。我谓欲求乐之本者,先从人声始。"(徐大椿《乐府传声》)② 他认为这个"人声"的典范,在元曲那里。他认为《西厢记》就是元北曲可考者之始,《琵琶记》是元南曲可考者之始。他要从元曲那里进行"人声"的正本清源之工作。他还认为今天的曲子,要么是北曲的别派——花部乱弹,要么是南曲的异流——雅部昆曲,都不是曲之本源。吴吴山三妇指出:"明之工南曲,犹元之工北曲也。元曲传者无不工,而独推西厢记为第一。明曲有工有不工,牡丹亭自在无双之目矣。"(吴吴山三妇:《吴吴山三妇合评牡丹亭还魂记》)③ 这样一来,尊明南曲者,必重汤显祖,崇元北曲者,则更推崇《西厢记》。由此,汤显祖密切地卷进了南北之争中。

尊明南曲者认为汤显祖是吴音雅韵的典范,是古今以来的第一人。毛先舒对汤显祖的推崇,是很高的。他说:"曲至临川,临川曲至牡丹亭,惊奇瑰壮,幽艳淡沲,古法新制,机杼递见,谓之集成,谓之诣极。音节失谱,百之一

---

① 俞为民、孙蓉蓉编:《历代曲话汇编·清代编》(第一集),黄山书社2008年版,第709页。
② 俞为民、孙蓉蓉编:《历代曲话汇编·清代编》(第二集),黄山书社2008年版,第57页。
③ 俞为民、孙蓉蓉编:《历代曲话汇编·清代编》(第一集),黄山书社2008年版,第706页。

二，风调流逸，读之甘口，稍加转换，便以爽然。雪中芭蕉，政自不容割缀耳。'不妨拗折天下人嗓子！'，直为抑臧作过矫语。今唱临川诸剧，岂皆嗓折耶？而世之短汤者，遂谓其了不解音。"（毛先舒：《诗辩坻词曲·辑录》）① 汤显祖独树一帜的作品，成为曲家划分古与今的一个界限。沈自晋的朋友郑子犹辑了一本词谱，还没有完稿，就过世了！托遗愿请他编完。他看了词谱，不满，认为朋友厚古薄今："诸家种种新裁，即玉茗、博山传奇、方诸乐府，竟一词未及。独沉酣于古，而未遑寄兴于今耶？抑何轻置名流也！"（沈自晋：《重定南词全谱凡例续记》）② 他认为郑子犹竟然连汤显祖的词曲都不收录，是轻置名流、鄙薄今人。

到了清中期，文人学士热衷于考据之学，崇古宗元思想进一步深化。凌廷堪的复古与宗元思想主要体现在《与程时斋论曲书》。凌廷堪可以算作是此时的代表。凌廷堪对明传奇创作文辞化的现象极为不满。认为大批文辞之士"悍然下笔，漫然成编，或诩浓艳，或矜考据，谓之为诗也可，谓之为词也可，即谓之为文也亦无不可，独谓之为曲则不可"。（凌廷堪：《与程时斋论曲书》）③ 他一边做了大量的考证工作，正本清源，一边期望通过批评时弊，使得戏曲发展重回正途。他以简洁峻朗的笔墨，将金元以来至清中叶古典戏曲的源流、发展及变迁，梳理得十分清晰，基本描摹出了古典戏曲发展演变的总体脉络。他认为不同的时代各有其代表的戏曲样式，但其体格每况愈下，即所谓"体以代变，格以代降"。他指出："盖北曲以清空古质为主，而南曲为北曲之末流，虽曰意取缠绵，然亦不外乎清空古质也。"（凌廷堪：《与程时斋论曲书》）④ 从这段话可以看出，凌廷堪一方面肯定明清传奇"意取缠绵"的艺术风格，另一方面具有明显的尚元北杂剧而贱明清传奇的倾向。北杂剧为何衰落？他说："自明以来，家操楚调，户擅吴歈，南曲浸盛，而北曲微矣。虽然，北曲以微而存，南曲以盛而亡。何则？北曲自元人而后，绝少问津，间而作者，亦皆不甚逾闲，无黎丘野狐之惑人。"（凌廷堪：《与程时斋论曲书》）⑤ 他认为北杂剧作家度曲有法，而明清时期的文人士大夫多数人虽热衷于传奇创作，却

---

① 俞为民、孙蓉蓉编：《历代曲话汇编·清代编》（第一集），黄山书社2008年版，第565页。
② 俞为民、孙蓉蓉编：《历代曲话汇编·清代编》（第一集），黄山书社2008年版，第75~76页。
③④⑤ 俞为民、孙蓉蓉编：《历代曲话汇编·清代编》（第三集），黄山书社2008年版，第240页。

又不能真正按照戏曲艺术的特殊规律进行创作，结果使传奇创作虽盛而衰，失去了北曲原来的精神实质。他开出的药方是："有豪杰之士兴，取元人而法之，复古亦易为力。"（凌廷堪：《与程时斋论曲书》）① 即谨遵元曲规范，重倡元曲审美特征，主张言辞的自然本色，既不雕饰，又不鄙俗。凌廷堪认为明南曲是元北曲的末流，这样，他对汤显祖自然评论不高。他说："前明一代，仅存食气羊者，周宪王、陈秋碧及吾家初成数公耳。若临川南曲，佳者盖寡，惊梦、寻梦等折，竟成跃冶之金……"（凌廷堪：《与程时斋论曲书》）②

清代戏曲"宗元北曲"的思潮非常不利于汤显祖作品的接受。"独好花部"的焦循，就比较喜欢作为北曲别派的花部。通读焦循的《剧说》，几乎没有赞赏过汤显祖，对他基本是揶揄的态度。梁廷楠喜欢元杂剧，他对汤显祖也没什么高评价。当年李渔将汤显祖和吴石渠并在一起评论，这受到了他的赞同。他说："石渠才情绮丽，撰曲四种，甚为艺林所称。笠翁引与玉茗并论，不为无见。"（梁廷楠：《曲话》卷三）③ 也就是说，在梁廷楠眼中，汤显祖已经降为和吴石渠一样的等次了。梁廷楠也在汤显祖的作品中，找到元人的遗韵，只可惜他认为汤显祖的元北曲功力不行。梁廷楠说："汤若士邯郸梦末折合仙，俗呼为'八仙度尽'，为一部之总汇，排场大有可观，而不知实从元曲学步，一经指摘，则数见者不鲜矣。【混江龙】通曲与元人杂剧相似。然以元人作曲，尚且转相沿袭，则若士之偶尔从同者，抑无足诋讥矣……"（梁廷楠：《曲话》卷二）④

面对宗元者们的质疑，汤显祖的拥护者们奋力反扑。他们痛恨《牡丹亭》原本被窜改。为了永存典型的真面目，他们开始刊刻牡丹亭。吴震生说："我一贫士，则何为而刻之也？起于愤乎世之无知改作者。"（吴震生：《刻才子牡丹亭》）⑤ 他们不再单纯地把汤显祖的作品看作是戏曲，而将其看作是一部知识精英文化养料的大宝典。快雨堂把牡丹亭简直捧上了天："……还魂记一传奇耳，乃苍天地之才为一书，合古今之才为一手。"（快雨堂：《冰丝馆重刻还魂记叙》）⑥

---

①② 俞为民、孙蓉蓉编：《历代曲话汇编·清代编》（第三集），黄山书社2008年版，第240页。
③ 俞为民、孙蓉蓉编：《历代曲话汇编·清代编》（第四集），黄山书社2008年版，第34页。
④ 俞为民、孙蓉蓉编：《历代曲话汇编·清代编》（第四集），黄山书社2008年版，第25页。
⑤ 俞为民、孙蓉蓉编：《历代曲话汇编·清代编》（第三集），黄山书社2008年版，第308页。
⑥ 俞为民、孙蓉蓉编：《历代曲话汇编·清代编》（第三集），黄山书社2008年版，第318页。

在南北之争中，汤显祖的评价迅速下滑。因为随着北曲别派的花部戏大红大紫，吴音雅韵的昆曲渐渐败落，这对于适合用雅部昆曲来演奏的汤显祖作品来说，不是什么好事。

四、虚实之争中的汤显祖

明清易代之痛，加上康熙往后，文化政策越来越严苛，如禁社、文字狱等，使得大量文人醉心于考据和经学。乾隆嘉庆以后，治经训诂较为盛行，考据派大为盛行。这一风气延伸到了戏曲批评领域。崇实证的戏曲批评家，面对一部戏曲，不是对其进行审美体验，而是对其中的人物、故事进行考证，看是否与历史相符合。经学家焦循就是如此。尊重戏曲"谬悠"传统的批评家，他们对考证派的做法大为不满，认为他们妄生穿凿，是不懂戏曲的表现，这种作法无疑等同于"撼树蜉蝣不自量"。凌廷堪说："若使硁硁征史传，元人格律逐飞蓬。"[1] 他注意到有意"谬悠"是元曲的精神特质。时人"以无隙可指为贵"来要求传奇创作，势必会"弥缝愈工，去之愈远"。戏曲批评领域中的虚实之争，就这样展开了。

汤显祖的作品卷入了这场论战之中。一些考证派的戏曲批评家，津津乐道于《牡丹亭》里面的人物和故事，是否有现实的根据。焦循对此是肯定的："玉茗之还魂记，亦本碧桃花、倩女离魂而为之者也。……知玉茗四梦皆非空撰。"（焦循《剧说》卷二）[2] 他对《牡丹亭》隐指昙阳子一事，似乎有点相信："王师事仙子，汤或即以此诮王耶？"（焦循《剧说》卷二）[3] 将此事附着于《牡丹亭》之上，其实有损汤显祖的声誉。在崇实的焦循看来，汤显祖的作品虽然有实可考，但总体来说，是诡异离奇的。他指出一个叫小玲的优伶，表演"离魂"一折，场上而亡，是汤显祖有寓言在先。（焦循《剧说》卷六）[4]

汤显祖的作品，在崇实罢虚的社会氛围中，遭到了批评家猛烈的抨击。清初的卓人月就对汤显祖那毫无真实性的生生死死提出了批评。他说："天下欢之日短而悲之日长，生之日短而死之日长，此定局也；且也

---

[1] 凌廷堪：《校礼堂诗集》卷二，引自《安徽丛书》第四期，民国二十四年本。
[2][3] 俞为民、孙蓉蓉编：《历代曲话汇编·清代编》（第三集），黄山书社2008年版，第364页。
[4] 俞为民、孙蓉蓉编：《历代曲话汇编·清代编》（第三集），黄山书社2008年版，第451页。

欢必居悲前，死必在生后。今演剧者，必始于穷愁泣别，而终于团圆宴笑，似乎悲极得欢，而欢后更无悲也。死中得生，而生后更无死也。岂不大谬耶！"他还说："崔莺莺之事以悲终，霍小玉之事以死终，小说如此者不可胜计。乃何以王实甫、汤若士之慧业而犹不能脱传奇之窠臼耶？"（卓人月《新西厢记序》）① 卓人月认为汤显祖的作品，只有《紫钗记》是比较合传记的。

陆梦熊认为汤显祖的奇幻做法给戏曲带去了很多流弊。他说："昔人之作传奇也，事取凡近而义发劝惩，不过借伶伦之唇齿，醒蒙昧之耳目，使观者津津焉互相传述足矣。自屠纬真昙花、汤义乃牡丹以后，莫不家按谱而人填词，遂谓事不诞妄则不幻，境不错误乖张则不炫惑人。于是六尺氍毹，现种种变相，而世之嘉筵良会，势不得不问途于庸琐之剧。"（陆梦熊《玉搔头序》）② 到了清凉道人这里，批评更加无情，他说："……故窃取其言，而自矜为博学创见，殊不足供识者一粲也。予欲辨而析之，恐彰名士之短，归而记之，以戒轻妄。……予按汤若士此曲，率皆海市蜃楼，凭空架造。"（清凉道人《听雨轩笔记》）③

在清代，尊"谬悠"传统的戏曲家不能接受汤显祖，因为他的传奇完全是凭空建构，远离元曲的史剧传统。崇实的考证派也不能接受他，因为他选取的故事太离奇，成为引人死亡的可怕寓言。其实汤显祖的作品，唯一真实的是情感。正如程琼所说："事之所无，安知非情之所有？"（程琼《批才子牡丹亭序》）④

在虚实之争中，汤显祖的作品评价在批评界严重下滑。但一些文人依然对汤显祖的作品魂牵梦绕。那他们怎么表达自己的崇敬之情呢？蒋士铨是这样做的，他创作了一部《临川梦》，以汤显祖及四梦剧中人为故事主导者。蒋士铨既注重史实，又承续了元曲的"抒情写意""颠倒谬悠"的传统，所以被当时的评论家推得很高。到了曹雪芹那里，汤显祖的作品变成了遥远的历史读物，被黛玉阅读。

综上所述，汤显祖作品的接受，在清代这一特殊政治、思想、文化心理的

---

① 俞为民、孙蓉蓉编：《历代曲话汇编·清代编》（第一集），黄山书社2008年版，第114页。
② 俞为民、孙蓉蓉编：《历代曲话汇编·清代编》（第一集），黄山书社2008年版，第380页。
③ 俞为民、孙蓉蓉编：《历代曲话汇编·清代编》（第三集），黄山书社2008年版，第51页。
④ 俞为民、孙蓉蓉编：《历代曲话汇编·清代编》（第一集），黄山书社2008年版，第311页。

作用下，显现出错综复杂的局面。特别是在戏曲论争中，沉沉浮浮，莫衷一是。但无论汤显祖的作品处于什么观念的支配下，总有他的可取之处，无法被全盘否定，总有人为他翻案、为他辩护。这无形中说明了：汤显祖的剧作既是集大成之作，又是锐意创新的高峰。这也正是汤显祖的作品，历经几百年，依然魅力不减的原因之所在。

作者单位：贵州大学美术学院

试论赣剧高腔改编"临川四梦"的艺术得失

黄振林

汤显祖的"临川四梦"自明万历年间诞生至今 400 多年来,已经成为戏曲舞台特别是昆曲舞台上永远的经典。汤显祖完成《牡丹亭》时,是明神宗万历二十六年(1598),当时昆山腔势力范围迅速扩大。弋阳腔、海盐腔在江浙、北京、南京等地也被逐渐冷落和淡出。江西临川(今称抚州),"襟领江湖,控带闽粤",物华天宝,人杰地灵,是江南形胜之地,也是明清南方戏曲的中心之一。永嘉南戏很早就流经此地,并有海盐、昆山、青阳、徽州、乐平诸腔绵延不绝,但影响最大的是弋阳腔。弋阳腔是南戏在江西的民间表演形式,"向无曲谱,只沿土俗",且"随心入调,不必合腔"。早期弋阳腔以演目连戏为主,是永嘉南戏变为弋阳腔传奇的重要过渡。汤显祖万历二十六年(1598)弃官归家后,当年即将全家从临川城东的文昌里移居至城内香楠峰下的玉茗堂,并创作《牡丹亭还魂记》,接着又在万历二十八年(1500)和二十九年(1601),分别创作了《南柯记》和《邯郸记》。与江浙缙绅商贾不同的是,汤显祖归家后,"游于伶党之中",但并没有蓄养家班。从他的诗文记载诸如"自掐擅痕教小伶""离歌分付小宜黄""小园须着小宜伶""宜伶相伴酒中禅"等得知,有相当数量的一群"宜伶"聚集在他的身边,汤显祖成为了"宜伶"的精神领袖。所谓"宜伶",即来自宜黄县的戏伶。从他应约撰写的著名文稿《宜黄县戏神清源师庙记》中可以得知,这些"宜伶"演唱的腔调是宜黄籍抗倭将领谭纶从浙江带回的海盐腔。可见,"临川四梦"完成后是在汤显祖故乡临川,首先由宜伶搬上舞台的。而宜伶唱的断不是昆腔。当戏曲界认定"临川四梦"只能由昆曲演唱才能极尽其艺术魅力时,其"原产地"的戏曲艺术家们,正面临严峻的考验。江西戏剧舞台承续和发酵"临川四梦"的艺术余绪,光大汤显祖的艺术辉煌的艰苦探索,值得认真回顾和思考。

一、惊艳出场：石凌鹤赣剧弋阳腔搬演"临川四梦"

弋阳腔是明代江西民间艺人贡献给戏剧史的重要声腔，在明清两代曾风靡全国，并进入宫廷长期为皇室演剧，取得过与昆腔同样显赫的地位。但新中国成立以后在江西几乎绝迹。新中国成立初期，只有景德镇有个饶河戏班，弋腔昆腔，甚至乱弹，交错演唱。上饶有个广信班，只唱乱弹。乱弹属于梆子腔系统，在清代最有影响的戏曲选本《缀白裘》"凡例"中，曾有"梆子乱弹腔，简称乱弹腔"的断语。可见只有饶河戏班是仅存能唱传统弋阳腔的班底了。且老艺人只能唱《合珍珠》《江边会友》等单折戏，形势十分严峻。新中国成立后，人民政府十分重视民间艺术的抢救和民间艺人的保护工作。为了贯彻"百花齐放，推陈出新"的戏曲方针，江西省文联和文化局在广泛调查基础上，在流散的艺人和班社中抢救性地进行剧目和曲谱的记录整理工作。饶河班原有《金貂记》《卖水记》《草庐记》《长城记》《珍珠记》等，但大部分失传。特别是老艺人缺乏文化，很多剧目都是师傅口传身授，说不出曲牌名，旋律也不精准。于是，高腔训练班应运而生。经过3年多艰苦努力，以高腔为剧种特征的江西省赣剧团终于成立。赣剧高腔是以弋阳腔为基础，吸收乱弹、皮黄、秦腔、昆腔等多种声腔特点，糅合而成，成为江西省既有继承又有创新的代表性剧种。新编赣剧《还魂记》《尉迟恭》《珍珠记》《张三借靴》晋京演出获得成功。这一切成绩，主要归功于时任省文化局负责人的"左联"时期即有盛名的戏剧家石凌鹤。

在石凌鹤抢救和扶持古老声腔遗产赣剧弋阳腔的过程中，当时中国戏曲研究院的黄芝冈先生专程从北京到江西临川、宜黄等地实地调研汤显祖的文化遗迹和资料。促成石凌鹤将精力放在"临川四梦"的研究和再创作。1957年他"改译"《还魂记》，由江西省赣剧院排练公演，并两次在庐山为毛泽东等中央领导演出，获得极高赞誉。粉碎"四人帮"后，石凌鹤陆续将"四梦"改译完成。成为历史上第一位用赣剧弋阳腔完整改编"临川四梦"的剧作家。

赣剧高腔在现代剧场演出，时间控制在3小时左右，已经不是传统家班的舞台方式。必须对传奇剧本压缩篇幅，重新剪裁。石凌鹤是现代著名剧作家，既熟悉古典戏曲的关目结构，更有从事话剧创作的经验。他对自己改编《牡丹亭》有独到的见解："第一，尊重原著，鉴古裨今。尽管改编者和原作者由于时代的差异，世界观有很大的不同，但必须遵循历史唯物主义，尊重和发展原著的主题思想，尽力做到既不厚非古人，又不有负当今大众；第二，保护丽句，译意浅明。在尽量保持原著的前提下，努力译得通俗浅明，易于理解；第三，重新剪裁，压缩篇幅。第四，（唱词）牌名仍旧，曲调更新。仍按原著曲牌，只是依牌浅译、改译或填词，依其原韵，不出格律，不拗平仄"。①石凌鹤说："集中主要事件和人物，展开矛盾以突出表现主题，这是写戏的共同法则"。但是又不能套用西方三幕或四幕的话剧手法，因此他把"四梦"的改编定在每本八场左右。《牡丹亭》55 出，分为三个情节段落，由生可以死——死可以生——生死团圆，结构宏大，线索繁复，明清时期昆曲家班演出往往分三个夜晚演完全本。而石凌鹤考虑既要保持"四梦"的完整性，又要重点突出，线索清晰。他把《牡丹亭》删削为九场，分别是训女延师、春香闹塾、游园惊梦、寻梦描容、言怀赴试、秋雨悼殇、拾画叫画、深宵幽会、花发还魂。也只保留了杜丽娘、柳梦梅、杜宝夫妇、春香、陈最良等 8 个主要角色。《紫钗记》则压缩为 7 场，分别是紫钗双燕、折柳阳关、侠气豪情、卖钗泣玉、睹玉拒婚、醉侠挥刀、郎归欢庆；《南柯记》改为 8 场，分别是槐荫慨叹、金殿成婚、新婚受命、太守劝农、歌功报警、罚罪惊心、明褒实贬、梦醒南柯；《邯郸记》为 8 场，分别是炊粱入梦、捉贼成婚、夺魁遭忌、诰命荣身、凿河邀幸、大捷蒙冤、刑场悲愤、梦醒黄粱。真正做到删削枝蔓、突出主干；以人物为主，以故事为辅，把原作的故事和情节框架完整保存下来。明清以来，吴江派曲家绵延不断将《牡丹亭》等改编，臧晋叔目的是便于登场，删削之后，落得"截鹤续凫"之讥；冯梦龙从音律角度"斧正"，《风流梦》也留下"东施效颦"之笑。石凌鹤从删削冗场出发，削枝删叶，基本符合现代剧场演出规律。

石凌鹤是有诗人气质的剧作家，"左联"时期曾经创作了《黑地狱》《战斗的女性》等话剧作品，在上海剧坛产生良好反响。1962 年改编过赣剧青阳腔《西厢记》（上下本），到北京、上海等地演出，引起热烈反响，被当地报刊称之为"石西厢"。石凌鹤深谙曲牌体戏剧的艺术规范，他指出，"曲调的旋律基本是由词演变而来的曲牌，其字数、韵脚、平仄又由严格的格律所规定，作者只能依照规定填写，而且比词更要求每句都规韵。字数虽因便于演唱

---

① 《临川四梦永留芳——访著名戏剧家石凌鹤》，引自江西省文学艺术研究所编：《汤显祖纪念集》，第 313 页。

增加少许衬字,可又不许自由破格"。① 当今的赣剧弋阳腔曲体形态与传统弋阳腔已经有很大的不同,尽管还是依照传统曲牌创作演唱,但因为诸多"民间"和"现代"因素的掺入,使传统曲体的稳定性受到极大挑战,并逐渐向"花部"的板腔体转移。押韵的七言体、十言体成为戏曲舞台流行的唱词方式。作为"传统"向"现代"的改译,石凌鹤首先清醒认识到,"四梦"中有许多脍炙人口且观众耳熟人详的经典唱词是不能动的,这是任何改译都不能触碰的底线。石凌鹤给自己规定的曲牌改编原则是:"保护丽句,译意浅明。"像《牡丹亭》"惊梦"折中的著名唱腔【步步娇】"袅晴丝,吹来闲庭院,摇漾春如线。停半晌、整花钿。没揣菱花,偷人半面,迤逗的彩云偏。步香闺怎便把全身现?"改写为【桂枝香】:"妩媚春光、吹进深闺庭院,袅娜柔如线。理秀发、整花钿,才对着菱花偷窥半面。斜梳发髻恰似彩云偏。小步出香闺,怎便把全身现"。虽然换了曲牌,并因乐曲规定对繁难的唱词作了若干修改,但并未改变原有的整体风格。而最经典和熟知的唱词【红衲袄】,基本是完整保存移植过来:"原来是姹紫嫣红开遍,这风光都付与断井颓垣。良辰美景奈何天,赏心乐事谁家院!彩云轻卷,云霞翠轩;雨丝风片,烟波画船,锦屏人忒把这韶光看得贱。"观众的接受度很高。

以奇特瑰丽的梦境支撑戏剧结构,是汤显祖戏剧构思上最大的亮点。《牡丹亭》中的杜丽娘没有青梅竹马,也不是一见钟情,只是游园生梦,因梦感情,因情而死。谁料意中人竟在梦中,杜丽娘鬼魂与之幽会,最后竟死而复生,终成眷属。按照清代文人费元禄的话说,是"无媒而嫁,鬼亦多情"。"惊梦"是《还魂记》的"戏胆",是联系现实与虚幻的纽带,是沟通人间与冥界的桥梁。石凌鹤充分领悟"惊梦"的价值。第三出"游园惊梦"极力渲染光彩纷纭的梦境世界。安排花神和梅、杏、桃、菊、荷、芦、蒲等众花神抛花瓣、洒花露,庇护丽娘与梦梅的牡丹幽梦。而在第四出"寻梦描容",继续回味太湖石边的温存软绵;在第八场"深宵幽会"又让柳梦梅与丽娘鬼魂梅树重开。梦境是汤显祖戏曲最具创意的场面设计,石凌鹤使用时空自由转换,人鬼相互同台,虚实回环流转的方法,使场面"翻空转换、已到极处",达到了"追梦"的效果。

石凌鹤对汤翁剧作心领神会。在《紫钗记》"卖钗泣玉"一场中,设计霍

---

① 石凌鹤:《汤显祖剧作改译·序言》,上海文艺出版社1982年版,第5页。

小玉在恹恹病瘦、幽怨哭泣时进入梦境，李益以袖遮脸，用善恶两副面孔轮番表演，一会是痴情的李郎君，一会是无情的负心人，类似川剧"变脸"。把霍小玉一片真心捧上舞台。真如明代吕天成在《曲品》中所评说："《紫钗》描写闺妇怨夫之情，备极娇苦，直堪下泪。真绝技也。"而在《南柯记》最后一场"南柯梦醒"，淳于棼在丧妻受谗后，素服愁容。在舞台的雾霭朦胧背景下，公主瑶芳，轻绡飘忽，缓缓临近。淳于棼与亡妻若即若离，飘荡不定，在梦境中回味真情缱绻、共治南柯的艰辛过程。布景设计云烟缥缈、色彩缤纷。公主形象若隐若显，似幻似真。而《还魂记》"拾画叫画"柳梦梅呼唤画中美人时，音乐声中，香烟袅袅，杜丽娘出现半身，隐约可见。石凌鹤对汤显祖"因情成梦，因梦成戏"的独特戏曲观念有十分精到理解。

二、纷纭呈现：江西地方声腔剧种对"临川四梦"多种改编

江西省1954年在南昌举行第一届全省戏曲汇演后，各地抢救发掘宝贵传统戏曲遗产工作迅速进入快车道。1955年，省赣剧团带着新编赣剧《梁祝姻缘》《木兰诗》到北京、天津演出，受到观众热烈欢迎。文化部指示要下力气挖掘、整理和改革弋阳腔。1956年9月举行全省第二届戏曲观摩演出大会时，已经有赣剧、采茶戏、京剧、越剧、宜黄戏、东河戏、祁剧、徽戏、汉剧、黄梅戏、青阳腔11个剧种的50多个剧团，演出了上百个剧目，对传统剧目的改造可谓如火如荼。

"文化大革命"之后，对汤显祖戏曲文化遗产的改造提升再次引起江西戏剧界的重视。汤显祖故乡临川的演剧活动也十分兴盛。20世纪80年代以来，本地多剧种都曾搬演"临川四梦"。其中有临川采茶戏《牡丹亭》、宜黄戏《紫钗记》、广昌盱河腔《南柯记》等。2000年抚州汤显祖实验剧团根据"临川四梦"改编4个折子戏《冥誓》《怨撒》《游园》《生寐》。"临川版"的《牡丹亭》还应邀到浙江、南京等地演出。

省赣剧团编剧黄文锡于1984年改编的《还魂后记》和《紫钗记》产生良好影响。后者还获得了江西省庆祝新中国成立35周年优秀文艺创作一等奖。《还魂后记》获得第六届中国艺术节优秀剧目奖和首届中国戏剧文学金奖。《还魂后记》选择《牡丹亭》后20出即杜丽娘回生，也就是还魂之后与父亲的冲突为戏剧内容，演绎一出封建大家庭两代人情与理的激烈冲突。从戏剧构

思角度看确实很有新意，也是首创。应该说，是挖掘和放大了汤显祖在戏曲中蕴藏的反抗礼教的进步元素。杜丽娘还魂后，希望和柳梦梅缔结美好姻缘，并遵守传统道德规范，取得"父母之命，媒妁之言"后再行大礼。这个设计是符合杜丽娘身份和性格特点的。但父亲杜宝却不能接受已经夭折的女儿回生的现实，更不相信杜丽娘与柳梦梅的所谓生死恋，人鬼情，并认为这种荒唐之事发生在杜家公馆是奇耻大辱。面对父亲的保守和无情，杜丽娘竟毅然在后花园的马棚与柳梦梅自行婚礼，为自己的终身大事做主。特别是在金殿上，她大胆自信，驳斥世俗的各种恶俗陋习，高歌："若效文君司马，也只是影影绰绰地活，躲躲藏藏地怕。做人也似鬼，反而留话把。真金不避火，真情不受诈。爱便坦坦地爱，嫁便堂堂地嫁，借尔照胆镜，告白全天下：做定端端正正的人，判命由我不由他。"

在汤显祖诞辰460周年之际，南昌大学也于2010年隆重推出新版赣剧"临川四梦"，继续由黄文锡担纲剧本改编。为了在较短时间内，将"临川四梦"最精彩的片段集中展现观众面前，剧组别出心裁地将"四梦"浓缩成一个剧本演出，这在"临川四梦"改编历史上还是第一次。改编者将"四梦"原来总共182出的篇幅，压缩为4个折子戏，分别是《紫钗记》中的"怨撒金钱"、《南柯记》的"南柯梦寻"、《邯郸记》的"魂断黄粱"、《牡丹亭》的"游园惊梦"。应该说，这几出戏是汤显祖全部戏曲作品中最精粹的部分，也是"四梦"的高潮。构思精巧，极具创新，艺术上几乎达到了完美无瑕的境界。长期以来在舞台演出中都有深厚的影响，要创新出彩有很大的难度。除了"游园惊梦"由于明清折子戏反复打磨，情节已经完全成熟定型外，黄文锡对其他三折戏都做了大胆改窜。对主题提炼、人物增删、情节改写等作了修改。语言方面继承石凌鹤当年改译原则，首先"保护丽句"。除了保留汤显祖戏文中经典的"散金碎银"台词外，基本上都按照七言体、十言体形式，并用现代白话文进行改写。情节安排上则学习西方戏剧"陌生化"的技法，引入一个"教授"来"串场"。这个戏外的角色，经常从戏里跳出来，又跳进去，类似西方古典悲剧中的歌唱演员。他在每个折子戏的过渡和转换时出场，向观众交代情节的发展脉络，介绍人物的言行的性格特点和戏剧的主题意蕴。有时还以现代人的身份"闯"进梦境中来旁白，打破"三一律""四堵墙"，代言体与叙事体并驾齐驱。用写意的、非幻觉的表演方式，掺和蒙太奇、歌舞写意、音乐烘托、象征主题、间离效果等现代戏剧手法，扩展时空，通透古今，向当代观众立体展现汤显祖戏曲的丰富内涵。

更令人兴奋的是对演剧声腔的创意。黄文锡根据自己多年的舞台实践,提出一折戏使用一种声腔的建议。其中《紫钗记》"怨撒金钱"使用青阳腔演唱;《南柯记》"南柯寻梦"使用弹腔唱;《邯郸记》"黄粱梦断"用海盐腔演唱;《牡丹亭》"游园惊梦"则用弋阳腔演唱。赣剧音乐作曲家程烈清担任全剧的音乐设计。他认为,"怨撒金钱"为《紫钗记》经典场次,也是昆曲舞台上著名的折子戏。根据剧情特点,运用青阳腔演唱比较合适。霍小玉思夫日深,逐渐成疾。语言恍惚,居然忘记自己交代浣纱变卖玉钗之事。玉工侯景先送来百万卖钗之款。当小玉听说买钗之人竟是卢府小姐时,悲痛万分。刺激之下,竟情绪失控,将百万金钱抛洒满地,表达对李益负情的怨恨。由于这是一出旦角演唱的著名的情感戏,音乐设计上采用起伏变化大、帮腔衬腔多、旋律节奏快的青阳腔。其主干旋律用五声音阶构成,带有浓厚的民间音乐色彩,凄楚哀怨,跌宕起伏,急促悲愤,淋漓尽致地抒发了霍小玉刚烈性格。

而"南柯寻梦"使用弹腔演唱也有一定的道理。弹腔,即乱弹腔。主旋律由"二凡"和"三五七"两种腔调构成。"二凡"即"二犯",从西秦腔二犯变化而来。七声音阶,梆子击节,弹拨乐器伴奏。风格高亢激越,帛裂长空。而"三五七"则出自吹腔,吹腔里有三、五、七字的句式。像《缀白裘》中《闹店》旦唱:"春天景,好鸟枝头现,桃红李白柳如烟"等,有南方民间旋律柔和舒缓的特点。史载这种乱弹在清代乾隆年间即流行于江西景德镇。"南柯寻梦"以人物动作表演为主,表现郡主瑶芳公主与驸马淳于棼如胶似漆的爱情,内容选自《南柯记》第十三出"尚主"。瑶芳新婚羞涩,原作用九支曲子尽情抒发他们新婚的喜悦。而瑶芳公主病逝后,淳于棼一蹶不振,颓废失落。作曲家安排弹腔节奏明快,随角色心情变化而层层推进。如泣如诉,层次感强,并加上帮腔、合唱等典型的民间曲调形式,烘托出南柯一梦的梦幻感觉。

"游园惊梦"是《牡丹亭》最让人醉心的场次,明清折子戏影响最大的曲本。程烈清认为,非赣剧的主打声腔弋阳腔不可。弋阳腔在音乐上十分灵活。明代凌濛初《谭曲杂札》曾说:"弋阳江西土曲,句调长短,声音高下,可以随心入腔,故总不必合调。"弋阳腔的曲调与民间小调十分接近,在宫调的规则上不甚严谨,故明清以来总是招惹文人鄙视。新中国成立以来,江西戏曲音乐家们即和老乐师一道,开始了对弋阳古腔的改革。伴奏方面,过去只有干唱和打击乐伴奏，非常单调。增加锣鼓在伴奏中的分量，但音量过大，演员必须大嗓门才有优势。后来尝试改用文场伴奏，即增加丝竹之音，使音乐变得柔和一些。而对帮腔也进行改革，由过去完全由乐队演员帮腔，改为乐队演员和后台演员共同完成。这些都丰富了音乐色彩，提高了弋阳新腔的表现力。

三、得失寸心："临川四梦"舞台"改本"对当代戏曲的启示

明清诸多曲家往往指责"四梦"受弋阳土腔影响。像凌濛初曾经批评"四梦""填调不谐，用韵庞杂，而又忽用乡音"。臧懋循也批评说："临川生不踏吴门，学未窥音律，艳往哲之声名，逞汗漫之辞藻，局故乡之见闻，按亡节之弦歌，几何不为元人所笑乎？"而改编"临川四梦"面临的难题也在于，明清传奇均是按照曲牌体戏剧的规则填词行腔，汤显祖极富才情，唱词瑰丽奇幻。但改编为赣剧，必须符合弋阳腔在曲牌、行腔、伴奏等演唱风格和特点。从明清文人改本分析，曲家批评"临川四梦"有"弋阳腔味儿"，主要是指曲体上不遵守谱例规范，任意增删曲句、插入介、白等。比如臧懋循改本《南柯梦》第二十七折，评【集贤宾】曲云："此曲有'奴家并不曾亏了驸马'等白，此弋阳也，削之"，又评【皂莺儿】曲云："此下白又作弋阳语，削之"。

翻看《南柯记》第三十三出"召还"：

【集贤宾】论人生到头难悔恐，寻常儿女情钟，有恩爱的夫妻情事冗。奴家并不曾亏了驸马，则我去之后，驸马不得再娶呵，累你影凄凄被冷房空。淳于郎，你回朝去不比从前了。看人情自懂，俺死后百凡尊重。（合）心疼痛，只愿的凤楼人永！

而【皂莺儿】曲"下白又作弋阳语"，则是：

（贴报介）启公主驸马：外间官属百姓等，闻的公主回朝，都在府门外求见。（旦）宫婢，你说公主吩咐：生受你南柯百姓二十年，今日公主扶病而回，则除是来生补报了。（内哭介）（生）叫不要感伤了公主。看轿来。

从这段对白看,可能是"外间""生受""除是""补报"等字眼有浓厚的方言俗语气息,臧晋叔则认为是江西弋阳土语,不雅,删掉。另像吴江派曲家范文若在《梦花酣序》中指责"临川多宜黄土音,板腔绝不分辨,衬字衬句,凑插乖舛,未免拗折人嗓子"。与臧晋叔、凌濛初等指责相似。由于石凌鹤在处理改译原作时,这是保留情节框架,经典"丽句"几乎完整迁移过来之外,其他唱腔都做了较大改动。像上面举例的《南柯记》三十三出"召还"【集贤宾】曲牌,则改写为

【雁过沙犯】奈何,心境违和,连年疾病多,养孩儿受折磨。念载光阴一掷梭,好年华空错过,对菱花两鬓已婆娑。你功成名就花倾座,我只合寒宫躲,好比嫦娥难过。

从石凌鹤改译"临川四梦"整体情况看,改写的唱词表达精准、雅俗适中。既有文言的蕴借典雅,又有白话的清新明了,应该说是传统戏曲当代演出不可多得的范本。但确实也稀释了"临川四梦"的"富丽词采"。其"错彩镂金,典雅炫目"的曲词风格,曾经让明清文人倾倒叫绝,但在当代传承过程中继续带着文字铺陈、典章堆砌显然不合适。但即便是明清文人改写,做到了所谓"不诡于律",但文辞却远逊于汤显祖原作。像《惊梦》【绕池游】"梦回莺啭,乱煞年光遍。人立小庭深院。烛尽沉烟,抛残绣线,恁今春关情似去年"。冯梦龙改写为:"花娇柳颤,乱煞年光遍。逗芳心小庭深院。莺啼梦转,向栏杆立倦。恁今春关情似去年。"诗意境界达不到原作的空灵剔透。戏曲史家王季思先生20世纪80年代初,写文章谈到《牡丹亭》的改编时认为:"原著中一些脍炙人口的唱段,如《游园》里的【步步娇】【醉扶归】【皂罗袍】,《惊梦》里的【山坡羊】【山桃红】等曲,原词不宜改动。但可以采取过去弋阳腔、青阳腔等'滚唱'的办法,在曲词中加一些衬字或一二句短白,申明曲意。至于比较艰深的宾白或次要唱段,是可以改深从浅,加以通俗化的"。① 石凌鹤"临川四梦"改译基本上是遵循这个原则的。

赣剧高腔音乐实际上是弋阳腔的当代遗韵。弋阳腔有唱"大戏"的传统,

---

① 王季思:《从"牡丹亭"的改编演出看昆曲的前途》,载于《光明日报》1982年6月26日第四版。

"帮腔"是弋阳腔演唱的典型风格，其特点是"一人唱，众人和"。《紫钗记》"折柳阳关"李益、霍小玉凄苦别离时，安排后台合唱"一别人如隔彩云，断肠回首泣夫君。玉关此去三千里，要寄乡音哪得闻"。《南柯记》"金殿成婚"淳于棼与公主花烛合卺，众侍女合唱【锦堂月】，起到烘云托月、热闹喜庆的效果。而"太守劝农"更是由农夫、牧童、桑女、茶娘等组成的合唱队帮衬，共赞南柯德政丰碑。为了舞台气氛的活跃，石凌鹤在"四梦"一些净、丑、贴角色的唱腔改编和设计上，大胆突破原作的束缚，重新编制曲牌唱段。比如《牡丹亭》"春香闹塾"，设计陈最良唱【掉角儿】"论《诗经》，国风言情，男和女几多风韵。后妃是女圣，文王作典型。相爱情须正，相悦并非淫。你须得，不乱心，不动情，规规矩矩，学做圣人"。用通俗话语塑造陈最良保守迂腐形象。而《南柯记》中紫衣郎、贼太子、老录事，《邯郸记》中吕洞宾、梅香等角色，均设计有调侃诙谐唱词。早期弋阳腔的南戏演唱中都有大量的滚调。尽管当时的滚调是插在曲文中间，并不影响原曲曲文的完整性，但它的语法结构一般是五言或七言的韵文，不入曲牌。江西传统弋阳、青阳腔依然保持了南曲最原始的伴奏特点，即用鼓、板、笛、锣等，而不入弦索。这无形中瓦解了文人传奇十分追捧的曲牌体演唱方式，使明代曲牌体戏曲的唱法逐渐向板腔体过渡。石凌鹤准确把握民间赣剧演唱的这些弋阳腔特点，唱腔设计上大量的五言和七言韵文，通俗活泼，朗朗上口，十分适合百姓欣赏。而在音乐上，创作人员也在保持弋阳腔曲牌传统音乐风格的基础上，作了一些更加贴近当代观众审美欣赏习惯的创新。比如将原来的流水板（1/4拍子）发展为正板（1/2拍子）的滚唱。旋律的起伏弹性和抒情色彩更强，特别是著名赣剧表演艺术家潘凤霞、童庆礽伉俪的倾情表演，受到观众特别是年轻观众的欢迎。石凌鹤对"临川四梦"的改编，对抢救和振兴古韵弋阳腔起到了率先垂范的重要作用。

但改编过程中的问题也值得我们认真总结。汤显祖是明代文人传奇的高峰，其艺术成就的高度与中国传统诗文词曲的高度发达密不可分。"临川四梦"不仅是戏曲艺术的成就，而且是传统文化成果的精粹。其诗词歌赋等文体成果并不逊色于任何文学作品，这点，明清文人给予了高度评价。石凌鹤的改译本确实有许多精妙之处，但有些唱词却因为改动而至逊色。比如"雨丝风片，烟波画船"，却改为"柳丝花片，烟波画船"不如原稿意蕴丰富。《寻梦》一出，有杜丽娘的【月儿高】"梳洗了才匀面，照台儿未收展。睡起无滋味，茶饭怎生咽"。本已十分通俗明了,改译本是"梳洗才完,薄敷粉面,昨夜不成眠,你叫我茶饭如何下咽?"原稿中"睡起无滋味",是表达丽娘晨起后慵懒无趣的失落心情,改为"昨夜不成眠",意境就大打折扣。一些场次安排,石凌鹤颇费苦心地作了剪裁,但却损害了曲意。著名戏剧家孟超1959年6月在《戏剧报》发表文章《谈赣剧弋阳腔"还魂记"》指出:将"游魂""幽媾""欢挠""冥誓"四折压缩为"幽会"一场,让观众觉得柳梦梅、杜丽娘的相会缺乏曲折和波澜;而原作"游魂"中的"赚花阴小犬吠春星,冷冥冥梨花春影""伤感煞荒径,望掩映鬼青灯"等词句,使丽娘鬼魂登场就给人以幽冷之感、鬼魂气息。而改本换字移词,删掉这些神来之句。这出戏,除了杜丽娘头披一幅黑纱之外,就看不出符合游魂情景的气氛了。老戏剧家的点评,着实深刻透彻。

如何准确理解和认知古典戏曲遗产的文化内涵,承续其思想光芒和文化韵脉,重新在舞台上激活其生命活力,是当代文艺继承优秀传统的重要课题。汤显祖生活在400年前的晚明时期,各种异端思想雨后春笋,冲破几千年封建礼教严密的大网。汤显祖在戏曲中表达的受王阳明心学启发的至情观,已经非常开放和超前,但离今人的思想高度依然有相当的距离。"给古人的形骸,吹嘘些生命的气息",已经成为传统剧目舞台改编的重要路径。拔高汤显祖剧作的思想高度,是当今剧作家普遍的心理期许。受当时极左思想的局限,石凌鹤认为汤显祖剧作所受的佛道思想影响,有很多封建迷信色彩,比如《牡丹亭》中的"回生"情节。"回生起死"情节本是《牡丹亭》后半段惊艳绝伦的创造,是"还魂"的核心情节,但他的《还魂记》却尽量削弱和淡化情节内涵。《邯郸记》中,无法删除吕洞宾这个人物,却毫不犹豫地删除了八洞神仙引渡卢生超登天境的道家境界。在《南柯记》中,则将槐安国瑶芳公主、琼英郡主等在佛坛听经和结尾登天超升情节,全部删除。在《紫钗记》中,格外加强了原剧中飘忽不定的黄衫客的"戏份",把他作为见义勇为和拔刀相助的英雄形象进行塑造。这种人物重心的"加重"方法,实际上偏离了原作的创作旨趣。

黄文锡改编的《还魂后记》,杜丽娘打上了鲜明的现代个性解放思想烙印,与原著中的闺秀形象有很大的距离。思想境界高了,形象反而不像《牡丹亭》那样真实美丽。他改编《紫钗记》也同样出现这个问题。改编本着力重塑李益的正面形象,堆加有正义感、有使命感、体恤百姓、疾恶如仇等正面元素。同时进一步丑化卢太尉形象，放大他邪恶阴险狠毒的性格特点。在具体情节设计上，主要通过对李益书童秋鸿戏份的增强，来勾连李益与卢太尉这对矛盾冲突。改编本把秋鸿塑造成古代的忠诚义仆，出身穷苦，感恩报德，机敏懂事，勇于担当。由于卢太尉作梗，李益戍边玉门关外。小玉穷困潦倒，冻卖珠钗。为卢太尉所得，并伪称小玉已死。当秋鸿发现李益与小玉之间的巨大误会后，甘心冒死送信，但为卢太尉截获，并当李益的面将秋鸿处死。秋鸿至死未透露真实身份，以生命保护李益免受灾祸。原作中是黄衫客在关键时刻拯救李益，并将卢太尉绳之以法。尽管黄衫客形象在原作中有突兀飘忽之感，但符合民众"神助弱者"的审美期盼。对刻意拔高人物"进步因素"的做法，其实不妥。当年孟超在评论石凌鹤赣剧《还魂记》"幽会"一场，认为杜丽娘一连三个"俊书生""俊郎君"称呼柳梦梅不妥，因为丽娘还是深闺秀女，感情表达应该留有余地。

　　江西戏剧编剧陶学辉于 1986 年改编弋阳腔《邯郸梦记》，在纪念汤显祖逝世 370 周年活动进京演出，并获得全国第四届优秀剧本奖。陶学辉理解《邯郸记》是汤显祖历经仕宦险恶之后对世情的发愤之作。认为通过卢生大起大落倏忽涨跌的官场梦境，表达了汤显祖是对晚明官场黑暗的愤慨。所以将基调定在"官场现形记"，是作者的改编立意。剧情改造更多地安排了官场的相互勾结欺诈、利用瞒骗等肮脏等情节因素，比如卢生流放广南崖州鬼门关，遭遇骗局和毒打；宇文融等欺瞒皇帝、残害忠良。官场充斥着卖官鬻爵、结党营私、贪污贿赂等。剧情上借鉴滑稽剧的变形、异化等手段，比如驴化人形、与鬼卒拔河等夸张设计，酣畅淋漓揭示官场丑恶，类似官场漫画。实际上与汤显祖戏剧意境的主旨风格有很大距离。

　　自觉移植西方戏剧技巧，通过提炼矛盾和聚焦冲突的方法来增强舞台效果，也是当今戏剧编剧惯用手段。但是，我国传统戏曲有一套完美的敷衍戏剧的程式。歌舞诗曲，四位一体；虚拟时空，随意转换。很少利用情节道具承载戏剧秘密，很少利用对话机制组织戏剧冲突，很少利用写实幻觉还原戏剧效果。过多使用西方话剧组织戏剧冲突的方法，与汤显祖戏曲的整体风格不符合，不协调。戏剧改编者不能深刻理解中国戏曲美学的特质和神髓，就有可能伤害传统戏曲特质。当年，著名戏剧家孟超在商榷石凌鹤改编《还魂记》时还说，中国戏曲表演最大特点就是虚拟动作。但《还魂记》舞台上的实景，却把意境破坏了。"惊梦"使用"真实"的一阵花雨，演员怎能从朦胧的梦思里进入角色呢？而"拾画叫画"，柳梦梅吟哦着"欲傍蟾宫人近远，恰些春在柳梅边"，轻声低唤画中美人。而画中人也在袅袅香烟中恍惚地好似飘然欲下之际，忽然舞台一暗，再明后，画中人变成真人，在画框中摇动。似乎是编剧的"神来之笔"，实际上却是败笔，破坏了原本的舞台效果。孟老说，再有本领的演员，再丰富的虚拟表演动作，也无法施展。今天看来，老"戏骨"的箴言，依然有相当的分量。

改编经典难，超越经典更难。尽管戏剧家们苦心孤诣，推陈出新，但由于"临川四梦"是难以企及的高峰，只有顺应戏曲艺术规律，才能焕发传统艺术精髓。真是应验了汤显祖的那句话："白日消磨肠断句，世间只有情难诉。"

作者单位：东华理工大学江西戏剧资源研究中心

清诗人杨士凝所作阅《邯郸梦》诗浅释

江巨荣

关于汤显祖的《邯郸梦》，我见到过不少咏剧诗和观演诗，此前大都分别收录在相关的论文中。读到杨士凝的《芙航诗襭》，见有一首《阅汤义仍邯郸传奇和元微之梦游春七十韵题其后》的长诗，无论从内容或诗体上看，都显得很奇异，在诸多咏剧诗中，颇为异类，现趁这次汤显祖和明代戏曲研讨会，把它抄录出来，与诸位共赏。笔者略作一些笺释和解说。其中必有谬误和肤浅处，希望得到诸位方家指正。

《芙航诗襭》卷二，其诗《阅汤义仍邯郸传奇和元微之梦游春七十韵题其后》五古一首，诗如下：

古有邯郸生，睡乡得良遇。壮哉枕上游，大梦穷其趣。茫茫走长空，虹梁横斜渡。未能上霄汉，反入红尘路。人境亦幽僻，环廊往来互。彤霞绕青鸾，碧藻拱白鹭。庭院深沉沉，纱窗静煦煦。娉婷袅红裙，徐起凌波步。瞥见心动摇，旋窥色欣慕。鸳鸯宿池惊，鹦鹉飞笼惧。蜡焰绣屏张，麝囊香阁布。马战夜深寒，莺啼日高寤。狂辞故相谢，酡颜晕如怒。殷勤素手携，婉转朱唇谕。红靥惯凝妆，玉浆新治具。初含豆蔻梢，早种芙蓉树。风送四更钟，人迷五里雾。瑶宫七夕期，银汉双星聚。经岁怅难留，深情匿微露。入室恋翠衾，出门曳芒履。赠君蜀江锦，不惜作君袴。长歌白头吟，弗使新人故。流光驱春秋，倏忽易朝暮。奋踏青云梯，壮游京洛寓。金殿夺胪云，万里风帆泝。将相了须臾，回首尘心悟。觉来驾鹤去，蓬岛在指顾。竟作扫花人，痴情孰持护？我爱邯郸生，学步江陵句。幻境欲迟留，夜半卧握固。遂觉梦游春，神思感心腑。蘧蘧漆园游，会合殊嫁娶。渔父寻旧踪，刘郎认前度。欲采猗兰芳，应怜兔丝附。目成顾花丛，解佩谐欢裕。贮我白玉堂，迎我黄金辂。宝帐碎胶匀，奇羞杂鳞厝。眠过换箔蚕，暚比藏书蠹。黛浓痕浅描，粉腻膏轻傅。刀尺响空闺，琵琶泣古戍。放燕卷帘帏，留香阁窗柘。莲浦木兰浮，蓼岸花骢驻。大块牵物情，缠绵缚丝絇。知序玉台诗，解作长门赋。巫峡楚王宫，钱塘苏小墓。过眼尽成尘，馀情空眷注。顷历碧霞城，阆苑识小素。丽人充离宫，吊古废百务。蔡琰塞儿悲，王嫱画工恶。夷光越网收，阿环马嵬仆。跨凤杳无闻，立马看难屡。傍辇数枝憨，当炉几秋痼。扶风肠自楛，虢国颇多忤。琼树已歌翻，钗钿又亲付。难上绿珠楼，羞启庄姜瓠。贴金花未生，抱玉烟无措。狼借乱春红，身世从头误。慷慨思古人，挥泪观史库。慎勿惑空花，我心似陶铸。灰烬炙金猊，夜光泻银兔。柔魂逸天涯，方寸谁能锢。碧落与黄泉，下上任驰骛。翡翠匣中吟，鹧鸪枕上诉。日暮嗟虚凉，伊人恍如晤。初梦尚难醒，成梦何时赴？陌柳吹不停，园梅落无数。谣诼谢娥眉，禁此众女妒。尘缘异邯郸，大梦讵同住。烂醉倒泥沙，莲花本无污。（《清代诗文集汇编》）

这首长歌，是杨士凝戏和元稹《梦游春七十韵》而作。元稹《梦游春七十韵》，起自"昔岁梦游春，梦游何所遇"，止于"泻水置叶中，君看不相污"。是一首140句的五言长诗。作于元和5年，也就是元稹由东台监察御史上疏触怒宦官，贬为江陵士曹参军时。元稹诗，叙述诗人遇崔莺莺，会于西厢一月，后分离，再娶韦丛，韦氏亡，再娶裴柔之等情。冯班评论这首梦游春诗说："此即会真记也。"[①] 就是说，其诗主要内容在叙述与崔莺莺的艳遇，而又接续其婚姻生活的结局。与元稹《会真记》相映，都含有"悔既往而悟将来"的自我掩饰成分。

杨士凝的诗，不仅在形式上受元稹诗的影响，诗体是五言古诗，用韵都按元诗相和，在内容上，也不脱元稹诗游仙艳遇、悔既往而悟将来的自我掩饰色彩。

全诗分三大段，前一段从"古有邯郸生"起，至"痴情孰持护"止，主要叙述《邯郸梦》中卢生入梦、奇遇，以至醒悟的过程。第二段从"我爱邯郸生"起，至"蓼岸花骢驻"，主要记叙诗人的一次艳遇。第三段从"大块牵物情"至诗之末句"莲花本无污"止，所述则是诗人看了《邯郸梦》剧所述

[①] 参见杨军：《元稹集编年笺注》，三秦出版社2002年版，第337~344页。

卢生和清河豪族崔氏姻缘及自己所遇之后，对情之羁绊作了发挥和反思。并依元稹诗意而有所开脱。现依次略作说明。

第一段叙述《邯郸梦》剧情文字比较鲜明。诗从邯郸卢生进入梦乡，开始一次美梦奇遇开头，接着叙述卢生美梦未上霄汉，而入红尘。以至此后"流光驱春秋，倏忽易朝暮。奋踏青云梯，壮游京洛寓。金殿夺胪云，万里风帆泝。将相了须臾，回首尘心悟。觉来驾鹤去，蓬岛在指顾。竟作扫花人，痴情孰持护？"这就是第三十出"合仙"中，吕洞宾等人用六支【浪淘沙】点醒卢生，而后卢生走出迷魂阵，领了扫帚在天宫扫花。

【沉醉东风】唱：再不想烟花故人，再不想金玉拖身。三生配马驴，一世行官运，碑记上到头难认。富贵场中走一尘，只落得高人笑哂。

这些就是诗中所概括的"竟作扫花人，痴情孰持护"了。

但从"彤霞绕青鸾，碧藻拱白鹭"以后三十余句所叙情景，却是汤显祖的《邯郸梦》文本中几乎都没有的。如涉及红尘路上的人境：画廊回互，红霞袅袅，青鸟、白鹭，来往其间。卢生所到，只见庭院沉沉，纱窗寂静。娉婷女子，穿着红裙，迈起凌波脚步，使人一见，就怦然心动摇曳，立即欣喜仰慕。这里鸳鸯，双双为之而惊，鹦鹉在笼中为之而惧。银蜡焰烧，绣屏张挂，囊中麝香，弥漫香阁。一直沉睡到红日高挂，黄莺啼叫，他才苏醒。致语相谢，以至面红耳赤。与女子素手相携，朱唇婉转相言。她红晕的脸庞经常化妆，新的酒具盛的是美酒。这位女子其初如豆蔻初含，很早就种下芙蓉树。在这里过得十分逍遥，四更有风声传来钟声，人也好像坠入五里雾中。好像在仙宫里过美好的七夕，银河上总是双星相聚。但岁月既久，不能久居，深厚感情也藏而少露。进入室内相恋依旧，出门则只能穿着草鞋。如此之类。这些情节和场景，或者出自诗人的想象，或者诗人所见演出，竟有类似的铺张夸饰，并附以诗人的感想组织而成。不过清乾隆以后的《邯郸梦》折子戏，只演过"扫花""三醉""番儿""云阳法场"等出，都不可能涉及这些审美的内容。舞台上的"扫花"，还是演述吕洞宾下界寻找卢生代替何仙姑，到蓬莱山充扫花之役。与全剧结尾卢生醒悟扫花完全不同。故这些场次都与诗中描写没有关系。所以杨士凝诗的前半，已在借助《邯郸梦》，依据元稹诗韵，主要表现个人诗情的意味。

杨诗的第二大段自"我爱邯郸生,学步江陵句"开始,即明确宣示其学步江陵士曹参军元稹的《梦游春》诗的意图。诗说,此时他也入了幻境,像庄子那样"蘧蘧"而游,似乎来到旧踪,欲采猗兰之芳。如刘晨在天台山桃源洞遇见前度仙女,她竟如兔丝相附,两目传情,引入花丛,解佩结欢。此女非常热情好客,不仅把诗人载上黄金车,引入白玉堂,室内装饰着鲛绡宝帐,所食则多山珍海错。玉人黛浓痕浅,粉腻轻柔。他们或剪裁而响刀尺,或弹琵琶而诉悲筘之声。或有人驾木兰舟而来相访,或有才俊的五花马于此停留。这些描写似乎在告诉我们,他所遇到的仙女应是他相识的旧人。天台遇仙,则是旧诗中艳遇的隐喻。元稹的《梦游春》既然写到与崔莺莺相遇相爱的经历,杨士凝之学步元稹,无非也在再现自己的一段不为人知的爱情故事。木兰相浮,花骢停驻,也反映了此女交际之广吧。

从"大块牵物情,缠绵缚丝绚"起至末,是此诗的第三段。这一段意在对卢生梦境和杨士凝姻缘际遇作了一次联系发挥和反省。诗说:大地万物都与情相关,缠绵如丝互相系缚。诗人想到作为丽人艳歌的《玉台新咏》的编撰,司马相如为陈皇后被废置而作的哀歌《长门赋》,楚襄王于云梦而幸巫山神女,因相思成疾的南齐钱塘名妓苏小小。这些艳情故事和它们的主人,时间一过,都成灰烬,残留下来的怀念都是多余而无用的眷顾。游历与天国最近的碧霞仙宫,众多丽人都在上苑离宫。为悼念他们,令人都忘记甚至废弃了许多世事。想起蔡琰(蔡文姬)在塞外留下的儿子徒然而悲,王嫱(王昭君)的遭遇是出于画工毛延寿的刁恶。西施(夷光)被越王勾践收罗利用,杨玉环为唐明皇缢死在马嵬坡。此外如弄玉、卓文君、绿珠、庄姜、虢国夫人等,都是古代美人,却都香销玉殒,他们因牵于情,故一身从开始便出现错误。其风流韵事也如梦如烟。想起她们,无不令人感到慷慨悲凉,思绪万千。诗人表示,历史记载中的故事可以使人领悟,希望大家也不要为这些空花水月而迷惑。写到这里,熏香炉中的香末已成灰烬,月光照在笔毫如同银泻一般。自己虽说心如陶铸一样坚实,但一种幽情还是飞往天外,思绪不能控制。以至上追苍穹,下落黄泉,任其驰骋飞翔。翡翠在镜匣中吟哦,似在表达才人不受重用;鹧鸪在枕上诉说,意在企望向日而飞。天色已晚叹息空虚转凉,所想念的那人恍惚如同见面。初次入梦已经很难醒悟,既成梦想,何时可以相会?野外的柳条被风吹得不停,园中的梅子落下无数。谣言诬语与娥眉无关,这样也就不让其他女子再生妒忌。我的尘世因缘与《邯郸梦》不同,我的大梦岂与它相干。我已烂醉身倒泥沙,但莲花本性是入污泥而不染。这样的一些发挥和表达,有的表示出感情的矛盾,情感的纠结,最终归结为自己尘缘与《邯郸梦》的卢生不同,虽然烂醉如泥,仍像莲花那样出于污泥而不染。这又像元稹《会真记》或《梦游春》那样是一面彰显诗人恋情韵事,一面又以"善为补过"而自我开脱。诗题虽据《邯郸梦》着笔,内容则以和元稹《梦游春》诗为主干,这在阅读和观演《邯郸梦》的诗歌中是少见的一个特例。

杨士凝(1691~1740),字妙合、立诚、笠乘,号芙航,武进人。康熙五十六年举人,官山东单县知县。有《芙航诗襭》二十九卷。诗编年,作于辛卯,即康熙五十年(1711)。诗人时当21岁。是易为梦游春诗的年岁,尚无多少人生体验,所以造成对《邯郸梦》的别解。

作者单位:复旦大学中文系

《牡丹亭》在清代文人群体中的传播与品鉴

蒋 宸

玉茗堂剧作素以雅丽当行见称,且意境高远、流韵绵长,素为历代文士所雅爱。而《牡丹亭》一剧,更是其平生"四梦"之最,在后世文人的交游酬唱、品鉴赏玩,乃至科场文思等方面产生颇多的影响。有鉴于此,笔者拟就《牡丹亭》剧在清代文人群体间的传播与品鉴略作探讨,以期能由微察著,借此窥得清代文人在戏曲认知层面上的一些观念。

一、清代文人对《牡丹亭》的观演与赋咏

明中叶以后直至清代,戏曲活动空前繁盛,文人士绅阶层对于戏曲接受热情高涨,戏曲活动成为其主要的休闲与娱乐方式之一,甚至以词曲创作传播社会舆论。其风靡情况,有"士夫秉心房之精,从婉娈之习者,风靡如一"[①] 的记载。至清代,伴随着戏曲艺术的成熟与繁盛,戏曲接受以各种形式全面且深入地渗透到士人日常生活的方方面面,不仅喜寿筵宴等要有点剧观演等娱乐活动,日常的朋友雅集、饯别、消遣等,均有相应的演剧活动。另外,清初文人每有新剧作成,也往往邀请同好前来观看初演,还要赋诗评点,为新剧增色。宴饮观剧成为文人交游活动的一项重要内容,也是这一时期文人诗酒风流的重要表征。清代文人承绪前代遗风,经常邀集诗友,结社观剧,"纵饮征歌,流湎浃日",即席赋作,"诸子继和",[②] 从中不仅可以窥得不少当时文人群体的交往脉络,而且也包含了不少有关演剧的重要史料。

《牡丹亭》作为明清两代最负盛名的戏曲作品,更是格外受到文人群体的

---

① 何良俊:《曲论》,引自《中国古典戏曲论著集成》(四),中国戏剧出版社1959年版,第5~6页。
② 阮葵生:《茶余客话》卷十八,上海古籍出版社2012年版,第434~435页。

关注与追慕。据文献记载，清初很多士绅均养有家乐或家班，往往招集同好在家中饮宴观剧品评，以为消遣。"康熙初间，海宁查孝廉伊璜继佐，家伶独盛，虽吴下弗逮"，"数以花舲载往大江南北诸胜区，与贵达名流歌宴赋诗以为娱，诸家文集多纪咏其事"。① 按查继佐于清顺治十八年（1661）遭遇庄廷鑨明史案，侥幸脱罪后遂"放情诗酒，尽出其橐中装，买美鬟十二，教之歌舞"，"每于长宵开谦，垂帘张灯，珠声花貌，艳彻帘外，觏者醉心"，其夫人"亦妙解音律，亲为家伎拍板，正其曲误"，"以此查氏女乐遂为浙中名部"，② 人称"十些班"③。据载，查氏家乐除演出查继佐自度剧作《鸣鸿度》《梅花谶》《玉璩缘》《眼前因》诸剧外，还搬演《浣纱记》《牡丹亭》等名剧。查继佐往往以演出《牡丹亭》等剧作之机，邀集同好观演赋咏，增进情谊。

据清代诸家笔记记载，可知清代前半期，文人间相互招集同好在家中饮宴观剧品评，赋诗作乐，实为一种极普遍的文化现象。清人观剧，不只是一种消遣娱乐，更是将其作为重要的交际手段，借群集互动式的观剧题咏，在友朋交际中迅速拉近彼此间的关系，同时借以标举自己的文化品位。据《不下带编》载，清初陆辂通判抚州时，曾广举文事，"重建玉茗堂于故址，大会府僚及士大夫，出吴优演《牡丹亭》剧二日，解帆去。辂自赋诗纪事，江以南和者甚夥。"④ 按陆辂字次公，曾师事清初著名文士王士禛⑤，与当时名士龚鼎孳、魏裔介、尤侗等均有交往，在士林中亦可谓颇有声望。同时由于玉茗堂风流胜事的感召，此会成为清初一项颇为重要的文化盛事，在江南文士中影响甚广，有不少当时名士均参与其会，并赋诗觞咏。如毛师柱"虞山陆次公别驾，旧任抚州，曾为汤义仍先生修复玉茗堂，随设木主，演《牡丹亭》传奇祀之。姸倡流传，率成和二首：'（其一）江山故宅总茫茫，谁识临川翰墨场？早解簪缨馀志节，闲消块垒寄宫商。棠梨墓冷金溪路，荞麦花残玉茗堂。赖有端嶷能好事，百年生面喜重光。''（其二）文心如锦气如虹，留得才名乐府中。故里寻

---

① 金埴：《不下带编》卷六，引自《不下带编 巾箱说》，中华书局1982年版，第116~117页。
② 纽琇：《觚剩》卷七，引自《雪遘》，上海古籍出版社1986年版，第133页。
③ 金埴：《不下带编》卷六，引自《不下带编 巾箱说》，中华书局1982年版，第116页。
④ 金埴：《不下带编》卷三，引自《不下带编 巾箱说》，中华书局1982年版，第49页。
⑤ 王士禛《居易录》亦曾记其事，谓："汤若士先生玉茗堂，乱后久毁兵火。门人常熟陆辂次公通判抚州，捐俸钱即堂址重新之。落成日，遍召太守以下诸同官泊新中士大夫，大集堂中，令所携吴伶合乐演《牡丹亭》传奇，竟夕而罢。自赋二诗纪事，一时江右传之，多属和者。"（见《居易录》卷二十四，清文渊阁四库全书本）

花惟夜月,旧堂为位又春风。歌声缥缈前尘在,柳影依稀昔梦空。知是官闲聊遣兴,早传佳话遍江东。'"① 唐孙华《常熟陆次公曾为抚州别驾,重葺临川玉茗堂,设汤义仍先生木主,演《牡丹亭》传奇祀之。诗纪其事,属和二首》:"(其一)临川逸藻许谁群?笔挟仙灵气吐芬。才子文章机上锦,美人形影梦中云。金荃集在传新句,玉茗堂空冷旧芸。仿佛吟魂来月夜,落霞馀唱或时闻。""(其二)使君才笔继清河,佐郡无心啸咏多。词客风流悲逝水,筝人舞曲按回波。张融宅畔刘琨访,宋玉庭前庾信过。往哲有灵应一笑,檀痕重掐断肠歌。"② 从这些诗作内容来看,虽然不乏对陆氏的溢美,与会文士更多的还是出于对临川词曲的追慕:"文心如锦气如虹,留得才名乐府中","临川逸藻许谁群?笔挟仙灵气吐芬""早解簪缨馀志节,闲消块垒寄宫商";以及对玉茗堂今昔的感慨:"江山故宅总茫茫,谁识临川翰墨场?""歌声缥缈前尘在,柳影依稀昔梦空""往哲有灵应一笑,檀痕重掐断肠歌。"清初文人共襄此会,一方面固然反映了当时文人标举风流、赋诗觞咏的风尚追慕,同时也可以由此看出汤显祖剧作对后世文人的精神感召。

除了大规模的纪念盛会,平时文人的家宴或雅集,也多有观演《牡丹亭》的记载,其中不少还记载了具体演剧情形的信息,如文昭的《十七日长男第中观剧,看放烟火十首(其六)》:"牡丹亭事太离奇,玉茗堂传绝妙词。四座悄然弦管曼,丽人唱出裛晴丝。"③ 诗中不仅表达了作者对《牡丹亭》剧作的评价:"太离奇""绝妙词",而且写出了当时观剧的真实环境"四座悄然"惟弦管曼妙。而由"丽人唱出裛晴丝"可知,其时所观演的出目正是最著名的《游园惊梦》。彭兆荪的《扬州郡斋杂诗二十五首(其十四)》,则从另一个角度保存了关于伶人的重要文献。诗谓:"临川曲子金生擅,绝调何戡嗣响难。也抵贞元朝士,看班行耆旧渐阑珊",诗后又有自注曰:"都转廨中观剧时,吴伶金德辉演《牡丹亭》,为南部绝调,年已老矣。"④ 按金德辉为乾隆间扬州著名伶人,曾经"供奉景山",且能"粗通翰墨","最喜与文人游",⑤ 尤擅演《牡丹亭》,李斗《扬州画舫录》曾谓"金德辉演《牡丹亭·寻梦》、《疗

---

① 毛师柱:《端峰诗续选》卷三,清康熙刻本。
② 唐孙华:《东江诗钞》卷五,清康熙刻本。
③ 文昭:《紫幢轩诗集》桧栖草卷上,清雍正刻本。
④ 彭兆荪:《小谟觞馆诗文集》诗集卷八,清嘉庆十一年刻二十二年增修本。
⑤ 徐珂:《清稗类钞》第十一册《优伶类》,中华书局1986年版,第5110页。

妒羹·题曲》，如春蚕欲死"①。此诗从另一个层面载录了名伶金德辉曾在扬州两淮转运使曾燠署中演剧的史实，并且其演技愈老愈精，至彭兆荪观演时，已被誉为"南部绝调"。

此外保存有《牡丹亭》演剧资料的诗作还有朱隗《鸳湖主人出家姬演〈牡丹亭记〉歌》、张鉴《重过临川有怀玉茗二首》、屈复《听演〈牡丹亭〉传奇》、沈维基《尹方伯召集半畆天香亭燕赏〈牡丹〉，步韵二首》等，这类从不同层面或记述，或评论《牡丹亭》演剧状况的诗作，一方面激扬了文人的才思，成为文士交游雅集借以拉近彼此距离的重要平台，使得士绅墨客能够以诗酒风流尽显其文化才情。同时，这些诗作本身也因其所承载的记事功能而在相当程度上载录了清代《牡丹亭》表演、演员、场景等各方面的信息，成为我们今日研究《牡丹亭》在清代演出、传播的重要史料。

二、清代文人对汤显祖及《牡丹亭》的评赏与诋伤

玉茗堂《还魂记》问世后，风靡一时，举世无两，传播之盛，影响之巨，同时曲作莫与之京。然而，由于剧作本身所包含的与传统文化契合与抵牾两种不同的指向，因而关于汤显祖及《牡丹亭》的评价，自明及清，始终存在着数种不同倾向的声音。历代文人各从自身的知识结构、审美视角、兴趣关注出发，作出千差万别的审美评判。其中有的着眼于情节关目，有的专注于词曲文采，有的则强调其社会功能。雅好戏曲者，将之与诗文同列，且溯源异代，以为直承骚雅汉风之余绪，自是"天地间一种至文"；而不乐此道者，则对其极口诋諆。以为毁坏世道人心，莫此为甚。所有这些评判的背后都蕴藏着文人各自所负载的不同的文化传统的价值考量，是我们研究戏曲（特别是《牡丹亭》）在文人群体中的传播接受所不可多得的可贵史料。

古代戏文最早产生于民间，多出自"书会才人"之手，"不叶宫调"，"语多鄙下"，② 因而在传统的戏曲评价话语中，多以歧视甚至诋侮的态度视之，

---

① 李斗：《扬州画舫录》卷五，中华书局1960年版，第125～129页。
② 徐渭：《南词叙录》，引自俞为民、孙蓉蓉：《历代曲话汇编》（明代编）第一集，黄山书社2009年版，第482页。

如谓其"乱男女之尊卑"①，为"淫哇之声"②，"亡国之音"，"宜峻拒而痛绝之"③ 等。直至清代，这种脱离作品本身，以丑诋替代品鉴的评价方式仍在部分文人中间得以延续与流传。不少持身唯谨的士大夫对此多加诟病，以为"小说歌曲传奇演义之流，其叙男女也，男必纤佻轻薄，而美其名曰才子风流；女必冶荡多情，而美其名曰佳人绝世"④，斥其"乱法度""耗财用""混男女""坏风俗"，⑤"败坏人心，莫此为甚"，是"最宜严禁者"，⑥"百计禁止遏抑"⑦。其中有的沿袭前人单纯从道德说教层面对戏曲作品乃至戏曲家本人肆行诋毁与人身攻击，较典型的如谓《西厢记》为"邪书之最"，"以极灵巧之文笔，诱极聪俊之文人"，"为淫书之尤者，不可不毁"，又甚而谓金圣叹"评刻《西厢记》等书，卒陷大辟，并无子孙"。⑧ 玉茗堂剧作因为多涉男女情爱主题，与正统道学观念存在着或多或少的抵牾，因而也未能免于遭受诋毁的厄运。清人著述有谓"闻若士死时，手足尽堕，非以绮语受恶报，则嘲谑仙真亦应得此报也"⑨，"世上演《牡丹亭》一日，若士在地下受苦一日"⑩，不仅从传统道学眼光出发，将《牡丹亭》等戏曲作品指斥为"淫书"，更深文附会，厚诬古人，甚而诅咒剧作者身后在地狱受苦⑪，完全是从道学家的狭隘视阈出发而作出的歪曲诋諆。有的文人则从迂阔的道德观念出发，认为"桑间濮上之词，最足坏人心术。虽系假托名姓，然宇宙之广，必有相同。诬人闺阁之怨，万不可逭"，认为剧作家往往会以其作"艳词丽事"而致"冥

---

① 《礼记正义》卷三九《乐记》，引自郑玄注文，《十三经注疏》，浙江古籍出版社1998年版，第1540页。
② 何良俊：《四友斋丛说》卷三十七，引自周广培编：《历代笔记小说集成·明代笔记小说》第六册，河北教育出版社1995年版，第345页。
③ 陆容：《菽园杂记》卷十，中华书局1985年版，第124~125页。
④ 章学诚：《文史通义》卷五，《诗话》，引自叶瑛校注：《文史通义校注》，中华书局1985年版，第561页。
⑤ 钱泳：《履园丛话》卷二十一《出会》，中华书局1979年版，第575~578页。
⑥ 刘献廷：《广阳杂记》卷第二，中华书局1957年版，第107页。
⑦ 刘献廷：《广阳杂记》卷第二，中华书局1957年版，第106~107页。
⑧ 梁恭辰：《北东园笔录》四编卷四，《西厢记》，引自《笔记小说大观》，一编第八册，台湾新兴书局1985年版，第5202页。
⑨ 徐树丕：《识小录》卷四，《汤若士〈牡丹亭〉》，引自俞为民、孙蓉蓉：《历代曲话汇编》（清代编）第一集，黄山书社2008年版，第433页。
⑩ 沈起凤：《谐铎》卷二，《笔头减寿》，人民文学出版社1985年版，第19页。
⑪ 关于汤显祖身后地狱受苦一说，本属传言，悠谬无据。然而明清两代却颇有人信之，清人且有信以为实，为汤氏抱不平者。汤传楹《闲馀笔话》载："夜坐阅《牡丹亭》，因忆比来所传世上演《牡丹亭》一本，若士在地下受苦一日，未知人语鬼语，意甚不平。窃谓才如临川，自当修文地府，纵不能遇花神保护，亦何至摧残慧业文人，令受无量怖苦？岂冥途亦妒奇才耶？"引自《笔记小说大观》，五编第六册，台湾新兴书局1980年版，第3307页。

中削禄","冷宦不迁，子孙不振"。① 有的则从索隐影射的角度，认为汤显祖以杜丽娘之死影射昙阳子，造文人恶业，受绮语之报。② 晚清大儒俞樾，颇为汤显祖不平，引朱彝尊《静志居诗话》，以为"汤义仍填词妙绝一时，《牡丹亭》曲本尤极情挚，世或相传云刺昙阳子而作。然太仓相君实先令家乐演之，且云：'吾老年人，近颇为此曲惆怅。'假令人言可信，相君虽盛德有容，必不反演之于家也。"③ 从比较中正的角度为汤显祖辩诬。

与建立在道学及索隐层面上的丑诋相对应，自明中叶以来，士大夫醉心词曲，日趋以欣赏品鉴的态度来解读戏曲作品与戏曲演出。清代文人对戏曲品鉴与尊雅的态度，较之明代的半遮半掩，显得更为直接。在清人笔记记载中，将原本被目为"小道"的戏曲置于与诗文同等的地位，认为戏曲乃是"古乐府之末造"④，"元气淋漓，直与唐诗宋词相颉颃"⑤，"不独命词高秀，而意象悲壮，自足笼盖一时"⑥，"激昂慷慨，可使风云变色，自是天地中一种至文，不敢以小道目之"⑦。由于清代文人日常及雅集观剧的频率暴增，观剧活动成为清代文人主要的娱乐方式之一，并且由观剧生发出各种咏剧诗歌，激发了文人的创作欲望。因此，对于戏曲，不少文人都摒弃了传统的成见，转而以欣赏的目光看待。他们针对《牡丹亭》等剧作的评赏，突破了传统成见中"色媒诲淫"的看法，从艺术鉴赏的角度，提出了不少颇为中肯的赏鉴意见。如昭梿在《啸亭杂录》中谓："汤若士'四梦'，其词隽秀典雅，久已脍炙人口矣。近读《唐书》，始知明皇东巡，陕州守进百宝牙盘及彩舫献伎，乃韦坚事，皆载在正史。若士取材于兹，托为卢生梦中事迹，以真为幻，亦可喜也。"⑧ 还有的则直接地表达出自己对于汤显祖及《牡丹亭》的喜爱之情。如陈维崧自谓

---

① 梁恭辰：《北东园笔录》续编卷五，《传奇削禄》，引自《笔记小说大观》，一编第八册，台湾新兴书局1985年版，第4926~4927页。
② 徐树丕：《识小录》卷四，《汤若士〈牡丹亭〉》，引自俞为民、孙蓉蓉：《历代曲话汇编》（清代编）第一集，黄山书社2008年版，第433页。
③ 俞樾：《茶香室三钞》卷二十三，《牡丹曲本非为昙阳子作》，引自《茶香室丛钞》，中华书局1995年版，第1335页。
④ 李调元：《雨村曲话》卷上，引自俞为民、孙蓉蓉：《历代曲话汇编》（清代编）第二集，黄山书社2008年版，第286页。
⑤ 钱泳：《履园丛话》卷十二《度曲》，中华书局1979年版，第331页。
⑥ 俞樾：《茶香室丛钞》卷十八，引自《杂剧》，中华书局1995年版，第394页。
⑦ 王士禛：《古夫于亭杂录》卷四《词曲非小道》，中华书局1988年版，第87页。
⑧ 昭梿：《啸亭续录》卷三，中华书局1980年版，第472页。

"少日魂销汤义仍"①,张埙赞曰:"花月传图史,江山黤绮罗"②,吴嵩梁吊汤显祖:"桃李私门烂漫开,名花耐冷此亲栽。登科耻借冰山重,抗疏身投瘴海来。猛虎就殘资鬼力,宰遂昌,有《牒城隍神除虎患文》。美人将命殉仙才。松江俞二姑,以读《牡丹亭》院本病殁。平生大节词章掩,'四梦'流传亦可哀。"③ 均对汤氏及其剧作大加称赏。而梁清标则以《牡丹亭》知己自比,称:"优孟衣冠鬼亦灵,三生石上《牡丹亭》。临川以后无知己,子夜闻歌眼倍青。"④《牡丹亭》在清代搬演极盛,在文人群体中也极受欢迎,曾有人作诗称:"此曲已经百回听,春花秋月总缠绵"⑤,即此可见清代相当一部分文人对汤显祖及《牡丹亭》所怀有的追慕、崇仰之情。

包括《牡丹亭》在内的戏曲剧作,作为俗文学的一种,其本身既有精致雅丽的一面,也有通俗甚至庸俗的一面,良莠不齐。因此,对于戏曲的审美判断,原本也不能一味地褒扬或丑诋,而应以一种较为客观持正的态度去认识、判断。关于对戏曲的各种褒贬判断,清代文人有着十分客观且清醒的看法,谓:"传奇大都改头换面,颠倒事实,……原不必其实也","操觚之士,亦为之置品评、示褒贬","夫品评褒贬于其辞可也,若于其事,不几于寻梦谭鬼乎?"⑥ 非常明确地指出对于戏曲等多出虚幻的叙事文学,品评鉴赏当集中于其文辞的涵泳,而不必拘泥于其事的真假有无,更不必因事而废文。这一看法,也显著地体现了清代文人在对于戏曲的审美判断上所达到的迥异于前人的进步。

三、《牡丹亭》与清代文人的机趣赏玩

清代戏曲活动空前繁盛,戏曲接受以各种形式全面且深入地渗透到士人日常生活的方方面面,不仅日常酬酢离不开戏曲,就连科举、酒令游戏等方面也表现出了明显的戏曲接受影响下的特点。《牡丹亭》作为清代文人最为熟稔的

---

① 陈维崧:《同诸子夜坐巢民先生宅观剧各得四绝句(其三)》,《湖海楼诗集》卷一,清刊本。
② 张埙:《纥那曲·〈还魂记〉院本》,引自《竹叶庵文集》卷三十词六《林屋词》四,清乾隆五十一年刻本。
③ 吴嵩梁:《汤若士先生玉茗堂》,引自《香苏山馆诗集》今体诗钞卷十二,清木犀轩刻本。
④ 梁清标:《冬夜观伎演〈牡丹亭〉》,引自徐釚辑《本事诗》卷八,清光绪十四年徐氏刻本。
⑤ 屈复:《听演〈牡丹亭〉传奇(其二)》,引自《弱水集》卷十四,清乾隆七年贺克章刻本。
⑥ 李鹤林:《集异新抄》卷之二,《传奇》,引自《笔记小说大观》,三十二编第八册,台湾新兴书局1981年版,第4535页。

戏曲剧目，不可避免地也成为文人群体玩赏的对象，留下了文人才智的刻印。

明清两代是科举极盛的时代，一代代文人为求一第，埋首经书，其中不乏一些慧业文人只眼独具，发现了戏曲创作与科举时文之间的关系，结撰出研读《牡丹亭》以取得科举高第的奇才妙想。如贺贻孙《激书》记曰：

> 黄君辅之学举子业也，……游汤义仍先生之门。……每进所业，先生辄掷之地，曰："汝不足教也。汝笔无锋刃，墨无烟云，砚无波涛，纸无香泽，四友不灵，虽勤无益也。"君辅涕泣求教益虔，先生乃曰："汝能焚所为文，澄怀荡胸，看吾填词乎？"君辅唯唯，乃授以《牡丹记》。君辅闭户展玩久之，见其藻思绮合，丽情葩发，即啼即笑，即幻即真，忽悟曰："先生教我文章变化，在于是矣。……先生填词之奇如此也，其举业亦如此矣。"由是文思泉涌，……就试，遂捷秋场，称吉州名士。①

很显然，汤显祖所要求的笔之锋刃、墨之烟云、砚之波涛、纸之香泽，正是其戏曲作品中"藻思绮合，丽情葩发，即啼即笑，即幻即真"的善于揣摩、"臆造人物，虚构境地"②的代言体文思，而黄君辅由展玩戏曲作品悟得作科举时文之法，"捷秋场"的事迹，也正说明了戏曲创作与科举时文之间存在着千丝万缕的相通之处。

这段文字的真实性姑且不论，至少反映了清代文人笃信汤显祖的惊世文才可以佐助科场高中的观念。而事实上，戏曲与科举时文的关系也确实为不少人所论证过，具有一定的合理性。钱钟书《谈艺录》谓："八股句法本之骈文，作意胎于戏曲"③，"八股古称'代言'，盖揣摹古人口吻，设身处地，发为文章；以俳优之道，抉圣贤之心。……其善于体会，妙于想象，故与杂剧传奇相通"④。作为"代言体"文学的戏曲作品，创作时每须"遥体人情，悬想事势，设身局中，潜心腔内，忖之度之，以揣以摩"，以求"入情合理"；⑤而科举八股文的写作亦讲求"揣摹古人口吻，设身处地，发为文章"，与戏曲同为"代

---

① 贺贻孙：《激书》卷二，《涤习》，引自《四库全书存目丛书》子部第94册，齐鲁书社1995年版，第610页。
② 钱钟书：《管锥编》，中华书局1995年版，第166页。
③ 钱钟书：《谈艺录》四《诗乐离合　文体递变》，中华书局1984年版，第29页。
④ 钱钟书：《谈艺录》附说四《八股文》，中华书局1984年版，第32页。
⑤ 钱钟书：《管锥编》，中华书局1986年版，第166页。

言体"文学，故而有相通之处。

　　明清以来，诸家诗文集多有注意到此二者间的相通联系，在序跋尺牍等文字中屡申其意，如倪元璐《孟子若桃花剧序》谓："元之词剧，与今之时文，如孪生子，眉目鼻耳，色色相肖。盖其法皆以我慧发他灵、以人言代鬼语则同。而八股场开，寸毫傀舞；宫音申孔，商律谱孟。或裂吭长鸣，或束喉细语。时而齐乞邻偷，花唇取诨；时而盖欢鲁虎，涂面作嗔；净丑旦生，宣科打介则同"①，袁枚亦谓："从古文章皆自言所得，未有为优孟衣冠，代人作语者，惟时文与戏曲，则皆以描摹口吻为工。如作王孙贾，便极言媚灶之妙；作淳于髡、微生亩，便极诋孔孟之非。犹之优人，忽而胡妲，忽而苍鹘，忽而忠臣孝子，忽而淫妇奸臣。此其体之所以卑也。"② 明清文人很敏锐地发现，作为娱人小道的戏曲与科举时文在写作手法上均为"代他人立言"，"以描摹口吻为工"，在理论上具有内在的相通性。

　　在清人的笔记、诗话等札记类著作中，对这种戏曲与八股时文间在理论上的相通性也多有探讨。吴乔《围炉诗话》谓："学时文甚难，学成只是俗体。七律亦然。问曰：八比乃经义，何得目为俗体？答曰：自六经以至诗馀，皆是自说己意，未有代他人说话者也。元人就故事以作杂剧，始代他人说话。八比虽阐发圣经，而非注非疏，代他人说话。八比若是雅体，则《西厢》《琵琶》不得摈之为俗。同是代他人说话故也。若谓八比代圣贤之言，与《西厢》《琵琶》异，则契丹扮夹谷之会，与关壮缪之大江东去，代圣贤之言者也，命为雅体，何词拒之？"③ 认为八股文"非注非疏"，而"代他人说话"，与《西厢》《琵琶》《单刀会》等戏曲作品同一机杼，从流品上便落入了俗体，可与戏曲同科。缪荃孙在此基础上进一步阐发："八比出于杂剧。小讲，楔子也；出落，道白也；八比声调，曲文也。然元曲非末、旦不开口，皆正人也；孤、邦老、徕儿、搽旦，只有白，无曲文，比八比尚尊重"④，将科举时文的各个组成部分与杂剧体制一一对应，认为八股时文在体制上源出于杂剧，甚且更有不如。这种说法固然有其过激的成分，然而也正是这种全面细致的比较，使得八股文与戏曲之间的相通关系更加明确地得以揭示。

---

① 倪元璐：《孟子若桃花剧序》，引自郑元勋 辑：《媚幽阁文娱》卷四，明崇祯刻本。
② 袁枚：《答戴敬咸进士论时文》，引自《小仓山房尺牍》卷三，世界书局1936年版，第128页。
③ 吴乔：《围炉诗话》卷二，清借月山房汇钞本。
④ 缪荃孙：《云自在龛随笔》卷六，稿本。

文人阶层之所以由最初的耻言戏曲发展到借助戏曲来佐助举业，一方面固然是由于戏曲与科举时文的共通之处为文人所发现，士子为科举仕途而趋骛的因素；另一方面，也说明了戏曲在大多数文人士子中间获得了相当程度的认同与接受，因而才能留意到戏曲与制艺之间的联系，并有意识有目的地去用戏曲作品的创作方法来指导自己八股文的写作，从而获得举业的中式。

戏曲活动本就是一种娱乐方式，特别对于文人阶层来说，从剧本创作到戏曲观演，均是消遣时光、寄托精神的重要途径。据笔记载：清康熙年间，江宁织造曹寅迎请戏曲家洪昇到府，"南北名流悉预，为大盛会"，"公（曹寅）置剧本（按：据前文，即洪昇名作《长生殿》）于昉思席，又自置一本于席，每优人扮演一折，公与昉思仇对其本，以合节奏"，二人边观剧边校雠剧本，协和音律，被视作文人雅举，甚至"长安（代指京师）传为盛事"，① 可见清代戏曲活动在文人日常生活中的影响程度之深。随着戏曲接受在文人阶层的普遍渗透，戏曲元素渗入到文人生活的各个方面，可以与哲思、经籍、诗咏、谐谑，乃至笔墨游戏等各类文人所习见的内容发生联系，可以说，在一定程度上，如同春秋行人赋诗一般，能稍通词曲，并借用戏曲曲词、关目等运用在日常生活、娱乐中，以轻松游戏的心态，将"读书即是看戏，看戏即是读书"② 二者交汇融通，无殊彼此，已成为明末至清代文人士大夫展示风采雅致的代表性特征之一。

由于清代文人阶层多对于戏曲十分熟稔，不仅不少文人创作剧本用来抒情言志，并且热衷于观剧，直到乾隆中后期，如李调元等人还蓄有家班家乐。因此，文人雅士往往善于把戏曲剧目、曲文、曲牌、关目等，非常纯熟地运用到日常娱乐中去。据清人笔记所载，其中之一是在点戏时所反映出的文人游戏笔墨的情趣。许秋垞《闻见异辞》载：

江南诸生某新中解元，门前演剧。尚未开场，有友人步入书斋，见桌上红纸一张，排写四书题十二行：一、"前以士，后以大夫"，二、"以左右望而罔市利"，三、"适蔡"，四、"鲁之削也滋甚"，五、"后稷教民稼穑"，六、"予与尔言"，七、"子贡反"，八、"陈良"，九、"王在灵囿"，十、"激而行之，可使在山"，十一、"女子之嫁也，母命之"，十二、"二

---

① 金埴：《不下带编》卷一，引自《不下带编　巾箱说》，中华书局1982年版，第10页。
② 梁章钜：《浪迹续谈》卷六，《看戏》，引自《浪迹丛谈、续谈、三谈》，中华书局1981年版，第346页。

嫂使治朕栖"。友诘其故，答曰："此即点戏之题目也。士陞大夫是《加官》；'左右罔利'是《招财》；《琵琶记》：牛小姐配蔡伯喈，'适蔡'是《请即花烛》；《三国志》：鲁肃讨荆州，甚削色，'鲁之削也'句，是《刀会》；'后稷教民'句，是《劝农》；'予与尔言'是《阳告》；'子贡反'是《赐环》；《牡丹亭》：杜丽娘先生系陈最良，'陈良'是《学堂》；'王在灵囿'是《游园》；'激行'两句，是《水漫》；'女子之嫁也'二句，是《见娘》；'二嫂'句，是《戏叔》。"友曰："足下诗赋鹿鸣，心倾凤管，点戏犹不脱书卷气，宜其弁冕群英也。"①

按：这则笔记所载，虽是表现江南某生对于四书章句的熟知程度，可以信手运用于点戏，"不脱书卷气"，但同时也从另一方面反映出了此人也同样熟知戏曲剧出与情节关目，正是在熟晓所点戏曲情节关目的基础上，才能得心应手镕裁四书句题，用来点戏，其友人"诗赋鹿鸣，心倾凤管"的评价，正是一语中的。其中加着重号的几句，正是《牡丹亭》中的出目，如此熟稔地借用点演其中出目，正反映出《牡丹亭》在清代文人心目中的热衷程度，非前文所谓"此曲已经百回听"② 者不能为此。

此外，《牡丹亭》的人物角色等元素，也被清代文人拿来用作同好友朋间互相谐谑的游戏素材。《履园丛话》载：乾隆庚辰科进士，被"京师好事者"依照各人年貌，分派《牡丹亭》全本角色，如同后来的《乾嘉诗坛点将录》一般，其中如"状元毕秋帆为花神，榜眼诸重光为陈最良，探花王梦楼为冥判，侍郎童梧冈为柳梦梅，编修宋小岩为杜丽娘，尚书曹竹墟为春香，……南康谢中丞启昆为石道姑，汉阳萧侍御芝为农夫"等，而被谑者往往并不以为意，反而回应以认可、接纳的态度，如前文所引宋小岩、曹竹墟二人分别被派以杜丽娘、春香等女性角色，"同年中每呼宋为小姐，曹为春香，两公竟应声以为常"，③ 由此可见清代这部分文人在对待戏曲传播接受等话题上的大度胸怀与开豁心态，展现出了一代文人的风采韵致。

---

① 许秋垞：《闻见异辞》卷二，《集四书题点戏》，引自《笔记小说大观》，一编第四册，台湾新兴书局1985年版，第1945~1946页。
② 屈复：《听演〈牡丹亭〉传奇（其二）》，引自《弱水集》卷十四，清乾隆七年贺克章刻本。
③ 钱泳：《履园丛话》卷二十一，引自《牡丹亭角色》中华书局1979年版，第551~552页。

结　语

　　由于《牡丹亭》本身的文采和文学地位，在清代以前所未有的开放态势传播发展，其影响力渗入了士大夫群体的生活轨迹，对文人阶层接受戏曲的心态等产生了难以估量的浸染作用。其中既体现了以《牡丹亭》为代表的戏曲活动对文人情趣的牵引作用，也反映出清代文人阶层对戏曲的接受与认可，对于探讨清代文人意趣的生成与转变等具有一定的参考意义。

作者单位：温州大学人文学院

论《牡丹亭》之雅与俗

柯香君

前　　言

　　在中国传统社会里,"雅、俗"是一组二元对立的思维。首先,就"雅"来看,《毛诗序》训:"雅者正也。"①,"雅"为"正"②,"正"指"正声"。南宋郑樵(1104~1162)《昆虫草木略序》云:"风土之音曰风,朝廷之音曰雅,宗庙之音曰颂。"南宋朱熹(1130~1200)《诗集传》亦云:"雅也,正也,正乐之歌也。……以今考之:正小雅,宴飨之乐也;正大雅,会朝之乐,受厘陈戒之辞也。……词气不同,音节亦异。"③梁启超于《释四诗名义》提道:

　　"雅"与"夏"古字相通,……荀氏申鉴、左氏三都赋皆云"音有楚夏"。说的是音有楚音夏音之别。然则风雅之雅,其本字当作夏无疑。说文:夏,中国之人也。雅音即夏音,犹言中原正声云尔。

　　梁启超认为"雅"是乐名。由此推知,早期对于"雅"的认知,主要局限于音乐、语音之范围。④

　　其次,就"俗"来看。《周礼·地官·大司徒》:"以俗安教,则民不偷。"

---

① 《毛诗序》说:"言天下之事,形四方之风,谓之雅。雅者正也,言王政之所由废兴也,政有大小,故有小雅焉,有大雅焉。"
② 关于释"雅"为"正",根据冉毅于《"雅"的概念考及其文学意涵的教化意义》考证:"'雅'字何以生出'正'之意?……《诗经》大小雅的古文曾用'疋'字,《尔雅》亦作《尔疋》。……'疋'字今读'匹',据孔广居《说文疑疑》解释,是因与汉代隶书相近而误读,这意味着'疋'音古同雅,通'雅'。……且'疋'与'正'之初形甚近。此与前述《说文解字》中,'疋'字下半'亦以为足字',段注为'此则以形相似而假借,变例也'之说全然相同,此说亦可信并成立。据《说文通训定声》注'足静象,足动象,假借为谓。说文古文以为诗大疋之字。疋、正,上部形相似。故雅有正也之训。'通过'疋'与'正'字形的上半甚相近的分析,冰解了'雅'何以得'正'之训的疑问,这也是一个不可多得的旁证。"(《中国文学研究》2014年第2期)。
③ 朱熹,赵长征典校:《诗集传·诗卷第九·小雅二》,中华书局2011年版,第129页。
④ "《诗经》中的'雅'的本意只与语音学有关。"樊美筠:《中国古代文化的雅俗之争及其启示》,载于《学术月刊》1997年第5期,第17页。

郑玄注云："俗，谓土地所生习也。"其"俗"乃具有政教之意，以俗教化人民。"土地所生之习"乃一地之"风俗"。另外，《道德经·第二十章》指出"我独异于人"，"俗人昭昭，我独若昏；俗人察察，我独闷闷。"此处"俗人"，指众人、一般人。孟子《尽心下》："同乎流俗，合乎污世。"其中"同乎流俗"亦为一般大众，但已带有贬义。

"雅俗"一词并称，始于东汉。东汉刘熙（约160～?）《释名》卷首自序："自古以来，器物事类，名号雅俗，各方名殊。"然而究竟何谓"雅、俗"？在一般传统文艺观念里，区分为"高雅"与"通俗"。"雅"指的是存在上层社会体系中，是高雅、尊贵、高水平。"俗"存在于下层平民百姓生活里，是通俗、鄙俚、低水平。

所谓"雅"，从《诗经》所提到"风、雅、颂"之"雅"而言，包括"雅正""严肃""朝廷之音""中央"。就"雅文化"之观点来看："雅"意即"典雅""雅正""优雅"。属"贵族文化""文人文化""上层社会文化"。为文人所写，为文人而存在，表达的是文人士夫的"生活面向"与"情感思维"，目的在于追求更为"深层"之文化精神，以达到更高的精神境界。就"精神层次"而言："思想深刻""情感含蓄""严肃典雅"。就"审美层面"而言："教化言志""道德取向"。就"价值功用"而言："为世所用""化成天下"之现实价值。从"作者"而言：为文人士夫群体之创作。从"读者"而言：由士夫文人所欣赏之文艺作品。从"形式"而言：诗歌、古文。属"自主性"之文艺形式。缺点：容易陷入"孤芳自赏""与世脱离"。

所谓"俗"，以《诗经》所提到"风、雅、颂"之"风"而言，包括"风俗""民俗""风土之音""地方"。就"俗文化"之观点来看："俗"意即"风俗""民间""地方"。属于"民间文化""市井文化""地方阶层文化"。为民众所写，为民众而存在，主要表达世俗百姓的"生活状态"与"思想情感"。目的在于寻求生活平衡，宣泄生活中不平之情绪与压力，以达身心放松。就"精神层次"而言："思想朴实""情感热烈""直率真挚"。就"审美层面"而言："简单粗陋""原始自然"。就"价值功用"而言："劝诫教化""求新求奇"之娱乐价值。从"作者"而言：为民间集体或个人创作。从"读者"而言：由百姓群体所欣赏之文艺作品。从"形式"而言：小说、戏曲。属"娱乐性"之文艺形式。缺点：容易陷入"低俗鄙陋""庸俗淫秽"。若就"雅俗"思想性而言，雅优于俗；就活泼性而言，俗优于雅。

从"雅俗"历史概念而言,"文学形式"无法以"雅、俗"来进行规范,因为不同时代,相同的"文学形式"可能会由"俗文艺"变为"雅文艺",此处仅就明代文艺角度而言。若从"接受者"角度,如接受者之身份地位属于上层社会者,此文学艺术便属于"雅"之领域(花雅之争的昆曲);若接受者为平民百姓者,则其文学艺术便属于"俗"之范畴(花雅之争的乱弹)。

"雅、俗"内涵与表现形态,并非固定不变。"雅、俗"是一个历史概念,透过时代的推进,"雅、俗"亦不断地变化。《诗经》中"风、雅、颂",对于"雅"与"风",原本并无高下优劣之分,纯粹是就"地方"与"朝廷"进行乐音分类。然而后世却逐渐将"雅、俗"变成二元对立的思维,实际上二者是处于一种"共生共存"的状态。就文学演进来看,"俗文化"不断孕育"雅文化",许多"雅文化"都是从"俗文化"发展而来。如"诗、词、曲"之发展,从民间文学不断汲取养分,最终成为文人创作形式,变成"雅文学"。又如曾永义教授《论说戏曲雅俗之推移(上)——从明嘉靖至清乾隆》提道:

> 可见戏曲雅俗之间相互争衡推移的结果,往往合流而壮大,发展为新的剧种,无论体制剧种或腔调剧种均是如此。而戏曲史的演进历程,亦可以说是一部雅俗推移的历史。①

从前归为"俗文学"者,透过"历史推移"及多重元素不断地影响,如"文人创作的加入""文化语境的改变",使得"俗文学"在内容思想性上持续深化,最终将"俗文学"变成"雅文学"。因此,就"雅、俗"文化的发展脉络来看,"一种文化要在文化史上留下印迹,必定要经历从通俗到高雅,从原生态到定型、丰富、抽象化的过程"。

古代"俗文学"与现今"通俗文学",在概念上并不完全相同。古代"俗文学",是指产生自民间之文化、文学、艺术及其审美意趣,如小说、戏曲;而现今"通俗文学"意指符合"大众文化市场"取向之文学、艺术,如电影、通俗小说。不论是古代"俗文学""市井文化",或是今日的"大众文化""通俗文学",所谓"俗",并未有"低俗""庸俗""鄙俗"之贬低意涵,然

---

① 曾永义:《论说戏曲雅俗之推移(上)——从明嘉靖至清乾隆》,载于《戏剧研究》2008年第2期,第3页。

而受到阶级制度的影响,"上层/下层""高级/低级""高雅/庸俗"等,逐渐成为"雅、俗"审美意趣的二元划分。

"雅、俗"因具备历史概念,使得"俗文学"与"雅文学"彼此之间存在相互转化状态。郑振铎《中国俗文学史》提到:

> 当民间发生了一种新文体时,学士大夫们其初是完全忽视的,是鄙夷不屑一读的。但渐渐的,有勇气的文人学士们采取这种新鲜的新文体作为自己的创作的型式了,渐渐的这种的新文体得了大多数的文人学士的支持了。渐渐的这种的新文体升格而成为王家贵族的东西了。至此,而他们渐渐的远离了民间,而成为正统的文学的一体了。①

郑氏说明了"俗文学"向"雅文学"转化的进程。然而当"俗文学"转化成为"雅文学"后,对于此文类之创作内涵,必然产生变化,包括如取材、语言、情节、表现手段、审美趣味、视野角度等。因此,后人评论时,便容易陷入"雅、俗"难以区分的情况。对于由"俗文学"而转化为"雅文学"之后的文体,在"雅"与"俗"之间的拿捏上,如何适切妥当,考验着剧作家的功力。而评论家对于原本属于"俗文学"文类之创作,又该以何种心态评论?毕竟处于文人"雅文化"之氛围,如何兼顾"雅、俗",正视"俗文学"之特质,是不可忽视的。孔尚任(1648~1718)于《桃花扇·凡例·第十一》曾提道:"宁不通俗,不肯伤雅,颇得风人之旨。"② 即是文人对于"雅文化"的坚持。

一、汤显祖戏剧"雅俗"观

(一)《庙记》"戏曲教化"

明代文人是南戏传奇主要创作群体,而许多文人对于"俗乐"亦持认可之态度。如明代李贽(1527~1602)《焚书》:"今之乐犹古之乐,幸无差别视之。"③ 又《童心说》:

---

① 郑振铎:《中国俗文学史》,台湾五南图书出版公司2014年版。
② 孔尚任:《桃花扇·凡例》,台湾里仁书局1996年版。
③ 李贽:《焚书·卷四·杂述·红拂》,台湾汉京文化事业有限公司1984年版,第195页。

天下之至文，未有不出于童心焉者也。苟童心常存，则道理不行，闻见不立，无时不文，无人不文，无一样创制体格文字而非文者。诗何必古选，文何必先秦。降而为六朝，变而为近体，又变而为传奇，变而为院本，为杂剧，为《西厢曲》，为《水浒传》，为今之举子业，皆古今至文，不可得而时势先后论也。①

李贽《童心说》以"真"之角度，检视了历来文学，不论是何种文体：诗歌、古文、传奇、院本、杂剧，只要能承载"童心之真"，则能创作出"真性情"之作品。李贽"重情尚俗"，认为文学作品不应仅拘泥于形式之"雅俗"，而应该以内容之"真情"为主。

汤显祖因阅读《焚书》而对于李贽产生崇拜之情。万历十八年（1590），李贽《焚书》于湖北麻城出版，为求见《焚书》，李贽写信给友人石昆玉，《寄石楚阳苏州》书信中提道："有李百泉（贽）先生者，见其《焚书》，畸人也。肯为求其书寄我骀荡否？"② 又"如明德先生（罗汝芳）者，时在吾心眼中矣。见以可上人（达观）之雄，听以李百泉（李贽）之杰，寻其吐属，如获美剑。"③（《答管东溟》）将"罗汝芳""达观和尚""李贽"三人并列，足可见汤显祖对于李贽之认可。

关于汤显祖（1550～1616）受到李贽（1527～1602）影响的说法，并没有太多直接的数据可以证明，除了上述几则汤显祖提到李贽，或李贽自杀后，汤显祖《叹卓老》几首诗文外，最重要的联结，还是二人同样宗于"王门心学""泰州学派"，因此，两人学说理念亦较为相近。汤显祖师事罗汝芳（1515～1588），罗汝芳，号近溪，乃泰州学派创始者王艮（1483～1541）之再传弟子，泰州学派主要本于"阳明学派"，故亦称为"左派王学"。学派主要中心理念为"百姓日用即道"，学说特点以"市井百姓"之生活思维为主轴，一反过去以"正统儒家"体系为主的雅文化，故又被称为"平民儒学"，是明代"市民文学"重要的思想流派。因为以重视百姓生活思维为依归，也

---

① 李贽：《焚书·卷三·杂述·童心说》，台湾汉京文化事业有限公司1984年版，第99页。
② 汤显祖：《寄石楚阳苏州》，引自徐朔方笺校：《汤显祖全集》（二），北京古籍出版社1999年版，第1325页。
③ 汤显祖：《答管东溟》，引自徐朔方笺校：《汤显祖全集》，北京古籍出版社1999年版，第1295页。

成为明代"俗文化"与"雅文化"界线逐渐消弭的主要原因之一。

李贽主要师事王艮之子王襞（1511~1587），也曾问学于罗汝芳，曾云："阳明先生门徒遍天下，独有心斋为最英灵。"其中李贽最为推崇王畿（1498~1583，号龙溪），称其为"圣代宗儒"。王襞即是从学于王畿。既然李贽与汤显祖二人同为泰州学派，又都曾问学于罗汝芳，那么二人在思想观念上，必定会趋于相近。因此，当汤显祖在面对李贽之为人，及世人之评论时，自然产生兴趣想要了解被视为"异端"之李贽。李贽"童心说"直接论及对于戏曲、小说价值地位之认同，然而反观汤显祖，虽创作"临川四梦"，但并未直接提出对于戏曲、小说俗文学之看法，因此，关于汤显祖究竟是如何看待为他扬名立万的"戏曲"？汤显祖心目中的"戏曲"地位是"雅"还是"俗"？

汤显祖（1550~1616）的戏曲理论，主要见于剧本题词、诗歌和书信之中，唯一的戏曲理论专著是《宜黄县戏神清源师庙记》（以下简称《庙记》）一文。《庙记》是篇不足千字的短文，乃宜黄伶人为修建清源师庙，邀请汤显祖所写的建庙碑文，然而汤显祖却借此发表了自身对于戏曲之看法。让人感到疑惑的是，在汤显祖文集中，从未出现对于戏曲看法之专著，然为何仅仅在一个建庙之碑文中出现，汤显祖对戏曲之心态究竟为何？在汤显祖观念里，戏曲依然是属于俗文学之范畴，故而从未对戏曲发表专著看法，然而事实生活中却又是频繁地与戏曲接触，于是借此机会发表自身对于戏曲之看法。

《庙记》一文或写于明万历三十年（1602）左右①，汤显祖则于明万历二十六年（1598），四十九岁时弃官归里。此《庙记》当作于弃官归里之后，于四梦中最后一本《邯郸记》（1601）来年完成。《庙记》述及汤显祖对于"文艺主情论""戏剧发展史""戏曲功能说""戏神清源师""戏曲声腔论""戏曲表演论"等看法，触及戏曲各个面向，此当可视为汤显祖在历经戏曲审美价值建构及传奇创作后的心得总结。

在汤显祖弃官归里后，不但相继完成三部重要剧作，也是汤显祖对于戏曲

---

① 苏子裕：《汤显祖〈宜黄县戏神清源师庙记〉解读》："宜黄戏曲艺人兴修清源师庙并请汤显祖撰写《庙记》，这事大约发生在明万历三十年（1602）左右。"参见《中华戏曲》第 30 集，文化艺术出版社 2004 年版。《汤显祖全集》记云："文当作于万历二十六年（1598）显祖家居后，三十四年（1606）前。"参见徐朔方笺校：《汤显祖全集》（二），北京古籍出版社 1999 年版，第 1189 页。

了解最为深刻的阶段。归里后的汤显祖,与宜伶接触,意识到戏曲在民间市井的功用与价值。因此,在《庙记》中特别强调戏曲的功能。他深知一方舞台之上浓缩了人世万象,"攒古今之千变。一勾栏之上,几色目之中,无不纡徐焕眩,顿挫徘徊。恍然如见千秋之人,发梦中之事。"所以特别重视戏剧的教化功能。

  可以合君臣之节,可以浃父子之恩,可以增长幼之睦,可以动夫妇之欢,可以发宾友之仪,可以释怨毒之结,可以已愁愦之疾,可以浑庸鄙之好。①

  从汤显祖"主情说"发展而来的教化功能,汤显祖认为透过戏曲,可以使"五伦"关系发展正常。可以正"君臣礼仪"、可使"父子融洽",可使"长幼和睦",可增进"夫妻之情",以及建立良好的"友朋"关系。此外,尚可消除仇恨、化解心理疾病、淡化不正当的庸俗嗜好。此"教化功能说"完全是从汤氏自身"正统儒道"所发出之论点②,又提道:

  孝子以此事其亲,敬长而娱死;仁人以此奉其尊,享帝而事鬼;老者以此终,少者以此长。外户可以不闭,嗜欲可以少营。③

  "孝子"可以用演戏来孝敬在世长辈,以演戏来行丧祭之礼;"仁者"可以用演戏来尊奉贤者,以演戏来迎神赛会;如此则老年者在观戏中终老,少年者在观戏中长大。如此一来,则不会有偷盗之事,所以外户可以不闭;亦可以降低欲望的产生。在汤显祖思想中,便曾言"忠孝一也"及"仁孝之义"。《春秋辑略序》:

  孔子曰:"吾志在《春秋》,行在《孝经》。"吾师明德先生,时提仁孝之绪,可以动天。融融熙熙,令人蓄焉有以自兴。……《春秋》,一

---

①③ 汤显祖:《宜黄县戏神清源师庙记》,引自徐朔方笺校:《汤显祖全集》(二),北京古籍出版社1999年版,第1188页。
② 荀子:《荀子新注·乐论》,中华书局1979年版,第333页。《荀子·乐论》云:"故乐在宗庙之中,君臣上下同听之,则莫不和敬;闺门之内,父子兄弟同听之,则莫不和亲;乡里族长之中,长少同听之,则莫不和顺。"

《孝经》也。《孝经》自天子诸侯卿大夫庶人，皆为分明其孝。曰："资孝以事君而敬同。"《春秋》多严君之义。周公以父配天，孔子以父系天。所谓其敬同。诸侯卿大夫有事君不忠者，非孝也。……忠孝同，《春秋》一《孝经》也。①

将演戏作为"孝子""仁者"敬老尊贤之行为，汤显祖在此赋予了戏曲重责大任，戏曲已不再仅是单纯的娱乐。

最后，汤显祖总结，"人有此声，家有此道，疫疠不作，天下和平。"② 若家家有此道（观戏），则瘟疫不会发生，从而天下太平。此说完全展现了汤显祖正统儒道观，将戏曲提升成为"雅文化"。故又言："岂非以人情之大窦，为名教之至乐也哉。"③ 汤显祖透过《庙记》碑文，一方面欲将戏曲由"俗文学"提升至"雅文学"，一方面也为自身从事戏曲创作找到一个合理的解释。南丰朱廷海《文集原序》有云：

惟《清源戏神》一记，实挟"二梦"之原因。世不可与庄语也，托之戏以转移风俗，维持道术。直令死者活而醉者醒，非特为沉湎之资，谑浪之借而已。可以兴观怨群。迩之事父，远之事君。故曰："观于君子之言，而五经之教可知也。"④

透过寄托言志，以戏曲"戏谑"之俗语，融入"兴观群怨"之雅意识，正是汤氏戏曲创作的目的所在。

对汤显祖而言，戏曲是"抒情言志"的不二选择，早年以诗歌、书信、古文为主要创作体制，但能述及之内容始终有限，亦或者写来平淡无味，说理意味浓厚，无法如同戏曲一样包罗万象，感动人心。《庙记》云：

可以使天下之人无故而喜，无故而悲。或语或嘿，或鼓或疲。或端冕

---

① 汤显祖：《春秋辑略序》，引自徐朔方笺校：《汤显祖全集》（二），北京古籍出版社 1999 年版，第 1120 页。
②③ 汤显祖：《宜黄县戏神清源师庙记》，引自徐朔方笺校：《汤显祖全集》（二），北京古籍出版社 1999 年版，第 1188 页。
④ 汤显祖：《玉茗堂选集题词及序·文集序》，引自徐朔方笺校：《汤显祖全集》（二），北京古籍出版社 1999 年版，第 1701 页。

而听，或侧弁而哈。或窥观而笑，或市涌而排。乃至贵倨弛傲，贫啬争施。瞽者欲玩，聋者欲听，哑者欲叹，跛者欲起。无情者可使有情，无声者可使有声。寂可使喧，喧可使寂，饥可使饱，醉可使醒。行可以留，卧可以兴。鄙者欲艳，顽者欲灵。①

当人们进入剧场观看表演时，不自觉地进入剧情场域里，产生或喜欢或悲伤、或呢喃或沉默、或激昂或劳累之情绪；甚至使失明者欲睁眼赏玩、失聪者欲听其音声、瘖哑者欲发出感叹、残疾者欲起身而行。汤显祖一连使用24个俳句，说明进入剧场所受到的感动，此绝非一般书本文字所能达到之效果。于《焚香记总评》提及："作者精神命脉，全在桂英冥诉几折，摹写得九死一生光景，宛转激烈。其填词皆尚真色，所以入人最深，遂令后世之听者泪，读者颦，无情者心动，有情者肠裂。"②因为"情真"，使读者愁眉，无情者动心，有情者断肠。

依据"雅、俗"功能而言，俗文学之"娱乐性"已慢慢被"教化言志"之雅文学所取代，明代文人深知戏曲的包涵力，能言志、能抒情、能娱乐，能极耳目之享受，但戏曲毕竟是文学小道，为能名正言顺将戏曲收为己用，提升戏曲价值地位是最直接的方式。因此，汤显祖《庙记》中的"儒家戏曲教化功能"说，便应运而生，而这也是明代士大夫对于戏曲的普遍心态。

（二）"临川四梦"的"作意好奇"

汤显祖的"儒家戏曲教化功能"主要建立于其"主情说"。汤显祖"主情说"，是建立于"真"之上，唯有"真情"才可打动人心。又《庙记》提及"情"所造成的影响。

> 人生而有情。思欢怒愁，感于幽微，流乎啸歌，形诸动摇。或一往而尽，或积日而不能自休。盖自凤凰鸟兽，以至巴渝夷鬼，无不能舞能歌，以灵机自相转活，而况吾人。③

汤显祖认为人生而有情，"情"是与生俱来的。因受到外物影响刺激，而

---

① ③ 汤显祖：《宜黄县戏神清源师庙记》，引自徐朔方笺校：《汤显祖全集》（二），北京古籍出版社1999年版，第1188页。
② 汤显祖：《焚香记总评》，引自徐朔方笺校：《汤显祖全集》（三），北京古籍出版社1999年版，第1656页。

产生各式情绪，或喜或悲，当情感达于极致，便以歌声舞蹈进一步呈现。此情感或长或短，不一而足，有时一下子就宣泄结束，有时则几日几夜而不能尽情。从上古先民"凤凰来仪""百兽率舞"，到少数民族（楚地文化）祭祀鬼神，无不载歌载舞，灵活生动地表达情感，更何况是我们。从文学艺术发生学来看，因"情"而有文学艺术之产物。于《耳伯麻姑游诗序》亦云："世总为情，情生诗歌，而行于神。天下之声音笑貌大小生死，不出乎是。"① 此说法如同《荀子·乐论》所提道："夫乐者，乐也，人情之所必不免也，故人不能无乐。乐则必发于声音，形于动静；而人之道，声音动静，性术之变尽是矣。"② 因此，从文学艺术之起源而论，"情"是文学艺术发生之原动力，"情"不仅可以宣泄情绪，亦可以感动人心，教化人群，是自古以来便已存在的，也是作品能流传不朽的原因。汤显祖十分赞赏达观和尚，在《寄达观》提道："情有者理必无，理有者情必无。"③ 认为"情/理"二者无法同时并存。《牡丹亭记题词》亦云："情不知所起，一往而深，生者可以死，死可以生。生而不可与死，死而不可复生者，皆非情之至也。"④ "嗟夫，人世之事，非人世所可尽。自非通人，恒以理相格耳。第云理之所必无，安知情之所必有邪。"⑤ 因为"情/理"无法相融，具有不可调和性，所以可"悖理任情"。

因为可以"悖理任情"，所以汤显祖对于民间"奇趣异闻"非常感兴趣。《牡丹亭》中"杜丽娘"可以"为情而生，为情而死，死而复生。"《南柯记》《邯郸记》可以"梦中一世人"，此与儒家所言"子不语怪力乱神"是相违背的。"尚奇"是汤显祖对"雅文学"的突破，也是汤氏认知"俗文学"的本质所在。曾于《续虞初志·月支使者传》提道："奇物足拓人胸臆，起人精神。"⑥ 又《序丘毛伯稿》云：

> 天下文章所以有生气者，全在奇士。士奇则心灵，心灵则能飞动，能

---

① 汤显祖：《耳伯麻姑游诗序》，引自徐朔方笺校：《汤显祖全集》（二），北京古籍出版社1999年版，第1110页。
② 荀子：《荀子新注·乐论》，中华书局1979年版，第332页。
③ 汤显祖：《寄达观》，引自徐朔方笺校：《汤显祖全集》（二），北京古籍出版社1999年版，第1351页。
④⑤ 汤显祖：《牡丹亭记题词》，引自徐朔方笺校：《汤显祖全集》（二），北京古籍出版社1999年版，第1153页。
⑥ 汤显祖：《续虞初志·月支使者传评语》，引自徐朔方笺校：《汤显祖全集》（三），北京古籍出版社1999年版，第1653页。

飞动则下上天地，来去古今，可以屈伸长短生灭如意。如意则可以无所不如。彼言天地古今之义而不能皆如者，不能自如其意者也。不能如意者，意有所滞，常人也。蛾，伏也。伏而飞焉，可以无所不至。①

因为心灵必需如意无所滞碍，才能飞动于天地古今。汤显祖为丘兆麟（1572~1629）《合奇亭》作序提道：

世间惟拘儒老生不可与言文。耳多未闻，目多未见。而出其鄙委牵拘之识，相天下文章。宁复有文章乎。予谓文章之妙不在步趋形似之间。自然灵气，恍惚而来，不思而至。怪怪奇奇，莫可名状。……吾乡丘毛伯选《海内合奇》文止百余篇，奇无所不合。或片纸短幅，寸人豆马；或长河巨浪，汹汹崩屋；或流水孤村，寒鸦古木；或岚烟草树，苍狗白衣；或彝鼎商周，丘索坟典。凡天地间奇伟灵异高朗古宕之气，犹及见于斯编。神矣化矣。夫使笔墨不灵，圣贤减色，皆浮沉习气为之魔。士有志于千秋，宁为狂狷，毋为乡愿。②

此序文乃汤显祖对丘兆麟所选之奇文发出赞叹，提出文章若有志于传世千秋，则务在使文章突破"形似"，达于"神似"。如何突破"步趋形似"，则必须具有灵气，方能完成"怪怪奇奇，莫可名状"之奇文。因此，文章欲达至"神似"，则应以"奇"为主，正是"奇无所不合"，然"合奇"虽为狂狷，但可流传千古。

汤显祖曾编选《续虞初志》③，《虞初志》乃古代小说选辑，明代《虞初志》④ 十分流行，虽然现今已无法窥见汤显祖所评点《虞初志》之版本，但汤

---

① 汤显祖：《序丘毛伯稿》，引自徐朔方笺校：《汤显祖全集》（二），北京古籍出版社1999年版，第1140页。
② 汤显祖：《合奇序》，引自徐朔方笺校：《汤显祖全集》（二），北京古籍出版社1999年版，第1138页。
③ 汤氏的评点本与汤氏的《续虞初志》也不是一回事。这理由很简单，因其评点本早已失传。而《续虞初志》也是与诸家会评本完全不同的本子。这有美国国会图书馆东方书库藏万历刻本（四卷）可证。据宁稼雨先生《中国古代文言小说总目提要》说此书（美国藏本）题"汤显祖若士评选，钱塘钟人瑞先校阅"，书中所收"均在《虞初志》之外"当为续作无疑。秦川：《明清"虞初体"小说总集的历史变迁》，载于《明清小说研究》2002年总第64期，第67~68页。
④ 《虞初志》出现之后产生的影响是巨大的，不仅其仿作、续作之多，而且还有不少人进行评点，如明代的艺术大师汤显祖、李贽、袁宏道等人都评点过《虞初志》，还为之作序，予以宣传。这种编选现象，不是一般地体现了文人趋尚，而是小说观念和时代精神的具体体现。载于《明清小说研究》2002年总第64期，第67~68页。

氏后来又继续《续虞初志》之评点，由此可见汤显祖对于"异闻趣事"之好奇。而在小说发展过程中，原本属于"俗文学"之小说，至明代早已成为文人士夫的"雅文学"①，也因此在明代文人生活中造成一股流行风潮，甚而形成"虞初体"。《虞初志》小说之盛行，带给汤显祖戏曲创作题材之启发。汤显祖对于传奇小说是娴熟的，因而"临川四梦"亦皆取材自传奇、话本小说。在《点校虞初志序》云：

> 《虞初》一书，罗唐人传记百十家中，略引梁沈约十数则，法（以）奇僻荒诞，若灭若没，可喜可愕之事，读之使人心开神释，骨飞眉舞，虽雄高不如《史》、《汉》，简淡不如《世说》，而婉缛流丽，洵小说家之琛珍舩也。②

汤显祖所评点之《虞初志》中，收录以唐人传奇篇章为主，掺杂沈约作品数则，其内容多"奇异荒诞"、令人"可喜惊讶"之事，读之使人心灵开悟，神情轻松，眉开眼笑，此书虽然不如《史记》、《汉书》之宏伟崇高，亦不及《世说新语》的简朴淡泊，然却文辞婉曲华美，实是杂记中的《珍珠船》。而后进一步阐释小说的价值。

> 其述飞仙盗侠，则曼倩之滑稽；至（志）佳冶窈窕，则季长之绛纱；一切花妖木魅，牛鬼蛇神，则曼卿之野饮；意有所药（荡）激，语有所

---

① 明代的选家们在难以数计的各种广义小说概念的书籍中选出具有较高文学特性的名篇佳作来并加以评点，如《虞初志》所选几乎都是唐人名篇，小说意味、文学性较突出，这是小说观念的一大进步。秦川：《明清"虞初体"小说总集的历史变迁》，载于《明清小说研究》2002年总第64期，第68页。

② 汤显祖：《点校虞初志序》，引自袁宏道参评、屠隆点阅：《虞初志》，中国书店1986年版，第1~2页。"汤氏确实点校过《虞初志》，但绝对不是诸家会评本。尽管今传本有汤显祖的评语和序，甚至还将汤氏的《点校虞初志序》放在首位，好像此本就是最早的《虞初志》版本，但实际上此书不是汤氏的点校本。这只要将今传本的卷目与汤氏的《点校虞初志》《序文》一对照，就明显地见其破绽。如今传本有梁吴均的《续齐谐记》十七条，实为《续齐谐记》全书（因为此书只有十七条）；还有薛用弱《集异记》十六条，亦为全书（因为此书也只有十六条）；其余皆为唐代传奇、志怪名篇。而汤显祖的《点校虞初志序》说：'《虞初》一书，罗唐人传记百十家中，略引梁沈约十数则。'观今通行本，未见有沈约的文字。查沈约著述，小说只有《迩言》和《俗说》两种，而《迩言》史志未录，早已亡佚，未见逸文。《虞初志》中若有沈约的小说，就只能是《俗说》中的'十数条'。既然汤氏的原评本有梁·沈约的'十数条'，而今本则无，这说明汤氏的原评本是另外的本子，与今诸家会评本不是一回事。"秦川：《明清"虞初体"小说总集的历史变迁》，载于《明清小说研究》2002年总第64期，第65~66页。

托归，律之风雅之罪人，彼因歉然不辞矣。使呫呫读古，而不知此味，即日垂衣执笏，陈宝列俎，终是三馆画手，一堂木偶耳，何所讨真趣哉？①

汤显祖认为小说中所述之奇异，与史实所记载名人之言论其实是相同的，如侠盗飞仙，同东方朔的滑稽言论；书中所记载娇艳妖冶之美人，如同马季长（马融）之讲坛；一切花妖、鬼魅、牛鬼、蛇神，就好似石曼卿（石延年）于田野间的饮酒自放。历史上一切事物言论，皆可等同于小说所记载之事，透过小说来约束那些放荡不羁之人，反而比规矩的阅读古书，却不解书中之意，还更有趣味。此序文说明汤显祖对小说之看法，在于"奇异荒诞"及"华丽文辞"，可见汤氏对于小说仍是以"雅文化"之态度来看待。然而汤显祖也注意到小说的价值在于"奇事"，以及读之令人"眉飞色舞"的娱乐性，且可透过娱乐性来达到"劝诫教化"之目的。汤显祖虽认同"俗文学"中的戏曲、小说，但汤氏最终依然受限于"雅文化"文人心态之影响，局限于"文章辞采""言志托物"之要求。

因对于"奇异"之事感兴趣，汤显祖不仅为小说进行评点、编辑，更甚而将小说题材融入戏剧创作，从汤显祖戏曲创作底本查看，均取自唐代传奇小说。

（1）《紫箫记》，万历五年至七年（1577～1579）。《紫钗记题词》："往余所游谢九紫、吴拾芝、曾粤祥诸君，度新词与戏，未成，而是非蜂起，讹言四方。"② 此剧与友人谢廷谅、吴拾芝、曾粤祥共同创作，是一部未完成之剧作，现存三十四出。

（2）《紫钗记》，万历十五年（1587），删润自《紫箫记》，取材自唐传奇蒋防《霍小玉传》。《紫钗记题词》："南都多暇，更为删润讫，名《紫钗》。……霍小玉能作有情痴，黄衣客能做无名豪。余人微各有致。第如李生者，何足道哉。"③

（3）《牡丹亭》，万历二十六年秋（1598）取材自《杜丽娘慕色还魂》话本。《牡丹亭记题词》："传杜太守事者，仿佛晋武都守李仲文、广州守冯孝将

---

① 汤显祖：《点校虞初志序》，引自袁宏道参评、屠隆点阅：《虞初志》，中国书店1986年版，第2页。
②③ 汤显祖：《紫钗记题词》，引自徐朔方笺校：《汤显祖全集》（二），北京古籍出版社1999年版，第1157页。

儿女事。予稍为更而演之。至于杜守收考（拷）柳生，亦如汉睢阳王收考谈生也。"① 可见《牡丹亭》并非取自单一故事，除了以原型《杜丽娘慕色还魂》为主之外，还掺杂其他民间故事，包括"晋武守李仲文事""广州守冯孝将儿女事""汉睢阳王收拷谈生事"等，此当导源于汤显祖对于"奇人奇事"之喜爱，故而信手拈来，融入其中。

（4）《南柯记》，万历二十八年夏（1600）取材自唐传奇李公佐《南柯太守传》。《南柯梦记题词》：客曰："'人则情耳，玄象何得为彼示儆？'此则不然。凡所书禄象不应人国者，世儒即疑之，不知其亦为诸虫等国也。盖知因天立地，非偶然者。客曰：'所云情摄，微见本传语中，不得有生天成佛之事。'予曰：'谓蚁不当上天耶。'经云：'天中有两足多足等虫，'世传活万蚁可得及第，何得度多蚁生天而不作佛？梦了为觉，情了为佛；境有广狭，力有强劣而已。"②

（5）《邯郸记》，万历二十九（1601）。取材自唐传奇沈既济《枕中记》。《邯郸梦记题词》："按《记》，则边功河功，盖古今取奇之二窍矣。"③

汤显祖的"尚奇观"打破了"雅、俗"间之界限，只有透过"奇物奇事"，方能达至"情真"。与上述"情有者理必无，理有者情必无。"在脉络上是一贯的。在现实生活中，许多事物无法以常理解释，而汤氏"情"之内涵，是为了打破礼教规范之"情"，但亦非一般民间"世俗之情"，而是处于"雅、俗"之间，难以达到之真情。所以汤显祖以身处于"雅文化"的背景，取"俗文学"之小说故事为题材，借以突破箝制于心中的难言之情。

关于《牡丹亭》究竟是以何者为蓝本，早期学者包括谭正璧、徐朔方等，均以《杜丽娘慕色还魂》话本为《牡丹亭》蓝本，因为两者在文字语句上多有所雷同，后来发现了《杜丽娘记》文言小说后，对于《牡丹亭》之蓝本产生了不同的意见，主要原因在于由何大抡所编的《燕居笔记》时代不详，而《宝文堂书目》及《稗家粹编》之时代可推知应早于《牡丹亭》。因此现有学者认为《杜丽娘慕色还魂》话本小说应该是在文言小说《杜丽娘记》的基础

---

① 汤显祖：《牡丹亭记题词》，引自徐朔方笺校：《汤显祖全集》（二），北京古籍出版社1999年版，第1153页。
② 汤显祖：《南柯梦记题词》，引自徐朔方笺校：《汤显祖全集》（二），北京古籍出版社1999年版，第1156~1157页。
③ 汤显祖：《邯郸梦记题词》，引自徐朔方笺校：《汤显祖全集》（二），北京古籍出版社1999年版，第1155页。

上，参照《牡丹亭》传奇，演绎而成。①

（1）余公仁编（明万历、天启间人）《燕居笔记》卷八，目录题《杜丽娘牡丹亭还魂记》，正文题《杜丽娘记》。

（2）何大抡编（明万历、天启间人）《燕居笔记》下层卷之九（大家说锦），《杜丽娘慕色还魂》。与其同列尚有《张于湖宿女真观》《红莲女淫玉通禅师》。

（3）明代嘉靖进士晁瑮（1541年进士）《宝文堂书目》中"子杂类"有《杜丽娘记》。并与《柳耆卿记》《冯玉梅记》《李亚仙记》等同列。

（4）明人胡文焕（约1558～1615年）《稗家粹编》卷二《杜丽娘记》②。《稗家粹编》八卷，现存有明文会堂万历二十二年（1594）序刻本。与余公仁编《燕居笔记》为同一版本。③

上述四种版本，可细分为"话本小说"与"文言小说"两类。关于《杜丽娘记》《牡丹亭》《杜丽娘慕色还魂》三者之间的先后关系，据考证《杜丽娘记》是早于《牡丹亭》，而《杜丽娘慕色还魂》话本无法确切知道出版年代。

经比对文言小说《杜丽娘记》与话本《杜丽娘慕色还魂》，两者在内容上并无太大差异，情节发展几乎完全相同。其中有一段可以发现《牡丹亭》承袭《杜丽娘记》的痕迹。

（1）《杜丽娘记》："取安魂定魄散服之，少顷，口内吐出水银数斤，便能言语。"④

（2）《牡丹亭》第三十五出《回生》："（扶旦软弹介）（生）俺为你款款偎将睡脸扶，休损了口中珠。（旦作呕出水银介）"。⑤

（3）《杜丽娘慕色还魂》："良久，取安魂汤、定魄散吃下。少顷便能言语。"⑥

若《牡丹亭》以《杜丽娘记》为蓝本，由仅有几千字的文言小说，演绎

---

①③ 郭英德：《点铁成金：汤显祖〈牡丹亭〉传奇的改写策略及其文化意蕴》，载于《政大中文学报》2010年第14期，第5页。
② 胡文焕编：《幽期部》，引自《稗家粹编》卷二，中华书局2010年版，第109～113页。
④ 胡文焕编：《幽期部》，引自《稗家粹编》卷二，中华书局2010年版，第112页。
⑤ 汤显祖著，徐朔方、杨笑梅校注：《牡丹亭》，台湾里仁书局1995年版，第230页。
⑥ 无名氏：《杜丽娘慕色还魂》，引自徐朔方、杨笑梅校注：《牡丹亭》，台湾里仁书局1995年版，第386页。

成为高达五十五出的传奇剧作，势必得在情节上增饰，而在《牡丹亭记题词》中又提到尚参照其他故事，包括"晋武守李仲文事""广州守冯孝将儿女事""汉睢阳王收拷谈生事"等，均可见于《太平广记》。

（1）"晋武守李仲文事"：见《太平广记》卷319，《法苑珠林》中《张子长》条。

（2）"广州守冯孝将儿女事"：见《太平广记》卷276，《幽明录》中《冯孝将》条。

（3）"汉睢阳王收拷谈生事"：见《太平广记》卷316，《列异传》中《谈生》条。

汤显祖在剧作题词中，均未能直接说明剧作所依据蓝本之小说名称，但很明显的主要取材以"传奇文言小说"为主，包括唐传奇《霍小玉传》、《南柯太守传》、《枕中记》等，与剧作两者之间在语言文字上相袭之处甚多。以汤显祖为《虞初志》（约于正德、嘉祐年间）作序、评点及编辑上看来，在《虞初志》中收录有卷三《枕中记》、《南柯记》，以及卷六《霍小玉传》，足可见汤显祖之取材来源。显然汤显祖喜好传奇文言小说，因此《牡丹亭》以《杜丽娘记》文言小说为蓝本是可以成立的。而这也是本于"传奇文言小说"原本就是属于"雅俗"并济的一种文学。"作意好奇"①说明了传奇小说的娱乐通俗性，"文采诗情""劝惩教化"则是文人雅化的痕迹。唐传奇小说模式正如同明代文人创作传奇戏曲，以通俗文体，带入文人雅正意识。反观宋代传奇小说，已不具有唐传奇之"雅俗"兼具特质，明人胡应麟（1551～1602）在《少室山房笔丛》云：

> 小说，唐人以前，纪述多虚，而藻绘可观；宋人以后，论次多实，而彩艳殊乏。盖唐以前出文人才士之手，而宋以后，率俚儒野老之谈故也。②

可知汤显祖于取材上，是有所选择的。鲁迅《中国小说史略·第二十二篇·清之拟晋唐小说及其支流》曾云：

---

① 凡变异之谈，盛于六朝，然多是传录舛讹，未必尽幻设语。至唐人乃作意好奇，假小说以寄笔端。胡应麟：《少室山房笔丛·九流绪论》，中华书局1958年版，第486页。
② 胡应麟：《少室山房笔丛·九流绪论》，中华书局1958年版，第375页。

迨嘉靖间，唐人小说乃复出，书估往往刺取《太平广记》中文，杂以他书，刻为丛集，真伪错杂，而颇盛行。文人虽素与小说无缘者，亦每为异人侠客童奴以至虎狗虫蚁作传，置之集中。盖传奇风韵，明末实弥漫天下，至易代不改也。①

明代小说的发展不仅是承续唐传奇之风韵，更是影响明传奇创作的重要素材。因此，明代传奇小说（文言）可说是小说"俗化"历程中一次"雅"的回归。

二、《牡丹亭》情欲意识

关于《牡丹亭》之"情欲"思潮，是近年来探讨重点。从汤显祖《牡丹亭题词》所云"情不知所起，一往而深。生者可以死，死可以生。生而不可与死，死而不可复生者，皆非情之至也。梦中之情，何必非真。天下岂少梦中之人耶。"此后"主情"意识便成《牡丹亭》最重要的中心主旨，然而在后世解读过程中，逐渐出现"主欲"之论点，而将《牡丹亭》"主欲"思想发展极致者又莫过于清代《才子牡丹亭》②。"情欲"本是一体的两面，相随而生，然而主情者③往往无法接受主欲者对《牡丹亭》之污蔑，而主欲者④又视主情者

---

① 鲁迅：《中国小说史略》，《鲁迅全集》第九卷，人民文学出版社 2005 年版，第 215 页。
② "批者在理论上张扬人性，肯定人的情色欲望，无情的批判'昔时贤文'，尤其是宋明理学的禁欲主义，对男女性意识的自觉提出许多重要和超前的观点，是一部以情色论为基础来阐述《牡丹亭》创作思想的大胆奇异之作。"汤显祖著，吴震生、程琼，华玮、江巨荣点校：《才子牡丹亭》，台湾学生书局 2004 年版，第 1 页。
③ "主情者"：如王思任《批点玉茗堂牡丹亭词叙》云："若士以为情不可以论理，死不足以尽情。百千情事，一死而止，则情莫有深于阿丽者矣。况其感应相与，得《易》之咸；从一而终，得《易》之恒。则不第情之深，而又为情之至正者。"认为杜丽娘对柳梦梅之情，符合《易经》所言夫妇伦理，提出"情之至正"。又三妇本《牡丹亭》，《幽媾》云："'完其前梦'，此云'梦境重开'，总与一'情'字不断。凡人日在情中即日在梦中，二语足尽姻缘幻影。"《或问》云："夫孔圣尝以好色比德，《诗》道性情，《国风》好色，儿女情长之说，未可非也。若士言情，以为情见于人伦，伦始于夫妇。丽娘一梦所感，而矢以为夫，之死靡忒，则亦情之正也。若其所谓因缘死生之故，则从乎浮屠者也。王季重论玉茗四梦：《紫钗》侠也，《邯郸》仙也，《南柯》佛也，《牡丹亭》情也。其知若士言情之旨矣。"
④ "主欲者"如：程琼针对汤显祖《原序》批云："生可以死，则格令无如彼何矣；死可以生，则阎君不能理胜矣。此书大指，大概言：色情一事，若非阳法谓辱，则阴谴亦不必及，而归其罪于天公开花。天公既开花，则其不罪若辈可知。如外国之俗，嫁娶各别，不闻阴间有罚也。但无色可好，无情可感，而蠢动如畜，以辱人名者，则有谴耳。色至十分，未有浅情者。色情难坏一句，亦要合离看。因色生情，因情见色，其难坏一也。无奇色，而深解情味，则情遂代色，真如睟面盎背，施于四体，而不可名言者。亦难坏一也。若有五分色，而不解一点情，并其色亦变木偶，即坏之易易矣。佛教全在去妄，而若士独言色情是真，即西方亦必引人以妙好也。"

理想太于高远，两方始终以不同立场坚持对《牡丹亭》正确且唯一的解读。难道"情欲"无法相生？以下将从汤显祖雅俗视野，重新探讨《牡丹亭》"以雅饰俗"之创作意识与手法。此处所言"情雅""欲俗"之论点，乃依据一般文化对于情欲看法，并未包含贬抑之意。

（一）主情立雅

1. "泰州学派"思潮

《牡丹亭》之"主情"意识，是"情"或"欲"？属于"雅"，抑或"俗"？当宋明理学家高举"存天理，去人欲"旗帜，不断将"情欲"边缘化的同时，泰州学派王艮（1483～1541）则提出"百姓日用即道"之观念，"圣人之道，无异于百姓日用。凡有异者，皆是异端。"从日常生活中践履伦理道德，将一切回归人类"最原始"之本性者，方属于"真"与"道"。而王襞（1515～1587）认为"鸟啼花落，山峙川流，饥餐渴饮、夏葛冬裘，至道无余蕴矣。"（《语录遗略》）颜钧（1504～1596）则认为"平时只是率性而行，纯任自然，便谓之道。"（《明儒学案·泰州学案》）"道"是自然存在于生活之中的。王艮进一步提道："君子之学，以己度人。己之所欲，则知人之所欲，己之所恶，则知人所恶。"唯有以己度人，方不失衡；唯有从百姓日用去体察，方为正道。

"泰州学派"对于"情"以及"情欲"之看法是如何呢？泰州学派反对"无欲""去人欲"，承认人类欲望存在的合理性。泰州学派创始人王艮，重视人身之自然情欲，王艮反对朱熹、王阳明消灭人性自然情欲之说，肯定情欲之合理性；何心隐（1517～1579）则主张"心不能以无欲也"①，并提到"性而味，性而色，性而声，性而安逸，性也。"认为人心不能无欲，应满足人生对于味、色、声、安逸等欲望。李贽（1527～1602）亦曾批判封建理学，反对将"理""欲"对立，认为"穿衣吃饭"，即是人伦物理。"夫私者人之心也，人必有私而后其心乃见，若无私则无心矣。"②人有私乃是依乎自然。又言：

> 盖声色之来，发乎情性，依乎自然，是可以牵合矫强而致乎？故自然发乎情性，则自然止乎礼义，非情性之外复有礼义可止也。惟矫强乃失

---

① 何心隐：《辨无欲》，引自容肇祖整理《何心隐集》，中华书局1960年版，第42页。
② 李贽：《德业儒臣后论》，引自张建业主编：《李贽文集·第三卷·藏书下·卷32》，社会科学文献出版社2000年版，第626页。

之，故以自然之为美耳，又非于情性之外复有所谓自然而然也。①

人之情性，依乎自然，如此所表现的方是真诚之"礼义"，而非"虚伪矫造"之情。纵然李贽提出人性应符合生理需求，自然而不虚伪矫造，但其对情欲看法又是为何？

从上述泰州学派大力提倡"人身之自然情欲"可推知，在以往的雅文化体系里，正视欲望是个禁忌的话题，直到宋明理学，禁欲之说已达极端，也因而产生反动的泰州学派。然而何以原属于人性欲望之生理需求，却演变成一种遥不可及之禁忌。

泰州学派在提出学说的同时，在文学表现上是否能以肯定情欲的方式呈现呢？答案是否定的。就汤显祖面对《牡丹亭》之情欲，虽不免"以情裹欲""以雅掩俗"，然其背后所欲彰显之欲望，以及对于戏曲俗文学之态度，却是不可否认与忽视。

2.《牡丹亭》主情论

既然重视"情欲"存的合理性是泰州学派的核心思想，那么何以当汤显祖在《牡丹亭》中，赤裸裸的借由"石道姑"之口，以"秽亵科诨"表达对情欲之肯定时，却反而引来晚明学者大肆地批判，学者王泛森于《明末清初的一种严格的道德主义》提出晚明儒学的两个不同方向：

> 认识到人生的理想状态不应割弃世俗，并不必表示在道德实践上可以随波而流。有些思想家虽然承认人性的理想状态"是"什么时应该有所变化，但在"应该"的层面上，却仍努力找出一种办法以维持道德严格性。也就是在这个关键点上，产生了分歧。有一种是倾向于佚荡而不可挽救，有一种是仍想在这种自然人性论的前提下，坚持道德标准，而且这种要求，在明清改朝换代之后，随着知识分子深重的负疚感而更趋严格。②

李贽与何心隐基本属于上述"佚荡而不可挽救"之类，而汤显祖《牡丹

---

① 李贽：《焚书·读律肤说》，引自张建业主编：《李贽文集·第三卷·藏书下·卷32》，社会科学文献出版社2000年版，第123页。
② 郝延平、魏秀梅编：《近世中国之传统与蜕变——刘广京院士七十五岁祝寿论文集》，台湾"中央研究院近代史研究所"1998年版，第69~70页。

亭》亦属之。晚明解放"情欲"思潮是对于宋明理学之反动，亦是民间"市井文化"深入"雅文化"之浪潮，然而，当"雅文化"入侵"俗文化"，当文人士夫高举"百姓日用即是道"之旗帜时，是否能真正了解民间世俗文化的内在本质，在面对"情欲"书写时，又能否以肯定的态度视之则又是另一个值得思考的面向。

据闻汤显祖老师张位（1538~1605）在阅读《牡丹亭》曾劝汤氏，云：

> 张新建相国尝语汤临川云："以君之辩才，握麈而登皋比，何讵出濂、洛、关、闽下？而逗漏于碧箫红牙队间，将无为'青青子衿'所笑？"临川曰："某与吾师终日共讲学，而人不解也。师讲性，某讲情。"张公无以应。夫干坤首载乎《易》，郑卫不删于《诗》，非情也乎哉！不若临川老人，括男女之思而托之于梦。①

张位劝诫汤显祖，若愿意登台讲学，则其成就自然不在周敦颐（濂）、二程（洛）、张载（关）和朱熹（闽）之下，质疑汤显祖浪费于无意义之"戏剧"里，然汤显祖却回答，无论是道学家登台讲学宣教所言之"性"，或戏剧家以故事感化民众所言之"情"，目的皆在达到感化教育。此与汤显祖在《宜黄县戏神清源师庙记》所提到的"戏剧教化观"理念是一致的。因此为达到戏剧教化之目的，如何透过杜丽娘之真情，以达到对情欲之肯定，是必须考虑。

与"天理"相抗衡之"情欲"究竟该如何彰显与呈现？《牡丹亭》的主题思想正如同汤显所言："为情而生，为情而死"，然而汤显祖并非将"情"成为高不可攀的单纯情爱，其中更掺杂有人性基本的"生理情欲"。因此，不论是杜丽娘的"游园惊梦"、石道姑的"千字文"以及各式"情色"科诨等，汤显祖屡屡涉入"秽亵情事"，也因此不断地被抨击过于"鄙俗"。

汤显祖的"贵真"思想，联系了"雅"与"俗"。说真话、做一个真实的人，汤显祖不避讳谈论"鄙俚""秽亵"之事，因此在面对文士阶层的不认同或排斥，汤显祖只能以"雅化"的形式来加以包装掩饰。《牡丹亭》既言

---

① 陈继儒：《批点牡丹亭题词》，引自徐朔方校笺：《汤显祖全集》（四），北京古籍出版社1999年版，第2573~2574页。

"情",绝非仅于抽象的"心灵情感",而是必须回归到男女间最基本的"生理情感"。不论是杜丽娘生前的"游园",到死后的"幽媾",或石道姑的"千字文"等,在汤显祖笔下一一地被叙写。汤显祖从未舍弃男女之间的"生理欲望",因为汤显祖认知到这亦是"情"最基本的要素。

(二) 隐欲抑俗

1. 《牡丹亭》隐欲说

关于《牡丹亭》之"情欲论",向来"主情抑欲",然而"主欲论"者亦不乏其人,最主要之代表莫过于清代《才子牡丹亭》。程琼虽然认同汤显祖所提出之"至情说",但她亦认为在"至情说"背后最主要的是"情欲","情欲"才是情感的根基。《才子牡丹亭》提道:

> "色情难坏"者,因彼有"色",而致吾"情",如愿将身作锦鞋,必不肯为无"色"之人作鞋也。又见有"色"之人,则必欲其致"情"于我,又欲极用吾"情"以侵为诒,致其必致情于我。……但有奇"色",即动奇情,又何知男女哉!①

其中提到"情与色是"无法分离的,男女之间因色而致情,无色则无情矣。

近年来,以"情欲说"来重新诠释汤显祖"至情说"者,有日益增长之倾向,学者以《才子牡丹亭》为探讨对象,如俞为民《程琼的〈才子牡丹亭〉及其"色情论"》提道:

> 程琼的《才子牡丹亭》以"色情说"对汤显祖原作的"至情说"做了新的诠释,在明清时期众多的《牡丹亭》评点本中,自具特色,而这一特色,既与她作为女性批评者的视野有关,也与她的批点意图有关。封建时代的女子虽在心灵深处,也具有作为自然人所应有的"好色"之心,追求"色情"的满足,但在现实社会中,受到封建礼教的束缚,这种"好色"之心是不可能实现的。②

---

① 程琼、吴震生评点,华玮、江巨荣点校:《才子牡丹亭》,台湾学生书局2004年版,第511页。
② 俞为民:《程琼的〈才子牡丹亭〉及其(色情论)》,载于《兰州大学学报》(社会科学版),2015年第1期,第33页。

俞为民教授认为，不论是明代汤显祖《牡丹亭》，或是清代程琼《才子牡丹亭》，在不同的时空背景下，有各自所代表的意义。商伟于《一阴一阳之谓道：〈才子牡丹亭〉的评注话语及其颠覆性》亦云：

> 在它的视野中，《牡丹亭》的文字意象无不具有性的暗示，所谓"一自高唐赋成后，楚天云雨尽堪疑。"《才子》对《牡丹亭》所作的性诠释与俞娘、小青情感《牡丹》黯然自伤的传闻叙述相去甚远，和《吴吴山三妇合评牡丹亭还魂记》两相对照，更是大异其趣。①

对于以往将《牡丹亭》"为情而生，为情而死"的明代观点，在清代的思潮下，有了不同的面貌，或许明代的心学触发了汤显祖笔下的杜丽娘，然而对于明代对其情欲之看法，确仍然局限于至情之论，或传统道德伦理，如丁芳《情即理：阳明心学对〈牡丹亭〉情理关系的影响》所云：

> 第一，在肯定男女大欲之必然性的基础上，强调夫妇伦理道德的重要性。汤显祖抒写适婚女子对异性的渴慕，与汤显祖重视夫妇之道的思想不可分割。
>
> 第二，与汤显祖对夫妇之道的重视相关，汤显祖让杜丽娘还魂之后说出"鬼可虚情，人须实礼"，更含有对女性由私情进入婚姻现实的忧虑，这是汤显祖强调夫妇伦理的动机之一。②

从儒家夫妇伦理来诠释《牡丹亭》，虽然肯定男女情欲，但仍以夫妇伦理道德作为《牡丹亭》最终主旨。

不论是"主情说"或是"情欲论"，随着时代的不同，诠释角度亦有所别，然而或因为被视为经典之作，迫使对《牡丹亭》之诠释采取"隐欲"手法，含蓄婉转的点到为止，而极力彰显"以情至上"的唯一诠释。

2. "以雅掩俗"之科诨

《牡丹亭》于"曲文"及"下场诗"呈现"雅文学"特质，然而汤显祖

---

① 商伟：《一阴一阳之谓道：〈才子牡丹亭〉的评注话语及其颠覆性》，引自华玮主编：《汤显祖与牡丹亭》，台湾"中央研究院"出版社2005年版，第419~466页。
② 丁芳：《情即理：阳明心学对〈牡丹亭〉情理关系的影响》，载于《兰州学刊》2012年12月，第72~73页。

却在科诨处运用了"市井俗趣"之"秽言亵语",也因而成为众人批判的对象。如徐日曦硕园本对《牡丹亭》里所使用之"过俗"科诨便一概加以删除。而徐朔方亦批判《道觋》"充塞了秽亵的双关语,使人难以读下去。"

> 汤显祖写了五本戏,只有在《牡丹亭》里特别描写了陈最良、石道姑、癞头鼋、郭橐驼四个在精神或生理上有着残疾的人物。在他们身上,人们看到了在封建礼教的桎梏中,人的精神状态是何等麻木不仁!人的生理状况是何等丑陋不全!但是由于作家对他们的描写还不够自觉,不够认真严肃,因此留下了斑斑点点的败笔。①

徐朔方认为汤显祖在描绘"陈最良、石道姑、癞头鼋、郭橐驼"四个人时,是带着轻蔑嘲弄之意,未能以严肃认真之态度进行描绘。此外,董每戡也认为《道觋》一出戏,实是"白璧之玷,也暴露了作者在美学思想上的缺陷。"② 万斌生认为石道姑"形象猥琐,出言污秽,行事贪鄙。"③ 徐扶明则认为"陈最良"的科诨往往"流于低级趣味。"④

当《牡丹亭》不断被批评为"秽亵双关语""低级趣味"时,与汤显祖"主情思想""词致奥博"之"雅文化"内涵,乍看之下,似乎格格不入,然而汤显祖何以如此描写?何以在科诨中夹杂大量"秽言亵语"?且令人感到好奇的是,这些"过于鄙俗"之科诨,究竟有没有于舞台上演过?而当后世改本一概删去了被视为"低俗趣味"之科诨后,是否还能称为"忠于原著"?汤显祖对此类科诨所赋予之最终意蕴究竟为何?以下将以《牡丹亭》第十七出《道觋》、第十八出《诊祟》、及第三十四出《诇药》等三出剧目进行探讨。

科诨,即"插科打诨","诨"乃语言运用,"科"属动作展现,指戏曲表演中"滑稽诙谐"的动作与语言,带有"戏耍嘲弄"之意,清代李渔喻之为"看戏之人参汤"。徐渭《南词叙录》云:"科,相见、作揖、进拜、舞蹈、坐跪之类,身之所行,皆谓之科。诨,于唱白之际,出一可笑之语以诱坐客,如水之浑浑也。"⑤ 适切科诨可以"驱睡魔"(李渔),但如何方可称为好的"科

---

① 汤显祖著,徐朔方、杨笑梅校注:《牡丹亭·前言》,台湾里仁书局1995年版,第13页。
② 董每戡:《五大名剧论》,人民文学出版社1984年版,第312页。
③ 万斌生:《浅谈〈临川四梦〉的非佛道思想》,载于《江西大学学报》1982年2月,第86页。
④ 徐扶明:《汤显祖与牡丹亭》,上海古籍出版社1993年版,第97页。
⑤ 徐渭:《南词叙录》,引自《中国古典戏曲论著集成》第三集,中国戏剧出版社1982年版,第246页。

诨",王骥德曾说:"惟近顾学宪《青衫记》,有一二语咄咄动人,以出之轻俏,不费一毫做造力耳。"① 李渔亦云:

> 科诨之妙,在于近俗,而所忌者又在于太俗。不俗则类腐儒之谈,太俗即非文人之笔。②
>
> 我本无心说笑话,谁知笑话逼人来,斯为科诨之妙境耳。③

可知,科诨之法贵在"自然"、"近俗",太雅则如书生"腐儒之谈",太俗又非"文人之笔",需介于"雅俗"之间,"自然"而不造做。在《牡丹亭》一剧中,其科诨时而涉及"情色"及"秽语",使得后来改编本尽皆删去,然而何以汤显祖会以"低俗趣味"及"房事情欲"等为剧中科诨,其背后所欲呈现之意蕴为何?是本于"俗文学"之戏曲本质,抑或为展现自身"游戏之笔"的"雅文化"背景?李渔对于科诨"语涉情欲""秽亵之言"曾云:

> 观文中花面插科,动及淫邪之事,有房中道不出口之话,公然道之戏场者。无论雅人塞耳,正士低头,惟恐恶声之污听,且防男女同观,共闻亵语,未必不开窥窃之门,郑声宜放,正为此也。不知科诨之设,止为发笑,人间戏语尽多,何必专谈欲事?……人问善谈欲事,当用何法?请言一二以概之。予曰,如说口头俗语,人尽知之者,则说半句,留半句,或说一句,留一句,令人自思,则欲事不挂齿颊,而与说出相同,此一法也。如讲最亵之话,虑人触耳者,则借他事喻之,言虽在此,意实在彼,人尽了然,则欲事未入耳中,实与听见无异,此又一法也。得此二法,则无处不可类推矣。④

许多科诨往往事涉"情欲""亵语",惟有"不尽言""借事喻之",方可称为

---

① 王骥德著,陈多、叶长海注释:《曲律·卷三·论插科第三十五》,湖南人民出版社 1983 年版,第 165 页。
② "忌俗恶",李渔著,江巨荣、卢寿荣校注:《闲情偶寄·词曲部·科诨第五》,上海古籍出版社 2009 年版,第 75 页。
③ "贵自然",李渔,江巨荣、卢寿荣校注:《闲情偶寄·词曲部·科诨第五》,上海古籍出版社 2009 年版,第 76 页。
④ "戒淫亵",李渔,江巨荣、卢寿荣校注:《闲情偶寄·词曲部·科诨第五》,上海古籍出版社 2009 年版,第 74 页。

最佳。情欲之事，应"含蓄"而论，不必尽言，不应有太过露骨之描述。

汤显祖对于"科诨"之态度为何？于《红梅记总评》中曾提道：

> 上卷末折《拷伎》，平章诸妾跪立满前，而鬼旦出场一人独唱长曲，使合场皆冷，及似道与众妾直到后来才知是慧娘阴魂，苦无意味。毕竟依新改一折《鬼辩》者方是，演者皆从之矣。下卷如曹悦种种波澜，悉妙于点缀，词坛若如此者亦不可多得。①

汤显祖在此说明了场上"冷热调济"排场之重要，切莫连续冷场而造成"苦无意味"。又《焚香记总评》指出，《焚香记》一剧，于关目情节与仪典科诨之穿插，虽然显得俚俗而熟套，但是"然此等波澜，又氍毹上不可少者。此独妙于串插结构，便不觉文法沓拖，直寻常院本中不可多得。"可知，汤显祖认为只要场上科诨"串插结构"高妙，那么即使使用"鄙俗"之熟套，反而可以增加舞台效果。

（1）千字文俗用。

《牡丹亭》善于利用"男女俗事"来制造科诨效果。然而"房中道不出之话，公然道之戏场"，难免使"雅人塞耳，正士低头"（李渔），置之案头观之尚且羞赧，若公然登台上演，将成何体统。整本《牡丹亭》最为人所诟病者，莫过于第十七出《道觋》。

第十七出《道觋》主要由石道姑自述身世，以长达一千七百余字，并嵌入"千字文"，共116句（464字），为己自述"婚姻状况""石女之苦""行房之事""出家经过"等。以《千字文》"正典"入"男女房事""秽亵"事语，正如郭英德所言"雅体俗用"②，且与"集唐下场诗"创作手法相似，皆是汤显祖刻意安排的"游戏之笔"，实是"戏谑性地挪用与颠覆传统典律的诠释"③。

关于《千字文》入科诨，早在"说唱技艺"中已见其搬弄，据《辍耕录》所载，包括有"背鼓千字文、变龙千字文、摔盒千字文、错打千字文、木驴千

---

① 汤显祖：《红梅记总评》，引自徐朔方笺校：《汤显祖全集》（二），北京古籍出版社1999年版，第1656页。
② 郭英德：《雅与俗的扭结——明清传奇戏曲语言风格的变迁》，载于《北京师范大学学报》（社会科学版）1998年2月，第10页。
③ 吴新发：《戏谑性的颠覆策略：〈牡丹亭〉中的科诨与情欲》，引自"第三届通俗文学与雅正文学全国学术研讨会"论文集，台湾新文丰出版公司2000年版。

字文、埋头千字文"等。王国维《宋元戏曲史》曾云:"此当取周兴嗣千字文语,以演一事,以悦俗耳,在后世南曲宾白中,犹时遇之;盖其由来已古,此亦说唱之类也。"① 因此汤显祖以《千字文》入戏,其来有自。然而《辍耕录》所载之形式为何?目前并不可知,是否同《道觋》之使用方式,尚有待考证。

关于第十七出《道觋》向来评价不高,明代几部改编本,如冯梦龙《风流梦》、"硕园本"与"臧本"皆删去此出剧目。然各家删去之主要原因,是如"臧本"为求叙事节奏明快,或如"硕园本"认为石道姑实属"支线",故而需"汰繁就简"。虽然改编本尽皆删去《道觋》,然而评点本却对《道觋》有着高度评价。茅暎(明末戏曲评点家)评本:"只是一部千字文,便成天花乱坠,与他曲套语可厌不同,晋叔又去之,何耶?"茅暎认为臧晋叔将《道觋》一出删去,实事不知道其高妙之处。《吴吴山三妇合评牡丹亭还魂记》:"从《百家姓》转出《千字文》,便不鹘突。一部《千字文》随手拈来,分为十段。或笑或谑,忽脑忽语,真不从天降,不从地出,令人叫绝。"② 对于汤显祖巧妙将《千字文》融入科诨之中,可以信手拈来完成如此高妙"游戏之笔",不禁令人拍案叫绝。然其主要本于对其创作手法之运用,而未涉及内容。《柳浪馆本》《道觋》总评:"用《千字文》处极为巧妙,临川毋乃太聪明乎?今世上有几个晓得《千字文》的,徒然费此一片苦心也。"《柳浪馆本》亦认为汤显祖煞费苦心,巧妙地将《千字文》融入科诨,然而世上又有几个晓得《千字文》,汤氏不免适得其反。《柳浪馆本》认为汤显祖嵌入《千字文》过于"典雅",会影响演出效果。

上述评点本皆一致对《道觋》有着高度价,以其实是一篇绝巧之妙文,然而何以"改编本"与"评点本"之看法如此悬殊?主要在于立场不同,"改编本"主要从舞台演出角度来看,认为内容涉及男女情事,过于鄙俗,或相较于其他关目情节,《道觋》显得无足轻重,故而删去;"评点本"则本于案头

---

① 王国维撰,叶长海导读:《宋元戏曲史·第六章·金院本名目》,上海古籍出版社1998年版,第56页。

② 陈同批语:"一部千字文,随手拈来,分为十段。或笑或谑,忽恼忽悟,真不从天降,不从地出,令人叫绝。第一段叙缘起之由,第二段叙生相之异,第三段叙说亲之始,第四段叙出嫁之时,第五段叙合婚之夕,第六段叙居家之苦,第七段叙定情之变,第八段叙娶妾之故,第九段叙出家之由,第十段叙府牌之来。以前九段叙次出身,莫不曲折如意,此忽转入正意,尤见巧思。"陈同、谈则、钱宜:《吴吴山三妇合评牡丹亭还魂记》卷上《道觋》,北京大学图书馆编辑(马氏不登大雅文库)"清康熙梦园刻本",学苑出版社2003年版,第139页。

阅读，着眼于汤显祖才情之展现，从创作形式对《道觋》表达高度之评价与认同。

第十七出《道觋》石道姑自述身世，"俗家原不姓石，则因生为石女，为人所弃，故号'石姑'。"汤显祖将石道姑以"石女"身份出现，或取其"奇异"之事也，抑或以"石道姑"为批判"吃人礼教"的另一个不堪层面。何谓"石女"？

> 大便孔似"园莽抽条"，小净处也"渠荷滴沥"。只那些儿正好叉着口，"巨野洞庭"，偏和你灭了缝，"昆池碣石"。……石田中怎生"我艺黍稷"？难道嫁人家"空谷传声"？①

汤显祖毫不掩饰地直言"生理之事"，接着更着力描写"石女"新婚之夜的场景。

> 天呵，瞧了他那"驴骡犊特"；叫俺好一会"悚惧恐惶"。那新郎见我害怕，说道：新人，你年纪不小了，"闰余成岁"。俺可也不使狠，和你慢慢的"律吕调阳"。俺听了口不应，心儿里笑着。新郎，新郎，任你"矫手顿足"，你可也"靡恃己长"。三更四更了，他则待阳台上"云腾雨致"，怎生得巫峡内"露结为霜"？……新郎，新郎，俺这件东西，则许你"徘徊瞻眺"，怎许你"适口充肠"。累得他凿不穿皮混沌的"天地玄黄"和他整夜价则是"寸阴是竞"。……有了，有了，他没奈何央及煞后庭花"背邙而洛"。俺也则得且随顺干荷叶，和他"秋收冬藏"。②

此语一出，大胆尺度不禁让人咋舌"脸红心跳"。汤显祖巨细靡遗地描述石道姑的"洞房花烛夜"，对于人体的"生殖器官""男女房事"如此"直言不讳"，是传奇剧本所未曾见的。人类最基本的"生理需求"，在汤显祖笔下一一呈现，没有过分的"矫情造作"，有的只是"俗文学"之本质，尤其是嵌入《千字文》，更可见汤显祖"笔调儒雅""色而不淫"的创作功力。汤显祖将

---

① 汤显祖著，徐朔方、杨笑梅校注：《牡丹亭》，台湾里仁书局1995年版，第102页。
② 汤显祖著，徐朔方、杨笑梅校注：《牡丹亭》，台湾里仁书局1995年版，第103页。

"俗事"以"儒笔"写出,是因为事过鄙俗,需以《千字文》来平衡,抑或是以"经典"来进行嘲讽?

《千字文》作为儒家重要的启蒙读物,应是家家户户必备的书籍。然而将《千字文》运用于科诨,首先,必须考虑的是一般百姓观众是否能了解《千字文》的内涵,在《柳浪馆本》总评提道:"今世上有几个晓得《千字文》的,徒然费此一片苦心也。"可见,汤显祖虽然煞费苦心将《千字文》融入科诨,但对于市井观众而言,又有几个晓得《千字文》,《柳浪馆本》认为汤显祖适得其反,嵌入《千字文》过于"典雅",反而会影响演出效果。

《千字文》之来源本身就带有"重组趣味"的游戏过程①,那么汤显祖在运用《千字文》时,有可能取其"重组"之意。而做为"启蒙"教本的《千字文》,是古代"识字求学"的基础读本,有最初、基本之意,以其比附人类最原始的"生理欲望",包括"大便小净""男女情事"等,实有深刻的象征意涵。而在这些"秽言亵语"以及《千字文》交错使用的背后,可见汤显祖对"理/礼"之"嘲弄意味"。《千字文》可说是衔接"雅俗"文化之间的桥梁。汤显祖将其堆栈运用于石道姑身为"石女"悲苦的人生,与其说"事涉鄙俗",不如说是汤显祖"以雅掩俗"的目的。

虽然王国维提到《千字文》在"后世南曲宾白中,犹时遇之",然而检视传奇作品,除汤显祖外,未见有剧本使用《千字文》入科诨。戏曲本属"俗文学",因此,"游戏之笔"的创作形式,正符合明代传奇"文士化"的趋势。

在其他剧本中,时常利用"曲牌"或"剧名"等进行科诨,如南戏《宦门子弟错立身》第五出唱出剧本之名。

【那咤令】这一本传奇,是《周亨太尉》;这一本传奇,是《崔护觅水》;这一本传奇,是《秋胡戏妻》;这一本是《关大王独赴单刀会》;这一本是《马践杨妃》。

【排歌】柳耆卿,《栾城驿》;张珙《西厢记》;《杀狗劝夫婿》;《京

---

① 关于《千字文》之由来,乃南朝周兴嗣所撰,相传原是梁武帝命令殷铁石在王羲之书写的碑文中,所拓下不重复的一千个字,以供皇子们学书使用。但由于"字字孤立",又"互不联属",所以梁武帝又召来周兴嗣,嘱其:"卿有才思,为我韵之。"于是,周兴嗣将一千个字编串成今日的《千字文》。周兴嗣《千字文》不仅音韵谐美、词藻华丽,且句句引经,字字用典,结构精巧,适宜蒙童记诵,故成为古代重要的"启蒙"读物。

娘四不知》；张协斩贫女；《乐昌公主》；墙头马上掷青梅，锦香亭上赋新诗，契合皆因手帕儿；洪和尚，错下书；吕蒙正《风雪破窑记》；杨寔遇，韩琼儿；冤冤相报《赵氏孤儿》。①

或如明初王济（？~1540）《连环记》第五出《教技》科诨，描述柳青娘训斥歌女，将曲牌名嵌入宾白中。

> 今日老爷要来集贤宾，把青玉案摆得端正好，你们兀自踏莎行、斗鹌鹑，把青杏子打着黄莺儿，红芍药引着粉蝶儿，好快活三。叫一声又不听，真个教老娘恼煞人。一个懒去上小楼点绛唇，一个懒插一枝花双凤翅，一个不打点穿着红衫儿，换了红绣鞋，翠裙腰舞出六么令；一个不准备捧着金盏儿，斟着梅花酒，搅筝琶唱出新水令。那里管老爷坐到月儿高，吃得醉花阴、醉扶归。都学你们这等懒惰，谁赏你们一绽金、四块玉、一批不、十段锦？我老娘何等大胜乐。窥见园林好，你就花心动；撞见了耍孩儿，就与他七贤过关、混江龙。快快脱布衫，好姐姐在那凤凰阁上取出神杖儿，你们都做倘秀才，各打十棒鼓，打得你们都做了哭岐婆。

然而在郑振铎所藏之钞本，则是嵌进传奇剧名。

> 今日老爷要分付灌园的，打扫梅花楼，收拾望湖亭，两班合从状元旗，投笔燕子笺，十义女开科，路受双金榜，还带着眉山秀。老爷八月十五日，要看三星照、月华圆，此乃长生乐、四时欢。你一行不打点拿着红拂，插在银瓶；拿着琵琶，弹一种情。都像你们这等懒惰，谁赏你们鲛绡帕、赐千金、赠玉环、付玉簪？若还唱得好，还有荆钗双珠、紫钗合钗、兼钗衣珠、明珠鸾钗、金刚凤、太平钱、珍珠衫、龙凤钱。莫说一匹布，就是一文钱，也是好的。带絜老娘赏块蕉帕罗罗头，何算快活三？你们这起丫头，一个在翠屏山后，思想愿相；一个在荷花荡内，跳上钓鱼船，要拿黑鱼；一个在拜月亭上，焚香祈祷画中人；一个在满床笏上，梦里意中

---

① 无名氏：《宦门子弟错立身》，引自《永乐大典戏文三种校注》，台湾华正书局2003年版，第231~232页。

缘，思想双和合，养个儿孙福。你们这起丫头，竟入邯郸梦，教你们演一演歌舞，犹如杀狗一般。玩到西楼，又到西厢。你可晓得花园赚那边，有个井中天，你若掉下去，思想还魂，除是炎天雪、软蓝桥、竹叶舟，救得你奈何天。叫双红、三贵，到麒麟阁上，取我的桃符板、鸳鸯棒过来，待我各打十错认，一个个做缺不全。①

这些由"游戏之笔"的科诨，大多篇幅较长，就舞台演出，实数不易。以"案头文本"而言，剧本中之科诨乃"文人雅士"自身所喜好之事物，内容偏雅；"舞台本"之科诨，为能使市井观众了解，故内容偏俗，多涉及百姓生活事件。就《道觋》来看，长达一千七百多字的自述，并夹杂《千字文》，内容虽然"鄙俗"，但形式却属"雅化"，若于舞台搬演，难以产生共鸣。

运用"游艺戏笔"进行科诨，已是明代剧作家常见手法，而随着不同时代，科诨内容亦不断产生变化。这些"游戏之笔"的形式运用，虽然是文人借此以展现才华，但亦表明明代文人对于戏曲之认知，是建立在"俗文学"的基础上，当文人逐渐涉入戏曲创作时，亦不断试图提升戏曲地位，将戏曲"化俗为雅"，终使戏曲成为文人士夫的囊中之物。

（2）医药俗趣。

从第十八出《诊祟》来看，此出乃是陈最良为杜丽娘诊病开方之段落。

（贴）师父问什么！只因你讲《毛诗》，这病便是"君子好求"上来的。（末）是那一位君子？（贴）知他是那一位君子。（末）这般说，《毛诗》病用《毛诗》去医。那头一卷就有女科圣惠方在哩。（贴）师父，可记的《毛诗》上方儿？（末）便依他处方。小姐害了"君子"的病，用的史君子。《毛诗》："既见君子，云胡不瘳？"这病有了君子抽一抽，就抽好了。（旦羞介）哎也！（贴）还有甚药？（末）酸梅十个。《诗》云："摽有梅，其实七兮"，又说："其实三兮。"三个打七个，是十个。此方单医男女过时思酸之病。（旦叹介）（贴）还有呢？（末）天南星三个。（贴）可少？（末）再添些。《诗》云："三星在天。"专医男女及时之病。（贴）还有呢？（末）俺看小姐一肚子火，你可抹净一个大马桶，待我用

---

① 王济，张树英点校：《连环记》，中华书局1988年版。

栀子仁、当归，泻下他火来。这也是依方："之子于归，言秣其马。"（贴）师父，这马不同那"其马"。（末）一样髁秋窟洞下。（旦）好个伤风切药陈先生。（贴）做的按月通经陈妈妈。①

此出以《毛诗》为科诨主线。杜丽娘因伤春而病，春香言此病因听陈最良讲授《毛诗》而起，因而引发一连串"《毛诗》病用《毛诗》去医"的科诨。当中最让人诟病在于陈最良听闻春香说杜丽娘害了"君子好求"之病，于是回答"小姐害了'君子'的病，用的史君子。《毛诗》：'既见君子，云胡不瘳？'"其实到此即可，但汤显祖却"神来一笔"写出"这病有了君子抽一抽，就抽好了。"如此戏谑之语，使得一旁的杜丽娘不免"闻之色变"。冯梦龙《风流梦》保留了此段科诨，但稍微更改。第十三折《最良诊病》：

（贴）只因你讲《毛诗》，这病便是君子好求上来的。（末）这般说，《毛诗》病用《毛诗》去医。小姐害了君子的病，第一味药，要用的史君子。《诗》云："既见君子，云胡不瘳？"（贴笑介）君子是会抽的。（末）疗者，愈冶。（贴）还有甚药？（末）酸梅十个。《诗》云："摽有梅，其实七兮"，又说："其实三兮。"三打七，共成十个。凡男女过时思酸之病，服之最效。（旦叹介，贴）再有呢？（末）天南星二个。（贴）可少？（末）再添一个。《诗》云："三星在天。"专医男女及时之病。（贴）还有呢？（末）俺看小姐一肚子火，你可抹净一个大马桶，待我把栀子仁、当归，泻下他火来。（贴）这《毛诗》上没有。（末）有么，《诗》云："之子于归，言秣其马。"（贴）这马不同那马。（末）一般儿屁股坐的。（旦）好个伤风切脉的陈先生。（贴）做得按月通经的陈妈妈。②

冯梦龙仅保留部分，对于"事语情色"者，盖皆删去。如"这病有了君子抽一抽，就抽好了。"改为"君子是会抽的。"一句带过；又"这马不同那'其马'"改为"这马不同那马"；或如"一样髁秋窟洞下"改为"一般儿屁股坐的"，"髁秋"原指马鞍上的皮带，亦为马桶上箄箍的谐音，意思指"马

---

① 汤显祖著，徐朔方、杨笑梅校注：《牡丹亭》，台湾里仁书局1995年版，第113~114页。
② 冯梦龙：《墨憨斋复位三会亲风流梦》卷下，引自《冯梦龙全集》第12册，凤凰出版社2007年版，第1084~1085页。

和"马桶"一样都是坐在屁股下面的。相较于汤显祖，冯梦龙用语较为保守，不似汤显祖带有浓厚的"方言口语"以及"情色意涵"。

"硕园本"则是删除了此段落科诨，只以春香告知杜丽娘之病乃因梦而起；"臧本"则保留了此段落。此段科诨以"《毛诗》病用《毛诗》去医"进行调笑，但相较于第十七出《道觋》，可说是"雅谑搭来，无只字不妙。"① 虽"俚俗可笑"，但亦略具"涵养学识"。臧晋叔于第九折《写真》批语："陈教授下药多引《毛诗》，或以为谐谑甚，非末体，不知戏中往往用末科，且因诗起病，即按诗定方，此正老学究事，又何疑焉。"② 以"医药"入科诨，亦是戏曲科诨常见手法，王国维曾云：

> 盖其由来已古，此亦说唱之类也，又如：《神农大说药》、《讲百果爨》、《讲百花爨》、《讲百禽爨》。案《武林旧事》卷六载："说药有杨郎中、徐郎中、乔七官人，则南宋亦有之。"其说或借药名以制曲，或说而不唱，则不可知；至讲百果百花百禽，亦其类也。"打略拴搐"中，有《星象名》、《果子名》、《草名》等。以名字终者二十六种，当亦说药之类。③

从这些科诨素材的使用，可知汤显祖是懂戏曲的，对于民间说唱艺术有一定的了解，因此可以自然地融入剧作。

又，第三十四出《诇药》，陈最良以"寡妇床头土"及"壮男子的裤裆"，与石道姑斗嘴，透过陈最良与石道姑二人之对话，带出浓浓之"俗趣"。

> 陈先生利市哩。（末）老姑姑到来。（净）好铺面！这"儒医"二字杜太爷赠的。好"地道药材"！这两块土中甚用？（末）是寡妇床头土。男子汉有鬼怪之疾，清水调服良。（净）这布片儿何用？（末）是壮男子的裤裆。妇人有鬼怪之病，烧灰吃了效。（净）这等，俺贫道床头三尺土，敢换先生五寸裆？（末）怕你不十分寡。（净）啐，你敢也不十分壮。（末）罢了，来意何事？（净）不瞒你说，前日小道姑呵！④

---

① 王思任批评，李萍校点：《牡丹亭》，凤凰出版社2010年版。
② 汤显祖著、臧懋循评点，《临川四梦》《牡丹亭·写真》，明刊本，善本书微卷。
③ 王国维撰，叶长海导读：《宋元戏曲史·第六章·金院本名目》，上海古籍出版社1998年版，第56页。
④ 汤显祖著，徐朔方、杨笑梅校注：《牡丹亭》，台湾里仁书局1995年版，第227页。

净末二者的"调谑浪语",使改编本,如冯梦龙《风流梦》、"硕园本"与"臧本"(为使叙事节奏明快)等,尽皆删去。关于"寡妇床头土"及"壮男子的裤裆"实是药籍上所记载之药物,包括汉代张机《伤寒论》①、宋代唐慎微《证类本草》②、明代李时珍《本草纲目》③ 等,皆有记载。汤显祖取其字面意涵,并以陈最良与石道姑两人的特殊身份进行调笑,此科诨结合了"医学药理""人物身份""字面意涵",让观者不禁发噱叫好。《柳浪馆本》评曰:"谑都佳,说医处,亦按理,非漫作者。"④ 指出此科诨有所据,非出于胡语。而《吴吴山三妇合评牡丹亭还魂记》云:"以意为医,得相制之理,钱曰:土受魄,裆近精,阴阳故足相制。""先将药方写明在前作一诨后,点出来意,再作一诨,短篇中亦有许多顿挫。"⑤

所有改编本中尽删除了第十七出《道觋》与第三十四出《诇药》,究竟是科诨过于"鄙俚秽亵",抑或是为了"关目排场"而删去?如臧晋叔为使叙事节奏明快而删去《诇药》。若改编本皆以适于场上演出为改编之目的,那么此二出之科诨,是否表明了难登"大雅之堂"的状况。当我们以现今美学去批判汤显祖用语"秽亵"的同时,是否忽略了戏曲本质上之"俗趣",此处并非意指"低俗"便等同于"俗文化",但不可否认,"直来直往"或"语涉身体"之言语,确实是下层社会"俗文化"的一种表现方式,当文人义正词严的批判"低级"、"不堪入耳"时,是否也忘了市井民众的生活习性。

(3) 地狱戏谑。

除语涉秽亵之外,在严肃的阴曹地府中,汤显祖亦不忘穿插科诨,在第二十三《冥判》里出现的"地狱审判"事件,不是如"击鼓骂曹"般的激烈,

---

① 张机:《伤寒论》卷七"辨阴阳易差后劳复病证并治法第十四":"伤寒,阴阳易之为病,其人身体重,少气,少腹里急,或引阴中拘挛,热上冲胸,头重不欲举,眼中生花,膝胫拘急者,烧裈散主之。……烧裈散方:右取妇人中裈近隐处,剪烧灰,以水和服方寸匕,日三服。小便即利,阴头微肿,则愈。妇人病,取男子裈当烧灰。"

② "寡妇床头尘土,主人耳上月割疮,和油涂之,效也。"唐慎微:《证类本草》卷四:人民卫生出版社1957年版,第118页。

③ "寡妇床头土",卷七"土之一":"寡妇床头尘土,主治耳上月割疮和油涂之。"李时珍:《诸疮》,引自《本草纲目》卷四,人民卫生出版社1975年版,第451页。"裈裆":"时珍曰:'按张仲景云:阴阳易病,身体重,少气,少腹里急,或引阴中拘急,热上冲胸,头重不欲举,眼中生花,膝胫拘急者,烧裈散主之。取中裈近隐处烧灰,水服方寸匕,日三服。便即利,阴头微肿则愈。男用女,女用男。'成无己解云:此以导阴气也。童女者尤良。"李时珍:《服器部》,引自《本草纲目》卷三十八,人民卫生出版社1975年版,第2185页。

④ 《柳浪馆批评玉茗堂还魂记》明末叶刊本,中国国家图书馆古籍影像检索数据库1567~1644年。

⑤ 《诇药》,引自陈同、谈则、钱宜:《吴吴山三妇合评牡丹亭还魂记》卷下,北京大学图书馆编辑(马氏不登大雅文库)"清康熙梦园刻本",学苑出版社2003年版,第274页。

而是以"花间四友"进行戏谑调笑。

> （净）俺初权印，且不用刑。赦你们卵生去罢。（外）鬼犯们禀问恩爷，这个卵是甚么卵？若是回回卵，又生在边方去了。（净）咦，还想人身？向蛋壳里走去。（四犯泣介）哎。被人宰了！（净）也罢，不教阳间宰吃你。赵大喜歌唱，贬做黄莺儿。（生）好了。做莺莺小姐去。（净）钱十五住香泥房子。也罢，准你去燕窠里受用，做个小小燕儿。（末）恰好做飞燕娘娘哩。（净）孙心使花粉钱，做个蝴蝶儿。（外）鬼犯便和孙心同做蝴蝶去。（净）你是那好男风的李猴，着你做蜜蜂儿去，屁窟里长拖一个针。（外）哎哟，叫俺钉谁去？（净）四位虫儿听分付：
> 【油葫芦】蝴蝶呵，你粉版花衣胜茑裁；蜂儿呵，你忒利害，甜口儿咋着细腰挟；燕儿呵，斩香泥弄影钩帘内；莺儿呵，溜笙歌警梦纱窗外。恰好个花间四友无拘碍。则阳世里孩子们轻薄，怕弹珠儿打的呆，扇梢儿扑的坏，不枉了你宜题入画高人爱，则教你翅拼儿展将春色闹场来。（外）俺做蜂儿的不来，再来钉肿你个判官脑。（净）讨打。（外）可怜见小性命。（净）罢了。顺风儿放去，快走快走。①

在枉死城中轻罪男子四名，赵大、钱十五、孙心、李猴儿。赵大"生前喜歌唱"，判为弦上"黄莺"；钱十五用"沈香水涂在墙壁上"，判为"燕儿"筑巢；孙心生前爱使"花粉嫖妓"，判为招展"蝴蝶"；李猴儿爱好"男风"，判为"蜜蜂"；其中喜男色的李猴儿，"屁窟里长拖一个针"，语带"秽亵"。透过"净外"滑稽对话，间接淡化了冥界审判的阴森恐怖。

（4）花判戏笔。

此外，《冥判》一出，判官找来南安府后花园之花神，勘问杜丽娘与柳梦梅两人姻缘。透过"末净"二人，花神细数三十九种花名，判官则"一花一解"，依据花朵外形特色等，给予不同相关语，令人莞尔。以往对于冥间审判，大多严肃且批判性强烈，然《牡丹亭》之"审判"，却以轻松夹带谐谑，此与洪迈所言："世俗喜道锁细遗事，参以滑稽，目为花判。"② 是相同的。所谓

---

① 汤显祖著，徐朔方、杨笑梅校注：《牡丹亭》，台湾里仁书局1995年版，第150页。
② 《唐书判》，引自洪迈：《容斋随笔》卷十，收入《笔记小说大观》第29编，台湾新兴书局1988年版，第1123~1202页。

"花判",意指旧时官吏以骈体文写就"语带滑稽"之判词,后世常运用于小说与戏曲之判词,亦是文人游戏之笔,逞才现艺的方式。

　　文学性才是花判主要的关键,《醉翁谈录》的花判都是以诗词为形式,多半内容是"言情"的,与同时期《绿窗新话》所收的一些"私情公案"相关。《醉翁谈录》卷二"私情公案"所收《张氏夜奔吕星哥》,不仅写一桩男女私奔的故事,而且附有告词、诉状,最后并附上判文。①

汤显祖刻意细数"三十九种花",成为名副其实的"花判",从中亦可见汤显祖展现创作才华。这段"花神与判官"的对唱,运用各种花朵比喻女子一生的经历,从约会、恋爱、定亲、结婚、洞房、生子,直到衰老。汤显祖巧妙的运用各式花朵意象,不仅有趣,更可见其中所欲展现的才华。

　　【后庭花滚】但寻常春自在,恁司花忒弄乖。眨眼儿偷元气、艳楼台。克性子费春工、淹酒债。恰好九分态,你要做十分颜色。数着你那胡弄的花色儿来。
　　(末)碧桃花。(净)他惹天台。(末)红梨花。(净)扇妖怪。(两情相悦)
　　(末)金钱花。(净)下的财。(末)绣球花。(净)结得彩。(下聘定亲)
　　(末)芍药花。(净)心事谐。(末)木笔花。(净)写明白。(筹备婚事)
　　(末)水菱花。(末)宜镜台。(末)玉簪花。(净)堪插戴。(末)蔷薇花。(净)露渲腮。(末)蜡梅花。(净)春点额。(末)翦春花。(净)罗袂裁。(末)水仙花。(净)把绫袜踹。(梳妆打扮)
　　(末)灯笼花。(净)红影筛。(末)酴醾花。(净)春醉态。(末)金盏花。(净)做合卺杯。(末)锦带花。(净)做裙褶带。(结婚)
　　(末)合欢花。(净)头懒抬。(末)杨柳花。(净)腰怎摆。(末)凌霄花。(净)阳壮的咍。(末)辣椒花。(净)把阴热窄。(末)含笑

---

① 陈丽君:《〈牡丹亭〉与花判》,载于《东海大学图书馆馆讯》2012年12月,第70页。

花。(净)情要来。(末)红葵花。(净)日得他爱。(末)女萝花。(净)缠的歪。(末)紫薇花。(净)痒的怪。(云雨之欢)

(末)宜男花。(净)人美怀。(末)丁香花。(净)结半躧。(末)豆蔻花。(净)含着胎。(怀孕生子)

(末)奶子花。(净)摸着奶。(末)栀子花。(净)知趣乖。(末)柰子花。(净)恣情奈。(养儿育子)

(末)枳壳花。(净)好处揩。(末)海棠花。(净)春困怠。(末)孩儿花。(净)呆笑孩。(末)姊妹花。(净)偏妒色。(年老色衰)

(末)水红花。(净)了不开。(末)瑞香花。(净)谁要采。(末)旱莲花。(净)怜再来。(末)石榴花。(净)可留得在?(色衰谁怜)①

汤显祖赋予花朵各自不同的"花语",多样化的花语,足见汤显祖对于园艺花卉的认知。或就"花朵形体"而言,如"(末)绣球花。(净)结得彩。"如同"彩球"张灯结彩;又"(末)女萝花。(净)缠的歪。"取其"丝状缠绕"之意;又"(末)豆蔻花。(净)含着胎。""豆蔻花"又名"含胎花",取其花朵含苞蕾之形态;又"(末)杨柳花。(净)腰怹摆。"取其形体似"杨柳小蛮腰。"或以"花朵名称"加以附会,如"(末)金钱花。(净)下的财。"以"钱"为"财";又"(末)金盏花。(净)做合卺杯。"以"盏"为"杯盏";又"(末)木笔花。(净)写明白。"用"笔"来"写";又"(末)宜男花。(净)人美怀。""宜男花"乃"金针花"之别名,孕妇相信配带此花会生男,故称之,所以解为"美人怀孕";又"(末)锦带花。(净)做裙褶带。"成为"锦缎衣带"。或从"花朵功效"解花语,如又"(末)酴醾花。(净)春醉态。""酴醾花"可制成"酴醾酒"。

或取其"谐音",如"(末)石榴花。(净)可留得在?""榴、留";又"(末)旱莲花。(净)怜再来。""莲、怜";又"(末)水红花。(净)了不开。""水红花"又名"蓼花","蓼、了";又"(末)瑞香花。(净)谁要采。""瑞、谁"谐音。或以"文化意像"联想花语,如"碧桃花。(净)他惹天台。"戏曲中常于"碧桃花"下幽会,故言"惹天台"(刘晨阮肇入天台);又"(末)红梨花。(净)扇妖怪。"取自张寿卿《谢金莲诗酒红梨花》;

---

① 汤显祖著,徐朔方、杨笑梅校注:《牡丹亭》,台湾里仁书局1995年版,第152页。

又"(末)芍药花。(净)心事谐。""芍药"与爱情相关;又"(末)水仙花。(净)把绫袜踹。"联想到"水仙洛神",《洛神赋》:"凌波微步,罗袜生尘。";又"(末)蔷薇花。(净)露渲腮。"开启"恋爱"的"蔷薇",喜形于色;"(末)海棠花。(净)春困怠。"诗词常以美人春困形容"海棠花"。

其中较为特殊者在于将"花朵"联系"房事"意象,如"(末)合欢花。(净)头懒抬。"此解为洞房之夜,女子羞抬头;又"(末)凌霄花。(净)阳壮的哈。(末)辣椒花。(净)把阴热窄。""辣椒花",或有"交合"之意,一阴一阳,写云雨之欢。或以"花朵特质"附会,如"(末)女萝花。(净)缠的歪。"似地衣藤蔓之"男女缠绕";又"(末)紫薇花。(净)痒的怪。""紫微花"又称"怕痒花",据说以手抚摸,枝叶便会摇动;又"(末)红葵花。(净)日得他爱。""红葵花",即"向日葵",向日而生。有一说:古代将"肏"读为"日",(音:ㄊㄠˋ),俗称发生"性关系"。汤显祖或取花朵本身特质,以表云雨和合。此是"俚俗"之用法。

《吴吴山三妇合评牡丹亭还魂记》卷上《冥判》:"前赞笔一曲浩若江河,又着此曲将三十九种花信口撰写,如激湍迭涧,遥相映带。""数说花名俱在艳情着想,紧照慕色迷人。"① 最后一朵花为"杜鹃花","归到丽娘身上,钱曰结出杜鹃花,与前三十九花映带生动。"汤显组以"雅中带俗"之趣,赋予花朵各自形象,完成一场别具新意之科诨,不仅具有通俗之乐,亦不失雅致情趣。

《牡丹亭》剧中,时时可见汤显祖对于"正典"的侵犯,包括以"毛诗"、"千字文""医药"入科诨,此皆本于汤显祖自身之学识所致。《吴吴山三妇合评牡丹亭还魂记》卷首《还魂记或问》:"一切科诨极尽聪明巧妙,作者一肚皮不合时宜都发泄尽矣。""嬉笑怒骂,皆有雅致,婉转关生,在一二字间。"②而王思任评语《道觋》:"一片精诨说,恰觉灵洞锦穿。"③ 李渔亦云:"求其力长气足者,唯《还魂》一种。"④ 汤显祖对于戏曲的认识,始终局限在"俗文学"领域,所以,以"秽言亵语"入宾白、以"男女房事"入科诨、以

---

① 《冥判》,引自陈同、谈则、钱宜:《吴吴山三妇合评牡丹亭还魂记》卷下,北京大学图书馆编辑(马氏不登大雅文库)"清康熙梦园刻本",学苑出版社 2003 年版,第 194 页。
② 《诇药》,引自陈同、谈则、钱宜:《吴吴山三妇合评牡丹亭还魂记》卷下,北京大学图书馆编辑(马氏不登大雅文库)"清康熙梦园刻本",学苑出版社 2003 年版。
③ 王思任批评,李萍校点:《牡丹亭》,凤凰出版社 2010 年版,第 51 页。
④ "忌俗恶",引自李渔著,江巨荣、卢寿荣校著:《闲情偶寄·词曲部·科诨第五》,上海古籍出版社 2009 年版,第 75 页。

"百姓俗事"写生活、以"奇人异事"为取材标准等，处处皆展现了戏曲"俗文学"的本质特色。然而身处"雅文化"背景的汤显祖，极力想提升戏曲地位，故时而以"游戏之笔"入宾白、时而谱一首"词致奥博"曲文、或赋予戏曲崇高的"教化意识"。

3. "以雅饰俗"之文词

关于《牡丹亭》之曲文宾白，向来有不同意见，或以其"过雅"，如徐日曦："然词致奥博，众鲜得解，剪裁失度，或乖作者之意。"或以其"雅俗适切"，如王骥德（？~1623）："于本色一家，亦惟是奉常（汤显祖）一人，其才情在浅深、浓淡、雅俗之间，为独得三昧。"然而以汤显祖之才情，却是不断以其"高雅"文字，掩饰"鄙俗"内容。

《牡丹亭》"下场诗"乃以"集句"方式写成，徐朔方先生曾说：

> 它的每出下场诗全部采用唐诗，诗句却同剧情吻合无间，好像那些唐代诗人特地为他预先撰写一样。……《牡丹亭》下场诗集唐，作者是狮子搏兔，全力以赴。①

可知若无丰厚的诗歌涵养，想要完成如此庞大的集句诗作是不容易的。

关于"集句诗"，是集合他人诗句，来构成自己作品的一种创作方式。明人徐师曾（1517~1580）在《文体明辩》一书中提道："集句诗者，杂集古句以成诗也。"② 集句诗是完全采集前人诗句，不更易一字，亦不掺杂己作，纯粹从其意组织而成一首全新的诗作。③ 虽然字句采集前人诗句，但诗歌之内涵意蕴却已由再创者重新赋予了新的生命。

集句之风潮始自六朝④，至宋代开始被大量创作，历史上以王安石为集句

---

① 汤显祖著，徐朔方校笺：《汤显祖全集》，北京古籍出版社 1999 年版，第 2 页。
② 转引裴普贤：《集句诗研究》，台湾学生书局 1975 年版，第 1 页。
③ 夏铁肩：《裴著"集句诗研究"评介》，载于《书目季刊》1979 年 9 月第 106 页。
④ "集句诗的创始人是晋朝的傅咸，第一首集句诗，以他的诗经集句聿修为代表，我们已确切查明。"裴普贤：《集句诗研究》，台湾学生书局 1975 年版，第 27~38 页。学者马大勇则更往前推："《左传·哀公十六年》记孔子病逝，哀公谏之曰：'昊天不吊，不□遗一老，俾屏余一人以在位。'其'昊天'二句分别出自《诗经》中《节南山》与《十月之交》二篇，堪为'集句'之滥觞。又《列子·仲尼》记载传为帝尧时代的《康衢谣》云：'立我烝民，莫匪尔极。不识不知，顺帝之则。'前后二句分别出自《诗经》中《皇矣》与《思文》二篇，亦属较早的集句作品。西晋傅玄取《周易》《论语》《孝经》《左传》等经传字句集合成诗，被称集句诗作之祖，其后则罕有闻。"见马大勇：《朱彝尊〈蕃锦集〉平议－兼谈"集句"之价值》，载于《南京师范大学文学院学报》2003 年 9 月，第 77 页。

诗的奠基者，而稍后之明代，实为历代集句诗人最多的朝代；至于清代，则可说是集句诗登峰造极的时代。早期将集句诗视为"游戏消遣"之作，一种难登"大雅之堂"的行为①，然而随着时代风气不断变化，对于集句诗之认同亦有所不同，尤其受到文人不断地创作，终使集句诗在明代形成一股风潮。明代诗坛虽然显得较为黯淡无光，但诗歌创作之风气却依然兴盛，正因为明代诗歌成就难以突破前朝，与之相媲美，所以具有"游戏意味"的集句创作便异常盛行，甚而影响了当时的文学小说、戏曲的创作。

集句诗虽然被视为游戏之作，但却无法抹杀它本身的特殊价值，尤其是技巧上的难度，非有渊博学识之文人，则无以为之，明人夏时正（1412～1499）为沈行（约1424年前后在世）《集古梅花诗》作序时便提到：

> 能令一篇之中，音谐字比，不以世而嫌于非一世，情至景生；不以人而讶如出一人，联珠编贝，腾辉耀彩，铿金戛玉，始翕终绎，此集古之所难。②

集古之难在于必须"音韵和谐"，取词恰当，形成一首铿锵悦耳，文意连贯，如出一人之手的佳作。明人罗绮（1430进士）亦云：

> 事有似易而实难者，莫集古诗若也。夫掇拾陈句，摘取旧章，而不戾乎音律，初若甚易而众人皆可为也；然究其至，非博学强记，探见乎作者之意，安能会众善之长，推旧为新，贴体用事，如一气呵成也哉？若是者，得不谓之难乎？③

"集句诗"创作乍看之下甚为容易，但如何将原作运用得恰当妥帖却有相当的难度，这种"以难见巧"的创作，必须顾及整首诗作上之字句、韵律、平仄、

---

① 前面论述到从六朝傅咸开始创作集句诗，但真正到北宋王安石、石曼卿、苏轼等人时，其体始彰。当时王安石以集句成诗时，便有人对他轻蔑地加以嗤笑。陈师道《后山诗话》中云："王荆公暮年喜为集句，黄鲁直以为只堪一笑耳。"甚至作者本身亦自嘲，如明人李东阳，因病闲居，而戏集古句成篇，而自嘲曰："嗟夫！玩物丧志，古人所戒。诗不足道也，而又缉拾补缀而为之，不益可笑也哉！"裴普贤：《集句诗研究》，台湾学生书局1975年版，第177页。
② 沈行：《集古梅花诗》卷二，收于丁丙辑：《武林往哲遗著》12，台湾艺文印书馆1971年版，第1页。
③ 夏宏：《联锦诗·罗绮序》（缩影资料），日本东京都内阁文库1980年版，第1页。

主题、情境等各个因子相互谐调，才算完备。①

可知，要完成一首优秀的集句诗，必须对诗歌之体制形式有深入的了解。首先是集句诗必须建立在字数相同的句子上，如《诗经》四言，唐代近体诗之五言、七言，都是促成集句诗成形之主要条件，尤其是唐代诗歌的谨严格律，包括平仄、押韵、对仗等，所以欲成就一首完美的集句诗作，实属难事。汤显祖《牡丹亭》下场诗以"集唐""七律诗作"② 为主。

"临川四梦"在下场诗部分皆运用了"集句"形式，只不过在比例上有差别。最早完成的《紫钗记》，共有七首下场诗使用了集句（28句）；《牡丹亭》在五十五出中，除第一出以外，其余五十三出（缺第十六出）皆使用集句，共计54首（第五十五出两首）（216句）③；而后《南柯记》集句下场诗四首（28句），《邯郸记》集句下场诗七首（28句）。

明传奇集句"下场诗"，是一个特殊的创作手法，汤显祖以"集句"为《牡丹亭》下场诗进行创作，可归之于时代风气所使然。在元杂剧剧作中，下场诗多是剧作家自身所创，带有浓厚的地方色彩。到了明代，随着剧作家身份地位的不同，在文辞造句上亦有别。明代剧作家多是"文人雅士"，在创作上不免卖弄起自身文采，因此造成传奇逐渐"文士化"，也使得剧作愈趋精致，从"集句诗"之运用，可见一斑。当然，有关下场诗以集句方式呈现，并非突然成事，而是经过文人不断尝试之后才蔚为大观。

明代传奇对于前人诗句的运用情形，可分为四种④：

（1）整首化用。运用诗人的同首诗作，其中做些许增改。

---

① 裴普贤在《集句诗研究续集》中引伍稼青教授之语："作集句诗确实不简单。因为自己作诗，不问是古体近体，可以自由命意、造句、炼字、选韵、用事，初无束缚。而集句诗则不然。既要适合自己的作意，还须合韵脚，句子又要能切人、切事、切地，在一首诗中要避免'重字迭出，意复辞犯'，要将人家的句子来纂组成'自己的诗'，等于蜜蜂采取了百花的甘液来酿成'自己的蜜'一样辛苦，故谢榛《四溟诗话》有云：'不更一字，以取其便；务搜一句，以补其阙：一篇之作，十倍之工。'此真深知作集句诗者之'甘苦谈'"，裴普贤：《集句诗研究》，台湾学生书局1975年版，第241页。
② "第一，七言律诗、七言绝句的创作在初、盛唐所占的比例较小，到中唐才发展起来，到晚唐在数量上达到了高峰。而集唐诗用七言律绝，因此多用中晚唐诗特别是晚唐诗，……杜甫虽是盛唐诗人，但他在七言律诗的创作上不仅用功多，而且水平高，所以汤显祖用杜甫的诗远远超过用李白的诗。第二，为使集唐诗的风格与《牡丹亭》的整体风格保持一致，汤显祖必须较多地选用唐诗中的清词丽句。从这一点来说，选用中、晚唐诗特别是晚唐诗也是最为合适的。"赵山林：《汤显祖与唐代文学》，载于《文史哲》1998年第3期，第83～89页。
③ 依据汤显祖著，徐朔方、杨笑梅校注：《牡丹亭》，台湾里仁书局1995年版。第十六出《诘病》未见下场诗。
④ 参照笔者著：《〈长生殿〉集唐下场诗之"多义性"研究》，载于彰化师范大学《国文学志》2008年第17期，第149页。

（2）某几句化用。引用他人诗作而加以改动。

（3）一两句引用。四句中有一句或两句引用他人诗作，其间诗句不做任何更动。

（4）以集句方式。四句中皆引用不同人之诗句加以组合，其间诗句不做任何更动。

其中以"化用"或"引用"方式为主，如许三阶《节侠记》之下场诗，有七言，有五言，其中大量引用"唐人诗作"，有整首引用或化用，有每句引自不同诗作等。然而四句完全采用不同诗人作品而加以组合的，并不常见，尤其是整篇剧作下场诗使用集句方式完成者，汤显祖可算是第一人。此风气一直延续至清代，如清代洪昇（1645~1704）亦以"集唐"方式完成《长生殿》下场诗①。

汤显祖对《牡丹亭》的集句创作并不只有"下场诗"，包括"上场诗"及"剧中诗"，据统计共由"280句"唐诗，组成"70首"（或69首，第五十五出8句）集句诗，包括"上场诗十首"、"剧中诗六首"、②"下场诗五十四首"，使用数量之多，可说是明传奇之最。关于集句下场诗，王骥德亦曾于《曲律·卷第三·落场诗第三十六》提出：

> 落诗，亦惟《琵琶》得体。每折先定下古语二句，却凑二语其前，不惟场下人易晓，亦令优人易记。自《玉玦》易诗语为之，于是争趋于文。还有集唐句以逞新奇者，不知喃喃作何语矣。用得亲切，较可。③

对于下场诗之特质，王骥德说明贵在使观众容易理解，使演员方便记忆，而非卖弄新奇，故作深奥难解。而臧懋循（1550~1620）于《牡丹亭·言怀》亦曾批评："凡戏，落场诗宜用成语，为谐俚耳也。临川往往集唐句，殊乏

---

① 参照笔者著：《〈长生殿〉集唐下场诗之"多义性"研究》，载于彰化师范大学《国文学志》2008年第17期，第147~180页。
② "剧中有'集唐'16首，分别出于第十七、二十四、二十五、二十七、三十、三十二、三十七、四十一、四十六、四十九、五十二、五十三和五十五出。其中，第二十七、四十六和五十三出各2首，余各1首。大多为人物上场诗。"吴凤雏：《关于〈牡丹亭〉的"集唐"诗》，载于《东华理工大学学报》（社会科学版）2011年第2期，第101页。
③ 王骥德著，陈多、叶长海注释：《曲律·三卷·论落诗第三十六》，湖南人民出版社1983年版，第166页。

趣。"① 所以改编《牡丹亭》，便一概删去"集句"下场诗，改成较为贴近生活之成语，或通俗之语句。如第二折《言怀》："一场春梦甚分明，到底姻缘不可凭。且往香山观赏去，人间或自有多情。"或如第七折《寻梦》："（旦叹不语介）我有心中事，难共旁人说。（贴）小姐，你瞒我怎的？总是一心人，何用提防妾！"

同样对《牡丹亭》进行改编之冯梦龙亦同，于《风流梦》改编本中，除第一折与最后第三十七折《皇恩赐庆》延用《牡丹亭》下场诗外，其余尽删去集句下场诗，一方面因剧本改编而重新写定下场诗，但另一方面则以更符合戏曲通俗本质之语言写成。冯梦龙于《风流梦》之下场诗，多以古今通俗言语写成，如第二折《二友言怀》："（生）识得一生皆是命，（丑）果然半点不由人。"② 又第三折《杜公训女》："（旦）世上万般皆下品，（众）思量惟有读书高。"又第九折《丽娘寻梦》："（旦叹介）我有心中事，难供旁人说。（贴背指旦介）本是一心人，何须瞒贱妾？"③（冯本）或"（旦）我有心中事，难共旁人说。（贴）总是一心人，何用提防妾！"（臧本）"冯本"延用"臧本"，而相较于《牡丹亭》第十二出《寻梦》："（旦）武陵何处访仙郎？（释皎然）（贴）只怪游人思易忘。（韦庄）（旦）从此时时春梦里，（白居易）（贴）一生遗恨系心肠。"④ 更具通俗口语性。臧晋叔并批评曰："丽娘心事，到底不能瞒侍儿，故此落场诗最有作，何须集唐哉。"⑤ 可知，王骥德、臧晋叔、冯梦龙三人对下场诗之要求是一致的，在其"通俗"之本质。

除上述三者之外，徐日曦硕园本《还魂记》则是完全依照《牡丹亭》原本"集唐"下场诗，仅于结尾处删去最后一首集句诗。徐日曦虽然对于《牡丹亭》提出："词致奥博，众鲜得解。"之评论，认为《牡丹亭》曲文或艰涩难懂，然对下场诗却是全数保留。可知徐日曦对《牡丹亭》进行删定，亦当本于"雅文化"之角度，虽然硕园本保留了集句下场诗，但从其对《牡丹亭》科诨之删略亦可得知，如第十八出《诊祟》陈最良为杜丽娘诊病开方之段落。

---

① 汤显祖著，臧懋循改订：《还魂记·言怀》，台湾"中央图书馆"，善本书微卷。
② 冯梦龙：《墨憨斋复位三会亲风流梦》卷上，收入《冯梦龙全集》第12册，凤凰出版社2007年版，第1056页。
③ 冯梦龙：《墨憨斋复位三会亲风流梦》卷上，收入《冯梦龙全集》第12册，凤凰出版社2007年版，第1075页。
④ 汤显祖著，徐朔方、杨笑梅校注：《牡丹亭》，台湾里仁书局1995年版，第75页。
⑤ 汤显祖著，臧懋循改订：《还魂记》，台湾"中央图书馆"，善本书微卷，第27页。

或第十七出《道觋》石道姑自述身世，包括石女之苦及行房之事等。或许徐日曦之改本较忠于原著，但就其删定之状况来看，虽是以更适于场上演出为目的，但却也凸显徐日曦"雅文化"之心态。

汤显祖一生创作2000多首诗作，故而信手拈来成就了一首又一首的集句诗作。然"集句诗"本属文人雅士游戏之作，虽带着"戏谑"意味，但依旧是"雅文学"之范畴。汤显祖尽全力将其运用于《牡丹亭》创作，一方面故然展显了汤显祖的丰厚诗学；但另一方面亦凸显汤显祖对于戏曲"俗文学"之心态。而针对集句下场诗之创作，历来剧作家亦持不同意见，如黄振《石榴记·凡例》："上下场诗，前人多集唐句，文气本不贯串，不过拈一两句，与本出稍有沾染者入之，余皆俗文，且烂套可厌。"① 上下场诗本质在为"场上剧情"及"人物性格"进行演述说明，然而当集句下场诗成为剧作家惯用之创作技法，随意取一两句相关者入诗，容易造成文气无法连贯之缺失，让人心生厌恶。清代孔尚任（1648~1718）于《桃花扇·凡例》第十五则亦云："上下场诗，乃一出之始终条理，倘用旧句、俗句，草草塞责，全出削色矣。时本多尚集唐，亦属滥套。"孔尚任亦认为取用旧有诗句俗语完成上下场诗，是不恰当的，毕竟上下场诗是依据剧中人物情节而设，应该重新编写才是正确，而时下以集唐方式写就，更是了无新意可言。

"集句下场诗"对于剧作而言，究竟是加分抑或是减分？徐朔方曾于《论汤显祖及其他》提道：

> 《牡丹亭》每出下场诗都袭用唐诗七言成句，而又和剧中情节融合无间。可能这是多余的奢侈之笔，多半无助于作品的提高。然而要做到这一点，却远不是容易的事。即使当时有后来才出的《全唐诗》，也必定要熟读成诵才能这样断章取义而应用自如。②

在没有《全唐诗》检索情况之下，能完成如此耗费心力之作品实属难得，但亦仅是"奢侈之笔"，无益于作品加分。汤显祖耗费大量心力完成整本《牡丹亭》集句下场诗之心态究竟为何？"典雅又戏谑"的集句诗作，虽是文人心

---

① 徐扶明：《牡丹亭研究资料考释》，上海古籍出版社1987年版，第319页。
② 徐朔方：《论汤显祖及其他》，上海古籍出版社1983年版，第62页。

中的"小道游戏",但却是民众难以认知的"雅文化",尽管汤显祖已选择较通俗之诗句入剧,但与戏曲"俚俗"之本质却已格格不入。可知,在明传奇剧作家心目中,戏曲"自娱"倾向已大于"娱人"之本质。① 使用集句或可以令人"耳目一新",觉得新奇,对汤显祖而言,这种夹带"戏谑游戏"之本质,以及"创新尚奇"之手法,正是汤显祖对于戏曲创作之观念,如何在"俗文学"本质下,填入"雅文化"之色彩。

三、《牡丹亭》雅俗流播

(一) 独尊昆曲雅风韵

1. 南北曲"雅俗定位"

早期"宋元南戏"对明代文人而言,是所谓的"亡国之音",徐渭(1521~1593)《南词叙录》:"南曲则纡徐绵渺,流丽婉转,使人飘飘然丧其所守而不自觉,信南方之柔媚也,所谓'亡国之音哀以思'是已。"② 或陆容(1436~1494)《菽园杂记·卷十》:

> 嘉兴之海盐,绍兴之余姚,宁波之慈溪,台州之黄岩,温州之永嘉,皆有习为倡优者,名曰戏文子弟,虽良家子不耻为之。其扮演传奇,无一事无妇人,无一事不哭。令人闻之,易生凄惨。此盖南宋亡国之音也。③

明人对于戏文之态度是矛盾的,一方面认为南戏是"亡国之音",但另一方面又肯定南戏的社会价值,在民间的力量。虽然明代大量文人投入创作戏文的行列,但文人心目中究竟如何看待南戏?是"雅"?是"俗"?

明代出现许多禁戏之令,如嘉靖十四年(1535)修成的《广东通志·卷十八·风俗》载"御史戴璟正风条约",上面有《禁淫戏》条文:

---

① "尽管他着力选那些较为通俗的唐诗入剧,但仍嫌典雅,与南戏本质格格不入,由此也看出明传奇作者的'自娱'倾向,与宋元南戏的'娱人'本色已经判然有别。"王育红、吕斌:《〈牡丹亭〉"集唐诗"探析》,载于《中国韵文学刊》2005年第2期,第76页。
② 徐渭:《南词叙录》,收于《中国古典戏曲论著集成》第三集,中国戏剧出版社1982年版,第245页。
③ 陆容:《菽园杂记》,收于《元明史料笔记丛刊》,中华书局1985年版,第124页。

访得潮属多以乡音搬演戏文，挑动男女淫心，故一夜而奔者不下数女。富家大族，恬不知耻，且又蓄养戏子，致生他丑。此俗诚为鄙俚，伤化实甚。虽节行禁约，而有司阻于权势，率不能着实奉行。今后凡蓄养戏子者，悉令逐出外居。其各乡搬演淫戏者，许各乡邻里首官惩治，仍将戏子各问以应得罪名，外方者递回原籍，本土者发令归农。其有妇女因此淫奔者，事发到官，乃书其门曰"淫奔之家"。则人知所畏，而薄俗或可少变矣。①

又万历年间明陈懋仁《泉南杂志》卷下：

优童媚趣者，不吝高价，豪奢家攘而有之，蝉鬓傅粉，日以为常。然皆土腔，不晓所谓。余常戏译之，而不存也。先是一彪党，举此以为伤败风俗，建白当事据行之。然而此种蓄于有力家，虽禁弗戢。第长彪党之风则曰："吾言足以取信当事。"从而伺察人过，动欲检举，设机吓诈，卑官黔细，为之不安。余虽白府，竟不我信。已而果验余言，故凡建白，须出更老，要亦事可施行，假公济私，所当深察也。②

这些禁戏法令事件，很明显地以"崇雅黜俗"角度，将"潮州乡音""泉州土腔"视为淫戏而加以进行鄙薄。

明嘉靖九年（1530）《明会要·卷二十二·乐下》载，大学士徐溥（1428～1499）等言："今使制为时俗词曲，以享神明，亵渎尤甚。臣等于邪说俚曲，素所不习，不敢以非道事陛下。"③ 廖道南（？～1547）亦曾上疏奏曰：

古乐不复于今久矣。自元入中国，胡乐盛行。我圣祖扫除洗濯，悉崇古雅。观《大明集礼》所载，昭如日星。奈何浸淫日久，新声代变，俗声杂雅，胡乐杂俗。而怗滞噍杀之音，沈溺怪妄之伎，作矣。伏愿皇上昭

---

① 郭棐：《广东通志》，收入《四库全书存目丛书》史部·地理类，册197，台湾庄严文化事业有限公司1996年版。
② 陈懋仁：《泉南杂志·卷下》，收入《学海类编》第117册，上海涵芬楼据清道光十一年（1836）安晁氏木活字排印本的影印本，台湾文源书局1964年版，第11页。
③ 龙文彬：《明会要·卷二十二·乐下》，收入《明史研究系列》，中华书局1956年版，第360页。

宣祖训，敕下所司，考雅乐之章，去胡乐之部。凡淫哇之声，妖冶之技，有乱正者，禁之不复用。庶风行自近，而颂声可作。①

明中叶以后，民间与宫廷之互动往来频繁，而士夫便以"雅俗相杂"之不当，极力主张恢复"雅乐"，阻止"俗乐"入侵。然而这些"俗乐"，"帖滞噍杀之音，沉溺怪妄之伎"，指的正是民间祭祀，娱乐生活之俗乐伎艺，表达市井百姓生活中的悲怨之情或情感之宣泄，在音声之表现上较为"激昂跌宕"，但士夫却以其"淫哇之声""妖冶之技""乱正"而加以鄙夷申禁，并期望朝廷"拨乱反正"。

除了以法令申禁"俗乐入侵雅乐"外，站在"雅文化"立场的明代文人，对于当时民间地方俗唱声腔，亦时有批评声浪。如祝允明（1460～1526）《猥谈》：

> 今人间用乐皆苟简错乱，……自国初来，公私尚用优伶供事，数十年来，所谓南戏盛行，更为无端，于是声乐大乱。南戏出于宣和之后，南渡之际，谓之温州杂剧。予见旧牒，其时有赵闳夫榜禁，颇述名目，如赵贞女、蔡二郎等，亦不甚多。以后日增，今遍满四方，转转改益，又不如旧，而歌唱愈缪，极厌观听，盖已略无音律腔调（音者七音，律者十二律吕，腔者章句字数长短高下疾徐抑扬之节，各有部位，调者旧八十四调，后十七宫调，今十一调，正宫不可为中吕之类，此四者无一不具）。愚人蠢工，徇意更变，妄名余姚腔、海盐腔、弋阳腔、昆山腔之类，交易喉舌，趁逐抑扬，杜撰百端，真胡说耳。若以被之管弦，必至失笑，而昧士倾喜之，互为自谩尔。②

祝允明从音律声腔，检视因南戏的出现而造成"声乐大乱"。祝氏是以"雅乐"之态度来对"俗乐"南戏进行批判，认为应该严守雅乐，不应"徇意更变"，宫调错乱相犯。祝允明在《重刻中原音韵序》又云："今日事，惟乐为大坏。未论雅部，秖曰用十七宫调，识其美劣是非者几士数十年前，尚有之，今殆绝矣。不幸又有南宋温浙戏文之调，殆禽噪耳，其调果在何处？"杨

---

① 龙文彬：《明会要·卷二十二·乐下》，收入《明史研究系列》，中华书局1956年版，第363页。
② 祝允明：《猥谈》，引自《说郛三种·说郛续》，上海古籍出版社1988年版，第2099页。

慎（1488～1559）《词品》卷一：

> 近世北曲，虽皆郑卫之音，然犹古者总章北里之韵、梨园教坊之调，是可证也。近日多尚海盐南曲，士夫禀心房之精，从婉娈之习者，风靡如一，甚者北土亦移而耽之。更数十年，北曲亦失传矣。白乐天诗："吴越声邪无法用，莫教偷入管弦中。"东坡诗："好把鸾黄记官样，莫教弦管作蛮声。"①

对于南北曲，杨慎皆以鄙薄态度视之，以其为"郑卫之音"，然而北曲尚且宗于"北里之韵""梨园教坊之调"，南曲则风靡于年轻美少年学习，造成北曲逐失传。臧懋循（1550～1620）《元曲选·序二》云：

> 今南曲盛行于世，无不人人自谓作者，而不知其去元人远也。……豫章汤义仍，庶几近之，而识乏通方之见，学罕协律之功。所下句字，往往乖谬，其失也疏。他虽穷极才情，而面目愈离，按拍者既无绕梁遏云之奇，顾曲者复无辍味忘倦之好，此乃元人所唾弃而戾家畜之者也。

臧氏尊"北曲"而卑"南曲"，更批判汤显祖实无创作之才能，缺乏通方之见、协律之功。不论是杨慎或臧懋循，皆"尊北曲、鄙南曲"。明代之际，北曲发展已达成熟，对于士大夫而言，北曲已是较为熟悉之文艺形式，相较于南曲的"蛮声蛮语"，自是不堪入耳。又王骥德（？～1623）《曲论·论腔调第十》：

> 数十年来，又有弋阳、义乌、青阳、徽州、乐平诸腔之出。……其声淫哇妖靡，不分调名，亦无板眼，又有错出其间流而为两头蛮者，皆郑声之最。②

田艺蘅（1524～?）《留青日札·卷十九·淫声》：

---

① 杨慎：《词品》，人民文学出版社1960年版，第61页。
② 王骥德，陈多、叶长海注释：《曲律》，湖南人民出版社1983年版，第104页。

郑声淫，今考，郑诗非淫。郑声则淫，淫指声之过也，犹雨之过者曰淫雨，雨水之过者曰淫水，故曰溢也。礼曰："流辟邪散，狄成涤滥之音作，而民淫乱。"即郑声类也。……如今之时曲俚戏，未必皆其词之鄙悖亵狎而谓之淫也，至使以弋阳之倡优为之，则演者其形淫，唱者其声淫，而人之观者因而惑其心、荡其思，则君子不得不禁而绝之矣。故郑声在所当放也。何晏有曰："鄱阳恶戏难与曹也。"左太冲亦曰："鄱阳暴谑，中酒而作。"鄱阳即豫章，其人俗性躁急，今弋阳，即鄱阳地，则其恶戏有之来矣。①

文人多以"郑声"来比附南戏地方声腔，以其为"淫声""易惑人心"，必需加以禁绝。其所批判不是因文词"鄙悖亵狎"，而是在于表演者"其形淫，其声淫"，使观者"荡其思"。又如上述王骥德"其声淫哇妖靡""皆郑声之最"，然何谓"声淫""郑声淫"？最早提出"郑声淫"的是孔子，于《论语·卫灵公篇》记颜渊问为邦，孔子回答："行夏之时，乘殷之辂，服周之冕，乐则《韶》《武》。放郑声，远佞人；郑声淫，佞人殆。"此后，针对"郑声淫"之议题有许多学者进行探讨，如明代谢肇淛（1567～1624）《五杂俎·卷十二》：

夫子谓郑声淫。淫者，靡也，巧也，乐而过度也，艳而无实也。盖郑、卫之风俗，侈靡纤巧，故其声音亦然。无复大雅之乐也。后人以淫为淫欲，故概以二国之诗皆为男女会合之作，失之远矣。夫闾阎里巷之诗，未必书入乐章，而国君郊祀朝会之乐，自胙土之初，即已有之，又安得执后代之风谣而传会为开国之乐声乎？圣人以其淫哇，不可用之于朝廷宗庙，故欲放之。要其亡国之本原，不在此也。招之在齐，不能救齐之亡，则郑声施之圣明之世，岂能便危亡哉？宋广平之好羯鼓，寇莱公之舞柘枝，不害其为刚正也，况悬之于庭乎？但终伤绮靡，如淫词艳曲，未免摈于圣人之世耳。②

---

① 田艺衡，朱碧莲点校：《留青日札》，上海古籍出版社1992年版，第628~629页。
② 谢肇淛：《五杂俎》，收于《续修四库全书》子部·杂家类·册1130，上海古籍出版社2002年版。

又清人陈启源（1834~1903）《毛诗稽古编》卷四云：

> 朱子《辨说》谓孔子"郑声淫"一语可断尽《郑风》二十一篇，此误矣。夫孔子言"郑声淫"耳，曷尝言"郑诗淫"乎？声者乐音也，非诗辞也；淫者过也，非专指男女之欲也。古之言淫者多矣，于星言淫，于雨言淫，于水言淫，于刑言淫，于游观田猎言淫，皆言过其常度耳。乐之五音十二律，长短高下皆有节焉，郑声靡曼幻眇，无中正和平之致，使闻之者导欲增悲，沉溺而忘返，故曰淫也。朱子以郑声为郑风，以淫过之淫为男女淫欲之淫，遂举《郑风》二十一篇尽目为淫奔者所作，……夫孔子删诗以垂世立训，何反广收淫词艳语，传示来学乎？"①

其所表达的正是"俗曲"音乐音调的渲染力。关于"郑声淫"究竟是从内容而论②，或者从音乐而论③，学者多持不同意见。

"'郑声淫'之'淫'乃音乐上'比之不度'之意，决非淫于色的淫。"因此，"郑声"应为郑国音乐，"淫"当从音乐上来理解。"郑声淫"必须从郑国的音乐音调上进行探讨，而非是文辞上之"淫亵"。如田艺衡所言"郑诗非淫，郑声则淫"，淫是因"声之过"。"声之过"则言"声音之表达太过"。儒家向来秉持"中庸"之道，太过与不及都违反了"正乐"之律度。"所谓正乐，就是去其淫声使归于雅正。至于淫声就是各地音乐中不合乎雅乐律度、乐制及其美学或道德标准的成分，那些被批评为'细抑大陵、不容于耳''听声越远''比之不度'。"④因此，"郑声"对于"正乐""雅乐"而言，无论在音乐声调，或情感表达上皆为"太过"。如同祝允明从音律声腔角度，批判南戏造成"声乐大乱"之现象，因南戏俗曲音乐在民间广为流行，形成"以俗入雅"，造成"雅乐"渐渐脱离音乐之律度。

---

① 阮元辑：《皇清经解》卷六十四，台湾汉京文化事业有限公司，重编影印本。
② 如"孔子讲的'郑声'是当时郑国一带流行的世俗音乐，这种音乐有很大的人民性、艺术性，尽管大部分是写男女爱情的，但内容基本上是健康的，非淫奔之作，亡国之音。"方延明：《"郑声"非〈诗经〉郑风辨》，载于《文献》1985年3期，第14页。
③ "孔子所谓'郑声'，指的实际上是郑国的音乐，并不是《诗经》的《郑风》，其所谓'淫'，亦须从音乐上去理解。"李时铭：《"郑声淫"在经学上的纠葛及其音乐问题》，载于《逢甲人文社会学报》2001年第2期，第64页。
④ 李时铭：《"郑声淫"在经学上的纠葛及其音乐问题》，载于《逢甲人文社会学报》2001年第2期，第64页。

从上述明代文人对于南曲地方戏之批判，很显然不在于地方戏文辞之鄙俚粗陋，而是在于演出时采用的音乐曲调，以及表演者的形态。而就"郑声淫"来看，单纯诗歌应无法淫迷人心，淫迷人心者应为音乐之乐音。音乐是由各式乐器演奏而成，而乐器之音色、音阶、音域、音程等，皆会形成不同的音乐风格，在"雅乐"与"俗乐"的乐器运用上自是有所区别。因此许多禁令颁布，并不是从戏曲内容加已禁绝，而是以音乐或乐器作为禁令，禁止演奏。这或许是以俗曲常用乐器作为代称。主要表明从音乐风格来看，"民间俗曲"与"朝廷雅乐"的差异。

正德十六年（1521）魏校《庄渠遗书·卷九》谕民禁演戏曲告示云：

> 为父兄者，有宴会，如元宵俗节，皆不许用淫乐琵琶、三弦、喉管、番笛等音，以导子孙未萌之欲，致乖正教。府县官各行禁革，违者治罪，其习琴瑟笙箫古乐器者听。…不许造唱淫曲，搬演历代帝王，讪谤古今，违者拿问。①

在禁令中以"淫乐"称"琵琶、三弦、喉管、番笛"，而这些乐器是"民间俗曲"常用的演奏乐器，对雅文士自是"声淫"不入耳，因此被判为带有"淫迷人心"、"导子弟未萌之欲"，而加以禁绝。魏校（1483～1543）任职于广东，对于古时所习之"琴瑟笙箫古乐器"，忽然杂以"琵琶、三弦"之乐声，自然被视为"哀靡"之淫乐。有学者依演奏乐器以其为"北曲清唱"，②并推论魏校以"北曲清唱"是"哀靡淫乐"之乐声。又谢肇淛（1567～1624）《五杂俎·卷十二》评论戏曲云：

> 今人间所用之乐，则觱篥也，笙也，箫也，筝也，钟鼓也。觱篥多南曲，而箫、筝多北曲也。其他琴瑟箜篌之属，徒自赏心，不谐众耳矣。又有所谓三弦者，常合箫而鼓之，然多淫哇之词，倡优之所习耳。③

---

① 魏校：《庄渠遗书·卷九》，收于《四库全书珍本》五集，台湾商务印书馆1974年版。
② "金元以来常称用琵琶、三弦等弦乐伴奏的戏曲为弦索，亦乃北曲清唱的代称。"丁淑梅：《明代前期地风性正俗禁戏史料编年辑释》，载于《中华戏曲》2011年第1期，第319页。
③ 谢肇淛：《五杂俎》，收于《续修四库全书·子部·杂家类·册1130》，上海古籍出版社1995～2002年版。

其中提到"三弦合箫而鼓之",多"淫哇之词",故而禁绝,而"三弦合箫鼓"所指亦是为"北曲清唱"。①

究竟明代对于"南北曲""雅俗之辨"为何?前面曾提到明代文人士夫对南北曲"雅俗之辨",其中不管是"杨慎"②(1488~1559)或"祝允明"③(1460~1562)、臧懋循(1550~1620),都是"尊北曲而鄙南曲"。但为何魏校(1483~1543)与谢肇淛(1567~1624)却是"鄙薄北曲清唱而尊南曲"④。产生南北曲"雅俗之辨"的差异,除了评论者自身的喜好、评论角度不同之外,对于所处环境亦有所影响。可从下面几个面向进一步探讨。

(1)以"雅乐"而言,"南曲俗腔"导致"正乐"大乱。所以"北雅南俗"。

(2)以南曲音乐体系而言,北曲南流,造成听者之不适。所以"南雅北俗"。

2.《牡丹亭》流播美学

与"正乐""雅乐"相比,戏曲是"俗曲";以"南曲""北曲"相比,南曲是"俗曲";以南曲四大声腔相比,"弋阳""余姚"是俗,"海盐""昆山"是雅。⑤掌握"雅俗"始终是文人士夫,是隐含权力导向的意识形态,文人喜欢便推尊为"雅",如"昆曲";文人厌恶便归诸于"俗",如"弋阳""青阳"等声腔。

透过明代文人大肆评论,使得《牡丹亭》一完成,便成为众家乐争相演出之剧目,沈德符《万历野获编》卷二十五词曲·填词名手:"汤义仍《牡丹亭梦》一出,家传户诵,几令《西厢》减价。"⑥因此,《牡丹亭》声名大噪,

---

① "三弦以箫鼓随之,更谐里耳,但多'淫哇之词',乃倡优所习。这种看法也明显带有对北曲清唱不能登大雅之堂的鄙薄。"丁淑梅:《明代前期地风性正俗禁戏史料编年辑释》,载于《中华戏曲》2011年第1期,第319页。

② "就杨慎生存的时代,北曲已衰,南曲海盐腔正盛,但在他心目中,北曲毕竟是古雅的,南曲到底是俚俗的,俗总不如雅。这应当也是明代士大夫普遍的心态。"曾永义:《论说戏曲雅俗之推移(上)——从明嘉靖至清乾隆》,载于《戏剧研究》2008年第2期,第6页。

③ "祝允明因为站在讲求宫调曲牌的北剧弦索调雅正的立场,所以严厉的批评当时南戏诸腔曲调未趋稳定而杂缀的俚俗现象。可见也是以北曲杂剧为雅,南曲戏文为俗。而'俗'的南曲戏文其实正逐渐向'雅'的北曲杂剧推移,并凌而上之。"曾永义:《论说戏曲雅俗之推移(上)——从明嘉靖至清乾隆》,载于《戏剧研究》2008年第2期,第7页。

④ "这种看法也明显带有对北曲清唱不能登大雅之堂的鄙薄。可见,出于对南北曲音律体系的不同认识,明代形成了所谓南曲音雅、北曲声俗的习见,并以南拒北、以雅绳俗,发生了禁革以琵琶、三弦伴奏的北曲清唱南流的事。"丁淑梅:《明代前期地风性正俗禁戏史料编年辑释》,载于《中华戏曲》2011年第1期,第319页。

⑤ "海盐腔后来为昆山水磨调所取代,成为'文雅'的代表;余姚腔性格接近弋阳腔,弋阳腔又衍变为四平腔、青阳腔、徽池雅调等,同样系属'俚俗'。""可知昆腔与诸腔'雅俗争衡而推移'早见诸明万历、天启之间。"曾永义:《论说戏曲雅俗之推移(上)——从明嘉靖至清乾隆》,载于《戏剧研究》2008年第2期,第7~8页。

⑥ 沈德符:《万历野获编·卷二十五·词曲·填词名手》,引自《历代史料笔记丛刊·元明史料笔记》,中华书局1959年版,第642页。

成为继北曲《西厢记》后的南曲代表剧作。因为文人尊崇"昆山腔",所以很自然认为《牡丹亭》是为昆腔而作,即便《牡丹亭》"拗折天下人嗓子",也要以"昆山腔"来演出。此皆源于文人"雅文化"之心态,以"昆山腔"为"正声"为"雅",其余声腔都是"不堪入耳"的俗腔。如魏良辅(1489~1566)《南词引正》云:

> 腔有数样,纷纭不类,各方风气所限。有昆山、海盐、余姚、杭州、弋阳。自徽州、江西、福建,俱作弋阳腔。永乐间,云、贵二省皆作之,会唱者颇入耳。惟昆曲为正声,乃唐玄宗时黄幡绰所传。①

魏良辅视昆腔为"正声",为"雅"。汤显祖(1550~1617)《宜黄县戏神清源师庙记》云:"此道有南北。南则昆山,之次为海盐,吴浙音也。其体局静好,以拍为之节。江以西弋阳,其节以鼓,其调諠。"② 在汤显祖认知里,以南北曲划分时,南曲以昆山为首,其次海盐。

顾起元(1565~1628)《客座赘语》卷九"戏剧"条云:"大会则用南戏,其始止二腔。一为弋阳,一为海盐。弋阳则错用乡语,四方士客喜阅之;海盐多官语,两京人用之。"③ 说明在举行大会时,以"弋阳""海盐"二腔之使用为主。盖因二者较符合民间"一般大众",及官方"两京人"之喜好,是当时比较盛行的两大声腔。而后兴起之昆山腔,则因"较海盐又为清柔而婉折,一字之长,延至数息。"此时昆山腔虽已形成,但却因其声腔之特质,尚未能成为"大会"惯用之声腔,仅是流行于"士大夫"间之"雅文化"。"士大夫禀心房之精,靡然从好,见海盐等腔,已白日欲睡。"④ 上述数据显示了文人士夫对于"昆山腔"之喜好,"昆山腔"可说是明代"雅文化"的重要声腔代表。因此,当《牡丹亭》脱稿后,遂即被剧作家改编为"昆曲"而不断进行演出,直至今日,《牡丹亭》依然以"昆山腔"为主要演出声腔。

1)昆曲《牡丹亭》

关于《牡丹亭》之演出声腔,虽然众说纷纭,但不可否认的是自《牡丹

---

① 参见路工,《访书见闻录》,上海古籍出版社1985年版,第239页。
② 汤显祖:《宜黄县戏神清源师庙记》,引自徐朔方笺校:《汤显祖全集》(二),北京古籍出版社1999年版,第1189页。
③ 顾起元:《客座赘语》,收入《元明史料笔记丛刊》,中华书局1987年版,第302~303页。
④ 顾起元:《客座赘语》,收入《元明史料笔记丛刊》,中华书局1987年版,第303页。

亭》脱稿后，便一直朝向"雅文化"的昆山腔而行，就目前可知明代家乐演出《牡丹亭》者有五个私人家乐：太仓王锡爵（1534～1610）家乐、常熟钱岱（1539～1620）家乐（成立于万历十年1582）、无锡邹迪光（1550～1626）家乐、徽州吴越石（吴琨）家乐、吴中沈君张（沈自友）家乐。

（1）王锡爵家乐。

王锡爵家乐于万历三十五年（1607）时，其家乐上演《牡丹亭》。是年王锡爵被召返回内阁，应天巡抚周孔教就近到王家劝驾。王锡爵家乐是当时苏州一带有名之私人家乐，为此特地上演《牡丹亭》。而汤显祖《哭娄江女子》诗序即谓王锡爵曾云："吾老年人，近颇为此曲惆怅！"前引张大复《梅花草堂集》所记汤显祖给王锡爵之信："闻太仓公（王锡爵）酷爱《牡丹亭》，未必至此。"

清人江熙《扫轨闲谈》亦云："王文肃锡爵家居，闻汤义仍到娄东，流连数日，不来谒，径去。心甚异之。乃暗遣人通汤从者，以觇汤所为。汤于路日撰《牡丹亭》，从者亦日窃写以报。逮汤撰既成，袖以报文肃。文肃曰：'吾获见久矣。'"

（2）钱岱家乐。

据清人梧子《笔梦》记载："咸能娴习成戏，然皆不能全材，每能一二出而已。又各有工有未工，如张素玉与韩壬壬，则姜诗芦林相会、伯喈小别，其擅场也。徐佩瑶之张生，吴三三之莺莺，周连璧之红娘，张素玉之《汲水》《诉夫》，冯翠霞之《开眼》《上路》《训女》等曲，尤为独擅。"① 其中《牡丹亭》之《训女》亦为钱岱家乐上演之折子戏出。

（3）沈自友家乐。

沈君张（沈自友）家乐，据叶绍袁所记载《叶天寥年谱别记》云："沈君张家有妇乐七八人，俱十四五女子，演杂剧及《玉茗堂》诸本。声容双美，观者其二三兄弟外，惟余与周安期两人耳。安期儿女姻也，然必曲房深室，仆辈俱局外厢，寂若无人，红妆方出。"② 可知，汤显祖《玉茗堂四梦》亦为沈家班时常上演之剧目。

（4）吴琨家乐。

---

① 钱岱家乐资料俱见于据梧子，《笔梦叙》《虞阳说苑》甲编，清昭文张金吾爱日庐汇钞本，第14页。
② 叶绍袁：《午梦堂集》下册，中华书局出版1998年版，第897页。

据潘之恒（1556~1622）在《情痴—观演〈牡丹亭还魂记〉书赠二孺》曾云：

> 余友临川汤若士，尝作《牡丹亭还魂记》，是能生死死生，而别通一窦于灵明之境，以游戏于翰墨之场。同社吴越石家有歌儿，令演是记，能飘飘忽忽，另翻一局于缥缈之余，以凄怆于声调之外。一字不遗，无微不极。既感杜、柳情深，复服汤公为良吏。吴君有逸兴，然非二孺莫能写其形容，非冰生莫能赏其玄畅。……乃今而后，知《牡丹亭》之有关性情，乃为惊心动魄者矣。①

"一字不遗，无微不极。"正说明吴越石家班以"全本"形式演出。此演出约于万历三十六年（1608），可见在《牡丹亭》脱稿后的十年，《牡丹亭》俨然已成为当时文坛上的重要剧作。此二家班之演出记录说明一个重点：《牡丹亭》不需改编即可以"昆山腔"演出。

（5）邹迪光家乐。

约于万历三十九年（1611），邹迪光写信给汤显祖，邀请汤显祖至无锡看其家班演出《牡丹亭》。在《调象庵稿》卷三五《与汤义仍》信中说：

> 义仍既肆力于文，又以其绪余为传奇，丹青栩栩，备有生态，高出胜国词人上。所为《紫箫》、《还魂》诸本，不佞率令僮子习之，以因是以见神情，想丰度。诸童搬演曲折，洗去格套，羌（腔）亦不俗，义仍有意乎？鄱阳一苇直抵梁溪（无锡），公为我浮白，我为公征歌命舞，何如，何如？②

最后汤显祖无缘见到邹氏家班演出，但从邹迪光深切地邀请汤显祖观赏，其家班所搬演之《牡丹亭》，自然会尊重原著。

明代，《牡丹亭》不论是"改编本"或"舞台演出"记录，多以"昆山腔"为主要演出声腔，此现象指出了在明代戏曲声腔发展过程中，文人心态始

---

① 潘之恒著，汪效倚辑注：《潘之恒曲话》，中国戏剧出版社1988年版，第72页。
② 邹迪光：《调象庵稿》，收于《四库全书存目丛书》卷35，台湾庄严文化事业有限公司1997年版，第34页。

终以"雅文化"自居，纵使如同戏曲之小道文学，为了将其归入属于文人"雅文学"之范畴，对于喜爱之剧作，即以"昆山腔"进行搬演。另一方面，《牡丹亭》剧作本身主题内涵，亦是以"雅文学"为出发点，因此可以触动文人士夫的内心世界。

除明代重要家班之纪录外，又朱隗曾有《鸳湖主人出家姬演〈牡丹亭〉歌》一诗：

> 鸳鸯湖头飒寒雨，竹卢兰轩坐容与。主人不惯留俗宾，识曲知音有心许。徐徐邀入翠帘垂，扫地添香亦侍儿。默默憎憎灯欲炖，才看声影出参差。甤甤只隔纱屏绿，茗炉相对人如玉。不须粉颈与檀妆，谢却哀丝及豪竹。萦盈淡荡未能名，歌舞场中别调清。态非作意方成艳，曲到无声始是情。幽明人鬼皆情宅，作记穷情醒成癖。当筵换起老临川，玉茗堂中夜身魄。归时风露四更初，暗省从前倍起予。尊前此意堪生死，谁似琅琊王伯与。①

鸳湖主人乃吴昌时（？～1644）。吴昌时为嘉兴人，天启四年（1624年），与郡中名士张采、杨廷枢、杨彝、顾梦麟、朱隗等十一人组织复社。其所建"勺园"，位于现在南湖，是明末吴昌时用来招待达官贵人、文人雅士宴游之所。诗中描述了"勺园环境"，以及"待客之道"，进而陈述观赏《牡丹亭》演出，伶人歌舞声情，荡人神思，并遥想当初汤显祖写作时之情感寄托。

南明入清之后，《牡丹亭》演出依旧盛行于文士之间，包括如熊文举（1595~1668）有诗《春夜集李太翁沧浪观女伎演〈还魂〉诸剧，太翁索诗纪赠次第赋之》组诗13首：

> 沧浪亭外晚春晴，一抹云依舞袖轻。惆怅采菱人已远，相携来听断肠声。龙沙往事已沧桑，骆阁雷塘尽渺茫。忽听紫箫翻丽曲，宛如天宝话霓裳。杜鹃残梦许谁寻，痴绝临川作者心。却忆扶风有高足，十年邗水问知音。不关生死不言情，情至无生死亦轻。大地山河情不隔，教人何处悟无明。清微苦调咽宫商，掩抑低徊夜未央。不是伤心那解此，误疑顾曲独周郎。

---

① 陈田辑：《明诗纪事》辛签卷22。

亭亭微步抹生尘，烟水何曾问洛神。慷慨不禁轩袖起，画堂原有断肠人。
香魂断续烛光残，来往幽冥夜色阑。欲赋小词翻玉茗，徒来学步愧邯郸。
清溪幽会本非欢，溢浦琵琶怨谪官。学士此间堪坐处，淡云笼月玉笙寒。
廿年笳吹暗尘寰，青草黄沙惨玉颜。忽喜广寒如再至，天风吹下珮珊珊。
海棠开后最伤心，燕子来时愁病深。得近玉人歌态美，误疑飞雪洒琼林。
愁他幽折复离奇，梦里丹青醒后诗。好酌金樽酬玉茗，唤回清远道人知。
香山履道百花春，樊子樱桃更绝伦。不似伶玄向通德，野田荒草话酸辛。
乱后愁看拜月亭，别离如梦一灯青。何由得近周郎顾，香雨缤纷隔画屏。①

观赏时令在暮春时节之月夜，于李太虚之沧浪亭内。"沧浪亭"乃李明睿（1585～1671）于顺治十五年（1658）归南昌，建沧浪亭，明亡后，蓄养家妓。此组诗乃熊文举观赏李明睿家妓搬演《牡丹亭》后所作之纪事诗。诗中处处指出《牡丹亭》剧中令人伤心之"生死至情"，是"断肠声""杜鹃残梦""不关生死不言情，情至无生死亦轻。"不仅是杜丽娘的"生死至情"，亦是汤显祖的"痴绝心声"。曾廷玫《西江诗话》卷十记载："（李明睿）归里，构亭寥水，榜曰沧浪，家有女乐一部。皆吴姬极选。"可知李明睿之家班应是演出昆山腔。

入清后，《牡丹亭》之魅力有增无减，文人士夫不时记载着观剧心得。如黄宗羲（1610～1695）《听唱〈牡丹亭〉》诗一首："掩窗试按牡丹亭，不比红牙闹贱伶。莺隔花间还历历，蕉抽雪底自惺惺。远山时阁三更雨，冷骨难销一线灵。却为情深每入破，等闲难与俗人听。"一句"等闲难与俗人听"道出了《牡丹亭》之"雅"，有着非一般人所能领略的内蕴。或如冒襄（1611～1693）有〈步和许漱雪先生观小优演吴梅村祭酒秣陵春十端句原韵〉诗，第三首云："一部清商九曲珠，含毫花唾玉蟾蜍。临川妙好千秋擅，此日红牙字字如。"（《同人集》卷十）又尤侗（1618～1704）《春夜过卿谋观演〈牡丹亭〉》诗："私幸春风第一行，女郎新唱竹枝声。翠帘衣暖飘香雾，红烛花低试玉筝。永夜画眉妆半面，殢人困酒到三更。十年惆怅今犹在，小院归来起梦情。"（《西

---

① 熊文举：《耻庐近集》卷一，引自吕留良撰，周在延辑：《四库禁毁丛书》补编，册82，北京出版社1997年版，第172～173页。

林诗集》卷三）或顾嗣立（1669～1722）《读玉茗堂集有感二绝》云："公孙东阁为谁开，不放贤人一个来。收拾雄心传四梦，枉教玉茗费仙才。""平生百拜服临川，屈抑虽同亦偶然。欲续还魂才思减，空将哀怨托湘弦。"（《秀野草堂诗集》）又沈德潜（1673～1769）《观剧席上作》十二首之第九首："镜花水月梦偏惊，因梦生情是至情。今古不离情字里，情深能死复能生。"

透过文人雅士观戏记录，可见《牡丹亭》传唱久远，受欢迎之程度。在文人有意识的推动之下，《牡丹亭》不断地朝向"雅文化"之领域深化，然而在跳脱"上层社会""家班演出"，以及"昆山腔"背后，《牡丹亭》还能以何种面貌出现？

2）地方剧种《牡丹亭》

入清以后，花部崛起，然《牡丹亭》以其他声腔剧种演出之记录并不多见，就清代最为盛行之"西皮二黄"来看，亦未见有以其搬演之记载。许多京剧虽然上演《春香闹学》、《游园惊梦》等散出，但却是由皮黄艺人演唱"昆山腔"。①

清人李慈铭《越缦堂日记》第三册"咸丰六年（1856）六月十三日戊戌"条载："十三日壬戌，晴。侵晨归家，下午访宗祠，观剧。班名'玉茗群玉'，乃萧山汤金钊从子某所蓄者，其服饰为乐部中第一。夜，风月更佳，偕群从坐水棚观戏，命演《还魂记》、《幽闺记》诸剧，至五更始归寝。"又第六册"同治四年（1865）八月初九日辛丑"条记载："观群玉班演剧，部头玉枕素面色艺名十余年。今乱离潦倒，年亦长矣。……即令玉枕演《入梦》《寻梦》，登舟观剧，達旦。"②《入梦》《寻梦》即《牡丹亭》散出。"玉茗群玉"家班主要演出声腔为"调腔"，"调腔"又称"新昌高腔"，明末清初流行于浙江绍兴一带。然而"玉茗群玉"家班亦能兼唱昆曲，第二册"咸丰五年（1855）五月二十三日甲申"条云："是日以赛火神演戏，班名群玉。越伶中推上驷，能昆曲，因命演《岁寒松》、《一捧雪》。"由此可推知，当该班社上演《牡丹亭》时，极可能以"昆山腔"演出，而非"调腔"。与京剧以皮黄艺人演出昆腔《牡丹亭》相同。从上述记载可知，《牡丹亭》想要以其他声腔演出似乎如

---

① 江巨荣：《〈牡丹亭〉演出的多样性》，引自《汤显祖研究论集》，上海人民出版社2015年版，第190页。
② 李慈铭：《越缦堂日记》第六册，引自《孟学斋日记》乙集中（北京浙江分会1912～1949年），上海商务印书馆1936年版，第60页。

法如愿,始终局限于"昆山腔"之雅文化。

虽然《牡丹亭》一直无法跳脱以"昆山腔"演唱命运,但仍有其他声腔剧种不断尝试将其进行改编演出,如清初安徽休宁人程瑞枋有诗《都门元夕踏灯词》:"春暖花楼酒未醒,新腔闻唱《牡丹亭》。通侯广内观灯早,帽上新簪孔雀翎。"都门即北京。此处所言之"新腔"未能得知属于何种腔调,但可推知《牡丹亭》已尝试以其他声腔演出。如同光绪年间,福建巡抚唐景崧曾改昆曲《游园惊梦》为京剧之《游园惊梦》一样①,然而却未能成功流传。

3) 说唱曲艺《牡丹亭》

《牡丹亭》以其他声腔演出,则是清代之后的事情了。如豫剧、赣剧等,皆有改编演出。《牡丹亭》终究无法突破以"昆山腔"演出之命运,反观民间说唱曲艺对于《牡丹亭》之传播,则将其完全带入"俗文化"之世界里,包括"子弟书""弹词"等。

(1) 弹词《牡丹亭》之教化。

《牡丹亭》弹词主要创作者有"马如飞"与"姜映清"二人。

"马如飞"是清代咸丰、同治年间重要评弹艺人,谙熟音律,稍长从表哥桂秋荣学说《珍珠塔》,并对《珍珠塔》不断进行修改,使该书日渐完善。此外,自创"马调",并成为以后评弹流派唱腔之渊源。"马调"特色主要朴素而豪放,往往几十句迭句一气连唱,感情充沛,淋漓尽致。如《拾画》:"淡淡春山青似柳,盈盈秋水活如波。尖尖玉手衣襟露,窄窄金莲裙幅拖。"

其开篇题材广泛,有《三国》《水浒》《长生殿》《白蛇传》《红楼梦》《牡丹亭》《珍珠塔》《琵琶记》等,达几十种之多。其中又以《西厢记》为最,其开篇有二十二首。马如飞所创作之《牡丹亭》弹词,皆为弹词开篇,因此篇幅较短,如《惊梦》开篇:

> 咏到葩经暗出神,对春光有女正怀春。闻说后园花似锦,偶然散步至园林。绿暗红稀春色暮,无端绿叶已成荫。不信春光如许深,春来春去循环理。一年易过又逢春,人世韶华留不住。少年人转眼发惺惺,辜负春光

---

① 吉水:《近一年来皮黄剧作家》,引自徐扶明:《〈牡丹亭〉研究资料考释》,上海古籍出版社1987年版,第289页。

真可惜。光阴如箭不留停，一片春愁抛不得。自言自语暗伤心，闷到头来稳稳卧。梦中邂逅美才人，拂柳穿花携玉手。牡丹亭上订三生，梦时欢喜醒时嗔。（注：葩经，即诗经。）

弹唱之前，必须先有一段开场的"开篇"，接下来才进入"本书"。"弹词开篇"指在演唱故事前先弹唱的"短篇唱词"，自为起讫，作为正书的引子，后来也指小说等作品的开端。《海上冶游备览》下卷《开篇》：

开篇者，编成七言字句，于所说正书以前，先唱一篇。不知传自何人，永奉为例。往往一座数先生，先令雏鬟唱开篇，亦有两雏唱开篇者，俟开篇唱毕，乃唱正书焉。①

弹词开篇形式短小，于正书前演出，与正书之内容并无关系。"本书"又分"说白"与"唱词"两部分，唱词多是七字句形式，也有十字句，演唱形式可以是个人的自弹自唱，称为"单档"，抑或是两人的"一说一唱"、"一问一答"，称为"双档"。弹词于明代嘉靖、万历时已流行各地，明代田汝成（1503~1557）《西湖游览志余》记载：杭州嘉靖二十六年（1547）八月的钱塘观潮，"其时，优人百戏，击球、关扑、渔鼓、弹词，声音鼎沸。"

"姜映清"（1884~?）清末民初上海弹词女作家。自幼秉承家学，曾随清廷御医陈莲芳之妻祝氏习诗文，后于女校就读，并担任教师。其夫陈佐彤，乃报界人士，夫妇之间常有诗词唱和。擅长诗文，通音律，后经由"礼拜六"主编王钝根栽培，并于《申报》《游戏杂志》《礼拜六》等报章杂志不断发表诗词、小说。1926年后，辞职在家，于聆听评弹之余，致力于"评弹开篇"的创作。作品尤其注重古代女子题材，如《杨太真传》《秋江送别》《杜丽娘寻梦》《妙玉修行》《小乔下嫁》《杜十娘》等。此外，并有反映"民生疾苦"与"醒世劝善"之作品。所创作之弹词开篇，深受各界喜爱，有些作品传唱至今。姜映清之《牡丹亭》共三篇：《牡丹亭梦会》《杜丽娘寻梦》《柳梦梅拾画》，均为弹词开篇，叙述篇幅较长，如《杜丽娘寻梦》：

---

① 《海上冶游备览·下卷·开篇》，引自谭正璧、谭寻辑：《评弹通考》，上海古籍出版社2012年版，第451页。

万绿丛中一点红，佳人才子梦巫峰。天教成就鸳鸯侣，牡丹亭上喜相逢。（他二人）你怜吾爱难分舍，（好一似）得水游鱼情倍浓。（有谁知）污秽名园佳胜地，司花神主怒冲冲。立拿花瓣拼孤注，迫击多姣不放松。（杜丽娘）霎时惊醒阳台梦，四顾梅郎失了踪。神恍惚，眼朦胧，（却原来）和衣假寐在园中。归房扶着春婢。倒卧牙床理想穷。（从此他）一日回肠时十二。菱花镜里损姿容。七情有感相思症，饭茶无心药少功。（听檐前）铁马叮当疑佩玉，（望庭中）芭蕉摇曳误儒躬。（见当头）团栾皓月如人面，（思远道）烂漫春光乱妾胸。（病恹恹）懒把回文绣，（姣切切）无意理丝桐。（情脉脉）终日园亭坐，（露盈盈）湿透绣鞋弓。（雨潇潇）滴尽纱窗泪，（草青青）隔断锦屏风。（恨绵绵）孰是知音伴，（心戚戚）甘作可怜虫。（细思量）有梦不如无梦好，梦醒难寻梦再逢。痴情拟续前番梦，地角天涯梦境空。落花如雨怨西东。①

《杜丽娘寻梦》共三十八句，除基本"七字句"外，姜映清善长使用"十字句"，并以迭字方式，以增添曲调情韵，强化情感抒怀。《杜丽娘寻梦》主要描写杜丽娘"阳台梦"醒之后，寻梦过程之失落与惆怅。面对日渐消减之面容，"茶饭无心"，只剩下日夜相思，如何不恼人胸怀，一句"烂漫春光乱妾胸"，点出"怀春""伤春"之双重意象。不论是梦境"以虚生实"的怀春，抑或是"落花如雨怨西东"的伤春，与汤显祖实是异曲而同工。

姜映清《杜丽娘寻梦》，以细腻笔触道出杜丽娘"寻梦"之惆怅，相较于马如飞之《寻梦》，更增添女作家特有情怀。从梦中欢会到惊梦，再到梦醒后的心情转折，杜丽娘日夜相思，不仅把檐前铁片风铃叮当声响当作佩玉，更将庭院中风动芭蕉误认为柳生。此外，因相思成疾，对于身边事物亦觉索然无趣，懒把"回文绣"，引用"苏蕙回文"典故；"无意理丝桐"，既无心于女红，亦不想弹琴，终日于园亭内呆坐，直至露水沾湿绣鞋亦无所知觉，原本的日常生活早已变了调。而在心境上，连用四句迭词，"（雨潇潇）滴尽纱窗泪，（草青青）隔断锦屏风。（恨绵绵）孰是知音伴，（心戚戚）甘作可怜虫。"将纷乱心情如实描绘，纯然一副女子相思样貌。将女性作家叙事擅于描绘"细物琐情"之笔法，完全展现。马如飞《寻梦》则未能有如此细腻的描述。

---

① 《苏州弹词大观》，学林出版社1992年版，第172页。

春色撩人不得眠，丽娘款款至花前。南柯邂逅风流子，相亲相迎意似颠。执柳乞我题诗句，四目相窥二意牵。温良美满言难尽，缓款温柔一晌眠。偷得浮生闲日半，重寻香梦至林泉。有意寻春春不见，自思自恨闷无边。难消遣、怎留恋，傍花随柳慢俄延。青衣劝侬四香阁，四香阁也不过倚床眠。（怎能够）重握手、再并肩，三生石上姓名填。想到伤心双泪流，春山蹙损二眉间。从此相思成疾病，难将丹药驻红颜。情太深时痴病添。

马如飞《寻梦》叙述上较为蕴借含蓄，少了姜映清女子深刻的相思情怀。如描述杜柳二人之云雨欢会时，马如飞写道："温良美满言难尽，缓款温柔一晌眠。"而姜映清句句带着暗示之意。

　　万绿丛中一点红，佳人才子梦巫峰。天教成就鸳鸯侣，牡丹亭上喜相逢。（他二人）你怜吾爱难分舍，（好一似）得水游鱼情倍浓。（有谁知）污秽名园佳胜地，司花神主怒冲冲。立拿花瓣拼孤注，迫击多姣不放松。①

"梦巫峰""鸳鸯侣""得水游鱼"等，无一不是指向二人之欢合。然而一句"司花神主怒冲冲"，却将两人之欢会给打乱了，此与汤显祖"咱花神专掌惜玉怜香，竟来保护他，要他云雨十分欢幸也。"全然不同。明清是女性守贞禁欲最严厉的时代，弹词又是许多妇女娱乐休闲之形式，因此，女性作家在强烈的道德压力下，对情欲叙写便有所保留，花神不再是保护杜柳二人，而是变成破坏二人欢会之凶手。对于杜丽娘情欲之展现，不论是马如飞或姜映清，皆显得含蓄而内敛。以用字法则来看，弹词虽以七字句为主，但姜映清在此却夹杂使用十字句，不仅为杜丽娘"寻梦"不着之怀春情感增添失落，更以迭字强化了哀伤怨嗔之怅然。

再以其《冥判》来看：

　　十地宣差胡判官。森罗殿上独占权。平生正直无私曲，莅任先将册簿观。台下高悬照胆镜。生前善恶岂能瞒。笔有一支千斤重。六道轮回掌生杀权。有男犯四名存提到。他们在生前作恶罪难宽。天生浮性风流种。罚

---

① 《苏州弹词大观》，学林出版社1992年版，第172页。

他们变作燕蝶蜂莺向花钻。弹打弓伤扇灭完。提女犯。杜婵娟。何屈已归枉死院。伤身皆因观花起。梦寐缘何梅柳缠。误走冥途但不孝。还望今朝指示穿。判爷听说频点首。杜府花神地府传。为因阳寿未回绝。引她望乡台上望家园。手板月下姻缘簿。却原来夙世冤愆柳状元。一纸路引朱笔判。送她回阳见椿萱。骨肉圆时秦晋欢。

主要情节内容与汤显祖《牡丹亭》无太大差别，亦由"胡判官"掌笔，亦有"花间四友"四位男犯，亦为"天生浮性风流种"，因此"罚他们变作燕蝶蜂莺向花钻"，主要删去"花神与判官"之科诨对唱。在剧本流播过程中，通常所保留的是"雅"的部分，"俗"的尽皆删去。

除了姜映清存留的三篇《牡丹亭梦会》《杜丽娘寻梦》《柳梦梅拾画》开篇弹词作品外，尚存有未具名之作品，包括：《学堂》《劝农》《惊梦》《寻梦》《写真》《拾画》《幽媾》《离魂》《审判》《吊打》《圆驾》等11篇，这些作品应是弹词艺人集体创作而成，是民间俗文学之展现。①

（2）子弟书《牡丹亭》之改写。

除弹词外，清代"子弟书"亦曾编写《牡丹亭》。子弟书乃中国清代北方俗曲，为北方鼓词支流，可分为"东城调"与"西城调"。相传创始于清代乾隆，盛行于乾隆、嘉庆、道光年间。依据傅惜华《子弟书总目》② 记载有：

《杜丽娘寻梦》二回："罗松窗作。此书未见著录。文萃堂刻本，马彦祥藏。清抄本，分三回。贾天慈藏。此书结尾有句云：'要知小姐离魂事，松窗自有妙文章。'"

《春香闹学》"三回"："作者无考。百本张《子弟书目录》著录；注云：'寻梦以前。笑。三回。一吊。'《中国俗曲总目稿》页五二三著录。此书简名《闹学》，见下文。清钞本，傅惜华藏。钞本，前中央研究院藏；已毁。"

---

① "《牡丹亭》弹词更多是无名氏之作，这是弹词艺人集体智慧的结晶，他们所编《牡丹亭》弹词开篇有：学堂、劝农、惊梦、寻梦、写真、拾画、幽媾、离魂、审判、吊打、圆驾等十一篇。这些都是录自《开篇大王》，此书所收，都未署作者名。"王省民、邹红梅：《〈牡丹亭〉在民俗文中的传播》，载于《艺术·民族·文化》2008年，第109页，转引自：麻国钧：《中国酒令大观》，北京出版社1993年版，第115页。

② 傅惜华：《子弟书总目》，上海文艺联合出版社1954年版，第60、75、76、124、132、132、155、175页。

《春香闹学》"不分回":"作者无考。此书未见著录;与上文所著录者,文字颇多不同,实为别本。文华堂刻本,傅惜华藏。"

《寻梦》三回:"《集锦书目》第八十五句曰:'你看那彩楼上悲秋的人儿同寻梦。'此书别题:《游园寻梦》,见下文。钞本,前中央研究院藏;已毁。"《游园寻梦》三回:"作者无考。《百本张子弟书目录》著录;注云:'接《离魂》。三回。一吊二。'此书简名《寻梦》,已见上文。"

《游园惊梦》三回:"作者无考。此书未见著录,仅《集锦书目》第七十六句曰:'说你《游园》一日哪管奴家咽土《吃糠》。'集此名目。车文府钞本,北大图书馆藏。"

《闹学》三回:"作者无考。别梦堂《子弟书目录》著录:'四回。一吊四百四。'《集锦书目》第二十六句曰:'见六街上《卖刀试刀》,《齐陈相骂》,《闹学》,《刺汤》。'此书别题《春香闹学》,已见上文,然与刻本不分回者,绝不相同。车文府钞本,北大图书馆藏。"

《离魂》三回:"罗松窗作。百本张《子弟书目录》著录,注云:'三回。一吊二。'别梦堂《子弟书目录》亦著录,注云:'四回。一吊四佰四。'《中国俗曲总目稿》页五一著录。车文府钞本,北大图书馆藏。"

其中或标示"作者无考"或"罗松窗作"。罗松窗,乃"西调"子弟书的作家,主传唱于北京地区。罗氏主要活动乾隆北京一带,其作品大多取材与小说、戏曲,以爱情故事为主。依据傅惜华《子弟书总目》《清蒙古车王府藏子弟书》等资料可知,现存子弟书有关《牡丹亭》有:《杜丽娘寻梦》《春香闹学》《寻梦》《游园惊梦》《离魂》等,这些子弟书在明清以来的折子戏选本中亦都有所选录。

关于清代"子弟书",嘉庆二年(1797)顾琳《书词绪论·辨古》云:

书者,先代歌词之流派也。古歌为类甚伙,不能枚举。其大义不出劝善、惩恶之两途。书之派,起自国朝,创始之人不可考。后自罗松窗出而谱之,书遂大盛。然仅有一音。嗣而厌常喜异之辈,又从而变之,遂有东西派之别。其西派未尝不善,惟嫌阴腔太多,近于昆曲,不若东派正大浑涵,有古歌之遗响。近十余年来,无论缙绅先生,乐此不疲;即庸夫俗子,亦喜撮口而效,以讹传讹。①

顾琳主要论及子弟书之演化,其将子弟书上推自古乐府,并提及罗松窗为当时重要作家,其唱腔分为东西两派,西派近似昆腔,自乾隆以来,子弟书已成为"缙绅""俗子"雅俗共赏之说唱艺术。清代无名氏所作《子弟图》,也提到"子弟书"名称由来原因:

> 虽听说子弟二字因书起,创自名门与巨族。
> 题昔年凡吾们旗人多富贵,家庭内时时唱戏很听熟。
> 因评论昆戏南音推(忒)费解,弋腔北曲又嫌粗。
> 故作书词分段落,所为的是能雅又可通俗。
> 条子板谱入三弦与人同乐,又谁生聪明子弟暗习熟。
> 每遇着家庭燕(宴)会一(凑)趣,借此意听者称为子弟书。
> 别致新奇、字真韵稳、悠扬顿挫、气贯神足。
> 真令人耳目一新、并且直捷痛快,强如听昆弋、因腔混字多半的含糊。②

据上述记载,子弟书创于"名门与巨族",因旗人无须担心生计问题,故平时娱乐以听戏唱戏为主,因此熟悉昆腔折子戏;又提到因为昆腔曲词过于雅致,北曲高腔略显粗俗,因而创造"雅俗共赏"子弟书。

关于"西城调",无名氏《京都竹枝词》:"西韵悲秋书可听",自注云:"子弟书有东西二韵,西韵若昆曲。"因此,'东城调'又叫作'东韵',曲调音节与戏剧中的'高腔',甚为类似;而'西城调'也叫作'西韵',曲调音节却近于戏剧中的'昆曲'。③ 郑振铎选辑《西调选》亦曾提道:"西调为子弟书的一种,都为叙述儿女之情的靡靡之音。"可知,以"西城调"改写《牡丹亭》在整体风格上是相符合的。

清代"子弟书"虽为民间说唱艺术,但其用词"高雅",震钧《天咫偶闻》卷七提到"子弟书":"其词雅驯,其声和缓,有东城调西城调之分;西韵尤缓而低,一韵辄萦良久。"又敦崇《燕京岁时记》亦云:"子弟书音调沉

---

① 参关纪新:《〈八旗艺文编目〉检读札记》,引自王钟翰编:《满族历史与文化》,中央民族大学出版社1996年版,第189页。
② 无名氏:《子弟图》,清稿本。转引自《子弟书全集·前言》,现藏天津图书馆。
③ 傅惜华:《子弟书总目》,上海文艺联合出版社1954年版,第6页。

穆，词亦高雅。"蔡绳格《金台杂俎·文武玩艺类·子弟书》："分东西城两派，词婉雅韵，如乐中琴瑟，必神闲气定，始可聆此。"因用词过于雅致，约于光绪十年（1884）前后，子弟书渐趋衰歇。"迨后新声递变……词藻艰深之子弟书遂等之广陵散矣！"（杨庆五《大鼓书话》）子弟书在清代社会虽然是属于"不登大雅之堂"的小道曲艺，然其用词"雅致"却也是不争的事实。《清蒙古车王府藏子弟书》《游园寻梦》头回：

> 开篇诗句："娇懒佳人春睡长，一声鹦鹉韵凄凉。无端惊起阳台梦，怪煞平分银汉郎。乱耳黄莺从婉转，撩人粉蝶自张狂。拥衾未舍离香榻，情思昏昏是丽娘。"
>
> 这佳人自从一梦梅花下，每在胸前思玉郎。懒向花前题俏句，羞从镜里细梳妆。瘦腰儿瘦比从前瘦，芳容儿方改旧时芳。心系儿千思万缕愁无限，娇病儿何等恹恹眉倦扬。暗叹道痴人儿自古痴情重，我这傻女儿偏多这傻心肠。只（致）使奴一梦难留花片片，终身定约幻茫茫。巫山梦远人何处，梦雨云遥妾断肠。恨当初不该午梦留春睡，勾惹起无限相思这一场。到而今寂寂闲庭人冷落，昏昏情绪病凄凉。一片罗帏孤绣枕，半床锦被冷牙床。宝镜儿连朝谁照面，金炉儿几日未焚香。鬼病儿昏沉情思乱，瘦身子儿折寒衾但觉凉。这佳人慢推绣枕拥衾坐，浑身无力怕临妆。没奈何勉强梳洗纱窗下，强伸玉体换衣裳。……
>
> 说小姐呀花阴以上栏杆也，不早了咱们也应该赴学堂。别惹的先生狠哆我，那陈最良却是一个陈不良。么三喝四能作势，孙文加（假）醋惯捏腔。终日里哭丧着脸噘着嘴倒向与谁来怄气，吹着胡子瞪着眼胡充哪家的大王。哭丧棒是青竹板，打人的手还不准人家搪一搪。①

描述"杜丽娘"心思事件者，文字用词大致高雅，如"巫山梦远人何处，梦雨云遥妾断肠。""一片罗帏孤绣枕，半床锦被冷牙床。"论述"春香"时则语词较为"通俗"及"口语化"，如"瘦腰儿瘦比从前瘦""别惹的先生狠哆我，那陈最良却是一个陈不良。么三喝四能作势，孙文加（假）醋惯捏腔。""说小姐呀花阴以上栏杆也，不早了咱们也应该赴学堂。""终日里哭丧着脸噘

---

① 《游园寻梦》，引自《清蒙古车王府藏子弟书》，国际文化出版公司1994年版，第560～561页。

着嘴倒向与谁来怄气，吹着胡子瞪着眼胡充哪家的大王。"

不论是弹词或子弟书，在《牡丹亭》流播过程中，通常所保留的是"雅"的部分，"俗"的尽皆删去。如子弟书《离魂》，分三回，头回八十句，二回八十六句，三回八十八句，共二百五十四句。① 曲中关目，根据《牡丹亭》第十八出《诊祟》及第二十出《闹殇》，敷演而作，但将"陈最良诊病""石道姑禳解"二事，完全删去。

《牡丹亭》流播过程中，可见民间说唱艺术"弹词"及"子弟书"之改编。然"子弟书"盛行于八旗子弟"名门与巨族"，实属"雅文化"之阶层，而"听弹词"或"阅读弹词"则是明清妇女重要的休闲娱乐，胡晓真：

> 由于弹词经常在妇女中间弹唱，养成了许多妇女对于弹词的嗜好，因此弹词对妇女的影响力也很大。……对闺秀而言，弹词的主要意义是闺中聆赏的小众娱乐，又是展卷消闲的读物，甚至可以是寄托情志、舞文弄墨的写作形式。②

妇女群众向来是《牡丹亭》传播过程中重要观众，不论是吴吴山三妇"陈同、谈则、钱宜"评点本③，"才子《牡丹亭》"评本④，抑或者岂独伤心是"小青"⑤、"娄江俞二娘"⑥ 之自伤自怜，乃至于女伶"商小玲"演出《寻梦》时

---

① 《离魂》，引自《清蒙古车王府藏子弟书》，国际文化出版公司1994年版，第555～559页。
② 胡晓真：《秩序追求与末世恐惧——由弹词小说〈四云亭〉看晚清上海妇女的时代意识》，载于《近代中国妇女史研究》2000年第8期，第94～95页。
③ 陈同、谈则、钱宜：《吴吴山三妇合评牡丹亭还魂记》，"清康熙梦园刻本"。（康熙甲戌年，1694年）。由吴人吴山三位妻子评点，包括已聘未嫁而身殁的陈同、正室谈则、续弦钱宜，倾尽数十年之力而完成。
④ 清康熙、雍正间吴震生（1695～1769）、程琼夫妇：《才子牡丹亭》，华玮、江巨荣点校，台湾学生书局2004年版。书中笺评超过三十万言。主要程琼主笔，吴震生参与评点与编订，于程琼身亡后付梓刊行。《才子牡丹亭》刊载之原文主要以《吴吴山三妇合评牡丹亭还魂记》为依据，其增删部分几乎相同。
⑤ 冯小青诗作"冷雨幽窗不可听，挑灯闲看牡丹亭。人间亦有痴如我，岂独伤心是小青。"清人杨恩寿《词余丛话》载："《小青传》云：'姬有《牡丹亭》评跋，妒妇毁之。'今但传'挑灯闲看《牡丹亭》之句耳。'"《中国古典戏曲论著集成》第9册，中国戏剧出版社1959年版，第274页。
⑥ "娄江女子俞二娘，秀慧能文词，未有所适。酷嗜《牡丹亭》传奇，蝇头细字，批注其侧。幽思苦韵，有痛于本词者。"又《梅花草堂笔谈·卷七》记载："俞娘，丽人也。行三。幼婉慧，体弱，常不胜衣，迎风辄顿。十三，疽苦左胁。弥连数月，小差而神意不支，媚婉之容，愈不可遍观。年十七夭。当俞娘之在床褥也，多观文史，父怜而授之，且读且疏，多父所未解。一日，授《还魂记》，凝睇良久，情色黯然曰：'书以达意，古来作者，多不尽意而出，如生不可死，死不可生，皆非情之至，斯真达意之作矣。'饱研朱砂，密圈旁注，往往自写所见，出人意表。如《感梦》一出注云：'吾每喜睡，睡必有梦，梦则耳目未经涉，皆能及之，杜女故【固】先我着鞭耶？'如斯俊语，络绎连篇。"》，张大复的《梅花草堂笔谈》，岳麓书社1991年版，第208～209页。

死于台上①，这些女子或为识字之"闺阁淑女"或为"才子妻妾"，亦皆可归入"上层文化"社会群体。可知，《牡丹亭》流播时，依旧局限于"雅文学"之范畴，此皆源于《牡丹亭》最初完稿时，早已被明代文人士夫设定为"雅文学"之代表。《牡丹亭》不似北曲《西厢记》、南戏《琵琶记》，有着浓厚的"民俗"底蕴，可以改编成各式声腔剧种，或以民间说唱艺术进行各式演出。纵然汤显祖创作《牡丹亭》时，穿插各种"俚俗"科诨，然而在往后的传播过程中，却反而成为最先被摒除的部分，《牡丹亭》之文化流播始终只有"雅文化"一途。

结　语

"雅俗"是中国文学与文化自古以来一层难以厘清的关系，当文人以"雅文化"身份不断深入民间"俗文化"领域时，两者碰撞后所产生之火花总让人惊艳又惊讶，《牡亭丹》就是一部"雅俗交融"之剧作，也因此在四百年之间，其场上氍毹从未间断，其研究之声浪亦未曾稍歇。《牡丹亭》不仅是汤显祖个人剧作之代表作，明代剧坛之重要剧作，亦是昆曲声腔中无法取代的一颗明珠。

身处上层"雅文化"社会的汤显祖，早已认知到戏曲的"俗文化"之本质，在对于《牡丹亭》之取材，以"生可以死，死可以复生"之"奇异"情节，演述出一段杜丽娘与柳梦梅之生死情爱；而在"科诨"部分，汤显祖亦了解"插科打诨"之效用，虽屡屡被批判过于"秽亵鄙俚"，但汤显祖巧妙地以自身"雅文学"之底蕴，为这些科诨增添不一样的外衣，不论是《道觋》之《千字文》，《诊祟》里的《诗经》，以及《冥判》中三十九种花"一花一解"，或整本"集句下场诗"等，这些夹带"戏谑"的"游戏之笔"，充分表达了汤显祖对于自我才华的肯定，然而因为认知到戏曲"俗文学"之本质，

---

① 鲍倚云（乾隆年间）《退余丛话》记载："崇祯时，杭有商小玲者，以色艺称，演临川《牡丹亭》院本，尤擅场。尝有所属意，而势不得通，遂成疾。每演至《寻梦》、《闹殇》诸出，真若身其事者，缠绵凄婉，横波之目，常搁泪痕也。一日，复演《寻梦》，唱至'打并香魂一片，阴雨梅天，守得梅根相见'，盈盈界面，随声倚地。春香上视之，已殒绝矣。"清焦循（1763～1820）《剧说》卷六引《蛾术堂闲笔》："杭有女伶商小玲者，以色艺称；于《还魂记》尤擅场。尝有所属意，而势不得通，遂郁成疾。每作杜丽娘《寻梦》、《闹殇》诸剧，真若身其事者，缠绵凄婉，泪痕盈目。一日，演《寻梦》，唱至'使打并香魂一片，阴雨梅天，守得个梅根相见，盈盈界面。'随身倚地；香春上视之，已气绝矣。"

所以剧本便成为汤显祖"游戏"之媒介，从中可以尽情地呈现"雅文化"里"不可碰触的禁忌"，因此，杜丽娘可以突破传统礼教，一梦而香消玉殒；石道姑的人性情欲可以明目张胆地直白而言；此皆为汤显祖对于"雅文化"的反动，因为唯有透过"俗文学"的形式，这些话语方才说的出，对于情欲的表达才得以深刻呈现。

汤显祖将"雅俗文化"共同融入《牡丹亭》剧作里，然而改编者却始终以"过俗""鄙俚""秽亵""不适于场上演出"等批语加以鄙驳，将《牡丹亭》带入"昆曲"的世界里。在《牡丹亭》的传播过程中，昆曲的华丽外衣，使得《牡丹亭》终成为"雅文化"领域的代表剧作，自《牡丹亭》脱稿后的四百年来亦是如此，而这样的"雅文化"枷锁是否也将使《牡丹亭》最终成为"束之高阁"的文人剧作。

作者单位：台湾经国管理暨健康学院通识教育中心

德译本《牡丹亭》的搬演与赴欧演出

李 霖

明代汤显祖的《牡丹亭》以一"情"字，传唱至今，不仅在国内有着深远的影响，在国际上也享有很高的声誉。众所周知，对《牡丹亭》的文本译介早在民国时期就已经开始了。1929 年，徐道邻（Hsii DauLing）撰写的德文《中国的爱情故事》（Chinesische Liebe）一文中，就有关于《牡丹亭》的摘译和介绍。① 此后，德国汉学家洪涛生陆续翻译了《牡丹亭》的《劝农》《寻梦》《写真》等，并于 1937 年出版了《牡丹亭》的德文全译本。② 他不仅致力于《牡丹亭》在京、津、沪等地的德文搬演，还将其带回到了欧洲舞台。

一、洪涛生与德译本《牡丹亭》的沪上演出

洪涛生（Vincenz Hundhausen）是 20 世纪上半叶著名的德国籍汉学家。1923 年来到中国，1924 年至 1937 年任教于北京大学德文系③，并加入中德文化协会，1954 年因病回国，在中国先后生活了长达 30 年之久。在北大任教期间，他推动和带领了一批中国学生和教师，开启了部分中国文学典籍的德译工作。其中最主要的贡献就是把中国经典的戏曲剧本译成德文，包括了《琵琶记》《西厢记》和《牡丹亭》等作品。

20 世纪 30 年代，洪涛生创办了北平演剧剧团，将他翻译的德文版《琵琶记》《牡丹亭》等剧目在北平和天津搬上舞台，当时的《大公报》和《北京晨

---

① 徐永明：《汤显祖剧作在英语世界的译介、演出及其研究》，《文学遗产》2016 年，第二期。
② 北京大学图书馆特藏室藏有一套将《牡丹亭》三卷本合订在一起的巨型精装豪华本（Luxusausgabe）为北平中德学会图书馆旧藏，该豪华本共发行了 100 套，北大藏书编号为 13。参见吴晓樵：《洪涛生与中国古典戏曲的德译与搬演》，载于《德国研究》2013 年第 1 期。
③ 张威廉：《从德译元曲谈到元曲翻译》，载于《中国翻译》1989 年第 5 期，第 3 页。

报》都登载了相关的新闻报道，引起了很大的轰动。[①] 1934 年《剧学月刊》第三卷第 11 期《北京中德人士合演德译〈牡丹亭〉剧照（四帧）》中提到“汤显祖之《牡丹亭》，经北京大学德文系教授洪涛生译为德文……近更精制衣饰，拟于二十四年二月赴沪，作再度表演。”[②] 但是，关于洪涛生随后率团赴上海演出的相关记载，却只散见于当时几位观众只言片语的记载中，大多语焉不详，或者仅仅提及演出的地点为兰心大戏院。笔者通过对 30 年代《申报》中关于《牡丹亭》演出资料的整理，在 1935 年 3 月 15 日的《申报》上发现了一篇报道，对洪涛生剧团的在沪演出有着比较清晰的描述和记载，详见图 1：

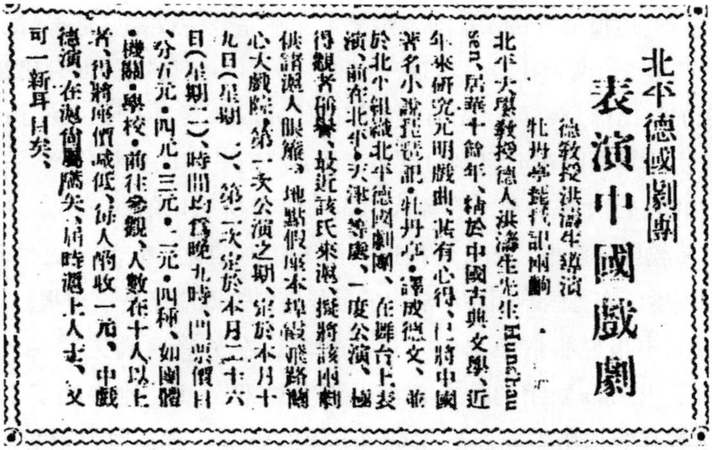
北平德國劇團
表演中國戲劇
德教授洪濤生導演
牡丹亭琵琶記兩齣
北平大學教授德人洪濤生先生Hundhausen、居華十餘年、精於中國古典文學、近年來研究元明戲曲、甚有心得、已將中國著名小說琵琶記・牡丹亭・譯成德文、並於北平組織北平德國劇團、在舞台上表演、前在北平・天津・等處、一度公演、極得觀者稱譽、最近該氏來滬、擬將該兩劇供諸滬人眼簾、地點假座本埠霞飛路蘭心大戲院、第一次公演之期、定於本月十九日（星期二）、第二次定於本月二十六日（星期二）、時間均爲晚九時、門票價目分五元・四元・三元・二元・四種、如團體・機關・學校・前往參觀、人數在十人以上者、得將座價減低、每人酌收一元、中戲德演、在滬尚屬僅見、屆時滬上人士、又可一新耳目矣、

图 1 《申报》1935 年 3 月 15 日第 3 张第 6 版

原文：北平德国剧团　表演中国戏剧

德教授洪涛生导演　牡丹亭琵琶记两出

北平大学教授德人洪涛生先生 Hundhausen，居华十余年，精于中国古典文学，近年来研究元朝戏曲，甚有心得，已将中国著名小说《琵琶记》《牡丹亭》译成德文，并于北平组织北平德国剧团，在舞台上表演，前在北平、天津等处一度公演，极得观者称誉，最近该氏来沪、拟将该两

---

① 吴晓樵：《中德文学因缘》，上海外语教育出版社 2008 年版，第 36 页。

② 徐扶明编著：《〈牡丹亭〉研究资料考释》，上海古籍出版社 1987 年版，329 页。《剧学月刊》刊载的为“北京中德人士合演德译牡丹亭剧照（四帧）”，徐扶明误作五帧。

剧供诸沪人眼帘，地点假座本埠霞飞路兰心大戏院。第一次公演之期，定于本月十九日（星期二），第二次定于本月二十六日（星期二），时间均为晚九时。门票价目分五元、四元、三元、二元四种，如团体、机关、学校前往参观，人数在十人以上者，得将座价减低，每人酌收一元。中戏德演，在沪尚属嚆矢，届时沪上人士，又可一新耳目矣。

通过此篇报道，我们清楚地得知洪涛生所率的德国剧团在沪演出的确切时间和地点，以及演出的剧目为《琵琶记》和《牡丹亭》。在本文之前，曾有学者引用过1934年4月1日出版的《艺风》月刊上《德国剧团表演中国戏剧》的佚名文章，行文与上述报道（图1）前半段文字几乎完全一致，只是省略了副标题和门票价格等内容。① 两相比较，这篇《申报》资料不仅提供了更为翔实的北平德国剧团的赴沪演出信息，可与先前学者们的研究成果互为佐证；还进一步丰富和廓清了洪涛生及其剧团在沪演出的更多实情，具有一定的史料价值。另外，从两篇报道的时间先后次序来看，笔者认为先前学者所引用的《艺风》月刊的相关文章应该是转载自《申报》的此篇报道（图1）。换言之，在其他史料未被发现以前，关于洪涛生所率德国剧团在沪演出的最早资料来源应该是《申报》。

在此篇《申报》报道原文中"中戏德演，在沪尚属嚆矢"一句可以使我们确认此次演出为该剧团的沪上首演，而"中戏德演"则表明了有德国人参与其中，或者其演出版本同此前在京津上演的版本一致，均为德文译本。1935年3月30日，上海《人言周刊》第2卷第9期以《东西艺术的交通》为题介绍说："北大德文教授洪涛生……最近又以《牡丹亭》译成德文，曾在北平上演极为成功。日前因沪地万国戏戏协会之聘，来申表演，全剧演员，均为德人。"② 赵景深也曾在其《汤显祖与莎士比亚》一文中提到过此次《牡丹亭》的演出，"过去中国是闭关时代，享受国际间的声誉自不可能，现在《牡丹亭》也有洪涛生（Haundausen）的德译本了。此剧在兰心大戏院上演时，并有英译本散发观众，用德语歌唱，配上中国音乐，甚为别致。"由此，我们不难推论出，1934年北平德国剧团在上海的演出，不仅是由德国人扮演《牡丹亭》中的人物角色，而其唱词也应是德文。

---

① 佚名：《德国剧团表演中国戏剧》，载于《艺风》1935年第3卷第4期，第112页。
② 吴晓樵：《洪涛生与中国古典戏曲的德译与搬演》，载于《德国研究》2013年第1期，第93页。

二、德译本《牡丹亭》的赴欧演出

关于德译本《牡丹亭》的赴欧演出，虽然在前述的《剧学月刊》“北京中德人士合演德译牡丹亭剧照（四帧）”的说明文字中也有所提及，但仅仅是“现该德人团体尚拟回国一行”，并没有说明赴欧演出是否真正成行。在徐扶明对此条研究资料的考释中也提到“这个德译本《牡丹亭》，初于1934年在北京演出，后曾在德国演出，受到观众欢迎。”①，但也没有提供相关赴德演出的资料来源。对于这一问题，吴晓樵教授则在两篇文章中给出了不同答案，一是认为洪涛生在1935年赴沪演出后，拟赴德国演出，此说来源于前述所引的1934年11月《剧学月刊》的卷首照片说明文字，还有洪涛生给德国友人的信件，资料比较翔实，但对于演出是否成行以及演出的具体情况却没有了下文。② 而其在另一篇文章中则直接认为“洪涛生翻译的中国元明戏剧名著还在德国、奥地利和瑞士上演，在当时成为中德文化交流的盛举”。③ 然而对此也没有给出相关的资料来源加以佐证，不免让读者有些不明所以。而对洪涛生剧团是否赴德演出一说，笔者在1936年2月3日的《申报》中却有了明确的发现，如图2所示。

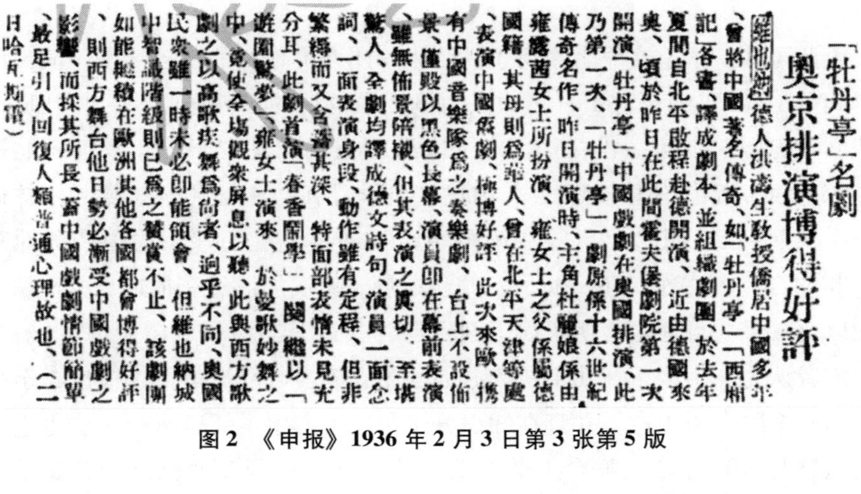
「牡丹亭」名劇
奧京排演博得好評
〔維也納〕德人洪濤生教授僑居中國多年、曾將中國著名傳奇、如「牡丹亭」「西廂記」各書、譯成劇本、並組織劇團、於去年夏間自北平啟程赴德開演、近由德國來奧、頃於昨日在此間霍夫堡劇院第一次開演「牡丹亭」、中國戲劇在奧國排演、此乃第一次、「牡丹亭」一劇原係十六世紀傳奇名作、昨日開演時、主角杜麗娘係由雍露茜女士所扮演、雍女士之父係屬德國籍、其母則爲華人、曾在北平天津等處表演中國戲劇、極博好評、此次來歐、携有中國音樂隊爲之奏樂劇、台上不設佈景、僅殿以黑色長幕、演員即在幕前表演、雖無佈景陪襯、但其表演之眞切、至堪驚人、全劇均譯成德文詩句、演員一面念詞、一面表演身段、動作雖有定程、但非繁縟而又含蓄甚深、特面部表情未見充分耳、此劇首演「春香鬧學」一闋、繼以「遊園驚夢」、雍女士演來、於曼歌妙舞之中、竟使全場觀衆屏息以聽、此與西方歌劇之以高歌疾舞爲尚者、迥乎不同、奧國民衆雖一時未必即能領會、但維也納城中智識階級則已爲之贊賞不止、該劇團如能繼續在歐洲其他各國都會博得好評、則西方舞台他日勢必漸受中國戲劇之影響、而採其所長、蓋中國戲劇情節簡單、最足引人回復人類普通心理故也、（二日哈瓦斯電）

图2 《申报》1936年2月3日第3张第5版

① 徐扶明编著：《〈牡丹亭〉研究资料考释》，上海古籍出版社1987年版，第329页。
② 《北京中德人士合演德译〈牡丹亭〉剧照（四帧）》，载于《剧学月刊》1939年第三卷第11期。
③ 吴晓樵著：《中德文学因缘》，上海外语教育出版社2008年版，第36页。

原文：《牡丹亭》名剧　奥京排演博得好评

　　（维也纳）德人洪涛生教授侨居中国多年，曾将中国著名传奇，如《牡丹亭》、《西厢记》各书，译成剧本，并组织剧团，于去年夏间自北平启程赴德开演。近由德国来奥，顷于昨日在此间霍夫堡剧院第一次开演《牡丹亭》。中国戏剧在奥国排演，此乃第一次，《牡丹亭》一剧原系16世纪传奇名作，昨日开演时，主角杜丽娘系由雍露茜女士所扮演，雍女士之父，系属德国籍，其母则为华人，曾在北平天津等处，表演中国旧剧，极博好评，此次来欧，携有中国音乐队为之奏乐剧。台上不设布景，仅殿以黑色长幕，演员即在幕前表演，虽无布景陪衬，但其表演之真切，至堪惊人。全剧均译成德文诗句，演员一面念词，一面表演身段，动作虽有定程，但非繁缛而又含蓄甚深，特面部表情未见充分耳。此剧首演《春香闹学》一阕，继以《游园惊梦》，雍女士演来，于曼妙歌舞之中，竟使全场观众屏息以听，此与西方歌剧之以高歌疾舞为尚者，迥乎不同。奥国民众虽一时未必即能领会，但维也纳城中智识阶级则已为之赞赏不止。该剧团如能继续在欧洲其他各国都会博得好评，则西方舞台他日势必渐受中国戏剧之影响，而采其所长。盖中国戏剧情节简单，最足以引人回复人类普通心理故也。（二日哈瓦斯电）

由此可知，该电文作者亲历了洪涛生剧团在奥地利的现场演出，演出的具体时间是1936年的2月1日，地点为奥都维也纳的霍夫堡剧院，并且是"中国戏剧在奥国"的第一次排演。电文写明了该剧团是"于去年夏间自北平启程赴德开演，近由德国来奥"，与前述《剧学月刊》中的"现该德人团体尚拟回国一行"、徐扶明的"后曾在德国演出"和吴晓樵的"在德国和奥地利上演"相吻合。电文作者还将演员、舞台布景、表演加以逐一描述，并与西方歌剧加以比较，并且清楚表明了演出剧目是《春香闹学》和《游园惊梦》。基于此，笔者认为，洪涛生在北平所创办的剧团，确实赴欧洲进行过演出，至少在德、奥两个国家演出过，并且在知识分子阶层中产生了一定影响。这也进一步表明《牡丹亭》在欧美舞台上的搬演与传播早在民国时期就已经开始了。值得注意的是，原电文中写道："全剧均译成德文诗句，演员一面念词，一面表演身段，动作虽有定程，但非繁缛而又含蓄其深"；从"全剧均译为德文诗句"也可推论出此次演出同之前该剧团在京、沪两地的演出一样，应为"中戏德演”，搬演的是德译本《牡丹亭》。“继以《游园惊梦》，雍女士演来，于曼妙歌舞之中，竟使全场观众屏息以听”，足见此次演出是以“歌舞演故事”。以德文诗句作为念词，于曼妙歌舞声中演来，加以中国戏曲所独有的程式性身段，中国器乐伴奏，可以说是较大程度地保留了中国戏曲的东方韵味。

《申报》1936 年 2 月 3 日的这篇电文，还引申出另外一个有趣的问题，即在霍夫堡剧院扮演杜丽娘的“雍露茜”女士又是谁呢？她和那位在 1930 年代享誉京津的京剧票友“雍竹君”女士是否为同一人？雍竹君，是一位中德混血儿，父亲最早来中国时是驻扎在青岛的一名德国士兵，后去北京经商，母亲则为中国人。[①] 雍竹君生长在北京，从小酷爱京剧。她十八九岁时已经学会了很多出戏。虽然她身材高大、金发碧眼，但却会说一口流利的京腔汉语。单听她的念白和歌唱，虽然鼻音略显浓重，却几乎与地道的京剧演员别无二致。[②] 她不仅在京、津一带唱出了名气，还曾挂头牌在武汉进行过演出，并且演的都是“大轴”，被誉为“扮相秀美，唱做皆佳”，很受戏迷们的欢迎。[③] 那么这位颇具名气的中德混血雍女士，到底是否是电文中所提到的雍露茜呢？难道还有另外一位德国父亲，中国母亲的雍女士么？《申报》的报道也为我们提供了答案，如图 3 所示。

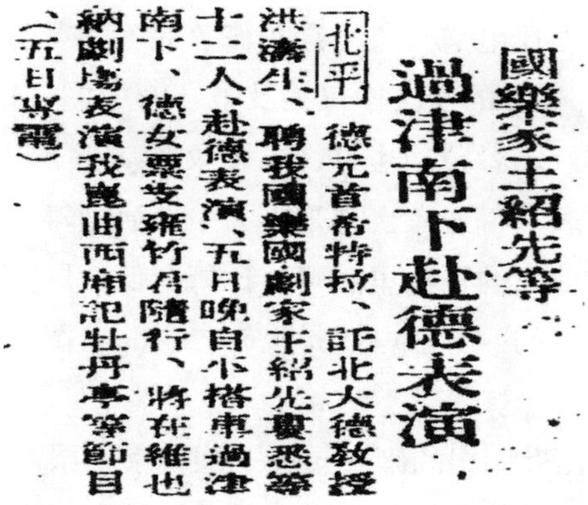
國樂家王紹先等
過津南下赴德表演
［北平］德元首希特拉、託北大德教授洪濤生、聘我國樂國劇家王紹先夔悉等十二人、赴德表演、五日晚自平搭車過津南下、德女票友雍竹君隨行、將在維也納劇場表演我崑曲西廂記牡丹亭等節目（五日專電）

图 3 《申报》1936 年 1 月 6 日第 3 张第 8 版

① 丁娜：《落叶归根的雍女士——德籍京剧票友雍竹君二三事》，载于《中国京剧》2009 年 3 期，第 47 页。雍竹君身世是丁娜在德国经多方查询考证以后得出，并在“东亚之友”（20 世纪二三十年代在中国及东亚/东南亚生活过的德国人回国后成立的一个组织）的帮助下得以完成，因此具有较高的可信度。故本文不采信雍竹君父亲为德国驻华使馆参赞或北京协和医院医生的说法。

② 甄光俊：《源远流长的票戏活动》，载于《中国京剧》2005 年第 1 期，第 39 页。甄光俊：《一位名叫雍竹君的德国籍京剧女演员》 http：//www. szxq. com/zixun/jingju/jingju/200808/04 - 1974. html。

③ 漂泊客：《汉口京剧谈往》，载于《武汉文史资料》1997 年第 1 期，第 179 页。

原文：国乐家王绍先等　过津南下赴德表演

（北平）德元首希特拉，托北大德教授洪涛生，聘我国乐国剧家王绍先娄悉等十二人，赴德表演，五日晚自平搭车过津南下，德女票友雍竹君随行，将在维也纳剧场表演我昆曲《西厢记》《牡丹亭》等节目。（五日专电）

将此电文与图2电文进行对照，不难发现"洪涛生""维也纳剧场""《牡丹亭》"等关键词是高度一致的，并且特别提到了"德女票友雍竹君随行"。从时间节点上来看，我们推测雍竹君应该是1936年1月5日在去德国和奥地利演出的途中路经天津，而同年2月1日即在维也纳霍夫堡剧院登台演出了。以彼时的交通工具和状况而言，上述推论是可以成立的。再有，1930年代的戏报上也称雍竹君为雍柔丝女士①，而德文的 Rose 与英文 Rose 在拼写上是完全一致的。也就是说，"柔丝"与"露茜"都为德文 Rose 的中文译名，雍露茜，即为雍柔丝，也就是雍竹君。因此，我们几乎可以毫不犹豫地得出结论，雍竹君女士参加了2月1日在奥地利首都维也纳的演出。

我们还可以通过上述电文（图3）得知，是有中国乐队赴德参加演出的，并且多达12人。而在图2的电文中仅提及了"有中国音乐队为之奏乐剧"，并没有提及乐队的人数。笔者猜想也许图2电文作者并不重视中国乐队的演奏，而只关注于舞台上的表演；或者也许是因为中外演剧舞台的结构差异。西方歌剧院，乐队多在舞台前方的乐池里演奏，比舞台低一层，观众无法看到为演员伴奏的乐队，而且传统的西方歌剧院是没有二层的，图2电文的作者也不太可能在包厢里观看演出。

另外，在丁娜《落叶归根的雍女士——德籍京剧票友雍竹君二三事》一文中还提到了"雍竹君还积极参加了德国多面手洪涛生先生组织的戏剧社，20世纪30年代该剧社曾前往欧洲（瑞士、奥地利和德国）进行巡回演出，剧目为元代高明所撰的《琵琶记》。演出时所用语言为德语，但服装道具等均为地道中国式的。……雍竹君的演技打动了许多观众。"这段文字进一步佐证了雍竹君确实

---

① 甄光俊：《源远流长的票戏活动》，载于《中国京剧》2005年第1期，第39页以及甄光俊：《一位名叫雍竹君的德国籍京剧女演员》http：//www.szxq.com/zixun/jingju/jingju/200808/04－1974.html。

参与了洪涛生德国剧团的赴欧演出,"所用语言为德语""服装道具等均为地道中国式",与前述雍竹君在奥地利《牡丹亭》的演出形式呈现出高度一致,但遗憾的是作者丁娜并未提供信息出处及相关资料来源,在缺乏更多资料佐证的情况下,笔者暂且列文于此,待以后对此一说加以更多的研究和探讨。

上述关于洪涛生、雍竹君以及《牡丹亭》赴欧演出资料的发现,为我们打开了新的视野和窗口,不仅使我们得知早在20世纪30年代《牡丹亭》就已赴欧演出的事实,而且得以了解当时演出的具体状况,诸如演员表演、舞台背景、观众反应等。此次《牡丹亭》在欧洲的演出,真正是处在跨文化的环境之下,虽然唱词使用的是德文,但就其表演、音乐等方面而言,还是极大地保留了中国戏曲的特色,足以使欧洲观众一览《牡丹亭》的独特魅力。所有这些都使我们得以一窥30年代中外文化交流的一个侧面,这种交流所产生的影响和意义,也许远比我们以前所认为的要深入和广泛得多。

三、结　　语

综上所述,笔者通过对《申报》上有关德译本《牡丹亭》资料的梳理与分析,认为早在20世纪30年代德译本《牡丹亭》就被搬上了国际舞台,并且至少曾在奥地利、德国两个中欧国家演出过,并受到了一定的关注。虽然只是《牡丹亭》中几个折子戏的搬演,但也足以见出汤显祖《牡丹亭》的文化魅力。"情不知所起,一往而深,生者可以死,死者可以生",一个"情"字足以跨越百年,贯通中西。诚如宋春舫先生所认为的那样:"在洪氏看来,关于'情'(Love)之一字的描写,在欧洲尤其在十六七世纪那时代登峰造极的作品也不过 Rabelais 的 Pantagruel[①]那一类的东西,还是逃不出'肉感'两字。可是到了中国文人的手里,情之所钟,梦而可遇,死而可生,又如何不令人五体投地呢?"[②]

作者单位:上海大学新闻传播学院(在站博士后)

[①] 弗朗索瓦·拉伯雷的《巨人传》,作者注。
[②] 宋春舫,《一年来国剧之革新运动》,《宋春舫论剧第二集》,文学出版社,1936年3月。

论《牡丹亭》"雅俗并陈"的曲辞风格及其戏曲史意义

李亦辉

　　文学批评史上似乎有这样一个规律，离作者生活的时代越近的批评家，越能准确地把握作品的精蕴，而时代离得越远则越显隔膜。对《牡丹亭》曲辞的评价，明清时期说得最贴切的，莫过于王思任的"古今雅俗，泚笔皆佳"[①]，而稍后李渔的抑雅扬俗之论亦不乏真知灼见。二人的评价虽褒贬各异，却都客观揭示出该剧曲辞"雅俗并陈"的风格特征。今人对该剧曲辞的评价，多强调、赞赏其绚丽典雅的一面，对本色通俗的一面虽有论及，但通常是浅尝辄止，认识相对不足，这无疑会影响到对该剧曲辞风格的整体评价，甚而影响到对该剧戏曲史地位的评判。故此，对《牡丹亭》的曲辞风格予以全面考察与重新定位，既有助于纠正以往认识上的偏颇，也有助于深入理解该剧的戏曲史意义。

一

　　明清曲论中"雅俗并陈"一语，初见于屠隆的《章台柳玉合记叙》[②]，指在一部戏曲作品中雅与俗两种风格的曲辞同时存在、各得其宜的状态。"雅"主要是指绮丽典雅的曲辞风格，特点是多用辞藻、典故，具有深婉含蓄的美学效应；"俗"主要是指质朴通俗的曲辞风格，特点是多用方言、俗语，具有滑稽显豁的艺术效果。结合明清曲家的相关评价，全面分析《牡丹亭》的曲辞特点，我们不难得出该剧曲辞具有"雅俗并陈"的整体风格这一结论。

　　关于《牡丹亭》曲辞雅的一面，前贤时彦有很多精彩论述；尤其是《惊

[①] 王思任：《批点玉茗堂牡丹亭词叙》，引自俞为民、孙蓉蓉：《历代曲话汇编·明代编》第三集，黄山书社2009年版，第49页。
[②] 俞为民、孙蓉蓉：《历代曲话汇编·明代编》第一集，黄山书社2009年版，第590页。

梦》、《寻梦》等出，曲辞绚丽典雅，一片神行，深具精警蕴藉的文人意趣，最为后人称赏。如《惊梦》出【步步娇】【醉扶归】二曲：

　　【步步娇】(旦)袅晴丝吹来闲庭院，摇漾春如线。停半晌、整花钿。没揣菱花，偷人半面，迤逗的彩云偏。(行介)步香闺怎便把全身现！(贴)今日穿插的好。

　　【醉扶归】(旦)你道翠生生出落的裙衫儿茜，艳晶晶花簪八宝填，可知我常一生儿爱好是天然。恰三春好处无人见。不隄防沉鱼落雁鸟惊喧，则怕的羞花闭月花愁颤。①

二曲主要写杜丽娘对镜理妆时微妙的心理活动。【步步娇】"袅晴丝吹来闲庭院，摇漾春如线"二句，以游丝写春光，细处着笔，形象贴切；而以"晴丝"喻"情思"，以晴丝摇漾喻少女情怀，更见作者深心。"停半晌"，既写杜丽娘对春色的欣赏，亦写其凝神忘我的情态；"整花钿"转写理妆，花钿是镶嵌着金花的首饰，这是以首饰的精美映衬女主人公的光彩照人。"没揣"是没想到、蓦然，"菱花"代指菱花形的铜镜，"彩云"代指女性的发髻，这三句写其插戴首饰时不意瞥见自己半边面庞，仿佛是第一次发现自己的美貌，以至于害羞得忘了理妆，把发髻都弄偏了。通过"停""整""没揣"等细微的动作与神情，通过"花钿""菱花""半面""彩云"等美好的意象，写出闺阁少女娇羞无那的情态与含情脉脉的心理。可见该曲的高妙之处，一是心中之情与眼前之景的巧妙融合，二是避开面面俱到的程式化描写，采取以局部见整体的写法，通过映在镜中的半边面庞和偏堕的发髻，以一当十地写出杜丽娘的青春美貌与微妙心理，具有花间词一般精美、含蓄、婉约的韵致。接下来"步香闺怎便把全身现"一句与春香"今日穿插的好"一语，则自然引出下一曲对杜丽娘全身的描写。

　　【步步娇】用曲笔，写得很含蓄；【醉扶归】与之配合，采直陈，二曲珠联璧合、相得益彰。但即便是直陈，也并不像一般俗手那样铺陈杜丽娘的穿戴、容貌，仍是采用局部描写、侧面烘托的笔法。"你道翠生生出落的裙衫儿茜，艳晶晶花簪八宝填"，以"你道"领起，是以丽娘之口述春香之语，言杜丽娘穿戴、首饰之美，同时也映衬出其人之美；"可知我常一生儿爱好是天

---

① 本文引《牡丹亭》曲辞，皆以徐朔方、杨笑梅校注本（人民文学出版社1963年版）为准。

然",则以反跌之笔出之,推倒前言,意谓穿戴、首饰虽美,却非其所爱,因其终归是人工之美,她所真心喜好的乃是自然之美①;"恰三春好处无人见",语义双关,既写出对世人重人工而轻自然的不满,也写出其身具美质却无人欣赏的落寞情绪;"不隄防沉鱼落雁鸟惊喧,则怕的羞花闭月花愁颤",虽用古人描写女性之美的熟语,但起以"不堤防""则怕的"这样委婉的虚词,补以"鸟惊喧""花愁颤"这样的复沓之语,就显得虚实结合、曲折有致,有了化腐朽为神奇的艺术效果。

毋庸多举,仅从上述二曲便足见《牡丹亭》曲辞文人雅化的特征,作者采用以景衬情、以虚映实的笔法,达成含蓄蕴藉、曲包无限的审美效应,充分体现出文人制曲的经营与深心。后人对《牡丹亭》的激赏,也常是就此类曲辞而发,如王骥德谓汤剧"婉丽妖冶,语动刺骨"②;吕天成谓汤剧"丽藻凭巧肠而浚发,幽情逐彩笔以纷飞"③。虽然多数明清曲家都对《牡丹亭》中此类绚丽典雅的曲辞交口称赞,唯独李渔却不以为然,《闲情偶寄》云:

> 汤若士《还魂》一剧,世以配飨元人,宜也;问其精华所在,则以《惊梦》、《寻梦》二折对。予谓:二折虽佳,犹是今曲,非元曲也。《惊梦》首句云:"袅晴丝吹来闲庭院,摇漾春如线。"以游丝一缕,逗起情丝。发端一语,即费如许深心,可谓惨淡经营矣。然听歌《牡丹亭》者,百人之中有一二人解出此意否?……其余"停半晌,整花钿,没揣菱花,偷人半面"及"良辰美景奈何天,赏心乐事谁家院","遍青山啼红了杜鹃"等语,字字俱费经营,字字皆欠明爽。此等妙语,止可作文字观,不得作传奇观。④

---

① 俞平伯《杂谈〈牡丹亭·惊梦〉》一文解"可知我一生儿爱好是天然"为"你可知道爱好是我的天性哩"。(张燕瑾、赵敏俐:《20世纪中国文学研究论文选·明代卷》,社会科学文献出版社2010年版,第230页。)徐朔方认为"可知我常一生儿爱好是天然"句中,"爱好"意为"爱美","天然"意为"天性使然"。(徐朔方、杨笑梅校注:《牡丹亭》,人民文学出版社1963年版,第58页。)虽亦可通,但联系上下文来看,解"爱好"为"喜好","天然"为"自然",似乎更合乎曲辞的具体情境。此外,该剧《玩真》出柳梦梅诗云"丹青妙处却天然","天然"显非"天性使然"之意,可为佐证。
② 王骥德著,陈多、叶长海注释:《曲律注释·杂论下》,上海古籍出版社2012年版,第332页。
③ 吕天成撰,吴书荫校注:《曲品校注》,中华书局2006年版,第34页。
④ 李渔:《闲情偶寄·词曲部·贵浅显》,俞为民、孙蓉蓉:《历代曲话汇编·清代编》第一集,黄山书社2008年版,第248~249页。

李渔的批评是否公允呢？对此我们当作辩证观。从戏曲舞台性的角度来看，李渔的批评是有道理的，作为戏剧艺术中的一种，传奇亦当符合戏剧艺术的一般要求，曲辞当具通俗易懂、入耳消融的特点。但李渔忽视了传奇文体的特殊性，今人亦称传奇为"文人传奇"，其作者主要是文人学士，其观赏者亦以士绅阶层为主，这就决定了传奇必然具有文人雅化的特征，曲辞写得典雅、精美、含蓄，并不必然地造成接受的隔膜，相反，如果能做到雅俗合宜，反而会因符合士绅阶层的审美趣味而备受激赏。再者，唯有这样绚丽典雅、含蓄蕴藉的曲辞，才最符合虽处于青春萌动之中但却束缚重重的大家闺秀的声口，仅就此而言，李渔的批评也有脱离文本情境作泛泛之论的嫌疑。

二

《牡丹亭》中那些绚丽典雅的曲辞虽然光彩夺目，但稍加留意便可发现该剧中亦不乏本色通俗，乃至鄙俚庸俗的曲辞。李渔虽不认同《牡丹亭》中"袅晴丝"一类风格偏雅的曲辞，但对一些本色通俗的曲辞却赞赏有加，《闲情偶寄》云：

> 予最赏心者，不专在《惊梦》、《寻梦》二折，谓其心花笔蕊，散见于前后各折之中。《诊祟》曲云："看你春归何处归？春睡何曾睡！气丝儿怎度的长天日！""梦去知他实实谁？病来只送得个虚虚的你。做行云，先渴倒在巫阳会。""又不是困人天气，中酒心期，魆魆的常如醉。""承尊觑，何时何日来看这女颜回？"《忆女》曲云："地老天昏，没处把老娘安顿。""你怎撇得下万里无儿白发亲！""赏春香还是你旧罗裙。"《玩真》曲云："如愁欲语，只少口气儿呵！""叫的你喷嚏似天花唾。动凌波，盈盈欲下，不见影儿那。"此等曲则纯乎元人！置之《百种》前后，几不能辨。以其意深词浅，全无一毫书本气也。①

李渔之所以特别欣赏这些曲辞，是因其语言浅近，情感深挚，没有堆砌辞藻、

---

① 李渔：《闲情偶寄·词曲部·贵浅显》，《历代曲话汇编·清代编》第一集，黄山书社2008年版，第249页。

罗列典故等文人积习。如《忆女》出中的三支曲子:

【前腔】(老旦上)地老天昏,没处把老娘安顿。思量起举目无亲,招魂有尽。(哭介)我的丽娘儿也!在天涯老命难存,割断的肝肠寸寸。

【香罗带】(老旦)丽娘何处坟?问天难问。梦中相见得眼儿昏,则听的叫娘的声和韵也,惊跳起,猛回身,则见阴风几阵残灯晕。(哭介)俺的丽娘人儿也。你怎抛下的万里无儿白发亲!

【前腔】(贴拜介)名香叩玉真,受恩无尽,赏春香还是你旧罗裙。(起介)小姐临去之时,分付春香,长叫唤一声。今日叫他,"小姐,小姐呵",叫的一声声小姐可曾闻也?(老旦、贴哭介)(合)想他那情切,那伤神,恨天天生割断俺娘儿直恁忍!(贴回介)俺的小姐人儿也,你可还向旧宅里重生何处身?

曲辞质朴无华,"无一毫书本气",却情真意切,笔力千钧,写出甄母孤苦无依的处境与对女儿无尽的哀思。

《牡丹亭》中除了这些"意深词浅"的曲辞外,尚有一些"一味显浅"乃至流于"粗俗"的曲辞。如《肃苑》出花郎与春香所唱的两支【梨花儿】:

【梨花儿】小花郎看尽了花成浪,则春姐花沁的水洸浪。和你这日高头偷眼睚,嗏,好花枝干鳖了作么朗!(贴)侍俺还你也哥。

【前腔】小花郎做尽花儿浪,小郎当夹细的大当郎?(丑)哎哟。(贴)俺待到老爷回时说一浪,(采丑发介)嗏,敢几个小榔头把你分的朗。

二曲以俗语、隐语出之,配以滑稽的舞台动作,颇富世俗情趣,这样的科诨场面正统文人虽未必欣赏,但可想见舞台演出时观众的莞尔之态。他如《劝农》《道觋》《冥判》《耽试》《围释》等出中,都不乏此类今人看来略显庸俗的曲辞。还有一些元人俗语、方言土语乃至生造语,今人读来都难免有晦涩、隔膜之感。① 当然,对这些曲辞我们不当简单以生硬牵强或趣味低俗视之,而应从

---

① 徐朔方指出:"《牡丹亭》的语言虽有它独到的成就,但问题也不少。作者用了大量冷僻的典故,使作品的某些句子和片断晦涩难懂,有的地方显得极生硬、牵强甚至词不达意。""这当中既有作者不适当的生造,也有对方言土语不恰当的使用,不能不说是《牡丹亭》语言的一个遗憾。"(徐朔方:《明代文学史》,浙江大学出版社2009年版,第369、370页。)

戏剧自身的艺术特征与作者的戏剧观念等方面作进一步的探讨。

综上所述，可见《牡丹亭》的曲辞不仅有绚丽典雅的一面，也有本色通俗乃至鄙俚庸俗的一面，整体而言具有"雅俗并陈"的特征。当代研究者对《牡丹亭》的这一曲辞风格虽屡有论及，但却有意无意地忽略了其俗的一面，似乎是觉得过分强调这一面会贬损其艺术价值与文学史地位。孤立地看似乎确实如此，但若将其置于明清传奇曲辞审美观念的嬗变历程中来考察，我们反倒可以进一步看出汤显祖的开创之功与该剧的戏曲史意义来。以下主要从两个方面作进一步讨论：一是《牡丹亭》"雅俗并陈"的曲辞风格的成因，二是这一曲辞风格的戏曲史意义。

三

《牡丹亭》"雅俗并陈"的曲辞风格的形成，有内、外两方面的原因，外因是传奇曲辞审美理想的主潮由明中期的尚雅黜俗向明后期的雅俗相济的转向，内因则是汤显祖自身的曲学主张与文学素养。

明传奇的曲辞审美理想大致可分为三种形态，即文词派的绮丽藻缋、本色派的质朴通俗和理想派的雅俗相济。明中期新传奇兴起后，文人曲家不满旧南戏鄙俚无文的原生状态，绮丽藻缋、饾饤堆垛的时文风盛行一时，文词派的作品成为剧坛的主流。鉴于此类作品过度雅化以至背离戏曲的舞台表演特性的弊端，李开先、何良俊、徐渭等有识见的曲家纷纷以元曲本色为号召，抨击文词派曲家的不良作风。这些批评意见使得一些文词派曲家也逐渐认识到本色通俗的曲辞风格更符合戏曲的文体特性。明后期的一些著名曲家，如梅鼎祚、汤显祖、沈璟、范文若等，本是文词派的中坚或羽翼，后来却改弦易辙，或如沈璟，因"僻好本色"[1]，遂以旧南戏为楷式，转向"纯用本色"一路；或如梅鼎祚、汤显祖等，尚不能完全摆脱崇尚词华的文士积习，遂转向文词、本色"兼而用之"一路[2]。其中梅鼎祚、范文若两位曲家的夫子自道典型地反映出这种转变的过程。梅鼎祚素以曲辞典雅绮丽著称，但晚年所作《长命缕记序》，却反思己作《玉合记》"宫调之未尽合也，音韵之未尽叶也，意过沉

---

[1] 沈璟：《答王骥德之一》，俞为民、孙蓉蓉：《历代曲话汇编·明代编》第一集，黄山书社2009年版，第728页。
[2] "纯用本色""兼而用之"系借用王骥德《曲律·论家数》之语。(《曲律注释》，第154页。)

而辞伤繁也"的不足,谓新作《长命缕记》"意不必使老妪都解,而不必傲士大夫以所不知。词未尝不藻缋满前,而善为增减,兼参雅俗,遂一洗浓盐赤酱、厚肉肥皮之近累"①。范文若《梦花酣序》亦谓"独恨幼年走入纤绮路头,今老矣,始悟词自词、曲自曲,重金叠粉,终是词人手脚"②。万历时期的许多著名曲家,如屠隆、梅鼎祚、王骥德、臧懋循、汪廷讷、吕天成、孟称舜等,都认为理想的曲辞形态应具有雅俗相济的特征。《牡丹亭》"雅俗并陈"的曲辞风格,实际上是顺应了当时这一曲辞审美理想的转向的结果,此即外因。

在讨论上述问题时我们自然会有一个疑问,既然晚明的传奇曲辞有两种不同的风格走向,汤显祖为什么没有转向"纯用本色",而是选择了文词、本色"兼而用之"呢?究其原委,这主要缘于汤显祖自身的曲学主张与文学素养。外因要通过内因才能起作用,此即内因。讨论汤显祖对曲辞问题的看法,必然涉及其与沈璟的曲律与曲意之争。汤显祖认为"凡文以意趣神色为主"③,"其中骀荡淫夷,转在笔墨之外耳"④;反对"按字摸声"⑤,以人为的戒律束缚曲家的才情。可见他是以能否充分传达"曲意"为衡量曲辞的标准,而于文词、本色二派并无偏嗜。因而在《牡丹亭》中,既非"纯用文调",亦非"纯用本色",当雅则雅,当俗则俗,全视具体人物、情境而定,以能否充分表情达意为准。加之汤显祖"才高学博"⑥,于经史子集各部均有涉猎,对前代各体文学用功尤深,这使得他在雅与俗两方面,皆能广泛吸收借鉴前代的文学遗产,在具体创作中左右逢源、灵活运用,从而较好地实践其曲学追求。

---

① 俞为民、孙蓉蓉:《历代曲话汇编·明代编》第一集,黄山书社 2009 年版,黄山书社 2009 年版,第 594 页。
② 俞为民、孙蓉蓉:《历代曲话汇编·明代编》第三集,黄山书社 2009 年版,黄山书社 2009 年版,第 454~455 页。
③ 汤显祖:《答吕姜山》,引自汤显祖著、徐朔方笺校:《汤显祖集全编》,上海古籍出版社 2015 年版,第 1735~1736 页。
④ 汤显祖:《答凌初成》,引自汤显祖著、徐朔方笺校:《汤显祖集全编》,上海古籍出版社 2015 年版,第 1914 页。
⑤ 汤显祖:《答吕姜山》,引自汤显祖著、徐朔方笺校:《汤显祖集全编》,上海古籍出版社 2015 年版,第 1736 页。
⑥ 屠隆《玉茗堂文集序·序二》云:"义仍才高学博,气猛思沉。材无所不蒐,法无所不比。远播于寥廓,精入于毫芒。极才情之滔荡,而禀于鸿裁;收古今之精英,而镕以独至。"(《汤显祖集全编》,第 3105 页。)冰丝馆《重刻清晖阁批点牡丹亭凡例》云:"玉茗博极群言,微独经史子集,奥衍闳深。即至梵策丹经,稗官小说,无不贯穿洞彻。"(《历代曲话汇编·清代编》第三集,第 316 页。)

《牡丹亭》中那些绚丽典雅的曲辞，文学渊源主要有三个方面：一是学习、借鉴元杂剧中的文采派，尤其是王实甫的《西厢记》的结果，周贻白指出"汤氏的本色之处，或与关汉卿相近，而措词雅丽，则规模白朴之处为多"，"而其措词之浓艳，实最得力于王实甫的《西厢记》，但更进而成纤巧，颇有非王实甫所能至者"①。二是承文词派余绪的结果，明中期文词派居剧坛主流，汤显祖的少作《紫箫记》即为文词派的作品，后虽改弦易辙，但文词派的影响并未彻底断绝，周贻白指出"他虽然力学元人，但他毕竟生于明代中叶，不但在他之前，有许多传奇作品构成种种不同的作风，同时，他纵然不谈性理，却不能说他毫不受当时以经义文取士的影响"②。三是与他对前代雅文学，如楚骚、汉赋、六朝文学、唐宋诗词等的熟谙，以及雅文学的审美趣味对他的影响有关。③ 汤显祖青年时期就钟爱汉魏六朝文学，中举后仍习学不辍。④ 从《牡丹亭》中诸多巧凑妙合的集唐诗，以及脱胎于唐宋词却自然浑成的曲辞⑤，则可见他对唐诗、宋词的熟稔与喜爱；尤其是花间一路的婉约词，对《牡丹亭》绚丽典雅的曲辞风格影响尤大，陈继儒谓汤显祖"以《花间》《兰畹》之余彩，创为《牡丹亭》，则翻空转换极矣"⑥。而他对曲辞的"意趣神色"，即意旨、机趣、神韵、文采等的强调，则是在理论层面上将雅文学中讲求含蓄蕴藉、传神写照的美学传统移之于曲辞创作的结果。

　　《牡丹亭》中那些本色通俗的曲辞，则与汤显祖对俗文学的喜好，尤其是对元曲本色派剧作的学习有关。在俗文学方面，金人董解元的《西厢记诸宫调》对汤显祖的戏曲创作影响很大，《玉茗堂批订董西厢叙》谓其在修订《紫

---

① 周贻白：《中国戏曲发展史纲要》，上海古籍出版社1979年版，第285页。
② 周贻白：《中国戏曲发展史纲要》，上海古籍出版社1979年版，第285~286页。
③ 参见赵山林《"临川四梦"文学渊源探讨》一文，载《文学遗产》2006年第3期。
④ 汤显祖《答张梦泽》书云："弟十七八岁时，喜为韵语，已熟骚赋六朝之文。然亦时为举子业所夺，心散而不精。乡举后乃工韵语。"（《汤显祖集全编》，第1925页。）《与陆景邺》书云："弱冠，始读《文选》。辄以六朝情寄声色为好，亦无从受其法也。规模步趋，久而思路若有通焉。"（《汤显祖集全编》，第1905页。）邹迪光《临川汤先生传》谓其"于古文词而外，能精乐府歌行五七言诗，诸史百家而外，通天官地理医药卜筮河渠墨兵神经怪牒诸书"，"于书无所不读。而尤工汉魏《文选》一书，至掩卷而诵，不讹只字。于诗若文无所不比拟，而尤精西京六朝青莲少陵氏"。（《汤显祖集全编》，第3137、3139页。）
⑤ 徐士俊《古今词统》评语云："近汤临川四种传奇，称一代词宗。其中名曲多隐括诗余取胜，他可知已。"（《续修四库全书》第1728册，上海古籍出版社2002年版，第444页。）
⑥ 陈继儒：《批点牡丹亭题词》，引自汤显祖著、徐朔方笺校：《汤显祖集全编》，上海古籍出版社2015年版，第3135页。

钗记》时，常取董解元《西厢记》相参，感佩之余遂加批订①。《董西厢》"多榷朴而寡雅驯"，"独以俚俗口语谱入弦索，是词家所谓本色当行之祖"②，汤显祖却对之称赏不已，《牡丹亭》中更有多处融入《董西厢》的笔法③，其艺术旨趣由此亦可见一斑。而对于元杂剧，汤显祖不但"酷嗜"，而且曾广泛收藏、精心研读。④ 其《见改窜牡丹词者失笑》诗云："醉汉琼筵风味殊，通仙铁笛海云孤。纵饶割就时人景，却愧王维旧雪图。"⑤ "醉汉"指关汉卿，"通仙"指马致远。汤显祖以关、马自比，讽刺改窜己作者不识曲意，显然是以元曲神髓的继承者自居。关于汤剧非凡造诣的成因，当时的曲家认为除了其自身禀赋的因素外，主要得益于对元剧的学习与模仿。如臧懋循《元曲选序》谓"汤义仍《紫钗》四记，中间北曲，骎骎乎涉其藩矣"⑥；王骥德《曲律·论引子》谓"近惟《还魂》、'二梦'之引，时有最俏而最当行者，以从元人剧中打勘出来故也"⑦；吕天成《曲品》卷上谓汤显祖"熟拈元剧，故琢调之妍俏赏心"⑧；凌濛初《谭曲杂劄》谓汤显祖"颇能模仿元人，运以俏思，尽有酷肖处，而尾声尤佳"⑨。无论是从精神气质方面来看，还是从具体用语方面来看，《牡丹亭》中那些本色通俗的曲辞都与其对前代的俗文学及元曲本色派的喜好与模仿不无关系。

综上所述，《牡丹亭》"雅俗并陈"的曲辞风格的形成，既得益于汤显祖对前代雅、俗两类文学的濡染研习，也得益于他对前代戏曲中雅、俗两种风格的吸收借鉴，凡此又皆与他不主一格、以意为主的曲学主张紧密相关。在上述外因与内因的共同作用下，汤显祖一改《紫箫记》"纯用文调"的作风与《紫钗记》偏于雅化的倾向，创作出《牡丹亭》这样"雅俗并陈"的杰作。

---

① 汤显祖著，徐朔方笺校：《汤显祖诗文集》卷五十，上海古籍出版社1982年版，第1502页。按：关于该叙真伪问题，参见龚重谟《汤显祖大传》，上海人民出版社2015年版，第190~191页。
② 王骥德：《新校注古本西厢记自序》《新校注古本西厢记评语》，《历代曲话汇编·明代编》第二集，黄山书社2009年版，第150、161页。
③ 郑培凯：《汤显祖：戏梦人生与文化求索》，上海人民出版社2015年版，第224~226页。
④ 姚士粦《见只编》卷中云："汤海若先生妙于音律，酷嗜元人院本。自言箧中收藏，多世不常有，已至千种。有《太和正韵》所不载者。比问其各本佳处，一一能口诵之。"（《汤显祖集全编》，第3155页。）臧懋循《寄谢在杭书》云："还从麻城，于锦衣刘延伯家得抄本杂剧三百余种，世所称元人词尽是矣。其去取出汤义仍手。"（《历代曲话汇编·明代编》第一集，第624页。）
⑤ 汤显祖著、徐朔方笺校：《汤显祖集全编》，上海古籍出版社2015年版，第962页。
⑥ 俞为民、孙蓉蓉：《历代曲话汇编·明代编》第一集，黄山书社2009年版，第619页。
⑦ 王骥德著，陈多、叶长海注释：《曲律注释》，上海古籍出版社2012年版，第210页。
⑧ 吕天成撰，吴书荫校注：《曲品校注》，中华书局2006年版，第34页。
⑨ 俞为民、孙蓉蓉：《历代曲话汇编·明代编》第三集，黄山书社2009年版，第189页。

四

我们应该怎样评价《牡丹亭》"雅俗并陈"的曲辞风格的戏曲史意义呢？这一问题牵扯到传奇曲辞审美观念演进中一个更为细微的问题，即"雅俗并陈"与"雅俗相济"的关系问题。

戏曲是综合性的舞台表演艺术，这一根本特征决定了其曲辞须有通俗易懂、入耳消融的特点，若像诗文那样堆砌辞藻、罗列典故，就会给观众的理解和欣赏造成人为的障碍，不合乎戏曲的文体特性。本色派的主张正基于此。但明中期以降，传奇戏曲的创作主体较之旧南戏发生了显著变化，旧南戏是以文化水平较低的书会才人、优伶艺人等为创作主体，传奇则以文化水平较高的文人为创作主体，与此相应，传奇的接受者亦以文化水平较高的士绅阶层为主。这一变化决定了新传奇必然具有文人雅化的特征，文词派的创作实践正基于此。此一弊即是彼一利，此一得便是彼一失，王骥德所谓"纯用本色，易觉寂寥；纯用文词，复伤雕镂"，"本色之弊，易流俚腐；文词之病，每苦太文"①，即是指出本色、文词二派各自的利弊得失。因此就传奇戏曲而言，理想的曲辞形态应是雅俗相济。但对于雅与俗应该怎样"相济"的问题，不同曲家乃至同一曲家在不同时期或不同语境下，所提出的具体解决方式并不相同。约而言之，主要有两种：一种是雅与俗在文本表层的"并陈"②，一种是雅与俗的深层"融会"③。后者主要指向那种因雅俗适中而显得清丽流畅的曲辞风格，王骥德的"浅深、浓淡、雅俗之间"④，吕天成的"果属当行，则句调必多本色矣；果具本色，则境态必是当行矣"⑤ 等，是其典型的话语表现方式。至于"并陈"形态的曲辞观，主要见诸屠隆、汪廷讷、臧懋循等曲家的曲论中，如屠隆《章台柳玉合记叙》云：

---

① 王骥德著，陈多、叶长海注释：《曲律注释·论家数》，上海古籍出版社2012年版，第154、155页。
② "并陈"一词取自屠隆《章台柳玉合记叙》。(《历代曲话汇编·明代编》第一集，第590页。)
③ "融会"一词取自吕天成《曲品》卷上《新传奇品》小序："今人不能融会此旨，传奇之派，遂判而为二：一则工藻缋以拟当行，一则袭朴淡以充本色。"(《曲品校注》，第22页。)
④ 王骥德著，陈多、叶长海注释：《曲律注释·杂论下》，上海古籍出版社2012年版，第332页。
⑤ 吕天成撰，吴书荫校注：《曲品校注》，中华书局2006年版，第23页。

> 传奇之妙,在雅俗并陈,意调双美,有声有色,有情有态,欢则艳骨,悲则销魂,扬则色飞,怖则神夺。极才致则赏激名流,通俗情则娱快妇竖。①

汪廷讷《刻陈大声全集自序》云:

> 曲虽小技乎,摹写人情,藻绘物采,实为有声之画。所忌微独鄙俚而不驯,亦恐饶冶而太晦,即雅俗并陈矣。②

臧懋循《元曲选后集序》云:

> 曲本词而不尽取材焉,如六经语,子史语,二藏语,稗官野乘语,无所不供其采掇,而要归于断章取义,雅俗兼收,串合无痕,乃悦人耳,此则情词稳称之难。③

可见这几位主张文词、本色"兼而用之"的曲家,皆以雅、俗的"并陈"或"兼收"为基本策略。即便在王骥德的《曲律》中,虽无明确的"雅俗并陈"的提法,但在主张雅俗深层"融会"的同时,也多处流露出"并陈"的倾向,如《论家数》谓"《琵琶》兼而用之,如小曲语语本色;大曲……未尝不绮绣满眼:故是正体"④,《论剧戏》谓"其词、格俱妙,大雅与当行参间,可演可传,上之上也"⑤,《论过曲》谓"大曲宜施文藻,然忌太深;小曲宜用本色,然忌太俚"⑥,《杂论下》谓汤显祖《南柯》《邯郸》二记"掇拾本色,参错丽语,境往神来,巧凑妙合"⑦,皆是并陈形态而非融合形态的雅俗相济观。

屠隆《章台柳玉合记序》作于万历十五年,王骥德的《曲律》成书于万历三十八年,汪廷讷的《刻陈大声全集自序》作于万历三十九年,臧懋循的

---

① 俞为民、孙蓉蓉:《历代曲话汇编·明代编》第一集,黄山书社2009年版,第590页。
② 俞为民、孙蓉蓉:《历代曲话汇编·明代编》第二集,黄山书社2009年版,第246页。
③ 俞为民、孙蓉蓉:《历代曲话汇编·明代编》第一集,黄山书社2009年版,第620页。
④ 王骥德著,陈多、叶长海注释:《曲律注释》,上海古籍出版社2012年版,第154页。
⑤ 王骥德著,陈多、叶长海注释:《曲律注释》,上海古籍出版社2012年版,第207页。
⑥ 王骥德著,陈多、叶长海注释:《曲律注释》,上海古籍出版社2012年版,第212页。
⑦ 王骥德著,陈多、叶长海注释:《曲律注释》,上海古籍出版社2012年版,第307页。

《元曲选后集序》作于万历四十四年。如果以万历三十八年王骥德《曲律》与吕天成《曲品》的成书为雅、俗"融会"型曲辞观成熟的标志的话,那么"雅俗并陈"的曲辞观的出现时间要略早于"融会"型,这当归功于其简便易行、可操作性强的特点;而在"融会"型曲辞观成熟后,"并陈"型的曲辞观并未随之消亡,二者一度同时存在,并行不悖,这主要是因其与传奇文体特质的契合。传奇具有反映生活面广阔,剧中人物身份、性格各异的特征,与之相应的曲辞自然当有雅、俗之别,不可一味尚雅或求俗。这是"雅俗并陈"的曲辞观率先出现并在"融会"型曲辞观成熟后仍然存在的根本原因。其进步与合理之处,是能够在时文风大行其道的时候,用以俗济雅的方式救弊补偏,承认本色通俗的曲辞在戏曲创作中应有的地位,不失为调和雅俗的一种有效手段。

在明后期"雅俗相济"的曲辞审美观念确立与演进的过程中,完成于万历二十六年的《牡丹亭》具有里程碑式的开创与示范意义。一方面,该剧打破了文词派一统剧坛的局面,是践行"雅俗并陈"的曲辞观的第一个成功范例。自屠隆提出"雅俗并陈"的主张后,十余年间并无成功之作问世。在这样一个历史转折的关口,汤显祖的《牡丹亭》横空出世,其曲辞无论是绚丽典雅,还是质朴通俗,都臻于自然贴切、生动传神的化境,可谓"浓妆淡抹总相宜"[①],成功地践行了"雅俗并陈"的曲辞观,打破了文词派一统剧坛的沉寂局面。另一方面,《牡丹亭》的部分曲辞已超越了"并陈"的层次,臻于雅、俗深度融合的审美境界,对"融会"型曲辞形态的最终确立有导夫先路之功,如前举《惊梦》出【步步娇】【醉扶归】等曲,即有语不难解而含义幽深的特点。在英语文学界,莎士比亚以后的作家,都或多或少、或正或反地受到莎士比亚的影响;在明清曲坛,汤显祖的地位正与莎翁相仿,其后的很多重要曲家都深受其影响,《牡丹亭》更是后人模仿与学习的典范。

实际上,《牡丹亭》不仅曲辞具有"雅俗并陈"的特征,其宾白亦是如此,既有典雅华丽的韵语,亦有通俗乃至庸俗的对白。推而广之,在戏剧场面、题材内容、思想意趣等方面,该剧都既有雅的一面,又有俗的一面,如

[①] 青木正儿谓《牡丹亭》"曲词清新,逸出蹊径之外,秾丽淡白,随境变化手法"。(青木正儿:《中国近世戏曲史》,中华书局2010年版,第179页。)陶侃如、冯沅君谓《牡丹亭》"秾艳工丽处似玉溪诗和梦窗词,俊爽质素处也有关马之风"。(陶侃如、冯沅君:《中国文学史二十讲》,山东画报出版社2007年版,第136页。)

在思想意趣方面，就既有以情抗理、肯定人的自然情欲这样的精英式的文化思考，也有调和情理，对传统伦常的回归与认同的倾向①。可见不仅在曲辞风格上，而且在整体艺术风貌上，《牡丹亭》都具有"雅俗并陈"的特征，这既缘于汤显祖对传奇文体特性的体认，亦缘于他对晚明文化思潮的容受与反思。

作者单位：黑龙江大学文学院

---

① 参见张燕瑾：《牡丹亭畔何为情》一文，载于《南京师大学报（社会科学版）》2008年第4期。

由《紫钗记》《牡丹亭》所见

——汤显祖曲律观之演变*

刘 芳

汤显祖的"临川四梦"是文人传奇史上毋庸置疑的艺术高峰。其中《紫钗记》为"四梦"首部,作于万历二十三年(1595)①。随后,《牡丹亭》(又名《还魂记》)成书于万历二十六年(1598)秋。《牡丹亭》书成后迅速流传,在曲坛引起了广泛的讨论与争议。时人对《牡丹亭》的评价有两个主要的方向。一是称赞《牡丹亭》文辞精妙,叙事奇绝、意境高远、以情动人。如梅鼎祚赞《牡丹亭》"丽事奇文,相望蔚起。"②黄汝亨评《牡丹亭》"情魂俱绝,游戏三昧,遂尔千秋乎?妒杀妒杀!"③王思任《〈批点玉茗堂牡丹亭〉叙》云:"即若士自谓一生《四梦》,得意处惟在《牡丹》。深情一叙,读未三行,人已销魂肌栗。""至其文冶丹融,词珠露合,古今雅俗,泄笔皆佳。沛公殆天授,非人力乎!"④

而另一种在明代颇为流行的观点是:《牡丹亭》虽文辞精雅,惜曲律不谐。如王骥德于《曲律》中批评汤显祖云:"临川汤奉常之曲,当置'法'字无论,尽是案头异书。""临川汤若士——婉丽妖冶,语动刺骨,独字句平仄,多逸三尺。""世所谓才士之曲,如王弇州、汪南溟、屠赤水辈,皆非当行。仅一汤海若称射雕手,而音律复不谐。曲岂易事哉!"⑤张琦在《衡

---

* 本文为2014年江苏省社会科学基金项目"昆曲传统曲律的现代应用与革新"(项目编号:14YSC001)阶段性研究成果。
① 徐朔方:《汤显祖年谱》,上海古籍出版社1980年版,第226页。
② 梅鼎祚:《答汤义仍》,引自《鹿裘石室集》(卷十一),影印续修四库全书1379册,上海古籍出版社2002年版,第606页。
③ 黄汝亨:《复汤若士》,引自《寓林集》(卷二十五),影印续修四库全书1369册,上海古籍出版社2002年版,第421页。
④ 王季重:《王季重小品》,文化艺术出版社1996年版,第262、263页。
⑤ 王骥德:《曲律》,引自《中国古典戏剧论著集成》(四),中国戏剧出版社1959年版,第165、170页。

曲塵谈》中亦惋惜道："近日玉茗堂《杜丽娘》剧，非不极美，但得吴中善按拍者调协一番，乃可入耳。惜乎摹画精工，而入喉半拗，深为致慨。"①

更有沈璟、臧懋循等曲家以不合音律为由，动手删改《牡丹亭》文本。沈璟【二郎神·论曲】云："名为乐府，须教合律依腔。宁使时人不鉴赏，无使人挠喉捩嗓。说不得才长，越有才、越当着意斟量。"② 意似直指汤显祖《牡丹亭》的创作有悖于音律。臧懋循在其《元曲选序》中更明确谈道："汤亦仍《紫钗》四记中间，北曲骎骎乎涉其藩矣，独音韵少谐，不无铁绰板唱'大江东去'之病。"③ 后臧氏在《元曲选后集序》中对汤显祖的音律之弊批评得更为激烈："豫章汤亦仍庶几近之，而识乏通方之见，学罕协律之功，所下句字，往往乖谬，其失也疏。"④ 汤显祖对这样的批评之声做出反击。如云"此自谓知曲意者，笔懒韵落，时时有之，正不妨抽折天下人嗓子。"（《答孙俟居》）⑤，颇有冒曲坛之大不韪之势。

汤显祖创作中对于曲律的叛逆态度在当时可谓惊世骇俗。其时曲坛大部分作者，尤以吴江一脉曲家为代表，皆认为填曲须恪遵曲律。如吕天成赞沈璟《南词新谱》云："嗟曲流之泛滥，表音韵以立防；病词法之蓁芜，订全谱以辟路。……此道赖以中兴。"⑥ 然而，虽则汤显祖的曲作与沈璟等人所提倡的曲谱定格多有龃龉，但亦并非毫无章法、任意发挥。汤显祖一方面以独特的曲调创作、曲律观念挑战权威；一方面又自成体系，以其在文学创作中的巨大优势影响了后世大批作曲家，甚至影响了昆曲的发展进程。汤氏曲律观并非一夕成形或者自来如此。从万历二十三年（1595）的《紫钗记》到万历二十六年（1598）的《牡丹亭》，多处可见他在填写同一支调牌时，对文字平仄音韵格律的使用态度出现前后差异。因此，从这两部剧作中，我们可以窥见这位曲坛大家曲律观的变化和成形过程，并探析汤氏曲律观的独特性和巨大的曲学价值。

---

① 张琦:《衡曲麈谭》，引自《中国古典戏剧论著集成》（四），中国戏剧出版社1959年版，第165、270页。
② 沈璟著，徐朔方辑校:《沈璟集》，上海古籍出版社1991年版，第849页。
③ 臧懋循:《负苞堂集》，古典文学出版社1958年版，第55页。
④ 臧懋循:《负苞堂集》，古典文学出版社1958年版，第57页。
⑤ 徐朔方笺校:《汤显祖全集》，北京古籍出版社1998年版，第1392页。
⑥ 吕天成:《曲品》，引自《中国古典戏剧论著集成》（六），中国戏剧出版社1959年版，第212页。

一、《紫钗记》与《牡丹亭》的曲律对比

于《牡丹亭》中考察汤显祖的曲牌填写，会发现果如其所言："笔懒韵落，时时有之"，随处可见字句不合曲律。如堪为经典的第十出《惊梦》，该出除【隔尾】【尾声】外，总计用【绕池游】【步步娇】【醉扶归】【皂罗袍】【好姐姐】【山坡羊】【山桃红】【鲍老催】【绵搭絮】9支曲牌。与沈璟《增定南九宫曲谱》、徐于室、钮少雅《南曲九宫正始》相对照，本出9支曲调皆失律，竟无一合格。

如【绕池游】"炷尽沉烟，抛残绣线"①一句，此句正格②为"梳妆淡雅，堪描堪画"③，即"平平仄仄，平平平仄"，汤曲显然失律。又如【步步娇】句"没揣菱花，偷人半面"，正格为"几朵江梅，半拆微露"④，且沈璟特别强调"半拆微露"四字当用"仄仄平仄"，"偷人半面"为"平平仄仄"失律无疑。再如【皂罗袍】"良辰美景奈何天"一句，人人传诵，而曲谱正格为"堆枕香云任蓬松"⑤，出自陈铎散曲，格律为"平仄平平仄平平"，而汤显祖用七言律诗句法"平平仄仄平平仄"失律。

由上述曲例可知，在汤显祖创作《牡丹亭》时，几乎已经完全抛开了当时曲坛部分曲家倡导的遵依曲谱格律的创作方式。然而，在《紫钗记》中，汤显祖填尚未完全脱离格律谱的束缚。这一点从某些《紫钗记》《牡丹亭》中两见的曲调格律可以看出。

《紫钗记》与《牡丹亭》两剧均用的曲调共94支。这94支曲调按格律可分为四种情形：一是在《紫钗记》中符合曲谱格律而在《牡丹亭》中不符合曲谱合律的；二是该曲调在《紫钗记》与《牡丹亭》中均不符合格律的；三是在两本传奇中都符合格律的；最后仅有3首是在《紫钗记》中不合律，而到了《牡

---

① 本文所引《紫钗记》《牡丹亭》曲词，均引自徐朔方笺校：《汤显祖全集》，北京古籍出版社1998年版。
② 本文所引曲谱正格，皆出自沈璟：《增定南九宫曲谱》，引自王秋桂主编：《善本戏曲丛刊》第三辑，台湾学生书局1984年版。
③ 沈璟：《增定南九宫曲谱》，引自王秋桂主编：《善本戏曲丛刊》第三辑，台湾学生书局1984年版，第554页。
④ 沈璟：《增定南九宫曲谱》，引自王秋桂主编：《善本戏曲丛刊》第三辑，台湾学生书局1984年版，第698页。
⑤ 沈璟：《增定南九宫曲谱》，引自王秋桂主编：《善本戏曲丛刊》第三辑，台湾学生书局1984年版，第121页。

丹亭》反而合律的。现将两本传奇中都使用过的曲调按不同情形一一讨论。

首先，在《紫钗记》中符合曲谱格律而在《牡丹亭》中不符合曲谱合律的调牌有：【簇御林】【绵搭絮】【忒忒令】【玉交枝】【入赚】【太师引】【三学士】【金珑璁】【莺啼序】【夜游宫】【玉抱肚】【玉山颓】【好事近】【山花子】【天下乐】【鲍老催】【女冠子】【风入松】【清江引】【一枝花】【新水令】【似娘儿】【一江风】【金索挂梧桐】【罗江怨】【榴花泣】【缕缕金】，总计 27 支。

如【簇御林】第二句，沈璟《增定南九宫曲谱》所录正格此处为"把诗书，勤讲明"①即"仄平平，平仄平"。《紫钗记》第二出该句为"入春愁，有一身"即"仄平平，仄仄平"，押两个平声韵；《牡丹亭》第二十六出该句为"入江山、人唱和"即"仄平平，平仄仄"，平仄韵交替。显然《紫钗记》所填【簇御林】更符合格律要求。

再如【忒忒令】倒数第二句，曲谱【忒忒令】正格为："他道我恋新婚，逆亲言"②即"平仄仄、仄平平，仄平平"。《紫钗记》第五出该句为"畅道是红云拥，翠华偏"，即"仄仄仄、平平平，仄平平"；而《牡丹亭》第十五出该句为"一丝丝垂杨线，一丢丢榆荚钱。"除去衬字，为"一丝丝垂杨线，榆荚钱"，即"仄平平、平平仄，平仄平"。《紫钗记》所填【忒忒令】在所有步节的重音节处声律是相合的，而《牡丹亭》所用【忒忒令】则显然出律。

又如【玉交枝】一曲，沈璟《增定南九宫曲谱》所录【玉交枝】正格，取自《琵琶记》，为方便比较，除去衬字，则为：

别离休叹。我心中非不痛酸。非爹苦要轻拆散。也只图你荣显。蟾宫桂枝须早攀。北堂萱草时光短。又不知何日再圆。又不知何日再圆。③

《紫钗记》第六出【玉交枝】为：

是何衙舍。美娇娃走得吱嚓。你步香街不怕金莲趿。总为这玉钗飞

---

① 沈璟：《增定南九宫曲谱》，引自王秋桂主编：《善本戏曲丛刊》第三辑，台湾学生书局 1984 年版，第 593 页。

② 沈璟：《增定南九宫曲谱》，引自王秋桂主编：《善本戏曲丛刊》第三辑，台湾学生书局 1984 年版，第 699 页。

③ 沈璟：《增定南九宫曲谱》，引自王秋桂主编：《善本戏曲丛刊》第三辑，台湾学生书局 1984 年版，第 709 页。

折。你插新妆宝镜中燕尾斜。到檀郎香袖口是这梅梢惹。怕灯前孤单这些。怕灯前孤单了那些。

《牡丹亭》第十二出【玉交枝】为：

是这等荒凉地面，没多半亭台靠边，好是咱眯色眼寻难见。明放着白日青天，猛教人抓不到魂梦前。霎时间有如活现，打方旋再得俄延，呀，是这答儿压黄金钏匾。

将此调三支曲子除去衬字，则二句、四句、五句、六句格律有明显差异，制对照表如表 1 所示。

表 1   格律对照

【玉交枝】	第二句	第四句	第五句	第六句
《琵琶记》	上平平平入去平	上入平上平上	平平去平平上平	去入平平入去平
《紫钗记》	上平平上入平平	上去入平平入	平平平平去上平	去平平平平去平
《牡丹亭》	入平去平平上平	平去入入平平	去平平去平去平	去入人平平去上

由表 1 可见，《紫钗记》中【玉交枝】的平仄安排大致上是符合曲律规范的，有一些地方四声不对，或是可以通融，或不在要紧之处，都对曲调的入唱旋律没有大的妨碍。如"玉钗飞折"，"折"字入声，在南曲演唱时可以短促发音，再转入另外三声；又如"燕尾斜"的"燕"字用去声不当，但此处并非韵脚与步节的重音节处，且"平上平"与"去上平"的音调高低走势是大体一致的，歌者演唱并不为难，所以也无伤大雅。而与之相对照，《牡丹亭》中的【玉交枝】可谓全然不受曲律约束。如"没多半"三字，《琵琶记》正格此句用"上平平"，说明此处原有曲调的旋律走势是平稳上行的，而"半"字去声，腔格必然下行。更换字声，会导致原有旋律的变化和破坏，如在叶堂《纳书楹曲谱》中《琵琶记》第五出【玉交枝】"我心中"三字唱作"工合四，四上四，合四"①，《紫钗记》中【玉交枝】"美娇娃"三字唱作"上四上

---

① 叶堂：《纳书楹曲谱》，引自王秋桂主编：《善本戏曲丛刊》第六辑，台湾学生书局 1987 年版，第 53 页。

尺、六五六、工尺上"①，而《牡丹亭》中【玉交枝】"没多半"唱作"工工、六、五六工尺上"②。《琵琶记》中此句的旋律和《紫钗记》中此句的旋律虽不能完全重合，但大体的走向是一致的，第一次先抑后扬，第二字先扬后抑，第三字上扬，而这些旋律是后人改定的结果，若早期的【玉交枝】音乐存在固定旋律，《紫钗记》与《琵琶记》【玉交枝】唱同样的旋律片段是完全可行的；而《牡丹亭》此句旋律走向为：第一字平，第二字平，第三字下抑，与《琵琶记》《紫钗记》的旋律走向全然不同。这说明汤显祖在早期《紫钗记》的创作中，确是考虑到按照传统曲律的标准填写，而在之后的《牡丹亭》创作中，则完全不顾旋律走向自由安排平仄，使得后世唱曲者如叶堂等人，必须改换旋律来配合汤显祖与众不同的音律安排。

再如【玉抱肚】一曲，沈璟所录正格为《琵琶记》二十一出【玉抱肚】：

千般生受，教奴家如何措手。终不然把他骸骨，没棺椁送在荒丘。相看到此泪珠流，不是冤家不聚头。

《紫钗记》第十六出【玉抱肚】：

心字香前酬愿。镇同衾心欢意便。碎心情眉角相偎。趁光阴巧笑无眠。絮香囊宛转。把乌丝阑翰墨收全。向一段腰身好处悬。

《牡丹亭》第三出【玉抱肚】：

宦囊清苦，也不曾诗书误儒。你好些时做客为儿，有一日把家当户。是为爹的疏散不儿拘，道的个为娘是女模。

本调在三本传奇中曲律有异，特别体现在二、三、四句上。对照如表 2 所示。

---

① 叶堂：《纳书楹紫钗记全谱》，道光戊申春镌本，第 11 页。
② 叶堂：《纳书楹牡丹亭全谱》，道光戊申春镌本，第 28 页。

表 2　　　　　　　　　　　　　　曲律对照

【玉抱肚】	第二句	第三句	第四句
《琵琶记》	去平平、平平去上	平入平、上平平入	入平上、去去平平
《紫钗记》	去平平、平平去去	去平平、平上平去	去平平、上去平平
《牡丹亭》	上入平、平平去平	上平平、去去平平	上入入、上平平去

在比较的时候，考虑到入声字的普适性和非重点音节的灵活性，那么《紫钗记》中的【玉抱肚】和《琵琶记》中的【玉抱肚】音律基本相合，如第二句《紫钗记》用"去平平"并押仄韵，与《琵琶记》相同，而《牡丹亭》则采取了"上入平、平平去平"的句法，并押平声韵；又如第三句末四字《紫钗记》用"平上平去"，这和《琵琶记》此处的"上平平入"看似有差异，实际上起伏都是先上扬后下抑，可以套入相同的旋律演唱，而这与《牡丹亭》此处的"去去去平"先下抑后上扬，与曲谱完全相反。可见【玉抱肚】一调，在《紫钗记》中仍然比较尊重曲谱，而到了《牡丹亭》中就抛开曲谱，出现了很多相反的字声用法。

通过比较可知，一些在《紫钗记》中出现的曲调，其格律尚遵循或大致接近沈璟等人所倡导的曲谱定律，而到了《牡丹亭》中，其格律就往往与曲谱背道而驰了。

其次，一些曲调在《紫钗记》中便不合曲谱定律，至《牡丹亭》中仍不合律或改动更大。此类曲调有【玉芙蓉】【真珠帘】【园林好】【江儿水】【川拨棹】【普天乐】【宜春令】【绣带儿】【懒画眉】【驻马听】【掉角儿】【画眉序】【黄莺儿】【皂罗袍】【月上海棠】【长拍】【滴溜子】【步步娇】【醉扶归】【夜行船】【三段子】【神仗儿】【香遍满】【红衲袄】【字字双】【划锹儿】【一封书】【香柳娘】【霜天晓角】【东瓯令】【小桃红】【下山虎】【锁南枝】【白练序】【醉太平】【集贤宾】【折桂令】【雁儿落】【收江南】【沽美酒】【山坡羊】【啭林莺】【啄木鹂】总计 43 支。

举【懒画眉】为例。沈璟所选【懒画眉】正格见于《琵琶记》二十二出，首句"顿觉余音转愁烦"，其格律为"去入平平上平平"，沈璟特地批注"'觉'字仄声，妙！"①，可见在曲谱定律中"觉"字最好用仄声。而《紫钗记》九出【懒画眉】首句为"碧云天外影晴波"；《牡丹亭》第十二、第二十

---

① 叶堂：《纳书楹牡丹亭全谱》，道光戊申春镌本，第 409 页。

八、第三十二出均出现【懒画眉】，首句分别为"最撩人春色是今年。""轻轻怯怯一个女娇娃。""画阑风摆竹横斜。"去除衬字，以平仄观之，汤显祖的【懒画眉】首句均为"平平仄仄仄平平"。可知汤显祖在创作《紫钗记》时，已经形成了他个人的【懒画眉】曲律范式，这种曲律范式也延续到了《南柯记》、《邯郸记》中。如《南柯记》三十四出【懒画眉】首句"俺承恩初入五云端。"格律与《牡丹》、《紫钗》中完全一样。

其三，部分曲调在《紫钗记》、《牡丹亭》中，都符合曲谱定律的规范。此类曲调计有【唐多令】【点绛唇】【捣练子】【不是路】【好姐姐】【番卜算】【十二时】【短拍】【滴溜子】【一落索】【双声子】【寄生草】【生查子】【金钱花】【满庭芳】【梁州序】【节节高】【粉蝶儿】【菊花新】【亭前柳】【大迓鼓】共21调，这些在汤显祖笔下符合曲律规范的曲调，自身也具有一定的共通性，俟后再论。

最后，有【玩仙灯】【忆多娇】【月儿高】3支曲牌在《紫钗记》中不合曲律，但在《牡丹亭》中合律，属于比较特殊的一类。

由上述比较得出，汤显祖在创作《紫钗记》时，他的曲律观尚未完全成熟，创作中对曲谱定律的遵循与突破现象兼存；而后创作《牡丹亭》时，汤显祖已具有较坚定的抛弃传统曲律的观念，并根据自己的创作经验，在一些常用曲调中形成了相对固定的汤氏曲律。所以，读者可见《紫钗记》中尚有不足半数的曲调符合沈璟等人坚持并推广的曲律，而《牡丹亭》中只有极少数曲调符合一些曲家眼中的声律规范了。这也是《牡丹亭》在声律上屡受批评的原因。

二、汤氏曲律观的变化历程及特征

1. 汤氏曲律观的变化历程

汤显祖在创作传奇时，对曲律的态度经历了从"尊重曲谱定律"到"无视曲谱定律"的变化，这种变化并非发生在《牡丹亭》的创作过程中，而是发生在《紫钗记》的创作过程中。因为《紫钗记》前半部曲调合律者颇多，后半部合律者渐渐稀少。《紫钗记》一剧共54出。在两部《紫钗》《牡丹》二剧中两现、《紫钗记》中合律而《牡丹亭》中失律的曲调共有27支。这27支曲调有18支出现在《紫钗记》前半部分（第二十七出及以前），只有9出在本书后半部（第二十八出及以后），甚至第四十出以后只有1支曲调出现这样的情形，第四十六出以后再无这样的曲调。与之相对应的是，有 42 支曲调在《紫钗记》和《牡丹亭》中均失律，42 支中的 18 支出现在《紫钗记》的前半部分，24 支出现在后半部分。总而言之，在《紫钗记》的前半部分，合曲律的曲调占多，而在本书的后半部分，"失律"的曲调占多。

甚至有的曲调在《紫钗记》中，出现先合律，后失律的情形，且第二首"失律"之作与《牡丹亭》中的同支曲调格律相同。如【金珑璁】三四两句，沈璟《曲谱》所录正格为《琵琶记》第二十五出"身独自、怎支分。衣衫都典尽。"① 前句押平声韵，后句押仄声韵。《紫钗记》十一出【金珑璁】三四句为："画堂春暖、困金钗。不卷珠帘谁在。"也是先押平声韵，后押仄声韵，重音节处"暖""钗""帘""在"四字与曲谱的"自""分""衫""尽"四字均为"仄""平""平""仄"。而《紫钗记》第二十出【金珑璁】之格律已然发生变化，三四句为"陡阴余薄衫寒透。泥香燕子柔。"韵脚为先仄后平，从平仄看，两句已变为为"平平仄仄平平仄。平平仄仄平。"句法，而《牡丹亭》第二十四出【金珑璁】三四句为："风吹绽蒲桃褐，雨淋殷杏子罗。"格律为"平平仄、平平仄。仄平平、仄仄平"虽然句格和《紫钗记》第二十出【金珑璁】有区别，但韵脚平仄、重音节处平仄是完全一样的，如"平平仄仄平平仄"句中减一字即可变为"平平仄、平平仄"，"平平仄仄平"句首增一字则变为"仄平平、仄仄平"。可见在【金珑璁】的三四句唱腔上，汤显祖在《紫钗记》中最初依曲谱规范，韵脚先平后仄，后在创作实践中，从自身的审美和写作趣味出发，改变了这两句的声律格局，并在《牡丹亭》中继续使用自己所创的【金珑璁】格律。

从《紫钗记》中曲调合律与失律的情形观察，汤显祖在创作该传奇的后期已然经历了个人曲律观的转变与成形，这种突破曲谱定律的曲律观到了《牡丹亭》中则被进一步发扬光大了。若从传统曲律的角度评价，《牡丹亭》的"失律"始于《紫钗记》，显于《牡丹亭》；而《紫钗记》的曲牌创作经历了从"合律"到"失律"的过程。

2. 汤氏曲律中"合律"曲作的特征

如本文第一部分所举曲例，《紫钗记》与《牡丹亭》中也有一些曲调符合曲律家心目中的声律规则。观察可知，这类曲调格律多有文人词曲的渊源。如在《紫钗》《牡丹》二书中均合曲谱定律的曲调有 22 调，其中【唐多令】【点

---

① 叶堂：《纳书楹牡丹亭全谱》，道光戊申春镌本，第 617 页。

绛唇】【捣练子】【一落索】【生查子】等曲调本源于词调，在宋代文人词中已经形成了声律定格，这些文人词定格符合文人近体诗与律词的创作习惯，如【唐多令】，曲谱正格取张孝祥词作："花下钿箜篌。尊前白雪讴。记怀中朱李曾投。镜约钗盟心已许，诗写在、小红楼。"① 其格律为"平仄仄平平。平平仄仄平。仄平平、平仄平平。平仄平平平仄仄。平仄仄、仄平平。"全词平仄交替，起伏美听，和谐流畅，并无拗句。这种成熟的文人词格律汤显祖显然并不反对，相反还严格遵守。

又如【短拍】【满庭芳】【金钱花】【节节高】【粉蝶儿】等曲，沈璟《曲谱》所用正格均为文人散曲或小令。如【短拍】用无名氏散曲，【满庭芳】取张可久小令，【金钱花】为无名氏散曲，【节节高】选卢疏斋小令，【粉蝶儿】为李致远散套。此类文人散曲格律类似于词律，脱胎于近体诗律，讲究平仄相生，起伏流畅，反对连平连仄的拗句，也不斤斤计较于四声排布，所以汤显祖在创作中遇到格律源自文人词、文人散曲小令的曲调，往往自觉遵依曲谱，可见汤显祖对待曲体定律并不是全盘反对，而是有选择地使用他自己认为有助于实际案头创作的曲律。

在文人词、文人小令与散曲之外，一些剧曲格律如若符合汤显祖的声律要求，他也是遵守的，如【菊花新】一调，沈璟所选正格来自《琵琶记》，其文字为："封书自寄到亲闱。又见关河朔雁飞。梧叶满庭除。还如我闷怀堆积。"② 平仄为"平平仄仄仄平平。仄仄平平仄仄平。平仄仄平平。平平仄仄平平仄。"此四句每句都是律诗句法，平仄交替起伏，符合汤显祖的创作习惯，所以他并不会也没有必要违拗这样的文人化的、近体诗化的曲律。

3. 汤显祖对传统曲律的反叛与改造

如前所述，汤显祖在《紫钗记》中尚且遵循曲谱定律创作某些曲调，到了《牡丹亭》中，甚至在《紫钗记》后期，他就已经几乎抛弃了沈璟等人念兹在兹的曲律，而采用自己的方式填曲。他的曲律并不是由于"笔懒韵落"导致的完全自由的平仄与四声排布，而是较为严格地按照文人近体诗、词、小令与散曲的格律要求来创作传奇剧曲。

如【忒忒令】，沈璟《曲谱》正格选《琵琶记》第五出，第四句为："他

---

① 叶堂：《纳书楹牡丹亭全谱》，道光戊申春镌本，第100页。
② 叶堂：《纳书楹牡丹亭全谱》，道光戊申春镌本，第269页。

道我恋新婚，逆亲言。"① 格律为"平仄仄、仄平平，仄平平"。《紫钗记》第五出【忒忒令】此句为"畅道是红云拥。翠华偏。"格律为"仄仄仄、平平平，仄平平"大致上是符合曲律的。但从传统的文字声律上看，此处的曲谱定律有一个明显的问题，即一句之内连押平韵，"仄平平"步节重复出现，这导致声韵起伏不明显，而《牡丹亭》第十二出【忒忒令】此句为："一丝丝垂杨线，一丢丢榆荚钱。"去除"一丢丢"三个衬字，格律为"仄平平、平平仄，平仄平。"改为先押仄韵，后押平韵。"垂杨线"与"榆荚钱"不但在意向上营造对偶的感觉，在声律上的起伏也比"恋新婚、逆亲言"两用"去平平"更有韵文的美感。

再如【掉角儿】，沈璟《曲谱》正格名为【掉角儿序】，取自《荆钗记》，为："想前生，曾结分缘。幸今世，共成姻眷。喜得他，脱白挂绿。怕嫌奴，体微名贱。若得他、贫相守、富相怜、心不变，死而无怨。早辞帝辇，荣归故园。那时节夫妻母子，大家欢忭。"② 而《紫钗记》第十三出、《牡丹亭》第七出各有一支【掉角儿】，《紫钗记》的【掉角儿】已经偏离了曲体正格，而《牡丹亭》的【掉角儿】较之前首则改动更多，且更加律诗化。如"若得他、贫相守、富相怜、心不变，死而无怨。"一句，《紫钗记》改为平韵以延续小句之间的平仄起伏："映心头、停眼角、送春风、迎晓日，摇曳花前。"《牡丹亭》延续了《紫钗记》在本句中的律法，用"咏鸡鸣、伤燕羽、泣江皋、思汉广，洗净铅华。"五个小句，使得每句末尾字声起伏如"平仄平仄平"。而"喜得他，脱白挂绿。怕嫌奴，体微名贱。"一句，《紫钗记》改为"坐云霞、飘摇半天。惹人处、行光一片。"《牡丹亭》进一步改为"有指证，姜嫄产哇；不嫉妒，后妃贤达。"将【掉角儿】中此二句格律对照观察如表3所示。

表3　　　　　　　　　【掉角儿】中格律对照

【掉角儿】	句一	句二
《荆钗记》	仄仄平、仄仄仄仄	仄平平、仄平平仄
《紫钗记》	仄平平、平平仄平	仄平平、仄平仄仄
《牡丹亭》	仄仄仄、平平仄平	仄仄仄、仄平平仄

---

① 叶堂：《纳书楹牡丹亭全谱》，道光戊申春镌本，第699页。
② 叶堂：《纳书楹牡丹亭全谱》，道光戊申春镌本，第155页。

可以发现，原曲小句连用四个仄声字，前后两押仄韵，如若配上音乐演唱，又有入声字可唱为平上去，音律起伏，在听觉上没有问题，可是若从文字诵读角度，两句文字堪称佶屈聱牙，格律必须改动。《紫钗记》对此句的改造主要在于韵脚，原本此句押两仄声韵，汤显祖将其改为先平后仄，这样改造以后，第一句又出现小步节连用平声、平声字太多的现象，格律上不算完善。因此《牡丹亭》干脆将此句改为小句间平仄交替和韵脚平仄交替兼顾的句法，即从两个大句看，前一句押平韵，后一句押仄韵；从小句观察，步节之间平仄交替，两句之间既有照应，又有对比，诵读"有指证，姜嫄产哇；不嫉妒，后妃贤达。"两句，可知步节结构清晰，声律起伏明朗。

如前所论，汤显祖在《紫钗记》与《牡丹亭》的创作历程中，逐渐抛弃了曲谱定律，形成了基于近体诗律、词律的文本位曲律。对于先贤的词、小令、散曲格律，汤显祖自觉遵守，他所反对的，是为了与音乐旋律起伏相配套而硬性规定四声使用，使得每下一字都受到严格束缚的曲谱曲律。他所提倡的曲律，是完全抛开了音乐旋律的参照，基于传统诗歌文学创作的方法。他结合了近体诗律、词律、文人小令格律等韵文规则，融会贯通出一套新的，适合传奇曲牌案头创作的曲律。

三、汤显祖曲律观成形的背景及成因

汤显祖的曲律观之形成，既有当时曲坛创作整体雅化作为大背景，也蕴含着他个人在创作中挣脱束缚、探索曲学本体规律的尝试与思考。

首先，文人为了提高传奇创作的正当性，将"曲"作为中国传统诗歌文学"乐府""唐诗""宋词"的延伸，所以在创作规则方面，曲体格律仿照诗词格律就有了理论依据。文人传奇本起源于宋元民间南戏，格律系统混乱。南戏在高明、柯丹邱、梁辰鱼等作家的创作实践中逐渐由自由粗疏的民间艺术，转向格律化、诗文化、案头化的文人传奇，其地位也日渐提升，如祁彪佳云："诗亡而乐亡，乐亡而歌舞俱亡。自曲出而使歌者按节以舞，命之曰'乐府'，故今之曲即古之诗，抑非仅古之诗而即古之乐也"[①]。可见传奇在明代被逐渐

---

① 祁彪佳：《孟子塞五种曲序》，引自俞为民、孙蓉蓉编：《历代曲话汇编·明代编》第三集，黄山书社2009年版，第67页。

抬高到与"古之诗""古之乐"一脉相承的地位。故大批文人执诗文之笔参与到传奇的创作中,如凌廷堪言:"若夫南曲之多,不可胜计。……谓之为诗也可,谓之为词也亦可,即谓之文也,亦无不可,独谓之为曲则不可。"① 文人以对待诗文的态度对待传奇创作,那么传统诗词格律也会被作家自然地运用到曲调的创作中。只是汤显祖以外的某些作家是因为不懂曲律而以诗律作曲,汤显祖却通过自身的思考和创作实践完成了从"遵守曲律"到"抛开曲律"的变化,并形成了自己较为固定的曲律规范。

其次,沈璟等人所提倡的传统曲律,固然为曲家填曲提供了可以依据的格律范本,但是对四声的严苛追求又反过来影响了创作的灵活性和自由度。如李渔论作曲之难:"调得平仄成文,又虑阴阳反覆;分得阴阳清楚,又与声韵乖张。令人搅断肺肠,烦苦欲绝。此等苛法,尽匀磨人。"② 在实际创作中,作家为了凑合四声而生搬硬拗,甚至改变曲意的情况不免发生,四声的严格要求也成了创作中的桎梏。另外,曲谱格律中,为了配合音乐旋律,往往多有连平连仄的"拗句",或者上下两句平仄不对偶的情况。如【玉芙蓉】第五句,正格为《拜月亭》"求官奈何服制拘。"沈璟评价"求官奈何"四字云:"今人皆用'仄仄平平',此独用'平平去平',更为发调。"③ 此句曲律为"平平仄平平仄平",此句的格律在曲谱中是正确的,但在近体诗律中是"失律"的,因为近体诗中步节之间必须平仄交替。在沈璟为首制定的曲谱定格中,很少有完全符合近体诗律的曲调,连平连仄、失粘失对、三平、孤平的文字格律,在实际演出中配合音乐则动人美听,在案头诵读时却反而"拗折嗓子"。因此这种"四声阴阳明辨"、却又常常违背传统"诗律"的曲律要求,在一个文人作家看来,一方面是对创作严苛的限制,一方面也存在着文字声律上的谬误。

汤显祖本人其实精通音律,邹迪光《临川汤先生传》云:"(汤显祖)每谱一曲,令小史当歌,而自为之和,声振寥廓。"④ 汤显祖自己也曾作诗道:

---

① 凌廷堪:《与程时斋论曲书》,《校礼堂文集》卷二十二,引自赵山林译注《安徽明清曲论选》,黄山书社1987年版,第233页。
② 李渔:《闲情偶寄》,引自《中国古典戏曲论著集成》七集,中国戏剧出版社1959年版,第32页。
③ 沈璟:《增定南九宫曲谱》,引自王秋桂主编:《善本戏曲丛刊》第三辑,台湾学生书局1984年版,第190页。
④ 徐朔方笺校:《汤显祖全集》,北京古籍出版社1998年版,第1573页。

"玉茗堂开春翠屏，新词传唱《牡丹亭》。伤心拍遍无人会，自揢檀痕教小伶。"① 汤显祖对曲律的熟稔，也能从《紫钗记》前半部合律曲调的创作中窥知一二。然而就是在《紫钗记》的创作过程中，汤显祖意识到：依照传统曲律填曲的做法并未必正确，如其云："如必按字模声，即有窒滞迸拽之苦，恐不能成句矣。"（《答吕姜山》）② 意即用每个字来模拟声腔高低，很难完全配合，读起来也有文字窒滞之苦。汤显祖的曲律观可以从《答凌初成》："曲者，句字转声而已。葛天短而胡元长，时势使然。"③ 这句话中看出。其曲律观为：音乐旋律是句字自然而然地转音造成的，字声的平仄起伏，前后照应，可以形成文字本身的音律美感，这种美感不需要依托音乐旋律，在创作上也更为便捷。

总　　结

汤显祖在《牡丹亭》中表现出的"不合音律"，并不是他自开始传奇创作以来就始终如一的常态。在《紫钗记》的创作过程中，他经历了从"遵守曲谱"到"抛开曲谱"的转变。一些曲调在《紫钗记》中，尚符合曲谱定律要求，但到了《牡丹亭》中，甚至在《紫钗记》创作的后期，就开始无视曲谱，自循新律。对于有文人词、文人小令、散曲范例的即定格律谱，或者符合传统韵文声律要求的南曲谱，汤显祖尊重且遵循，而对于一些不符合传统诗文"句内平仄相生""对句平仄相对"要求的曲谱谱例，汤显祖则进行了以文字声律为基准的改造，使得文字本身平仄交替，形成起伏有致、循环往复的美感，利于创作、利于诵读，独不利于定腔演唱。这种曲律观影响了一批传奇作家的创作，也迫使传奇发展后期，叶堂等曲家对每支曲调重新定谱，令同支曲牌旋律各异，以便于入唱。可以说汤显祖在《紫钗记》《牡丹亭》之间的曲律观的转变，也改变了明代后期之清初整个曲坛的创作生态。

作者单位：南京师范大学国际文化教育学院

---

① 徐朔方笺校：《汤显祖全集》，北京古籍出版社1998年版，第735页。
② 徐朔方笺校：《汤显祖全集》，北京古籍出版社1998年版，第1337页。
③ 徐朔方笺校：《汤显祖全集》，北京古籍出版社1998年版，第1442页。

《柳浪馆批评玉茗堂还魂记》的传播价值

刘淑丽

在没有报纸、电视、电影、网络的时代,文化或思想是如何传播的?大抵主要依赖书籍。对戏曲文本进行评点,是明清时文人的一种常见的行为。在评点本中作者的评点虽然出于个人的感悟,但作者必定会考虑到当下人们最关心的政治、经济、军事、文化等问题,使评点本成为当时社会文化传播的载体。《柳浪馆批评玉茗堂还魂记》就具有这样的传播价值。

明代万历年间的《柳浪馆批评玉茗堂还魂记》共二卷。上卷卷首有七幅图,下卷卷首有八幅图,均为双面连式。正文有缺失,不少文字、图片漫漶不可辨认。如二十九出《旁疑》只有一支曲子【步步娇】;第十出《惊梦》从"这生素昧平生,何因到此。(生笑介)小姐,咱"后佚,只存末句诗"可知刘阮逢人处,回首东风一断肠";第五十五出《圆驾》从"杜丽娘所言真假,因何"以后缺失。有眉批有总评,只有第一出、第四十二出《移镇》、第四十三出《御淮》无总评,第十出有佚文,未见总评。眉批也多数不可辨认。署名上,袁于令还算是大胆地表明了自己的身份,不讳言传播者的身份。在卷首的第三幅插图题字中落款为"勾吴袁凫公题",袁凫公即袁于令,已有研究提指出柳浪馆即袁于令。①

《重刻清晖阁批点牡丹亭·凡例》斥柳浪馆本"疏于校雠"②,与谬为增减的臧吴兴、郁蓝生二种"皆为临川之仇也"。朱墨本《邯郸梦记·凡例》云:"批评旧有柳浪馆刊本,近为坊刻删窜,淫蛙杂响。"③ 今天看到的版本是本来就疏于校雠还是坊间删窜不得而知。柳浪馆本与《六十种曲》所收《绣刻还

---

① 参见郑志良:《袁于令与柳浪馆评点"临川四梦"》,载于《文献》2007年第3期。
② 《重刻清晖阁批点〈牡丹亭〉》附《又著坛原刻凡例七条并列于后》,引自《中国古典戏曲序跋汇编》(二),齐鲁书社1989年版,第1231页。
③ 吴毓华编著:《中国古代戏曲序跋集》,中国戏剧出版社1990年版,第166页。

魂记定本》是同一系统，两者内容比较差别较小，但个别的字句的差异还是有的，而这些差异往往都是柳浪馆本有误。有时是同音异形的差别，如下列加点字的改动："虽则俺改名换字悄魂儿"（第二出《言怀》【九回肠】）——俏；琐南枝（第五出《延师》）——锁；"注尽沉烟"（第十出《惊梦》【绕地游】）——炷；"人遇风晴笑口开"（第十出《惊梦》）——情；"后花园里游方"（第十二出《寻梦》）——芳；"话到其间缅觍"（第十二出《寻梦》）——觍腆；"依晞想像人儿见"（第十二出《寻梦》【月上海棠】）——稀；"不能勾展脚伸腰"（第十三出《诀谒》【前腔】）——觳；"俺待用个南人为我乡道"（第十五出《虏谍》）——导；"睡临侵打不起头稍重"（第二十出《闹殇》）——梢；"夜度沧州怪亦听"（第五十三出《硬拷》）——渡等。有时候是科介不同，如"（老旦扮僧上）"（第二十一出《谒遇》）——（老僧上）；"（老旦）大海宝藏多"（第 21 出《谒遇》）——僧等。或错误地标注了科介，如"（儿）听见外厢喧嚷"（第五十三出《硬拷》）——"儿，听见外厢喧嚷"。也有增添或减少各别字眼的曲辞，如"快向钱塘门外报杜小姐"（第五十三出《硬拷》）——杜小姐喜；"（丑）恼谁？"（第二十三出《冥判》）——"（丑）恼"；"我进平淮西碑取奉奉朝廷"（第六出《怅眺》）——取奉等。大多时候是柳浪馆本讹误，如"怕道官贫更少儿"（第三出《训女》）——伯；"通关节，三也。"（第四出《腐叹》）——二；"世间荣落本逡巡"（第四出《腐叹》）——禄；"月明无犬吠杳花"（第八出《劝农》【前腔】）——黄；"咱弄梅心事"（第十八出《诊祟》）——咽；"用栀子仁当归泄下他火不"（第十八出《诊祟》）——来；"再不叫咱拈花则眼调歌鸟"（第二十出《闹殇》【红衲袄】）——侧；"所喜老相公高迁"（第二十出《闹殇》）——乔；"闻道金门堪济世"（第 21 出《谒遇》）——开；"又把俺这门桯迈。"（第 23 出《冥判》【北点绛唇】）——程；"两傍召剑并非同"（第二十三出《冥判》）——刀；"是牛头须夜叉发铁丝儿操定赤支毸"（第二十三出《冥判》）——线；"你便是没关节包侍制"（第二十三出《冥判》）——待；"向弹壳里走去"（第二十三出《冥判》）——做等。此如可见，柳浪馆本的确是疏于校雠的，但是这并不能抹杀柳浪馆本《牡丹亭》所具有的传播价值。

就评点的形式而言，评点本身就是传播的一种手段，而"传播具有规范性。它使非私人的东西传播开来，为众人共同拥有"。① 评点有助于文本的传播，尤其是袁于令对"临川四梦"都进行了评点，作为一个整体，其传播功能较之单点评《牡丹亭》更有效。其次，明末发达的印刷技术成了《牡丹亭》传播的得力推手。再者，袁于令能带来名人效应。他既是评点者，又是戏曲创作者，在通作者之意开览者之心方面，其评点本对观众而言更有说服力。此外，有评点的版本有助于增进或引导读者对文本的理解，尤其是评点中有着意强调或延伸的内容，凡此，都使这个版本有了独立的传播价值。

二

"小说评点的传播价值大致表现为内外两端，就外在现象而言，是指评点对小说传播和普及的促进，而就内在形态而言，则表现为评点本身在欣赏层面上对读者的阅读影响和指导作用。"② 小说与戏曲同样是通俗文学，这段话用于戏曲的评点也大抵可行。就评点的内容而言，在"文本——评点者——读者"这条传播路径中，读者接受的并不是原作者的版本，而是经过评点者诠释后的，渗透着评点者意志的版本。这个新的版本，从传播的角度来看，都有哪些价值呢？

首先，评点者对文本进行独到的赏析，便于读者阅读。

袁于令突出了在剧本创作中叙事的重要功能。在第三十七出《骇变》总评中明确提出"叙事逼真"一词，评点中涉及到叙事的有对语言、人物、情节内容、主旨、构思等的评点。

批语对剧作的曲辞、宾白进行了鉴赏，又由此传达了一种曲学观念：崇尚雅丽而自然的语言观。有针对某个词的评点，如"'尊'字甚用得妙。"（第五出《延师》眉批）"国色佳声对得佳。"（第九出《肃苑》眉批）"'青未了'绝佳。"（第十四出《写真》【雁过声】眉批）。有的是对句子的评点，如"好句好句。"（第三十二出《冥誓》眉批）"绝妙绝妙。"（第五十三出《硬拷》【风入松】眉批）"妙甚妙甚。"（第五十三出《硬拷》【沽美酒】眉批）还有的评点，是针对人物语言而发，又综观了人物的性格或情感，如"'去怎的'，

---

① 吕西安·斯费兹（Lucien Sfez）著，朱振明译：《传播》，中国传媒大学出版社2007年版，第13页。
② 谭帆：《评点与小说之传播》，载于《中国文学研究》（辑刊），2007年第3期。

问的蠢。"（第十六出《诘病》眉批）"可怜！"（第二十五出《忆女》【香罗带】眉批）甚至提出修改意见，如"'你'字宜改'须'字，并不像探子口气也。"（第四十二出《移镇》眉批）眉批中涉及到对曲辞的点评，就风格而言，褒扬雅而丽的唱词，如用了"妙""雅""丽""好""壮语"等。也多次用了"趣""趣谑""趣甚""巧甚""告考夹带两谑，可称绝倒"（第五十一出《榜下》总评）"谑都佳"（第三十四出《诇药》总评）等，强调了宾白的俚俗属性。他还特地拈出"科诨"一词，如第四十七出《围释》总评云："一切科诨，极尽聪明巧妙。作者一肚皮不合时宜，都发泄尽了。"包括袁于令在内的明人在戏曲评点中已很重视科诨的重要性，为李渔科诨理论奠定了基础。"一肚皮不合时宜"则提醒读者关注作者在剧中表达出来的富有启蒙光辉或者鞭辟入里的真知灼见。"真画。""此句已入化境。"（第三十二出《冥誓》【前腔】眉批）"若此出曲，妙已入神矣"（第五十三出《硬拷》眉批）等评语强调了描写逼真的效果，而这恰恰是元人戏曲语言的精髓。作者在评点中亦毫不避忌地显示出对于元人戏曲语言的推崇："西厢也。"（第三十六出《婚走》【胜如花】眉批）"元人体。"（第三十三出《秘议》眉批）批者毫不吝啬地称颂了剧作者汤显祖的才华："说人说不出之情，画人画不了之景，透彻骨髓矣。"（第十出《惊梦》总评）"此等情景，勿论他人不能说，即临川先生未落笔时，既放笔后，恐亦不能再得也。"（第十二出《寻梦》总评）"只是一部《千字文》，便成天花乱坠。"（第十七出《道觋》眉批）"用《千字文》处极为巧妙。临川临川，毋乃太聪明乎！今世上有几个晓得《千字文》的，徒然费此一片苦心也。"（第十七出《道觋》总评）"……都是梦境鬼境，非真有幻笔如何写出……"（第二十八出《幽媾》总评）所以李渔说《牡丹亭》曲辞"惨淡经营"也并非独创之见。对曲辞、宾白的点评不仅培养了阅读者的鉴赏能力，同时，对兼顾文采与自然的曲辞观念的形成也起到了导向与推动的作用。

批语精准而简练地对人物进行了分析，用一两个字就略形取神地概括出人物的性格。如"摹画丫头顽皮，先生腐气，小姐知事，色色入神，色色入画。更妙处是小姐仍带稚气，妙极妙极。"（第七出《闺塾》总评）对陈最良的评价分析最多，主要突出了"腐"字，用了"腐气""腐状""腐态""腐儒"等字眼。"陈先生真是个不窥园的董仲舒。只怕尊夫人，倒也窥园在。说到收放心处，模写他腐态，可谓尽情了。"（第九出《肃苑》总评）"可作老秀才别传。"（第四出《腐叹》总评）"天下止有秀才没用，你看陈秀才，到杜家报两件事，一件也不的确，如何做得细作。"（第四十六出《折寇》总评）"描画腐儒，可称写照。"（第四十五出《寇间》总评）"此等事，陈最良这辈人，决不肯信。"（第三十五出《回生》总评）对柳梦梅的评点也颇多，突出其"痴"："痴至。"（第二十六出《玩真》眉批）"痴汉痴汉。"（第五十出《闹宴》眉批）"此女婿也欠风流，缘何先做太平诗，曰还强似如今说太平话的女婿。柳生痴状不减今日学究。如此人也作状元，毕竟是戏是真。"（第五十出《闹宴》总评）"已得画饼矣，第不知果充饥否耳。"（第二十四出《拾画》总评）"杜平章所见极是，的是老臣举动，只可笑柳生不知世务，一似着鬼着魅，亦是自讨苦吃也。柳郎原是个情痴人，一毫世务不晓，非老丈人无情也。"（第五十三出《硬拷》总评）"好一对不经事的雌雄，你便待放榜后何如？为何如此急性。"（第四十四出《急难》总评）批者进一步指出因为"至情"才有如此痴汉、如此痴事："世上有如此痴汉，然痴事每为痴汉做就，盖痴则一点至诚，可以廻反生死，政自用不着乖耳。你见乖人成几件事来。"（第二十六出《玩真》总评）评丽娘为"痴女子。"（第四十四出《急难》【榴花泣】眉批）"小姐你既从死得活矣，又怕要从活得死哩。曰情愿死，情愿死。"（第三十五出《回生》总评）春香的形象，突出了顽皮和聪明，如前所引："春香顽皮，老陈腐状，一一如画。"（第九出《肃苑》眉批）"春香通甚，把老儒精抢。"（第七出《闺塾》眉批）"春香通。"（第七出《闺塾》眉批）通，是指春香通达世务。

　　批语也评及戏剧构思之巧妙。如"掩映梅柳字，巧甚慧甚。"（第二出《言怀》总评）"用韩柳既奇矣，巧矣，因赵王身上说到陆秀才，更为奇巧。"（第六出《怅眺》总评）"词中每每从柳字生情，大奇，①忒聪明，可笑他人寻状元不着，柳生状元寻他不着。"（第五十二回《索元》总评）"关目"的提出也印证了袁于令对戏曲叙事的重视："不知儿是鬼，母是鬼，女是人，娘是人，此等疑事，如何明白。此时阴气太重，人亦鬼也，况鬼为人乎，不可信不可信。相会处极有关目，作手作手。"（第四十八出《遇母》总评）此处指杜丽娘与杜夫人相会时的戏富有张力，这种张力是由外部动作与内部的动作共同形成的。

---

① 奇，原作"哥"。

其次，宣传、强化了以情反理的至情观。

"确是情经"（第十出《惊梦》眉批）"耽情""生死橛"等批语都抓住了《牡丹亭》一剧的主旨。如"如此耽情，缘何不死。如此耽情，又缘何不生。"（第十四出《写真》总评）"情之一字，真生死橛也。有此死，即有彼生。有彼生，又有此死，如何是了期。要断生死，先断此情为是。"（第二十出《闹殇》总评）"生生死死为情多，此一语便可倾翻一大藏矣。词人也乎哉，词人也乎哉。"（第二十七出《游魂》总评）"不难为郎而死，难在为郎而生。今之情人有生耳，何能死，有死耳，又何能生。生不能死，死不能生，总是情未真耳。情真自是生者可死，死者可生。"（第三十二出《冥誓》总评）"情根一点是无生债，此语乃了生死秘诀。今之生而死，死而生者，都为有这点情在，岂独杜丽娘一人而已乎？临川说到此，不辞人已乎。"（第三十六出《婚走》总评）在评点中暗嘲理学先生："此等事，不管疑杀天下人，若要明白，定须问程伊川、朱晦庵那一起人，呵呵。"（第五十四出《闻喜》总评）"可笑理学先生专要借圣贤言语扯淡，如三十而娶二十而嫁，是则是矣，请问你缘何十七八岁时未娶也。便先以手为细君何也，亦曰三十而娶乎？"（第十六出《诘病》总评）基于以情反理的立场，虽然用以反驳理学家的话不雅，但却犀利地表达了对理学家的不满。

此外，评点联系现实，对当时的社会及世态进行了嘲讽，易引发读者的共鸣。

当读者看到批语中所描画的是自己所熟悉的世界，他们对这些现象或已有感受而尚未明确意识到，或者对某些现象心有戚戚，可以说满足了读者的期待视野并产生共鸣，这样的传播无疑是成功的。

有些批语讽官僚不称职不忠贞："今世上尚有劝农太守不？未知和尚曰：只有摧粮知县耳。"（第八出《劝农》总评）由对忠仆郭驼的评价，推及官僚，由一人推及天下："为人奴者，有如郭驼者乎？百不一也。为人臣者，有如郭驼者乎？千不一也，万不一也，亿不一也。呜呼！"（第四十出《仆侦》总评）郭驼寻主至梅花观，未遇，又打听癞头鼋，要去临安寻主。而当世之官僚又有几个如郭驼一样矢志不渝？

有些批语讽世人打秋风："今之为秋风而出门者，不知失却多少春风。"（第十三出《诀谒》总评）"秀才只消无耻，也自进身之路，就是假宝也自然售了。"（第二十一出《谒遇》总评）对干谒权贵打秋风之徒直言其无耻，厌恶之意明显。

好男风之习在《牡丹亭》剧本中有反映,在批语中亦不避讳地加以嘲讽:"好男风者得为蜜蜂,则当今世界成一大蜂窠矣。笑笑。"(第二十三出《冥判》总评)

评点屡次提及妒妇的问题,如"好话好话,只是有些放不下。老夫人此样年华尚然吃醋,甚可笑也。"(第二十五出《忆女》眉批)春香劝老夫人,既然老相公有娶小之意不如顺他,批语道:"至于春香劝化数语,乃是至言,当人书一通以贻内子为是。"(第二十五出《忆女》总评)还提及李全那个"威风"的妻子:"贼婆偏会吃醋,凡吃醋的,都是贼婆。呜呼,世上妒贤害能的,遍地都是,又何怪乎贼婆?未知师曰:贼者,害也;婆者,阴也。凡阴害人者,是贼婆也。笑笑。"(第十九出《牝贼》总评)"还是贼婆有些算计,虽然今世之婆那一个不贼来。"(第四十五出《寇间》总评)有妒妇就有惧夫:"若是怕老婆封王,今世界上竟成王世界了,虽然即不封王也是个进士世界。"(第三十八出《淮警》总评)即进士也惧内。

有些批语对科举制度发出不平之鸣:"识宝回回在那里,要指望苍海无遗珠也么,苗老之言最为老实。"(第四十一出《耽试》总评)"秀才只消无耻,也是进身之路,就是假宝也自然售了。今世上有几个有识真宝回回在。"(第二十一出《谒遇》总评)"青天白日之下,做此梦事,做此鬼事,真可发一大笑矣。虽然此固梦矣,醒者何在?此固鬼矣,人者何在?不若大家胡芦提罢。"(第三十三出《秘议》总评)"洞房花烛是梦是鬼,只恐金榜挂名,也是鬼是梦。呜呼,今之金榜上人,谁不是梦,谁不是鬼。"(第三十九出《如杭》总评)对读书人终其一生追求功名的宿命充满悲悯。批语对人才受屈抱不平:"漂母有时有,淮阴无日无。信哉斯言也。柳郎柳郎,也只得以鬼妇为漂母耳。"(第四十九出《淮泊》总评)袁于令在明代仅是"府庠生",即岁贡生,入清于顺治二年(1645)才开始仕途,其评点《还魂记》时还未入仕,科举蹭蹬,自然牢骚满腹。

也有的评语不够端庄,或有些恶趣味,在传播上甚至会产生负面价值。如"定知先生娘脚大矣。"(第七出《闺塾》眉批)"老夫人,你虽絮絮叨叨,已是贼出关门、屁出掩臀了。"(第十一出《慈戒》眉批)"老儒不逢时务,皓首吟哦,故天罚咳嗽。"(第四出《腐叹》眉批)"都学杜小姐事,媒人只好饿死。"(第三十六出《婚走》眉批)"石姑用后,不得已也。今有姑而不石者,亦多用后，何也？曰：语有之，瞻之在前，忽焉在后。更有舍前用后者，又何也？曰：吴谚曰，留前支后。"（第十八出《诊祟》总评）董含曾言袁于令："年逾七旬，强作少年态。喜纵谈闺阃事，每对客淫词秽语，冲口而发，令人掩耳。"① 故其评点也难免流露出文人风流的一面，而这也可以说是评点在从个人赏鉴向大众传播过程中的一种带有媚俗的迎合。

评点中也有对于舞台演出的意见。如第十出《惊梦》眉批："此出全以介胜，观者著眼此处，方不负作者工苦也。""介好甚。"对于科介的评点即着眼于舞台表现。柳浪馆《紫钗记总评》中道："余谓《紫钗》犹然案头之书也，可为台上之曲乎？"又云："传奇自有曲白介诨，"② 反观其《还魂记》的评点，包括前面提到的对结构、语言、关目的评论，无不体现了对戏剧作为综合艺术的本体性的体认。

可见评点戏曲文本的目的，不只在于诠释文本，还在于通过评点的方式揭示、传达其中隐含的思想价值。传播与需求是双向的，评点者心中是装着接受者的，接受主体的需求决定了作为传播主体的评点者的传播行为与内容。传播者不仅满足接受者的信息需求，也会引导新的需求。就《柳浪馆批评玉茗堂还魂记》来说，无论是褒是贬，其对叙事、主旨、世态的点评被不同文化层面的人们所接受，在多方面呈现出传播的价值。如袁于令自己在创作《西楼记》时也借鉴了《牡丹亭》的《惊梦》《魂游》的曲辞、情节，更遑论其他戏曲作品。郑振铎说："启、祯间，吴郡镌书之风至盛，殆可夺建安、金陵之席矣。凫公与冯墨憨倡导诱掖之功不鲜也。"③ 直言评点助于读者接受与销售而带动了书籍的镌刻，故评点让戏曲文本在传播中发挥了最大功能。

作者单位：烟台大学人文学院

---

① 董含撰，致之校点：《三冈识略》卷七"口舌报"，辽宁教育出版社2000年版，第143页。
② 吴毓华编著：《中国古代戏曲序跋集》，中国戏剧出版社1990年版，第248页。
③ 郑振铎著，吴晓铃整理：《西谛书跋》，文物出版社1998年版，第612页。

清代昆剧身段谱中的《牡丹亭》研究

刘　轩

一、昆剧身段谱简介

1. 乾嘉传统的文献载体

早在明代戏曲理论家潘之恒的《鸾啸小品》中，就表述了昆剧演员应当"才""慧""致"兼备，尤其是"致"，即登场演剧时表现情态真实性与美观性的结合，做到合乎规范而又形神毕肖，更是被放在舞台表演中的核心地位：

>　　人之以技自负者，其才、慧、致三者每不能兼。有才而无慧，其才不灵，有慧而无致，其慧不颖……赋质清婉，指距纤利，辞气轻扬，才所尚也……一目默记，一接神会，一隅旁通，慧所涵也……见猎而喜，将乘而荡，登场而从容合节，不知所以然，其致仙也……①

对于"登场而从容合节"的追求，也延续成为昆剧表演的最高艺术理想。据记载，在清代初年，康熙皇帝就曾降旨提出要重视昆剧唱念表演的协调统一：

>　　"魏珠传旨：尔等向之所司者，昆弋丝竹，各有职掌，岂可一日少闲……昆山腔当勉声依咏，律和声察，板眼明出，调分南北，宫商不相混乱，丝竹与曲律相合而为一家，手足与举止睛转而成自然，可称梨园之美何如也"②。

---

① 潘之恒著，汪效倚辑注：《潘之恒曲话》，中国戏剧出版社1988年版，第42页。
② 懋勤殿旧藏"圣祖谕旨"档案，转引自傅雪漪：《绘情绘声，为后世法》，载于《戏曲艺术》1997年1期，第11页。

尤其在清代中期，折子戏演出模式确立为昆剧演出的主流之后，为了在花部崛起的大环境下力保雅部正声在演出市场中的地位，昆剧界对于表演的雕琢更加工细，表演技艺的精湛与否更超越了其他因素，成为评判一个昆剧演员是否优秀的至高标准。成书于乾隆五十年（1785）的《燕兰小谱》卷五中有这样一条记载：

> 苏伶张蕙兰，吴县人。昔在保和部，昆旦中之色美而艺未精者。常演小尼姑思凡，颇为众赏，一时名重。蓄厚资回南，谋入集秀部。集秀，苏班之最著者，其人皆梨园父老，不事艳冶，而声律之细，体状之工，令人神移目往，如与古会，非第一流不能入此。蕙兰以不在集秀，则声名顿减，乃捐金与班中司事者，挂名其间，扮演杂色。①

从这条资料中可以得知，在乾隆时期，最优秀的昆剧表演是"不事艳冶，而声律之细，体状之工，令人神移目往"，在这种风气下，"色美而艺未精"者即使捐金谋入第一流的昆班，也只能扮演"杂色"。正是由于这种对舞台表演细腻传神风格的不断追求，最终确立了有一定严谨度和规格性的昆剧表演传统，因之定型于折子戏兴盛的清代前中期，故称为"乾嘉风范"。

从时间段来看，虽然以身段谱为文献载体的昆剧表演规范称为"乾嘉传统"，但并非只有在乾嘉年间才有身段谱的出现。事实上，根据已掌握的资料，从康熙初年到光绪末年，都有昆剧身段谱存世，只不过因为乾嘉年间是昆剧折子戏搬演的繁盛时期，也是其表演体系完善成型的关键时期，故以"乾嘉传统"来指代清代形成的昆剧表演规范，在此期间抄录的身段谱也最为丰富多样。纵观清以前的整个中国戏曲发展史，只有昆剧在进入折子戏时代后留下了一批涵盖生旦净末丑各个行当的手眼身法步、舞台排场、人物穿关的身段谱录，这不仅可以看作昆剧在历经百余年盛演之后，对以折子戏为载体积累的大量舞台实践经验所做的有意识的记录保存，甚至不妨进一步认为，这或许也是在以昆剧为代表的中国戏曲表演体系高度成熟之后对舞台实践所做的一次大总结，为此后成型的京剧、越剧等声腔的舞台搬演提供了一套成体系的表演范式。而这种表演范式最主要和最直观的文献载体，就是清

---

① 吴长元著：《燕兰小谱》（卷之五），宣统三年季夏长沙叶氏校刊。

代的昆剧身段谱。

2. 清代昆剧身段谱的留存情况

在科技记录手段匮乏的时代，作为清代中后期的昆剧舞台表演实录，昆剧身段谱具有不可比拟的宝贵文献价值。这一时期的身段谱细分来看，主要有以下三种记录范式：

一是只记录身段动作而不记录工尺的，叫"身谱"，例如中国艺术研究院藏《详注身段剧本》中的《牌谱》；

二是虽没有记录完整的工尺，但有点板（通常用朱笔），例如乾隆年间沈文彩抄《长生殿传奇》，这也是比较常见的身段谱记录范式；

三是曲词右侧记录有完整的工尺谱，同时在曲谱右侧旁注小字身段、排场，称为"身宫谱"，例如程砚秋玉霜簃藏清抄本《牡丹亭·闹学》。

在此，为了行文方便，也为了突出本文论述的重点，统一使用"清代身段谱"的说法来指称康熙到光绪年间出现的所有身段谱录。

迄今已知的正式出版刊行的身段谱只有一部道光十四年（1834）刊刻的《审音鉴古录》，据学者考证，它其中收录的身段谱写定年代应在乾隆后期①，是乾隆朝昆剧舞台上的演出实录。但这并不是唯一流传下来的昆剧身段谱录，也不是写定年代最早的——目前可见最早的身段谱录是傅惜华藏清代康熙九年（1670）抄录的《思凡》，该钞本内封面题"康熙九年"，收录了【诵子】【山坡羊】【初转哭皇天】【荷叶扑水面】几支曲牌，曲白兼备，基本与当今舞台上所演内容一致，唱词注蓑衣式工尺谱，朱笔点板，并在曲词右侧括号内小字详注身段演法，字体工整。但是，作为昆剧身段谱类唯一正式出版物，《审音鉴古录》的最可宝贵之处，在于将原本流传于梨园内部、专供伶工传看的身段谱正式修订刊行，在市场上流通。这也体现出了当时知识分子阶层已经意识到了对于昆剧艺术的流传而言，身段谱录的收集整理与曲谱的修订具有同等重要性。遗憾的是，在昆剧演出日渐颓靡的清代后期，这一做法并未能像曲谱的修订那样比较广泛地流行开来，因此，也只留下了《审音鉴古录》这一部正式刊行的身段谱录。所幸，另有数量可观的手抄身段谱流传下来——相比起同时期由文人参与修订、刊行的大量曲谱，昆

---

① 有关《审音鉴古录》的成书年代，请参加胡亚娟：《〈审音鉴古录〉版本及年代作者考》，载于《艺术百家》2007年第3期，第46页。

剧身段谱更多地保持了伶工搬演的原貌，也由于其具有"梨园秘宝"的意义，文人参与较少，保存也比较零散，故学界对这一类资料的发现和研究还比较有限。

目前已知的身段谱，除了《审音鉴古录》之外，主要集中在下几个来源：傅惜华碧蕖馆藏曲（现藏于中国艺术研究院图书馆），程砚秋玉霜簃藏曲（现主要藏于北京大学图书馆），以及梅兰芳缀玉轩藏曲（其中包括一部分齐如山藏曲，现主要藏于中国艺术研究院图书馆和梅兰芳纪念馆）。以上三者中，傅惜华藏身段谱的一部分（80部）已由学苑出版社于2013年出版，程砚秋玉霜簃藏曲中的部分身段谱录也由国家图书馆出版社在2014年出版了影印本。另外，中国艺术研究院图书馆藏有《乾隆沈文彩钞本长生殿传奇》，也出自程砚秋的收藏，一函两册，于乾隆十五年（1750）由抄曲家沈文彩抄录，共39出，比较完整地呈现出了乾隆初期搬演《长生殿》全本的情况。钞本朱笔点板，一些折子的曲词右侧注有身段、场面安排，有的还注有两种不同的曲词念法。身段注释比较详细的有《絮阁》《密誓》《返荐》等，其中《絮阁》和《密誓》在当今昆剧舞台上的《长生殿》演出中亦是保留剧目，可以想见其身段程式安排在乾隆初期就已经趋于定型了。上海图书馆藏周明泰捐赠的《至德周氏几礼居藏戏曲文献》中也有一册《昆弋身段谱》，分为甲乙两编，共收录折子戏55出，抄录的年代基本在乾嘉之际。

从一些身段谱中的题款中可获知，这些钞本多来自以下几个抄曲家：

（1）活跃在康熙到雍正年间的咏风堂沈氏家族（沈兆熊抄《双官诰》《幽闺记》，沈文彩抄《长生殿》等）；

（2）乾隆至近代的曹氏家族（先后以金玉堂、维雅堂、处德堂为堂名），其中，金玉堂曹抄本中有相当一部分是对沈氏抄曲的重新修订①。

（3）题款为"瑶仙张记"的清代张瑶仙抄曲，目前发现的有藏于中国艺术研究院图书馆的《一捧雪》《赶妓》，其中后者记录范式为朱笔点板，蓑衣式记录身段，在笔者所见的身段谱记录中是形式比较特别的一种。中国艺术研究院图书馆藏另有一册《绣襦记·打子收留》，封面题"瑶仙记"，从字体看应该也是出自张瑶仙手笔。"瑶仙张记"的抄曲多注明在"乙卯"

---

① 有关沈氏抄曲与曹氏抄曲的具体情况，请参见孙崇涛：《戏曲文献学》，山西教育出版社2008年版，第169~170页。

年间。

（4）题款为"至德书屋""至德草堂"的抄曲。关于"至德书屋"，目前笔者掌握到以下几条材料，虽然并不能确认这位或者这几位抄曲者的具体姓名，但是可以大致揣测出以"至德书屋"为名的抄曲、藏曲活动出现和活跃的时间段：

一是上海图书馆藏的《昆弋身段谱》甲编目录中记载，其中第六册收录的《拜月》《回军》《双拜》属"清乾隆至德书屋抄本"，《井遇》属"清丁未年至德书屋抄本"，丁未年在清代有五个年份，分别是康熙六年（1667）、雍正五年（1727）、乾隆五十二年（1787）、道光二十七年（1847）和光绪三十三年（1907）；

二是孙崇涛著《戏曲文献学》第 173 页：说明"至德书屋"出现在嘉庆年间；

三是戴云《碧渠馆旧藏名伶手订昆曲曲谱身段谱述》中提道：

> 从《哭相哭魁星曲谱》封面所题"陈铎嘉梁书"可知，嘉梁之名应是陈铎，嘉梁或为其字。另从有"陈铎"印章的地方，通常书写"至德书屋"或"至德草堂"字样，或钤有'筠石'等章，从中我们可以推断出陈铎字嘉樑，号"筠石"，其书斋号为"至德书屋（至德草堂）"。

戴云文中提到的陈嘉樑是嘉庆年间著名昆剧演员陈金雀的孙辈，其生卒年为 1875~1925 年，如果"至德书屋"是陈嘉樑的书斋名号，那么签有"至德书屋"字样的曲谱应该不早于光绪年间，但是从其余两条材料中得到的信息显然并非如此。尤其是上海图书馆藏的《昆弋身段谱》为乾嘉时的伶工抄录，如果"至德书屋"抄曲谱此时并未出现，则《昆弋谱》的抄录者应当不会在原内封面中标注说明。因此，根据《昆弋谱》提供的信息当可以推断，"至德书屋"抄曲活动应当至晚在乾隆年间就已出现。再综合其他两条材料，则可猜测，以"至德书屋"为名的抄曲、藏曲活动，极有可能从乾隆年间延续到了清末民初。目前笔者见到的署名为"至德书屋"的钞本身段谱有程砚秋玉霜簃藏身段谱中的《写真》、中国艺术研究院图书馆藏《结义搜园》，以及中国艺术研究院藏齐如山旧藏《详注身段剧本》中的册十五《幸恩》，经过比较三者的题款字体、标注方式，它们应该是出自同一时期、同一抄曲家的手笔。另有一折《详注身段剧本》中册十七署名为"至德草堂"的《梨花枪谱》，只记录身段，不录曲词。

（5）来自伶工的钞本，比较常见的有耕心堂曹文澜钞本、瑞鹤山房杜双寿钞本、陈金雀钞本等。伶工钞本的特点是开端多注明脚色的穿关，于手眼身法步的演法标注细致，抄曲的目的多在于记录自己所学或所见表演身段，便于艺术的传承，例如《昆弋谱》甲编"目录"中的《描真》条旁边有原抄本的附录：

> 清乾隆四十九年聚坤堂精抄本卷末附注：曾于乾隆四十九年十月二十八日赶上清江浦，请仲芳伯丈亲授，为因此出在于清江闸内险丧愚命，当记之。

并另附有一句案语：

> 仲芳名字见于清李斗《扬州画舫录》书中，即所谓老曲师张仲芳是也。

可知这些身段谱具有当时昆剧舞台实录的性质，是梨园行内部流通资料，并没有经过文人的修订。

从康熙九年（1670）第一部身段谱出现至清代末年，有清一代的身段谱录实乃卷帙浩繁，不论是在数量还是在涵盖的剧目、抄录的时间跨度上都不输于同时期的曲谱。就笔者所见，除去已经出版的部分，中国艺术研究院尚藏有相当可观的身段谱录，这些多是梅兰芳、齐如山、傅惜华等民国戏曲家的旧藏，如能继续整理出版，不啻为昆剧表演乃至中国戏曲表演理论体系建立进程中的一大幸事。

二、清代昆剧身段谱中的《牡丹亭》

作为传奇发展史上的巅峰之作，有关《牡丹亭》演出的记载频频见于文献。但是，由于年深日久，明代《牡丹亭》全本盛演的具体面貌已无从得知，如今可见的场上之曲多半传承自清代乾嘉以降、折子戏演出模式成为主流之后所渐渐形成的搬演定式。具体到每一出特定剧目，因为各自舞台表现力的不同，而经历了迥异的传承过程。除去缺乏"场上"品格、已经完全沦为案头读物的出目，即使是在乾嘉之后有演出记录流传的折子，其"传统"的保有程度和打磨水平，也因其传承历史的不同而天差地别。乾隆二十八年（1763）至乾隆四十二年（1777）间陆续收集、增补刊行的"清代昆腔大戏考"《缀白裘》中收录的《牡丹亭》折子有《学堂》《劝农》《游园》《惊梦》《寻梦》《离魂》《冥判》《拾画》《叫画》《问路》《硬拷》《圆架》，凡十二出，这部以当时流行折子戏舞台本为收录对象的昆剧散出选集基本可以说明《牡丹亭》在清代中期的舞台搬演情况。清末民初老曲师殷溎深编订的《牡丹亭全谱》，分为上下两卷，共四册，卷上收录有《学堂》《劝农》《游园》《惊梦》《寻梦》《离魂》《冥判》《拾画》，卷下有《叫画》《道场》《魂游》《前媾》《后媾》《问路》《硬拷》《圆驾》。这在之前《缀白裘》和《审音鉴古录》的基础上扩展了杜丽娘回生之后的内容，使得演出更有头有尾，后世《牡丹亭》的搬演，大都不出这个范围。据此审视《牡丹亭》留存折子在清代的身段记录情况如表1所示。

表1　　　　　　　　清代《牡丹亭》留存折子记录情况[①]

出目	来源	记录情况	现藏情况	备注
《学堂》	《审音鉴古录》卷六、《北京大学图书馆藏程砚秋玉霜簃戏曲珍本丛刊》第十三册	《审》版：注明旦、贴穿关，朱笔点板，不注工尺，曲白右侧小字简注身段。《玉霜簃》版：不注人物穿关，曲词详注工尺，曲词右侧小字简注身段	俱已公开出版	舞台本的《学堂》内容实际为原著中《闺塾》和《肃苑》的整合
《劝农》	《审音鉴古录》卷六	朱笔点板，注明人物穿关排场，不录具体身段	同上	
《游园》	《审音鉴古录》卷六	朱笔点板，曲白右侧简注唱念做的要诀，如"自叹自惜状""着神念"等，不录具体身段动作	同上	此处《游园》内容包含今日舞台上《惊梦》之【山坡羊】及【山桃红】

续表

出目	来源	记录情况	现藏情况	备注
《惊梦》《堆花》②	《审音鉴古录》卷六，《北京大学图书馆藏程砚秋玉霜簃戏曲珍本丛刊》第十三册	《审》版：出目下详注花神上场排场，并特别注明闰月多一位花神的情况，另注花神穿关提示，包括【出队子】【画眉序】【滴溜子】【鲍老催】【五般宜】【山桃红】【绵搭絮】【尾声】八支曲牌，朱笔点板，不录具体身段动作。《玉霜簃》版（《堆花》）：开始注明花神上场排场，包括【水队子】【画眉序】【滴溜子】【五般宜】【双声子】五支曲牌，简注工尺，后附十二月并闰月花神及大花神扮演角色安排及详细穿关，另以简图说明花神"堆花"表演的排场	同上	《玉霜簃》版身段谱未注出目，从内容看应是叶堂《纳书楹曲谱》中所说的"俗增"《堆花》
《寻梦》	《审音鉴古录》卷六，《傅惜华藏古典戏曲曲谱身段谱丛刊》第九十六册	《审》版：出目下详注小旦穿关，朱笔点板，曲白右侧小字简注身段动作，曲白间括号内科介提示非常具体。《傅藏》版：原封面题有"清芬堂"，卷末题"道光甲申端蒲月二十二日辰刻闲写"，卷首有穿关提示，曲白兼备，详注工尺，朱笔点板，曲白右侧小字详注身段	同上	另在中国艺术研究院图书馆发现一函《曹芷身段谱》，其中包含一册《寻梦》，原封面题"咸丰甲寅腊月念八日百八六号金玉堂本于方寸舍抄"，抄录内容与《审音鉴古录》中所录完全一致
《写真》	《昆弋身段谱》甲编第二册，《北京大学图书馆藏程砚秋玉霜簃戏曲珍本丛刊》第十三册	《昆弋谱》版：出目题为"描真"，出目下注有"聚坤堂陇西干山记"，并附有学习此折的时间、经过和师承，曲白兼备，详注工尺点板，注明旦、占穿关，曲白右侧小字详注身段。《玉霜簃》版：原封面题有"至德书屋"字样，未注穿关提示，曲白兼备，详注工尺，曲白右侧小字简注身段	《昆弋身段谱》属于《周明泰几礼居藏戏曲文献》中一册，现藏于上海图书馆古籍部。《北京大学图书馆藏程砚秋玉霜簃戏曲珍本丛刊》已由国家图书馆出版社出版	《玉霜簃》版所记身段虽不甚详尽，但是恰巧补足了《昆弋身段谱》记录的不尽之处，可将二者对照参看

续表

出目	来源	记录情况	现藏情况	备注
《离魂》	《审音鉴古录》卷六，《北京大学图书馆藏程砚秋玉霜簃戏曲珍本丛刊》第十三册	《审》版：注旦、贴详细穿关，曲白俱全，朱笔点板，曲白右侧小字注明关键科介，页上端多处注明表演时应具备的情态，不录具体身段。《玉霜簃》版：原封面题有"至德书屋"字样，曲白兼备，详注工尺，曲白右侧小字简注身段，页上端亦有多处注明身段表演要诀	俱已正式出版	"清嘉庆五年（1800）陈文焕钞本"这一版本所注身段动作十分细致，尤其值得注意的是角色安排是旦扮春香，占扮杜丽娘，这在已知的几种《离魂》身段谱中比较特殊
《冥判》	《审音鉴古录》卷六，《北京大学图书馆藏程砚秋玉霜簃戏曲珍本丛刊》第十三册，《傅惜华藏古典戏曲谱身段谱丛刊》第九十六册	《审》版：出目下详注脚色穿关，曲白兼备，朱笔点板，曲白右侧小字略注身段与排场。《傅藏》版：内封面题："冥判总附身"，"光绪五年小阳吉日重钉"、"知足斋曹记"，"四百拾八号"，曲白兼备，朱笔点板，不录工尺，曲白右侧及括号内小字详注身段排场，对净的身段记录尤详。《玉霜簃》版③：（1）出目下注明穿关，曲白兼备，无工尺点板，曲白右侧小字注明身段，以【天下乐】【鹊踏枝】两支曲牌中净角的身段记录最为详细。（2）无穿关提示，朱笔点板，字迹工整，曲白兼备，无身段记录。（3）单录【混江龙】【后庭花滚】【幺篇】三支曲子，以曲词为主，详注工尺，不录身段。（4）主要记录【后庭花滚】一支曲牌的曲词，详注工尺点板，曲词右侧括号内小字详注身段	同上	《傅藏》版身段谱比较值得注意的一点是，与汤翁原著比较，小鬼引杜丽娘上场见判官的一系列规矩程序是搬演者增加的内容，应取材于当时社会的实际情况，体现了昆剧的"非遗"价值

续表

出目	来源	记录情况	现藏情况	备注
《拾画》《叫画》④	《昆弋身段谱》甲编第七册，《北京大学图书馆藏程砚秋玉霜簃戏曲珍本丛刊》第十三册	《昆弋谱》版：原封面题为《拾叫》，封面题有"百忍堂张记"，内容《拾画》、《叫画》分别记录。曲白兼备，不录工尺点板，文间括号内详注身段，对小生手法和用扇记录尤其详细。《玉霜簃》版：曲白兼备，不录工尺点板，字迹工整，曲白右侧蓑衣式详注身段谱	《昆弋身段谱》属于《周明泰几礼居藏戏曲文献》中一册，现藏于上海图书馆古籍部。《北京大学图书馆藏程砚秋玉霜簃戏曲珍本丛刊》已由国家图书馆出版社出版	根据杜颖陶在20世纪三十年代所著《玉霜簃所藏身段谱草目》⑤记载，程砚秋另藏有一册曹文澜抄《拾画、叫画》身段谱，但在已出版的部分中不见此册，原版应藏于北京大学图书馆古籍部。又，傅惜华在《〈拾画〉、〈叫画〉》一文中提到收藏有"清芬堂秘抄昆曲谱"两种，其中《拾画》、《叫画》一剧，"曲文之旁，详注场子身段，珍贵异常"⑥，但是在已出版的《傅惜华藏古典戏曲曲谱身段谱丛刊》中并不见此折
《如杭》	《北京大学图书馆藏程砚秋玉霜簃戏曲珍本丛刊》第三十九册	与《绣襦记》中的《剔目》、《收留》二折在一册中记录，该册中另有一折《牡丹亭·圆驾》，原封面下注"世德堂"。出目下标注有小生穿关，曲白兼备，不录工尺点板，曲白右侧括号内小字注明身段，其中生旦对唱的两支【江儿水】和两支【小措大】标注身段尤详	已公开出版	据笔者目前所见文献，只有此处记录有《如杭》身段
《硬拷》（《吊打》）⑦	《审音鉴古录》卷六，《傅惜华藏古典戏曲曲谱身段谱丛刊》第九十六册	《审》版：题名为《吊打》，详注脚色穿关，曲白兼备，朱笔点板，无详细身段，间或注明唱念的要诀。《傅藏》版：卷端钤印有"小字紫仙"章，记录有锣鼓、穿戴、音读、舞台调度等，行间或曲白右侧小字注明身段	同上	笔者在中国艺术研究院图书馆见到藏有一册清钞本《硬拷、圆驾、番儿、廊会》身段谱，封面题有"张麒元记"印，据内容判断，应与已出版的《傅藏》版是同一者

续表

出目	来源	记录情况	现藏情况	备注
《圆驾》	《审音鉴古录》卷六，《北京大学图书馆藏程砚秋玉霜簃戏曲珍本丛刊》第三十九册，《傅惜华藏古典戏曲曲谱身段谱丛刊》第九十六册	《审》版：详注脚色穿关，曲白兼备，曲白右侧和页首多处标注表演应具备的情绪和剧情解释。《玉霜簃》版：与《绣襦记》中的《剔目》、《收留》二折在一册中记录，该册中另有一折《牡丹亭·如杭》，原封面下注"世德堂"。曲白兼备，不录工尺点板，无穿关，曲文间括号内简注排场科介。《傅藏》版：卷端钤印有"小字紫仙"章，记录有锣鼓、穿戴、音读、舞台调度等，行间或曲白右侧小字注明身段	同上	同上

注：①为查找方便，此表出目顺序按照汤显祖《牡丹亭》原著排列。

②《惊梦》《堆花》所包含的曲白内容在汤显祖原著中实为一折，《堆花》是在长期的舞台搬演实践中将原作中的"末扮花神"进行拓展，编排出一系列群舞场面，故叶堂在《纳书楹曲谱》中称之为"俗增《堆花》"，因为在身段谱中二者内容时有重叠，有的归入《惊梦》，有的归入《堆花》，故在此处将二者视为一体来说明。

③《玉霜簃》版在已出版的《北京大学图书馆藏程砚秋玉霜簃戏曲珍本丛刊》第十三册中录有《牡丹亭》八种，其中有四种都是对《冥判》的记录，虽然在今天舞台上的《牡丹亭》串折演出中，《冥判》经常在被删减之列，但是不论从《缀白裘》《审音鉴古录》，还是已知的手抄本来看，《冥判》无疑是在清代非常流行的折子。为方便对比，此处根据《丛刊》中的顺序用"1、2、3、4"逐一列举说明。

④汤显祖原著中有关柳梦梅拾画叫画的情节分别在《拾画》《玩真》两出，中间间隔了《忆女》，但就目前所见演出台本来看，《拾画》《叫画》（《玩真》）都是相连演出，在可见最早的记录《昆弋身段谱》中，此二折统称为《拾叫》，表明在《牡丹亭》的舞台搬演中，这两折很早就被连成一体演出，故此处也看作一体来说明。

⑤杜颖陶著：《玉霜簃所藏身段谱草目》，载于《剧学月刊》1933年第2卷第六期，第25～75页。

⑥傅惜华：《〈拾画〉、〈叫画〉》，载于《北京画报》第70期《戏剧特号》，第2卷第6号，1930年2月8日第3版。

⑦在汤显祖原作中，这一折名称为《硬拷》，而在《审音鉴古录》中记录为《吊打》，应该是伶工在搬演时的俗称。在其他身段谱录中两种名称都有使用，此处为对照方便，故按汤翁原著，记录为《硬拷》。

从以上身段谱录的不完全整理分析可以看出，清代中后期《牡丹亭》在昆剧舞台上的大致面貌。

至清末，根据陆萼庭先生在《昆剧演出史稿》之后的附录《清末上海昆剧演出剧目志》① 记载，此时活跃在上海的苏州四大昆班所搬演的《牡丹亭》折子为：《劝农》《学堂》《游园》《堆花》《惊梦》《离魂》《冥判》《拾画》《叫画》《问路》《吊打》《圆驾》，基本与《缀白裘》所载相同，只是缺少了《寻梦》，增加了《堆花》；又根据桑毓喜整理的辑自民国13年（1924）到民国31年（1942）《申报》《苏州明报》《中央日报》的4847场演出广告的"昆剧传习所"传字辈老艺人们演出过的700余出折子戏中②，包含有《牡丹亭》折子凡十一出，即：《劝农》《学堂》《游园》《惊梦》《寻梦》《花判》《拾画》《叫画》《问路》《吊打》《圆驾》，都传自全福班老伶工，所以基本与清末苏州四大昆班所演折子相近，只是缺少了《堆花》《离魂》，增加了《寻梦》。将已知身段谱与之对照，除了《问路》之外，其余出目都有身段记录流传，可以据此猜想《牡丹亭》在昆剧的颓势期仍然在舞台上占有者一席之地，其表演范式仍然受到了行家作手的重视。

  在科技手段匮乏的清代，身段谱或详或略地记录了清代昆剧舞台上的演出情况，内容涉及穿关提示、舞台调度、手眼身法步的规定，甚至演员在特定的戏剧情境下，表演时应该采用的情绪和具体方式。纵观中国戏曲发展的历史，只有昆剧在其演出的兴盛时期留下了大量的身段谱录和曲谱，对唱念做打的各个方面都做了详尽细致的规定，这也是昆剧艺术精致规范的历史原因所在。

作者单位：上海大学上海电影学院（博士后）

---

① 陆萼庭著：《昆剧演出史稿》，上海教育出版社2006年版，第344页。
② 桑毓喜著：《幽兰雅韵赖传承——昆剧传字辈评传》，上海古籍出版社2010年版，第239页。

试析《牡丹亭》的喜剧艺术

刘玉伟

自《牡丹亭》问世以来，历代评论家以及普通读者、观众对于其"伤情"效果似乎关注得更多，如清人姚之骃在《元明事类钞》中就将其分入"伤曲"一目，并举两条例证加以支持："汤义仍牡丹亭曲本，尤极情挚。太仓相君亟令家乐演之，且云：'吾老年人近颇为此曲惆怅。'又娄江女子俞二娘酷嗜其词，断肠而死。故义仍作诗哀之云：'画烛摇金阁，珍珠泣绣窗。如何伤此曲，偏只在娄江。'"① 相应地，对于其所营造的喜剧氛围及其独特的喜剧艺术的研究与探讨则明显用力不足。值得注意的是，王思任在《批点玉茗堂牡丹亭序》中评价道："其款置数人，笑者真笑，笑即有声；啼者真啼，啼则有泪；叹者真叹，叹则有气。"② 不但突出了汤氏此剧"至情论"的主题，而且第一次将其喜剧艺术提到了显要位置。以下将详引例证，深入集中地分析《牡丹亭》的喜剧艺术。

一、紧密围绕主线，设置喜剧人物

《牡丹亭》一剧的主线，在于杜丽娘"一梦而亡"，又因情复生的传奇故事。围绕这一主线，作者设置了很多对情节发展具有关键性作用的喜剧人物，以舒缓叙事节奏，构成并化解矛盾，调节全剧气氛。其中陈最良、春香、石道姑等人物性格鲜明，语言风趣，给读者留下了深刻的印象，是该剧喜剧艺术的重要组成部分，作为配角出现的小人物，着墨虽然不多，却表现出极为精彩的喜剧特性，为全剧增添了一抹亮色。

（1）"冬烘先生"陈最良。王思任《批点玉茗堂牡丹亭序》以极其恰切的

---

① 姚之骃：《元明事类钞》，上海古籍出版社1993年版，第485页。
② 汤显祖著、王思任批评：《王思任批评本牡丹亭》，凤凰出版社2011年版，第3页。

语言评价道:"陈教授满口塾书,一身襯气。"① 陈先生一介腐儒,屡仕不第,以行医、坐馆为生。只因终日埋首于故纸堆中,所以只能算得个"葫芦医"、"冬烘先生"。在全剧情节中,他为杜丽娘讲授《毛诗》,因此引动小姐春心;他救助柳梦梅,因此为"幽媾"创造了机会;在杜丽娘重生后,他误以柳梦梅为盗墓贼,并向杜太守告发,因此引发翁婿矛盾。他的很多言辞都能引人发笑,是塑造得比较突出的一个喜剧人物。

如第十八出《诊祟》中,杜丽娘病重,请陈先生诊视,谁料他竟生搬硬套《诗经》,强调"毛诗病用毛诗去医",开出了一纸极其可笑的药方:"【贴】还有甚药?【末】酸梅十个。《诗》云:'标有梅,其实七兮。'又说:'其实三兮。'三个打七个,是十个。此方单医男女过时思酸之病【贴】还有呢?……【末】俺看小姐一肚子火,你可抹净一个大马桶,待我用栀子仁、当归泻下他火来。这也是依方:'之子于归,言秣其马。'"②

又如第二十九出《旁疑》中,石道姑与游方借住梅花观的小道姑相互怀疑指责对方与柳梦梅有私情,争执中被陈最良撞见,他大惊失色地劝解道:"呀,怎两个姑姑争施主?玄牝同门道可道,怎不韫椟而藏姑待姑?俺知道你是大姑她是小姑,嫁的个彭郎港口无?"③ 其中援引《道德经》、《论语》、苏轼诗歌《李思训画长江绝岛图》等典故,自说自话,却又别有雅趣,非但无法化解两个道姑的矛盾,反而有火上浇油之嫌。

再如第二十二出《旅寄》,柳梦梅病重昏迷落水,恰遇陈最良路过,便有了如下场景:"【生】救人,救人!【末】我陈最良,为求馆冲寒到此。彩头儿恰遇著吊水之人,且由他去。"④ 当然到最后,陈先生还是好心将其救上岸并安顿在梅花观,更加以悉心照料,但他一开始看到柳梦梅落水,竟将其形容为"彩头儿"的反应还是让人哭笑不得。

(2) 俏丫鬟春香。剧中的春香是个天真烂漫、聪慧调皮的少女。她首先引逗杜丽娘去花园游春,因此引出"惊梦"等情节。而在《闺塾》一出中,她俏皮的话语、行为尤其引人注目。如第五出《延师》中,春香听到杜太守对陈先生的交待:"【外】……先生,他要看的书尽看。有不臻的所在,打丫

---

① 汤显祖著、王思任批评:《王思任批评本牡丹亭》,凤凰出版社2011年版,第3页。
② 汤显祖:《牡丹亭》,人民文学出版社2005年版,第101页。
③ 汤显祖:《牡丹亭》,人民文学出版社2005年版,第174页。
④ 汤显祖:《牡丹亭》,人民文学出版社2005年版,第127页。

头。【贴】哎哟!"① 将这种尚未挨打先哭叫连天的小女儿情态刻画得淋漓尽致。

再如第七出《闺塾》中,春香每每调侃先生,背地里骂他"好个标老儿""害淋的""村老牛""痴老狗",甚至故意设置陷阱、恶作剧,这些都体现了她的机灵与顽皮:

"【旦】以后不敢了。【贴】知道了。今夜不睡,三更时分,请先生上书。"

"【末】此鸟性喜幽静,在河之洲。【贴】试了。不是昨日是前日,不是今年是去年,俺衙内关著个斑鸠儿,被小姐放去,一去去在何知州家。"②

又如第十二出《寻梦》,春香开场自述:"【贴】伏侍千金小姐,丫鬟一位春香。请过猫儿师父,不许老鼠放光。"③ 表达了小女孩春香在自身重大职责当前、不敢玩忽职守的心态,语言俏皮幽默。

(3)"半老佳人"石道姑。依常理推想,石道姑本应算得一个不幸的女子。她因生理原因而被婆家抛弃,只好出家以了余生。但结合《牡丹亭》全书看来,她不但乐天知命、口快心直,而且乐于助人,颇有义侠之风。她在梅花观中无偿救助落难书生柳梦梅,并协助其开掘坟墓救出重生的杜丽娘,最终追随他们一起如杭。这种侠义行为是十分难能可贵的。她的喜剧性格主要表现在她爽利、干脆的语言风格上。如第十七出《道觋》中她自明出家心迹的一段话,全引自《千字文》,奇思妙想,诙谐幽默,令人拍案叫绝:

"……俺这出了家啊,把那几年前做新郎的臭黏涎'骸垢想浴',将俺即世里做老婆的干柴火'执热愿凉'。则可惜做观主'游鹍独运',也要知观的'顾答审详'。赴会的都要'具膳餐饭',行脚的也要'老少异粮'。怎生观中再没个人儿?也都则是'沉默寂寥',全不会'笺牒简要'。俺老将来'年矢每催',镜儿里'晦魄环照'。硬配不上仕女图'驰誉丹青',也要接得著仙真传'坚持雅操'。懒云游'东西二京',端一味'坐朝问道'。女冠子有几个'同气连枝',骚道士不与他'工颦妍笑'。"④

从中我们看到了一个立身严正的出家人形象,也可以窥见石道姑乐观处世的喜剧性格特征。

---

① 汤显祖:《牡丹亭》,人民文学出版社2005年版,第21页。
② 汤显祖:《牡丹亭》,人民文学出版社2005年版,第33页。
③ 汤显祖:《牡丹亭》,人民文学出版社2005年版,第64页。
④ 汤显祖:《牡丹亭》,人民文学出版社2005年版,第93页。

又如第二十九出《旁疑》中石道姑未经调查取证就鲁莽地断定"敢是小道姑瞒著我去瞧那秀才，秀才逆来顺受了"，指责小道姑"游方游到柳秀才房儿里去"，因此引发小道姑的辩白与反诬："【前腔】俺虽然年青试妆，洗凡心冰壶月朗。你怎生剥落的人轻相？比似你半老的佳人停当！【净】倒栽起俺来。"① 于此可见其心直口快的喜剧性格，在矛盾中营造喜剧氛围。

再如第三十三出《秘议》中，石道姑看杜丽娘祠前颓败衰靡的景象，便怒不可遏地指责起陈最良来："昨日老身打从祠前过，猪屎也有，人屎也有。陈最良，陈最良，你可也叫人扫刮一遭儿。"② 虽然是急怒中言语，却依旧引人发笑。第三十四出《诇药》中，石道姑为替杜丽娘求安魂药登门拜访陈最良，便有了如下对话："【净】……好道地药材！这两块土中甚用？【末】是寡妇床头土。男子汉有鬼怪之疾，清水调服良。【净】这布片儿何用？【末】是壮男子的裤裆。妇人有鬼怪之病，烧灰吃了效。【净】这等，俺贫道床头三尺土，敢换先生五寸裆？【末】怕你不十分寡。【净】啐，你敢也不十分壮。"③ 此二人脾性一急一缓，一世故一迂腐，相应之下，便最易产生喜剧效果。

（4）其他小人物。除主要喜剧人物之外，《牡丹亭》中的许多小人物的塑造亦带有鲜明的喜剧特色。

（1）韩子才。韩子才是柳梦梅的朋友，自称是韩愈"二十八代玄孙"。汤氏之所以将其角色行当设计成"丑"，并不是如其他人物般基于其插科打诨或其他生理、人格方面的缺陷，而是将其想象成为一个类似优孟、淳于髡、东方朔等心境豁达、笑对人生坎坷的文人。他的很多言行便体现了这一点，与沉浸于自怨自艾中无法自拔的柳梦梅形成了鲜明的对比。如第六出《怅眺》，韩子才用戏谑的口吻分析自己与柳梦梅满腹才华却依旧穷困潦倒的原因："因何俺公公造下一篇乞巧文，到俺二十八代元孙，再不曾乞得一些巧来？便是你公公立意做下送穷文，到老兄二十几辈了，还不曾送的个穷去？"④ 并最终将问题的症结归于"时运"二字，鼓励柳梦梅发奋读书，时运一至必然得展襟怀。

（2）"溜金王"叛贼李全。剧中构成杜丽娘一家失散乱离的重要动因是官军与反贼间爆发的战事，而叛贼的头目李全却一改其他剧目中凶狠残暴的面

---

① 汤显祖：《牡丹亭》，人民文学出版社 2005 年版，第 174 页。
② 汤显祖：《牡丹亭》，人民文学出版社 2005 年版，第 195 页。
③ 汤显祖：《牡丹亭》，人民文学出版社 2005 年版，第 199 页。
④ 汤显祖：《牡丹亭》，人民文学出版社 2005 年版，第 27 页。

目,反而凸显出其软弱的一面,即"惧内"的性格特征。如第三十八出《淮警》中,"母大虫"提出围攻淮扬的策略时,李全忙连声应和:"【净】高!高!娘娘这计,李全要怕了你。【丑】你那一宗儿不怕了奴家!【净】罢了。未封王号时,俺是个怕老婆的强盗。封网之后,也要做怕老婆的王。"① 于是这个叛贼的形象便一瞬间变得立体、可爱起来。

（3）地府判官。在《牡丹亭》中,历来让人毛骨悚然的判官形象也通过喜剧笔触变得人情味十足。如第二十三出《冥判》中,判官开场自述:"自家十地阎罗王殿下一个胡判官是也。原有十位殿下,因阳世赵大郎家,和金达子争占江山,损折众生,十停去了一停,因此玉皇上帝,照见人民稀少,钦奉裁减事例。九州九个殿下,单减了俺十殿下之位,印无归着,玉帝可怜见下官正直聪明,着权管十地狱印信。"② 使人体会到天庭地府也有人间仕途的坎坷与无奈,霎时拉近了此形象与读者、观众的距离。接下来详述其"断案"过程,更是妙趣横生。他将四位生前生活作风不检点的人贬为"卵生",而当四人哭叫即将面临"被宰"命运时,他又大发恻隐之心,依据四人行为特点,将其各自贬做莺、燕、蝶、蜂,于是"四人做各色飞下,皆大欢喜"。而初见杜丽娘魂魄时,他不禁发出一个世俗男子的赞叹:"这女鬼到有几分颜色!"③ 当下属向其耳语,劝其"判爷权收做个后房夫人"时,他又立刻拿出判官的威严,正色道:"咦,有天条,擅用囚妇者斩。"④ 也正是因为他的善解人意,杜丽娘才能与柳生重逢,获得皆大欢喜的圆满结局。

二、调动一切元素,创造喜剧效果

《牡丹亭》喜剧效果的营造,得益于多种艺术元素的运用。在戏剧语言层面上,有谐音歇后等修辞手法的应用;在叙事风格层面上,作者善用野史笔调笑谈正史,给读者以新奇趣致的阅读体验。

（1）谐音。《牡丹亭》中最常用、喜剧效果最显著的修辞莫过于谐音了。如第三出《训女》中杜太守与杜丽娘侍女春香的一段对话:"【外】叫春香,俺问你小姐终日绣房,有何生活?【贴】绣房中则是绣。【外】绣的许多?

---

① 汤显祖:《牡丹亭》,人民文学出版社 2005 年版,第 215 页。
② 汤显祖:《牡丹亭》,人民文学出版社 2005 年版,第 131 页。
③④ 汤显祖:《牡丹亭》,人民文学出版社 2005 年版,第 134 页。

【贴】绣了打绵。【外】甚么绵?【贴】睡眠。"① 春香将丝织品中的"绵"与睡眠之"眠"巧妙地联系起来，俏皮地回答了道貌岸然的杜太守的百般盘问，既含蓄隐晦地表达了自己心中的不满，又交代了小姐每日绣房闲眠的事实，为下一步杜太守为女儿请塾师的情节发展做了铺垫。

再如第四出《腐叹》中，腐儒陈最良上场自陈身世："自家南安府儒学生员陈最良，表字伯粹……不幸前任宗师，考居劣等停廪。兼且两年失馆，衣食单薄。这些后生都顺口叫我'陈绝粮'。因我医、卜、地理，所事皆知，又改我表字伯粹做'百杂碎'。"②"最良"与"绝粮"，"伯粹"与"百杂碎"的对举，绝妙地概括出了陈最良衣食无凭，学问驳杂不精的特点。

再如第五出《延师》中，陈最良去杜太守家坐馆前瞻前顾后，发出了很多精妙的议论和无用的杞忧，最终总结道："人之患在好为人师。"而杜府门子则用谐音的手法一语点破其求职糊口心切的原始动机："人之饭，有得你吃哩。"③ 使得陈最良便不得不收起假意推辞，起身随门子而去。

(2) 歇后。例如第十三出《诀谒》中，柳梦梅的老家人郭驼子开场便如此自白身世："【字字双】【净扮郭驼上】前山低坬后山堆，驼背；牵弓射弩做人儿，把势；一连十个偌来回，漏地；有时跌做绣球儿，滚气。"④ 几句生动地描绘出一个驼背老人的形貌特征。类似的还有第三十五出《回生》中石道姑义子癞头鼋的开场白："【字字双】【丑扮疙童，持锹上】猪尿泡疙疽偌卢胡，没裤。铧锹儿入的土花疏，没骨。活小娘不要去做鬼婆夫，没路，偷坟贼拿到做个地官符，没趣。"⑤ 表达了他对柳梦梅荒诞行为的不解和嘲笑。

(3) 野史笔调。很多正史中精简严肃的记载，经《牡丹亭》引用，就会变得妙趣横生，令人忍俊不禁。如第六出《怅眺》中韩子才自陈家史，讲述当年其祖韩湘子本已成仙，受韩愈嘱托，到潮州收拾骨殖，随后"到得衙中，四顾无人，单单则有湘子原妻一个在衙。四目相视，把湘子一点凡心顿起。当时生下一支，留在水潮，传了宗祀。"⑥ 将韩氏这一支脉的来源归结为祖先一时之"凡心顿起"，纯乎野史笔调。又如同一出中，韩子才讲述读书人的尴尬

---

① 汤显祖:《牡丹亭》，人民文学出版社2005年版，第10页。
② 汤显祖:《牡丹亭》，人民文学出版社2005年版，第16页。
③ 汤显祖:《牡丹亭》，人民文学出版社2005年版，第17页。
④ 汤显祖:《牡丹亭》，人民文学出版社2005年版，第72页。
⑤ 汤显祖:《牡丹亭》，人民文学出版社2005年版，第201页。
⑥ 汤显祖:《牡丹亭》，人民文学出版社2005年版，第26页。

遭遇，便改编了《史记·郦生陆贾列传》中的一段记载："那时汉高皇厌见读书之人，但有个带儒巾的，都拿来溺尿。这陆贾秀才，端然带了四方巾，深衣大摆，去见汉高皇。那高皇望见，这又是个掉尿鳖子的来了。便迎着陆贾骂道：'你老子用马上得天下，何用诗书？'"①而《史记》原文中的记载只有如下数字："陆生时时前说称诗书，高帝骂之曰：'乃公居马上而得之，安事诗书？'"②显然，汤氏的引用加入了很多野史笔调，妙能解颐，使人如临其境。

（4）淫亵语。正如钱锺书所引古罗马诗人言："不亵则不能使人欢笑，此游戏诗中之金科玉律也"③，为了在演出时更好地达成与观众间的互动效果，《牡丹亭》的曲词与念白中，亦掺杂了一些淫亵之语。难得之处在于，整个戏剧的格调并未因此而失于低俗、露骨，从此亦可见出汤氏的文字功力之高。如第九出《肃苑》中春香与花郎调笑一段："【梨花儿】小花郎看尽了花成浪，则春姐花沁的水洸浪，和你这日高头偷眼眼。喋，好花枝干鳖了作么朗。【贴】待俺还你也哥。【前腔】小花郎做尽花儿浪，小郎当夹细的大当郎？【丑】哎哟！"④即从"花郎"二字引申开来，以园艺诸事作譬喻，隐晦地描写性事。又如第二十三出《冥判》【后庭花滚】一段，将男女情事各阶段以花名相串联，后成为传唱较广的《数花》片段。

综上所述，或可看出《牡丹亭》调动一切手段营造喜剧氛围的用心，即在于一定程度上化解"生者可以死，死者可以生"的严正肃穆气氛，舒缓叙事节奏，以至情之悲喜，再次强调汤氏"至情论"的主题。从剧中所传达的喜剧精神，亦可见出汤氏积极向上的人生态度。正可谓"圣人忘情，最下不及情，情之所钟，正在我辈"，《牡丹亭》一剧的喜剧艺术必将与"至情论"一起彪炳史册，光照后人。

作者单位：上海大学

---

① 汤显祖：《牡丹亭》，人民文学出版社 2005 年版，第 28 页。
② 司马迁：《史记》，中华书局 2005 年版，第 28 页。
③ 钱锺书：《管锥编》，中华书局 1986 年版，第 1143 页。
④ 汤显祖：《牡丹亭》，人民文学出版社 2005 年版，第 50 页。

作为结构性力量的神鬼

——《牡丹亭》中的花神与胡判官

卢 翮

汤显祖原作《牡丹亭》五十五出，明清以来戏曲选本编录最多的出目是《惊梦》《寻梦》和《冥判》①。其中《惊梦》《冥判》两出，皆有神鬼角色入戏，分别是《惊梦》中的花神（末扮），《冥判》中的胡判官（净扮）、鬼使②（丑扮）、大花神（末扮）、变为鬼魂的杜丽娘（旦扮），以及赵大（生扮）、钱十五（末扮）、李猴儿（外扮）、孙心（老旦扮）一干鬼犯。后世改编本或折子戏中相继出现了睡魔神（或梦神），十二花神、花公、花婆，花判、石榴判官，牛头马面等，但本质上是在花神与判官功能执掌基础之上的变形和艺术加工。

汤显祖在《牡丹亭》作者题词中开宗明义"生者可以死，死可以生"，不仅传达了《牡丹亭》"情之至"的题旨，也构成了该剧最核心的情节脉络。人们以"为情生为情死"形容杜丽娘情感的炽烈，在汤显祖的剧作中"情生情死"更是可观可感的形式，是炽烈精神通过一种激烈的外在形式得以表现。"人世之事，非人世所可尽"③，将剧情推展至梦境、地府、回生之路，是汤翁文本叙事需求的内在驱动，是其创作的必然。将剧中人物命运交付于虚渺的神鬼世界，追求"至情"题旨的刚性和强度也随即被推向极致。因此，"惊梦""冥判"等重要关目中，以花神、胡判官为代表的神鬼角色得以在杜丽娘由生到死，再由死复生的戏剧进程中发挥结构性作用，这在原作及历代改本、折子戏的不同处理中均有体现。

---

① 包括从原作《惊梦》中分化出的《游园》《堆花》等。
② 或称"鬼卒""鬼吏"。
③ 汤显祖著，徐朔方、杨笑杨校注：《牡丹亭》，人民文学出版社1963年版，第1页。

一、花神与胡判官的结构功能

从语义上讲"结构"包含连接架构、承重、排列搭配等意,可见事物的"结构性"内容既关乎整体又涉及内部关系的彼此照应,在文学及戏剧中其位置、功能、意味应是鲜明而重要的。神鬼角色能够发挥重要的戏剧结构功能,至少应该在以下方面有突出表现:参与重要情节的发展,甚至主导核心情节的走向;另外其艺术文化意象与戏剧题旨、精神意蕴的生成高度相关。

在《牡丹亭》中,《惊梦》《寻梦》展现的因梦伤情是杜丽娘由生而死的关捩,地府《冥判》是杜丽娘由死而生的契机。在这一过程中,以花神和胡判官为代表的神鬼角色是如何呈现出一种组织情节承载题旨的结构功能呢?

《惊梦》中束发冠、红衣插花装扮的花神,以"向鬼门丢花介"的表演方式,营造出落花惊醒酣梦的舞台意境,在情节上直接导致杜丽娘的旖旎春梦,并由此触发了日后杜丽娘茶饭无味、坐卧不宁、寻思辗转、酸楚自怜、一病而亡一系列效应,敷演出《寻梦》《写真》《闹殇》等相关剧情。杜丽娘在"惊梦"中与柳梦梅云雨欢会是《牡丹亭》最富浪漫传奇色彩的情节之一。由花神引导和保护二人相好,与民间信仰中花神主掌生殖、情爱的文化意象非常吻合。

《冥判》中的胡判官行阎王职责。作为掌管人生死轮回的民间神祇,由他来审判发落成为鬼魂的杜丽娘,符合民间信仰的一般观念。加上判官座下有鬼卒鬼吏,且能够"唤取花神勘问",在剧情中建立起了有贵贱、从属之别、执掌分明的神鬼系统。判官案下,一部"断肠簿"和一部"婚姻簿"分别对应杜丽娘一梦而亡的命数和与柳梦梅现世未尽的缘分。人世的"生、死、情"在神鬼世界得到观照,"生－死""死－生"皆由此出,使《冥判》成为《牡丹亭》叙事环节中最重要的关目(之一)。判官准杜丽娘回生,指明其命运方向和情归之处,并在此之后牵发出《魂游》《幽媾》《冥誓》《回生》等一系列"还魂"情节。

在《牡丹亭》中,花神与胡判官承袭中国传统信仰观念和情感惯性,直接有效地推进情节进程,成为组织引导剧情的结构性力量。这种叙事功能的强调,呈现出情感上的浪漫理想和自由轻盈的艺术想象力。鬼神作为介入人世的超然力量,观照世俗人物的选择并审视其命运,赋予杜柳爱情神意天定的意味，成为一种生动传达题旨的有意味的形式。

二、"可演可传"的神鬼戏

《牡丹亭》"其间精华所在"之《惊梦》《寻梦》一度被批评"止可作文字观，不得作传奇观。"① 王骥德认为只有"词格俱妙，大雅与当行参间，可演可传"的作品才可称"上之上也"②。实际上自《牡丹亭》成书以来，从改本到选本，从全本戏到折子戏，再到当代各地方剧种的改编搬演，花神、胡判官等神鬼角色及其所涉关目，作为剧作的结构性内容，极少被删减，却颇多渲染与增饰，表现出内在的文本稳定性，是为"可传"。花神、判官的民俗意象丰富，神职功能又与剧情密切贴合，便于敷衍呈现，获得了持久的艺术生命力，是为"可演"。汤显祖对作品中神鬼入戏的准确调度与铺排，足见其对舞台演剧的重视和出色的把控能力，使神鬼的结构功能得以极致发挥。大雅故可传，当行则可演，从《牡丹亭》神鬼戏的场上呈现和部分衍变着手进行考察，或许能够对"可演可传"的内涵有更深广的认知，使之成为可被传承借鉴的创作经验。

（一）可传

为方便论述，我们先由《牡丹亭》神鬼戏的文本稳定性入手，考察其"可传"的内在动力。

《牡丹亭》作为文学经典的语言特色自不必提。其"可传"还表现在文人意趣与神鬼情节的有机糅合，其敷衍细节又能够适应多元的碎片化的传播方式。《冥判》一出，情节发展至杜丽娘生死裁判的关键处。胡判官先是数落笔判刑名押花字，接着发落四个风流鬼犯；待提审丽娘唤取花神勘问，二人又先是一番报花对唱。在全本《牡丹亭》中，这些情节作为欲扬先抑的写作手法，构成了一种叙事节奏的延宕，同时曲白涉及笔砚、花令及相关掌故，表现出案头文字游戏的意趣。是其在文本传播中可"作文字观"的印证。

这些内容与题旨有一定关联却不甚密切，受到演剧条件的制约，在改编中

---

① 李渔：《闲情偶寄》，引自中国戏曲研究院编：《中国古典戏曲论著集成》（七），中国戏剧出版社1959年版，第23页。
② 王骥德：《曲律》，引自中国戏曲研究院编：《中国古典戏曲论著集成》（四），中国戏剧出版社1959年版，第137页。

被删节的可能性很大。但在诸如《缀白裘》《审音鉴古录》等选本中，数笔、发落"花间四友"等情节不仅被适当保留，而且进行了通俗化或者插科打诨式的再创造。喜剧性脚色结合一定方言、口技，使案头笔墨游戏具有了通俗娱乐的审美特性和语言伎艺传播的可能性。《集成曲谱》在《游园》前加入《咏花》，《传字辈戏目单》中《冥判》被拆分为《花判》和《咏花》，也是在原作基础上对丰富的细节意象的提炼，一定程度满足了部分节庆或伎艺展示的观赏目的。汤显祖《宜黄县戏神清源师庙记》有言"演八能千唱之节而为此道"。所谓"八能千唱之节"，包括宫廷、寺庙、民间等各种祭祀、娱乐活动中的歌、舞、乐、百戏，① 不同的演剧场合、时机、受众对戏曲的内容和形式会有不同要求，汤作在倚重判官、花神神性功能的同时，兼顾相关的信仰文化观念，在文本中融入丰富的民俗意象，更广泛地覆盖了不同的审美需求和传播方式。

《冥判》开场"净扮胡判官，丑扮鬼持笔簿上"。从下文唱白"自家十地阎罗殿下一个胡判官是也。原有十位殿下，因阳世赵大郎家，和金达子争占江山，损折众生，十停去了一停，因此玉皇上帝，照见人民稀少，钦奉裁剪事例。九州九个殿下，单减了俺十殿下之位，印无归着。玉帝可怜见下官正直聪明，着权管十地狱印信"② 可以判断判官代阎君之职，由他对地狱环境进行全面描述符合其身份。"持笔簿"一般是文判的执掌所在，由于此处胡判官递补了阎君身份，则鬼卒递补了文判身份故有其持笔簿上场的设定。净（胡判官）丑（鬼）一问一答，对唱笔判刑名押花字亦合通常观念。此外，关于"花间四友"的发落，一来能够映衬和呼应后续花神报花的演出，二来仍与判官身份有涉。民间俗神信仰观念多有交融，阎君（与文判官）通常被关联为阴间的城隍（与文判官）。城隍不仅是地方和城池的守护神，也是司法神、行政神。因此，杂糅了多重身份属性的胡判官除了行阎君事审判生死，还要执城隍之责——决断鬼犯在阳间的琐碎官司。"花间四友"情节虽与主线游离，但确是地府内丰富民俗面貌的有机构成，增加了"阴间城隍"观照人世纠葛的权重。此外，胡判官的表演具有"跳判"表演的相关特征，表现出与钟馗文化的关切，另有专文进行论述。

---

① 苏子峪：《汤显祖〈宜黄县戏神清源师庙记〉解读》，载于《中华戏曲》2004年第1期。
② 汤显祖著，徐朔方、杨笑杨校注：《牡丹亭》，人民文学出版社1963年版，第131页。

胡判官的形象，杂糅了民间信仰的多元面貌，集判官、阎王、钟馗、城隍等神祇特性于一身。无论是要营造地狱阴森可怖的氛围、还是宣扬一种公正与同理心的诉求，抑或是侧重角色的伎艺展示，皆可调动其所包蕴的灵活的意象因子在后世选编时酌情调用，获得传继的可塑性和拓展空间。

神鬼角色的可传性还体现其执掌、文化意象与剧作情感核心的高度契合。汤显祖"为情作使，劬于伎剧"①，判官与花神是《牡丹亭》中密切关乎题旨契合深层情感诉求的角色，即使传演过程中可能受到传播方式的限制和影响，仍能表现出不可撼动的文本稳定性，得以传承。

《牡丹亭》故事的开端是杜丽娘"情不知所起"梦一人则"一往而深"；造成"梦其人即病，病即弥连……而后死"的悲剧，然情之至，使"生者可以死，死可以生"。在这个整饬的叙事结构中，花、梦、回生之地与创作动机、具体呈现方式之间构成了稳定的对应关系。

花季少女的情窦初绽、青春之梦与花的文学、社会意象相对照，起死回生需仰赖冥界判官的裁决和相助。故花神、判官既参与核心情节，又承载核心情感，只要戏剧创作的源动力"情至"不变，在常规改编的情况下，无论进行怎样的敷演和派生，花神、判官都能够最大限度地适应并契合题旨与演出方式，发挥稳定的结构功能，成为剧作中难以被稀释淡化的角色。换言之，假设没有花神，春情何遣，不是判官，死生谁断？有学者用"宗教智慧"的概念来概括以花神、判官为代表的神鬼角色和文化，认为宗教智慧的观照转化为艺术构思的动力和资源，传达对世俗的关怀，凸显了正常情感与合理欲望不可遏止、超越生死的伟大力量。使《牡丹亭》具有了难以企及的"神性魅力"。②

(二) 可演

神鬼角色的"可演"立足于"场上"，立足于其"演艺性"和"可演绎性"。具体来说至少应在以下几方面有突出表现：易于提炼达意准确的象征符号；技艺展示与情境营造相呼应，具有较高的审美价值；能够为改编排演提供二度创作和生发的空间。

有学者依据汤作《惊梦》中，花神"向鬼门丢花介"这一科介提示，敏

---

① 汤显祖著，徐朔方笺校：《续栖贤莲社求友文》，引自《汤显祖诗文集（卷三）》，上海古籍出版社1982年版，第1161页。
② 郑传寅：《〈牡丹亭〉与宗教智慧》，载于《武汉大学学报（人文科学版）》2008年第6期。

锐地捕捉到了汤作的舞台意识和演剧性①。进一步讲,"丢花"不仅在情节上导致"惊"梦,是致使杜丽娘慕色而亡的关键行为,同时作为花神舞台演艺的重要内容,是明确具有舞台调度性质和审美意味的科范表演。

《惊梦》之外,《牡丹亭》还在多处提及这一动作细节。《寻梦》一出,杜丽娘在【品令】【豆叶黄】相邻的两支曲牌中唱到"梦到正好时节,甚花片儿吊下来也!""忑一片撒花心的红影儿吊将来半天"。②《冥判》判官提审杜丽娘,问及"梦魂中曾见谁来?"答曰:"不曾见谁。则见朵花儿闪下来,好一惊。"判官又唤花神勘问,答曰:"他与秀才梦的缠绵,偶尔落花惊醒,这女子慕色而亡"。坐实并呼应了《惊梦》中丽娘"为花惊闪而亡"的情节。③这些唱词不仅是对落花惊梦情节的强调,更是对花神"丢花"科范在推动后续情节展开所起作用的重申。

与之相类,《牡丹亭·冥判》【油葫芦】一曲罢了,有"净噗气介""四人做各色飞下""净做向鬼门嘘气咉声介"一系列科介互动。"吹气"是通过假借气流运动变化来展现神"气"鬼"气"的特殊程式,是彰显神鬼身份的重要手段。中国古代历来有以气息的往来屈伸阴阳之变来解释"鬼神"的传统,通过气的聚散之理,则知鬼神之情状、运动和威力。"吹气"(也包括"旋风""弄灯"等)动作的实质不过是通过吐息(也包括挥舞、煽动)造成的空气流动,原本无形无相极为抽象,故其舞台演绎须借助其他角色配合或利用相关砌末以帮助实现"气"的形象化。

剧中,胡判官做吹气状,众鬼呼应配合纷纷起舞下场,显示了判官以神气或神力处置鬼犯的能力,在实际演出中更是舞台调度和叙事推进的重要提示手段。《审音鉴古录》所辑《冥判》对这一演艺细节有所保留:净扮判官发落花间四友时,做"净拂袖众下,净向鬼门吹气科,众跳舞下"。如前所述,审断风流四鬼虽与情节主线有所游移,但莺燕蜂蝶四物不仅与花的意象相映,更包含着大幅度动作乃至舞蹈化演艺的可行性,从汤本"各色飞下"到清代演出提示以"众跳舞下",显示了后世改编对其舞台表演特征的确切提炼。

神鬼戏、神鬼角色依托于深厚的民间信仰观念,往往能够成为具有表意功

---

① 孟祥笑:《惊梦一刻:〈牡丹亭〉的演剧性与汤显祖的舞台意识》,载于《光明日报》2016年10月14日。
② 汤显祖著,徐朔方、杨笑杨校注《牡丹亭》,人民文学出版社1963年版,第66页。
③ 汤显祖著,徐朔方、杨笑杨校注《牡丹亭》,人民文学出版社1963年版,第135页。

能的象征性符号，暗示或彰显剧情所处情境。后世部分改编本和折子戏中增加了引导生旦入梦的睡魔神一角①，简明扼要地提示了舞台所处"梦境"的时空情态，也是神鬼角色"可演"、达意明确的显证。汤本《牡丹亭》中睡魔神并未出现，但在同时期甚至更早的戏文作品中已是常见的导入梦境的表现方法。明代郑若庸作《玉玦记》传奇第三十四出"阴判"，癸灵神差遣睡魔请王商梦中作证，有"睡魔引生冠举上"，陆萼庭对此评价为"盖不如此，生扮之王商即无上场势也"②；明陈与郊《樱桃梦》第三出，睡魔王"头戴知了巾，口戴黑吊搭"引领卢生进入梦境；还有清代《人兽关》传奇第二十九折"冥中证誓"中小净持镜扮睡魔神等，都直接构成了戏剧情节中的入梦意象。睡魔神所着冠服、持物可视为舞台搬演的指向性提示，更有学者研究认为文本中的睡魔神形象直接来源于舞台扮演。③ 叙事容量和节奏的改变势必要进行内容上的压缩或调整，《缀白裘》《审音鉴古录》等改编本便在汤作的基础上加入了睡魔神。在"入梦"这一关键情节中，睡魔神明确简捷的示意置换了原本需要较长篇幅进行的渲染和铺垫，适应了折子戏舞台搬演的需要，也丰富了舞台意象。

汤显祖在《宜黄县戏神清源师庙记》中提到"生天生地生鬼生神，极人物之万途，攒古今之千变。一勾栏之上，几色目之中，无不纡徐焕眩，顿挫徘徊。恍然如见千秋之人，发梦中之事。使天下之人无故而喜，无故而悲。"④ 苏子裕认为，汤显祖所谓"生"，即虚拟性表演⑤。作为中国戏曲的基本美学特征，虚拟的叙事和表演培植了与之对应的接受和观赏的虚拟性，因此观演双方对虚拟表演程式的象征意义有基本的共识和默契。神灵角色承载的文化内涵通常带有鲜明的象征性、符号性，在虚拟程式的规定下，能够调度更加丰富的身段、砌末来展示神格身份、创造超验时空。

黄天骥先生曾以"闹热"来形容《牡丹亭》的排场，其中神鬼所参与的演艺尤其重要。倘若将神鬼角色的演出按照个体性和群体性表演加以区分，则

---

① 《缀白裘》第二册《惊梦》，丑扮梦神持镜上，《审音鉴古录》《游园》副扮睡魔神上作梦中话白云。
② 陆萼庭：《曲海一勺》，引自《学林漫录》第五集，中华书局1982年版，第105页。
③ 元鹏飞：《论明清戏曲刊本中的梦境图》，载于《四川戏剧》2013年第6期。
④ 汤显祖著，徐朔方笺校：《宜黄县戏神清源师庙记》，引自《汤显祖全集》，北京古籍出版社1999年版，第1188~1189页。
⑤ 参见苏子峪：《汤显祖〈宜黄县戏神清源师庙记〉解读》，载于《中华戏曲》2004年第1期。

能够在技艺展示和舞台意境、氛围的营造上显示出各自的侧重和专长。

《冥判》中，判官与鬼卒、鬼犯、花神一道数笔赞花，文舞应和，在脚色互动配合中既有个人语言动作技巧的展示、也有多人歌舞唱做的敷演空间，增加观赏性的同时对勾勒人物性情与角色关系有所助益。后世戏曲舞台上所见鬼卒功曹以翻筋斗打旋子等特技表演来营造凶险地狱和回生之境，亦是将技艺展示与情境营造有机糅合的印证。

民间神鬼信仰的交融面貌以及戏曲审美需求的不断提高激发了戏曲舞台上神鬼演艺的丰富性，《牡丹亭》中花神表演的发展最能够说明情况。花神包蕴着青春、爱情、凋落、轮回等多重意象，在反复搬演中被不断强调放大成为舞台传情达意的重要手段。原作中仅有末扮大花神，经历代改编衍生出繁复的"堆花"表演。"花神"扮演者的人数从一人到多人甚至数十人，脚色从末到生旦净丑十二色俱全，性别从男性角色到女性或男女兼备，执物、舞蹈动作、阵型皆有创新，其规制至今仍不断发生变化。这一变化轨迹实践了花神意象的"可演性"和拓展生发的可能性。可以说花神的演绎与变迁是后世改编者从汤本中提炼出的最具审美性的舞台文意象和最具象征意味的艺术符号。

《牡丹亭》的当代改编搬演本在三四十部之上，其中以白先勇青春版《牡丹亭》最受新观众和年轻观众的喜爱，反映了主创对与时俱进的审美趣味的把握。但实际上该版本对出目的筛选和调整遵循"只删不改"的创作思路，充分尊重汤翁原作，足以证明经典文本传、演的稳定性和可操作性。其中花神、胡判官等神鬼角色不仅被完全保留，更被加以强调和发挥。除《惊梦》《冥判》之外，花神出现于《离魂》《回生》《圆驾》等多个场次，即杜丽娘"生——死——重生"的重要生命际遇中，不仅使舞台风貌灵动仙渺，也深刻传达了生命轮回与延续的哲学思辨；不仅是神鬼作为结构性角色"可演可传"的佐证，更显示出其包蕴的丰富民俗和文化意象为二度创作提供的宽阔的延展空间。

余　论

以花神与胡判官作为代表的神鬼角色作为戏剧的结构性力量，使《牡丹亭》的演剧性获得印证，这在戏曲中并非孤例。以明传奇《狮吼记》为例稍作参照说明。《狮吼记》述眉山书生陈慥惧内，其妻柳氏悍妒的故事，其中"闹祠"一出，与凡人夫妇共同在场的土地公、土地婆以夸张戏谑的演艺方式，敷演出从人间到神界无不惧内的荒诞剧情，深化了"悍妒"的主题，使该剧喜剧风格得到极致表现。

"闹祠"在原作中本是一出调剂冷热场的闹热关目，但土地神夫妇入戏的方式表现出了作为结构性角色的功能特质。作为农耕社会的产物，土地公婆是民间最亲近依赖，神职地位最卑微，世俗化最彻底的基层神灵，民间多有土地心善软弱，土地婆婆性恶的传说，可看作"悍妒"母题在信仰世界的延展。《狮吼记·闹祠》利用土地神的世俗意象与"悍妒"题材的吻合之处设计情节，以人物内在性格及其关联来结构喜剧场面①，展现民间信仰观念的同时，着意强化戏曲排场风貌与戏剧主题的契合度。从陈慥夫妇到县官夫妇再到土地公婆，逐层深入的"三怕"情节在推进中有所延宕、有所张弛，使《闹祠》成为"点题"且极具观赏性的戏剧关目。当代戏曲舞台上，越剧、昆剧、京剧、粤剧等剧种对《狮吼记》的改编搬演皆保留了"闹祠"情节，上海昆剧团的昆剧《狮吼记》，北京喜剧院新编京剧《河东狮吼》等改编本，甚至直接将"闹祠"②作为全剧的高潮和收束，可见此关目在戏剧结构和舞台呈现方面的重要价值。

在戏曲传承流播的过程中，作为结构性力量的神鬼角色因涉及深厚广阔的民俗文化内涵，技艺表现形式丰富，呈现出文本内在的稳定性和非凡的艺术生命力，从案头到场上皆显示出"可演可传"的价值。《牡丹亭》等经典文本在调度神只角色入戏的诸多表现上，显示出超越时代的先进与自觉，对此中结构性角色及其功能的剖析，可获得信仰文化观念与戏剧艺术互动的具体印象和经验，对后世创作排演的理论实践有重要的启发和借鉴意义。

作者单位：中国传媒大学中国语言文学博士后流动站

---

① 杨今才：《别开生面的喜剧佳作——谈古典喜剧〈狮吼记〉》，载于《戏剧文学》1998年第8期。
② 昆剧《狮吼记》将"闹祠"改题为"三怕"，但内容与"闹祠"基本一致。

论汤显祖《紫钗记》之悲剧因素

罗丽容

前　言

悲剧,长久以来都被认为是外来品,许多学者都认为中国传统戏曲中无悲剧,甚至只要论及悲剧,就认为是用西方的理论套在自己的脖子上,不伦不类。笔者从年轻时代开始对悲剧感兴趣,断续地阅读中西书籍中对悲剧的观点,发现其实西方从希腊、罗马时期开始,到中古世纪的黑暗期,再到文艺复兴期、现代,随着时间的变迁,悲剧的定义也一直在更迭中,从这个角度来看,悲剧是与时俱进的,例如古希腊时期,悲剧只发生在具有高贵地位的人身上,平民不可能有悲剧;到了20世纪亚瑟·米勒《推销员之死》被喻为该世纪的悲剧代表作之一,剧中所写尽是小人物的情节。所以从这种情况看来,悲剧可以在不同民族、不同国家,由于历史条件、民族性格、地理环境等因素各异,产生了思想倾向、人物性格、情节结构等方面,各具特征的悲剧艺术,即使这个国家并没有创造发明出"悲剧"这个名词。

中国传统戏曲在分类上通常依照戏曲体制、结构分为院本、南戏、杂剧、传奇等,几乎不曾采用美学类型来分类,所以无法从类别上来分说某剧是喜剧、某剧是悲剧,因此戏曲理论也不可能出现"悲剧""喜剧"的字眼。直到民初王国维运用西方文化思想之一的美学与文艺理论进行中国戏曲的研究,将西方戏剧分类的观点引进,才将"如果将戏曲依照某种文类方式来分析,中国也可以有悲剧与喜剧"的观念拍板定案。静安先生云:

> 明以后,传奇无非喜剧。而元则有悲剧在其中。就其存者言之:如《汉宫秋》、《梧桐雨》、《西蜀梦》、《火烧介子推》、《张千替杀妻》等,初无所谓先离后合、始困终亨之事也。其最有悲剧之性质者,如关汉卿之

《窦娥冤》、纪君祥之《赵氏孤儿》，剧中虽有恶人交构其间，而其蹈汤赴火者，仍出于其主人翁之意志，即列之于世界大悲剧中，亦无愧色也。①

王国维将西方文艺理论的观念引进后，的确给中国传统戏曲的研究带来新气象，然而他认为明以后的传奇都是喜剧，却未免落入俗套的看法，因为几乎90%以上的中国传统剧本，都会有一个圆满的结局，但是这并不表示中国就没有悲剧，悲剧绝对不是"始困而终亨"的一个具有悲惨结局的故事而已，它还具有许多意蕴深厚的条件。本文的研究方法，先不提出具有哪些条件的是悲剧，哪些不是悲剧，来限制文本，而是从唐朝这大时代背景作为出发点，就此观点深入探究文本，提出汤显祖《紫钗记》中的悲剧因素。

一、《紫钗记》所呈现唐代社会风气之悲剧现象

《紫钗记》剧本由唐人传奇小说蒋防《霍小玉传》改编而来，故事背景发生于唐代元和年间。唐代的婚嫁制度，大都遵循高宗永徽二年（651）所颁布的《永徽律疏》（简称唐律），其中所规定的婚姻制度是维护一夫一妻制，若有取二妻或嫁二夫，则有重婚之罪，《唐律·户婚》云："诸有妻更娶妻者，徒一年，女家减一等；若欺妄而娶者，徒一年半，女家不坐，各离之。②"所以《紫钗记》中李益的中表崔允明、密友韦夏卿在李益未婚之前帮他所觅求对象，通常不是将来的结婚对象，在等级森严的唐代社会中，"同等色目"的男女才可以婚配，良贱之间是不婚的。婚姻有效的成立，必须依照"六礼"：纳采、问名、纳吉、纳征、请期、亲迎。前四者是属于订婚的程序，后二者是成亲的程序。唯有通过这些热闹的程序与仪节，才算是正式的夫妻关系。而世家子弟在未婚配之前，狎妓而游、进而同居之事，十分平常，亦不用负任何社会责任，这样的门第观念造成了许多女性的悲剧下场。就《紫钗记》的原型《霍小玉传》而言，李益的初心只是"博求名妓，久而未谐"而已，并非"遍寻佳偶"的婚姻念头，唐代的士子可以在青楼中尽情欢乐，若是说到婚姻，则必须门当户对，甚至对自己未来的仕途有帮助的，才是真正的结婚对象，此外

---

① 王国维：《宋元戏曲考》，台湾里仁书局1993年版，第123~124页。
② 唐高宗：《唐律·户婚》。

所邂逅的女性都是逢场作戏的心态。所以一方面是社会风气造就了士子的心态，而这种心态往往是造成了痴情女性悲剧的主因：

【前腔（簇御林）】（韦）你染袍衣、京路尘、望桃花春水津。^{（生）}要命哩。（崔）你外相儿点拨的花星运，^{（生）}要钱哩。（崔）你内材儿抵直的钱神论。（合前）问东君，上林春色，探取一枝新。①

【尾声】你眉黄喜入春多分，先问取碧桃芳信。俺朋友呵觑不的你酒冷香销少个人。②

【前腔（祝英台）】^{（鲍）}知么？俺为你高情，是处的闲停踏。^{（生）}有么？^{（鲍）}十郎，苏姑子做好梦也。有一仙人，谪在下界，不邀财货，但慕风流。如此色目，共十郎相当矣。是有个二八年华，三五婵娟，又不比寻常人家。^{（生惊喜科）}真假？你干打哄蘸③出个桃源，俺便待雨流巫峡。^{（跪科）}这一缕红丝，少不得是你老娘牵下。④

以上三处可以清楚地看出李益的本心，初始之时，他只是想找一个泄欲的对象而已，完全不是想要正常的婚配，而他的密友崔允明、韦夏卿也在敲边鼓，希望能玉成此风流韵事。但是李益自恃文名甚高、才子风流，所以希望这个对象外型要姣美，内在最好能通点文墨，才能无忝于自己的美誉。后来因为鲍四娘的牵线，终于觅得了霍王府出身的"资质穠艳，一生未见；高情逸态，事事过人"⑤的霍小玉，蒋防《霍小玉传》描写李、霍是由鲍四娘牵线，第一次相见就与小玉行夫妻之礼，其后住在小玉家两年，日夜相从。这种婚姻完全没有依照前文所说的"六礼"行事，草草了事而已。汤显祖《紫钗记》则多了上元节元宵日，小玉戴紫玉钗坠落，被李益拾得而为聘媒的情节，再次见面就是婚期了。但是无论怎么描写都可以知道，这不是唐代正常的婚姻形式，而是露水鸳鸯，双方只是你情我愿而已，毫无社会认可的保障，说散就散了。霍

---

① 汤显祖：《汤显祖集》册三，台湾洪氏出版社 1975 年版，第 1591 页。
② 汤显祖：《汤显祖集》册三，台湾洪氏出版社 1975 年版，第 1592 页。
③ 蘸音同占。
④ 汤显祖：《汤显祖集》册三，台湾洪氏出版社 1975 年版，第 1598 页。
⑤ 蒋防：《霍小玉传》，巴蜀书社 1990 年版，第 77 页。

小玉也清楚地知道自己的爱情会有什么下场，只是她不可遏抑地爱上了李益，爱他的才、貌、名声，爱到不可自拔，甘心放弃一切包括生命。

黑格尔《美学》认为："造型人物①决没有这种摇摆不定，对他们来说，主体性格和意志的内容之间的联系是不可分割的。推动他们去行动的正是他们自己的在伦理上有辩护理由的情致，而他们辩护这种情致时，就连他们在互相交锋的动人的雄辩中，也从来不运用倾吐心曲的主观语调和由情欲支配的诡辩，而是作为有修养的客观人物，义正词严地进行辩论。②"此段话正好诠释蒋防、汤显祖笔下的霍小玉这个悲剧人物，她深湛的个性、优美的形象，正如她母亲净持口中所形容的：

> 生下女儿，名呼小玉，年方二八，貌不寻常。昔时于老身处，涉猎诗书，新近请鲍四娘商量丝竹。南都石黛，分翠叶之双蛾；北地胭脂，写芙蓉之两颊。惊鸾冶袖，谁偷得韩掾之香？绣蝶长裙，未结下汉姝之佩。③

即便是这样美丽的少女，在唐代这种社会风气之下，为了追求心目中完美的爱情，却一步步地把自己推向毁灭，蒋防的原著中，霍小玉采取彻底毁灭的方式，"乃引左手握生臂，掷杯于地，长恸号哭数声而绝。④"使读者看出小玉的苦难，她坚强的性格与黑格尔所谓"本质性的情致"是统一而非割裂的，所以她义无反顾地扑向爱情，对她而言，这是性格上的不得不然，她也以死来对自己这项行动负责，这种深化的人格特质就是悲剧的根源。反之，汤显祖却将剧情改为霍小玉死而复苏，最终与李益谐和琴瑟，这样安排固然符合观众有情人终成眷属的心理需求，但是就悲剧而论，削弱了霍小玉的悲剧形象，就此而论，汤显祖不如蒋防。焦文彬《中国古典悲剧论》云：

> 这一理论指出了悲剧冲突的社会性与阶级性，使我们领悟到社会力量与阶级力量的对比状况，是形成悲剧冲突的社会的、历史的物质基础。这

---

① 丽按：此处之造型人物是指悲剧的主角。
② 黑格尔著，朱光潜译：《美学》，引自《朱光潜全集》第16卷，安徽教育出版社1999年版，第290页。
③ 汤显祖：《汤显祖集》册三，台湾洪氏出版社1975年版，第1593页。
④ 蒋防：《霍小玉传》，巴蜀书社1990年版，第86页。

就是说戏剧中的悲剧,是现实生活中的悲剧因素或悲剧事件、悲剧人物的艺术反映。但是,并不是生活中的任何悲剧因素都能成为戏剧上的悲剧冲突,只有体现了"历史的必然要求和这个要求实际上不可能实现"之间的冲突时,才是真正的悲剧冲突。①

用这来说明霍小玉悲剧的因素之一是再恰当不过了,但是如果将此因素视为唯一,而排斥其他决定悲剧性质的命运说、性格说等,却又不尽然圆满了。

二、《紫钗记》所呈现唐代士族制度之悲剧现象

霍小玉才貌过人、性格内敛、心地淳良,这样的人为何不能觅得良缘,反而成了鲍四娘眼中的肥羊、李益寻欢作乐的对象呢?这就跟霍小玉的出身有关了,蒋防《霍小玉传》云:

> 故霍王小女,字小玉,王甚爱之。母曰净持。净持即王之宠婢也。王之初薨,诸弟兄以其出自贱庶,不甚收录。因分与资财,遣居于外,易姓为郑氏,人亦不知其王女。②

汤显祖《紫钗记》借由鲍四娘的口中说出霍小玉母女的身世:

> (霍小玉)是故霍王小女,字小玉,王甚爱之,母曰净持。净持即王之宠姬也。王初薨,诸弟兄以其出自微庶,不慎收录,因分与资财,遣居于外,异姓为郑氏,人亦不知其王女,姿质秾艳,一生未见,高情逸态,事事过人,音乐诗书,无不通解。昨遣我求一好儿郎,格调相称者,俺具说十郎,他亦知有十郎名字,非常欢惬,住在胜业坊三曲甫东闲宅是也。③

---

① 焦文彬:《中国古典悲剧论》,西北大学出版社1990年版。
② 蒋防:《霍小玉传》,巴蜀书社1990年版,第76~77页。
③ 汤显祖:《汤显祖集》册三,台湾洪氏出版社1975年版,第1599~1600页。

在唐代极重门阀贵室的风气之下，高门与寒族无法通婚，只要出身寒门，不管多富贵，如果不花下巨额的财礼，就无法与高门结亲，也无法跻入高门的世界里，唐朝的所谓"甲族"，也就是高门望族，当时有"七姓"之称：博陵崔姓、范阳卢姓、陇西李姓、荥阳郑姓、太原王姓、青河崔姓、赵郡李姓。这点连太宗李世民都受不了，更遑论是一般百姓皆受其害了，所以唐代的社会风气，是造成霍小玉悲剧的根源。霍小玉也心知肚明，蒋防的小说里，她在新婚之夜就感叹了：

> 妾本倡家，自知非匹，今以色爱，托其仁贤，但虑一旦色衰，恩移情替，使女萝无托，秋扇见捐。极欢之际，不觉悲至。①

而汤显祖《紫钗记》则更进一步将小玉塑造成一个自卑感很重的少女：

> 妾本轻微，自知非匹，今以色爱，托其仁贤，但虑一旦色衰，恩移情替，使女萝无托，秋扇见捐。极欢之际，不觉生悲。②

> 李郎，以君才貌名声，人家景慕，愿结婚媾，固亦众矣。离思萦怀，归期未卜，官身转徙，或就佳姻。盟约之言，恐成虚语。然妾有短愿，欲辄指陈，未委君心，复能听否？③

> 妾年始十八，君才二十有二，待君壮室之秋，犹有八岁。一生欢爱，愿毕此期。然后妙选高门，以求秦晋，亦未为晚。妾便舍弃人事，剪发披缁，夙昔之愿，于此足矣。④

小玉自知身份低贱，无法与进士出身、门族清华的陇西李氏相配，所以便提出 8 年之约，希望李益在 22 岁到 30 岁 8 年之间的感情世界里，完全属于她，李益 30 岁之后，可以自由婚配，而她也要将 26 岁后之余生陪伴青灯

---

① 蒋防：《霍小玉传》，巴蜀书社 1990 年版，第 79 页。
② 汤显祖：《汤显祖集》册三，台湾洪氏出版社 1975 年版，第 1645 页。
③ 汤显祖：《汤显祖集》册三，台湾洪氏出版社 1975 年版，第 1675 页。
④ 汤显祖：《汤显祖集》册三，台湾洪氏出版社 1975 年版，第 1676 页。

古佛了。

这个 8 年之约的交易令人震撼的地方,不仅在于小玉年纪轻轻便断送了对幸福的憧憬,也在于一个社会阶级观念的泛滥,居然可以使人认命,毫不挣扎地自动放弃追求幸福,只要求拥有短暂的爱情,此生便已足矣!德国心理学家美学家立普斯①认为,人面对恶势力百般容忍、毫无反抗意识的心态,也体现出人的价值与贵重,帕克②则认为虽然立普斯不免将哀情与悲剧混为一谈,但其实悲剧与哀情在某些情况下真的是分不开的,帕克说:

> 一种价值遭受的任何威胁或伤害都会使我们更加重视它的可贵,这是一种人所熟知的公认的经验。离别是一种甜蜜的悲哀,因为只有到那时,我们才充分认识到我们快要失去的事物的价值,已逝的青春的美要更美些,因为在逝去以后,它的光华在我们的记忆中更加光彩夺目了。一种沉思的善代替了现实中失去的善。③

帕克在这里所说的价值,在《紫钗记》中讲的就是人类追求幸福的天赋权利,霍小玉及与她同样遭遇的女子,基本上是放弃了这个权利,一味地向压榨他们的唐代阀阅巨室的阶级观念屈服,这观念才是扼杀人民幸福的悲剧渊薮。蒋防、汤显祖这两大家都先后借着创作,点出时代风气的不正,导致老百姓心态的扭曲。霍小玉作为悲剧的主角,她代表着一种追求幸福的理念,这种理念在唐代得不到全面的维护与支持,尽管霍小玉失败或曾经失败,但是追求个人幸福的这种价值仍然能够屹立不摇地流传下去,也就是永恒的观念的胜利:人类不论处身于何地,永远都具有追求个人幸福的天赋权利!

三、《紫钗记》所呈现"强凌弱、众暴寡"之悲剧社会现象

唐代的社会风气,由门阀巨室制度所带出来的"强凌弱、众暴寡"以及

---

① 立普斯(Theodor Lipps,1851~1914),德国心理学家美学家,移情说的主要代表人物,从心理学的观点出发研究美学。主要著作有:《空间美学和几何学·视觉的错觉》《论移情作用》《再论移情作用》《美学》等。
② 帕克(Dewitt Henry Parker,1885~1949)美国现代哲学家、美学家,密西根大学教授。主要著作有:《自我与自然》《美学原理》《艺术的分析》。
③ 帕克著,张今译:《美学原理》,广西师范大学出版社 2001 年版,第 98 页。

下层阶级毫无反抗意识，甚至攀而附之，听凭凌虐，在狂风暴雨中过生活也不以为意的认命态度，也是造成悲剧的因素之一：

（一）风气所及，嫁娶方面，只知攀龙附凤，完全忽略个人条件

《紫钗记》第十三出《花朝合卺》，霍小玉之母这样对李益说：

>……李郎，素闻才调风流，今见仪容秀雅，名下固无虚士。小女虽拙教训，颜色不至丑陋，得佩君子，颇为相宜。①

可见这丈母娘，婚前连女婿的相貌都没见过，居然只慕其名而将女儿委身于人，何以如此荒谬？就是当时社会风气使然，科举制度、可以使人一夜翻身，声名鹊起，朝中大臣争先恐后地结交此类人物，民间也纷纷利用各种关系攀龙附凤。

（二）一人得道，鸡犬升天的专制霸权社会

这是无论专制或民主社会中，不可避免的现象，攀亲带故、趋炎附势，原是人类社会中不可避免的陋习，杨玉环之于唐玄宗朝、张居正之于明万历朝、魏忠贤之于明熹宗朝，莫不如此。《紫钗记》中的人物卢太尉便是这种"朝中有人"而顺势升天的"鸡犬之辈"，《紫钗记》第十五出《权夸选士》、第三十二出《计局收才》专门描写卢太尉的当权嘴脸：

>（众拥卢太尉上）云："……自家乃卢太尉是也。卢杞丞相是我家兄，卢中贵公公是我舍弟。一门贵盛，霸掌朝纲。今年护驾，东游洛阳，怕春选误期，即于洛阳行省挂榜招贤，思想起俺有一女，年将及笄，不如乘此观选高才为婿。左右哪里？听吩咐：说与礼部，凡天下中式士子，都要参谒太尉府，方许注选。正是近水楼台先得月，向阳花木易为春。"②

>【夜行船】（卢太尉上）一品当朝横玉带，姻连外戚势游中贵，世事推呆，人情起赛，可嗟那书生无赖。③

---

① 汤显祖：《汤显祖集》册三，台湾洪氏出版社1975年版，第1634页。
② 汤显祖：《汤显祖集》册三，台湾洪氏出版社1975年版，第1642页。
③ 汤显祖：《汤显祖集》册三，台湾洪氏出版社1975年版，第1700页。

寥寥数语，便将卢太尉跋扈嚣张的本性，刻画无余。这也是今天这种以人为贵的社会中常有的现象，也是制造悲剧的根源之一。李益虽然中式状元，却也因未到卢太尉府中参拜，卢太尉便利用权势将他贬到玉门关外参军，勒令官书立时催发，永不还朝、不许告别家人，这是卢太尉用阴的恶毒招式。三年之后，卢太尉召李益改参孟门军事，并以权势劝诱李益富贵易妻，这次是来明的诱惑之以权势：

净（扮卢太尉）：参军可有夫人在家？
生（扮李益）：秀才时已赘霍王府中。
卢：原来如此。古人贵易妻，参军如此人才，何不再结豪门，可为进身之路。
李：已有盟言，不忍相负。①
……
卢：可有平安信？
李：下官进辕门时，老太尉麾下一人，三年才传得一信。
……
（卢吊场）众将官，查那一个传李参军家信？
（哨）：是小的。
（卢）：拿去绑下。
（哨乞饶介）
（卢）：且记着，许你将功赎罪，差你京师庆贺刘节镇还朝便到参军家，说他咱府招赘，好歹气死他前妻，是你功也。
（哨）：理会得。②

卢太尉一计不成，改用他计，先离间李益与霍小玉的感情，造成此二人感情破裂的不可逆转的后果之后，狡计就可得逞，这是许多悲剧迈向悲惨的结局时惯用的手法。莎士比亚《奥赛罗》中的反派人物旗官伊阿高③，《李尔王》

---

①② 汤显祖：《汤显祖集》册三，台湾洪氏出版社1975年版，第1722页。
③ 莎翁名著《奥赛罗》中的反派主角，擅长利用各种人性上的弱点来达到自己的报复目的。该剧中重要人物奥赛罗及其妻苔丝狄蒙娜、副将凯西奥，都是伊阿高权谋下的受害者。

中的老臣葛罗斯特庶出之子艾德蒙①,都是在剧中扮演着卢太尉的角色,成为全剧中产生冲突的关键人物。

卢太尉见李益不肯屈服,又使出第三计,将他软禁在招贤馆内,吩咐把门官限制他的自由出入,另外又请李益的朋友韦夏卿劝李益抛弃霍小玉,改结卢太尉之女卢莫愁为妻。

卢太尉继续使出第四计,他知道小玉生活难以度日,只好卖掉紫玉钗为活,于是要求堂候官的妻子假扮作鲍四娘之姐鲍三娘,来卢府献钗,告诉李益说小玉令许他人,故而将此弃卖,希望李益就此撇开小玉,跟卢小姐结婚。

悲剧的产生在于反映主角的社会实践,在剧中遭受到惨痛的失败,暂时被客观现实的环境所否定,甚至为此而付出生命的代价,如此方能激发观众崇高的情感、畏惧与怜悯之情。而剧中不利于主角的客观环境,若没有剧作家千锤百炼的生花妙笔来作描摹,也是枉然。比起《霍小玉传》,《紫钗记》在此处是深功融琢出来的。《霍小玉传》中的李益自离开霍小玉后,直接变心,并没有所谓的客观环境不利于他回到小玉身边去实践爱情诺言的这么一回事,勉强一提,李益之母已为其订亲于卢氏表妹:"已与商量表妹卢氏,言约已定。太夫人素严毅,生逡巡不敢辞让,遂就礼谢,便有近期。②"以及李益家贫:"卢亦甲族也。嫁女于他门,聘财必以百万为约,不满此数,义在不行。生家素贫,事须求贷,便托假故,远投亲知,涉历江淮,自秋及夏。生自以辜负盟约,大愆回期,寂不知闻,欲断其望,遥托亲故,不遣漏言。③"如此而已,而这些事(李益再与名门结婚、李益家贫)一定会发生,霍小玉都已经事先知道,并加以安排,所以悲剧中不利于主角的客观环境的冲突性不强。《紫钗记》则安排了卢太尉这号反派人物来当作客观环境对男女主角的阻力,前后总共有四次出手阻挠李益与霍小玉的团圆,这些都是无法事先防范的,从此点来看,悲剧的冲击力道是比较强烈的。

四、《紫钗记》所塑造悲剧人物的性格

由于悲剧里的角色——尤其是主角,是悲剧的主体,他/她在体现其"人

---

① 莎翁名著《李尔王》中的反派主角,因为是庶出之子,成长期开始心态就有偏差,痛恨自己是私生子,设计陷害长兄爱德伽,出卖自己的父亲葛罗斯特伯爵,还脚踏两条船挑拨李尔王的大女儿和二女儿的感情,让这两姐妹手足相残,并企图杀害自己的父亲,与李尔的大女儿高纳里尔共理国事。
②③ 蒋防:《霍小玉传》,巴蜀书社1990年版,第81页。

类本性"时,这本性与其行动之间的关系就显得特别重要,本性决定了行动,行动形成了情节与布局,因此剧作家塑造人物性格的同时,情节与布局也就跟着形成了。亚里士多德《诗学》云:"悲剧所模仿的不是人,而是人的行动、生活、幸福与不幸,悲剧的目的不在于模仿人的质量,而在于模仿某个行动,剧中人的质量是由他们的性格决定的,而他们的幸与不幸,则是取决于他们的行动。它们不是为了表现性格而行动,而是在行动的时候附带表现性格。因此,悲剧艺术的目的在于组织情节(即布局)。在一切事物中,目的是至关重要的。①"《紫钗记》的原型虽说是直接接受自蒋防《霍小玉传》,然小说与戏剧毕竟体裁不同,剧中人的性格仍需要作者多加琢磨,说明如下:

(一) 霍小玉的性格

1. 从选婿行动中透露出来的虚荣与浮夸

元宵之夜第一次与李益相逢,偷觑了李益的相貌就说:"鲍四娘处闻李生诗名,咱终日吟想,乃今见面不如闻名,才子岂能无貌!②"同时被李益的一句话打动了心事:"小姐怜才,鄙人重貌,俩好相映,何幸今宵!③"就此踏上爱情的不归路:"……【玉交枝】^{钗喜落此生手也。钗}你插新妆宝镜中燕尾斜,到檀郎香袖口是这梅梢惹。^{浣纱,叫秀才还咱钗也。}怕灯前孤单这些,怕灯前孤单了那些。④"甚至认为这是:"千金一笑相逢夜,近似蓝桥那般欢惬。⑤"第十三出《花朝合卺》小玉苦等李益前来迎亲,蓦然看到李益骑马而来,后面还跟着借来的仆人三、四人,不觉惊喜言道:"四娘,你看那生走一湾马呵,风情似柳,有如张旭少年;回策如萦,不减王家叔父;真个可人也!⑥"可见这个悲剧因素是霍小玉因重外貌而忽略了人品,识人不清,总以为才高就是人品好之保证。这种性格也让她作出了许多让她吃足苦头的决定。

2. 自卑自知

即使汤显祖再怎么替霍小玉遮掩,都改变不了她出身微贱的事实,已见前引"故霍王小女""妾本轻微,自知非匹",就因为这个低贱的身份,使得她做出许多因自卑生出来的行动,她知道李益终究不会将她当作婚媾对象,所有的山盟海誓敌不过行之已久的社会制度,所以便提出八年之约,私心盼望李益这八年完全属于她,此外,不再多想。

---

① 亚里士多德:《诗学》。
②③④⑤ 汤显祖:《汤显祖集》册三,台湾洪氏出版社 1975 年版,第 1605 页。
⑥ 汤显祖:《汤显祖集》册三,台湾洪氏出版社 1975 年版,第 1632 页。

3. 患得患失

自卑身世而担心婚姻生变，小玉匆忙间嫁人，其实更怕的是嫁错人，一时半刻被抛闪了，所有的投资付诸流水。这种患得患失的心态溢于言表：

（旦小玉白）二君在上，李郎自是富贵中人，只怕富贵时撇了人也！
【前腔（朱奴儿）】（旦小玉唱）婚姻簿是咱为妻，怕登科记注了别氏。……肘后香囊半尺丝，想不是薄情夫婿。（合前）书斋榻，举案齐眉，稳倩取花冠紫泥。①

（浣纱白）小姐未遇里郎时，打秋千、掷金钱、赌荔枝、抛红豆，常自转眼舒眉，到李郎上门，镇日纱窗里眉尖半簇，敢自伤春也？
（旦白）浣纱呵，咱怎比做女儿时，由得自家心性那！
（浣纱白）可是成人不自在哩！②

论理，新婚宴尔，应当是身心愉悦的，可是小玉却眉尖半簇，黯然神伤，她在担心婚姻的不保、李益的抛闪："新婚未几，明日分离，如何是好？李郎，你看我为甚：宫样衣裳浅画眉，只为晓莺啼断绿杨枝；春闺多少关心事，夫婿多情亦未知。妾本轻微，自知非匹，今以色爱，托其仁贤，但虑一旦色衰，恩移情替，使女萝无托，秋扇见捐。极欢之际，不觉生悲。③"追根究底，就是对自己的出身没有信心，在唐代那个社会里，像霍小玉这样对外号称王府之女，其实是庶出，有名无实，王薨后就被家族赶出门的女子，其内心不但毫无安全感，反而还充满自卑（妾本轻微，自知非匹），她们只能用这种可能会"人、财两失"的倒贴方式（今以色爱，托其仁贤），为自己的未来押宝，笼络尚未考中进士的男士，小玉内心也很清楚，这种方法其实是充满变量的，但是除此之外，还有什么方法呢？追根究底，这种悲剧的根源在于专制父权的社会里，女性毫无自主权，除了依靠男性之外，简直没有其他的生存方式，所以"人为刀俎，我为鱼肉"的悲剧下场是必然的。等到李益到洛阳赶考之后，霍小玉的心境更是惶惶不可终日：

---

① 汤显祖：《汤显祖集》册三，台湾洪氏出版社1975年版，第1640页。
② 汤显祖：《汤显祖集》册三，台湾洪氏出版社1975年版，第1643页。
③ 汤显祖：《汤显祖集》册三，台湾洪氏出版社1975年版，第1645页。

【前腔（傍妆台）】（旦小玉唱）锦袍穿上了御街游，怕有个做媒人阑住紫骅骝，美人图开在手，央及煞状元收，等闲便把丝鞭受，容易难将锦缆抽。笙歌昼引，平康笑留，烟花夜拥，俺秦楼诉休。怎时节费人勾管争似不风流。①

小玉既担心李益被良家子的媒人物色走，又担心李益流连在平康巷的花丛里，不回头，这样的日子真的生不如死，但是古代女子很少有走出这个时代给的圈圈的。

4. 浣纱眼中的霍小玉：为达目的，不顾一切；性格与意志的统一

浣纱是小玉的丫鬟，也是小玉的心腹，小玉的生活无以为继时，命浣纱卖紫玉钗，巧遇玉工侯景先，从她跟侯景先的对话，亦可知小玉的性格：

侯：此玉钗价值万镒，怎生把出街来？
浣纱：要卖。
侯：帝种王孙，芳年艳质，何至卖此？
浣纱：家事破散，迥不同前了。
侯：小玉姐敢配人了？
【前腔（太师引）】（浣）招的个秀才欣将风月占，^{侯：好了，嫁得个秀才。}（浣）谁知他形飘影潜。^{侯：呀！丢他去了。}（浣）孤另的青楼冷冷。^{侯：门户大。}（浣）：折倒尽朱户炎炎。^{侯：守么？}（浣）他心字香誓盟无玷。^{侯：还奢华么？}（浣）怎奢华十分寒俭。^{侯：还待怎生？}（浣）还在卖珠典衣，赂遣于人，使求音信。赀妆欠珠钗卖添。^{侯：小姐访得那人时罢了，若访不得时，}可知道红颜薄命都则是病恹恹。

从以上对话看得很清楚，小玉的真实身份：跟着母亲被霍王府赶出来，沦落风尘，又有别于一般青楼水性杨花的痴情女子。所以玉工侯景先才会叹道："因何自掘断烟花堑？"就是说小玉自小在霍王府中长大，娇养惯了，为何单为一个秀才，把自己的能歌善舞、赖以维生的本事给断了呢？不值得啊！蒋防笔下的小玉：娼家、贫穷、为了请人打听李益的消息耗尽资财，贫病而亡。汤显祖则说小玉初始时，家赀甚富，并且在李益被贬之后，收

---

① 汤显祖：《汤显祖集》册三，台湾洪氏出版社 1975 年版，第 1656～1657 页。

养其密友韦、崔二人,并请他们专门打听李益的消息,然其后亦入不敷出,家产破散。由此亦可推知,小玉为达目的,不惜一切的性格。黑格尔《美学》云:

> 这种孕育冲突的情致,却仍把悲剧人物推向破坏性的有罪的行动。对于这种罪行,他们并不愿推卸责任,反之,他们做了他们实际上不得不做的事,这对他们还是一种光荣,说这种英雄犯了不能由他们负责的罪行,这就是莫大的诽谤。对自己的罪行负责,正是伟大人物的光荣,他们并不愿引起怜悯和感伤,事实上使人感动的并不是具有实体性的东西,而是主体方面的人格深化,及主体的苦难,他们的坚强性格和本质性的情致,是处于统一体的。这种不可分割的协调一致,所引起的并不是感伤,而是惊羡。①

黑格尔所谓的"有罪"其实就是霍小玉为了坚持对爱情的追求,不惜放弃一切,包括堂上母亲、家赀、甚至于生命,这种不顾一切去追求的勇气,就是黑格尔所谓的"性格"与"意志"之间,不可分割的联系性,而推动她这样做的动力"正是他们自己在伦理上有辩护理由的情致",这里所谓的"情致"就是一种由性格所凝聚而成的"个人修持",霍小玉的忠于爱情、追求爱情,从来没犹豫过,所以她在临终之前大无畏责备李益这番话才令人动容:

> 我为女子,薄命如斯;君是丈夫,负心若此!韶颜穉齿,饮恨而终。慈母在堂,不能供养;绮罗弦管,从此永休。征痛黄泉,皆君所致。李君李君!今当永诀矣!②

以上引文汤显祖完全征引蒋防原作,只不过蒋防在文后还有几句话:"我死之后,必为厉鬼,使君妻妾,终日不安。"汤显祖没有引用的原因是剧情安

---

① 黑格尔著,朱光潜译:《美学》,引自《朱光潜全集》第16卷,安徽教育出版社1999年版,第290~291页。
② 此处引文汤显祖质皆征引蒋防的原文,见蒋防:《霍小玉传》,巴蜀书社1990年版,第85~86页。

排上，小玉后来死而复生。那么蒋防这么写，是否会让霍小玉的悲剧形象受损呢？答案是否定的，就如同黑格尔所说的，这就是霍小玉的辩护理由，她只是义正词严地捍卫自己追求幸福的权利。揆诸希腊悲剧的《米蒂亚》她对负心丈夫杰生的报复，手段狠过霍小玉不知凡几，依然是悲剧人物中，形象鲜明的佼佼者，可见主角的性格与意志之间的统一与否，跟是否为悲剧人物，有很大的关系。

（二）李益的性格

李益，蒋防小说里的李益为陇西人，门族清华，太夫人素严毅，李益不敢违背其意。汤显祖《紫钗记》改为无骨肉血亲，四海为家、浪游四方。但是其出身与人脉关系还是存在的："小生姓李，名益，字君虞，陇西人氏，先君忝参前朝相国，先母累封大郡夫人。①""我有故人刘公济，官拜关西节镇，今早相贺回来，恰逢着中表崔允明，密友韦夏卿，相约此间庆赏。②"就其在《紫钗记》中的行动，分析其性格分析如下：

1. 重色贪财，颇自矜夸

（1）重色：鲍四娘口中的李益是这样的形象："……每蒙陇西李十郎往来遗赠，金帛不计，俺看此生风神机调，色色超群，币厚言甘，岂无深意？必是托我豪门觅求佳色……③"可见是宁愿花下重金，寻找特殊色目的好色之徒，为了猎艳，与市井小民故薛驸马家歌妓鲍四娘交好。他曾自言："不遇佳人，何名才子？④"与霍小玉初见面之际则云："小姐怜才，鄙人重貌，俩好相映，何幸今宵！⑤"虽然其密友崔、韦二人极力为他掩饰，却也无大用："【前腔（风入松）】（韦崔二人唱）他从来鳏处比目不曾瞅，问前鱼何处有？他身星照定无骨肉，尽四海为家浪游，看蓝桥遇仙是有，平白地显风流。⑥"

（2）贪财：元宵之夜，李益拾得霍小玉之紫钗，不但不立即还回，还要无赖地说要以此钗作为媒采，趁机向小玉求婚：

请问小玉姐侍者，咱李十郎孤生二十年余，未曾婚聘，自分平生不见此香奁物矣，何幸遇仙月下，拾翠花前，梅者媒也，燕者，于飞也，便当

---

①②④　汤显祖：《汤显祖集》册三，台湾洪氏出版社 1975 年版，第 1589 页。
③　汤显祖：《汤显祖集》册三，台湾洪氏出版社 1975 年版，第 1597 页。
⑤　汤显祖：《汤显祖集》册三，台湾洪氏出版社 1975 年版，第 1605 页。
⑥　汤显祖：《汤显祖集》册三，台湾洪氏出版社 1975 年版，第 1682 页。

宝此飞琼，用为媒采，尊见如何？①

　　脸皮之厚莫此为甚，普天之下的媒采皆须男方自备，方见其诚，拾取他人之物，占为己有，已属不该；更何况欲以此当作媒采，强聘女方，真乃前所未闻，亏他想得出来。小玉的婢女浣纱听闻此言，着了恼骂了李益："书生无礼，见景生情，我待骂你呵！"结果却被小玉斥喝："劣丫头，是怎的来！"所以连婢女都看不过去的事情，小玉居然不自觉："鲍四娘处闻李生诗名，咱终日吟想，乃今见面不如闻名，才子岂能无貌！②"可见小玉慕李十郎之诗名，看不清楚这个人的真面目，一径儿地把感情投向李益。鲍四娘明知道小玉的身份是庶出（因卑微而找不到高门第来婚配），也明知道小玉母亲要的是"好儿郎"（虽然不可能有太高的门第，但至少要的是正妻的地位），也明知道李益要的只是年轻貌美的显风流对象，无论如何不该把小玉介绍给李益的，因为小玉会对这段感情一定会死心塌地，而李益的心态则是应试期间，纯属无聊，玩玩而已。但是她收了李益高价的媒婆钱，不得不黑着良心，将霍小玉推向李益这个火坑。

　　此外，李益的经济是靠人资助才得以维持门面，其实他是一个贫寒之士，婚后第一天就以男主人之姿态告诉小玉，他的朋友要来吃饭，其实以他的经济情况，何尝有发言权？只因为他将来有可能考上进士，所以吃的用的都是霍小玉供给，而他的穷朋友中表崔允明、密友韦夏卿，居然也毫不推辞地向霍小玉靠拢，吃吃喝喝全由霍小玉支付：

　　　　生：我有友人韦夏卿、崔允明，约来相贺，需是酒肴齐备。
　　　　旦：理会得。③
　　　　……
　　　　（李益的中表崔允明，密友韦夏卿）云："君虞，三人中你到有了凤凰巢，俺二人居然穷鸟，不论靡家靡室，兼之无衣无食，如何活计？"生："小弟在此，从容图之。"④

---

①② 汤显祖：《汤显祖集》册三，台湾洪氏出版社1975年版，第1605页。
③ 汤显祖：《汤显祖集》册三，台湾洪氏出版社1975年版，第1638页。
④ 汤显祖：《汤显祖集》册三，台湾洪氏出版社1975年版，第1640页。

说实在话，李益未中进士之前，根本是个一清二白的穷光蛋，凭什么要求霍小玉准备酒水佳肴？小玉也非庸愚之辈，为何要供养他？等李益高中之后，小玉要担心的可能是会不会被抛弃的问题了。也就是说，小玉这种在社会尚属于不上不下阶层的人，若没有遇到李益这种人，可能一辈子没有翻身的机会，若投资这种人，虽然要冒着被抛弃的风险，但是就追求自身幸福的观点来看，成功的概率至少还有一半，所以唐社会制度所带来社会乱象，在那个时代就是悲剧的渊薮。

2. 矫情

李益的矫情在剧中处处可见：

（1）京城里的鲍四娘是男女间穿针引线的媒婆，当崔允明，韦夏卿向他推荐此人的时候，李益说："不瞒二兄，鲍四娘于小生处略有往来，但是此中心事，未露十分。"①

（2）鲍四娘："……每蒙陇西李十郎往来遗赠，金帛不计，俺看此生风神机调，色色超群，币厚言甘，岂无深意？必是托我豪门觅求佳色……②"可知除了鲍四娘的世故之外，李益的矫情也溢乎言外。

（3）李益在元宵夜明明和霍小玉有互动，就如他自己所说的："小生昨夕和小玉姐对玩花灯，眼尾眉梢，多少神情抛接也。③"可是第二天他看到鲍四娘却说成这样："人中嚷嚷，都无所见。但拾得坠钗紫玉燕一枝，烦卿鉴赏。④"后来才对鲍四娘吐实说是老天赐予他亲近霍小玉的机会，并要以这紫玉钗为证，寻求盟定。基本上不是一个正直君子。

（4）李益想盟定霍小玉，偏偏是寒士一名，鲍四娘劝他要打点门面："十郎，花朝日好成亲，看你好不寒酸，那样人家，少不的金鞍骏马，着几个伴当去。⑤"他立刻说："四娘说咱寒酸，不免请韦崔二兄，代求人马光辉也。⑥"：

【驻马听】出入惟驴，实少银鞍照路衢，待做这乘龙快婿，麒骥才郎，少的驷马高车，花边徒步意踌躇，嘶风弄影知何处。后拥前驱，教一

---

① 汤显祖：《汤显祖集》册三，台湾洪氏出版社1975年版，第1591页。
② 汤显祖：《汤显祖集》册三，台湾洪氏出版社1975年版，第1597页。
③④ 汤显祖：《汤显祖集》册三，台湾洪氏出版社1975年版，第1610页。
⑤ 汤显祖：《汤显祖集》册三，台湾洪氏出版社1975年版，第1622页。
⑥ 汤显祖：《汤显祖集》册三，台湾洪氏出版社1975年版，第1623页。

时光彩生门户。①

最后出现黄衫豪客送他一鞍一马、一仆从之时,李益喜悦之情,溢于言表唱道:

【孝顺歌】……这马呵闹色紫茸铺,压胯黄金镀,真个飞香红玉,称两袖风生,一鞭云路,阿对前头,要几个人儿护。你们到那家答应,放精细些。须剔透,要通疏,那人家,多礼数。②

这种靠别人打点的行径,本来就要不得,他还沾沾自喜,顺便也替霍小玉母女搽脂抹粉一番。矫情的人特别会作假,这点是可以确定的。

3. 风流而无情

根据剧中人物的行动,可以看出李益的性格,基本上是个风流而无情的人,分析如下:

【簇玉林】岁寒交,无二人。入春愁,有一身。报闲庭,草树青回嫩。和东风,吹绽了袍花衬。问东君,上林春色,探取一枝新。③

【前腔(祝英台)】(鲍)知么?俺为你高情,是处的闲停踏。(生)有么?(鲍)十郎,苏姑子做好梦也。有一仙人谪在下界,不邀财货,但慕风流,如此色目,共十郎相当矣。是有个二八年华,三五婵娟,又不比寻常人家。(生惊喜科)真假?你干打哄蘸④出个桃源,俺便待雨流巫峡,(跪科)这一缕红丝,少不得是你老娘牵下。⑤

从这两只唱腔看来,李益看待霍小玉的心态,只是逢场作戏,其实并不尊重,也不把小玉当成明媒正娶的正室看待,新婚后第一天,李益看着霍小玉的唱词是:

---

① 汤显祖:《汤显祖集》册三,台湾洪氏出版社 1975 年版,第 1624 页。
② 汤显祖:《汤显祖集》册三,台湾洪氏出版社 1975 年版,第 1630 页。
③ 汤显祖:《汤显祖集》册三,台湾洪氏出版社 1975 年版,第 1591 页。
④ 蘸音同占。
⑤ 汤显祖:《汤显祖集》册三,台湾洪氏出版社 1975 年版,第 1598 页。

【阮郎归】绿纱窗外晓光催，"神女"下峨眉。细看她含笑坐屏围，倚新妆半晌娇横翠。①

小玉姐，初见你时，……到得低帏暖枕，及其欢爱。小生自忖，"巫山洛浦"不如也。②

一般的丈夫会将自己的妻子比喻成"神女"或者是"巫山洛浦"这种类似妓女的比喻乎？可见李益看待此段姻缘，不过是略具形式的露水夫妻罢了！第十六出书童秋鸿回报："天子留幸洛阳，开科选士，京兆府文书起送，即日饯程，不得延误。③"的时候，李益毫不迟疑、当机立断说："如此，快安排行李，渭河登舟也。④"完全没有意识到霍小玉的心情，更仿佛觉得此事与霍小玉无关。直到小玉哭泣，方才觉醒，急着要写盟约安小玉的心。

4. 懦弱无方，表里不一

之前为卢太尉蒙骗李益说小玉已经改嫁他人，等到崔、韦二友在崇敬寺告之以实情之时，他居然说："二君定不知我，因卢太尉恩礼，婉转支吾，那曾就亲卢府？"崔、韦二友劝说："君虞，乘兴一见郑君（霍小玉）何如？""那人早晚待君永诀，足下终能弃置，实是忍人！"他的回答是："怎敢造次便去也！"从他这种支支吾吾的对话中，完全看不出对小玉的真情，只推诿于卢太尉，这完全是懦弱的个性使然。

而且黄衫豪客强押他到胜业坊见小玉时，他原本以为只是去黄衫豪客家看妖姬跳舞，没想到居然是小玉的故居，马上掉转马头说："天晚，小生薄有事故，改日奉拜。"要不是黄衫豪客强拉衫袖云："敝居咫尺，忍相弃乎？"，恐怕连一面也不想见小玉。到了小玉家门前，李益与黄衫客并马，居然不肯向前行，黄衫客的家奴一拥而上，强将他从马上扯下来，半点不由他反抗，黄衫客还讽刺他说："秀才，不是请你到俺家去，是请你到你家去。⑤"凡此种种行为，完全不像对小玉还有感情，等到被强押见了霍小玉，马上哭着说："我的妻，病得这等了！"汤显祖在此暗含有讽刺李益表里不一的诛心之笔。但是他或许不愿意将李益写成唐人传奇小说那种薄幸忍人，所以借李益之口提出他不

---

①② 汤显祖：《汤显祖集》册三，台湾洪氏出版社1975年版，第1637页。
③④ 汤显祖：《汤显祖集》册三，台湾洪氏出版社1975年版，第1645页。
⑤ 汤显祖：《汤显祖集》册三，台湾洪氏出版社1975年版，第1792页。

想见霍小玉的三种理由,所谓的"三畏",但是这也是跟李益懦弱的个性息息相关:

(生李益):则怕卢太尉害了人也。
(黄衫豪客):怎生这般畏之如虎?
(生李益):足下不知,小生当初玉门关外参军,受了刘节镇之恩,提诗感遇,有"不上望京楼"之句,因此卢太尉常以此语相挟,说要奏过当今,罪以"怨望",所畏一也。又他分付,但回顾霍家,先将小玉姐了当,无益有损,所畏二也。白梃手日夜跟随厮禁,反伤友朋,所畏三也。因此沉吟去就,不然,小生岂是十分薄幸之人。今日相见,怎生嘴脸也!
(黄衫豪客):结发夫妻,陪个小心便了!卢太尉俺自有计处,不索惊心。

在蒋防小说中,李益除了是个做官的进士之外,可说是一位一无是处的忍人;汤显祖稍稍有笔下留情,然而还是处处留下破绽,所以从悲剧的角度来看,李益应该也是和卢太尉一样的角色,是小玉通往幸福之路的障碍。此点留待下文与卢太尉一起说明。

(三)黄衫豪客的性格

黄衫豪客是整个情节中,唯一对霍小玉有正面帮助的人,他的立场跟李益乃至于卢太尉都是相冲突的,他只为了一颗侠义不忍的心肠,就出手帮助了素昧平生的霍小玉解决了礼亦避不见面的问题,黑格尔《美学》云:"……个别人物的情致,它驱遣某些发出动作的人物各具伦理原则,和其他发出动作的人物互相对立起来,因而导致冲突。具有这种情致的个别人物,既不是我们近代人所说的人物性格,也不是单纯的抽象概念的化身,而是处在这二者之间,表现为坚定的人物,本来是什么样的人,他就做那样的人,没有内心的冲突,也没有摇摆,不承认旁人的异样的情致。就这一点来说,他们所代表的是近代的滑稽态度的反面,他们是一些高尚的绝对明确的人物,只要在某一特殊的伦理力量中,找到自己性格的内容和基础的。[①]"他的性格分析后有如下特质:

---

① 黑格尔著,朱光潜译:《美学》,引自《朱光潜全集》第16卷,安徽教育出版社1999年版,第284页。

1. 具有恻隐之心

黄衫客听酒保说李益赘入卢府，弃了前妻霍小玉，小玉一病恹恹不起，韦夏卿、崔允明二人到崇敬寺包了酒席，请李益赏牡丹，劝他回心转意，又怕卢府威势，不敢多说。叹道："原来有此不平之事！"于是动了恻隐之心，想要帮小玉的忙。

2. 豪气

黄衫豪客吊场：冷眼便为无用物，热心常为不平人。花前侧看千金笑，最后平消万古嗔。俺看李十郎这负心人，为卢府所劫，使前妻小玉一寒至此。此乃人间第一不平事也，俺不拔刀相助，枉为一世英雄！①

3. 幽默

黄衫客用计将李益强押至霍王府小玉处，问小玉的娘亲说："认得此人否？"（老惊哭介）：薄情郎何处来也？（黄衫豪客）：且下了马，请小玉姐来对付他。②

4. 功成身退

黄衫客将李益绑到小玉跟前，见了小玉的病容则叹：【不是路】看他病倚危阑，似欲坠风花几阵寒。斜凝盼，眼皮儿也应不似旧时单。小玉姐，俺将薄幸郎交付与你，病到这般呵，命多难。李郎，我闻东方朔先生云：惟酒可以消忧，咱已送金钱办酒。酒呵，能消郁块忘忧散。只一味（指生介）当归勾七还。俺去也！（生）感足下高义，杯酒为谢，何去之速也？（豪）某非为酒而来。（生）愿留姓名，书之不朽。（豪笑介）休也！英雄眼，偶然醮上你红丝绽，为谁羁绊？为谁羁绊？③

黄衫客这种质量的人，一旦发现了与他自己质量相符合的事情，他就会全心投入，完全不在意外在的环境与异样的眼光，他与另外一些立场相反的人，形成一种矛盾，悲剧的冲突就由此而起了。

（四）小玉母净持与鲍四娘的性格

这两位是配角，但是鲍四娘为了贪图李益的金钱，帮李益穿针引线，让李益与小玉结合，为小玉带来日后的许多痛苦，在蒋防的小说里，她绝对是个三姑六婆型的反面人物，但是在汤显祖的剧本中，却让她有将功赎罪的机会；至于小玉的母亲，人物性格的刻绘十分清淡，应该属于边角之类者：

---

① 汤显祖：《汤显祖集》册三，台湾洪氏出版社 1975 年版，第 1772～1773 页。
② 汤显祖：《汤显祖集》册三，台湾洪氏出版社 1975 年版，第 1793 页。
③ 汤显祖：《汤显祖集》册三，台湾洪氏出版社 1975 年版，第 1793～1794 页。

1. 小玉母郑氏净持

（1）经济上不能审度时势，做适合的调整。

小玉母女在霍王薨后，被王府的众嫡子赶了出来，但是对外还是打着霍王府的旗号，花费挥霍无度，例如因为小玉爱佩戴"紫玉燕钗"，就叫内作老玉工侯景先雕缀，完成之后，酬赏玉工万金①。其实郑氏难道不知道她们母女被赶出霍王府之后，经济状况已经今非昔比？但是对外还是摆出霍王府的架势，挥金如土，这是自欺欺人之举。

（2）只听信鲍四娘片面之言，仓促决定小玉婚事，甚至连女婿的家境人品都不甚清楚：

老（老旦郑氏）：那些人从都是李家么？
鸿（指秋鸿李益的仆人）：不是李家是桃家。
老：那个桃家？
杂：豪家。
老：哪个豪家？
杂：李家做了豪家。
老：好好，原来李郎豪家子也。马可是李家？
鸿：不是李家是桃家。
老：怎生又是桃家马？
生（李益）：不是桃家马，是桃花马。
老：李郎，好一个桃之夭夭。浣纱，请这傧相一班骑从别馆筵宴。②

此处虽以插科打诨为重点，然而作者已经强烈地透露出婚姻中，女方仅凭媒妁之言，便订下终身大事的无知与愚蠢。

2. 媒婆鲍四娘

鲍四娘的出身是："故薛驸马家歌妓，折券从良已十余年矣。……③"虽则从良，然所经营者似仍为拉皮条老鸨之生涯。今从其在剧本中之行动分析其性格如下：

---

① 参见第三出：《插钗新赏》，《汤显祖集》册三，台湾洪氏出版社1975年版，第1593~1594页。
② 汤显祖：《汤显祖集》册三，台湾洪氏出版社1975年版，第1634页。
③ 汤显祖：《汤显祖集》册三，台湾洪氏出版社1975年版，第1597页。

（1）巧于识人，善于自知。

自认为："生性轻盈，巧于言语，豪嘉贵戚，无不经过，挟策追风，推为渠帅。①"

事实证明鲍四娘果然有自知之明，有一次李益来到鲍家，鲍四娘故意问李益为何光顾，李益假惺惺的唱道是因为对鲍四娘有感情："【祝英台】游冶，自多情春又惹，早则愁来也。渐次芳郊，款步幽庭，笑向卿卿闲话。②……"鲍四娘立刻戳破李益的谎言："妾半落铅华，何当雅念"，李益还是假惺惺的唱下去："【祝英台】（曲文承前）还佳，个门中风月多能，更是雨云熟滑。似秋娘，浑不减旧时声价。③"夸鲍四娘徐娘半老风韵犹存，鲍四娘明知道自己目前状况是：

【祝英台】忆娇年，人自好。今日雨中花。俺也曾一笑千金，一曲红绡，宸游风吹人家，参差，憔悴损镜里鸳鸯，冷落门前车马。这些时，几曾到卖花帘下。

所以也就单刀直入地请李益说明来意："十郎，礼有所求，必有所下，寸心相剖，妾为图之。④"此时才逼出李益的真心："【祝英台】……瘦伶仃才子身奇，尚少个佳人檠架。问谁家，可一轴春风图画。⑤"

（2）有侠气。

黄衫豪客问酒保可有像样的歌女，酒保云："这京兆府前有个鲍四娘，挥金养客，韬玉抬身，如常富贵，不能得其欢心，越样风流，才足回其美盼，可不是雌豪也？⑥"接着黄衫客唱：【锁南枝】他是闺中侠，锦阵豪，闻名几年还未老，他略约眼波瞧，咱蓦地临风笑。人如此，兴必高。指银瓶，共倾倒。⑦

　　黄衫豪客：四娘踏草何来？
　　鲍四娘：看霍王府小玉病来。

---

① 汤显祖：《汤显祖集》册三，台湾洪氏出版社 1975 年版，第 1597 页。
②③④⑤ 汤显祖：《汤显祖集》册三，台湾洪氏出版社 1975 年版，第 1598 页。
⑥ 以上两【祝英台】曲牌皆出自汤显祖：《汤显祖集》册三，台湾洪氏出版社 1975 年版，第 1770 页。
⑦ 汤显祖：《汤显祖集》册三，台湾洪氏出版社 1975 年版，第 1771 页。

> 黄衫豪客：因何病害？
>
> 鲍四娘：贪了才子李十郎，因而招嫁，十郎薄幸，就亲卢太尉府中，再不回步，小玉姐病染伤春，敢待不起也。
>
> 黄衫豪客：可也有了人么？
>
> 鲍四娘：谨守誓言，有死而已。
>
> 黄衫豪客：世间怎有这不平之事！家赀如何？[1]

由此对话可知道鲍四娘虽然早期将霍小玉推入李益的火坑中，但是她终究还是有些良心的，最后在黄衫客前面帮小玉讲话，可说间接帮了小玉的忙。

五、《紫钗记》悲剧冲突的过程与结果

黑格尔《美学》云："最后，悲剧纠纷的结果只有一条出路：互相斗争的双方的辩护理由固然保持住了，他们的争端的片面性却被消除掉了，而未经搅乱的内心和谐，及合唱队所代表的一切神都同样安然分享祭礼的那种世界情况，又恢复了。真正的发展只在于对立面作为对立面而被否定，在冲突中互图否定对方的那些行动所根据的不同的伦理力量，得到了和解。只有在这种情况之下，悲剧的最后结局才不是灾祸和苦痛，而是精神的安慰。[2]"黑格尔此段话虽然是针对希腊悲剧所做的分析，但是用在《紫钗记》的情节与布局上，却是十分吻合的，首先来看《紫钗记》的悲剧双方对峙之后的转折点：

（一）李益形象的突变

从第二十四出《门楣絮别》、第二十五出《折柳阳关》开始，李益的形象起了大改变，从先前的名利熏心，颇自矜夸，贪财重色，矫情重欲，其实并不尊重霍小玉，也不把她当成明媒正娶的正室看待等诸多缺失，突然变为深情款款的男子，这样的转变，汤显祖并没有说明原因，所以这是《紫钗记》人物形象塑造十分失败的转折例子，其中没有任何原因，李益就改变了形象：

---

[1] 汤显祖：《汤显祖集》册三，台湾洪氏出版社1975年版，第1772页。
[2] 黑格尔著，朱光潜译：《美学》，引自《朱光潜全集》第16卷，安徽教育出版社1999年版，第291页。

【前腔（古女冠子）】（生李益唱）妻你须索不卷珠帘人在深深处，踏着这老夫人行步。^{老夫人呵}愧仙郎傍不着门楣住，冷落你凤将雏_{（老郑夫人）李郎早回，妾身老年人也。}（生）瑶池西母，把绛桃深护。咱把寿山的岳母向遥天祝，爱海的闺娃窄地呼。（合前）别离几许，省可也薄情吩咐。①

【前腔（解三酲）】（生李益唱）比王粲从君朔土，似小乔出嫁东吴，正才子佳人无限趣，怎弃掷在长途？三春别恨调琴语，一念年光揽镜嘘，心期负，问归来朱颜认否？旅鬓何如？②

【前腔（解三酲）】（生李益唱）咱夫人城倾城怎遇？便到女王国倾国也难模。拜辞你个画眉京兆府，那花没艳酒无娱，怎饶他珍珠掌上能歌舞，忘不了你小玉窗前自叹吁。伤情处，看了你晕轻眉翠，香冷唇朱。③

这里突然把李益塑造成一个顾家而重情的男子，显得十分突兀，手法也十分生涩失败，但是话说回来，虽然李益转型失败，但是确实有个不得不转的理由，否则汤显祖的剧本只好采用跟蒋防一样的结局，让李益从头坏到尾，可是这不是汤显祖的本意，他是想帮李益扳回一局的，只可惜转折点没塑造好。

（二）王哨儿良心发现

王哨儿原本而是替李益霍小玉传信息的，后来被卢太尉威胁，只好答应传达假消息：

（卢吊场）众将官，查那一个传李参军家信？
（哨）：是小的。
（卢）：拿去绑下。
（哨乞饶介）
（卢）：且记着，许你将功赎罪，差你京师庆贺刘节镇还朝便到参军家，说他咱府招赘，好歹气死他前妻，是你功也。

---

① 汤显祖：《汤显祖集》册三，台湾洪氏出版社1975年版，第1671页。
② 汤显祖：《汤显祖集》册三，台湾洪氏出版社1975年版，第1675页。
③ 汤显祖：《汤显祖集》册三，台湾洪氏出版社1975年版，第1676页。

（哨）：理会得。①

但是王哨儿似乎良心未泯，所以他内心的想法是："去为捞酒客，来作拗花人，小军王哨儿便是。主公卢太尉差往长安霍府行事，只说俺老爷招赘李参军，要暗死那前位夫人。太尉不将心比心，小子待将计就计，前日与李爷寄书，那夫人待我不轻。正要说知，未可造次，打听得这曲头有个鲍四娘，走动他家，且向她一问。②"王哨儿取得了霍小玉的悲情诗之后，上呈李益，李益觉得诗意蹊跷，忙问王哨儿，哨儿才说原委："是是是，那日递家报给参军爷，太尉要拷打小的，说俺府里待招赘参军，你敢再传他家信！小的见夫人，依实说了。③"此刻李益才知道事情的原委，虽然有了戒心，却也拿卢太尉无可奈何。

（三）崔允明、韦夏卿的协助

第四十七出《怨撒金钱》崔允明云："看来小玉姐为寻访李郎，破散家赀百万，俺三年之间受之惶愧，要径造李郎，他又被卢府拘制，早朝晚归，不放参谒，怎生是好？有了，崇敬寺今春牡丹盛开，约韦夏卿酒馆商量，去请李郎玩赏，酒中交劝，或肯乘兴而归。正是：欲见夫妻一片心，须听朋友三分话。④"其实崔、韦二人在经济上受到霍小玉的资助很多，帮忙霍小玉打听李益的下落亦属人情之常，黄衫豪客就是因为他们两人打算帮忙霍小玉，才知道这件事的原委。

（四）黄衫豪士的鼎力相助

见前文"黄衫豪客的性格"分析，此处不再赘叙。

（五）李益与霍小玉双方的对质与辩护，攻防有则，高潮迭起，也是全剧拔尖之处

小玉先开口指责李益薄幸，汤显祖直接采用《霍小玉传》的原文："我为女子，薄命如斯；君是丈夫，负心若此！韶颜稚齿，饮恨而终。慈母在堂，不能供养，绮罗弦管，从此永休。征痛黄泉，皆君所致。李君李君！今当永诀矣！（作左手握李生臂，掷杯于地，长叹数声，倒地闷绝介）"李益无以为言，

---

① 汤显祖：《汤显祖集》册三，台湾洪氏出版社1975年版，第1722页。
② 汤显祖：《汤显祖集》册三，台湾洪氏出版社1975年版，第1724页。
③ 汤显祖：《汤显祖集》册三，台湾洪氏出版社1975年版，第1734页。
④ 汤显祖：《汤显祖集》册三，台湾洪氏出版社1975年版，第1766页。

唱曲感叹：

【二郎神】年光去，辜负了如花似玉妻。叹一线功名成甚的？生生的无情似篲，有命如丝。妻呵别的来形模都不似你。怎抬的起这一座望夫山石？寻思起，你恁般舍得死别生离。①

尽管李益有悔意、赔不是，小玉昏死过去，醒来时还是生气的唱道：

【二郎神】（旦作醒介）昏迷，知他何处，醉里梦里？才博的哏郎君一口气，^{俺娘呵}，怕香魂无着，甚东风把柳絮扶飞？（生）是我扶你（旦）扶我则甚那？生不面死时偏背了你，活现的阴司诉你。（合前）寻思起，你恁般舍得死别生离。②

于是双方开始清理旧账，首先李益表明并不曾再娶，小玉不相信，他认为卢家财多势大，卢小姐美而贤，若要李益挑其中的一个，应该会想要她霍小玉死掉比较干脆。李益说要死一起死，死后同穴，小玉还是不相信。

小玉接着问紫玉钗插在卢家少妇的头上，可好看？李益说他不曾为卢小姐戴钗，小玉挑衅道，是否卢家小姐看到紫玉钗不开心，赏给丫头去了？李益反唇相讥说，卖钗的鲍三娘说小玉已经忘记旧盟誓，并且卖掉了玉钗，改适一个年轻的后生。小玉闻言大怒：

【啄木鹂】你为男子不敬妻，转关儿使见识，到底你看成甚的？^{(生)怎又讨气}（旦）不如死他甚的淘闲气。^{既说我忘旧,取钗还我！(生)要还不难。(旦)是了,还了咱家,讨个明白去。}他妆奁厌的余香腻，待抛还别上个新兴髻。^{你还咱也好。}（合前）翠巍巍，许多珍重，记取上头时。③

正在气头上僵持着的两个人，小玉母亲请秋鸿讲句公道话。秋鸿唱【啼莺儿】捍卫家主：

---

①② 汤显祖：《汤显祖集》册三，台湾洪氏出版社1975年版，第1794页。
③ 汤显祖：《汤显祖集》册三，台湾洪氏出版社1975年版，第1796页。

【啼莺儿】那太尉呵 笼莺打翠真是奇，家主爷呵 背东风不愿于飞。（浣）爷不愿,怎生不回？（鸿）俺爷呵 虽有嫌云妒雨心期，他可有立海飞山权势。正怕触了那些,并累咱府 要图美满春光保全，因此上受羁栖，把风波权避。（合）听因依，玉花钗燕，他长在袖中携。①

面对秋鸿诸多破绽的辩词，霍小玉即使不能释疑，也无话可说。这时鲍四娘出来打圆场：

（鲍）参军爷，也不念咱旧媒人了！
（鸿）你家做媒又做牙，卖钗人便是你家姐姐（案：指鲍三娘）。
（鲍）俺家有许多姐姐？
（鸿）都是太尉捣鬼②

紧绷的场面在小玉长叹一声："也罢！钗可带来？"之后有缓和的趋势，可巧李益也不负众望地从袖中取出紫玉钗，小玉更加释怀了，说："真个在你袖中也。"这是这场风波以来，她第一次肯定李益没骗她，老母亲要浣纱取来镜奁脂粉，替小玉重新插戴紫玉钗，一场山雨欲来的风波就在生旦肩并肩、手携手唱曲互吐心事中结束。此风波结束，此剧也近于尾声。只差如何处置卢太尉了。于此，汤显祖给了一个理性大团圆的局面：卢太尉跋扈嚣张，权高震主，被削了太尉之职；李益受封为集闲殿学士、霍小玉受封为太原郡夫人，两人重谐比翼连理；其母郑氏受封为荥阳郡太夫人；黄衫客遥封无名郡公。

六、《紫钗记》情节布局的矛盾之处

尽管《紫钗记》是汤显祖的传世不朽的悲剧作品，然而在情节布局上捉襟见肘之处也是难免，这点对悲剧的本质影响虽然不大，然毕竟是个瑕疵，说明如下：

首先，霍小玉在认识李益之前家道殷富，而李益当时是个产值为零的穷光蛋，入赘到霍家，新婚不久即到洛阳参加科举，考中之后因为得罪卢太尉，被

---

①② 汤显祖：《汤显祖集》册三，台湾洪氏出版社1975年版，第1797页。

贬到孟门当参军，所以说李益待在霍家的时间其实并不长，也没有帮霍小玉重整家业的事实，但是剧中却出现了浣纱的叹息："小姐，三年李郎不归，家门渐次零落也！①"好似小玉之前是靠李益度日，其后小玉的自叹亦云："奴家府中，一自李郎去后，家事飘零。望他回来，从（重）新整理，谁知他议婚卢府，一去不还？②"汤显祖的解释是，小玉为了要打探李益的消息，所以耗尽了资产：

……我辗转寻思，怀疑未信，知他还归京邸？还在孟门？已曾博求师巫、遍询卜筮，果有灵验，何惜布施。一向赂遗亲知，使求消息，寻求既切，资用屡空。③

问题是在本剧中，因为王哨儿传了家信，所以霍小玉即使不与李益见面，却也一直都知道李益的落脚处！李益三年参军在孟门，回京城不久便被卢太尉软禁，即使是软禁期间要打听李益的下落，也因为时间短，不可能耗尽资财！所以汤显祖之所以要这样编剧，或许是为了能与唐人传奇小说《霍小玉传》相吻合，可是《霍小玉传》的情节是霍李二人结了婚两年之后，李益调往他处任官，其后因另结高门卢氏而抛弃了小玉，并刻意销声匿迹，不准亲朋好友泄漏他的消息，所以小玉耗尽家资打探李益的下落，乃属合情合理，而汤显祖的《紫钗记》并不具备这种条件，却硬要刻画出这种悲情，徒然削弱悲剧的力量而已。如果汤显祖刻划的是，小玉为了搭就被软禁的李益而耗尽家资，这样凸显了小玉虽然是深闺弱质，但是为了搭救良人、捍卫自己的幸福，不计一切做出旁人不可能做的事，同时也耗尽了家资，如此，悲剧的力量或许更大些。但是在《冻卖珠钗》一出中，霍小玉的形象仅仅是一个愚昧无知的女子而已，先后被尼姑、道姑骗了六十万，只为了求一张夫妻终究会和谐地签，汤显祖固然是用插科打诨的方式表现出来，但是小玉的愚昧无知、病急乱投医的行动，削弱了《紫钗记》悲剧的力量。直到同出，小玉确定李益身在太尉府后的表现，才又扳回一城：

---

① 汤显祖：《汤显祖集》册三，台湾洪氏出版社1975年版，第1719页。
②③ 汤显祖：《汤显祖集》册三，台湾洪氏出版社1975年版，第1746页。

> 旦小玉云：浣纱，薄幸郎到了太尉府，容易打听，只是少赍财央及人也。看妆台摘下玉燕钗去，卖百万钱，尽为寻访之费。浣纱云：这是聘钗，如何顿卖？旦：他既忘情，俺何用此？

汤显祖在此明确地指出"紫玉钗"的象征意义是两情相悦、莫忘初心的誓言，如果这个誓言已经被背弃，那么紫玉钗即使价值千金也失去它的意义了。但是吊诡的是，既然觉得李益已经背弃誓言，为何还要用尽资产去打听他的消息，甚至让自己的生活都无以为继呢？想来还是盼望李益归来：

> 【香柳娘】（旦小玉唱）燕钗梁乍飞，燕钗梁乍飞，旧人看待，你休似古钗落井差池坏。倘那人到来、倘那人到来，百万与差排，赎取你归来戴。①

那么"他既忘情，俺何用此？"这句话就变成一句气话而已了，就悲剧而言，震撼力是不大的。

其次，虽说李十郎被软禁在卢太尉府中，但是派秋鸿去打听小玉的存亡、是否再嫁？其实并不难，所以第五十出《玩钗疑叹》李十郎主仆怀疑小玉更适他人，纯属不合逻辑的主题。

以上这两处是在情节布局上比较令人不能信服之处，悲剧的效果也会因此而打折扣。

结　　语

悲剧，其实不是一个有着固定不变意义的名词，随着时代、环境、人文、剧作家……而有不同。有些国家即使没有"悲剧"这个名词，也不见得没有悲剧的理念与事实，有些国家即使早早就有"悲剧"的名词与事实，也不见得将"悲剧"的定义看成一成不变的。美国近代美学家帕克认为，尽管希腊悲剧家索佛克里斯的《安蒂冈妮》是一部具有特色的伟大悲剧，尽管有许多悲剧符合《安蒂冈妮》的图式，还有的是部分符合，但是绝不是所有的悲剧

---

① 汤显祖：《汤显祖集》册三，台湾洪氏出版社1975年版，第1750页。

都必须符合，因为《安蒂冈妮》不可能是一个普遍的悲剧准则："虽然总有可能把任何意志所追求的善加以普遍化，可是，要想使我们的全部同情都从个别的、具体的激情和情节上，转移到原则上去，那却是不可能的。①"这里很明显地指出悲剧的定义绝非隶于一尊、一成不变的，即使伟大如希腊悲剧家索佛克理斯的《安蒂冈妮》都不可能是所有悲剧的准则。

因此探讨《紫钗记》的悲剧因素，不必拘泥于某时某家的悲剧理论，更不必如上一世纪，五四时期胡适之、傅斯年等新文学运动的倡导者，运用西方的悲剧理论来批判反讽中国传统戏曲，更大胆断言："中国文学最缺乏的是悲剧观念。"如今看来，他们对西方悲剧的了解缺乏全面的了解与冷静的理论分析，不足为训。

其后20世纪30年代的戏剧理论家，如熊佛西、马彦祥、章泯等人，对戏曲的本质与分类较具概念，研究也较为系统化，基本上大多服膺亚里士多德《诗学》的理念，然比起五四时期的学者进步许多。40年代研究悲剧的代表剧作家有：郭沫若、欧阳予倩等，此时正逢中国八年抗日战争，为了鼓舞同胞，剧作家创作的内容大都以历史剧为主，在选择题材、提炼主题、塑造人物形象方面，虽然没有刻意地去追求悲剧效果，但也显现出历史性与悲剧性统一的艺术风格，郭沫若就认为"悲剧的戏剧价值不是在单纯的使人悲，而是在具体激发起人们把悲愤情绪化为力量，以拥护方生的成分，而抗斗将死的成分。"由于他们认为悲剧产生与历史根源有关，所以主角与黑暗恶势力奋斗的过程就成了悲剧的重点，而主角不论怎么努力，结局都是死亡，尤其更能予人以崇高壮美的审美感受，也提升了中国悲剧艺术的地位。40年代以后，专门以西方悲剧理论来衡量传统戏曲的情况，已经产生变化，有一批专攻中国传统戏曲的学者，如王季思、焦文彬等认为中国戏曲发展，应当有自己独特的路子，不能专以西方理论来评断，于是产生了大量的探讨传统戏曲艺术本质与悲、喜剧的论文，然而中国在马克思主义风行之后，所有的文学艺术大都遵循马克思、恩格斯的历史科学、文艺理论作为评论传统戏曲的最高准则，从历史唯物的观点来衡量一切的悲剧创作，并且作为悲剧的最高指导原则。其实从伽达默尔②解释学悲剧学说的观点来看，他并不强调悲剧有甚么最高指导原则，而是强调观看

---

① 帕克著，张今译：《美学原理》，广西师范大学出版社2001年版，第100页。
② 伽达默尔（Hans‑Georg Gadamer, 1900~?）德国哲学家，现代哲学解释学和解释学美学的创始人和主要代表。主要著作有：《真理与方法》《诗学》《黑格尔的辩证法》等。

者及观众的作用和地位,这些人的主观经验的形成,也是有其时代背景与历史条件的,历史性是人类存在的方式,人类存在也永远逃不出历史性的制约,因此反映在对悲剧的审美欣赏上,也就代代不同了,因此后世之人对悲剧真正理解,不是去克服这个历史性,而是正确地评价和了解这种历史性。因此尽管任何一派的学说都不可能永远站在统治地位,但是这种"把悲剧性交给任何一个时代的观看者或观众"的看法应该是十分中肯的观念。

所以从以上这些时代对悲剧的观点,我们就可以知道悲剧的观念是与时俱进、随时代而改变的,古今中外历史上没有一种悲剧的定义能行之久远而不被取代,它们就像海上的浪花一样起来了又下去,下去了又上来,尽管如此,也从来没有一朵浪花是相同的,就如同我们不应该把汤显祖《紫钗记》的结局理解为,善有善报、恶有恶报这种单纯的道德因果律上,因为冲突已经完全发展出来了,互相缠斗的三股力量(霍小玉对李益,卢太尉对李益,霍小玉、李益对卢太尉)获得了和解,三方面力量虽然各有增减,但是也保持了原来的效益:霍小玉夫妻团圆、卢太尉只不过削了太尉之职,这种结局的必然性,是经过奋斗的,是合于理性的,不是盲目的命运促成,也只有这种结局,剧中人物遭遇的必然性才显得理性,而观众的心情才能从霍小玉的悲剧震撼中达到平静、和解。也唯有掌握住此一观点,才能了解《紫钗记》的悲剧精神。

作者单位:台湾东吴大学中文系

论越剧电视剧《牡丹亭还魂记》的改编之道

潘　婷

汤显祖，字义仍，号若士，是我国明代著名的戏曲家、文学家。他一生创作戏曲作品无数，《牡丹亭还魂记》是其著名的代表作，也是我国传统戏曲的经典剧目。全剧共计五十五出，其中流露出的"以情反理"的思想，自其诞生之日起，就激荡着无数人的心灵，在舞台上长演不衰，《游园惊梦》《拾画叫画》等名段更是深入人心，具有卓越的思想和艺术成就，越剧电视剧《牡丹亭还魂记》就是在此基础上改编制作而来。

溯源越剧与电视剧的结合，这并不是第一次。我国电视与戏曲的初步结缘联姻是在20世纪70年代至80年代，90年代是戏曲电视兴盛的时代。黄梅戏、越剧等地方戏在与电视联姻、借助电视传播媒介的过程中尝到了甜头，有关越剧、黄梅戏的电视戏曲佳作纷纷涌现。[①] 如越剧电视剧《珍珠塔》《红楼梦》《孟丽君》等，具有十分丰富的戏曲电视剧改编经验。

但将经典剧目《牡丹亭还魂记》与电视剧相结合却是越剧的首次尝试。越剧电视剧《牡丹亭还魂记》由中央电视台（CCTV）新影制作中心摄制，越剧名家金静、王君安担纲主演，同时邀请了国宝级的昆剧表演艺术家华文漪、岳美缇担任该片的艺术指导，制作班底强硬，自2009年9月首播后，受到了广大观众的追捧，堪作地方戏曲改编电视剧的典范。

一

《牡丹亭还魂记》是汤显祖的"临川四梦"之一，写杜丽娘慕色还魂之事，主要讲述的是南安太守杜宝之女杜丽娘，才貌端妍，从师陈最良读书。她

---

① 王燕飞：《牡丹亭》的传播研究，上海戏剧学院博士学位论文2005年，第178页。

由《诗经·关雎》章而伤春寻春，游园时在睡梦中与书生幽会。梦醒后，杜丽娘从此一病不起，最终在中秋之夜因情而亡。这时，投降了金国的贼王李全，领兵围淮扬，朝廷升杜宝为淮杨安抚使，立即动身。杜宝只得匆匆埋葬了女儿，并造了一座梅花庵供奉丽娘神位，托石道姑、陈最良照顾。三年后，柳梦梅借宿梅花庵观中，偶拾杜丽娘画像，夜夜烧香拜祝。正值丽娘被阎王发付回阳，鬼魂游到梅花庵里，听得传来的阵阵呼唤声，和柳梦梅再度幽会，后被石道姑冲散，杜丽娘只好向柳梦梅说出真情，并请求他三天之间挖坟开棺。柳梦梅将实情告诉石道姑，并求她帮助。第二天，他们挖坟开棺，杜丽娘起死回生，杜宝认为是鬼妖之事，便请奏皇上，灭除此事，后经皇上裁决，两人奉旨完婚，有情人终成眷属。

越剧电视剧《牡丹亭还魂记》的剧本就在此情节基础上，由红枫、李卓云操刀，保留了杜丽娘"因情而亡，因情而生"的故事主线，主要落脚于以下两个方面进行改编。一是情节的删减细化，越剧电视剧《牡丹亭还魂记》共4集，时长200分钟，为了在有限的时间里突出原著"情不知所起，一往而深。生者可以死，死亦可生"①的主题，在改编剧本时，原著中与"情"无关的战乱、地府、皇帝赐婚的"次要"情节，编剧对其进行了直接删减。在细节方面编剧也进行了调整，如原著中，柳梦梅上临安的目的是为应试，在电视剧中编剧则将其改为一心为寻梦而来，体现了"至情"。

二是角色的主次调整，在剔除了删减情节中的相关角色后，在保留的剧情中，编剧对春香、石道姑和花神这几个角色的作用也进行了一定的调整。在电视剧中杜丽娘与柳梦梅的一片真情感动了花神，相赠还魂香使其返魂，柳梦梅在春香的相助下掘墓开棺，杜丽娘起死回生，两人结为夫妻，有情人终成眷属。花神成了电视剧中杜丽娘还生的重要助力，对已删减掉的阎王角色起到了合理的替代作用，角色的重要性得到了强调。而原著中石道姑的角色作用在电视剧里则与春香做了对调，突出了春香。

这两大方面调整，既保证了改编后剧本叙事的合理性，又增添了新意，同时使得剧情内容更加紧凑，情节脉络更为清晰，杜丽娘和柳梦梅这两个角色的"至情"特征也更为鲜明，进一步突出了原著"以情反理"的思想主题。

---

① 汤显祖著，徐朔方、杨笑梅校注：《牡丹亭》（插图版），人民文学出版社1963年版，第19页。

二

目前，戏曲与电视联姻产生的品种主要有两类："一是戏曲音乐电视剧，它是采用戏曲音乐拍摄的符合电视逼真性表现特点的新型电视剧，是与民族音乐电视剧同一类型的电视剧，具有电视剧的美学特征；二是电视戏曲，或叫电视戏曲片。它是用现代电视技术拍摄（或记录）的，保留戏曲音乐和表演程式的电视片。"① 越剧电视剧《牡丹亭还魂记》属于后者，不仅记录了越剧原汁原味的唱腔和演员优美的程式表演，又通过实物布景、镜头拍摄、软件剪辑等现代影视技术为越剧艺术添光增色。在不破坏戏曲特色的同时，做出了创新的尝试，吸引了更多的人来关注越剧，真正做到了传承与创新。

在布景上，主要采用虚实景相结合的方式，在搭棚拍摄的基础上，在千灯镇进行外景实拍，例如，丽娘闺房内的床榻、书桌、菱镜，手中的绣针、绣线是实的，后花园内的庭廊、石头、柳树、牡丹、假山是实的，而不方便表现的景色则通过演员的唱词来虚指，再现式的布景和优美的自然景色，有效地增强了戏曲的观赏性，可吸引年轻观众的注意力。

此外，众所周知，电视是一种镜头艺术，不同的景别有着不一样的表达功效，特写镜头可以有效地突出主体，空镜头可以有效地烘托氛围。在越剧电视剧《牡丹亭还魂记》中，特写镜头和空镜头的结合运用，则更加细腻地表现了人物的情感。如剧中，杜丽娘在后花园中感慨自己青春虚度，难觅良缘时，除了人物的唱词和程式动作外，通过导演多机位、多角度的人物脸部特写和表现园中景色的空镜头的对比运用，更好、更强烈地向观众传达了杜丽娘当下的愤懑心情和两难处境，进一步烘托了演员的戏曲表演。

另外，通过后期调色和剪辑时镜头的切换特效，在舞台上不好形象化的故事情节，在越剧电视剧《牡丹亭还魂记》中也得到了完美的呈现，如剧中杜丽娘的入梦和出梦，首先就通过几个叠化的空镜头作为入梦和出梦的节点，此外，为了使梦境和现实的对比更加强烈，又分别对画面进行了调色，表现梦境的镜头呈暖色调，表现现实的镜头则呈冷色调，梦境与现实的强烈对比赋予了镜头衍生意义，同时也更为直观、形象地向观众传达了故事情节。

---

① 黄永涛：《浅议戏曲音乐电视剧与电视戏曲》，载于《电视研究》1996年第12期。

三

　　虽然电视作为大众传播媒介，具有"真实性""及时性""综合性""家庭性""参与性""形象性""现场性"等特性①。与电影相比，电视所涉及的传播范围也更加广泛，它可以让数亿人在同一时间里共同关注、参与同一事件。但是，作为戏曲和电视联姻产生的艺术样式，这并不代表电视戏曲可以替代戏曲传统的舞台传播方式。梅兰芳在其著作《我的电影生活》也曾经说过："1930年，我在美国演出时，有声电影刚刚兴起，许多舞台演员被电影公司所延揽，舞台剧也次第搬上银幕。有人颇抱杞人之忧，认为长此以往，舞台剧将被电影取而代之。我以为戏剧有其悠久的历史与传统，如色彩方面，立体方面，感觉方面都与电影有所不同，电影虽然可以剪接修改，力求完善，但舞台剧每一次演出，演员都有机会发挥创造，给观众以新鲜的感觉。例如我在贵国演出《打渔杀家》就与在美国不同，因为环境变了，观众变了，演员的感情亦随之而有所改变，所以舞台剧被电影'取而代之'的说法，我是不同意的。"② 于电视戏曲来说也是一样，也许它最终也无法替代戏曲传统的舞台传播方式。

　　但是，在这个大众传播的时代，如越剧电视剧《牡丹亭还魂记》一样，通过"去芜存菁""传承创新"的改编之道，来很好地利用诸如电视之类的大众传播媒介，在一定程度上仍可以帮助戏曲缓解当下的困境，也不失为一个推广戏曲艺术，开拓一番新天地的好方法，但是二者相结合的程度，仍是戏曲从业者们值得深思的问题。

作者单位：奥园地产集团

参考文献：

[1] 王燕飞:《〈牡丹亭〉的传播研究》，上海戏剧学院博士学位论文，2005年。

---

① 石长顺:《电视传播学》，华中理工大学出版社2000年版，第19页。
② 梅兰芳:《我的电影生活》，中国电影出版社1984年版，第47页。

［2］汤显祖著，徐朔方、杨笑梅校注：《牡丹亭》（插图版），人民文学出版社1963年版。

［3］黄永涛：《浅议戏曲音乐电视剧与电视戏曲》，载于《电视研究》1996年第12期。

［4］石长顺：《电视传播学》，华中理工大学出版社2000年版。

［5］梅兰芳：《我的电影生活》，中国电影出版社1984年版。

汤显祖文本传播中"虚"与"实"的艺术美
——以《邯郸记》为例

潘 玥

一、汤显祖"临川四梦"的文本美

汤显祖是明晚期的戏剧家，他的代表作《牡丹亭》《紫钗记》《邯郸记》《南柯梦》流传至今，被称为"临川四梦"。四部作品主要通过"以情表意"的方式传递作者的中心思想，在文本创作中将情与理对立统一地表现出来。"汤显祖受儒、道、佛三家思想的影响，对情的看法，亦显出复杂、矛盾和多面性的特征。'情真'、'情深'、'情至'、'情了'是汤显祖情观的主要内容，也是他戏剧创作思想的总纲。"① 人生百态，喜怒哀乐等不同的思想情绪在汤显祖的戏剧文本中都以优美的文字，曲折的剧情展现出来。

"情"是汤显祖戏剧文本的主题，同时也是人们解读他创作思想的关键所在。汤显祖曾经受过达摩禅师的影响，对佛理有过深入的研究，他执着于"个体感情生命的别趣、意趣、意味之美的追寻"②。汤显祖认为"人生如梦，'梦生于情'，若不能把'苦乐兴哀'、'宠辱得丧生死之情'，推到至微至具的方面，则梦必不能觉，情必不能了。"③ 由此可见，汤显祖认为"情"和"梦"是相互联系的，它们之间有着双重关系，不可分割。在"四梦"中，汤显祖关于"梦"的解读与"情"的表述是关联在一起的。其中"情"也分为"感情"与"情理"两种。例如在《牡丹亭》中的"情"是对感情的讴歌，杜丽

---

① 华玮：《走近汤显祖》，上海人民出版社 2015 年版，第 13 页。
② 邹元江：《情至论与儒、道、禅》，载于《中国戏曲学院学报》第 24 卷第 4 期，2003 年 11 月，第 32 页。
③ 汤显祖著、徐朔方笺校：《汤显祖全集》第一册（赴帅生梦作有序），北京古籍出版社 2001 年版，第 262 页。

娘三度梦回,因情生梦,以追求属于自己的感情,可见她对爱情的执着之情。在戏剧中通过艺术化的手法将这种深刻的情感表现得淋漓尽致,感动天地。《紫钗记》中的"情",与《牡丹亭》中杜丽娘不计生死也要追求自己心中的"至情之人"有着相似之处。霍小玉的深情付出,不求回报,让读者感动至深。《南柯记》中的"南柯一梦"与《邯郸记》中的"黄粱美梦",以故事评论现实方式,对黑暗政治进行了理想化剖析,其中所传达的"情"是对"情理"的探讨。文本创作中产生了一些俚语逐渐成为老百姓口中的俗语,流传至今。中无论是感情还是情理,汤显祖在"四梦"的戏曲文本中都运用唯美的语言进行表达,叠词、双关语、倒装等语句用法,让人读起来朗朗上口,回味悠长。面临晚明的社会问题,汤显祖用了理想化的方式来化解矛盾,虽然不能解决实际问题,但是对于当时人们来说是一味寻求心灵解脱的良药。

二、《邯郸记》文本传播特点

"四梦"的文本美包含委婉、唯美的语言特征和矛盾冲突明显的剧情结构。汤显祖的戏剧可演、耐读,文字优美,剧情跌宕起伏,"至情"的内容值得人们品味。在《走近汤显祖》一书中,对汤显祖戏剧语言的特征进行了分析,它认为汤显祖戏曲的文本绝非单纯的语言游戏,"无论是《紫钗记》中李益因诗句被卢太尉挟制,还是《邯郸记》中卢生听吕洞宾背诵《岳阳楼记》,都可以明显看出语言对人物情感升华所产生的影响。"① "四梦"不仅文本语言美而且意味深长。在艺术传播过程中,这样的语言特色容易被人们所记住并广泛使用。《邯郸记》是"四梦"之一,它因"黄粱美梦"被人们所熟知,其中场景表现亦虚亦实,语言表达多元化,读起来富有韵律美,给阅读者营造出一幅美丽的梦境。梦是现实的反面,同时也是人内心渴望的真实表现。就像王骥德说的一样,"《邯郸记》布格既新,遣词复俊,其掇拾本色,参错丽语,境往神来,巧凑妙合。"② 汤显祖的戏剧艺术中多处以文字语言表现意境美,给人魂牵梦萦的感觉,下面我就以《邯郸记》为例分析汤显祖戏剧艺术的文本特点。

---

① 华玮:《走近汤显祖》,上海人民出版社2015年版,第103页。
② 王骥德:《曲律·杂论》第三十九下,上海古籍出版社2012年版,第165页。

(一) 语言美

"意""妙""巧"在《邯郸记》文本表达中多有体现。意象与意趣是《邯郸记》中两个主要的语言特色。《度世》中吕洞宾唱的《红绣鞋》将景色描写得淋漓尽致,"趁江乡,落霞孤鹜,弄潇湘,云影苍梧。残暮雨,……"在这样优美的语句描写下,洞庭湖的景色颇有诗意。《邯郸记》中吕洞宾背诵《岳阳楼记》的这部分的语言表述,既优美又充满幻想色彩,作者用文字的形式给阅读者营造出一幅充满画面感的意境美,"光禄寺摆有御赐囚筵,一样插花茶饭。……朝家茶饭,罪臣也吃够了。则黄泉无酒店,沽酒向谁人?……"① 用词恳切,暗含着悲凉与心酸的感情。从这几句中可以看出,文本用词较为朴实真诚,没有太多绚丽的辞藻,但是感情到位,句句可见卢生内心的苦闷与心酸。绘梦境于真境中,以一切不合时宜揭露现实的悲哀,汤显祖笔下的人物并不只是单纯的人物本身,同时也是周围环境的融合体。《入梦》中"青蛇气,碧玉袍,按下了云头离碧霄……"意象化地描写了卢生枕着枕头入梦的场景。卢生借崔氏的势力,走入仕途,引发出统治阶级内部的尔虞我诈,同时反映了现实生活中老百姓与统治阶级间的矛盾。吕天成的《曲品》中提到"即梦中苦乐之致,犹令观者神摇,莫能自主。"卢生梦醒之时恍然大悟,文本中语句表达不紧不慢、道理清晰,与其他说理文不同的是,"似黄粱,浮生秭米,都付与滚锅汤。"② 这样带比喻式的表达方式,在最后给读者一种具有趣味美的时间感。《邯郸梦记·题词》中"独叹枕中生于世法影中,沈酣哼哕,以至于死,一哭而醒。梦死可醒,真死何及。"③ 语句字字真切,暗含痛惜的感情。文本中多用反问语气,有种试探读者内心真实想法的感觉。在《牡丹亭记·题词》中也有同样的语气表达:"第云理之所必无,安知情之所必有邪。"字字含情,语气肯定。题词是戏曲文本内容的高度概括,同时也是确定该文本情感的重要内容。例如《紫钗记·题词》"霍小玉能做有情痴,黄衣客能做无名豪。余人微各有致。第如李生者,何足道哉。"题词中语句简短,内容概括,情感真挚。叹词在《邯郸记》中运用频繁,起到加强语气,确定故事情感的作用。

---

① 汤显祖:《邯郸记》,引自徐朔方笺校:《汤显祖全集》,北京古籍出版社2001年版,第2517~2518页。
② 汤显祖:《邯郸记》,引自徐朔方笺校:《汤显祖全集》,北京古籍出版社2001年版,第2558页。
③ 张庚、郭汉城:《中国戏曲通史(中)》,中国戏剧出版社2006年版,第476页。

《邯郸记》在语言的表达上多用质朴的语言来描述内容，宣传主题思想。倒叙、穿插式的语言表述方式，给人一种梦境与现实穿梭的奇妙感觉。王骥德在《曲律》中这样评论汤显祖的戏剧语言，"婉丽妖冶，语动刺骨。""其掇拾本色，参错丽语，境往神来，巧凑妙合，又视元人别一蹊径。技出天纵，匪由人造。"① 汤显祖的文本语言中带有意境美，雅俗共赏、真切自然，句句动人。他不仅给人们营造出一种梦幻的情境感，而且语言文字虚实结合，对比性强，给人强烈的带入感。

（二）思想深

汤显祖的作品不仅语言优美，充满意境，而且思想深刻，反映黑暗的现实。卢生与宇文融之间的冲突，映射了统治阶级内部间的深刻矛盾。汤显祖笔下的梦境其实也可以说是一面镜子，反射社会内部的尖锐斗争。作者通过叙述故事的方式，将自己对现实的不满与厌恶的情感用优美的字句表达出来。《邯郸记》戏曲文本中采用婉转的方式以美好反衬现实，暗含讽刺的内容。其中注入丰富的想象成分，趣味性强，字字珠玑。汤显祖的戏曲艺术中对"情"的表达和展现有自己独特的见解，同时他认为人性是天命所为，"知天则知性而立大本，知性则尽心而极经纶。"② 同时他相信人性纯善的回归，汤显祖对于儒家学说和理学的认知都较为深刻，在他作品中或多或少都有所体现。《邯郸记》中，汤显祖笔下的"情"是情理的体现，以"梦"入戏，将他对人性的体悟融入梦中，以虚实结合的方式放大人性中的欲望，文本最后以乌托邦的方式，化解强烈的矛盾。卢生拜吕洞宾为师，从此走上求道之路，是作者所期望的，也是他哲学思想的体现。除了深刻的哲学思想以外，汤显祖对于生死，成仙成佛的宗教理念也有自己的见解。

儒家的"仁义"、道家的"清静自正"在汤显祖的作品中都有体现。《邯郸记》中，以一场"黄粱美梦"将人生中的欲望融入其中，梦醒了，欲望也散了。这样的文本形式，语言优美，思想深刻但是不激进，容易被人们所认同，这也是汤显祖作品高明之处。卢生是凡人的代表，吕洞宾是仙人，其中隐含着作者对长生不老的期许和美好愿望。"梦"中融入了作者对世道不公，奸人当道的反感和厌恶。《邯郸记》中宇文融陷害卢生，虽然以梦境的方式展现

---

① 张庚、郭汉城：《中国戏曲通史（中）》，中国戏剧出版社 2006 年版，第 483 页。
② 汤显祖：《明复说》卷三七，引自徐朔方笺校：《汤显祖全集》，北京古籍出版社 1999 年版，第 1226 页。

出来，却真实地表达了作者对于权势交易的厌恶之情。借梦抒情是汤显祖戏曲艺术的特色之一。

《邯郸记》中卢生的美梦反映了人们内心中对于欲望的渴求，吕洞宾的引导体现了汤显祖内心对于"无欲无求，自然无为"的期望。梦醒后，卢生拜师吕洞宾，反映了作者对于生死观的认知。吕洞宾是道家的代表，道教向往长生不老，与汤显祖对生的重视相符合。在《邯郸记》中卢生入梦、梦中渴求以及梦醒，是一系列关于人性与情理间的对话，汤显祖用华丽的辞藻和趣味的写法，将枯燥的人性解读融入故事中，"意在笔出"。文本内容以形象化的方式反映出汤显祖对理想生活的渴望。

（三）情感真

"至情"是汤显祖戏剧艺术的特点之一，在他的戏剧作品中，蕴含着浓厚的情感，其中不仅有夸张的艺术情感表现，也有真实、真挚的现实感情。《东巡》"人月圆"中唱到"跌着脚，叫我如何理。把手的夫妻别离起，等不得半声将息，……"唱出了梦中卢生上战场，夫妻别离伤感之情。第十九回中卢生被奸臣所诬陷，"功臣不可诬，奸党必须诛，有恨非君子，无毒不丈夫。"第二十三回中"怎亲的一丝丝都是泪痕滚。"通过激昂以及无奈的语气，形象地表现出卢生受冤后的愤慨之情。发配边疆后，与妻子间很可能生死两茫茫的苦闷之情。作者通过章回间不同感情的唱曲，促使故事发展富有节奏性，以戏剧化的方式将《邯郸记》中主人公的情感扩大化，给人们营造出满含深情的艺术画面。"情"与"梦"相互交织，其中蕴含让人喜笑颜开的开心之情，也有让人潸然泪下的悲凉之情，由此可见，汤显祖戏曲文本中的情感不是空洞的，而是充满思想深度的真感情，可以打动人，可以激怒人，也可以鼓励人。例如《牡丹亭》作者对自由恋爱的推崇，以及《邯郸记》中所谈到的消散欲望等等都蕴含着深刻的思想，与"情"有关，用"理"化解。无论是对善的宣扬还是对恶的揭露，汤显祖都以"情"化之，然而他笔下的"情"有两个方面的内容，一是情感，二是人性。他相信人性自我认知的能力和自我提升的过程，"情"是一种理想化的方式，可以融化黑暗，推动人们走向光明。"情"是汤显祖艺术创作的核心，也是他笔下乌托邦思想的源头。《邯郸记》中卢生梦中入仕途、获得加赏、被妒忌、被陷害以及喊冤发配等都是情理的真实表现，虽然故事背景是虚的，但是其中真实刻画出了人性对于欲望的渴求。

邹自振认为，"罗汝芳'生生之仁'的思想对汤显祖戏曲中'情'的展现有深刻影响，并影响着他关注生命的自我情结，罗汝芳的心学主张是汤氏言情说思想主要源头之一。"①《汤显祖论稿》中对于汤显祖的"情"观是这样分析的："进入艺术创作过程中，汤显祖深切地感到，无论是作诗，无论是作剧，都是'情'在发挥作用，他坚定地认为'人生而有情'，情是与生俱来的。《牡丹亭》中，汤显祖肯定了'情'的伟大意义，'情不知所起，一往而深。生者可以死，死可以生。《邯郸记》中'梦了为觉，情了为佛'，可见作者一生都没有跳出'情'网。"② 我认为，汤显祖的"情"观与他一生的经历是分不开的，贬官让他看清世道的黑暗和不公，在徐闻期间，他亲身经历了平民百姓的辛苦生活，这对于后来他艺术创作思想的确立起到了推动作用。"汤显祖虽然不是愤世嫉俗，但他面对这'假之得意时多'的世界看不顺眼。他遭贬之后写下的至情世界，创造了追求爱情和理想的故事。"③ 他强调的"情"不仅仅是感情，而且与"生"相关，是一种愿望和人生诉求。无论是对爱情与幸福的追求还是对官场权力的争夺，都与汤显祖追求理想的性格、"出淤泥而不染"的气节和生活经历相联系。

三、《邯郸记》文本传播表现

随着数字媒体的不断发展，艺术传播的途径也越来越多样化了。借助新媒体对戏曲作品进行再创作，是创新传统文化的一种手段。戏剧文本的纸质传播是传统的艺术传播方式；借助文本进行表演的舞台传播方式，提高戏迷的视觉观感，营造身临其境的感觉；结合数字技术做的动画作品，也成为戏剧艺术传播的新兴方式。

（一）传播价值

虽然纸质传播已经不能满足现代人们对于艺术的需求，但是这种传统、基础的艺术传播形式，是其他新兴传播方式的基础，也是最忠于作者思想的一种传播形式。在艺术传播过程中，文本传播的价值是十分重要的，它将创作者的思想情感保留得最为完整。

---

① 邹自振：《汤显祖与明清文学探赜》，百花洲文艺出版社2015年版，第32页。
② 周育德：《汤显祖论稿》，上海人民出版社2015年版，第100~101页。
③ 郑培凯：《汤显祖四题》，载于《上海戏剧学院学报》2015年第6期，第27页。

首先，文本艺术语言的传播。《邯郸记》语言巧妙、优美，情感真挚，强调了对生的重视和美好生活愿景，以梦境反映现实这样反转的写作方式，是一种趣味性的讽刺手法。文本特色明显，主题鲜明，对于我们了解明代的社会状况和社会问题有启迪和帮助作用。在传播过程中，不仅有利于人们研究历史文化，而且"以梦传情"的写作方式也是值得传播和学习的。对于现代戏剧编排在演出方式上有帮助作用。在文本创作上以"虚""实"结合的方式展现故事情节，与新媒体虚实结合的艺术手段相吻合。对现代戏剧的剧本写作来说有很大启迪作用。

其次，文本故事性的传播。叙述故事传播创作者的主体思想，《邯郸记》中梦中人性欲望与梦醒后的大彻大悟形成了鲜明的对比，叙述内容具有情节性、感染力强，便于广泛传播。"将小说改编成戏曲，是元代剧作家普遍的做法。汤显祖不仅借鉴了魏晋志怪、唐人传奇和明代拟话本的精华，来充实自己的戏曲创作，而且可以点石成金。"① 小说改编成戏曲方式，使戏曲更具有剧情化和思想性，在传播过程中，容易抓住观者的眼球，故事性较强。怪诞的语言方式在小说中经常使用，而汤显祖的戏曲作品中也有类似的运用。《邯郸记》在文本传播过程中，借曲折的故事情节传递文本核心内容，以梦境的"虚"与梦醒的"实"相结合的方式传达作者对当时统治阶级腐朽的厌恶之情。汤显祖通过《邯郸记》，叙述了一个具有艺术性的虚拟故事，表达了自己追寻理想的世界观。"临川四梦"有助于人们对明清小说的研究，学习汤氏语言，体会汤显祖深刻的思想内容。

最后，文本思想的体悟。《邯郸记》在文本创作上融入了汤显祖寻求自由，对生命重视的内容，其中暗含汤显祖个人价值观和宇宙观等思想内容。例如对于卢生梦中得状元，获得皇上信任上战场，而后被奸人陷害的梦境，其实是汤显祖梦想与经历意象化的再现，这对于现代人们研究汤显祖的生活状态和思想情感起到很大的帮助和借鉴作用。同时以上三点也是《邯郸记》文本传播价值的主要内容，文字语言表现了一个人的思想和情感状态，而文本传播与舞台传播不同的是，它是没有被衍化过的，不同的人会对文字有不同的观念，而舞台剧则不同，它是表演者理解过后再现的内容。

---

① 邹自振：《汤显祖与明清文学探赜》，百花洲文艺出版社2015年版，第11页。

(二) 传播的创新性

汤显祖的戏剧作品多强调追寻自由和独立的生活。"虚"与"实"的写作方式，在文本的剧情构造中发挥了有效的推动作用，汤显祖作品大多反映了社会现实和人性需求方面的问题。然而他与其他艺术家不同的是，采用了委婉的方式来表达文本的中心思想，剧情上抽丝剥茧、层层深入，起到吸引人们阅读的兴趣和关注的作用。汤显祖的作品是明代戏曲艺术的佳作，能够流传至今并仍成为人们研究的对象，主要原因他作品的思想深入、写作方式新颖，而且语言特色明显。艺术传播的过程中，不同的艺术家对汤显祖的作品进行了与时俱进的改良和创新，得以被不同时代的人们所接受。

"汤显祖一生的政治理想和从政作为'贵生''尊情'与现今'以人为本'的政治理念相联系，人的生命、人的存在、人的精神、人的健康发展等等重大的哲学问题，在汤显祖的艺术思想中占据了巨大的空间。"[1] 在文本传播过程中如何才能保留汤显祖的艺术思想并与现代社会思想相融合呢，这就需要文本研究的创新、舞台演出的创新以及传播方式的创新。

首先，文本传播增加了现代人对于古代文本的学习和研究的能力。文本传播结合现代社会的发展现状和主流观念，不同时代的人对于文本的解读也会有不同的观念，人们在理解"情观"的内容上会有所不同。不同年代的人对于"四梦"的评价会有所不同的状态。关于汤显祖戏曲的评价和分析的书籍有很多，他们大多分为两派：一派是对于他思想的研究，另一类是通过他所处的社会背景来研究汤显祖的戏曲艺术。结合汤显祖的戏曲文本，现代的文艺研究者更愿意由表及里的，通过艺术家的作品了解艺术家的思想。在艺术传播过程中，戏曲文本同小说一样是一个时代或是一代人宝贵的文字财富，它不仅能让人体悟到故事中的情感，而且可以让阅读者了解一个时代或者一代人的世界观和价值观。

其次，不同艺术形式的改编延展了艺术作品的内容。不同艺术形式对于《邯郸记》作品的改编，其实也是扩展经典作品传播空间的一种方式。《邯郸记》以开放性的结局引起人们的幻想，对欲望的渴求是人性真实的写照，汤氏语言优美、婉约，给读者营造出了一幅真实存在的场景，他将欲望表现的或虚或实融在文本中，随着剧情跌宕起伏，其中有很多地方发人深省，又让人浮想联翩。对于欲望的认知，每个人的想法都有所不同，在文本传播过程中，阅读

---

[1] 周育德：《汤显祖论稿》，上海人民出版社2015年版，第578页。

者可以根据自己的理解，填补上自身对于情理的思考和"生与死"的想法。在艺术传播过程中，《邯郸记》以特殊的结尾方式扩散出不同的艺术结局，是其文本传播中的创新性表现。根据不同时代的特点，研究者也会适应其变化去改编《邯郸记》中的场景，满足舞台表演的需求。文本的传播上的创新，带动了舞台表演上的创新性表现。同时，唱曲的语调变化对于听者理解戏曲文本的故事内容也有影响。昆曲《邯郸记·三醉》中，昆腔宁静温婉的语调将梦境营造的如痴如醉。随着时代的发展，戏曲文本逐渐被搬上舞台，不仅感染性增强，而且也加入了创新性的元素。话剧《邯郸记》中，表演者运用白话语进行唱曲和独白，叙述的方式增强了梦境的故事性。话剧版中加入了一些原创的舞蹈与音乐内容，剧中的反串的表演也为《邯郸记》增添了一丝现代化的色彩。文本中的趣味性，在舞台表演上被放大了，梦中变成人的驴、狗、鸡等动物成为了舞台表演的喜剧点，给《邯郸记》的表演增加了笑点。同时《邯郸记》戏曲文本本身具有研究价值和阅读价值，改编的方式扩展了戏曲的演出空间，为戏曲文本增添了现代元素，延伸了其故事性。

最后，新媒体技术扩展了经典艺术作品的表现形态。随着数字媒体的不断发展，文本传播不仅仅局限于纸质文本，电子书等电子文本的兴起与发展，推动文本思想的广泛传播。传统文本与现代数字媒体的结合，对于古典戏曲的发展来说，在传播方式上创新了，在故事情节的安排上也创新了。《邯郸记》文本中的"虚与实"不再只靠文字想象。通过新媒体技术创新表现，真正实现了视觉上的虚实结合。卢生梦中的景象通过新媒体技术都可以变成现实，增强人们的观看效果。文本传播从纸质媒介扩展到电子媒介，传播范围更加广泛，受众群体也逐渐多样化，扩展到各个年龄层和文化层。

汤显祖的《邯郸记》以"黄粱美梦"收尾颇为巧妙，通过传统纸质文本传播，产生了很多现今还广为流传的俗语，这也是其文本传播成功之处。结合时代发展的趋势，人们对于"虚"与"实"的写作风格有了更加深入的了解，在剧本写作中，汤显祖的"四梦"起到了推动现代戏剧创新和发展的作用。文本传播的方式，不仅让国人更了解自己的文化，也让很多外籍戏剧研究者，对中国的戏剧艺术充满了好奇，吸引他们了解和认识中国文化，推动中国戏剧、中国文化艺术走向世界。

作者单位：东南大学（博士）

参考文献：

[1] 华玮：《走近汤显祖》，上海人民出版社 2015 年版。

[2] 邹元江：《情至论与儒、道、禅》，载于《中国戏曲学院学报》第 24 卷第 4 期 2003 年。

[3] 汤显祖著，徐朔方笺校：《汤显祖全集》第一册（赴帅生梦作有序），北京古籍出版社 2001 年版。

[4] 王骥德：《曲律·杂论》第三十九下，上海古籍出版社 2012 年版。

[5] 《邯郸记》，引自汤显祖著，徐朔方笺校：《汤显祖全集》，北京古籍出版社 2001 年版。

[6] 《明复说》卷三七，引自汤显祖著，徐朔方笺校：《汤显祖全集》，北京古籍出版社 1999 年版。

[7] 邹自振：《汤显祖与明清文学探赜》，百花洲文艺出版社 2015 年版。

[8] 周育德：《汤显祖论稿》，上海人民出版社 2015 年。

[9] 郑培凯：《汤显祖四题》，载于《上海戏剧学院学报》2015 年。

[10] 张晓兰、赵建新：《中国古代戏曲论稿》，中国社会科学出版社 2014 年版。

[11] 张庚、郭汉城：《中国戏曲通史》（中），中国戏剧出版社 2006 年版。

[12] 王卫民：《戏曲史话》，社会科学文献出版社 2011 年版。

论晚清宫廷演剧中昆腔剧目的变化*
——以汤显祖"临川四梦"为中心

裴雪莱 彭 志

前 言

  晚清宫廷昆腔剧目在"花雅之争"的转折后仍拥有一席之地,甚至内外戏班同时承应"临川四梦"这样的代表性剧目,体现出较强生命力。[①] 清宫昆腔剧目来源囊括不同时期的杂剧、南戏、传奇和地方戏等多种类型,其中本朝剧目以清代初期所占比例最大。李玫《汤显祖的传奇折子戏在清代宫廷里的演出》论述汤显祖折子戏在清代宫廷的演出情况,并指出"汤显祖传奇中若干最为流行的折子戏,宫廷中的习艺太监多能演出"[②],说明昆腔剧目始终占有一定份额,但"临川四梦"之外的昆腔剧目并未涉及,也未对晚清各朝剧目之间差异进行辨析。本文重在探讨晚清宫廷昆腔剧目整体变动,并具体分析不同阶段的剧目特征,论述则以昆腔代表性剧目"临川四梦"等为主要例证展开。总之,聚焦晚清宫廷昆腔剧目的变动能够更好地探究剧种声腔的发展形态。

一、晚清数朝昆腔剧目内容的变化

  据《清宫昇平署档案集成》《穿戴题纲》等资料统计,晚清宫廷所演昆腔折子戏剧目达三百种左右之多,就产生朝代而言以明代剧目为多,保存完整的明传奇剧本共 51 种计 195 出;就剧本而言以《琵琶记》《寻亲记》《牡丹亭》

---

 * 本文为浙江传媒学院校级课题"晚清宫廷演剧研究"(项目编号:ZC15XJ050)的阶段性成果。同时为国家社科基金艺术学项目"清代至民国江南曲社研究"(批准号:17CB181)、中国博士后第 62 批面上资助项目"清代江南职业昆班研究"阶段性成果。
 ① 本文晚清宫廷演剧时间指道光、咸丰、同治和光绪四朝。
 ② 李玫:《汤显祖的传奇折子戏在清代宫廷里的演出》,载于《文艺研究》2002 年第 1 期,第 97 页。

《长生殿》等艺术水准较高且民间流传度较高的作品为多。"临川四梦"昆腔剧目 14 出可分为才子佳人和神仙道化两大题材，总量仅次于《琵琶记》的 18 出①。单就《牡丹亭》剧目数量而言，仅在《寻亲记》后，位居前三。不过各朝昆腔折子戏剧目中夹杂有《蝴蝶梦》《奇双会》《虎囊弹》《百花亭》《胭脂雪》等全本剧目，体例并非统一。

现将晚清各时期常见昆腔剧目内容的变化整理如表 1 所示。

表 1　　　　　　　　　晚清各时期常见昆腔剧目内容

时期	剧目差异对照	演出场所
道光时期	"临川四梦"：《杜宝劝农》《扫花三醉》《打番》《肃苑》《游园惊梦》《冥判》《学堂》《点将》《仙圆》《云阳法场》； 其他常见昆腔剧目：《亭会》《佳期》《琴挑》《前拆》《跪池》《祭姬》《藏舟》《痴梦》《拷红》《孙诈》《阳告》《北醉》《请宴》《描容》《别坟》《送京》《报喜》《诧美》《点香》《三代》《梳妆掷戟》《泼水》《相约》《井遇》《惠明》《草桥惊梦》《刺虎》《思凡》《拜月》《访素》《乔醋》《诧美》《胖姑》《梳妆》《北醉》《问探》《追舟》《水斗》《北芦林》《寄柬》《十宰》《写本》《逼休》《扯本》《认子》《扫殿》《看状》《絮阁》《反诳》《吟诗脱靴》《养子》《写状》《相梁刺梁》《花报》《断桥》《昭君》《错梦》《打子》《醒妓》《反诳》《疑谶》《男舟》《酒楼》《合围》《问探》《盗令》《说亲回话》《探监》《法场》《痴诉》《单刀》《刺虎》《叩珰》《照镜》《游寺》《前金山》《夜奔》《牧羊》《女祭》《女舟》《罗梦》《嫁妹》《山门》《测字》《扫秦》《游寺》《见都》《书馆》《三气》	寿康宫、同乐园、重华宫、涵月楼、养心殿、慎德堂、奉三无私
咸丰时期	"临川四梦"：与道光朝相比，《肃苑》多出"早学唱对"形式，《打番》多出"说过"形式，《杜宝劝农》多出"晚学唱对"形式，缺少《云阳法场》； 其他常见剧目数量增多，具体如下：《独占》《后诱》《活捉》《佛会》《借茶》《梳妆跪池》《奸通》《羞父》《劝降》《骂曹》《查关》《奇双会》《议剑》《打场》《坠马》《打虎》《封相》《踏勘》《蝴蝶梦》《盗甲》《当酒》《破谋》《投渊》《杀惜》《夺被》《当酒》《回猎》《罢宴》《刘唐》《打刀》《起布》《借茶》《磨斧》《茶坊》《批斩》《盗韩》《收平》《雷峰塔》《祭江》《活捉》《弹词》《训子》《偷诗》《茶叙问病》《楼会》《虎囊弹》《跳墙着棋》《赏荷》《秋江》《小逼》《踏月窥醉》《劝妆》《见娘》； 说过剧目：《十宰》《泼水》《扯本》《孙诈》《封相》《下山相调》《昭君》《书馆》《五台》《草地》《罗梦》《下山相调》《送杯》《打刀》《封相》《付孤盗孤》《祭姬》《孙诈》《起布》《探监法场》《投渊》《水斗》； （《拷打红娘》和《拷红》，《游园惊梦》和《游园》按照同一剧目统计）	同乐园、养心殿、重华宫、金昭玉粹、漱芳斋。同乐园是承应剧目最多的场所

---

① 《牡丹亭》中《杜宝劝农》《游园惊梦》《拾画叫画》《肃苑》《学堂》《冥判》6 出，为才子佳人题材；《紫钗记》中《折柳阳关》、《灞桥饯别》（弋阳腔）2 出，为才子佳人题材；《邯郸记》中《扫花三醉》、《云阳法场》、《西谍》（《打番》或《打番儿》）、《仙圆》（大戏开团场）4 出，为神仙道化题材；《南柯梦》中《瑶台》《花报》《点将》3 出，为神仙道化题材。

续表

时期	剧目差异对照	演出场所
同治时期	"临川四梦"：与咸丰朝相比多出《云阳法场》，缺少《仙圆》；与道光、咸丰相比，剧目多出《拾画》； 与道、咸相比，其他常见昆腔剧目多出有：《女祭》《醉写》《水战》《刺汤》《错梦》《审刺》《断桥》《下山相调》《摇会》上点《写本》《照镜》《收平》《南渡》《胭脂雪》《侦报》《当酒》《访素》《玩笺》《装疯》《寄柬》等，而道、咸两朝《罗梦》《游寺》剧目等已经不再传承； 花唱剧目：《吟诗脱靴》《醒妓》《十宰》《疑谶》《琴挑》《追舟》《昭君》《羞父》等昆腔剧目	各朝均有自己常见的演出场所，如道光重华宫、咸丰烟波致爽斋、同治漱芳斋、光绪的长春宫等。同治朝还有相同剧目分别搬演于长春宫和漱芳斋的情况。演剧场所增多，除了此前乾清宫、圆明园、重华宫、养心殿，还有金昭玉粹、钟萃宫、静怡轩、西厂等新场所
光绪时期	"临川四梦"：除《仙圆》《肃苑》《云阳法场》外，均有搬演，最常见为《游园惊梦》《折柳阳关》，且多出《点将》。其他有《百花亭》《访鼠测字》《折梅》《纳妾》《搜围》《跌包》《醋义》《跪门》《辨白》《结义》《盘夫》《题曲》《探亲》《醉归》《望乡》等昆腔新增剧目； 伶人搬演"临川四梦"等昆腔剧目如下： 马得安、阿寿、安进禄：《游园惊梦》； 狄盛宝：《肃苑》； 王进福：《瑶台》； 阿寿、阿巧：《琴挑》《亭会》《小宴》《乔醋》； 乔蕙兰：《昭君》《独占》《游园惊梦》； 王阿巧、乔蕙兰：《琴挑》《乔醋》《亭会》《偷诗》； 马得安、李福贵：《游园惊梦》《梳妆掷戟》《梳妆跪池》《醉归》《乔醋》《偷诗》《踏月窥醉》《拾画叫画》《昭君》《借茶》《投渊》《亭会》《游园看状》《絮阁》《瑶台》《刺虎》《佛会》； 内伶搬演其他常见昆腔剧目： 马得安、王进福：《南浦》； 马得安、立福贵：《乔醋》； 马得安、阿寿：《亭会》； 马得安、魏成禄：《独占》； 马得安、李福贵、陈寿峰：《梳妆跪池》； 刘长喜：《投水》； 夏庆春：《思凡》； 方镇泉、乔蕙兰、鲍福山：《梳妆掷戟》； 王阿巧、李福贵、丁进寿：《絮阁》； 冯进才：《藏舟》	长春宫、漱芳斋、丽景轩、宁寿宫、漱芳斋、纯一斋、颐年殿

资料来源：《清宫昇平署档案集成》《道咸以来梨园系年小录》《清宫演剧始末》等资料。

通过各朝昆腔剧目对照表，就汤氏"临川四梦"而言，共有《劝农》《肃苑》《冥判》《学堂》《打番》《仙圆》《瑶台》《花报》《点将》《游园惊梦》《拾画叫画》《扫花三醉》《折柳阳关》《云阳法场》等14出剧目，至于《游园》《叫画》《三醉》等简称不再另算。此外，弋阳腔剧目《灞桥饯别》未统计在内。以搬演频率而言，"临川四梦"中以《杜宝劝农》《扫花三醉》《折柳阳关》《游园惊梦》等四出最高，且各朝搬演频率较高。就朝代而言，道光朝以《杜宝劝农》《肃苑》等出为多，咸丰时期以《肃苑》《打番》等出为多，同治时期、光绪时期和宣统时期等则多为《游园惊梦》《折柳阳关》等出目。《牡丹亭》《邯郸梦》等所选剧目的搬演频率高于《紫钗记》《南柯梦》。细分如下：

第一，道光朝昆腔剧目承续乾嘉广为流行剧目而来，至咸丰时期，"临川四梦"剧目演出频率依然较高。其他常见昆腔剧目《井遇》《胖姑》《水斗》《嫁妹》《借茶》《井遇》《琴挑》《书馆》《泼水》等大量剧目继承前朝而来，《井遇》《佛会》《夜奔》《琴挑》《打番》《送京》《昭君》《拾金》《藏舟》《三代》《思凡》《嫁妹》《花鼓》《胖姑》《单刀》《祭姬》《草地》《回猎》《十宰》《水斗》《羞父》《三气》《卖花》《佛会》《书馆》《疑谶》《查关》《山门》《梳妆跪池》等演出频率高。皇帝钦点昆曲剧目等不少。说过剧目比道光增多。水浒题材剧目多出《后诱》《杀惜》《活捉》，西厢题材多出《跳墙着棋》，《玉簪记》多出《茶叙问病》《秋江》《偷诗》，《琵琶记》多出《赏荷》等；白蛇题材多出《雷峰塔》这样全本戏剧目；类似还有《虎囊弹》《奇双会》等全本戏剧目也出现了；其他《盗韩》《打场》等剧目较为冷僻。但道光朝《报喜》《前金山》等剧目未见。

第二，同治时期，"临川四梦"中《杜宝劝农》《打番》等依然活跃，多出《拾画》剧目。其他昆腔剧目如《独占》《书馆》《扫秦》《羞父》《井遇》《梳妆跪池》《说亲回话》《北醉》《祭姬》《阳告》《单刀》《盗令》《疑谶》《琴挑》《夜奔》《回猎》《草地》《昭君》《思凡》《藏舟》《絮阁》《泼水》《扫秦》《送京》《水斗》《三代》《佛会》《借茶》《吃茶》等大量剧目为道光时期、咸丰时期、同光时期一脉相承。《摇会》《侦报》《八扯》等为新增较偏剧目。《醉写》与《吟诗脱靴》或为同剧异名，《水战》或为《水斗》，《思凡》后多出《下山相调》，《西楼》多出《玩笺》，《照镜》为《望湖亭》剧目，《胭脂雪》为多出全本戏剧目。可见，清初剧作家剧目增多。所演剧目出现女性题材较多，且角当家剧目较多。此外，《花鼓》《拾金》《磨斧》《顶砖》等咸丰时期地方戏剧目也继承下来。

第三，光绪朝剧目和演员姓名同时出现，且演出班子类型多样。比如同样

《游园惊梦》剧目，即有多家搬演。《拾画叫画》同治时出现，光绪朝又有《拾画》。部分剧目为昆剧经典折子戏，昆腔剧目整体数量不及前朝，但更加系统完善。此时昆剧剧目拥有较多对子演员。光绪朝"角儿"突显，王阿巧、马得安和外学乔蕙兰等演出剧目较多。马得安成为当时最为活跃的内监伶人，后为昇平署总管。鼓板人才更加齐全，《下山》姜有才鼓板，《通天犀》方福顺鼓板。道、咸、同等朝的《送京》《拷红》等剧目出现频率大为减少。

二、各朝昆腔剧目比例的变化

道光朝处于清中期向晚清的过渡阶段，昆腔剧目比例仍然较大且演出频率较高。例如"临川四梦"的《肃苑》《学堂》《劝农》《打番》《游园惊梦》《云阳法场》等均有搬演。咸丰朝是清代宫廷剧目比例急剧变化的转折期，也是全国演剧市场快速转型时期，即昆曲剧目锐减，但地方戏剧目活跃。"临川四梦"多为《打番》《扫花三醉》等出目，咸丰承德避暑山庄烟波致爽斋常演《牡丹亭》出目。同治、光绪朝偶见昆腔剧目，多为《游园惊梦》《阳关折柳》等出，但从未断绝，即使到了光绪后期及慈禧晚年，颐年殿、纯一斋等处仍然可以有相关剧目演出。具体如下：

（一）道光时期（1821～1850）：保持传统的优势地位

晚清政局自道光朝日渐艰难，且有国库羸弱、战争赔款和农民起义等多重压力。旻宁主张"崇俭绌华"，于道光七年（1827）裁南府为昇平署，虽削减规模，却为清宫演剧的百年延续提供可能。民间乱弹诸腔气候已成，甚至到了京中文士"闻听吴骚，哄然辄散"的地步，而此时宫廷昆腔剧目仍然维持前期传统占有较大比例，地方乱弹剧目虽然活跃但并未构成较大威胁。如道光四年（1824）正月十六日，同乐园早膳承应：

《福缘善庆》《灏不服老》《大宴小宴》《寄信》《飞云浦鸳鸯楼》《十宰》《打棍出箱》《水斗》《冥判》《敬德钓鱼》《六殿逢母》《万花献佛》。正大光明筵宴承应《海不扬波》《太平王会》。十六日晚间，奉三无私，上排《把总上任》《刺汤》《刘唐》。①

---

① 中国国家图书馆编：《清宫昇平署档案集成》，中华书局2015年版，第758页。

同年十二月二十四日，寿康宫承应剧目仍有《冥判》。正月十六日所演剧目丰富多样，有大戏、地方戏和昆剧。敬德、梁灏、武松均为地方戏剧目常见人物，昆曲中《水斗》出自《雷峰塔》，《冥判》出自《牡丹亭》，《十宰》出自《慈悲愿》，民间多名《北钱》，宫廷常演此类剧，《杜宝劝农》和《冥判》出自《牡丹亭》，演剧场合较为轻松。当然，《杜宝劝农》与《扫花三醉》《云阳法场》等出目同时出现在每月朔望的概率也很高。如道光九年（1829）三月初一日，同乐园承应：

《杜宝劝农》《醒妓》《扫秦》《敬德闯宴》《羞父》《三段鸡宝山》《琴挑》《罗成托梦》《罢宴》《勾芒展敬》。①

道光十年（1830）《恩赏日记档》三月初一日，同乐园承应戏：

《杜宝劝农》（班进朝）、《云阳法场》、《平章拷姬》、《胖姑》、《定天山》、《刘唐》、《敬德闯宴》、《扫松》、《万民感仰》。②

时隔四年，再次出现《杜宝劝农》。如道光十四年（1834）《恩赏日记档》：

三月初一日，同乐园承应戏，《杜宝劝农》《女舟》《千金闸》《访素》《探监法场》《淤泥河》《文道害命》《五福五代》。③

而《冥判》等出目演出时间相对比较随意，如道光三年（1823）十一月二十一日：

养心殿，上排《冥判》《钓鱼》《下海投文》《絮阁》《乔醋》。④

道光后期剧目锐减，例如，道光二十一年（1841）就没有"临川四梦"

---

① 中国国家图书馆编：《清宫昇平署档案集成》，中华书局2015年版，第1499页。
② 中国国家图书馆编：《清宫昇平署档案集成》，中华书局2015年版，第1581页。
③ 中国国家图书馆编：《清宫昇平署档案集成》，中华书局2015年版，第2083页。
④ 中国国家图书馆编：《清宫昇平署档案集成》，中华书局2015年版，第670页。

折子戏出目记载,该年除夕亦未演剧。"临川四梦"剧目同样偶有搬演,只有两次《杜宝劝农》的记载,分别是道光二十四年(1844)三月初一日,同乐园承应剧目"《三段昭代箫韶》《牧羊》《拷打红娘》《梳妆掷戟》《杜宝劝农》,共长十八刻九分"①,以及道光二十六年(1846)四月初一日,同乐园承应戏"《三段昇平宝筏》《敬德耕田》《追舟》《尼姑思凡》《杜宝劝农》"②。或因道光二十年(1840)鸦片战争爆发,内忧外患之际,宫廷无暇观剧。徐珂《清稗类钞》卷十一"国初犹尚昆剧,嘉庆时犹然。……道光末,忽盛行皮黄腔,其声较之弋阳腔为高而急,词语鄙俚,无复昆弋之雅。"③徐氏此言亦可说明全国剧坛风尚已发生转变。可见,道光朝处于清中叶到晚期的过渡,也是昆腔渐退、乱弹渐起的过渡期,宫廷演剧体例呈现渐变式的发展形态。

(二)咸丰至光绪七年(1851~1881):遭遇地方戏崛起的转折

咸丰时期宫廷常演剧目出现明显的转折变化,京城等地民间乱弹戏班愈发活跃成熟,并将盛演剧目带入内廷,诸如《见娘》《铁弓缘》《坠马》等剧目即是如此,其结果是宫廷大戏、昆腔、弋阳腔、乱弹争奇斗艳,各分秋色。咸丰三年(1853)说过剧目尤其繁多,令人惊叹,该年正月初七、初八、初九日早晚学说过剧目集中记录如下:

《赐福呈祥》《十宰》《蒙正逻斋》《别古寄信》《昭君》《双合印》《藏舟》《雪夜访贤》《泼水》《敬德耕田》《三代》《东皇佈令》《十宰》《月下追信》《胭脂雪》《扯本》《孙诈》《一门五福》《三元百福》《打番》《油漆罐》《海不扬波》《封相》《下山相调》《鱼篮记》《昭君》《五福五代》《景星协庆》《圣母巡行》《书馆》《拐磨子》《五台》《青石山》《打番》《大盗施恩》《达摩渡江》《草地》《喜洽祥和》。毕,老爷未响排《万花向荣》。④

三天之内排剧目多达34出,"临川四梦"折子戏仅有一出侧重武工的

---

① 中国国家图书馆编:《清宫昇平署档案集成》,中华书局2015年版,第4246页。
② 中国国家图书馆编:《清宫昇平署档案集成》,中华书局2015年版,第4980页。
③ 中国国家图书馆编:《清宫昇平署档案集成》,中华书局2015年版,第5012页。
④ 中国国家图书馆编:《清宫昇平署档案集成》,中华书局2015年版,第7179页。

《打番》入选，其他昆腔常见剧目有《泼水》《孙诈》《昭君》《书馆》等。下半年剧目寥寥，多数只提伺候戏，具体剧目未提，或者直接说不必伺候戏。咸丰年间，剧目多而杂，举凡才子佳人、文臣武将等新旧题材均有演出，《思凡》等活泼新鲜的时剧出目更多。咸丰朝昆腔剧目缩减明显，而乱弹腔剧目骤增。所增剧目主要集中于《请美猴王》《认子》《懒妇烧锅》等，《敬德赏军》《琴挑》增、撤各一次。演出剧目活泼热闹，很多新鲜剧目补入，且有文、武之分，颇近京剧剧目，如《文昭关》《武昭关》等。即便如此，"临川四梦"等传统昆腔剧目并未淘汰，咸丰曾钦点《打番》等剧目。例如咸丰十年（1860）六月十七日，同乐园承应剧目有"《跳墙着棋》《游园惊梦》《梳妆掷戟》"①等昆腔剧目。该月二十五日，同乐园又有"《题曲》《折柳阳关》《十宰》《小逼》《踏月窥醉》"②等剧目。咸丰元年（1851）四月份早学唱对《肃苑》，咸丰三年（1853）晚学唱对《杜宝劝农》，咸丰七年（1857）同样只有早学排《杜宝劝农》，但均未标明排演场所，亦未见有御前承应。咸丰十一年（1861）"临川四梦"出目搬演较多，例如三月初一日，福寿园花唱"《杜宝劝农》《肃苑》"③等，该月初四日，烟波致爽斋清唱《折柳阳关》等④，十七日，烟波致爽斋花唱有"《扫花三醉》"等剧目⑤。因此，"临川四梦"折子戏出目虽然大为减少，但唱演形式更加多样化，剧唱之外还有花唱、清唱、过唱等多种形态。总之，咸丰年间"临川四梦"剧目最多的是《杜宝劝农》，其次《游园惊梦》《折柳阳关》等剧目。

素好乱弹新腔的咸丰帝因英法联军侵华而逃往热河行宫之际，接触并肯定大量民间戏班的精彩剧目，终于在咸丰十年（1860）征召民间戏班进宫演出，并于该年五月观赏三庆班程长庚等人演出。《清代内廷演剧始末考》论及咸丰十年逃至承德避暑山庄至次年十月十七日止共观看昆腔、弋阳腔和乱弹等剧目320余出，其中乱弹剧目如《三岔口》《打面缸》《穆柯寨》等高达100出，"占整个演出剧目的三分之一，比前一个时代乱弹所占比重突然增长"⑥。咸丰帝于避暑山庄期间几乎每日均有剧目承应。咸丰十一年（1861）七月十五日，

---

① 中国国家图书馆编：《清宫昇平署档案集成》，中华书局2015年版，第9425页。
② 中国国家图书馆编：《清宫昇平署档案集成》，中华书局2015年版，第9253页。
③ 中国国家图书馆编：《清宫昇平署档案集成》，中华书局2015年版，第9631页。
④ 中国国家图书馆编：《清宫昇平署档案集成》，中华书局2015年版，第9633页。
⑤ 中国国家图书馆编：《清宫昇平署档案集成》，中华书局2015年版，第9650页。
⑥ 朱家溍、丁汝芹：《清代内廷演剧始末考》，中国书店2007年版，第318页。

看完最后一场剧目5种，照例由宫廷大戏剧目、昆腔剧目、乱弹剧目组合模式，第二个剧目即昆腔常见剧目《琴挑》。

同治朝剧目数量不及咸丰，而以维持为主，或因慈安有所节制。观音、萧后等女性题材剧目以及热闹喜庆的地方戏剧目增多，如《圣母巡行》《观音临凡》《萧后打围》等女性题材剧目明显迎合两宫太后。昆腔剧目很少出现，"临川四梦"也不例外。同治十年（1871），两宫着太监学外边昆腔，所演"四梦"折子戏有《瑶台》等。昆腔和地方戏剧目轮流主导或因两宫审美不同所致。例如同治六年（1867）正月二十二日，宁寿宫《扯本》《絮阁》《昭君》《吃茶》等剧目。漱芳斋接唱剧目8种，昆腔剧目只有1种《嫁妹》。前后八个剧目中，昆曲剧目占了5个，大戏2个，地方戏1个，可见慈安和慈禧的剧目需求差别很大。

（三）光绪七年至光绪三十四年（1881~1908）：成为花部及大戏的点缀

光绪年间清宫"临川四梦"剧目搬演最多的是《折柳阳关》和《游园惊梦》，而《折柳》在本家班、外学和民间戏班等均有搬演，《仙圆》在本家班、四喜班和义顺和班均有搬演。这种同一剧目不同戏班争相竞演的特征此前未见。《折柳》大受肯定或许与其情致缠绵，韵律兼有婉柔和铿锵之美有关。光绪朝昆腔剧目虽然整体数量湮没于宫廷大戏、乱弹声腔等当中，但更加系统完善。例如"临川四梦"剧目《游园惊梦》《杜宝劝农》《拾画叫画》《扫花三醉》《云阳法场》《肃苑》《学堂》《仙圆》《瑶台》《点将》和《打番》等悉数搬演，类似《玉簪记》的《琴挑》之外还有《偷诗》《茶叙问病》《姑阻失约》等剧目，从中可见一斑。

光绪七年（1881）、光绪八年（1882）因慈安太后暴薨而中断两年。光绪九年（1883）演剧开禁，《差事档》所占比例较大，承应剧目繁杂而昆腔淹没其中，"临川四梦"剧目更是难得一见，但慈禧并未完全抛弃昆腔剧目，偶有点缀，如光绪十年（1884）正月十八日，长春宫承应剧目即有《瑶台》（马得安、李福贵）、《劝农》（陈寿峰）等①。光绪十一年（1885）长春宫《阳关折柳》，光绪十三年（1887）《杜宝劝农》等剧目，光绪承应剧目之后不再缀上演员姓名，但名伶除外，如光绪十四年（1888）正月初四长春宫承应《阳关折柳》之后，还是列出时小福、鲍福山之名，这与其知名度有关。

---

① 中国国家图书馆编：《清宫昇平署档案集成》，中华书局2015年版，第15552页。

三、昆腔剧目变化的戏曲史意义

晚清宫廷昆腔剧目所占比例大致表现为道光时期（1821~1850）保持较高比重且稳中有变；咸丰、同治（1851~1874）时期因乱弹剧目大量引入，逐渐下滑；光绪（1875~1908）朝呈现出点缀调节为主的总体特征。晚清宫廷昆腔剧目的变化表现在剧目内容、比例以及题材数量等方面，对昆腔演出发展具有继承性、补充性和和兼容性等多重意义。

首先，继承性。据徐珂《清稗类钞》所载，"同治时，又忽变为二六板，则繁音促节矣。光绪初，忽尚秦腔，其声至急而繁，有如悲泣。闻者生哀，然有戏癖者皆好之，竟难以口舌争也。昆弋诸腔，亦无演者，即偶演，亦听者寥寥矣。"① 民间昆腔凋敝不堪，而清宫仍然有条不紊，还出现内学马得安、外学乔蕙兰等擅演"临川四梦"剧目的优秀演员，如《杜宝劝农》这出剧目从道光至光绪朝最后一年颐乐殿始终搬演。现存最早宫廷演剧档案为嘉庆七年（1802），其中《打刀》《打虎》《打番》和《三代》《三气》《三醉》等彼时即是热门剧目。《借茶》《吃茶》和《茶坊》可称"三茶"。部分昆腔剧目如"临川四梦"中《游园惊梦》《杜宝劝农》《扫花三醉》《折柳阳关》《学堂》等，以及《琴挑》《亭会》《佳期》《单刀》《夜奔》《认子》《思凡》《断桥水斗》等，为乾隆末期梨园折子戏集成《缀白裘》和清唱曲谱集成《纳书楹曲谱》等所录，数朝传承打磨，曲白逐渐规范完善，拥有技艺代有传承的演出人才，共同铸就剧目的曲坛地位。

其次，补充性，即经典和热门剧目并举。诸如《送京》《佛会》《夜奔》《亭会》《琴挑》《游园》《肃苑》《折柳阳关》等一系列经典昆曲剧目外，《思凡》《芦林》等各朝时兴剧目相应补充。《送京》《扫秦》等忠义题材与《游园》《折柳》等婚姻爱情类题材交相辉映。各朝剧目均有侧重，与民间舞台本《缀白裘》《审音鉴古录》，以及曲谱《纳书楹曲谱》等所选《牡丹亭》出目不尽相同。例如《牡丹亭·闹殇》的折子戏为《离魂》，是清宫未演剧目，或因过悲反觉不够吉利，而清宫《肃苑》或许过于政治教化，为民间未演。宫廷舞台看重矛盾冲突较为明显的《肃苑》、《学堂》、《冥判》和政治教化色彩

---

① 徐珂：《清稗类钞》，中华书局1986年版，第5012页。

的《劝农》等四出,而民间搬演更多的是情辞俱佳,表现生旦爱情的《游园》、《惊梦》和《寻梦》等出。《扫花》、《三醉》和《云阳法场》在嘉道之际清宫演剧记录中随处可见,受到较多重视。《邯郸梦》颇受宫廷和民间不同阶层的欢迎,神仙道化题材顾忌较少且较符合节庆的热闹场面。尤其慈禧晚年,颐年殿或颐乐殿常常搬演《仙圆》出目。补充性还包括舞台实践的补充,晚清帝后等特殊观众对民间诸腔剧目均有不同程度批评修正,某些方面亦有细致独到之处,宫廷剧目的舞台实践经验对民间演员的技艺积累来说不无裨益。

最后,兼容性。相比民间职业戏班演出,宫廷剧目具有仪式性、娱乐性和均衡性的兼容特征:一方面搬演于节令、庆典或其他仪式性较强的场合,宫廷大戏类剧目必不可少;另一方面表现男女爱情的昆弋以及英雄传说的乱弹诸腔等剧目均能广而纳之,呈现出仪式性和娱乐性兼容特征,如《劝农》有时亦可作为"开团场戏",剧目呈现的变化体现出多样性探索的艺术规律。

综上所述,晚清宫廷昆腔剧目的变动不仅是皇家戏剧需求的独特性,更是整个晚清观剧心理嬗变的必然产物。与凭借刻意翻新、灵活自由、活泼热闹,甚至不惜暧昧情色的乱弹声腔剧目有别,以汤显祖"临川四梦"为代表的昆腔剧目恪守传统的同时走向精益求精的道路[①]。晚清宫廷昆腔剧目的变动非简单的剧目调整,而是深层次体现全国戏剧演出发展态势,更是全国戏剧演出发展的必然结果,体现剧种声腔之间的消长起伏,具有不可替代的价值和戏曲史意义。

作者单位:裴雪莱,浙江传媒学院戏剧影视研究院,浙江大学人文大学院;彭志,中国艺术研究院中国文化研究所

参考文献:

[1] 李玫:《汤显祖的传奇折子戏在清代宫廷里的演出》,载于《文艺研究》2002年第1期,第97页。

[2] 中国国家图书馆编纂:《清宫昇平署档案集成》,中华书局2015年版。

[3] 徐珂:《清稗类钞》,中华书局1986年版。

[4] 朱家溍、丁汝芹:《清代内廷演剧始末考》,中国书店2007年版。

---

① 清乾嘉以后,昆剧演出形成的"姑苏风范"即包括讲究师承、求精和规范等含义。

度人难度己，厌世懒生天

——论汤显祖的度脱剧《南柯记》《邯郸记》*

齐　静

明万历时期，在晚明社会思潮和文艺思潮的陶冶之下，站在时代高峰的戏曲大师汤显祖，以他卓绝的思想和才华创作出了卓立于世的"临川四梦"，谱写了传奇史上最为光辉灿烂的篇章。这四部剧作有汤显祖对美好生命的热切关怀和向往，也有看破世事人生的悲悯与无奈，寄托着他对社会人生的哲性思索，从中我们可以管窥汤显祖对生命本身、人生出路的探索过程。《南柯记》《邯郸记》作为汤显祖最后创作的两部剧，体现了汤显祖对于人生命运和走向的终极关怀。

一、立地成佛，入道成仙——《南柯记》《邯郸记》中度脱思想

从《紫钗记》《牡丹亭》可以看出汤显祖一直在探索生命的价值和意义，而在现实的无情铁杵面前，只剩下了碰壁之后的怅惘与反思。于是汤显祖跳出人世纷纷扰扰的喧哗与骚动，站在天地人境界的终点反窥人间事务，力图达到一个内外洞彻、和谐自由的境界。佛与道成为他衡量儒家业绩的尺度与工具。佛道两教均有度脱思想，小乘佛教重在"自度"，大乘佛教则以度脱众生来度己。大乘佛教经典如《金刚经》《华严经》等均有度脱众生的观念。道教宣扬出世修道、脱离凡尘进入逍遥之境的理想，如《元始无量度人上品妙经》即以普度众生为宗旨，明朝第一部正统道藏《度人经》第一句就是"仙道贵生，

---

* 本文刊登于《文化艺术研究》2018年第4期，原名为《出世的理想与入世的精神——汤显祖度脱剧研究》。

无量度人"。佛道度脱思想逐渐向文学创作渗透，元杂剧中神仙道化剧多是度脱剧的形式，明代的度脱剧也蔚为大观。《南柯记》和《邯郸记》均为度脱剧，都是利用幻术展示时光迅疾、生命短促的度脱模式。《南柯记》里契玄禅师认为有慧根的淳于棼可立地成佛于是引领淳于棼醉酒之中进入槐安国为婿。在梦中淳于棼经历了夫妻情爱、南柯仁政、交兵邻国、权倾一时、淫乱无度、幽禁被谴等宠辱浮沉，醒后他在契玄禅师的点化下认识到诸色皆空，万法惟识，于是顿悟成佛。《邯郸记》叙述吕洞宾度化卢生成仙的故事。吕洞宾让卢生做了一个美梦，梦中他的人生欲望都一一得到实现，包括娶高门崔氏女、状元及第、出将入相、子孙昌盛、延年益寿，也让他经历了人生的严重打击——遭人陷害，被流放鬼门关，妻子被迫为奴，儿子遭驱赶。既有人生的极度得意，也有人生的极度失意。醒后，黄粱尚未煮熟。最后醒悟入道，跟随吕洞宾修仙而去。

"梦了为觉，情了为佛"①，《南柯记》中淳于棼在现实世界和蝼蚁王国中往来，创造了一个迷离倘恍、真幻相生的艺术世界。淳于棼梦中种种经历皆为幻象，剧中契玄禅师说："众生佛无自体，一切相不真实"，所以淳于棼梦中经历之事只不过是"一点情千场影戏"，作者以"不须看尽鱼龙戏，浮世纷纷蚁子群"表明人生虚幻，如梦如影。汤显祖《南柯记题词》中自述创作主旨说："人之视蚁，细碎营营，去不知所为，行不知所往，意之，皆为居食事耳。见其怒而酣斗，岂不映然而笑曰：'何为者耶？'天上有人焉，其视下而笑也，亦若是而已矣。……世人妄以眷属富贵影像执为吾想，不知虚空中一大穴也。"② 人们看到蚂蚁忙忙碌碌，感觉可笑，而从上天的角度看人，人又何尝不渺小和微不足道。《邯郸记》中卢生在梦中有60年的快意人生，梦醒之后，在吕洞宾等八仙的点化下终于明白所有的一切都只不过是黄粱一梦，只有抛却红尘，断绝欲望，求仙访道才是正道。汤显祖的社会理想和人生追求一步步被黑暗的现实吞噬，在饱尝人世忧患之后弃官闲居的他对于人生和社会该何去何从发生了困惑，梦醒了无路可走，这让汤显祖显然陷入困境之中，于是"莫醉笙歌掩画堂，暮年初信梦中长"③，《南柯记》与《邯郸记》映照出汤显祖看

---

①② 汤显祖：《南柯梦记题词》，引自徐朔方笺校：《汤显祖全集》，北京古籍出版社1999年版，第1157页。
③ 汤显祖：《邯郸记》，引自钱南扬校注：《汤显祖戏曲集》，上海古籍出版社2009年版，第854页。文中出现的《南柯记》《邯郸记》中的原文皆出于此书，不再另行标注。

透所谓贪嗔痴爱、富贵穷通的本相不过尔尔，人生短促、世事无常，功名利禄皆为虚幻，人要想获得真正的解脱，必须"跳出三界外，不在五行中"，情尽之后，万缘归空，不再受世俗的污染和拘束。

经历过大波折，进行过大思考的人无不有"浮生若梦"的观点。"人生如梦"是中国传统文学中一个重要的母题，体现了文学家对纷纭复杂世事关系中个体生命意义与价值的评价与思索、理解与认知。"庄周梦蝶"已经有人生似梦还真，似真还梦的恍惚。李白《春日醉起言志》曰："处世若大梦，胡为劳其生。"苏轼在他的诗文词中多次表达了他人生如梦的观点："人生如梦，一樽还酹江月"（《念奴娇》），"万事到头都是梦"（《南乡子》），"世事一场大梦"（《西江月》）；马致远说"百岁光阴如梦蝶"（《双调·夜行船·秋思》）；杨慎认为"是非成败转头空"（《临江仙·滚滚长江东逝水》）；《红楼梦》在第一回即点明的创作题旨："此回中凡用'梦'用'幻'等字，是提醒阅者眼目，亦是此书立意本旨。""自六朝以来，儒、释、道三教合流成为中国思想文化发展的主导趋势，到宋代，这种文化发展已经进入完全成熟的阶段。在三教合流的发展过程中，佛老庄禅已经融为一体。"①《金刚般若波罗蜜经》云："一切有为法，如梦幻泡影"。"如梦"也是禅宗人生观的体现。禅宗四祖道信《方寸论》中说"一切烦恼业障，本来空寂。一切因果，皆如梦幻。无三界可出，无菩提可求。人与非人，性相平等。大道虚旷。绝思绝虑。"全真教丘处机《磻溪集》卷五《满庭芳·述怀》词云："漂泊形骸癫狂踪迹状同不系之舟，逍遥终日食饱恣遨游。任使高官厚禄，金鱼袋肥马轻裘，争知道庄周梦蝶，蝶梦庄周。"② 这种传统的"人生如梦"的人生观与佛道思想结合起来，自然就以佛道的成佛成仙来为梦醒后的人生寻找出路。

《庄子·齐物论》："且有大觉，而后知其大梦也"，大彻大悟大以后，才晓得人生是"大梦"。全真教王重阳立教之初就明确提出："凡人修道先须依此一十二个字：断酒色财气，攀援爱念，忧愁思虑。"③ 只有经历了世事的荣辱和心灵的苦难之后，方有可能大彻大悟，视人生如梦；只有经历了"酒色财气，攀援爱念，忧愁思虑"，也才能断绝也才能"酒色财气，攀援爱念，忧愁思虑"。而悟透世事，视人生如梦后，何去何从？深受佛道思想影响的汤显祖

---

① 张毅：《宋代文学思想史》，中华书局1995年版，第329~330页。
② 《道藏》（第25册），文物出版社、上海书店、天津古籍出版社1988年版，第835页。
③ 《道藏》（第25册），文物出版社、上海书店、天津古籍出版社1988年版，第780页。

拿起了佛道的思想武器，让淳于梦立地成佛，卢生修道成仙。

二、吾属忘天下难——《南柯记》《邯郸记》中汤显祖对社会人生的热切关注

戏剧里的淳于梦和卢生获得救赎，找到了人生新的出路，而这是否就意味着作者汤显祖也跳出了红尘俗世的纷扰，获得了心灵的救赎了呢？把汤显祖的这两部度脱剧与元明时期其他度脱剧相比，会发现汤显祖在其中注入了太多的现实成分，他对政治人生的热切关注，对官场黑暗腐败的无情揭露，消弱了两剧的宗教色彩，让人感觉这是两部寓意很深的政治讽刺剧。《南柯记》中淳于梦之所以能出守南柯，是瑶芳公主向父王求来的"老婆官"。当他位至左相，权势赫赫时，高官显宦都来趋奉。他朝欢暮宴、淫乱宫廷、酒色无度，早就对他心怀嫉恨的右相趁机离间他与君王的亲密关系，他从权利的巅峰一下就跌落下来，被禁足私邸，最终被遣送回乡。淳于梦感慨："太行之路能摧车，若比君心是坦途。黄河之水能覆舟，若比君心是安流"，把批判的矛头直指皇权，不得不说汤显祖的头脑是异常清醒的，他的胆量也无人能及。与《南柯记》相比，《邯郸记》批判精神更为强烈。现实中的卢生，多次应试而未能一第。梦中与清河崔氏女成婚后，通过崔氏身居要津的亲戚和崔氏女赠予的金钱遍行贿赂，被皇帝钦点为状元，科举制度成了权力和金钱的工具。"开元天子重贤才，开元通宝是钱财。若道文章空使得，状元曾值几文来？"（《邯郸记·赠试》）因为汤显祖深受腐朽的科举制度之荼毒，所以在对其猛烈地抨击中，可见作者内心极度的愤慨和鄙夷。在官场上，仅仅因为卢生没有贿赂结交自己，首相宇文融就怀恨在心，一心要置卢生于死地。先是寻了一个开河的难题处置他，没想到卢生凿石开河，发展农桑，甚有政绩，获得皇帝嘉奖；吐蕃军队进犯，边塞告急，宇文融明知卢生手无缚鸡之力，却偏要向皇帝推荐他出阵临战。皇帝立即下诏封卢生为征西大将军，让他星夜出征，不得片刻延误。卢生打仗取胜，轰动朝野，皇帝大喜，封他侯爵，加其为太子太保、兵部尚书、平章军国大事。宇文融又奏卢生里通外国，图谋不轨，皇帝便下令擒拿卢生，并立即押往刑场斩首。这时满朝官员没一个人敢出头为卢生表白，伸以援手，只有卢生的妻子崔氏带着儿子跪在丹墀喊冤叫屈。皇帝念及卢生以往的功劳，下旨把卢生免死发配崖州安置。崖州司户为升官，遵宇文融密旨企图害了卢生性

命。卢生起起落落的过程即阴险狡诈的宇文融构陷卢生的过程,充分体现了世道官场如战场,联朋结党随处可见,互相倾轧、钩心斗角更是常态,黑暗深不见底。官场的黑暗,佞臣当道,归根结底在于皇帝的昏聩无能。剧中的开元皇帝耽于游乐,巡幸时要一千个年轻女子唱着《采菱曲》摇橹,轻信奸臣宇文融未作深究便把开河和驱敌有功的卢生押赴市曹斩首。《紫钗记》《牡丹亭》中汤显祖还寄希望于皇帝来解决问题,从《南柯记》《邯郸记》中作者不仅对皇帝不抱任何希望,还一再强调皇帝才是天下一切罪恶的渊薮,反映了汤显祖对官场的绝望与彻悟。两剧映照了汤显祖对丑恶现实的憎恶、鄙夷并由此不遗余力地讽刺和批判官场和皇权:皇帝权臣荒淫无耻,大小官吏贪赃枉法,魑魅魍魉在作者的如椽大笔下一个个原形毕现。贯穿于《南柯记》的情节是淳于棼梦中所生存并且流连忘返的艰险复杂、私欲横流的蚂蚁王国,这是明代现实社会的写照。"《南柯记》'言佛论禅'绝不是要人们去消极出世,逃避现实,而是以否定对功名利禄的追求来否定现实人生。"① 吴梅说:"明之中叶,士大夫好谈性理,而多矫饰,科第利禄之见,深入骨髓。若士一切鄙弃,故假曼传诙谐,东坡笑骂,为色庄中热者,下一针砭。"②"记中备述人世险诈之情,是明季官场习气,足以考镜万历年间仕途之况,勿粗鲁读过。"③ 黄芝冈说:"《邯郸记》的悲欢离合,无头无绪,虽真像一场大梦,但实按这场梦境的所有情节,却全是当时显贵们的现形丑剧。"④ 张燕瑾在《论邯郸记》中说汤显祖"把万历年间的官场现状指斥于舞台,比历史更深刻、更富有哲理的地方在于,搬演中融入了深沉的生命感受和人生体验,表现了对官场恶情的激愤。而越是激愤就越说明作者执着于现实。"⑤

两剧中淳于棼和卢生并不是全然的坏人,当然也不是什么好人。但他们都对现实人生充满热情,对富贵功名更是执着。他们融善恶于一体,正如汤显祖所说:"性无善无恶,情有之"⑥。淳于棼对于父亲念念难忘,于瑶芳公主夫妻

---

① 龚重谟:《汤显祖大传》,北京燕山出版社2014年版,第193页。
② 吴梅:《中国戏曲概论》,引自《吴梅全集》理论卷,河北教育出版社2002年版,第286页。
③ 吴梅:《读曲记》《邯郸梦(二)》,引自《吴梅全集》理论卷,河北教育出版社2002年版,第855页。
④ 黄芝冈:《汤显祖编年评传》,文化艺术出版社2014年版,第185页。
⑤ 张燕瑾:《论邯郸记》,引自汤显祖纪念馆编:《2006中国·遂昌汤显祖国际学术研讨会论文集》,西泠印社出版社2008年版,第499页。
⑥ 汤显祖:《复甘义麓》,引自徐朔方笺校:《汤显祖全集》,北京古籍出版社1999年版,第1464页。

情深，于国王国母感恩戴德，特别是与瑶芳公主的感情，颇感人至深。第 25 出《玩月》瑶台喝酒赏月表现夫妻融洽和乐、第 33 出《召还》、第 34 出《卧辙》因瑶芳公主受惊病笃，夫妻诀别，淳于棼悲痛欲绝。梦醒之后仍对公主情深难舍，还约下升天再做夫妻。他有"立奇功俊名"的理想，他治下的南柯郡"征徭薄，米谷多""行乡约，制雅歌""多风化，无暴苛""平税课，不起科"，官亲民敬，风景优美，百姓安乐。淳于棼亲民爱民，理解百姓生活的艰难，所以能施行仁政，他说："休看得一官寻常，也须知百姓艰难"，"二十年消受你百姓家茶饭，则愿的你雨顺风调我长在眼"。他又有虚荣心和庸俗化习气，公主为他求官也欣然接受，被召回朝后则交结权贵、沉湎酒色，被罢官后惶恐痛苦、自怨自艾。《邯郸记》中的卢生既聪慧勇敢又贪婪顽强。他有太多的人生欲望，其人生理想就是："建功树名，出将入相，列鼎而食，选声而听，使宗族茂盛而家用肥饶"。梦中的卢生欣然入赘崔氏，走着妻子铺好的路，拿着妻子给的钱买通了朝廷上下而成为头名状元，居然也得意扬扬。他能开河成功、抗击番兵不能不说他具有相当的才干，但它是非心浅，名利心重。开河成功后他立即请皇帝东游观览，为讨好圣心不惜劳民伤财；把番兵追到天山后，铭石纪功，希冀流芳千古。被流放鬼门关，他担心妻儿受苦；在鬼门关，他能低头俯就崖州司户，忍受百般折磨，以保存性命；钦取回朝时，崖州司户又百般讨好，卢生原谅了他，因为他认为崖州司户前倨后恭是"世情之常"。回朝为相，权倾天下，得意之极，不无自矜地说："论功名，为将相，也是六十载擎天架海梁。"梦中六十年既体现了卢生世事洞明、人情练达的一面，也表现了他在追求功名富贵方面的执着甚至执迷不悟，他利用职务之便，暗写了一道封自己夫人的制诰；命将归西之时，还不忘给自己妾生的儿子讨荫袭。他带着对现世的满足死去："人生到此足矣……俺去了也。"在淳于棼和卢生的梦中，没有像其他的度脱剧一样度人者破梦而入，加以干扰和阻断，而完全是卢生与淳于棼个人情感意志支配着整个梦境，梦境只不过把他们的思想观念和人生欲求真实演练了一遍，是人性的自然发展。梦中他们对世俗欲望的追求孜孜不倦，梦醒后他们都依然沉浸于梦中不愿醒来，梦中的悲欢离散他们依然不能释怀，如《南柯记》第四十二出《寻寤》淳于棼在已经知道梦中大槐安国即庭前大槐树下蚁穴，当他掘穴而见层层城郭、见蚁王蚁后、见南柯郡城、见灵龟山、见埋葬公主的蟠龙岗时，梦中二十年历历在目，泪下纷纷如雨，还不忘为蚁穴遮风挡雨。梦醒后，在契玄大师为他制造的幻境中，淳于棼对所有槐安国中人仍然充满感情，特别是对公主更是情深义重，在这种情形之下，又怎会因为契玄禅师点破那定情之物犀合金钗是槐枝和槐树荚而断然斩断他与公主的情意，打破"情障"，达到"求众生身不可得，求灭身亦不可得，便是求佛身更不可得"的空明境界？同样吕洞宾让好功好名注重人生享受的卢生认识到君王臣宰、人生眷属都是"妄想游魂"，一切不过是一场梦幻便显得有点牵强。"求道之人，草衣木食，露宿风餐"的生活又岂会是淳于梦和卢生这等世俗欲望强烈的人所追求和向往的。

  一般的度脱剧，度脱者往往极力铺陈成仙入道之乐，全面展现释道之境的无比美好，令人神往，以与被度者昏暗、逼仄、窘迫的人生形成鲜明的对比。如元杂剧《陈抟高卧》中陈抟几次三番述说神仙之境的逍遥自适："则与这高山流水同风韵，抵多少野草闲花作近邻，遍地白云扫不尽"，"俺那里草舍花栏药岐，石洞松窗竹几"。马致远的《邯郸道醒悟黄粱梦》[①] 神仙圣境：

  【醉中天】俺那里自泼村醪嫩，自折野花新。独对青山酒一尊，闲将那朱顶仙鹤引。醉归去松阴满身，冷然风韵，铁笛声吹断云根。

  【金盏儿】俺那里地无尘，草长春，四时花发常娇嫩。更那翠屏般山色对柴门，雨滋棕叶润，露养药苗新。听野猿啼古树，看流水绕孤村。

逍遥的神仙生活：

  【金盏儿】上昆仑，摘星辰，觑东洋海则是一掬寒泉滚，泰山一捻细微尘。天高三二寸，地厚一鱼鳞。抬头天外觑，无我一般人。

  【后庭花】我驱的是六丁六甲神，七星七曜君。食紫芝草千年寿，看碧桃花几度春。常则是醉醺醺、高谈阔论，来往的尽是天上人。

  与汤显祖同时的屠隆，在其传奇《昙花记》里面，让功成身退的木清泰游遍天堂、地狱、蓬莱和西方世界，看尽人生各种虚幻，最终到达西天乐土。木清泰在蓬莱吃了绛桃一枚后，"腹中不饥，神气更爽"，吃了黑枣一枚后"心地更清，果知过去未来事"，看到的蓬莱仙都之境，胜妙如此：

---

① 王季思编：《全元戏曲》（二），人民文学出版社 1999 年版。

　　　　万山黛色，青削芙蓉。一水澄泓，碧涵明镜。金堂玉室，尽嵌峰峦。玲珑耀日，翠榭红亭。半出晴昊，缥缈飞霞。奇花瑶草，夹道丛生。苍虬班麟，当门偃卧。紫府中起，白波外抱。远睇神州，茫茫黑点。仰看星汉，淡淡微痕。①

木清泰西游净土，看到的西方光景是这样的：

　　【六犯宫词】【梁州序】岩峣画阁，玲珑绣户，何限金沙铺路。交光涉入，罘罳帝网明珠。【桂枝香】只树千行直，莲花九品舒。【甘州歌】疏枝亚，碧蘂敷，庄严真不数天都。【傍妆台】堪羡八功德水涵金镜，又有七宝池波湛玉壶。【皂罗袍】巍巍窣堵，神飙自扶，香台处处红云护。【黄莺儿】嵌珊瑚，砗磲玛瑙，光射月轮孤。②

　　《昙花记》中的木清泰游遍天堂、地狱、蓬莱和西方世界，看到西方净土比蓬莱仙境还要美好，佛教的往生之乐比仙家的逍遥自适还具诱惑力，所以在出入三教，悉心比较之后，认定佛门为人生归宿，最终选择了西方的极乐世界。《南柯记》中契玄并没有向淳于棼展示和述说西方极乐之境的美好，卢生被吕洞宾携往蓬莱时飞在空中也只看到了蓬莱山和海水，他感觉"海子外没个州郡，凄凉人也"，所以让人难以相信仅仅靠契玄和吕洞宾等人的几下点化便能放下前缘，放下他们孜孜以求的现世生活，去过"青灯黄卷、暮鼓晨钟""草衣木食，餐风露宿"的清苦生活。这也说明，作者所关注的重点也是现实社会，而非成佛入道后的逍遥自适。
　　中国传统的知识人分子无不受儒释道思想的影响，并且在不同的人生阶段不同的人生际遇中三种思想此消彼长，说到底，儒释道思想只不过是中国古代知识分子用来激励或者安慰自己的精神利器，顺境时儒家思想占据上风，逆境时用释道思想消解心灵的焦虑。但儒家思想占上风时，他们也并不能忘怀对佛道的皈依；在佛道的世界里寻找精神的超脱和灵魂的归宿时，他们也并未泯灭儒家入世的情怀。否则他们又何须一而再、再而三地感慨人生如梦。真正的解

---

① 屠隆：《昙花记》，引自《六十种曲》（十一），中华书局2007年版，第162~163页。
② 屠隆：《昙花记》，引自《六十种曲》（十一），中华书局2007年版，第167页。

脱、真正的了悟是从此之后"三千微尘里，吾宁爱与憎"，而不是时不时用人生如梦来提醒自己。所以寻求宗教的慰藉只不过是逃避现世伤害的无奈选择，是汤显祖在历经仕宦生活的磨难和内心的苦闷、彷徨、求索之后，极力寻求自我克服精神苦痛和力求解脱人生苦难的一种尝试。在剧中，剧作家可以让汲汲于世俗人生的淳于梦和卢生幡然醒悟，成佛成仙，这正如李渔所说戏剧家在制曲填词是可以充分顺着自己的想法，安排剧中人物的人生的："我欲做官，则顷刻之间便臻荣贵；我欲致仕，则转盼之际又入山林；我欲做人间才子，即为杜甫、李白之后身；我欲娶绝代佳人，即作王嫱、西施之原配；我欲成仙作佛，则西天蓬岛即在砚池笔架之前；我欲尽孝输忠，则君治亲年，可跻尧、舜、彭之上。"① 作为剧作家的汤显祖可以安排剧中人物的人生出路，让他们获得精神的解脱，却并不意味着在现实人生中的汤显祖也能真正从中获得解脱，他能从腐败昏暗的政治中抽身而退，但却未能从当时的现实社会中抽身而退。剧中看似荒诞的描写却太过真实地折射了晚明的官场，透露出来的太过激愤的内心情绪冲淡了看透世事人生的通达与明澈。儒家的入世思想始终是汤显祖思想的主导，所以作者一直未能释怀济世救民的"情结"，不然不会刚让淳于梦立地成佛后再让"封建统治阶级功名利欲的集大成者"② 卢生入道修仙，不会一而再地去暴露和鞭笞那个专制制度下官场的虚妄和腐朽，这都是汤显祖未能从现实社会中脱身而退的最好说明。晚年的汤显祖说："天下忘吾属易，吾属忘天下难！"③ 汤显祖"意气慷慨，以天下为己任"④，又怎么会因嘲笑《南柯记》《邯郸记》中蝇营狗苟、可悲可鄙的行径而真正否定人生的意义。《邯郸记·合仙》中八仙点化卢生时，否定了无爱的"大姻亲"、行贿得来的"大关津"、祸害百姓的"大功臣"、钩心斗角的"大冤亲"、腐朽堕落的"大阶勋"、贪图名望的"大恩亲"，有爱、公平、公正、官清民晏则不在其否定之列。张燕瑾据此判断"汤显祖的创作意图不是宣扬仙道——他劝人不食人间烟火？其实，从剧中卢生、崔氏的几次调侃戏谑中，就可以看出汤显祖的世俗

---

① 李渔著，张萍校点：《闲情偶寄》（第 2 版），三秦出版社 2005 年版，第 298 页。
② 曾献平：《论〈邯郸梦〉》，引自江西省文学艺术研究所：《汤显祖研究论文集》，中国戏剧出版社 1984 年版，第 363 页。
③ 汤显祖：《答牛春宇中丞》，引自徐朔方笺校：《汤显祖全集》，北京古籍出版社 1999 年版，第 1464 页。
④ 《抚州府志·汤显祖传》，引自徐朔方笺校：《汤显祖全集》，北京古籍出版社 1999 年版，第 2589 页。

心态，凡人情趣。他钟情的是世俗人生。"① "汤显祖一以贯之的精神，是追寻和探索摆脱羁绊，使人性自由张扬、使百姓富足和乐的有情社会，他没有出世成仙的确定追求，更没有真正以仙佛度人的创作。"② 天启年间刻朱墨套本《邯郸梦记》题辞曰："一梦六十年，便是实实事，何必死死认定卢生真倚枕也。不吟仙人丁令威去家千载，复来归乎？计其时直华山道士一眴耳，乃城郭人民几桑田，几沧海矣。将千年世界与六十年光景，孰梦孰真？识得此者，可与言道，可与言酒色财气。"③

三、度人难度己——汤显祖对社会和人生的探索

《紫钗记》《牡丹亭》《南柯记》《邯郸记》中的四位主人公展现了个体生命寻找自我与迷失自我的过程，在这个过程中作者在理想与现实的矛盾中苦苦挣扎，苦苦探寻人生的出路而终不可得后陷入矛盾无以解决的困境中。《紫钗记》中霍小玉满怀着对爱情的向往与热情，在当时的社会等级制度下她的出身却终让她陷入卑微的旋涡里难以自拔，整天忧心忡忡，甚至只敢向李益许下八年的约定。霍小玉与李益的爱情诚然有外界势力的破坏阻挠，可即使排除掉横亘于他们爱情道路上的卢太尉这座权势的大山，也无法让爱情中的霍小玉平等地与李益对话。霍小玉未敢直面本心，不敢正视自我真实的欲求，她追寻爱情，痴痴等待，却没有找到真实的自己。《牡丹亭》中的杜丽娘，当姹紫嫣红、流光溢彩的满园春光唤醒了她处于混沌蒙昧状态中的青春和生命时，真我就奔突四溢，于是"梦其人即病，病即弥连，至手画形容传于世而后死。死三年矣，复能溟莫中求得其所梦者而生。"④ 杜丽娘发现了自我，并坚持了自我，她的主体意识在剧情的进展中沛然前行。《南柯记》中淳于棼入赘蚁国，做了"老婆官"，出任南柯太守，虽把南柯治理得"青山浓翠，绿水渊环。草树光辉，鸟兽肥润。但有人家所在，园池整洁，檐宇森齐。何止苟美苟完，且是兴

---

① 张燕瑾：《论邯郸记》，引自汤显祖纪念馆编：《2006 中国·遂昌汤显祖国际学术研讨会论文集》，西泠印社出版社 2008 年版，第 497 页。
② 张燕瑾：《论邯郸记》，引自汤显祖纪念馆编：《2006 中国·遂昌汤显祖国际学术研讨会论文集》，西泠印社出版社 2008 年版，第 499 页。
③ 吴毓华：《中国古代戏曲序跋集》，中国戏剧出版社 1990 年版，第 165 页。
④ 汤显祖：《牡丹亭记题词》，引自徐朔方笺校：《汤显祖全集》，北京古籍出版社 1999 年版，第 1153 页。

仁兴让。街衢平直，男女分行。但是田野相逢，老少交头一揖"，但后来生活荒淫，在官场的尔虞我诈中败下阵来。《邯郸记》中的卢生靠钱行贿高中状元、大权在握后假公济私、趋奉中贵高力士、邀功买宠、穷奢极欲，经历了六十年的官场倾轧，仕途沉浮。淳于梦与卢生在黑暗、污浊的政治环境中一路追波逐流，迷失了自我。

汤显祖一生清高孤傲，志气昂扬，他在《答邹宾川》的信中说："吾幼得于明德师，壮得于可上人。"① 他还说："如明德先生者，时在吾心眼中矣。见以可上人（达观）之雄，听以李百泉之杰，寻其吐属，如获美剑。"② 与罗汝芳、达观和尚、李卓吾这些思想上的巨子学习和交往的过程，正是汤显祖思想与人格的形成过程，也是他探寻人生真谛和社会出路的过程，最终形成了"至情"观，其中包含着他对人生理想和个人命运的积极追求。他说"世总为情"③，"人生而有情"反对以理灭情："第云理之所必无，安知情之所必有邪？"④ 汤显祖以"情"为其思想立足点，在戏剧创作中尽情讴歌人的生命之情。他还认为，"性无善无恶，情有之"。⑤《紫钗记》之痴情、《牡丹亭》之至情，正是善情的表现，而善情的实现则是有条件的，"世有有情之天下，有有法之天下"⑥，在有情的社会，才能施展个人的情怀抱负，天性获得自由发抒。《紫钗记》《牡丹亭》里面的社会显然不是有情的天下，伦常道德和政治礼法及社会中恶势力在无形和有形中阻遏着善情的实现，所以霍小玉有侠义人士的帮助"一点情痴"才能得偿所愿，杜丽娘只有在梦中或者死去才能找到自己想要的爱情。《南柯记》《邯郸记》显然是恶情的体现，而情之恶者，在这个社会又会有什么样的命运呢，淳于梦和卢生与时俯仰、追波逐流，虽曾荣宠至极，但也曾一败涂地，说明在当时恶情也难以与丑恶腐朽的社会政治环境相抗衡。四部剧反映了在不同的人生阶段汤显祖对个体生命与社会现实的不断

---

① 汤显祖：《答邹宾川》，引自徐朔方笺校：《汤显祖全集》，北京古籍出版社1999年版，第1449页。
② 汤显祖：《答管东溟》，引自徐朔方笺校：《汤显祖全集》，北京古籍出版社1999年版，第1295页。
③ 汤显祖：《耳伯〈麻姑游诗〉序》，引自徐朔方笺校：《汤显祖全集》，北京古籍出版社1999年版，第1110页。
④ 汤显祖：《牡丹亭记题词》，引自徐朔方笺校：《汤显祖全集》，北京古籍出版社1999年版，第1153页。
⑤ 汤显祖：《复甘义麓》，引自徐朔方笺校：《汤显祖全集》，北京古籍出版社1999年版，第1464页。
⑥ 汤显祖：《青莲阁记》，引自徐朔方笺校：《汤显祖全集》卷三十四，北京古籍出版社1999年版，第1174页。

思索，无论是寻找自我、坚持自我还是迷失自我、放弃自我，个体生命的情善和情恶在强大的社会现实面前都会伤痕累累、饱经风霜。

所以汤显祖虽肯定了人的生命价值和天性欲望，肯定了"情"的正当存在，在戏曲中尽情讴歌人的生命之情，热烈地颂扬霍小玉和杜丽娘对善情的坚守与执着追求，但也同时清醒地意识到其所付出的巨大的代价。汤显祖在自己的现实人生中也如霍小玉和杜丽娘那般寻找生命的真谛，坚守真我的价值，曾满腔热血，却落得一世苍凉。他拒绝过权势熏天的张居正的两次拉拢，因此两次落第；他拒绝首相张四维和次相申时行的拉拢，所以长期处于微末闲职。汤显祖一生傲骨铮铮、冰操凛凛，因直言敢谏屡受打击和报复，但他始终以傲岸的风骨和高洁的操守卓然于世，"吾不敢从处女子失身也"①，个人的生命选择，自我的主体价值比任何东西都重要。汤显祖从腐败昏暗的政治中抽身而退，在家乡玉茗堂著艺藏身，但他对现实、对人生的思索却仍在继续。《牡丹亭》是他对自己前半生的总结，那个对至情生死以之的杜丽娘就是汤显祖的自我言说；《南柯记》和《邯郸记》是他对社会和人类生存困境继续思考的痛苦结果。让淳于棼和卢生成佛成仙只不过是在那个没有出路的社会中强行想出一条出路来，事实上，这条出路能否行得通，作者本人也未必可知，毕竟佛与仙是谁都没有见过，西天净土与神仙圣境也只存在于传说中。但可以肯定的是，汤显祖对于"善情"的执着，对于"有情之天下"的渴慕与想象还会一直继续下去。

汤显祖一方面从自己的人生实践中寻找人生的意义与价值，一方面社会对自己和对他人"有情人生"的打击与毁灭又使他无比的悲愤、孤独、失落和绝望。所以他憎恶世道，试图以参禅悟道、超凡入圣获得精神的超脱，释放梦醒后无路可走的痛苦，但他又不能真正忘情于官场、忘情于社会人生。《南柯记》与《邯郸记》确实反映了汤显祖从佛道思想的层面对人生和世事的思索，世事如梦，万事皆空，要获得救赎只能遁入空门，成仙成佛。但是度人容易度己难，只要不能忘怀天下，汤显祖就难以真正达到佛道空明的境界。《庄子·内篇·大宗师第六》言："其为物，无不将也，无不迎也，无不毁也，无不成也。其名为撄宁。撄宁也者，撄而后成者也。"唐代高僧百丈怀海偈语："灵

---

① 邹迪光：《临川汤先生传》，引自毛效同编：《汤显祖研究资料汇编集》，上海古籍出版社1986年版，第81页。

光独耀，迥脱根尘。体露真常，不拘文字。心性无染，本自圆成。但离妄缘，即如如佛。"① 如果能"撄宁""迥脱根尘""心性无染"，自然再不会为纷纷世事所扰，无愤世嫉俗，也无人生如梦的感慨。显然汤显祖很难做到这一点，所以度脱了戏剧中的淳于棼和卢生，却难以度脱滚滚红尘中的自己，愤懑与绝望、失落与落寞必然会在余生与他同在。

作者单位：南通大学文学院

---

① 赜藏主编集：《古尊宿语录》（上册），中华书局1994年版，第8页。

从《清车王府藏曲本》看"临川四梦"在清中后期戏曲中的传播*

钱海鹏　宫文华

《清车王府藏曲本》（以下简称《曲本》）成书于清道光至光绪年间，是清代北京车王府所藏的戏曲、曲艺手抄本的总称。戏曲部分涉及京剧、高腔和昆曲等，主要包括《闹学》《判官上任》《打番》《遣番》四部"四梦"折子戏，其中《打番》、《遣番》系同一出戏《西谍》的不同改编本，所以这里实际上只有三部，即《闹学》《判官上任》《打番》（或《遣番》）。对这些折子戏进行研究，可以了解汤显祖"临川四梦"在清中后期戏曲中的传播情况和传播特点，从中折射出深厚的戏曲文化内涵。

一

总体来看，《曲本》所收戏曲曲目都是折子戏，这反映出清中后期中国戏曲的发展方向。其中《闹学》《判官上任》《打番》也不例外，它们分别出于汤显祖的《牡丹亭》和《邯郸记》，是由《牡丹亭》的《闺塾》、《冥判》和《邯郸记》的《西谍》改编而来。在改编的过程中，汤显祖的戏曲作品完成了由案头阅读本向舞台演出本的转化，体现的是改编者和观众的意志和兴趣。

首先，从《曲本》所收的折子戏来看，《闹学》《判官上任》《打番》均系"四梦"中的过渡性出目，对情节发展起推动作用，突出趣味性，但并不着眼于刻画主要人物。原剧中的主要出目像《牡丹亭》中的《游园》《惊梦》《拾画》《离魂》，《邯郸记》中的《扫花》《三醉》《捉拿》《法场》《仙圆》

---

* 本文为 2013 年山西省高校哲学社会科学项目"'非遗'视域下的晋北道情研究"（项目编号：2013242），大同市 2015 年软科学项目"当代社会变迁中的晋北道情研究"（项目编号：2015116）阶段性研究成果，刊登于《中华戏曲》第五十九辑。

等却没有出现在《曲本》中。即使是《闹学》《判官上任》《打番》，改编者也作了较大幅度的改动。如《闹学》一折，《牡丹亭》原剧中称《闺塾》，突出的是杜丽娘，所以旦扮杜丽娘，贴扮丫鬟春香；而《曲本》中的《闹学》则由旦扮丫鬟春香，贴扮杜丽娘，突出的是春香，而且春香的性格变得异常生动、泼辣，趣味性十足。且看她一上场的唱词，"【一江风】小春香一种人在奴上画阁里曾娇养，侍娘行弄扮（畔），调朱贴翠拈花，惯向妆台傍，陪她理绣床，床，床……又随她境（敬）夜香，小苗条吃的是夫人杖。"①

同样，原来的《冥判》突出的是主人公杜丽娘，而改编后的《判官上任》则主要刻画的是胡判官。原来跟随胡判官上场的只有丑扮的鬼卒一人，现在却增加到了十人；场面空前宏大。而且增加了胡判官的上场诗，"铁判灵官是咱名，赤发环眼显威灵。金鸡剪梦追魂魄，定不留人到五更。"② 几句话，一个威严、可怖、冷酷、残忍的胡判官形象便跃然纸上。但这样的一个胡判官，却颇有正义感、原则性和同情心，以至于在对待杜丽娘的事情上，他网开一面，让杜丽娘还魂。原因就是杜丽娘死得冤枉，其父杜宝是个好官。前后形成鲜明的对比。

《邯郸记》的《西谍》重点刻画的是卢生。他作为太师，征西元帅，在河西大将王君奂战死以后，临危受命，帅军征讨。作品集中描写的是他的壮志豪情和足智多谋，"河陇逼西番，为兵戈大将伤残。争些儿撞破了玉门关。君王西顾切，起关东挂印登坛，长剑倚天山。"③ 但在改编本的《打番》中，改编者却让一个小卒打番尔汉作了主角，剧作突出的是他的机敏和能力，

  小番儿会身材轻巧，小番儿会口舌烂翻；小番儿曾到那羊同党项，小番儿也曾到昆仑白兰；小番儿会秃鲁浑般骨古鲁，小番儿会别矢巴的毕力班兰；小番儿会衣溜加喇讲着铁里，小番儿会剔溜秃律打的山丹。④

在《遣番》中，改编者甚至让旦扮的打番尔汉先上场，唱【北降都春】，而把原作的（净外扮将军上）及其所说的话删去不用，突出了剧本的喜剧性。

---

① 首都图书馆编辑：《清车王府藏曲本》第14册，学苑出版社2013年版，第346页。
② 首都图书馆编辑：《清车王府藏曲本》第14册，学苑出版社2013年版，第306页。
③ 徐朔方笺校：《汤显祖全集》（三），北京古籍出版社1998年版，第2496页。
④ 首都图书馆编辑：《清车王府藏曲本》第13册，学苑出版社2013年版，第93页。

其次，在改编本中，改编者有意识地删去了原作中属于"掉书袋"的内容，使剧作变得精练简洁，加快了文本的叙事速度和演员的演出节奏。在明清传奇剧本中，或者是出于文人卖弄风雅的习惯使然，或者是受当时的创作风气影响，作家们往往喜欢在叙事过程中插入一段"院本"，以增加作品的趣味性。学者们把这种现象称为"嵌入"。汤显祖在《闺塾》中，嵌入了一个"文房四宝"的院本，在"（贴下取上）纸笔墨砚在此"后，紧跟着，

（末）这甚么墨？（旦）丫头，错拿了。这是螺子黛，画眉的。（末）这甚么笔？（旦作笑介）这便是画眉细笔。（末）俺从不曾见，拿去，拿去。这是甚么纸？（旦）薛涛笺。（末）拿去，拿去，只拿那蔡伦造的来。这是甚么砚？是一个？是两个？（旦）鸳鸯砚。（末）许多眼。（旦）泪眼。①

几句话，把一个老书呆子陈最良的形象刻画得淋漓尽致；但在改编的折子戏《闹学》里，由于叙述重点的转移，这部分内容被删去了。关于"文房四宝"这个院本，在元人陶宗仪《南村辍耕录》院本名目下"诸杂大小院本"里有记载，汤显祖的"嵌入"应该说是有所本的。

在《冥判》里，汤显祖又嵌入了一个"判官上场"的段子，用"净"、"丑"对话的形式交代了判官的身份、来历，突出了判官为官清廉、与人为善的高尚品格，为下面允准杜丽娘的还魂做铺垫。宋·周密《武林旧事》"官本杂剧段数"有"钟馗爨"杂剧，但其内容已不可考；延至明代，伴随着钟馗信仰的发展和钟馗形象的演化，戏曲舞台上出现了许多钟馗戏，现在能看到的最完整的钟馗戏剧本是涵芬楼本的《闹钟馗》，正名《庆丰年五鬼闹钟馗》②。其中的钟馗形象已经是一个满腹经纶的秀才，但因相貌丑陋，屡试不中，最终气绝身亡。死后被封为判官，为人排忧解难。所以后世戏曲、小说中的判官就和钟馗联系在一起，被塑造成性格相似的人物。汤显祖"判官上场"的段子受了当时民间钟馗信仰和戏曲、小说中钟馗形象的影响，也就变得合情合理。在改编本《判官上任》中，围绕判官身份、来历的净、丑对话被删掉了。

---

① 徐朔方笺校：《汤显祖全集》（三），北京古籍出版社1998年版，第2085页。
② 参见《孤本元明杂剧》（四），中国戏剧出版社1958年版。

在判官审案的过程中，围绕判官与花神的对话，原剧本中有一个"百花"院本的嵌入，增加插科打诨的效果。周密《武林旧事》"官本杂剧段数"有"百花爨"，陶宗仪《南村辍耕录》"院本名目·诸杂院爨"有"讲百花爨"，应该与此有关。在改编本中，也被删掉了。

再次，改编本突出了剧场性，有关舞台调度的说明更趋明了。比如在《打番》中，众军卒上场之前，剧本提示（吹开门），即音乐伴奏的开门声音；然后是众军卒边唱边上，这个时候，剧本提示（任吹），应为过门。生扮卢生上场后，先念一句词，"和（河）陇彼（逼）西番，为兵戈大将伤残"，之后剧本提示（起吹，生上高座），意思是音乐伴奏升高座的声音，代表着元帅升帐。

当打番尔汉上场时，剧本提示（上，跑竹马完，唱），意即打番尔汉是骑着竹马（代替真马，后来演化为马鞭）上场的，然后跑一段，唱一句唱词，剧本又提示（下马介）。这时候打番尔汉才从马上下来，步入中军大帐。一出结束，卢生先下场，打番尔汉又唱了一段后，剧本提示（跑竹马），意即打番尔汉又骑着马离开。在打番尔汉进帅帐见了卢生，准备密谋如何害死敌国丞相时，剧本提示（卒下）。如此众多的剧本提示，为现场演出中的舞台调度提供了方便。

改编本中，有时候为了突出音乐性，故意让唱词重复。如《打番》中，打番尔汉一出场的唱词，"【北降都春】莽乾坤一片江山，千山万水分程限。也是俺产西凉，直透边关；也是俺野花胎，野花胎，这头儿分瓣。"

在《闹学》中，春香一出场，唱"【一江风】小春香一种人在奴上画阁里曾娇养，侍娘行弄扮（畔），调朱贴翠拈花，惯向妆台傍，陪她理绣床，床，床……又随她境（敬）夜香，小苗条吃的是夫人杖。"

二

《曲本》所收入的戏曲剧本大多为折子戏，从汤显祖"临川四梦"向《曲本》所收《闹学》《判官上任》《打番》（或《遣番》）的变化体现的是从案头阅读本向舞台演出本的转变，从全本戏向折子戏的转变。在这个转变过程中，集中体现出以下两个方面的特点。

一是民间性。折子戏的出现是舞台艺术自身演变的结果。作为舞台演出本，从一开始它就是面向大众的。《曲本》所收剧目绝大多数是由车王本人及其下属、家人从民间购得，属于民间演出本，这也就决定了《曲本》本身的民间性。从《闹学》《判官上任》《打番》（或《遣番》）三个剧本来看，也处处体现出民间性的特点。具体表现在：错别字较多，如上文《闹学》中【一江风】唱词里的"扮（畔）"和"境（敬）"，还有"请小姐上学"里的"学"写成"孛"；《判官上任》中【点绛唇】"十地宣差，一天封拜。闰（阎）浮界，阳世裁（栽）埋，他要把俺这里门庭迈。"《打番》中"和（河）陇彼（逼）西番"、"三尺（十）登坛众所尊，红旗半卷出辕门。千（前）军一（已）战交河北，智展（直斩）楼兰报国恩。"行文不太规范，如《打番》中，卢生刚上场的唱词前，没有标出曲牌名【金珑璁】，剧本中有些地方唱词和说白分得不清楚；剧本中对话多，唱词少，这是剧本在改编过程中适应民众文化水平较低现实的必然结果。

二是地域性。从《曲本》收录的剧目情况来看，《闹学》《判官上任》和《打番》都是昆曲剧本。昆曲起源于江苏昆山，在发展的过程中以苏州为大本营，向四周扩散；其中一支经江苏、山东一路北上，最终到达北京，形成京昆。车王府所藏曲本大多从北京购得，因此《曲本》所收昆曲剧本多为京昆剧本。这类剧本有一个特点就是唱词大多遵循汤显祖的原作，当然也有例外，如《闹学》中，春香上场所唱的【一江风】曲牌就是改编本才有的；说白则有较大的改动，往往呈现出南北音混杂的局面。如在《打番》中，打番尔汉称"你"为"恁"，就是北方语音；他的唱词"止不过敲象牙，抽豹尾，有甚么去不得，去不得也喈言。"这里的"喈言"即为苏州方言。在《判官上任》中，净扮的判官问丑扮的功曹，"各色齐备了么？"是北方语音；"威凛凛人间掌命，颤巍巍天上得这消灾"，即苏州方言。这样的例子很多，限于篇幅，不再赘述。

昆曲由全本戏向折子戏的转变，体现的是文人、演员和民众的共同作用，是在文人的一度创作、演员的二度创作和观众的欣赏接受彼此影响、相互制约、反复作用下完成的。正如陆萼庭在《昆剧演出史稿》中所言，"折子戏的产生是传奇演出上的变革，是全本戏长期在群众中间经历严格考验的结果。"[①] 汤显祖的折子戏《闹学》《判官上任》《打番》在清中后期的出现，正是代表

[①] 陆萼庭：《昆剧演出史稿》，上海文艺出版社1980年版，第183页。

主流意识形态的"大传统"和代表民众意识的"小传统"不断博弈的结果。

三

"大传统"与"小传统"的概念是美国人类学家罗伯特·芮德菲尔德在《农民社会与文化》①中提出的。张荣华在《文化史研究中的大小传统关系论》中进一步指出,"所谓大传统,是指都市上层阶级以及知识分子的以文字记载的文化,小传统主要是在小规模共同体,特别是乡村中通过口头传承的文化。"②而在中国,正如李亦园所指出的,"来自儒家经典的哲学思维即'大传统'文化,来自民间的日常生活即'小传统'文化。'大传统'文化引领文化的长远走向,'小传统'文化则维系普通民众的日常生活。"③"大传统"与"小传统"相互作用、彼此影响并渗透,共同促成了中国文化的发展路径。戏曲正是游走在大小传统之间的一种文化形态。大、小传统对戏曲的作用主要是通过戏曲改编和戏曲禁毁两大机制实现的。

戏曲改编主要由文人和演员主导,体现为大传统与小传统的交融、互渗,其结果是戏曲向小传统的逼近;戏曲禁毁主要由官方主导,体现为大传统与小传统的较量、拒斥,其结果是戏曲向大传统的皈依。

在戏曲走向成熟的过程中,戏曲改编"通常是对前人剧作进行削删窜正;而在戏曲搬演时,又往往是边演出,边改编,这些现象无不体现了主流意识形态与大众感性娱乐需要、上层与民众、文人审美与市民趣味、案头阅读与场上演出的相互参照与融合。戏曲正是通过改编这一策略首先求得生存继而不断自我完善进而实现其经典化过程的。从这个角度说,一部戏曲的传播史就是被不断改编的历史。"④

就汤显祖的戏曲作品来说,其创作史几乎是与改编史同步的。改编又可分为两种,文人改编和艺人改编。以《牡丹亭》为例,明万历二十六年

---

① 罗伯特·芮德菲尔德:《农民社会与文化》,中国社会科学出版社2013年版,第94、95页。
② 张荣华:《文化史研究中的大小传统关系论》,载于《复旦大学学报》2007年第1期,第73页。
③ 李亦园:《从民间文化看文化中国》,引自《李亦园自选集》,上海教育出版社2002年版,第225页。
④ 王福雅:《游走于大小传统之间——中国古典戏曲的生存状态研究》,湖南师范大学2013年博士学位论文,第160、161页。

(1598)，作品完稿；第二年就被搬上了戏曲舞台。有诗为证，"沙井阑头初卜居，穿池散花引红鱼。春风入门好杨柳，夜月出水新芙蓉。往往催花临节鼓，自踏新词教歌舞。"① "玉茗堂开春翠屏，新词传唱《牡丹亭》。伤心拍遍无人会，自掐檀痕教小伶。"② 据有人推论，这里的"小伶"即宜伶，她是当地著名的戏曲演员。汤显祖不仅教其腔调板式，还配有身段动作，甚至包括舞台调度。在汤显祖的悉心指导下，宜伶进步很快，演技迅速提高。宜伶的演出忠实于《牡丹亭》的原本，又有汤显祖亲自指导，体现的当然应该是作者的本意；但在具体的演出中，作为演员的宜伶也必然加入自己对《牡丹亭》剧作的理解。

有明一代，对汤显祖《牡丹亭》进行改编的先后有吕玉绳、沈璟、臧晋叔、冯梦龙。他们的改编多数都是出于格律的要求，把原作的绮丽典雅改为曲律规范、通俗易懂。如冯梦龙就认为，《牡丹亭》"独其填词不用韵，不按律"，"识者以为此案头之书，非当场之谱，欲付当场敷衍，即欲不稍加窜改而不可得也。"③ 在这种观念的驱使下，冯梦龙将原作中过分典雅而不合音律的地方一一订正，使其适合舞台演出。改编本往往都在一定程度上曲解了汤显祖的原意，并不能称得上是成功之作；虽然在当时的剧坛都曾经上演过，对后世的影响却并不深远。因此，之后人们传诵最多的还是汤显祖的原著。但说实话，把《牡丹亭》全本戏搬上舞台演出，实在有点困难。一是剧本情节烦琐，演员演出困难；二是剧本过于冗长，耗费观众时间太多。

在明末清初的戏曲舞台上，艺人们已经开始注意精简场子，讲究剧本结构紧凑，关目生动。到了清康熙年间，这一倾向更为普遍，艺人们往往自己动手删改剧本。如果说明代文人主导下的戏曲改编体现的是文人的有意为之，那么清代艺人主导下的剧本删改则更多地体现为戏曲禁毁政策下艺人们的被迫为之。戏曲禁毁是一种特殊的官方文艺批评，是官方意识形态通过国家机器对文化艺术的强制清理与整合。④ 它体现的是主流意识与大众娱乐、文人与市民、

---

① 汤显祖：《寄嘉兴马、乐二丈，兼怀陆五台太宰》，引自徐朔方校：《汤显祖诗文集》，上海古籍出版社1982年版，第537页。
② 汤显祖：《七夕醉答君东二首》，引自徐朔方校：《汤显祖诗文集》，上海古籍出版社1982年版，第735页。
③ 冯梦龙：《风流梦·小引》，引自橘君辑注：《冯梦龙诗文》，海峡文艺出版社1985年版，第118页。
④ 胡海义：《元代戏曲禁毁论略》，载于《戏曲艺术》2007年版第2期，第24页。

案头与场上的相互抗争和拒斥，戏曲正是在禁毁这一政策的规范与约束下实现向主流意识形态的靠拢。

　　清王朝在全国的统治巩固以后，统治集团加强了对文化思想的控制，其中也包括戏曲。清代的戏曲禁毁主要有两类：一是鉴于清朝统治者为异族入主中原，禁止上演描写汉族与异族斗争的戏曲；二是出于维护社会秩序的考虑，禁止上演"讳淫""讳盗"的戏。如：

　　《大清高宗纯皇帝圣训卷二百六十四"厚风俗"四》："乾隆四十五年十一月乙酉，上谕军机大臣等，前令各省将违碍字句书籍，实力查缴，解京销毁。现据各督抚等陆续解到者甚多。因思演戏曲本内，亦未必无违碍之处，如明季国初之事，有关涉本朝字句，自当一体饬查。至南宋与金朝关涉词曲，外间剧本，往往有扮演过当，以致失实者；流传久远，无识之徒，或至转以剧本为真，殊有关系，亦当一体饬查。"①

　　《道光十四年二月禁毁传奇演义板书》："道光十四年二月庚申，……近来传奇演义等书，踵事翻新，词多俚鄙，其始不过市井之徒，乐于观览，甚至儿童妇女，莫不饫闻而习见之，以荡佚为风流，以强梁为熊杰，以佻薄为能事，以秽亵为常谈；……嗣后各直省督抚及府尹等，严饬地方官实力稽查，如有坊肆刊刻，及租赁各铺一切淫书小说，务须搜取板书，尽行销毁。"②

　　正是在以上的禁毁政策影响下，戏曲艺人开始了为戏曲的生存进行艰难的探寻之路。在这种情况下，清中后期，受花部戏曲的冲击，昆曲的演出从全本戏转向了折子戏。据现存的戏曲资料记载，当时演出的《牡丹亭》折子戏有：

　　《醉怡情》——入梦、寻梦、冥判、拾画；
　　《最娱情》——惊梦、寻梦；
　　《缀白裘》——学堂、劝农、游园、惊梦、寻梦、离魂、冥判、拾画、叫画、问路、吊打、圆驾；

---

① 王利器辑录：《元明清三代禁毁小说戏曲史料》，上海古籍出版社1981年版，第48、49页。
② 王利器辑录：《元明清三代禁毁小说戏曲史料》，上海古籍出版社1981年版，第71、72页。

《审音鉴古录》——学堂、劝农、游园、惊梦、寻梦、堆花、离魂、冥判、吊打、圆驾；

《遏云阁曲谱》——学堂、劝农、游园、惊梦、寻梦、冥判、拾画、叫画、问路；

《与众曲谱》——学堂、劝农、游园、惊梦、花判、拾画、叫画；

《昆曲大全》——学堂、游园、惊梦、寻梦；

《内务府升平署档案》——冥判、肃苑、学堂、劝农、惊梦、拾画、游园、吊打、圆驾、仆侦。

以上提及的折子戏中，像《惊梦》《寻梦》《游园》《冥判》等是《牡丹亭》剧情的关键和出彩之处，也是最能体现主人公叛逆精神和浪漫主义情怀的，因此也是所有选本中出现频率最高的。但到了《清车王府藏曲本》中，却只剩下了《学堂》和《冥判》，且受花部戏曲的影响，名称也发生了改变，分别为《闹学》和《判官上任》，再加上选自《邯郸记》的《打番》（或《遣番》），突出了剧本的闹热性。这样的结果，集中反映出戏曲改编和戏曲禁毁的共同作用。正是它们的共同作用，促成了汤显祖的"临川四梦"全本戏向清中后期《清车王府藏曲本》所收折子戏的转变。

作者单位：钱海鹏，南通大学；宫文华，山西大同大学

论《牡丹亭》戏剧动作的进步性
——兼论《牡丹亭》《西厢记》戏剧动作差异

乔 丽

戏剧动作是来自西方美学范畴的名词，亚里士多德在《诗学》中曾说，悲剧艺术的目的在于组织情节[①]，情节"摹仿的就只限于一个完整的行动"[②]。戏剧动作属于情节范畴，受到规定情境的限制，也不可避免地和人物性格形成紧密互动。黑格尔《美学》对西方美学进行了哲学式的高度总结及概括，在谈到戏剧动作时，黑格尔认为动作就是实现了的自觉意志。可以说，戏剧动作自古以来就是戏剧学中极为重要的概念，不但适用于西方戏剧，也同样适用于中国戏剧。在中国古典戏曲漫长的发展历程中，人们对戏剧动作的关注并不太多，因为中国戏曲更加重视抒情和诗歌而不是动作和情节。20世纪初，王国维先生参照西方理论，提出戏曲成熟的标志是"以歌舞演故事"，所谓故事者，必有一定相对完整的情节，情节中则蕴含着推动故事向前发展的戏剧动作，这是戏剧的基本规律。而随着古典戏曲的发展，不同作品中呈现出不同的戏剧动作，在时代的不断推进和艺术的自身完善中展现出一定的进步性。《西厢记》《牡丹亭》作为古典戏曲名作，情节扣人心弦，两剧的戏剧动作有一定差异，而《牡丹亭》戏剧动作则更具有进步性。

一、戏剧动作的出发点：对第三方或矛盾对立面的依赖程度强弱不同

《西厢记》和《牡丹亭》的核心情节都是封建社会背景下男女主人公婚恋

[①] 亚里士多德著，罗念生译：《诗学》，引自《罗念生全集》第一卷，上海人民出版社2007年版，第37页。
[②] 亚里士多德著，罗念生译：《诗学》，引自《罗念生全集》第一卷，上海人民出版社2007年版，第43页。

关系的发展和确立，其他支持他们或者反对他们的力量均为第三方。显然，《牡丹亭》中戏剧动作的出发点几乎全部是源自男女主人公自身而未依赖于其他任何力量，而《西厢记》对第三方尤其是矛盾对立面的依赖程度却较为强烈。

《美学》认为，只有涉及伦理力量之间的必然冲突，才能造就较强的戏剧性，人与人之间社会关系的冲突或人自身的情欲所造成的冲突在戏剧中尤为重要。毋庸置疑，《西厢记》的戏剧性是比较强烈的，围绕着"永老无别离，万古常玩聚，愿普天下有情的皆成了眷属"这一核心主题，一步步展开戏剧冲突。

一般认为《西厢记》的情节线索可以分为主副两条，主线是莺莺、张生、红娘与老夫人之间的矛盾，副线是崔张红三人之间的误会与冲突，两条线索当中，尤其是主线，涉及到的正是黑格尔提出的个人情欲与封建伦理之间的必然冲突，两条线索相互交织、相互推动，共同促进情节向前发展。传统戏剧是主人公不断突破限定情境、采取积极动作、直达戏剧结局的艺术整体。不可否认，崔张这一对主人公固然奋力地发出一系列戏剧动作去实现自己的心愿，如张生解围、莺莺自荐等关键性情节，但他们的戏剧动作始终是在第三方的阻挠或帮助、激发下才完成的。

张生偶遇崔莺莺，无缘再得相见，即使在闹道场时能在公开场合碰面，但终无任何理由直接交流。这时，闻莺莺艳名而来的孙飞虎起到了莫大的作用，他直接为崔张二人提供了发生直接联系的关键性契机。而老夫人是全剧当中最大的对立面，这位"治家严肃，有冰霜之操"的封建力量的代言人，一力承担起剧中允诺——赖婚——逼试的重任，她既是全剧中主人公面对的最大阻力，更是主人公采取戏剧动作推动情节进展的最大动力。老夫人赖婚之后，崔张二人匆匆一面又被迫分离，除了长吁短叹，依然缺乏更多直接接触的机会，二人的关系并没有任何实质性进展。这时，"我虽是个婆娘有气志"的红娘则开始体现她在剧中的特殊地位，发挥积极主动性，以一己之力帮助崔张完成了爱情的主要阶段，直到"拷红"时被老夫人发现。可见，无论是孙飞虎、老夫人还是红娘，归根到底都是第三方力量，崔张二人的情感之路是在这重重力量的阻挠或推动下曲折艰难地铺展开来的，剧中戏剧性力量的形成对第三方力量的依赖是比较强烈的。

再看《牡丹亭》，相比《西厢记》而言，其戏剧动作则完全是由杜、柳二位主人公自身发出的。与一般小说、传奇不同，在这组爱情关系中，杜柳二人在剧中并不是同时上场的，在作品的前半部也并无任何实质性关系，甚至在现实生活中根本都不认识。作者在很大程度上抛弃了常见的双线并行的戏剧结构。在因梦而死的前半部中，主要以杜丽娘的视角为基本出发点，在第二十八出《幽媾》杜柳两人碰面之前，单独描写杜宝官衙生活的有《劝农》一出，单独描写陈最良的有《腐叹》一出，甚至单独描写番王李全的也有《虏谍》《诇贼》两出，单独描写柳梦梅的出目仅有《言怀》《怅眺》《诀谒》《谒遇》《旅寄》五出，实在是不算多，可见汤显祖的特殊用意。

　　无论是从惊梦、寻梦、写真，还是冥判、魂游、幽媾，所有的动作都源自杜丽娘强大的意志力。第一，《西厢记》中，老夫人失约悔婚在先，莺莺后面的戏剧动作均情有可原。而无论是杜宝夫妇还是其他人，没有任何直接性力量对杜丽娘造成压力，而杜父杜母对女儿百般怜爱，这怜爱却是以封建伦理道德规范为基础的，使得杜丽娘缺乏具体的反抗对象，也就不能引发她直面的战斗。剧中突出渲染的是极度沉闷和压抑的封建环境，杜丽娘青春觉醒，渴望自由，惊梦之后却是更为压抑更为哀怨，却无法直面反抗、无法逃脱，最终在强大的内心渴望和同样强大封建氛围的剧烈冲突中一病而亡。在她从惊梦到病亡的过程中，既没有任何人给她造成实际阻碍，同样，也没有任何人给她提供有效帮助。第二，对于莺莺来说，从全剧开头，张生就是实实在在的大活人，是她并肩作战、忠诚可靠的战友，帮她分担了许多外在压力。但杜丽娘在现实生活中并没有这样一个人选，梦中那个真实又虚幻的书生甚至连名姓都未曾留下，手执柳枝、情意遣倦而来，飘忽梦幻、恋恋不舍而去，醒来后的杜丽娘更加孤独凄凉。后半部因情而生之后，汤显祖重点写杜柳二人合力为争取人世间的生存权利所作的艰苦努力，把相当一部分笔力放到柳梦梅的身上。柳梦梅安顿好复生的杜丽娘之后，冒着挖坟掘墓的"罪名"，怀着无上的勇气和至诚的承诺，在乱世中踏上了求功名、认岳丈的艰难道路。他没有丝毫犹豫，更不畏惧，甚至还带着几分狡黠，在战乱中提交了策试文章，未等放榜便马不停蹄直奔淮扬寻访杜宝。因回生之事过于荒诞不经，本因战事就已高度神经紧张，又因陈继儒误传的夫人噩耗而极度伤心，杜宝必然不会相信贸然上门的白衣女婿，痛责柳梦梅，差点把他打死。即使这样，柳梦梅也从未放弃。第三，相较《西厢记》而言，杜柳已不再需要像红娘那样的第三方支持力量，完全凭借一己之力，故《牡丹亭》中仆人形象较为弱化。

二、戏剧动作的内在推动力：内部意志的强弱不同

关于戏剧动作和意志的关系，黑格尔在《美学·戏剧体诗》提出了非常经典的论断。当然，动作是在戏剧冲突中产生的，而戏剧冲突的产生又依赖于戏剧的矛盾双方，黑格尔将其解释为两个对立面："一是，剧中人物主体方面的情欲和个性，二是，一般人的计谋和决定的内容与外界具体情况和环境。"① 在讨论意志时，他提出："在戏剧中，具体的心情总是发展成为动机或推动力，通过意志达到动作，达到内心理想的实现。……动作就是实现了的意志，而意志无论就它出自内心来看，还是就它的终极结果来看，都是自觉的。这就是说，凡是动作所产生的后果是由主体本身的自觉意志造成的，而同时又对主体性格及其情况起反作用。……只有这样，动作才能成为戏剧的动作，才能成为内在的意图和目的的实现。"② 这里可以用一句话进行概括：动作就是实现了的自觉意志。对作品展开对比性分析之后，我们又可以发现，戏剧意志分为外部意志与内部意志，而恰恰是内部意志产生的强大推动力更具有核心价值和意义。

作为优秀的剧作，《西厢记》中既有外部意志，也有内部意志，戏剧动作的推动力是在二者的共同作用下形成的，作品中更多展现的是前者。如前所述，剧中最大的矛盾是崔张追求自由婚姻的一方与固守封建伦理规范的老夫人一方之间展开。作为餐前开胃菜引发故事的孙飞虎和作为饭后零食引发波折的郑恒，对崔张爱情造成的直接阻力并不算大，不足以与崔张的意志相抗衡。崔张二人戏剧动作的对立面主要就是封建礼教，主人公的意志集中于如何突破这一阻碍，并进而采取一系列戏剧动作，由此形成主要故事链条，而这，属于外部意志的范畴。张生始终处于主动出击的一方，他千方百计向莺莺传达爱的信息，为我们奉献了隔墙联吟、传递书简、跳墙相会等一个个精彩的戏剧场面。在这一过程中，张生的意志是坚强的，心志是单纯的，内心是完整的，并没有内部撕裂的成分。无论张生怎样努力，他所做的一切始终充当了量变的成分，他质朴重情、志诚不屈，却始终无法真正逾越封建伦理的高山大川，真正起到

---

① 黑格尔著，朱光潜译：《美学》第三卷下册，商务印书馆1996年版，第247页。
② 黑格尔著，朱光潜译：《美学》第三卷下册，商务印书馆1996年版，第244~245页。

质变的，还是体现在崔莺莺承担的内部意志的戏份上。

《西厢记》中关于内部意志的描写，主要集中于莺莺身上情与礼的矛盾，尤其是在赖简一段中，"怒""揪""写""掷"的细节描写尤为生动。灵慧矜持的崔莺莺在同样承受外部冲突带来的压力之时，也承受着内心的撕裂和挣扎，伦理和情欲的矛盾在她的内心掀起狂风暴雨，表面的温柔娴静并不能压抑着奔涌的青春暖流。从这点上说，莺莺所承受的、所付出的都要比张生更加困难、更加复杂。事实上，真正确立二人婚恋关系的，不是张生，而是莺莺终于冲破了自己内心的重重藩篱，自荐枕席，方才成就了这一段千古姻缘。这些内部意志的斗争导致外部剧情发生变化，给作品增添了许多曲折离奇的情节，有助于塑造更加鲜明生动的主体人物形象，也更契合"愿天下有情的终成了眷属"这一核心主旨。但我们要看到，在作品中，内部意志显然受到外部意志的限制和影响，虽然内部意志具有核心推动力，能起到关键性的作用，即所谓二人关系质的变化，但毕竟还是要彻底克服外部矛盾，二人方能光明正大地"终成眷属"，在此之前，二人的地下恋情都只是不为封建伦理规范所承认的露水姻缘和私相授受罢了。总的来说，《西厢记》中，外部意志的强度大于内部意志。

《牡丹亭》也同样兼具外部意志和内部意志，但推动戏剧情节向前发展的动作主要由内部意志发出，对外部意志的依赖较小，这也使得《牡丹亭》的戏剧动作比《西厢记》更具进步性意义。

关于内部意志的关键性作用，黑格尔进一步说："……（戏剧是）用自觉的活动的主题来代替外在因素，作为行动的原由和动力。……（戏剧是）要把一个内在因素及其外在的实现过程一起表现出来。因此，事件的起因就显得不是外在环境，而是内心的意志和性格，而且事件也只有从它对立体的目的和情欲的关系上才见出它的戏剧的意义。"[①]《牡丹亭》中，撑起全剧情节链条和情感基石的，正是以杜丽娘为主体的内部意志的集中展现。这一点倒与《西厢记》相似，内部意志的实现主要都是由女主人公承担起来的。汤显祖在《题词》里发出了千古慨叹："天下女子有情，宁犹如杜丽娘者乎！""第云理之所必无，安知情之所必有耶！"《闺塾》中，老儒生陈最良给杜丽娘讲解《关雎》时杜丽娘回答了一句"学生自会"、《肃苑》中感叹了一句"今古同怀，岂不

---

① 黑格尔著，朱光潜译：《美学》第三卷下册，商务印书馆1996年版，第244页。

然乎",孰料这两句话却在日后掀起多少惊心动魄的波澜,引发多少赴汤蹈火的动作。无论是亲爱的父母还是严厉的老师,都没有发现杜丽娘心中巨大的变化。面对极度沉闷压抑、不能有丝毫自由呼吸的封建环境,她内心的痛苦和撕裂越大,她行动的力度和强度就越大。她开始按照内心真实的欲求采取一系列行动,她幽然游园,她悄然寻梦,她黯然写真,她寂然逝去,所有动作都发自她内心对青春易逝的不舍和真情不灭的渴望。如此强大的内部意志推动着她由生到死、由死到生,生生死死之间,永不磨灭的是至高无上追求人性解放和自由的理想主义精神。可见,从内部意志的强弱程度来说,《牡丹亭》的戏剧动作要较《西厢记》强烈得多。

三、戏剧动作的效果:所直面的障碍强弱不同

《牡丹亭》每一次的情节推动均由内力造成,与一般的生旦婚恋戏不同,《牡丹亭》突破了男子获得荣华富贵后才能正式迎娶女方的俗套,中举不再是成婚的必要条件。柳梦梅家道中落,除了几亩薄田和一个种树的郭橐驼遗孙之外,无任何资本,甚至连赶考的盘费都十分拮据,这样的生存环境使他充满了危机感和责任感,也造就了他坚忍不拔、善于应变、颇具主张的独特个性。作品的后半部重点写柳梦梅求取功名和寻找杜宝所遭受的艰难险阻。

两剧都涉及到战争。《西厢记》的战事集中在故事的开头,《牡丹亭》的战事集中在故事的后半部分。《西厢记》中涉及的战事,是偶发事件,主要是孙飞虎兵围普救寺、张生冒险请杜确将军解围,为崔张二人提供了建立联系的关键契机,而《牡丹亭》中,对战事的描写重于《西厢记》,战事纷纭为杜柳二人的现实生活提供了一个更为广阔的时代背景,和前半部的浓厚梦幻色彩相对应,后半部则是深沉冷峻的现实,这现实当然是杜柳二人要克服的,却不是造就他们爱情婚姻关系的主要依据。战事的兴起和结束均和杜柳二人的爱情几乎没有任何直接的推动作用,柳梦梅没有为战事的结束立过任何功劳,也没得到更多利益,相反,只得到更多的磨难。汤显祖十分高明,他将这个"三生石上写姻缘"的故事放入南宋末年宋金战乱的背景中去,这样一来,人物戏剧动作的展开就能依托更为广阔的社会环境与深厚的时代背景,作品也因而获得了更为强大的生命力。

杜柳二人经历了生生死死的种种磨难,这磨难比《西厢记》中崔张二人

所经历的要更加强烈和曲折。崔张二人主要承受的是封建高压下的心灵痛苦及由精神导致的病体沉疴，尚不危及生命，而杜柳二人则要直面生死抉择。杜丽娘惊梦之后，外部生活环境并没有任何变化，但她依然选择了在写真之后的死亡，这是她在那样貌似温柔实则极度压抑的封建环境中唯一能够自由选择的。死后，她据理力争，为自己争得了可怜的夜间漫游的一点自由，在遇到故园中哀楚动魄、真诚相呼的柳梦梅之后，便毫不犹豫地敲窗启门而入。确定柳生即其终生寻找的知重之人后，毅然选择复生。须知由生到死尚易，由死到生更难，这一打破人间常识和封建纲常的复生举动会带来多少难题，杜柳早已思虑清楚并决定共同承担、坦然面对，这是何等的勇气！

相对于张生的了无牵挂、潇洒一身走天下，柳梦梅担负得更多更重。除了对杜丽娘的三生承诺，他还担负着兴旺家族、重建门楣和献货帝王、匡扶天下的人生抱负。对这重重难关，他没有任何抱怨，而是毅然承担、积极面对。柳梦梅是典型的行动派，与传统儒雅、文弱的文人秀士的形象大不相同。第一，丽娘回生后，提出要求"鬼可虚情，人须实礼"，他立刻在石道姑的见证下和丽娘举行婚礼，为了安全，婚后秘密将丽娘转移到临安城。第二，科考开场，丽娘催促他求取功名，他即刻出发，在考期被误之后，争取微弱的时机在风檐寸晷之际立扫千言，以独到见解谨呈玉览。张生上京应试是被动的，老夫人是横亘在他和莺莺之间的一座巍巍大山，归根结底，他还是要用功名来取悦老夫人，作为正式迎娶莺莺的社会资本。莺莺虽然将功名视为"蜗角虚名，蝇头微利"，但她也不得不承认这是她和张生团圆的唯一路径。长亭送别一折，一是情意遣倦、难分难舍，二是慨叹抱怨、情怀难解。而与其被迫面对，不如积极争取。无论柳梦梅是贫贱布衣，还是功成名就，都始终对杜丽娘怀有真挚热忱的情感，他们之间，根本就不需要再用功名等任何理由来做为考验的标尺，这种心心相印比《西厢记》中的崔张二人要更加通透明白、深入骨髓。第三，兵戈祸起，丽娘担心年迈父母，柳梦梅未等放榜，立刻启程奔赴战况激烈的淮扬之地寻访岳父。他为丽娘喜而喜，为丽娘忧而忧，真心相待杜氏一族，自小孤单的他早已把未曾谋面的岳父岳母当成了亲人，而这份广阔的胸襟和无私的心地，《西厢记》中则几乎没有表现。第四，张生中举后基本上扫除了障碍，柳梦梅却在中举后被杜宝弹劾为劫坟之贼，丽娘哭请、老妻诚禀都无用，顽固的杜宝拒绝认女，直到圣上下旨封诰，才勉强接受了丽娘回生的事实。可以说，杜柳二人要想得到封建社会的认可，所面临的障碍、所努力的程度都要比崔张二人强烈。

　　《西厢记》和《牡丹亭》均为中国古典戏曲史上的经典之作，并没有绝对的高下之分，二者均有着鲜明的艺术特色，达到了极高的艺术成就。只是从戏剧动作的进步性的角度来看，《牡丹亭》比《西厢记》要更加突出，这在客观上体现了戏曲发展的时代进步性。

作者单位：上海同济大学附属存志学校

泰昌吴兴刻本《牡丹亭》插图、剧本、山水画关系的研究

饶 黎

一

泰昌吴兴刻本《牡丹亭》插图收录在茅瑛刊刻的《牡丹亭四卷》里，共13幅图。这本书除了插图之外，还包括《牡丹亭》剧本、牡丹亭题词、茅元仪评点、茅暎题序。它们具有极其珍贵的史料价值和艺术理论价值。尤其是这些插图与戏曲、山水画有着密切的联系，还是戏曲理论存在的重要立据。

笔者至今未发现《牡丹亭》插图、剧本和山水画关系的研究。从明代至今，许多著名的艺术理论家、文人和学者围绕着这部经典作品，从不同的方面各抒己见，留下了颇多精彩的笔墨，为进一步研究提供了宝贵的线索。明清之际，茅暎、沈璟、臧晋叔等名流从剧本和演出的现实矛盾出发，多关注剧本的删减、版本的看法；流传的评论更是不计其数，其中，吕天成、袁宏道、张岱、李渔、洪昇等的批语寥寥数笔，多有见地。此外，《牡丹亭》研究还集中在表演、影响及传播等方面。直到新中国成立后，插图才逐渐引起学者们的注意。周亮在《苏州古版画》中提到吴兴版画短暂而精美、与苏州版画相似，表达的意境是苏州版画缺少的；董捷在《明末湖州版画创作考》中提供了茅瑛刊刻的《牡丹亭四卷》及其绘稿画家王文衡的基本介绍；《古本戏曲丛刊》初集也收录了茅瑛刊刻的《牡丹亭四卷》；另外，有一些著作、论文提到或借用了这些插图，如徐扶明编著《牡丹亭研究资料考释》，陈同、谈则、钱宜合评《吴吴山三妇合评牡丹亭》等；以及近年来新资料的整理和出版，如叶长海主编的《汤显祖研究丛刊》、徐朔方笺校的《汤显祖集全编》等，共同推动了"临川四梦"研究的建设与发展，也为这次研究提供了基础。本文以泰昌吴兴刻本《牡丹亭》插图为例，主要梳理和论述以下问题：插图与剧本之间的联系？插图与山水画之间的联系？

插图产生于明末，江南商品经济发达，崇尚奢侈风尚，戏曲书籍出版业繁荣的时代背景下。在万历和崇祯年间，吴兴戏曲插图异军突起，独树一帜，涌现出一批经典的戏曲插图作品。吴兴作坊主茅暎刊刻的《牡丹亭四卷》中，有一篇他题写的《题牡丹亭记》，记录着刊刻的原因，并提出精当的戏曲美学理论"二者固合则美，离则两伤"，以解决《牡丹亭》文辞曲律不协调的问题：

> 而独有取于《牡丹亭》一记，何耶？吾以家弦而户习，声遏行云，响流淇水者，往哲已具论，第曰传奇者，事不奇幻不传，辞不奇艳不传。其间情之所在，自有而无，自无而有，不魂奇愕眙者亦不传，而斯记有焉。梦而死也，能雪有情之涕，死而生也，顿破沉痛之颜，雅丽幽艳，灿如霞之披，而花之旖旎矣。论者乃以其生不踏吴门，学未窥音律，局故乡之闻见，按无节之弦歌，几为元人所笑，不大难为作者乎！大都有音即有律。律者，法也；必合四声，中七始，而法始尽。有志则有辞。曲者，志也；必藻绘如生，颦笑悲啼，而曲始工。二者固合则双美，离则两伤，但以其稍不谐叶而遂訾之，是以折腰龋齿者攻于音，则谓夷光、南威不足妍也，吾弗信矣。试考元以曲取士，犹分十二科，岂非兼才难而作者之精神难昧乎。余于帖括之暇，间为数则，附之《唾香集》后，并刻兹记，非敢谓咀官嚼征，以分临川前席，酒后耳热，聊与知者行歌，拾穗以自快适耳。①

茅暎的这段评论较为中肯，既赞扬了汤显祖的《牡丹亭》，也客观看待汤显祖之友臧晋叔的评论，对臧晋叔非难《牡丹亭》不合吴中昆曲唱法进行批评，还有对他精当评论的尊重。《凡例》中有这句话："存玉茗全编，又不将晋叔评语一概抹杀。"② 这里交代了茅暎鲜明的编辑观点。同时，他的评论，也暴露出万历、泰昌年间，传奇剧本写作和演出的矛盾，围绕着这种矛盾，出现了一系列的艺术现象。如汤显祖全本和臧晋叔改本；汤沈之争；临川派和吴江派。这些共同构成了插图产生的宏大历史背景。

《牡丹亭》全本和改本。"从明代万历年间直到清朝末年，《牡丹亭》行世的版本在三十种以上。又可分为两类：一类是'全本'，即按汤氏原作五

---

① 王文衡绘：《明刻传奇图像十种》，浙江人民美术出版社2013年版，第186~187页。
② 王文衡绘：《明刻传奇图像十种》，浙江人民美术出版社2013年版，第193页。

十五出，出目齐全；一类是改窜本，或删、或并、或改，已经改变了汤氏剧作的原貌。"① 《牡丹亭研究资料考释》中记录的《牡丹亭》改本有沈璟串本、吕改本《牡丹亭》、明朱墨《牡丹亭》、沈改本《同梦记》、臧改本《牡丹亭》、徐改本《丹青记》、硕园本《牡丹亭》、冯改本《风流梦》及评论。在茅暎的这段话中，谈到汤显祖全本和臧晋叔改本。臧晋叔认为原本为案头之书，非场中之剧，大刀阔斧的删并场子、改动曲词念白、调换场次。茅暎批评臧改本"论者乃以其生不踏吴门，学未窥音律，局故乡之闻见，按无节之弦歌，几为元人所笑，不大难为作者乎！"② 茅元仪、汤显祖、张诗舲、王季烈、吴梅等诸多文人也批评了这个改本，批评多集中在将原本的许多佳处淹没。

　　万历年间爆发的"汤沈之争"，有些观点与历史事实之间有差距。有观点认为，这是一场空前的大辩论、不同的斗争性质，甚至说是以沈璟为代表的"吴江派"和以汤显祖为首的"临川派"在创作和理论上的斗争。事实上，记载中并没有汤显祖和沈璟的直接论战，却有汤显祖和沈璟互相欣赏的事实依据。③ "汤沈之争"源自汤显祖的朋友王骥德和吕天成片面截取了汤显祖的玩笑话"不妨拗折天下人嗓子"，极端化了汤显祖本来的观点。事实上，汤显祖不仅重视文辞的"意趣神色"，也不回避音律上的短处。④ 从某种程度上看，"汤沈之争"和臧晋叔改本《牡丹亭》，可以说都是戏曲剧本文学和演唱声腔矛盾的外在表现形式。

　　主情感的临川派和主格律的吴江派。"临川派"作家和理论家有汤显祖、茅暎、凌濛初、王思任、孟称舜；"吴江派"作家和理论家有沈璟、吕天成、王骥德、冯梦龙。尽管这两派的创作方法、艺术见解和艺术风格有很大差别，对汤显祖和沈璟都很推崇，各有褒贬。比如，吴江派的吕天成赞扬《牡丹亭》，说："杜丽娘事，甚奇……且巧妙迭出，无境不新，真堪千古矣！"⑤ 吴江派王骥德比较了沈璟和汤显祖，认为汤显祖比沈璟高明，对沈璟也有贬辞。临川派的凌濛初也不同意臧改本，还指出了汤显祖剧本的不足。这是汤显祖和沈璟同时代的评论家代表性的观点，对他俩的评价总体上都相当高。

---

① 周育德：《汤显祖论稿》，上海人民出版社2015年版，第541页。
② 王文衡绘：《明刻传奇图像十种》，浙江人民美术出版社2013年版，第187页。
③ 周育德：《汤显祖论稿》，上海人民出版社2015年版，第346~347页。
④ 王骥德：《曲律·杂论》，引自《中国古典戏曲论著集成》，中国戏剧出版社1959年版，第171页。
⑤ 吕天成撰，吴书荫校注：《曲品校注》，中华书局2006年版，第221页。

还有一些影响因素与刊刻《牡丹亭》书籍和插图有关联。汤显祖的《牡丹亭》产生在文人参与戏曲创作的特殊时代背景下。有明一代，知识分子或文人参与"声乐伎艺"的创作，为产生出高水平的剧本提供了必要条件；① 随着科举制度的完善，文人之间的交往频繁，许多文人蓄养家班，常常设宴招待客人，以曲侑酒。文人的需求，又为戏曲的存在提供了市场。② 《牡丹亭》一问世，便家传户诵，被剧作家删改、文人评论、艺人搬演；从《牡丹亭》剧本看，它对明末腐朽没落的政治制度、奢靡风尚进行了深刻的揭露和批判；还是"至情"与"理"、"本色"和"当行"重要戏曲理论的立据。另外，这本书的插图由吴门画师王文衡完成，画师选择了山水园林的艺术形式，迎合了明代文人造园的雅好，③ 符合当时的商业需求和时代风尚。《牡丹亭》当之无愧成为戏曲的上乘之作，理应被甄选、精心刻绘成图，流芳后世。

　　目前，找到了插图的七个不同影印本，它们同属于同一个版本系统——民国陶湘版本系统。七个影印本分别是：民国武进陶氏涉园本（1927～1931）；台湾广文书局出版（1983）；台湾新文丰出版公司（1989）；上海书店出版（1994）；北京工艺美术出版（2004）；广陵书社出版（2009）；浙江人民美术出版（2013）。不同版本中插图的作用和位置不尽相同，反映出插图的"附属性""主体性"以及编辑观念的时代特色。比较而言，北京工艺版把插图视为主体，深深烙下了图像时代的痕迹。其余版本的插图与名人评论、题序编辑在一起，以增强阅读的文化含量、视觉感和趣味性。

　　这些插图在不同版本中的位置也有区别，这种现象与作者的分类、编辑观念有关。北京工艺版中，《牡丹亭》被安排在书中插图第一的位置。浙江人美版《牡丹亭》被安排在书中第六出戏曲插图的位置。如果把目录分为两部分，第一部分是《牡丹亭》《邯郸梦》《南柯记》《紫钗记》《燕子笺》，第二部分是《琵琶记》《红拂记》《董西厢》《西厢记》《明珠记》。通过比较这两个版本的目录，可以看出区别在于第一部分和第二部分的组合秩序发生了变化。它们都是经典传奇之作，有多种分类方法，比如，可以按照时间、空间、剧作

---

① 徐子方：《曲学与中国戏剧学论稿》，东南大学出版社 2012 年版，第 19 页。
② 王廷信：《文人宴集与昆曲表演》，载于《中华戏曲》2004 年第 2 期，第 110～114 页。
③ 自古以来，文人画家就有造园的雅好，南宋画家谢灵运曾为慧远筑台垒池，到明代形成了文人造园的风尚。明代画家文震亨设计拙政园、论著《长物志》；计成著有世界最早的造园典籍《园冶》，筑有影园、东第园、寤园；还有明代画家米万钟、孙克弘、林有麟、王世贞、李长衡、顾仲瑛都参与造园或著述谈论园林事。

家、传奇发展历史、传奇来源、不同派别、不同朝代作品等进行分类。不同的分类方法,依据不同的观察视角和思维模式。

以上分析了泰昌吴兴刻本《牡丹亭》插图的历史背景和版本概况。为下文论证的铺垫,以下从插图和剧本、插图和山水画两个方面展开本文的核心讨论。

二

吴兴坊刻主茅暎聘请吴门画师王文衡绘稿,徽州巨匠汪文佐刻图,形成独具特色的十三幅双面插画。这些插图基本表达了剧本的主要内容和主题思想,还有更深刻的意义。杜宝下乡《劝农》图体现出汤显祖的政治观念;《移镇》、《御淮》图交代了故事发生在宋金战争背景下,这不仅增强了传奇的历史厚重感,也有借古讽刺社会现实的作用。本文所涉及的插图详见附录表1。

绘稿者甄选出交代故事背景、高潮、结局的重要情节,刻绘成图。总体上看,这些插图构成三条主要线索。剧本的主题思想("以情反理"、"对封建政治的抨击"、"儒家仁政"[①])和汤显祖的艺术观念,需要联系剧本、作者传记,才有可能深入地理解和揭示出丰富的内涵。13幅插图题词分别选自以下关目里的曲词:第五出《延师》、第六出《怅眺》、第八出《劝农》、第十出《惊梦》(两幅)、第十二出《寻梦》、第二十四出《拾画》、第二十七出《魂游》、第三十二出《冥誓》、第四十二出《移镇》、第四十三出《御淮》、第五十三出《硬拷》、第五十五出《圆驾》。从结构角度看,前三幅插图(《延师》、《怅眺》、《劝农》)起到交代故事背景、时代环境、主要人物性格的作用;三条线索分别是:柳梦梅和杜丽娘爱情线索(第十出《惊梦》、第十二出《寻梦》、第二十四出《拾画》、第二十七出《魂游》、第三十二出《冥誓》);杜宝儒家仁政观念(第四十二出《移镇》、第四十三出《御淮》);杜宝、柳梦梅翁婿冲突(第五十三出《硬拷》、第五十五出《圆驾》)。这些线索与第五出《延师》、第六出《怅眺》、第八出《劝农》前后呼应。如洪昇对《牡丹亭》有一段十分精辟的评论:"肯綮在生死之际。"[②] 为情由生而死,起死回生。也是这部杰作"至情"观念的重要部分,从古至今人们理解《牡丹亭》精华所在的

---

① 徐扶明:《汤显祖与牡丹亭》,上海古籍出版社1993年版,第63~75页。
② 汤显祖著,徐朔方笺校:《汤显祖集全编》,上海古籍出版社2015年版,第3163页。

评价。第十出《惊梦》、第十二出《寻梦》、第二十四出《拾画》、第二十七出《魂游》、第三十二出《冥誓》中的插图共同组成了一个系列，叙述杜丽娘"为情由生到死，由死到生"，表现了"至情"的艺术观念。

绘稿者王文衡在理解剧本的基础上，穿插想象力，描绘出一幅幅生动的作品。从插图所表达的内容、画面细节等方面可以看出画面更多的意义，如插图十一的题词取自《牡丹亭》第十出《惊梦》中的词曲："雨香云片，才到梦儿边。"图中闺阁里的桌子上摆放着花瓶和香炉，剧本是这样描写的："瓶插映山紫，炉添沈水香"。① 如第七幅插图题词来自《牡丹亭》剧本第二十四出《拾画》中的词曲："水阁摧残，画船抛躲，冷秋千尚挂下裙拖。"② 本出上承第十三出，柳梦梅赴京取试途中，在梅花观养病，在太湖石下，拾到杜丽娘的小像。将文字转换为图的过程中，画师王文衡保留了剧本中所描绘的细节，并加入了"芭蕉"这个植物形象。这幅图描写了柳梦梅眼中花园的冷清凄凉，近处柳梦梅站在湖边向左眺望，荒芜的花园，阁楼亭榭残破，杂木丛生等。再现了剧本中所描绘的景色："亭台荒芜""万条烟罩""流水"③ 等。这出戏提到了"柳树""竹子"等，却没有提到"芭蕉"。"芭蕉"形象除了出现在第七幅插图外、还出现在第九幅插图、第十二幅插图中。

从中国传统文化看，艺术承载着"夫画者，存教化，助人伦，穷神变，测幽微，与六籍同功"④ 的教化功能。还有文人士大夫托物言志，以梅、松、竹、菊寓意君子高洁品格，并转化成一种形式美，形成特定象征意义。"芭蕉"是明人庭院喜爱的植物，经常和太湖石搭配在书房外，显示出文人雅士的审美情趣。

另外，插图增加了剧本中没有的人物、山水景色，艺术化地把剧本转换为图。如表现第十三幅插图"平铺着金殿琉璃翠鸳瓦"⑤ 时，插图并非直接描绘题词中的金色大殿的富丽堂皇。而是采取平远构图，近景有山、两组人物，左边一组三人：两个道姑和丽娘。右边一组三人：柳梦梅、杜宝和手抱牙笏的提灯侍女（剧本中没有侍女）。中景两座大殿隐现在云雾缭绕的树林之中，远处群山起伏。这幅插图使用了曲折有趣的表达手法，艺术化地处理了剧本内容。

---

① 汤显祖著，徐朔方笺校：《汤显祖集全编》，上海古籍出版社2015年版，第2638~2642页。
②③ 汤显祖著，徐朔方笺校：《汤显祖集全编》，上海古籍出版社2015年版，第2694页。
④ 张彦远著，俞剑华注释：《历代名画记》，上海人民美术出版社1964年版，第1页。
⑤ 汤显祖著，徐朔方笺校：《汤显祖集全编》，上海古籍出版社2015年版，第2813页。

插图还与汤显祖的政治观点、人生经历、所处的时代背景有联系。第三幅插图描绘了南安太守杜宝春天下乡劝农，表现杜宝重视农业的思想，与汤显祖在遂昌任职有关，他重视农业生产，曾亲自下乡劝农，在汤氏的诗文中也有记录；表现第四十二出《移镇》、第四十三出《御淮》的插图借宋金战争的历史背景，针砭时事，对明朝民族战争失策的讽刺。明朝，面对火落赤、俺答部落屡次入侵内地，当权者一味求和。汤显祖在诗歌《朔塞歌》《河州》中表达了对外妥协的不满。

综上，泰昌吴兴刻本《牡丹亭》中的十三幅插画基本表达了剧本的主要内容和主题思想，增加了剧本中没有的芭蕉、人物等，画师王文衡还融入了山水画的图式，艺术化地再加工了剧本内容，包含着深刻的文化意义，表现出插图作者对剧本的理解和表达。

三

不像臧晋叔《牡丹亭》改本中每一出戏都刻绘成图，茅暎刊刻的《牡丹亭》选取了剧本中的关键情节刻绘而成。附录中的表2选取了万历、崇祯年间，吴兴版画、金陵版画、武林版画、苏州版画中的《牡丹亭》插图，相比较而言，吴兴茅暎版本的插图明显精致典雅又意境独特。吴兴版画与苏州、武林版画人物、山水接近，而意境独特；金陵版画线条粗犷，受徽州版画的影响，多是近景描绘，注重内心情绪的表达。

吴兴《牡丹亭》插图以线造型，画面以山水园林为主，人物较小。主要由于"山水元素"的介入，形成了这组插图独特的艺术风貌。山水画，最重要的是"意境"，意境是山水画的灵魂。① 在形式方面，吴兴《牡丹亭》插图传承了山水画的图式，并融入绘稿画家王文衡的真切感情，营造画面的诗情画意。

"意境"是中国古典美学中的一个重要概念。最早出现在诗词中，作为衡量诗歌的标准。如唐代王昌龄《诗格》、王国维《人间词话》。中国山水画的"意境说"，发端在北宋郭熙、郭思《林泉高致》中（"境界"同义"意境"），明末唐志契《绘画微言》第一次使用"意境"，接着清笪重光在《画筌》进一步发展了山水画意境，论述了山水画意境的范畴。而早在东晋顾恺之的"形神

---

① 李可染：《漫谈山水画》，载于《美术》1959年第5期，第15页。

论"、南朝谢赫所推崇的"气韵生动"已经隐现了山水意境的端倪。"意境"已经转换到山水画、插图、诗歌等艺术实践中。也可以说，山水画意境的生成包括"形而上"和"形而下"两个层次。对山水意境来说，"形而上"指作者深刻地认识对象，真挚的思想感情。如荷花出淤泥而不染；咫尺之内，万里之遥；"形而下"指意境的表现手法。如笔墨、经营位置等，追求情景交融，实景之外有真味的境界。

吴门画师王文衡除了深刻地理解剧本，还使用了"留白""三远"等手法营造意境。十三幅图都运用了"留白"。第一幅插图的"留白"最为明显。既突出了景物、题词，又衬托出诗的"意境"。闺阁里杜丽娘正对镜画眉，表现出她此刻欢快的心情。插图还灵活运用了"三远"①的绘画理论，方寸之间，孕育着无穷的意蕴。第二幅插图平远深阔，远景山峦起伏，湖边有对谈的韩秀才和柳梦梅；中景杂树错落，隐逸着台城，衬托出柳梦梅的政治理想与运气不济的矛盾。宋代郭熙在《林泉高致》中提出的"三远"绘画理论，打破了造型艺术的时空局限，以不固定视点，把所看到的景物重新组合到画面中，在有限中表现出无限的可能，形成了中国山水画独有的"意境美"。

"水"在这组插图中，格外地引人注意。这些插图处理水纹的方法不尽相同，起到渲染不同剧情氛围的作用。第二幅、第三幅、第五幅、第六幅、第七幅、第十幅、第十一幅、第十二幅都有水景，如果以水纹数量划分，可以分为两类：画出局部水纹或者画出全部水纹。第十幅插图和第五幅插图属于画出全部水纹的表现形式，其余的属于画出局部水纹的表现形式。前者水纹密布画面，而它们的画法和意义也有所区别。第十幅插图的水纹除了和第五幅相似外，还在线条之间添加了短弧线。这幅图的故事背景发生在民族危机的南宋绍兴年间，金兵南侵江南，杜宝奉命镇守淮安，从扬州渡淮河。图中浪花飞吐，烟霭弥漫，照应了剧本中"望长淮渺渺愁予"的长叹无奈，烘托出军事紧急的氛围。②第五幅插图源自《牡丹亭》第十二出《寻梦》，描绘了杜丽娘故园重游后，心情沉闷，在水边阁楼上熟睡的情景。中景湖水涟漪，画面呈现出幽静远淡的江南春风貌。明清山水画多用"寥寥数笔"，或者不画水的方法表现水纹（或水面），少数山水画中使用了重复有序的大波浪线平铺着画面，如南

---

① 郭熙撰、郭思编：《影印文渊阁四库全书》，台湾商务印书馆，第 578~812 页。
② 汤显祖著，徐朔方笺校：《汤显祖集全编》，上海古籍出版社 2015 年版，第 2011 页。

京博物院藏郭存仁《金陵八景（一）》、上海博物馆藏魏之璜《千岩竞秀图》。这种细致描绘水纹的手法早在东晋顾恺之《洛神赋》、隋代展子虔《游春图》、唐代李思训《江帆楼阁图》中已经被使用。吴门画师王文衡的这些戏曲插图，不仅传承了吴门山水画的图式，运用了"三远""留白"的绘画理论，插图还有东晋吴道子、隋代展子虔、唐代李思训水纹画法的影子。

以上插画不仅借鉴了山水画的风格，也有突破之处。明末清初，文人画家也积极参与戏曲插画的创作，将"白描""山水画"元素向戏曲插画渗透，极大地提升了戏曲插画的"艺术性"。

这些插画也有不足之处。有的插画略显层次混乱。如第二幅右边中间的几座山峦、几株树木层次不够清晰，显得形象模糊。在构图上，又酷似明代画家程嘉燧的《幽亭老树图》；这些插图习惯把船、人物或房屋放在图的右下部分。如第三幅《劝农》中的茅舍和人物、第四幅闺房内做梦的杜丽娘、第五幅亭台楼阁中熟睡的杜丽娘、第七幅右下角水边眺望的柳梦梅等。另外，插画与古代山水画也有许多"相似性"。如明代画家钱毂《晴雪长松图》将人物茅舍放置在右下部分；蒋干《抱琴独坐图》中临溪水独坐的人，和侍立抱琴的童子被安排在画面的右下方；尤求《人物山水图（一）》和第三幅图有相似的构图，远处重峦叠嶂，密林间露出殿脊，近处水阁房屋。这种似曾相识的山水画不胜枚举，看起来有"你中有我，我中有你"的熟悉感。而山水画的构图不止以上的方式。上海博物馆藏弘仁《疏泉洗研图》，构图严谨，把书斋放在画面的中心。屋内屋外，人物倚窗眺望，或移步山涧；江苏省美术馆藏沈周《疏林碧泉图》和蓝瑛《仿北苑山水》都是把人物、树木或屋舍安排在画的左侧；龚贤《野水茅村图》山水面貌独特，装饰风格浓郁，秩序感强。画面也是常见的三个层次，村落放在中景的疏林之间，近处浅滩低坡，远处山峦丘壑，意境疏旷，有一唱三叹之妙。以"写意"为特征的中国山水画，超越了对自然风景的描摹，是画家"心中眼中手中"提炼后的审美对象，对"真善美"的发现和表达。

戏曲插图对山水画也有启发意义。不同于西方风景画以光影、透视的造型规律塑形，戏曲插图以中国独特、生动的线组织、勾勒成画。以强大的包容性和开放性，融入了明清已经处于衰微的线描和山水画，经过借鉴、渗透和转化，形成了一种新的造型样式。

总　　结

　　本文从戏曲艺术和造型艺术的视角，以泰昌吴兴刻本《牡丹亭》插图为例，讨论戏曲插图、剧本和山水画之间的联系。主要观点有：插图基本表现了剧本的主要内容和主题思想，并非完全按照剧本绘刻，增加了剧本中没有的内容和体现出更深刻的含义。与同时期苏州、金陵、武林戏曲插图相比较，泰昌吴兴刻本《牡丹亭》插图风格独特，意境深远。绘稿者吴门画师王文衡传承了山水画的风格，运用了"三远""留白"等绘画理论和"白描"的绘画技法，这些插图还有东晋吴道子、隋代展子虔等水纹画法的影子。戏曲插图、山水画和白描的融合，拓展了"线"的表现力，促进了戏曲插图"艺术性"的发展。本质上看，这些插图是文人艺术，文人人生哲学和艺术观念的表达。

　　对泰昌吴兴刻本《牡丹亭》插图、剧本、山水画关系的梳理，也是对明清文人艺术思想的一次巡礼，这些艺术作品作为一个缩影，为后人理解明清文人艺术和观念，打开了另一扇窗。

作者单位：南京晓庄学院新闻传播学院

附录

表1　　　　　　　　　　本文所涉及的插图及其描述

第一幅插图题词："添眉翠，摇佩珠，绣屏中生成仕女图。"	
插图	

续表

描述（来源、内容）	来源：插图题词来自《牡丹亭》第五出《延师》中【前腔】里的词曲："添眉翠，摇佩珠，绣屏中生成仕女图。"大意是：十六岁的深闺小姐杜丽娘对镜装扮一番：描成深色的眉毛，摇起佩戴的珠子，镜子里照见个大美人； 内容：这幅图采用了吴门山水人物画的形式（简写为"同上"），以线勾勒成图，再现了《延师》中的曲词："添眉翠，摇佩珠，绣屏中生成仕女图。"整幅画古意盎然，庭院房屋工整，房前屋后，杨柳、松树枝干苍劲。最引人注目的是较小的三个人物，在树木环绕、绿树成荫的屋内，春香怀抱着铜镜，杜丽娘对镜描眉的瞬间情景，另一个侍女站在丽娘身后，双手端物。人物左边有一张长方形的桌子，上面摆放着参差不齐的插花、香炉、瓷器等，这些以及屋前的太湖石，都是明代文人屋内外常见的雅玩摆设。图中左上角大量留白，既突出了景物、题词，又衬托出画面的"意境"

第二幅插图题词："荒台古树寒烟"

插图	
描述（来源、内容）	来源：插图题词来自《牡丹亭》第六出《怅眺》中【锁寒窗】里的词曲："由天，那攀今吊古也徒然，荒台古树寒烟。"大意是：悼念古代走时运的人和事（这里指南越王赵佗自立、北宋赵普半部《论语》治天下之事）也是徒劳，古台荒凉，树木苍苍，氤氲寒冷。《怅眺》抒发了柳梦梅的功名之念和时运不济之叹； 内容：同上。这幅图描绘了韩秀才（韩愈后人）与柳梦梅（柳宗元后人）抒发"寒儒"怀才不遇的郁闷心情。图中有山水树木、烟雾古台，一片荒凉气象

第三幅插图题词："竹篱茅舍酒旗儿叉。雨过炊烟一缕斜。"

插图	

续表

描述(来源、内容)	来源：插图题词来自《牡丹亭》第八出《劝农》中【排歌】里的词曲："竹篱茅舍酒旗儿叉。雨过炊烟一缕斜。"杜宝劝农，看见了一幅田园美景，大意是：竹子篱笆环绕着茅舍，茅舍上酒旗飘飘。春雨过后，炊烟袅袅； 内容：同上。这幅图描绘了南安太守杜宝春天下乡劝农，即将到达置买花酒，以赏村民的乡村酒店时，他看见了桃源乐土：远山杂树、桑田流水、小桥酒店等

第五幅插图题词："楼上花枝照独眠"

插图	
描述(来源、内容)	来源：插图题词来自《牡丹亭》第十二出《寻梦》中【意不尽】里的词曲："咱杜丽娘呵，少不得楼上花枝也则是照独眠。"大意是：楼上的花枝照见了杜丽娘睡觉了。《全唐诗》卷五刘长卿《赋得》："楼上花枝笑独眠"； 内容：同上。这幅图描绘丽娘故园重游后，心情沉闷。在山水之畔，花枝茂盛的阁楼上熟睡着的情景。画面分三个层次，近景杜丽娘在闺阁里熟睡、中景是大片的湖水，波光粼粼，远景树木稀疏、远山起伏。水纹的刻画精细古朴。图中水纹的画法与吴门山水寥寥数笔代表水纹的画法有较大的区别，插图由近及远，几乎铺满了水纹，装饰性强

第六幅插图题词："没揣菱花，偷人半面。"

插图	

续表

描述（来源、内容）	来源：插图题词来自《牡丹亭》第十出《惊梦》中【步步娇】里的词曲："没揣菱花，偷人半面，迤逗的彩云偏。"大意是：想不到镜子偷偷地照见了她（杜丽娘）。害得她羞答答地把发卷也弄歪了； 内容：同上。这幅图描绘了湖边闺房里，杜丽娘游园前，在菱花镜前装扮时含情脉脉的样子
第七幅插图题词："水阁摧残，画船抛躲，冷秋千尚挂下裙拖。"	
插图	
描述（来源、内容）	来源：插图题词来自《牡丹亭》剧本第二十四出《拾画》中【锦缠道】里的词曲："水阁摧残，画船抛躲，冷秋千尚挂下裙拖。"本出上承第十三出，柳梦梅因病在梅花观休养，在游园时，拾到杜丽娘的春容。词曲大意是，柳梦梅看到了花园一片狼借的景象； 内容：同上。这幅图描写了柳生眼中花园冷清凄凉的景象，图右下角柳生站在湖边向左眺望，若有所思，右边是荒芜凄凉的庭院。门紧锁，阁楼亭榭残破，荒草成窠、湖山石畔、柳树修竹。再现了剧本中所描绘的景色："亭台荒芜""万条烟罩""这弯流水"等景象和植物。远处湖水对岸，以点刻绘成一簇簇树木，增添了一抹诗情画意
第九幅插图题词："衡幽香一阵昏黄月"	
插图	

续表

描述（来源、内容）	来源：插图题词来自《牡丹亭》第三十二出《冥誓》中【前腔】里的词曲："便到九泉无屈折，衔幽香一阵昏黄月。"柳梦梅和杜丽娘阴魂再次幽会，话题自然转到了"发坟开棺"这件事； 内容：同上。与剧本相比较，不同点在于，柳梦梅和杜丽娘没有在厢房里幽会，刻绘者把幽会的地点改在了烟雾缭绕的月夜
第十幅插图题词："落日摇帆映绿蒲"	
插图	
描述（来源、内容）	来源：插图题词来自《牡丹亭》第四十二出《移镇》中【长拍】里的词曲："落日摇帆映绿蒲。"大意是：黄昏下，绿树映衬着摇起的白帆； 内容：同上。四十二出《移镇》军情紧急，杜宝在扬州奉命移镇淮安。图描绘了秋天傍晚，杜宝正乘船从扬州去淮安平定李全骚乱的情景。近景是树木、船和六个人物，远景树、云、房屋。水面使用了细密的线条，渲染此刻杜宝丧女、为战争与夫人老影纷飞的悲痛，讽刺朝廷派儒生应对战争
第十一幅插图题词："望黄淮秋卷浪云高"	
插图	

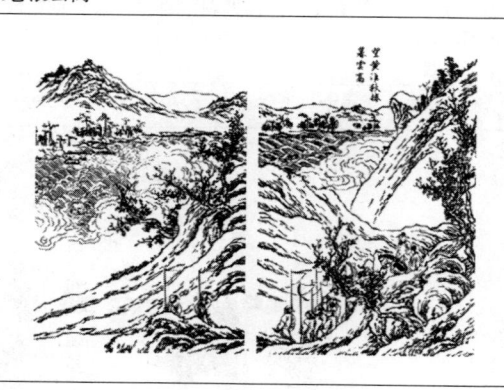

续表

描述（来源、内容）	来源：插图题词来自《牡丹亭》第四十三出《御淮》中【六幺令】里的词曲："望黄淮秋卷浪云高。"大意是：秋日西风起，黄淮卷起巨浪。暗示着军事万分紧迫，前方生死未卜； 内容：同上。第四十三出《御淮》交代杜宝正乘船到淮安。突然传来公文说军事紧急，恐怕水路耽搁了行程，催促他们走旱路。图描绘了杜宝率领军队去淮城的情景，近景叶疏飘零，杜宝骑马，士兵在山间行走，中景淮河波涛汹涌，远景群山绵绵、树木稀疏

第十二幅插图题词："后苑池中月冷断魂波动"

插图	
描述（来源、内容）	来源：插图题词来自《牡丹亭》第五十三出《硬拷》中【江儿水】里的词曲："后苑池中，月冷断魂波动。"陈最良给杜宝传来一个消息，柳生窃棺抛尸。大意是：丽娘的尸体，被抛在后花园的池水中； 内容：同上。第五十三出《硬拷》杜宝怒诉柳梦梅窃棺抛尸，柳梦梅反驳；钦点状元到处找柳梦梅，竟然看到他在相府被吊打。图描绘了月夜后花园凄冷的景色。前景有庭院门、松树，中景一池波动的水，还有太湖石、芭蕉树、房屋，（看守杜丽娘坟庵的石道姑为丽娘设坛祈祷，超度亡灵）道教仪式场面

第十三幅插图题词："平铺着金殿琉璃翠鸳瓦"

插图	

续表

描述（来源、内容）	来源：插图题词来自《牡丹亭》第五十五出《圆驾》中黄钟北【醉花阴】里的词曲："平铺着金殿琉璃翠鸳瓦。"； 内容：同上。图并非直接描绘题词中的金色大殿、琉璃鸳鸯瓦的富丽堂皇。近景有山丘和两组人物，左边一组三人：两个道姑和丽娘。右边一组三人：柳生、杜宝和手抱牙笏的提灯侍女。中景两座大殿隐现在云雾缭绕的树木之中，远处群山起伏

表2　　　　　　　　　　万历、崇祯年间《牡丹亭》插图节选

 《新刻牡丹亭还魂记》版画，明万历年间金陵文林阁唐锦池刊本。	 《玉茗堂四梦》之《还魂记》二卷，二册，苏州版画，明万历年间吴郡书业堂刊本。	 《还魂记传奇》苏州版画，明崇祯年间安雅堂刊本。
 《牡丹亭还魂记》二卷。明汤显祖撰。明万历四十五年武林七峰草堂刊本。	 《牡丹亭还魂记》二卷。明万历年间朱氏玉海堂刊本。	 《牡丹亭四卷》，明泰昌元年，吴兴版画，茅瑛刊刻本。

新世纪以来《牡丹亭》研究若干问题述评

饶 莹

新世纪以来学界关于《牡丹亭》的研究，一方面接续前人研究注重文本的传统，另一方面学术观念的更新，使研究所涉领域、思路与视角不断拓宽。十多年来，《牡丹亭》研究涉及诸多方面，大体包括主题思想、人物形象、本事来源、文辞格律、艺术体制、作品比较、音乐唱腔、舞台表演等。笔者就新世纪以来，关于《牡丹亭》若干问题的研究进行回顾与反思。

一、《牡丹亭》传播与接受的研究

受西方文艺理论的影响，尤其继 2004 年青春版《牡丹亭》上演之后，学界运用传播与接受理论研究《牡丹亭》的现象逐渐增多。而今，传播与接受研究已成为《牡丹亭》研究的一大类型，包括文本的传播接受与舞台演出的传播接受研究。传播与接受原是一个动态的过程，且二者彼此相互作用，学界多以二者作为两种视角进行研究。新世纪以来，《牡丹亭》的舞台搬演日盛，关于《牡丹亭》传播研究主要包括《牡丹亭》的海外传播与翻译研究，以及在传播学视野下观照《牡丹亭》的文本传播与舞台表演。而学界对《牡丹亭》接受研究则主要包括对明清女性评点和文本流变的研究。

首先，关于《牡丹亭》的海外传播与翻译研究。早在 17 世纪，汤显祖《牡丹亭》就已传播海外。20 世纪以来，各种外文译本相继问世，进入新世纪，国与国之间在舞台演出方面的交流也日益增多。日本对《牡丹亭》的接受始于 1646 年，译本诞生于 1921 年。据文献记载，《牡丹亭》也曾传至朝鲜，《牡丹亭》被西方国家接受英译出来已是 1939 年的事。《牡丹亭》出现在欧美的舞台上始于 20 世纪 90 年代末。1998 年美国塞氏《牡丹亭》在维也纳演出，1999 年陈士争版《牡丹亭》在美国林肯中心上演。继二者之后，2006 年白先勇执导的青春版《牡丹亭》在美国加州大学各分校连台演出。2007年起,青春版《牡丹亭》在欧洲各地巡演。①(2009年在苏州,日本坂东玉三郎与苏州昆剧院合作献演中日版《牡丹亭》。)

日本与美国的汉学研究相对世界上其他国家而言更为发达,尤其日本研究汉学的历史悠久。自《牡丹亭》传播至今,二者对《牡丹亭》的接受差异较大,表现出不同的特征。日本由于研究传统和语言优势的原因,研究的范围除了文本内容、主题等方面以外,还有关于版本的探究和本事的考据等与中国类似的研究方面,而欧美的《牡丹亭》研究在这方面的著述则相对较少,他们的研究多集中在对文本本身的细读和思考,如关注对于思想内容、人物形象等方面的研究。在对资料的搜集整理过程中,笔者发现,美国对于《牡丹亭》的研究更多关注于对主题的探讨和在后世的传播。国内学者对《牡丹亭》海外传播与翻译的研究历来以学者对域外文献的整理考证为主,20世纪末《牡丹亭》开始在国外上演,《牡丹亭》的译本研究逐渐增多,尤其是汤莎文化交流合作关系的建立,中国政府与民间艺术机构的加入,学界关于《牡丹亭》海外传播的研究开始在舞台演出方面有所致力。

其次,关于传播学视野下的《牡丹亭》文本传播与舞台表演。明清以来,《牡丹亭》的传播与接受并非平行发展,而是彼此影响,相互作用。在传播的同时,受众在接受《牡丹亭》的过程中产生一系列文化现象,反过来又促进了作品的传播。例如王省民论述明清戏剧的传播模式:"剧本创作后,分两条渠道进行传播:一是出版商刊印出版——评点者进行评点——读者阅读文本;一是戏剧家对原剧本进行改编——戏曲艺人进行搬演——观众观赏演出。最后,戏剧接受者向传播者进行反馈,从而完成了整个戏剧的传播过程。在这一传播过程中,读者与观众往往是交集关系。"② 其实,无论是文本传播还是舞台表演,传播过程中的每个环节都是双向互动的。王省民所说的两条传播路径或可改为"出版商刊印出版↔读者阅读文本↔评点者进行评点"与"戏剧家对原剧本进行改编↔戏曲艺人进行搬演↔观众观赏演出"。评点者在文本的传播过程中发挥着重要的作用,"他们既是上一次信息传播的受者,又是下一次

---

① 详见程芸:《〈牡丹亭〉东传朝鲜王朝考述》,载于《文学遗产》2016年第3期;矶部祐子:《汤显祖戏曲研究在日本》,载于《文学遗产》2016年第3期;徐永明:《汤显祖戏曲在英语世界的译介、演出及其研究》,载于《文学遗产》2016年第4期。
② 王省民:《试论明清戏剧的传播模式》,载于《戏剧文学》2007年第1期。

信息传播中的传者。"①《牡丹亭》的评点者大致可归为两类——以男性为主的文人群体和闺阁中的知识女性。文人群体不仅对作品加以评点,且孜孜不倦地进行了改动,由此造成《牡丹亭》的文本流变。闺阁女子对《牡丹亭》的评点,在明清时期形成一股文化气候,因其"代入式"的阅读与接受,评点中更多地表现出一种女性意识。王省民运用传播学理论对"汤沈之争"做出解释道:"'汤沈之争'实质上就是传播者与接受者在制码与译码过程中所产生的矛盾,接受者(沈)对《牡丹亭》文本的信息进行译码时没有完全按照传播者(汤显祖)的编码来解读,有时还破坏了作品的意趣,从而引发了这场论争。"② 文本传播和演出传播是《牡丹亭》传播的主要形式,是古代戏曲传播的基本形式,它们的传播有效地维系了《牡丹亭》作为戏剧的本色。除此之外,古代戏曲传播方式还有图像传播(如戏曲插图版画)与曲目传播(如戏曲目录文献)等,有待学界进一步研究。王燕飞从传播的角度进行《牡丹亭》研究,把《牡丹亭》纳入传播的整体框架和视野中来做一次较为完整全面的梳理和审视。③

　　戏曲从案头到场上是一个繁复的过程。如康保成先生所说"从文学本到演出本:一部演出小史"④。邓绍基先生表示"戏曲既可以文本流传,又要靠演出来传播,这同诗文作品的传播是大不相同的。戏曲作品从文本到演出,必然会有程度不同的变易更动,这是已被戏曲史昭示了的、不以哪个人的意志为转移的演剧通例。"⑤ 解玉峰老师认为"从全本戏到折子戏乃中国戏剧历史演进的必然趋势。""《牡丹亭》的演出史较全面地反映了民族戏剧从全本戏到折子戏的历史过程及其内在规律。"⑥ 此过程中,剧本的改编极为重要。事实上《牡丹亭》从其诞生之日起,改编本就应运而生,《牡丹亭》的传播史是一部被不断改编的历史。明清之际,众多文人、艺人根据各自的审美需要和艺术趣味,根据观众对戏剧的接受程度,先后对《牡丹亭》进行了改编,加速了

---

① 王省民:《〈牡丹亭〉评点的传播学意义》,载于《四川戏剧》2008 年第 6 期。
② 王省民:《〈牡丹亭〉文本的传播学思考》,载于《当代戏剧》2007 年第 1 期。
③ 王燕飞:《〈牡丹亭〉的传播研究》,上海戏剧学院博士学位论文,2005 年。
④ 康保成:《清朝昆班如何搬演〈牡丹亭〉——以〈缀白裘·叫画〉为中心》,载于《学术研究》2016 年第 10 期。
⑤ 邓绍基:《由〈牡丹亭〉的传播看戏曲改编与演剧通例》,载于《社会科学辑刊》2009 年第 1 期。
⑥ 解玉峰:《从全本戏到折子戏——以汤显祖〈牡丹亭〉的考察为中心》,载于《文艺研究》2008 年第 9 期。

《牡丹亭》这一剧作的传播。那么这些改编者们为了适应舞台演出的需要及观众的口味，如何进行修改，采用了什么方式和手段，这也是值得研究的问题。江巨荣先生通过对汤显祖及其他文人诗词或一些文献资料的考证，对于文人改编《牡丹亭》的原因，改编方式等作了较为全面的整理和分析。江巨荣先生认为："明清时期众多曲家、学者发现按汤氏原本演出，不仅格律上不和谐，而且结构散蔓繁冗，语言奥博艰涩，都不便于登场。在剧本长度和语言雅俗问题上，文学本与舞台本之间也还存在较大的距离。为了将案头之书变为场上之曲，他们除了调节韵律外，都删减场次，拆并出目，改动文馈。出现了吕改本、沈改本、臧改本、冯改本、硕园改本等多种删削润饰本，这些改本在缩短剧本长度，规整曲牌格律以及曲辞的通俗化方式作出了贡献"。① 王省民将全本戏与折子戏二者的改编进行对比，运用传播学理论进行解读，认为"折子戏改本不像全本戏改本，明确地贯穿了改编者的思想观念，对全剧的情节进行统一的规划和改动。折子戏不再关注剧作整体所呈现出的社会背景，而从实用性出发，所关注的是观众的审美需要：唱出来好听、演出来好看"，② 且极大地肯定了折子戏改编在戏剧传播中的价值，认为"折子戏在戏剧传播方面最大的贡献，毫无疑义应该是表演艺术的精益求精，折子戏的改编已超出了戏剧文学的范畴，而进入到戏剧艺术的境界。折子戏的改编反映了明清戏曲传播的新变化：戏曲改编开始由以戏剧文学观念为指导转向以戏剧艺术观念为指导；戏剧艺术由注重剧作整体的文学美转向注重剧作局部的艺术美；戏剧艺术开始脱离戏剧文学而独立存在，向着综合艺术的方向发展"。③ 全本戏与折子戏是《牡丹亭》演出的两种形式。从传播的角度看，王省民认为："全本剧的演出和折子戏的演出是相辅相成的关系，全本剧的演出为折子戏的演出作了铺垫，没有剧本故事为广大观众所熟知，折子戏的传播也就失去了意义；而折子戏的演出又能迅速地扩大了《牡丹亭》的传播范围，使越来越多的人了解《牡丹亭》，从而吸引人们去关注全本剧的信息，去关注汤显祖的所有戏剧"。④

《牡丹亭》历来作为昆曲经典受到世人的关注，其实不少地方剧种也曾对

---

① 江巨荣：《〈牡丹亭〉演出小史》，引自《剧史考论》，复旦大学出版社 2008 年版。
② 王省民：《从全本戏到折子戏——对〈牡丹亭〉改编的传播学解读》，载于《戏剧》2009 年 2 期。
③ 王省民：《改编在戏剧传播中的价值——从汤显祖对〈牡丹亭〉改本的批评谈起》，载于《四川戏剧》2007 年第 5 期。
④ 王省民：《从传播学角度观照〈牡丹亭〉的演出》，载于《艺术百家》2007 年第 2 期。

《牡丹亭》进行过改编和演出。赵天为老师就《牡丹亭》的地方戏全本改编进行搜集整理，获悉"大概有23部，最早的是20世纪初的粤剧俏丽湘小生聪本《牡丹亭》，其他改编本都出现在新中国成立以后，其中有10部改编作品是20世纪以来伴随着昆剧的复兴而改编演出或者摄制成影视作品的"。① 近10多年来不同剧种纷纷编演汤显祖名剧《牡丹亭》：昆曲（青春版《牡丹亭》、厅堂版《牡丹亭》、园林版《牡丹亭》、校园版《牡丹亭》、中日版《牡丹亭》、京昆版《牡丹亭》）、新版赣剧《牡丹亭》、越剧《牡丹亭》、临川版采茶戏《牡丹亭》、粤剧《金石牡丹亭》等。学界对昆曲青春版的注目尤多。

2004年青春版《牡丹亭》在各处巡演，反响热烈，获得了大众媒体与学术界的持续关注。似乎一夜间，昆曲忽然就兴盛起来了。之后"昆曲《牡丹亭》在时代的舞台上'姹紫嫣红开遍'"，即如廖奔先生所言"古典艺术在现代实现了凤凰涅槃般的再生"。② 陶慕宁称之为"探索昆曲遗产保护的典范之作"。③ 王文章从尊重原著、继承昆曲表演精粹等方面强调了青春版《牡丹亭》的积极意义。④ 傅谨认为青春版《牡丹亭》的成功并非是缘于所谓的"现代意识"的注入和对经典的创新改造，而是"这个时代戏曲界少有的尊重与契合传统昆曲表演美学的范本"。⑤ 青春版《牡丹亭》让戏曲重新成为学术研究的主要对象，成功地使昆曲回到主流媒体的视野中。青春版《牡丹亭》还逐渐成了各大学和科研机构学者们偏好的研究选题，每年都有很多研究青春版《牡丹亭》的论文。

学界对青春版《牡丹亭》大体上不约而同地形成了一种观点——它之所以能够成功，关键在于对昆曲传统美学精神的继承与发扬。如朱栋霖认为："青春版《牡丹亭》的成功与魅力，是中国昆曲自身的艺术魅力"，而不是在古典传统之外又加上了现代因素，或者是把古典剧本改编了，改得迎合了现代观众的欣赏习惯与欣赏要求。"⑥ 黄天骥亦认为青春版《牡丹亭》"既保持了传统戏曲要求表现唱念做打诸般技艺的特性，保持了戏曲表演写意性的审美特

---

① 赵天为：《〈牡丹亭〉的地方戏改编》，载于《戏曲研究》第97辑。
② 廖奔：《昆曲与青春版〈牡丹亭〉现象》，载于《人民日报》2007年11月22日，第008版。
③ 陶慕宁：《"青春版"〈牡丹亭〉：沟通昆曲与现代观众的桥梁》，载于《中国社会科学报》2012年7月13日，第A06版。
④ 王文章：《青春版〈牡丹亭〉的三重意义》，载于《中国文化报》2013年1月9日，第003版。
⑤ 傅谨：《青春版〈牡丹亭〉成功的启示》，载于《光明日报》2013年1月19日，第009版。
⑥ 朱栋霖：《论青春版〈牡丹亭〉现象》，载于《文学评论》2006年第6期。

征，又吸收了当代舞台艺术，让场面和某些程式具有当代性，适合青年观众的口味。青春版《牡丹亭》的成功经验说明：戏曲表演既要继承传统又要超越传统，否则戏曲不可能生存发展。"① 青春版《牡丹亭》是非常审慎和严肃的。以刘祯之见："该剧制作更重视传统、传统艺术，无论文本整理抑或舞台表演、舞美灯光，都十分注重和强调传统和传统艺术精神，对原作和昆曲表现出一种真正的尊重和理解。"② 吴新雷认为青春版《牡丹亭》在处理继承与创新的关系方面做得比较好，"一方面是活态地展示了传统昆艺的演唱魅力及其深厚底蕴，另一方面与时俱进地注入了现代剧场新的艺术元素。"既坚守传统，又有所变革，使古典昆剧焕发了时代生机。"③ 俞为民认为青春版《牡丹亭》"使传统昆曲与当代的年轻观众在审美情趣、情感价值上达到了完美的对接"。④ 邹元江认为青春版《牡丹亭》无论在剧本、音乐、舞蹈，还是服装、灯光、音响等方面都取得了很高的成就，但从对昆曲经典剧目的传承来看，"最重要的仍是对昆曲表演艺术深厚传统的传承"。⑤

再次，关于明清女性评点的研究。汤显祖的《牡丹亭》一经问世，便"家传户诵，几令《西厢》减价"，在明清闺阁女性中也引起了深沉的回响，形成了一种"闺阁中多有解人"的现象。据相关统计，明清时期《牡丹亭》的评改本共有臧懋循改评本、王思任评本、吴吴山三妇评本、笠阁渔翁评本、杨葆光手批本等14种本子。在这些评点本中，目前可见的并确定为女性评本的只有吴吴山三妇评本和笠阁渔翁评本。

吴吴山三妇本即《吴吴山三妇合评牡丹亭还魂记》，它是《牡丹亭》评点本中一个重要的本子，历来受到研究者的关注。目前，对吴吴山三妇本的研究主要集中在作者、版本、价值评判等几个方面。

从三妇本问世，其作者是谁一直是一个受人关注的问题。对于这个问题，赵苗论证了三妇本为吴吴山三妇所评⑥。近年来，有学者认为吴舒凫也是评语

---

① 黄天骥：《戏曲审美观的传承与超越——青春版〈牡丹亭〉演出的启示》，载于《文化遗产》2007年第1期。
② 刘祯：《近年昆曲文化现象之研究》，载于《文化艺术研究》2008年第1期。
③ 吴新雷：《当今昆曲艺术的传承与发展——从"苏昆"青春版〈牡丹亭〉到"上昆"全景式〈长生殿〉》，载于《文艺研究》2009年第6期。
④ 俞为民：《古典与青春的结合——从青春版〈牡丹亭〉的盛传看昆曲的现代性发展》，载于《文化艺术研究》2011年第1期。
⑤ 邹元江：《从青春版〈牡丹亭〉上演十周年看昆曲传承的核心问题》，载于《戏曲艺术》2015年第2期。
⑥ 赵苗：《谈三妇本〈牡丹亭〉》，载于《文史知识》1997年第7期。

的作者之一,甚至对三妇的评点作过加工,如华玮认为:"我们可以将《吴吴山三妇合评牡丹亭还魂记》的书名视为《吴吴山、三妇合评牡丹亭还魂记》,批评者共为四人。"① 张筱梅从明清时期许多女性读者评点《牡丹亭》的事实、评语表现出的不同的性格特点、明清时期文化人的理想婚姻、文学对夫妻关系的表现及女性文学传播意识的变化等几个方面,论证三妇本"是吴人、陈同、谈则、钱宜一夫三妻共同完成了这部对《牡丹亭》的评点"。② 但也有学者认为评点者仅是吴山一人,如谈蓓芳《〈吴吴山三妇合评牡丹亭还魂记〉为吴吴山所撰考》一文,认为作者为吴山。③ 至此,吴吴山三妇本的作者问题尚未达成一致看法。

郭英德根据傅惜华《明代传奇全目》《中国古籍善本书目·集部》等书目,参考各种国内外图书馆馆藏书目,对现存的吴吴山三妇本的康熙三十三年怀德堂刻本、康熙三十三年梦圆刻本、康熙间刻乾隆间绿野山房印本、同治九年清芬阁刻本、清抄本等五种本子,从版式、馆藏地、索书号等方面进行了详尽论述④。黄仕忠在《日藏中国戏曲文献综录》著录了东大东文研仓石文库本、东北文学本及天理本3种本子⑤。2008年7月上海古籍出版社参照梦园本、清芬阁本出版的《吴吴山三妇合评牡丹亭》,为我们查找、整理及进一步的研究提供了便利。

21世纪以来,多位学者对三妇本的价值问题进行了多角度的研究和论述。郭梅老师结合吴吴山三妇评本的评语进行分析和评述,认为:"三妇陈同、谈则和钱宜,以及之后的女性的实践和成就是我国古代女性文学史不可或缺的重要组成部分,对《牡丹亭》的美学接受有着相当重要的理论价值和史学价值。收辑、整理、评述她们的理论成就,对我们进一步研究《牡丹亭》有着非常重要的史料价值和现实意义,是对我国古代女性文学史的拾遗补缺,更是建构我国古代女性曲史的一项必不可少的重要工作。"⑥ 俞为民通过对三妇本剧作

---

① 华玮:《明清妇女之戏曲创作与批评》,台湾"中央研究院中国文哲研究所"2003年版,第326页。
② 张筱梅:《吴吴山三妇合评〈牡丹亭〉之文化考察》,载于《徐州师范大学学报》2012年第9期。
③ 谈蓓芳:《中国文学古今演变论考》,上海古籍出版社2006年版,第398~412页。
④ 郭英德:《〈牡丹亭〉传奇现存明清版本叙录》,载于《戏曲研究》2006年第71辑,第18~39页。
⑤ 黄仕忠:《日藏中国戏曲文献综录》,广西师范大学出版社2010年版,第119~120页。
⑥ 郭梅:《从今解识春风面,肠断罗浮晓梦边——〈吴吴山三妇合评牡丹亭还魂记〉述评》,载于《艺术百家》2004年第1期。

内容的评点与艺术形式的论述进行分析，肯定了三妇评本"具有明显的女性读者和批评者的特征"，不仅否定了三妇本评点出自吴人一人之手，而且充分肯定了三妇评本在有关《牡丹亭》的评点以及古代戏曲批评史上具有重要的地位。① 周锡山曾以吴吴山和三妇的婚姻简况及其写作三妇评本的背景与过程为铺垫，撰文评述其有关"梦异"的创作情况，并高度评价三妇评本的评批，认为其中的梦异描写"为《牡丹亭》研究和神秘现实主义与神秘浪漫主义文学艺术的发展，做出了精彩的贡献"②。在《〈牡丹亭〉三妇评本新论》中，再次强调肯定了三妇评本的理论成就。③

《才子牡丹亭》是清雍正年间笠阁渔翁刊刻的《牡丹亭》的评注本，乾隆年间重刻时又易名《笺注牡丹亭》。由于此本比较少见，研究者不易看到，相对吴吴山三妇本来说研究成果较少。从现有的专著和论文来看，主要涉及《才子牡丹亭》的作者、版本、主题等几个方面。

就目前关于《才子牡丹亭》作者的研究情况看，学界基本达成了一致看法。邓长风认为《笺注牡丹亭》为吴震生、程琼二人共同完成，"甚或主要出自程琼之手"④。赵山林也认为是程琼和吴震生所作。⑤ 台湾学者华玮将《才子牡丹亭》和史震林《西青散记》的相关记载对勘，从书名、作者别号及其批评特点、作者对汤显祖与《牡丹亭》之评论、作者其他创作等三个方面，由外而内、由远及近、从间接到直接进行论证，认为《才子牡丹亭》的批注部分确为程琼和吴震生合作，而附录之《笠阁批评旧戏目》大抵为吴震生一人完成。⑥ 江巨荣也认为作者为吴震生和程琼⑦。在考证版本基础之上，华玮、江巨荣根据清雍正刻本点校，于2004年在台湾学生书局出版了《才子牡丹亭》，为我们进一步的了解、研究提供了便利。

《才子牡丹亭》的主题是现代学者研究的重点所在。戏曲家吴梅看到此本

---

① 俞为民：《〈牡丹亭〉的女性批评者——〈吴吴山三妇合评牡丹亭还魂记〉》，载于《浙江艺术职业学院学报》2015年5月第2期。
② 周锡山：《〈牡丹亭〉和三妇评本中的梦异描写评述》，载于《浙江艺术职业学院学报》2007年第4期。
③ 周锡山：《〈牡丹亭〉三妇评本新论》，载于《上海师范大学学报》（哲学社会科学版）2016年5月第3期。
④ 邓长风：《明清戏曲家考略》，上海古籍出版社1994版，第441页。
⑤ 赵山林：《中国戏剧学通论》，安徽教育出版社1995年版，第885页。
⑥ 华玮：《〈才子牡丹亭〉作者考述——兼及〈笠阁批评旧戏目〉的作者问题》，载于《戏曲研究》2000年第55辑。
⑦ 江巨荣：《〈才子牡丹亭〉——古代戏曲第一奇评》，载于《中华文史论丛》2003年第74辑。

的印象是"所有曲文,皆作男女亵事解"。吴晓铃也说:"其评语极奇,皆联系到'二根'"。① 华玮认为除标举情色之外,《才子牡丹亭》批语还具有其文化内涵和女性意识。② 华玮认为《才子牡丹亭》"以大胆而创新的思维诠释《牡丹亭》潜在的情色寓意,它可以被当成对抗清初复兴的道学正统来阅读""给我们提供了审视晚期帝制中国的情感与欲望的新窗口""《才子牡丹亭》的批语及对之持续的批评与阅读,暗示了清代的文化箝制既未影响知识分子的独立思考,亦无法压制反对声浪的表达与传播"。③ 江巨荣认为《才子牡丹亭》除了情色主题,还有其他更重要的内容。我们如果仅仅看到那些荒唐文字,而不看它的主要方面,凭印象就把它一棍子打死,或把它贬得一文不值,那是不公平、也不科学的。④

早在 20 世纪 80 年代,徐扶明就在其《〈牡丹亭〉与妇女》一文中论述了明代妇女对《牡丹亭》的阅读、演出、批点等情况。⑤ 之后张筱梅老师认为闺阁女性对《牡丹亭》的评点和男性评点者不同,充满了独特的女性意识。⑥ 王宁的观点与张筱梅基本相同,认为《牡丹亭》的评点作为女性阅读接受的一个重要方面,显示了"闺阁式"批评的特点。⑦

最后,关于文本流变的研究。《牡丹亭》问世四百多年来,其作品的传播范围,以及传播过程中产生的流变,与人们所受作品的影响都是极大的。刘淑丽从全本、选本、插图、读者、演出、改编、各体文学创作等角度,综合探讨自明清至近现代《牡丹亭》之接受史。⑧《牡丹亭》的传播史,是一部被不断改动的历史,也是一部不断适应舞台演出的历史。赵天为从明清以来《牡丹亭》的改本着手,研究探讨《牡丹亭》从文本到演出,展现了戏剧审美接受

---

① 赵山林:《中国戏剧学通论》,安徽教育出版社 1995 年版,第 885 页。
② 华玮:《才子牡丹亭之情色论述及其文化意涵》,引自华玮:《前近代中国文化中的后现代性研讨会论文集》,台湾"中央研究院近代史研究所"1999 年版,第 213~249 页;《论〈才子牡丹亭〉之女性意识》,载于《戏剧艺术》2001 年第 1 期。
③ 华玮:《〈牡丹〉能有多危险?——文本空间、〈才子牡丹亭〉与情色天然》,载于《文化艺术研究》2012 年第 3 期。
④ 江巨荣:《〈才子牡丹亭〉的历史意蕴》,载于《南京师范大学文学院学报》2002 年第 2 期。
⑤ 徐扶明:《元明清戏曲探索》,浙江古籍出版社 1986 年版,第 104~118 页。
⑥ 参见张筱梅:《〈牡丹亭〉在明清时期闺阁女性中的传播》,载于《长江论坛》2007 年第 3 期;《论明清时期〈牡丹亭〉的闺阁传播》,载于《南昌大学学报》(人文社会科学版)2007 年第 4 期;《论才女读者群对〈牡丹亭〉的接受》,载于《天府新论》2007 年第 5 期。
⑦ 王宁:《明末清初江南闺阁女性〈牡丹亭〉接受简论》,载于《戏剧艺术》2008 年第 3 期。
⑧ 刘淑丽:《〈牡丹亭〉接受史研究》,齐鲁书社 2013 年版。

史的历程。① 张雪莉以《牡丹亭》评点本、改编本、选本为主要研究对象，透过对臧懋循、茅瑛、王思任、吴吴山三妇、冯梦龙等诸家评点本、改编本以及《月露音》《词林逸响》《万壑清音》《怡春锦》《缠头百练二集》《玄雪谱》《醉怡情》《缀白裘》《审音鉴古录》等明末清初出版的选本的研究，考察汤显祖《牡丹亭》在评点家、改编者、选家的共同努力下，致力于传奇文学语言结构自身内部规范的制定、修正和完善，实现从案头走向场上的独特历程。② 根山彻与刘庆通过仔细分析《审音鉴古录》和《缀白裘》这两个清代中晚期的舞台演出记录本，认为《牡丹亭》已经从一部"专以读书人为对象的原作演变成一个以庶民为主要观众层的剧本"，刘庆认为《审音鉴古录》和《缀白裘》"在保存文学本的骨干情节和主旨内涵的基础上，对于《牡丹亭》的改写几乎涵盖了舞台演出的全部要素"，通过对两个舞台演出本的比较，表明了舞台演出本身流动变化的复杂性。由此可见，学界对《牡丹亭》文本流变的研究，并非仅停留在文本，而是透过文本的流变，检视了《牡丹亭》从案头到场上的复杂历程。③

二、《牡丹亭》蓝本问题

自"影刺说"（指《牡丹亭》的本事来源是对当时某人某事的影刺，如刺陈继儒说、刺王昙阳说、刺张居正说和刺郑洛说等）、"创造说"（《牡丹亭》是否为汤显祖的独力创作）、"三事合一说"（指《牡丹亭》来源于唐人小说中的《李仲文》、《冯孝将》和《谈生》三则人神异闻逸事）之后，"改编说"（即认为《牡丹亭》是一部改编之作，其本事来源是明代话本《杜丽娘慕色还魂》）成为学界共识，《杜丽娘慕色还魂》话本现存于明何大抡辑《重刻增补燕居笔记》下栏的卷九。孙楷第先生是发现此话本的第一人，之后经由谭正璧、徐朔方、姜志雄、胡士莹等老一辈学者的研究，"改编说"得以确立。④

20世纪末，刘辉对《牡丹亭》的本事来源提出异议，认为汤显祖是参照

---

① 赵天为：《〈牡丹亭〉改本研究》，吉林人民出版社2007年版。
② 张雪莉：《〈牡丹亭〉的评点本、改本及选本研究》，复旦大学博士学位论文，2010年。
③ 见根山彻：《〈还魂记〉在清代的演变》，载于《戏曲艺术》2002年第4期；刘庆：《〈审音鉴古录〉和〈缀白裘〉中〈牡丹亭〉演出形态的差异》，载于《戏剧艺术》2012年6月。
④ 徐锦玲：《〈牡丹亭〉蓝本综论》，载于《北方论丛》2004年第4期。

《宝文堂书目》著录的《杜丽娘记》创作了《牡丹亭》,且话本《杜丽娘慕色还魂》同时受到了《杜丽娘记》和《牡丹亭》二者的影响,形成《杜丽娘记》→《牡丹亭》→《杜丽娘慕色还魂》的创作关系,判断《杜丽娘慕色还魂》,绝不是《宝文堂书目》中著录的《杜丽娘记》①。

向志柱对此观点表示肯定并加以补充发展:一是学者多将《杜丽娘慕色还魂》和《杜丽娘牡丹亭还魂记》混为一谈;二是由何本《燕居笔记》所收话本小说与传奇故事的年代来确定成书出版年代,可以作为上限,但是不能作为下限,一定时候可以作为证据,可以参考,但不是铁证;三是中国国家图书馆藏明刻本、万历甲午(1594)胡文焕序刻《稗家粹编》卷二"幽期部"也收有《杜丽娘记》,与余本比,仅十一处有文字差异,一处删略,二者显然出自同一版本,《稗家粹编》的发现,表明 1594 年以前已有《杜丽娘记》的存世,同时也大致可定余本《杜丽娘牡丹亭还魂记》的年代,两者皆略早于《牡丹亭》在 1598 年的问世;四是文本内证更支持《杜丽娘慕色还魂》受到《杜丽娘记》和《牡丹亭》的影响。②

后因新材料《杜丽娘传》的发现,陈国军认为:"以杜丽娘柳梦梅生死爱恋为内容的小说,目前所知,有四种之多(胡文焕《稗家粹编》卷二《杜丽娘记》、何大抡《燕居笔记》卷九《杜丽娘慕色还魂》、余公仁《燕居笔记》卷八《杜丽娘牡丹亭还魂记》以及《濂篱集》卷一二《杜丽娘传》)。但从汤显祖《牡丹亭记题词》的内在规定性,以及小说戏曲内容的符合度来看,《杜丽娘记》有四大严重不足,而《杜丽娘慕色还魂》更为逼近。话本体《杜丽娘慕色还魂》为汤显祖《牡丹亭记》本事,可能更接近或符合文学史史实。"③黄义枢、刘水云通过对比明卓发之《杜丽娘传》和话本《杜丽娘慕色还魂》以及文言小说《杜丽娘记》的文字和内容,判断《杜丽娘传》取材于话本《杜丽娘慕色还魂》,又根据此传作于卓氏少时,而卓氏初阅汤显祖《牡丹亭》传奇时间为 1601 年,推定话本《杜丽娘慕色还魂》最迟作于 1601 年前,而非 1603 年后,说明《牡丹亭》传奇的蓝本很有可能是《杜丽娘慕色还魂》话本,

---

① 刘辉:《题材内容的单向吸收与双向交融——中国小说与戏曲比较研究之二》,载于《艺术百家》1988 年第 3 期。
② 向志柱:《〈牡丹亭〉蓝本问题考辨》,载于《文艺研究》2007 年第 3 期。
③ 陈国军:《新发现传奇小说〈杜丽娘传〉考论》,载于《明清小说研究》2010 年第 3 期。

《牡丹亭》蓝本是文言小说《杜丽娘记》的说法明显证据不足。① 伏涤修对何大抡本《燕居笔记》所收各篇小说成书时间情况进行考察，推知话本《杜丽娘慕色还魂》成篇早于《牡丹亭》的可能性远远大于其晚于《牡丹亭》的可能性；又对《宝文堂书目》著录的《杜丽娘记》前后连续排列、题名类型相同的十二种作品进行考察，推知《宝文堂书目》所著录的《杜丽娘记》应为话本体裁；并将杜丽娘还魂题材三种小说与《牡丹亭》进行文本比对，确知话本《杜丽娘慕色还魂》既是传奇《杜丽娘记》《杜丽娘传》的渊源所自，也是《牡丹亭》的创作蓝本。② 之后向志柱予以回应道："《杜丽娘记》被1592（当为1594）年序刻的《稗家粹编》收录，早于1596年成书的《牡丹亭》，具有成为蓝本的全部条件。而《杜丽娘慕色还魂》成书时间和收录时间无考，成为蓝本的条件只是推论。新发现资料《杜丽娘传》，也无法改变这一基本事实。《杜丽娘慕色还魂》早不早于《牡丹亭》，关键是何大抡本《燕居笔记》的成书时间。"③ 另有刘洪强根据《燕居笔记》中的《李淳奴供状》在情节、用语方面与《杜丽娘慕色还魂》比对，认为"《李琼奴供状》的出现雄辩地表明了杜丽娘的故事已经在传奇《牡丹亭》前流传，《牡丹亭》的蓝本当是《杜丽娘慕色还魂》。"④

解决《牡丹亭》蓝本问题的关键在于能否确定话本《杜丽娘慕色还魂》的成书年代，在无法确定话本与《牡丹亭》时间先后的情况下，对二者关系的探讨只能形成可能性的推论。因此，关于《牡丹亭》蓝本问题仍有待于新材料的发现与原始文献的进一步挖掘。

三、《牡丹亭》声腔问题的研究

学界关于《牡丹亭》创作声腔问题的论争实则派生于对"汤沈之争"问题的研究，研究者从探讨汤显祖创作声腔归属问题的角度切入，以期为《牡丹亭》的不协音律寻求合理的解释。长期以来，基本形成以下四种观点：为宜黄

---

① 黄义枢、刘水云：《从新见材料〈杜丽娘传〉看〈牡丹亭〉的蓝本问题》，载于《明清小说研究》2010年第4期。
② 伏涤修：《〈牡丹亭〉蓝本问题辨疑》，载于《文艺研究》2010年第9期。
③ 2012年2月13日向志柱在《中国社会科学学报》撰文发表《〈牡丹亭〉蓝本问题再辨——兼答伏涤修等先生》。
④ 刘洪强：《传奇〈牡丹亭〉的蓝本商榷》，载于《明清小说研究》2013年第2期。

腔作、为海盐腔作、为昆山腔作、非为某腔所作。

早在 20 世纪五六十年代，徐朔方在《汤显祖年谱》和《汤显祖集》中既已提出是为宜黄腔所作，汤显祖《牡丹亭》"原不为昆山腔作也……其不协律处一曲或数见，盖原为便宜伶，不便吴优也，协宜黄腔之律而无意协昆腔之律也"。钱南扬则认为是为昆山腔创作。① 1979 年、1980 年相继出现两篇对徐朔方、钱南扬分别予以支持的文章。② 之后，叶长海更加明确地论定"《牡丹亭》原先是由海盐腔演唱的"。③ 俞为民指出："一般说来，唱腔不同，作曲的格律是不同的。但在南曲系统的唱腔中，包括早期的弋阳腔、余姚腔、海盐腔及后来的昆山腔，虽然演唱的方法和风格不同，而作曲的格律实是相同的。"④ 20 世纪 90 年代末周育德先生从戏曲音乐流变的角度重新解释汤作"不谐音律"的现象。⑤ 苏子裕亦赞同汤氏《牡丹亭》原为宜黄腔而创作。⑥

进入 21 世纪后，徐朔方依然主张汤显祖《牡丹亭》是为宜黄腔创作的——"汤显祖《牡丹亭》原本不为昆腔而谱写，而为海盐腔的一个变种即宜黄腔而谱写"⑦。程芸提出："汤显祖传奇留有晚明新兴昆山腔演出的明显痕迹，从声腔剧种角度可能不足以解释汤氏传奇'失律'问题。"⑧ 顾聆森先生亦支持《牡丹亭》是为宜黄腔创作的。⑨ 台湾学者蔡孟珍中认为《牡丹亭》的演唱是从海盐腔过度到昆腔的。⑩ 苏子裕赞成汤剧原为宜黄腔创作，后来移植到昆腔演唱。⑪ 2015 年苏子裕针对蔡孟珍一文，就蔡孟珍对"宜黄说"提出的质疑以及主张海盐腔"昆化"的问题，予以回应。⑫ 另有观点认为：《牡丹亭》初创

---

① 钱南扬：《汤显祖剧作的腔调问题》，载于《南京大学学报》1963 年第 2 期。
② 高宇：《我国导演学的拓荒人汤显祖》，载于《戏剧艺术》1979 年第 1 期；詹慕陶：《关于汤显祖的导演活动和剧作腔调——与高宇同志商榷》，载于《戏剧艺术》1980 年第 1 期；高宇：《再论我国导演学的拓荒人汤显祖——答詹慕陶》，载于《戏剧艺术》1980 年第 4 期。
③ 叶长海：《汤显祖与海盐腔——兼与高宇、詹慕陶二同志商榷》，载于《戏剧艺术》1981 年第 2 期。
④ 俞为民：《也谈汤显祖剧作的腔调问题——与徐朔方先生商榷》，载于《江苏戏剧》1983 年第 4 期。
⑤ 周育德：《汤显祖研究若干问题之我见》，引自华玮、王瑷玲主编：《明清戏曲国际研讨会议论文集》，台湾"中央研究院文哲研究所筹备处"1998 年版。
⑥ 苏子裕：《汤显祖、梅鼎祚剧作的腔调问题——兼与徐朔方先生商榷》，载于《艺术百家》1999 年第 1 期。
⑦ 徐朔方：《〈牡丹亭〉和昆腔》，载于《文艺研究》2000 年第 3 期。
⑧ 程芸：《也谈汤显祖戏曲与声腔的关系》，载于《文艺研究》2002 年第 1 期。
⑨ 顾聆森：《昆剧的市民话题——"汤沈之争"新解读》，载于《中国戏剧》2006 年第 4 期。
⑩ 蔡孟珍：《〈牡丹亭〉"声腔说"论述》，载于《抚州社会科学》2006 年第 3 期。
⑪ 苏子裕：《汤词端合唱宜黄——再论汤显祖剧作的腔调问题》，载于《中华戏曲》2012 年 12 月 31 日。
⑫ 苏子裕：《汤词端合唱宜黄——答蔡孟珍教授》，载于《影剧新作》2015 年 6 月 22 日。

时期并不主何声腔，完全是一部传奇体制式的文人剧作，只不过后来各种唱腔结合自身情况，各取所需，加以改编。①

学界对于《牡丹亭》声腔归属问题乃因汤显祖剧作"失律"而起，而"汤沈之争"在实质上只是一场有关戏曲创作的学术争论，是关于文人在戏曲创作过程中应该如何看待戏曲的文词内涵和格律规范的问题。洛地《词乐曲唱》认为，曲牌并不对曲辞作定腔的音乐规范，而是对曲辞作文字的律句规定。窃以为，即如程芸论及汤显祖戏曲与声腔关系时所言，从声腔剧种角度可能不足以解释汤氏传奇"失律"问题。

作者单位：南京师范大学

---

① 参见朱仰东：《再论汤本原著〈牡丹亭〉的声腔问题》，载于《温州大学学报·社会科学版》2010年1月。

汤显祖在台北
—— 实验昆剧《掘梦人》的后设演绎

沈惠如

脍炙人口的《牡丹亭》，一向拥有不少闺阁知己，像是娄江俞二姑，读《牡丹亭》而情伤致死；杭州女伶商小玲，心有所属却无法如愿，有一天演《寻梦》时，随身倚地，春香上前查看，竟然气绝；最有名的当属清代学者吴吴山的三个老婆，不约而同地爱上《牡丹亭》，留下了难得的闺阁评点之作《吴吴山三妇评牡丹亭》。

除了女粉丝之外，男性追随者也以书写之姿进行仿作与续写，明末吴炳的《疗妒羹》，敷衍才女乔小青被卖为妾，备受大妇欺凌，心中苦闷。一日借得汤显祖《牡丹亭》夜读，伤感之余，题诗一首于书后。其后，小青病重将亡，亦仿杜丽娘所为，画一小像遗留人间，幸得侠士救治，方得回魂。清蒋士铨的《临川梦》则以明戏曲家汤显祖一生事迹为题材，并以心醉《牡丹亭》而死之娄江俞二姑事为副线润色之。《临川梦》通过《谱梦》《改梦》和《续梦》等出，叙写了汤显祖"四梦"的创作过程，更超越时空限制，通过《集梦》《说梦》与《了梦》等出，让汤显祖剧中人物直接登场，现身说法，堪称汤显祖后设剧的开端。

时至今日，剧场知音出现，在不断地剖析、拆解之中，汤显祖为情所使的种种书写面向一一浮现。

2009年，台湾"两厅院"新点子剧展举行了名为"汤显祖在台北"的系列演出。台湾"两厅院"新点子剧展自2003年以来提供剧团创意发展的空间，以小剧场编导的创意与戏曲作跨界结合，屡屡激荡出不一样的剧场火花。这次的演出团体包括拾念剧集、二分之一Q剧场及莫比斯圆环创作公社，分别以不同的创作角度及元素呈现"汤显祖"。《玉茗堂私梦》以汤显祖传世之四部昆曲剧本为蓝图，重新编构成一部保留传统戏曲美学风格，兼蓄当代剧场精神之作品。借由虚拟三位与汤显祖关系密切的伶人，探求汤显祖创作"玉茗堂四梦"的思维。二分之一 Q 剧场《掘梦人》则以当代视角重探汤显祖的情观，将其昆曲名作《牡丹亭》的还魂高潮，转换成一篇爱情与生存的寓言。原著中柳梦梅为爱掘坟，有如掘梦；汤显祖写"四梦"，亦如梦之掘者，《掘梦人》因此一语双关联系了汤、柳二人，并且运用魔幻笔法重写杜丽娘回生之谜，以感念那个时代里为《牡丹亭》一恸而亡的女子芳魂[①]。莫比斯圆环创作公社的《蚂蚁洞里的原型记号》是 20 世纪荣格、16 世纪汤显祖，在 21 世纪舞台上，借昆剧与现代剧场演员汇聚交锋，一同坠入南柯梦，邀请观众躲进这颗小宇宙，跟着做一场梦，汤显祖的梦，全人类的梦。显微镜底下，明灭的火烛阒黑的蚂蚁洞，映出一连串谜样的原型符号，究竟是人类窥看着潜意识，还是被潜意识窥看？

三出戏剧从不同角度切入，风格特殊，其中二分之一 Q 剧场《掘梦人》，是该团继《柳·梦·梅》之后，再次挖掘、重新诠释《牡丹亭》，毕竟除了读者、演员、剧作家之外，剧场工作者也有不吐不快的块垒，于是借由《掘梦人》一抒胸臆。"掘梦人"只是舞台上的悬丝傀儡，隐身的藏镜人才是幕后的黑手。

一、当代剧场元素的融入与解剖

首先叙述该剧的大意：柳梦梅万万没想到，数月来与他欢好的西邻女子竟是画中之人，而这位自称杜丽娘的画中人早已做了幽魂，现要他助其回生。柳梦梅半信半疑，在爱情力量的驱使下，甘犯律条，前往大梅树下掘坟开棺，本以为一场人鬼恋终将画下完美句点……到底柳梦梅能不能找回活的杜丽娘？抑或者，他还在一个未醒的梦里？

《掘梦人》发想自明代汤显祖的《牡丹亭》，剧情主要以《牡丹亭》第三十五出《回生》为本。并从《牡丹亭》和清代蒋士铨《临川梦》中选取部分唱词，修改之后套入《掘梦人》剧本之中。故事分为两线进行：好读《牡丹亭》的某小姐为此而亡，引来冥府女判官对此书的好奇，某小姐与女判官因此

[①] 由戴君芳导演、施如芳编剧、陈美兰饰杜丽娘、杨汗如饰柳梦梅、苏榕饰女判；舞者苏安莉、孙梲泰、于明珠合作演出。

契机，穿越至《牡丹亭》书中一游；另一条线则是以原著中第三十五出的《回生》为主，并将之戏称为柳梦梅的"还阳任务"。

剧本分析如下：某小姐喜读《牡丹亭》，深深为书中世界着迷：

> 某小姐：（渐转醒）俺一点幽情，正自缠绵不尽，不想读曲成痴，病境沉沉了。（捧书）俺将此曲往复批注，粉晕脂痕零碎楷，泪莹莹斑斓都在。唉！有才子书，契心至此，咱一片柔情都被收摄去了虐！

岂料这《牡丹亭》竟成了索命凶器，某小姐气绝身亡，却还不自知。

由于鬼使接不到枉死小姐的魂魄，阎罗王手下的女判官只好亲至命案现场，并取回一本由某小姐点评的《牡丹亭》。女判官觉得读曲人亡一事太过荒唐，传唤因《牡丹亭》文字业而被罚于地府扫花的汤显祖前来说明。汤显祖事忙不见，因为人间演一场戏，他就得扫一次落花。透过影像我们看到汤显祖边扫花边唱：

> 无情无尽恰情多，情到无多得尽么？解到多情情尽处，月中无树影无波。……扫花忙，忙扫花，闲人莫扰！

女判官觉得读《牡丹亭》造成伤亡不可思议，决定亲自一读《牡丹亭》。女判官说话之际，后方的场景被布置成命案现场的模样，现场有黄色封锁线与标志证物的号码牌。鬼使也在后方拍照搜证。而当女判官要打开《牡丹亭》时，包装上还会发出哔哔警告声，暗示危险。女判官由丑角行当演出，念苏白，读着读着恍惚睡去，书页里闪出奇异的光芒，由此踏上《牡丹亭》艳遇。

女判官读《牡丹亭》，不知不觉昏沉睡去。杜丽娘现身台上，诉说着等待还魂重生的喜悦。有道是"莫信后园春去住，无情花开胜有情"，于是细数后花园的花名，并说明留下画像是"自媒自婚，保亲的是柳精灵、送亲的是花神圣！做鬼三年，终盼得那破棺星圆梦人来！"由于花神呈现闹洞房状，女判被吵醒，卷入数花行列，但因花神穿梭其间，女判与某小姐没有碰面，花神也唱曲捉弄女判。待女判官转醒，竟发现自己身处一座花园之中，而且自己改换了一身奇怪的衣着。此场唱段皆在报花名，故而投影打出各式花朵图案，白墙上顿时姹紫嫣红一片。下一场，柳梦梅在挖坟与否间犹豫不定，他说：

　　自遇小姐春容，朝夕挂念，果然感其真魂，遂成暮雨之来。画上诗句，"不在梅边在柳边"，早定了小生姓名，这灵通委是怎的？今受小姐之托，与她启坟。哎呀呀！读书君子，倒做那劫坟贼不成？还是不去的好！

由于迟未动手。杜丽娘魂魄便出现，说明两人姻缘的前因后果：

　　△ 某小姐上。
　　柳梦梅：姐姐，妳妳妳怎么来了？
　　某小姐：……
　　柳梦梅：正待掘草寻根，请妳起来
　　某小姐：俺那里盼着你，好不心焦。
　　柳梦梅：姐姐……（欲上前，想起她是鬼魂，不敢碰她）
　　△ 两人保持距离。
　　某小姐：柳郎，可知俺说的，曾见你于道院西头是假。
　　柳梦梅：……是啊，姐姐怎知俺柳梦梅，何言"不在梅边在柳边"？
　　…………
　　某小姐：奴正题咏之间，便和你牡丹亭上去了。
　　柳梦梅：可好？
　　…………
　　某小姐：梦到正好时节，甚花片儿掉将下来，把奴惊醒，而后神情不定，一病奄奄！
　　柳梦梅：无怪春容之上早定了小生的姓名；你半枝青梅在手，恰似提掇小生一般！
　　…………
　　某小姐：柳郎，奴家依然还是女儿身。
　　柳梦梅：已然数度欢会，玉体岂能无损？
　　某小姐：那是魂，回生之后，才得正身陪奉。

促使柳梦梅下定决心开棺掘坟。

女判官打瞌睡醒来,撞到要去掘坟的柳梦梅,发现自己竟在《牡丹亭》中串了石道姑一角,只好一同前往挖坟。过程中柳梦梅回想丽娘魂魄的言语感伤不已,也希望石道姑轻一点避免伤到杜丽娘,石道姑则不断安慰他,并诙谐地说因为看过原著,都知道怎么回事了。

两人开棺请出了杜丽娘,没想到此人并非杜丽娘,而是读曲人亡的某小姐。初始某小姐完全不知身在何处,柳梦梅提醒她是杜丽娘,她也一脸茫然,只觉得自己是孤魂,不觉得有人叫唤她:

【醉归迟】才一醒黄粱境,有情人叫不出情人应。似俺孤魂独趁,待谁来叫唤俺一声?

由于某小姐只是在《牡丹亭》内游园一遭,了却心愿,魂灵得以安歇,因此柳梦梅的"还阳任务"宣告失败。柳梦梅因掘坟被衙役捉拿,衙役还迅速砍下柳梦梅的头,结果他的头悬在空中,身体则趴在杖打台上,身体挨打,嘴里不断哎呀呻吟。检察官正要讯问柳梦梅,衙役说棺材是空的,梦梅不敢相信,女判官也说汤显祖不是这样写的,然而梦梅已然断头,大叹生死疲劳,女判官认为是他改名柳梦梅,才脱不了情关。

柳梦梅:(恍然大悟)是了!俺曾做下一梦,梦到梅花树下,立着个美人,如送如迎,故尔改名"梦梅"!

女判官:你要弗是因梦改名啊,哪哈会应子格个柳边梅边,见神见鬼啊,(台语)墓仔埔也敢去,侬么,就是"情"忒多哉,才会被耍得团团转!

柳梦梅苦笑道:"闲花落地听无声,梦来何处更为云",柳·梦·梅,终是为情使耳?此时风吹落花雨掩去柳梦梅的身影,某小姐出现在戏外空间,唱道:

【朝元歌】情生这些,处处皆黏惹;情销那些,件件都抛舍。痴人自着邪,旁人闲叹嗟怎地周折这般拉扯,牡丹亭怎生留下许多枝叶?

全剧的尾声，汤显祖吟唱："花雨纷纷覆楚台，重重迭迭扫不开，方才收拾干净，风儿雨儿送将来。"当女判官哼起"裊晴丝吹来闲庭院……"时，立刻打趣说，汤先生恐怕要有扫不完的落花了。

在《牡丹亭》中，柳梦梅开棺掘坟、助杜丽娘还魂回生的这一出，诚为惊世之举，在全本演出的架构中却没有得到明显的位置，反而类似交代情节的过场，实属可惜。本剧便是从《回生》一出发想，讨论爱情与生存等相关问题，试图为还魂回生这样的离奇情节寻找一个出口。

二、交错梦境的多重召唤

此剧以某小姐之梦、柳梦梅之梦和女判官之梦的迭合交错，为多重梦境的结构。同时，《掘梦人》也拉出了《牡丹亭》阅读者——某小姐和女判官，《牡丹亭》剧中人——柳梦梅和杜丽娘，《牡丹亭》作者汤显祖和《掘梦人》创作者的三个层次，对汤显祖的《牡丹亭》进行解构与重探。整出戏的结构层层交迭、环环相扣，梦中有戏、戏中有梦，试图用奇巧的挖掘过程，挖掘出新奇与趣味。

看/被看依然是舞台上充满趣味的手法（此手法在二分之一Q剧场的其他剧作已有使用，例如《恋恋南柯》……），场上的某小姐正看着文本，鬼使在一旁偷窥，一起游园，甚至争读《牡丹亭》，音乐响起，原本偷窥的鬼使这时与某小姐一起堕入了舞台《掘梦人》的文本之中，剧中人因阅读而生戏，在一旁观赏《掘梦人》的观众也因观看而另有所启发？

一如往昔的是二分之一Q剧场潜伏的女性权力意识（例如改编自清·吴藻《乔影》的《小船幻想诗》），女判官也好，某小姐也罢，甚至导演、演员、观众都在以不同的美学角度欣赏《牡丹亭》。《掘梦人》以后设笔法，透过看/被看，重新检视文本阅读行为，女判官"看与不看的挣扎"，正是理性与感性阅读美学的双方拉扯。以判官隐喻的强势权力，必然代表了理性的态度，然而一旦进入文本，也不免心旌动摇，在阅读迷宫中"东看西看"，不辨方向。

本剧极具后现代感地祭出了作者汤显祖，所谓"人间搬演一场，汤先生便以帚作笔，地府扫花一日！"不仅反映了作者与读者之间的应酬互动，更以"扫花"表达作者为作品赎罪的心态，毕竟当柳梦梅与杜丽娘做了一场春梦，花神保护着，并拈片落花惊醒他们，那么人间多少杜丽娘的继承者们，就让汤先生有扫不完的落花了。

至于"人间"和"地府"的强烈对比，透过两个不同空间的落差，贬抑了作者的地位，相对于罗兰·巴特"作者已死"的论调，东西双方，隔空叫阵，从剧场美学似已略见端倪。

在希腊神话中，失去妻子的奥菲斯，被酒神的女信徒们分了尸，然而，七弦琴仍然弹奏着恋曲。数年前的《柳·梦·梅》一剧，已然暗示着"因情成梦，因梦成戏"，始能成就一个完整的柳梦梅；而《掘梦人》则以更惊悚的方式，诉说着汤显祖"为情作使"的使命。

《掘梦人》虽是实写柳梦梅，却影射汤显祖。但这"掘梦人"也绝不单指汤显祖，二分之一Q剧场何尝不是？二分之一Q剧场一向对"梦"有相当浓厚的兴趣，每部作品都能从中寻找到梦境的喻义，似梦境般快速流动的场景，或是分不清现实与幻境的如梦似幻状态，都如同创作者的一场大梦。（详见附录"二分之一Q剧场历年作品一览表"）

追求爱情之梦的柳梦梅，任务失败惨遭断头，脑袋变成皮球任人戏耍；探问人生之梦、为世人编织梦境的汤显祖困于地府以帚作笔，扫花清偿《牡丹亭》的文字业；追寻剧场之梦的二分之一Q剧场也同样苦心孤诣，一出又一出的实验昆剧创演不辍，或许也是受到观众的召唤吧！

《牡丹亭》中，杜丽娘"原来姹紫嫣红开遍，似这般都付与断井颓垣"的感叹，道出姹紫嫣红与断井颓垣的对比。而在《掘梦人》的文本中，掘梦时的美好想象与最后断头时的残酷亦是对照。冥府和《牡丹亭》书中世界的情节设定，使演出自然分为非昆曲和昆曲表演两种；影像中的人物与真实舞台中的人物对话，也是一种虚实相映，这也是二分之一Q剧场的一贯手法与宗旨。

除了表演的对照之外，舞台设计也处处运用二元对立的元素。说书人报花名时，白墙上投影出不同品种的水墨花绘图案，顿时花团锦簇，白墙上的姹紫嫣红，与场上的"断井颓垣"成为强烈的对照，若姹紫嫣红是美丽梦境，断井颓垣则是梦的残余。花朵影像于白色墙面凭空而生之举，又像是与"情不知所起，一往而深"有所呼应。而这一面曾经遍开姹紫嫣红的白墙，转面之后却立刻变成柳梦梅的断头台，化身为梦的葬送之处，原本如垃圾场的断井颓垣反倒闪烁奇异的光芒，两相对比之下，点出了重生的议题。

杜丽娘回生了，大自然苏醒了，本剧似是献给汤显祖的女粉丝们：俞二姑、商小玲、乔小青、吴吴山三妇，以及观剧的你我。"汤先生怕是扫不完的落花了"，《牡丹亭》一遍又一遍地传唱着，而阅听者的解读与诠释也会成为扫不完的落花、串不完的戏，痴迷的某小姐永远如鬼魅般，在场外的空间往复回绕。

三、梦来何处更为云

先从一部电影说起——大导演派卓阿莫多瓦（Pedro Almodovar）的《悄悄告诉她》。电影从一出现代芭蕾舞剧《穆勒咖啡馆》（Cafe Muller）展开，且看舞台上那位不断奔跑的女舞者在凌乱的桌椅中穿梭，一位男士手忙脚乱地为她清除阻碍，但女舞者看不到，她蜷缩在自己的世界中。

在台下观赏的作家马可哭了，一种情感的投射，不论是一首沧桑的恋曲，或是某种搅动记忆的气息，都会牵引心中的一根弦，每一个感动的背后总是堆积着许多更深层的原因，眼泪只是浮在水面上的冰山，潸然落泪却是各有各的理由。

小男生真痴情呢，整天从家中的窗户望着对面的舞蹈教室，他爱上了其中的一位舞者阿丽西亚。究竟是怎样的情感？当阿丽西亚出车祸成了植物人后，小男生宁愿成为男护士，只为了尽心尽力地照顾所爱的人。

当然，这是个感人的故事，但阿莫多瓦决不会这样善罢甘休，古灵精怪的他让男护士和植物人发生了性关系，植物人因此而怀孕！大导演阿莫多瓦自行透露，这部电影的灵感孕育自两篇报道：一是美国有位女士因车祸受伤变成了植物人，16 年无止境的病榻生涯，一日却突然苏醒，连医护人员都瞠目结舌，深觉不可思议；另一事件发生在罗马尼亚某个停尸间（吸血鬼的故乡，光是那阴森的氛围就足以令人遐思），一位刚过世的女孩面容依旧明艳动人、栩栩如生，年轻的警卫看了之后，强烈的欲望如按捺不住的地底喷泉迸射而出，这意外的性关系却令女孩活了过来，原来女孩得的是罕见的僵住性昏厥，女孩及其家人都非常感谢这件"意外"，但铁面无私的法律却让警卫身陷囹圄，或许正是这种法律与人情之间的矛盾引起了阿莫多瓦的兴趣吧！把这样的题材放到电影中，的确相当惊悚，但真正令人心魂震慑的是：类似的情节四百多年前的汤显祖就用过了。

《牡丹亭》有夹缠不清的爱情，迷离奇幻的梦境，死而复生的耸动情节，更有不让阿莫多瓦专美于前的情色描述。阿莫多瓦的《悄悄告诉她》不但得到金球奖的最佳外语片，奥斯卡也荣获剧本奖，集光耀于一身；反观汤显祖的《牡丹亭》问世之后，卫道人士利用各种奇奇怪怪的理由贬损它的价值，甚至还有诗歌流传呢：

死死生生一缕情，临川妙笔可怜生，误他多少痴儿女，博得风流玉茗名。

更恶毒的是假借一种近乎诅咒的"阴报"方式来达到诋毁的目的。例如当时流传一种说法：《牡丹亭》出书后，连老天都非常震怒，认为这本书会令少女失节，看过的人将来会到地狱中受苦刑煎熬。

明清时代有一块高4尺长6尺的禁书石碑，上面刻有皇帝颁布的禁书圣旨，《牡丹亭》正是其中之一。

何其不幸又何其荣幸！400年前的汤显祖早已穿越时空，以前卫大胆的情色描述戳破世俗礼教的假象，先进的思想不仅凌驾当代，就算与阿莫多瓦放在一起也不遑多让。

《牡丹亭》引发争议的唱段在《硬拷》一折，不常在舞台上演出，这段内容是描述柳梦梅向杜父陈述自棺木中救活杜丽娘的经过，唱词直描将阳气灌入丽娘尸身的经过，认为丽娘复活是自己的"功劳"。在当时保守的社会看来简直是荒诞不经，于是柳梦梅惨遭杜父吊起来拷打。唱词大胆露骨，香艳刺激，原文是：

【雁儿落】我为他礼春容、叫的凶，我为他展幽期、耽怕恐，我为他点神香、开墓封，我为他唾灵丹、活心孔，我为他偎熨的体酥融，我为他洗发的神清莹，我为他度情肠、款款通，我为他启玉肱、轻轻送，我为他软温香、把阳气攻，我为他抢性命、把阴程进。神通，医的他女孩儿能活动。通也么通，到如今风月两无功。

《悄悄告诉她》中的男护士与女植物人发生关系的那段，阿莫多瓦居然含蓄地用了一段黑白默片《缩小的情人》带过。汤显祖的大胆白描，连阿莫多瓦都要相形见绌啊！德国托马斯曼的小说《魂断威尼斯》中那位老教授，在瘟疫蔓延的灾区仍无怨无悔地追逐如希腊雕像般的美少年，如果这是一个隐喻：明知会陷入也不回头的疯狂行径，那么男护士亦如此，柳梦梅亦如此！原来千古题材，中外皆如出一辙。

《掘梦人》中，柳梦梅挖开坟茔后，却是某小姐的魂魄，而且完全不认得柳梦梅。梦梅失落之余，唱起了这段【雁儿落】，虽然唱词相同，情绪、作用却不一样。《掘梦人》里是懊恼，懊恼自己白费力气却没有效果，《牡丹亭·硬拷》则是陈述现实，目的是取信于人。在汤显祖笔下，人鬼恋是如此自然，从《惊梦》中的含蓄，到《幽媾》《欢挠》的缠绵，以致《硬拷》的白描、理直气壮，此唱段水到渠成，大胆而奔放。而《掘梦人》中，此段唱成了后半场的主旋律，反复回荡，衬托断头柳梦梅的情何以堪：

　　△八音盒声响起，变奏【雁儿落】（可缩短）
　　八音盒：【雁儿落】我为她礼春容叫得凶，我为她展幽期耽怕恐，我为她求神助开墓封，我为她唾灵丹活心孔，我为她偎熨的体酥融，我为她洗发的神清莹，我为她度情肠款款通，我为她启玉肱轻轻送，我为她软温香把阳气攻，我为她抢性命把阴程进。我为她　我为她　我为她　我　我　我　（跳针状）
　　柳梦梅：（苦笑）"闲花落地听无声，梦来何处更为云"，柳·梦·梅，终是为情使耳？哈！
　　女判官：笑啥介？风大、花满天哉！

跳针的八音盒，暗示世上千千万万有情人，不断做着相同的梦，不断堕入情欲的轮回。

四、结　语

这是一出结合戏剧、舞蹈，融合古代、现代，及梦幻和现实间的后现代戏剧创作。将昆曲名作《牡丹亭》的还魂片段，转换成一篇爱情与生存的寓言。导演戴君芳表示，《牡丹亭》的"还魂"戏是高潮，但现实中不可能有还魂，因此，在阅读汤显祖的《牡丹亭》时，产生了内心的冲撞点，因而想到人生追梦的力量。此剧残忍地揭示了情与欲的本质，即便如此，仍是在虚幻与现实中取得了一个平衡的位置。

作者单位：台湾东吴大学中文系

附录

表1　　　　　　　　二分之一Q剧场历年作品一览表

编号	年份	作品名称	说明
第1号作品	2004	柳·梦·梅	从汤显祖作品《牡丹亭》的《幽媾》《欢挠》《冥誓》三折裁剪演出
第2号作品	2005	情书	改编自明末作家袁于令《西楼记》之《楼会》《拆书》《空泊》《错梦》四折，描写男女主角一段匆匆交会的恋情，如流星般划过的光芒，却在心底留下巨大的冲击
第3号作品	2006	恋恋南柯	改编自汤显祖传奇名作《南柯记》
第4号作品	2006	小船幻想诗	以清代才女吴藻的《乔影》为文本，文艺复兴巨擘达文西为灵感，结合昆曲/舞蹈/剧场/装置之跨界演出
第5号作品	2008	半世英雄·李陵	以元代无名氏《牧羊记》为本，描述汉将军李陵"生为别世之人，死为异域之鬼"的矛盾与苍凉
第6号作品	2009	掘梦人	一语双关联系了汤显阻、柳梦梅二人，运用魔幻笔法重写杜丽娘回生之谜，以感念那个时代里为《牡丹亭》一恸而亡的女子芳魂
第7号作品	2012	乱红	改编自孔尚任《桃花扇》。明亡之后，文人有的遁迹山林，有的被迫出仕；侯方域似乎有了自己的选择，然而面对一只泣血的桃花扇，使他留在回忆中动弹不得，镜中人不断引领自己面对一切，游走在时空迷宫中的侯方域，恰似乱落如红雨的桃花，迷乱而纠缠……
第8号作品	2014	风月	改编自《红楼梦》与《红楼梦戏曲集》
第9号作品	2017	流光似梦	改编自汤显祖《紫箫记》

关于中国乐文化传统视域下的《牡丹亭》评价问题
——兼与朱恒夫等商榷

施旭升

一、问题的提出

《牡丹亭》历来被视为明清文人戏曲的代表作。然而,自其诞生400多年以来,《牡丹亭》不仅不像其他文人剧作那样多被置诸案头,反而总是常演不辍。显然,《牡丹亭》以"妙处种种,奇丽动人"而不断为人称颂的同时,其主题思想的矛盾与剧情关目之不足甚至戏词中之淫词亵语也常常为人所诟病。特别是20世纪50年代以来,在阶级分析的立场上,以意识形态的倾向性为尺度来评价,只能强调《牡丹亭》的反封建礼教的一面;新时期以来,人们则更多的转向艺术评价,强调《牡丹亭》对于爱情的歌颂或对于人性价值的张扬。但是,迄至今日,《牡丹亭》乃至"临川四梦"的评价问题似乎仍未解决。朱恒夫教授等数年前发表了《作品的缺陷与评论的缺陷——读汤显祖的牡丹亭及其评论》[①] 一文(以下简称《缺陷》),该文认为《牡丹亭》"具有很大的思想及艺术价值"的同时,"它的缺陷也是很明显的";对于《牡丹亭》一剧的剧情构造的"芜杂",关目编织的"松散",以及人物形象及主题思想的矛盾,都一一加以列举;进而还指出了当代评论界对于《牡丹亭》思想价值的误解。

应该说,《缺陷》一文所揭示的问题,也许不在于对一部作品评价产生了褒贬歧异,因为任何一部思想艺术丰厚复杂的作品都难免为人说道,产生不同的评价。故而,问题的关键可能还在于:为什么会出现这种情形?如何全面地

---

① 朱恒夫、赵慧阳:《作品的缺陷与评论的缺陷——读汤显祖的牡丹亭及其评论》,载于《浙江艺术职业学院学报》2004年第4期。文中论述该文将不再一一标出。

理解《牡丹亭》的艺术审美价值,特别是如何理解它的思想矛盾和艺术瑕疵?

追根究底,《牡丹亭》乃是根植于一个深厚的中华乐文化的传统当中,它不仅属于一般文人自我述说与倾诉的传统,即抒情诗的传统,更是属于在不断被演述、被生发、被重组改造的话语系统,即乐文化的传统。故而,本文意在将《牡丹亭》置于其所赖以生存的中国古代乐文化的传统当中来加以释读和评价,以期获得关于《牡丹亭》的更为准确和全面的理解,消除一些不应该有的误读。

二、《牡丹亭》的传统基因

很显然,人们已越来越清醒地认识到,不能以一种理想的甚至西式的戏剧样态来衡量和剪裁《牡丹亭》;更不能以所谓"现实主义""浪漫主义"的原则来"硬评"《牡丹亭》。因为,对于《牡丹亭》因梦成戏、慕色而亡、人鬼幽媾、还魂复生的剧情构造来说,"如果仅仅将'还魂'情节解释为浪漫主义手法或超现实主义方法,实际上很难让今天的欣赏者进入汤显祖所设置的语境中并获得真正的审美认同。"① 甚至很可能造成对于《牡丹亭》思想与艺术的恣意曲解。因为,语境不同,意义有别;尺度不一,评价有误。

于是,我们也就有必要去追问:汤显祖所设置的语境具体是什么?《牡丹亭》究竟属于什么样的传统?它有着怎样的文化传统的基因?

众所周知,在剧情构造上,《牡丹亭》乃是以主人公杜丽娘游园之际的春闺一梦为关节点,并且正是在梦中杜柳相遇相会,一往而情深,从此主人公杜丽娘伤情,以至于抑郁而死,临终之际,还自画其像,以寄情思。奇巧的是,书生柳梦梅以同样的一个梦,并在他进京赶考的途中,又恰巧拾到了杜丽娘的画像,从而勾起了他梦中的心事,到处寻找杜丽娘,终于使杜丽娘起死回生。为此上天入地,甚至把官司打到了阎王爷那儿,终于感动了阎王爷,判杜丽娘还魂;而还魂之后的杜丽娘却仍然面临着种种现实的纠葛。最终杜柳结为夫妻,获得一个"生生死死无人怨"的大结局。纵观全剧52出,一线绵延,多有穿插,且起伏不定,以至于给人以"结构松散"、"篇幅过长"的感觉;且自《牡丹亭》诞生以来,就很少有全本演出,甚至,每有演出,必加删减。

---

① 钱华:《牡丹亭文化意蕴的多重阐释》,载于《文学评论》2003年第6期。

《缺陷》一文由此而展开了对于《牡丹亭》之"作品的缺陷与评论的缺陷"之分析。然而，该文的不足就在于没有追根究底，至少并未曾顾及《牡丹亭》的传统基因；特别是该文只是拿着所谓"现实主义""浪漫主义"的尺度来要求《牡丹亭》的"真实性"而排斥其"虚幻性"。殊不知，《牡丹亭》虽有其取材渊源，却绝非因袭成篇。它其实更属于一个文人的奇思妙想。如果说，《牡丹亭》剧本高超之处全在"奇妙"二字，那么，可以说，其"奇妙"更主要的还不在于故事，而在于情感。当然，明代戏文中多的就是这种天下奇巧之事，这也是"传奇"文体的本质使然。从而，剧作家的浪漫情怀与传奇体的奇巧规制，使得《牡丹亭》之情境与意象充满了感人肺腑、动人心魄的魅力。

　　细究起来，这种美感魅力的实质正本于人心之乐，其实也就是《乐记》所推崇的"乐"感。因为，追根溯源，这种根基于人性喜乐的艺术观早就成熟于《乐记》当中。"乐者，人情之所不能免也"①！一直到明清，王学左派所秉持的仍旧是这种基于人性"良知"之上的人情之乐。故而，"人心本有乐，自将私欲缚。私欲一萌时，良知还自觉。一觉便消除，人心依旧乐。"②"乐"甚至成为"觉"的常态，现实生活中，人人未必"觉"，但人人都需要"乐"；乐，因此而成为一种自觉的人性需求，成为中国传统艺术文化的土壤。

　　故而，中国传统乐文化从来就不是单一形态，而是复合形态；并且随着历史的演进，呈现出明显的分层。具体说来，大致有着三个层面的建构：其一是巫乐文化；其二是礼乐文化；其三是俗乐文化。③ 三种类型文化的层垒叠合构成了中国古代乐文化的基本形貌。它们相互关联，又各自有别，不断重组，衍生出包括歌舞表演以及戏曲等在内的丰富多彩的中国传统乐文化的样式。

　　由此可以认定，源远流长的中国乐文化传统孕育出戏曲艺术，已是不争的历史事实。或者说，中国传统乐文化成为戏曲艺术的真正母体。戏曲蕴含并传承着中国乐文化的传统基因，同样，乐文化也影响并制约着戏曲的形态样式及其演变④。先秦以降，直至明代，戏乐一体仍是人们所普遍认同的观念。虽然明代的戏剧观念，已然开始分化，要么偏于曲，要么偏于乐。前者以王骥德

---

① 《乐记·乐本篇》。
② 王艮：《乐学歌》，载于《明儒学案》卷三十二。
③ 施旭升：《论中国戏曲的乐本体——兼评"剧诗说"》，载于《戏剧艺术》1997年第2期。
④ 参见施旭升：《论中国戏曲的乐本体——兼评"剧诗说"》，载于《戏剧艺术》1997年第2期。

《曲律》为代表,以对曲的条分缕析见长;后者以王阳明为代表,诚如王阳明所言:"今之戏与古之乐意思相近。《韶》之九成便是舜的一本戏。"① 其实,无论是曲还是乐,无非都是对于戏曲乐文化传统的一种体认和追溯。

在这一点上,汤显祖之于王阳明,也许有着更多的声息相通。某种意义上,《牡丹亭》也许更近乎"古之乐"的。当然,戏本于乐,却不等于乐。显然,《牡丹亭》并非只是古代版的"人鬼情未了",而主要还是古代文人基于民间传说基础上的奇思妙想或传奇构制而已。从而,《缺陷》一文认为"《牡丹亭》中许多摹写生活的情节是经不住推敲的",指出:"用浪漫的手法所构造的情节,我们应该用浪漫主义创作原则来审视;而依据实际生活创作的内容,则必须用'生活的真实'与'艺术的真实'之标准去衡量。"就难免显得与《牡丹亭》的"语境"及传统有些格格不入了。

确实,《牡丹亭》难以扯得上所谓"浪漫主义"或"现实主义"的原则的。而如果不去顾忌所谓"浪漫主义""现实主义"在欧洲文学中的具体所指,《牡丹亭》确实不失为一部具有浪漫情怀的精心的文人之作。但是,应该更确切地说,它虽然代表着这样一种显在的"文人叙事",而同时又与勾栏瓦肆的"民间叙事"有着割不断的情缘。既有民间故事的素材取舍,更有着剧作家个人化的大胆想象。它就是一个梦,一个关于情爱的生死之梦。它不仅是主人公杜丽娘的,更是剧作家汤显祖的。

从戏班搬演的角度来看,《牡丹亭》固然不是当行本色,却也并非完全没有舞台意识,其实,剧本本身业已提供了良好的舞台演出的基础。因为,"汤显祖是懂戏的,他'往往催花临羯节,自踏新词教歌舞'②;《紫钗记》写成后,他还作过自我批评,说这戏是'案头之书,非台上之曲'③。"④ 已明确体现出汤显祖的舞台意识。应该说,《牡丹亭》关目之"芜杂"与戏词之戏谑,并非不堪,而是不甘。汤显祖不屑于追求文人的雅洁,《牡丹亭》中就有意穿插了"戏"(戏耍、戏弄)的成分,当然亦不能混同于民间俚俗杂耍。某种意义上可以说,汤显祖的创作完成了一次真正的回归,回归到乐文化的根基处。

---

① 王阳明:《传习录》(下)。
② 徐朔方校笺:《汤显祖全集》,北京古籍出版社1999年版,第567页。
③ 沈际飞:《题紫钗记》,引自《汤显祖全集》,北京古籍出版社1999年版,第2567页。
④ 黄天骥、徐燕琳:《热闹的牡丹亭——论明代传奇的"俗"和"杂"》,载于《文学遗产》2004年第2期。

也就是说，作者不是不熟悉舞台，只是不肯屈就于舞台而已；不是他不配合演唱，而是不能"为文造情""以辞害义"，故而才"不妨拗折天下人的嗓子"。

如果说，《牡丹亭》犹如一棵自然生长的大树，那么，中国传统乐文化便构成了它适合生长的土壤，并且提供了必要的精神养料。或者说，《牡丹亭》之所以能够成为中国传统乐文化的重要文本，就在于：它不仅从传统乐文化的土壤汲取营养，而且还将其转化成自身的一种生命的基因。固然，《牡丹亭》不是文人化的雅趣小品，而是属于一个伟大的传统，汤显祖所遵从一种"真情""至情"的自然美学观，自觉或不自觉地继承了中国乐文化的基因，批判的吸收并融合了礼乐、俗乐、巫乐等诸多文化因子，才成就了这部作品的伟大。

故而，也只有回归到中国传统乐文化的语境当中，才能够做到对于《牡丹亭》全面的理解与独到的阐释。而脱离了《牡丹亭》产生以至不断被搬演的历史文化土壤与具体观演语境，进行所谓纯文本的分析，其结论也便往往是肤浅和不当的。

三、《牡丹亭》的巫乐精神

《牡丹亭》本质上虽然不属于神巫系统的，然而却有着深厚的巫文化根源。这不仅与汤显祖出生、为官的地域有关，与剧作的取材有关，更是与汤显祖所接受的思想渊源及巫乐文化传统的影响有关。汤显祖的祖籍江西临川，先归吴地，后属楚地。汤显祖一生的行迹，也多在吴楚之间。吴楚之地原本就有着深厚的神巫文化的基础，并且经过长时期的流传而形成独特的巫乐传统。先秦商周时代的巫风炽盛，深刻地影响到自屈原以来的中国艺术精神，形成所谓南方文化的"浪漫"传统。而这一传统的延续，追根究底，无非都是与巫乐文化的传承有关。

延至明清，中国艺术的神巫色彩已然褪去不少，但是，巫乐文化的底色依旧，传统也并未终结，甚至内化为艺术家的心理结构的一部分。直到清代的蒲松龄《聊斋志异》还借"神鬼狐妖"而构造出一个绝世世界，明代汤显祖《牡丹亭》能构造一个"因梦生情、慕色而亡、超越生死"的情色世界也就是可以理解的了。

从汤显祖的思想倾向来看，道家的"任自然"与其"一生儿爱好是天然"

正好契合。而道家思想的根源恰在于巫风炽盛的南方。于是，汤显祖与吴楚文化中源远流长的巫乐传统也就有了千丝万缕的联系。这不仅显示出汤显祖之于老庄乃至佛道思想的汲取，而且，其创作中鲜明的神话思维的色彩。

唯其如此，神巫，在《牡丹亭》的形象谱系中，也就有了某种特殊的地位及表现。一方面，人鬼神仙杂处，甚至相亲相恋；另一方面，《白蛇传》之类亦复如是。

细加分别，《牡丹亭》之神巫谱系大致可以归为以下几类：

一是花神，花神在民间信仰中是司花的神祇。十二花神的出现自然是一种非现实的舞台意象。花神属于道教的俗神，《牡丹亭》剧中，众花神不仅见于《惊梦》一折，且出现于其他场次中。其功能就是"为情作使"。在杜丽娘的梦境当中，十二花神的出现，与其说是营造一种舞台气氛，毋宁说是以花神舞的方式表现一种性的隐喻，一种生命活力与激情的宣泄。剧中之"东岳夫人，南斗真妃"，就直接将道教神灵请上舞台，更是与道佛等宗教的诸神信仰有关。

二是阎罗殿里的判官、丑鬼，这些判官、丑鬼形象多与民间信仰有关，但作为又何尝不是现实官场的直接映射，甚至比现实官场还稍多些人情味，一方面，俨然现实官场的一种镜像，它所对应的就是现实官场的冷酷与暴虐；另一方面，更是汤显祖的一种精神重构，显示出剧作家的现实批判性。从而，在中国民间信仰的神鬼谱系中，他们也就具有明显的二重性。

三是主人公杜丽娘的神魂。她有别于《李慧娘》乃至《活捉》中的"鬼魂"。鬼魂，是阴阳有别，无论是有恩还是有怨，它们是非分明；杜丽娘之神魂，则是穿越阴阳，超越生死。鬼魂，所对应的自然是人，然而它既出于人却又超然于人，较之自然人，鬼魂要么不受自然规律的约束，要么更有能力和胆魄。

因此，有关神鬼世界的描绘，在《牡丹亭》中绝非可有可无，而是显示出《牡丹亭》之于巫乐文化的汲取，或者说，巫乐文化成为《牡丹亭》的一种精神源头。这种神鬼意象，一方面固然与主题呈现有关，另一方面也是剧情构造的需要。然而，汤显祖毕竟不是一个虔诚的宗教信徒。《牡丹亭》中的神鬼意象的表现，与宗教信仰无关，而与审美创造有关：神鬼来去自由，舞台上神鬼意象的出现也便明显获得了这种自由。

可以说，正是受巫乐文化的影响，汤显祖的创作总是穿越于神鬼与人间，纠缠于现实与梦幻的二元世界。梦，成为沟通二者的桥梁。梦，既是《牡丹亭》的主题意旨之所寄托，也是其剧情构造的核心；或者说，正是巫和梦，不仅在《牡丹亭》的心理原型的构成的意义上实现了人神的沟通，体现出《牡丹亭》创作的神话思维的特性，而且也使得《牡丹亭》更具批判性色彩与超越性品格，体现出一种自然天成的浪漫气质。

总之，巫乐文化的传统之于《牡丹亭》的滋养，显示出《牡丹亭》一剧精神品格与剧情构造的双重意义，不仅为《牡丹亭》一剧的悲剧情境的营构提供了一种超越现实的维度，而且为剧作情节构造赋予了更为丰富的舞台呈现的因子，使得《牡丹亭》超然而又富有神采，神奇且富有趣味。

四、《牡丹亭》与礼乐传统

应该指出的是，《牡丹亭》之于礼乐文化传统关联，不仅属于意义层面上的，与全剧的主题思想的表现有关，而且进而影响到舞台形制。

迄今为止，一般人认为，汤显祖《牡丹亭》的思想价值主要体现在以下几个方面，而事实上确是如此吗？

一是反封建。显然，"封建"一词，主要的还是属于政治话语。而汤显祖及其《牡丹亭》都明显不构成对于"封建"政治文化的反思与批判，何来所谓"反封建"？如果说，杜丽娘出生成长的环境属于封建官僚家庭，她所接受的教育也基本上属于"封建式"的，那么，其官僚家族文化以及封建观念对于人性的禁锢是明显的，在这个意义上，可以说，《牡丹亭》具有某种"反封建"的色彩。故而，与其笼统地说《牡丹亭》"反封建"，不如更确切地说是对于杜丽娘所置身于其中的封建家庭与社会伦理关系的一种批判。因此，"反封建"一说也就不免显得有些大而无当。

二是破礼教。所谓礼教，也就是"礼乐教化"，原本就是传统礼乐文化的一个组成部分。礼教，主要属于道德教化，有其世俗性的一面。对于主张温柔敦厚、乐而不淫的礼乐来说，《牡丹亭》的作者无疑采取了一种反思和批判的立场和姿态。然而，稍作分析就可以看出，正如礼教不是礼乐文化的全部，《牡丹亭》对于礼乐教化也不是全盘否定。在《牡丹亭》所构建的生与死、神鬼人的二元世界当中，如果说，人的现实世界充满着礼教的束缚，礼教成为人的精神桎梏，那么神鬼或者人死后的世界则完全可以摆脱这一切。汤显祖对于礼教的这种二元化的处理，既是他对于礼教意识的大胆质疑，同时也确实带来了《牡丹亭》主题表达的矛盾之处。

三是反理学。对于宋明理学所提倡"存天理、灭人欲"之说，汤显祖无疑是有所保留的。其实，将"天理"与"人欲"简单对立起来，原本就是理学观念的一个死穴。他们将"天理"本体化而将"人欲"世俗化，并使两者决然对立起来。另一方面，现实中，宋元理学所宣扬思想观念几成明朝的国家哲学。它在维护思想道统、社会价值传承方面确实发挥了重要作用。随着王学左派的兴起，人们才开始了对于理学的系统反思和批判。譬如，究竟何谓"天理"？所谓"天理者，天然自有之理也。才欲安排如何，便是人欲。"① 而王阳明提出的"良知"观念无疑成为对"天理"的有效的校正和补充。从而，汤显祖站在王学左派的立场上，旗帜鲜明地强调人间"至情"，而反对"灭人欲"，主张扬"情"抑"理"，张扬"至情"。某种意义上，这种"至情"又何尝不是一种"天理"呢？在汤显祖看来，天理只有顺应了人情，才是真正的"天理"。

诚然，如《缺陷》一文所揭示的，《牡丹亭》不是在宣扬"爱情"，而是在赞美"情欲"；所以者何？正因为有着"良知"观念的存在，爱情与情欲，一字之差，就似乎在一般人的心目中有着高下之分、尊卑之别。确实，如《缺陷》一文所揭示的，究竟是颂扬爱情，还是表现情欲，确乎造成《牡丹亭》主题思想表现的一些矛盾性，也为人们认识和评价《牡丹亭》的思想和意义平添了一道迷障。但是，过分强调《牡丹亭》之宣扬"情欲"而无关"爱情"显然又走到了另一个极端，其内在逻辑仍是"天理"与"人欲"的对立。

故而，可以说，《牡丹亭》不是简单的对于礼乐传统的反叛，而只是对于礼教中的非人性的反思和挑战。比如，性爱，无疑是《牡丹亭》着力表现的主题之一。因为，凡人皆有七情六欲。性爱本身即构成了人生之生命伦理的基调。或者说，情欲也就成为人的生存的根基所在。王阳明曾指出："喜怒哀乐惧爱恶欲，谓之七情。七者俱是人心合有的，但要认得良知明白……七情顺其自然之流行，皆是良知之用，但不可有所著。七情有著，皆谓之欲。"② 情与欲，从而表现人的七情六欲也就成为诗歌乃至全体艺术的根本，成为传统中国诗艺的基础。

诚然，《牡丹亭》的主题表现是有矛盾性的。因为，恰恰是礼乐文化的传

---

① 《明儒学案》卷三十二。
② 王阳明：《传习录》，引自《明儒学案》卷十。

统赋予了《牡丹亭》一个特殊的精神立场和价值标准。这种独特的立场和标准也使得《牡丹亭》有了基本的"奇"与"正"的定位：《牡丹亭》所传之"奇"无非是相对于礼法之"正"而言的，"奇"和"正"，实则相反而相成，没有"正"，也就无所谓"奇"。在这个意义上，汤显祖的艺术贡献并不完全在于所谓"反礼教"；换言之，本质上，一部《牡丹亭》，与其说是对于礼教传统的反叛，不如说仍是在礼乐文化的传统规训下一种新的价值伦理维度的探求与突破，即以情为据，以生死为期许，它自是对于理学教条的一种反驳，更是对于礼乐文化的价值诉求的一种积极的拓展。从而，《牡丹亭》中对于个体情欲的抒写，其实并没有彻底摆脱礼教的羁绊，而是在古老的礼乐文化的根基上长出的鲜活的嫩芽来。

五、《牡丹亭》与俗乐文化

作为一部文人创作的《牡丹亭》，究竟与俗乐文化传统有着怎样的关联？对于这一问题的回答某种意义上也就成为《牡丹亭》价值评判的一个重要维度。

为了消除人们对于《牡丹亭》偏于"幽怨""颇多冷静场面"[①] 的刻板印象，曾有论者专门撰文加以讨论，认为《牡丹亭》也是"很热闹"的"场上之曲"[②]。其实，应该指出的是，《牡丹亭》之所以在表现"幽怨""冷静"的同时又不妨很"热闹"，就是因为它的根深扎在传统俗乐文化的土壤之中。从而在其舞台表现上，俚俗不拘，可以说，俗乐文化的喜乐精神与文人的悲悯情怀，造就了《牡丹亭》的特殊的品格和品位。

俗乐，乃是相对于礼乐而言，是基于民间民俗娱乐之上的一种乐文化形态。经过长期而广泛的民间流传，俗乐成为民众所喜闻乐见的娱乐形式，甚至成为民俗的心理和典仪的一部分；因而，相对于而就其民间喜乐的特质而言，几近于当今的大众娱乐。战国中后期，以礼乐为核心的贵族化的雅乐已近废弛，而俗乐普遍兴起，人们对于俗乐多是趋之若鹜，因而被斥为"礼崩乐坏"。这是站在礼乐文化的立场上对于俗乐兴起的排斥。殊不知，俗乐之所以流行，恰恰在于它与普遍的社会文化心理的密切关联。所以，俗乐，固然离不

---

① 徐扶明：《牡丹亭研究资料考释》，上海古籍出版社1987年版，第244页。
② 黄天骥、徐燕琳：《热闹的牡丹亭——论明代传奇的"俗"和"杂"》，载于《文学遗产》2004年第2期。

开世俗，离不开流行，但它又不只是民间的喜乐，而是还有着一个社会普遍性的文化心理根源在。在中国历史上，俗乐与礼乐并非截然对立，而是相互补充甚至相互促进，乃至在不断吸纳新的外来乐文化（如胡乐、燕乐等）的基础上，构成了中国古代乐文化的主体部分。

从历史的发生来看，俗乐的兴起，与巫风的退隐有着一定的关联。俗乐与巫乐，原本是相表里的，而与礼乐文化相并立。如果说，其功能主要还是娱神；而俗乐则主要是娱人与自娱。中国先秦时代的巫风炽盛，到了战国时期"礼崩乐坏"，俗乐文化随之兴盛，大有取代礼乐之势。汉代以降，受到"独尊儒术"的影响，巫风退隐，礼乐文化与俗乐文化交相起伏，与巫乐文化一直处于潜隐状态相反，俗乐文化越来越显示出它的强劲发展的势头，成为中国古代乐文化的内在动力源。

唯其如此，俗乐文化之于《牡丹亭》，不仅构成了它生长的土壤和动因，而且直接构成其剧情发展及意象呈现的有机组成部分。因而，《牡丹亭》当中就不仅有着诸多喜闹的场面排场，同时更明显地表现出一种特殊的世俗化的格调。

就《牡丹亭》的排场而言，从而，《牡丹亭》当中"除了谐趣表演外，更有很多表现民间风俗、神魔祭祀、狂欢笑闹的排场，穿插多种民间技艺的表演。"[①] 特别是自《牡丹亭》诞生以来的各种演出文本，尤以喜剧性的铺陈排场为甚，虽然这种铺陈并不为多数文人所认同，但却吸引了更多的观众。因为，就一般的观众心理而言，大体上一则以"喜"，一则以"拒"。喜者，窃喜也；喜，当源自一种本能的喜好。拒者，拒斥也；拒，乃是源自礼法的姿态、教化的传统。不仅普通民众，文人士大夫又何尝不是如此？

就《牡丹亭》的格调而言，俗乐文化多以嬉闹见长，至于《牡丹亭》的所谓"低俗"、粗俗，其实更多属于舞台上常有的科诨，目的主要还是以适应观众的俗趣为目的。从而，作为俗乐文化的一部分，《牡丹亭》除了如"劝农""冥判"等出，还有着更多的民间典仪的直接展示，尽管这些典仪的表演本事并不尽然出于作者之命意。

唯其如此，《牡丹亭》中，大雅和大俗、文人雅趣与民俗娱乐才得以相互

---

① 黄天骥、徐燕琳：《热闹的牡丹亭——论明代传奇的"俗"和"杂"》，载于《文学遗产》2004年第2期。

交融;杂而不越,也就成为《牡丹亭》的魅力所在。

六、结　　论

究竟如何全面地理解与评价作为中国戏曲文化的经典文本之《牡丹亭》?无疑,《牡丹亭》的成就与瑕疵并存。其得失之间,正显示出《牡丹亭》之是其所是、非其所非。只是《缺陷》一文对于《牡丹亭》思想及艺术上的不足的揭示稍显浮表化,而未能深及根源;且其"浪漫主义""现实主义"的评价视野显然与《牡丹亭》的产生土壤、生存环境是不适宜的。

就主题表达而言,如果说,《牡丹亭》一剧的传奇故事,在世俗的眼光中,似乎显得荒诞不经,然而在戏剧舞台上,却又在情理之中,它惊世骇俗,却又入情入理:爱情可以超越生死,可以冲破礼教,可以感动冥府朝廷!正因为汤显祖深切洞鉴世俗的品位,从而在他的创作中,就要明确告知后人,这尘世中的忙忙碌碌都不重要,唯有一个"情"字,才可以让人不顾声名利禄,甚至超越生死;人只有在感情中,才可以得到永生;而这个"情",不仅是男女情爱,它本质上不是事件的"真实",而是情感的"真切",它可能就是人们心中的一个梦。如果没有《牡丹亭》,人们便无法想象爱情的力量会如此惊天动地,无法相信梦想的力量会彻底地改变人生。从而,正如一切伟大的艺术作品所能给予人们的思想启迪,自《牡丹亭》诞生以来,杜丽娘就一直能够"活"在舞台之上:她告诉人们应该怎么生活:如果没有情爱,没有梦想,人也便没有希望;唯有爱情,能使人虽死而犹生!

就剧情构造而言,既然《牡丹亭》所言无非一个"情",一个女子上天入地、寻觅真情的故事,那么,其情境设置与意象营构也就无不围绕此"情"而展开。虽然,有人谓之"爱情",有人谓之"情欲",但无非一个"情"字,惟其"缘境起情,因情作境"①,从而这种"情"也就成为其"还魂再生"的剧情模式的主要动力源。

故而,唯其以"情"为纲,以"礼乐""俗乐""巫乐"为纬,融传统乐文化于一体,所以《牡丹亭》的主题表达与剧情构造才显得既又包容性极强。其主旨无疑是一曲关于人性觉醒的礼赞!唯其颂人情,正人心,凸显人性启迪

---

① 汤显祖著,徐朔方笺校:《汤显祖诗文集》,上海古籍出版社1982年版,第1125页。

的价值，《牡丹亭》才因此而成为明代中叶以来冲破理学藩篱与禁欲主义的一声号角、一曲悲歌。我非常赞同这样一种判断："一部《牡丹亭》正是在杂乱无序中，以'阴阳两界'、'花园内外'为转轴，构建了一个精致的二元世界：男性与女性，情与非情。"① 而并非像朱恒夫先生等人文章中所揭示的那样"在现实主义故事情节的板块上随意编构内容，淡化了作品的艺术真实性"，显然是《牡丹亭》之经典价值庶几正在乎此。

作者单位：中国传媒大学艺术研究院

---

① 李舜华：《花园内外，阴阳两界——试论牡丹亭男性世界与女性世界的分与合》，载于《北京师范大学学报》2000 年第 5 期。

汤沈之争
——南曲文人化过程中的文律之争*
石 艺

一、曲学背景：南曲文人化的历史进程

文艺样式的真正成熟需要一定的规范，而这种规范在中国古代通常由知识文化水平相对较高的文人来完成，《汉语大词典》对"文人化"的定义是："指来自民间的文学样式，经过文人的使用改造，逐渐脱去粗俚通俗的色彩。"① 对文艺样式而言，"使用改造"实际上就是参与创作。通常情况下，文人参与到文艺创作中会提高作品的艺术品位，文艺样式本身的地位随之提高。但文人化导向典雅化、规范化的同时也会带来僵化，过度的典雅和规范会扼杀文艺样式民间状态时的创造力和生命力，使之成为仅供文人把玩的"游戏"。以曲为例：早期戏曲为舞台演出而创作，为适应观众的欣赏水平，文辞通俗、音律调谐是基本要求，文人参与戏曲创作后，规范音律、提升文辞，一方面提升了戏曲的艺术品位，在一定程度上提高了"词曲小道"的地位，另一方面也使戏曲脱离观众，走向案头，丧失了早期能够付诸舞台演出的独特个性。

当然，文人化要经历漫长的过程，不可能一蹴而就，而文人也会认识到其间的利与弊，并进行修正。这种修正是文人化的重要组成部分，它处于文人化的进程中，之前的文人化否定了民间文艺"粗俚通俗"的状态，它是"否定之否定"，是对之前文人化弊端的反思，能引导之后的文人化朝着更完善的方向发展。汤显祖、沈璟等明代曲家就处于南曲文人化"否定之否定"的历史阶段。

---

* 本文为2017年度教育部人文社会科学研究青年基金项目"文体学视野下的沈璟曲学研究"（17YJC751030）和广西高等学校千名中青年骨干教师培育计划第二期培养对象的阶段性成果。

① 《汉语大词典》编辑委员会：《汉语大词典》第六册，《汉语大词典》出版社1990年版，第1512页。

南北曲的成熟都经历了文人化的过程，但二者的步调很不一致。由于元朝相对特殊的政治文化环境，大量文人参与创作，北曲的文人化进程虽然起步晚但速度快、效率高，至迟在《中原音韵》成书的元中期北曲就已经完成了文人化进程，成为个性鲜明的独立文体："凡作乐府，古人云：'有文章者谓之乐府'。如无文饰者谓之俚歌，不可与乐府共论也。"① 相比之下，南曲的文人化要缓慢得多。据《南词叙录》记载，"南戏始于宋光宗朝，……或曰'宣和间已滥觞，其盛行则自南渡'"②，虽然起源早，但南曲发展缓慢，至徐渭生活的正德年间仍在很大程度上保持着早期"村坊小曲"的形态。徐渭的学生、王骥德对此不无感叹："作北曲者，如王、马、关、郑辈，创法甚严。终元之世，沿守惟谨，无敢踰越。而作南曲者，如高如施，平仄声韵，往往离错。作法于凉，驯至今日，荡然无复底止。"③

由于北曲文人化的时间早，成就有目共睹，又与南曲同为曲体，南曲的文人化事实上是师法北曲、有所侧重地展开的。

（一）首先看律

李昌集在考察了北曲俚歌杂剧与乐府小令的格律后总结："北曲本是'以定腔传辞'的。这里所谓的'定腔'，并非指某一个'曲牌'天南海北都有一个一成不变的'乐曲'，而是指有一个大致稳定的乐汇、乐句构成的'乐腔'，组织乐汇、乐句而成何样的'乐式'，则相对有一定的'自由'，……而文人小令的'律化'，最直观的表现便是将词式不固定的曲辞在篇式、句式及字位的平仄予以固定化和规范化。"④ 在文人创制了乐府北曲这种"因字定腔、依字传腔"⑤ 的创作（包括写作与演唱）方式后，燕南芝庵、周德清、朱权等曲论家又先后分别撰作了《唱论》、《中原音韵》和《太和正音谱》等书，树立起字声、句法、曲牌、联套、唱法等的规范，将曲律的创作方法固定下来，保证了北曲的音乐艺术水平不再像民间歌谣那样参差不齐。

早期南曲的旋律与北曲俚歌类似，也是"村坊小曲"，也"承袭了民间歌

---

① 周德清：《中原音韵》"正语作词起例"，引自《中国古典戏曲论著集成》第一册，中国戏剧出版社1959年版，第231页。
② 徐渭：《南词叙录》，引自《中国古典戏曲论著集成》第三册，中国戏剧出版社1959年版，第239页。
③ 王骥德：《曲律》"杂论第三十九上"，引自《中国古典戏曲论著集成》第四册，中国戏剧出版社1959年版，第151页。
④ 李昌集：《中国古代曲学史》，华东师范大学出版社1997年版，第41页。
⑤ 俞为民：《昆曲格律研究》，南京大学出版社2009年版，第4页。

谣这种依腔传字的演唱方式，其曲调也具有民间歌谣定腔不定字声的特征，即演唱时是以固定的旋律来套唱不同的文字，只要曲文的字数能为曲调的旋律所容纳，故同一支曲调的曲文字声虽有不同，但句式与字数很少有出入，同时，由于曲调的旋律固定，因此，对字声的要求就不十分严格，剧作者所写的曲文只要能够为曲调固定的旋律所容纳，不必顾及曲文的平仄、韵律等。"① 虽然元末时，文士顾坚等人就已经采用北曲乐府"依字定腔"的方式创立了的清唱昆山腔，但它一直停留在文人清唱的层面，既未影响到剧唱，也未能扩展到其他声腔，直到嘉靖时魏良辅才将"依字行腔"的演唱方式引入南曲剧唱中。在《南词引正》中，魏良辅详细说明了"依字行腔"："五音以四声为主，但四声不得其宜，五音废矣。"② 即：字的曲调旋律（宫、商、角、徵、羽"五音"）要依据它本身的声调（平、上、去、入"四声"）来确定，如果声调没能处理好，曲调旋律就会大受影响。这样一来，南曲早期"随心令"的演唱方式被彻底改变，不但符合了文人的审美情趣，还成为熟悉文字四声的他们容易掌握的新文体，文人化后的南曲很快风靡开来："今则自缙绅、青襟，以迨山人、墨客，染翰为新声者，不可胜纪。"③

但是，南曲曲律文人化的工作并未真正完成，"依字行腔"的演唱方式对曲文的宫调、曲牌、句式、声韵等都有严格的要求，而文人并不熟悉这些具体的曲律规则，直接导致大量传奇剧本沦为难于场上搬演的案头之书，当时的曲家对此也有深刻的认识："学者不得不从宫调文字入，所谓'师旷之聪，不废六律'，与匠者之规矩垺也。今之传者置此道于不讲，作者袭其失步，率臆廓填；讴者沿其师承，随口啈吺，即有周郎之顾，谁肯信其误而正之耶？"④ 南曲曲律的文人化仍需要更一步的规范。

（二）其次看文

由于有大量文人参与创作，且马致远、关汉卿、王实甫等杰出作家创作了大批优秀作品作为示范，北曲的文辞很早就摆脱了"粗俚"的状态，实现了文人化。《中原音韵》区分北曲"乐府"与"俚歌"的标准是"有文章"、

---

① 俞为民：《宋元南戏考论续编》，中华书局2004年版，第146页。
② 魏良辅：《南词引正》，引自《中国古代乐论选辑》，人民音乐出版社1981年版，第286页。
③ 王骥德：《曲律》"杂论第三十九下"，引自《中国古典戏曲论著集成》第四册，中国戏剧出版社1959年版，第167页。
④ 凌濛初：《南音三籁·叙》，引自《中国古典戏曲序跋汇编》，齐鲁社1989年版，第56页。

"无文饰"，但从具体作品看，即使是俚歌杂剧，元代作家也对其文辞进行了加工、修饰，与民间歌谣的风格仍有不同。徐渭就曾将北曲文辞成就高的原因归结为"有名人题咏"、"元人学唐诗，亦浅近婉媚，去词不甚远，故曲子绝妙。"①

需要强调的是，由于元代北曲作家一般出身社会下层，他们为演出而创作俚歌北曲，演出的对象也主要是"畸农市女"，作品文辞一般都通俗晓畅，叙事性也较强；即使是他们自娱唱酬时创作的乐府北曲作品，也由于文体的语言特征基本成型，过于典雅的文辞也较为少见。对此，王骥德总结："曲之始，止本色一家"②，王国维先生则指出："元剧实于新文体中运用新言语"③。也就是说，作为与传统诗文词等案头文学不同的文艺样式，曲需要付诸演出才能最终实现其艺术价值，这就要求其文辞必须适应接受者的欣赏水平。北曲作为曲这一文体中率先成熟的一支，在一开始就树立了切合其艺术特征的语言风格——"本色"。

南曲的文辞和内容的文人化都走了弯路。

南戏早期的创作者多为下层文人或艺人："古曲自《琵琶》、《香囊》、《连环》而外，如《荆钗》、《白兔》、《破窑》、《金印》、《跃鲤》、《牧羊》、《杀狗劝夫》等记，其鄙俚浅近，若出一手。岂其时兵革孔棘，人士流离，皆村儒野老涂歌巷咏之作耶？"④ 王骥德用文人的品位批评宋元南戏文辞"鄙俚浅近"，事实上，这些作品恰恰适应了观众的欣赏水平，是合于场上搬演的"本色"之作。

第一个参与南戏创作的文人是元末明初文人高明："（宋元南戏）作者猥兴，语多鄙下，不若北之有名人题咏也。永嘉高经历明，避乱四明之栎社，惜伯喈之被谤，乃作《琵琶记》雪之，用清丽之词，一洗作者之陋。于是村坊小伎，进与古法部相参，卓乎不可及已。"⑤ 此后，明初虽然也有一些官僚文士参与到南戏创作中，但他们的作品"都出自诗人之口，非桑间濮上之音，与

---

① 徐渭：《南词叙录》，引自《中国古典戏曲论著集成》第三册，中国戏剧出版社1959年版，第239页、第244页。
② 王骥德：《曲律》"论家数第十四"，引自《中国古典戏曲论著集成》第四册，中国戏剧出版社1959年版，第121页。
③ 王国维：《王国维戏曲论文集·宋元戏曲考》，中国戏剧出版社1984年版，第88页。
④ 王骥德：《曲律》"杂论第三十九上"，引自《中国古典戏曲论著集成》第四册，中国戏剧出版社1959年版，第151页。
⑤ 徐渭：《南词叙录》，引自《中国古典戏曲论著集成》第三册，中国戏剧出版社1959年版，第239页。

风雅比兴相表里"①，政治性或教化目的过于明显，故事性不强，影响不大。直至隆庆年间，梁辰鱼用魏良辅改革后的昆山腔创作出典雅绮丽的传奇《浣纱记》，一时间"吴闾白面冶游儿，争唱梁郎雪艳词"②，大批文人士大夫开始积极投身戏曲创作。

应该说，此时南曲文辞的文人化进程可以顺利推进直至完成了，但事实并非如此。由于无须像元代北曲作家那样考虑实际搬演效果，南曲独立的文体语言特征又尚未形成，明代文人对此更没有体悟，在他们的创作观念里，传奇与诗、文、词并无不同："诗变而词，词变而曲，其源本出于一"③，"粤征往代，各有专至之事以传世，文章矜秦汉，诗词美宋唐，曲剧侈胡元。至我明则八股文字姑无置喙，而名公所制南曲传奇，方今无虑充栋，将来未可穷量，是真雄绝一代，堪传不朽者也。"④观念指导创作，明前中期文人是在用创作诗、文、词的方法创作曲，直接导致当时南曲文辞越来越典丽文雅，其文人化走向了案头而非场上。稍后的凌濛初对此问题的批判最为精切："曲始于胡元，大略贵当行不贵藻丽。其当行者曰'本色'。盖自有此一番材料，其修饰词章，填塞学问，了无干涉也。故《荆》、《刘》、《拜》、《杀》为四大家，而长材如《琵琶》犹不得与，以《琵琶》间有刻意求工之境，亦开琢句修词之端，虽曲家本色故饶，而诗余弩末亦不少耳。……自梁伯龙出，而始为工丽之滥觞，一时词名赫然。盖其生嘉、隆间，正七子雄长之会，崇尚华靡；弇州公以维桑之谊，盛为吹嘘，且其实于此道不深，以为词如是观止矣，而不知其非当行也。以故吴音一派，竞为剿袭。靡词如绣阁罗帏、铜壶银箭、黄莺紫燕、浪蝶狂蜂之类，启口即是，千篇一律。甚者使僻事，绘隐语，词需累诠，意如商谜，不惟曲家一种本色语抹尽无余，即人间一种真情话，埋没不露已。"⑤曲要提升文辞的艺术水平，文人化必不可少，但诚如凌氏所论，曲的文辞贵本色不贵藻丽，作为早期文人化的作品，《琵琶记》虽然开辞藻修饰之风，但仍有本色的一面，而《浣纱记》以华靡绮丽为尚，直接将传奇文辞带向了歧途。

---

① 臧贤：《盛世新声》，文学古籍刊行社1955年版。
② 王世贞：《嘲梁伯龙》，引自《弇州山人四部稿》卷四九·诗部，明万历五年王氏世经堂刻本。
③ 臧懋循：《〈元曲选后集〉序》，引自《负苞堂文选》卷之三，明天启元年臧尔炳刻本。
④ 沈宠绥：《度曲须知》"曲运隆衰"，引自《中国古典戏曲论著集成》第五册，中国戏剧出版社1959年版，第197页。
⑤ 凌濛初：《谭曲杂札》，引自《中国古典戏曲论著集成》第四册，中国戏剧出版社1959年版，第253页。

除了文辞风格上的弊病外，南曲文人化还给作品内容带来了利与弊。一方面，明代文人用创作诗文词的态度创作南曲传奇，抒发志趣、展现才学，使作品中创作者的主体意识普遍增强，加上他们较高的知识水平，使文人传奇与早期宋元南戏相比，主题、情节、结构等都更合理，故事性也更强；但另一方面，诗、文、词是抒情文学，而传奇是叙事文学，文人有时为抒发强烈的个人情绪大段抒情、议论，而削弱了传奇本应具备的叙事性。虽然戏曲原本就可以、也应该适度地抒情、议论，但一旦过度而以牺牲叙事性为代价，无疑会影响场上搬演的效果。明初文人邱浚《五伦全备记》"纯是措大书袋子语，陈腐臭烂，令人呕秽"①、邵灿《香囊记》"以时文为南曲"② 就是其中代表。

可见，明代万历年间，南曲文人化的发展无论是律还是文，都出现了一些亟待解决的问题，汤沈之争就是在这样的曲学背景中出现的。

二、汤沈之争的根由：对曲体本质属性的不同判断

目前可见关于汤沈之争的记载主要来自王骥德和吕天成，汤显祖和沈璟虽然各自表达了曲学观点，但均未正面谈及这场争论。部分学者判断，历史上可能并未发生过汤沈之争③。本文认为，无论汤显祖和沈璟之间是否真正有过争论，他们的曲学思想存在分歧是不争的事实，而且，当时诸多曲家也曾围绕同一主题发表意见、展开讨论，可见这在当时是众人瞩目的曲学"热点"。

在南曲文人化过程中出现的汤沈之争，"争"的是曲体性质的两个方面——音乐性与文学性哪一个才是本质属性的问题，他们的观点代表了文人曲家对曲体特性的思考。争论中，汤显祖重文，沈璟偏律，貌似争锋相对，实则统一在南曲文人化这一大命题下，这也是当时诸多曲家纷纷参与讨论、最后得出"合之双美"结论的原因。

汤显祖、沈璟的友人王骥德、吕天成记载了汤沈之争的始末缘由：

---

① 徐复祚：《曲论》，引自《中国古典戏曲论著集成》第四册，中国戏剧出版社 1959 年版，第 236 页。
② 徐渭：《南词叙录》，引自《中国古典戏曲论著集成》第三册，中国戏剧出版社 1959 年版，第 243 页。
③ 参阅周育德：《也谈戏曲史上的汤沈之争》，载于《学术研究》1981 年第 3 期。

> 临川之于吴江，故自冰炭。吴江守法，斤斤三尺，不欲令一字乖律，而毫锋殊拙；临川尚趣，直是横行，组织之工，几与天孙争巧；而屈曲聱牙，多令歌者齚舌。吴江尝谓："宁协律而不工。读之不成句，而讴之始协，是为中之之巧。"曾为临川改易《还魂》字句之不协者，吕吏部玉绳（郁蓝生尊人）以致临川，临川不怿，复书吏部曰："彼恶知曲意哉！余意所至，不妨拗折天下人嗓子。"其意趣不同如此。①

> 光禄尝曰："宁律协而词不工，读之不成句，而讴之始协，是为曲中之巧。"奉常闻而非之，曰："彼乌知曲意哉！予意所至，不妨拗折天下人嗓子。"此可以睹两贤之志趣矣。②

据此，事情的发端是沈璟改易了他认为的汤显祖名作《牡丹亭》中不谐律的字句，吕玉绳将此改本交给汤显祖，汤很不高兴，批评沈璟不知曲意，声称只要文字能表达意趣，声律并不重要。而沈璟却认为，在曲作中，声律较文辞更重要，即使是案头阅读不顺畅的语句，如果演唱时音律调谐，也算得上是好的曲作。

在书信中，汤显祖多次重申自己的观点，更详细地解释了自己反对改本《牡丹亭》的理由：

> 凡文以意趣神色为主。四者到时，或有丽辞俊音可用，尔时能一一顾九宫四声否？如必按字模声，即有窒滞迸拽之苦，恐不能成句矣。（《答吕姜山》）

> 弟在此自谓知曲意者，笔懒韵落，时时有之，正不妨拗折天下人嗓子。（《答孙俟居》）

> 不佞《牡丹亭记》，大受吕玉绳改窜，云便吴歌。不佞哑然笑曰：昔有人嫌摩诘之冬景芭蕉，割蕉加梅。冬则冬矣，然非王摩诘冬景也。其中骀荡淫夷，转在笔墨之外耳。（《答凌初成》）

> 《牡丹亭记》，要依我原本，其吕家改的，切不可从。虽是增减一二

---

① 王骥德：《曲律》"杂论第三十九下"，引自《中国古典戏曲论著集成》第四册，中国戏剧出版社 1959 年版，第 165 页。
② 吕天成撰，吴书荫校注：《〈曲品〉校注》，中华书局 2006 年版，第 37 页。

字以便俗唱,却与我原做的意趣大不同了。(《与宜伶罗章二》)①

值得注意的是,汤显祖在反复强调"意趣神色"在曲作中的重要性时,用以指代曲这一体裁的是"文"字,也就是说,在他看来,曲与诗文词相同,也是传统文体的一种,其写法当然也与诗文词相同,改本《牡丹亭》改变了"意趣"而迎合音律,当然是不可原谅的舍本逐末。他还用具体创作经验说明,当"意趣神色"与"丽词俊音"兼得时,有时难以顾及曲律,如果完全"按字模声"、依曲律写作,思维会不够通畅,连成句都会有困难。所以,汤显祖认为,曲这一体裁的本质属性是文学性,而非音乐性。

另外,在汤显祖的陈述中,排在"意趣神色"之后的是"丽词俊音";纵观"临川四梦",语言风格也以典雅藻丽为主,虽然这也是汤氏才情难以拘束使然,但主要原因应该是他本身也讲求典丽而非本色的语言风格。

沈璟主要的观点表达则在【商调·二郎神】《论曲》中:

> 何元朗,一言儿启词宗宝藏,道欲度新声休走样。名为乐府,须教合律依腔。宁使时人不鉴赏,无使人挠喉捩嗓。说不得才长,越有才,越当着意斟量。
>
> 曾记少陵狂,道细论诗晚节详。论词亦岂容疏放。纵使词出绣肠,歌称绕梁,倘不谐律吕也难褒奖。耳边厢,讹音俗调,羞问短和长。②

与汤显祖明显相反,沈璟认为曲之所以成为曲,是因为其与传统诗文词不同的音乐性,所以它才被称为"乐府"。基于这一认识,他援引何元朗"(金元戏文)词虽不能尽工,然皆入律,正以其声之和也。夫既谓之辞,宁声叶而辞不工,无宁辞工而声不叶"③ 的说法,强调曲首先应该"合律依腔",其最本质的属性是音乐性而非文学性。

正是由于对曲体本质属性的认识不同,汤沈二人才有了针锋相对的论争,但如果从南曲文人化的角度看,无论将曲判断为"文"或是"乐府",强调文学性或是音乐性,都是文人曲家对曲这一体裁本质属性的思考,两种曲学思想

---

① 汤显祖:《汤显祖集》第二册,上海人民出版社 1973 年版,第 1337、1299、1345、1426 页。
② 沈璟著,徐朔方辑校:《沈璟集》,上海古籍出版社 1991 年版,第 849 页。
③ 何良俊:《四友斋丛说》卷三八,明万历七年张仲颐刻本。

只各自代表了文人化的某一方面。

三、汤沈之争的实质：南曲文人化的两个方面

从对曲体本质属性的认识出发，汤沈二人各有侧重地融入南曲文人化的进程中，对其间出现的文、律两方面的问题都有所反映和回答。

1. 汤显祖对"文"的重视

汤显祖对"意趣神色"（侧重思想①）和"丽词俊音"（侧重语言）的偏重代表了文人作家创作南曲时对典雅文风的追求。

首先，"意趣神色"代表的是南曲文人化在作品思想内容和叙事方法方面的"雅正"方向。

在汤显祖的传奇创作中，"意趣神色"指的是"情"。他不但以"情"为内在驱动力创作传奇："为情作使，劬于伎剧"②，将创作"临川四梦"称为："因情成梦，因梦成戏"③，还在作品中贯穿了"情"的主题，如《〈牡丹亭〉题词》："天下女子有情宁有如杜丽娘者乎。……如丽娘者，乃可谓之有情人耳。情不知所起。一往而深，生者可以死，死可以生。生而不可与死，死而不可复生者，皆非情之至也。"④ 虽然情节仍是生旦大团圆，但作为中晚明思想解放浪潮中被高扬的精神，"情"已经大大提升了作品的思想意蕴，使之与宋元南戏传统的爱情婚姻戏有了本质的不同。可以说，正是由于汤显祖的主观创作意图"雅正"，才造就了《牡丹亭》超拔的思想成就。另外，作家的主观创作意图不仅贯穿在作品内容中，还成为情节的驱动力，剧作叙事性强，抒情恰到好处：前述南曲文人化在作品思想内容上的"利"在此得到了最大彰显。

汤显祖"四梦"思想与情节、叙事性与抒情性几近完美的结合得到了明代曲论家的普遍推崇，如王思任指出："其款置数人，笑者真笑，笑即有声；啼者真啼，啼即有泪；叹者真叹，叹即有气。杜丽娘之妖也，柳梦梅之痴也，老夫人之软也，杜安抚之古执也，陈最良之雾也，春香之贼牢也，无不从筋节

---

① 学界对汤显祖"意趣神色"的解读众说纷纭，本文讨论的重心并不在此，故简单地将之理解为意旨、精神、风格等与思想相关的内容，以与"丽词俊音"强调的语言风格相区别。
② 汤显祖：《续栖贤莲社求友文》，引自《汤显祖集》第二册，上海人民出版社1973年版，第1161页。
③ 汤显祖：《复甘义麓》，《汤显祖集》第二册，上海人民出版社1973年版，第1367页。
④ 汤显祖：《〈牡丹亭记〉题词》，《汤显祖集》第二册，上海人民出版社1973年版，第1093页。

窍髓，以探其七情生动之微也。"① 从南曲文人化的进程看，汤显祖剧作思想内容和叙事方法的成就在一定程度上纠正了明初传奇过度抒情、"时文气"之错，摆正了南曲文人化的发展方向。

其次，"丽词俊音"代表的是南曲文人化在作品文辞方面的典雅追求。

汤显祖"四梦"（《紫钗记》、《还魂记》（《牡丹亭》）、《南柯记》、《邯郸记》）在明代即已名震天下，时人对其辞采的评价可以吕天成《曲品》为代表："绝代奇才，冠世博学，……情痴一种，固属天生；才思万端，似挟灵气。搜奇《八索》，字抽鬼泣之文；摘艳六朝，句迭花翻之韵。……丽藻凭巧肠而浚发，幽情逐彩笔以纷飞"②。虽然曲论家们也批评过汤氏的文辞，但都不是针对其"丽词俊音"，可见当时文人曲家对此是一致肯定的。直至清代的李渔才大力指摘《牡丹亭》辞采不本色："《惊梦》首句云：'袅晴丝吹来闲庭院，摇漾春如线。'以游丝一缕，逗起情丝。发端一语，即费如许深心，可谓惨淡经营矣。然听歌《牡丹亭》者，百人之中有一二人解出此意否？若谓制曲初心，并不在此，不过因所见以起兴，则瞥见游丝，不妨直说，何必曲而又曲，由晴丝而说及春，由春与晴丝而悟其如线也？若云作此原有深心，则恐索解人不易得矣。索解人既不易得，又何必奏之歌筵，俾雅人俗子同闻而共见乎？其余'停半晌，整花钿，没揣菱花，偷人半面'及'良辰美景奈何天，赏心乐事谁家院'，'遍青山啼红了杜鹃'等语，字字俱费经营，字字皆欠明爽。此等妙语，止可作文字观，不可作传奇观"，明确道出，汤显祖的文辞是案头之书，而非场上之曲，得以流传只是"才人侥幸之事，非文至必传之常理。"③除"丽词俊音"难解之外，汤显祖的文辞还有卖弄学问之嫌，如《牡丹亭·冥判》中【混江龙】一曲，几乎无句不使事用典，许多唱词又好迭用修辞手法，致使曲意过于含蓄晦涩。

从南曲文人化的历程看，汤显祖典雅的文辞承袭高明、梁辰鱼而来，使事用典又有邱浚、邵灿的遗风，而当时的曲论家虽然也常谈"本色"、以"本色"为品评作品的标准之一，但他们并不以汤显祖的"丽词俊音"为病，王

---

① 王思任：《批点玉茗堂牡丹亭词叙》，引自《谑庵文饭小品》，清顺治刻本。
② 吕天成撰，吴书荫校注：《〈曲品〉校注》，中华书局2006年版，第34页。
③ 词曲部·词采第二"贵浅显"，引自李渔：《闲情偶寄》，引自《中国古典戏曲论著集成》第七册，中国戏剧出版社1959年版，第23、74页。

骥德甚至认为"于本色一家,亦惟是奉常一人"①,这说明明代曲坛普遍认可典雅的文辞,文人化的南曲文辞发展的总体趋势是走向雅化,而汤显祖是其中代表性的人物。

2. 沈璟对"律"的强调

沈璟对"合律依腔"的强调则显示了文人曲家对曲律规范化的努力。

沈璟妙解音律,创作有十七种传奇作品,还亲自登场串演,既谙于案头创作,又熟悉场上演出,是进行南曲曲律规范化的合适人选。壮年解组归乡后,他编撰了《增定查补南九宫十三调曲谱》、《南词韵选》、《正吴编》、《唱曲当知》等书,从曲律、曲韵、唱法等方面详细解说南曲的做法,充分表达了"合律依腔"的主张并与人示范。在南曲曲律经魏良辅改革为"依字行腔"、文人大量参与创作却苦无可为标准的曲谱韵书时,沈璟的撰作顺应了时代的需求,是曲律文人化过程中不可或缺的重要环节。当时就有诸多肯定其功劳的赞誉,如:"嗟曲流之泛滥,表音韵以立防;痛词法之蓁芜,订全谱以辟路。……运斤成风,乐府之匠石;游刃余地,词部之庖丁。此道赖以中兴,吾党甘居北面。"②

沈璟对曲律要求严格,他在曲谱中说明:"作词者不可不严,否则无用谱为矣"③,在韵选中也以极为严格的"弗韵弗选"④为选择例曲的标准。时人论及他编撰曲学论著的态度时也以"严"来形容:"(沈氏曲谱)句梳字栉,至严至密,……其板眼节奏一定,不可假借,天下翕然宗之"⑤,"沈先生有《南词韵选》,其立法甚严,凡不用韵者,词虽工弗收也。"⑥ 沈璟如此强调要严守曲律不仅因为曲谱韵书是与人示范的标准,理应严谨,更深层的原因是,南曲的创作方法已经由早期的"以腔传字"文人化为"依字行腔",字声的变化可能会引起整个曲调腔格的变化,只有严格按谱创作,才能保证演唱效果。可见,沈璟完全是基于对南曲曲律文人化的清晰认识制谱撰作的。

---

① 王骥德:《曲律》"杂论第三十九下",引自《中国古典戏曲论著集成》第四册,中国戏剧出版社 1959 年版,第 170 页。
② 吕天成撰,吴书荫校注:《〈曲品〉校注》,中华书局 2006 年版,第 30 页。
③ "仙吕入双调过曲【五供养犯】",沈璟:《增定查补南九宫十三调曲谱》,引自《善本戏曲丛刊》,台湾学生书局 1984 年版,第 706 页。
④ 沈璟:《刻南词韵选·凡例》,台湾"中央图书馆"藏,明虎林刊本。
⑤ 徐大业:《书〈南词曲谱〉后》,引自《中国地方志集成·乾隆吴江县志》卷五七"旧事",影印民国石印本,凤凰出版社·上海书店·巴蜀书社 2008 年版,第 305 页。
⑥ 徐复祚《南北词广韵选》卷一,引自《历代曲话汇编》明代编·第二集,黄山书社 2009 年版,第 277 页。

沈璟"宁使时人不鉴赏，无使人挠喉捩嗓"、"纵使词出绣肠，歌称绕梁，倘不谐律吕也难褒奖"的说法在北曲文人化的过程中也出现过：周德清《中原音韵》称："作乐府，切忌有伤于音律。且如女真'风流体'等乐章，皆以女真人音声歌之，虽字有舛讹，不伤于音律者，不为害也"①，朱权《太和正音谱》几乎原文照录周德清的话后还补充："如词中有字多难唱处，横放杰出者，皆是才人拴缚不住的豪气。然此若非老于文学者，则为劣调矣。"② 即使北曲乐府指的是散曲，但也具有曲体的音乐性，周德清和朱权应该也是看到文人作家重文轻律的倾向才特意强调不能放纵才情行文使曲作成为不能付诸场上的"劣调"。同样，沈璟也是为了矫正南曲文人化过程中文辞案头化的倾向才大力强调曲体的音乐性的。

3. 偏重而非偏废

汤沈二人对文、律都只是有所偏重，而不是绝对地否定另一方的合理性。

汤显祖强调典雅文风的同时也会考虑文字合律问题："四梦"中合律的曲子占多数，连沈自晋在增订沈璟曲谱时，都选用了"四梦"中的二十余支曲子作为文律兼善的标准腔格；"不妨拗折天下人嗓子"很大程度上只是意气用事之语，《紫箫记·审音》【绕池游】有一段长达六百余字的道白，汤显祖借此大谈唱曲之法、宫调、曲牌，还特别叮咛："休得拗折嗓子"③；据王骥德《曲律》记载，汤显祖还曾有邀请他这个曲律专家帮助订正缺陷的计划④。

沈璟偏重曲律的同时也不排斥优美的文辞。据沈自晋《南词新谱·凡例》中记载，沈璟在其传奇作品《坠钗记》中曾写有【西江月】词中"推称临川"⑤；对其合于音律兼富才情的曲作，沈璟更是服膺："总之，音律精严，才情秀爽，

---

① "正语作词起例"，周德清：《中原音韵》，引自《中国古典戏曲论著集成》第一册，中国戏剧出版社1959年版，第231页。
② "古今群英乐府格势"，朱权：《太和正音谱》，引自《中国古典戏曲论著集成》第三册，中国戏剧出版社1959年版，第23页。
③ 汤显祖《紫箫记·审音》，引自《汤显祖集》第四册，上海人民出版社1973年版，第2460页。
④ 《曲律·杂论第三十九下》："（孙如法）又与汤奉常为同年友。汤令遂昌日，会先生谬赏余《题红》不置，因问先生：'此君谓余《紫箫》何若？'（时《紫钗》以下，俱未出。）先生言：'尝闻伯良艳称公才，而略短公法。'汤曰：'良然。吾兹以报满抵会城，当邀此君共削正之。'既以罢归，不果。"王骥德：《曲律》，引自《中国古典戏曲论著集成》第四册，中国戏剧出版社1959年版，第171页。
⑤ 《南词新谱·凡例》："新词家诸名笔（如临川、云间、会稽诸家）古所未有，真似宝光陆离，奇彩腾跃，及吾苏同调（如剑啸、墨憨以下），皆表表一时，先生亦让头筹（见《坠钗记》【西江月】词中推称临川云），予敢不称服膺。"沈自晋：《南词新谱》，中国书店1985年版。

真不佞所心服而不能及者"①。

可见，汤沈二人同样认识到曲体有音乐和文学双重特性，所以在以其中一种为本质属性的同时，他们都没有忽视另一种特性。

综上，虽然由于对曲体本质属性的认识不同，汤显祖和沈璟的撰作各有侧重，但他们都在推动南曲曲体朝典雅、规范的方向发展。从南曲文人化的角度看，汤沈之争实质上并没有根本性的分歧。

四、汤沈之争的理论成果："合之双美"

汤沈之争并不孤立地只发生在两位曲学大师之间，当时大量的曲论家也纷纷陈说意见，参与讨论，可见，汤沈之争呈现的问题他们均有体悟：南曲文、律的发展方向如何？二者的关系如何？曲体的本质属性是文学性还是音乐性？这些都是南曲文人化亟须解决的问题，明代曲家围绕汤沈之争展开了深入思考、讨论，最终得出"合之双美"的结论。

首先，对汤显祖传奇于律不谐的情况，几乎所有曲论家都和沈璟一样持批评态度：

> 汤义仍《牡丹亭梦》一出，家传户诵，几令《西厢》减价；奈不谐曲谱，用韵多任意处，乃才情自足不朽也。②

> 玉茗四种，脍炙词坛，特如龙脯不易入口，宜珍览未宜登歌，以声律未协也。③

> 近世作家如汤义仍，颇能模仿元人，运以俏思，尽有酷肖处，而尾声尤佳。惜其使才自造，句脚、韵脚所限，便尔随心胡凑，尚乖大雅。至于填调不谐，用韵庞杂，而又忽用乡音，如"子"与"宰"叶之类，则乃拘于方土，不足深论，止作文字观。……义仍自云："骀荡淫夷，转在笔

---

① 吕天成撰，吴书荫校注：《〈曲品〉校注》，中华书局2006年版，第406页。
② "填词名手"，沈德符：《顾曲杂言》，引自《中国古典戏曲论著集成》第四册，中国戏剧出版社1959年版，第206页。
③ 沈宠绥：《弦索辨讹·序》，引自《中国古典戏曲论著集成》第五册，中国戏剧出版社1959年版，第19页。

墨之外,佳处在此,病处亦在此。"彼未尝不自知。只以才足以逞而律实未谙,不耐检核,悍然为之,未免护前。①

在极力赞扬汤氏曲文的高妙的同时,也痛斥其音律之失,认为这样的文字只是案头之书,而非场上之曲。还有曲论家从南曲文人化的历史中找到了汤显祖失律的渊源:

> 音律之道甚精,解者不易。自东嘉决《中州韵》之藩,而杂韵出矣。自人误认《中州韵》之分三声,而南调亦以入声代上去矣。才如玉茗,尚有拗嗓,况其他乎?故求词与词章,十得一二;求词于音律,百不得一二耳。品中虽间取词章,而重律之思,未尝不三致意焉。②

高明创作《琵琶记》时南曲的演唱方式还处于早期的"以腔传字"阶段,对字句平仄声韵的要求不高,用魏良辅改革后的"依字行腔"去核检,当然是屡有失律。但作为文人创作的第一部南曲作品,《琵琶记》文学成就高,影响深远,在魏良辅创制了南曲"新声"却缺乏专门的曲谱韵书作为音律指导的情况下,后世很多作家就直接以《琵琶记》为音韵模范进行创作,文人曲作音律杂乱的情况越发严重。汤显祖作品的曲律标准虽然不一定是《琵琶记》,但它们与其他文人曲作一样屡有失律却是实情,再加上汤本人又声称"不妨拗折天下人嗓子",在南曲文人化亟须曲律规范的情况下,招致众多"讨伐"也就在所难免了。从对汤显祖剧作失律的一致态度看,明代曲论家已经开始正视曲体的音乐性,不谐律就难以搬演,不能搬演就只能是案头之书,而只具备文学性而缺乏音乐性的案头之书难称优秀,"合律依腔"成为南曲曲律文人化的发展方向。

其次,汤显祖对南曲曲文"意趣神色""丽词俊音"的追求得到了当时曲家的普遍认可。尤其是对前者,曲家(而不是卫道士)是众口一词地赞誉;对后者,只有极少数明代曲论家会稍作批评:

---

① 凌濛初:《谭曲杂札》,引自《中国古典戏曲论著集成》第四册,中国戏剧出版社1959年版,第254页。
② 祁彪佳:《远山堂曲品·凡例》,引自《中国古典戏曲论著集成》第六册,中国戏剧出版社1959年版,第7页。

> 临川汤奉常之曲，当置"法"字无论，尽是案头异书。所作五传，……技出天纵，匪由人造。使其约束和鸾，稍闲声律，汰其剩字累语，规之全瑜，可令前无作者，后鲜来喆，二百年来，一人而已。①
>
> 今临川生不踏吴门，学未窥音律，艳往哲之声名，逞汗漫之词藻，局故乡之闻见，按亡节之弦歌，几何不为元人所笑乎？②

值得注意的是，明代曲论中，以上这样批评汤显祖文辞过于藻丽烦冗的文字不仅少见，而且通常还排列在对曲律的批评之后。说明，虽然明代文人曲家也很讲求本色的文辞，但他们并不反感汤显祖的"丽词俊音"，典雅成为南曲曲辞文人化的趋势。

通过汤沈之争，曲论家普遍看到了二人的优势与局限，得出曲作文、律"合之双美"的结论：

> 倘能守词隐先生之矩矱，而运以清远道人之才情，岂非合之双美者乎？③
>
> 临川学士旗鼓词坛，今玉茗堂诸曲，争脍人口，……独其宫商半拗，得再调协一番，辞、调两到，讵非盛事欤？惜乎其难之也！④
>
> 临川先生，时方诸李供奉；我先词隐，时比诸杜少陵。两家意不相俾，盖两相胜也。豪俊之彦，高步临川，则不敢畔松陵三尺；精研之士，刻意松陵，而必希获临川片语。亦见夫合则双美，离则两伤矣。⑤
>
> 两者固合则并美，离则两伤。⑥

文律兼善、兼具文学性与音乐性的曲作才是完美的，文辞典雅却于律不合、合律却乏味空洞的作品都不可取。汤显祖和沈璟，一重文的典雅，一重律

---

① "杂论第三十九下"，引自王骥德：《曲律》，引自《中国古典戏曲论著集成》第四册，中国戏剧出版社 1959 年版，第 165 页。
② 臧懋循：《〈玉茗堂传奇〉引》，《负苞堂文选》卷之三，明天启元年臧尔炳刻本。
③ 吕天成撰，吴书荫校注：《〈曲品〉校注》，中华书局 2006 年版，第 37 页。
④ 张琦：《衡曲麈谭》，引自《中国古典戏曲论著集成》第四册，中国戏剧出版社 1959 年版，第 270 页。
⑤ 沈永隆：《〈南词新谱〉后叙》，引自《南词新谱》，中国书店 1985 年版。
⑥ 茅暎：《题〈牡丹亭记〉》，引自《中国古代戏曲序跋集》，中国戏剧出版社 1990 年版，第 162 页。

的规范，分别从南曲文人化的两个方面为后世曲家树立了典范，澄清了他们对曲体双重本质属性的认识，共同推进了南曲文人化的进程。

作者单位：南宁师范大学

论民国报刊视阈中的《牡丹亭》传播

孙书磊

民国时期,报刊成为文艺传播的重要媒介。汤显祖《牡丹亭》传奇借助于报刊传媒力量在社会上广泛传播,不仅有文本传播、文艺评论等传统形态,还有新闻报道、海报广告、刊发剧照等新形式。《牡丹亭》在民国报刊中的传播呈现出明显的阶段性和区域性,反映了该剧与民国社会、文化之间存在着某些特殊的契合因素,而《牡丹亭》在民国报刊传播中引发的争议和传播的基本史实,也体现了民国时期独特的戏曲接受和演出的状况,昭示了昆曲在民国时期的命运及京昆间的互动关系。

一、《牡丹亭》的美学精神与民国报刊中的《牡丹亭》传播

从传播学上说,若要完美地实现一种传播行为,就必须准确地找到传播对象和传播媒介契合点。《牡丹亭》传奇与民国报刊的结合点,在于民国报刊全面反映民国年间国人基于自由开放、多元包容、优雅自适精神的言情审美和浪漫主义追求,这也正是《牡丹亭》自身的美学精神的体现。传播对象与受众主体的契合程度,随着社会形势的变化而时紧时松,民国报刊传播《牡丹亭》亦因之出现明显的阶段性。

这主要表现为其规模的时代变化。以"牡丹亭"为关键词,检索《晚清和民国期刊全文数据库》,得到的数据是,1912~1919年有7篇(则)资讯,各年份分布较为均衡;1920~1929年有6篇(则),较集中地出现在1924年、1925年和1929年;1930~1939年有66篇(则),集中出现在1934~1936年这3年,其中1934年有23篇(则),1935年、1936年各13篇(则),1937年5篇(则),1933年、1939年各3篇(则),其余年份为1~2篇(则)不等;1940~1949年有15篇(则),除了1944年3篇(则)、1946年3篇

（则），余则 1~2 篇（则）不等。以"游园"（剔除与《牡丹亭》无关者）为关键词，在此数据库内检索的结果是，1912~1919 年 60 余篇（则），集中在 1914 年、1915 年、1918 年、1919 年，1912 年、1913 年没有；1920~1929 年 190 余篇（则），集中在 1921 年、1926 年、1928 年、1929 年；1930~1939 年 490 篇（则），集中在 1930~1937 年，1938 年起骤然减少；1940~1949 年 200 余篇（则），集中在 1940 年、1941 年、1946 年、1947 年、1948 年，1944 年、1945 年极少。以"惊梦"（剔除与《牡丹亭》无关者）为关键词，在此数据库内检索的结果是，1912~1919 年不足 5 篇，1912 年、1913 年没有；1920~1929 年约 30 篇，集中在 1923~1926 年和 1928 年；1930~1939 年 90 余篇（则），集中在 1930 年、1931 年、1936 年、1939 年等年份。1940~1949 年约 50 篇（则），集中在 1940~1943 年及 1946 年，1947 年、1948 年较少，而 1945 年、1949 年没有。《瀚堂近代报刊数据库》《大成老旧刊全文数据库》等数据库所呈现的情况与之大致相当，能够反映民国期间《牡丹亭》传播的基本面貌及其规律。

很显然，民国时期的《牡丹亭》传播在时间上不均衡。首先，20 世纪 30 年代的 10 年间是其高峰，无论是对《牡丹亭》的整体推介与讨论，还是对其中经典折子戏的推荐，都是最活跃的，其总量都远远超过了其余 28 年的总和。尤其是全面抗战开始之前的 30 年代前中期，报刊对《牡丹亭》的推介与讨论居于整个民国时期的最鼎盛时期。其次，国势不稳定的特殊时期，如 1912 年、1913 年、1944 年、1945 年、1949 年等年份，报刊上的《牡丹亭》推介则极少或者没有，但在社会思潮极为活跃的时期，如新文化运动期间尤其 1917~1919 年，却又很活跃，《牡丹亭》的主旨、美学价值的讨论甚为突出。

之所以出现这种情况，一是受《牡丹亭》自身特有的言情成分与浪漫主义色彩的影响。必须在受众具备接受这种言情成分和这份浪漫情怀的条件时，其传播才有可能，即报刊对它的推介与讨论才能激发受众参与的热情。这是基于传播理论而运营的报刊组织者决定是否将《牡丹亭》引入其传播通道的出发点。需要特别指出的是，即便在不同时期，总有人在讨论和演出《牡丹亭》，但若不具备上述这样的条件，报刊组织者因考虑自身运营效益（无论是社会效益还是经济效益），则不会贸然加以传播。二是因为《牡丹亭》自身特有的张扬个性、自由的思想深度和思想上难以超越的时代局限性，刺激了特定时期的受众对该作品所体现的内在精神的讨论。在新文化运动推进的过程中，特别在五四运动酝酿和爆发的过程中，受众对于《牡丹亭》的接受是有所选择的。在报刊公开发表意见反对接受《牡丹亭》的作者中，有的居然是新文化运动的主要旗手。陈独秀就是其中的突出代表。他从宣传新思想的角度，强烈反对报刊、出版、演出界宣传《牡丹亭》（详见下文）。这是值得深入研究的独特现象。当然，全力赞赏和全盘否定的截然相反的态度之外，还有批判地接受的呼声，声音虽是不同，但都构成了1917~1919年《牡丹亭》在报刊上传播的热闹风景。在全面抗战爆发之后，《牡丹亭》的传播速度与规模断崖式地陡降，然而并未完全停止，断断续续的传播依然存在，其中对受众是否还需要《牡丹亭》这个问题的讨论，已经开启了抗战模式，有人在报刊上发文揭橥该剧的民族反抗思想，也有人从振作国人民族反抗情绪出发，反对继续传播《牡丹亭》（详见下文）。这也使得民国报刊视阈中的《牡丹亭》传播因那场国难而五彩缤纷。

从地域性上看，北京、天津、上海、宁波等地成为民国报刊传播《牡丹亭》的主要场域，尤其是北京、上海二地的报刊刊载《牡丹亭》的热情极高。南京作为是民国政府的首都，虽然在刊载《牡丹亭》文本、论文、剧照等方面，并非全国最有影响的城市，但亦极为重视。在戏剧报刊史上，南京的一些学术性很强的期刊在传播《牡丹亭》上，常常一鸣惊人，如《学衡》杂志曾经转载过洪深《中国戏剧略说》和天津《大公报》副刊原刊的毂永的《王静安先生之文学批评》等文，影响很大。而北京和上海的报刊传播《牡丹亭》最为用力。北京的《新青年》《解放与改造》《剧学月刊》《京报副刊》《北京画报》《立言画刊》《三六九画报》《晨报》《北平半月剧刊》《新潮》《新中国》，上海的《申报》《东方杂志》《新闻报》《民国日报》《十日戏剧》《戏剧旬刊》《戏剧月刊》《小说月报》《小说新报》《小说季报》《文学期刊》《上海画报》《礼拜六》《青年界》《女子世界》《红杂志》《眉语》《中华》《古今》《沪西月刊》《时报图画周刊》等都是极为重要的传播媒体。由南京戏曲音乐学院北平分院研究所创办的《剧学月刊》对于《牡丹亭》的理论讨论，北京的《北京画报》《立言画刊》《三六九画报》，上海的《申报》《上海画报》《十日戏剧》《戏剧旬刊》《戏剧月刊》等报刊对《牡丹亭》演出剧照及演员的推介与宣传，都不遗余力。天津是紧跟京、沪之后传播《牡丹亭》的第三大地区，该地区的《大公报》《北洋画报》《双星杂志》《商钟半月刊》是《牡丹亭》传播的主要阵地，其中《北洋画报》是天津《牡丹亭》剧照刊载量最大和最及时报道北京、天津两市《牡丹亭》演出动向的刊物。

这些地区的有关报刊在《牡丹亭》的民国传播史上举足轻重。相比较而言，其他地区的报刊在传播《牡丹亭》方面虽也有一些表现，但总体上不及上述这些地区有影响。京、沪、津、宁地区之所以成为民国时期《牡丹亭》传播的重镇，既因为这些地区的戏曲活动极为活跃，尤其是昆曲演出十分备受欢迎，《牡丹亭》恰恰是昆曲表演中最有代表性的剧目，还因为这些地区的许多报刊是专为女性受众而创办，《牡丹亭》的优美风格在较大程度上可以满足女性受众的审美需求。

可见，《牡丹亭》独有的美学特质以及其与民国期间社会变迁、文艺思潮、地域文化之间的关联程度，决定了其在民国报刊中传播的进展状态。这有助于我们重新审视《牡丹亭》的美学精神及其价值。

二、文艺争鸣与民国报刊中的《牡丹亭》传播

民国时代是各种思想极为活跃、对抗论争极为激烈的一个时代，《牡丹亭》是传统戏曲阅读接受和昆曲表演的风向标，极易成为国民讨论的对象。民国报刊以多种形式传递当时的人们对《牡丹亭》种种不一的接受意见，显示着民国受众对《牡丹亭》的独到理解。新文化思想、国粹思想、抗战思想等民国时期特有的思想情绪，对民国受众接受《牡丹亭》起着重要的杠杆作用。民国报刊激荡着这样的情绪，也反映着这样情绪下民国受众对《牡丹亭》的不同取向。归纳起来，论争集中在以下若干问题。

（1）《牡丹亭》与文学革命关系问题。

民国初年倡导的新文化文艺，既强调文艺作品有新的内容与思想，也特别主张以新的形式表现这些新内容。那个时代的思维，常是二元对立的思维，在革故与创新中做二选一的抉择。这直接反映在报刊文章对于《牡丹亭》的讨论。

在民国受众的眼中，大多将《牡丹亭》视作旧式文学、文艺乃至封建文艺的代表。新文化的倡导者极易把它当作批判的靶子，主张在民国的新时代里将它除之务尽。如《新青年》1917年第3卷第4号刊发胡适、钱玄同、陈独秀三人之间一组通信，陈独秀就把《牡丹亭》与《西厢记》等古典戏曲名著一律视作腐朽的封建读物。他致信胡适："即名曲，如《西厢记》《牡丹亭》，

以吾辈迂腐之眼观之，亦非青年良好读物。此乃吾国文学缺点之一，足下及玄同先生以为如何？"①陈独秀从作品的社会功用角度立论，认为《牡丹亭》是淫词艳曲，有害于青年教育，不宜提倡给青年人阅读。胡适是新文化运动的最早发起者之一，提倡以白话文写新文学，他不主张当下的写作使用文言文和旧文体，但其对古典文学则情有独钟，尤其喜爱元明清小说、戏曲，后曾对之专力研究；对于传统戏曲如京昆艺术，他虽主张抛弃，但又很敬重京昆大师梅兰芳，后在梅兰芳访美回国后，也曾特意赶到上海和众位文化友人迎接梅兰芳。1917年的胡适对于古代经典文艺作品很欣赏，而钱玄同更是主张不可抛弃经典。显然，在对待传统经典作品的态度，陈独秀比胡、钱二人更过之。

与新文化倡导者因反对旧文学的陈腐题材与主旨而反对接受《牡丹亭》的情况不同，新文化反对者则因拥护旧文学的典雅文辞而拥护它。如在五四运动爆发前夕，具有国粹思想的胡先骕自美国哈佛大学留学归国后不久，即在《东方杂志》发表《中国文学改良论》一文，从中国传统文化的立场出发，批评陈独秀、胡适等人所倡导的白话文运动和文学革命，积极肯定《牡丹亭》在文学上的典雅之美。他从文学语言的角度充分肯定《牡丹亭》的文学成就，称"不特诗尚典雅，即词曲亦莫不然。……至如曲，则《牡丹亭》'原来姹紫嫣红开遍'一折，亦必用'姹紫嫣红''断井颓垣''良辰美景''赏心乐事''雨丝风片''烟波画船''锦屏人''韶光'诸雅词以点缀之，不闻其非俗语而避之也，且无论何人，必不能以俗语填词，而胜于汤玉茗此折之绝唱，则可断言之矣。"② 这引起了罗家伦的反批评，他在《新潮》1919年第1卷第5号上公开发文反驳胡先骕对中国文学改良的否定意见。罗家伦引用胡先骕之语，并加以驳斥。在他们的争论中，是否接受白话文，成为能否接受《牡丹亭》的关键问题。

在五四运动之后，民国报刊刊登了大量肯定《牡丹亭》的主题与语言成就的文章，其中泊生在《剧学月刊》1933年第2卷 第1期发表的《〈牡丹亭〉剧意鳞爪》，俞平伯在《东方杂志》1934年第31卷第7号，王季思在《国文月刊》1944年第1卷第31、32期合刊发表的《牡丹亭略说》，等等，都全面深刻地阐述了

---

① 陈独秀：《通信》，载于《新青年》1917年第3卷第4号，第10页。
② 罗家伦：《驳胡先骕君的〈中国文学改良论〉》，载于《新潮》1919年第1卷第5号，第774页。

该剧的民主思想，反对将《牡丹亭》视作淫词艳曲。至此，《牡丹亭》与文学改良是否合拍，不再成为困惑人们的问题。

（2）《牡丹亭》的浪漫主义问题。

毋庸置疑，《牡丹亭》是浪漫主义作品。这在民国报刊中也是一致的看法，所不同者在于论者对其浪漫主义风格的接受程度和接受角度存在较大差异。

能否接受、如何理解《牡丹亭》的浪漫主义，成为20世纪20年代初的民国报刊的一个热点问题。参与讨论者较多，其中不乏大师级人物。胡先骕于1920年率先在《解放与改造》上发文，对《牡丹亭》的浪漫主义提出异议："戊己以还，新潮汹涌。……不两年间，写实主义遂受青年社会偶像之崇奉，此好现象也。中国文学向重理想，除经、史、子、集并以文以载道为标帜外，其他文学如戏曲、小说等，要以娱乐为职志，而方法则多限于所谓'浪漫'主义者，……传奇中，如《西厢记》《牡丹亭》《桃花扇》《燕子笺》《芝龛记》，以及元人杂剧，非历史浪漫戏曲，即爱情浪漫戏曲。……总而论之，中国之小说、戏曲之写实主义实不发达，故社会之提倡欧洲写实主义与自然主义之新文学，于中国新文学之将来为益必非浅鲜。"① 这是反对浪漫主义文学，标举写实主义文学的重要宣言。这份宣言书再次把《牡丹亭》推到了民国文艺思潮的风口浪尖。

在胡文发表不久，梁启超即在此刊（已更名为《改造》）发表《中国韵文里头所表现的情感》一文，申明其对《牡丹亭》浪漫主义描写的首肯："曲本每部总有女性在里，但写得好的很少，因为他们所构曲中情节，本少好的，描写曲中人物，自然不会好。例如《西厢记》一派，结局是调情猥亵，如何能描出清贵的人格？又如《琵琶记》一派，主意在劝惩，并不注重女性的真美，所以曲本写女性虽多，竟找不出能令我心折的作品。内中唯汤玉茗在最浪漫忒的人，《牡丹亭·惊梦》里头确有些新境界。如：'可知我常一生儿爱好是天然，恰三春好处无人见……''爱好是天然'这句话，真所谓为爱美而爱美，从前没有人能道破。写女性高贵，此为极品了。底下跟着衍这段意思，也有许多名句。如'朝飞暮卷，云霞翠轩，雨丝风片，烟波画船，锦屏人忒看得韶光贱'。如'则为俺生小婵娟，拣名门一例一例里神仙眷，甚良缘把青春抛得

---

① 胡先骕：《欧美新文学最近之趋势》，载于《解放与改造》1920年第2卷第15号，第14页。

远；俺的睡情谁见……'。如'则为你如花美眷，似水流年。是答儿闲寻遍，在幽闺自怜。'这些词句，把情绪写得像酒一般浓，却不失闺秀身份，在艳词中算是最上乘了。"① 除了从激赏文词美的角度强调浪漫的《牡丹亭》能够营造"新境界"，胡适从情感表达的方式上指出《牡丹亭》浪漫描写的独到之处："这种表现法，十有九是表悲痛；表别的情感，就不大好用。我勉强找，找得《牡丹亭·惊梦》里头：'原来是姹紫嫣红开遍，似这般都付与断井颓垣！'这两句的确是属于奔迸表情法这一类。"② 的确，唯有浪漫主义的"奔迸表情法"，方能恰到好处地表达抒情主体在"表悲痛"之外多样化的细腻情感。

《学衡》1928 年第 64 期转载天津《大公报》文学副刊所刊毅永《王静安先生之文学批评》引述，王国维在对"眩惑"美学的阐释中表达了其对不同层次的浪漫主义风格的理解："至美术中之与二者（优美与壮美）相反者，名之曰'眩惑'。夫优美与壮美，皆使吾人离生活之欲，而入于纯粹之知识者。若美术中而有眩惑之原质乎？则又使吾人自纯粹之知识出，而复归于生活之欲，如粗妆蜜饵，《招魂》《启发》之所陈，玉体横陈、周昉、仇英之所绘。《西厢记》之《酬柬》、《牡丹亭》之《惊梦》，伶元之传《飞燕》，杨慎之赝《秘辛》，徒讽一而劝百，欲止沸而益薪。所以，子云有靡靡之诮，法秀有绮语之呵。虽则梦幻泡影，可作如是观。而拔舌地狱，专为斯人设者矣。故眩惑之于美，如甘之于辛，火之于水，不相并立者也。吾人欲以眩惑之快乐，医人世之苦痛，是犹欲断港而至海，入幽谷而求明，岂徒无益而又增之，则岂不以其不能使人忘生活之欲，及此欲与物之关系而反鼓舞之也哉！"③ "眩惑"是高于优美、壮美的浪漫主义的最高级。《牡丹亭》之《惊梦》作为浪漫主义的"眩惑"作品，具有极具诱惑的魅力。这就从学理层面上给《牡丹亭》的浪漫主义风格以准确的定位和科学的解释，具有很强的说服力。这对于 20 世纪 30 年代俞平伯在报刊上发表《牡丹亭赞》赞赏《牡丹亭》的现代美学价值，有着直接的启发。

---

① 梁启超：《中国韵文里头所表现的情感（续）》（八），载于《改造》1922 年第 4 卷第 8 号，第 19~20 页。
② 梁启超：《中国韵文里头所表现的情感》（三），载于《改造》1922 年第 4 卷第 6 号，第 7 页。
③ 毅永：《王静安先生之文学批评》，载于《学衡》1928 年 8 月第 64 期《述学》栏"王静安先生逝世周年纪念"专号，转载自天津《大公报》文学副刊所刊，第 20~21 页。

（3）《牡丹亭》的误处问题。

民国时期，文艺评论中大胆批判的现象很突出。明清时期虽已有人指出《牡丹亭》文辞过于文雅和为"韵脚所限，多出以乡音，如'子'与'宰'叶之类"等毛病①，但对该剧的文句没有更多的具体批评。到了民国，对《牡丹亭》文句及其他问题的批评文字，则屡见报端。

首先，文句错误问题。《小说新报》1923年第8年第5期《乐府·曲谈》栏刊载了半狂的《梅花清梦庐昆曲杂谭》，对《牡丹亭》的《拾画》《叫画》进行评点，指出其曲文离奇，大难索解，"《拾画》之曲文尚可，《叫画》则愈出愈奇，实有不能成句语者，极像满洲人之做汉文，诚怪不可言也。南曲喜乱堆字眼，北曲则句子多奇特，均其不能盛兴之端也"②，又认为《叫画》用"慢点悬青目"一段词，仅为形容"眼泪"二字，是为赘文，而柳梦梅"丹青妙处却天然，不是天仙即地仙。欲傍蟾宫人近远，恰如春在柳梅边"一诗，"句之俚恶打油，唱春亦如是耳，下二句则并意思未通，所表文章巨公高才，乃竟如是"③（《硬拷》一折中有唱句称柳为"文章巨公"）。吴梅大弟子王玉章在《文学期刊》1934年第1期发文，指出了另外两处问题："《惊梦》出【醉扶归】云：'不提防沉鱼落雁鸟惊喧，则怕的羞花闭月花愁颤。''鱼雁'下单提'鸟'字，'花月下'单提'花'字，语落边际。又【好姐姐】云'闲凝眄'，复云'生生燕语明如剪，呖呖莺歌溜的圆'，后二句主听，与上三字不贯。岂非大疵？"④灵犀在《游艺画刊》1941年第2卷第7期发文，指出："若'朝飞暮卷，云霞翠轩，雨丝风片，烟波画船，锦屏人忒看的这韶光贱'，句句堆砌，在可解不可解之间，实属趁韵无聊。……至'如花美眷，似水流年'，恰是曲中妙句，若以之入词，即不成语。"⑤ 这些批评都不是没有道理。

其次，逻辑和知识问题。《剧学月刊》1937年第5卷第6期所刊杜颖陶的《牡丹亭赘语》一文，对此考订最为精细，指出了三条。其一，《惊梦》中云："昔日韩夫人得遇于郎，张生遇逢崔氏，曾有《题红记》《崔徽传》二书，此佳人才子，前以密约偷期，后皆得成秦晋。"根据苏轼《章质夫寄惠崔徽真》

---

① 李调元：《曲话》，引自中国戏曲研究院编：《中国古典戏曲论著集成》（八），中国戏剧出版社1960年版，第21页。
②③ 半狂：《梅花清梦庐昆曲杂谭》，载于《小说新报》1923年第8卷第5期《乐府·曲谈》栏目，第7页。
④ 王玉章：《牡丹亭》，载于《文学期刊》1934年第1期，第13~16页。
⑤ 灵犀：《闲话牡丹亭》，载于《游艺画刊》1941年第2卷第7期，第8页。

诗注,《崔徽传》所记并非张生莺莺故事,汤显祖将最早记载崔张故事的《会真记》误写成了《崔徽传》。这是知识性错误。其二,杜丽娘的年龄模糊不清,甚至前后矛盾。《写真》说"杜丽娘,二八春容",三年之后杜丽娘的灵魂与柳梦梅相会时,依然说"杜丽娘,小字有庚帖,年华二八,正是婚时节",而《秘议》却又说:"你说这红梅院因何置,是杜参知前所为,丽娘原是他香闺女,十八而亡。"其三,柳梦梅从病倒寄寓南安府花园到"拾画""玩真"的时间,一会儿说是由今秋到次年春,一会儿说是三年。杜颖陶认为,柳梦梅的病倒是偶感风寒,不至于病了这么久,且如果真是三年,则写真图早就烂掉了。① 后两条是逻辑混乱。灵犀针对《冥判》折中【后庭花滚】末净对唱花名指出"凌霄花,阳壮的哈;辣椒花,把阴热窄;含笑花,情要来……"甚为淫亵,且缺乏科学依据。②

这些批评意见,告诉我们《牡丹亭》虽是经典之作,但亦有可疑之处,体现了论者严肃的态度,也反映了民国时期文艺界勇于批判的精神。

(4)《牡丹亭》传播与为抗战服务问题。

在为时38年的民国年间,饱受日本侵华的屈辱。作为生旦爱情戏,《牡丹亭》的传播如何处理好与抗日救国的时代主题的关系,是民国报刊无法回避的问题。

要为抗战服务,是一部分民国受众对《牡丹亭》传播与接受的呼声。最早公开发布受众呼声的是《江苏广播周报》。1937年,《江苏广播周报》第127期"听众意见"专栏,刊发"东台听众袁重忠"的文章序题为《又来一个捧平剧的》,正标题为《昆腔剧情萎靡不振:'游园''惊梦'无非才子佳人,'思凡''琴挑'尽是风流韵事》。文章指出,"平剧……功同教化,毫无诲淫之可言,而昆腔剧情则多描写才子佳人之风流韵事,曲辞绮丽,如"思凡""琴挑""游园""惊梦"等剧,处处现示着萎靡不振的表情,实足以养成堕落的国民性。方今国势衰微,民生凋敝,处此内忧外患,频相交迫之秋,国民意识上在需要着有力的刺激和向导,除正轨的教养之外,实需利用戏剧的感化;平剧立义正确,表情深刻入微,更兼音调激昂,确能激发群众爱国思想,增强抗敌御侮之力量,贵台负全民教化之责,应请多播平剧"③。该听众

---

① 颖陶:《牡丹亭赘语》,载于《剧学月刊》1937年第5卷第6期,第10~11页。
② 灵犀:《闲话牡丹亭》,载于《游艺画刊》1941年第2卷第7期,第8页。
③ 袁重忠:《昆腔剧情萎靡不振:"游园""惊梦"无非才子佳人,"思凡""琴挑"尽是风流韵事》,载于《江苏广播周报》1937年第127期,第48~49页。

从教化功能的角度,强调京剧能起到"激发群众爱国思想,增强抗敌御侮之力量",相比较,以《牡丹亭》等为代表的昆曲则只能使人"萎靡不振",不宜传播。这是时代特有的诉求,编辑部应之而寄予刊登,但似乎不是很同意这位观众的意见,故加了个略显讽刺口吻的序题。

无独有偶,1938年9月6日的《新闻报》刊发了韦华《读牡丹亭还魂记》,同样从民族抗战的立场出发,评论《牡丹亭》。《江苏广播周报》的听众袁重忠不认为《牡丹亭》可以帮助受众振作精神以御敌,更不觉得《牡丹亭》剧作本身具有反抗外族侵略的思想,与之不同,韦氏则认为,汤显祖《牡丹亭》"假儿女情事,托宋金故实,来充分表现其民族思想、爱国情绪,写尽当时的贼寇及奸臣。所以《牡丹亭》一书,切不可作平常言情传奇看"。并呼吁,"我们处在今日,读《牡丹亭》一书,能不掩卷痛哭,能不努力自勉吗?"① 韦氏从《牡丹亭》的文本中找出四处可以证明该剧有抵御外侮思想的依据:其一,《怅眺》出,柳梦梅所唱【锁春窗词】,"其实便是骂金人,也可以说是汤若士假柳梦梅的口来骂当时满人。这是显而易见的事实。因为它上面有'攀今吊古'四个字,明明白白地写出来"②。其二,《劝农》出,杜宝所唱【八声甘州】云"还怕有那无头官事,误了你好生涯"。"所谓'无头官事',不是暗暗地指着外寇吗?"③ 其三,《御淮》出,有云"剩得江山一半,又被胡笳吹断","这更明显地指出来了"④。其四,《折寇》出,【玉桂枝】曲词"更是愤慨地、很沉痛地表现了作者的民族思想"⑤。在韦氏看来,《牡丹亭》自身带有先天的抵御外敌的思想,与抗战的时代需要完全吻合,故在抗战时期,该剧不仅可以传播,而且应该为了焕发民众的抗战热情而重加推介。

1937年、1938年是中国全民抗战开始和全面铺开的关键时间,且震惊中外的南京大屠杀事件也发生在这段时间内,在《新闻报》刊发了韦华文章时,南京大屠杀也才刚过去半年多的时间。在这个特殊时间,提出这个特殊的问题,我们没有理由指责文章的作者、听众和期刊的编辑人员。

三、民国报刊视阈中《牡丹亭》演出与民国昆曲的发展

《牡丹亭》是传统戏曲阅读接受和昆曲表演的风向标,其在民国报刊中的

---

①②③④⑤ 韦华:《读牡丹亭还魂记》,载于《新闻报》1938年9月6日,第16版。

传播情形显示了昆曲在文本与舞台传播上的发展历程，从一个侧面构筑了鲜活的民国昆曲演出史，揭示了民国时期昆曲的命运和京、昆互动的实况。

（一）《牡丹亭》演出与民国昆曲活动史

民国报刊刊载《牡丹亭》演出的大量信息，这对于研究昆曲演员、昆曲演出史有着重要作用。以20世纪30年代的天津《北洋画报》为例，该报几乎每期都刊登昆曲演员的剧照，其中有不少是演《牡丹亭》的，通过对它的考察，可以了解此时天津的昆曲演出情况。尤其北昆名旦韩世昌这一时期在天津的演出活动。

从各地的报刊所载《牡丹亭》演出情况看，民国期间的昆曲演员有以下几个特点：一是南北演员交流较少，《北洋画报》很少刊登苏沪一带昆曲演员的信息，而《申报》所登演出海报、新闻也基本局限在当地的传字辈演员的范围。二是昆曲演员队伍构成中有相当一部分是非昆曲专职演员，包括京剧演员（详下文）、票友，票友中尤其以女性为多，演技和得到的评价也很高。如《申报》1934年2月21日载昆剧保存社第二次公演剧目中，有梅兰芳、俞振飞《游园惊梦》和秦王洁《学堂》。秦王洁为曲友秦通理夫人，本姓王，从夫姓秦。《新社会》1934年第6卷第12期刊登梅兰芳、秦王洁合演《牡丹亭》剧照。秦王洁得到与京昆大师级表演艺术家梅兰芳同台演出的机会，不仅仅是作为票友的秦王洁的荣耀，更能直接提升票友的表演水平。《中华》（上海）杂志1936年第41期又再次刊登梅兰芳与秦王洁同演《游园》的剧照。可见，秦王洁傲人的演出势头，跟她与梅兰芳的同台有密不可分的关系。而1934年之前，秦王洁并无这么大的影响，《新社会》1933年第5卷第2期刊出其在《惊梦》中杜丽娘的戏装照，因那时的她没有名气，报刊的编辑为了宣传她而特意在其名字之前加上"提倡爱国戏剧"的头衔。

我们可以通过对民国报刊所载《牡丹亭》演出的考察，大致描绘出昆曲在民国时期的艰难处境和复兴过程。民国初年，昆曲演出很少。1914年的《游戏杂志》第3期、第4期连续刊载《牡丹亭》的《游园》和《惊梦》的曲谱，那还仅仅被视为游戏类的艺术，其作为高雅艺术没有得到社会的广泛认识。演出不景气，演者不得不"偷工减料"。《民国日报》1919年3月29日刊伯苏《牡丹亭》一文，指出《牡丹亭》已不演全本，《冥判》【混江龙】一折，各本都不全唱，因其"为净重头剧，唱作并重，比《火判》为难，南中名净,且畏视之,至北都天乐侯益隆辈,更不足与语此"①。可见昆曲的衰微,且北京剧坛尤甚。

  韩世昌对民国初年北京昆曲的复兴起了重要的作用。《新闻报》1919年12月7日刊发了署名"章"的《韩世昌之游园惊梦》文,云:"《牡丹亭》传奇,词意清新,脍炙人口,而《游园惊梦》即杜丽娘游园、柳生入梦一场,尤称艳丽。昆曲全盛时,此剧最为流行,自易昆为乱,始中衰焉。北京前年冬,侗厚斋、袁寒云提倡昆剧,请陈德霖在言乐会演一次,寒云去柳生。陈德霖自谓已三十年不演。是日,大受观众欢迎,昆曲复兴以此为始。盖以此剧曲谱悠扬宛转,极其悦耳,而姿态掩映,情义低徊,实为乱弹中所不能见也。其后,梅兰芳、韩世昌相继排演,皆大受赞赏。去年,北京流行之剧,以此为最。今日阅报,韩世昌第一次在沪登台,将演此剧。忆去年在京时,陈、梅、韩演此剧,俱曾看过。陈老成典型,梅名满海内,其佳自不待论。韩以扮相言,虽不逮梅,然神采清逸,仪态万方,而台步歌喉,尤称双绝。京津间至今艳称之。此剧中有'堆花'一段,即花神之歌舞,灯彩掩映,亦极美观。吴中为昆曲发源地,而上海舞台,久已不闻此等雅乐。韩伶此次排演,其能唤起沪人之文艺趣味,而为昆曲中兴之先驱乎?余将以此觇沪人之风尚如何矣。"②这段记载至少说明七个史实:其一,1887~1917年的30年间,昆曲衰落到何种程度,对个别演员来说,连《游园惊梦》都不演了!其二,北京的昆曲从1917年开始重新提倡,且大受观众欢迎,可见,昆曲的传播是有观众基础的,即使在花部极为兴盛的时期。其三,1918年北京最盛行的折子戏是昆曲《游园惊梦》,从提倡到"大受观众欢迎",仅仅经历了一年时间,可见,昆曲复苏的速度很快。其四,1918年,陈德霖、梅兰芳、韩世昌演的效果很好,或许为北京的昆曲界之最好演出。其五,上海的昆曲复兴意识晚于北京。上海距离昆曲发源地苏州很近,上海昆曲能否中兴对全国的昆曲中兴至关重要。其六,文艺界期待韩世昌的首次赴沪演出,能够改变上海人的艺术趣味,从而促成上海成为昆曲中兴的先驱地区。其七,《牡丹亭》之《游园惊梦》一折,因其"曲谱悠扬宛转,极其悦耳,而姿态掩映,情义低徊,实为乱弹中所不能见也",故能担当得起昆曲复兴的重任。

---

① 伯苏:《牡丹亭》,载于《民国日报》1919年3月29日,第8版。
② 章:《韩世昌之游园惊梦》,载于《新闻报》1919年12月7日,第1版。

然而，之后的昆曲复兴并非十分顺利。《小说新报》1920 年第 11 期载署名"问梅"写给演员杜翠䯄的《金昌亭歌楼杂赠》诗云："当筵解唱《牡丹亭》，我为知音眼倍青。法曲至今谁复顾，梨园旧部已凋零。"① 说明当时杜翠䯄虽擅演《牡丹亭》，但昆曲班社已多凋零，胜日不再。

昆曲的复苏进度确乎很慢。天津《大公报》1930 年 6 月 4 日刊登一则题为《庞世奇之牡丹亭记——依恋神态描写入微，配角亦佳，观众满意》的新闻稿，云："庞世奇此次在新新院出台三晚，以前晚之《牡丹亭》，为最后一幕，是晚电影映毕，先演王益友之《夜奔》……《夜奔》毕，《牡丹亭》之《游园惊梦》登场，庞世奇扮杜丽娘，缓步出帘，掌声大作，《游园》一场……观众极为满意。惟此次连演三晚，上座均不见佳，其原因大约系所演昆剧，只有两处，前场电影，又系陈旧之片，而售价且每位八角，比较此等在天祥等处演时，大为增加，以故座客不甚踊跃，此后再演，宜稍注意也。"② 说明 20 世纪 30 年代初，昆曲、《牡丹亭》演出依然不被看重的困境。

昆曲的对外交流是昆曲发展史的重要组成部分。《北京画报》1931 年 5 月 9 日、《新闻报》1931 年 5 月 14 日、天津《大公报》1931 年 5 月 20 日、《美术生活》1935 年第 14 期、《浙江图书馆馆刊》1935 年第 4 卷第 2 期、《图书展望》1936 年第 5 期等，陆续报道了在北平大学任教的德国文艺家洪涛生（H. V. Hundhausen）教授将《牡丹亭·游园》数折译为德文剧，凡六幕，定名为《花园》（The Flower Garden）的新闻。此剧用外国演员演中国昆曲，"用中国戏装、德国语言表演。恐观众不解德文，并有英文说明"③，先后在天津、北京、上海，后到德国、奥地利等地演出，历时六年，极大地振奋了国人的昆曲自信心。

（二）《牡丹亭》演出与民国时期京、昆的互动、消长

民国时期，虽然昆曲的传播面不及京剧广，但昆曲有着高于京剧的艺术地位，京剧演员愿意借助学演昆曲，以提高京剧表演水平和剧坛影响。从民国报刊资料看，京、昆互动已是民国剧坛的常态。

互动方式之一，昆曲借京剧的宣传阵地"搭台唱戏"。如《顺天时报》

---

① 问梅：《金昌亭歌楼杂赠》，载于《小说新报》1920 年第 11 期，第 3 页。
② 《庞世奇之牡丹亭记——依恋神态描写入微，配角亦佳观众满意》，载于天津《大公报》1930 年 6 月 4 日，第 8 版。
③ 《德国人演中国昆剧》，载于《新闻报》1931 年 5 月 14 日，第 9 版。

1925年6月23日载文《小翠花之牡丹亭，尚小云之庆顶珠，全班合演之五花洞》，不甚知名的昆曲演员与著名京剧演员相提并论，同榜宣传，从而扩大了昆曲的传播与接受。《国剧画报》1932年9月30日刊登《尚绮霞君之游园惊梦》剧照，在京剧画报内发表昆曲剧照，是更为常见的"京剧搭台，昆曲唱戏"的形式。

互动方式之二，京剧演员兼演昆曲的经典剧目。北平《半月剧刊》1937年第12期载沧玉《牡丹亭札记（下）》一文，云："今通行于昆曲者，仅《闺塾》（春香闹学）、《惊梦》（游园惊梦）、《冥判》、《拾画》（《叫画》）诸折。……此曲（孙按：指《惊梦》）二簧伶人中亦有唱演，惜乎贴旦同为重要，终难望齐全。闻尚小云、荀慧生曾合演，恨未亲睹。李世芳、毛世来闻亦合演此剧，予曾得平友来函赞美。"① 京剧界艺术家演昆曲，时至今日已经成为奢望。而在民国，那是自觉的行为。说明20世纪30年代的民国时期，昆曲在艺术界的地位远高于今天。

除了众所周知的梅兰芳和《牡丹亭札记（下）》所记尚小云、荀慧生，李世芳、毛世来等演过《游园惊梦》之外，还有更多知名的京剧演员演过昆曲《牡丹亭》。如《南金》（天津）1928年第10期刊登尚小云、程砚秋合演《惊梦》，北平《半月剧刊》1936年第4期刊登尚小云《游园惊梦》剧照，《北洋画报》1936年第29卷第1409期刊登京剧名旦孙盛芳《游园惊梦》剧照，《十日戏剧》1937年第1卷第8期将京剧张君秋、李世芳合演《游园惊梦》剧照作为封面，《十日戏剧》1937年第1卷第13期、《风月画报》1937年第9卷第38期、《十日戏剧》1938年第1卷第29期分别刊登尚小云、李世芳合演《游园惊梦》剧照，北平《半月戏剧》1938年第1卷第12期刊登程砚秋、宋德珠合演《游园惊梦》剧照，《十日戏剧》1937年第1卷第12期、《立言画刊》1938年第13期分别刊登尚小云《游园惊梦》剧照等。可以看出，尚小云演《游园惊梦》最多，且多与李世芳搭戏。这些京剧演员搭戏对象也不完全固定，较为自由，这也说明京剧演员的昆曲演出技能已经很娴熟。

另外，需要注意的是，《京报图画周刊》1934年1月28日所刊韩世昌之《牡丹亭》剧照中，韩世昌饰春香，而非杜丽娘；《立言画刊》1938年第13期所刊尚小云《游园惊梦》剧照显示，尚小云在此出戏中亦饰春香。可见，民

---

① 沧玉：《牡丹亭札记（下）》，载于《半月剧刊》1937年第12期，第2页。

国时期一些京昆剧演员所工行当已经很开放，很多演员闺门旦与贴旦兼工，这与后代京昆演员将行当视作不可逾越的鸿沟有所不同，值得后代戏曲演员学习。只有兼工诸行，才能有行当意识，而有了行当意识和当行表演的技能，才能成为好的表演艺术家。不论对于演员个人，还是对于戏曲界都是很重要的。

京、昆互动的结果是，一方面京剧演员学到了昆曲的表演技能，提高了其京剧表演水平，另一方面，昆曲在被京剧演员学演的过程中也不断提高自己的影响，客观上为昆曲在剧坛赢得了越来越多的戏份。这是昆曲在极其不景气的情况下的一种变通自救，对当今的昆曲传承与发展依然有借鉴意义。

（三）《牡丹亭》在报刊中的传播与民国昆曲表演形态

民国报刊所刊登的《牡丹亭》剧照和一些表演身段说明，形象化地展示了民国昆曲演出形态，特别是一些独特的演出形式值得我们关注和研究。

《京报图画周刊》1935 年第 9 卷第 1 期所刊李世芳《游园惊梦》之春香剧照，手持折扇，与传统演出所持团扇的情形不同。虽是细节，但却是民国时期很重要的特别的改造。需要注意的是，《十日戏剧》1937 年第 1 卷第 8 期的封面，是张君秋、李世芳所演的《游园惊梦》剧照，该照显示李世芳饰春香，亦手持折扇。时跨两年，李世芳的表演没有改变。而类似的表演还出现在其他演员身上。《北平剧世界月刊》1937 年第 2 期李菊侬、赵绮霞《游园惊梦》，赵绮霞饰春香，手中所持也不是折扇，但也不是团扇，却是大大的毛茸茸的鹅毛扇，看起来很特别，也很别扭。这一现象是否说明民国时期的昆曲演出，因受时尚的影响或受海派文化的影响而出现了许多反传统的表现形式，已不得而知，但值得研究。

身段，是昆曲表演的重要因素。在当今的戏曲研究中，身段谱的资料一向较少。民国报刊在传播《牡丹亭》时，对昆曲身段着急介绍，显得十分珍贵。如《小说新报》1923 年第 8 年第 5 期半狂《梅花清梦庐昆曲杂谭》对《拾画》《叫画》的身段已略有说明，而专门解说《牡丹亭》身段的则是《天津漫画》1934 年第 1 卷第 1 期载有一篇未署作者的《〈游园〉身段》和《立言画刊》1939 年第 32 期载黎朔《金狐室专摹升平署：昆乱身段谱：（三）牡丹亭之"花判"（附图）》。这些身段介绍，图文并茂，有着很强的舞台实践性。对于身段资料的重要性，傅惜华曾借赠给《北京画报》的韩世昌之《游园》戏像做了强调："此照系韩世昌去岁东游时，在西京帝国剧场摄《游园》之戏影，表演【醉扶归】曲中之'那牡丹虽好，他春闺怎占的先？'之情态。其身段之优美,表情之曼丽,具见其对昆剧研究之老到。此亦韩平生最优美之戏影,余所珍藏者也。"① 韩世昌的"身段之优美"在这帧戏照中已可见出,故将之赠给报社,予以发表,供剧界学习。

除了身段,脸谱也是民国报刊传播《牡丹亭》时偶有涉及的昆曲表演因素。如《三六九画报》1942年第17卷第12期刊有黎朔《〈牡丹亭·冥判〉之判官脸谱(附图)》,介绍昆弋班油毛花脸侯益隆所演《冥判》的脸谱特点。

综上,民国报刊视阈中《牡丹亭》的传播,全方位地展示了民国时期《牡丹亭》和昆曲表演的史实,对它的研究将使我们更加清晰地认识民国昆曲发展的状况与艺术追求。民国期间昆曲文化的形成与当时报刊对《牡丹亭》的传播有着密切的关系,限于篇幅,将另文述之。

作者单位:南京师范大学文学院

---

① 惜华:《昆曲名伶韩世昌之游园戏像》题词,载于《北京画报》1930年1月1日,第3版。

从说唱文学看《琵琶记》的民间重构[*]

汪花荣

被誉为"南曲之祖"的《琵琶记》的产生与说唱文学有紧密的关系,陆游在其诗歌《小舟游近村舍舟步归》写道:"斜阳古柳赵家庄,负鼓盲翁正作场。死后是非谁管得,满村听说蔡中郎。"诗歌里就写到盲人表演有关蔡中郎故事的鼓词。高明《琵琶记》问世之后,《琵琶记》的说唱故事并没有消失,反而受南戏的影响,有大量的有关《琵琶记》的说唱文学作品产生,包括子弟书、弹词、宝卷、清曲、莲花落等,它们构成了《琵琶记》的接受传播的重要组成部分。

一、说唱《琵琶记》概况

目前,关于《琵琶记》说唱文学的文献资料搜集工作较少,缺少像《红楼梦说唱集》、《梁祝故事说唱集》这样的资料汇集,即使是侯百朋先生编著的《〈琵琶记〉资料汇编》亦没有收录与《琵琶记》说唱文学相关的资料。以下就笔者收集或查阅到的《琵琶记》说唱文学情况做简要介绍。

1. 弹词类

谭正璧、谭寻编著的《弹词叙录》著录"《琵琶记》,上下卷不分回,不署撰人,清道光甲申(1824)冶山王济阳抄本(一本)"。[①] 根据其著录的内容提要来看,弹词《琵琶记》与高明《琵琶记》故事内容基本相同,但是它在最后结局方面有些添加:蔡伯喈携五娘与牛氏回乡后,追荐父母,拜谢张公。待守孝服满,蔡伯喈受职中郎。五娘牛氏供养张公,牛氏生一女,即蔡文姬。

---

[*] 本文为江西省高校人文社会科学重点研究基地项目"中国古代戏剧表演叙事研究"(项目编号:JD18066)。

① 谭正璧、谭寻编著:《弹词叙录》,上海古籍出版社1981年版,第283页。

《弹词叙录》除著录这篇弹词,在其按语中提到,郑振铎藏抄本《琵琶记》十三回十三册,见《西谛书目》。

吴宗锡主编的《评弹小辞典》亦著录长篇弹词《琵琶记》,据高明《琵琶记》南戏改编,有姚苏凤改编本和倪萍倩、宋曼君改编本。姚苏凤本情节基本与原作同,倪、宋改编本对原作情节做较大改动。

弹词开篇也有《琵琶记》故事,有《思家》《辞家》《廊会》《书馆》等弹词开篇。

2. 扬州清曲

扬州清曲《赵五娘》,根据《扬州曲艺志》记载,《赵五娘》为扬州清曲传统套曲,为周锡侯于三十年代根据同名戏曲和《琵琶记》传奇改编,故事与原著略同。演唱时间约为六十五分钟。① 韦人编著的《扬州清曲 曲词卷》收录了赵五娘系列,包括《领粮遇劫》《吃糠遭疑》《描容上路》《扫松下书》《庵堂相会》等,戏曲《琵琶记》里的三辞三不从情节在清曲里没有提及,故事是从陈留郡发生饥荒,赵五娘领粮遇劫开始,最后以夫妻相会结束,故事情节大致与戏曲相似,但存在不少一些细节上的差异。

3. 子弟书

刘复、李家瑞编《中国俗曲总目稿》著录的子弟书《琵琶记》有《吃糠》与《廊会》,皆为抄本形式。清车王府藏曲本中收录的子弟书《琵琶记》有《庙会》、《五娘行路》、《五娘哭墓》、《赵五娘吃糠》。黄仕忠等编纂的《子弟书全集》收录的有《赵五娘吃糠》(全二回)、《五娘行路》(全四回)、《五娘哭墓》(全一回)、《廊会》②(全四回)、《廊会》(全五回)。子弟书《琵琶记》每一回的篇幅都比较简短,而且都是截取《琵琶记》故事中的某一段故事进行说唱,没有《琵琶记》整个完整故事的说唱。

4. 宝卷

《中国宗教历史文献集成》中收有《琵琶宝卷》,分为上下集二卷,封面题"旧抄本",上、下卷完结处皆题"戊辰岁桃春月上旬八日立周芹芝藏本",从正文中抄写的字体来看,应该有两人以上共同抄写完成;在该文献集成另有《贤孝宝卷》一卷,亦述赵五娘蔡伯喈之事,为手抄本形式。《中国民间宝卷文

---

① 扬州曲艺志编委会编纂《扬州曲艺志》,江苏文艺出版社1993年版,第97~98页。
② 根据解题可知,该篇以清车王府藏曲本《庙会》为底本,以顾琮藏百本张钞本和史语所藏抄本为参校,标题据两校本改。

献集成 江苏无锡卷》收《琵琶记宝卷》为李寿贞藏清光绪二十四年（1898）顾德润抄本。另有单独刊行的《琵琶记》宝卷本子，"浙杭弼教坊洽记经房造"的《赵氏贤孝宝卷》、"慧空经房印造"的《贤孝宝卷》、上海惜阴书局印行的《绘图赵五娘琵琶记宝卷》，这三本《琵琶记》宝卷虽然名称上有些差异，但是内容相同，也与《中国宗教历史文献集成》收录的《贤孝宝卷》内容一致。这三本中前两本为刊刻本，惜阴书局印制的宝卷则为手写抄本形式。另有广记书局的《增像贤孝女宝卷》，其内容与前面三本有不同，是不同的本子。这些单行本都是仅知道印制的经房或书局名称，应是宣卷信徒出于念卷的需要印制的非正规出版物。北方地区亦有以蔡伯喈、赵五娘为内容的宝卷流传，《金张掖民间宝卷》收有《赵五娘卖发宝卷》。此外，苏州胜浦当代宣卷先生蒋金官（1932～　）及其宣卷班主要代表作品《琵琶记宝卷》仍在登台宣唱。①

5. 其他

温州鼓词《蔡伯喈与赵五娘》，收入在《温州鼓词男女篇》；《河湟民间文学集》收入了平弦《赵五娘上路》；南阳的大调曲子有《赵五娘》系列，包括《蔡伯喈思家》《描容》《赵五娘寻夫》等；贵州弹词《琵琶记》；《中国俗曲总目稿》除前文提及的子弟书外，还收录了《孝琵琶》、东乡调《赵五娘》（嵌用千字文）等；另外，木鱼歌、莲花落等说唱文艺都有流传《琵琶记》曲目。

这些说唱《琵琶记》绝大多数的具体创作年代往往不得而知。有些是刊刻本、有些是手抄本，还有一些经过现代人的整理印刷出版。这些本子应该是说唱艺人的说唱底本，有很多本子会存在书写的错误，如"原因"写作"原音"，"商量"写作"商良"，最为明显的是蔡伯喈的"喈"字书写的错误，有"偕""階""谐""堦"等多种误写，可见这些书写者或者创作者的文化修养并不太高，应该是出自于中下层普通民众之手。有些说唱故事还存在前后矛盾之处，比如《增像贤孝女宝卷》中牛府仆从李旺下书接蔡伯喈双亲与五娘赴京，但在途中因为被骗，所以李旺逃往他乡，而在后文中又忽然提及"蔡伯喈思想爹娘，打发李旺接取他的父母。李旺在路上，与见了拐子，拐去了银子与书信，分文盘川没有，一路乞讨往蔡家庄"，这显然与前文矛盾。以下主要以宝卷为主体，兼及其他说唱，分析说唱《琵琶记》的特点。

---

① 史琳：《苏州胜浦宣卷》，古吴轩出版社 2010 年版。

二、说唱《琵琶记》情节内容的变化

总体上来说，不同说唱类型的《琵琶记》的故事情节基本与高明《琵琶记》的情节相同，结局大多采用的是赵五娘上京寻夫，夫妻相会，蔡伯喈最后携五娘和牛氏返回家乡祭坟守丧。可见虽说在高明《琵琶记》成书之前已有说唱存在，之后说唱也一直发展，但是戏曲的影响更大，世人基本上认同了蔡伯喈全忠全孝，夫妻团聚的结局。

但也有例外，《弹词小词典》著录的倪萍倩、宋曼君改编本的《琵琶记》采用了不同的结局："述赵五娘寻夫至牛相府后，牛氏同情其遭遇，责蔡伯喈不孝、不义，令其认妻，而蔡为富贵迷惑，拒不相认。牛相以为如蔡认妻，则牛氏必居妾位，故翁婿谋划诬五娘冒认官亲，将她逐出相府。牛氏无奈，赠银劝五娘暂归家乡。五娘拒银，怀抱琵琶卖唱回乡苦度岁月。翌年，蔡因乱政罢官，牛相恐受其累而不认婿，蔡被逐回乡，五娘拒之，终于暴病死于道旁。"[①]显然其人物形象与情节发展更类似于戏曲《琵琶记》成书之前的戏文《赵贞女蔡二郎》，蔡伯喈乃是背弃父母，抛弃前妻的负心汉形象，其最终的结局是暴病死于道旁与戏文中为暴雷震死亦十分相似。为什么会采用不同的故事结局，很有可能是改编者二位的有意为之，有意区别于众人已经习惯的熟知的"团圆结局"，但值得注意的是，这种改编方式是否为观众所乐于接受呢？从《弹词小词典》著录的文字来看，相比较"团圆结局"另一种弹词《琵琶记》，它的流传范围并不太大，而朱郭档所唱的选曲《廊会》《伯喈哭坟》等较有影响。显然，普通大众更为倾向于"大团圆"结局，另一方面也应该与戏曲《琵琶记》广泛的影响有关。

尽管在绝大多数说唱《琵琶记》的总体故事框架和叙事脉络是和戏曲《琵琶记》基本保持一致，但是在具体情节以及一些细节上，它们却进行了一些改动或创新：

《赵五娘琵琶记宝卷》删去了"领粮遇劫"的情节，而是改换成了赵五娘因家中无粮，回娘家借银一事。赵五娘的生母已去世，现在娘家主母为后母，后母与自己的亲生子女过着骄奢的生活却不愿向赵五娘伸出援助之手。五娘为

---

① 吴宗锡主编《评弹小辞典》，上海辞书出版社2011年版，第55页。

了供养公婆双亲，不得已只得在街坊向人乞讨。这里涉及了继母的问题，这个问题也是民间比较关注的一个问题，在很多民间文学中会涉及，而且继母的形象往往是狠毒的，如扬州评话《清风闸》中的强氏将孝姑嫁给无恒产的泼皮无赖皮五辣子，河西地区还有《继母狠宝卷》。

另外，在很多说唱《琵琶记》故事里，有蔡母吃糠噎死的细节。在高明《琵琶记·糟糠自餍》一出中，蔡母发现五娘吞糠，自己却误会五娘，晕倒在地气绝身亡。高明的戏曲中虽有蔡母尝糠这一细节，却并非因吃糠而噎死，然而在温州鼓词《蔡伯喈与赵五娘》、《赵五娘琵琶记宝卷》、扬州清曲《赵五娘》等都提到了蔡母吃糠噎死的细节。蔡母吃糠这个情节出现在多个文本之中，而非一个文本如此表述，并且值得注意的是，在一些地方戏曲中，如湘剧《琵琶记》、越剧《赵五娘》等中都是蔡母吃糠噎死。因而怀疑这个细节很有可能来自高明《琵琶记》之外的某一个流行的琵琶记故事，或者是在后来的传播过程中发生了变异。

说唱文学有时有意创新表现在简述戏曲中人们已经十分熟悉的内容情节，而详细描述戏曲中着墨不多之处。如高明《琵琶记》中的"三辞"与"三不从"是蔡伯喈悲剧故事非常重要的原因，在剧本中也花了大量笔墨来表述。但是在温州鼓词这些都采用了简单表述的方式，如"蔡父逼试"这一情节，它仅仅只用了"蔡员外，父逼子离严高堂"一句简单的话语交代了父逼子试的情况，没有花时间或语句交代父子之间的对立和交锋。而蔡伯喈再娶牛氏入赘相府一事，并非是高明《琵琶记》表达的重点，却在鼓词了花了大量的语句来描述牛府的环境、婚房的布置、蔡伯喈和牛氏各自的心理活动等。再如五娘沿途乞讨弹琵琶上京寻夫，路途中的情况在高明《琵琶记》中也没有详细交代，但在鼓词里却让赵五娘沿途完整地弹唱了有关老人与亲情的劝世文。再如，蔡伯喈辞亲一事在高明戏曲中花了好几出来写，在不少说唱文学作品中也用不少语句来讲述，但在金张掖民间宝卷《赵五娘卖发宝卷》中却只是寥寥几句简单讲述道："牛太师来到府中，差人把蔡状元请过府来，宣读了圣旨，状元无奈只得答应婚事。"[①] 关于赵五娘吃糠，《赵五娘琵琶记宝卷》里并没有直接正面讲述，而是在蔡母劝解蔡公的言语中有所提及："米粥与我二老吃，自吞糟糠过光阴。"这种变化，除了是说唱艺人有意创新，也许还有一个重要

---

① 徐永成主编：《金张掖民间宝卷》，甘肃文化出版社 2007 年版，第 303 页。

原因，这些情节都是大家熟知于心的，因而说唱艺人默认大家都了解，不需要额外花更多的时间来讲述。

在说唱文学与案头文学的情节内容关系上，一直存在着有意创新与听众心理定式的矛盾问题。以《琵琶记》这个故事为例，经过戏曲的演出传播，听众对这个故事已经耳熟能详了，产生了一定的心理定式。说唱文艺大幅度地改变故事情节或内容，特别是听众之前熟悉的内容，听众受心理定式的影响，在接受的过程中，很有可能会产生一种阻碍，进而影响到大家对这个新故事的接受。如果表演者有意上进行这方面的改动，有时必须要用合理的说辞来让听众接受这种改变。这里可以列举一个旁证：扬州评话《武松》中孙二娘的开相与戏曲舞台上的孙二娘形象差别甚大，因而评话艺人在表演这一段时特意加入了一段评论，解释改编的原因，进而帮助听众接受这种改变。受听众心理定式的影响，说唱文学往往会遵循原有故事的整体框架以及故事情节。但是说唱毕竟不同于戏曲，为了吸引听众，往往会进行一些有意的创新或改动，而这种改动往往是比较小的情节或细节，或者说唱艺人们有意在原来剧作着墨不多的地方花更多言语来丰富，努力为整个故事添枝加叶，创作出一个同而不同的新的故事。

三、世俗化的说唱《琵琶记》

高明的《琵琶记》虽然是从早期南戏以及民间说唱改编而来的，但是经过高明之手，它带有更多的文人化的色彩。而《琵琶记》再次流向民间时，它又开始向世俗化方向发展。

高明《琵琶记》采用了生旦双线并进、交错映照的情节结构，蔡伯喈与赵五娘的故事的比重差不多，而且高明对戏文《赵贞女蔡二郎》的故事进行了翻案，蔡伯喈对父母"生不能事，死不能葬，葬不能祭"的"三不孝"完全是由他对父母辞试不从，对牛相辞婚不从，对朝廷辞官不从所造成的，这样开脱了蔡伯喈不孝不义的罪名，将个人品德上的责任转化为封建统治秩序的责任。然而在宝卷以及其他的说唱曲艺中，蔡伯喈与赵五娘的故事比重发生了很大的变化，故事的讲述更多的集中在赵五娘身上，而蔡伯喈的比重则减少很多。在上文中已经提到，高明戏曲中的蔡伯喈有辞试、辞婚、辞官行为，然而在说唱中往往简单提及，有些甚至没有提及这些行为，这说明蔡伯喈经过高明的翻案之作,已经从弃亲背妇的负心汉形象转变成忠孝的形象,且深入人心,说唱艺人们不需要再花更多的时间来讲述蔡伯喈的忠孝;而且事实上蔡伯喈也并没有真正做到忠孝双全,相比较而言赵五娘的孝妇贤妻的形象更能打动人们。尤其对于普通的民众而言,生活在相府之中、在朝廷为官的蔡伯喈距离自己的生活十分遥远,而独自赡养公婆、公婆亡后艰辛料理后事的赵五娘是他们所熟悉的,因而民间的说唱艺人们站在他们自己熟悉的民间立场,用他们自己的眼光来叙述赵五娘的故事,并且该故事也具有实际的教化意义。

由于说唱文艺无论是传唱者还是接受者大都是民间的普通大众,因而它往往描摹普通百姓的人情百态,反映其思想和情感。在中国社会,姻亲是非常重要的人际关系,读戏曲《琵琶记》会使人产生一个疑问:除了张太公帮助赵五娘一家之外,为什么没有赵五娘家的亲友出现?在《赵五娘琵琶记宝卷》添加的赵五娘回娘家借银这一情节则解决了这个问题。赵五娘迫于生计问题,不得已向娘家求助,然而亲生父亲外出要账不在家中;家仆嫌贫爱富,对她无礼,而继母的亲生女归家则是"丫鬟拥进高厅上";赵五娘恳求借银,等丈夫得官归来报大恩,却被继母嘲讽:"你夫若得会做官,铁树开花乱纷纷;你夫若得会做官,日落东山月西升;你夫若得会做官,黄犬出角变麒麟;你夫若得会做官,扬子江中莲花生。"赵五娘最终只能无奈伤心离开娘家门。宝卷一方面通过这个情节来说明赵五娘独立奉养公婆二老的艰辛,同时也是借此来对嫌贫爱富以及继母对非亲生子女的狠毒的炎凉世态进行揭露和批判。

离乡外出,在陌生的外地,可能会面临很多困难甚至灾难。说唱里比较多的涉及到与外出相关的事件。如《赵五娘琵琶记宝卷》里牛府仆人去陈留郡送家书和银两,但在途中却碰到了拐子,结果所有东西全部被骗。在另一部《琵琶宝卷》里的送信仆人则是遭遇到一班响马强盗,被弓箭射中咽喉而亡。宝卷里的这些情节显然是改编自戏曲"拐儿绐误"一折,但说唱更侧重在路途中遭遇到的不幸。这种反映旅途上的艰辛不仅仅体现在送家书这件事情上。以下分别是高明《琵琶记》和宝卷《琵琶记》中送别蔡伯喈进京取应的场景:

(外)

【前腔】我孩儿不须挂牵,爹只望孩儿贵显。若得你名登高选,(合)须早把信音传,须早把信音传。(净唱)

【江儿水】膝下娇儿去,堂前老母单,临行只得密缝针线。眼巴巴望着关山远,冷清清倚定门儿遍,教我如何消遣?(合)要解愁烦,须是寄个音书回转。(旦唱)

【前腔】妾的衷肠事,万万千,说来又怕添萦绊。六十日夫妻恩情断,八十岁父母如何展?教我如何不怨?(合前)(末唱)

【五供养】贫穷老汉,托在邻家,事体相关。此行须勉强,不必恁留连。你爹娘早晚,早晚里我专来陪伴。丈夫非无泪,不洒别离间。(合)骨肉分离,寸肠割断。

(外唱)

【玉交枝】别离休叹,我心下非不痛酸。非爹苦要轻拆散,也只是要图你荣显。(净唱)蟾宫桂枝须早扳,北堂萱草时光短。(合)又不知何日再圆?又不知何日再圆?

(高明《琵琶记》①)

(旦唱)赵氏五娘开言说	妻子有言告官人	夫吓但愿一路魁星照
早到京都中头名	一路之中须仔细	上桥过渡要当心
夫吓未饥先把茶饭吃	未冷预先添衣衿	未晚必须先投宿
日出东方早起程	堂上公婆皆年老	风前之烛不久长
夫吓但愿你早登龙虎榜	早发书信慰双亲	一来免得公婆望
妻子以免挂在心	夫吓你妻言语须当记	你要时刻放在心
(外)蔡公此刻开言说	伯偕我儿听元因	有道在家十日好
出门辛苦路途难	儿吓未饥先把茶饭吃	未寒预先把衣添
逢人且说三分话	未恐全抛一片心	投宿之所休多说
要怕舍夜不良人	鸡鸣心须身抽起	过渡上桥莫先争
儿吓家下有你妻子在	我儿且免挂在心	但愿得中为魁首
写书早发寄家门	在京若说身不第	有官无官速回程
免得你妻在家望	免得二老挂胸膛	为父之言须当记

---

① 高明著,钱南扬校注:《元本琵琶记校注》,上海古籍出版社1980年版,第39页。

时时刻刻不可忘 儿吓为父所生你一个　　膝下无人冷清清

（《赵五娘琵琶记宝卷》）

  显然都是蔡伯喈取应临行前众人对他的嘱咐，戏曲与宝卷所嘱咐的内容还是有不小的差异。戏曲更多集中在希望他名登高选，早传音信；五娘则是担心夫妻分离，赡养二老，在其唱词中更是明确地唱道："此去经年，迢迢望玉京。思省，奴不虑山遥路远，奴不虑衾寒枕冷；奴只虑公婆没主一旦冷清清。"[①]而在宝卷中无论是五娘还是蔡父都反复叮嘱一路上要小心在意。这一长段的唱词反映了人们外出行走的各种艰辛，家人的担忧。相比较而言，说唱所描述的内容反映了下层百姓为了生活四处奔波的艰辛，更为贴切人们的世俗生活。

  在传统的观念中，"士、农、工、商"，在大多数百姓的心目之中，读书人是值得尊敬的，科举授官是十分令人羡慕的事情。在戏曲和说唱中，人们对待科举和功名的态度有不小的差异。在高明《琵琶记》中蔡伯喈对待取应以及授官并不积极，反而认为"真乐在田园，何必当今公与侯"，面对蔡父严逼，要求上京取应，他是辞试，结果父不从；中状元之后，面对牛相的逼婚，他是辞婚不成，进而选择辞官，尽管都没有获得成功。虽然客观效果上没有达到自己的愿望，但是从其主观来看，蔡伯喈是努力想舍弃功名而选择在家奉养双亲的。而在他与赵五娘相会，得知父母离世，他感叹"文章误我，我误爹娘，我误妻房"。对待功名，蔡伯喈认为"人爵不如天爵贵，功名争似孝名高"，而高明也是极力将蔡伯喈塑造成一个"孝"的化身。而说唱文艺里蔡伯喈形象却发生了一些变化，他不再是纯孝的化身了，他带有更多世俗化的特点。如《琵琶宝卷》："欲想上京取夺魁名，可怜一来缺少盘费，难上东京；二来双亲年高年老；三来二月夫妻难以分别，料想不能去也，可惜满腹文章怎好进京埋灭了。"[②] 不能上京取应，不仅有二老年高的缘故，更有缺少盘费和难舍新婚妻子，对于不能上京应试，蔡伯喈感觉是可惜的，因而当张大公表示愿意资助盘费，五娘表示"堂前侍奉我当心"后，蔡伯喈是"公子听说忙称谢，收拾银两就动身"。蔡伯喈身上仍继续保持了"孝"的特点，但是说唱中

[①] 高明著，钱南扬校注：《元本琵琶记校注》，上海古籍出版社1980年版，第40页。
[②] 周燮藩主编，濮文起分卷主编：《中国宗教是文献集成》119卷《民间宝卷》，黄山书社2005年版，第19~470页。

并不避讳他对功名的渴求。甚至在《增像贤孝女宝卷》中，牛太师提出招亲一事，蔡伯喈辞婚惹怒牛太师。堂官则对蔡伯喈进行劝说："说你状元不知礼，勾了状元转还乡……你今为何来推却，怒恼太师惹祸殃。你在相府为郡马，谁敢欺负你身当。若是太师动了本，只怕状元做不长……"最后在堂官的劝说下，蔡伯喈无奈应允了婚事。在戏曲中蔡伯喈选择辞官虽然没有获准，而在此处牛太师以权势和官职为挟，成功使得蔡伯喈接受，可见说唱中的蔡伯喈对功名的重视。

说唱里不仅仅是蔡伯喈一人对功名的重视，其他人物也表现出强烈的功名欲望。蔡父与张大公在戏曲中就是逼迫蔡伯喈进京取应的人物，在说唱中二人的态度基本上仍然延续戏曲里态度。而五娘和蔡母的态度则有一些变化。贵州弹词《琵琶记》中五娘认为："读书人为的是扬名显姓，大比年又何必自误终身。"①《赵五娘琵琶记宝卷》里五娘也是嘱咐丈夫"但愿一路魁星照，早到京都中头名"。说唱里的五娘对功名的认同与戏曲中不愿伯喈取应的态度不同。同是在《赵五娘琵琶记宝卷》，蔡母的态度也从戏曲里的不愿独子离家转变为"你今要把功名赶，父母闭目也甘心，家中有你妻子在，放心前去赶前程"。众人对功名的重视或追求，这应该与说唱反映中下层百姓的生活与思想有关。对于绝大多数的下层的百姓，他们要改变自己的生活，提升自己家族的地位，唯有读书参加科举，"朝为田舍郎，暮登天子堂"是很多底层百姓所羡慕和向往的，而与底层百姓日常生活紧密联系的说唱文学，也把他们的思想和追求反映在作品之中。

此外，在说唱文艺里还添加一些日常生活中大家非常熟悉的事物，使得作品带有比较鲜明的民间色彩。如温州鼓词《蔡伯喈与赵五娘》里蔡母送别蔡伯喈取应临行前的一段话："我的儿，今日出门宋正顺，娘给你，曰宝一件好衣裳，可避合海长江水，有利藏身保吉祥。银玉路上勿露白，日山沉西归栈房。天黑勿走坤山房，汉云过汉看海洋。你是读书陈安士，满腹万金藏文章。青云墨水要注意，光明文字投科场。拜望岳父张元吉，逢春一过早回乡。"②这里就巧妙了将花会名嵌入唱词之中，分别为：宋正顺、李曰宝、张合海、翁有利、林银玉、陈日山、黄坤山、李汉云、陈安士、张万金、周青云、朱光明、张元吉、陈逢春。花会大约为清乾隆、嘉庆年间最初产生于浙江黄岩一带

---

① 参见1960年由贵州省文化局、贵州省文联编写的《贵州弹词汇编14（研究本）》，第8页。
② 汤镇东编著《温州鼓词·男女篇》，甘肃人民出版社2004年版，第56页。

的赌博形式,在旧时影响面很广,参加花会赌博的主要是中下层百姓,其中尤以妇女居多[①]。温州鼓词的唱词中嵌入这些很多百姓熟悉的花会名,一定程度上迎合了听众的欣赏趣味。

结　语

《琵琶记》无论是其产生之初,抑或是其产生之后都与说唱文学有着密切的关系。高明《琵琶记》之后的说唱《琵琶记》故事大多数受到戏曲的影响,延续了戏曲的主要情节,但是也发生了一些变化。作为民间叙事的《琵琶记》说唱文学,它们更多地站在民众的立场上,讲述他们熟悉或感兴趣的内容,反映普通民众的思想情感和心理,因而也呈现出世俗化的审美趣味。

作者单位：江西师范大学文学院

[①] 参看李山主编《三教九流大观》,青海人民出版社1998年版,第1820~1822页。

浅议"临川四梦"当代传播之地方化、全国化、国际化*

王　鑫

一、"临川四梦"的地方化传播

"临川四梦"①在诞生400年来一直被不同的地方剧种搬上舞台，在相对地方化的区域传播，其中以赣剧、越剧、粤剧的改编最为普遍。赣剧是主要流行于江西的戏曲剧种。其兼唱高腔、昆腔和乱弹腔等，属于多声腔剧种。②越剧主要流行区域在苏浙沪一带，鼎盛时期流行于全国。粤剧，主要的传播区域在广东、广西两地。由此可见，"临川四梦"的传播多是大地方③剧种的传播，流传区域也较广泛。

汤显祖是江西抚州人，因此，赣剧的宣传往往用到的是汤显祖的家乡戏，真正用古老声腔演绎"临川四梦"。赣剧对"四梦"的演绎中以石凌鹤与黄文锡二位先生的改编最为著名。石凌鹤先生在20世纪50年代为解决"临川四梦"用赣剧演唱雅化问题，将其中"唱"改为用弋阳腔。黄文锡先生在2010年与南昌大学赣剧艺术中心合作，对"临川四梦"进行重新创排，以串联的方式将《紫钗记·怨撒金钱》《南柯记·南柯梦寻》《邯郸记·黄粱梦断》以及《牡丹亭·游园惊梦》合为一部戏，获得了广泛的好评。并且本剧中，南昌大学的大学生参与制作演出，给演出带来一股清新之气。

乡音版越剧"临川四梦"是由上戏教授曹路生担当编剧，上海越剧院童薇薇作执导。该剧以汤显祖本人为主线，对其对生活的感悟、爱的追求、人生

---

* 本文刊登于《新世纪剧坛》2017年第1期。
① 指汤显祖创作的《牡丹亭》《邯郸记》《南柯记》《紫钗记》。
② 参考《中国古代戏曲文学辞典》赣剧词条。
③ 何谓全国性剧种，就是语言相对易懂、音乐朗朗上口、剧目众多，演出范围为全国，甚至海外华人团体中也有相当的知名度，京剧、昆曲是现在公认的全国性剧种。大地方性剧种是相对于地方性剧种而言的，这类剧种的流传区域虽达不到全国性普及，相比于地方性剧种有相对较广的流步区域，在一些地区有较好的观众基础。

的失望、梦想的幻灭来贯穿"临川四梦",组合严丝合缝,也可分章演出。本剧中加入了极多的时尚元素,是"临川四梦"的现代化元素演绎。

粤剧改编"临川四梦"较为著名的是1956年唐涤生版《紫钗记》全剧共有共八出,剧中任剑辉饰演的李益,白雪仙饰演的霍小玉,给观众留下的深刻印象,并且在香港地区口碑极好。

赣剧、越剧、粤剧虽然都是大地方剧种,但传播区域还是局限在"大地方"区域,因此对"四梦"的传播,还是局限于一地,并没有扩展到全国区域,这与本身地方剧种的演绎形式关系重大。

二、"临川四梦"的全国化传播

昆曲对"临川四梦"的演绎,是"临川四梦"实现全国化传播的重要原因。1986年,由张继青主演,胡忌编剧,方荧导演的昆曲电影《牡丹亭》与观众见面,可谓是这一时期"临川四梦"全国化传播的代表作。2016年,国家大剧院为庆祝汤显祖诞辰400周年,开展了"纪念汤显祖逝世400周年优秀剧目展演"国内四大昆剧院团[①]上演了7台"临川四梦"大戏。

笔者认为,"临川四梦"的传播,无论是舞台演出版本还是昆曲、京剧戏曲电影版本,都可谓"有限意义上的全国化传播"[②]。昆曲、京剧的传播在当代流行的观众圈子是有限的,主要是在接受教育程度较高的人群,尤其是昆曲"临川四梦"的观众。完全意义上的全国化传播是"四梦"故事以电视剧载体的演绎,白话版本的牡丹亭故事传播,扩大了观众群体,实现了"完全意义上的全国化传播"。代表作品有根据由小马奔腾、博海影视、文化中国联合出品的唐代题材电视剧《紫钗奇缘》(根据《紫钗记》改编)。由北京中视精彩影视文化中心出品的古装爱情剧《牡丹亭》(根据《牡丹亭》改编)。

三、文化意义上的全球化传播

进入21世纪以后,"临川四梦"的传播进入了一种文化意义上的全球化

---

① 即上海昆剧团、北方昆曲剧院、江苏省苏州昆剧院、江苏省演艺集团昆剧院。
② 张庚、郭汉城:《中国戏曲通论》,文化艺术出版社2014年版,第29页。

传播时代，尤其以《牡丹亭》为代表，所谓"文化意义"，也就是强调"临川四梦"的大文化属性，超越了简单的戏曲剧目传播，而成为更具概括性的文化符号。"临川四梦"的全球化传播伴随着两个重要的催化剂：一是传播载体的多元化，二是昆曲在 2001 年被联合国教科文组织列为人类口头和非物质文化遗产代表作。

首先从演出载体谈起，2000 年以来常规的舞台演出依然是《牡丹亭》重要的传播方式，歌剧版《牡丹亭》①、传奇版《牡丹亭》都不同程度上在国际舞台亮相，歌剧版与传奇版均采取多种艺术形式杂糅的模式②。2004 年以昆曲作为主要表达方式的《青春版牡丹亭》成功首演，从青春版《牡丹亭》推出以来，就掀起了一股《牡丹亭》与昆曲的热潮。青春版《牡丹亭》是由著名作家白先勇先生改编，将汤翁原著中的 55 折经过去粗取精改为 27 折，分为上、中、下三部进行上演。在三场演出中间融入了青春、时尚、现代元素，在服装设计、舞美设计方面将华美特征发挥到了极致。青春版《牡丹亭》除了在国内高校演出常常爆满之外，在国外依然反响强烈，例如美西巡演中《世界日报》的一篇评论，题为《一个月 12 场 1930 年后中国戏曲在美最大规模演出 更博得戏剧专家好评》③。可见，青春版《牡丹亭》在外媒眼中的地位，可与梅兰芳访美演出的重大意义并提。

当然，载体的多样化并不局限于舞台的传播模式，园林版、厅堂版《牡丹亭》都是"景点＋剧场"模式的典型。园林版《牡丹亭》由"昆曲王子"之称的张军与音乐家谭顿领衔担当制作，依托 2010 年上海世博会的举办，首次演出是在上海的朱家角镇的课植园，并且在美国、法国均有巡演。同样，厅堂版《牡丹亭》是由大导林兆华与名角汪世瑜共同担当制作，演出地点是在有 600 年历史的北京皇家粮仓，采取非物质遗产与物质遗产嫁接模式，家班制、开放式戏曲化妆等元素加入使整个演出仪式感十足。在观众群体当中，30% 是外国观众，以厅堂为载体，《牡丹亭》实现了其全球化传播。

由此可以看出的是，无论是青春版、园林版还是厅堂版，昆曲都是其主

---

① 本文的歌剧版指的是由美国先锋导演彼得·塞勒斯执导《牡丹亭》以及由国际著名歌剧导演乌戈·德·安纳执导的国家大剧院原创歌剧《牡丹亭》。
② 彼得·塞勒斯版本的歌剧《牡丹亭》采取了歌剧、话剧、昆曲三合一的模式，传奇版牡丹亭中融入了曲艺、偶戏等不同元素，以曲艺为主。
③ 参考《青春版牡丹亭美西巡回演出 2006》剪报册。

要表现形式，这与昆曲在 2001 年被联合国教科文组织列入"人类口头和非物质文化遗产代表作"有极大关系，一定意义上讲昆曲与"四梦"之间在传播上存在着互相反哺的情况。昆曲与"四梦"的组合，真正实现了跨文化的传播。

由上可见，"临川四梦"在当代的传播采取"地方化""全国化"与"国际化"的杂糅方式，并且在戏曲传播过程中"临川四梦"的传播，特别是《牡丹亭》以文化符号进行多载体、国际化传播的个案典型，确实能给当代传统戏曲、经典剧目传播提供一些借鉴，主要概括为以下三个方面：

第一，戏曲剧种、剧目代言人制。文化名人牵头，确实是"临川四梦"全国化、国际化的重要原因。以《青春版牡丹亭》为例，其传播效果之所以能成为跨文化传播的经典个案，与该剧目的推动者白先勇先生是分不开的。可以说，没有白先勇的努力，青春版《牡丹亭》也不会有如此大的影响力。青春版中处处有白先勇的思想灌入，一是白先勇对于中华文化的自信，对于汤翁作品以及昆曲这种艺术形式的认同，敢于将中华文化以纯粹的方式展现给当代的青年观众以及国际友人。二是白先勇对于中华传统美学精神的认同，通过《牡丹亭》之美进而召唤青年一代对中华传统美学精神的感知，从而达到美美与共、天下大同。三是白先勇对于剧作主人公理念的认同，杜丽娘"至情"观念是白先生的情感观念不谋而合。① 白先勇在推广昆曲时，也可谓"至情"，笔者曾经参加过白先勇先生关于昆曲的一场青年讨论沙龙，他表示：他一生没有求过人，这些年为了昆曲、为《牡丹亭》尽心尽力，到处筹钱进行演出。正是白先勇先生这种自身的情节，才让青春版《牡丹亭》在世界的舞台上大放异彩。因此，剧种或者剧目的文化名人代言人制不失为剧种或者剧目传播的一种方式。这种代言人不单单指作为演出主创团队的人员，也包括戏迷、研究者中的文化名人推动。近些年来戏曲的传播中确实出现了一些文化名人代言制的现象，他们为戏曲的传承、传播、发展做出了很大贡献，前央视主持人白燕升就是一个很好的例子，白燕升近些年来以电视戏曲的方式传播戏曲，在加盟山西卫视之后，以个人情怀改版《走进大戏台》，创办《伶人王中王》，为戏曲的现代化传播，以及大地方剧种向全国化传播迈进立下了不

---

① 此处观点参考陆士清先生《白先勇与青春版〈牡丹亭〉现象》中观点，《复旦学报》（社会科学版）2006 年第 6 期。

小的功劳。

第二,"景点+剧场"模式的成功运作。"景点+剧场"顾名思义就是在景区内建造戏剧演出场所,进而将传统戏曲与旅游嫁接。"景点+剧场"模式,园林版《牡丹亭》并非首创,在此之前在国内已有不少成功案例。例如,由张艺谋执导的大型实景戏剧《印象刘三姐》《印象西湖》,以及后来较为成功的王潮歌执导的《又见平遥》《又见五台山》,都是采取在景区内部建造演出区域及观众区域,在完全实景化的舞美设置中进行演出的模式,均取得了一定的成绩,在带动当地旅游效益的同时,促进了新型戏剧形式的发展,并且为戏剧培养了大量的观众。然而不同的是,这些"景点+剧场"模式的演出多是多种演出形态的杂糅,传统戏曲在其中的表演被元素化了。而园林版《牡丹亭》通过《惊梦》《离魂》《幽媾》《回生》四回对汤显祖原著进行精简,原汁原味展现了实景版的昆曲《牡丹亭》,对传统昆曲进行了完整的传播。因此,如何挖掘一些全国化或者大地方化剧种中所体现的中华传统美学精神并且与实景化传播载体或当代化传播载体相结合,实现商业化与经典的嫁接,就是戏曲传播的一条潜在路径。

第三,注重观众群体的培养。无论是代言人制,还是"景点+剧场"模式,立足点都在于对观众的号召力上,因此观众群体的培养才是戏曲剧种走向大地方、全国化、甚至全球化的关键点。在这一方面,笔者认为,青春版《牡丹亭》走进高校的行动确实可效仿。中国传统戏曲经过千年积累,并不缺乏优秀剧目、精湛的表演,这正是效仿的保证。大学生群体是未来的白领阶层,是文化产品的潜在消费者,然而观众群的培养是一个漫长的过程,因此,让学生群体参与剧目制作、培养观剧兴趣就成了培养潜在消费群体最直接的方式,值得推广。

然而需要指出的是"四梦"的传播也存在很大的不平衡性,以本文举出的传播事例而言,对《牡丹亭》的传播方式与载体变换形式远远超出其他"三梦"的演绎。然而,其余"三梦",特别是《邯郸记》的艺术价值并不在《牡丹亭》之下,并且结构更加完整、简练。由此而论,以汤显祖的"临川四梦"尤其是《牡丹亭》的当代传播方式研究为案例,一为其余"三梦"的多载体传播引起重视,二为传统戏曲的传承发展建言献策,应该是致敬汤翁最直接的方式。

作者单位:大原师范学院影视艺术系

参考文献：

[1] 胡丽娜：《昆曲青春版〈牡丹亭〉跨文化传播的意义》，载于《武汉大学学报》2009年第1期。

[2] 李蕾：《青春版〈牡丹亭〉：以大美之姿致敬戏剧大师》，载于《光明日报》，2016年9月9日9版。

[3] 谷曙光，《梅兰芳搬演汤显祖〈牡丹亭〉述论》，载于《四川戏剧》2015年第6期。

[4] 刘厚生：《越剧性格·走向全国·全球化》，载于《中国戏剧》2006年第6期。

[5] 周企旭：《戏曲五个发展阶段的不同特征》，载于《艺术百家》2002年第3期。

[6] 王燕飞：《〈牡丹亭〉的传播研究》，上海戏剧学院博士论文。

明刊戏曲选本《曲响大明春》考论*

王春晓

《曲响大明春》（或称《大明春》《万曲明春》）一直被认为是研究明代内廷承应戏曲和明代戏曲选本的重要资料。青木正儿《中国近世戏曲史》曾转录日本尊经阁文库所藏该书刊本，后来的《续修四库全书》则将之收入"集部"，标名从青木氏之说，为《鼎锲徽池雅调南北官腔乐府点板曲响大明春》。有关《曲响大明春》的刊刻时间，先后经孙楷第、郑振铎等先生考证，确定为明万历刊本，现已是定说。但有些学者以为，刻本既称"官腔乐府"，又有"教坊司程万里选、朱鼎臣集、金魁绣像"的文字标识，则其中所载曲目当为明代中晚期教坊司所用之内廷承应剧目，从《续修四库全书》所收之影印本来看，此说则未必是。

一

张舜徽《中国文献学》曾对明代雕版刻书的整体状况概述说：

> 明代官刻的书，有内府刻本，由司礼监领其事。司礼监设有汉经厂、番经厂、道经厂。汉经厂专刻经、史、子、集四部之书，番经厂和道经厂则分刻释、道二家之书，后人因称其所刻为经厂本。此外，各部院及南北国子监亦有刻本，而尤以南国子监所刻为最多。又有各直省刻本，以苏州府所刻为最多，淮安府次之。各省中惟福建有书坊，坊刻之书，四部皆备，出版量为最大。此书坊即指建阳麻沙、崇化两坊而言，坊贾射利，人人能刻、能印，印书多而不精，后人也不很爱惜。此外，藩府刻本以及私

---

* 本文会后修改并发表于《前沿》第 398 期。

刻、坊刻甚多，不可胜数。①

据此可知，明代书籍刊刻大致可分为：内府刻本、部院及国子监刻本、藩府刻本、书坊刻本和私刻本；书坊刻本中又以福建建阳所刻者最为常见。从刻印情况来判断，《续修四库全书》所影之《曲响大明春》虽有"教坊掌教司"之说，但并非内府刻本或部院、国子监刻本，而是万历时期福建建阳书坊的书商为射利所梓。

首先，《续修四库全书》本计三册六卷，每卷内容之首各标卷名及责任人，六卷分镌：

> 鼎锲徽池雅调南北官腔乐府点板曲响大明春卷之一，教坊掌教司扶摇程万里选，后学庠生冲怀朱鼎臣集，闽建书林拱塘金魁绣；
>
> 新锲徽池雅调官腔海盐青阳点板万曲明春卷之二，散人，书林拱塘金魁梓；
>
> 新锲徽池雅调官腔海盐青阳点板万曲明春卷之三，散人葆和编，拱塘金魁梓；
>
> 鼎锲徽池雅调官腔海盐青阳点板万曲明春卷之四；
>
> 新刻徽池雅调官腔海盐点板青阳万曲明春五卷，艺林编，书林拱塘金魁梓；
>
> 新锲徽池雅调官腔海盐青阳点板万曲明春卷之六。②

据此各卷首的标注可知，《曲响大明春》名称并不统一，除第一卷称"南北官腔乐府点板曲响大明春"之外，其余五卷均称"官腔海盐青阳点板万曲明春"。在责任人的标识上的区别更为明显：刻本只有在第一卷卷首有"教坊掌教司扶摇程万里选，后学庠生冲怀朱鼎臣集，闽建书林拱塘金魁绣"字样，四卷、六卷仅有名称和卷数，其他三卷上唯一统一之处在于都有"书林拱塘金魁"字样，书末并有牌记"书林拱塘金氏梓"。从各卷卷首标注的变化来看，《曲响大明春》当为分卷梓印后合成一部。"闽建"即为张舜徽先生所提到的

---

① 张舜徽：《中国文献学》，上海古籍出版社2005年版，第60页。
② 详见《续修四库全书》编纂委员会：《续修四库全书·鼎锲徽池雅调南北官腔乐府点板曲响大明春》，上海古籍出版社2003年版。

明代坊刻重镇福建建阳。

"徽池"为"徽州""池州"之简称,"徽池雅调"为清代中叶徽、池二州流传的"青阳腔""徽州腔""海盐腔"则是明代中叶兴起的"四大声腔"之一。也就是说,《曲响大明春》收录的戏曲折子均是南曲。《福建省志·戏曲志》曾说,万历间,建阳麻沙书坊刊刻出版昆山腔、弋阳腔系统的剧本共320种,与《曲响大明春》刊刻时期相符。"徽池雅调"也是建阳书坊曲本的习用称谓。陈旭东、涂秀虹《明代建阳书坊刊刻戏曲见知录》[①]一文曾对现存明代建阳戏曲文献情况加以梳理,当时的戏曲选本如《鼎雕昆池新调乐府八能奏锦》《鼎镌精选增补滚调时兴歌令玉谷新簧》《梨园会选古今传奇滚调新词乐府万象新》《新锲梨园摘锦乐府菁华》《新锓天下时尚南北徽池雅调》《新选南北乐府时调青昆》《新刻京板青阳时调词林一枝》《新锲精选古今乐府滚调新词玉树英》《新刊耀目冠场擢奇风月锦囊正杂两科传奇》《新刊徽板合像滚调乐府官腔摘锦奇音》《精刻汇编新声雅杂乐府大明天下春》等,在书名和所选折子戏的声腔上均与《曲响大明春》非常相似。

其次,《续修四库全书》本《曲响大明春》的版面排布非常特殊:白口,四周单边,单鱼尾,每页分三层(绣像二十六在其例外,每幅一页)——中层较窄,每栏容大字八列、小字十六列,上下仅容大字二、小字四,刻录程万里汇选的歌词、杂曲、挂枝儿等;上下两层分别辑录不同的折子戏,栏内内容连贯,曲牌及唱词为大字,科介宾白为小字,宽度与中层相等,但上栏高度为九字,下栏高度为十五字(小字双行同)。也就是说,《曲响大明春》刻本的上中下三层内容均不相同,很像是将三本书的版面排在一起,按层横向切开,便会得到三本内容各自完整的书。这种排版方式,也是明代建阳书坊产品的常用版式。今藏日本题黄文华选的万历爱日堂蔡正河刻本《鼎雕昆池新调乐府八能奏锦》,题黄文华选辑万历闽建书林叶志元刻本《新刻京板青阳时调词林一枝》等,均与《曲响大明春》版式相似。独特的排方式版再辅以绣像,显然是书贾为博人眼球的营销伎俩,但这种版式显然适合演员排演剧作时使用。也就是说,《曲响大明春》刻印的目的是阅读而不是演出。另外,中层第一卷目录为"汇选江湖方言"、二卷"离别寄赠妙诗"、三卷"离别歌词杂曲"、四卷"汇选各本杂曲又挂枝儿"、五卷"叠锦苏州歌又挂枝儿"、六卷"汇选江湖方

---

① 陈旭东、涂秀虹:《明代建阳书坊刊刻戏曲见知录》,载于《中华戏曲》2011年第1期。

言"。一卷、六卷的内容是对方言词语的解释,以便外出行走之人的他乡交际,一卷中层开始处有"在江湖行走"云云,更是言明用途。其中如"立地子,乃门子也","调友,会说话者","短路的,乃剪径行劫者"等,都是对某些俚语名称的解释;又有所谓"江湖俏语",实为当时流行的歇后语,如"襄王会神女——还在做梦""孔明七擒孟获——要他心眼""孔夫子不识字——谁信他"等。

综合上述,《曲响大明春》是明代福建建阳书坊所刻之戏曲选本,内容在戏曲之外又有诗词杂曲和方言俚语释义,注重趣味性与实用性的结合,是读本而非台本。可以确定,《曲响大明春》是一部明代万历时期由福建建阳书商金魁所刻印的戏曲选本。《曲响大明春》与内廷承应戏曲演出的关系仅在"教坊掌教司扶摇程万里选"这几个字上。

二

程万里其人其事,今不可考,据《曲响大明春》第一卷的标注,程氏字扶摇,是"教坊掌教司",应曾在北京担任与内廷承应演出相关的官职。若其人其职是真,既然《曲响大明春》是福建建阳书坊所刻,建阳去北京万里之遥,一个普通书商如何得以结识内廷教坊掌教司,这显然是一个谜团。即便两人有所过从,除第一卷外其他五卷的署名都没有程万里,也无法将《曲响大明春》全部六卷选本视为明代宫廷实际演出剧目,只能说第一卷或与程万里有所关联。

值得注意的是,《曲响大明春》第一卷卷首除程万里、金魁之外,还有另外一个人的名字——"后学庠生冲怀朱鼎臣"。朱鼎臣字冲怀,是明代嘉靖、隆庆、万历时期有名的书籍编者,江西临川人(一说为广州人),与建阳书商多有合作。现今可见有朱鼎臣署名的刻本计有小说三、医书二、韵书一、戏曲选本一。与《曲响大明春》相似,署名朱鼎臣的《新锲阁老台山叶先生订释龙头切韵海编新镜》名称中有"阁老"之谓。"阁老台山叶先生"为万历末至天启年间曾任内阁首辅的福建人叶向高,"叶先生订释"是福建书商为抬高书籍名望而常用的挂名伎俩,这样一来,《曲响大明春》"教坊掌教司扶摇程万里选",便也存在托名的可能性。甚至可以更进一步揣测,朱鼎臣只参与了第一卷的编辑工作,或者连朱鼎臣的名字都有可能是金魁擅用的:在与卷一同册的卷二，仅署"散人编"，其他四卷也都没有朱鼎臣的名字；若《曲响大明春》六卷同出自朱鼎臣之手，金魁自可直署朱名，毕竟朱鼎臣在建阳书贾间名气不小。

金魁刻印的书籍，今可见者唯有《曲响大明春》，无可对照，但署名朱鼎臣的明刊本尚有其他存本，姑以另一部《鼎镌全像唐三藏西游释厄传》（以下简称《西游释厄传》）做一比较。《西游释厄传》现存明万历间建阳安正堂绣像刻本十卷，末卷书尾有"书林刘莲台梓"牌记，每册首卷及一卷、四卷卷首有责任者和书坊信息：

鼎锲全像唐三藏西游传卷之一甲集，羊城冲怀朱鼎臣编辑，书林莲台刘求茂绣梓；

新锲全像唐三藏西游释厄传卷之四丁集，羊城冲怀朱鼎臣编辑，书林莲台刘求茂梓行。①

朱编刻本虽总体质量不高，但在第一卷卷首题署朱鼎臣，其他卷编者换做他人的情况，《曲响大明春》为仅见。即使朱鼎臣确实参与了第一卷的编辑，作为一个屡试不第的庠生，他能够结识教坊司官员概率也并不比书商金魁更大。"教坊掌教司扶摇程万里"，很可能和"阁老台山叶先生"一样，乃是书商托名。《曲响大明春》与"教坊掌教司"的关系不可确信，是否可以将其作为内廷承应戏曲选本的重要资料，是有待商榷的。

三

《曲响大明春》中"教坊掌教司"的说法亦与史料记载存在一定龃龉。有明一代，宫廷礼乐规模超过前代。自朱元璋开国以还，皆有通过礼乐"格上下，感鬼神，教化之成"的明确意图。设太常寺、教坊司、钟鼓司分别掌管宫廷祭祀、朝贺宴飨、皇帝出朝三类礼乐活动。三部之中，钟鼓司成员为内监，设立于明洪武二十八年。按《明史·职官志》有"钟鼓司，掌印太监一员，

---

① 详参：《明清善本小说丛刊初编·鼎镌全像唐三藏西游释厄传》，台湾天一出版社1984年版。

金书、司房、学艺官无定员，掌管出朝钟鼓，及内乐、传奇、过锦、打稻诸杂戏"①，沈德符《万历野获编·禁中演戏》载："内廷诸戏剧，俱隶钟鼓司"②，由上可知，明初内廷戏曲承应，由钟鼓司负责。

万历时期，内廷戏曲演出发生了很大变化。在演出体制上，万历皇帝先后在皇宫设置"四斋"和"玉熙宫"专门负责戏曲承应，以独立于内廷原有的太常寺、教坊司、钟鼓司等司职礼乐或礼乐戏曲兼管的机构。饶志元《万历宫词》曾引用《彤史拾遗记》中的相关记述：

> 神宗既嗣，后称仁圣，贵妃称慈圣。两宫既同尊，而后与慈圣皆贤，素无嫌猜，至是益亲谧。神宗又孝事两宫，尝设四斋，近侍二百余人陈百戏，为两宫欢。每遇令节，先于乾清宫大殿设两宫座，使贵嫔请导，上预俟云台门下，拱而立，北向久之。仁圣舆至景运门，慈圣舆至隆宗门。上居中北向跪。少顷，两舆齐来前，已，复齐至乾清门，上起。于是中宫王皇后扶仁圣舆，皇贵妃郑氏扶慈圣舆，导而入。少憩，请升座。自捧觞安几，以及献馔更衣，必膝行稽首，皆从来仪注所未有。于是始陈戏，剧欢乃罢，凡大飨多此类。③

据以上记载可知，"四斋"之设立，乃为两宫皇太后节令承应演出戏曲。搬演曲目既有宫廷旧习之杂剧、杂戏，又有宫外新创之南曲传奇（《华岳赐环记》，作者佘翘，作于万历中，南曲）。万历内廷在四斋之外，又增"玉熙宫"，专供皇帝承应之需，沈德符《万历野获编》：

> 内廷诸戏剧，俱隶钟鼓司，习相传院本，沿金元之旧，以故其事多与教坊相通。至今上，始设诸剧于玉熙宫以习外戏，如"弋阳""海盐""昆山"诸家俱有之。其人员以三百为率，不复属钟鼓司。④

除了特供承应皇帝、兼演南曲新腔之外，玉熙宫承应又用女伎。对此，明人宋懋澄《九籥集》曾记载说："南九宫亦演之内庭，至战争处，两队相角，

---

① 张廷玉等：《明史》，中华书局1974年版，第1820页。
②④ 沈德符：《万历野获编·补遗》，中华书局1959年版，第798页。
③ 朱权等：《明宫词》，北京古籍出版社1987年版，第271页。

旗杖数千，别有女伎。"① 综合上述，万历时期内廷承应戏曲演出的演出机构在钟鼓司、教坊司外，新增四斋和玉熙宫，专供后宫及帝王戏曲承应之需，两处计有五百人左右，内监之外间有女伎。"教坊掌教司"的名称并不见于明初至万历时期内廷承应戏曲的相关史料，倘若真有隶属于教坊司的程万里，其所承担的工作也更可能是类似"掌教"的教习。这样一来，"教坊掌教司"很可能是"教坊司掌教"的误写，编者对相关制度不甚熟悉，"教坊"云云，更不可信。

四

《曲响大明春》选取的剧目与沈德符等人对万历时期内廷承应的描述也存在差距。明初内廷承应戏主要是金元院本（滑稽小戏）、传奇（北杂剧为主）、过锦戏（短杂戏）、打稻戏（以农村耕收为内容的小戏），另据徐渭等人的记载可知，南戏《琵琶记》亦曾在洪武时期进入宫廷演出，并获得太祖赏识。成祖迁都北京后，下诏修订《永乐大典》，其中收录戏文33种，杂剧100种；永乐九年（1411），颁布诏书对戏曲搬演进行严格管制。明初政策的影响一直延续至正德时期，由于武宗本人纵情耽乐，内廷演出方才闹热起来。但正德时期的内廷承应是以皇帝好尚为绝对嚆矢的，无论是演出南曲还是《西厢》，女乐入宫及艺人进京等，都是为了满足朱厚照个人的趣味。嘉靖、隆庆时期，内廷演剧改弦更张，嘉靖一朝不仅禁止教坊司搬演"新声巧技"，又曾对民间戏曲演出进行限制。但这期间，内廷南曲承应大增，《雍熙乐府》中亦曾收录了一些歌颂皇帝文治武功的曲文，从其内容来看，或为专为内府承应所编演。从演出内容来看，明代内廷承应中既有传统的杂剧、杂戏，又有南曲新腔，呈现新旧内外交融之态势。具体剧目见诸《万历野获编》者有：

> 本朝能杂剧者不数人。自周宪王以至关中康王诸公，稍称当行，其后则山东冯李亦近之。然如《小尼下山》《园林午梦》《皮匠参禅》等剧，俱太单薄，仅可供笑谑，亦教坊耍乐院本之类耳。

> 杂剧如《王粲登楼》《韩信胯下》《关大王单刀会》《赵太祖风云会》

---

① 宋懋澄：《九籥集》，中国社会科学出版社1984年版，第218页。

之属，不特命词之高秀，而意象悲壮，自足笼盖一时。至若《诌梅香》《倩女离魂》《墙头马上》等曲，非不轻俊，然不出房帏窠臼，以《西厢》例之可也。他如《千里送荆娘》《元夜闹东京》之属，则近粗莽。《华光显圣》《目连入冥》《大圣收魔》之属，则太妖诞。以至《三星下界》《天官赐福》，种种吉庆传奇，皆系供奉御前，呼嵩献寿，但宜教坊及钟鼓司肄习之，并勋戚贵珰辈赞赏之耳。①

自沈氏记述可知，内廷承应用之戏，大概可分为两种：杂耍院本和杂剧。但《野获编》中提到的《小尼下山》《园林午梦》《皮匠参禅》却并非杂耍院本，"之类"云云，乃是贬语。《小尼下山》早在嘉靖时期便被收录在《风月锦囊》中，题《尼姑下山》，万历时折子戏选本《群音类选》《乐府菁华》均曾选入，后两种选本均将其列入"目连戏"，崇祯时的选本《醉怡情》则标注出处为《孽海记》。从其流传和沈德符的记载来看，《小尼下山》最初当为一折戏，因影响较大，后被收入不同剧目中。《园林午梦》《皮匠参禅》的作者为沈开先，是其剧集《一笑散》六种之二。《园林午梦》今有存本，作者在自跋中称《园林午梦》为"院本"②，是长度一折的调笑喜剧。《皮匠参禅》今不存，当亦为一折。自沈德符所述概可推知，万历时期内廷承应杂戏亦不限于旧作，多有新作外戏。承应杂剧依其题材又分四类：历史演义题材，如《单刀会》；男女婚恋题材，如《西厢记》；神魔宗教题材，如《目连入冥》；吉庆传奇题材，如《三星下界》。其中的吉庆传奇题材或为庆典承应，有教坊自编的可能，其余则为元明时期的经典杂剧。内宦刘若愚《酌中志》中也说：

> 神庙孝养圣母，设有四斋，近侍二百余员，以习宫戏、外戏。凡慈圣老娘娘升座，则不时承应外边新编戏文，如《华岳赐环记》亦曾演唱。③

宫戏，当指内廷自编承应戏，外戏则是宫外传入之剧目。从数量上来看，宫戏少，外戏多；外戏中又以旧传入者多，新戏少。

---

① 沈德符：《万历野获编》，中华书局1959年版，第648~649页。
② 详参李开先：《李开先集》，中华书局1959年版，第861页。
③ 刘若愚：《酌中志》，北京古籍出版社1994年版，第109页。

《曲响大明春》中所摘录的剧本,与上述明代特别是万历时期的文献载记存在较大差距。六卷之中共选曲本六十出,分别来自三十五种剧作。今姑录其目如表1所示。

表1 《曲响大明春》(《鼎锲徽池雅调南北官腔乐府点板曲响大明春》)戏曲目录
(剧名排序时,同剧不同卷者同初次号)

卷/层		剧名	摘出
一卷 四种十出	上层	1.《玉簪记》	1. 妙常思母　2. 茶叙芳心　3. 饯别潘生　4. 秋江泣别
		2.《米栏记》	5. 鞠问老奴
	下层	3.《玉环记》	6. 玉箫送别韦皋
		4.《五桂记》	7. 窦仪加官进禄　8. 一家五喜临门　9. 四花精游花园　10. 窦仪素娥问答
二卷 六种八出	上层	5.《天缘记》	11. 旷野奇逢
		6.《谪仙记》	12. 李白草诗
		7.《妆盒记》	13. 陈琳救主
		8.《同心记》	14. 送别情人
	下层	9.《红叶记》	15. 韩氏四喜四爱　16. 于祐红叶还题
		10.《复仇记》	17. 伍员定计过关　18. 伍员访友策后
三卷 八种十出	上层	11.《红拂记》	19. 红拂私奔
		12.《黄莺记》	20. 瑜娘观诗
		13.《尝胆记》	21. 越王别臣
		14.《和戎记》	22. 昭君出塞
		15.《风月记》	23. 美女思情
	下层	16.《金印记》	24. 周氏对镜梳妆　25. 周氏当钗见诮
		17.《卖钗记》	26. 周氏中秋拜月
		18.《西厢记》	27. 莺生隔墙酬和　28. 君瑞托红寄柬
四卷 一种十出	上层	19.《琵琶记》	29. 五娘描容　30. 五娘祭画　31. 五娘旌墓　32. 五娘请粮　33. 李正抢粮
	下层	19.《琵琶记》	34. 伯喈长亭送别　35. 伯喈金门待漏　36. 伯喈书馆思亲　37. 牛氏为夫排闷　38. 牛氏诘问幽情

续表

卷/层		剧名	摘出
五卷十种十二出	上层	16.《金印记》	39. 泥金报捷 40. 叔婆传书
		20.《三元记》	41. 冯商娶妾
		21.《阴德记》	42. 旅中还妾
		22.《刺瞽记》	43. 劝诫元和
		23.《生平记》	44. 祝寿新词
	下层	24.《龙绡记》	45. 仙姬天街重会
		25.《救母记》	46. 罗卜思亲描容 47. 罗卜祭奠母亲
		26.《三国记》	48. 鲁肃请祭国公
		27.《征辽记》	49. 敬德南山牧羊
		28.《鲤鱼记》	50. 鱼精迷惑张真
六卷七种十出	上层	29.《兴刘记》	51. 武侯平蛮
		30.《征蛮记》	52. 诸葛出师
		31.《结义记》	53. 云长训子
		32.《寒衣记》	54. 姜女送衣
		33.《风情记》	55. 香闺训子
	下层	34.《破窑记》	56. 夫妻被逐归窑 57. 蒙正夫妻祭灶 58. 小姐破窑闻捷
		35.《湘环记》	59. 相如怀璧抗秦 60. 张氏卖环养姑

从此目录不难发现，《曲响大明春》所摘折子戏，为配合版式往往舍弃原名而重为命名，排在上层者改为四字，下层者改为六字，以与刊本不同层高相配合。所摘折子没有宫戏，所选最多的是婚恋或家庭伦理题材，其次是《复仇记》《尝胆记》《金印记》《和戎记》《三国记》《征辽记》《兴刘记》《征蛮记》八种九出为历史题材，《阴德记》《救母记》《鲤鱼记》《龙绡记》四种五出为宗教神魔题材，没有一折戏或滑稽小戏。

结　　语

现存《曲响大明春》刻本中虽出现"教坊掌教司扶摇程万里"，但并不适合作为明代内廷承应戏曲研究的文献加以使用。首先，《曲响大明春》是福建建阳书坊刻本，较经厂本和院部、国子监刻本而言权威性差，三栏版式及诗词散曲、方言俚语等内容也不适宜内廷承应戏曲演出，而更适合普通民众闲暇阅读；其次，"教坊掌教司扶摇程万里"很可能是书商托名，可信度低；再者，"教坊掌教司"的称谓与明代史料载记存在龃龉，表明责任者或书商对相关制度不甚熟悉；最后，《曲响大明春》所摘戏曲的题材与明代特别是万历时期内廷承应剧目存在较大不同。总的来讲，《曲响大明春》是考察明代坊刻本或明代戏曲选本的重要文献，但将之用作内廷承应戏曲研究则须谨慎。

作者单位：外交学院

由紫姑传说再论冯小青形象

王　珏

冯小青的故事在明清之际流传颇广，以此为素材的文学作品也非常丰富。据《小青传》等文记载：冯小青为扬州人氏，后为杭州冯生的妾。讳同姓，仅以字称。工诗词，解音律，为大妇所妒，后忧郁成疾，十八而卒。在以小青为题材的戏曲小说中，吴炳的《疗妒羹》影响力很大，其中讲述小青夜读《牡丹亭》而感伤的《题曲》又是最为有名的一折，以至于一些学者将《疗妒羹》与《牡丹亭》相提并论，认为小青之"情"是对《牡丹亭》理念的继承与发展。同时也认为小青形象是对杜丽娘的延续。[①]

不可否认的是，小青题材文学作品滥觞于明末清初，在一定程度上受了明代中后期个性解放思潮以及《牡丹亭》创作的影响。钱谦益说："小青者，离情字正书心旁似小子也。"[②]清梁廷枏也曾评价说："《疗妒羹·题曲》一折，逼真《牡丹亭》。"[③]除此以外，冯小青题材文学作品抑或可视为中国千年相传的厕神文化的延续。

一

厕神又被称为"紫姑"。几千年来，我国一直保留着正月十五迎厕神紫姑的传统。如南朝梁宗懔在其《荆楚岁时记》中曾记载："十五日，其夕迎紫姑以卜将来蚕桑，并占众事。"唐代李商隐亦有诗《正月十五夜闻京有灯恨不得观》云："月色灯光满帝都，香车宝辇隘通衢。身闲不睹中兴盛，羞逐乡人赛

---

① 洛地：《借言题曲论还魂》，引自《文化与诗学》，载于《戏曲艺术》1982年第4期，第125~128页。
② 钱谦益：《列朝诗集小传·闰集》，上海古籍出版社2008年版，第773页。
③ 梁廷枏：《中国古典戏曲论著集成》（八），中国戏剧出版社1959年版，第268页。

紫姑。"宋代的沈括也曾在《梦溪笔谈》中记载道:"旧俗,正月望夜迎厕神,谓之紫姑。亦不必正月,常时皆可召。"明代刘侗的《帝京景物略》中记录过:"正月……望前后夜,妇妇束草人,纸粉面,手帕衫裙,号称'姑娘'。两童女掖之,祀以马粪,打赤鼓,歌马粪芗歌。三祝神则跃跃,拜不已者,休;倒不起,乃咎也,男子冲而扑。"清代的黄斐默也在《集说诠真》中提道:"今俗每届上元节,居民妇女迎请厕神。其法:概于前一日取粪箕一具,饰以钗环,簪以花朵,另用银钗一支插箕口,供坑厕侧。另设供案,点烛焚香,小儿辈对之行礼。"同时代的《合壁类编》中也提到过类似的迎"紫姑娘"的民俗。可见最迟由六朝至清一千多年里民间祭厕神之盛行。

为什么说小青题材文学作品也许是厕神文化的延续呢?且看有关厕神"紫姑"的相关传说。

南宋刘敬叔的《异苑》中最早记录了有关"紫姑"的信息:

> 世有紫姑娘,古来相传,是人妾,为大妇所妒,每以秽事相次役,正月十五日感激而死。故世人以其日作其形,夜于厕间或猪栏边迎之。"①

唐代佚名的《显异录》对紫姑的故事做了进一步补充:

> 紫姑,莱阳人,姓何名媚,字丽卿,寿阳李景纳为妾,其妻妒之,正月十五阴杀于厕中。天帝悯之,命为厕神,故世人作其形,夜于厕间迎祀,以占众事,俗呼为三姑。②

至宋代,苏东坡继续丰富着紫姑的经历,在其《子姑神记》一文中刻画出了她的悲惨命运。

> 元丰三年正月朔日,予始去京师来黄州。二月朔至郡。至之明年,进士潘丙谓予曰:"异哉,公之始受命,黄人未知也。有神降于州之侨人郭氏之第,与人言如响,且善赋诗,曰,苏公将至,而吾不及见也。已而,公以是日至,而神以是日去。"其明年正月,丙又曰:"神复降于郭氏。"予往观之,则衣草木为妇人,而□箸手中,二小童子扶焉,以箸画字曰:

---

①② 陈梦雷等编:《古今图书集成》,中华书局1988年版,第60256页。

"妾，寿阳人也，姓何氏，名媚，字丽卿。自幼知读书属文，为伶人妇。唐垂拱中，寿阳刺史害妾夫，纳妾为侍妾，而其妻妒悍甚，见杀于厕。妾虽死不敢诉也，而天使见之，为直其冤，且使有所职于人间。盖世所谓子姑神者，其类甚众，然未有如妾之卓然者也。公少留而为赋诗，且舞以娱公。"诗数十篇，敏捷立成，皆有妙思，杂以嘲笑。问神仙鬼佛变化之理，其答皆出于人意外。坐客抚掌，作《道调梁州》，神起舞中节，曲终再拜以请曰："公文名于天下，何惜方寸之纸，不使世人知有妾乎？"余观何氏之生，见掠于酷吏，而遇害于悍妻，其怨深矣。而终不指言刺史之姓名，似有礼者。客至逆知其平生，而终不言人之阴私与休咎，可谓知矣。又知好文字而耻无闻于世，皆可贤者。粗为录之，答其意焉。①

由此可见，所谓的"厕神"，并非如"灶神""门神"一类掌管一方居所的神灵，在她身上，寄托了人们对小妾深受苦难的同情。从厕神"紫姑"的传说流变中我们可以看出：其一，紫姑的身份为婢妾；其二，在家庭生活中被大妇嫉妒；其三，被大妇虐待致死。反观小青题材的文学作品，小青也是一个为大妇所不容，遭受大妇虐待的小妾，并且其往往会被受虐致死，这些和"紫姑"传说中的基本情节极为相似。此外，人们于夜间祭祀紫姑，而小青恰恰于夜间读《牡丹亭》，更显凄凉。由紫姑传说我们可以看出冯小青的形象在我国的传统文化中深有渊源，这一形象根植于封建婚姻制度，反映出了女子飘茵堕溷不可自主的命运。

虽说冯小青题材作品受到《牡丹亭》创作的影响，但细究之下，冯、杜二者之间有着明显的差异，最大的不同便体现在两者的身份上。杜丽娘是一个官宦人家的千金小姐，而冯小青只是一个身份低微的小妾，杜丽娘可以在光天化日之下游园、惊梦、寻梦，而冯小青只能在风雨之夜，苦读《牡丹亭》；杜丽娘可以大胆去追寻柳梦梅，而冯小青却始终不能自主自己的命运。冯小青羡慕杜丽娘可以找到柳梦梅这样至情至性的男子，可冯小青的最好结局不过成为一名才子的妾而已，在她的生活中依旧有大妇管束着她，只不过此大妇相对而言不算凶恶，但冯小青的家庭地位是很低微的，处处要避让大妇。所以说杜丽娘的生活是冯小青向往而不可得的，这是她们不同的社会身份所决定的。

---

① 苏轼，孔凡礼校注：《苏轼文集》第十二卷，中华书局1986年版，第407页。

清代乾嘉年间，会稽人陈栋曾作杂剧《紫姑神》，这是目前可考的第一部以紫姑传说为题材的戏曲作品，剧中紫姑为扬州人氏，通诗赋，后为魏子胥妾，却被其大妇所妒，大妇将其安置在厕所边的一间陋屋居住，并将其虐待至死。① 在这部杂剧中，紫姑的出生地为扬州，这一点同《疗妒羹》等作品中冯小青的出生地是一致的，而非传说中的莱阳或寿阳。此外，婢妾的身份、有才情、被大妇所妒、被大妇安置在一陋室居住以及最后被虐待至死的情节都与此前的小青题材作品高度重合。可见在清代，冯小青形象已经开始影响到紫姑传说了，而这种影响的前提便是紫姑传说即为冯小青故事的内在文化根源之一，因而两者才可以互相影响。冯小青题材实为延续了中国传统姬妾故事的传述模式。

二

为什么在明清之际出现了大量以冯小青为题材的作品？一些研究者认为小青是当时失意文人的自我写照，传达了文人对世事沧桑的感慨寄托。② 中国古代文人有着一定的"臣妾情节"，从屈原在《离骚》中以美人自比到司马相如《长门赋》中的"妾人之悲"到曹植在《七哀诗》中发出的"贱妾当何依"慨叹，这种臣妾心理一直贯穿于文人作品之中，只是到了明清之交这个时代大变革之际，文人的"臣妾情节"越发显得突出。

除此之外，不妨从紫姑形象的渐变来考量文人青睐小青作品的原因。不难发现，紫姑形象也逐渐被文人所丰富，由一名普通的姬妾被美化成了才女。

从苏东坡的《子姑神记》一文中，让世人领略到紫姑的诗才，《夷坚》诸志中记载了大量相传为紫姑所做的诗，以至于有文评价其为："紫姑确是他们（士大夫）钟情的诗仙，是没有文艺女神称号的真正的文艺女神。他们对这位文艺女神充满了依赖和期盼。"通过对苏东坡《子姑神记》一文的分析，可以看出：紫姑是乌台诗案前后苏轼的自我化身，他把紫姑作为了自己移情的对象，使之成为失意士大夫的知己。③ "紫姑娘成为知识分子的心灵鸡汤，变为

---

① 郑振铎辑：《清人杂剧二集——北泾草堂外集三种》，据吴兴周氏藏嘉庆间刊，北泾草堂集本影印。
② 刘于锋：《冯小青现象在明清传奇中的题旨流变》，载于《现代语文》2009 年第 7 期，第 54~55 页。
③ 潘辰玉：《浊秽厕神与窈窕淑女——紫姑神话文化意蕴发微》，载于《绍兴文理学院学报》2000 年第 4 期，第 40~44 页。

士大夫的代言人和红颜知己。……紫姑信仰成为失意文人自我慰藉、舔舐伤口的一方净土。"① 由此可见紫姑与冯小青在士大夫心目中的作用不谋而合。无论紫姑还是小青，她们都是文人对心中美好女子的期盼。

伴随着紫姑、冯小青这些姬妾形象丰满起来的是文学作品中妓女形象的渐变。在紫姑和冯小青的作品流变中，妾和妓的形象也有重合。单从她们的出生地而言，最终都归结到扬州，这极易让人联想到"扬州瘦马"，而"扬州瘦马"本身就兼具了妾与妓的双重身份。

非常明显，自唐宋以来，随着文人阶层的逐步壮大，妾与妓的形象由如之前绿珠之类单纯的貌美式渐变成了薛涛、柳如是之类的才貌双全的佳人，这里的"才"不单指"才艺"，更为突出的是"文才"，到了《桃花扇》中，甚至出现了一批具有明显政治倾向的妓女形象。

在旧式的婚姻当中，夫妻相敬如宾的多，但夫与妻之间未必可以成为精神上的伴侣，甚至许多妻子并不识字，常常逡巡于家庭琐事之中，在文学上、精神上、政治上并不能与丈夫相互唱和、理解。这也必然促使文人把对理想女子的向往投射到妾与妓的身上，特别是处于易代之际，文人不免受到挫折、凌辱，此时的文人更需要红粉知己在精神上相伴。文人一方面肯定这些佳人的才华，另一方面又不能让这些佳人摆脱她们妾与妓的身份，他们依旧以俯视的角度去对待这些佳人，这些佳人的才华依然需要得到男性的肯定才有意义。文人将这些妾与妓塑造成与他们同病相怜形象，她们几乎都是身世可怜，但却富有才华，对爱情坚贞执着，甚至为了配合这些佳人形象的塑造，作品中不惜将大妇们给妖魔化，以此来衬托佳人的难得。这些佳人中意于才子文人，鄙夷村蠢庸俗的男子，妾与妓的低微与渺小，却只能依靠与才子的结合，以保自己的尊严，走向美好的生活，这样的设计，也满足了文人自赏的心理。

三

对于紫姑、冯小青形象延续的是《红楼梦》中的香菱。香菱也具备了出身小康，但家中变故，成为小妾，丈夫粗鄙，被大妇所妒，有一定文学素养，

---

① 刘勤：《中国厕神女性性别成因及其内涵探究》，载于《中国俗文化研究》2014 年第九辑，第 109～118 页。

被虐致死的故事元素。由此可见，冯小青形象实为中国千百年来姬妾文学发展的重要组成部分。这个形象能风靡于明清时期，是由那个特定的时代所促成的。但我们在研究冯小青形象的时候，切不可把其"妾"的身份给抛弃，否则将不利于我们全面地理解冯小青。

工作单位：江苏第二师范学院

梅兰芳《春香闹学》《游园惊梦》昆曲折子戏表演艺术论略及其启示

王灵均

梅兰芳（1894~1961）是有着世界声誉的京昆大师，曾上演过《春香闹学》《游园惊梦》等昆曲折子戏。这两出折子戏出自汤显祖的不朽名著《牡丹亭》，也是昆曲舞台上打磨数百年的精品。据谢思进、孙利华编著的《梅兰芳艺术年谱》（文化艺术出版社2010年版）记载：梅兰芳于1914年开始系统地学习昆曲，1916年1月23日首演昆曲《春香闹学》，1918年2月6日首演昆曲《游园惊梦》。后来由于年纪渐大，中年就放弃了《春香闹学》的演出，而《游园惊梦》则一直坚持到了晚年，并于1960年拍摄成电影，弥足珍贵。梅兰芳的昆曲舞台表演艺术与汤显祖剧本原著交相辉映，共同谱写了中国戏曲史上的精彩华章。

谷曙光专著《梨园文献与优伶演剧——京剧昆曲文献史料考据》（中国社会科学出版社2015年版）第六章《梅兰芳与昆曲》根据《舞台生活四十年》《梅兰芳文集》《申报》《俞振飞艺术论集》《吴小如戏曲文录》等资料对于梅氏《春香闹学》《游园惊梦》两出折子戏的师承、演出盛况、对外交流、人物刻画、艺兼南北、美学意境等做了钩稽阐释，兹不重复，现重点论述梅氏此二剧的技法、"京昆"表演特色，并结合昆曲势力消长做进一步诠述。

关于《春香闹学》一剧，据梅兰芳回忆：

"乔先生教给我的'闹学'身段，我总觉得不够劲，因为他唱惯闺门旦，演杜丽娘是他的拿手活，教花旦并不对工。所以我学会了，先不敢拿出来演。有一位本行的老先生对我说：'你要学"闹学"的身段，在你跟前，就现成放着一位老师，你不请教，这不是舍近求远吗？'我问他：'是谁？'他说：'你请李寿山教才对工哪。'那时李寿山正参加在我的戏班里演唱花脸,他的个子高高的,人都管他'大个儿李七'。请一个高大个子演花脸的演员来教小丫鬟的身段,你听了一定会奇怪吧。不,一点都不奇怪,这位李先生在科班学的就是花旦,后来因为个子太大,扮相不好看,才改唱花脸的。"

"第二天我马上对李先生说了,他挺高兴地到我家来,在芦草园旧居的客厅里排给我看。插着腰出场,刚走了几步,就知道他是一个擅演花旦的老行家。手眼身法步,无一不是柔软灵动,尤其腰部的功夫深,所以走得更好看。那天我的几位老朋友也都赶来观摩。这一出戏排完了,看的人都没有感觉到站在眼前的小春香是个大高个子。就可以说明这位老艺人的本领实在不小。我来比几下你看看。"梅先生说着就站起来,比了几个姿势。他不是快六十岁了吗?你看他手的指法,腰的摆动,脚步的细碎,眼神的运用,处处都还像一个十几岁的小女孩子模样,从这几点上,很容易看出他当年学的时候有传授,自己练工也结实。①"

李寿山(1866～1933),工武净。人称李七。与其兄李寿峰同入四箴堂科班学艺,初学花旦,后改武净。出科后搭三庆班,常与武旦朱文英合作,光绪二十六年(1900)被选入升平署作为"内廷供奉"。拿手剧目有《八蜡庙》《罗四虎》《泗州城》,晚年常随梅兰芳班出演,②曾授梅兰芳《春香闹学》等花旦戏身段。

梅氏的《游园惊梦》也是先由乔蕙兰传授,后经陈德霖加工身段。

"我学会了《游园惊梦》,又请陈老夫子(陈德霖)给我排练。想在做工方面补充些身段。陈老夫子把他学的那些宝贵的老玩意儿很细心地教给我,例如'好姐姐'曲子里'生生燕语……呖呖莺声'的身段,是要把扇子打开,拿在手里摇摆着跟丫鬟春香并了肩走云步的。在这上面一句'那牡丹虽好',是要用手拍扇子来做的。陈老夫子教到身段,也是不怕麻烦,一遍一遍地给我说。步位是非常准确,一点都不会走样的。他跟我一样也不是一个富有天才聪明伶俐的学艺者。他的成名,完全是靠了苦学

---

① 梅兰芳述,许姬传、许源来、朱家溍记:《舞台生活四十年》上册,团结出版社2006年版,第327～328页。
② 苏雪安:《京剧前辈老艺人回忆录》,上海文化出版社1958年版,第143～144页。

苦练的。"①

陈德霖（1862～1930），是四箴堂科班中培养的旦行名宿，清末民初有"青衣泰斗"之美誉，被称为"老夫子"。名鋆璋，号漱云，小名石头，北京人，满族。幼年先后入全福昆班、四喜班和四箴堂班坐科，习昆旦、京剧青衣兼刀马旦。在四箴堂科班中的老师有程章圃、朱洪福，曾得到朱莲芬、梅巧玲的提携指导。光绪十六年（1890），进入升平署。

梅兰芳在《漫谈运用戏曲资料与培养下一代》一文中说：

> 陈德霖先生所唱，孙老（佐臣）操琴的几张唱片，也是双绝，水乳交融，风格统一。
> 《彩楼配》里面：【导板】、【慢板】、【二六】、【流水】、【散板】包括了青衣的西皮的许多腔调。'回相府'一句是青衣的'嘎调'，不是一般的"边音"，没有充沛底气的好嗓子是不敢这样唱的。②

他的唱片目前听着已经不太习惯，多嫌他字音含糊。这是由于陈德霖出身是昆曲，口劲好，吐字锋利。苏雪安曾经解释：

> 我认为这个说法不是顶正确的。这是把花脸老生的唱法来要求青衣。要知道青衣有青衣的唱念方法。首先注意到不能咧嘴去咬字（学的时候，应该常常对着镜子唱念，才能校正口腔开合时的某些缺点）。老夫子是昆曲底子，嘴里不可能不讲究，问题是在老法青衣，过于重音调，而很少注意把字音吐到口外来，所以听起来就比较模糊了。可是一听到老夫子的念白，那简直就是昆曲的念法，清脆无比。举个例来说：我曾经数听他的《三击掌》，最后所念"你们舍不得三姑娘，三姑娘焉能舍得你们？"几句白口，可以说一时无两。③

---

① 梅兰芳述，许姬传、许源来、朱家溍记：《舞台生活四十年》上册，团结出版社2006年版，第160～161页。
② 《梅兰芳文集》，中国戏剧出版社1962年版，第163页。
③ 苏雪安：《京剧前辈老艺人回忆录》，上海文化出版社1958年版，第143页。

陈德霖昆曲功底深厚，罗瘿公《菊部丛谭》说：

> 德霖昆曲功力最深……人但知其为青衫泰斗，而不知其昆曲如是精能也。……据深于昆学者谓，北方伶人中，昆曲字正腔圆可称稳练者，惟德霖一人而已。如《出塞》《游园》《惊梦》等，都有独到之处。①

苏雪安曾回忆道：

> 有一次他和梅兰芳先生的《游园惊梦》，他去杜丽娘，梅先生去春香。当然，那个时候老夫子已经有六十多岁了，人又长得胖些，要问扮相，自然不会理想，可是歌情舞态，处处到家，决不是后人所能企及，如果不信，可以问问当时同台的梅先生，便知我的话不假。②

陈德霖为人谦和，宽厚待人，门人甚众，票友之外，如王瑶卿、王蕙芳、梅兰芳、王琴侬、黄桂秋、姜妙香、韩世昌、姚玉芙等，都名盛一时。

其实，大家讲到民国昆曲的振兴，从时间上看，首先是已经大红大紫的梅兰芳于民国四年开始演昆曲，大受欢迎，并且引起社会各界的注意。到民国七年北京爱好昆曲的票友组织了好几个昆乱合璧的票房，北京演昆曲的风气有所抬头。进而1917年之后，北方的昆弋班同和社、荣庆社进京，1919年梅兰芳第一次访日就有昆曲折子戏。1921年才有苏州昆剧传习所的创办，可以说，梅兰芳是民国昆曲事业发展的第一个强有力的推手。而梅兰芳当时学昆曲的老师主要就是陈德霖、乔蕙兰（三庆班演员）、李寿山，特别是陈德霖在身段方面对他帮助最大，其表兄陈嘉梁，以及从苏州聘请来的谢昆泉主要是为他拍曲子。梅兰芳学昆曲的师承主要还是北京昆曲的力量，而其中三庆班的人员是主干，是毫无疑问的。当然，梅兰芳中年之后，曾向南昆丁兰荪、俞振飞学习，也曾吸收北昆的一些艺术特色。

吴小如曾在1990年纪念姜妙香100周年诞辰时，撰文《姜老对京剧的重大贡献》中说：

---

① 张次溪：《清代燕都梨园史料》下册，中国戏剧出版社1988年版，第781页。
② 苏雪安：《京剧前辈老艺人回忆录》，上海文化出版社1958年版，第143~144页。

姜先生昆曲根底很深。应该特别指出，姜先生唱的昆曲戏，同谭鑫培、陈德霖、杨小楼、王凤卿、王楞仙、程继先、钱金福、王长林、郭春山、余叔岩、梅兰芳等大师所唱的昆曲戏一样，都是典型的"京昆"。所谓"京昆"，是指徽班进京后，花部乱弹取雅部而代之，到了道咸年间，京剧由形成而进入内廷，在京剧戏班里由京剧演员演出的昆曲剧目。比如……梅兰芳的《思凡》《佳期》《瑶台》《乔醋》《跪池三怕》《闹学》《游园惊梦》《金山寺·水漫》《断桥》《战金山》《刺虎》等等，都属于正宗京昆。他们演出的这些剧目，根南方的仙霓社和北方的高阳班都不一样，风格迥异，情调全殊。①

梅兰芳的昆曲折子戏属于"京昆"范畴。"京昆"奠基于程长庚，成熟完善于谭鑫培、钱金福、陈德霖、李寿山等人。梅兰芳是民国时期"京昆"代表人物，其《春香闹学》《游园惊梦》两出戏的戏路、基本功法也与当时的南昆、北昆不同。

京剧、昆曲艺术的唱念做打等技巧在艺术本体的构建过程中居于主体地位。它并非是一种单纯的技巧展示，而是一种积淀着丰富的历史文化积淀的艺术具象。北京的京剧在长期的历史过程中，内外行形成了重视基本戏、基本功的优良传统。刘曾复就鞭辟入里地指出：

> 京剧的实质是什么？说到根本还不是基本功的问题吗？不就是唱念做打翻的基本功吗？比如字怎么念，腔怎么唱，锣鼓怎么打，云手怎么拉，身上怎么来，就是这么一套体系下来的。②

程长庚出身昆曲科班，昆曲自为其所长。《梨园旧话》谓："程伶昆剧最多，故其字眼清楚，极抑扬吞吐之妙"，即谓程长庚于艺术实践中，乃以昆曲字音标准并唱念口法运用于舞台演出——不仅昆曲，也包括皮黄，也就是"融昆弋声腔于皮黄中，匠心独运，遂成大观"（《燕尘菊影录》）。

程长庚的成名之际，正是昆曲没落之际，加之太平天国战乱，对昆曲的大

---

① 《吴小如戏曲文录》，北京大学出版社1995年版，第590页。
② 刘曾复：《京剧新序》，学苑出版社2008年版，第383页。

本营江南一带破坏严重。程长庚本是昆曲科班出身，深知昆曲的重要性，故而在科班中对昆曲的教学量要超过皮黄，所以四箴堂科班的钱金福、陈德霖、李寿山、李寿峰、陆杏林、张淇林等人还是昆曲的底子，后来，这些人在京剧传承乃至保存昆曲艺术的精髓方面发挥了至关重要的作用。

昆曲表演艺术自乾嘉以来已经形成了一个行当齐全、唱念做打兼擅的完整体系，它是社会公认的正统，对其他乱弹花部有着重大影响。道光以来，花部虽然风靡京师，但是宫廷演出、上流社会堂会还是以昆曲为主，梨园子弟还是以昆曲作为启蒙教育。像谭鑫培在咸丰年间进入金奎科班学艺，还是昆腔的底工。太平天国战乱，对于昆曲的大本营江南等地打击很大，很多戏班、科班的人员流离失所，明清以来上百年积累下来的表演艺术濒临失传。

程长庚自然十分明白昆腔技艺的失传的严重性。一方面，他只能尽其所能地挽救昆曲技艺。程长庚、徐小香、胡喜禄、时小福、朱莲芬、叶中定等人通过其在北京的演出活动传承了昆曲艺术。昆曲中有京昆这一分支，程长庚等人发挥了重大作用。另一方面，他从南方昆班里请高人，直接到四箴堂科班传道授业。

梅兰芳等"京昆"演员在其昆曲剧目中，在字音上采用清代北京官话的四声调值读中州韵，从而摒弃江浙昆曲的乡音以及京畿昆曲的土音，与其皮黄念字方法接近，风格突出。

俞平伯曾说：

> 尝谓昆曲之最先亡者为身段，次为鼓板锣段，其次为宾白之念法，其次为歌唱之诀窍，至于工尺板眼，谱籍若具，虽终古长在可也……昆剧当先昆曲而亡。①

戏曲是综合艺术，但最终还是舞台艺术。而昆剧舞台艺术的精华，大都荟萃在艺人们代代相传的折子戏中。作为伶人的剧曲，舞台艺术讲究唱念做打浑然一体，身段表演的地位更为突出。

许姬传在为钱宝森的弟子邹慧兰的《身段谱口诀论》写的序言中就说道：

> 在童年时，曾听到外祖徐仅叟先生（名致靖，字子静，戊戌政变时以

---

① 陆萼庭：《昆剧演出史稿》，上海教育出版社2006年版，第361页。

保举康有为、梁启超、谭嗣同等而被西太后判"绞斩候"——即"死缓"。庚子出狱，定居杭州。他精通昆曲、乱弹。）说："程长庚是全才，老生之外，花脸、小生、旦角无不精通，名小生徐小香离开三庆班后，程就接过了他的戏码，这是人所共知的。"

他又告诉我："听说三庆班有一套身段谱口诀是不传之秘，长庚一定精于此道，所以能够左右逢源。"

以后，我到北方来，向内行打听三庆班的身段谱口诀，但是都说不上来。1958年，京剧演员邹慧兰通过她师父于连泉（筱翠花）的关系，向老艺人钱金福的儿子钱宝森先生学习家传的"旦角云手"，我看到教学时现场情况，同时，我向宝森详细询问了这套包括口诀的"旦角云手"的来源。宝森说："我父亲在三庆科班坐科时向一位南方来的教师朱先生学到这套'云手'基本功，这是不传之秘，父亲就教给我。当时，为了不让人看见，都是半夜里教的。以后，我父亲给杨小楼、王瑶卿、王凤卿、余叔岩、梅兰芳说戏时，曾用口诀来说身段，脚步、劲头，但整套的生、旦、净的'云手'功却没有教过人，从前有句话'教会徒弟，饿死师父'。解放后，我得到人民政府的照顾，无以为报，所以想把慧兰培养起来，使这套东西不致失传。"

我听他这样讲，才恍然大悟，外祖所说的身段谱口诀，就是这套"云手"功，多年的谜得到解答。当邹同志学了一年后，做给梅先生看，梅先生说："这是表演艺术的精华，你要好好继承下来，写一本书，宣传它的重要性。①"

四箴堂科班传授的戏曲技艺还是以昆曲为重，这在近代昆曲发展史上多被忽视。人们往往注意南方全福班、传字辈，北方昆弋班，以及各地曲友的活动。却不知程氏所传是地道的南方昆曲。

昆曲的表演艺术自明代中叶以来，关于曲律、唱法的论著不绝如缕，但是关于戏曲身段表演的资料则微乎其微。历来提及戏曲身段表演，多讲《审音鉴古录》和《明心鉴》二书。可惜此书关于身段表演的文字很简略，类乎于一种内行人提高再学习的读本。外行和程度低的内行是不容易理解领会的。而解

---

① 邹慧兰：《身段谱口诀》，甘肃人民出版社1985年版，第10页。

放之后出版的钱宝森口述的《京剧表演艺术杂谈》不仅有口诀，还结合具体舞台表演剧目有详细说明，便于初学者入门，更利于戏曲研究者深造，对于身段一门的真实世界予以揭示。

由于身段是内行专门之学，《京剧表演艺术杂谈》之后仅有邹慧兰《身段谱口诀论》对其进行技艺上的阐释研究，身段谱口诀对于研究程长庚的艺术旨趣、京剧表演体系的构建，乃至昆曲的兴衰是不可多得的宝贵材料，需要我们大力挖掘。

在身段方面，"京昆"在传承方面成绩最为突出。身段是内行的专门之学，轻易不示与外人，身段不同于唱念等艺术有工尺谱可以作为依据，更多是要靠师徒之间的口传身授。我们前面说过，程长庚、徐小香、杨鸣玉是昆曲科班出身，他们是在太平天国战乱之前学艺，其后虽然南北方昆曲缺少正常的交流，但是昆曲的技艺已经在他们身上扎根。光绪年间，南方昆班基本技艺流失现象很严重。民国期间，昆剧传字辈坐科时间只有三年，武戏擅长的鸿福班旧人所剩无几，传字辈的武功、身段训炼很大程度上就不得不由上海等地的京剧艺人来担任，从目前师承资料以及传字辈表演录像来看，传字辈与程长庚、钱金福等北京老昆曲的身段差别很大。

昆曲自明代以来有清曲、剧曲之分。太平天国战乱以来，清曲依然世传有绪，以俞粟庐、俞振飞父子为代表。传字辈在唱念方面依旧有实授。但是，身段之学南方确实有很大欠缺。据说，昆剧本有武戏，但是由于种种原因，没有传承下来。到传字辈学戏时候，这种情形很明显。苏州昆剧确实不再有真正的武戏和武班了。在苏州一带演出的所谓昆弋武班却出自浙江绍兴。① 但是绍兴昆弋武班与北京的钱金福等人也不是一个系统。

梅兰芳认为，谭鑫培、杨小楼的身段表演与钱金福传承下来的昆曲"身段谱口诀"的原理是一致的。② 其实包括陈德霖、王瑶卿、梅兰芳、余叔岩、王凤卿、杨宝森等人都应当是这一体系的代表人物。以身段论为基础的舞台技巧的传承流变构成了京朝派京剧的一个重要特征。而"身段论口诀"的传承与程长庚有着直接关系，是程请南方的朱洪福来四箴堂科班教授学生，朱把这一绝技传给钱金福，虽然具体口诀没有教给陈德霖等人，但是他们在身段方面也

---

① 参见顾笃璜：《昆剧史补论》，江苏古籍出版社 1987 年版，第 118~119 页。
② 梅兰芳述，许姬传、许源来、朱家溍记：《舞台生活四十年》上册，团结出版社 2006 年版，第 170 页。

是朱洪福的嫡传。程长庚是否掌握这一"身段论口诀"的具体技巧，我们不能贸然下断语。可是，他既然花重金聘请朱洪福来教自己的后辈，自己应当是与朱洪福的艺术是呼吸相通。① 这同谭鑫培请陈秀华为谭富英开蒙，梅兰芳请王幼卿、陶玉芝为梅葆玖说戏的事例是一个道理。

上面已经提到，"身段论口诀"在目前一般视为昆曲正宗的南昆"传字辈"这一支上没有保留下来。南昆的身段表演的显著特点，用钱宝森的话就是"没腰"，② 他们应当是以肩膀为轴心带动全身来展开身段表演，这从传字辈及其弟子的表演就可以清楚地看出。当然，俞振飞由于拜程继仙为师，受到北京京剧的影响，与传字辈身段表演不同，这方面对照留存的《十五贯》《游园惊梦》《墙头马上》等电影资料可以看得很清楚。

钱宝森在《京剧表演艺术杂谈》中说过："心一想，归于腰，奔于肋，行于肩，跟于臂，"③ 这个口诀是身段起始动作的基础。钱宝森弟子邹慧兰认为："钱氏表演艺术与前人论点不同之处，是把肢体中腰的部分提高到一个轴心作用的地位，全身的动作都是由腰掌握。"④ 当然，钱金福等人在艺术实践中也对源自昆班的"身段谱口诀"作了"移步不换形"的改进，使之更加适合京剧舞台，但是昆曲艺术精髓犹存。这一身段技巧与传统武术中太极拳的道理是一致的。以腰为轴心同传统书法艺术中笔笔中锋的艺术追求殊途同归，这是中正平和的美学精神在京剧艺术中的深刻体现，而京剧艺术中的这一传统准则是由程长庚和他的"四箴堂"科班开创的。

> 京剧界内部都这么说，真正老昆曲的东西是留到京剧里的，京剧留到哪儿？留到杨梅余身上了，他们是真正由这老昆曲下来的。⑤

故而京朝派的京剧外表是皮黄乱弹，内里的底工是昆曲。钱金福的身段谱口诀强调腰为轴心带动全身，与余派老生的"中锋嗓子"唱法就是一种崇尚雅正艺术旨趣的显现，都积淀着中国文人士大夫千百年来的艺术理想。

---

①② 参见刘曾复：《京剧新序》，学苑出版社2008年版，第381~399页。
③ 钱宝森口述、潘侠风记录：《京剧表演艺术杂谈》，北京出版社1959年版，第57页。
④ 邹慧兰：《身段谱口诀》，甘肃人民出版社1985年版，第10页。
⑤ 刘曾复口述：《阅尽人间春色》，引自《老北京人的口述历史》（下），中国社会科学出版社2009年版，第581页。

昆曲的衰落是中国古典文化即将终结的标志之一。花部乱弹的勃兴是中国新兴市民阶层文化发展的突出表现。但是，由于中国市民阶层缺乏主体意识和自觉精神，难以主导中国近代文艺的转型。在这种文化格局之下，新兴的京剧艺术只有回归经典、回归传统，才能真正完成经典艺术形态的构建。而在这一路径选择的过程中，程长庚发挥了最为关键的作用。他坐科昆腔科班，他在演出和科班教育中，都遵循传统老昆腔的艺术理念，他的艺术理想和实践都体现在北京的京剧舞台上，是京朝派京剧艺术体系的基础。这一传统通过谭鑫培、陈德霖、王瑶卿等传给杨小楼、余叔岩、梅兰芳等人，一直绵延后世，泽惠梨园。后来梅兰芳发扬光大并且顺应潮流传播到全世界的京剧艺术，是与其一脉相承的。

梅兰芳是京剧鼎盛时期的代表人物，而梅氏之后的下一代京剧艺人的昆曲水平日趋下降，昆曲剧目的上演也不如梅氏这一代人。京剧是"昆腔的底工，皮黄的罩面"，随着京剧界昆曲底工的流失，京剧的黄金时代也一去不复返。

以前京剧、昆曲论著多注意具体剧目的剖析，而对戏曲基本技巧的传承却多有忽视，殊不知，这正是戏曲表演艺术的本体特征。而由程长庚奠基，通过谭鑫培、钱金福、陈德霖等人，老昆曲的基本技艺有机融入了北京的京剧、留到了杨小楼、余叔岩、梅兰芳的表演艺术之中，"落红不是无情物，化作春泥更护花"，程大老板为祖师爷传道，传昆曲之一脉，功莫大焉！

作者单位：安徽省文联

对近年来汤显祖佚作搜集整理的总结与思考[*]

王文君　苗怀明

作为中国戏曲史乃至明清文学史上作品流传最广、影响最大的作家之一，汤显祖一直受到学界的高度关注，相关研究较之其他作家作品更为全面、深入。戏曲作品之外，汤显祖诗文的创作及其他著述也受到相当的重视。因汤显祖交游广泛，创作数量较多，以往刊印的各类集子皆未能将其作品全部收录，因此对其佚作的搜集整理一直是汤显祖研究的一项重要基础工作。这一工作是一个从少到多、不断积累的渐进过程，非一人之力一时一地所能完成，需要学界的共同努力，因此也可以将对佚作的搜集整理作为衡量汤显祖研究整体水平的一个重要参照，其意义是多方面的，无论是对中国戏曲研究，是对明清文学研究，还是对文献整理研究，皆是如此。

汤显祖佚作的分布相当广泛，也颇为分散，搜集起来相当不容易，且不说还有真伪辨析等问题。在此领域，自20世纪80年代起，一些学者经过辛勤耕耘，做出了卓有成效的工作，发表了一批相关的著述，如毛效同所编的《汤显祖研究资料汇编》[①]、姚澄清等的《新发现的汤显祖三篇佚文》[②]、龚重谟的《汤显祖佚文辑注》[③]、纪勤、单松林、程章的《遂昌发现汤显祖三篇佚文》[④]、朱达艺的《汤显祖佚文撷拾》[⑤]、钟扬的《艺海遗珠——汤显祖佚文七篇之发

---

[*] 本文刊登于《戏曲研究》2017年第2期。
[①] 该书散佚作品部分收录汤显祖佚作六十一篇，存目十篇，毛效同：《汤显祖研究资料汇编》，上海古籍出版社1986年版。对该书存在的问题，徐朔方在《评〈汤显祖研究资料汇编〉》（《浙江学刊》1987年第4期）一文中言之甚详，可参看。
[②] 姚澄清等：《新发现的汤显祖三篇佚文》，载于《争鸣》1986年第3期。
[③] 龚重谟：《汤显祖佚文辑注》，引自《戏曲研究》第22辑，文化艺术出版社1987年版。
[④] 纪勤、单松林、程章：《遂昌发现汤显祖三篇佚文》，引自《戏曲研究》第24辑，文化艺术出版社1987年版。
[⑤] 朱达艺：《汤显祖佚文撷拾》，载于《戏文》1989年第2期。

现》①、范志新的《汤显祖佚文一则》②、王永健的《汤显祖佚词二首及其他》③等。江巨荣自20世纪90年代以来"借助于'四库'系列丛书,从这些丛书收录的明人文集中发现了汤显祖为师友、文友所写的六篇序文及一篇游记,即为何镗《名山胜概记》所作《名山记序》及《记山阴道上》,为彭辂文集所作《彭比部集序》,为陈完所作《皆春园集叙》,为沈思孝所作《溪山堂草序》,为李言恭所作《青莲阁集序》,为周更生所作《虞精集序》。除《记山阴道上》真伪有疑问外,其余六篇都是汤氏为名家文集所作序,也都刻入名家集中,其可信度、可靠性应无疑问"④。其中以徐朔方用力最勤,收获也最多,从《汤显祖集》到《汤显祖诗文集》,再到后来的《汤显祖全集》《汤显祖集全编》,每一次校订整理汤显祖的别集,都将最新的辑佚成果增补进去。其《汤显祖全集》后来成为学界判断汤显祖佚作的一个重要标准。

尽管众多研究者努力搜求,仍有不少可努力的学术空间。进入21世纪,随着研究的深入,研究条件的改善,这一工作又有新的进展,经过研究者的努力,陆续有不少汤显祖的佚作被发现,对汤显祖研究产生了积极的推动作用。与此同时,一些问题也逐渐呈现出来,有必要予以总结和反思。

一

进入21世纪之后,陆续发现一批新的汤显祖佚作,根据这些佚作的内容和性质,大体上可以分为如下几类:

第一类是汤显祖所写专书。这方面的发现较少,其中最为值得关注的是郑志良发现的《玉茗堂书经讲意》一书。

该书在《中国古籍总目》的"经部·书类·传说之属"中有著录,为明万历刻本,现藏于中国国家图书馆,共一函两册,但未受到关注。"全书共十二卷,卷一署'临川海若汤显祖著　男汤大耆尊宿甫、汤开远叔宁甫,门人朱玺尔玉甫全校',其余各卷皆署'临川义仍汤显祖著　男汤大耆尊秀甫、汤开远

---

① 钟扬:《艺海遗珠——汤显祖佚文七篇之发现》,载于《黄梅戏艺术》1989年第3期。
② 范志新:《汤显祖佚文一则》,载于《文学遗产》1995年第1期。
③ 王永健:《汤显祖佚词二首及其他》,载于《抚州师专学报》1996年第4期。
④ 江巨荣:《汤显祖研究资料的新发现》,引自《戏曲研究》第97辑,文化艺术出版社2016年版。参见江巨荣:《剧史考论》一书所收相关文章,复旦大学出版社2008年版。

叔宁甫，门人朱玺尔玉甫仝校"，"书首有汤显祖弟子周大赉所作序言，交代此书由来"。该书与以往文献中记载的《尚书儿训》为同书异名，系邓拓旧藏，"通过汤显祖自己的尺牍以及其门人叙述，我们可以确信这部《玉茗堂书经讲意》是汤显祖所著，而非托名之伪作"。

该书的发现，"无论是纪念汤显祖，还是研究汤显祖，应该说都有重要的意义"①。对汤显祖佚作的搜集整理工作来说，这不仅是个重要收获，无疑也是一个很大的鼓舞，只要认真搜求，也许还会有令人振奋的新发现。

2016年8月，为纪念汤显祖逝世四百周年，江西省图书馆、抚州市图书馆、抚州汤显祖国际研究中心将《玉茗堂书经讲意》一书交由江西人民出版社影印出版。将新发现的珍贵资料公开刊布，与学界共享，本来是件好事，遗憾的是该书卷首的说明对郑志良的发现及研究只字不提，这不仅不符合学术规范，也缺乏对最早发现者起码的尊重，是不可取的。

二

第二类是汤显祖为人所写像赞、碑文等，多为应酬类文字，见于各类家族、族谱或方志中。这些佚作近年陆续有发现，主要有如下一些。

（1）为姜氏始祖迢公所写像赞。2002年，在遂昌县进行的历史文化遗产普查中，相关人员在《大桥姜氏宗谱》卷一始祖迢公遗像的后页发现有一篇约八十字的像赞，后署"临川汤显祖题"。这里所说的"迢公"是姜姓移居遂昌的一世始祖。据推测，"明万历年间，汤显祖量移遂昌知县，此文可能是姜氏后裔修订族谱时，慕名请汤氏所撰"②。

（2）为明人郑秉厚所写碑文《太中大夫苍濂郑公神道碑》。2002年，遂昌县云峰镇文化站到该镇长濂村调查，在郑水风家所保存的《郑氏族谱》第六卷发现一篇为郑秉厚所写的《太中大夫苍濂郑公神道碑》，末署"赐进士第文林郎南京礼部祠祭司主事知遂昌县事晚生临川汤显祖顿首拜撰"。该碑记记载郑秉厚为官政绩，全文2300余字，"系近年来发现的一篇较长的汤显祖佚文"。据推测，该碑文"应写于万历二十一年至二十三年之际"③。

---

① 郑志良：《汤显祖著作的新发现：〈玉茗堂书经讲意〉》，载于《文学遗产》2016年第3期。
② 胡宏：《遂昌再次发现汤显祖佚文》，载于《戏文》2002年第2期。
③ 遂文：《遂昌又发现长篇汤显祖佚文》，载于《戏文》2002年第4期。

(3) 为宋人周从中所写像赞。2006 年,罗兆荣在调查中发现《遂昌西郭周氏宗谱》卷中有一篇周氏三世中宗祖宋参军从中公的像赞,后署"临川后学汤显祖"。该像赞五十余字,楷体刻印。此前遂昌汤显祖纪念馆有一块署款汤显祖的"中兴良将"匾额,系为"宋武举授武节郎隶都督镇江兵马都监升左武大夫周景庆立"所题,但未见汤显祖与西郭周氏交往的记载,这一像赞的发现可解决相关疑问,"对汤显祖的研究具有重要的价值"①。

(4) 为明人王氏所写《明孺人潘母王氏墓志铭》。该文刻于墓碑上,在江西省临川市唱凯镇石溪乡张家村发现,碑身左首楷书署"赐进士第知遂昌县前礼部仪制司员外郎眷生汤显祖撰文",碑文共十三行,行三十九字②。

(5) 为明人李氏所写《敕封孺人李氏墓志铭》。2016 年,李成晴在清人蒋廷铨所编《(康熙)上杭县志》卷十"艺文下"发现一篇《敕封孺人李氏墓志铭》,署名"汤显祖","为徐朔方所笺校的《汤显祖全集》及《汤显祖诗文集》所未收"。将该墓志铭所记史实、年代与汤显祖《青雪楼赋序》、《太学同游记叙》及徐朔方《汤显祖年谱》相印证,"足证蒋廷铨《(康熙)上杭县志》所载《敕封孺人李氏墓志铭》一文确为汤显祖所作",该文写作时间当为"明神宗万历三十四年(1606),时汤显祖 57 岁"③。

此外值得关注的还有署名"赐进士第文林郎南京礼部清吏司主事邑人汤显祖撰"的《明故南营聂公冯氏孺人合葬墓志铭》。该墓志铭现藏于江西省博物馆,并非新发现,《南方文物》1989 年第 3 期曾刊发文章做过介绍,后又收入陈柏泉主编的《江西出土墓志选编》(江西教育出版社 1991 年版)一书,但该文未被收进徐朔方主编的《汤显祖全集》。该碑"是由临川秀才徐应科书写,然后再由石匠刻石立碑的。碑工刻写也较为粗糙,碑文的字体比较拙劣","可能正是因为写作的随意,更兼书写和刻写的粗疏,汤显祖的这通碑文才不被别人注意"④。

2010 年,崇仁县文物工作者到该县马鞍乡郭家村炉家村小组进行调查,

---

① 罗兆荣:《遂昌发现汤显祖佚文〈周从中公像赞〉》,载于《丽水日报》2006 年 1 月 10 日。遂文:《遂昌新发现汤显祖佚文〈周从中公像赞〉》(《戏文》2006 年第 1 期)一文与该文内容相同。
② 欧阳江琳:《新发现汤显祖的一篇佚文》,引自陈俐主编:《南昌大学纪念汤显祖诞辰 460 周年学术会议论文集》,江西人民出版社 2012 年版。
③ 李成晴:《汤显祖佚文〈敕封孺人李氏墓志铭〉系年》,载于《温州大学学报》(社会科学版)2016 年第 2 期。
④ 何天杰:《汤显祖佚文一篇》,载于《华南师范大学学报》(社会科学版)2006 年第 5 期。

在《栎邮欧阳氏族谱》中发现一篇《欧阳德明公传并赞》，后署"临邑汤显祖拜撰"。该像赞共 245 字，"描述了欧阳澈'上书被杀'的事迹，更赞叹道：'衷哉德明，为善近刑，肉食端居，布衣靡宁，游魂故土，人歌百身，彼忘生父，犹褒死臣'"。披露这一发现的记者云"族谱内容年代已久，且无相关记载，无人能说清汤翁为何撰写此轶文"①。"无相关记载"不合事实，因为这篇《欧阳德明公传并赞》早被收入《汤显祖集》《汤显祖诗文集》《汤显祖全集》中。尽管并非佚文，但这一发现还是有其文献价值的。

汤显祖所写像赞、墓志一类文字过去所见不多，上述佚作的发现为全面深入了解汤显祖提供了珍贵的资料，据此可以探讨汤显祖的交游与思想，且这些应酬类文字自身也是有其价值的，正如一位论者所言："汤显祖不像许多作家那样谀墓之作连篇累牍，足以看出在特重褒彰的时代，他的下笔和编集态度还是相当审慎的。"②

三

第三类为汤显祖写给友朋的信札或为朋友著述所写序文。汤显祖交游广泛，所写书札及序跋文字较多，多见于明人各类别集中。此类佚作近年来发现较多，主要有如下一些：

（1）明人俞安期编《启隽类函》所载三篇信札：《上张洪阳阁下启》《贺王翰林启》《代谢少司马汪南溟启》。

2003 年，吴书荫在明人俞安期所编《启隽类函》一书中发现了三篇汤显祖信札，分别为《上张洪阳阁下启》《贺王翰林启》和《代谢少司马汪南溟启》，皆不见于《汤显祖全集》。俞安期与汤显祖虽为同时期人，但未见两人交往的记载，不过"作为《启隽类函》审定者曹学佺，为之作序者李维桢、邓渼，都是汤显祖的好友，因而该书中所载三通汤氏的笺启，应当是可信的"。这三篇书札皆为四六文，分别写给王翰林（王图）、汪南溟（汪道昆）和张洪阳，"因为都是一些应酬文字，况且还有改定前人之作，大概这个原因，所以汤显祖没有将它们收入到自己的集子里。新编《汤显祖全集》卷三十六'启

---

① 余红举、崔伟群：《崇仁发现汤显祖一轶文》，载于《江西日报》2010 年 10 月 13 日。
② 李成晴：《汤显祖佚文〈《勅封孺人李氏墓志铭》〉系年》，载于《温州大学学报》（社会科学版）2016 年第 2 期。

类'虽然收了三篇骈散二体兼用的启,但不见四六文的笺启,而这新发现的三篇则可聊备一格,补其不足"①。

(2)清人黄静御编《听嘤堂仕林启隽》所载书札《候章科刘公启》。

2004年,徐国华在清康熙甲子刻本《听嘤堂仕林启隽》卷四发现了一封署名汤显祖的四六尺牍《候掌科刘公启》,"为《汤显祖全集》所未收,亦为其他研究著作所未提及"。《听嘤堂仕林启隽》为《听唤堂新选四六全书》之一种,系吴门黄始(字静御)评释,该书收录明中叶至清初三百一十人的尺牍共六百三十七札,其中有一大批"与汤显祖同时或稍后的名家尺牍大多都未收在他们的正集或别集中",黄始"生活的时期距汤显祖不算太远,他所收集的这些尺牍伪造的可能性不大,皆信实可靠"。此信当是写给徐铉的,时间在万历四年至万历七年,在信中汤显祖"吐露了他对谏官的理想期望"。"该尺牍的发现,不仅有助于我们全面考察汤氏四六尺牍的艺术风貌,而且对于我们深入了解汤氏的生平经历、交游活动和思想发展,裨有所益,具有珍贵的文献价值"②。

(3)明人项桂芳编《名公贻牍》所载汤显祖与项桂芳尺牍。

2012年,郑志良发表《新辑汤显祖佚文考释》一文,披露其在明人项桂芳所编《名公贻牍》卷三新发现的汤显祖致项桂芳的一封书札,信题为《汤遂昌讳显祖》,为《汤显祖全集》所未收。《名公贻牍》所收为友人写给项桂芳的书信,汤显祖的这封书札当写于万历二十三年③。

(4)显祖之子汤开远刻《玉茗堂尺牍》所载汤显祖书札。

徐朔方笺校的《汤显祖全集》一书收录《玉茗堂尺牍》六卷,系"依照天启年间韩敬刻《玉茗堂全集》尺牍六卷,参校沈际飞刻《玉茗堂选集》",但该书并未参照《玉茗堂尺牍》的最早版本即汤显祖之子汤开远所刻六卷本。而"汤刻本中有多封书信不见于韩刻本、沈刻本,因此《汤显祖全集》中也未收这些书信"。在这些书信中,"《柬屠维真》、《示平昌诸生》、《与杨耆民》三封书信不在《汤显祖全集》尺牍正文之内,而是见相关文章引沈际飞评

---

① 吴书荫:《汤显祖佚文三篇》,载于《中国典籍与文化》2003年第4期。
② 徐国华:《汤显祖佚文〈候掌科刘公启〉考略》,载于《东华理工学院学报》(社会科学版)2004年第1期。
③ 郑志良:《新辑汤显祖佚文考释》,载于《文献》2012年第2期。

语"①，而《与林谷若》《柬刘赤城》《与顾泾凡》《与姜耀先》《上梅观察》《答袁沧孺邑侯》《复无明上人》《柬杜西华》共八封书信未被《汤显祖全集》一书收录。

此外还有一种情况，那就是汤刻本《玉茗堂尺牍》"信中有诗，在后来的韩敬刻本中只存诗，而将尺牍去掉，这样一来，有些诗歌就不知为何而作"②，其中一些书札为《汤显祖全集》所失收，即《答刘君东》《寄甘义麓》《柬门人陈元石》《柬谢耳伯》《柬刘大甫》《答门人甘伯声》，共六封。对上述十四封书札，郑志良撰文进行了较为详细的考释。

除了汤显祖写给友朋的书信，还有一些书信是写给汤显祖的，或在书信中提及汤显祖，这些新发现的致汤显祖书札对汤显祖研究同样有着重要的参考价值，这里附带进行简要介绍。

其一是珍稀明籍所载九家十二通与汤显祖的尺牍。

叶晔在参与《全明词补编》的编写过程中，从诸多珍稀明籍中发现九家十二通与汤显祖的尺牍，"皆前人学者所未提及"。分别为：沈演一通（载《止止斋集》卷五十四《汤海若》）、卢廷选一通（载《浴碧堂集》卷九《与汤海若仪部》）、谢廷赞一通（载《步丘草》卷十九《柬义仍兄》）、卫承芳一通（载《曼衍集》卷五《答汤义仍遂昌》）、余懋孳一通（载《黉言》卷四《答汤若士先生启》）、刘汝佳四通（载《刘婺州集》卷十六《谢汤若士》《寄汤若士》《与汤若士令君》《再答汤遂昌》）、李应策一通（载《苏愚山洞续集》卷十五《复汤若士同年》）、程德良一通（载《程凝之先生白莲洰集》卷七《汤若士》）、蔡献臣一通（载《清白堂稿》之《寄汤若士遂昌》）。其中"前六人的文集，属海外孤本，有较高的文献价值"。这些书札可与《汤显祖全集》所收尺牍相互印证，解决一些问题。如《汤显祖全集》卷四十八有一通汤氏《答沈何山》尺牍，"徐朔方先生未予系年"，而据沈演所撰《汤海若》，结合汤显祖的生平事迹，可知"沈演此书或作于万历四十三年（1615）秋试后"③。又如余懋孳与汤显祖的书札可以解决《汤显祖全集》卷四十四《寄余瑶圃》和《答余瑶圃》两通尺牍的编年问题。

其二是申时行致其女婿渐卿书札中提及汤显祖。

---

①② 郑志良：《新辑汤显祖佚文考释》，载于《文献》2012年第2期。
③ 叶晔：《珍稀明集中新辑九家十二通与汤显祖尺牍的考释》，载于《杭州师范大学学报》（社会科学版）2008年第5期。

连劭名在旅美华人燕登年所藏《明代名贤手札》中发现申时行致其女婿渐卿一札，提到汤显祖上疏皇帝之事，对汤显祖研究具有一定的参考价值①。

（5）明人彭辂《比部集》所载序文。

该文载彭辂《冲溪先生集》（又名《比部集》），署名"清远道人汤显祖撰"。"集编于万历三十九年。自乾隆编《四库全书》将彭集删汰以后，此书就没有再印，所以流传不广，知者不多"，"由于《比部集》未见，汤显祖为它作的序也就不为人知，故无论《汤显祖诗文集》或今学者所作的辑佚皆未收录这篇文章"。这篇序言的发现对"考述汤显祖的交游和研究他的诗文理论有一定的参考价值"②。

（6）明人王兆云《新刊王氏青箱余》所载序文。

《新刊王氏青箱余》为明人王兆云所著笔记小说，藏于中国国家图书馆，在该书卷首，有一篇序文，后署"古临汤显祖义仍父书于玉茗堂中"。从写作时间来看，"此序应是汤显祖晚年之笔"③。通过这篇序文可见汤显祖对小说的关注及态度。

（7）明人崔世召编《华盖山志》所载序文。

该文载明人崔世召所编《华盖山志》一书中，后署"万历庚戌长至临川清远道人汤显祖撰"，"作于万历庚戌年，即万历三十八年（1610）"，为《汤显祖全集》所失收。当系"显祖闲居家中，恰逢道士携《华盖山志》造访求序，他读后有慨于心，遂撰写了这篇《〈华盖山志〉序》"④。

（8）明万历末刻本《（皇明）四书百方家问答》所载序文。

这篇序文载明万历末刻本《（皇明）四书百方家问答》一书卷首，署名为"海若汤显祖撰"。"经遍查有关汤显祖研究的各种汇编文字资料，未见有汤显祖撰此序文的载记，当是一篇佚文"⑤。

（9）明人谢廷谅编《缝掖集》所载《明馨协荐录序》。

---

① 连劭名：《有关汤显祖史料的新发现》，载于《戏曲艺术》2004年第2期。
② 江巨荣：《〈彭比部集序〉与彭辂其人——汤显祖佚文拾零》，载于《复旦学报》2001年第2期。
③ 郑志良：《汤显祖佚文三篇考论》，载于《文献》2004年第1期。
④ 杨秋荣：《新发现的一篇汤显祖重要佚文〈华盖山志〉序》，载于《北京教育学院学报》2006年第3期。
⑤ 苏铁戈、王文佳：《〈四书百方家问答〉所见汤显祖佚著考辑》，载于《古籍整理研究学刊》2016年第3期。

该序文题目为《明馨协荐录序》,刊于明人谢廷谅所编《缝掖集》卷首,《汤显祖全集》未收。《缝掖集》系谢廷谅为其父谢相所编的一部纪念文集,藏于首都图书馆,为孤本。该书"除了汤显祖的这篇序言外,还有其他一些诗文提及汤显祖,对我们深入研究汤显祖也很有价值"①。

四

第四类为是汤显祖在各类书籍上的批注文字。汤显祖一生博览群书,涉猎较广,写在各类书籍上的批注文字也有不少,近年来陆续发现了一些,其中最为值得关注的是汤显祖的《四书》评语。

汤显祖的《四书》评语近年来有两次较为重要的发现,一次是在明末刊本《古今道脉》《古今大全》两书中发现的汤显祖评语。

《古今道脉》全书三十五卷,纂定者为徐奋鹏;《古今大全》全称为《纂定四书古今大全》,纂定者亦为徐奋鹏。两书的编录体例"大致相同,都是按照《四书》的内容依次排列,先举以章名、节名,随后编录了自汉至明诸家的评议",两书共收录汤显祖有关《四书》的评语一百五十则。徐奋鹏,"与汤显祖是同乡,而且年轻时曾得到过汤显祖的赞誉,因此,徐奋鹏在广选明儒有关《四书》的论评时,辑录汤显祖的言论,就完全在情理之中"。此外在徐奋鹏的《徐笔峒先生文集》中,还有两篇与汤显祖有直接关系的文章,可见徐奋鹏对汤显祖"这位乡贤前辈的无限尊重"。据评语发现者黄霖考察,"《古今道脉》一书出于徐奋鹏之手是完全可以肯定的",而《古今大全》"似乎有伪托的可能",不过"即使不是真正出自徐奋鹏之手,但其中辑录的汤显祖的有关文字应该说还是可信的"。这一百五十则《四书》评语的发现"对于我们进一步了解汤显祖的思想和创作是有帮助的"②。

另一次是明万历末刻本《四书百方家问答》所载汤显祖《四书》答问的发现。

《四书百方家问答》一书为明人郭伟所编,辑选明万历末以前一百多位学者对《四书》的见解,"从《四书》中摘引部分难解的句字,分条设问,

---

① 郑志良:《新辑汤显祖佚文考释》,载于《文献》2012年第2期。
② 黄霖:《汤显祖〈四书〉评语一百五十则》,引自《中国文学研究》第八辑,中国文联出版社2007年版。

问下摘引某当代学者的相关文字作答"。值得注意的是,该书卷首有一篇署名汤显祖的序文,而且在"书内的'答问'文字中,又多有题'汤海若、汤义仍曰'的作答文字60余条,万余字,亦未见有关载记著录,也应系汤显祖撰著的佚文"。

披露这一新发现的苏铁戈、王文佳认为,汤显祖的这些佚文"或为汤显祖的佚著《四书五经注》中的文字"。但汤显祖是否写有《四书五经注》一书并未见明文记载,该书是否存在是要证实的,因此这一推测也就难以落实。总的来说,"《百方家问答》一编,本身固有其价值在。而其中载录的汤显祖佚文、著述,应是值得关注的"①。

将《古今道脉》《古今大全》两书所载150则批语文字与《四书百方家问答》一书所载汤显祖60多条答问文字进行比对,内容基本没有重复者,将其放在一起,可见汤显祖对《四书》的态度和见解。汤显祖对《四书》《五经》下过功夫,这是没有问题的,想必会留下一些批注、答问一类的文字,被编入《古今道脉》《古今大全》《四书百方家问答》的也许是其中的一部分。

将上述《四书》批语与新发现的汤显祖《玉茗堂书经讲意》一书相印证,可见汤显祖对经学的态度及见解,这与人们过去对汤显祖的认知存在一定差异,这些新发现的佚作对深入探讨汤显祖的思想具有重要的参考价值。

除《四书》评语外,近年来发现的汤显祖评语还有如下一些。

(1)《花间集》所载评语。

汤显祖曾著有《玉茗堂评花间集》,此书流传甚少。徐朔方在其笺校的《汤显祖全集》一书中收录汤显祖相关评语20条。其后,吴文丁对比1935年商务印书馆刊行的《花间集》,"发现徐本所收汤评,竟与商版《花间集》中的汤评无一相同"②,其中有11条汤显祖评语不见于《汤显祖全集》。

事实上,汤显祖《玉茗堂评花间集》的评语远不止上述31条评语,学界所知仅止于此是因为"多数论者既未睹明万历乌程闵氏刊本,亦稀见李冰若《花间集评注》"。"今存最完整的善本,是明万历庚申四十八年(1620)乌程闵氏刊朱墨套印本"。根据这个版本可知,"汤氏评语,计有眉批176则、夹

---

① 苏铁戈、王文佳:《〈四书百方家问答〉所见汤显祖佚著考辑》,载于《古籍整理研究学刊》2016年第3期。
② 吴文丁:《汤显祖评〈花间集〉及其他》,载于《抚州师专学报》2000年第3期。

批 19 则、尾批 5 则，总共 200 则"，这比此前人们所知汤氏评语多了六七倍①。这一发现不仅可以补以往文献之缺，对研究汤显祖的词学思想也是大有裨益的。

（2）明人卓发之《漉篱集》所载评《蓟丘集》文。

《四库禁毁丛刊》集部第 107 册收录明人卓发之所著《漉篱集》，在该书中有一段汤显祖所作评《蓟丘集》文，"这段评语应当作于万历三十九年或此后不久的某个时间"。"《蓟丘集》是卓发之早年的作品，汤显祖对其中的许多诗篇给予了点评，此集后收入《漉篱集》中，因此，我们在《漉篱集》中还能看到这些评语"②。

（3）明人李应策《苏愚山洞续集》所载策论批语。

《苏愚山洞续集》为明人李应策的诗文别集，系明刻本，藏于北京大学图书馆。该书中有一则汤显祖评李应策策论的文字，署名"汤海若评"，未见各类书籍提及或收录。此外，《苏愚山洞续集》一书中还收有关于汤显祖、李应策二人交游的诗作五首、尺牍一通，这些新发现的材料"对学界深入认识汤显祖的道德品格、政治抱负和文学影响，有重要的参考价值"③。

此外，汤显祖的佚诗近年来也时有发现，主要有如下一些。

（1）汤显祖一首七绝诗。

在 2014 年的敬华艺术空间明万历书画展览中，有一幅汤显祖的行草书法，内容为汤显祖所作的一首七绝诗："红尘堆里懒低颜，石路迢迢入乱山。拟向云边种黄独，几时容我屋子三间"，落款为"戊辰六月汤显祖"。字轴子左右裱边有姚虞琴的题记，"这首佚诗的发现，不仅填补了一个空白，对于研究汤显祖的思想发展有着重要意义"④。

（2）清人编毛德琦《庐山志》所载两首《送友游庐山诗》。

杜华平从事《庐山历代诗词全集》明诗卷的辑录工作，在清人毛德琦所编《庐山志》卷十五发现两首汤显祖的《送友游庐山诗》，其一为："一行归雁蠡湖停，荡漾峰头几叠青。试就匡庐骑鹿去，银河瀑布泻云屏。"其二为："王孙原是净居身，草色乡心一半春。堂上白鸦飞欲尽，钵中香饭施何

---

① 郭娟玉：《汤显祖〈玉茗堂评花间集〉新论》，载于《文学与文化》2012 年第 3 期。
② 郑志良：《汤显祖佚文三篇考论》，载于《文献》2004 年第 1 期。
③ 叶晔：《李应策〈苏愚山洞续集〉的戏曲文献价值》，载于《文献》2008 年第 3 期。
④ 唐葆祥：《汤显祖一首佚诗》，载于《上海戏剧》2015 年第 7 期。

人。""汤翁涉及庐山的诗约有三十首,此二诗为其中颇为出色之作,从内容看,似作于中年以后,可能并非已佚的《雍藻》中零落散珠,而是后期未收之散篇"①。

五

在寻访汤显祖佚作的同时,对新发现资料的辨伪考订工作也在同步进行,任何新资料都要经过一番质疑考察之后才能放心使用,这是文献研究的一个基本规则。在为新发现欢欣鼓舞的同时,也要对那些署名汤显祖的佚文持客观审慎的态度,依据汤显祖的生平史实、思想创作进行辨析,按照相关资料进行印证核实。毕竟古人修家谱族谱,借用名人名号的现象并不少见。汤显祖在明代名气很大,不少书商为了牟利,在刊印书籍时喜欢假托汤显祖之名,冠以玉茗堂的名号,或伪造署名,或伪造序文,或伪造评点。比如明代仅伪托汤显祖为参编者或校订者的字书就有三部,即《篇海类编》《五侯鲭字海》《海篇统汇》②。再比如在明刊《西厢记》中,至少有三种署名汤显祖批评即师俭堂刊本《汤海若先生批评西厢记》、汇锦堂刊本《三先生合评元本北西厢》(署汤若士、李卓吾、徐文长合评)和《西厢会真传》(署汤若士批评、沈伯英批订)。但是这三种所谓的汤显祖批评均不可靠,其中师俭堂刊本不过"是师俭堂为射利依其所刊陈眉公批本的书板并套用容与堂刊本的批语再次炮制的一个名人批评本而已",汇锦堂刊本"所刊三家总评,除李卓吾的评语袭用了容与堂刊本的'李批'外,汤、徐二家的评语则仅有少量套用了之前的评语,大多数评语不见于之前刊本,当属此次刊刻的书商自撰或请人新撰"。《西厢会真传》"可以肯定这又是书商的一次射利运作,其批语当然不会来自汤显祖"③。因此对新发现的汤显祖佚文进行辨伪核实还是很有必要的。

总的来看,近年来被研究者提出质疑的汤显祖佚作主要有如下一些:

(1) 署名汤显祖的《古今治统》之《弁言》。

这篇《弁言》刊于徐奋鹏所编《古今治统》一书卷首,为蒋星煜最早发

---

① 杜华平:《新见汤显祖集外佚诗二首》,载于《中国文学研究》2015年第1期。
② 张道升:《明代伪汤显祖字书述略》,载于《辞书研究》2014年第3期。
③ 陈旭耀:《明刊〈西厢记〉中的汤显祖评之真伪及其他》,载于《井冈山大学学报》2012年第1期。另参见张人和《〈西厢会真传〉"汤显祖沈璟评"辨伪》,载于《社会科学战线》1981年第2期。

现，他认为这篇《弁言》"对汤显祖的思想的演变和发展，也提供了很有价值的史料"①。不久，龚重谟撰文指出："《弁言》不是汤显祖写的。它只是一篇假冒汤显祖之名的伪作。"理由是弁言后署名的时间为汤显祖去世后的时间。该文同时也提供了一条信息，临川县图书馆藏有雍正元年版《古今治统》②。2000年，黄建荣撰文探讨这一问题，"经过对这篇序文的写作年代、汤显祖与徐奋鹏的交往情况、《古今治统》的成书和初刻时间、《古今治统》现存版本等方面的考证"，指出《古今治统》所载《弁言》一文"并非汤显祖的作品，而是他人的伪作"③。黄建荣似没有看到蒋星煜、龚重谟二人的文章，经独自研究，提出质疑意见。其后，郑志良亦撰文指出，《弁言》后所署时间有问题，汤显祖"死后七年不可能还写文章"，蒋星煜所见康熙刻本"应该是部伪刻本"，因此"汤显祖的这篇《弁言》是伪托之作"④。

（2）署名汤显祖的三篇文章《何母刘孺人墓志铭》《蕲州同知何平川先生墓志铭》《题叶氏重修宗谱序》。

这三篇文章都被徐朔方作为佚文收入《汤显祖全集》诗文卷五十一《补遗》中，但是周明初依据汤显祖的生平史实及相关典章制度等资料考察后指出，它们皆为伪托之作。"由于失考，造成了一些伪作被误收入其中"。这三篇所谓佚文皆出自宗谱，他更进一步指出，"对于宗谱中所发现的这类文章的采择利用需要慎之又慎，如果没有过硬的证据证明它们确实是某位名人所作的话，一般还是以姑存阙疑为妥"⑤。

对佚文进行辨伪很有必要，而辨伪工作自身也会存在一些争议，比如署名汤显祖的《玉茗堂批订董西厢》一书就存在较大争取，有认为伪托者⑥，也有认为《玉茗堂批订董西厢》"绝非伪托"者⑦，究竟是真是伪，还需要更为精深的探讨。

继《汤显祖全集》之后，在进入21世纪短短的十数年间，能有如此多的

---

① 蒋星煜：《徐奋鹏校刊的评注本〈西厢记〉和演出本〈西厢记〉》，载于《戏剧艺术》1981年第3期。
② 龚重谟：《〈古今治统·弁言〉不是汤显祖写的》，载于《戏剧艺术》1982年第4期。
③ 黄建荣：《汤显祖〈古今治统弁言〉真伪考》，载于《抚州师专学报》2000年第3期。
④ 郑志良：《汤显祖佚文三篇考论》，载于《文献》2004年第1期。
⑤ 周明初：《〈汤显祖全集〉中三篇文章辨伪》，载于《文献》2008年第1期。
⑥ 参见徐朔方：《〈玉茗堂批订董西厢〉辨伪》，载于《社会科学战线》1984年第2期。
⑦ 参见吴新苗：《汤显祖与屠隆交游考——兼论〈玉茗堂批订董西厢〉真伪问题》，载于《戏剧》2006年第1期。

新发现，说明汤显祖佚作的搜集整理工作还是颇有成效的。这些佚作并非可有可无，它们的发现对我们全面、深入乃至重新审视汤显祖的思想及创作具有重要的参考价值，对汤显祖研究具有积极的推动作用，这些工作自身就是汤显祖研究的一个重要组成部分。

总的来看，这些新发现的佚作分布较为分散。这种分散有两层含义：一是指在各类典籍中的分散分布，家谱、族谱、方志、诗文别集小说等书籍中均有可能发现。二是指在地域上的分散分布，刊载佚文的典籍或藏于国内公私藏书机构，或藏于港台及海外的各类图书馆。发现的渠道也是多方面，或为公私藏书机构的寻访，或为田野调查寻访，或为书法展之类的展览。

归纳这些新发现可以为今后的佚作寻访提供一些方法层面的思考。寻访汤显祖佚文，既有规律可循，也无规律可循。说有规律可循，是一方面可以根据汤显祖的平生足迹及交游，对一些人群和地域进行重点查找；说无规律可循，是汤显祖的行踪及交游我们并没有完全掌握，存在一些空白点，因此另一方面要在面上铺开，广泛阅读海内外公私机构所藏明清时期的各类典籍，在更广的地域进行调查走访。这正如一位论者所说的："近年学术界不断有汤显祖亡佚作品发现，多数是从谱牒等民间渠道发现，从这两首保存在毛德琦所编《庐山志》中的佚诗看，从汤翁履历所及地的方志中再加普查，或许还能有新的发现也未知"①。这样可以将点的重点寻访与面的广泛调查相结合，可以尽最大可能地将现存汤显祖的佚文全部找出来。

寻找佚作的渠道也可以继续拓展，除了图书馆典籍的查阅、乡村的田野调查，还可以关注各地的图书拍卖会、书法展等，日益完善的数据库也是寻访汤显祖佚作的利器，如能善于利用，也可以有不少新的发现。总之，只要将工作做得更全、更细、更精，相信还可以再找到一些汤显祖的佚文，这是可以期待的。至于究竟还能找到多少，则是可遇而不可求的事情。作为汤显祖研究的基础文献工作，佚文的搜集整理是没有止境的，没有最多，只有更多，当然工作难度也会变得越来越大。

就目前的情况而言，根据已发现的佚作及现存的文献，整理一部收录完备、体例完善、校勘精良的汤显祖全集，各项条件已经具备了。在寻访佚作的同时，研究者们还发现了不少有关汤显祖的新资料，根据这些资料，吸收学界

---

① 杜华平：《新见汤显祖集外佚诗二首》，载于《中国文学研究》2015年第1期。

最新研究成果，重新编撰一部汤显祖的资料汇编，也是水到渠成的事情。这些都是汤显祖研究的重要基础工作，有了这些良好的文献基础，汤显祖研究可以获得更大的学术空间。

作者单位：王文君，江苏师范大学文学院；
苗怀明，南京大学文学院

《牡丹亭》与《梦中缘》排场比较研究

王顗瑞

前　言

汤显祖（1550～1616）作"临川四梦"，在戏曲史上，其创作理念的主情说与剧本主文采的主张，无论历时性与共时性皆具远大的影响力。晚明戏曲在以汤显祖为首的文采派与以沈璟为首的格律派之激荡下，各自的继承者亦碰撞出激烈火花，至清初曲家文采、格律始有逐渐融合之情形。

清初曲家张坚（1681～1763）即为文采、格律二派之继承者，其作品《玉燕堂四种曲》（《梦中缘》《梅花簪》《怀沙记》《玉狮坠》），有"梦梅怀玉"之意涵，即在创作理念上仿效汤氏主情之证。

近年关于汤氏、张氏之研究专著在创作理念、剧本主张上已具备相当质量之探究，如洪慧敏《汤显祖及其文艺观之研究》[①]、张友鸾《汤显祖及其牡丹亭》[②]、程芸《汤显祖与晚明戏曲的嬗变》[③]皆在汤氏《牡丹亭》的创作理念、剧本主张做了深度探讨。而樊兰《张坚及玉燕堂四种曲研究》[④]一书，亦针对张坚之创作理念、剧本主张做了全面、缜密的探析。

但在汤、张剧作的排场分析上，诸作虽有论及，惜尚有深入探讨之空间，笔者以为，张坚在创作理念、剧本主张上与汤显祖主情说、主文采的特色不谋而合，但二人在剧本场面设计上的排场理念，是否也有异同之处，引起笔者兴趣，因此试从《牡丹亭》《梦中缘》二书中舞台场面上，做排场之比较，针对场面上的相似处、排场上的冷热相济、剧情分析与唱曲比重的劳逸均衡，以观

---

① 洪慧敏：《汤显祖及其文艺观之研究》，台湾东吴大学中文系博士论文，2015年。
② 张友鸾：《汤显祖及其牡丹亭》，中国图书馆学会高校分会委托中献拓方电子制印公司2007年版。
③ 程芸：《汤显祖与晚明戏曲的嬗变》，中华书局2006年版。
④ 樊兰：《张坚及玉燕堂四种曲研究》，人民出版社2014年版。

察二人之排场理念,并探讨其中现象。

一、相似场面比较

《牡丹亭》《梦中缘》各出场面中,因剧情的部分承袭,而有相似之处,《牡丹亭》场面之说明,在笔者《白先勇青春版牡丹亭觑议》[①] 一文中,已有提及,此不再赘述,故本节以《梦中缘》排场为主,辅以《牡丹亭》出目以说明之。而《梦中缘》各出之场面说明,囿于篇幅,亦无法全部呈现,笔者将场面之简表附录于后,可供参考。

故笔者将二部传奇剧本中场面相似者整理出,可归纳其原因,盖承袭剧情中情感发生原因与过程所致。《梦中缘》中,钟心主要有两段姻缘,在发生原因上,有承袭自《牡丹亭》者,亦有承袭自《西厢记》者,分别为梦中之情与一见钟情。

但在两种情感的发展过程中,又各自错置,如表1所示。

表1　　　　　　《西厢记》《梦中缘》中感情发展对比表

剧本	发生原因	过程	剧本	发生原因	过程
西厢记	一见钟情	红娘穿针引线	梦中缘	一见钟情	《莲盟》生旦对唱
牡丹亭	梦中之情	《冥誓》生旦对唱		梦中之情	轻云穿针引线

可知在《梦中情》中,钟心与文媚兰属于梦中之情,发展过程却是由丫鬟轻云的穿针引线串起。与阴丽娟是一见钟情,发展过程则是大场面的《莲盟》一出,生旦对唱以定情。

笔者分别借由这两条路线所产生的出目场面,择其代表,以探讨《梦中缘》与《牡丹亭》在场面上的相似之处,而在外在环境的场面上,《牡丹亭》与《梦中缘》亦有部分相似之处,此另列一小节,一并讨论。其实《梦中缘》致敬《西厢记》的场面也十分精彩,但不在本文讨论范围,待日后另撰文探析。[②]

---

① 《白先勇青春版牡丹亭觑议》一文收录于《汤显祖四百年纪念会议论文集》2016年9月24日。
② 《梦中缘》中亦不乏与《西厢记》相似场面,如《梦中缘·夜别》一出,连唱北曲,实因钟心与阴丽娟之一见钟情,与《西厢记》雷同,因此以北曲场面向《西厢记》致敬。

（一）梦中之情

梦中之情是《牡丹亭》情感之开端，《梦中缘》的两段姻缘中，亦有一段情起于梦中，即为钟心与文媚兰之感情路线，二剧相似之场面，主要在情感发生之时，即《梦中缘》中《幻缘》《怜才》二出，说明如表2、表3所示。

表2　　　　　　　　　　　《幻缘》说明简表

序	出名	曲牌	上场角色
2	幻缘	1.【中吕·满庭芳】（引子）/生 2.【菊花新】（引子）/副净 3.【好事近】（过曲）/生 4.【好事近】/生 5.【双调·忒忒令】（过曲）/生 6.【玩仙灯】（引子）/小生 7.【二犯五供养】（过曲）/小生、生 8.【懒画眉】/生 9.【懒画眉】/生 10.【沉醉东风】/生 11.【沉醉东风】/生 12.【川拨棹】/生 13.【尾声】/生	1. 生/钟生 2. 丑 3. 副净/贾俊才 4. 末/布袋和尚 5. 旦/文媚兰 6. 小生/杨令修 7. 杂/随从

表3　　　　　　　　　　　《怜才》说明简表

序	出名	曲牌	上场角色
3	怜才	1.【仙吕·小蓬莱】（引子）/外 2.【番卜算】（引子）/旦、贴旦 3.【皂罗莺】（过曲，皂罗袍+黄莺儿）/旦、贴旦 4.【皂罗莺】/外、末、旦、贴旦 5.【皂罗莺】/外 6.【皂罗莺】/旦 7.【一封罗】（一封书+皂罗袍）/外 8.【一封歌】（一封书+槎歌）/贴旦、旦 9.【天香满罗袖】（皂罗袍+桂枝香+皂罗袍）/贴旦、旦 10.【罗江怨】/贴旦 11.【二犯滴滴金】/贴旦 12.【尾声】/贴旦	1. 外/文岸 2. 旦/文媚兰 3. 贴旦/轻云 4. 末/园子 5. 杂/信使

《幻缘》是向汤显祖《惊梦》致敬的一出，不同的是叙事角度上变成男主角，从一些唱曲与念白可看出很明显的雷同。如生唱曲："早是春深庭院，长

安远花看何年，满怀着千般幽怨，都付与霞笺"，与杜丽娘《惊梦》中所唱："原来姹紫嫣红开遍，似这边都付与断井颓垣"有几分相似。

而钟生感叹之后念白："荣枯尽付浮云外，愿做鸳鸯不羡仙"，叙功名对他如浮云，只羡鸳鸯不羡仙，跟杜丽娘游春伤感后，返回房中的感叹有几分神似，只是变成男性心理的揣摩，如把钟生换成柳梦梅，在心理上也说得通。

之后钟生念白："入眼好书读易尽，困人天气日初长"，易使人联想到《惊梦》中的"怎般天气，好困人也"，果然钟生入梦了，巧合的地方在入梦之后，《惊梦》是花神登场，说柳梦梅、杜丽娘有姻缘之份，而《幻缘》则是布袋和尚登场，念白如下：

> 我看他日后婚姻，虽有两翻奇遇，一个是翰林院学士文岍之女文媚兰，一个是淮扬总镇阴红之女阴丽娟，但惜姻缘簿上注定浅薄，只有三生一笑之缘，难免百折千磨之苦，今已一点情痴，不免备示灵奇，成其好事，先将他梦魂引入金陵秦淮堤畔，文小姐园中，使他二人欢会也。①

跟《惊梦》花神引柳生入梦相比，布袋和尚也看出两人姻缘，因而引钟生入文女之梦，布袋和尚与花神二者在功用上相当雷同。但剧情上的不同出现在钟生姻缘牵上两个女子，而且注定浅薄，只有三生一笑之缘。

还有一个不同之处，《牡丹亭·惊梦》精华在于柳生入梦后的生、旦对唱，唱曲十分精彩，但《梦中缘》则是把生、旦梦中的互动全部删去，在下一出《怜才》中才由女主角文媚兰口中说出。

而美梦当前，钟生被朋友唤醒，醒来后一度想再重新梦一次文女，并将女子容貌画出，却都无法，这一出便在这里结束。其实省略掉梦中二人相遇，要感受出末所言"神女忽来容易散，飞花依旧断人肠"，有些不易，没用唱曲形容神女，也没有两人相会的唱曲，铺陈不够，只看到钟生做梦，旦短短上场，接着就被杨令修打断，何来让读者感受"飞花依旧断人肠"呢，这是本出可惜之处。

《梦中缘》第三出《怜才》，剧情说的是翰林学士文岸准备阅卷，阅卷前想到自己年纪渐长，夫人早逝，独留一女，应帮她找个好人家。

于是女儿文媚兰上场（即上一出与钟生梦中相会之人），道前晚做了一

---

① 张坚：《梦中缘》册一，东吴馆藏王鲁川刊行乾隆刻本1751年版，第9页。

梦，今日虽然杏花盛开，怕伤春不敢多看，此处与《牡丹亭·惊梦》有几分神似。

接着文岸开始阅卷，第一卷被评为才疏学浅，第二卷则让文岸惊为天人，赞叹不已，再看署名则是钟心二字，便有意将女儿许配给他，也是这一出《怜才》的重点。而文媚兰此时也相当吃惊，此人姓名竟是昨夜梦中相会之男子。

丫鬟轻云发现小姐神情有异，详细的问小姐缘由，文媚兰告知昨夜之梦，媚兰与轻云的对唱、对答中，道出前晚梦中之事，曲文："会情郎心怎投，可也破瓜时一霎儿难禁受"①，用词露骨，不输给汤显祖《牡丹亭·惊梦》的"和你把领扣松、衣带宽，袖梢儿搵着牙儿苦也"。最末则由贴旦连独唱三曲做结尾。

然而此段梦中之情发生之后，《梦中缘》里面文媚兰与钟心的情感路线，在场面上就没有较相似于《牡丹亭》里柳梦梅、杜丽娘的情感发展，反而是错置在钟心与阴丽娟的情感发展上，是张坚《梦中缘》中试图想在排场场面上，有意与《牡丹亭》既相似又有区别的安排。

（二）一见钟情

一见钟情的情感发生，并非《牡丹亭》主要的故事范围，但张坚在《梦中缘》处理这条感情路线时，却在情感的过程里，致敬了许多《牡丹亭》中的场面，主要发生在钟心与阴丽娟一见钟情之后，两人订情的《莲盟》一出，说明如表 4 所示。

表 4 《莲盟》说明简表

序	出名	曲牌	上场角色
19	莲盟	1.【南吕·步蟾宫】（引子）/小旦 2.【梁州序犯】（过曲）/小旦 3.【渔灯儿】/小旦 4.【渔灯儿】/生 5.【喜渔儿】/生 6.【锦渔灯】/生 7.【锦上花】/生 8.【锦中拍】/生 9.【锦后拍】/小旦 10.【尾声】/小旦	1. 小旦/阴丽娟 2. 净/奶娘 3. 生/钟生

---

① 张坚：《梦中缘》册一，东吴馆藏王鲁川刊行乾隆刻本 1751 年版，第 150 页。

《见妹》《送茶》之后，钟心与阴丽娟在阴家一见钟情，本与《牡丹亭》的情感发生场面没有关联，但在之后《莲盟》一出，接续二人因缘，却与柳梦梅、杜丽娘过程中的场面相似。《莲盟》叙丽娟与奶娘到园中，见一莲花并蒂而开，想起昨天与钟生的一面之缘，不禁伤感，椅栏执花长叹之际，为钟生看见，之后两人许下盟约，丽娟要钟生考取功名后，再来娶她，场面是一段很精彩的生、小旦对唱。

对照《牡丹亭·冥誓》，简表如表 5 所示。

表 5　　　　　　　　　　《冥誓》说明简表

序	出名	曲牌	上场角色
32	冥誓	1.【月云高】/生 2.【月云高】/旦 3.【懒画眉】/生 4.【太师引】/生、旦 5.【太师引】/生 6.【琐寒窗】/生 7.【红杉儿】/生 8.【红杉儿】/旦 9.【滴溜子】/生、旦 10.【闹樊楼】/旦 11.【啄木犯】/旦 12.【啄木犯】/旦 13.【三假子】/旦 14.【三假子】/旦 15.【斗双鸡】/旦 16.【登小楼】/旦 17.【鲍老催】/旦 18.【耍鲍老】/旦 19.【尾声】/旦共19首	1. 生/柳梦梅 2. 旦/杜丽娘

与《牡丹亭·冥誓》相比，二出皆位于全剧将近百分之五十左右的位置，是剧中场面之枢纽，虽有相似之处，但唱曲数量却有显著差距。《冥誓》生、旦共唱仙吕宫调曲牌十九首，《梦中缘·莲盟》则只唱南吕宫调十首，但并非张坚缩小了情感过程的男女主角定情的场面，而是整部《梦中缘》中超过十首的场面仅有十三出，在各自剧本出目的唱曲比例上，二出皆占有相同重要的关键地位。

（三）外在环境

《牡丹亭》对于外在环境的场面设计，占全剧一定的比重，在大场的安排上，更与柳、杜二人所代表的场面，成三足鼎立之姿，实是汤显祖以杜父所代表的外在环境，象征礼教对于柳、杜爱情之束缚。而柳、杜爱情的每个阶段，也可以找到相对应的外在环境场面，如《劝农》呼应《惊梦》的梦中之情，《缮备》呼应人鬼相恋之时，风雨欲来之紧张等①，是汤氏建构《牡丹亭》排场的重要特色之一。

张坚在《梦中缘》中，亦有对于外在环境之场面设计，其中不乏向《牡丹亭》致敬之处，主要在《雌反》《回探》二出，兹说明如表6、表7所示。

表 6　　　　　　　　　《雌反》说明简表

序	出名	曲牌	上场角色
6	雌反	1.【双调·夜行船】（引子）/旦、贴旦、小旦 2.【二犯江儿水】（过曲）/贴、旦、小旦 3.【清江引】/贴、旦、小旦	1. 贴旦/崆峒公主 2. 旦/赛百花 3. 小旦/胜木兰 4. 众/女兵

表 7　　　　　　　　　《回探》说明简表

序	出名	曲牌	上场角色
23	回探	1.【玩仙灯】（引子）/末、杂 2.【玩仙灯】/末	1. 末/阴红 2. 众/士兵 3. 杂/探子

《雌反》的剧情是崆峒山上有女贼，为元末明初陈友谅遗兵，首领是三姊妹，由大到小为：崆峒公主、赛百花、胜木兰。此出叙述山上三千女兵，训练有素，准备下山掠夺，其中曲文："梨花枪漫摇"②，明显致敬汤显祖《牡丹亭》中的《牝贼》一出。

一样是作为过场，《牝贼》是女贼杨婆登场，唱曲"一枝枪洒落花风，点点梨花弄"③，呼应开场"陈教授劝下梨花枪"，是之后重要关目《围释》的伏笔。而《梦中缘》中的《雌反》也颇有此意，只是最后在《顺劝》一出劝下梨花枪的，并非如陈最良般的老学究，而是主角钟心本人。

---

① 笔者《白先勇青春版牡丹亭斠议》针对汤显祖《牡丹亭》场面内外呼应之情形，已有详细说明，此处不再赘述。
② 张坚：《梦中缘》册一，东吴馆藏王鲁川刊行乾隆刻本1751年版，第27页。
③ 汤显祖：《吴吴山三妇合评牡丹亭还魂记》，清康熙梦园刻本，第57页。

这一出系阴红奉诏与蔡节同剿崆峒山女贼，蔡节自莽僧独眼龙战死后，观望不前，而阴红领兵抵达徐州之时，女贼亦不敢出，便呈现僵持之局。因此阴红派出探子究竟虚实，探得了女贼假装防御僵持，其实偷偷暗度陈仓，准备袭击淮安城，亦是阴红家所在。

　　阴红听了大吃一惊，但无奈君命不可违，不能离开徐州，只得修书命妻儿赶紧出城避难，自己在从后方包夹女贼，准备将崆峒山女贼们一举擒获。

　　本出在场面上与前出《姑饯》相去不远，皆属过场，但形式上有所不同，《姑饯》是钟氏暗示钟生须守亲事，是文戏，而《回探》则是阴红率领众将兵登场，而杂所扮演的探子，更是"铜墙铁壁身能入，鬼计神谋探得真"①，想必可以有一些武戏的场面安排。

　　因此虽然连续使用了两个过场，但表现形式上有所不同，亦不至于太过单调。而这里也可以看出，张坚在设计战事剧情时，相较于汤显祖《牡丹亭》是比较用心的，《牡丹亭》中《牝贼》杨婆出场，是叙述当时外在环境，而对战事叙述的精华大致是《寇间》《折寇》《围释》中陈教授劝下梨花枪的过程，是相对简单的。

　　而《梦中缘》从《雌反》中崆峒山女贼自叙为陈友谅后人，背景故事叙述完整，之后《败阵》叙女贼用计谋诈败，然后趁独眼龙孤身追击时一举击杀，相当精彩，而本出《回探》由阴红的角度，叙二军对垒，女贼竟要暗度陈仓偷袭淮安城。

　　整体看下来，张坚《梦中缘》在战争场面的描摹，胜于汤显祖《牡丹亭》，但在与其他剧情场面的呼应上，并没有特意安排，仅是为描写外在环境而描写，各出的场面或许精彩，但整体的排场呼应却远不如《牡丹亭》之巧妙，综而言之，以外在环境而言，汤氏胜在整体场面内外呼应，环环相扣，排场巧妙，张氏则胜在单独场面的设计上，剧情变化较多，演出精彩。

二、冷热相济与劳逸均衡的比较

　　以排场理论分析剧本后，可借由观察冷热相济与劳逸均衡两个方面，来探讨剧作家在舞台呈现上的创作理念。本节分别从排场场面性质、形式上的冷热

---

① 张坚：《梦中缘》册二，东吴馆藏王鲁川刊行乾隆刻本 1751 年版，第 52 页。

相济、剧情分析的劳逸均衡、唱曲比例上的劳逸均衡三者讨论,以深究《牡丹亭》《梦中缘》二者在排场上的异同。

(一)排场场面冷热相济之比较

汤显祖《牡丹亭》排场冷热相济之讨论,已见笔者《白先勇青春版牡丹亭斠议》一文中,故简表附于附录一中,此不赘述,仅以图表呈现。本节以张坚《梦中缘》之冷热相济分析为主,比较汤氏《牡丹亭》排场中冷热相济之结论,探讨二者在冷热相济部分的差异。

《梦中缘》排场之冷热相济,以简表如表8所示。

表8　　　　　　　　　　《梦中缘》排场简表

序	出名	唱曲数	上场人数	上场角色	性质	形式
1	笑引	7	2	末、杂	短场	文戏
2	幻缘	13	8	生、丑、副净、末、旦、小生、杂、老旦	大场	同场(生)
3	怜才	12	5	外、旦、贴旦、末、杂	大场	群戏
4	痴寻	8	3	副净、生、丑	正场	文戏
5	题帕	6	2	贴、旦	正场	文戏
6	雌反	3	4	贴、旦、小旦、杂	过场	武戏
7	饵姻	6	6	外、净、杂、小丑、老旦、副净	短场	群戏
8、9	诳脱	12	8	生、丑一、外、老旦、净、杂、末、丑二	大场	群戏
10	奇遇	10	5	末、旦、贴、杂、生	正场	群戏
11	访误	5	4	外、小生、丑、副净	过场	诙谐
12	拾帕	5	3	生、旦、贴	正场	文戏
13	帕订	5	3	旦、贴、生	正场	文戏
14	败阵	7	6	净、丑、贴、旦、小旦、众	正场	群戏
15	假谒	7	6	副净、杂、外、旦、贴、末	短场	群戏
16	起师	12	12	末、副净、丑一、老旦、小旦、净、外、杂、丑二	大场	同场
17	见妹	10	6	生、丑、副净、老旦、净、小旦	正场	群戏
18	送茶	9	3	生、丑、净	正场	文戏

续表

序	出名	唱曲数	上场人数	上场角色	性质	形式
19	莲盟	10	3	小旦、净、生	正场	文戏
20	巧逐	7	5	旦、贴、副净、杂、外	短场	诙谐
21	夜别	18	3	生、小旦、净	大场	文戏
22	姑饯	4	4	老旦、净、生、丑	过场	文戏
23	回探	2	3	末、众、杂	过场	武戏
24	醋诗	8	3	小旦、老旦、净	正场	文戏
25	媒阻	6	4	生、丑、杂、小生	正场	文戏
26	劝顺	11	11	末、外、小生、净、丑、贴、旦、小旦、众、生、杂	大场	群戏
27	许姻	4	3	末、外、生	过场	文戏
28	雠陷	7	4	净、丑、众、末	正场	文武合场
29	复寇	4	3	旦、小旦、杂	过场	武戏
30	途散	17	7	老旦、小旦、杂、净、旦、众、丑	大场	群戏
31	缉娱	8	5	净、外、生、副净、小生	正场	同场
32	庵留	4	3	贴、净、老旦	过场	文戏
33	胁卖	7	5	小丑、小旦、丑、净、末	正场	同场
34	美合	10	5	贴、旦、小旦、净、丑	正场	群戏
35	謦首	7	4	小丑、丑、老旦、生	正场	诙谐
36	闺叙	9	3	旦、小旦、贴	正场	文戏
37	代拘	11	6	杂、小丑、末、旦、贴、小旦	大场	群戏
38	赐元	5	4	外、生、丑、杂	短场	文戏
39	窥宴	11	6	外、末、旦、生、杂、老旦	大场	群戏
40	靖乱	11	6	旦、小旦、生、杂、老旦、净	大场	群戏
41	闹审	10	9	丑、末、外、杂一、净、副净、杂二、小生、小丑	正场	群戏
42	讯假	2	6	生、末、副净、杂、净、丑	过场	诙谐
43	牝纲	3	8	小丑、旦（4人）、杂、副净、净	过场	诙谐

续表

序	出名	唱曲数	上场人数	上场角色	性质	形式
44	代迎	12	7	末、外、旦、小旦、老旦、净、贴	大场	群戏
45	后梦	18	15	外、生、丑、众、老旦、丑、副净、末一、小旦、旦、贴、杂（3人）、末二	大场	群戏
46	戏圆	15	10	贴、末一、生、杂、小旦、旦、末二、老旦、净、副净	大场	群戏

与《牡丹亭》相比，《梦中缘》唱曲的数量略幅下降，《牡丹亭》生旦戏为主的大场场面如《幽媾》，唱曲有二十首，上场人数就是生、旦二人，而《梦中缘》生、小旦为主的大场如《夜别》，唱曲数量为十八首，相比于《牡丹亭》之大场唱曲数量，减幅不大。

过场的场面，如《牡丹亭·牝贼》，唱曲数量是四首，上场人物为三人，《梦中缘·雌反》唱曲数量为三首，上场人物为四人，二者在场面设计上是相当一致的。

判断的依据上，《梦中缘》过场的唱曲数大致上是三到五首曲子，而且剧情是很简短的、无关紧要的。而短场则是在五到七之间，跟正场五到十之间有些重叠的地方，只能依照剧情的重要性与场面的节奏快慢来判断。

如第十四出《败阵》，虽然唱曲七首，上场六人，但中间连唱四次【混江龙】，表现出战场上独眼龙的武勇与崆峒公主的智巧，而此一战之后让蔡节、阴红都想要延揽钟生入帐，想是会连接之后的重要剧情，因此放在正场。

但下一出《假谒》，一样唱曲七首，上场六人，是贾俊才冒名顶替的段落，曲文、念白皆具诙谐，曲牌用的是【绕地游】、【猫儿坠】之类较短的曲子，安排上是过渡前后的重要剧情，但场面又胜于过场、不及正场，故放在短场。

而《题帕》《拾帕》《帕题》等唱五、六首，但却是钟生、文媚兰相当重要的剧情，贴旦在此中穿针引线，唱的曲牌是【山坡羊】、【朱奴插芙蓉】之类较长的曲子，因此这些出目虽唱曲数量不如《假谒》，但场面略胜，皆判断为正场。

以简表说明排场之情形作分析图，如图1、图2所示并与《牡丹亭》比对，图中数字一表示过场、二表示短场、三表示正场、四表示大场。

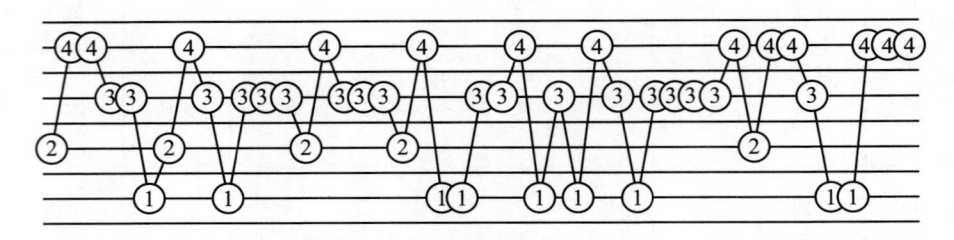

图1 梦中缘排场分析

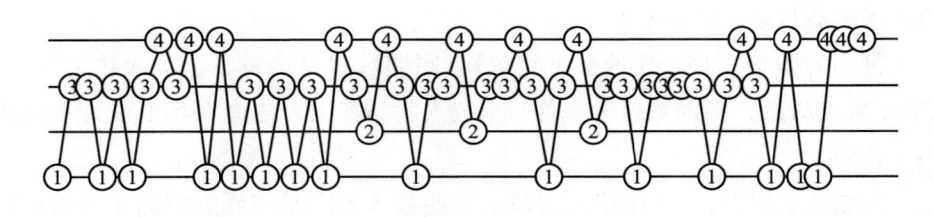

图2 牡丹亭排场分析

汤显祖《牡丹亭》排场冷热相济的规则，在笔者《白先勇青春版牡丹亭斠议》一文中提及，援引如下：

（1）性质目的之场面，大场正场相连不会超过四场。可知汤显祖在剧情目的上安排的场面，主要剧情是不会超过四场的，这是汤氏认为观众欣赏戏曲，在主要剧情叙述的疲乏度上，连续四场是容忍的极限。

（2）从过场、短场的使用而言，一到二十出用了七个过场来连接，二十一出到三十八出则是使用三个短场、两个过场来做衔接，三十九出到五十五出则是五个过场，此即前述短场说明中所谓："传奇中需用过多的过场时，为了调剂观众耳目，为避免重复太多过场，不得不以短场代之"，从汤氏《牡丹亭》的排场来看，二十一出到三十八出的三个短场，就显得出汤氏排场之巧妙，《旅寄》带些诙谐，简述柳生扶柳枝落水，遇陈最良而落脚梅花观，暗示"不在梅边在柳边"的发迹条件。《旁疑》亦属诙谐，自《玩真》到《秘议》，相连八出，剧情的发展是相当紧凑的，《旁疑》作为短场，让整个剧情能稍作喘息，以排场论，此出更为绝妙。《骇变》也是巧妙之设，以此可避免《诇药》《仆侦》《寇间》等连续太多过场之情况。

(3) 汤氏《牡丹亭》排场，过场可以相接，但短场与过场则不相接，可看出两件事情：一是过场相接只出现在最末，一个大场接连续三个大场，目的在增长舒缓用的剧情，故排过场相接，才能舒缓连续四次的大场，若非为了连接四次大场，想必是不需使用连续两次过场相接。二是短场之目的是避免重复太多的过场，使用时若与过场相接，那就失去取代太多过场的意义了，汤氏《牡丹亭》排场在这一点是很清楚的。

以此规则对照《梦中缘》《牡丹亭》二图，张氏与汤氏很大的不同点在于过场、短场的处理上。汤氏除非连续四次大场，否则不会过场相连，而短场与过场亦不会相连，但张氏则否，在前三十出便出现了短场、过场相连与连续二过场之情形。

以此三项原则对照《梦中缘》之排场说明如下：

(1) 性质目的之场面，大场正场相连不会超过四场：张坚《梦中缘》大抵遵守此一原则，只有在三十三出到三十七出出现连续五场，但整体来说仍继承《牡丹亭》此项排场之原则。

(2) 过场、短场的使用而言：《梦中缘》与《牡丹亭》皆有在过场使用频繁时，改以短场取代的排场原则。以图表所见，《梦中缘》前二十出与二十一到四十出皆用六个短场、过场等过渡场面，相当对称。前二十出是以短场作为过渡的主要场面，用了四个短场、两个过场。二十一出开始到四十出则是以过场作为过渡的主要场面，用了五个过场、一个短场，最末六出则是以过场过渡。

这点与《牡丹亭》用法雷同，惟《牡丹亭》前二十出是过场为主，二十一到四十出则以短场为主，与《梦中缘》相反，最末至结尾则同以过场为过渡的主要场面。在过场、短场交替使用上，张坚仍继承《牡丹亭》的排场方式。

（3）过场相接、短场过场不相接之原则：这点是《梦中缘》《牡丹亭》在排场上最大的不同之处。《牡丹亭》短场、过场不相接，原因是避免性质重复，而若非是要衔接连续四个大场，亦不会出现过场相接的情况。

但《梦中缘》则有短场过场相接，若加上连续过场，总计全书出现三次这样的情形，而仅有结尾连续二过场是为了衔接连续超过四次的大场，与《牡丹亭》的排场原则相符，其他两次皆非汤氏《牡丹亭》的排场精神。

整体来说，以《梦中缘》三十二出作为分水岭，之前的排场中，大场、正场相连鲜少超过三场，最多的连四场只出现在剧情开端，目的是要在开头炒热场面，吸引观众、读者之注意，而中间过渡的场次，却出现了连续二过场与过场、短场相连的情况，这样的安排，让《梦中缘》正场、大场相连的比例变高，整体的场面都较《牡丹亭》紧凑，不若《牡丹亭》过场、正场相间使用来的舒缓。

三十二出之后，剧情则逐渐增温，甚至出现大场、正场相连场数超过四场的情形，这是汤显祖《牡丹亭》排场中不曾出现的现象。从剧情逐渐紧凑的分水岭来看，《梦中缘》出现在三十二出，是全书剧情70%之处，而《牡丹亭》则是从四十出开始逐渐紧凑，是全书73%之处，从这点看来，《梦中缘》《牡丹亭》的排场安排算是十分一致。

但在结尾部分，撷取在男主角中状元前后以至最末，《牡丹亭》是用六出来作结，场面依序是：大、过、过、大、大、大。反观《梦中缘》则是使用九出来作结，场面依序是：短、大、大、正、过、过、大、大、大。其实在结尾排场上，是与汤显祖《牡丹亭》非常相似，都利用了连续两个过场，来衔接最末三个大场，只是两个过场之前，《牡丹亭》是很利落的一出《闹宴》大场来表现，而《梦中缘》则是《赐元》《窥宴》《靖乱》《闹审》，花了：短、大、大、正四出场面，其实已经接近结尾，还拉多出目，观众与读者的耐心有限，并非妥善安排，因此整体在冷热相济的排场上，《梦中缘》虽然部分与《牡丹亭》相似，但热闹场面、主要剧情的密集度、紧凑度都较《牡丹亭》来得频繁。

（二）从剧情分析的劳逸均衡

《梦中缘》之剧情路线，讨论文章以樊兰《张坚及玉燕堂四种曲研究》为例，说明如下：

> 全剧有两条线索：一是钟心与文媚兰、阴丽娟的爱情发展，一是崆峒叛乱与朝廷平乱的战斗经过。两条线索交叉发展，整个剧本文戏、武戏交替登场，虽为案头本，但是编排设置以舞台演出为出发点，排场生动变幻，情节曲折婉转。①

樊兰将剧情划分为这两条路线，即属于个人、小人物的钟生爱情发展，与外在大环境的战乱、平乱背景二者。以《牡丹亭》而言，将其划分为柳杜爱情、宋金历史背景两条剧情路线的单篇论文亦不在少数，和许多讨论明清传奇剧本的单篇论文一样，都用个人、大环境两条路线来讨论剧本，如此划分剧情路线当然没有问题，只是也看不出《梦中缘》《牡丹亭》与其他大部分明清传奇剧本在剧情路线设计上的差别。

然而"钟心与文媚兰、阴丽娟的爱情发展"，其实包含了复杂的冒名错认，又无法包含阴丽娟一家受陷害、冤枉委屈的剧情，而"崆峒叛乱与朝廷平乱的战斗经过"又不够精确地涵盖蔡节陷害阴红、钟生的重要剧情。因此笔者尝试以排场理论分析完剧本后，找出其中大场场次与角色上场次数，以此分析剧情的比重，试图更精准地分析剧情线路，《梦中缘》十三出大场简表如表9所示。

表9　　　　　　　　　《梦中缘》十三出大场简表

序	出名	唱曲数	上场人数	上场角色	性质	形式
2	幻缘	13	8	生、丑、副净、末、旦、小生、杂、老旦	大场	同场（生）
3	怜才	12	5	外、旦、贴旦、末、杂	大场	群戏
8、9	诓脱	12	8	生、丑一、外、老旦、净、杂、末、丑二	大场	群戏
16	起师	12	12	末、副净、丑一、老旦、小旦、净、外、杂、丑二	大场	同场
21	夜别	18	3	生、小旦、净	大场	文戏

---

① 樊兰：《张坚及玉燕堂四种曲研究》，人民出版社2014年版，第61页。

续表

序	出名	唱曲数	上场人数	上场角色	性质	形式
26	劝顺	11	11	末、外、小生、净、丑、贴、旦、小旦、众、生、杂	大场	群戏
30	途散	17	7	老旦、小旦、杂、净、旦、众、丑	大场	群戏
37	代拘	11	6	杂、小丑、末、旦、贴、小旦	大场	群戏
39	窥宴	11	6	外、末、丑、生、杂、老旦	大场	群戏
40	靖乱	11	6	旦、小旦、生、杂、老旦、净	大场	群戏
44	代迎	12	7	末、外、小旦、老旦、净、贴	大场	群戏
45	后梦	18	15	外、生、丑、众、老旦、丑、副净、末一、小旦、旦、贴、杂（3人）、末二	大场	群戏
46	戏圆	15	10	贴、末一、生、杂、小旦、旦、末二、老旦、净、副净	大场	群戏

作家安排大场的场面，势必是剧情上的关键处，以此观察可看出《梦中缘》的剧情主要有三条路线并行如下：

（1）钟生路线：以钟生两段姻缘、功成名就故事为主的剧情，包含《幻缘》《诳脱》《夜别》《后梦》《戏圆》等大场出目。自《幻缘》起，与文媚兰梦中一见，结下一段姻缘，醒后为了寻找梦中人开启了所有故事的开端，也因为寻找梦中人，在《诳脱》中推辞婚事，引发了与蔡节结怨之事，导致日后遭受陷害。《夜别》则是与阴丽娟一见钟情后，第二段姻缘的重要剧情，接着《后梦》收束钟生故事，最末《戏圆》大团圆结局。

（2）冒名错认路线：此路线叙文媚兰一家之事，包含《怜才》《窥宴》《代迎》《戏圆》等大场出目。自《怜才》起，文媚兰一家首度登场，文岸父女皆欣赏钟生，但一个只见过文章，另一个则只有梦中相会，因此引发了之后的贾俊才假冒钟生，钟生为避祸改名齐谐，种种冒名错认的有趣情节，《窥宴》一出，钟生以齐谐之名得中状元，琼林宴上与文媚兰虽无言语，却各自明白改名"齐谐"之用意。《代迎》则是为解决文岸没有发现钟生改名的审查之失，用阴丽娟冒名钟生迎娶冒名阴丽娟的轻云，最末《戏圆》更继续冒名错认下去，由轻云假扮钟生来戏弄钟生，是与钟生路线重叠的出目。

（3）平乱雪冤路线：此路线叙阴丽娟一家之事，包含《起师》《劝顺》《途散》《代拘》《靖乱》等大场出目。自《起师》起，阴丽娟一家初次登场。为了平息崆峒山女贼作乱，阴红准备起师平乱，接着《劝顺》阴红击败女贼，钟生劝降公主，便是平乱的重要出目。接着剧情转往洗雪冤屈部分，阴红平乱后受蔡节陷害，因而被捕，女贼趁势而起袭击淮扬，《途散》便是阴丽娟与其母在战乱中失散的剧情。然而阴丽娟命运多舛，被卖到文岸家当丫鬟后，又被锦衣卫找到，《代拘》一出叙此危急之际，轻云挺身而出，暂解了阴丽娟之危难，接着钟生状元及第，《靖乱》中奉命讨伐崆峒女贼，抓住了剩余女将，从他们口中推测出蔡节之奸计，才有之后洗雪阴家父女冤屈的剧情。

从角色上场的情形也可以看出此三线并重的剧情，以此与《牡丹亭》在剧情上劳逸均衡的图表一同检视如图3、图4所示。

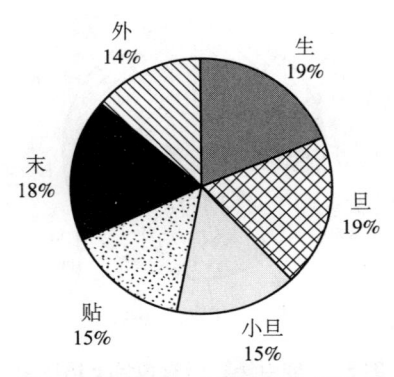

图3 《梦中缘》主要角色上场比例

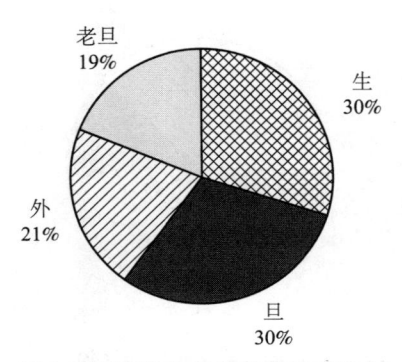

图4 《牡丹亭》主要角色上场比例

在主要角色的上场比例中，可以看出《梦中缘》与《牡丹亭》在主要剧情的比重上，都是以三线均衡发展的方式行进。

《牡丹亭》三线剧情的排场分析，在拙作《白先勇青春版牡丹亭刍议》已有细论，此只引结论，不再赘述。以杜丽娘为主的剧情、柳生发迹的剧情、杜父杜母所象征的礼教外在环境之剧情三者并重。

《梦中缘》中以生、旦、小旦三人所代表的三条剧情线相当均衡，生、旦比重上，与《牡丹亭》一样，都是完全相同的上场数量，而张坚更厉害的是，文岸父女（外、旦）的比重是主要角色的33%，刚好与阴红父女（末、小旦）的比重完全相同，也就是说，以剧情上的劳逸均衡而言，钟生路线与文家冒名错认的剧情、阴家洗雪冤屈的剧情是并重的。

从《梦中缘》《牡丹亭》所有角色的出场次数来看，如图5、图6所示。

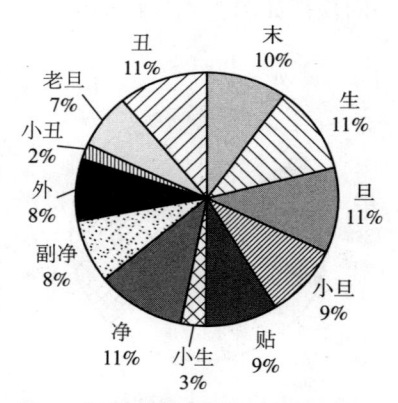

图5 《梦中缘》所有角色上场比例

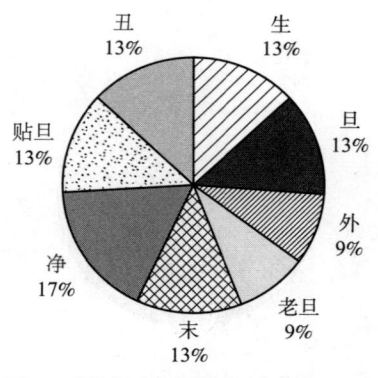

图6 《牡丹亭》全部角色上场比例

可看出二书在场面设计上，各个行当都有均衡的出场机会，让剧情的表现、运用在舞台场面上可以更缤纷、多元，从这一个层面来看，无论是主要剧情的角色均衡，或是整体剧情的角色均衡，《牡丹亭》与《梦中缘》都有相当一致的排场理念。

（三）唱曲表现的劳逸均衡

《牡丹亭》与《梦中缘》在唱曲表现的劳逸均衡上，笔者撷取二出之所有大场，观察汤显祖与张坚在二部剧本的重要场面上，主要角色的唱曲比例，如图7、图8所示。

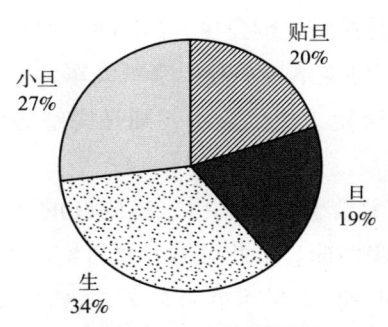

图7 《梦中缘》主要角色唱曲比例

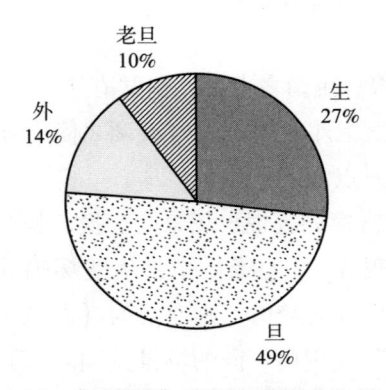

图8 《牡丹亭》主要角色唱曲比例

上二图可见，唱曲的劳逸均衡上，《梦中缘》偏重于生的唱曲演出，《牡丹亭》则着重于旦的唱曲表现。关于生、旦的唱曲设计，《牡丹亭》较无针对角色、人物情绪、身份而有移宫换调、南北合套的安排，南北合套的使用只针对剧情场面之需求而作，因此生、旦并没有太大唱曲设计的差异。

而张坚《梦中缘》在唱曲设计的运用上，以下分别就移宫换调、南北合套、北曲场面，三种运用方式，配合主要角色唱曲之部分逐一讨论：

1. 南北合套

南北合套在《梦中缘》一共出现三次，分别是第二十六出《劝顺》、第四十出《靖乱》、第四十一出《闹审》，皆为出场人数超过六人的场面。其中值得注意的是，在《劝顺》与《靖乱》中，生分别唱南曲与北曲的部分，除了表现演员的唱功外，在剧情上，也是不同身份的表现。

《劝顺》时，钟生仍是一介书生，演唱南曲部分，表现出兵荒马乱战场中的手足无措，而贴旦则是扮演崆峒公主，演唱北曲部分，表现骁勇的武将，虽败不乱。到了《靖乱》，钟生奉旨平乱，率领大军，于是演唱合套中北曲的部分，展现战场上的指挥若定。两出合一，则是完整的钟生，允文允武的完美形象。

而《闹审》中的南北合套，则是由末扮阴红的武官演唱北曲，外扮邓清的文官与书生贾俊才演唱南曲。依此可见，北曲象征武官如阴红，南曲象征文官如文岸（与邓清同为外扮），钟生能协合南、北曲，除了有允文允武的形象外，亦象征能协合阴红武官之女阴丽娟，与文岸文官之女文媚兰，《梦中缘》南北合套之安排，确有其构思之精巧处。

2. 移宫换调

《梦中缘》中运用移宫换调之出目，一共有十三出，唱曲数从四首到十八首不等，可谓无论场面之大小，皆有移宫换调之使用可能。笔者依照其使用移宫换调之目的，归纳出三点如下：

（1）场景变换：移宫换调表现出场景之变换，如《幻缘》《后梦》即是变换宫调，来表现梦境跟现实。《幻缘》中钟生登场唱【中吕·满庭芳】，唱出自己的心情与期许，之后进入梦境，则变换为【双调·忒忒令】"听莺声吹来半天，绕玉砌水流花泛"展现出不同的场景氛围。《后梦》中则是【南吕·步蟾宫】表现出现实场景，入梦后，则改唱【仙吕·油葫芦】来呈现诡谲梦境。

（2）交代前情：此类移宫换调情形，多只唱一首即转换宫调，目的在交代前面的剧情，并带出该出场面。以第25出《媒阻》为例，开场钟生上场，唱【南吕·懒画眉】叙述与丽娟之情，并表达本出要与杨令修见面之事，接着唱【仙吕·桂枝香】，将剧情转为讨论改名应考之事。

（3）心情转折：此类情形较有特色，出现在《见妹》《途散》二出。《见妹》一出叙述钟生投靠阴红家，开场即唱【南吕·意难忘】来表达心志，此时钟生刚逃出蔡节魔爪，心情还有些忐忑不安，之后到了阴红家中，遇到了钟生伯母，也是阴红之妻钟氏，此时钟生改唱【正宫·刷子序】，表现出寻得落脚之处，心情稍宽的心情。

《途散》则更为精彩，此出因战事导致阴丽娟与母亲失散，尚未失散的逃亡之时，唱的是【南吕·一枝花】，失散之后，母亲的角度唱的是【仙吕·长拍】表达老母亲的紧张，接着换成阴丽娟的角度，唱【双调·嘉庆子】，道尽天昏地暗、两下分离之状况，紧扣人物心情转折，移宫换调，颇具巧思。

3. 北曲的场面

《梦中缘》中使用北曲大多是武戏或热闹场面，如《败阵》《顺劝》《靖乱》《闹审》等，但有一个例外即是《夜别》一出，此出叙钟生、阴丽娟之情，是精彩的生旦文戏，连唱十七首北曲，且先白后唱，符合规范，用一见钟情的故事向《西厢记》致敬之意再明显不过。

整体来说，《梦中缘》安排生在两场南北合套中，用不同的身份与情绪诠释南曲、北曲的表现机会。旦角方面，小旦的唱曲比例远高于旦、贴旦，甚至在《夜别》《醋诗》有连唱十首、八首的场面，单单一出《途散》更是移宫换调，南吕、双调两宫调连唱五首、六首，如此淋漓尽致的舞台发挥机会，也让理应是主要女角的文媚兰在舞台表现上逊色不少，相当可惜。

结　　语

《牡丹亭》《梦中缘》在排场的比较，可从以下诸项看出端倪：

（1）就各出本事而言：《梦中缘》与《牡丹亭》有许多的相似之处，如《梦中缘·幻缘》与《牡丹亭·惊梦》《梦中缘·雌反》与《牡丹亭·牝贼》《梦中缘·题帕》与《牡丹亭·写真》等，无论在剧情上或文句上，皆有不少张坚向汤显祖致敬之痕迹。

而《梦中缘》中，钟生与文媚兰的梦中之情，也和《牡丹亭》柳梦梅与杜丽娘情所起处一般，只是张坚又增添了钟生与阴媚兰一见钟情之部分，此处则是向《西厢记》致敬，并在感情的发展过程中，转为《牡丹亭》杜、柳的定情场面，让剧情场面更趋复杂。

外在环境的场面设计上,《牡丹亭》着重在整体的排场搭配,以杜父所象征的礼教,利用《劝农》《缮备》《移镇》等外在环境场面,呼应杜、柳二人之情感,三者均衡的分配了全剧的比重。《梦中缘》则着重在单独场面中对于战争的描绘与表演,有许多让演员发展的武戏场面空间,但只有顺着剧情搬演,没有整体呼应的排场安排,是单纯为写外在背景而写的场面。

(2)就排场场面的冷热相济而言:《梦中缘》与《牡丹亭》在冷热相济的部分,在连续正场、大场的使用上,张坚、汤显祖大致都以不超过五场为原则,这是二人的共通点。但是在过场、短场的运用上,汤氏显得比较谨慎,短场有取代过多的过场之用,因此《牡丹亭》不会出现过场、短场相连的情形,而在连续二过场的出现时机,汤氏也使用得十分小心,唯有在结尾的最大场面时,才利用连续两个过场,撑起四个大场,制造紧凑的场面。

但《梦中缘》则不守此规矩,过场、短场相接,且出现三次连续过场或短场过场接续的情况,二者排场相较之下,《牡丹亭》在前半段正场、过场的交替使用显得较为舒缓,进入后半段时,连续二过场配合连续大场,结尾收的精彩,剧情也跌宕有趣。

《梦中缘》则是在前半段与后半段都是利用连续过场或过场短场相连来配合连续的正场、大场,如此看来尽管剧情也是有高低潮之区别,但相较于《牡丹亭》则更显紧凑,连续紧凑的情形下,开场、中段、收尾都是类似的冷热相济模式,易使读者、观众疲乏,使得结尾的表现力道差强人意。

(3)就剧情分析的劳逸均衡而言:《牡丹亭》在剧情上,以柳梦梅发迹之路、杜丽娘追求情感之路、杜父母代表的外在环境冲突,三者表现出均衡的三线交互并行,并有远景、近景的互相呼应。

《梦中缘》也使用三线并行的方式,由钟生之路线、文府冒名错认路线、阴府平乱雪冤路线,均衡发展。无论是汤氏或张氏,在主要角色的登场次数上,都表现出与剧情并重的均衡式态,可见角色上场的劳逸均衡与剧情的分配,是汤、张都相当注重的排场细节。

(4)就唱曲比例的劳逸均衡而言:

《牡丹亭》在大场场面的唱曲比例上,是以旦唱为主要的表现方式,也符合《牡丹亭记题词》中以杜丽娘为主的叙述方式,虽然以剧情来看仍是均衡的三线主要人物登场次数,主要的唱曲表现仍由旦角担任(占了主要角色唱曲数的一半),全剧虽有安排南北合套、全北曲等方式,主要针对场面气氛使用,较少配合角色有特殊安排。

《梦中缘》在唱曲上则是以生唱为主的表现方式，可是比重上不若《牡丹亭》的偏重，生仅占了主要角色唱曲的百分之三十四，其他由旦、小旦、末、外平均分配。在剧情、曲情的搭配上，也有移宫换调、南北合套、北曲场面的特殊运用方式，如在南北合套中有生全唱南曲、全唱北曲的身份区别，在移宫换调中，有小旦根据自身情绪、遭遇改变而转调唱曲，北曲场面除了武戏部分，亦有向西厢记致敬的《夜别》一出。

《牡丹亭》与《梦中缘》的排场比较之下，可看出本事、剧情相关的排场《梦中缘》无论在文辞上、剧情路线上都与《牡丹亭》有高度的相似性，但在场面与唱曲的排场上，《梦中缘》与《牡丹亭》则有所不同，场面冷热相济《梦中缘》相当紧凑，不若《牡丹亭》之安排巧妙，可能为不同时代，观众对戏曲场面的喜好不同，亦可能是《梦中缘》在当时只能是案头本之故。

而在唱曲的排场表现上，《梦中缘》则用了更多的变化，表现出曲情、宫调、联套、场面等，搭配角色的变化设计，显现张坚《梦中缘》除了在创作理念与文采上糅合《牡丹亭》之做法，亦有格律上精彩的设计，是当代曲家文采、格律融合在剧作的代表作品。

作者单位：台湾东吴大学文学系

参考文献：

［1］王頠瑞：《白先勇青春版牡丹亭刍议》，收录于《汤显祖四百年纪念会议论文集》2016 年 9 月 24 日。

［2］张坚：《梦中缘》，东吴馆藏王鲁川刊行乾隆刻本 1751 年版。

［3］汤显祖：《吴吴山三妇合评牡丹亭还魂记》，清康熙梦园刻本。

［4］樊兰：《张坚及玉燕堂四种曲研究》，人民出版社 2014 年版。

［5］许之衡：《曲律易知》，长沙杨氏坦园清光绪元年刻本，台湾东吴大学馆藏。

［6］王季烈：《螾卢曲谈》，台湾商务印书馆 1971 年版。

［7］吴梅：《顾曲麈谈》，上海古籍出版社 2000 年版。

［8］张敬：《明清传奇导论》，台湾华正书局 1986 年版。

［9］曾永义：《戏曲学》（一），台湾三民书局 2016 年版。

附录

《梦中缘》各出简表

序	出名	曲牌	上场角色
1	笑引	1.【南吕一枝花】/末 2.【梁州第七】/末 3.【牧羊关】/末 4.【骂玉郎】/末 5.【哭皇天】/末 6.【鸣夜啼】/末 7.【煞尾】/末	1. 末/布袋和尚 2. 杂多人/罗汉
2	幻缘	1.【中吕·满庭芳】（引子）/生 2.【菊花新】（引子）/副净 3.【好事近】（过曲）/生 4.【好事近】/生 5.【双调·忒忒令】（过曲）/生 6.【玩仙灯】（引子）/小生 7.【二犯五供养】（过曲）/小生、生 8.【懒画眉】/生 9.【懒画眉】/生 10.【沉醉东风】/生 11.【沉醉东风】/生 12.【川拨棹】/生 13.【尾声】/生	1. 生/钟生 2. 丑 3. 副净/贾俊才 4. 末/布袋和尚 5. 旦/文媚兰 6. 小生/杨令修 7. 杂/随从
3	怜才	1.【仙吕·小蓬莱】（引子）/外 2.【番卜算】（引子）/旦、贴旦 3.【皂罗莺】（过曲，皂罗袍+黄莺儿）/旦、贴旦 4.【皂罗莺】/外、末、旦、贴旦 5.【皂罗莺】/外 6.【皂罗莺】/旦 7.【一封罗】（一封书+皂罗袍）/外 8.【一封歌】（一封书+搓歌）/贴旦、旦 9.【天香满罗袖】（皂罗袍+桂枝香+皂罗袍）/贴旦、旦 10.【罗江怨】/贴旦 11.【二犯滴滴金】/贴旦 12.【尾声】/贴旦	1. 外/文岸 2. 旦/文媚兰 3. 贴旦/轻云 4. 末/园子 5. 杂/信使

续表

序	出名	曲牌	上场角色
4	痴寻	1.【字字双】/副净 2.【剔银灯引】/生 3.【剔银灯】（过曲）/副净 4.【双调·新水令】/生 5.【驻马听】/生 6.【搅筝琶】/生 7.【沉醉东风】/生 8.【鸳鸯煞】/生	1. 副净/贾俊才 2. 生/钟生 3. 丑/书僮
5	题帕	1.【商调·山坡羊】（过曲）/贴、旦 2.【山坡羊】/旦、贴 3.【集贤听黄莺】（集贤宾+黄莺儿）/贴、旦 4.【摊破簇御林】（簇御林头+啄木儿+簇御林尾）/旦、贴 5.【黄莺儿】/贴 6.【尾声】/旦、贴	1. 贴/轻云 2. 旦/文媚兰
6	雌反	1.【双调·夜行船】（引子）/旦、贴旦、小旦 2.【二犯江儿水】（过曲）/贴、旦、小旦 3.【清江引】/贴、旦、小旦	1. 贴旦/崆峒公主 2. 旦/赛百花 3. 小旦/胜木兰 4. 众/女兵
7	饵姻	1.【大石调·乌夜啼】（引子）/净 2.【丑奴儿】（引子）/小丑 3.【念奴娇序】（过曲）/净、小丑 4.【念奴娇序】（换头）/净、小丑 5.【插花三台】/净 6.【插花三台】/外、老旦	1 外/院子 2. 净/蔡节 3. 杂 4 人/随从 4. 小丑/蔡如花 5. 老旦/家婆 6. 副净/梅香
8、9	诳脱	1.【越调·霜天晓角】（引子）/生 2.【祝英台】（过曲）/外、老旦、生 3.【祝英台】（换头）/外、老旦、生 4.【祝英台】（换头）/生 5.【祝英台】（换头）/生 6.【忆多娇】/生、丑 7.【念珠子】（过曲）/净 8.【念珠子】（换头）/净 9.【驻云飞】/末 10.【驻云飞】/丑 11.【麻婆子】/净 12.【尾声】/净	1. 生/钟生 2. 丑一/书僮 3. 外/院子 4. 老旦/家婆 5. 净/蔡节 6. 众/家将 7. 末/报马 8. 丑二/报马

续表

序	出名	曲牌	上场角色
10	奇遇	1.【仙吕·皂罗袍】（过曲）/旦 2.【皂罗袍】/旦 3.【羽调排歌】/末、旦、贴旦 4.【羽吊牌歌】/旦、末 5.【香遍满】/生、旦 6.【懒针线】（懒画眉）/生 7.【刘衮】/旦、贴旦 8.【大胜高】（大胜乐）/生 9.【东瓯莲】（东瓯令+金莲子）/生 10.【尾声】/生	1. 末/院子 2. 旦/文媚兰 3. 贴/轻云 4. 杂/挑夫 5. 生/钟生
11	访误	1.【南吕·一江风】（过曲）/外 2.【一江风】/小生 3.【香柳娘】/外、副净 4.【香柳娘】/外 5.【香柳娘】/副净	1. 外/文岸 2. 小生/杨令修 3. 丑/书僮 4. 副净/贾俊才
12	拾帕	1.【双调·花心动】（引子）/生 2.【花心动】/生 3.【花心动】/旦、贴 4.【花心动】/生、贴 5.【尾声】/贴	1. 生/钟心 2. 旦/文媚兰 3. 贴/轻云
13	帕订	1.【正宫·喜迁莺】（引子）/旦、贴 2.【玉芙蓉】（过曲）/贴 3.【朱奴插芙蓉】（朱奴儿+玉芙蓉）/旦、贴 4.【倾杯赏芙蓉】（倾杯序+玉芙蓉）/贴 5.【尾声】/生、贴	1. 旦/文媚兰 2. 贴/轻云 3. 生/钟生
14	败阵	1.【黄钟·玉女步瑞云】（传言玉女+瑞云浓）/净 2.【北黄钟·点绛唇】/丑 3.【混江龙】/丑 4.【混江龙】（换头）/贴、旦、小旦 5.【混江龙】（换头）/净 6.【混江龙】（换头）/净 7.【尾声】/净	1. 净/蔡节 2. 丑/独眼龙 3. 贴旦/崆峒公主 4. 旦/赛百花 5. 小旦/胜木兰 6. 众/女兵
15	假谒	1.【商调·吴小四】（过曲）/副净 2.【商调·绕地游】（引子）/外、旦、贴 3.【猫儿坠】（过曲）/外 4.【猫儿坠】/旦、贴 5.【猫儿坠】/副净 6.【红衲袄】/旦 7.【红衲袄】/贴	1. 副净/贾俊才 2. 杂2人/水手 3. 外/文岸 4. 旦/文媚兰 5. 贴/轻云 6. 末/院子

续表

序	出名	曲牌	上场角色
16	起师	1.【黄钟·点绛唇】（引子）/末 2.【玉胞肚】（过曲）/丑 3.【玉胞肚】/末 4.【海棠春】（引子）/老旦、小旦 5.【江儿水】（过曲）/老旦、末 6.【二犯五供养】/末、老旦、小旦 7.【川拨棹】/末 8.【川拨棹】（换头）/老旦、末 9.【尾声】/末、老旦、小旦 10.【六么令】/末 11.【红绣鞋】/末、杂 12.【尾声】/末、杂	1. 末/阴红 2. 副净/中军 3. 丑一/差官 4. 老旦/钟氏 5. 小旦/阴丽娟 6. 净/奶娘 7. 外/院子 8. 杂4人/将军 9. 丑二/礼生共12人
17	见妹	1.【意难忘】（引子）/生 2.【胜如花】/生 3.【胜如花】/生 4.【宴蟠桃】（引子）/老旦 5.【正宫·刷子序】（过曲）/生 6.【刷子序】/老旦 7.【夜行船】（引子）/小旦 8.【不是路】（过曲）/小旦、生 9.【不是路】/生 10.【九回肠】/小旦	1. 生/钟生 2. 丑/书僮 3. 副净/中军 4. 老旦/钟氏 5. 净/奶娘 6. 小旦/阴丽娟
18	送茶	1.【松入风慢】（引子）/生 2.【解三酲】（过曲）/生 3.【解三酲】（换头）/生 4.【解三酲】/生 5.【解三酲】（换头）/净 6.【解三酲】/生 7.【解三酲】（换头）/生 8.【解三酲】/生 9.【解三酲】（换头）/生	1. 生/钟生 2. 丑/书僮 3. 净/奶娘
19	莲盟	1.【南吕·步蟾宫】（引子）/小旦 2.【梁州序犯】（过曲）/小旦 3.【渔灯儿】/小旦 4.【渔灯儿】/生 5.【喜渔儿】/生 6.【锦渔灯】/生 7.【锦上花】/生 8.【锦中拍】/生 9.【锦后拍】/小旦 10.【尾声】/小旦	1. 小旦/阴丽娟 2. 净/奶娘 3. 生/钟生

续表

序	出名	曲牌	上场角色
20	巧逐	1. 【临江仙】（引子）/旦 2. 【水红花】（过曲）/贴 3. 【水红花】/副净 4. 【金梧系山羊】（金梧桐+山坡羊）/副净 5. 【金梧系山羊】/贴 6. 【春锁窗】（宜春令+琐寒窗）/贴 7. 【尾声】/贴	1. 旦/文媚兰 2. 贴/轻云 3. 副净/贾俊才 4. 杂多人/家丁 5. 外/文岸
21	夜别	1. 【大石调·碧玉令】（引子）/生 2. 【北仙吕·八声甘州】/小旦 3. 【混江龙】/小旦 4. 【油葫芦】/小旦 5. 【天下乐】/生 6. 【元和令】/生 7. 【斗鹌鹑】/小旦 8. 【石榴花】/小旦 9. 【小梁州】/小旦 10. 【上小楼】/小旦 11. 【满庭芳】/小旦 12. 【耍孩儿】/小旦 13. 【五煞】/小旦 14. 【四煞】/小旦 15. 【三煞】/小旦 16. 【二煞】/小旦 17. 【一煞】/生 18. 【结尾煞】/生、小旦	1. 生/钟生 2. 小旦/阴丽娟 3. 净/乳母
22	姑饯	1. 【双调·秋蕊香】（引子）/老旦 2. 【谒金门】（引子）/生 3. 【玉胞肚】（过曲）/老旦、生 4. 【尾声】/老旦、生	1. 老旦/钟氏 2. 净/奶娘 3. 生/钟生 4. 丑/书僮
23	回探	1. 【玩仙灯】（引子）/末、杂 2. 【玩仙灯】/末	1. 末/阴红 2. 众/士兵 3. 杂/探子
24	醋诗	1. 【忆王孙】/小旦 2. 【脱布衫】/小旦 3. 【小梁州】/小旦 4. 【幺】/小旦 5. 【上小楼】/小旦 6. 【幺】/小旦 7. 【四边静】/小旦 8. 【结尾】/小旦	1. 小旦/阴丽娟 2. 老旦/钟氏 3. 净/乳母

续表

序	出名	曲牌	上场角色
25	媒阻	1.【南吕·懒画眉】（过曲）/生 2.【仙吕·桂枝香】（过曲）/小生 3.【桂枝香】/生 4.【桂枝香】/生 5.【桂枝香】/小生、生 6.【尾声】/生、小生	1. 生/钟生 2. 丑/书僮 3. 杂/家仆 4. 小生/杨令修
26	劝顺	1.【黄钟·点绛唇】（引子）/末 2.【北醉花阴】/贴旦 3.【南画眉序】/生 4.【北喜迁莺】/贴旦 5.【南滴滴金】/生 6.【北刮地风】/贴旦 7.【南滴溜子】/生 8.【北四门子】/贴旦 9.【南】/生 10.【北水仙子】/贴旦 11.【南尾声】/生	1. 末/阴红 2. 外/左营将领 3. 小生/右营将领 4. 净/前营将领 5. 丑/后营将领 6. 贴旦/崆峒公主 7. 旦/赛百花 8. 小旦/胜木兰 9. 众/士兵 10. 生/钟生 11. 杂/弥勒佛
27	许姻	1.【仙吕·番卜算】（引子）/末 2.【双调·四块金】（过曲）/生、末 3.【四块金】/末、生 4.【尾声】/生、末	1. 末/阴红 2. 外/中军 3. 生/钟生
28	雠陷	1.【黄钟·玉女步云端】（引子）/净 2.【三段子】（过曲）/丑 3.【滴溜子】/丑 4.【降黄龙】/末 5.【降黄龙】/末 6.【黄龙滚】/众 7.【尾声】/众	1. 净/蔡节 2. 丑/家将 3. 众/士兵 4. 末/阴红
29	复寇	1.【商调·绕地游】（引子）/旦、小旦 2.【猫儿坠】（过曲）/旦、小旦 3.【　】/旦、小旦 4.【尾声】/旦、小旦	1. 旦/赛百花 2. 小旦/胜木兰 3. 杂/喽啰

续表

序	出名	曲牌	上场角色
30	途散	1.【南吕·一枝花】（引子）/老旦、小旦 2.【二犯香罗带】/老旦、小旦 3.【二犯香罗带】/小旦 4.【二犯香罗带】/老旦、小旦 5.【二犯香罗带】/老旦、小旦 6.【仙吕·长拍】（过曲）/老旦 7.【短拍】/老旦 8.【仙吕入双调·嘉庆子】/小旦 9.【尹令】/小旦 10.【品令】/小旦 11.【江儿水】/小旦 12.【川拨棹】/小旦 13.【川拨棹】（换头）/小旦 14.【倒拖船】/丑 15.【园林好】/丑 16.【园林好】/小旦 17.【尾声】/小旦、丑	1. 老旦/钟氏 2. 小旦/阴丽娟 3. 杂多人/逃难男女 4. 净/乳母 5. 旦/赛百花 6. 众/女兵 7. 丑/严嬷嬷
31	缉娱	1.【商调·山坡羊】（过曲）/生 2.【山坡羊】/生 3.【三段子】/生 4.【归朝欢】/生 5.【绕地游】（引子）/副净 6.【前引后】/小生 7.【啄木儿】/小生 8.【啄木儿】/副净	1. 净/杨毅 2. 外/友人 3. 生/钟生 4. 副净/贾俊才 5. 小生/杨令修
32	庵留	1.【玉莲蓬】/贴 2.【颗颗珠】（引子）/老旦 3.【双调·孝南枝】（过曲）/老旦 4.【孝南枝】/贴、老旦	1. 贴/慧空 2. 净/乳母 3. 老旦/钟氏
33	胁卖	1.【双调·普贤歌】（过曲）/丑 2.【南吕·女冠子】（引子）/小旦 3.【太师引】（过曲）/小旦 4.【红芍药】/小旦 5.【大石调·催拍】（过曲）/小旦 6.【一撮棹】/小旦 7.【尾声】/小旦	1. 小丑/卜由人 2. 小旦/阴丽娟 3. 丑/严嬷嬷 4. 净/李大叔 5. 末/园子

续表

序	出名	曲牌	上场角色
34	美合	1.【仙吕·黄梅雨】/贴 2.【鹊桥仙】（引子）/旦、贴 3.【胜如花】（过曲）/旦 4.【胜如花】/贴 5.【正宫·㺚山月】（引子）/小旦 6.【雁过声】/小旦 7.【雁过声】/贴、小旦 8.【雁过声】/旦 9.【雁过声】/小旦 10.【尾声】/旦、小旦	1. 贴/轻云 2. 旦/文媚兰 3. 小旦/阴丽娟 4. 净/李大叔 5. 丑/严嬷嬷
35	瞽首	1.【缕缕金】/小丑 2.【缕缕金】/丑 3.【驻马听】/小丑、丑 4.【驻马听】/丑 5.【越恁好】/小丑 6.【越恁好】/小丑 7.【尾声】/生、小丑、老旦	1. 小丑/卜由人 2. 丑/严嬷嬷 3. 老旦/锦衣卫 4. 生/锦衣卫
36	闺叙	1.【帝台春】（引子）/旦、小旦、贴 2.【三仙桥】/小旦 3.【帝台春】/旦 4.【帝台春】/旦、小旦 5.【越调·忆莺儿】/旦 6.【忆莺儿】/小旦 7.【鬬黑麻】/旦、小旦 8.【鬬黑麻】/贴、旦、小旦 9.【意不尽】/贴、旦、小旦	1. 旦/文媚兰 2. 小旦/阴丽娟 3. 贴/轻云
37	代拘	1.【起调·水底鱼儿】（过曲）/杂 2.【越调·霜天晓角】（引子）/旦、小旦、贴 3.【绣停针】（过曲）/小旦 4.【绣停针】/旦 5.【望歌儿】/小旦 6.【望歌儿】/旦 7.【亭前送别】/旦 8.【亭前送别】/旦 9.【道和】/贴、旦、小旦 10.【包子令】/贴、旦、小旦 11.【尾声】/贴	1. 杂4人/校尉 2. 小丑/卜由人 3. 末/园子 4. 旦/文媚兰 5. 贴/轻云 6. 小旦/阴丽娟

续表

序	出名	曲牌	上场角色
38	赐元	1. 【双调·谒金门】（引子）/外 2. 【锁南枝】/外 3. 【锁南枝】/生 4. 【锁南枝】/生 5. 【锁南枝】/生	1. 外/文岸 2. 生/钟生 3. 丑/陈方 4. 杂4人/执旗
39	窥宴	1. 【双调·新水令】（引子）/外 2. 【海棠春】（引子）/旦、小旦 3. 【锦堂月】（过曲）/旦 4. 【锦堂月】/小旦 5. 【红林檎】/生 6. 【红林檎】（换头）/旦 7. 【醉公子】/旦 8. 【醉公子】/小旦 9. 【六么令】/生 10. 【八声甘州】/生、外、末 11. 【尾声】/生	1. 外/文岸 2. 末/院子 3. 丑/书僮 4. 生/钟生 5. 杂4人/执旗 6. 老旦/内官
40	靖乱	1. 【燕归梁】（引子）/旦 2. 【破阵子】（引子）/生 3. 【北醉太平】/生 4. 【南普天乐】/旦 5. 【北朝天子】/生 6. 【南普天乐】/杂 7. 【北朝天子】/生 8. 【南普天乐】/老旦 9. 【北朝天子】/生 10. 【南普天乐】/老旦 11. 【尾声】/生、老旦	1. 旦/赛百花 2. 小旦/胜木兰 3. 生/钟生 4. 杂4人/将军 5. 老旦/钟氏 6. 净/乳母
41	闹审	1. 【北新水令】/末 2. 【南步步娇】/外 3. 【北折桂令】/末 4. 【南江儿水】/副净 5. 【北雁儿落带得胜令】/末 6. 【南侥侥令】/副净 7. 【北收江南】/末 8. 【南园林好】/外 9. 【北沽美酒】/末 10. 【北尾】/末	1. 丑/狱卒 2. 末/阴红 3. 外/邓清 4. 杂一/执事 5. 净/蔡节 6. 副净/贾俊才 7. 杂二/报人 8. 小生/金国祥 9. 小丑/史古度

续表

序	出名	曲牌	上场角色
42	讯假	1.【玩仙灯】/生 2.【双调·双玉供】（过曲）/副净	1. 生/钟生 2. 末/阴红 3. 副净/贾俊才 4. 杂/杂役 5. 净/首领官 6. 丑/衙役
43	牝纲	1.【北紫花拨四】/小丑 2.【胡拨四犯】/小丑 3.【赚尾】/小丑	1. 小丑/蔡如花 2. 旦4人/丫鬟 3. 杂/持灯仆人 4. 副净/贾俊才 5. 净/傀相
44	代迎	1.【忆秦娥】（引子）/末 2.【忆秦娥】（换头）/外 3.【懒画眉】（过曲）/外 4.【懒画眉】/末 5.【隔尾】/外 6.【玩仙灯】/老旦 7.【风入松】（引子）/旦、小旦 8.【九疑山】/旦、小旦 9.【东瓯令】/小旦 10.【泼帽落金瓯】/贴 11.【东瓯莲】/贴、旦、小旦 12.【尾声】/贴、旦、小旦	1. 末/阴红 2. 外/文岸 3. 旦/文媚兰 4. 小旦/阴丽娟 5. 老旦/钟氏 6. 净/奶娘 7. 贴/轻云
45	后梦	1.【走山眉】/生 2.【步蟾宫】（引子）/生 3.【懒画眉】/生 4.【懒画眉】/生 5.【仙吕·油葫芦】/生 6.【后庭花】/生 7.【青歌儿】/生 8.【鸳鸯煞】/生 9.【得胜令】/小旦 10.【得胜令】/小旦 11.【得胜令】/旦 12.【收江南】/旦 13.【收江南】/小旦 14.【雁儿落】/贴 15.【得胜令】/贴 16.【收江南】/贴 17.【殿前欢衮】/生 18.【离亭宴带歇拍煞】/生	1. 外/和尚 2. 生/钟生 3. 丑/书僮 4. 众/士兵 5. 老旦/内官 6. 丑/傀相 7. 副净/贾俊才 8. 末一/院子 9. 小旦/阴丽娟 10. 旦/文媚兰 11. 贴/轻云 12. 杂3人/女帅 13. 末二/弥勒佛

续表

序	出名	曲牌	上场角色
46	戏圆	1. 【雨中花】（引子）/贴 2. 【五供养】（过曲）/生 3. 【步步娇】/贴 4. 【江儿水】/生 5. 【园林好】/贴 6. 【玉交枝】/生 7. 【桃红菊】/杂 8. 【川拨棹】/生 9. 【川拨棹】（换头）/生 10. 【隔尾】/生 11. 【中吕·尾犯序】（过曲）/贴 12. 【尾犯序】/贴 13. 【尾犯序】/生 14. 【尾犯序】/生 15. 【尾声】/生	1. 贴/轻云 2. 末一/中军 3. 生/钟生 4. 杂/轿夫 5. 小旦/阴丽娟 6. 旦/文媚兰 7. 末二/阴红 8. 老旦/钟氏 9. 净/奶娘 10. 副净/俟相

汤显祖诗作中的岁时节日及其在剧作中的投影

翁敏华

笔者曾经在一篇论述《牡丹亭》民俗文化底蕴的论文中说：汤显祖"知识层面、审美情趣、艺术构思上，有着许多民俗文化的因素"，作者是一个受"民俗文化滋养"的文人，这是他《牡丹亭》等剧作"成功的奥秘"之一。① 汤显祖对于民俗文化的敏感度和关注度，我们还可以从他大量的表现岁时节日的诗作中获得印象。

粗粗爬梳，汤显祖描写岁时节日景色、风情、感受感想的诗篇并在题目上标明的，就有35首之多。另外，他的一组记叙好友邓渼在他家逗留半年的14首诗中，提到了除夕、元旦、人日、元宵、社日、花朝、上巳、寒食和立夏这些岁时节日，把由冬而春而夏的九个节日都作了他抒发友情的载体。② 这些诗歌，几乎把中国一年间的传统节日囊括殆尽。

这里，笔者愿以节日的时间为序，逐一介绍汤氏节日诗的代表作。

一

中国人所谓"过年"，每每从除夕甚至腊月二十三算起，直到正月十五元宵节，是十数二十多天的一个过程，一个阶段。汤显祖有三首写在除夕的诗，一首列在《汤显祖集》第一卷"红泉逸草之一"中，写在他二十四岁那年，题目是《壬申除夕，邻火延尽余宅，至旦始息。感恨先人书剑一首，呈许按察》，壬申除夕，是他二十三岁的最后一天，汤宅遭遇大火，而且是因为邻居

---

① 翁敏华：《论〈牡丹亭〉的民俗文化底蕴》，载于《戏剧艺术》1999年第3期。
② 《闻黄太次计偕过别邓直指新城，遂游姑山，有所爱怜，特迟来棹。至闻冬仲过予，止其行，暂住芙蓉西馆，立夏南旋，燕言成韵，用纪胜集云尔。十四首》，引自《汤显祖集》，上海人民出版社1973年版，第650页。

家着火殃及他家，真是不幸。最让人痛心疾首的是他先人留下的丰富藏书，毁于一旦。"直将天作屋，真以岁为除"①，全家人无法正常生活了。除夕大火，恐怕与爆竹烟火有关。

另一首列于第四卷"问棘邮草之二"，题目是《除夕寄姜孟颖户部》。"问棘邮草"诗写于显祖二十八岁到三十岁之间。他中举已多年，考进士却屡试不第，姜孟颖（奇方）是他二十二岁到北京参加会试时，住一屋的好友。那年，姜中了进士，并上任宣城县知县，汤却落了第。但这并没影响两人的友情。日后，显祖曾在姜宣城任上做客了很长时间。后来姜又调任户部，所以有这首"除夕"诗：

> 除日已无岁，穷天兼有春。悠悠四钤内，矗矗万堥人。良时不蚤建，忧来逼我身。君今在皇路，就列理宜遵。岂学浮游者，徒沾京路尘？②

时光荏苒，一年又除，显祖为自己的仕途蹉跎感到忧虑，也表现出了对朋友的一丝羡慕之情。徐渭对这首诗给予了很高的评价，说它"冲率近自然"，颇为中肯。

汤显祖中年在遂昌任上，做过一首《除夕遣囚》：

> 除夜星灰气烛天，酥酥销恨狱神前。须归拜朔迟三日，溢见阳春又一年。③

作为县官，他把囚犯放回家去过年，作出了放假三日的规定，并为此写了首诗，表现了汤显祖人性化管理的政绩。

关于新年，汤显祖晚年有过一首《丁未元旦》诗，当时他已辞官回乡十年，对自己的未被重用显然有些悲观：

> 春色曛曛向晓天，冠裳遥望一凄然。今朝太史书云朔，不见仙凫有

---

① 《壬午除夕，邻火延尽余宅，至旦始息。感恨先人书剑一首，呈许按察》，引自《汤显祖集》，上海人民出版社1973年版，第11页。
② 《除夕寄姜孟颖户部》，引自《汤显祖集》，上海人民出版社1973年版，第106页。
③ 《除夕遣囚》，引自《汤显祖集》，上海人民出版社1973年版，第511页。

十年。①

赠给邓渼的那组诗里《元旦》一首，则有"椒花滴酒翠盘新"②的习俗描写。东汉《四民月令》载元旦习俗，即有"子妇曾孙，各上椒酒于家长"的记载。椒酒，即汤诗所谓椒花滴酒，又称年酒，或作"椒柏酒"，宋词人姜夔【鹧鸪天】《丁巳元日》词里"柏绿椒红事事新"③即指此。翠盘，就是南朝《荆楚岁时记》里所谓的"五辛盘"，色彩翠绿，故谓之"翠盘"。④

中国人重视正月初七"人日"这一节令，历代诗人如杜甫、陆游都留下过以"人日"为题的诗篇。汤显祖所在的明代，应当说人日已经不太兴盛了，但诗人还是有诗作记叙。万历十九年，汤氏在南京礼部祠祭司任主事，写有《人日奉别郭京兆并怀李渐老都堂》一诗，云：

河尹初征入帝京，陪圻簪被并逢迎。三秋佩惜红兰晚，七日杯沾彩胜行。亲在家园逢令节，人从霄汉接春声。……⑤

南朝梁宗懔《荆楚岁时记》载："正月七日为人日，以七种菜为羹，剪彩为人，或镂金箔为人，以贴屏风，亦戴之头鬓。又造华胜相遗，登高赋诗。"⑥汤显祖诗里就涉及几项人日节俗：人们将剪就的彩人形簪于鬓发，以作祓禊，七日的酒杯上也饰有"彩胜"，即"华胜"，因为正月初七与立春日往往很近，所以戴"彩胜"或者互相赠送"华胜"这样的节俗，是两节共有的。"亲在家园逢令节，人从霄汉接春声"两句，既表现显祖"每逢佳节倍思亲"的情感，又抒发春天邻近给他带来的欢快。

汤显祖赠邓渼组诗《人日》篇，也能与本诗互证："人日登高百胜宜，何人刀剪费佳期？将君好在宜春鬓，红蕊开时更一枝。"⑦并写到"登高"节俗，

---

① 《丁未元旦》，引自《汤显祖集》，上海人民出版社1973年版，第621页。
② 《闻黄太次计偕过别邓直指新城，遂游姑山，有所爱怜，特迟来棹。至闽冬仲过予，止其行，暂住芙蓉西馆，立夏南旋，燕言成韵，用纪胜集云尔。十四首》，引自《汤显祖集》，上海人民出版社1973年版。
③ 于石：《中国传统节日诗词三百首》，广东人民出版社2004年版，第21页。
④ "元旦"条，引自《中国风俗辞典》，上海辞书出版社1990年版，第16页。
⑤ 《人日奉别郭京兆并怀李渐老都堂》，引自《汤显祖集》，上海人民出版社1973年版，第297页。
⑥ 于石：《中国传统节日诗词三百首》，广东人民出版社2004年版，第41页。
⑦ 《人日》，引自《汤显祖集》，上海人民出版社1973年版。

与《荆楚岁时记》所言一致，表明中国古人登高之习不光重阳节有。应当说，三月三上巳节在明代已经很不显见了，可是汤显祖诗里的上巳篇章却格外的多：《上巳日游牛首登宝塔》《上巳杏花楼小集二首》《上巳渡安仁水有忆两都》《上巳燕至》等，是他喜欢上巳这个节日的一个证明。

《上巳日游牛首登宝塔》收在汤的"玉茗堂诗之五"，是他的南京做官时作的，"牛首"是南京城南三十里许处的一座山，又名"天阙山"。诗云：

> 天阙云霞起，吴都烟海回。凌风飘绿袖，招得几人来。①

汤显祖中年在浙江遂昌任知县，颇有政声。万历二十六年，汤四十九岁，正月里抵达北京"上计"后，就到吏部告辞打算归里了。遂昌吏民闻讯，赶到扬州挽留，无奈显祖归心已决。与遂昌吏民告别那天，正是上巳："富贵年华逝不还，吏民何用泣江关。清朝拂绶看行李，稚子牵舟云水间。"（《戊戌上巳扬州钞关别平昌吏民》）②

汤显祖晚年写的上巳诗，更多地描绘上巳节令的风景和节俗。《上巳杏花楼小集二首》写于他五十八岁那年，当时他已辞官回乡，这年春天接受师友的邀请去南昌游玩，正是上巳节前后春光明媚的日子。诗人诗兴大发，一连写了好几首上巳诗，堪称系列，有《上巳前一日永宁寺同莆中蓝翰卿宗侯郁孔阳孝廉邓太素》、《丁未上巳，同丁右武参知王孙孔阳郁仪图南侍张师相杏花楼小集，莆中蓝翰卿适至，分韵得楼字》，这两首五古，把这个春天汤显祖与师友的这一次节日雅集，原原本本地记录了下来。③

汤显祖自辞官，几乎每年都到南昌去，他喜欢南昌，一则因为老师张位住在那里，二则那里的朋友也多。蓝翰卿早在上一年的重阳节就说要来，直到这年的上巳节才兑现，让显祖喜出望外。诗中还提到他们以昆曲侑觞，显祖觉得昆曲虽"清耳"，但略显"萧条"，不太满意。两首五言古诗以叙事见长，诗人意犹未尽，故又作七绝《上巳杏花楼小集二首》：

---

① 《上巳日游牛首登宝塔》，引自《汤显祖集》，上海人民出版社1973年版，第374页。
② 《戊戌上己扬州钞关别平昌吏民》，引自《汤显祖集》，上海人民出版社1973年版，第485页。
③ 《上巳前一日永宁寺同莆中蓝翰卿宗侯郁孔阳孝廉邓太素》《丁未上巳，同丁右武参知王孙孔阳郁仪图南侍张师相杏花楼小集，莆中蓝翰卿适至，分韵得楼字》，引自《汤显祖集》，上海人民出版社1973年版，第621、623页。

> 茂林修竹羡南州，相国宗侯集胜游。大好年光与湖色，一尊风雨杏花楼。花枝湖滟渌如红，上巳尊开雨和风。坐对亭皋复将夕，客心销在杏楼中。①

"年光"作"春光"讲，与显祖《牡丹亭》"惊梦"出【绕池游】曲"乱煞年光遍"的表达一致。张位曾位至相国，座中还有明代宗室，集会的规格很高。南昌杏花楼的大好春光，友朋间的诗酒酬答，让这年的上巳节显得格外美丽。

这个上巳已经同友朋间的欢聚叠合在了一起。汤显祖后来在送别蓝翰卿的诗作《澹台祠下别翰卿，怀余德父用晦王孙》中还说："上巳长林卧，寒食青烟起。凄凉江楚路，流连二三子。王孙良可游，交情及生死。"② 恋恋不舍的情绪历历可见。

《汤显祖集》中还有两首不编年的上巳诗。《上巳渡安仁水有忆两都》：

> 泛羽流波芳树新，船中稳坐唱歌人。可怜三月桃花水，不似千金堤上春。③

安仁水在江西，千金堤在临川，所以内容是怀乡的，似与题目"忆两都"不合。

《上巳燕至》：

> 只凭憔悴望江南，不记兰亭三月三。花自无言春自老，却教归燕与呢喃。④

诗人在这一上巳节里似很寂寞，憔悴不堪，说"不记"，更反衬出对文人朋友的怀想，所以用王羲之《兰亭序》里"曲水流觞"作了典故。（汤显祖另一首《口占奉期建安三月三》中的"但借贤王曲水流"句，用的也是同一典故。）上巳正是燕子回来的节候，诗人与燕子对话，突出燕子这种候鸟的遵守

---

① 《上巳杏花楼小集二首》，引自《汤显祖集》，上海人民出版社1973年版，第624页。
② 《澹台祠下别翰卿，怀余德父用晦王孙》，引自《汤显祖集》，上海人民出版社1973年版，第626页。
③ 《上巳渡安仁水有忆两都》，引自《汤显祖集》，上海人民出版社1973年版，第879页。
④ 《上巳燕至》，引自《汤显祖集》，上海人民出版社1973年版，第887页。

时序。或许，诗人在等什么人吧？抱怨其言而无信？

汤显祖是热爱春天的，所以他特别的热爱春季的代表性节日三月三上巳节。他的《牡丹亭》即是歌颂大自然春天、人类青春的一曲颂歌。从他的上巳诗，似乎能够让我们触摸到诗和剧两者在深层次上的关联。

汤显祖表现端午节的诗作不多。《午日处州禁竞渡》：

> 独写菖蒲竹叶杯，莲城芳草踏初回。情知不向瓯江死，舟楫何劳吊屈来。①

处州，明代为府，所辖包括丽水、遂昌一带。莲城是丽水的别名。诗人写作此诗那年，这里的端午节没有划龙船："禁竞渡"，也不知是不是由知县汤显祖下令禁的。但从诗意可见，汤是赞成的，所以他说屈原又不是在瓯江死的，何须要劳动这里的"舟楫"来"吊"呢！

《五日梦梅客生如秣陵竞渡时（诗）二首》：

> 吹帘伏槛影沉沉，五日更头思梦深。似有一丝长命缕，莫愁湖上系人心。梦中还有好容颜，钟漏泠泠到楚山。自作江累何用吊，蓄兰心事在人间。②

这是显祖的一首记梦诗。显祖以诗记梦者很多，这首很特别，做此梦是在端午那日，诗作结合节俗写出。显祖梦见的，是好友梅鼎祚（禹金），《玉合记》剧作者。两人曾在南京交情颇深。依诗意，当时梅已先显祖而去，可是梦中的"容颜"还是和生前的一样。"长命缕"，一语双关，既是端午节人们系在手腕上的丝线，又指梅的另一部剧作《长命缕》。③ 诗说也用不着特意去凭吊追悼了，湖上系心，心中蓄兰，梦由心造，好友在他心里永远不会褪色。

二

秋天的节日，汤显祖写得最多的是重阳，其次是七夕。

---

① 《午日处州禁竞渡》，引自《汤显祖集》，上海人民出版社1973年版，第508页。
② 《五日梦梅客生如秣陵竞渡时（诗）二首》，引自《汤显祖集》，上海人民出版社1973年版，第756页。
③ "梅鼎祚"条，引自《中国曲学大辞典》，浙江教育出版社1997年版，第125页。

汤显祖三十岁前在家乡曾写过《七夕文昌桥上口占》一诗：

> 共言乌鹊解填桥，解度天河织女娇。织锦机中闻叹息，穿针楼上倚逍遥。新欢正上初弦月，旧路还惊截道飙。并语人间有情子，今宵才是可怜宵。①

自捏合了牛郎织女神话故事，七夕节变成情感含量最为丰厚的一个节日。人们传言七夕喜鹊为牛女相会架桥，说躲在葡萄棚下可以听得见织女的叹息、牛女的私语声，女儿家必上穿针楼穿针引线乞巧。② 刚刚在鹊桥上获得"新欢"，却已须由"旧路"返回，令人惊心。诗歌告诉人间的"有情子"，今宵不要轻易错过，表情达意，好好享受，今宵可是中国的"情人节"呵！

徐渭曾盛赞此诗，评道："无一字不妙。"又道："古雅而天然，又情景可笑。"可见徐渭读时，一定会意地微笑了的。

汤显祖千古传唱的代表剧作《牡丹亭》，成于万历二十六年秋，正值七夕。他有《七夕醉答君东二首》：

> 秋风河汉鹊成梁，矫首牵夫悦暮妆。为问远游楼下女，几年一度见刘郎？玉茗堂开春翠屏，新词传唱牡丹亭。伤心拍遍无人会，自掐檀痕教小伶。③

君东是他的好友刘君东。诗之其一写七夕鹊桥牛女故事，其二写自己的《牡丹亭》问世，让"玉茗堂"春光忽开，熙熙生辉，但是，却没人懂得没人会教，只好"自掐檀痕教小伶"了。据考，汤显祖这是为在自己的五十大寿上公演作准备。④ 他的生日是八月十四，中秋前一天，只有一个多月的时间了，显祖如何不"倒计时"似的紧张排练？全诗洋溢着一种自得和成功感，言"伤心"更突出此点。

同年七夕，他还写了《七夕》一首："露冷风浅月光微，今夜南枝鹊不

---

① 《七夕文昌桥上口占》，引自《汤显祖集》，上海人民出版社1973年版，第127页。
② "七夕"条，引自《中国风俗辞典》，上海辞书出版社1990年版，第5页。
③ 《七夕醉答君东二首》，引自《汤显祖集》，上海人民出版社1973年版，第735页。
④ 黄芝冈：《汤显祖编年评传》，中国戏剧出版社1992年版，第225页。

飞。惯向人间窥赠枕，闲从天外看支机。"①

古人每每将重阳节简称"九日"，这一传统从重阳的节日"偶像"陶渊明开始，直至汤显祖及之后。②

七言绝句《九日登处州万象山，时绣衣按郡》，显祖写于遂昌任上：

> 风定乌纱且莫飘，莲城秋色半寒潮。黄花向客如相笑，今日陶潜在折腰。③

莲城即丽水，万象山在丽水，这年重阳汤氏登上了万象山。诗的首句即用了陶潜时代重阳日"龙山游宴、孟嘉落帽"的掌故，孟嘉的帽子曾经给山风吹落过，显祖笑言自己的"乌纱"可不要"飘"，因为今日的"陶潜"还在为五斗米"折腰"，诗中洋溢着一种淡淡的自嘲意味，却亦蕴含几分自得。

49岁辞官回乡后的重阳七律《九日城楼宴即事》，风格就不大一样了：

> 菊花高节晚相邀，灵谷红泉气色遥。睥睨东楼连桂馆，轩辕北斗正星桥。金灯映月寒犹薄，纱帽临风兴欲飘。岁晏峥嵘一杯酒，恰逢摇落听吹箫。④

诗人这个重阳登临的是家乡的灵谷山、红泉水。在山顶的友朋聚饮中，诗人一任"纱帽临风"，而且意兴飘摇，根本不再顾及帽子会不会"飘"落了。

五十大寿后，显祖又写过《九日答王天根》，王天根名启茂，是显祖的门人：

> 湘骚长分见无因，千古谈交得遇旬。堂上烛花偏俊客，江边雨雪正离人。初悲卧病江湖远，犹忆探春洞浦新。旧俗龙山高兴尽，终朝采菊为谁亲？⑤

也提到了"龙山"节俗。显祖因为老病，节日里不能与朋友们聚首，只

---

① 《七夕》，引自《汤显祖集》，上海人民出版社1973年版，第735页。
② 参见于石：《中国传统节日诗词三百首》，广东人民出版社2004年版，第206～226页。
③ 《九日登处州万象山，时绣衣按郡》，引自《汤显祖集》，上海人民出版社1973年版，第508页。
④ 《九日城楼宴即事》，引自《汤显祖集》，上海人民出版社1973年版，第525页。
⑤ 《九日答王天根》，引自《汤显祖集》，上海人民出版社1973年版，第697页。

能靠回忆过去欢快的聚会漫游，打发时间，难免有点悲观。同一个日子写的《九日送王僎父兄东下作》里，有"惊看壮节同心友，来共黄花白发翁"一联，并"独宿自伤千里外""犹望加餐涕泪同"句，一样弥散着悲情。①

汤显祖每每在重阳节送别友朋，除了上述外，还有《九日送杨因之归新城》的七律，最后一联云："明年九日能相忆，两地争高华子冈。"② 大有"遍插茱萸少一人"（王维《九月九日忆山东兄弟》诗句）的味道。

重阳节也是艺人们唱堂会或演戏的好机会。显祖《九日遣宜伶赴甘参知永新》一诗就为我们透露了这样的信息："菊花杯酒劝须频，御史齐年兄弟亲。莫向南山轻一曲，千金曾是永新人。"③ 显祖给朋友甘子开节日送戏班，当时甘已经退职闲居家乡永新。这首诗是写给"宜伶"们的，说我和甘大人是"齐年（同年）"，情同手足，你们要替我多多向他劝酒。你们给他唱过后，身价百倍，以后可不许轻易唱了。语意轻灵，还带点幽默调侃。

显祖还曾于"人日"和甘的生日给甘子开送过戏。在节日里和生日里，给朋友送歌舞戏剧、精神娱乐，是显祖晚年的一大乐事。

三

节日在汤显祖的精神生活中，占有很重要的地位。显祖每每利用节日这一个个特殊的时点，来叙事，来抒情，来发表别具一格的议论。节日是他诗歌创作不可或缺的契机。

汤显祖一生悲剧性事件很多。他有几个女儿在天真活泼的儿童时代就早夭了，使他非常悲伤；更让他悲痛欲绝的是，年过半百时，汤显祖寄予厚望的、聪颖过人的二子汤士蘧，又死在他乡南京。若干年后，显祖写下《寒食上蘧冢》诗：

  总为金陵破我家，子规啼血暮光斜。寒浆独上清明冢，年少文章作土苴。④

---

① 《九日送王僎父兄东下作》，引自《汤显祖集》，上海人民出版社1973年版，第700页。
② 《九日送杨因之归新城》，引自《汤显祖集》，上海人民出版社1973年版，第799页。
③ 《九日遣宜伶赴甘参知永新》，引自《汤显祖集》，上海人民出版社1973年版，第799页。
④ 《寒食上蘧冢》，引自《汤显祖集》，上海人民出版社1973年版，第747页。

士蘧死在南京，故金陵成了显祖的伤心、怨恨之地；又惋惜儿子美好的"年少文章"都埋在了土下，永无面世之日了。

自唐宋以来，中国民间寒食清明两节已经合而为一①，人们在这几天里扫墓，悼念亡者。汤诗也为我们证明了这一点，题目作"寒食"，诗中作"清明"。同一年他还写了《先寒食一日同张了心哭王太湖袁翰林四首》，中有"絮酒只鸡千载事，楚天明日是清明""独是王孙归路尽，茂陵寒食草萋萋""十载禁烟飞不到，楚天寒食正应寒""今日招魂向江楚，气吞云梦一时无"等句，②囊括了寒食清明禁烟、悼亡、招魂、饮酒等习俗，又一次表明寒食清明两节合一的事实：题目上作"先寒食一日"，诗中却说"明日是清明"。

汤显祖54岁那年，他的吴氏夫人去世了正好20年。这年清明，他连续写下五首悼亡诗悲吊这位夫人，其中有两首是纪梦诗：

之三：曾梦纱窗倚素琴，何知萎绝凤凰音。春烟石阙题何事？寒夜乌哀一片心。（署中梦于故窗下弹银琴）

之五：欲葬宫商买地迟，深深瓦屋覆寒姿。秣陵旧恨年多少？梦断红桥送子时。（南都梦卿椎髻匆匆把耆儿中桥相付，指红寺云，欲往彼。月余讣至。）③

最是诗后小字补叙让人读而凄然。诗人虽是在补记多年前的梦境，却让人有历历如在眼前之感。前梦见妻子在家中旧窗下弹琴，后梦妻子匆匆把小儿塞给丈夫，还指了指前面的寺庙，说想到那儿去，连亡妻梳什么发型的细节，都记录在里面了。而这个梦后一个多月，吴氏逝世的噩耗传来。显祖是相信梦的，相信亲人间有第六感觉。在他的诗文集中，名《遣梦》《梦觉篇》《武陵春梦》等的篇什多处可见。他的记梦诗还多见于中年之后，如同他的"临川四梦"多作于中年以后一样，令人玩味。他曾经说过"梦生于情"④，直与《牡丹亭》的主题思想如出一辙！这当然与他在创作剧本时自然地采用梦的形

---

① 翁敏华：《清明节与"清明剧"》，载于《政大中文学报》第五期，2006年6月。
② 《先寒食一日同张了心哭王太湖袁翰林四首》，引自《汤显祖集》，上海人民出版社1973年版，第745页。
③ 《清明悼亡五首》，引自《汤显祖集》，上海人民出版社1973年版，第591页。
④ 见《赴帅生梦作》，《汤显祖诗文集》，上海古籍出版社1987年版，第244页。

式不无关系。

在中国诗歌史上,悼亡诗特别是悼念配偶的诗歌不多,一般士子赠给妓女的诗远远超过赠给夫人的,无论在质上还是量上。因而,富含深情厚谊的悼亡诗显得十分宝贵。汤显祖的这几首,与苏轼"十年生死两茫茫"的【江城子】可以媲美,且"小纱窗,正梳妆"与"曾梦纱窗倚素琴"的梦境意境,何其相似乃尔!汤显祖这组清明诗,在中国悼亡诗史上,可以有一席之地。

与寒食清明相应,七月十五中元节也是个纪念亡灵的节日。汤显祖有《中元题》:"穷鬼钱神不耐真,焰笼飞作纸燐燐。阴司总被人间赚,忘却司存鼓铸人。"①

汤显祖的七夕诗也每每含有悲感,那是因为,他有几个亲友是在七夕这天离他而去的。早年,他有《哭友人亭州周二弘祁八首》,序中有"别君牛女之夕,怀君燕子之矶"句,诗的首二句即为:"七夕天河别,千秋零露悲",以"天河别"的典故喻与友人的生离死别。45 岁那年他的七岁女儿汤詹秀亡,他写了一首哭悼之诗,在诗前小序中说:此女出生时他夫人曾作一梦,"梦双星掠喙而流";此女生在七月初七七夕,又正好在七岁时殇,正应了梦兆,如一颗流星一般。他写道:"古梦吞星即有灵,今当织女是何星。心知不合飞流去,泪洒苍茫河汉青。"②

汤显祖 28 岁在临川家乡写过《闰中秋》诗:

中秋玄彩自相鲜,复是清辉不羡前。灵荚是年多占月,桂华今夕倍流天。玲珑剩取珠胎满,端正添看玉镜悬。多少离怀起清夜,人间重望一回圆。③

徐渭对第二、四、七句各批了一个"妙"字。晚年又有写杭州的《天竺中秋》:

江楼无烛路凄清,风动琅玕笑语明。一夜桂花何处落,月中空有轴

---

① 《中元题》,引自《汤显祖集》,上海人民出版社 1973 年版,第 910 页。
② 《平昌殇女詹秀七女一绝》,引自《汤显祖集》,上海人民出版社 1973 年版,第 455 页。
③ 《闰中秋》,引自《汤显祖集》,上海人民出版社 1973 年版,第 58 页。

帘声。①

沈际飞批道:"秀拔"。如同古今无数诗人一样,汤显祖亦以中秋写月、写团圆。

汤显祖的中秋诗是静谧的,元宵诗却热闹,《元夕洪沙公子远致高灯却谢二首》云:

编珠洗翠焰楼台,细雨和风酒一杯。巡檐忽睇开云月,清夜同谁赏笑来。八闽传艳见高华,三市烟宵此一家。玉字满堂风带起,翩翩公子自洪沙。②

《越舸以吴伶来,期之元夕,漫成二首》:

人日期君君有人,石床清泚注宜春。今宵又踏春阳雪,解傍吴觚记烛巡。白头情事故乡留,残雪春灯宜夜游。处处吹箫有明月,相看何必在扬州。③

元宵节俗名灯节,人们以赏灯、夜游、踏歌、吹箫、舞蹈、演戏来过节,这些在汤诗里都有很好表现。当然,对元宵更为深入生动的表现,在他的剧作《紫钗记》里。这两首元宵诗与《紫钗记》里的元宵曲,堪作对比阅读。诗人都是自然之子,对气候物候的变化特别敏感,汤显祖也不例外喜欢春天,描写春天的诗歌多而好,他又曾是个务实的官员,深知春天对于农事的重要,《牡丹亭》第八出,他曾用整整一出的篇幅描写"劝农"。他有《听说迎春歌》诗,云:

帝里迎春春最近,年少寻春春有分。可怜无分看春人,忽听春来闲借问。始知簾户即惊春,夹道妆楼相映新。楼前子弟多春目,楼上春人最

---

① 《天竺中秋》,引自《汤显祖集》,上海人民出版社1973年版,第887页。
② 《元夕洪沙公子远致高灯却谢二首》,引自《汤显祖集》,上海人民出版社1973年版,第773页。
③ 《越舸以吴伶来,期之元夕,漫成二首》,引自《汤显祖集》,上海人民出版社1973年版,第782页。

着人。①

如果说此诗还有点闲职文人的与民生隔膜，那么他在遂昌任上的两首，就显得十分贴切了：

> 仙县春来士女前，插花堂上领春鞭。青郊一出同人笑，黄气三书大有年。(《丙申平昌迎春，晓云如金，有喜》)

> 春到平昌立四年，勾芒迎在土牛前。也知欲去河阳宰，为与催花蚤一鞭。(《丙申平昌戏赠勾芒神》)②

出郊外，望云彩，持春鞭，打土牛，都是立春时节的习俗仪式，汤显祖作为一地的父母官，与老百姓一同迎春，表现的正是他现实生活中的"劝农"。

汤显祖是个很重视采集民风民俗的人。否则，他是写不好《劝农》、《风谣》(《南柯记》第二十四出) 这样的戏剧段子的。在四十一二岁，他曾被贬官广东徐闻，仕途不顺，却成就了他采风的好机会。他写的《岭南踏踏词》，很有可能是为岭南女子踏歌时所用：

> 女郎祠下踏歌时，女伴晨妆教莫迟。鹤子草粘为面靥，石榴花揉作胭脂。笑倩梳妆阿姐家，暮云笼月海生霞。珠钗正押相思子，匣粉裁拈指甲花。③

他还写了《黎女歌》：

> 黎女豪家笄有岁，如期置酒属亲至。自持针笔向肌理，刺涅分明极微细。点侧虫蛾折花卉，淡粟青纹绕余地。便坐纺织黎锦单，拆杂吴人才丝致。珠崖嫁娶须八月，黎人春作踏歌戏。……④

---

① 《听说迎春歌》，引自《汤显祖集》，上海人民出版社1973年版，第220页。
② 《丙申平昌迎春，晓云如金，有喜》《丙申平昌戏赠勾芒神》，引自《汤显祖集》，上海人民出版社1973年版，第467页。
③ 《岭南踏踏词》，引自《汤显祖集》，上海人民出版社1973年版，第410页。
④ 《黎女歌》，引自《汤显祖集》，上海人民出版社1973年版，第436页。

黎族女子到成年，亲朋好友都来饮酒庆祝，她们自己拿针在身上刺青，针法非常细腻，用植物的青汁液浸染。黎女擅长纺织，元代江南女黄道婆都曾向她们学习过；黎民嫁娶都在八月，春天踏歌嬉戏。短短一首七古，记载了偌多民俗，难怪沈际飞会评曰："风土志"。

　　直到老年，显祖亦不忘以诗记俗。《王孙家踏歌偶同黄太次，时粤姬初唱【夜难禁】之曲四首》有"西山云气晚来多，偶尔相逢人踏歌"句，唱【夜难禁】曲踏歌，而且还是即兴的，正是个欢快的夜晚。① 他的《新林浦》诗中也有"昨夜南溪足新雨，辘轳原上踏歌声"，有声有色地描绘了乡间农人以踏歌表达心满意足的习俗。

　　如上，我们展示了汤显祖的几十首节日诗，由此可以窥见汤氏节日生活的一个侧面，并进而探知明中叶后知识分子的一些生活场景和精神面貌。他们除夕守岁，元旦贺拜，像王羲之时代一样雅集三月三上巳节；他们端午竞渡，中秋赏月，像陶渊明时代一样重阳登高饮菊酒。因为一个朋友、一个女儿的生死与七月七有关，所以七夕在汤显祖诗里显得分外悲哀。清明，更是他悼念亡妻、亡儿的时间节点。运用节日诗篇，汤显祖也记录了许多民间习俗，尤其是"踏歌"之俗。汤显祖是热爱生活、热爱祖国的传统文化的。他以自己的生花妙笔，记录、描绘、演绎了祖国的传统文化，特别是节日文化，在客观上为传播、继承中华传统文化作出了贡献，这是值得我们今人学习的。

作者单位：上海师范大学影视传媒学院

---

① 《王孙家踏歌偶同黄太次，时粤姬初唱【夜难禁】之曲四首》，引自《汤显祖集》，上海人民出版社1973年版，第782页。

对《昆弋身段谱》中《拾画》《叫画》表演提示的些许思考[*]

吴 波

一、引 语

近来，笔者陆续赴上海图书馆抄录并整理善本书室所珍藏的孤本《昆弋身段谱》，对其进行了短期的研究。我注意到《昆弋身段谱》中仅收录了《牡丹亭》（《还魂记》）中的《写真》《拾画》《叫画》三折戏。而在《牡丹亭》中，因为《拾画》《叫画》两折戏在时间和剧情设置上较为连贯，一气呵成，因此很多梨园本常常将其集在一起，《昆弋身段谱》也不例外，而在当下舞台演出中这两折也通常会连演。

《昆弋身段谱》有着极其纷繁的内容，不可一一谈及，因此笔者仅选取了《拾画》《叫画》两折，着重对其中所记身段表演提示进行了梳理和研究。此外结合梳理出来的表演提示，通过与《六十种曲》《缀白裘》中的表演提示作对比，进一步探析《昆弋身段谱》的历史价值、实践功能以及其中表演提示对当下戏曲剧本创作、舞台表演及导演艺术实践的启发、借鉴和指导意义。

二、身段、身段谱、《昆弋身段谱》

在分析《昆弋身段谱》表演提示之前，先对身段、身段谱等概念和《昆弋身段谱》情况做一个简单的梳理。

身段，中国传统戏曲中的专有名词，又称"身势"，是指戏曲表演的舞蹈化形体动作和姿势，主要为戏曲演员运用的外部动作。它是戏曲动作舞的体

---

[*] 2018年度国家社科基金艺术学项目：清抄本昆曲身段谱研究（18BB025）阶段性成果。

现，是戏曲艺术塑造人物形象，展现人物内心活动的重要手段。"段"字又有组合段落之意，昆曲有时也称"体段"。

身段谱，记载身段动作的叫"身段谱"。昆剧发展到清代，折子戏的表演模式逐渐形成，演出的精简为艺人演技的提高提供了契机。当表演的体制和内容趋于定型，记录表演的身段谱开始登上了历史舞台。身段谱一般为文字谱，注有砌末、穿戴服饰、身段、表情、舞台调度、锣鼓经，为昔时艺人自备或授艺所用。

身段谱与身段谱诀是不同的。身段谱是伶工艺人在舞台演出本上对身段表演的直接记录，用作表演提示，而"身段谱诀则是对身段表演本身的认知，是身段表演中基于经验的理性自觉。身段谱记述了表演的显性层面，身段谱诀则揭示了身段表演的隐形层面。换言之，身段是塑造人物、表达剧情的工具，身段谱诀则是工具的工具，其服务的直接对象是表演本身……因而身段谱及身段谱诀都被视为塑造人物、表现剧情的手段。"①

身段谱是一代又一代的戏曲表演艺术家经过长期的舞台实践给我们留下的丰富艺术遗产。目前可知的著名的身段谱主要有藏于上海图书馆的《昆弋身段谱》甲乙两编共十五册，和清代昆剧身宫谱选集《审音鉴古录》。身段谱是研究戏曲表演十分珍贵的文献，是研究当时表演的一手资料。对于戏曲身段在人物塑造中的功能价值与应用方式的研究具有重要的启发、借鉴和实践指导意义。

《昆弋身段谱》是周明泰先生捐赠由上海图书馆善本书室所珍藏，现为海内外的孤本。它是由不同清抄本集成的，主要由《昆弋身段谱甲编十册》和《昆弋身段谱乙编五册》两编组成，是研究昆曲表演的珍贵资料。

身段提示与表演提示。《昆弋身段谱》中身段提示也是属于表演提示的，但表演提示范围更广一些，还包括演员的上下场提示、表演节奏的设计构想、表演台位的调度、道具的使用等。本文分析研究《昆弋身段谱》中的表演提示，着重分析对演员表演的身段提示。

下面笔者主要采用比较研究法和系统分析法，通过《昆弋身段谱》和《六十种曲》《缀白裘》三种文献中《拾画》《叫画》所录表演提示的对比分析，以及系统探索《昆弋身段谱》中的舞台提示，了解前辈艺人们对《拾画》

---

① 张伟品：《身段谱与身段谱诀》，载于《中国京剧》2004年第4期。

《叫画》两折戏中身段表演的创造。这样的对比分析也有助于了解《牡丹亭》折子戏舞台演出演变的复杂性以及戏班和演员从舞台演出效果出发表演技能的情况。

三、《拾画》《叫画》在《昆弋身段谱》《六十种曲》《缀白裘》中的表演提示比较

《拾画》《叫画》两折剧情内容，主要讲的是柳梦梅卧病在梅花观中，得到了陈最良的医治，经调理后渐渐好转。一日，他觉得有些春愁烦闷，无计排遣，且早间又听石道姑说此处有座后花园可以游赏，于是到园中游览消遣。期间在太湖石山下拾到一个小轴画卷，打开一看，以为是观音画像，十分欣喜，决定捧回书馆焚香供奉。转回书房中，他展开一看虽得看画中人慈容庄严，但细判又觉此卷并非观音像。又猜是嫦娥画像，细看细思发现也并非嫦娥像，最后细看上面数行小字才明白这是人间女子的行乐图，且与自己姓名有着牵连。又细细一想才忆起画中人乃是去年春天相逢梦中的美人，痴情顿生。于是柳梦梅和韵一首小诗并不停叫唤画中女子，痴情难耐，最后决定将画像留在身边早晚叫之、玩之，拜之，赞之。

早在清乾隆、嘉庆时期，梨园中就有改戏的习惯，伶工艺人们都有自己的手抄剧本，这被称为梨园本或舞台本。与作为文学本的《六十种曲》相比，作为舞台本的《昆弋身段谱》和《缀白裘》都将《拾画》《叫画》集在了一起，将中间的《忆女》一折删除，形成了固定的连演模式。这正是由于戏剧情节的要求，加之此两折戏时间、剧情连贯，一气呵成，因此被常放在一起连演，包括现在的演出同样如初。

《六十种曲》虽为文学本，但作为戏曲艺术创作，亦有相应的舞台提示。其中的表演提示有上、下场提示如"生上""净上""下"；其他动作提示如"净作叹介""行介""叹介""到介""窥介""作石倒介""开匣看画介""捧匣回介""到介""净上""生上""开匣展画介""想介""看介""念介""题介"。

《缀白裘》和《昆弋身段谱》作为梨园本，两者在曲文方面对比原剧作都有改动，但相对较为贴近。但由于是艺人为自己演出服务的抄写改动，所以两者曲文上也是存在一定的差别，表演提示更是有着较大的不同。《缀白裘》中

表演提示，上、下场提示如"小生上""下"；其他动作提示如"内作石倒响介""暂下""即上""笑介""写介"。

而《昆弋身段谱》作为梨园本且为艺人身段注释本，与其他两者中《拾画》《叫画》两者选本有着很大的不同，其中最大的差别就在于它对演员的唱念表演和场面调度都做了详细的提示，舞台动作提示数量非常的多，且提示得十分详细。据笔者初步抄录统计《昆弋身段谱》这两折中表演提示达70多次。其中将较为清晰和精彩的表演提示摘录如表1所示。

表1　手法、袖法、步法、舞台位置、综合连贯型等几种表演动作提示（节选）

	手	步	扇	舞台调度	综合连贯型
1.	摊手到左角	看中，细步上	出扇指右角	面对上场	出手透左右袖
2.	左手指左角	细步看，归中	倒扇指左右	退下归中	出左手指左角滑□趋步归左角
3.	出右手三指	定三步	开扇	退下右角	透袖捧轴走上左角
4.	双摊手三次	退一步	拿扇指画	归中	卷轴出右手指轴对右角
5.	双手指画	悄步	抽扇	出台走中场	指右角悄步走三步
6.	指花式	趋步	全扇	两头卷画出台	看画滩下场
7.	做碗式	悄步走三步	手扇拍背	出台走中场	抽扇袖动头
8.	拿花式		□扇指下右角	退上左角	双手搭台子看画
9.	拿笔、放笔		出全扇		指口画三次
10.	分手碰手三次		扇指右下角		右手提褶子归中
11.	拱手				拍手指右边搭手摇头
12.	拍台				立起右手□头手扇内外
13.	双手指轴				左手搭椅右手摇

通过细致比照和系统分析，笔者认为作为梨园本的《昆弋身段谱》舞台提示更加丰富和详细，与《六十种曲》《缀白裘》表演提示相比可以说呈现出丰富化、细致化的特征。

首先丰富性的具体体现为提示类型的多样性。这些表演提示涉及舞台调度、表演手法、步法，连贯综合型身段，扇子的使用以及其他道具的配合等。从《昆弋身段谱》中表演提示的大概类型来看，主要可归为两大类，一种为场上调度类，另一种为表演动作类。其次不同类型的提示又呈现细致化的特征。

场上调度类主要有空间调度和情节调度两种。《六十种曲》和《缀白裘》中也有相关的场上调度提示，只是相对来说较为简单，仅有角色上下场的提示，如"生上""净上""到介"。《昆弋身段谱》则更加丰富细致，是相对成熟的调度提示，其中已经有较为详细丰富的调度提示，如对舞台区域也有了划分，如中场、下场、左角、右角；方向上作出了区分如左角、右角，有了上下左右的区分；另外从演员步法上来说也有调度的细致化趋势，特别是量上的规范，比如"悄步走三步""退一步"，"右角走三步"等。

传统戏曲表演本来没有导演制，也没有现在所谓的"舞台调度"，基本上全是靠历代老艺人、伶人自己演出经验积累，后人们从前辈们的传艺说戏中继承下来的走台经验。《昆弋身段谱》中的这些舞台演出提示，一定意义上就是前辈艺人经验积累所创造的走台格局和场上调度。

另一种表演动作类型主要是身段表演和辅助道具的使用，从这些丰富的身段提示中可以看出，戏曲表演中"手、眼、身、法、步"已经开始生成，如"手法"有：摊手、指画、指花式、做碗式；"眼法"如："看下"；"身法"如：转身；"步法"细分为细步、悄步、趋步，还有了数量的规定如三次，三步，一步。此外还有道具的配合使用，如扇子的使用"出扇指右角""拿扇指画""倒扇""抽扇"等；其他还有如"搭台""扒台""拿笔""搭椅"等。

四、《昆弋身段谱》中表演提示的价值及其启示

身段谱因何存在？

昔日伶工艺人，为了自用备忘或是授徒传艺，在舞台演出本上，根据个自己的需要，旁边或上下注释身段动作和舞台调度等表演提示，有时候还兼记服饰要求、锣鼓、堆砌、特殊字音等。

可以说身段谱是戏曲表演及传承从艺人的口传心授渐渐走向了文本记录化、程式规范化的一种方式，是当时伶工艺人经过长期的舞台实践给我们留下的丰富艺术遗产。

首先来看其历史价值和意义。正如《审音鉴古录》中说"唯恐失传，故

载身段"。当时的伶工艺人通过记录这些表演提示或为自用或为授徒传艺之用，能够有效帮助当时的表演传承，有利于演员对自己身法表演的记录和传承，为戏曲的数百年的延绵不绝起了重要的作用。《昆弋身段谱》作为伶工艺人当时的舞台记录，保持了表演的原真性，可以看到当时"原汁原味"的身段表演和传承与规范，是研究表演珍贵的历史文献资料。它作为表演历史文献，其作用就是记录和传承，是研究表演艺术的珍贵材料，一定意义上可以看出当时演员在舞台上的表演动作的"原貌"。通过它的记录可以知道当时如何表演，有哪些动作，以及何时上下场，变换台位等，对了解昆曲表演发展继承的脉络有重要的意义。

其次从当下实践价值来看，这些表演提示对当下戏曲剧本创作、舞台表演及导演也有着很多的启示意义。

第一，对戏曲剧本创作来说，剧作家应尊重戏曲剧本创作规律，注重戏曲语言的动作，考虑演出创作，使之成为舞台演出本。剧作家只有发现、尊重和运用好戏曲创作规律才能让创作的戏曲剧本成为场上之作，最后才能搬演能够创造出丰满立体的舞台艺术，而非案头文学。

第二，对演员舞台表演来说，尤其是戏曲演员的艺术创造，除了唱腔和念白，形体动作的结合是至关重要的，因此学习继承基本的身段，了解掌握身段动作的重要作用和创作方法是十分必要的。《昆弋身段谱》中丰富零碎的身段提示对演员的舞台艺术创作和方法学习有着重要的启示意义。

丁修询在《昆曲表演艺术学》自序中说："西方戏剧家认为：'表演是无法保存的。'此话对于西方戏剧来说，是恰当的，但对于中国戏曲，特别是昆曲而言，应该给予一点修正，那就是——表演是最易流失的艺术，最难捕捉的技术，但是有关规范可以保存。"[①] 可以说正是因为戏曲程式的，有了规范化因此戏曲的表演一定意义上是能够保留的，其中重要的就蕴藏在这些规范之中流传下来。而身段谱的意义或许就是在老艺人的口传心授中进一步落实成文字或是图谱保留给后人，有助于获得前辈的艺术积累，使自己艺术精益求精。可以说《昆弋身段谱》的这些许的舞台表演提示对当下舞台演出身段创造有一定的启示作用，能帮助演员创造新的身段和打磨精致化已有的身段表演。

---

① 丁修询：《昆曲表演学》，江苏凤凰教育出版社2014年版，第1页。

除了从这些身段提示中学习和继承前辈艺人的艺术积累，更重要的就是了解和掌握身段在戏曲表演中的作用与创造戏曲身段的方法。毫无疑问，身段表演对于戏曲塑造人物有着至关重要的作用。外部展现人物主要有两个部分，一是角色的语言部分，二就是角色的形体动作。都说戏曲是歌舞化的，那么在塑造人物上，除了对角色唱念语言上有严格的要求，在身段动作上也是有着严格的要求。舞蹈化了的身段动作是揭示人物内心生活和作为情感外部表现的一种手段，一方面使得唱词念白等语言要素更加形象化，另一方面它会成为一种特殊的语言（肢体语言）而存在去"说话"，传递信息，且能够传达出许多甚至是用唱念也无法表达出来的细腻情感。

我们透过这些身段提示可以发现演员在塑造人物时，必须结合词意，深入分析曲词中人物的内在精神气质（包括年龄、外貌、性格等）以及人物当时内心的情感来创造和打磨身段。演员必须结合人物的内在情感，思考每个身段动作的功能作用以及传统戏曲的美学要求，达到形式和内容的统一、身与心的统一、曲词与动作的统一、塑造出有血有肉的人物形象来，最终达到形神兼备的戏曲表演风貌。

第三，是对导演来说，《昆弋身段谱》犹如导演指导演出实践时的工作脚本，上面标注相关的舞台调度。从剧本出发，导演在统筹进行调度设计时，应该充分重视曲词内容和文本的深层意蕴，注重从这些文字中发现和挖掘，激发演员创造的同时，运用好舞台调度，让人物形象更加丰满。如《昆弋身段谱》《叫画》一折中【尾声】部分："拾得个人儿先庆贺（看画滩下场），敢柳和梅（又滩上场）有些瓜葛。"这里先看画滩下场，后又滩上场的调度设计，可以说很好地将柳梦梅的痴情表现出来，正如剧中所云"柳梦梅，柳梦梅，你怎么这等痴也"将人物内心生活通过如此的行动设计展现得淋漓尽致。

综上所述，笔者认为这些详细的舞台提示是戏曲舞台表演艺术十分重要的资料，对演员表演创造和了解把握身段功能，戏曲艺人授徒传艺、导演指导舞台艺术都有着非常重要的价值，一定意义上还能起到追本溯源，匡正时弊的作用，能给当下戏曲舞台艺术创作有一定的启发。

五、结　　语

《昆弋身段谱》有其重要价值但在实际的实践应用中也有着一些问题。

《昆弋身段谱》为文字谱，一方面前辈艺人自抄自注，用文字方式留存下来，字迹和具体身段位置有时较为模糊，加上文献保存问题，因而导致记录并不是十分清楚和完美。另一方面虽然这些表演提示在相当程度上将成功的表演用文字留在了书面上，但文字的记录始终和形象展现是不同的表现形态，文字的只言片语的记录，这就很难让读者形象地还原记录者想要描述的身段动作。这样一来，无论是专业演员还是戏曲研究者，都无法充分地将这类文献当作戏曲传承的重要方式。有时甚至专业演员都无法看懂这些文字提示，很难知晓具体身段如何做出来，因此一定程度上身段表演提示功能作用较小。加上《昆弋身段谱》记录的身段虽丰富但却较为琐碎，没有形成完整的身段组合，昆曲的细腻表演手法无法从中得到很好的体现，虽然《昆弋身段谱》有细致的提示也无法对当时表演细腻化做出更精准的判断和还原。同时对于戏曲手眼身法步是否初步生成？程式化的特征的生成、确立也尚无法做出有效判断。

然而《昆弋身段谱》中需要考证和可研究的问题还很多，例如曲词方面的改动，以及通过《六十种曲》《缀白裘》《审音鉴古录》《昆弋身段谱》和其他身段谱对比，并当下演出形态的比较，可以更好地了解《牡丹亭》折子戏表演发展继承的脉络。但由于时间和篇幅有限，加上笔者功力不足，尚未能得出系统成熟的观点。本文也仅浅谈自己在抄写整理《昆弋身段谱》时发现的些许现象以及对这些现象的简单看法，很多观点尚不成熟有待进一步研究。这里我希望能够抛砖引玉，给演员和研究者些许思考，期待有更深刻的认识和研究成果。

作者单位：上海戏剧学院

参考文献：

[1]《昆弋身段谱》，上海图书馆藏。

[2] 钱德仓：《缀白裘》，中华书局1930年版。

[3] 丁修询：《昆曲表演学》，江苏凤凰教育出版社2014年版。

[4] 蓝凡：《中西戏剧比较论》，学林出版社2008年版。

[5] 邹元江：《中西戏剧审美陌生化思维研究》，人民出版社2009年版。

［6］赵晓红、侯雪莉：《从〈搜山、打车〉看昆曲表演传承的"原汁原味"》，载于《艺术百家》2012 年第 1 期。

［7］陈芳：《从〈搜山、打车〉身段谱探抉昆曲表演的"乾、嘉传统"》，载于《戏曲研究》2006 年第 3 期。

［8］张伟品：《身段谱与身段谱诀》，载于《中国京剧》2004 年第 4 期。

从舞台实践看"汤沈之争"*

武翠娟

发端于明万历三十五年（1607）或略后的"汤沈之争"，数百年来一直是学界一个饶有趣味的话题，其关注者之多、影响力之大远甚于戏曲史上的任何一次论争。前辈学者研究"汤沈之争"主要集中在对他们理论观念交锋的探究上。我们这里不妨换个角度，把"汤沈之争"放入我国戏曲演出的历史语境中，通过对汤、沈两人曾经参与的戏曲实践活动及其争论分歧关键点的深入考察去重新审视这一论争。

启发笔者朝这一方向思考的首先是吕天成（1580~1618）《曲品》中对汤、沈二人戏曲活动概况的记述。书中写汤显祖（1550~1616）："红泉秘馆，春风檀板敲金；玉茗华堂，夜月湘帘飘馥。"写沈璟（1533~1610）："妙解音律，兄妹每共登场；雅好词章，僧妓时招佐酒"。① 吕与沈、汤是同时代人，且与二人均有较多交往，因此记述十分可信。由吕氏的描述看，汤、沈之于戏曲，一为红氍毹旁的观赏者，一为亲自登场的实践家。汤氏虽然也曾有过"自掐檀痕教小伶"的经历，但据后人考证，他并无自己的家班，而他在这方面的实践，据汤氏诗文本意看也仅限于对《牡丹亭》初期排演的亲自指导。《七夕醉答东君》诗有："玉茗堂开春翠屏，新词传唱《牡丹亭》。伤心拍遍无人会，自掐檀痕教小伶。"② 之所以如此，主要是因为《牡丹亭》文辞过于深奥艰涩，艺人难以理解之故。用王骥德（？~1623）的话说是"屈曲聱牙，多令歌者咋舌。"③ 其实连汤氏本人也承认这主要是苦于"伤心拍遍无人会"的现实，才于无奈之下自教之的。其所教内容，据揣度，大概也仅限于解读文辞、按拍

---

* 本文为江苏经贸职业技术学院高层次人才科研启动项目成果。
① 吕天成撰，吴书荫校注：《曲品校注》卷上，中华书局2006年版，第30、34页。
② 汤显祖：《玉茗堂诗》卷十三，引自《汤显祖集》（二），上海人民出版社1973年版，第735页。
③ 王骥德：《曲律》卷第四"杂论第三十九下"，引自《中国古典戏曲论著集成》（四），中国戏剧出版社1959年版，第165页。

教曲，绝不及面敷粉墨上场示演。从这个角度讲，"汤沈之争"无疑又可以被视为是戏曲艺术领域中有舞台搬演经验之票友和纯文人剧作家之间的一场审美对峙。

我们再回头看"汤沈之争"的缘起。据史料载，是因为沈璟改易了汤显祖《牡丹亭》中的字句，招致汤的不满而引发。按王骥德《曲律·杂论下》：(吴江)"曾为临川改易《还魂》字句之不协者，吕吏部玉绳（郁蓝生尊人）以致临川，临川不怿"①。历史上，沈确曾改汤之《牡丹亭》为《同梦记》，惜改本已佚。至于两剧之间的改动之处，今只能借助明人沈自晋（1583～1665）《南词新谱》中收录的《同梦记》的两支曲子【真珠帘】和【蛮山忆】，及沈自晋所作眉批和评语去稍作了解了。就前一支曲子言，主要是针对不合曲律、平仄处进行了更改，改动不是太大。第二支则完全不同了，兹录原本与改本曲子对比如下：

汤显祖《牡丹亭》四十八出《遇母》，四支【番山虎】为：

【番山虎】则道你烈性上青天，端坐在西方九品莲，不道三年鬼窟里重相见。哭的我手麻肠寸断，心枯泪点穿，梦魂沉乱。我神情倒颠，看时儿立地，叫时娘各天。怕你茶酒饭无浇奠，牛羊侵墓田。（合）今夕何年？今夕何年？咦，还怕这相逢梦边。

【前腔】【旦泣介】你抛儿浅土，骨冷难眠。吃不尽爹娘饭，江南寒食天。可也不想有今日，也道不起从前。似这般糊突谜，甚时明白也天？鬼不要，人不嫌。不是前生断，今生怎得连？【合前】

【老】老姑姑，也亏你守着我儿。

【前腔】【净】近的话不堪提嗽，早森森地心疏体寒。空和他做七做中元，怎知他成双成爱眷。【低与老介】我捉鬼拿奸，知他影戏儿做的怎活现。【合】这样奇缘，这样奇缘，打当了轮回一遍。

【前腔】【贴】论魂离倩女是有，知他三年外灵骸怎全？则恨他同棺椁，少个郎官，谁想他为院君这宅院？小姐呵，你做的相思鬼穿，你从夫意专。那一日春香不铺其孝筵，那节儿夫人不哀哉醊荐。早知道你撇离了

---

① 王骥德：《曲律》卷第四"杂论第三十九下"，引自《中国古典戏曲论著集成》（四），中国戏剧出版社1959年版，第165页。

阴司，跟了人上船。【合前】①

沈自晋《南词新谱》卷十六收《同梦记》（即串本《牡丹亭》）：

【蛮山忆】【蛮牌令】说起泪犹悬，想着胆尤寒。他已成双成美爱。还与他做七做中元。那一日不铺孝筵，那一节不化金钱。【下山虎】只说你同穴无夫主，谁知显出外边，撇了孤坟，双双同上船。【忆多娇】（合）今夕何年，今夕何年，还怕是相逢梦边。②

此处《南词新谱》有眉批云："前牡丹亭二曲，从临川原本，此一曲，从松陵串本，备录之，见汤沈异同。"同处在：内容旨意没有变；异处在：对曲牌、文辞、平仄作了全方位的修改。沈璟将汤显祖原本中四支【番山虎】合并为【蛮山忆】，并集【蛮牌令】【下山虎】【忆多娇】三支曲子；又删原本大段唱词就简为短短四句；两本曲辞的平仄已完全不同。按王骥德《曲律》言沈璟主要是"为临川改易《还魂》字句之不协者"，不难揣测，改"不协"的真实用意其实是为了让这一名作更易于为艺人在场上搬演。

下来分析汤、沈曲论的关键分歧点。首先对二人的主要戏曲观点作一梳理。沈璟的曲论主张主要由两方面内容组成：一是对"唱"的规律的探究，提出作曲需"合律依腔"；二是对"本色"的提倡。汤的观点虽然比较分散，但也可大致归纳为三种：一作曲"凡文以意趣神色为主"（《答吕姜山》）；二论曲"驰荡淫夷，转在笔墨之外"（《答凌初成》）；三对于声律"正不妨拗折天下人嗓子"（《答孙俟居》）。由对两人曲论观点的整理，可以看出其分歧主要聚焦在两点上：

（一）律与文的矛盾——是文让律还是律让文

沈璟提倡作曲应首重声律，文辞则在其次，提出"名为乐府，须教合律依腔。宁使时人不鉴赏，无使人挠喉捩嗓。说不得才长，越有才越当着意斟量。"又说："怎得词人当行，歌客守腔，大家细把音律讲。"又说"纵使词出绣肠，

---

① 汤显祖：《牡丹亭》，引自《汤显祖集》（三），上海人民出版社1973年版，第2032~2033页。
② 沈自晋：《南词新谱》卷十六，引自《善本戏曲丛刊》第30册，台湾学生书局1984年版，第586~587页。

歌称绕梁，倘不谐律吕也难褒奖。"① 很显然，沈璟的曲论核心是律先文后，当二者冲突时，文要为律让路。并且为了使曲坛有法可依，沈璟又潜心研究南戏、传奇曲律十余年，写成《南曲全谱》一书，目的即是"嗟曲流之泛滥，表音韵以立防，痛词法之蓁芜，订全谱以辟路。"② 同时他还编订有《南词韵选》《古今词谱》《唱曲当知》《论词六则》等多部曲律著作，为戏曲家提供具体的音律规范和依据。

与沈璟不同，汤显祖主张以文词为先，所谓"凡文以意趣神色为主。四者到时，或有丽词俊音可用。尔能一一顾九宫四声否?"③ 汤尤其不赞成斤斤守法，他早在《答凌初成》信中就曾说过：

> 曲者，句字转声而已。葛天短而胡元长，时势使然。总之，偶方奇圆，节数随异。四六之言，二字而节，五言三，七言四，歌诗者自然而然。乃至唱曲，三言四言，一字一节，故为缓音，以舒上下长句，使然而自然也。④

汤显祖对于曲律的态度显然是在能够表达"意趣神色"前提下，再谈合律的问题。认为音律和唱曲都应遵循自然的原则，不能以律限文，制约文意的表达，曲谱只不过是填词时所依照的规范，但是不应当成为作曲的藩篱。

改编事件的发生恰充分暴露了汤、沈二人"志趣"的不同，所以当两向交锋时，争论也会异常地激烈，以至有人如是形容当时的争论情形，曰："海内词家旗鼓相当树帜而角者，莫若吾家词隐先生与临川汤若士，水火既分，相争几于怒詈"⑤。又吕天成《曲品》："乃光禄尝曰：'宁律协而词不工，读之不成句，而讴之始协，是为曲中之巧。'奉常闻而非之，曰：'彼乌知曲意哉！予意所至，不妨拗折天下人嗓子。'"⑥ 而汤氏之所以用极大的音量吼出"不妨拗折天下人嗓子"的偏激之辞，实则是由其才情所驱使。对之冯梦龙

---

① 沈璟著，徐朔方辑校：《沈璟集》（下），上海古籍出版社 1991 年版，第 849 页。
② 吕天成撰，吴书荫校注：《曲品校注》卷上，中华书局 2006 年版，第 30 页。
③ 汤显祖：《玉茗堂尺牍》卷四，引自《汤显祖集》（二），上海人民出版社 1973 年版，第 1337 页。
④ 汤显祖：《玉茗堂尺牍》卷四，引自《汤显祖集》（二），上海人民出版社 1973 年版，第 1345 页。
⑤ 沈自友：《鞠通生小传》，附沈自晋：《南词新谱》，引自《善本戏曲丛刊》第 30 册，台湾学生书局 1984 年版，第 914 页。
⑥ 吕天成撰，吴书荫校注：《曲品校注》卷上，中华书局 2006 年版，第 37 页。

(1574~1646)在更定《牡丹亭》时表示出自己的理解:"若士亦岂真以捩嗓为奇?盖求其所以不捩嗓者而遑讨,强半为才情所役耳。"①

(二)舞台与案头的冲突——作剧是为案头欣赏还是为奏之场上

首先,我们说沈璟是一位十分注重"场上之曲"的理论家。沈璟因为拥有自己的家乐,尝亲为教曲,又精于专研场上的唱腔规律,而其精心制定曲谱也是为场上唱曲服务的。如他撰《正吴编》即是为了帮助吴语地区的剧作家与演唱者纠正字音不准的问题,编《唱曲当知》则是专为演员演唱作指导。另外,沈璟又提倡戏曲"本色",他在《答王骥德》信札中明确提出"鄙意僻好本色"②。按凌濛初(1580~1644)《谭曲杂劄》:"曲始于胡元,大略贵当行而不贵藻丽。其当行者曰'本色',盖自有一番材料,其修饰词章,填塞学问,了无干涉也。"③"本色当行",盖指戏曲创作体现出的可演性,它既包含剧作结构布局的设计,也涵盖适宜登场的语言特征。尽管沈璟对于这一戏曲理论的具体阐释并不多,但实际上他却是处处以此标举的,这在他的评点以及创作中都有着鲜明的体现。如他评《琵琶记》【雁鱼锦】:

> 这壁厢道咱是个不撑达害羞的乔相识,那壁厢道咱是个不睹事负心薄幸郎……——眉批:或作"不睹亲",非也。"不撑达"、"不睹事",皆词家本色语。④

评散曲【桂花偏南枝】:

> 勤儿挨磨,好似飞蛾扑火,你特故将哑谜包笼,我手里登时猜破。——眉批:"勤儿"、"特故"俱是词家本色字面,妙甚。时曲"你做勤儿",与此同。⑤

---

① 冯梦龙:《风流梦小引》,引自《墨憨斋定本传奇》(下),中国戏剧出版社影印,1960年版。
② 沈璟著,徐朔方辑校:《沈璟集》(下),上海古籍出版社1991年版,第900页。
③ 凌濛初:《谭曲杂劄》,引自《中国古典戏曲论著集成》(四),中国戏剧出版社1959年版,第253页。
④ 沈璟:《增订南九宫曲谱》卷四,引自《善本戏曲丛刊》第27册,台湾学生书局1984年版,第227页。
⑤ 沈璟:《增订南九宫曲谱》卷二十,引自《善本戏曲丛刊》第28册,台湾学生书局1984年版,第638页。

在创作中，沈璟又把吸收民间俗语、口语视作他"本色论"的一项重要内容。如《义侠记》第四出《除凶》中猛虎出现时武松唱的【得胜令】一曲：

> 呀，闪得他回身处扑着空，转眼处乱着踪。【拿住虎打科】这的是虎有伤人意，因此上冤家对面逢。【内又鸣锣，生又住口，虎又扑，虎挣脱，走科】你要显神通，便做道力有千斤重。【拿住虎，打死科】你今日途也么穷，抵多少花无百日红，花无那百日红。①

"这的是""因此上""抵多少"等皆是适宜当众演唱的舞台本色语言。而沈璟力求本色的目的也在于摒弃案头而登演场上，这从他对自己"初笔"《红蕖记》的批评中即可窥知，曰："字雕句镂，止供案头耳。此后一变矣。"② 祁彪佳释沈"变"之意为："先生此后一变为本色"③。显而易见，"变"之真正用意在防止"止供案头"现象的再次发生。沈璟创作的十七种传奇，大多取材于市民生活，且有较强的娱乐性，其中甚至出现了专为演出而创作的纯粹的"场上之剧曲"。如《义侠记》，全剧曲白浅显明白，极利于搬演，因而历代传演不衰。至于他后期的《博笑记》则更为诸多评论家视为场上之曲的典范。如郑振铎先生曾跋之："是盖场上之剧曲，而非仅案头之读物也。"④ 今人叶长海先生也指出："整个剧本明显不同于一般的'文学本'，而具有'演出本'的性质。"⑤ 由此不难看出，沈璟对于戏曲所作的努力重在舞台搬演。

如果从单纯的理论阐述看，除了那句"正不妨拗折天下人嗓子"的斗气话外，汤显祖似乎从未公开反对过剧本创作应当符合舞台搬演的艺术创作规律，但是在实际的创作行动上，汤好像并不遵此而行，这体现在：一是汤显祖并不十分精晓音律，对于这一点他并不讳言。其《答凌初成》中有："不佞生非吴越通，智意短陋，加以举业之耗，道学之牵，不得一意横绝流畅于文赋律吕之事。"⑥ 臧懋循也谓："今临川生不踏吴门，学未窥音律，艳往哲之声名，

---

① 沈璟著，徐朔方辑校：《沈璟集》（上），上海古籍出版社1991年版，第396页。
② 吕天成撰，吴书荫校注：《曲品校注》卷上，中华书局2006年版，第202页。
③ 祁彪佳：《远山堂曲品》，引自《中国古典戏曲论著集成》（六），中国戏剧出版社1959年版，第18页。
④ 郑振铎：《〈博笑记〉跋》，引自蔡毅编著：《中国古典戏曲序跋汇编》（二），齐鲁书社1989年版，第1209页。
⑤ 叶长海：《曲学与戏剧学》，学林出版社1999年版，第269页。
⑥ 汤显祖：《玉茗堂尺牍》卷四，引自《汤显祖集》（二），上海人民出版社1973年版，第1345页。

逞汗漫之词藻，局故乡之闻见，按亡节之弦歌，几何不为元人所笑乎？"① 二是在剧本创作上，汤显祖首先把"意趣神色"定位为戏曲的本质性规定，其次大张"情"的旗帜，可以说其戏曲创作的着力点一直放在对戏曲文学总体美学风貌的追求和主体创作个性的体现上，并有意削弱了戏曲艺术的戏剧性和叙事性。而对于其间的得失，汤氏也早有清醒的认知。如他在《答凌初成》中说："骀荡淫夷，转在笔墨之外，佳处在此，病处亦在此。"② 因为不晓音律，必然会出现"失律"，不便伶人歌唱，甚至不能歌唱的问题，再加之肆意逞才、不顾场上搬演规律的创作态度，致使汤氏所创只能流为案头异书。正如王骥德批评的那样："临川汤奉常之曲，当置'法'字无论，尽是案头异书。"③ 帅机评《紫箫记》："此案头之书，非场上之曲也。"④ 李渔则从语言的角度指出《牡丹亭》案头色彩浓郁的特征：

　　《惊梦》首句云："袅晴丝吹来闲庭院，摇漾春如线。"以游丝一缕，逗起情丝。发端一语，即费如许深心，可谓惨淡经营矣。然听歌《牡丹亭》者，百人之中有一二人解出此意否？若谓制曲初心，并不在此，不过因所见以起兴，则瞥见游丝，不妨直说，何须曲而又曲，由晴丝而说及春，由春与晴丝而悟其如线也？若云作此原有深心，则恐索解人不易得矣。索解人既不易得，又何必奏之歌筵，俾雅人俗子同闻而共见乎？其余"停半晌，整花钿，没揣菱花，偷人半面"及"良辰美景奈何天，赏心乐事谁家院"，"遍青山啼红了杜鹃"等语，字字俱费经营，字字皆欠明爽。此等妙语，止可作文字观，不得作传奇观。⑤

　　也许汤氏作剧的本意并不在此，然而事实却是他一直视戏曲为文学而非艺术。周贻白先生谓："盖戏剧本为上演而设，非奏之场上不为功，不比其他文

---

① 臧懋循：《玉茗堂传奇引》，引自《汤显祖集》（二），上海人民出版社 1973 年版，第 1547 页。
② 汤显祖：《玉茗堂尺牍》卷四，引自《汤显祖集》（二），上海人民出版社 1973 年版，第 1345 页。
③ 王骥德：《曲律》卷第四"杂论第三十九下"，引自《中国古典戏曲论著集成》（四），中国戏剧出版社 1959 年版，第 165 页。
④ 汤显祖：《玉茗堂文》卷六《题词》，引自《汤显祖集》（二），上海人民出版社 1973 年版，第 1097 页。
⑤ 李渔：《闲情偶寄》卷之一《词曲部》"贵显浅"，引自《中国古典戏曲论著集成》（七），中国戏剧出版社 1959 年版，第 23 页。

体,仅供案头欣赏而已足。是则场上重于案头,不言而喻。"① 戏曲是一门唱演兼具的场上艺术,其曲词音韵的可唱性,剧作布局的可演性,均需要创作者的长期浸润磨炼,非靠才情的一时挥洒即可获得。对于这一点,晚明人也有着较为清晰的认识,所以在对戏曲之场上与案头特性稍作权衡之后,吕天成指出汤、沈二人应"略具后先",顺序为"首沈而次汤者"②。

综合以上大抵可以归纳说,曾有丰富舞台实践经验的沈璟关注的是戏曲本体自身,他的努力皆以符合戏曲艺术搬演规律为旨归。而作为纯文人剧作家的汤显祖,关注的则是人的情感如何借助戏曲这一艺术形式得以发抒、倾吐,讲究的是高出戏曲本体艺术的审美层面的问题。

作者单位:江苏经贸职业技术学院

---

① 周贻白:《中国戏剧史长编》"自序",上海书店出版社2007年版,第1页。
② 吕天成撰,吴书荫校注:《曲品校注》卷上,中华书局2006年版,第37页。

昆曲的现代化舞台演绎

——以上海昆剧团《南柯记》为例

徐 蕾

上海昆剧团（以下简称上昆）对《南柯记》的现代化演绎得以成形并成功的契机有很多。首先，《南柯记》存留的折子少，主创团队无须过多考量传承"非遗"的使命，因而拥有了较大的自由编创空间。其次，昆曲拥有丰富的艺术门类集合性，这决定了它本身就具有无限现代化演绎的可能。上昆历来是一支有胆识和魄力的团体，敢于起用并信任年轻创作者，在精心锤炼艺术传统的同时敢于求新求变。最后，上演全本这一行为就是戏曲走向现代性的一种方式，老观众和内行人或者许可以只欣赏演员的表演技巧，刚接触昆曲的观众或许也能一下被昆曲的优美服饰、唱腔所吸引，但是这种"看热闹"的吸引毕竟不能像"懂门道"的人那样维持太长时间，因此全面展示出故事情节从而以戏剧情境来抓住观众的心是现代化的一种策略。介于戏曲本体的传统审美特质，此次的改编演绎虽然没有像先锋戏剧的创作那样具有鲜明的现代化作者立场，纯粹表达个体立场和精神态度，但剧本的整理改编者在尊重故事原有情节和人物形象的基础上，加上自己对于原剧本中现代性精神内核的解读，进行了现代化的剧本处理方式，此次的团队创作在不同的创作阶段（敲定作品精神内核、结构和编写剧本、舞台呈现）都呈现出了现代性。

一、精神内核的现代性

作为古典戏剧的《南柯记》本身就是一部带有明显现代化精神的作品，汤显祖将人物放置于孤苦、自由、百无聊赖的虚妄境地，荒唐入梦，又在梦境中完结了一出人生浮沉后幡然醒悟。剧作全篇关注着一个人的所思所感和命运流变，主人公淳于棼完成的这一自我成长和救赎，是很个人化的体验，带给读者深深的自省和哲理思辨。对于戏剧的现代性这一拥有复杂语境的概念，胡星亮先生做出过一个抽象但贴切的描述："我所理解的中国现代戏剧的现代性，其核心内涵是人的戏剧。""它既要表现出审美客体的人的真实——人的生存、人的命运、人的生命的意义、人的复杂性与丰富性，又要表现出审美主体的人的真实——戏剧家的人生体验、生命感悟和对现实的独特发现，对审美客体与审美主体所共有的生存境遇与困惑的思考等，同时，它还能够拓宽创作主体与接受主体心灵对话和情感交流的精神空间。"① 虽然中国现代戏剧和中国戏曲是两个不同的体系，但这番关于戏剧现代性精神内核的描述却是可以通用的，主创团队选择的是一个写"人"和"人生"的剧本，要做的是能抵达观众内心的"人的戏剧"。梦是个体强烈意愿的变形和转换，也是许多西方现代戏剧的表现方式，淳于棼在面对被主流群体丢弃后，精神状态压抑无处宣泄，对入世仍抱有期待但又无从下手，深层的心理动机导致他在蚁国的梦境中投射了自己的愿望和梦想，这是一本关注人生存境遇和困惑的戏。

在直接论及戏曲现代性的文章《再论现代戏曲》中，吕效平先生说道："比情节整一性的文体形式更为要紧的，是'人'的发现与解放，是创作的精神自由状态。这是'现代戏曲'的精神本质。"② 汤显祖在《南柯梦记题词》中说："嗟夫，人之视蚁，细碎营营，去不知所为，行不知所往，意之皆为居食事耳。见其怒而酣斗，岂不哑然而笑曰：'何为者耶？'天上有人焉，其视下而笑也，亦若是而已矣。"③ 在广阔的宇宙间，任何事物的大小、轻重等各种性质都是相对的，我们在人间寻寻觅觅、放逐辽阔时，不过是形同营营蝼蚁。这是汤显祖自己深沉的精神苦闷和痛苦的情感感受，也期望用这一价值领悟去启发观众的哲思并寻求与观众的共鸣。人向自由生命的皈依是带有佛性的，但是这并不表示淳于棼本身的境界意识有多高，他是在经历了这一番世俗纠葛之后发现了人生的真相进而对自己的情感做出了断。这一过程是一种主人公对凡尘俗世的超脱，是戏剧性的情境之源，是本剧的高贵之所在，也是得以进行现代化改编的基础。上昆版《南柯记》的剧本整理改编者在充分尊重原作精神内涵的基础上，将戏剧性集中于淳于棼的深切痛苦和感受，关注他丰富和复杂的内心世界，在情本体的意义维度上进行精神的架构和戏剧性结构和多

---

① 胡星亮：《现代戏剧与现代性》，人民文学出版社2007年版，第1页。
② 吕效平：《再论现代戏曲》，载于《戏剧艺术》2005年第1期。
③ 汤显祖、钱南扬校：《南柯梦·南柯梦记题词》，人民文学出版社1981年版，第1页。

数当代先锋剧场里高喊的"爱情口号""末日言论""个体表达"一样，这"以情为本"的戏剧观念也是具有现代性意义的。

二、戏剧本体的现代性

如何改写成现代观众易于接受的唱词？如何结构布局？如何设置戏剧情境？如何使主题思想明确？如何鲜明地塑造人物形象？如何恰当地处理戏剧节奏？这些都是在戏曲文本改成适于现代化演绎的文本路程中绕不开的问题，在现代舞台上演绎传统剧目要想吸引观众，必须对戏剧的本体也就是戏剧性进行求索。创作团队敲定的剧本精神理念是聚焦于淳于棼的深情苦痛，丢掉庞杂的不可言说的意义，所以上昆的演出本在尊重原著的基础上，进行了删减和重组，将原作集中整编成七场戏：情著、就征、赏月、围释、情纵、遣生、情尽。这种整编方式立出了主干情节，突出了情感矛盾，始终置主人公于戏剧化的矛盾和情境之中，主人公的人物动机合理、人物性格鲜明。演出本虽然仍保留了原作的单线结构但比原作更紧凑合理，主题精神也因此得到了更集中和强烈的表达。为使人物的行为动机和情境变得更加通畅，演出本否定了原作中蚁国的客观存在性，默认蚁国是淳于棼在精神高压的境况下幻化出的虚无世界。与此同时，演出本还去掉了原作中"法师"这一条明晰的"佛"线，避开了沦为"哲理剧"的窘态，也避免了过去原作常陷入的"佛觉说"的误解境地。这样的做法引导着观众将注意力集中在审美评价而不是宗教评价上，是对戏剧本体性的回归，毕竟单调、生硬地用戏剧去"说教"、传达道德教义或理念的戏剧是不能称为优秀剧作的。

现代化在某种程度上就是启蒙，而这启蒙的对象是平民。因此，现代性也必将面对大众和商业化，对大众趣味保持尊重但不媚合是戏曲现代化演绎能够取胜的关键。在当代的戏曲演绎过程中，也存在一些不太高级的改编方式，比如大量加入有"哗众取宠"之嫌的现代语汇从而冲散掉了古典戏剧原有的典雅韵致。考虑到现代观众的接受度问题，也为了调整和控制舞台演出节奏，上昆的演出本将典雅文人化的唱词进行了通俗化的处理，原作中作用不大的唱词和台词被简化处理，大大拉近了和观众的距离。

三、舞台演绎的现代性

　　戏曲是舞台艺术，前面所精心斟酌的主题意蕴、戏剧结构、戏剧节奏最终都要通过舞台来直观呈现，因此如何对它们进行舞台呈现，就成了关键。作为一部没有任何演出版本参照的昆剧，舞台二度创造如何呈现剧本包含的现代性精神是上昆团队面临的困境，在现代剧场营造适合古典戏剧演出的空间也是戏曲现代化舞台呈现的重要难题。整部剧的大部分情节都发生在虚构的世界中，这梦境是主观世界的显现，因而舞台呈现就需要是表现性和风格化的。为此，该剧遵循了昆曲舞美的写意原则，使用简约精致、色彩各异、饱和度较高的几幅山水景片作为背景，似梦似幻地随着场次的更替做替换，现代感很强。还启用了现代剧场的烟雾效果营造梦境，又用大量的烟雾造出剧中人物升天后的仙境，现代普通观众对此喜爱有加，但如此"写实"的舞美必须拿捏得当才能不损失掉戏曲的审美韵致。创作团队的用心和细心随处可见，淳于棼在梦境中的服装富于装饰且色彩浓烈，在现实中则淡雅普通。颜色各异的聚光和追光依据情感基调进行变换，对情绪和气氛进行着渲染，不仅营造了梦幻之境，也增强了现代观众对昆曲的诗意感受。

　　该剧由上海昆曲团国家一级作曲家、著名作曲家周雪华担任唱腔和音乐设计，鉴于该剧的实验特性以及人文精神，她加入了很多渲染性的音乐和音效，以现代音乐的精致时髦为点缀，以中国戏曲的古典音乐为韵味质地，在一些情绪激烈的场面起到了强化和烘托的作用，易使普通观众产生共情效应，但过多的现代音乐和音效弱化了乐队的作用，演员自身通过感情和技艺营造的戏剧节奏也有些许被覆盖掉了，所以在这个维度，它的音乐又是不利于情感传达的。鼓板辅助着戏剧节奏的表达，又与演员的表演完美结合使动作富有力度，情感的变化错落有致、戏剧高潮强烈突出。

　　剧中各演员的基本功都十分扎实，表演也十分灵活真实，他们遵循着人物的心理逻辑来调整自己的表演节奏。在传统程式的基础上加入了自己的真切感受，塑造了有血有肉的淳于棼。就连子华、仙姑等配角的性格也是鲜活立体的。在一些感情浓重的传情达意的段落，演员对于情绪和节奏的把控十分到位，这时演员不只是表演技巧的载体，而是塑造人物性格和形象的积极创造者。现代性戏曲仿佛是看不见所谓的"表演派别"的分界的，现代社会不再有"梨园戏班"那样封闭的学艺环境,现代演员从"体验"到"体现"这个过程中,她的感受经历和成长受教是复杂的。这似乎是上昆青年演员的特色:在对莎士比亚戏剧的跨文化演绎中,上昆的实验昆剧《夫的人》赢得了好评,青年演员罗晨雪在演绎主人公焦灼、疯狂、接近崩溃的内心时,方法派内化的炽烈情感和外化的程式表演得到了完美结合,极具感染力。

整部剧目在较为快节奏的情节走向和紧密的结构布局中展开,但是演员进行了一些"停顿"来调节场面节奏以及表现人物内心强烈的心灵撞击,在一些抒情的段落,例如淳于梦在被流放返乡、被好友误解、背叛这类戏剧情境中,演员进行着绵延地、强烈地抒情演唱,戏剧性、可看性、感染力都很强。上昆的《南柯记》在舞台呈现方式、艺术表现形式上追求现代性的表达,却并未因此丢弃昆曲的古典特性和典雅韵律。整台表演高潮迭起,文武场、冷热场穿插调剂,不同行当的角色配合默契、搭配得当。戏剧结构的节奏和演员的表演节奏互相协调着浓淡疏密,以此来和观众的心理节奏进行对接,因而舞台上的戏剧张力是张弛分明的,这是全剧始终保持着吸引力的主要原因。

在当代,演出场所以及条件的变化、观众审美的变化要求我们在将传统名剧进行舞台呈现时,必须作出现代化的创新演绎。尽管昆曲的"口传"性质和艺术随时代变化发展的规律决定了我们无法做到完全再现昆曲面貌,但在保护和继承的维度,我们的艺术工作者需要兢兢业业地传授承接,如对待一些以"文物"形式留存的折子戏,因为我们有义务让后人知晓它的原始面貌,以及保存其所携带的历史、艺术、文化价值。在传播昆曲文化,扩大昆曲普及面、用现代观众易于接受的方式编演这个层面,我们应该在保留昆曲审美特质的基础上积极创新,以原著为依托,保证人物形象和情节的完整,在剧本改编和舞台呈现上融入现代性的内核,使其在市场竞争中占有一席之地。当然,在这两个维度以外的所谓"创新",比如一些剔除了剧种精髓后进行的大刀阔斧的编创或元素性的随意拼贴,笔者认为创作者应该在宣传中自觉地去除昆曲的标签,做与自己作品审美风格匹配的命名,以免在传播过程中造成观众对昆曲的曲解。最后,作为世界三大古老剧种之一,在国际剧坛广泛融合交流的今天,昆曲走上国际、和各国不同种类的剧目交流竞演也是其现代化的必经之路。

作者单位:上海大学上海电影学院

参考文献：

[1] 汤显祖．钱南扬校：《南柯梦·南柯梦记题词》，人民文学出版社 1981 年版。
[2] 谭霈生：《戏剧本体论》，北京大学出版社 2009 年版。
[3] 胡星亮：《现代戏剧与现代性》，人民文学出版社 2007 年版。
[4] 吕效平：《再论现代戏曲》，载于《戏剧艺术》2005 年第 1 期。
[5] 什克洛夫斯基著，刘宗次译：《散文理论》，百花洲文艺出版社 1994 年版。
[6] 俞为民：《昆曲的现代性发展之可能性研究》，载于《艺术百家》2009 年第 1 期。
[7] 卡林内斯库著，顾爱彬、李瑞华译：《现代性的五副面孔》，商务印书馆 2002 年版。

从"死亡"到"重生"

——杜丽娘情感悲剧的超越性

徐 晨

一

作为中国古典戏曲双璧之一,《牡丹亭》常常被拿来与同为经典的《西厢记》相比较;又因其后诞生了塑造出众多光彩又叛逆的女性形象的惊世之作《红楼梦》,《牡丹亭》不可避免地被看作是上承《西厢记》,下启《红楼梦》的作品。杜丽娘也就自然成为了在反抗压迫、追求爱情、争取自由等方面比崔莺莺更大胆、较林黛玉尚不足的女性形象,处于从宋元到明清女性情爱意识觉醒的过渡期与转折点上。①

细察之下,这个观点却并不令人满意。就人物形象的塑造而言,杜丽娘与崔莺莺之间,除了身份上的相似,其余的可比性并不大。与杜丽娘相比,崔莺莺实际上仍然属于被动的情爱承载者。虽有"临去秋波那一转"的惊艳加持,仍然不过是听了男人的温情软语,在丫头的怂恿下,半推半就,认为自己一旦委身便要嫁给对方的千金小姐。而实际上,《西厢记》里反抗的主角与其说是崔莺莺,不如说是红娘——在崔莺莺与张生几个回合的来往中,是红娘见不得张生病痛难耐,为张生想办法出主意;在崔莺莺举棋不定之时,是红娘劝崔莺莺大胆向前,无须多虑;事情败露后,是红娘临危不惧,与老妇人据理力争,认为小姐与张生相好并不是见不得人之事。这里的红娘,像是一个"过来

---

① 此类观点几乎已成共识,如近些年发表的文迪义:《〈红楼梦〉:女性意识觉醒之丰碑——兼与〈西厢记〉、〈牡丹亭〉比较》(《山花》2013 年第 11 期),王妍:《〈西厢记〉〈牡丹亭〉"女性意识"之解读》(《盐城工学院学报》2005 年第 4 期),舒红霞、王骁:《〈西厢记〉〈牡丹亭〉〈红楼梦〉女性意识初探》(《大连大学学报》2002 年第 3 期),曾效葵:《从〈西厢记〉和〈牡丹亭〉看中国古代女性意识的觉醒》(《安徽文学》2011 年第 7 期)等文,都曾有所论述。

人",明白小姐的心思,在其羞涩矜持的时候,推她一把,助她一臂,宛若二人爱情中的"救世主"。甚至可以说,如果没有红娘从中相助,崔莺莺与张生的情愫很有可能会被扼杀在萌芽之中,空余遗憾。正因如此,在日后的许多版本中,红娘的地位都超越了崔莺莺,成为了绝对的主角。从某种程度上讲,当我们提到《西厢记》,首先想到的是"愿普天下有情人都成了眷属"这一主题,而第二个想到的,恰恰是红娘这个聪明泼辣大胆机灵的形象,而不是过于娇怯又口是心非的崔莺莺。

《牡丹亭》则恰恰相反。与崔莺莺的半推半就不同,杜丽娘自始至终都是主动的。主动造梦,主动赴死,主动还魂,也正是这完全而彻底的主动,使得杜丽娘与崔莺莺等相似的大家闺秀产生了截然不同人物性格。她并不像那些名门小姐一般,在偶然的情况下,在寺庙或是后花园里意外遇见一男子,眉来眼去,三笑留情,提诗赠帕,然后私定终生。杜丽娘妙就妙在,她的爱情皆由她全权创造——是她自己一手打造了一个自己中意的男主角。

曾有论者言,"莺莺对于张生,是由'情'到'欲';杜丽娘对于柳梦梅,却是由'欲'到'情'。也就是说,杜丽娘并不是先爱上柳梦梅,才有冲破'男女之大防'的选择,而首先是难耐青春寂寞,由自然涌发的生命冲动引向与柳梦梅的梦中幽会,恣一时之欢,由此蕴育了生死不忘之情"[①]。杜丽娘起先只是一个懵懂少女,因由大自然的美好,想到了同样美好的自己,继而怜惜起自己正值青春年华,却无人来欣赏的处境。杜丽娘确实是深陷"困境"中的,"春困",她的身边不是年迈保守的父母,就是古板迂腐的教书师父,唯一能与自己说说话的春香,也还是一个不懂男女之事的小丫头。因而,受到自然美好感召的杜丽娘,触景生情,融情于景,用"梦"的方式在春意盎然的美景中,制造了一个只属于自己的情爱故事。在这个故事中,男主角柳梦梅可以是任何人,只因在柳边折枝相赠,只因梅子磊磊可爱,因此姓柳名梅,加之是出现在杜丽娘的梦中,故曰"梦梅"。显而易见,柳梦梅这一形象,完全是按照杜丽娘的臆想凭空设计出来的,而这一点,恰恰最能说明杜丽娘的爱情与旁人不同。

问题是,这种不同究竟意味着什么?杜丽娘"因情造梦"所编织的情梦世界究竟有着怎样的戏剧史的意义?或者说,究竟是什么成就了杜丽娘的不朽

[①] 章培恒、骆玉明:《中国文学史》,复旦大学出版社1996年版,第437页。

的情爱，同时也成就了《牡丹亭》的爱情绝唱，甚至"几令《西厢》减价"？诸如此类，也就需要我们进一步来加以发掘和品味。而归根究底，一种出"生"入"死"的超越意识才有可能成为《牡丹亭》中杜丽娘悲剧的动因与情致所在。

二

如果从"情"的角度出发，《牡丹亭》一剧中所有人物都可以被视为杜丽娘的陪衬。而我们说从"情"的角度来看，便是有意按下杜宝这条与政治有关的副线不表。在故事展开的层面上，《牡丹亭》的剧情结构是双重的，它其实写了两个故事：其一自然是杜丽娘的爱情故事；其二便是杜宝的政治故事。它甚至给人一种强烈的感觉，即，《牡丹亭》中的第一男主角并非柳梦梅，而是杜宝。杜丽娘和杜宝的行动挑起了剧本的两条情节主线，二人分别是这两条线中的绝对主角。剧作家笔下的作品都有自己的影子，可是细加琢磨就会发现，年过半百的汤显祖身上并没有多少柳梦梅的影子，而是与为官清廉，一心想为国家、为百姓效力的杜宝更为相像。再者，如果我们抛开杜宝这个与情无关的人物不谈，《牡丹亭》中唯一能代表汤显祖对情的认知的人物是杜丽娘，也只有杜丽娘，与柳梦梅并没有太大关系。从主动造梦，到寻梦、写真，到冥间审判，到魂游、幽媾，到主动坦白实情并指引柳梦梅开棺，再到要求人间的"实礼"，如此种种，实则都是杜丽娘一己的诉求与行动。柳梦梅充其量只是杜丽娘爱情的最大配合者，甚至连合伙方都谈不上。因此，与其说《牡丹亭》写的是杜丽娘与柳梦梅二人的爱情，不如说其实是杜丽娘"一个人的爱情"。

此论述也许与一些观点相悖，如《〈牡丹亭〉"至情""有情"辨——从梦与真的关系考察》①一文的作者认为，柳梦梅也有做梦的情节，且二人之梦构成了一种呼应关系。杜丽娘一梦，柳梦梅一梦，巧妙的"双梦"结构让两个人彼此在梦中相遇相约，继而才有了后面的相知相爱。天下无不根之萌，"双梦说"让杜柳的爱情看起来仿佛如前世注定般充满了宿命感，愈发动人。然而，杜丽娘的"一梦而亡"，已经被无数学者仔细探究过，从"惊梦"到

---

① 赵蝶：《〈牡丹亭〉"至情""有情"辨——从梦与真的关系考察》，载于《戏曲研究》2016年第1期。

"寻梦"到"闹殇"到"幽媾"到"回生",环环相扣,一气呵成;而关于柳梦梅的"梦",却是漏洞百出,经不起推敲,不免让人心存疑虑。

第二出《言怀》里,柳梦梅"自报家门"后说了一段话:"忽然半月前,做下一梦。梦到一园,梅花树下,立着个美人,不长不短,如送如迎。说道'柳生,柳生,遇俺方有婚缘之分,发迹之期。'因此改名梦梅,春卿为字。"此段表白看来是为了显示柳梦梅的痴情,因为梦中女子的一句话便改换了名字,实则不符实际。且不说古代男子会不会轻易改名,只说柳梦梅如果能为梦中的女子痴情到改名字的程度,这个女子必定是让其心心念念牵肠挂肚的,是如同"神仙姐姐"一般的存在。再者,在梦中既已知"不长不短,如送如迎",那么柳梦梅必然应该对该女子的样貌、身型、姿态了然于心才对。而在第二十四出《拾画》中,柳梦梅捡到画后,并没有认出画中女子即是自己朝思暮想的树下美人。直到后期日日夜夜对画像把玩之余,发现了杜丽娘题在画卷上的诗"不在梅边在柳边",才心生疑惑,继而把"画中人"和自己先前的"梦中人"联系在一起。

如果这个安排还勉强可以为杜丽娘与柳梦梅的"梦中注定"添砖加瓦,那么在第二十八出《幽媾》里,二人的相遇又出现了不合理性,而这种不合理性同样出现在柳梦梅身上。这场相遇对于杜丽娘来说,并不突兀。杜丽娘魂游观中,听得柳梦梅高声低叫"俺的姐姐,俺的美人",不免动情。接下来,杜丽娘还通过名字与自己画像的比对,确认了柳梦梅就是自己的"梦中人",之后才大胆地来到柳生的房前敲门,一诉衷肠。而柳梦梅却并非如此。杜丽娘敲门之时,柳梦梅见到她的第一反应是:"呀,何处一娇娃,艳非常使人惊诧",随后便如得了便宜般欣喜道,"果然美人人见人爱,小生喜出望外。何敢却乎?"继而急急地补充道,"以后准望贤卿逐夜而来"。可见,柳梦梅其实是在心里已经有了"梦中人""画中人"的情况下,又欣然接受了夜半敲门的陌生女子。也许有人会说,柳梦梅其实知道那就是杜丽娘,对于这点,也实在让人难以认同。在第三十二出《冥誓》中,也就是二人夜夜欢歌许久之后,杜丽娘深觉这样下去不是办法,便将自己的身份如实相告。待问道柳梦梅她的画卷从何而来时,柳梦梅惊讶道:"可怎生一个粉扑儿?"杜丽娘也才亲口确认说:"可知道,奴家便是画中人也"。也即是说,柳梦梅其实是在不知道杜丽娘就是其"心上人"的情况下与其共度良宵并发下海誓山盟的。如此看来,缘分倒是有了,但,痴情何在? 种种看来,"双梦说"实则立不住脚。因此,说《牡丹亭》所渲染的只是杜丽娘一个人的爱情,柳梦梅只是个陪衬,也许并不为过。

三

艺术史上,爱情总是要在生死的陪衬之下,在对生与死的超越之中,才显其伟大。古今中外感人肺腑的爱情故事,也无一不有着死亡的烘托。在东方,前有自挂东南枝的《孔雀东南飞》,后有比翼化蝶的"梁祝",主人公往往不得不选择"殉情"这一方式来维护自己的爱情。西方也是如此,无论是历史相对久远的《罗密欧与朱丽叶》,还是描写现代故事的电影《泰坦尼克号》,爱情只有在死亡的面前,才更显珍贵。

中国人历来讲究因果,讲究轮回,而世间最大的因果轮回便是生死。汤显祖云:"情不知所起,一往而深。生者可以死,死可以生。生而不可与死,死而不可复生者,皆非情之至也。"① 就是说,生死之间是可以互相转换的,而唯一能强大到可以支撑完成此间相互转换的力量便是情。因情得不到的人可以睡去,只要梦中有情;当梦中的情缘散了,做梦人可以死去,只要另一个世界有情;当"人鬼情"不能长久,死去的人可以复生,只要复生后可以继续未了之情。正如杜丽娘自己所言:"前日为柳郎而死,今日为柳郎而生"。②

《〈牡丹亭〉中杜丽娘亡于思疾的原因》一文的作者曾把杜丽娘的死因归结于"《牡丹亭》'至情'的主旨""汤显祖的儒家思想"以及"传奇的奇异色彩"三方面原因③,这种说法固然有其道理,但事实上,杜丽娘之死在汤显祖的安排下乃是一种积极的主动的死。徐朔方先生曾说:"杜丽娘不是死于爱情被破坏,而是死于对爱情的徒然渴望。"④ 这句话我们可以同意其前半部分,认可杜丽娘与刘兰芝、祝英台的死因不同。在《牡丹亭》里,并没有一个如"老夫人"或是所谓的"家仇国恨"等反面力量来破坏杜丽娘的爱情,她也自然就不是死于爱情被破坏。而后半句"死于对爱情的徒然渴望"实则有待商

---

① 汤显祖著,徐朔方、杨笑梅校注:《牡丹亭》,人民文学出版社2015年版。
② 汤显祖著,徐朔方、杨笑梅校注:《牡丹亭》,人民文学出版社2015年版,第187页。
③ 庞杰:《〈牡丹亭〉中杜丽娘亡于思疾的原因》,载于《成都师范学院学报》2014年第2期。
④ 汤显祖著,徐朔方、杨笑梅校注:《牡丹亭》,人民文学出版社2015年版,第2页。

权。杜丽娘真的是死于对爱情的徒然渴望吗？窃以为不完全对。杜丽娘之死，恰恰与她的梦一样。死去，只是做梦的下一步，是对追寻爱情的更有力的办法。比之做梦，死去便能更彻底地摆脱一切人世间的苦恼和障碍，更大胆地去实现自己的心愿。

春花秋月是为最美，杜丽娘因春伤情，因此一梦不醒。而这一梦却恰恰是对自己爱情的一种成全。梦醒无果，想要再次享受爱情美妙的杜丽娘，必须寻找新的方式。故而，在中秋之夜，杜丽娘看似死得凄惨，实则是在告别人间的同时，开启了新的"寻梦"之旅——与那个带给自己"千般爱怜，万般温存"的心上人的再次相会。人有悲欢离合，月有阴晴圆缺，作者选择了月圆之时送走丽娘，虽是"以乐景衬哀情"，却也不失为一种"无心插柳"的祝福和憧憬。

杜丽娘早在"游园"后、"惊梦"前就曾独白过："可惜妾身颜色如花，岂料命如一叶乎？"以"叶"比"命"，是杜丽娘第一次预见到自己那即将如同落叶一般飘零的命运。无独有偶，在《寻梦》一出中，当杜丽娘寻梦不得，忽见一株大梅树，脱口而出道："这梅树依依可人，我杜丽娘若死后，得葬于此，幸矣"，紧接着感叹道，"这般花花草草由人恋，生生死死随人愿，便酸酸楚楚无人怨"，被春香劝离后，更是直接地表明了自己的心态，"难道我再到这亭园，则挣的个长眠和短眠！"梦，是生命短暂的静止和休眠，死，则是长期而久远的梦。当梦境不可复制，不可重现，杜丽娘只能选择死亡这种极端又惨烈的方式来完成自己的爱情。因此，我们可以推断，在此时，杜丽娘的心中已经有了用"短眠"和"长眠"这两种获得爱情的办法了！"短眠"已经尝试过，余下的便唯有"长眠"尔。

面对自己的日渐瘦削，杜丽娘想到用写真的方式来留住自己的美貌，并言："若不趁此时自行描画，流在人间，一旦无常，谁知西蜀杜丽娘有如此之美貌乎！"按常理推断，杜丽娘小小年纪，即使身体欠佳，也不应该想到死亡。而杜丽娘却直接想到画像可以作为自己死后被记住的信物，可见是对自己死亡的最终命运预见得非常清晰。在杜丽娘生前的最后一出《闹殇》中，杜丽娘也曾先后感言："奴命不中孤月照，残生今夜雨中休……此乃天之数也。"而根据杜丽娘病逝前对春香说"咱可有回升之日否？"的发问以及临终前留在世上的最后一句"怎能够月落重生灯再红！"等，我们可以大胆推断，杜丽娘对自己的死亡早有"预谋"。并且，她不仅对自己的"死亡"早有预料，甚至对自己的"重生",也是有预料的。由此可见,"梦境""死亡""重生",恰恰对应着杜丽娘与柳梦梅"梦中情""人鬼情""人间情"的三部曲。

死有很多种,同样是因情而死,却也是千姿百态。刘兰芝是守护爱情不得,愤愤而死;祝英台是渴望爱情不得,悲伤而死。而杜丽娘之死,看似是死亡,实则是向死而生、为生而死,是一种有别于简简单单殉情的死亡。这种死亡,看上去是被动的"因病成疾、慕色而亡",其实是为了获得爱情的主动性选择,正如有论者言:"杜丽娘之死,并不意味着她生命的结束,而应该说是杜丽娘新的斗争的开始;杜丽娘之死,并不是悲剧的结束,而是杜丽娘与封建礼教斗争转换了形式"①,真乃"生生死死为情多",彻底突破了"发乎情、止乎礼"的条条框框,达到了一个人为了争取自己所爱而可以达到的最高峰。

"死亡"与"重生"的结合是具有世界文化史上的原型意义的。原始先民就是从四季轮回中就体察到这种"死亡"与"重生",从而产生遍及世界各地的四季神话,基督教《圣经》中更是以基督之"死亡"与"重生"来构建起一套神学谱系。故而,"死亡"并非意味着肉体的死寂,更是直指精神的"重生";换言之,也就是精神不死。在这个意义上,杜丽娘为了情爱,因情而死,死而复生,虽不似基督之死而复生那般神奇而圣洁,却也像填海之精卫,情海欲填,死得其所。况且,四季的轮回与《牡丹亭》的生生死死,也正好形成了鲜明的映照,剧作家"一生儿爱好是天然"的天道美学在这里也得到了最好的诠释与体现。

四

正是在一种"死亡"与"重生"的文化视域之下,杜丽娘的情梦世界才显得瑰丽无比、不同凡响。

凡间女子若想追求自己的爱情,必然是有着重重障碍的。然而在戏中,剧作家则可以赋予女主人公凡人所不具备的能力,赋予她特殊的身份,使其可以摆脱或者至少可以无须遵守凡间的规定与礼数。这也就意味着,她不能是个凡人。不是人,那么就只剩下几种选择:仙、鬼、妖(精、怪)。杜丽娘本为凡间女,自然不可能突兀地得道成仙,也不可能成为妖魔精怪。那么唯一的出

---

① 毛德富:《"寻梦"——杜丽娘爱路叙说》,载于《殷都学刊》1994年第4期。

路，就是变成鬼。也只有变成鬼，才能暂时获得凡间女子不可获得的"权力"。但是，却也不能像《李慧娘》或《活捉三郎》中的主人公，只是一味地因"鬼"而"神"，快意恩仇，或报仇雪恨，或快活缠绵。也正是在"鬼—神—人"这三个身份与权力互相撕扯的分寸之间，有了剧情的推进，也就是"还魂"。

如果说梦中的杜丽娘依然是对手持柳枝的柳梦梅半推半就，那么化身为鬼魂的杜丽娘则直接来到柳梦梅的房前敲门，大胆可爱。对于杜丽娘来说，"鬼"的身份不仅仅是前文所提到的对爱情的进一步追寻，更是被额外赋予的权力的象征。正因为有了这种权力，杜丽娘才能在没有如红娘般的丫头的帮助下，独立完成与心上人的甜蜜约会。王思任曾用一个"妖"字评价杜丽娘①，想必这个"妖"字不仅指杜丽娘妖艳的美貌，更指其可以为了心上人出生入死、死去活来的叛逆本性，正所谓"一灵咬住，必不肯使劫灰烧失"，普通凡间女子，自是不可比的。这样看来"牡丹花下死，做鬼也风流"也就不仅仅指男性了。

除此而外，传奇传奇，非奇不传，在对爱情的渲染中加上"慕色而亡""人鬼幽会""掘墓开棺"等桥段，这种大众接受层面上的"死亡"与"重生"，不仅增加了剧情的跌宕起伏，利于剧目的传播，更是对于大众心灵的抚慰，因缘聚会，善恶有报，成为大众审美范式下屡试不爽的安神片。

故而，"杜丽娘之死"既是"死亡"，也是"重生"。"死亡"是"表"，"重生"是"里"，从"死亡"到"重生"，二者互为因果，荡气回肠，构成了杜丽娘悲剧的完美的回旋曲线。换句话说，"死亡"是杜丽娘独特的追寻情爱、超越常情的方式与途径。也正是这样独特的方式与途径，才让杜丽娘与同时期其他大户小姐"一见钟情"式的爱情产生了质的区别。造梦、寻梦，继而不惜放弃生命来成全自己的情爱追寻，如此投入，必然换得到一份超越生死的不朽爱情。虽九死而犹未悔，欣欣然向死而生，成就了杜丽娘，也完满了牡丹梦。

作者单位：浙江传媒学院戏剧影视研究院

---

① 汤显祖著，王思任批评，李萍校点：《王思任批评本〈牡丹亭〉》，凤凰出版社2011年版，第1页。

理解杜丽娘：为了反抗还是为了实现

徐大军

李渔《闲情偶寄》在论及戏曲词采时，谈到世人普遍视《惊梦》《寻梦》二出为《牡丹亭》之精华所在（李渔以宗元曲、贵显浅为原则并不认同此看法）①。稍后于他的孔尚任、曹雪芹都在自己的作品中使用了《惊梦》之【皂罗袍】曲词"原来是姹紫嫣红开遍……"（《桃花扇》第二出、《红楼梦》第二十三回），这表明文人阶层对其曲词成就的普遍认可。但世人更多的赞扬则是着眼于此二出所表现出的思想力度，即那种具有时代精神高度的至情力量。吴梅在《怡府本〈还魂记〉跋》中承续洪昇"肯綮在死生之际"的说法②，认为洪昇所列举的十出戏，"其中搜抉灵根，掀翻情窟，为从来真词家龈齿所未及，遂能确踞词坛，历千古不朽也"③。对于吴梅的这一认定，蒋星煜先生特作强调："其实，'历千古不不朽'的也只是《惊梦》、《寻梦》。"④ 蒋先生之所以持如此看法，乃认为此二出中杜丽娘所表现出的真情反抗礼教、人欲反抗天理的淋漓尽致发挥，已经出色地完成了全剧反封建礼教的主题，而剧作的其他部分则对这个主题的表达没有帮助。⑤

---

① 李渔《闲情偶寄·词采第二》："元人非不深心，而所填之词皆觉过于浅近，以其深而出之以浅，非借浅以文其不深也，后人之词则心口皆深矣。无论其他，即汤若士《还魂》一剧，世以配飨元人，宜也。问其精华所在，则以《惊梦》《寻梦》二折对。予谓二折虽佳，犹是今曲，非元曲也。"上海古籍出版社 2000 年，第 34 页。
② 洪昇评说《牡丹亭》曰："肯綮在死生之际，《记》中《惊梦》《寻梦》《诊祟》《写真》《悼殇》五折，自生而之死；《魂游》《幽媾》《欢挠》《冥誓》《回生》五折，自死而之生，其中搜抉灵根，掀翻情窟，能使赫颢为大块，陶廪为造化，不律为真宰，撰精魂而通变之。"陈同、谈则、钱宜《吴吴山三妇合评牡丹亭》，上海古籍 2008 年，第 152 页。
③ 蔡毅编：《中国古典戏曲序跋汇编》，齐鲁书社 1989 年版，第 1256 页。
④ 蒋星煜：《"慕色"婉约秀美，"还魂"相形见绌（关于〈牡丹亭〉的反思）》，载于《文化艺术研究》2008 年第 1 期。此文又见《中国戏曲史钩沉》，上海人民出版社 2010 年版，第 467~479 页。
⑤ 蒋星煜认为："《牡丹亭》有五十五出之多，而'好文章'基本上在《游园》《惊梦》《寻梦》三出，如果把《游园》《惊梦》作为一出，'好文章'就在这两出。"其原因就是："按照西方的戏剧理论，从《游园》到《寻梦》，反封建礼教的主题完成得相当出色，青年男女的爱情被遏制，但终究无法控制青年男女在梦中的思想活动，这一点已经发挥得淋漓尽致了。因此，似乎也可以成为一个完整的作品。"相对于此二出，剧作其他部分则相形见绌，因为它们对于主题的表达不是没有帮助，就是离主题太远，或者对主题的完成并非必要；而《回生》之后的部分，"便落入一般传奇作品的俗套，唱词、说白要写出好文章当然也很难"。载于《文化艺术研究》2008 年第 1 期，第 172~173 页。

其实不唯蒋先生如此认为，在许多人的观念里，《惊梦》《寻梦》二出之于全剧的意义，就在于其能出色、深刻地表现出《牡丹亭》那个以情理冲突为基础展开的具有时代精神意义的反抗封建礼教的主题；而在评析杜丽娘的形象意义时，也是有意无意地在这个主题表达的设定前提下来进行的。与这种观念、思路相对应的是，当谈及《牡丹亭》的思想主题或人物形象时，也普遍地以此二出为据，而有意无意地忽视剧作的其他部分。

我们非常赞同《惊梦》《寻梦》二出的优秀，无论是词采水平还是思想力度，其对后花园的春光、杜丽娘的春情相互映衬又含蓄酣畅的表现，对于杜丽娘一灵咬住、超越生死的真情力量的表现，确实令读者感动和激昂，这正是它们能作为折子戏盛演不衰的重要原因。但如果我们赞赏此二出的优秀价值是基于其符合全剧以情理冲突而展开的反抗封建礼教的主题，并因此而有意无意地忽视、贬斥剧作其他部分，则欠妥当。因为剧作并不是全以情理冲突为基础展开的，杜丽娘也不是一直以真情力量来冲击"天理"的，比如，全剧的重要关节是杜丽娘的"还魂"，还魂前的部分表现了杜丽娘那超越生死的至情力量，还魂后的部分尚有20出之多（全剧共55出），杜丽娘则明确宣称"鬼可虚情，人须实礼"，而且她渴望实现的俗世婚姻最终还是由那个代表人间秩序的皇帝下诏促成的。那么，杜丽娘还魂后"人须实礼"的声明与行为，与她惊梦、寻梦时的表现又有何逻辑联系呢？这首先应该探析一下它们与全剧其他部分的结构关系，因为剧作所展现的神、鬼、人三界力量都是杜丽娘所要面对的现实，也是我们论析杜丽娘这个形象以及剧作各部分关系所要面对的信息。

一、杜丽娘在三段情缘中寻求青春渴望的实现

《牡丹亭》中的杜丽娘在"生者可以死，死者可以生"的人鬼身份转换中经历了三段情缘①。

第一段是幻梦情。

杜丽娘偶然踏入花园游赏，忽睹春光，顿生春情，自然的春色触发了她"一生儿爱好是天然"的内心，继而感慨春光易老，青春易逝，慕春色而动了

---

① 此处参照了白先勇青春版《牡丹亭》（2004）的情节单元划分。该剧分为上中下三本，各为"梦中情""人鬼情""人间情"。

真情，渴望能够有人欣赏自己的美貌，陪伴自己的青春，响应自己的内心情动。春情涌动，感而有梦，于是那个手持柳枝的书生就翩然踏梦而来，应其心、承其意而有了一场梦中欢爱。杜丽娘渴望一个能够不辜负其年轻美貌、确认其青春价值的承载体，而那个白日幻梦中出现的书生，就是杜丽娘这一凝结心间的基于生命本性渴望的具象，他在杜丽娘梦中出现时所唱【小桃红】曲"则为你如花美眷，似水流年"，就是对杜丽娘"良辰美景奈何天，赏心乐事谁家院"所表达的青春苦闷的回应。所以，那个手持柳枝的书生就是杜丽娘青春觉醒后对于美、爱、生命等自然天性深情渴望的具象化，他的出现不但回应了杜丽娘的青春诉求，也肯定了杜丽娘基于自然天性对美、对爱、对生命、对自由的渴望。虽然《牡丹亭》是以文学的表达方式让这个具象人物来引导着杜丽娘体会了爱情的美好，实际上是杜丽娘觉醒的青春、爱情在引导着她、激励着她出生入死，追求着，抗争着。

第二段是鬼魂情。

幻梦情中那种基于天性自然的美、爱给她带来的欢幸，正是杜丽娘生存的人世所没有的。父母训诫、塾师教诲所体现的礼教规范的生活环境，不是杜丽娘内心春情可以托付的现实，所以，她才会相信这个梦幻是她最可信赖的现实，进而才会有"寻梦"这一追寻梦中情人的实际行动，才会在写真时欣喜地吐露自己心中已有回应她青春渴望的爱人了。只是她的"寻梦"行动在现实的花园里受阻，徒然无望的沮丧与痛苦，让她把心中的春情幽怨对着一棵梅树倾诉出来，并且表达了一种若能如愿、死亦无憾的企盼：如果活着不能与梦中爱人相拥相依，自己愿意死后与这棵梦中出现的大梅树相依相伴（《寻梦》之【江儿水】曲）。对于杜丽娘来说，这实际上也是她心中渴望的一种实现方式，后来她果然如愿实现了，成了一个自由游走的鬼魂。胡判官不仅让花神保护她的肉身不烂，还发给她游魂路引，任其鬼魂随风游戏，寻找梦中情人（《冥判》）。

杜丽娘是因为心念着那个梦中出现的手持柳枝的书生而死的，死后的鬼魂也负载着这个执念而不懈地追寻着这个不知何处的书生。后来，杜丽娘曾以"写真"挽留下来的青春美貌画像，终被柳梦梅捡到，并以深情"叫画"的形式日日夜夜、反反复复地回应着她曾经的青春诉求，这正是杜丽娘为人时所渴望的对其如花美眷、似火爱情的回应。就像当初那个手持柳枝的书生踏梦来到杜丽娘的梦境中，杜丽娘的鬼魂也踏着柳梦梅的"叫画"呼唤声而从阴间来到了柳书生的身旁，夜夜私会，成就了一段人鬼情缘，同时也实现了这个鬼魂所负载的杜丽娘的人世渴望。

第三段是俗世情。

杜丽娘在柳梦梅的帮助下鬼魂回生，重返肉身，但当柳梦梅三番五次央求成亲时，她以"鬼可虚情，人须实礼"为由，坚持认为应该按照俗世的社会规范来完成自己的婚姻之事，比如父母之命、媒妁之言，尤其希望能得到父母对自己婚姻的认可。但父亲杜宝认定柳梦梅是"开棺劫财"的恶徒，吊打拷问；也不承认杜丽娘已还魂为人，坚持是"花妖狐媚，假托而成"的妖孽，主张"奏闻灭除"（第五十三出《硬拷》、第五十五出《圆驾》），后来即使确认杜丽娘已回生人身时，仍然坚决要求女儿抛弃柳梦梅才肯父女相认。这个僵局最后吵到皇帝面前才被解决，皇帝降诏断结："朕细听杜丽娘所奏，重生无疑。就着黄门官押送午门外，父子夫妻相认，归第成亲。"于是，剧作就以夫荣妻贵的结局大团圆收场了，杜丽娘也实现了她最初为人时所生死执念的"他年得傍蟾宫客，不在梅边在柳边"的理想。

上述杜丽娘所经历的这三种情缘，元明戏曲作品多有类同的关目设置，有的是单用一种情缘作为结构故事的重要关节，有的是使用这种三段式情缘来架构故事情节。设置幻梦情缘者，典型的如明中后期王元寿的《异梦记》，乃据瞿佑《剪灯新话》卷二《渭塘奇遇记》改编，叙一梦中姻缘终成现实的离奇爱情故事。设置鬼魂情缘者，有元代郑光祖《倩女离魂》中张倩女魂魄追随书生王文举，明代周朝俊《红梅记》中李慧娘死后鬼魂追寻书生裴禹，成就了人鬼情缘。设置俗世情缘的作品更为普遍，男女相恋，私定终身，虽遇阻力（如父母不认可），终得团圆，这种情节架构已是传奇戏曲的俗套，《牡丹亭》中俗世情一段也取为己用。

至于设置三段情缘结构者，有元代无名氏的杂剧《萨真人夜断碧桃花》。剧叙广东潮阳县知县徐瑞之女碧桃与书生张道南在后花园私会而被父母叱责，一气而亡；几年后，张道南状元及第，官授潮阳知县，夜游花园，碧桃鬼魂出现，和道南幽会；张道南因此患病不愈，萨真人即作法勾来碧桃鬼魂，由掌管生死和姻缘的两位判官查明她阳寿未尽，姻缘未了，遂借尸还魂而与张道南团圆。即使细节之处，《牡丹亭》亦与此剧有颇多相似之处，比如都有冥判、还魂二节。冥判情节中，《牡丹亭》是阴间判官审问丽娘鬼魂，知其与柳梦梅有姻缘之分，并助其遂愿；《碧桃花》是萨真人夜审碧桃鬼魂，知其与张道南有姻缘之分,并助其成功。还魂情节中,《牡丹亭》是杜丽娘死去三年后还魂,回生后吃"还魂丹";《碧桃花》是碧桃死去三年后还魂,还魂后吃"定魂汤"。

比较于上述诸剧,《牡丹亭》设置杜丽娘的三段情缘想要表达什么意旨,其间的逻辑联系又是怎样的呢?

从《牡丹亭》的整体故事来看,大团圆的结局应是杜丽娘想要的最好结果。柳梦梅是她穿越梦境、鬼界一灵咬住、始终心系的对象,现在她终于可以合乎世俗社会规范地与他相依相伴了。如此以来,还魂后的杜丽娘终于实现了她得成佳配、不负青春的梦想。其实,她当初为人时忽慕春情、生死渴求的也正是这个梦想:人世上能遇到一个配得上她青春美貌的人,不辜负这春光明媚的良辰美景。她反复申明了这一心愿:"吾今年已二八,未逢折桂之夫;忽慕春情,怎的蟾宫之客。……年已及笄,不得早成佳配,诚为虚度青春,光阴如过隙耳","则为俺生小婵娟,拣名门一例、一例里神仙眷。甚良缘,把青春抛的远!"因此,她觉得自己辜负了这良辰美景、青春美貌,不禁黯然神伤:"可惜妾身颜色如花,岂料命如一叶乎?"(《惊梦》)而当杜丽娘"写真"以期留下青春美貌的样子时,春香即指出"只少个姐夫在身旁",然后说"若是姻缘早,把风流婿招,少什么美夫妻圆画在碧云高"。春香认为如果杜丽娘早得佳配,这自画像也就多此一举了。

从大团圆的结局回看春情涌动的开始,杜丽娘一直在寻求得成佳配、不负青春这一目标的实现,只是在她"忽慕春情"之时,人世中难逢"蟾宫之客",所以才会无奈地寻索另外的实现方式,因情成梦。对于杜丽娘来说,既然在现实生活中无法找到春情的托付对象,那么,幻梦就必然成为她最可依赖的现实了。后来她无比严肃认真地再次游园"寻梦"以确认那场春梦中欢幸的踪迹,在"写真"时又无限深情地向春香吐露在自己梦里已有个心上人来找过她了,这些都是她把这段梦幻情缘视为可真实托付春情的一种表现。可惜的是,杜丽娘认为真实的这段幻梦并不能与现实的花园并存,也并没有在现实的花园里留下痕迹,于是,在寻梦未得、沮丧悲伤之时,她面对着自认为是梦中出现的大梅树尽情地倾诉着自己的春情幽怨,以及美好心愿:"这般花花草草由人恋,生生死死遂人愿,便酸酸楚楚无人怨。待打并香魂一片,阴雨梅天,守的个梅根相见。"(《寻梦》之【江儿水】曲)她希望自己能像花草一样自主爱恋,果遂此愿,则生死不惜,巴就没有什么可感到酸楚哀怨的了,并且发愿死后要埋葬在这棵梦中出现的大梅树下面,就像睡倒在梦中情人的怀抱里。

杜丽娘为了能找到梦中情人而生死不已来到阴间，当她的鬼魂追寻到人世间确有那个手持柳枝的书生柳梦梅时，当她与柳梦梅能够"花花草草由人恋，生生死死遂人愿"了，那么，为何她仍要寻求还魂呢？这仍是为了实现当初为人时的目标寻找到一个可托付春情、不辜负自己青春美貌的佳偶？我们来回看一下她一系列行动的意图。她的死前留真是为了托付自己的青春美貌，她的毅然赴死是因为礼教禁锢的现实生活中对爱情的徒然渴望，是为了寻找那个曾经踏梦而来、回应她青春呼唤的书生，她的死后鬼魂请求肉身不烂是为了能实现真正的得傍蟾宫客。现在人鬼情已成，但对于杜丽娘当初为人时的渴望来说，仍然是徒然的。所以，对于她那个为人时的渴望来说，不论是人、是梦、是鬼，都是为了找到一个不辜负她青春、配得上她美貌的人，以实现她为人时的青春渴望。当她身处鬼界，虽然人鬼情实现了，这对于人世的渴望来说是一个安慰，但杜丽娘想要的肯定不是安慰，而是实现。想一想《聊斋志异·叶生》中的叶生鬼魂最终明白自己处境后的轰然委顿，作为鬼魂，虽然精神不屈，虽然科举高中，实现了人世的目标，但这个目标对于鬼魂来说又有何用呢？所以，杜丽娘即使在人鬼情已成的情况下，还是要还魂。还魂，就是为了实现她为人时的春情渴望。

所以，由剧作最后的结局往前看杜丽娘穿越人间、梦境、鬼界的言行，她初始并未明确要冲击、反抗世俗规范，而是意在春情渴望的实现，她最终能在俗世中实现的佳偶相伴这个目标，也是她当初春情涌动时就想达到的目标。杜丽娘还魂后寻求俗世规范支持的努力，表明她并不是一味地要反抗世俗规范，而是意在寻求一种作为人的自然本性的实现。惊梦、寻梦是这个实现的开始，而她最终能够在俗世中实现了"幻梦情"，也是体现了她一灵咬住、努力不懈、因情而梦、由梦而亡的价值。对于杜丽娘最初为人时的那个春情渴望来说，这个俗世的实现是非常重要的。

由此分析，从剧作的故事结构整体来看，杜丽娘跨越人间、梦境、鬼界的行为是前后连贯的、统一的，她还魂后的所言所行，仍然是她当初为人时所求所愿的体现；她还魂后所获得的美满生活，仍然是她当初为人时所渴望达成的目标。杜丽娘所经历的三段情缘，在故事结构上，是这部剧作所述杜丽娘故事的三个重要关节；在人物刻画上，是以不同的方式一步步实现了杜丽娘的春情渴望。在此过程中，杜丽娘既不想反抗家族，不想叛逆社会，也没有正面冲击"理"的规范，她所秉持的意识，所遵循的原则是为了解决，为了实现，故而在未找到那个托付她春情渴望的书生之前一直在生生死死地寻找，在找到这个书生之后一直在努力争取家族和社会对她婚姻的认可。

当然，杜丽娘所寻求的解决之道、实现之路，难免要面对"天理"的各种表现形式。

二、杜丽娘在实现青春渴望过程中面对的情理关系

杜丽娘所经历的三段情缘，贯穿了她的至情力量，也表现了她的"人欲"力量，但这至情力量的抒发不得不面对各种表现形式的"天理"，首先就是明确实在的俗世社会的宗法礼教。

关于杜丽娘的至情力量所面对的宗法礼教，有两个场景体现得最为明显，一是杜丽娘的游园惊梦，二是杜丽娘还魂后回绝柳梦梅急于成亲的对话。

杜宝夫妇家教甚严，不许女儿白日睡觉，不许逛花园荡秋千，允许的只是课女红和读诗书，目的是消磨和箍制青春少女的生命活力，以适应礼教规范，这样才能"他日到人家，知书知礼，父母光辉"（《训女》）。以杜宝夫妇的闺诫体现出的礼教对"人欲"的漠视，即使自然美也要求被遮蔽、被忽视，所以杜宝夫妇对女儿的爱美天性不理解，杜母"怪他裙衩上，花鸟绣双双"；杜丽娘明明是伤春，他们硬说是寒热惊风。如此以来杜丽娘生活的周围环境，就不是她能够托付春情、达成渴望的现实，所以她才会寻求在幻梦中托付她的春情渴望。梦遂人愿，在梦中找到了能回应她青春渴望的书生，但她不能自如地与之说话，而且那场"美满幽香不可言"的欢幸又很快被母亲唤醒，这是现实生活中她所受到的各种禁锢、阻塞、束缚的投射，而且她在入梦之前、惊梦之后也都听到了父母的告诫和训责。然而，就在这个由父母、塾师规训为表现形式的禁锢环境中，杜丽娘感于自然春光的春情还是勃发了，这普遍被认为是杜丽娘对宗法礼教反抗、冲击的表现，许多人也赞扬《惊梦》《寻梦》中杜丽娘所表现出的情对理的反抗精神。

但杜丽娘还魂后的表现又让这些观点（杜丽娘是以情抗理的反抗者形象，体现了剧作的反封建礼教的主题）有些尴尬。

（旦）姑姑，奴家死去三年。为钟情一点，幽契重生。……数日之间，稍觉精神旺相。

（净）好了，秀才三回五次，央俺成亲哩。
　　（旦）姑姑，这事还早。扬州问过了老相公、老夫人，请个媒人方好。
　　……
　　（生）姐姐，俺地窟里扶卿做玉真。
　　（旦）重生胜过父母亲。
　　（生）便好今宵成配偶。
　　（旦）懵腾还自少精神。
　　（净）起前说精神旺相，则瞒著秀才。
　　（旦）秀才可记的古书云："必待父母之命，媒妁之言。"
　　（生）日前虽不是钻穴相窥，早则钻坟而入了。小姐今日又会起书来。
　　（旦）秀才，比前不同。前夕鬼也，今日人也。鬼可虚情，人须实礼。（第三十六出"婚走"）

　　如果说杜丽娘作为鬼魂时的大胆热烈，可以解释成她为追求理想而冲击"天理"秩序，那么，在她还魂为人之后却明确地维护起这个秩序了——面对柳梦梅急于成亲的要求，杜丽娘明确声明："鬼可虚情，人须实礼。"如此以来《牡丹亭》以杜丽娘重还人身后的谨慎，反衬了她身为鬼魂"幽欢"的反常；以杜丽娘还生后的崇理，暗示了她与柳梦梅幽媾的悖理，由此表明"鬼魂幽欢"的大胆热烈是不合世俗社会的礼义规范的。而且她最终能获得的与柳梦梅合乎俗世规范的婚姻还是因为得到了皇帝的认可才获圆满的。
　　那么，杜丽娘还魂后的崇理声明，与她惊梦、寻梦时的崇情表现有什么逻辑联系呢？
　　其实，杜丽娘并不是还魂后才需要面对"天理"的各种表现形式的，她在三段情缘中都要面对"天理"问题、情理关系的处理问题；不唯杜丽娘如此，其他人物亦如此。当杜丽娘认为那个幻梦情是最可依赖的现实时，这个"天理"所覆盖的范围就更大了。从阳世到梦境、阴司，有杜宝、陈最良、胡判官对天理的迂腐维护，有花神、婚姻簿、皇帝诏书对人欲的合理支持。这些都构成了杜丽娘生生死死的全部世界、全部天理。
　　在幻梦情阶段，杜丽娘的那个白日梦幻肯定不是现实世界所实际发生的，但它在剧中的出现，实际上纠缠着两个方面的秩序：一方面是人世的理，她的梦中欢幸笼罩在礼教规范的阴影之下，所以梦中她不能与手持柳枝的书生说话；另一方面是上天的理，花神告诉我们，杜丽娘的因情感梦是得到了上天的允许。

在鬼魂情阶段，阴司地府里的胡判官，和阳世的"金州判、银府判、铜司判、铁院判"一样贪赃枉法，他照样"要润笔，十锭金、十贯钞、纸陌钱财"，更重要的是，他与阳世的杜宝、陈最良这类人一样迂腐固执，敌视自然的情欲，比如他无法想像杜丽娘这样的女子竟会为情"一梦而亡"；他认为春天里百花开放是败坏人心的，所以花神报出的三十九种鲜花，都被他一一批驳。但胡判官检视的阴司婚姻簿中又明确指出杜丽娘与柳梦梅本有缘分，所以，他就许可了杜丽娘的请求。

在俗世情阶段，杜丽娘还魂后的"实礼"声明就是要寻求世俗规范对其情事的承认，以实现在人世与柳梦梅相伴相随。为此，她希望遵循礼教规范，也就是这个俗世的"理"，包含着父母之命，可是父亲杜宝又坚决反对。最后柳梦梅高中状元，得到皇帝的诏书，奉旨完婚，才解开了杜丽娘与父亲之间的矛盾。所以，杜丽娘在俗世得成佳配的美满结局是以皇帝诏书为推动力才得以实现的，而这是杜丽娘的努力争取得来的。当然，在这个争取的过程中，杜丽娘还魂后的"实礼"，并不存在她在幻梦情阶段表现出的对理的反抗性，正因如此，如果论析杜丽娘是反抗者形象，持论者就对其还魂后的作为谈论甚少，或者在论其反抗性时有意无意地回避此点。

由此可见，杜丽娘无论哪一段情缘，都有一个天理上的权威在左右着杜丽娘的命运。花神、鬼判、皇帝，都是天理的一个构成部分，也是天理的各种表现形式。在每一段情缘中，杜丽娘的"至情"抒发，既有天理的禁限，也有天理的许可。有父母的闺戒管教，有胡判官的苛责，有父亲杜宝对其婚姻的坚决反对，但也有花神的回护、婚姻簿的支持、皇帝诏书的认定。由此，杜丽娘那基于"人欲"的至情涌动，至情力量的奔突，便在"天理"的挤压又允许的纽结中发生了。

首先是姻缘之分的支持。《牡丹亭》是在幻梦、鬼界展示了杜丽娘的至情力量，譬如"惊梦"中的幽欢，鬼魂时的"幽媾"。但即使对于杜丽娘作为鬼魂时的大胆热烈行为，剧作在表现上也并不是无所顾虑的，除了与她还生后的谨慎作比较以示其有悖礼义外，还隐伏了神鬼界对她与柳梦梅姻缘之分的维护。第二出柳梦梅初上场即言其与梦中一梅花树下女子有"姻缘之分"，在后来的叙述中，凡两次在情节上对此予以照应。一次是第十出《惊梦》中叙杜丽娘与柳梦梅幽欢时出现了花神的告白："因杜知府小姐丽娘，与柳梦梅秀才，后日有姻缘之分。杜小姐游春感伤，致使柳秀才入梦。"另一次是第二十三出《冥判》中阴司判官查检婚姻簿，透露出二人的宿缘："有个柳梦梅，乃新科状元也。妻杜丽娘，前系幽欢，后成明配。"剧作以这种宿命式的安排，来说明二人的幽期密约以及杜丽娘的大胆激情存在着天命上的合理性。他们的行为虽不合乎世俗社会的礼义规范，但却是命运的安排，凡夫俗子难以抗拒，也不可逆转。所谓天命不可违，也是那个社会所尊崇的天理法则。这一情节设置不但能够解释二人幽媾的合理性，也印证了杜丽娘回生后私自结婚的合理性。这种姻缘之分的设置对杜丽娘的大胆激情行为有一个无法驳斥的挡箭牌效应。

其次是奉旨完婚的认定。如果说命运是看不见的最高判定，那么圣旨是摸得着的世俗社会的顶级权威；如果说姻缘之分能说明幽欢的精神合理性，则奉旨完婚能证明二人私自完婚的社会合理性。杜丽娘还生后告诫柳梦梅"鬼可虚情，人须实礼"，要求结婚"必待父母之命，媒妁之言"。可见她一直在争取世俗社会所遵奉的礼义规范的支持，这突出表现在她企盼皇帝降旨对自己私自婚配的认可。但父亲杜宝坚决不同意二人未经父母同意、没有父母主持的婚姻，也不接纳那个"偷了地窟里花枝朵"的女婿柳梦梅。父亲杜宝的态度在这里作为一个对照，表明社会礼义规范对杜丽娘大胆行为的批判和排斥。此时的杜丽娘已没有了身为鬼魂时的不管不顾，也没有与杜宝所代表的礼义规范决裂，而是不断地争取这一规范的认可和接纳。于是，在杜宝绝不认可的情况下，皇帝的圣旨作为世俗礼义的权威代表认可了这桩婚姻。可见，杜丽娘虽然拥有勇往直前的"至情"力量，最终还是想争取父母对自己婚姻的承认，并鼓励柳梦梅去博取功名，以求得社会秩序对自己婚姻的支持与接纳。

由此可见，杜丽娘至情力量的冲击并不是一往无前、无所顾忌、不可阻挡的，而是有限度、有原则的，是局限于理所允许的范围内，并遵循着"发乎情，止乎礼义"的原则。这一情理关系在剧中即是通过上述一系列的情节设置来体现的。而有了姻缘之分的支持和皇帝圣旨的认定，杜丽娘违礼越规的行为就有了一个为世俗规范所认可的基点。所以，杜丽娘的三段情缘，一直有情与理的相互面对，而且情是一直在理的注视下、许可下进行的。由此，杜丽娘在冥梦之中，"鬼可虚情"，高扬"情"的大旗；在现实生活中，"人须实礼"，又遵循礼教的规范。前者为了展示情面对现实束缚的一往无前的寻求，后者为了体现情面对现实束缚的不悖规范的实现。杜丽娘所展示的"人欲"的冲击力量并不是要毁灭"天理",要与"天理"决裂,而是在"天理"允许的范围内活动的。其实,从反抗礼教、叛逆家庭来说,杜丽娘并不如元杂剧《西厢记》里的崔莺莺、《墙头马上》里的李千金那么激烈、明显。

认识到这一点,我们就能理解杜丽娘还魂后的声明与她惊梦时的表现之间的逻辑联系了。杜丽娘当初忽慕春情,渴望得成佳配,不负青春美貌。她的惊梦、寻梦就是因为人世禁锢、不得如愿而寻求的别一种实现方式;后来她在鬼界找到了梦中情人,继而还魂后谋求的大团圆,仍是她当初为人时青春渴望的实现,对于俗世的杜丽娘来说,这个结果是很重要的。而在这个过程中,杜丽娘高扬情的大旗,是在"天理"的允许下进行的,从未彻底违背天理的秩序——杜丽娘的至情力量,为了追寻春情的托付和回应,生生死死,入梦入冥,虽然强烈,但并不是要毁灭天理,而是一直在寻求天理的支持,也一直存在着天理的支持。所以,她的崇情是为了青春渴望的达成,她的崇理也是为了青春渴望的实现,并且最终在理的范围内实现了情的目标,在理的许可下达成了情的诉求。

三、汤显祖在杜丽娘实现青春渴望过程中寄寓的情理关系观念

杜丽娘关于崇情、崇理的表现(崇情不违理),与汤显祖对于情理关系的思想观念并不矛盾。

汤显祖在《牡丹亭记题词》中有言:"生而不可与死,死而不可复生者,皆非至情也。……第云理之所必无,安知情之所必有耶。"王思任把此语意总结为:"情不可以论理,死不足以尽情。"[①] 即宣扬"情"之超越天理与生死的非凡力量,《牡丹亭》一剧即描写了杜丽娘对至情的矢志不移的追寻。但汤显祖在肯定情所代表的人欲的抒发之时,并不排斥理所代表的宗法礼教的规范作用,主张情要谐于理。在作于《牡丹亭》之后的《宜黄县戏神清源师庙记》一文中,他论述了戏曲的社会教化功用,其间清晰地表达了这种情谐于理的观点:

---

① 王思任:《批点玉茗堂牡丹亭叙》,引自《王思任批评本牡丹亭》,凤凰出版社2011年版。

可以合君臣之节，可以浃父子之恩，可以增长幼之睦，可以动夫妇之欢，可以发宾友之仪，可以释怨毒之结，可以已愁愤之疾，可以浑庸鄙之好。然则斯道也，孝子以此事其亲，敬长而娱死；仁人以此奉其尊，享帝而事鬼；老者以此终，少者以此长。外户可以不闭，嗜欲可以少营。人有此声，家有此道，疫疠不作，天下和平。岂非以人情之大窦，为名教之至乐也哉！①

汤显祖在此明确宣称，戏曲可以教化人心，规范秩序，应当为维护社会教化服务；对于"人情"，要以名教为出发点来肯定，在名教的框架内来疏导。他还在《南柯梦记》中肯定女性的"三从四德"："夫三从者：在家从父，出嫁从夫，老而从子。四德者，妇言、妇德、妇容、妇功。有此三从四德者，可以为贤女子矣。"（第五出《宫训》）可见，传统的伦理道德所推崇的节妇义夫仍是他心目中的理想人格典范。而且，陈继儒在《批点牡丹亭题词》中记述了一段张位与汤显祖的对话，涉及了汤显祖的重情观念：

张新建相国尝语汤临川云："以君之辩才，握麈而登皋比，何渠出濂、洛、关、闽下？而逗漏于碧箫红牙队间，将无为青青子衿所笑？"临川曰："某与吾师终日共讲学，而人不解也，师讲性，某讲情。"张公无以应。②

在这段话中，汤显祖的"讲情"是基于"讲学"的需要，即以讲情来讲学，而他在戏曲中的"讲情"也是表达了他讲学时的思想观念。由此，我们就能更好地理解上文所述的"以人情之大窦，为名教之至乐"了，龚鹏程对汤显祖这番话作了如此解释："这是对戏曲功能的看法，以及为何要以情说法的自白。情欲既为人所不能免，则因人情而导理之，使之达到合理合宜的地步，便是戏曲的作用了。依此，言情非惟不背名教，更是名教之利器，故他自认为是以情讲学的"；"其剧本，乃是为大众说法，自然也就是以情入而以理出。要发乎情，止乎礼义，符合社会伦理要求。"③ 由此看来，《牡

---

① 汤显祖著，徐朔方笺校：《汤显祖诗文集》，上海古籍出版社1982年版，第1127页。
② 蔡毅编：《中国古典戏曲序跋集》，齐鲁书社1989年版，第1226页。
③ 龚鹏程：《中国文学史》，世界图书出版公司北京公司2012年版，第267页。

丹亭》中杜丽娘处理"情"的抒发策略，探索"情"的实现方式，与汤显祖的思想观念并不矛盾。

汤显祖的这种情理关系的主张，是那个时代普遍存在的对情理关系的处理、解决方式。天理与人欲的纠葛，在思想层面存在着，在戏曲领域也有表现。思想领域里，程朱理学有"存天理，去人欲"的主张，而王学则昌明本心善性，致良知、存天理但不避"人欲"之法。在戏曲领域里，有重风教、重风情两个传统。重风教者，以体现教化功能为创作宗旨，"不关风化体，纵好也徒然"（高明《琵琶记》副末开场），宣扬礼教的忠孝节义等伦理规范，引导观众遵守；重风情者，以表现男女情爱为宗旨，"十部传奇九相思"（李渔《怜香伴》卷末收场诗），主张尊重自然人性，抒发"人欲"，以冲击礼教。程朱理学搭载着风教传统，王学思想搭载着风情传统，由此天理、人欲的纠葛就在戏曲领域里上演了。但这种纠葛并不是风情排斥风教，而是主张虽言风情但不悖风教，由此，即使宣扬情爱的作品，也要有益风化，以垂世范。于是出现了"性情者，理义之根柢也"①（陈洪绶《节义鸳鸯冢娇红记序》）、"以人情之大窦，为名教之至乐"（汤显祖《宜黄县戏神清源师庙记》）、"天下之贞女，必天下之情女"②（孟称舜《贞文记题词》）等观点。这种观念反映在文学表现上，就出现了倡人欲而达天理的理想人格典范和众多遵礼守义的节妇义夫。

汤显祖这个时代的文学所体现出的肯定个性与欲望为基本内容的思想新潮流，章培恒认为"并不是从晚明突然开始的，它的酝酿期至少可以上溯到元末明初"，而"在元末明初的文学作品里，对自我的肯定，或者说对束缚个性的反拨，达到了一个前所未有的高度"③。元明时代那些世情小说讲求情的张扬，甚至是欲的宣泄，比如汤显祖《牡丹亭》、孟称舜《娇红记》据以改编的小说《杜丽娘慕色还魂》、《娇红记》，即宣扬了情的生死不已的力量，表现出对这一思想潮流的呼应与遵从。这类故事情节在明后期的戏曲中虽未大变，但对情欲力量的宣扬却有了一些变化，即戏曲在表现爱情题材时，会把对个性和欲望的张扬置于理的规范中，强调礼义规范的重要性。即以稍后于《牡丹亭》的孟称舜《娇红记》为例，其情节框架全依小说《娇红记》，包括顺序和情节，

---

① 蔡毅编：《中国古典戏曲序跋集》，齐鲁书社 1989 年版，第 1357 页。
② 蔡毅编：《中国古典戏曲序跋集》，齐鲁书社 1989 年版，第 1353 页。
③ 章培恒：《明代的文学与哲学》，载于《复旦学报》1989 年第 1 期。

甚至细节亦多取自小说,如第七出"和诗"中二人所和的两首诗,第五十出"仙圆"中飞红在娇娘住处见到申、娇二人的仙身以及他们于壁间所留的题词。但孟剧所表达的主旨趣味却与小说大异。《娇红记》剧中申纯、娇娘不拘父母之命、媒妁之言,追求婚姻自主的大胆热烈行为难以为封建礼法所容忍,私定终身更是违背礼义规范,但孟剧在剧末让东华帝君出面,交代二人本有姻缘之分:"你二人原系瑶池上金童玉女,则为一念思凡,谪罚下界,历尽人间相思之苦,始缘私合,终归正道。"(第五十出)如此,这一姻缘之分便给二人的违礼行为注入了天赋神权,为这俗世爱情的展开提供了合乎礼义规范的理由和空间,同时也弱化了二人大胆热烈行为的情感冲击力。这一情节设置实际上是承继了明初刘东生《娇红记》杂剧的设置。刘剧开场即以天上金童玉女的宿缘来为世间申、娇二人的大胆热烈行为提供合乎礼义的展示空间。在这个姻缘天定的叙述框架中,二人在世俗社会中的爱情追求就有了姻缘天定的理由,也有了终能美好圆满的设置——在"前生分定,合做夫妇"神谕下,申、娇情事虽有杨都统的破坏,终能如愿团圆,并在仙界的召唤下,复升仙道。

姻缘天定这一情节设置是为了表明二人追求婚恋自由的大胆行为并不违背礼义规范,而是有礼义的支持,也受礼义的规范。这种"情"谐于"理"的思想是孟剧的主旨。此剧全名《节义鸳鸯冢娇红记》以"节义"二字强调了申、娇二人遵奉礼义规范的品性——娇娘坚守婚约,誓嫁申纯,并"不惜一死以谢申生"(第四十七出),此谓"节";申纯不背爱情盟约,"生不同辰,死当同夕"(第四十八出),此谓"义"。这些强调就弱化了二人先前私定终身的"不正",第四十七出娇娘在死前曾说:"我始以不正遇申生,今又改而之他,则我之淫荡甚矣。既不克其始,则当有其终。"可见,此剧一是在情节结构上以姻缘之分弱化了二人情感追求的冲击力,二是在创作主旨上强化了二人坚守盟约的节义行为。在这强化、弱化之间,突出的是二人"始缘私合,终归正道"的伦理价值取向。孟称舜在剧中特意要表达的是二人坚守盟约、忠贞爱情的节义,这是礼义规范所提倡的品格,即"正道"。

而且,这种思想观念反映在文学表现上,并不只是负载于文学作品、文学形象的一种思想观念,还是一种抒发至情力量、探讨情理关系的表现策略。孟称舜《娇红记》为青年男女所设置的幼有婚约或姻缘之分并不是让其大胆热烈的爱情追求有一个合乎礼义规范的美满结局,而是作为一种叙述策略,为青年男女追求爱情的大胆热烈行为提供一个合乎礼义规范的展现空间。这种思路与策略在《娇红记》是如此，在同时代的其他剧作中也是如此。高濂的《玉簪记》在展现潘必正、陈妙常追求自由爱情的大胆行为的同时，就叙及了二人幼时指腹为婚的盟约，但这个婚约在剧首提及后并未能推动情节的发展，也未在二人私情暴露后成为解决问题的理由，二人最后爱情终能如愿完全是因为潘必正科举高中的推动。王元寿的《异梦记》把王奇俊与顾云容这对青年男女以诗传情、交换信物、私定终身的情节置于梦境中展现，又以梦境与现实的互通，表达了二人姻缘的天定之分。如此各种形式的幼有婚约、姻缘之分在剧中的意义，更多的是为展开青年男女的大胆行为提供一个不悖礼义的理由或空间，从情节结构上讲，它是一个叙述策略。

由此可见，这类戏曲叙写青年男女的大胆热烈行为时普遍会设置一些与礼义规范缓冲的情节。一是让情的张扬有一个能让礼义规范接受的理由，如幼有婚约、姻缘天定、梦境私合，这既表明了二人的幽期密约存在着天命上的合理性，又避免了他们的大胆热烈行为在现实环境中与礼义规范进行直接冲突；二是强调男女双方对节义、盟约的坚守。才子佳人一旦心有所属、私订终身后，即坚守盟约，痴情不改，忠贞不渝，相对于他们私订终身时的越名犯分行为，这种守志尊礼行为是对礼义规范的一种回归。这种表现情理关系的思路与策略在《娇红记》《玉簪记》《异梦记》等剧作中颇有代表性，已外化为戏曲演述同类题材的结构模式，即使在《牡丹亭》这样的展示情之无上力量的经典中，这些叙述策略仍然被隐晦地使用，其鬼魂幽欢、姻缘之分、奉旨完婚的情节设置即说明了杜丽娘的行为和情感并未跨越规范的樊篱，并未突破礼义的底线。这些叙述策略反映出的思想观念是理对情的规范，而这些爱情传奇对这些叙述策略的普遍遵从，则反映了它们主旨倾向的统一：以理节情、以理谐情，宣扬的是理对情的节制，情对理的维护。如此以来，本应在人的性格中发生冲突的世俗人情和封建理念，在晚明传奇剧作家笔下的人物形象上却获得了和谐与统一。这是"发乎情，止乎礼义"观念的产物，也是情理冲突的表现策略运作后的结果。

但在这类剧作中，"止乎礼义"只是一个框架，它仅仅是让至情力量在当时语境中得以表达、接受的一个策略，"发乎情"才是目的。而且，这种宣扬至情的表现策略有着丰富的文学实践经验，已经形成了一种文学表现传统。杜丽娘的至情抒发，虽是汤显祖表现其情理关系观念的策略，探索至情实现的方式，但也不可避免地沿袭了这个时代的文学传统，于是乎，杜丽娘所负载的

"至情"力量也就不可能是一往无前、义无反顾、不可阻挡的，而是在"止乎礼义"基础上的至情追求，在"止乎礼义"框架内的至情反抗，在"止乎礼义"原则上的至情表达。如此看来，汤显祖"以人情之大窦，为名教之至乐"一语，是"发乎情，止乎礼义"这种伦理观念的变相说法；《牡丹亭》所表现的情理关系及其处理方式，依然遵循着"发乎情，止乎礼义"的原则。

汤显祖秉持这种观念，努力把情的激荡纳于理的规范内，在情节设置和叙述策略上表现出了同时代戏曲以理节情、以理谐情的表现策略：慕才慕色，不伤礼义；情定性正，终合大道。汤显祖塑造的杜丽娘形象所要表达的，乃由于当时社会缺少对自然本性的人文关怀而令人窒息，因而呼唤有"情"社会的实现，即在社会秩序之内，让人享受到基于自然本性应享有的快乐，让理中有情的成分，而不是情要毁灭理，理要排斥情。

作者单位：杭州师范大学人文学院

论元剧对汤显祖传奇的影响*

杨秋红

汤显祖酷嗜元剧，其传奇受元剧影响颇深，明人已论及。深入研究汤显祖传奇与元剧的关系，对我们准确评价汤显祖的曲学地位至关重要，但今日汤学对此关注甚少，研究薄弱。徐朔方仅论及《牡丹亭》与《碧桃花》《两世姻缘》《金钱记》《青衫泪》情节的相似性，① 程芸亦"隐约"推断汤显祖"延续着中上层社会推重北曲的传统"，② 认为汤显祖主要把元剧当作一种"文学遗产"来继承，在文体上体现为频繁增添衬字。③ 那么，汤显祖到底如何酷嗜元剧，这对他的传奇创作的影响是否仅限于文学层面？这些问题值得思考。本文拟从他的元剧阅读、传奇文本之元剧印记及时人评价三个角度展开，希望厘清这一问题。

一、汤氏及友人的元剧藏书

据《汤氏宗谱》，汤显祖的高祖峻明藏书四万余卷，此后汤家五世诗书传家，喜读书，多藏书。④ 隆庆六年（1572）除夕，庐舍失火，藏书被焚，时汤显祖二十三岁。其诗句"藏书倏以火"（《五庐》）⑤、"鸟篆灭藏书"（《感恨先人书剑一首》）⑥ 即书此事。此后他继续蓄书，明姚士粦《见只编》卷中说：

---

* 本文刊登于《戏曲研究》第100辑，原名《汤显祖传奇与元剧关系考论》。
① 徐朔方：《汤显祖评传》，南京大学出版社2011年版，第158页。
② 程芸：《汤显祖和晚明戏曲的嬗变》，中华书局2006年版，第11页。
③ 程芸：《"临川四梦"与元杂剧的文体因缘》，载于《文学遗产》2006年第6期。
④ 徐朔方：《汤显祖年谱》（修订本），上海古籍出版社1980年版，第2~4页。
⑤ 汤显祖著，徐朔方笺校：《汤显祖集全编》（一），上海古籍出版社2015年版，第307页。
⑥ 汤显祖著，徐朔方笺校：《汤显祖集全编》（一），上海古籍出版社2015年版，第111页。

> 汤若海先生妙于音律，酷嗜元人院本。自言箧中收藏，多世不常有，已至千种。有《太和正韵》所不载者。比问其各本佳处，一一能口诵之。①

好藏元人院本，与幼时熏陶和时代风尚有关。汤氏藏书，元剧或为大宗。

汤显祖对麻城刘家的曲藏也非常熟悉。刘氏是当地名门望族，刘守友、刘承禧父子承先兵部尚书刘天和之荫，均在锦衣卫任过职，是当时著名的收藏家。汤显祖与刘承禧年龄相仿，但与刘守友是故交。孝廉两都时，二人结下厚谊；进京赴试时，汤显祖曾在刘家"炙肉行觞深夜留"（《长安酒楼同梅克生夜过刘思云宅》）②；二人同年中进士。万历四十一年（1613），臧懋循罢官后拟刊刻元剧选本，曾从刘家借阅抄本，"去取"经汤显祖之手：

> 于锦衣刘延伯（刘承禧）家得抄本杂剧三百余种，世所称元人词尽是矣。其去取出汤义仍手。（《寄谢在杭书》）③

刘氏抄本"录之御戏监"（臧懋循《元曲选序》），④ 为珍贵的内府本，不同于坊间刻本。汤显祖应该对刘氏曲藏相当熟悉，才能遴选其中的佳作。臧懋循欲刊刻元剧谋生，版本方面亦有见识。委托汤显祖选剧，乃因其遍览内府抄本、坊间传本、私藏珍本秘本，元剧品鉴能力更胜一筹。

汤显祖其他友人亦多曲藏。吕胤昌之母孙镮"好储书。于古今剧戏，靡不购存。"⑤ 梅鼎祚有全部《诚斋乐府》，对内府本亦尽力搜求。臧懋循《元曲选序》自称"家藏杂剧多秘本。"⑥ 王骥德"家藏元人杂剧可数百种"（《新校注古本西厢记自序》），⑦ "旧藏及见沈光禄、毛孝廉所，可二三百种"。⑧ 这些曲藏，汤显祖至少知晓，或亦审读过。

---

① 姚士粦《见只编》卷中，民国涵芬楼影印明刊《盐邑志林》本。汤显祖号海若，此误作"若海"。
② 汤显祖著，徐朔方笺校：《汤显祖集全编》（一），上海古籍出版社2015年版，第308页。
③ 臧懋循：《负苞堂集》，古典文学出版社1958年版，第92页。
④ 臧晋叔：《元曲选》，中华书局1958年版，第1页。
⑤ 王骥德著，陈多，叶长海注译：《曲律》，湖南人民出版社1983年版，第246页。
⑥ 臧晋叔：《元曲选》，中华书局1958年版，第1页。
⑦ 王德信：《新校注古本西厢记》，北京图书馆出版社2004年版。
⑧ 王骥德著，陈多，叶长海注译：《曲律》，湖南人民出版社1983年版，第240页。

明代北曲的文本传播亦为汤显祖大量阅读元剧提供了可能。洪武初年，亲王之国，必以词曲一千七百本赐之。嘉靖年间，李开先所藏的元杂剧也有千余种。万历年间，收藏、抄录、刊刻元人北曲成为一时风尚。刻本如《古名家杂剧》《新续古名家杂剧》《息机子杂剧选》《元人杂剧选》《阳春奏》《元明杂剧四种》等，各集均收元剧数十种。抄本如赵琦美《脉望馆钞校本古今杂剧》，收元明杂剧三百四十种，其中内府本九十余种。沈德符《万历野获编》云"今教坊杂剧，约有千本"，① 王骥德亦言："康太史谓于馆阁中见几千百种"，② 梅鼎祚说御筵供奉四百种，燕京悉见之。③ 号称家藏三百种者不可尽数。汤显祖读剧千种，应非虚言。

二、汤显祖传奇中的元剧印记

汤显祖传奇的文本特点，与阅读经验密不可分。他酷嗜元人杂剧，也偏爱六朝诗文。《紫箫记》《紫钗记》六朝烙印鲜明，《牡丹亭》仍未脱六朝风气，写社会风貌乃凌云健笔。《南柯记》《邯郸记》虽偶见丽辞，但宗元之迹甚明。元剧影响由隐到显，与题材有关，见于文学与曲体两方面。

（一）与元杂剧文学文本互文

汤显祖传奇大量袭用元剧习语、符号化人物、专名。明传奇之市语系统和元杂剧有别，其原因除时代与创作群体不同外，最重要的就是地域差别。北曲杂剧多中原俗语，宋元南曲戏文多温州、杭州俗语，明清传奇多吴地方言。因此，汤氏传奇中出现元剧习语，主要来自元剧影响，兹以《元曲选》和《六十种曲》为参照说明。

日常俗语如"村沙""生扭做"。"村沙"见《南柯记·围释》《邯郸记·度世》，《六十种曲》中未见于他剧，《元曲选》六剧使用，④ 另见《张协状元》。《窦娥冤》之"一个村老子"，《西厢记》之"村的俏的"，为同类。"生扭做"亦见《围释》，《六十种曲》未见于他剧，《元曲选》十五剧用。⑤ 这些

---

① 沈德符：《万历野获编》，中华书局1959年版，第648页。
② 王骥德著，陈多、叶长海注译：《曲律》，湖南人民出版社1983年版，第240页。
③ 梅鼎祚：《答竹居殿下》，《鹿裘石室集》书牍卷九。
④ 《两世姻缘》《后庭花》《昊天塔》《李逵负荆》《看钱奴》《青衫泪》。
⑤ 《合同文字》《对玉梳》《小尉迟》《张天师》《张生煮海》《抱妆盒》《昊天塔》《曲江池》《汉宫秋》《红梨花》《蝴蝶梦》《赚蒯通》《连环计》《鸳鸯被》《黄粱梦》。

俗语明显源于元剧。

民俗语汇如"撞门羊""拖地锦"。这是宋元婚俗中男方送给女方的聘礼。见《南柯记·启寇》。《元曲选》有四剧提到其中之一,①《六十种曲》唯《焚香记》用到后者。这两件聘礼在明代已不流行,汤显祖的用法应受元剧影响。

衬词如"也波"。《元曲选》百种杂剧,有六十七个②都用它。《六十种曲》仅《南柯记》《浣纱记》《红梨记》《蕉帕记》四剧用,后三剧都用于【点绛唇】套曲之【天下乐】,《南柯记·围释》用于【南吕·一枝花】套曲前之【金钱花】。可见,该衬词乃伴随北套曲沿用于传奇。

其他元剧习语,如《南柯记》中的"卧番羊""争些儿""软兀剌""迷奚"(另见《牡丹亭》,作"瞇睎")"则除""央及""头厅相""打当""颓气""亡化""可便""青天白日""玉天仙""兀那""三不归",《邯郸记》中的"三家店""牛鼻子""横死眼""顽涎""酒色财气""嗒酒""村务""官休私休""浑家""葫芦提""白日青天""畅好""人我是非""肉吊窗"等,均是《元曲选》惯用,汤显祖使用,而《六十种曲》其他传奇不用或极少用的。

符号化人物如"外郎""溜二""呆打孩"。宋元戏曲中,"外郎"与"令史"同类,都代表贪财好色的低级官吏。《元曲选》之《绯衣梦》《魔合罗》《灰阑记》《贤母不认尸》《神奴儿》《村乐堂》《陈州粜米》,及南戏《小孙屠》《琵琶记》中,都有这一角色。《南柯记·录摄》中郡吏被妻呼作外郎,为丑角,《六十种曲》未见于他剧。《南柯记》之外郎,承自元剧无疑。同剧《谩遣》一出有溜二、沙三这对帮闲钻懒的形象。他们在元曲中很典型,溜二为王留之变,《西河诗话》云:"明玉熙宫承应,有御前王留子杂剧。王留子,见元曲。"③《李逵负荆》中有王留,卢挚散曲【双调·蟾宫曲】、杂剧《伍员吹箫》中有沙三,《竹叶舟》中兼有二人。"呆打孩"在元杂剧中本用来形容

---

① 《风光好》《两世姻缘》《西厢记》《救风尘》。
② 《伍员吹箫》《儿女团圆》《冻苏秦》《刘行首》《合同文字》《合汗衫》《单鞭夺槊》《城南柳》《小尉迟》《岳阳楼》《张天师》《忍字记》《抱妆盒》《救孝子》《救风尘》《昊天塔》《曲江池》《望江亭》《李逵负荆》《东堂老》《桃花女》《梧桐叶》《楚昭公》《杀狗劝夫》《渔樵记》《汉宫秋》《灰阑记》《争报恩》《墙头马上》《玉镜台》《王粲登楼》《生金阁》《留鞋记》《百花亭》《盆儿鬼》《神奴儿》《秋胡戏妻》《窦娥冤》《竹坞听琴》《竹叶舟》《红梨花》《罗李郎》《老生儿》《举案齐眉》《薛仁贵》《荐福碑》《虎头牌》《误入桃源》《㑳范叔》《谢天香》《谢金吾》《货郎旦》《赚蒯通》《赵氏孤儿》《连环计》《还牢末》《酷寒亭》《金安寿》《金钱记》《铁拐李》《隔江斗智》《马陵道》《冯玉兰》《鸳鸯被》《丽春堂》《黄粱梦》《黑旋风》。
③ 焦循:《剧说》,古典文学出版社1957年版,第11页。

发呆、发痴的样子，《邯郸记·备苦》一出，汤显祖利用谐音，把它用作痴呆儿的代称，可谓对元剧语汇的活用。

此外，汤显祖传奇中还有与元剧演出有关的专名。如"唤官身"，为元代官府征调乐户的演出，在《蓝采和》《宦门子弟错立身》等多个剧目中有反映，明代罕见。而《邯郸记·骄宴》写教坊司女乐"插花筵上唤官身"，为新状元侍宴。再如"珠帘秀"，是《青楼集》所载著名杂剧女演员，以"秀"为名还有天然秀、顺时秀、梁园秀等多位。《骄宴》借用"珠帘秀"，并仿造"花娇秀"、"锅边秀"，为女乐命名。还有"瓦子"，本为宋元百戏竞技的演出场所，明人极少用，却被汤显祖写作《南柯记》中溜二、沙三住所附近的地标。

汤显祖传奇中的元剧烙印，不但见于语汇，而且体现在题材、关目、叙事、曲格上。吕天成《曲品》曰："向传先生（汤显祖）作酒色财气四记，有所讽刺"，① 这一构思来自宋元戏剧之"酒色财气"关目。王骥德《曲律》云："《还魂》、'二梦'之引，时有最俏而最当行者，以从元人剧中打勘出来故也。"② 《曲话》《剧说》都认为《邯郸记》受《黄粱梦》《竹叶舟》影响，《剧说》还认为《牡丹亭》"亦本《碧桃花》《倩女离魂》而为之者也。"③ 曲文中嵌入元剧名目、情节的情况颇多。如《南柯记·宫训》之【傍妆台】，含《张羽煮海》《老庄周一枕蝴蝶梦》；《玩月》之【普天乐犯】、【绕地游】，把《温太真玉镜台》剧名拆解；《启寇》用《汉宫秋》《乐昌分镜》；《系帅》【南鲍老催】之"关大王"袭《关大王单刀会》。《邯郸记·备苦》【忒忒令】述《赵氏孤儿》情节。

汤显祖对元剧情境及曲白也有借鉴。梁廷枏《曲话》卷二说：

《还魂记》云："转过这芍药栏前，紧靠着这湖山石边。"通曲已脍炙人口，而不知实以乔梦符《金钱记》"我见他恰行这牡丹亭，又转过芍药圃蔷薇后"数语为蓝本也。④

---

① 吕天成撰，吴书荫校注：《曲品》，中华书局1990年版，第219页。
② 王骥德著，陈多、叶长海注译：《曲律》，湖南人民出版社1983年版，第157页。
③ 焦循：《剧说》，古典文学出版社1957年版，第35页。
④ 梁廷枏：《曲话》，引自《中国古典戏曲论著集成》，中国戏剧出版社1959年版，第256页。

汤若士《邯郸梦》末折《合仙》，俗呼为《八仙度卢》，为一部之总汇，排场大有可观，而不知实从元曲学步。一经指摘，则数见者不鲜矣。【混江龙】……通曲与元人杂剧相似。①

除《曲话》所述之外，《西厢记》《梧桐雨》的印记也颇为明显。《南柯记·偶见》与《西厢记·惊艳》神似，男女主人公都邂逅于寺庙，对女子神态的刻画都是花间浅笑，顾盼生情，恍如天仙。《决婿》之"睃他外才，瞟他内才，风流一种生来带"化用《西厢记·道场》之"外像儿风流，青春年少；内性儿聪明，冠世才学"。《启寇》《围释》演檀罗国四太子包围堑江城，欲抢瑶芳公主，情境似《西厢记·寺警》，曲文"少不的会温存的飞虎把河桥坐""为莺莺把定了河桥外"也呼应之。《邯郸记·赠试》中，崔氏打发卢生赶考，以"我家七辈无白衣女婿"为由，与《西厢记》老夫人声口相似。

《梧桐雨》第三折之叠字格在汤显祖传奇中得到发展。叠字多为衬字，即徐灵昭所谓"多添字添句帮唱"，② 本为北曲风范。《南柯记·围释》之【梁州第七】曲以"颤巍巍""明晃晃""齐臻臻""撒连连""厮琅琅""明朗朗"七处叠字渲染公主戎装抗敌的气势。《邯郸记·极欲》竟以二十四处叠字描摹卢生穷奢极欲的生活，数量之多前所未有，其中【叠字犯】曲牌或为汤显祖创制。《梧桐雨》第四折为明皇听雨，无论是风雨意象还是凄苦境界，都对《南柯记·雨阵》写淳于梦听雨有直接影响。

剧中元人叙事之法，清《冰丝馆重刻还魂记》评点甚细。如第六出《怅眺》【番卜算】，为韩愈后人韩子才自叙家世，快雨堂批曰："谬悠可笑，正合元人法度。"③ 再如第十六出《诘病》之"家常茶饭"，第五十三出《硬拷》【收江南】之"抗皇宣骂敕封""插宫花帽压君恩重"，其下均有快语堂批语，赞汤显祖把元人熟烂之语用得巧妙自然，深得元人血脉。

（二）大量引北曲入南曲

南戏用北曲，宋元时已不新鲜，但仅限于一两出，多在开端、后部插入一

---

① 梁廷枏：《曲话》，引自《中国古典戏曲论著集成》，中国戏剧出版社1959年版，第259页。《合仙》之【混江龙】，模仿马致远《岳阳楼》第四折【水仙子】。
② 李晓：《〈长生殿〉南北合套的艺术》，载于《戏曲研究》2007年第3期。
③ 汤显祖：《牡丹亭》，文学古籍刊行社1954年版，第16页。

两支。明前期以一到三出为多，个别剧目超出此数，《浣纱记》四出，《明珠记》六出。引入北曲的形式增多：一支南曲一支北曲交错使用，见《浣纱记》第四十五出；两曲循环相间的"缠达"体，见《浣纱记》第十四出，《玉簪记》第三出；单曲连用，如《红拂记》第十出；整出全用北套曲，如《浣纱记》第十二出；以北曲煞尾，如《明珠记》第九出。

万历时期，南曲方兴未艾。沈璟作为当时的曲坛宗师，发展南曲的思路是参照北曲，进行南曲音律的规范化。在他影响下，很多曲家承袭元杂剧的曲牌联套体，在传奇套曲编排上追求同一宫调的整饬，用韵以《中原音韵》为规范。① 引北曲入南曲，并非主流，南北合套还不成熟。明清之际甚至更晚，以北曲为引子，或在过曲中插入北曲曲牌，甚至在戏曲高潮时采用南北曲对唱的形式，才成为曲坛流行的方法。② 汤显祖于北曲用力尤甚，在当时与众不同。《紫箫记》《紫钗记》三出引入北曲，《牡丹亭》《南柯记》《邯郸记》分别为六出、七出、五出。详情如下：

《紫箫记》：第六出《审音》插入【北折桂令】单曲；第二十四出《送别》，小玉唱【北寄生草】六叠，李十郎唱南【解三酲】六叠；第三十一出《皈依》用【北点绛唇】套曲。

《紫钗记》：第二十五出《折柳阳关》，插入【北点绛唇】，【北寄生草】单曲六叠；第三十出《河西款檄》用北【粉蝶儿】【新水令】【一枝花】单曲，【端正好】套曲；第三十四出《边愁写意》，用【北点绛唇】引子。

《牡丹亭》：第十九出《牝贼》用【北点绛唇】引子；第二十三出《冥判》用【北点绛唇】套曲；第四十七出《围释》插入【北夜行船】【北清江引】【前腔】【北尾】小套；第五十一出《榜下》用【北点绛唇】【驻云飞】【前腔】小套；第五十三出《硬拷》用【北尾】；第五十五出《圆驾》南北曲交错。

《南柯记》：第四出《禅请》用【正宫端正好】套曲；第七出《偶见》插入【北点绛唇】单曲；第二十六出《启寇》用【北调脱布衫】套曲（花鼓）；第二十九出《围释》用【南吕一枝花】套曲；第三十一出《系帅》南北曲交错；第四十三出《转情》，南曲后接【北仙吕点绛唇】套曲；第四十四出《情

---

① 郭英德：《明清传奇戏曲文体研究》，商务印书馆2004年版，第81~84页。
② 章军华：《汤显祖〈邯郸记〉曲牌唱腔音乐意义》，载于《抚州师专学报》2000年第3期。

尽》南北曲交错。

《邯郸记》：第九出《虏动》，【北点绛唇】【清江引】单曲各连唱两叠；第十五出《西谍》用【北绛都春】小套；第十六出《大捷》以【一枝花】小套，接【北调脱布衫】小套；第二十出《死窜》南北曲交错；第三十出《合仙》，【清江引】三叠，接【仙吕点绛唇】套曲，其中【浪淘沙】六叠，【北沈醉东风】四叠。

鄞县屠隆为浙东曲家代表，喜用北曲，但多是大套常格；长洲张凤翼为三吴曲家之隽才，他很少引北曲，所引或单曲，或大套。与他们相比，汤显祖的南北合套有如下特点：第一，特别偏爱北套曲，共用十三次。少数袭用典型曲格，大部分都进行了处理。《邯郸记·大捷》《牡丹亭·围释》《牡丹亭·榜下》等出都用小套曲，小套接小套，或小套接南曲，组合自由。第二，南北曲交错运用自如。《牡丹亭·圆驾》《南柯记·系帅》《邯郸记·死窜》均用这种形式，曲牌构成相同，出自元荆干臣的散套【黄钟·醉花阴北】《闺情》。《南柯记·情尽》先连唱六叠【香柳娘】，再以南北曲交错，为汤显祖对这一形式的改造。第三，北曲单支连唱次数多。《紫箫记·送别》和《紫钗记·折柳阳关》，均唱【北寄生草】六叠；《邯郸记·合仙》中，【北沈醉东风】四叠。汤显祖运用北曲灵活多变，有发展，有创造。

汤显祖擅用北曲，因其熟悉元剧音乐。顾起元《客座赘语》卷九"戏剧"说：

> 南都万历以前，公侯与缙绅及富家，凡有燕会，小集多用散乐，或三四人，或多人，唱大套北曲。……若大席，则用教坊打院本，乃北曲大四套者。……后乃变而尽用南唱，……（今）大会则用南戏。①

这说明万历以前北曲仍在盛行，小集用散曲，大席演杂剧，南京之况是整个南方剧坛的缩影。汤显祖早年恰逢北曲最后的辉煌，其精于北曲音律得益于此。《紫箫记》第六出《审音》"鲍四娘论曲调"为明证：

> 从轩辕黄帝制律一十七宫调，至今留传一十二调。中间又有音同名不

---

① 顾起元：《客座赘语》，中华书局1987年版，第303页。

同的，……又有名同音不同的，假如：黄钟双调都有【水仙子】，仙宫正官都有【端正好】，中吕越调都有【斗鹌鹑】，中吕南吕都有【红芍药】，中吕双调都有【醉春风】，唱的不得厮混。又有字句多少都唱得的，相似：【端正好】【货郎儿】【混江龙】【后庭花】【青哥儿】【梅花酒】【新水令】【折桂令】，这几章都增减唱得。中间还有道宫高平歇指，又有子母调一串骊珠，休得拗折嗓子。①

这段高论对宫调名目和"名同音不同""字句增得减得"的北曲曲牌收罗甚详；连比较生僻的道宫、子母调也专门提及，对北曲演唱实践的指导非常精到，非熟谙曲唱的行家不能写也！汤显祖的传奇，体现出元剧文学与音乐的全面影响。

三、明清曲论中的临川之曲

万历时期，南曲诸腔竞胜。江浙一带，昆山腔最流行，其次为海盐腔。江以西原有弋阳腔，至嘉靖而弋阳之调绝，变为乐平、徽青阳。南曲音律混杂，亟待规范化。音律法度森严的北曲即成为传奇曲家集体尊崇的典范。明人评价传奇之优劣，往往拈出"元剧"作参照。王骥德《曲律》第二卷"论韵第七"说：

> 元人谱曲，用韵始严，德清生最晚，始辑为此韵，作北曲者，守之兢兢，无敢出入。独南曲类多旁入他韵，……令曲之道尽亡，而识者每为掩口。北剧每折只用一韵，南戏更韵，已非古法；至每韵复出入数韵而恬不知怪，抑何瞀也！②

《曲律》第三卷"杂论第三十九上"指出王实甫、马致远、关汉卿、郑光祖"创法甚严"，终元之世，北曲作家都谨守曲律，无敢逾越。而高明、施惠

---

① 汤显祖著，徐朔方笺校：《汤显祖集全编》（五），上海古籍出版社2015年版，第2281~2282页。
② 王骥德著，陈多、叶长海注译：《曲律》，湖南人民出版社1983年版，第90页。

虽负盛名，却"平仄声韵，往往离错"，以致后人淆乱，有作俑之罪。① 王骥德还把"似元人"作为评价南曲用韵优劣的标准。"论曲，当看其全体力量如何，不得以一二韵偶合，而曰某人、某剧、某戏、某句、某句似元人，遂执以概其高下。"② 然而，"似元人"极难。卓珂月为孟子塞《残唐再创》杂剧所作的小引云：

> 夫北曲之道，声止于三，出止于四，音必分阴阳，喉必用旦末，他如楔子、务头、衬字、打科、乡谈、俚诨之类，其难百倍于南。③

故万历曲家谈"元剧"，有特定内涵，一般与"南曲"相对而言，强调其用韵谨严的一面。以"元剧"论高下时，重在音律视角。时人评汤显祖，多与"元剧"并论。凌濛初《谭曲杂札》说："近世作家如汤义仍，颇能模仿元人，运以俏思，尽有酷肖处，而尾声尤佳。"④ 臧懋循《元曲选序二》曰："汤义仍《紫钗》四记，中间北曲，骎骎乎涉其藩矣。"⑤ 吕天成《曲品》云："汤奉常……熟拈元剧，故琢调之妍俏赏心。"⑥ 王骥德《曲律》曾以"追躅元人"赞美徐渭用韵极则，又云汤显祖《南柯》《邯郸》二记"俯就矩度"、"掇拾本色"，"视元人别一蹊径"。⑦ 这些评价均充分肯定了汤显祖的北曲造诣。邹迪光《临川汤先生传》甚至说"紫箫、二梦、还魂诸剧"，歌之声振寥廓，"实驾元人之上"，⑧ 评价极高。

万历曲家虽普遍推崇北曲，但在创作上着力将之引入南曲者，唯汤显祖。这取决于他"非主流"的曲学观。沈璟等人仅以北曲为范本，而汤显祖欲融北曲入南戏。他为张屏山《红拂记》所作的序言曰：

> 《红拂》已经三演：在近斋外翰者，鄙俚而不典；在冷然居士者，短

---

① 王骥德著，陈多、叶长海注译：《曲律》，湖南人民出版社1983年版，第192页。
② 王骥德著，陈多、叶长海注译：《曲律》，湖南人民出版社1983年版，第195页。
③ 焦循：《剧说》，古典文学出版社1957年版，第97页。
④ 凌濛初：《谭曲杂札》，引自《古典戏曲论著集成》（四），中国戏剧出版社1959年版，第254页。
⑤ 臧晋叔：《元曲选》，中华书局1958年版，第1页。
⑥ 吕天成撰，吴书荫校注：《曲品》，中华书局1990年版，第34页。
⑦ 王骥德著，陈多、叶长海注译：《曲律》，湖南人民出版社1983年版，第225~226页。
⑧ 汤显祖著，徐朔方笺校：《汤显祖集全编》（四），上海古籍出版社2015年版，第3139页。

简而不舒；今屏山不袭二家之格，能兼杂剧之长。①

汤显祖认为张本作为传奇，兼有杂剧之长，故高于其他两个同题剧本。《答凌初成》一文中，汤显祖把自己对曲的探索比作"暗中索路"，那个灵光一闪照亮前路的转折点，就是领悟到"上自葛天，下至胡元，皆是歌曲。曲者，句字转声而已。"②汤显祖打破曲体的时代界限、地域藩篱，在更加宏大的格局下思考南曲的发展。他的传奇不但大量引入北曲，还兼用宫廷雅乐、坊间歌吹、民间小调、巫腔社鼓，对各种音乐元素都兼收并蓄。

汤显祖传奇之声腔属性一直存在争议，主张弋阳腔、海盐腔、昆山腔、宜黄腔者皆有之。曾永义新见认为，汤显祖顾及的不完全是谱律家斤斤三尺的"人工音律"，重视的是"歌永言，声依永"，发乎情志的"自然音律"，故对明清戏曲论者哓哓不休的音律问题，不必过分重视。③声腔之争，本无必要。但曾文又指出《牡丹亭》是为宜黄腔而作，似与"自然音律"说相抵牾。倘若我们以汤显祖的"大南曲观"为背景，这些问题可以得到更合理的解释。汤显祖传奇中引入的诸曲，未能和作为本体的南曲相谐，故出现韵律多乖的现象。他的传奇不为某种声腔而作，南曲之大体则有，定体则无，相关争论亦可搁置。

事实上，临川之曲在当时的翘楚地位已被承认。焦循《剧说》节录《蜗亭杂订》曰："吴中词人，如唐伯虎、祝枝山、梁伯龙、张伯起辈，纵有才情，俱非本色矣。"④又引臧晋叔《元曲选序》，"言郑若庸《玉玦》、张伯起《红拂》等记，以类书为传奇；屠长卿《昙花》，道白终折无一曲；梁伯龙《浣纱》、梅禹金《玉合》，道白终本无一散语：均非是。且言'汪伯玉南曲失之靡，徐文长北曲失之鄙，惟汤义仍庶几近之而失于疏。'其持论断断不爽如是。"⑤《剧说》在高度肯定临川南北曲成就的同时，指出其失在"疏"。所谓"疏"，主要针对南曲，即"不谙曲谱，用韵多任意处。"⑥臧懋循曾直言，汤

---

① 吕天成撰，吴书荫校注：《曲品》，中华书局1990年版，第307页。
② 汤显祖著，徐朔方笺校：《汤显祖集全编》（四），上海古籍出版社2015年版，第1913页。
③ 曾永义：《"拗折天下人嗓子"评议》，载于《戏曲研究》2016年第1期。
④ 焦循：《剧说》，古典文学出版社1957年版，第10页。
⑤ 焦循：《剧说》，古典文学出版社1957年版，第35页。
⑥ 沈德符：《顾曲杂言》，引自《古典戏曲论著集成》（四），中国戏剧出版社1959年版，第206页。

显祖"作南曲绝无才情",与其北曲"若出两手"。(《元曲选序》)① 又曰:"生不踏吴门,学未窥音律",② 应为元人所笑。(《玉茗堂传奇引》)

南曲音律粗疏,非汤显祖一个人的问题,而是当时的普遍现象。何以唯独汤显祖在曲律方面受到批评呢?因为汤氏对发展的看法与潮流不符。确切地说,是在如何借鉴、吸收北曲的问题上与吴江派有根本分歧。沈璟等人以南曲为尊,试图通过统一音律标准来实现南曲的"依律合腔";而汤显祖则主张宗法元剧,吸收北曲,融合南北曲诸腔,在更大的格局下提升南曲的音律水准,二人的曲体理想有重大差异。

"汤沈之争"更深刻的背景是文化上的南北之争,剧坛的雅俗之争。从明前期开始,南北曲就代表着不同的文化品位,北尊南卑,北雅南俗。尊北观念累朝相递,武宗正德时极盛,至万历朝不衰,元剧之收藏、抄录、评校、刊刻盛行,万历刻本《阳春奏》之命名,即有尊元杂剧为阳春白雪之意。万历之前,北曲亦享内廷演剧之独宠。尊北倾向是明代文学复古之风在剧坛的反映,万历年间,复古思潮的中心悄然由北而南,南曲也已经取代北曲成为剧坛时尚。汤显祖、沈璟之曲学主张,虽然都渗透着晚明南方曲坛复古崇元的普遍文化心理,但体现出微妙的差异。汤显祖师法北曲杂剧,在实践上大力引北曲入南曲;而沈璟却以元代南戏《琵琶记》为典范,通过规范音律推尊南曲,变俗为雅。当时时势,沈氏之学似更有号召力,于是以三吴之地为中心,形成声势浩大的"吴江派"。在"四方歌者皆宗吴门"的情况下,汤显祖作为江右曲家,和他们的曲学观念不同,故不免"失律"之讥。

小 结

汤显祖的曲藏与阅读、传奇文本、时人评价,都说明汤显祖的确"熟拈元剧",北曲杂剧对其曲学观影响颇深。其传奇中过于突出的"北曲风范",使得他成为那个时代的另类,招来众多非议。连近代曲家吴梅都秉承吴江口径,说"大抵宗《琵琶》者,终鲜舛律;学元剧者,或至乖方。今古词家,莫出例外。"③ 音律

---

① 臧晋叔:《元曲选》,中华书局1958年版,第1页。
② 徐朔方笺校:《汤显祖全集》(四),北京古籍出版社1999年版,第2591页。
③ 吴梅:《红蕖记跋》,引自蔡毅《中国古典戏曲序跋汇编》,齐鲁书社1989年版,第1205~1206页。

之道，不在于斤斤守法，而在于法为心设。从戏曲音乐的发展流变来看，何尝有过亘古不变的不二法门呢？自然二字，即汤显祖从元剧中领悟到的音律之法，大体可循，又能运用灵动，随心所欲。汤氏此法为推进南曲成熟做出了卓越贡献。破除沈氏成见，才能准确评价汤显祖的曲学地位。

作者单位：中国传媒大学人文学院

《红楼梦》演述《牡丹亭》折子戏的功能与价值*

杨绪容

《牡丹亭》对《红楼梦》的深刻影响人所共知。此前已有学者统计，《红楼梦》提到的《牡丹亭》折子戏共有八出，含舞台本的《游园》《惊梦》两出（即是汤显祖《牡丹亭》原著第十出《惊梦》）、《寻梦》（原著第十二出同名）、《写真》（原著第十四出同名）、《离魂》（原著第二十出《闹殇》）、《拾画》（原著第二十四出同名）、《还魂》（原著第三十五出《回生》）、《圆驾》（原著第五十五出同名）①。不仅如此，古今《红楼梦》批评家还注意到上述《牡丹亭》折子戏在《红楼梦》中的埋伏与影射作用，不过一般只下判断而少分析，即使有所分析也比较简单。本文拟进一步探讨这八出《牡丹亭》折子戏如何在《红楼梦》的中心人物塑造、关键情节叙事、重点结构功能与主要思想矛盾价值诸方面构建起《红楼梦》的基本内核。

一、《还魂》《离魂》与黛玉之死

《红楼梦》演唱《牡丹亭》折子戏，最早出现的是《还魂》。《红楼梦》第十一回，叙贾敬寿辰，凤姐儿点了一出《还魂》，一出《弹词》，说："现在唱的这《双官诰》完了，再唱这两出，也就是时候了。"② 其中，《双官诰》和《弹词》都不是汤显祖戏曲，大体用于预示凤姐的夭亡

---

* 本文为国家社科基金重大项目"明清戏曲评点整理与研究"（编号：18ZDA252）阶段性成果。

① 详情请参见徐扶明：《〈红楼梦〉中戏曲剧目汇考》，引自徐著《红楼梦与戏曲比较研究》，上海古籍出版社出版1984年版；王潞伟、张颖：《从〈红楼梦〉中演剧考证》，载于《曹雪芹研究》2014年第3期；邹自振：《汤显祖与〈红楼梦〉》，载于《福州大学学报》2000年第3期，等等。

② 曹雪芹、高鹗：《红楼梦》，人民文学出版社1982年版。本文所引《红楼梦》原文皆出自该本，以下仅在正文中注明某回。

和贾府的没落①。《还魂》出自《牡丹亭》第三十五出《回生》,演柳梦梅领人掘开坟墓,杜丽娘为情还魂。《红楼梦》文本中林黛玉多次以杜丽娘、崔莺莺自比,而古今《红楼梦》批评(特别是脂砚斋评语)也大体以杜丽娘、崔莺莺比附林黛玉,故该戏应预示林黛玉因情丧命,魂归太虚,为情而止,为情而死。

《红楼梦》演唱《牡丹亭》折子戏,其次出现的是《离魂》。《红楼梦》第十八回,叙元妃省亲,点了四出戏:第一出《豪宴》、第二出《乞巧》、第三出《仙缘》、第四出《离魂》。其中,李玉传奇《一捧雪·豪宴》、洪昇传奇《长生殿·乞巧》与《红楼梦》的爱情主人公宝黛无关,而《仙缘》和《离魂》则与宝黛有关②。《仙缘》为汤显祖《邯郸梦》第三十出《合仙》,舞台演出本改称《仙圆》,亦称《仙缘》、《八仙拜寿》。剧演卢生拜见八仙,被张果老点醒,预示宝玉出家,其富贵荣华终如邯郸一梦。《离魂》出自《牡丹亭》第二十出《闹殇》,演杜丽娘游春回家,梦中与书生柳梦梅相爱成欢,后一病不起,至中秋之夜病逝。杜丽娘遗言葬身于梅树之下,藏真容于太湖石底。该戏预言林黛玉未嫁而逝。

综上,《还魂》《离魂》被《红楼梦》简单提及,大体预示黛玉夭亡为情而生,为情而死,其主要功能就是追叙和预叙。

二、《游园》《惊梦》与宝黛爱情启蒙

在《红楼梦》演述的《牡丹亭》折子戏中,与《还魂》《离魂》仅被《红楼梦》简单提及不同,《游园》《惊梦》被浓墨重彩地加以渲染。汤显祖传奇《牡丹亭》第十出《惊梦》,被舞台本析为《游园》、《惊梦》两出。《红楼

---

① 《双官诰》一名《双冠诰》,为清代剧作家陈二白所作传奇。剧演冯瑞为仇家所害,弃家行医。冯瑞之妻妾闻其死讯,俱信以为真,先后改嫁。冯瑞侧室所生之子冯雄,被扔下不顾,为冯瑞通房婢女冯三娘(碧莲)抚养成人。冯瑞后来得到于谦重用,冯雄也赶考高中,碧莲受到双份官诰,故曰《双官诰》。一般研究《红楼梦》戏曲的文章均认为,该剧预示贾府遭仇家陷害被抄家一事。而笔者认为该剧另有所指。具体而言,《双官诰》与凤姐有关的情节是,凤姐夭亡,留下弱女巧姐儿,被其通房丫头平儿抚养成人,平儿后被贾琏扶为正室。《双官诰》大约是对凤姐、平儿命运的预言。《弹词》为《长生殿》第三十八出,演内廷供奉李龟年,在安史之乱后流落江南,抱琵琶唱曲谋生,常常弹唱天宝遗事。该戏大体预言贾府衰落结局。

② 参照庚辰本双行夹批:"《一捧雪》中伏贾家之败。""《长生殿》中伏元妃之死。""《邯郸梦》中伏甄宝玉送玉。""《离魂》伏黛玉死。所点之戏剧伏四事,乃《牡丹亭》中,通部书之大过节、大关键。""大关键"云云,说明庚辰本批语主要是从叙事角度来分析这四出戏的,认为这四出戏揭示了《红楼梦》的主要线索。

梦》第一次提及《游园》、《惊梦》，是在第十八回，叙元妃省亲，贾蔷命龄官做《游园》《惊梦》二出。龄官不从，改唱月榭主人作明传奇《钗钏记》中的《相骂》《相约》①。

《红楼梦》第二十三回第二次提及《游园》《惊梦》，叙黛玉听到梨香院的女孩子演习《牡丹亭》：

> 这里林黛玉见宝玉去了，又听见众姊妹也不在房，自己闷闷的。正欲回房，刚走到梨香院墙角上，只听墙内笛韵悠扬，歌声婉转。林黛玉便知是那十二个女孩子演习戏文呢。只是林黛玉素习不大喜看戏文，便不留心，只管往前走。偶然两句吹到耳内，明明白白，一字不落，唱道是："原来姹紫嫣红开遍，似这般都付与断井颓垣。"林黛玉听了，倒也十分感慨缠绵，便止住步侧耳细听，又听唱道是："良辰美景奈何天，赏心乐事谁家院。"听了这两句，不觉点头自叹，心下自思道："原来戏上也有好文章。可惜世人只知看戏，未必能领略这其中的趣味。"想毕，又后悔不该胡想，耽误了听曲子。又侧耳时，只听唱道："则为你如花美眷，似水流年……"林黛玉听了这两句，不觉心动神摇。又听道"你在幽闺自怜"等句，亦发如醉如痴，站立不住，便一蹲身坐在一块山子石上，细嚼"如花美眷，似水流年"八个字的滋味。忽又想起前日见古人诗中有"水流花谢两无情"之句，再又有词中有"流水落花春去也，天上人间"之句，又兼方才所见《西厢记》中"花落水流红，闲愁万种"之句，都一时想起来，凑聚在一处。仔细忖度，不觉心痛神痴，眼中落泪。

该回描写甚为细致，从多个方面显示了《红楼梦》与《牡丹亭》"游园惊梦"的同构性：

---

① 《钗钏记》属明传奇，月榭主人（或曰松江王玉峰）作。《今乐考证》著录，存清康熙间抄本，《古本戏曲丛刊二集》影印本。全剧凡三十一出。演皇甫吟、史碧桃为韩时忠诳取钗钏，致生无限波澜。《相约》一出，演史家丫环芸香，请皇甫吟的母亲向其子转达史碧桃的约会。《相骂》一出，舞台本亦称《愤诋》或《讨钗》，演芸香又到皇甫吟家，谴责其接受约会，并收取碧桃所赠的钗钏金银而又不娶亲的行为，皇甫吟母亲则谓其子未曾赴约，未得到钗钏金银，因此两人争吵不休。《红楼梦》无一闲笔，可谓句句有所指。有人认为，《相骂》《相约》表达了龄官对贾府的不满与反抗（如上引王潞伟、张颖《从〈红楼梦〉中演剧考证》）。而在笔者看来，龄官演出这两戏，埋伏贾府家长及元妃打灭宝黛婚姻之意。古今学者多谈及林黛玉父亲留下的巨额家产被贾府侵占，主要用于建设省亲别墅。贾府收取了黛玉的"钗钏金银而又不娶亲"，被龄官预骂了一场。

一是环境。大观园与杜丽娘家后花园都时当落英缤纷的春日。《红楼梦》中，"那一日正当三月中浣，早饭后，宝玉携了一套《会真记》，走到沁芳闸桥边桃花底下一块石上坐着，展开《会真记》，从头细玩。正看到'落红成阵'，只见一阵风过，把树头上桃花吹下一大半来，落的满身满书满地皆是。""落红成阵"出自《西厢记》杂剧第二本第一折【混江龙】，正与大观园对景，宝玉不免深怜落花，拾之洒入水中。黛玉来后，两人一同葬落花于"花冢"中。所谓《会真记》即《西厢记》。紧接下文描述，"林黛玉把花具且都放下，接书来瞧，从头看去，越看越爱看，不到一顿饭工夫，将十六出俱已看完，自觉词藻警人，余香满口。"林黛玉显然一看就爱上《西厢记》了。其书乃是"十六出"，属金圣叹批点本的可能性很大。《红楼梦》描绘桃花纷飞的大观园与《西厢记》的"落红"相映成趣，自然不会逊色于"姹紫嫣红"的杜丽娘家后花园。

二是人物。两书中都出现了爱情故事的男女主角，一对才子佳人，其中才子均对佳人表白了爱情。《牡丹亭·惊梦》这出戏，演杜丽娘因游春唤醒青春情愫，并在梦中接受柳梦梅求爱，相与成欢。在《红楼梦》中，贾宝玉与众姊妹刚搬进大观园不久，宝黛恰从懵懂少年而初通人事。一个春日，宝黛先后来到大观园中，二人葬花毕，共读《西厢记》。贾宝玉对黛玉戏言："我就是个'多愁多病'的身，你就是那'倾国倾城'的貌！"这是他首次明确表白对林黛玉的爱情。林黛玉佯装生气，贾宝玉便告饶，黛玉骂他"呸！原来也是个银样镴枪头！"黛玉言谈间自拟为莺莺，等于接受了宝玉的表白。

三是情节。两书都以女主人公的独自游园为重点。在情节上又有一些差异。其一，情节繁简有别。《牡丹亭·惊梦》情节更为复杂，主要包括：游园——赏花——回家——怀春——昼眠——梦游花园——杜柳相见——杜柳云雨欢爱——花神保护——被母惊醒。而《红楼梦》该回也有青年女子游园、赏花、怀春，男女青年相见、爱情表白等核心情节，总体上较为简单一些。其二，梦游与否有别。《牡丹亭》演杜丽娘先独自游园，后梦游花园并与柳梦梅相见成欢。而在《红楼梦》中，宝玉先自游园，黛玉后来相遇；宝玉因事先行，黛玉再独自游园。且二人均非梦游。其三，惊梦与否有别。《牡丹亭》有"游园惊梦"的情节，《红楼梦》只有"游园"，并无"惊梦"。

四是思想。在《牡丹亭》与《红楼梦》中，"游园"的核心思想都是爱情的启蒙。《牡丹亭》中杜丽娘唱"姹紫嫣红开遍"，"如花美眷，似水流年"，抒发了青春的美好与爱情的觉醒。在《红楼梦》中,贾宝玉被贾母派人叫走后,黛玉独回潇湘馆,听到梨香院的女伶演习"游园惊梦",恰对【皂罗袍】和【山桃红】两曲感触尤深。《红楼梦》叙黛玉读《西厢记》、听《牡丹亭》,特以崔莺莺、杜丽娘故事为参照,映照出黛玉青春的觉醒,揭示了宝黛爱情的正式发生。不同的是,《牡丹亭》与《西厢记》讴歌性情合一之爱,《红楼梦》则力主"意淫",即情爱,反对"皮肤淫滥"(第五回)。

总而言之,爱情启蒙乃是《红楼梦》引述《游园》《惊梦》最核心的价值。在这一点上,《红楼梦》与《牡丹亭》的思想完全合拍。

三、《寻梦》与宝黛爱情的升华与家族矛盾

在《牡丹亭》的折子戏中,《红楼梦》两次提及《寻梦》,其笔墨也相当隆重。《寻梦》是《牡丹亭》第十二出,演杜丽娘在与柳梦梅梦中欢爱之后,怅然若失,再次来到后花园中追寻旧梦。《红楼梦》通过一出折子戏,牵扯出一种文学类型,又强化其主要人物个性,反映其思想矛盾,可谓独具匠心。

第一次是在《红楼梦》第三十六回,叙宝玉读《牡丹亭》已两遍,尚不过瘾,便去梨香院找龄官唱《寻梦》。杜丽娘寻的是与柳梦梅云雨欢爱之旧梦,宝玉寻的是杜丽娘之梦,其主体有男女主角之别。宝玉寻梦看似与己无关,实则不然。《红楼梦》与《牡丹亭》的"寻梦"主体有男女主角之别,但在"爱"的觉悟上甚为一致。

大观园中的贵族公子贾宝玉,自以为是众女儿的偶像,去梨香院找龄官唱《寻梦》,不想被身份低贱的女戏子坚决拒绝。龄官正色说道:"嗓子哑了。前儿娘娘传进我们去,我还没有唱呢。"娘娘传唱"游园惊梦"而被拒一事,在此重被提起,不仅承上启下相互呼应,而且凸显了龄官的独立人格。龄官之意是说,只要自己不愿意唱,即使以皇帝娘娘之尊也不能相强。贾府戏班中另一位女孩子宝官便出来圆场,对宝玉说道:"只略等一等,蔷二爷来了叫他唱,是必唱的。"宝玉不知究竟。再一细看,原来龄官就是那日所见在蔷薇花下画"蔷"字的女孩儿(第三十回)。只见贾蔷从外头来了,兴兴头头往里来找龄官,说"买了个雀儿给你玩,省了你天天儿发闷"。不料,自认深陷贾府"牢坑"学戏的龄官,觉得把雀儿装入笼中耍玩,是"弄了来打趣形容我们"。贾蔷便立即将雀儿放飞。龄官说起早期咳出两口血来,叫贾蔷去请大夫。贾蔷起

身便要请去,龄官又叫:"站住,这会子大毒日头地下,你赌气去请了来,我也不瞧!"贾蔷听如此说,只得又站住。宝玉看到龄官与贾蔷相互间的关心体贴,便明白龄官的唱与不唱,并不由身份地位决定,而只在于一个"情"字。

小说写"宝玉此刻把听曲子的心都没了",而此时不听胜于听。

> 那宝玉一心裁夺盘算,痴痴的回至怡红院中,正值林黛玉和袭人坐着说话儿呢。宝玉一进来,就和袭人长叹,说道:"我昨儿晚上的话,竟说错了。怪不得老爷说我是'管窥蠡测'。昨夜说你们的眼泪单葬我,这就错了,看来我竟不能全得。从此后,只好各人得各人的眼泪罢了。"(第三十六回)

贾宝玉因此顿悟"泛爱"之非,此后便转向对黛玉的专爱。而林黛玉和袭人正好为之旁证。大观园中杜丽娘的扮演者龄官,在未唱《牡丹亭》的情况下,启发了贾宝玉爱情观的升华。在此,《红楼梦》又一次展示了《牡丹亭》的思想力量。

《牡丹亭》折子戏《游园》《惊梦》《寻梦》,促进了杜丽娘和柳梦梅爱情的发生与升华。这三出戏被借鉴到《红楼梦》中,再次促进了林黛玉和贾宝玉爱情的发生与升华。《游园》《惊梦》《寻梦》的思想价值与艺术功能在《牡丹亭》与《红楼梦》中显示出惊人的一致性。

第二次是《红楼梦》第五十四回,叙元宵节家宴,荣国府里赏灯听戏,贾母命家养戏班唱一出《寻梦》、一出《惠明下书》。

此次演唱《牡丹亭·寻梦》至少有两层意义。从艺术形式上来说,表现贾母对戏曲表演推陈出新的要求。贾母笑道:"如今这小戏子又是那有名玩戏的人家的班子,虽是小孩子,却比大班子还强。咱们好歹别落了褒贬,少不得弄个新样儿的。叫芳官唱一出《寻梦》,只用箫和笙笛,余者一概不用。"贾母言谈中表现出对自己的戏曲修养与家养戏班均颇自负。

> 薛姨妈笑道:"实在戏也看过几百班,从没见过只用箫管的。"贾母道:"也有,只是像方才《西楼楚江情》一支,多有小生吹箫合的。这合大套的实在少。这也在人讲究罢了,这算什么出奇?"又指湘云道:"我像他这么大的时候儿,他爷爷有一班小戏,偏有一个弹琴的,凑了《西厢记》的

《听琴》,《玉簪记》的《琴挑》,《续琵琶》的《胡笳十八拍》,竟成了真的了。比这个更如何?"众人都道:"那更难得了。"(第五十四回)

薛姨妈的恭维、贾母的自谦,都证实了贾母的"讲究"。同样,贾母叫唱《惠明下书》"不用抹脸"也同样是"出奇"的"讲究"。

从思想价值上来说,表现贾母对才子佳人文学的反对态度。在点戏之前,有两个女先儿提议说一段新书曰"凤求鸾",立即遭到贾母的驳斥。贾母一言以蔽之道:"这些书就是一套子,左不过是些佳人才子,最没趣儿。"贾母之意,主要针对才子佳人故事中幽期密约、私订终身那些常套。她甚至否认这类故事的主角是真正的"才子佳人":"把人家女儿说的这么坏",一个大家小姐"只见了一个清俊男人,不管是亲是友,想起他的终身大事来",如此"鬼不成鬼,贼不成贼,那一点儿像个佳人"?"比如一个男人家,满腹的文章,去做贼,难道那王法看他是个才子就不入贼情一案了不成?"

贾母进一步批判了才子佳人文学的创作观念。"可知那编书的是自己堵自己的嘴""前言不答后语",这是客观逻辑不当。"编这样书的人,有一等妒人家富贵的,或者有求不遂心,所以编出来糟蹋人家。再有一等人,他自己看了这些书,看邪了,想着得一个佳人才好,所以编出来取乐儿。他何尝知道那世宦读书人家儿的道理!"这是主观动机不纯。

当然,在私下里,贾母是喜欢才子佳人故事的。贾母接下来说道,"所以我们从不许说这些书,连丫头们也不懂这些话。这几年我老了,他们住的远,我偶然闷了,说几句听听,他们一来,就忙着止住了。"她承认自己偶尔听才子佳人故事解闷,但坚决禁止年轻人听。贾府"姐儿们"已长大成人,贾母担心才子佳人故事引发她们渴慕私情,这也是她反对"凤求鸾"的直接原因。

然而吊诡的是,贾母接着就命家养戏班唱一出《牡丹亭·寻梦》、一出《西厢记·惠明下书》。难道《牡丹亭》与《西厢记》不是才子佳人戏吗?或者,才子佳人爱情故事的翘楚《牡丹亭》与《西厢记》不在贾母批驳的"才子佳人"之列?或者,贾母一般地反对才子佳人故事,而不反对《牡丹亭》与《西厢记》?

贾母反对才子佳人故事的态度与《红楼梦》作者有一致之处。在《红楼梦》第一回中,作者借"石头"之言曰:

> 石头果然答道："我师何必太痴？我想历来野史的朝代，无非假借汉唐的名色；莫如我这石头所记，不借此套，只按自己的事体情理，反倒新鲜别致。况且那野史中，或讪谤君相，或贬人妻女，奸淫凶恶，不可胜数，更有一种风月笔墨，其淫秽污臭，最易坏人子弟。至于才子佳人等书，则又开口文君，满篇子建，千部一腔，千人一面，且终不能不涉淫滥。在作者不过要写出自己的两首情诗艳赋来，故假捏出男女二人名姓，又必旁添一小人，拨乱其间，如戏中的小丑一般。更可厌者，'之乎者也'，非理即文，大不近情，自相矛盾。"（第一回）

作者借"石头"开口，批判才子佳人书"开口文君，满篇子建，千部一腔，千人一面，且终不能不涉淫滥"，"非理即文，大不近情，自相矛盾"，与贾母的才子佳人文学观颇为相近。

但《红楼梦》作者就一定赞成贾母意见吗？非也！双方看法相似而意图迥异。贾母进一步批驳起才子佳人故事来，就说到自己身上："别说那书上那些大家子，如今眼下，拿着咱们这中等人家说起，也没那样的事。"贾母的话，一来撇清贾府儿女与世井流言的关系，二来何尚不为贾府儿女们之训诫。不知有意无意，贾母对面前众儿女明示了劝惩之意。这对于内心早已相爱却不敢明言的宝黛而言，其威慑力不可小觑。贾母作为贾府的最高统治者，与向往爱情自由的宝黛代表了两条相互对立的思想路线。贾母才子佳人文学观的实质是崇尚礼制而反对婚恋自由。而《红楼梦》的作者显然是同情宝黛爱情，并深切了解《牡丹亭》与《西厢记》的思想力量的①。

后来宝玉订亲，贾母弃黛玉而选宝钗，最重要的原因就为杜绝儿女私情：

> 那时正值邢王二夫人、凤姐等在贾母房中说闲话。说起黛玉的病来，贾母道："我正要告诉你们。宝玉和林丫头是从小儿在一处的，我只说小孩子们怕什么？以后时常听得林丫头忽然病，忽然好，都为有了些知觉了。所以我想他们若尽着搁在一块儿，毕竟不成体统。你们怎么说？"王夫人听了，便呆了一呆，只得答应道："林姑娘是个有心计儿的。至于宝

---

① 有学者明白注意到："《红楼梦》虽对才子佳人创作模式提出了批评，但是对《西厢记》剧作本身则是肯定和赞赏的。""《红楼梦》对《西厢记》不是否定，而是热情赞颂。"参见伏涤修：《〈红楼梦〉对〈西厢记〉的接受与评价》，载于《淮海工学院学报》2009年第1期。

玉，呆头呆脑，不避嫌疑是有的。看起外面，却还都是个小孩儿形像。此时若忽然或把那一个分出园外，不是倒露了什么痕迹么？古来说的：'男大须婚，女大须嫁。'老太太想，倒是赶着把他们的事办办也罢了。"贾母听了，皱了一皱眉，说道："林丫头的乖僻，虽也是他的好处，我的心里不把林丫头配他，也是为这点子；况且林丫头这样虚弱，恐不是有寿的。只有宝丫头最妥。"（第九十回）

黛玉终于闻知"宝二爷娶宝姑娘"事实，回房病危。贾府上下前来探视后退出：

> 贾母心里只是纳闷，因说："孩子们从小儿在一处儿玩，好些是有的。如今大了，懂的人事，就该要分别些才是做女孩儿的本分，我才心里疼他。若是他心里有别的想头，成了什么人了呢！我可是白疼了他了！你们说了，我倒有些不放心。"因回到房中，又叫袭人来问，袭人仍将前日回过王夫人的话并方才黛玉的光景述了一遍。贾母道："我方才看他却还不至糊涂。这个理我就不明白了。咱们这种人家，别的事自然没有的，这心病也是断断有不得的！林丫头若不是这个病呢，我凭着花多少钱都使得；就是这个病，不但治不好，我也没心肠了！"（第九十七回）

贾母严禁黛玉"有别的想头"，明确表明了对宝黛爱情的坚决反对与无情扼杀，甚至不惜酿成宝黛一死一出家的人生悲剧。

总之，宝玉与贾母都喜欢听唱《寻梦》，实则各有怀抱。宝玉是在古书中寻找同道，贾母则不妨借来训诫。宝玉从正面来理解《寻梦》的爱情理想，与了《牡丹亭》的思想倾向甚为一致；贾母则倾向于维护礼制，免不了拿《牡丹亭》这样的才子佳人文学经典充作自由爱情的反面教材。宝黛爱情愈挫弥坚，至死不渝，以致贾母等人终究难掩《牡丹亭》的思想光芒。

四、《写真》《拾画》《圆驾》与黛玉宝钗思想分歧

《红楼梦》还曾简要提及《牡丹亭》的其他内容。《红楼梦》第五十一回，薛宝琴将素昔所经过各省内古迹为题，做了十首怀古绝句。其中前八首都咏历

史人物；第九首《蒲东寺怀古》咏崔莺莺、张生、红娘，第十首《梅花观怀古》咏杜丽娘、柳梦梅，属于文学形象。《梅花观怀古》诗云：

> 不在梅边在柳边，个中谁拾画婵娟？团圆莫忆春香到，一别西风又一年。

其中内容涉及《牡丹亭》中《写真》《拾画》《圆驾》三出戏。该诗立即惹起黛玉与宝钗的思想交锋：

> 众人看了，都称奇妙。宝钗先说道："前八首都是史鉴上有据的；后二首却无考，我们也不大懂得，不如另做两首为是。"黛玉忙拦道："这宝姐姐也忒'胶柱鼓瑟，矫揉造作'了。两首虽于史鉴上无考，咱们虽不曾看这些外传，不知底里，难道咱们连两本戏也没见过不成？那三岁的孩子也知道，何况咱们？"探春便道："这话正是了。"李纨又道："况且他原走到这个地方的。这两件事虽无考，古往今来，以讹传讹，好事者竟故意地弄出这古迹来以愚人。比如那年上京的时节，便是关夫子的坟，倒见了三四处。关夫子一生事业，皆是有据的，如何又有许多的坟？自然是后来人敬爱他生前为人，只怕从这敬爱上穿凿出来，也是有的。及至看《广舆记》上，不止关夫子的坟多，自古来有名望的人，那坟就不少，无考的古迹更多。如今这两首诗虽无考，凡说书唱戏，甚至于求的签上都有。老少男女，俗语口头，人人皆知皆说的。况且又并不是看了《西厢记》、《牡丹亭》的词曲，怕看了邪书了。这也无妨，只管留着。"宝钗听说，方罢了。（第五十一回）

宝钗首先发言，思想犀利而说话委婉。所谓"无考"云云，指其非历史掌故，而是荒诞不经的文学人物，原本不足为凭；"我们也不大懂得"云云，表明了对《西厢记》《牡丹亭》的排斥态度。黛玉立即反驳，指出宝钗"胶柱鼓瑟，矫揉造作"，不仅迂拘而且伪饰。她说明，无人不晓崔莺莺、杜丽娘，不读《西厢记》《牡丹亭》原著也看过这两本戏。争论的双方，黛玉获得探春、李纨赞同，宝钗则显得势单力孤。

在大观园的青年之中，黛玉背后有贾宝玉、薛宝琴、探春、李纨等同情者，薛宝钗背后有史湘云、袭人等同情者。而在贾府的家长中，贾母批驳佳人才子故事"最没趣儿"，王夫人把有姿色的女子斥为"狐狸精"，贾政骂思想叛逆的宝玉"弑君弑父"，自然都不喜《西厢记》《牡丹亭》这类正统人眼里的"邪书"。这样，宝钗黛玉双方的后援力量对比就显而易见了。

对于《西厢记》《牡丹亭》的认识和评价，薛宝钗和林黛玉的意见严重分歧，发生了多次争论和交锋。在《红楼梦》第四十回，贾母与众人在大观园玩骨牌行酒令，各人说诗词歌赋、成语俗话，要求上下句叶韵。鸳鸯当令，轮及黛玉：

鸳鸯又道："左边一个天。"道："良辰美景奈何天。"宝钗听了，回头看着他。黛玉只顾怕罚，也不理论。鸳鸯道："中间锦屏颜色俏。"黛玉道："纱窗也没有红娘报。"（第四十回）

黛玉随口引用《西厢记》《牡丹亭》做酒令。过了几天，宝钗借此"审"黛玉，黛玉一想，方想起来昨儿失于检点，那《牡丹亭》、《西厢记》说了两句，不觉红了脸：

宝钗见他羞得满脸飞红，满口央告，便不肯再往下问，因拉他坐下吃茶，款款地告诉他，道："你当我是谁？我也是个淘气的。从小儿七八岁上，也够个人缠的。我们家也算是个读书人家，祖父手里，也极爱藏书。先时人口多，姐妹弟兄也在一处，都怕看正经书。弟兄们也有爱诗的，也有爱词的，诸如这些西厢、琵琶以及元人百种，无所不有。他们背着我们偷看，我们也背着他们偷看。后来大人知道了，打的打，骂的骂，烧的烧，丢开了。所以咱们女孩儿家不认字的倒好。男人们读书不明理，尚且不如不读书的好，何况你我？连做诗写字等事，这也不是你我分内之事，究竟也不是男人分内之事。男人们读书明理，辅国治民，这才是好；只是如今并听不见有这样的人，读了书，倒更坏了。这并不是书误了他，可惜他把书糟蹋了。所以竟不如耕种买卖，倒没有什么大害处。至于你我，只该做些针线纺绩的事才是，偏又认得几个字。既认得了字，不过拣那正经书看也罢了，最怕见些杂书，移了性情，就不可救了！"（第四十二回）

黛玉对宝钗语重心长的教导大为感激。后来两人开玩笑，黛玉借题发挥道："颦儿年纪小，只知说，不知道轻重，做姐姐的教导我！"（第四十二回）黛玉甚至因此转变了对宝钗的敌视态度。她对宝钗叹道："你素日待人，固然是极好的，然我最是个多心的人，只当你有心藏奸。从前日你说看杂书不好，又劝我那些好话，竟大感激你。往日竟是我错了，实在误到如今。"黛玉从此对宝钗摒弃前嫌，亲如姐妹，连宝玉也暗暗纳罕"是几时孟光接了梁鸿案"？（第四十五回）待到黛玉说明《西厢记》、《牡丹亭》酒令原委，宝玉方恍然大悟："原来是从'小孩儿口没遮拦'就接了案了"。（第四十九回）

虽然黛玉与宝钗的感情因此事一度转向亲厚，但她们的思想却并未趋于一致。薛宝钗始终崇尚"仕途经济"，其话被贾宝玉斥为"混账话"，其人被贾宝玉斥为"国贼禄蠹"。而从不说此类"混帐话"的林黛玉被贾宝玉敬为"知己"。黛玉在与宝钗一度亲厚之后，其实并未改变其思想认识，不仅不把《牡丹亭》、《西厢记》看成"邪书"，也不怕被这类"杂书""移了性情，就不可救了"。上述第五十一回薛宝琴作诗谜，黛玉与宝钗公然争论《牡丹亭》与《西厢记》之正邪，明确显示了各自思想的分歧。

在其他方面，黛玉在与宝钗亲厚之时，也没有完全听其劝告。在第四十二回，宝钗劝黛玉就有"咱们女孩儿家不认字的倒好"，"连做诗写字等事，这也不是你我分内之事"等语。到第四十五回，黛玉邀宝钗"说话"而阻于风雨，便在灯下，"随便拿了一本书，却是《乐府杂稿》，有《秋闺怨》《别离怨》等词，黛玉不觉心有所感，不禁发于章句，遂成《代别离》一首，拟《春江花月夜》之格，乃名其词为《秋窗风雨夕》"。黛玉"杂书"照读，诗照做，并且愈爱逞才使气。在诗才方面，黛玉确有骄傲的资本。《红楼梦》中黛玉诗词反映出高度的艺术水平，即使置诸康干乾诗坛也毫不逊色。

宝钗与黛玉有关《牡丹亭》与《西厢记》之争，分别对应着叛逆青年与旧式淑女的人生选择，在更深层次上又分别对应着创新秩序与维护现状的社会意识。宝钗守旧思想之顽固甚至超过贾母。前言贾母虽反对"才子佳人"文学，却也不免喜欢听唱《牡丹亭》与《西厢记》，而宝钗直斥《牡丹亭》与《西厢记》"杂书"。《红楼梦》巧妙借助《西厢记》《牡丹亭》情节，展示宝钗、黛玉的文艺观，推动其性格的深入，揭示其命运的必然。

合而言之，《红楼梦》提及的《牡丹亭》折子戏，大致囊括了《牡丹亭》的关键情节，并反映了康干乾舞台上《牡丹亭》演出的流行趣味。分而言之，

《牡丹亭》在《红楼梦》的中心人物塑造、关键情节叙述、重点结构功能与主要思想矛盾价值承载等方面都发挥了重要作用。首先在结构上，《牡丹亭》促进了宝黛爱情的发生、发展与结局，贯穿了《红楼梦》的关键情节。《红楼梦》用《还魂》《离魂》预言形容黛玉之生死；以《游园》《惊梦》促进宝黛爱情的发生，以《寻梦》促进宝黛爱情的升华；而《写真》《拾画》《圆驾》则重点揭示了宝钗与黛玉的思想分歧。其次在思想上，这些《牡丹亭》折子戏进一步牵扯出宝黛爱情与贾府家长之间自由与礼教之争，并由此而引发了众儿女的悲剧命运。第三在叙事上，《红楼梦》先演《还魂》《离魂》预言黛玉之生死，再演《游园》《惊梦》《寻梦》映照宝黛爱情的发生与发展，然后提及《写真》《拾画》《圆驾》，在整体的顺叙之中又有局部倒叙的效果。第四在总体上，《牡丹亭》与《西厢记》具有共生关系。在大多数情况下，《红楼梦》以《牡丹亭》带出《西厢记》，或者以《西厢记》带出《牡丹亭》。在《红楼梦》中，不论述及全书，还是局部情节，抑或个别字句，《牡丹亭》与《西厢记》互有先后，相伴而生，具体承担且强化了几乎相同的功能及效果。

作者单位：上海大学文学院

汤显祖的戏曲表演论

俞为民

汤显祖是以戏曲创作上的成就，即以他所创作的《牡丹亭》等"四梦"著称的，但他在戏曲理论上，同样也有着建树，在明代中叶的曲坛上，提出了自己的戏曲主张，并因此与沈璟发生了争论，而他的戏曲表演论，在明代的曲坛上，也有着重要的影响。

汤显祖熟谙编剧之道，也精通舞台表演，这同他与戏曲演员密切交往有关。尤其是他辞去官职、回到临川老家后，与当地的宜黄籍演员如罗章二、张罗二、吴迎、于采、汝宁、王有信等人交往密切，他常把演员请到玉茗堂中，演出他的"四梦"，如《唱二梦》诗云：

半学侬歌小梵天，宜伶相伴酒中禅。
缠头不用通明锦，一夜红氍四百钱。

他还亲自指导宜伶排演《牡丹亭》，如《七夕醉答东君》诗云：

玉茗堂开春翠屏，新词传唱《牡丹亭》。
伤心拍遍无人会，自掐檀痕教小伶。

在他的诗文集中，有许多是写给演员的信，或看了演员的演出后所写的诗，如《与宜伶罗章二》《寄生脚张罗二恨吴迎旦口号》《听于采唱〈牡丹〉》《滕王阁看王有信演〈牡丹亭〉》等。汤显祖的《宜黄县戏神清源师庙记》一文，便是应宜伶之请而撰写的。当宜伶集资建成戏神清源师之庙后，请汤显祖撰写庙记。汤显祖在《庙记》中说明了写此文缘起，曰：

> 此道有南北，南则昆山，次则海盐，吴、浙音也，其体局静好，以拍为之节。江以西弋阳，其节以鼓，其调喧。至嘉靖而弋阳之调绝，变为乐平，为徽青阳。我宜黄谭大司马纶闻而恶之，自喜得治兵于浙，以浙人归教其乡子弟，能为海盐声。大司马死二十余年矣，食其技者殆千余人，聚而谂予曰："吾属以此养老长幼长世，而清源师无祠，不可。"……予颔之，而进诸弟子语之曰……

汤显祖对这一篇《庙记》十分重视，他在《与宜伶罗章二》中嘱咐演员："《庙记》可觅好手镌之。"

在与戏曲演员的交往中，汤显祖对戏曲表演技艺也有了一些独到的见解。在《庙记》中，汤显祖论及了表演艺术，他把演员的表演技艺称之为"清源祖师之道"，曰：

> 汝知所以为清源祖师之道乎？一汝神，端而虚。择良师妙侣，博解其词，而通领其意。动则观天地人鬼世器之变，静则思之。绝父母骨肉之累，忘寝与食。少者守精魂以修容，长者食恬淡以修声。为旦者常自作女想，为男者常欲如其人。其奏之也，抗之入青云，抑之如绝丝，圆好如珠环，不竭如清泉。微妙之极，乃至有闻而无声，目击而道存。使舞蹈者有不知情之所自来，赏叹者不知神之所自止。若观幻人者之欲杀偃师，而奏《咸池》者之无怠也。若然者，乃可为清源师之弟子，进于道矣。

在这段论述中，汤显祖对戏曲表演提出了四条要求：一是演员在演出之前须专心致志，精神集中。因为演员表演也是一种创作，在进入戏中角色之前，也要像作家创作剧本那样，全神贯注，明了自己所要承担的任务。所谓"一汝神"，便是专心致志，"端而虚"，即排除杂念，虚心以待。甚至要做到"绝父母骨肉之累，忘寝与食"，摒绝那些世俗琐务的牵累，废寝忘食，专心于演戏。

汤显祖十分重视演员的戏德，如他在《与宜伶罗章二》中告诫演员：

> 往人家搬演，俱宜守分，莫因人家爱我的戏，便过求他酒食钱物。

显然，汤显祖提出的"一汝神，端而虚"，也指的是端正戏德，不要为追求酒食钱物而分散了精力，影响演出。

二是理解曲白，领会剧情。剧本是一剧之本，要准确地把剧作家所描写的人物和情节表演出来，必须要了解剧本的内容。而由于当时的演员一般文化水平都不高，故需请"良师妙侣"帮助讲解，以"博解其词而通领其意"。

除了请"良师妙侣"帮助讲解外，还要结合自己的生活实践，来理解与领会剧本的内容，所谓"动则观天地人鬼世器之变，静则思之"，这就是说，仔细观察天地间人世鬼域一切事物的变化，冷静的思索，积累生活经验，借以理解剧本中所描写的人物形象与故事情节。

三是熟悉和把握角色的性格，所谓"写旦者常作女想，为男者常欲如其人"，就是要设身处地，仔细地体验与揣摩所扮人物的心理状态，熟悉和把握所扮人物的性格特征，想角色之想，急角色之急，这样才能把角色演好演活，达到有"如其人"的艺术效果。

四是修容养声。对于戏曲演员来说，容貌与嗓音是两个主要的生理条件。有娇好的容貌和圆润的嗓音，这是演员扮演人物和表演情节的基础。容貌与嗓音虽是先天赋予的，但汤显祖认为，还须靠后天来维护，如容貌虽随着年龄的增长，会衰颓，但通过后天的努力，可以延迟其衰颓，故他提出"少者守精魂以修容"，即年青演员要持守精气魂魄，以保持年青美好的容颜。而老年演员虽因年龄的增长而容貌衰颓，但其嗓音还可以通过自己的努力来维持，故汤显祖提出："长者食恬淡以修声"，即应该节制食欲，不食用刺激性的食物，使原有的嗓音不受伤害。

在表演过程中，演员自己的情与角色的情融为一体，"舞蹈者不知情之所自来"，达到出神入化的艺术境界，这样便能产生出巨大的艺术感染力，使"赏叹者不知神之所自止"。汤显祖认为，准确把握角色的"情"，把角色的"情"惟妙惟肖地表演出来，这是演出成功的关键。如当时宜伶吴迎扮演《紫钗记》中的霍小玉，起初吴迎通过体会，把握了角色特定的"情"，并能准确地表演出来。如在《怨撒金钱》这场戏中，吴迎把霍小玉在病中思念十郎的情态淋漓尽致地表演出来了，台下观众看到这里，便为之泪下。但是后来吴迎演技衰退，失去了观众，汤显祖认为，其根本的原因，就是没有像先前那样，把角色的情真实地表演出来。为此，他写了两首诗寄给与吴迎配戏的生角张罗二，诗前有小序云：

迎病装唱《紫钗》，客有掩泪者，近绝不来，恨之。①

病装，即指吴迎演出《怨撒金钱》这场戏。诗云：

吴侬不见见吴迎，不见吴迎掩泪情。
暗向清源祠下咒，教迎啼彻杜鹃声。（其一）
不堪歌舞奈何情，户见罗张可雀罗。
大是情场情复少，教人何处复情多。（其二）②

第一首诗意谓吴迎的表演已失去了以前那种能将角色的真情实感表演出来的生动情景，而吴迎本人虽已意识到了，但他不是像先前那样，去细心地体会与揣摩角色的情态，而是向戏神，即清源师祈祷，希冀能再赋予杜鹃啼血一般的声情。第二首诗则指明吴迎演技的衰退，观众的减少，戏场门可罗雀，关键是由于她在表演中缺少一个"情"字。因此，汤显祖在观看演员的演出时，十分注重演员对"情"的表演。如宜伶于采在扮演《牡丹亭》中的杜丽娘这一角色时，把杜丽娘为追求自由幸福的爱情，死而复生的情态准确地表现出来，因此，汤显祖作诗称赞道：

不肯蛮歌逐队行，独身移向恨离情。
来时动唱盈盈曲，年少那堪数死生。③

于采的表演不仅是以歌舞取胜，而且以表现"恨离情"来感动观众。

另外，汤显祖在评点戏曲剧本时，也涉及演员的表演，对一些重点问题作了说明。如《焚香记·总评》曰：

作者精神命脉，全在桂英冤诉几折，摹写得九死一生光景，宛转激烈。

---

① ② 《寄生脚张罗二恨吴迎旦口号二首》，引自汤显祖著，徐朔方笺校：《汤显祖诗文集》卷十八，上海古籍出版社1982年版，第740页。
③ 《听于采唱〈牡丹〉》，引自汤显祖著，徐朔方笺校：《汤显祖诗文集》卷十九，上海古籍出版社1982年版，第769页。

这指出了演员在演出这几出戏时，要把剧中敫桂英"宛转激烈"的情态准确地表现出来。又如《异梦记·掷环》出批云：

> 此折好关目也！两下惊疑，在投环之际，演者须从曲白寻出动人之处为妙。

这一批语要求演员从"曲白"，即角色的唱词和念白中细心体会角色的"情"，将它真实地表演出来。再如在《红梅记》中批云：

> 上卷末折《拷伎》，平章诸妾跪立满前，而鬼旦出场一人，独唱长曲，使全场皆冷。及似道与众妾直到后来才知是慧娘阴魂，苦无意味。毕竟依新改一折名《鬼辩》者方是，演者皆从之矣。

这是关于舞台具体场面的调度和安排的问题，由一人"独唱长曲"，而旁人皆无曲和动作，冷热悬殊，势必会影响舞台效果。汤显祖的这一批语说明，在安排具体场面时要避免太冷。

汤显祖有关戏曲表演方面的论述，虽然还不够全面系统，但在当时的曲坛上，是十分珍贵的，尤其是同与他齐名的沈璟相比，沈璟精通曲律，因而对戏曲表演的论述仅局限于演唱方面。

作者单位：温州大学

浅析《南柯记》中的佛教思想

袁玉洁

佛教自两汉时期传入中国,历经数代的传播发展特别是融合了中国传统文化的禅宗的出现,佛教对中国文人的影响日益深远。因此文人中因受佛教思想影响,把佛理禅趣引入文学作品中的情况更是屡见不鲜。汤显祖"临川四梦"之一的《南柯记》便是以佛理贯穿作始终的成功案例。

汤显祖《南柯记》取自唐代李公佐的传奇小说《南柯太守传》,共44出,讲述淳于棼酒醉于古槐树旁,梦入蚂蚁族所建的大槐安国,成为当朝驸马。其妻瑶芳公主于父王面前为淳于棼求得官职,因此他由南柯太守又升为右丞相。只为檀萝国派兵欲抢瑶芳公主,淳于棼统兵解围,救出夫人,但夫人终因惊变病亡,还朝后的淳于棼,从此在京中淫逸腐化,为右相所嫉妒,为皇上所防范,最终以"非俺族类,其心必异"为由遣送回人世。在讲述淳于棼在诡谲变换的朝堂浮沉最后一败涂地的故事中又把佛教"人生无常""五蕴皆空"等佛理禅趣贯穿其中。

一、佛学禅宗思想对汤显祖的影响

汤显祖(1550~1616),中国古代伟大的浪漫主义戏曲家、文学家,被誉为东方的"莎士比亚",他主要生活的年代是在明万历年间,此时佛学极为兴盛。陈垣说:"万历后,高僧辈出。朗目本智名动京师。当时宰官如汪可受、陶望龄、袁宗道、王元翰等,咸执弟子礼。"[①] 可见当时佛教思想在文人中的广泛传播。汤显祖早年也喜欢看佛道两家的书,因此受佛学思想影响很深。他自己说:"玄宫梵馆,一再周旋。少年早抱长生之诀,衰年乃就无生之意。"[②]

---

① 陈垣:《明季滇黔佛教考》,中华书局1962年版。
② 周育德:《汤显祖论稿》,文化艺术出版社1991年版。

汤显祖在《答邹宾州》的信中,也曾说过自己的师承关系。他说:"幼得于明德师,壮得于可上人。"明德师即指罗汝芳,可上人即紫柏禅师,罗汝芳也是个禅宗思想非常浓厚的人。史上记载他少年时即学佛,长大后又不断与僧侣、道士来往,"释典玄宗,无不搜讨,缁流羽客,延纳弗拒"。①

又加上他一生和当时被称为"明末四大禅师"之一的紫柏禅师(达观)交谊深厚,万历十八年(1590),他曾在南京和达观有过长时间的会晤。万历二十六年(1598),即在作《牡丹亭》那一年,达观还亲往临川拜访过汤显祖。万历二十七年(1599),汤显祖夜梦达观来书。作了首《梦觉篇》:"似言空有真,并究色无始。送未有弘顾,相与大觉此。向后指轻笔,自书海若士。如痴复如觉,览竟自惊起。"因此便改别号为若士,又号情远道人。"若士"取之《淮南子》,意谓仙士的意思。通过与紫柏禅师的多次深入交往,更加奠定了其与佛教思想的不解之缘。

从《南柯记》的第四出《禅请》和第八出《情著》等来看,汤显祖对佛理禅学已经有很精深的研究。又加上晚年政治上的失意和唯一的爱子夭折,消极出世思想更有所滋长。万历四十三年(1615),还专门写了篇《续挂贤莲社救友文》,广为招募佛友。从万历三十年(1602)前后起,佛学思想就几乎成了汤显祖的主要思想。在这期间,他写了不少谈禅的诗文。其中,写于万历四十四年(1616)的7首《诀世语》,比较完整地表露了他的佛学思想。他全面概括自己的思想结构:"拟日用于仁智,转天机于玄释。"② 在《南柯记》里,他进而说:"一切苦乐兴衰,南柯无二。"③ 还认为:"如今世事总难认真,而况戏乎?""人生有命如花落,不向朱祖与篱落"。④ 把社会现实归结为顷刻之间就幻灭的一种"空花梦境"。为《南柯记》的创作奠定了坚实的思想基础和灵感来源。

二、《南柯记》的佛学禅理

晚明文人王思任评点"四梦":"《还魂》,鬼也;《紫钗》,侠也;《邯

---

① 罗汝芳:《近溪子集》(第三册)。
② 周育德:《汤显祖论稿》,文化艺术出版社1991年版。
③ 汤显祖:《与宜伶罗章二》。
④ 汤显祖:《别荆州张孝廉》。

郸》,仙也;《南柯》,佛也。"可见佛学禅理贯穿《南柯记》始终,成为其作品架构的"血肉骨架"。下面从佛教的"因果""无常""顿悟"等理论看《南柯记》的佛理禅趣在作品中的表现。

缘起和因果是佛教的核心理论之一,佛家所谓缘起,就是说一切诸法,都是由于因缘而生起的。"有因有缘集世间,有因有缘世间集;有因有缘灭世间,有因有缘世间灭。"(《杂阿含经》卷二·五三经)。在《南柯记》一开始汤显祖就将这个故事套到一个因果框架中,在第四出"禅请"中通过契玄法师之口道出:"只为五百年前有一业债,梁天监年中,前身曾为比丘,跟随达摩祖师渡江。毗扬州有七佛以来毗婆宝塔,老僧一夕捧执莲花灯,上于七层塔上,忽然倾泻莲灯,热油注于蚁穴之内。……但是燃灯念佛之时,他便出来行走瞻听。小沙弥到彼时分,施散盏饭,与他为戏。今日热油下注,坏了多年。老僧闻言,甚是忏悔,启参达摩老师父。老师父说道:'不妨,不妨,他虫业将尽,五百年后,定有灵变,待汝生天。'老僧记下此言,三生在耳。屈指到今,恰好五百来岁。欲往扬州,了此公案。"①业就是"因","报"就是"果"。扬州毗婆宝塔中八万四千户蝼蚁,每当"燃灯念佛之时,他们出来行走瞻听"。这种行为又有了后来的善报,又因契玄法师前生无意中伤害了他们,因此借机促成淳于棼与蚁国公主之姻缘,最后又借淳于棼的力量,燃指发愿,超度众蚁升天。

佛教认为"诸行无常""诸法皆空"。"诸行无常"即指宇宙一切现象都是此生彼生、此灭彼灭的相待的互存关系。其间没有恒常的存在,任何事物都是刹那生灭,瞬息万变。所谓"一切有为法,如梦幻泡影,如露亦如电,应作如是观"。②佛教的这种"无常"的思想影响了汤显祖对《南柯记》的创作,在作品中表现为诸事无常、人生如梦、诸法皆空的虚无主义思想。主人公淳于棼在现实世界中是烦闷的失意落魄者。他曾经要"取河北路功名"想要建功立业,不想却因"偶然失酒,失主帅之心",结果造成"因此弃官,成落魄之象"。淳于棼只有借酒消愁,酒醉之后在大槐安国经历了一场亦真亦幻的梦。在梦中淳于棼被大槐安国国王招为美貌的瑶芳公主的驸马。成婚后又在公主的帮助下,成就了仕宦功名。淳于棼被任命为南柯郡太守后,治理了南柯郡二十

---

① 汤显祖:《南柯梦记》,中华书局2009年版。
② 慧能:《六祖坛经》,江苏古籍出版社2002年版。

年，政绩斐然。整个南柯郡境内"则见青山浓翠，绿水渊环。草树光辉，鸟兽肥润，但有人家所在……何止苟美苟完且是兴仁兴让"。但是瑶芳公主去世后，淳于棻还朝位居左相，权臣对他的嫉恨越来越重。他又因悲伤于妻子的逝世，沉迷于酒色纵欲中无法自拔，最终被政敌打压陷害，被逐出大槐安国。汤显祖借淳于芬在大槐安国的宦场沉浮讽刺官场盛行靠裙带关系升官，权相嫉贤妒能、排斥异己，朋党倾轧；吏治腐败、胥吏贪暴——均有强烈的现实针对性。

"顿悟"是中国禅宗里一种理解"佛"的真谛的重要方法，在第四十二出《寻寤》中，契玄法师与淳于棻的对白："（净）：你待怎的？（生）：我待怎的？求众生身不可得，求天身不可得，便是求佛身也不可得，一切皆空了。（净喝住介）：空个什么？（生拍手笑介）（合掌立定不语介）。"① 契玄法师与淳于棻在一问一答之间，禅机妙趣与人生的感悟皆在其中了。淳于棻接着笑而不语，"我淳于棻这才是醒了，人间君臣眷属，蝼蚁何殊？一切苦乐兴衰，南柯无二。等为梦境，何处生天？小生一向痴迷也。"② 这是淳于棻对人生的突然顿悟人生真谛，亦是汤显祖自己对自己人生的深切感悟。

三、结　语

汤显祖《南柯记》通过写主人公淳于芬醉酒梦入大槐安国后成驸马、当太守、权倾一时到最后被政敌倾轧一无所有从而被赶出大槐安国酒醒顿悟的奇幻之旅，淳于芬回去时依旧是接他来槐安国的二位紫衣使者，然已不复再有恭谨之色，而代之以怠慢之态。在槐安一国度过的一世，人生的声色犬马、尊贵威仪他享受过，丧妻寡友、炎凉世态他亲历过，这恰是对人生无常的最佳诠释。淳于棻的酒友周弁、田子华在槐安国因其帮助而"递迁大位"，但当其回人间打听方知"周生暴疾已逝，田子华亦寝疾于床"，这亦是人生无常的体现。

其间各种禅机佛趣贯穿其中，这些佛教思想、人物等不仅起到引出主人公淳于芬梦入大槐安国的缘起，又恰如其分地出现推动故事情节发展，最后点出主旨，借淳于芬的一生影射现实生活中朝堂权臣相互倾轧，人生如梦的思想感情。

作者单位：上海证大喜马拉雅科技有限公司

---

①② 汤显祖：《南柯梦记》，中华书局2009年版。

参考文献：

［1］汤显祖：《南柯梦记》，中华书局 2009 年版。
［2］慧能：《六祖坛经》，江苏古籍出版社 2002 年版。
［3］周育德：《汤显祖论稿》，文化艺术出版社 1991 年版。
［4］魏承思：《中国佛教文化论稿》，上海人民出版社 1991 年版。

《南柯记·瑶台》的当代演出与传承

张 静

1600年,汤显祖创作完成《南柯记》。关于这部作品早期演出的记载,零星见诸文人诗集、日记等文献。考察《南柯记》的演出历史不难发现,与《牡丹亭》的盛演相比,《南柯记》的演出应该相对较少,无论是全本戏还是折子戏。

在折子戏取代全本戏成为舞台演出和传承的主要形式以后,自清嘉庆以来,《花报》《瑶台》这两个折子戏就从《南柯记》的诸多折出中脱颖而出,逐渐沉淀、成熟,作为《南柯记》的代表,代有传承。

《南柯记》的全本演出,近两年笔者现场观摩过的有:江苏省昆剧院施夏明、单雯主演的连台本,上海昆剧团纪念汤显祖逝世400周年"临川四梦"世界巡演卫立、蒋珂主演的版本。此外,通过网络视频观看的还有上海戏剧学院戏曲学院、上海戏剧学院附属戏曲学校联合出品的袁国良、邹美玲主演的版本。《南柯记》的折子戏演出,就国家级昆曲院团来看,北方昆曲剧院、上海昆剧团、江苏省昆剧院、浙江昆剧团、湖南省昆剧团虽然都传承了《瑶台》,但舞台上并不能时常见到,至于《花报》,则更少见于舞台,也许已经后继无人。为厘清《南柯记·瑶台》的当代演出与传承情况,笔者搜集了一些文献资料,也访问了一些知情人,现将有关情况初步加以整理,并附以粗浅的认识,结撰为此小文,向与会学者请教。

一、《南柯记·瑶台》的当代演出与传承

(一)国家级昆曲院团的情况

1. 北方昆曲剧院

北方昆曲剧院的韩世昌先生,民国时期人称"昆曲大王",曾演出过《瑶

台》。他的《瑶台》,据朱复先生说:"高阳昆弋班早先没有这出戏,后来韩世昌先生向吴瞿庵(梅)先生学会了曲子"①。新中国成立后,没有记录显示韩世昌先生演出过这出戏。

据丛兆桓老师介绍,北方昆曲剧院成立以后,韩世昌先生因为年事已高,且有肺气肿,所以北方昆曲剧院演出和传承《瑶台》的,主要是马祥麟先生,马祥麟先生是跟韩世昌先生学的。从1957年北方昆曲剧院建院到"文革"开始前,跟随马祥麟先生学习过《瑶台》的主要有张毓雯、李倩影、秦肖玉、洪雪飞、董瑶琴等人,当时一起学习的还有马祥麟先生的两个女儿。学会之后,曾彩排过,由张毓雯、秦肖玉扮演金枝公主,满乐民扮演驸马淳于梦,侯广有扮演檀萝四太子,不过最后并没有正式演出。

张毓雯老师回忆,她是20世纪60年代跟随马祥麟先生学习《瑶台》的,学过以后曾经彩排过,但"文化大革命"前并没有正式演出。20世纪80年代,她曾经在长安大戏院演出《瑶台》,当时扮演淳于梦的是许凤山,扮演檀萝四太子的是侯广有。1983年,中国艺术研究院为昆曲艺术名家录制资料,马祥麟先生演出《瑶台》,配唱的是张毓雯老师。

在已出版的声像出版物中,有《北方昆曲剧院名家演唱系列》(2CD),其中洪雪飞专辑收录了《瑶台》【梁州第七】(04′18″)、蔡瑶铣专辑收录了《瑶台》选段(03′23″)。

从传承来看,韩世昌——马祥麟——张毓雯的传承谱系比较清晰,但是张毓雯老师演出此剧的机会并不多,现在主要传授给北京陶然曲社的曲友、台湾昆剧团、国光剧团的演员等。目前,北方昆曲剧院的魏春荣能演出《瑶台》,她以前学过,后来又跟随张老师学了一遍,邵天帅也计划跟随张毓雯老师学习此剧。

2. 上海昆剧团

张洵澎老师回忆,20世纪50年代,言慧珠老师到上海戏校后,"传"字辈朱传茗老师、方传芸老师和言慧珠老师一起排演《瑶台》,这出戏是朱传茗老师教给言慧珠老师的。《振飞曲谱》中,收录《瑶台》。据蔡正仁老师介绍,俞振飞、言慧珠两位老师曾于1957年11月在大学演出《瑶台》。以之与林林女飞侠整理的网络资料《华文漪先生艺事年谱》(1954~2001)相互参照,可

---

① 参见许姬传《谈昆曲〈瑶台〉》,引自《许姬传艺坛漫录》,中华书局1994年版,第351页。

以进一步明确：1957 年 11 月，复旦大学举行纪念关汉卿、汤显祖活动，俞振飞、言慧珠率戏校昆班学生演出《三醉》《瑶台》等戏。1986 年 11 月 22 日，在上海纪念汤显祖逝世 370 周年的活动中，上海昆剧团于上海戏剧学院实验剧场，演出《问路》《瑶台》等折子戏。

进入 21 世纪以来，上海昆剧团从清唱剧版《印象南柯记》（2008 年）到彩唱版《南柯梦》（2010 年）再到本戏版《南柯梦记》（2016 年），循序渐进，一步步实现了《南柯梦记》的全本演出，填补了"四梦"中《南柯记》的缺位，也相应地一步步实现了"临川四梦"的整体呈现。与此同时，青年演员演出《瑶台》也逐渐增多。如沈昳丽在"五子登科系列专场演出·沈昳丽专场""上海昆剧团周末折子戏"中都演出了《瑶台》。罗晨雪在 2015 年 12 月底的上昆"临川四梦"唱段精粹演唱会以及 2016 年 10 月的"非遗双绝大雅清音——昆曲与古琴"演出中，清唱了《瑶台》【梁州第七】。不过，蒋珂虽然是新排全本《南柯记》的主演，但好像并没有演出过折子戏《瑶台》。

在已出版的声像出版物中，有《深谷传音：梁谷音唱腔专辑》（CD），收录了梁谷音《瑶台》【一枝花】【梁州第七】【牧羊关】；《天然昳丽——上海昆剧团青年表演艺术家沈昳丽专辑》（2DVD），也收录了沈昳丽演出的《瑶台》。

上海昆剧团传承《瑶台》已经形成了梯队。朱传茗——言慧珠——张洵澎一路的表演不仅在本团得到继承，有昆三班沈昳丽、昆五班蒋珂这样的新一代传人，还向外发挥影响力，江苏省演艺集团昆剧院的孔爱萍、湖南昆剧团的罗艳、上海张军昆曲艺术中心的张冉都是跟随张洵澎老师学成此剧的。据张洵澎老师介绍，她当初并没有正式跟言慧珠老师学习《瑶台》，只是在俞振飞、言慧珠两位老师彩排时，因为配演大宫女，慢慢自己学会此剧。她当时没有演过金枝公主。张洵澎老师提到言慧珠老师的演出受到梅派的影响。另外，据曲友介绍说昆大班学员王英姿老师也学习了《瑶台》，她在上海戏校是按照"传"字辈老师的传统路子教授此剧，因为未及访问，有关情况待查。

3. 江苏省演艺集团昆剧院

如上文所述，孔爱萍的《瑶台》学自张洵澎老师，她在 2009 年第 9 个个人专场演出中，演出过《瑶台》。《中国昆剧大辞典》有随文图一帧，注明为

"江苏省昆剧院演出《南柯梦·瑶台》郑懿饰金枝公主（右），蒋佩珍饰使女（左）"，① 由此可见，省昆的郑懿也能演出《瑶台》。2014年9月老茶馆昆曲精品折子戏演出节目单中即列有"《南柯记·瑶台》，瑶芳公主：郑懿，檀萝四太子：孙海蛟"。此外，与上昆的蒋珂一样，单雯虽然是新排连台本《南柯记》的主演，但也好像没有单独演出过折子戏《瑶台》。

4. 苏州昆剧院

目前只知道退休演员、属于继字辈的章继涓老师曾在1957年到上海戏校随"传"字辈名家方传芸老师学习过《瑶台》："记得1957年，团领导还安排我和张继青、董继浩、范继信到上海戏曲学校学了三个月的戏。我们和岳美缇、梁谷音等住在一个宿舍，每天和他们一起上课、学戏，课后老师还帮我和张继青复习。这次我学了不少戏，……方传芸老师传授的《借扇》《花报》《瑶台》……"②。不过，章继涓老师是否演出过或者是否向昆剧院的年轻一代演员传授过此剧都还不太清楚，待查。

5. 浙江昆剧团

原属于浙江昆剧团的演员沈世华老师，曾在20世纪50年代随"传"字辈朱传茗老师学习此剧。③ 不过据她介绍，当时只学唱未学身段，也从未表演过。年轻演员中，在《临川梦影》中演出《瑶台》的白云，毕业于上海戏剧学院，是武旦出身，师从王芝泉老师。她的《瑶台》师承待查。

6. 湖南湘昆剧团

如上文所述，湖南昆剧团的罗艳跟随张洵澎老师学习了《瑶台》。据她自己介绍，因为她个子高，又是刀马旦出身，所以根据自身条件主动向张洵澎老师学习了这出戏。她目前是否向本团其他演员传授此剧，待查。

7. 永嘉昆剧团

永嘉昆剧团《瑶台》的演出与传承情况目前还没有掌握，待查。

（二）昆曲曲社的情况

曲社一直是存续昆曲的重要力量。《瑶台》在不少曲社也是学演剧目，如

---

① 参见吴新雷主编：《中国昆剧大辞典》，南京大学出版社2002年版，第89页。
② 章继涓：《忆往事》，《昆剧传字辈》，苏州市文化广播电视管理局2004年编印，第98页。
③ 参见沈世华口述，张一帆编撰，钮骠审读：《昆坛求艺六十年——沈世华昆剧生涯》附录《沈世华剧目学习师承表》，北京出版社2016年版，第383页。

许雨香在天津成立的"咏霓社"（后期称"同咏社"）①、俞平伯等在北京成立的"谷音社"②。汪曾祺《晚翠园曲会》曾提到陶光在云南大学中文系策划组织的曲社，"我们唱的《思凡》《学堂》《瑶台》，都是用的她（张充和）的唱法（她灌过几张唱片）。"曲社的演出与传承不同于专业昆曲院团，坐唱多于彩串。以下仅以北京昆曲研习社为例稍作介绍。

据北京昆曲研习社李楯先生大致回忆，北京昆曲研习社前期演出中据张允和的记录没有《瑶台》。③ 后期主要是坐唱，李盾先生唱过檀萝四太子，曲友段红英演过两次《瑶台》。最近一次演出是 2016 年 11 月 26 日在国图文津雅集，坐唱，包莹饰金枝公主，包立饰淳于梦，李楯饰檀萝四太子，杨丹菲饰宫女。

张允和《北京昆曲研习社的过去和现在》在谈到培养青少年昆曲爱好者时提道："最近（1985 年）马祥麟老师，以七十高龄，还为曲社搭了《藏舟》和《瑶台》。"④ 在《昆曲日记》中，张允和也记述了 1978 年 2 月 11 日在清华园汪健君先生家举行曲会时，杨忞演唱了全出《瑶台》。⑤ 杨忞自称跟随汪健君先生学曲将近五十年，他的《瑶台》可能也是学自汪先生。加之上文提到北京昆曲研习社的许宝驯能唱全出《瑶台》，可见北京昆曲研习社《瑶台》的传承基础是比较坚实的。

据北京昆曲研习社包莹介绍，北京昆曲研习社《瑶台》的传承谱系主要是马祥麟——80 年代曲友——90 年代曲友——包莹。她的学习经历是：1999 年先跟着马祥麟先生教授的一位曲友的演出录像学习，排练和响排时张毓雯老师指导了两次；2006 年跟随李倩影老师学习拍曲以及南派身段（李倩影老师称其到浙江昆剧团的时候曾向"传"字辈老师学习过《瑶台》，具体姓名已遗忘），当年 7 月 1 日参加了曲社成立 50 周年纪念演出。她后来又跟曲社的杨忞老师拍过《瑶台》的曲子。

二、《南柯记·瑶台》的价值

陆萼庭《昆剧演出史稿》提到，昆剧要存真，应少而精，若以保存和传

---

① 参见王鑫：《天津民国时期的昆曲传承》，载于《歌海》2013 年第 5 期。
② 1936 年 6 月在盛大的谷音社第五次公开曲集上，俞平伯夫人许宝驯唱全出《南柯记·瑶台》。
③ 参见张允和：《北京昆曲研习社的过去和现在》附"北京昆曲研习社演出传统剧目"，载于《昆剧艺术》创刊号，1985 年。
④ 张允和：《北京昆曲研习社的过去和现在》，载于《昆剧艺术》创刊号，1985 年。
⑤ 张允和：《昆曲日记》，语文出版社 2004 年版，第 181 页。

承百出精品为限,他认为《花报》《瑶台》应有一席之地。那么,为什么《瑶台》值得传承呢?

天亶《自由谈·剧谈·仙韶寸知录》指出:"《花报瑶台》一剧,为旦角之华丽戏,李湘兰、朱莲芬徒亦□①演之,大抵坐科未终之角演旦角戏,此剧必在其列。"② 可见旦行演员演出此剧实属平常,同时,也说明这出戏是科班旦行学生打基础的又能演得出彩的戏。

民国时期,昆曲界北有韩世昌,南有周凤林、丁兰荪、朱传茗等,都曾演出《瑶台》。上海京班的演出戏单上也有《瑶台》,还曾出现过童串《瑶台》。《瑶台》受到不同时期、不同地域的京昆名角的青睐,不时呈现于南北舞台,可见该剧具有一定的价值。当然,无论是韩世昌还是朱传茗,他们的代表剧目都不是《瑶台》,这也是不容否认的。

《瑶台》一剧,兼具音节之美、身段之妙,能够很好地呈现昆曲表演艺术"载歌载舞"的特点。同时,剧中不论旦、生、净,都需文武兼备,且不同人物的表演又各具雅俗趣味。此外,公主、驸马、檀萝四太子各自带领着宫女、士兵,场上人数众多,舞台队形也有不少变化,从整体上来说,增加了此剧的可看度。

需要指出的是,这出戏实际上表演难度比较大,体现在:第一,六字调北曲全由金枝公主一个人唱下来。第二,身段动作与唱词紧密结合,一句唱一个动作,如同《夜奔》《思凡》一样。第三,演员需有武功底子,表演上有绝技。据丛兆桓老师介绍,北方昆曲的路子,金枝公主背身射箭时,右手掏翎子,左手同时拿着弓和箭,要将箭射向上场门。第四,金枝公主身份贵重,又在病中,表演不宜太过,过于强调武则会失去闺门旦的韵味。

2010年6月底,上海昆剧团组织为期一个月的夏季集训,主要训练演员的刀枪把子、软硬跟头和群场武打,《瑶台》和《搜山打车》《描容别坟》《见娘》《芦花荡》《虹桥赠珠》《界牌关》《吕布试马》《狗洞》等成为训练剧目,说明此剧作为基础训练剧目是很重要的,在新的时代背景下,其价值也受到进一步重视。

---

① 报纸上此字模糊不清,难以辨认,暂以"□"代替。
② 《申报》1919年12月22日第14版。

三、《南柯记·瑶台》的传承思考

在简要论述为什么《瑶台》值得传承的问题之后，接着阐述的是《瑶台》应该如何传承的思考。

（一）关于传承的思考之一：多元并存

2016年，"上海昆曲澎派艺术研习中心"成立，张洵澎老师的《瑶台》将传播得更广。不过，张洵澎老师传承自"传"字辈、言慧珠老师的《瑶台》固然珍贵，但昆剧舞台上同一剧目的不同地域风格，甚至是不同传承人的个人风格，都应该受到同样的重视和尊重。应该秉持存异不求同的思路，保存同一剧目不同传承谱系的风格特点，这是更深层次的全面传承，不能人为切断和打乱。

（二）关于传承的思考之二：行当齐整

张伯驹《红氍纪梦诗注·三一》云："强寇无端敢叩关，翠翎金甲舞姗姗。瑶台一曲真精绝，红蚁当称李寿山。原注：'昆曲《瑶台》演槐安国故事，短折，白蚁公主载歌载舞，极为精彩，苏昆、高阳昆皆未见演过。梅兰芳演此剧，余曾观之。红蚁一角会者极少，惟李寿山饰此，姜妙香饰白蚁，搭配整齐。'"① 何如《听昆曲记》记述："传茗那天演《南柯梦》只演了《瑶台》，未演《花报》，这因为演配角的大王，不懂得唱，采花两个女童，又没有人扮。戏目上不妨书写，演唱何妨偷漏，照这样办，是昆曲传习所不是聚精会神，反而偷懒成病了。扮驸马的，如是传玠，或者在城楼上的公主，被围时苦难，见救兵时微笑，必然得一个采声。驸马在城下，与大王对敌时，骑马的式子，舞枪的花样，周凤林演时，多么精神，大王败走，公主开城迎接，夫妻相见，何等缠绵。"② 不妨说这两段文字都揭示了《瑶台》这出戏中行当齐整的重要性。梅兰芳曾指出，配角难求是他所处的时代昆曲表演受限制的一个主要问题。韩世昌演出《瑶台》时，也因为"戏里的配角班内的人都不会，有一次演出，配角由醇王府恩荣班的荣凤扮净角檀萝四太子，才对付过去。"③ 就《瑶台》而言，驸马淳于棼、檀萝四太子的戏份都不容忽视，只

---

① 张伯驹《红氍纪梦诗注·三一》，引自《张伯驹集》，上海古籍出版社2013年版，第18页。
② 《申报》1926年9月22日增刊第2版。
③ 许姬传《谈昆曲〈瑶台〉》，引自《许姬传艺坛漫录》，中华书局1994年版，第351页。

重视旦角戏,是撑不起来这一出戏的。在昆曲界比较重视生旦戏,其他行当如净行、老旦行发展失衡,人才、剧目、技艺流失严重的背景下,这一点更加值得注意。

(三)关于传承的思考之三:适度加工

梅兰芳先生自述其《瑶台》的学习和演出经历时即说:"乔蕙兰先生教的,他在宫里演过此戏,我觉得身段比较简单,后来我和齐先生(如山)根据唱词,丰富了身段,民国七年(1918)在北京广德楼戏园初演,我记得是白天,演完戏,冯六爷(幼伟)、许伯老(伯明)、吴二爷(震修)、齐先生(如山)一同吃小馆,席间,他们还对表演提了些意见,认为公主是带病应战,动作不宜太矫健。但如掠翎子、转身等又须干净利落。同时,昆曲是载歌载舞,连唱带做,初演还不够熟练。我又进行加工。这次与振飞、子权两兄合作,事先我们对戏时,又对某些身段眼神做了修改,演得很舒服。"① 从中可见,梅兰芳先生的《瑶台》一直在淬炼加工中。所以说,昆曲折子戏的传承,应该是允许改良的,但是必须坚持适度加工的原则。在表演中加入擂鼓、舞剑、跳坐等表演是否适宜,值得商榷。

(四)关于传承的思考之四:勿缺《花报》

嘉庆以来,《南柯记》中的《花报》《瑶台》的演出开始屡见诸记载,如嘉庆初年佚名作者的日记中,有《瑶台》及演出者的记录。宫廷演出方面,从《内学昆弋戏目档》《穿戴题纲》等清宫演剧档案可以推断嘉庆年间宫中已有《花报》《瑶台》的演出,在翁同龢的日记中,更清楚记录同治九年(1870)三月二十三日万寿节宫中曾演出《瑶台》。细分演出,还有内学太监和属于外学的担任内廷供奉的民间伶人的区别,内廷供奉中,有乔蕙兰、陈金雀、朱莲芬等。而民间演出方面,如嘉庆年间留春阁小史《听春新咏》、道光年间杨掌生《京尘杂录》、同治十二年(1873)邗江小游仙客《菊部群英》、光绪十二年(1886)《鞠台集秀录》、光绪二十四年(1898)《新刊鞠台集秀录》在品评京中伶人时,举凡涉及《南柯记》,提到的不外是《花报》《瑶台》。在南方,仅检索光绪年间报章刊登的上海丰乐园、三雅园、天仙茶园的演出广告即可发现,《花报》《瑶台》也赫然在列。

《花报》同样是《南柯记》传承下来的折子戏之一。对于《南柯记》全

---

① 梅兰芳:《梅兰芳回忆录·舞台生活四十年》,东方出版社2013年版,第27页。

本而言，《花报》《瑶台》正好构成了一个完整的故事片段，有头有尾，能令观众知晓来龙去脉，从表演的情绪、速度、节奏等变化来看，也正好形成一个动静、冷热而各得其趣的调剂，所以二者缺一不可。《花报》中公主尚未遭遇惊变，养尊处优，与卖花郎的对手戏应有言语上的趣味。而檀萝四太子身边的小番儿，前改作花郎，敲着花鼓，后又为报子，是很有意思的角色，值得挖掘。

就目前所知，北方昆曲剧院的陈晓梅曾经学习过《花报》，但她因为视网膜撕裂，已经离开舞台从事化妆造型工作。其他昆剧院团的传承情况尚不清楚。蔡正仁老师提到，《花报》是一出武丑戏，排大戏是不会将这出戏纳入视野的。不过，清代梨园史料中记载擅演《花报》者，多数也擅演《番儿》《学堂》《胖姑》等戏，可见在表演、神气上有相互融通之处。

四、余　　论

梅兰芳说："昆曲的身段、表情、曲调非常严格。这种基本技术的底子打好了，再学皮黄，就省事得多。因为皮黄里有许多玩意儿，就是打昆曲里吸收过来的。"①"昆曲里的身段，是前辈们耗费了许多心血创造出来的。再经过后几代的艺人们逐步加以改善，才留下来这许多的艺术精华。这对于京剧演员，实在是有绝大借镜的价值的。"② 虽然时代有所不同，京剧演员的昆曲底子大都不深，学习昆曲的环境也今非昔比，但是从上海昆剧团向京昆演员开放传承训练的经验来看，从上海昆剧团2016年"临川四梦"之《邯郸梦》由上海京剧院演员蓝天主演来看，京剧演员学习和恢复昆曲剧目并非不可能，反而能从中获益良多。此外，除了《瑶台》以外，与《瑶台》有某种程度上相似的表演特质的《昭君出塞》《百花赠剑》等昆曲剧目，也值得京剧演员学习和借鉴。

另一方面，昆剧演员也应该加强《瑶台》演出。相对而言，《瑶台》近年来在舞台上演出的机会越来越多。从2016年度戏曲专项扶持入选项目名单中可见，上海昆剧团沈昳丽、湖南昆剧团罗艳都申报通过了《瑶台》作为

---

① 梅兰芳：《梅兰芳回忆录·舞台生活四十年》，东方出版社2013年版，第27页。
② 梅兰芳：《梅兰芳回忆录·舞台生活四十年》，东方出版社2013年版，第151页。

2016年度昆曲传统折子戏录制项目，这是可喜的现象。但是，除了作为录像资料保存以外，舞台演出也值得重视，演员在演出中磨炼和提高，在与观众的交流互动中进一步深加工，都是很有必要的，这样的传承才是活态的传承。

作者单位：中国艺术研究院戏曲研究所

新发现《复庄今乐府选》抄本考略

张晓兰

《复庄今乐府选》①是清代著名学者姚燮（1805~1864）编选的大型戏曲、散曲、说唱、时曲选集。全书卷帙浩大，"是《古本戏曲丛刊》之前规模最大的一部以戏曲为主体的总集。"②全书分为衢歌、弦索、杂剧、院本、散曲、要词六大类，杂剧、院本、散曲三类又细分为元、明和国朝，共收录作品430种。吴敢先生、徐永明先生、骆兆平先生和魏明扬等先生曾分别撰文介绍过《今乐府选》稿本的收录和存佚情况③。

《今乐府选》目前广为学界所知的是分藏于浙江省图书馆（110册），宁波天一阁（56册），和中国国家图书馆（2册）的稿本系统，共192册，现存168册，24册下落不明。稿本系统，如骆兆平先生所言："是一部抄清稿本，由姚燮选目后请人抄录，再经姚燮手校"④。稿本系统的《今乐府选》版式为：版框高17公分半，宽26公分，左右双边，每半页11行，行22字。所用稿纸为大梅山馆自制蓝格稿纸，正文楷书，单鱼尾，鱼尾上题种类，下题曲目名称和页次，版心下刻"大梅山馆集"字样，每剧首行依次题为曲目、作者、类别、书名。如藏于浙江图书馆第31册毛奇龄《拟连厢词》，首行题："拟连厢词、毛奇龄、国朝杂剧、复庄今乐府选"。所抄剧本都由姚燮手校，并有批注，如《拟连厢词》为朱笔点校，旁边注曰："壬子（1852年）五月十一日灯下校"，并钤有"复庄校读"白文方印。《不卖嫁》之第12页和第13页剧校曰："曾，

---

① 复庄为姚燮之号，为行文简略，以下简称该书为《今乐府选》。
② 吴书荫：《明代戏曲文学史料概述》，载于《文献》2004年第1期，第142页。
③ 参见吴敢《〈今乐府选〉叙考》，载于《徐州教育学院学报》2000年3月，第15卷第1期，第9~25页。徐永明：《姚燮与〈复庄今乐府选〉》，载于《文学遗产》2001年第6期，第95~106页。骆兆平：《探寻〈复庄今乐府选〉》，载于《天一阁文存》2007年第五辑，第186~188页。魏明扬：《姚燮研究》，华东师范大学2006年博士学位论文，第三章之第一节《复庄今乐府选》，第91~106页；附录一：《今乐府选》分类校注详目表，第181~255页。
④ 骆兆平：《探寻〈复庄今乐府选〉》，载于《天一阁文存》2007年第五辑，第186页。

原文误写为会"。

除了广为人知的抄清稿本系统之外，目前，笔者发现了另一版本系统的《复庄今乐府选》。该书藏于苏州博物馆，共 4 册，收录剧本 19 种，其板框大小和版式均与以上三处所藏不同，其版式为：毛装本，版框高 18.2 公分，宽 12.9 公分，半页 10 行，行 23 字，白口，四周双边，单黑鱼尾。所用稿纸为大梅山馆自制黑格稿纸。全书只钤有"苏州文物保管委员会珍藏"之朱文长方印，别无校注和批点痕迹。该书共 4 册，收录情况如下：

第 1 册（共 65 页，所收剧本对应宁波天一阁所藏之第 18 册）
一、《伍员吹箫》之第二折"逃吴"
二、《虎头牌》之第二折"饯弟"
三、《陈州粜米》之第一折"钟击"、第二折"冤控"、第三折"笼驴"、第四折"除奸"
四、《合同文字》之第二折"归葬"、第三折"赚券"
五、《来生债》之第一折"叹钱"、第二折"筹弃"、第三折"沈舟"
第 2 册（共 68 页，所收剧本对应宁波天一阁所藏之第 20 册）
一、《鸳鸯被》之第一折"寄被"、第二折"错缘"、第三折"店遇"、第四折"重圆"
二、《昊天塔》之第二折"辕议"、第三折"盗骨"、第四折"五台"
三、《隔江斗智》之第三折"计脱"
四、《赚蒯通》之第一折"悟隐"、第二折"苦谏"、第三折"诈疯"、第四折"愤辨"
五、《百花亭》之第二折"违信"、第三折"寺约"
第 3 册（共 72 页，所收剧本对应宁波天一阁所藏之第 19 册）
一、《小尉迟》之第一折"露情"、第二折"激将"、第三折"认父"
二、《冻苏秦》之第二折"下第"
三、《马陵道》之第一折"打阵"、第二折"刖足"、第三折"诈风"、第四折"复仇"
四、《杀狗劝夫》之第二折"救兄"、第三折"移尸"
五、《争报恩》之第一折"认弟"、第二折《柱招》、第三折《法场》、第四折《复仇》

第 4 册（共 65 页，所收剧本对应宁波天一阁所藏之第 17 册）

一、《勘头巾》之第一折（第一折第一页缺失，故折目不明、但对比天一阁所藏本，第一折折目为"劝闹"）、第二折"辨巾"

二、《红梨花》之第一折"园会"、第二折"咏花"、第三折"三婆"、第四折"骇圆"

三、《李逵负荆》之第一折"春醉"、第二折"赌首"、第三折"证误"、第四折"负荆"

四、《竹坞听琴》之第一折"庵遇"、第二折"庵诘"、第三折"荣配"、第四折（未标折目名称，对比天一阁本，亦未标折目名称）

这 4 册抄本，在周妙中先生的《江南访曲录要》中曾有披露，文字如下：

> 其所散佚之《伍员吹箫》《虎头牌》《陈州粜米》《合同文字》《来生债》《勘头巾》《红梨花》《李逵负荆》《竹坞听琴》《小尉迟》《冻苏秦》《马陵道》《杀狗劝夫》《争报恩》《鸳鸯被》《昊天塔》《隔江斗智》《赚蒯通》《百花亭》十九种元人杂剧已为苏州市文物保管委员会购得，想其他散佚部分，或亦尚在人间也。①

周妙中先生文中提到的苏州文物保管委员是苏州博物馆的前身，苏州文物保管委员会成立于 1950 年初，1955 年 1 月更名为"苏州市政府文物古迹保管委员会"，1960 年 1 月正式成立苏州博物馆。根据这四册图书上唯一的藏书印"苏州文物保管委员会珍藏"可推断，此书转入苏州文物保管委员会的时间应在 1950~1955 年 1 月之间，而笔者曾请教苏州博物馆图书馆古籍部吕主任，他说这 4 册书的来源登记为"转入"，转入的时间当在 20 世纪五六十年代。这也正好印证了周妙中先生的说法。但周先生误认为这 4 册书是浙江图书馆 110 册之外的 82 册中的剧本，而实际上，这 4 册剧本与藏于浙图的 110 册的稿本系统的《今乐府选》不是同一个版本，因这 4 册《今乐府选》所收剧本在天一阁的《今乐府选》中同样收录，收录于 17~20 册，只是各册数编订的顺序和天一阁本的编订顺序有所不同。天一阁所藏与浙图所藏《今乐府选》为同

---

① 周妙中《江南访曲录要》，引自《文史》（第二辑），中华书局 1963 年，第 247 页。

一版本系统，两者版式相同，而苏州博物馆所藏《复庄今乐府选》与以上版本版式存在着差异。因此，这4册《今乐府选》应是抄清稿本之外的另一种抄本，如骆兆平先生推测所言："如果不是周先生记载有误，那么他在苏州所见，当为《复庄今乐府选》的别一抄本。"①

这一版本系统的《今乐府选》可惜只存有4册。无独有偶，笔者在翻阅台湾"中央图书馆"《善本目录》中发现了该馆藏有16册《复庄今乐府选》，但该书目为简目，对该书的著录非常简单，只有"《复庄今乐府选》，六十七卷十六册，姚燮编，抄本"寥寥数字，没有提供更多的信息，不知该书的版本情况。怅怅之际，笔者无意中翻阅1976年台湾文史哲出版社印行出版的张棣华先生所著《善本剧曲经眼录》，该书著录了133种作者曾经寓目的善本戏曲，其中最后一种豁然为《复庄今乐府选》，观之大喜，不禁有"踏破铁鞋无觅处，得来全不费工夫"之感。此书著录台湾"中央图书馆"所藏《复庄今乐府选》信息非常详细。如下：

> 清姚燮编，抄本，台湾"中央图书馆"收藏。书用"大梅山馆集"稿纸正楷抄写，稿纸框高18公分，宽12.8公分，四边双栏，每半页10行，每行23字。
> 此书为姚燮所编选，分为衢歌、弦索、杂剧三部分。衢歌收有迎銮新曲等五种，弦索收有西厢记一种，杂剧收有汉宫秋等五十七种，共计六十三种六十七卷十六册。②

不难看出，从版式上，藏于台湾"中央图书馆"的16册《复庄今乐府选》与藏于苏州博物馆的4册《复庄今乐府选》相同，两者应该是同一个版本系统。

据张棣华先生记录，收于台湾"中央图书馆"的《复庄今乐府选》，共16册，收录剧本63种，分别为：

（1）衢歌：《迎銮新曲》《康衢新乐府》《浙江迎銮词》《太平乐事》《万寿图》。

---

① 骆兆平：《探寻〈复庄今乐府选〉》，载于《天一阁文存》2007年第五辑，第188页。
② 张棣华《善本剧曲经眼录》，台湾文史哲出版社1976年版，第286页。

（2）弦索：《董解元西厢记》。

（3）杂剧：《汉宫秋》《陈抟高卧》《黄粱梦》《岳阳楼》《青衫泪》《荐福碑》《任风子》《窦娥冤》《中秋切脍》《鲁斋郎》《玉镜台》《救风尘》《蝴蝶梦》《谢天香》《金线池》《墙头马上》《梧桐雨》《两世姻缘》《金钱记》《扬州梦》《风花雪月》《东坡梦》《玉壶春》《老生儿》《铁拐李》《丽春堂》《倩女离魂》《王粲登楼》《㑇梅香》（以上对应浙图所藏1~9册，但浙图所藏多出武汉臣《生金阁》一剧）《黑旋风》《后庭花》《楚昭公》《看钱奴》《范张鸡黍》《留鞋记》《度柳翠》《张生煮海》《罗李郎》《薛仁贵》《合汗衫》《秋胡戏妻》《曲江池》《磨合罗》《酷寒亭》《潇湘雨》《东堂老》《赵礼让肥》《柳毅传书》《气英布》《单鞭夺槊》《竹叶舟》《风光好》《赵氏孤儿》《灰阑记》《救孝子》《燕青博鱼》《儿女团圆》（以上对应宁波天一阁所藏10~16册，但宁波天一阁所藏多出郑廷玉《忍字记》一剧）。因这16册所收剧本同样藏于浙江图书馆和宁波天一阁的《今乐府选》，所以，这16册也非《今乐府选》抄清稿本系统所佚失的24册。

其实关于台湾"中央图书馆"所藏《今乐府选》的详细情况，通过登录台湾"中央图书馆"的检索网页即可以检索得到，经过检索，其详细收藏信息如表1所示。

表1　　　　　　　　　《今乐府选》详细收藏信息

系统号	000525990
题名/著者	复庄今乐府选六十七卷/姚燮编
版次	钞本；
稽核项	16册；(匡17.9×12.7公分)
ISBN	(纸捻装)
一般注	有微卷 正文卷端题「迎銮新曲、厉鹗、衢歌、复庄今乐府选」 10行，行约23字，双栏，版心白口，单鱼尾 藏印：「古王/珪斋主人/金石记」白文方印、「古王/珪斋」白文方印、「蜗庐/藏书」朱文方印等 版本类型：写本 装订型式：纸捻装

续表

内容注	内容：迎銮新曲一卷/厉鹗撰——康衢新乐府一卷/吕星垣撰——浙江迎銮词二卷/梁廷枬撰——太平乐事一卷/柳山居士撰——万寿图一卷/不着撰人——西厢四卷/董·撰——汉宫秋一卷/马致远撰——陈抟高卧一卷/马致远撰——黄粱梦一卷/马致远撰——岳阳楼一卷/马致远撰——青衫泪一卷/马致远撰——荐福碑一卷/马致远撰——任风子一卷/马致远撰——窦娥冤一卷/关汉卿撰——中秋切鲙一卷/关汉卿撰——鲁斋郎一卷/关汉卿撰——玉镜台一卷/关汉卿撰——救风尘一卷/关汉卿撰——蝴蝶梦一卷/关汉卿撰——谢天香一卷/关汉卿撰——金线池一卷/关汉卿撰——墙头马上一卷/白朴撰——梧桐雨一卷/白朴撰——两世姻缘一卷/乔吉甫撰——金钱记一卷/乔吉甫撰——扬州梦一卷/乔吉甫撰——风花雪月一卷/吴昌龄撰——东坡梦一卷/吴昌龄撰——玉壶春一卷/武汉臣撰——老生儿一卷/武汉臣撰——铁拐李一卷/岳伯川撰——丽春堂一卷/王实甫撰——倩女离魂一卷/郑光祖撰——王粲登楼一卷/郑光祖撰——㑳梅香一卷/郑光祖撰——黑旋风一卷/高文秀撰——后庭花一卷/郑廷玉撰——楚昭公一卷/郑廷玉撰——看钱奴一卷/郑廷玉撰——范张鸡黍一卷/宫天挺撰——留鞋记一卷/曾瑞卿撰——度柳翠一卷/李寿卿撰——张生煮海一卷/李好古撰——罗李郎一卷/张国宝撰——薛仁贵一卷/张国宝撰——合汗衫一卷/张国宝撰——秋胡戏妻一卷/石君宝撰——曲江池一卷/石君宝撰——魔合罗一卷/孟汉卿——酷寒亭一卷/杨显之撰——潇湘雨一卷/杨显之撰——东堂老一卷/秦简夫撰——赵礼让肥一卷/秦简夫撰——柳毅传书一卷/尚仲贤撰——内容：气英布一卷/尚仲贤撰——单鞭夺槊一卷/尚仲贤撰——竹叶舟一卷/范康撰——风光好一卷/戴善夫撰——赵氏孤儿一卷/纪君祥撰——灰阑记一卷/李行道撰——救孝子一卷/王仲文撰——燕青搏鱼一卷/李文蔚撰——儿女团圆一卷/杨文奎撰
标题	集部——词曲类——曲之属——剧曲——总集 写本 纸捻装
其他著者	姚燮清编

网站检索到的收录信息与张棣华《善本剧曲经眼录》所记载完全一致。另外，吴书荫先生《明代戏曲文学史料概述》一文也曾披露过藏于台湾"中央图书馆"抄本《今乐府选》的信息①，但并未引起学界的重视和关注。笔者请台湾嘉义大学的汪天成教授代为查阅台湾"中央图书馆"所藏的16册《复庄今乐府选》，汪先生欣然应允，并传来5张书影。通过比较苏州博物馆所藏《复庄今乐府选》与台湾"中央图书馆"所藏《复庄今乐府选》，不难看出，两者字迹、版式完全相同，是同一版本系统，而与抄清稿本笔迹、版式均存在着很大的差异。另外，笔者对比了抄本系统《今乐府选》的字迹与姚燮其他手稿本的字迹，发现抄本系统的《今乐府选》的字迹与姚燮在抄清稿本《今

---

① 吴书荫：《明代戏曲文学史料概述》，载于《文献》2004年第1期，第142页。

乐府选》中所做校注的字迹和其他手稿本的字迹也不一致，因此目前所发现的20册抄本也非姚燮手稿，而应是请人代抄。但这20册为一人所抄，而非如抄清稿本，抄于众手。

笔者就《今乐府选》抄清稿本和新发现抄本之间孰先孰后的问题请教了相关专家，专家们一致认为，应该是新发现的抄本在前，抄清稿本在后。因为新发现的藏于两处的抄本中都没有姚燮的校注。如果抄本是抄录抄清稿本而成，应该会将姚燮的校注一并抄上。此外，藏于台湾的《今乐府选》抄本比藏于浙图和宁波天一阁的抄清稿本少了两个剧本，分别为《生金阁》和《忍字记》，出现这种情况，可能是第一次抄写时漏抄，第二次抄写时，将这二种剧本补入。至此，大致可做如下推断，姚燮先请人抄写了《复庄今乐府选》中的一部分，后来又请人完整抄写了全部，抄清稿本原计划要刊行，但因某种原因未能实施，因此流传于世间的《复庄今乐府选》就只有目前所能见到的这两种版本了。

新发现的抄本系统的《今乐府选》目前共有20册，而且恰为抄清稿本系统的前20册。笔者希望能有更多的发现，但之后翻阅和检索各种公私藏书目录，都没有关于《今乐府选》的相关藏书线索，只能期待以后会有新的发现。

所幸的是台湾"中央图书馆"所藏的16册手稿本《复庄今乐府选》有藏书印，著录信息比苏州博物馆所藏4册更为丰富，可以借此大致了解这16册书的前世今生。书中钤有"蜗庐藏书"朱文方印，"古王珪斋"白文方印，"古王圭斋主人金石记"白文方印等，其中"蜗庐藏书"印为浙江宁波著名藏书家孙家溎（1879～1946）的藏书印，蜗庐二字取自其藏书室蜗寄庐之名，蜗寄庐藏书共二万卷，所藏版本精美，其中多有珍稀善本，如著名的明蓝格抄本《录鬼簿》即为蜗寄庐藏书。孙家溎先生去世后，其子孙定观（1903～1985）将蜗寄庐藏书大部分捐于天一阁，这16册抄本的《复庄今乐府选》即是蜗寄庐藏书的一部分。"古王圭斋"则不知何人藏书印。

无独有偶，藏书浙图的110册抄清稿本《复庄今乐府选》也是经过宁波藏书家的收藏。关于浙图所藏110册抄清稿本《复庄今乐府选》的来历，徐永明先生的文章曾考证过：

> 据馆人毛春翔所编的《浙江图书馆乙种善本登记簿》记载，此书是从一个名叫"俞子良"的人处购得。购书的时间在1954年夏，当时的馆长张宗祥在其所编《复庄今乐府选详目》最后云："一九五四年夏，购得姚梅伯

选抄乐府一百一十本，苦无细目，因为录此。原书凡百九十二册，今逸八十二册，不知是否尚在人间，真使人怅怅。海宁张宗祥记，时年七十三。"

浙图的110册是从俞子良那里购得，但俞子良之前，该书曾经过另外一位藏书家之手。浙图所藏《今乐府选》第一册目录尾及各册末页左下角，均钤有"林集虚印"（阴文）字样的印章，据魏明扬《姚燮研究》一文考证，林集虚也是民国时期宁波著名的藏书家，其藏书楼名为"藜照庐"，又曾开旧书肆"大酉山房"，而且姚燮的另一部著作《今乐考证》就是郑振铎和马廉在"大酉山房"中发现的。由此可知，此书在俞子良之前，曾由林集虚收藏过。

而藏于天一阁的五十六册的《复庄今乐府选》也有着相同的经历。骆兆平先生《探寻〈复庄今乐府选〉》一文曾披露了天一阁所藏的五十六册《今乐府选》的来历：

1979年8月，朱鼎煦先生"别宥斋"藏书捐献给天一阁，其中有《复庄今乐府选》五十六册，附耍词散曲一册，冯辰元编目录一册。《天一阁善本书目稿》著录："存一百三十九种，二百二十五卷"，即元杂剧六十三种，六十三卷，明杂剧五种，五卷，元院本一种，四卷，明院本三十一种，七十一卷，清院本三十九种，八十二卷。可惜书籍多虫蛀霉变，有的虽经修补，但补后再次虫蚀残破。①

因此可知，藏于天一阁的《今乐府选》是由藏书家朱鼎煦"别宥斋"藏书而来的。朱鼎煦也是民国时期著名的宁波藏书家，据民国《鄞县通志》文献志记载，"鼎煦字赞卿，萧山人。民国初为鄞县法院推事。"朱氏嗜好藏书，除经史之外，对戏曲小说和杂书也很注意，"说部传奇、科场用书、百家杂说、残稿剩牍，亦兼收而并蓄。"其藏书分两处，一在鄞城，一在萧山。天一阁所藏的那部分《今乐府选》即是他的个人藏书。

可以看出，以上三部分《今乐府选》最先都是经过宁波藏书家之手收藏，后来转入公共博物馆或图书馆。但苏州博物馆的4册《今乐府选》却因无私人藏书印而无法得知其来历。同样，藏于北京图书馆的2册《今乐府选》也

---

① 骆兆平：《探寻〈复庄今乐府选〉》，载于《天一阁文存》2007年第五辑，第187页。

因无藏书印，其来历不得而知。

结　论

综上，藏于苏州博物馆的4册《今乐府选》与藏于台湾"中央图书馆"的16册《今乐府选》同属于《今乐府选》的另一版本系统。目前，尚不知该抄本系统的总册数为多少，是否只有前20册？如果多于20册，另外的部分是否仍存于世间，藏于何处？而这个疑问也是《复庄今乐府选》抄清稿本系统中不知下落的24册同样面临的，也是研究《今乐府选》这部大型的戏曲选集不可回避的重要问题。笔者在此提供《复庄今乐府选》另一个抄本系统的线索，借此抛砖引玉，希望学界有更多的发现。

作者单位：扬州大学文学院

附录

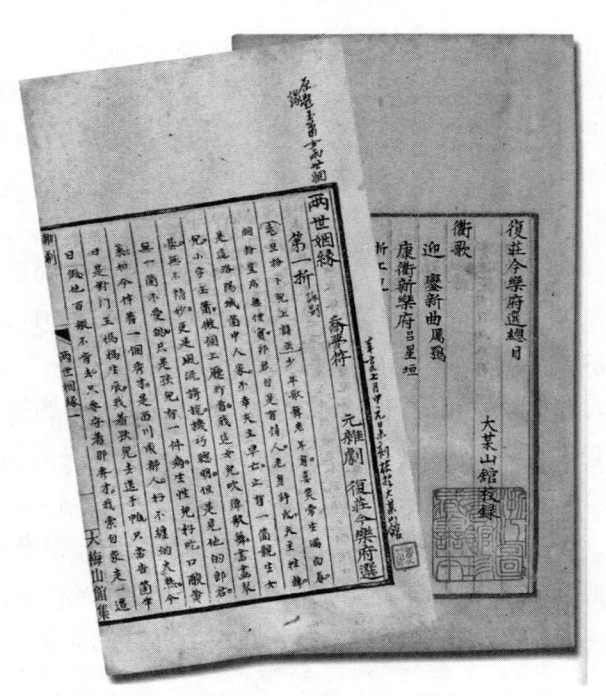

图1　浙江图书馆所藏《复庄今乐府选》之"复庄今乐府选总目"书影

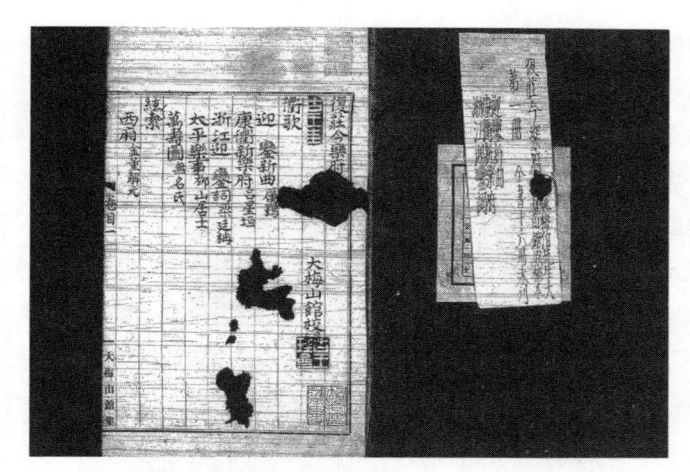

图 2　台湾"中央图书馆"所藏《复庄今乐府选》之"复庄今乐府选总目"书影

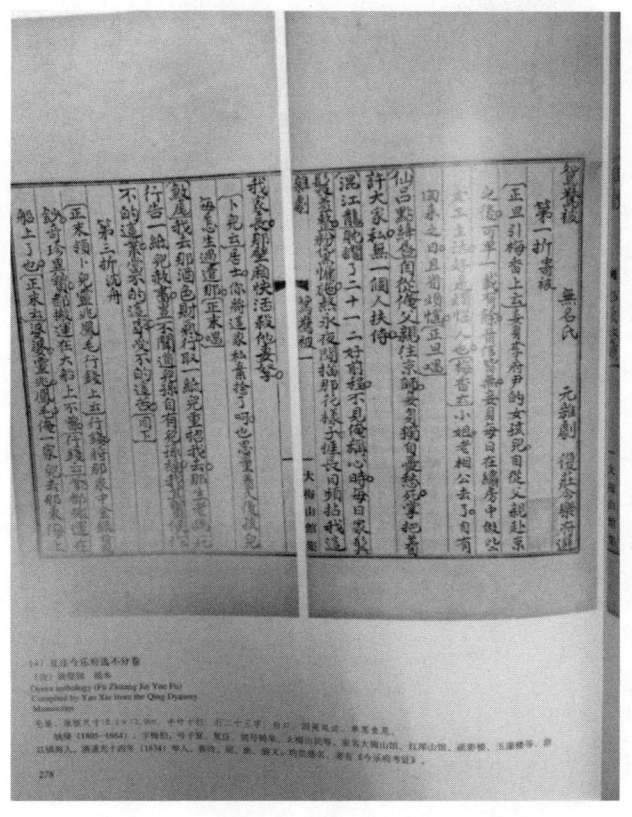

图 3　苏州博物馆所藏本《鸳鸯被》书影

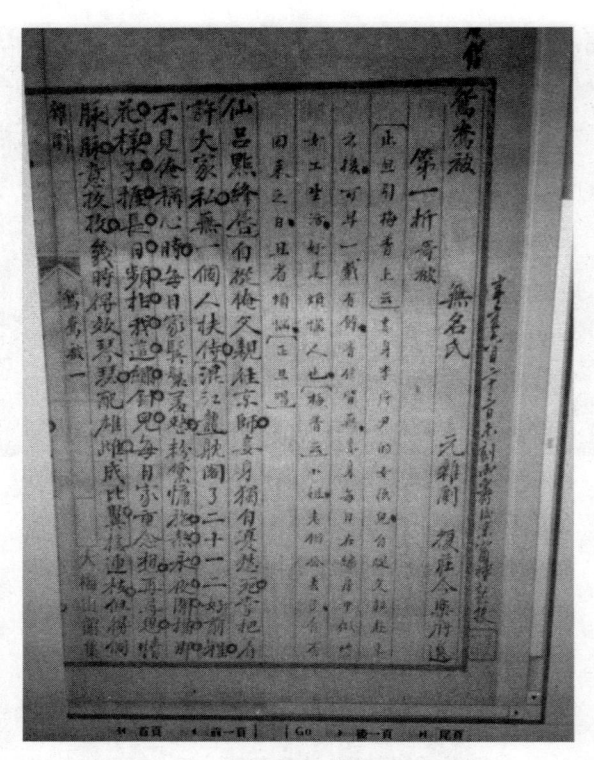

图 4　天一阁所藏本《鸳鸯被》书影

试论汤显祖与梅鼎祚早期戏曲创作的相互映证

——以《紫箫记》《玉合记》《紫钗记》为例

张 颖

作为晚明同时期的戏曲家汤显祖和梅鼎祚,两人不仅在社会交往中多有集会,在戏曲创作中也是相互影响,相得益彰。汤显祖(1550~1616),字义仍,临川人。梅鼎祚(1549~1615),字禹金,宣城人。生卒年份均相差一年的两人交游甚广。汤显祖在《玉合记题词》中提到,"时送我者姜令,沈君典,梅生禹金实从数十人。去今年十年矣"[①]。《玉合记题词》据考[②]作于万历十四年。根据汤显祖的说法可获知,汤、梅交游于万历四年,并有很深厚的情谊,而这份厚重的情谊也促使了两人在创作方面互相陶染。据徐朔方先生考证,作为汤显祖最早的剧作《紫箫记》作于万历五年至七年秋;而据《古本戏曲剧目提要》证,《紫箫记》作于万历八年,说法有异。但可以肯定,《紫箫记》写于万历十年前。作为梅鼎祚最早剧作《玉合记》的完成时间更是众说纷纭。日本学者八木泽元先生在其著作《明代剧作家研究》指出《玉合记》作于万历时十一年,郭英德先生在《明清传奇史》中认为《玉合记》作于万历十二年,徐朔方先生则认为作于万历十四年。近来,侯荣川先生在他的论文中考证《玉合记》:"《玉合记》当始作于万历十一年,初稿完成于万历十三年四月,改定刊刻于万历十三年冬"[③]。而在《紫箫记》基础上创作而成的《紫钗记》则完成于万历十五年[④],由此判定,三部剧作的完成时间顺序当是《紫箫记》《玉合记》《紫钗记》。关于《紫箫记》与《玉合记》,部分学者认为《玉合记》模仿于《紫箫记》,徐朔方先生更是在《论梅鼎祚——汤显祖的同

---

① 汤显祖著,徐朔方笺校:《汤显祖诗文集》卷三十三,上海古籍出版社1982年版,第1092页。
② 侯荣川:《汤显祖〈玉合记题词〉新考》,载于《南京师大学报》(社会科学版)2011年第5期。
③ 杨铎:《20世纪以来〈玉合记〉的研究综述》,载于《佳木斯教育学院学报》2013年第125期。
④ 李修生主编:《古本戏曲剧目提要》,文化艺术出版社1997年版,第276页。

时代曲家论之一》一文中明确阐释两部剧作的相似性，他认为《紫箫记》是《玉合记》的范本。对此本文不多赘述。但通过笔者对文本的细读分析，发现在两位剧作家的早期创作中绝非梅鼎祚的一味模仿，两者是存在相互接纳与影响的。本文试就此进行以下方面的阐述。

一、《紫箫记》对《玉合记》的影响

不可否认的是，《紫箫记》的问世的确对《玉合记》的创作产生了重大的影响。具体可参照汤显祖在《玉合记题词》中的"予观其词，视予所为《霍小玉传》，并其沉丽之思，减其秾长之累"①。从两人选取题材来看，不难看出，均有意而为之。汤显祖的《紫箫记》改编自唐人蒋防的《霍小玉传》，记陇西李益与霍王之女霍小玉爱情离合之事。而梅鼎祚的《玉合记》则事出唐许尧佐《柳氏传》，写南阳才子韩翃与李王孙歌妓章台柳爱恨离合之实。两者在题材均选自唐代本事，这和两人的生平经历有着密切的关系。据记载，汤显祖年少时即天资非凡，"年二十一，举于乡"②。万历五年张居正为显示其次子张嗣修才学"不凡"，竟以汤氏和沈懋学陪榜，汤不肯讨好显宦，遂告落第。而梅鼎祚也是同样的壮志未酬，据《列朝诗集小传》记载，"禹金舞象时，陈明尘、王仲房皆其父客，故禹金少即称诗。长而与沈君典齐名，君典取上第，禹金遂弃举子业，肆力诗文，撰述甚富"③。相似的仕途失意的他们只能借剧作抒发胸中之意，更能引起创作上的共鸣。因此两人在创作剧作的主题上均主唱情。对此，汤显祖在《青莲阁记》中提道："世有有情之天下，有有法之天下。唐人受陈隋风流，君臣游幸，率以才情自胜，则可以共浴华清，从阶升，嬉广寒。令白也生今之世，滔荡零落，尚不能得一中县而治。彼诚遇有情之天下也。今天下大致灭才情而尊吏法，故季宣低眉而在此。假生白时，其才气凌世一世，倒骑驴，就巾拭面，岂足道哉！"④ 由此不难看出，汤显祖认为唐人受陈隋的影响，"以才情自胜"，因此选材唐人则不言而喻。而对此，明显梅鼎祚受到其影响，两人选材均为唐代，且社会背景都是战乱频繁的时代，需要

---

① 汤显祖著，徐朔方笺校：《汤显祖诗文集》卷三十三，上海古籍出版社1982年版，第1092页。
② 钱谦益：《列朝诗集小传》，上海古籍出版社1983年版，第562页。
③ 钱谦益：《列朝诗集小传》，上海古籍出版社1983年版，第627页。
④ 汤显祖著，徐朔方笺校：《汤显祖全集》，北京古籍出版社1999年版，第1174页。

男主人公在国和家之间做出选择，而两人无一例外地选择了大国，抛弃了小家，展示了其大无畏的英雄气概，这其中隐含的也是两位作者的爱国之情，愿为祖国尽犬马之忠的不渝信念。然而两人终身未曾实现抱负，因此只能寄托于剧作中抒发个人情感。

值得提出的是，汤、梅二人在词情文采方面皆有颇高造诣。而这种行文特色也体现在他们的创作之中。在《紫箫记》和《玉合记》之中，随处可见的是作者词情盎然，辞藻华丽的文风，而这正是"骈俪派"的典型特征。祁彪佳在《远山堂曲品》中提到，"骈俪之法，本于《玉玦》"。[1] 可见这类文学流派是由来已久的。如果说，骈俪的文风在汤显祖的《紫箫记》中是浅尝辄止，那么梅鼎祚的《玉合记》则是将其发挥到了极致。梅鼎祚的创作严格遵循这一规范，王骥德认为梅鼎祚的作品语言"以词为曲，才情绮合，故是文人丽裁"[2]。郭英德先生在《明清传奇史》中也提出他的看法，"文词派是明中后期传奇的主要流派，它滥觞于成化、弘治间邵璨的《香囊记》，开派于正德、嘉靖间的沈龄（寿卿）和郑若庸。……其后，嘉靖、隆庆年间，李开先、陆采、梁辰鱼、张凤翼等推波助澜。……至万历前期，梅鼎祚、屠隆、许自昌等登峰造极，愈演愈烈。……流风所及，连汤显祖的初期作品《紫箫记》和沈璟的初期作品《红蕖记》，也都以骈雅藻丽见称"[3]。"并其沉丽之思"，汤显祖也承认，梅鼎祚深受其行文风格的影响。

二、《玉合记》对《紫箫记》的发展

1. 《紫箫记》《玉合记》的形象体系

梅鼎祚的《玉合记》一经问世，便颇受关注。《三家村老委谈》有话云："禹金的戏曲交游遍及东南诸省，且其剧作《玉合记》，士林争购之，纸为之贵"[4]。由此可见，当时《玉合记》众人追捧的程度。

《紫箫记》因是未完曲目，共36出。其中以李益和霍小玉为主线，间或

---

[1] 祁彪佳：《远山堂曲品》，引自《中国古典戏曲论著集成》（六），中国戏剧出版社1959年版，第19页。
[2] 王骥德：《曲律·杂论》，引自《中国古典戏曲论著集成》（四），中国戏剧出版社1959年版，第170、第231页。
[3] 郭英德：《明清传奇史》，江苏古籍出版社1999年版，第60页。
[4] 徐复祚：《三家村老委谈》，引自《明清笔记谈丛》，上海古籍出版社2004年版，第237页。

穿插李益的好友花卿,石雄,尚子毗,以及花卿的侍妾鲍四娘,汾阳王孙郭小侯,小玉的母亲郑六娘等人。这些人物都有正面的描写与介绍。《玉合记》则共40出。从开端即为韩翃在同李王孙畅游时得睹歌妓柳氏容貌并倾心仰慕,后李王孙成人之美,为二人设宴成婚。随后安禄山反叛,韩翃告别柳氏前去山东就职。柳氏单独逃难落入法灵寺,后被吐蕃大将沙叱利觊觎,强行囚禁,待韩翃归来,柳氏并无自由身,只能以帕包玉合还于韩翃,以示永诀。韩翃内心惆怅,恰逢豪士许俊,愿出手相救柳氏,历经一番波折,柳氏属翃,皇帝赐沙叱利重金。

通过以上对比不难看出,两者在人物塑造上面都是以深情相爱的男女作为主线。不同的是,《紫箫记》力求全面,将每一位所涉及的人物都介绍得详细之至,甚至是有些毫无关联的人物也进行了描写,例如郭小侯,他和剧中的男女主人公并无任何联系,却也描述他看鲍四娘心有所系,怜而放之别院。这和整体的主题表达并无任何关系。而相较于《紫箫记》,《玉合记》的形象体系脉络则显得十分清晰。从开端即设置韩翃和柳氏的互相倾心,而直到两人最终团圆,这中间有三个男性人物的插入,分别是李王孙,沙叱利和许俊。李王孙本是柳氏的主人,但他见韩、李两人真心相爱,宁愿成人之美,并赠予两人家产,自己赴华山求道。李王孙形象的树立是为了两人能够结合的基础,他推动了戏曲情节的发展。然后是沙叱利,他是吐蕃大将,降服归唐,看中柳氏的美貌,想要据为己有。可以说沙叱利是本剧的关键所在,正是有了这个角色的存在才有了后续情节的发展,沙叱利的形象激化了韩柳两人重逢却无法相守的矛盾"自家在沙府几年。虽能全节。终是偷生。昨闻得淄青将佐。近将入朝。想我韩郎。亦在数内。他却怎知我陷身在此。"①,增强了戏曲冲突,也使剧作的情节跌宕起伏,洪波暗涌。柳氏的被困造成韩翃忧心忡忡,此时许俊出场,一个侠义之士的形象就形成了,他自告奋勇救出柳氏。他的勇猛促成了韩、柳两人的最终团圆。因此尽管出现了三个形象各异的男性形象,但均是围绕男女主角展开发展的,他们都在推动着剧情的发展,他们的出现引导了结局的最终走向。

因此,《玉合记》从形象体系上来说要比《紫箫记》更为凝练,且人物形象均围绕主人公展开,这就使得人物行动清晰,行文脉络顺畅。清代戏曲家李

---

① 毛晋:《玉合记》,引自《六十种曲》,中华书局1982年版,第3684页。

渔在其著作《闲情偶寄》中提到剧作应当"减头绪","头绪繁多,传奇之大病也……作传奇者,能以'头绪忌繁'四字刻刻关心"①。李渔主张一线到底,太过繁多的人物会造成主线不清晰。而"减其秾长之累"说明汤显祖也明确认识到《紫箫记》较《玉合记》的不足。

2.《紫箫记》《玉合记》的思想内核

从剧作的思想内核上来看,《紫箫记》主要着重在李、霍两人的战乱离合,两人的感情进展并无冲突,除了战乱让两人生离,其他的人物都是辅助两人感情进展的助推力,最后两人也是再次团聚。而《玉合记》则不同,在韩、柳两人感情中出现了第三个人物——沙吒利,这就使得二人的感情进展会受到阻挠,并且通过侧面描写柳氏的反应也能衬托柳氏的不屈精神。柳氏本是一个歌妓,古有"一女不从二夫"之说,但柳氏敢于追求自己的爱情,和韩翃能够大胆地结合,说明她是一个无所畏惧的女子。并且她被沙吒利强留家中也不从,充分体现了她身上强烈的反抗精神。当得知自己可能无法再和韩翃结合,她将玉合还于韩翃,这些行为统统表现出作者对这个女子形象塑造的特殊性。首先她的身份不允许她追求爱情,但是她突破了现实的阻碍。其次,她的处境也使她面临无法追求爱情的境地,但她不畏强暴,毅然坚持自己的选择,宁为玉碎,不为瓦全。最后,她的不断坚持也使她换回了自己的爱情。综上所述,笔者认为,在《玉合记》之中,作者对柳氏这个角色是持褒扬甚至是赞颂的态度的,在她的身上,读者和观众能够体会到当时社会底层女性意识的觉醒以及对自由的追求与坚持。

从梅鼎祚的《玉合记》中,我们可以看到,还有一个意象是相当引人注目的。那就是豪侠意象。许俊作为最后出场的人物,是以一个英雄形象的特征出现在观众和读者的视野中。"俺此去非同小可也。管引他倩女一离魂。章落俺将军八面威。呀,你准备着筵开花烛喜。"② 他不仅不怕权宦豪绅,心有凛然正义,同时也具有柔情傲骨,能洞察体会人间至贞感情。这就和以往读者和观众眼中的英雄形象有所区别。这是一个有血有肉的豪侠意象。通过对许俊大无畏精神的赞颂,也使人物行动更加地饱满和丰富。

---

① 李渔著,杜书瀛评注:《闲情偶寄·插图本》,中华书局2007年版,第23页。
② 毛晋:《玉合记》,引自《六十种曲》,中华书局1982年版,第3695页。

三、《紫钗记》对《玉合记》的接纳与融合

《紫钗记》根据《紫箫记》重新创作而成，虽然本事相同，但从剧作的情节结构和形象体系等可看出作者进行了很大的改动。作者在《紫钗记题词》中提到，"南都多暇，更为删润，讫，名紫钗。中有紫玉钗也"①。由此可知，作者在新剧《紫钗记》中进行了很大的变化，并且汤显祖对《玉合记》进行了吸收和融合。

尽管《紫箫记》以"紫玉箫"为题眼，但"拾箫"是在第十七出，这是紫玉箫第一次出现，且紫玉箫只是作为帮助霍小玉出宫的一个砝码，在后面的剧情中并未有过多牵扯。《玉合记》则不同，玉合从开始就是韩翃转赠柳氏的信物，而且在之后柳氏预感将要和韩翃诀别时，也曾将信物归还于韩翃，玉合是穿插在剧作之中的引线，贯穿始终。由此可见，紫玉箫和玉合在全文中的作用已相差甚远。很显然，在再度创作中，汤显祖注意到了这个问题。紫玉钗也作为霍小玉的遗失之物被李益拾到，并以此托鲍四娘求婚，包括最后两人战乱分离，霍小玉鬻钗，李益因缘巧合又得到紫玉钗以及最后的物归原主，整个过程中紫玉钗都作为一支引线穿梭在两人之中，使得剧情更加完整紧凑。

前文已经提到，《紫箫记》的形象体系过于繁杂，颇具"秾长之累"。而《紫钗记》对这方面改动甚多。男性主要形象只李益，崔允明和韦夏卿三人。崔，夏两人也仅非李益友人，在李益"负心"之后，崔、夏为促得两人圆满，自愿出资十万钱，以备筵席。还有一位黄衫豪士听闻此事，以骏马借李益，使其驰奔霍小玉住所。这和《玉合记》中的豪士许俊形象的设置有异曲同工之妙。相较于《紫箫记》一男一女的单线情感结构，《紫钗记》加入了卢府小姐这一复线，因霍小玉鬻钗，李益以为霍小玉再嫁他人，因此入赘卢府。这种复线式的形象体系使得人物之间的矛盾更加地激烈，增强了戏曲冲突。这和《玉合记》中设置成三人的复线结构也是颇具相似性的。

综上所述，通过汤、梅两人的交游影响了他们的艺术风格，并且这种影响

---

① 汤显祖著，徐朔方笺校：《汤显祖诗文集》卷三十三，上海古籍出版社1982年版，第1097页。

是相互的，诚然，由于笔者知识有限，仅能从文本角度着手。至于曲文方面，还需进一步深入探讨汤、梅早期戏曲创作之间的必然联系。但这必将给后世的戏曲创作留下诸多启发和思考。

作者单位：上海大学

《宝剑记》林冲故事源流考略

张　真

　　林冲是明传奇《宝剑记》的主人公，也是小说《水浒传》中极为重要的一个人物。《水浒传》是一部以北宋末年的宋江起义为素材的长篇小说，书中的有些人物，特别是几位重要人物，可以在一些典籍中找到或多或少的相关材料。余嘉锡《宋江三十六人考实》一文对此有详考，但文中却未对林冲进行考证。那么，林冲真的没有任何素材来源吗？如果有，又来源于何呢？《宝剑记》与《水浒传》中的林冲故事又有渊源呢？

一、何处有林冲

　　涉及《水浒传》本事的材料，如《宋史·徽宗本纪》《宋史·张叔夜传》《东都事略·徽宗本纪》《十朝纲要》《三朝北盟会编》等，只记载宋江姓名，未提及其他任何人的姓名，其中《东都事略·侯蒙传》首次提到"宋江以三十六人横行河朔、京东，官军数万，无敢抗者"[①]，但未言及三十六人的具体姓名。南宋龚开《宋江三十六人赞并序》中详列三十六人姓名，并每人一赞，但其中并无林冲。罗烨《醉翁谈录》、郎瑛《七修类稿》中有关水浒好汉的记载，都没有林冲。所以，无法断言历史上的宋江起义或起义队伍以外是否存在林冲其人。

　　"林冲"大名第一次出现在《宣和遗事》，但他在其中只是押运花石纲的十二制使之一，十二人作为一个群体在活动，后来上梁山，在三十六位好汉中排名十三。《宣和遗事》并没有关于林冲的独立描写，他也没有什么过人之处。在元代平话《宋江》中，林冲直到二打祝家庄时才第一次出场，出场诗中说他"丈八蛇矛紧挺，霜花骏马频嘶。满山都唤小张飞，豹子头林冲便

[①] 王偁：《东都事略》，齐鲁书社2000年版，第886页。

是", 可知这里的林冲基本上是张飞的翻版, 没有多少创造性。

在大量的元明杂剧水浒戏中, 林冲仅在《梁山七虎闹铜台》中略有提及, 他在楔子中做了简要的自我介绍:"从在东京为教首, 今来山内度时光, 银甲金盔光闪烁, 青骢战马紫丝缰。某, 林冲是也, 今往忠义堂见俺宋江哥去。"①其后又在第五折中和众好汉一起出场亮相。而其他水浒故事杂剧中则根本没有提及林冲。明代倒是有两部以林冲为主角的传奇, 分别是《宝剑记》和《灵宝刀》, 下文详述。

明末农民起义领袖中有不少以梁山好汉名字或绰号为名的, 其中也没有"林冲"或"豹子头"。倒是在魏忠贤阉党所作的、将异己者比作梁山好汉的《东林点将录》中, 左光斗被列为"天雄星豹子头左金都御史左光斗"。

正因为如此, 陈松柏先生认为:"在南宋、元代、明代前期整个水浒故事的流传过程中, 在描写三十六故事的所有艺术形式中, 史进、鲁智深与林冲都是凑数的"②, 并认为《水浒传》"第七回至第十二回的林冲故事……都是后来其他有才情无处发挥、有抱负而不得实现的读书人有感而作的。"③聂绀弩先生也认为:"林、鲁、武、石等人故事的部分, 就都是《水浒》的编者或改作的创作。尤其是像林冲故事那样有血有肉而又完整的东西, 如果在传说中早已形成, 而不被民间艺人和剧作家们选为题材, 是难以想象的。元曲中的许多题材都比林冲故事差得多。"④

那么, 如果是编者或改作者的创作, 难道他们真的是闭门造车、凭空想象创作了这么生动的林冲故事? 这在像《水浒传》这样的世代累积型作品中几乎是不可想象的。林冲故事或许另有所本。

二、林冲之与林冲故事框架

学者大致认同林冲故事独立于水浒故事之外, 并且都努力考索出了一些林冲故事的本事, 聂绀弩先生就曾举出六个例子⑤, 认为林冲故事一方面是创

---

① 无名氏:《梁山七虎闹铜台》, 引自《孤本元明杂剧》第三册, 中国戏剧出版社1957年影印本。
② 陈松柏:《水浒传源流考论》, 人民文学出版社2006年版, 第158页。
③ 陈松柏:《水浒传源流考论》, 人民文学出版社2006年版, 第147页。
④ 聂绀弩:《中国古典小说论集》, 复旦大学出版社2006年版, 第28页。
⑤ 分别是: 林冲教头身份与上司高俅、高衙内抢林娘子、林冲买刀、林冲写休书、董超薛霸害林冲、与洪教头比武等。聂绀弩:《中国古典小说论集》, 复旦大学出版社2006年版, 第28页。

作,一方面在筋节上又抄袭了他人故事。但这几个例子都是小故事小细节,以下再从一则材料试考其故事框架来源。

《水浒传》是一部世代累积型的作品,要考索人物故事,必然至少要从故事本身发生的年代溯源,然而,文学作品并非实录历史故事,作家在进行创作的时候,又会联系另外其他素材,以便更好地创作出典型环境中的典型人物。事实上,有学者认为,对《水浒传》故事的源流考证应该追溯到到唐末①,因此,在对世代累积型作品故事源流的考索中,应该进一步放宽视野。正像本文第一部分论述的那样,有关林冲的材料很少,并且几乎与读者印象中的林冲形象很不相符,但如果仔细翻检典籍,还是可以找出关于林冲的蛛丝马迹。在《水浒传》故事发生的宋徽宗年间,就有一位和《水浒传》第七回至第十二回(百二十回中为第六至十一回,以下简称"林六回")中的林冲形象颇为相似的名叫"林冲之"的人物。

林冲之,何许人也?《宋史》列传卷二〇八有传,文不长,兹录于后:

> 林冲之,字和叔,兴化军莆田人。元符三年进士,历御史台检法官、大宗正丞、都官、金部郎,滞省寺者十年。出守临江、南康。靖康初,召为主客郎中。金人再来侵,诏副中书侍郎陈过庭使金,同被拘执。初犹给乳酪,追宇文虚中受其命,金人亦以是邀之,冲之奋厉见词色,金人怒,徙之奉圣州。既二年,过庭卒,金人逼冲之仕伪齐,不屈;徙上京,又不屈;置显州极北沍寒之地,幽佛寺十余年。渐便饮茹,以义命自安,髭发还黑。病亟,语同难者曰:"某年七十二,持忠入地无恨,所恨者国仇未复耳。"南向一恸而绝。僧空之寺隅。洪皓还朝以闻,诏与二子官。子郁,从子震、霆。②

从林冲之的传记中可以看出,他和林冲的相似之处不仅仅是同在徽宗年间,两者之间至少还有以下几处关键的相似点:

(1)历御史台检法官(《宝剑记》中的林冲虽未居官御史台,但他最初就是因为弹劾高俅等人专权误国而被降职为禁军教头,但他仍不愿与奸佞同流合

---

① 如佐竹靖彦对"一丈青"的考证。佐竹靖彦著、韩玉萍译:《梁山泊——〈水浒传〉一〇八名豪杰》,中华书局2005年版,第109~125页。
② 脱脱等:《宋史》,中华书局1977年版,第13222~13223页。

污，继续给皇帝上疏，揭露高俅种种恶行）；

（2）元符三年进士（《宝剑记》中的林冲考过科举）；

（3）使金被拘执（误入白虎堂被高俅拘执）；

（4）置显州极北沍寒之地（流放风雪极寒的沧州牢城）；

（5）幽佛寺十余年（看守供奉佛教毗沙门天王的天王堂）；

（6）渐便饮茹，以义命自安（期望刑满回乡的随遇而安性格）；

（7）所恨者国仇未复耳（与高俅之间的大仇未报）；

（8）窆之寺隅（病逝于六和寺）。

若联系林冲之本传后附之其子郁、侄震、霆传，则可以推测林冲形象乃是综合了林冲之父子叔侄两代之事：

  郁字袭休，宣和三年进士，再调福建茶司干官。建州勤王卒自京师还，求卸甲钱，郡守逃匿，卒鼓噪取库兵为乱，杀转运使毛奎、转运判官曾仔、主管文字沈升。郁闻变急入谕卒，遇害。事闻，诏各与一子官。

  震字时夔，崇宁元年进士，仕至秘书少监。以不附二蔡有声崇宁、大观间。

  霆字时隐，政和五年进士，敕令所删定官。诋绍兴和议，谓不宜置二帝万里外不通问，即挂冠出都门，权臣大恚怒，亦废放以死，莆人称为"忠义林氏"。宝庆三年，即其所居立祠。宝祐中，又给田百亩，使备祭享以劝忠义云。①

（1）林冲之并子郁、侄震、霆四人均为进士（加深了林冲形象文雅一面，《水浒传》中的林冲还是少数几位写过诗的梁山好汉）。

（2）林震以不附二蔡有声崇宁、大观间（《水浒传》中大约只有林冲与高俅有直接的、强烈的冲突，《宝剑记》中更描述为林冲是因为参奏高俅而被其害）。

（3）权臣大恚怒，（霆）亦废放以死（林冲被流放沧州，在押解途中之野猪林、在看守之草料场，林冲都曾危在旦夕）。

（4）莆人称为"忠义林氏"……即其所居立祠，……又给田百亩，使备

---

① 脱脱等：《宋史》，中华书局1977年版，第13223页。

祭享以劝忠义云。(《水浒传》林冲死后被追封为"忠武郎",又梁山大厅名曰"忠义堂",《水浒传》又称《忠义水浒全书》。在全书末回,宋江蒙御赐饮药酒死后,楚人感其忠义,将其葬于楚州蓼儿高山之上,造祠堂于墓前,春秋祭赛,虔诚奉祀。后宋徽宗敕封宋江为忠烈义济灵应侯,仍敕赐钱于梁山泊,起盖庙宇,大建祠堂,妆塑宋江等殁于王事诸多将佐神像。敕赐殿宇牌额,御笔亲书"靖忠之庙"。楚州百姓又重建大殿,添设两廊,妆塑神像三十六员于正殿,两廊仍塑七十二将,年年享祭,万民顶礼。)

林冲之父子叔侄两代之事大体上奠定了林冲故事和形象的基本框架,但值得注意的是,林冲之的有些事迹(如中进士、御史台检法官等)与《宝剑记》中的林冲形象更为相似,而这些不仅不见于其他水浒故事,也是"林六回"所没有的,那么,《宝剑记》中的林冲形象究竟如何?其与"林六回"的关系又如何呢?

三、《宝剑记》:妙在林冲与林冲之之间

梁山好汉每人都有一个绰号,这些绰号虽然各式各样的,大都比较准确地概括出人物的主要性格或主要特征,差不多有一句话叫响一个人物的经典广告词效果,如及时雨宋江、拼命三郎石秀、青面兽杨志、玉麒麟卢俊义、神行太保戴宗、黑旋风李逵、小李广花荣等。在《水浒传》主要人物中,大概只有林冲的绰号和性格特征不甚相符。

林冲绰号"豹子头",无疑是来自他的外貌特征,其实这并非是林冲的原创外貌,而是直接套用了张飞的外貌。前文曾述及,元代平话《宋江》中的林冲"满山都唤小张飞",这在《水浒传》中也保留了下来,第七回林冲首次出场的外貌描写是:"那官人生的豹头环眼,燕颔虎须,八尺长短身材。"第四十八回更是转录了《宋江》里的出场诗,书中其他地方类似话语还有很多。这与《三国演义》中对张飞相貌的描写几乎完全一致:"身长八尺,豹头环眼,燕颔虎须。"不仅如此,后来作为梁山马军五虎将之一的林冲,用的兵器竟然也是丈八蛇矛①,这当然也是《三国演义》中张飞的

---

① 林冲此前使一条花枪,并能对鲁智深的舞禅杖加以点评,用朴刀与杨志相斗,又是八十万禁军枪棒教头,其所能用之兵器,并非仅有丈八蛇矛,只是在作为梁山马军五虎将之后,强调他所用兵器为丈八蛇矛。

兵器①。此外，不管是在《宣和遗事》，还是在《水浒传》第七十一回的石碣上所见的一百零八将名单中，林冲也被排在"全是云长变相"的关胜的后一位。这也很容易使人觉得，关胜与林冲的搭配是在模仿关羽与张飞。而且《水浒传》中林冲的娘子也姓张，不知这是否是作者有意的安排？然而，关胜可以说完全是关羽的翻版，但林冲并非是简单的张飞转世，特别是"林六回"中的林冲，读者完全感受不到他具有张飞的性格（后世戏台上的林冲也基本是须生），这几回文字中的林冲是一个逆来顺受、忍辱负重、小心谨慎的形象。在风雪山神庙之后，林冲形象由此前的顺良正直的禁军教头变成气性刚烈的山寨首领，才与"豹子头"的绰号相称，与张飞颇有相似之处。

　　总之，林冲的前后形象极不一致，"林六回"中林冲与张飞形象绝无相似之处，而且林冲故事的悲剧性，和整部《水浒传》前七十回的风格很不同。那么，这部分的林冲故事来源于何呢？日本学者小松谦认为，"林六回"中林冲的性格是从传奇《宝剑记》中来的②。笔者赞同此说。《宝剑记》说林冲乃是林和靖之孙，成都太守之子，其本人还考过科举，突出了林冲与娘子诀别的场景，但与一般传奇不同的是，林冲与娘子没有再团圆，带着浓厚的悲剧性。《宝剑记》中的林冲故事不见于其他水浒故事，却与"林六回"中的林冲故事很相似，不少研究者因此认为《宝剑记》取材于《水浒传》。其实，在无法确认《宝剑记》与《水浒传》何者成书在先的前提下，认为《宝剑记》取材于《水浒传》的说法是值得商榷的。《宝剑记》与"林六回"中的林冲故事确实颇为相似，但并不完全相同。那么，《宝剑记》中的林冲形象又从何而来呢？前文已述，《宝剑记》有些情节与《宋史·林冲之传》中林冲之更为相似，且是"林六回"所无的，《宝剑记》中的林冲形象介于《林冲之传》和"林六回"之间。《宝剑记》继承了林冲之作为爱国志士的思想高度和身份地位，始终围绕与高俅的忠奸之争展开，剧中林、高矛盾并非个人恩怨，而是事关江山社稷的正邪之争；但《水浒传》作为一部描写下层社会造反起义的小说，书中的人物几乎没有机会与高俅这样的高层人物直接展开正面斗争，林冲虽也是

---

① 历史上的张飞所用兵器是矛，但未详具体为何种矛。据《晋书·载记》记载，两晋时期著名勇将陈安作战时，往往左手持七尺大刀，右手持丈八蛇矛，人称"左关右张"，勇猛无敌，李白有《杂歌谣辞·司马将军歌（代陇上健儿陈安）》诗赞之。由此观之，历史上的张飞所持兵器可能是丈八蛇矛。

② 小松谦：《〈寶劍記〉と〈水滸傳〉：林冲物語の形成について》，载于《京都府立大学学术报告》人文 62, 2010 年 12 月，第 1~16 页。

保留了一点文人的气质，但他开始就是一名禁军教头，毕竟没有再说他考过科举、主动弹劾过高俅等与人物身份相差太远的情节。

换言之，《宝剑记》是将《林冲之传》中的文官林冲之改写成了文武双全的林冲，而"林六回"又将《宝剑记》中文武双全的林冲改写成了仅粗通文墨的林教头。即，他文弱的一面逐渐被淡化，粗武的一面逐渐被加强，直到《水浒传》全书中将他与其他水浒故事中那个绰号豹子头的小张飞林冲合二为一①，因此，他们之间的关系应该，如图1所示。

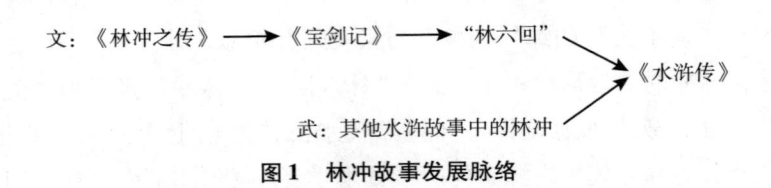

文：《林冲之传》⟶《宝剑记》⟶"林六回"
⟶《水浒传》
武：其他水浒故事中的林冲

图1　林冲故事发展脉络

反过来，也可以说《水浒传》从其他水浒故事中吸收而来的林冲，只是一个绰号豹子头的符号式人物，只有单一性格，不具有圆形人物的复杂性，也没有体现出性格的曲线变化，而"林六回"中林冲性格之所以具备了复杂性，是因为吸收了《宝剑记》中具备文武两面性格林冲，而他文的一面则来自爱国文官林冲之。

小松谦还探讨了明代另外一部传奇——陈与郊的《灵宝刀》与《宝剑记》的关系，认为《灵宝刀》中的林冲故事是在《宝剑记》的基础上按照"林六回"改编的，即《灵宝刀》与"林六回"更为相似，他由此推断三部作品的成书时间顺序是：《宝剑记》——《水浒传》——《灵宝刀》②。笔者也较赞同此说。《灵宝刀》成书于明末，晚于《宝剑记》和《水浒传》是可以确定的。《灵宝刀》以及其后的水浒戏与《宝剑记》最大的不同，恰是与"林六回"最大的相同，就是将林冲与高俅的矛盾改成由个人矛盾引发，没有那种出

---

① 至于《宝剑记》在改编林冲之故事、特别是"风雪山神庙"一节之时，则是来自于中国古代诗歌中常出现的"雪火并存"的典型意境。关于此问题，容另文专论。
② 他还根据《宣和遗事》中唯独没有林冲和公孙胜，来推断林冲、公孙胜故事应该是水浒故事之外的独立故事，证据之一是《宝剑记》中出现了公孙胜，但和《水浒传》中的公孙胜完全不同。佐竹靖彦也有类似看法，并且认为《宣和遗事》成书于明初，《水浒传》成书于其后，详见其所著、韩玉萍译《梁山泊——〈水浒传〉一〇八名豪杰》，中华书局2005年版，第34～36页。小松谦：《〈寶劍記〉と〈水滸傳〉：林冲物語の形成について》，载于《京都府立大学学术报告》人文62，2010年12月，第1～16页。

于关心江山社稷而与高俅斗争到底的思想高度。即以后来的水浒戏大都取材于《水浒传》而非《宝剑记》。如果加上《灵宝刀》，那么，林冲故事的发展脉络大体如图2所示。

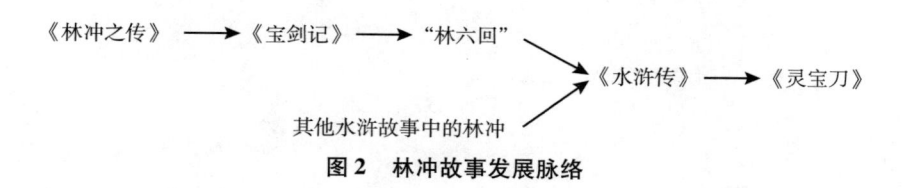

```
《林冲之传》 ──→ 《宝剑记》 ──→ "林六回"
                                        ↘
                                         《水浒传》 ──→ 《灵宝刀》
                                        ↗
              其他水浒故事中的林冲
```

图2　林冲故事发展脉络

综上所述，林冲作为《水浒传》中极为重要的一个人物，但他的本事材料却极少，颇有"凑数"的嫌疑。其实，在《水浒传》故事发生的宋徽宗年间，就有一位和"林六回"中的林冲形象颇为相似的"林冲之"，林冲之是一位正史有传的爱国文官，他的事迹大体上奠定了林冲故事和形象的基本框架。但林冲之的有些事迹为其他水浒故事和"林六回"所无、却与《宝剑记》中的林冲形象更为相似。《宝剑记》是将文官林冲之改写成了文武双全的林冲，而"林六回"又将文武双全的林冲改写成了粗通文墨的禁军教头。即他文弱的一面逐渐被淡化，粗武的一面逐渐被加强，直到《水浒传》全书将他与其他水浒故事中那个绰号豹子头的小张飞合二为一。

作者单位：温州大学人文学院

由《牡丹亭》的多版本演绎漫谈当代戏曲舞台的可能性

赵晓亮

2014年底，一场被冠于"名家传戏——2014全国昆曲《牡丹亭》传承汇报演出"的系列演出在北京上演。从开幕的大师版，再到南昆版、典藏版、永嘉版、天香版、大都版、青春版，到最后收官的御庭版，十多天的时间里，同一剧目一共八个不同版本持续上演。八版七剧团的《牡丹亭》，无形之中形成了打擂之势。七大昆团都拿出各自最能体现本团优长的阵容，各显其才，各竞其能。就连原本只是为树立最高表演水准标杆的大师版，上下两场十几位平均年龄70岁以上的大师们也进入竞演状态，人人精神抖擞。一次旨在传承的汇演，却迸发出任何戏剧比赛都无法比拟的竞赛气场，让戏迷们大呼快意。大师版的高票房和八版七团的热议口碑，使汇演成为戏曲界的一次现象级演出。

这样的现象级演出，如此一剧多版同时出现的汇演方式，不要说在昆曲界乃至戏曲界属于罕见，即使放诸世界戏剧的大坐标体系之中，大概只有莎士比亚的某些经典剧目，有可能实现与之媲美的汇演盛况。这场汇演成功举行的前提，正是这部足以让众家各展风采的经典剧目：《牡丹亭》。

一、《牡丹亭》的双重经典意义给当代《牡丹亭》舞台演绎带来的双重挑战

《牡丹亭》是明代戏剧家汤显祖的传世之作。作为昆曲中最负盛名的剧目，《牡丹亭》的经典意义其实远远不止于昆曲。这部五十五本的皇皇巨著，除了柳杜二人"情不知何起，一往而深"的爱情主线，同时辅以多个人物的行动副线，呈现了明代社会的某些横断面。其精巧的戏剧结构和深刻的人文观照，使得《牡丹亭》文本即便放诸世界文学之林，亦是毫不逊色的作品，是当之无愧的中国古代文学经典。

但这一鸿篇自从问世以来，完全遵循原著的全本演出就殊非易事。五十五本如一次全部搬演上台，对演者和观者都是极大的考验。《牡丹亭》问世之初，明代戏曲家班式的演出状态，观众多于茶间闲谈之际看戏，尚可满足长剧观演的需求，但即使如此，从《牡丹亭》的演出史上看，全本演出在昆曲全盛时代也并非常态。①

到了当代，人们的观剧形态今已然大变。在封闭式的现代剧场中，一晚演出最长不超过三小时的一般舞台体例，基本已为人们所认可。而《牡丹亭》中，仅仅是柳杜二人的主线故事，其中曲折细节照原本全部呈现，其布局也远超过一个晚上的舞台容量，这是《牡丹亭》文本与现代剧场之间天然的矛盾。

除文本经典外，《牡丹亭》的另一个经典属性，是它的舞台形态。昆曲《牡丹亭》，尤其是"游园""惊梦"等经典折子，因其高度成熟和几近完美的表演规范，在戏曲演出史上被奉为圭臬。《牡丹亭》与世界戏剧史上同时代诞生的其他经典剧目，如莎翁剧作不同，它的舞台形态更具有相对稳定的典范性。得益于昆曲活态传承的方式，我们可以在四百多年后的今天，看到与明代音乐一脉相承，甚至一招一式都有源可溯、有因可循的表演版本。

这一点从2014年汇演的七团八版演出版本中的师承关系就可见一斑。大师版原本就是由扎实继承前代的当代昆曲艺术家担纲，本身就是为昆曲《牡丹亭》的表演确立规范的标准模本。其余七版，典藏版由蔡正仁、岳美缇数位大师亲自上阵，带领上昆的昆三昆五班晚辈共同演绎，南昆版由传字辈大师姚传芗亲授，天香版由蔡正仁、张洵澎亲授，永嘉版由胡锦芳亲授，青春版由张继青、汪世瑜亲授，大都版由岳美缇、胡锦芳亲授。每一个版本的幕后甚至幕前，都有大师们的身影，以保证年青一代得以规范继承《牡丹亭》的传统表演精华，这也是此次"名家传戏"活动的宗旨所在。令人欣喜的是，此次七团演出中，几乎每个版本里，都有80后青年演员的身影，其中大都版和永嘉版，甚至完全由青年担纲。名家传戏，于此确是实现初衷。

但这种舞台表演的传承，于一部戏剧作品的演绎而言，也是一把双刃剑。文本的经典，可赋予后人重新解读的无数可能性，其舞台呈现也可一代一格。莎翁作品在全世界范围内不断流传，可以不断出现新的演绎乃至新的经典演出

---

① 参见刘淑丽：《明清时期家班及职业戏班演出〈牡丹亭〉概况》，载于《艺术百家》2004年04期。

本。而戏曲表演经由一代又一代艺人的打磨，一旦成为经典之后，其流传往往更注重继承而非发展。虽然基于个人表演风格，不同演员的表现会略有差异，但总体而言，舞台经典的再演绎，经常成为描红式的演出，新一代演员拼尽全力，只为重现最经典一代的表演精华。

从艺术传承和保护的角度来讲，这种传承式的演绎意义兹事体大，所以昆曲是首批入选世界非物质文化遗产名录的中国艺术，而《牡丹亭》中的诸多段落，正是昆曲流行最广的经典曲目。但是，作为一部公认的文本经典，《牡丹亭》的舞台呈现如果仅止步于固定的表演传承，有些失之可惜。戏剧艺术的美妙性，很大一部分就在于它既是前人之声，又可以植入时代性，无论是思想还是审美。每一个时代的剧场表达，都会有这个时代的烙印，每一场演出，都可以是古人与今人的精神沟通和审美对话。这个时代的《牡丹亭》舞台形态，如果没有这个时代的烙印，只是全盘传承，未免也太过荒废《牡丹亭》这个矿藏丰富的宝库。

因此，同时作为文本经典和舞台经典的《牡丹亭》，在当代的舞台演绎中，创作者在面临《牡丹亭》丰富的文化遗产的同时，也面临着双重的挑战和压力。

二、当代创作者面对《牡丹亭》经典属性难题所进行的探索

基于《牡丹亭》长篇文本与现场剧场的天然矛盾，在当代的舞台呈现中，适度裁剪原著文本，已成为《牡丹亭》必须进行的二度创作工程。近30年来，昆曲舞台上盛行的各种《牡丹亭》演出本，大多都是不同程度的裁剪版。

1998年，上海昆剧院曾推出陈士铮导演的55折《牡丹亭》全本，时长20小时，这应该是当代舞台上最完整呈现原著的版本，只是这一版并未在国内真正上演。1999年，上昆又排出三本三场七小时的浓缩全本，特邀王仁杰整编、郭小男导演，老中青三代演员共同演出。此版曾入围国家舞台艺术精品工程提名（因此称"精品版"），但近年来也鲜少上演。2014年汇演上昆并未选择这一版本，而是带来了由8个经典折子组成的典藏版。

汇演时同样弃全本演出精选本的，还有青春版。2003年，由著名作家、人称"昆曲义工"的白先勇主持，苏州昆曲院推出青春版《牡丹亭》，该版以

仅删不增的原则整合成上中下三本，完整展现柳杜爱情主线，同时裁入不少副线情节，曾被赞为难得的保留原著筋骨血肉的舞台本①。然而，此次苏昆此次携来汇演的版本，也是删减至一本的精华版，连重头戏《寻梦》都一并删去，令人颇有跳脱之感。可能出于商业和市场运作的考虑，近年来青春版《牡丹亭》更多上演的，多是这一折子戏精编式的精华版。其他南昆版、永嘉版、天香版等版本，虽有各有侧重，但总体来说，这几版都像是不同风格的《牡丹亭》折子戏会演。

从演出完整度来看，除了上下两本的大师版外，2014年会演中，真正意义上将《牡丹亭》作为一个戏剧故事，而非精品折子戏来演出的，只有北方昆曲院推出的大都版。

操刀大都版改编的，与当年上昆精品版的整编者是同一人，编剧大家王仁杰。此版以柳杜爱情为主线，从原著中的第一出"标目"开始勾出故事主旨，演至"回生"结束，三个小时的故事全须全尾，裁剪颇有法度。比如，杜丽娘"冥判"后则直接跳至第27出"魂游"，在《魂游》中穿插柳梦梅呼唤姐姐之声，形成呼应，而后自然衔接《幽媾》，流畅精练。类似裁法有多处，在贴合北昆演出团队特长的基础上，既保证了传统经典折子的表演精华，又不失却情节的曲折有致。从舞台完整度来看，大都版的文本，应是此次汇演各版中最符合现代剧场理念的演出改编本。

然而，在2014年汇演中引起争议最大的，恰恰也是大都版。笔者在演出散场和网络评论中，既听到有人大赞惊艳，声称是继"青春版"后看到最富创意的《牡丹亭》版本，也有人极为恶之，认为背离昆曲太远，几乎上升到欺师灭祖的批判高度。引发争议的部分，多集中于此版《牡丹亭》的舞台处理。

该版的二度创作团队也是当今戏剧界的一流阵容，导演曹其敬、徐春兰，舞美刘杏林，灯光周正平。他们对《牡丹亭》的不少场面处理，都进行了不同于传统的大胆改造。

例如，被裁剪衔接到一起《冥判》与《魂游》，其舞台手法就亮点不少。《冥判》中，整个舞台以黑匣子般的幕框搭建出一个黑暗中的冥界。杜丽娘被判魂回人间后，她在判官和众小鬼簇拥下，水袖委地碎步后退，黑幕框也景随

---

① 参见江巨荣：《〈牡丹亭〉演出的多样性》，载于《中华戏曲》2007年第1期。

人移,渐渐退去,舞台四周出现又一重白色幕框,随着杜丽娘的渐行渐远,白幕框渐次放大直至完全覆盖舞台,黑幕在舞台深处终于不见,一片耀眼光明。整组画面,犹如一个慢慢拉出的电影景深长镜头,杜丽娘从一线生天到重回天地人间的阴阳轮转,完全视觉化呈现,效果震撼。而在《幽媾》一场,柳杜二人奔放直接的肢体表达,受到不少昆曲迷诟病,认为与杜丽娘人物性格不符,但它的舞台处理同样有精巧之处。柳生夜唤姐姐,引得杜丽娘游魂月下现身,款步而至,一束追光下,其剪影恰好落于自天幕而下的画轴之上,宛若画中人现身。

这些段落中,演员表演仍是戏曲化的,然而辅以光和景的调度,整体呈现却完全是现代剧场的表达,画面美感来自整体的舞台空间,而不仅仅是演员个体的表演。可以说,此版《牡丹亭》在形式感上,以现代的舞台表达方式,对经典文本《牡丹亭》所蕴含的可能性进行了二度再创造,打造了完全不同于传统版本以演员个体载歌载舞表现的美感。虽然仍有诸多可挑剔之处,但确实挖掘出了《牡丹亭》舞台的一种新可能。

对挖掘《牡丹亭》舞台可能性的尝试,在30年来的各种《牡丹亭》版本中,并非始于大都版。前述上昆的精品版和苏昆的青春版,都加入了更丰富更现代剧场式的舞台手段来演绎,当年推出之时也都曾令人耳目一新。尤其是苏昆青春版,十年前在推出之时,也遭遇过大都版《牡丹亭》推出迄始类似的争议局面。

青春版《牡丹亭》在推出之时,特意请来张继青、汪世瑜等当世昆坛大家把关表演,旨在充分尊重传统表演之中的精华。表演认真"守旧"之时,此版中的舞美、灯光、服装等方面,都加入了不同于传统的技法,强调一种带有时尚感的唯美。虽然十来年前的手段如今看来已非新奇,但当时确有令人惊艳之感。加之两位主演的青春之姿,成功吸引了一批从未接触昆曲甚至戏曲的观众。

十年间,青春版《牡丹亭》演出250场以上,既多次远渡重洋异国上演,也频繁进入校园举办公益专场,很可能是这十多年间观众最多的《牡丹亭》版本。在白先勇先生的全力推动下,青春版的巡演成为当时影响力超出戏曲圈的热点文化现象。青春版《牡丹亭》成为昆曲的一张青春名片。不少年轻人借由青春版完成昆曲及戏曲启蒙,而后开始进入真正的戏曲世界,学会欣赏无现代剧场手段包装的传统版《牡丹亭》,最后成为昆曲或戏曲的忠实观众。据说，近10所大学将昆曲列为选修课，便是由该剧直接促成①。因此，尽管也有不少行家提出不同声音，认为青春版《牡丹亭》主打"青春"之名，容易使普通观众对昆曲的认知更多集中演员的形貌，而非艺术本身，但这一版本在《牡丹亭》的当代演出史中仍然具有非同寻常的意义。

也许正是缘于这一点，2014年的汇演中，苏昆两位主演沈丰英和俞玖林年龄其实已不再青春，但这一版本仍被喻为青春版。沈俞二人至今仍被认为是代言了青春版气质的最佳组合，二人之后还共同主演了青春版《玉簪记》。"青春版"的概念，虽然缘于演员当时的整体青春气质，但其特色的形成，并不止于演员的年龄本身。青春版真正内在的所谓"青春"风格，并非基于沈俞二人在表演上的个人特色，而是由青春版的整个团队，从制作人、到导演、到舞美灯光服装等各工种共同打造完成。青春版已然成为苏昆的一个品牌，也成为当代昆曲舞台上不可忽略的一个重要品牌。

三、当代《牡丹亭》多版本演绎带来的戏曲舞台风格流派的思考

事实上，在如今的戏曲舞台上，完全以个人表演确立的风格流派，遑论是昆曲，在乱弹戏里也很难再形成。现下的演出环境里，即使是最具天赋最有市场的演员，也不可能拥有如戏曲全盛时期那样夜以继日的舞台实践，以实现技巧性的不断提高。更重要的是，戏曲表演尤其是昆曲表演，其舞台程式的成熟度极高，客观来讲，当代演员已很难再有个人化的风格突破。

但青春版《牡丹亭》的成功，给人们一个启示，即当代戏曲舞台上的风格流派，不必系于某一两位演员，而更应该系于整体团队。每个剧团，可依托一个配合默契的一二度创作班底，从而形成一团一格的风格。这样的风格如能得到观众认可，甚至可以延续到商业操作层面，成为市场意义上的品牌。从青春版的后续推动上来看，苏昆有志于此。他们在沈俞之后，培养了更年轻的组合作为青春版的接班人，原班人马的商演正在逐渐减少。同时，继《玉簪记》之后，2012年他们又推出青春版《西厢记》。但略遗憾的是，后续戏码的艺术投入力度及市场持续推广度，与青春版《牡丹亭》相比都有不少距离，"青春

---

① 参见《七大昆曲院团京城打擂〈牡丹亭〉》，载于北京青年报2014年10月22日。

版"这一品牌价值的开拓,从目前来看有些后续乏力。

从这个意义上来看,我们能否期待"大都版"可以成为昆曲界的另一个新兴品牌?事实上,从大都版《西厢记》开始,北方昆曲院对昆曲经典文本的重新挖掘,已显示出某种风格化的趋向。大都版《西厢记》操刀修本的第一作者也是王仁杰,同样是在充分尊重原著的基础上,对文本进行了适宜现代剧场的剪裁。二度创作团队的导演郭晓男、舞美黄海威组合,也是擅长运用现代剧场语汇进行创作的班底。虽然两剧在风格并不能简单归类为同一类型,但在舞台美学的呈现上,思路还是有不少一致之处。笔者大胆揣想,如果以此种思路接着打磨《牡丹亭》《西厢记》,继续整理古典戏剧名著,编演昆曲传统名作,能否形成大都版独有的舞台风格?如再有一位像白先勇这样的文化名人作推手来制作推广大都版,那么大都版成为当代昆曲演出史上另一个真正持续而有影响力的文化现象,也未尝不可能。毕竟如今的昆曲生存环境,较之十年前,已有更好基础。从这一角度,大都版对《牡丹亭》舞台呈现形态的更新,无论成功与否,首先不必先上大棒,仔细考量其更新是否漂亮得当更为重要。如前所述,依笔者看来,大都版的舞台二度创作亦颇有可赞可点之处。

同样,从品牌的角度,2014年汇演的七大昆团版本,典藏版,南昆版,御庭版,天香版,永嘉版,如果都能将自家最鲜明的特色加以挖掘,尝试在日后的《牡丹亭》演出,乃至昆曲演出中进行更多风格化的探索,那才是《牡丹亭》真正的百花齐放。

四、结　语

《牡丹亭》的后花园,是公认的经典之美。四百多年来,一代又一代的人们在"皂罗袍"的曲笛声中,重回《牡丹亭》中的同一个后花园,跟随杜丽娘进入同一个旖旎梦境,是一件非常美好而奇妙的事。但在当下的时代,我们期待的后花园,除了已成经典的那一个,不妨再多些姹紫嫣红的园子。也许如此,未来才可能有《牡丹亭》更美的春天,昆曲,以及大戏曲舞台更美的春天。

作者单位:中央新闻纪录电影制片厂(集团)戏曲节目部

论"还魂"母题在《牡丹亭》中的呈现

甄杨林　高益荣

"还魂"是中国古代文学的一个重要母题。这一题材广泛地存在于古代叙事文学中，如神话、传奇、戏曲、小说等。在文学作品中，"还魂"主要表现为死而复生。由于涉及幽冥世界，此类作品往往想象奇特，瑰丽多姿，作者也借助不同的形式传达出不同的主题。在《牡丹亭》中，女主人公杜丽娘的死而复生显然是对"还魂"母题的继承应用，是作品的重要组成部分，并由此表明"至情"的主题思想。

一、"还魂"母题在中国古代文学中的演绎

（一）"还魂"母题梗概及要素

"还魂"，顾名思义，即死而复生。在古代，由于生产力水平及人类自身认识的有限，人们相信神仙及幽冥世界的存在，并且这个世界在某种程度上是和人世相通的。因此人去世后灵魂就有可能再次回到人间，或借尸还魂，或自身还魂。当这一切成为现实的时候，就是死而复生。这种远古时期的信仰一直被人们口耳相传，并进入文学作品中，最终成为中国古代文学中的重要母题。

这一母题的构成要素为"生——死——生"。即人生于世间，由于自身或外部等原因死亡，又因因果业报、神谕等原因还魂复生。

（二）"还魂"母题在中国古代文学中的演绎

早在先秦时期，人们就已借鬼神来解释一些在当时生产力水平限制下无法理解的现象，或表达某种寄托。如先秦《墨子·明鬼篇》记载杜伯无辜而被周宣王所杀，三年后周宣王外出打猎，杜伯的鬼魂射杀周宣王报冤。上古神话《山海经·大荒西经》也曾记载颛顼死后复苏，杨义先生则认为："以后千百

年间志怪小说'死后复生'的奇闻，当以此为滥觞。"①

鬼神信仰由来已久，殷周之前就逐渐形成了一套鬼神祭祀仪式。周人尊礼，但并未抛弃鬼神信仰。此后，这一信仰又融入佛教、道教教义，不断丰富和发展。"中国本信巫，秦汉以来，神仙之说盛行，汉末又大畅巫风，而鬼道愈炽；会小乘佛教亦入东土，渐见流传。凡此，皆张皇鬼神，称道灵异，故自晋讫唐，特多鬼神志怪之书。"② 东晋干宝的《搜神记》则是志怪小说的集大成制作，记载了大量的神道灵异传说，其中便包括多种还魂故事。如《紫玉》记载吴王夫差小女紫玉与韩重生死不渝的爱情，其中人鬼相会、紫玉鬼魂显灵的情节带便有"还魂"色彩，风格奇诡。同时，这一时期由于佛教兴盛，不少还魂作品意在表明经像显效，使人心生敬畏。如齐王琰《冥祥记》中记载晋人赵泰心痛而死，十日后复活，并描述魂游地府的经历，借地狱判官之口劝诫弟子精进持戒以得乐报。这一时期作品大多情节简单，只是注重"还魂"本身，缺少对人物、环境等的描写。

伴随着鬼神观念及文学本身的不断发展，唐传奇中也有不少对幽冥世界的描写。如《冥报记·隋孙宝》中由鬼将灵魂带到肉体旁，使之复活；《广异记·霍友邻》记载由鬼吏将灵魂推入坑道复活等。其中多种多样的复活方式进一步丰富完善了还魂母题。

到了元明清时期，戏曲小说兴起发展，为这一母题提供了更为广阔的生存空间。杂剧传奇中就有不少还魂戏，如元杂剧《碧桃花》讲述碧桃借玉兰之身还魂，与张道南结为夫妇；明杂剧《桃花人面》中崔护和蓁儿因相思伤感而亡，后还魂与崔护结为连理；明传奇《焚香记》中桂英以死表明贞烈，感动海神爷使之还魂与王魁相聚等。还魂戏渗入到爱情、宗教、公案等题材中，大大丰富了表现力。

此外，小说中也有不少以此为题材的作品，如《聊斋志异》中便有七十多则死而复生故事，如《画皮》《考弊司》《连城》等。其他如《西游记》中陈光蕊死而复生，唐太宗地府还魂，乌鸡国国王托梦复生等。值得注意的是，明清戏曲、小说中的还魂故事除了"死而复生"这一情节之外还大大增加了入冥、魂游的描写，详细描绘了幽冥或仙界的场景，进一步发展完善了这一

---

① 杨义：《中国古典小说史论》，中国社会科学出版社1995年版。
② 鲁迅：《中国小说史略》，中华书局2014年版。

母题。

(三)"还魂"母题的意义

首先,该母题自身具有丰富的文化意蕴。灵魂观念古已有之,人们借此表达对逝者的追思,同时幽冥与仙界也是初民对未知事物的大胆想象与猜测,这是先民在面对社会、自然现象时的一种心理安慰与寄托。同时,人们对幽冥与仙界的想象是基于现实社会的,是对人类生存模式的模拟,并试图借此解释人类的基本困境,它所反映的核心关乎人类的生存问题。

其次,这一观念具有强烈的神异色彩,"生——死——生"这一过程本身具有浓郁的怪诞特征、宿命意味及奇幻风格,隐藏着某种必然性,反映了人与人、人与社会、人与命运的对立。因此这一主题在不同时空、不同类型的作品中反复出现,从而赋予它以超越时空的感染力及强大的生命力。在文学作品中,作者可以借此抨击社会现实,表达某种愿望,同时此类作品往往想象奇特,描写瑰丽多姿,蕴含着独特的审美体验。

此外,该母题所构成的各种神话传说及文学作品中也蕴含了大量的其他母题,如因果业报、轮回转世等,从而丰富了我国文学的表现力。通过对这一主题的研究,无疑有助于对相关主题作品的研究、整理。

二、"还魂"在《牡丹亭》中的呈现

《牡丹亭》全名《牡丹亭还魂记》,作于万历二十六年(1598),是汤显祖弃官回乡后写成的。全剧共五十五出,讲述南宋时南安太守杜宝请儒生陈最良教女儿杜丽娘读儒家经典书籍,丽娘课后受侍女春香诱惑,同去花园游春。赏春归来,神思倦怠,梦到与书生柳梦梅在牡丹亭畔幽会。从此杜丽娘为相思而苦,一病不起,慕色而亡。弥留之际,她请求将自己葬于后园梅树之下,并将其自画像藏于太湖石底。时逢金寇南侵,杜宝升为安抚使,镇守淮扬,需即日起程,因此委托陈最良安置小女遗骨,修建梅花庵观,并请石道姑代为看守。三年后,柳梦梅去临安赴试,暂住梅花庵中,拾得杜丽娘自画像。杜丽娘借幽魂与柳梦梅相会,并请柳梦梅开棺掘坟,帮她起死回生,二人私自结为夫妻。后来柳梦梅金榜题名,但杜宝拒不承认二人婚事,视女儿为妖孽,柳梦梅为盗墓贼,后由皇帝做主,杜柳二人得到认可,终成眷属,家人团聚。

汤显祖在《牡丹亭·题词》中写道:"传杜太守事者,仿佛晋武都守李仲文、广州守冯孝将儿女事。予稍为更而演之。至于杜太守收拷柳生，亦如汉睢阳王收拷谈生也。"① 从而交代了《牡丹亭》的主要题材来源。李仲文事、广州冯孝将事在托名陶潜所著《搜神后记》中均有记载。李仲文女早亡，因爱慕张子长，故能复生，只因婢女发现李仲文女的鞋子，提前打开棺木而还魂失败。广州太守冯孝将之子冯马子路遇一女子，自称是北海太守徐元芳之女，已亡四载，还魂与冯马子结为夫妇。而杜太守事则指话本小说《杜丽娘慕色还魂记》。由此可见，牡丹亭所载之事依前人话本小说改编，并参照六朝志怪小说的还魂模式。然而，相比于之前的还魂故事，《牡丹亭》的叙述又有所发展，主要体现在以下几方面。

（一）文本叙述中的"还魂"情节

1. 人神鬼三界相通，幽冥世界是人间社会的模拟

汤显祖笔下的幽冥世界是和神界、人间相通的。神界是天地的主宰，幽冥的社会结构一如人间，阎罗殿仿佛人间的官府，阎王鬼卒贵贱有序，各司其职。在《冥判》一出中，胡判官出场便自叙经历，因宋金交战，哀鸿遍野，民不聊生，人数骤减，因此玉皇大帝钦奉裁剪事例，取消十殿下之位，命其管理十地狱印信。且阴间的官场体制与封建官场衙门类似，"新官上任，都要这笔判刑名，押花字"②，胡判官也通晓诗书，爱舞文弄墨，"也曾考神祇，朔望旦名题天榜"③。他依据犯人赵大、钱十五、孙心、李猴儿的前世喜好对其处置发落，与人间判案依罪定刑一脉相通。

此外，作者笔下的花神鬼魅，多具人情。杜丽娘讲述自己一梦而亡，胡判官心存疑虑，因此召集南安府后花园花神勘问。在求证完毕准备对杜丽娘发落时，花神为其求情，以杜丽娘是梦中之罪，且其父杜太守为官清正，仅有一女为由，请求宽恕。胡判官看在杜老先生份上，同意奏过天庭，再行处置，并为杜丽娘查明婚姻簿，允许其魂魄游走，择日重返阳世。由此可见，这里也有人情存在，是对人间社会的模拟。

2. 魂游的详细叙述

不同于以往还魂故事中简单描述还魂结果，《牡丹亭》对杜丽娘去世之后而又复生之前的"魂游"经历描写得十分详细生动，主要体现在《魂游》《幽媾》《欢挠》《冥誓》四出中。在这几出中，杜丽娘虽以鬼魂的身份出现，然

---

①②③ 汤显祖：《牡丹亭》，人民文学出版社1998年版。

而她的语言、行为、心理、神态等表现与生前并无差异。在《魂游》一出中，杜丽娘魂魄重游后花园，看到旧时书斋后园改作梅花庵观，不由心生伤感；瞧见净瓶中的残梅，联想到自己正如这梅花半开而谢，不禁哀怜自身；看到石道姑供奉自己灵位至诚，助其超生，因此将梅花散在经台之上，表明自己已经知道了石道姑心意，以示感谢。种种心理感情变化与动作描写宛若活人。听到柳梦梅呼声后，她先是悄悄进入房中，看到自己画像，确定书生便是生前梦中所见柳梦梅，后移步至书生户外，敲门而入，二人方才相见。杜丽娘鬼魂与柳梦梅饮酒赏花，盟香发愿表明心志，结下"生同室，死同穴"①的海誓山盟，并讲述自身经历，请求柳梦梅帮她还魂。她的语言、行为就如还在人间。此外，杜丽娘魂游的身影能被旁人看到，二人的说话声也能被旁人听到，以致石道姑私下猜疑。只是她的自由出入以及阵阵阴风表明出现的是杜丽娘鬼魂，而非其本人。

在对魂游的描述中，作品人物形象也逐步丰满。魂游与柳生幽会是杜丽娘为追求爱情而"生死以之"的不屈精神的集中体现，是其叛逆性格的发展。同时作为出身名门的大家闺秀，杜丽娘受封建礼教的影响，深明"聘则为妻奔则妾"，要求柳梦梅盟香发愿，以定终身，这正符合了她作为名门闺秀的身份。此外柳梦梅富于才华又痴于情的书生气，石道姑受人之托的恪尽职守也在魂游的剧目中展现得淋漓尽致。

（二）"还魂"是《牡丹亭》的叙事要素

《牡丹亭》全剧共五十五出，从第二十出《闹殇》杜丽娘慕色而亡开始转入还魂情节开始，直至第三十五出《回生》写杜丽娘死而复生，共十五出，占全剧近1/3的篇幅。由此可见，《还魂》是《牡丹亭》的重要组成部分。其中《冥判》《魂游》《幽媾》《欢挠》《冥誓》《回生》六出详细描述了杜丽娘死后以及复生的经历。

"叙事学在中国存在着一个独特的中国文化生成系统，中国比较完整的叙事作品深层，都始终暗含着一种潜在的圆形结构"②。剧中杜丽娘由生到死，再由死复生，与柳梦梅终成眷属，最后阖家团圆。一家人"聚——散——聚"的"大团圆"模式是圆形结构的宏观体现，而杜丽娘"生——死——生"的

---

① 汤显祖：《牡丹亭》，人民文学出版社1998年版。
② 史小军、刘湘吉：《〈聊斋志异〉中的死而复生现象解析》，载于《蒲松龄研究》2013年第3期。

《还魂》经历则是圆形结构的另一种体现方式。正是在变幻莫测且大胆奇幻的想象中，作者完成了《牡丹亭》情节构成及人物塑造，并让读者与观众深入思考其中所蕴含的《至情》。

此外，杨义在《中国叙事学》一书中提到中国人思维模式的双构性时说到：

> 中国传统文化从不孤立地观察和思考宇宙人间的基本问题，总是以各种方式贯通宇宙和人间，对之进行整体性的把握。通行的思维方式不是单相的，而是双构的。讲空间，"东西"双构，"上下"并称；讲时间，"今昔"连用，"早晚"成词；至于讲人事状态，则"吉凶""祸福""盛衰""兴亡"这类两极结构的词语俯拾皆是。①

这种双构的方式已经深入国人的思维模式中，如阴阳、否泰观念等。体现在文学作品中，则表现为诗文的对偶、对仗，小说、戏曲中的时空、情理等方面。《牡丹亭》《还魂》情节中，杜丽娘的生与死、人世与冥界则是这种二元结构的体现。值得注意的是，这种二元结构并不是完全对立的，而是彼此相通。杜丽娘死后所到达的幽冥世界仿佛是人世的模拟，里边的判官也有仁慈之心，而她的魂魄则可以来往于两个世界，与柳梦梅幽会，反而比人身更为自由。正是这种二元模式的对立，使得全剧充满了奇特大胆的想象，杜丽娘的形象得以舒展自如。此外，杜丽娘生前个性受到压抑，死后才能尽情释放，这也从反面折射出人世的不足，但却是时代固有的局限。

（三）主题表达的载体

汤显祖在《牡丹亭》题词中说："如丽娘者，乃可谓之有情人耳。情不知所起，一往而深。生者可以死，死可以生。生而不可与死，死而不可复生者，皆非情之至也。"② 由此可见，杜丽娘的还魂是"情之至"导致的。因为至情，杜丽娘因梦而亡；也因为至情，可以死而复生与柳生团聚，这出生入死，都是情之所至。从而表达出追求个性解放，反对封建礼教的深刻主题。

从张载、程颐的"气""理"观念开始，理学思想已初露端倪并逐渐发

---

① 杨义：《中国叙事学》，人民出版社1997年版。
② 汤显祖：《牡丹亭》，人民文学出版社1998年版。

展。到南宋朱熹，程朱理学的哲学系统逐步成熟，达到顶峰，成为占主导地位的统治思想。程朱学派认为，"理"是形而上的概念，是先于具体事物存在的，万事万物都有其理，它使某事物成为其应该成为的事物。上升到政治层面，国家也有一定的国家之理，遵循国家之理则安定繁荣，违背国家之理则动荡衰败。因此强调"存天理，灭人欲"，遵循上天的意志，否定个人私欲。在这样的背景下，人们需无条件地服从统治者及封建礼教，而个人个性遭到极度压抑。

到了明代后期，受王学左派及李贽等进步思想家的影响，程朱理学受到抨击与挑战。这些思想家主张遵从人的本心与良知，传统的封建礼教被质疑。尤其是王艮开创的泰州学派对王学内含的个体性原则作了单向的引申和强化，将自我视为第一原理，提倡尊身，一种自我中心主义。万历以后，以李卓吾为中心的"狂禅"运动风靡一时。"其学不守绳墨，出入儒、佛之间，而大旨渊于姚江"①，贬斥儒家而推奖诸子，追求功利，尊重个性，极端自由主义，曾借《水浒传》说法，赞扬鲁智深等人为"真修行"，讥笑其他长老迂腐。表现出反对偶像崇拜、要求尊重个性和个人权利的态度。汤显祖本人曾师从泰州学派代表人物罗汝芳，又与禅师达观以及李贽交友，思想较为复杂，既有张扬个性的进步思潮，又有传统文人出世与入世的矛盾。

《牡丹亭》作于明代后期，传达出晚明人性解放的强烈气息，反映了当时思想领域的变化。作品强调"至情"，杜丽娘为情而死，又为情而生，都是为这一主题服务的。杜丽娘的还魂不仅表现出杜丽娘的大胆、敢于反抗与执着，同时也是与传统理学思想的对立，是晚明时期个性解放的缩影。李泽厚先生曾说："《牡丹亭》所以比《西厢记》进了一步，就在于它虽以还魂的爱情故事为内容，却深刻地折射出当时整个社会在要求变易的时代心声。《牡丹亭》主题不单纯是爱情，杜丽娘不只是为柳生而还魂再世的，它所不自觉地呈现出来的，是当时整个社会对一个春天新时代到来的自由期望和憧憬"②。由此，杜丽娘的还魂便有了更深刻的思想意义。

（四）民族文化心理的需要

民族文化心理是一个民族在漫长的历史发展过程中逐渐形成的，是在一个

---

① 嵇文甫：《晚明思想史论》，北京出版社 2014 年版。
② 李泽厚：《美的历程》，生活·读书·新知三联书店 2009 年版。

民族独特的发展历史、地域文化、风俗习惯等方面的影响下所形成的独特的情感体验、审美趣味、思维方式等。它对人的影响是潜移默化的，它沉淀在每个人的意识深处，并反作用于文化艺术等诸多方面。

第一，"永生"思想在中华民族心理中扎根已久，早在生产力水平低下的原始社会时期，人们幻想着长生不死。在《山海经》中，《海外南经》有不死国，《海内西经》有不死树、不死药，而不死药即有使人起死回生的功效。同时人们也采取行动追求永生，道教产生后，更是鼓励人们炼丹采药，服食修行，"嫦娥奔月""鸡犬升天"等神话传说便可作为说明。杜丽娘的死而复生从表面来看是叙事情节的重要组成部分，是主题传达的载体，而从深层次来看则是"长生不死"思想的反映，是在民族文化心理中沉淀已久的一种集体无意识。

第二，王国维曾说："吾国人之精神，世间的也，乐天的也，故代表其精神之戏曲小说，无往而不着此乐天之色彩，始于悲者终于欢，始于离者终于合，始于困者终于亨，非是而欲餍阅者之心难矣。若《牡丹亭》之返魂，《长生殿》之重圆，其最著之一例也。"①。中国文化属乐感文化，因此不少文学作品都追求"大团圆"结局，以此满足读者的心理，并表明对真善美的期许，对假恶丑的摒弃。如元杂剧《窦娥冤》中借窦娥临刑前三桩誓愿的实现来表明窦娥不屈的反抗，同时也是"善恶有报"民族心理的体现。杜丽娘还魂与柳梦梅相聚也彰显了这种文化心理，虽然最后借皇帝的权威迫使杜宝承认二人的婚姻，这样的结局固然有局限之处，但却是当时社会条件下不可避免的。

三、小　结

综上可见，《牡丹亭》中杜丽娘的"还魂"继承了我国古代文学作品中的"还魂"故事，同时又有所发展，增加了杜丽娘在幽冥世界的描写。作者笔下的幽冥世界社会结构一如人间，花神鬼魅多具人情，同时对杜丽娘的魂游描写得尤为细致，使得人物形象生动饱满。"还魂"作为《牡丹亭》重要的叙事因素，不仅蕴含着传统的民族文化心理，而且彰显着个性解放的时代气息，并对

---

① 王国维：《〈红楼梦〉评论》，岳麓书社1999年版。

以后的"还魂"题材产生了深远影响。这些正是《牡丹亭》具有恒久艺术魅力的原因所在。

作者单位：陕西师范大学文学院

参考文献：

［1］杨义：《中国古典小说史论》，中国社会科学出版社1995年版。

［2］鲁迅：《中国小说史略》，中华书局2014年版。

［3］汤显祖：《牡丹亭》，人民文学出版社1998年版。

［4］史小军、刘湘吉：《〈聊斋志异〉中的死而复生现象解析》，载于《蒲松龄研究》2013年第3期。

［5］杨义：《中国叙事学》，人民出版社1997年版。

［6］嵇文甫：《晚明思想史论》，北京出版社2014年版。

［7］李泽厚：《美的历程》，生活·读书·新知三联书店2009年版。

［8］王国维：《〈红楼梦〉评论》，岳麓书社1999年版。

传承与创造的融合

——评上海昆剧团"临川四梦"的创作与演出

智联忠

2016年是我国明代伟大的戏剧家汤显祖逝世400周年,围绕汤显祖及其作品展开的演出、研讨、讲演等活动热闹非凡。今年,也是莎士比亚、塞万提斯逝世400周年,纪念汤翁的活动与纪念莎翁、塞翁的活动也形成了交流互动与对话,毫无疑问,纪念汤显祖的一系列相关活动已然构成了独特的文化现象。就在这样的时间节点,上海昆剧团①集中创作排演了"临川四梦"即《紫钗记》《牡丹亭》《南柯梦》和《邯郸记》,以此纪念这位东方的戏剧家。上昆这次完整搬演"玉茗堂四梦",既不是对昆曲的教条传承,也不是大刀阔斧的解构创新,而是传承与创造的完美融合。这样的创演行为体现了明确的创作理论观念和自觉的文化意识,值得深入研究总结经验。

一、"临川四梦"是著名戏剧家汤显祖对社会生活的深刻体悟与审美把握,蕴含了独特的情感意蕴

汤显祖(1550~1616),字义仍,号海若、若士、清远道人。江西临川人。我国明代伟大的戏剧家、文学家。他出身书香门第,早负才名,不仅于古文诗词颇精,且能通天文地理、医药卜筮诸书。在南京先后任太常寺博士、詹事府主簿和礼部祠祭司主事。任中因上书揭发官僚腐败被贬官,后又因不满权贵而弃官回乡,潜心于戏剧及文学创作。其文学成就主要集中在戏曲方面,"玉茗堂四梦"是他的代表作品,具有极高的艺术价值和思想内涵。

《紫钗记》,是汤显祖早年的作品,为"临川四梦"第一梦,演绎的是李

---

① "上海昆剧团",在行文叙述中根据表述需要,简称"上昆"。

益和霍小玉的爱情故事。唐代才俊李益与佳丽霍小玉灯会邂逅、花园定情，二人开始了以紫玉钗相依的戏剧性情缘。不料他们的甜美爱情和婚姻却遭到以卢太尉为首的官僚势力的阻挠与破坏，还在玉钗上做足了文章，以此间离二人的情感。虽然爱中男女一方忠贞信诺，一方笃定初衷，不过面对卢太尉的强势眼看就要被拆散。终因豪侠黄衫客的出手相援，二人得以团圆。剧中李益与霍小玉二人正月十五观灯，因小玉遗失的紫玉钗而牵起了情线，而后夫妻二人恩恩爱爱。卢太尉的插手让美好的生活遇到了困难，李益寄给妻子的书信统统被扣了起来，二人感情受到影响。待到调李益回来之时，直接以紫玉钗来诱骗他，进而利用权力要挟。人在屋檐下，怎能不低头。此时的李益已然无能为力，小玉也定然会在巨大的误会中遗恨终生。作者此时强烈的表达出：现实社会中我们可以有坚定的信念和力量，但是有些外在的力量是强大的，甚至是不可抗拒的，个人无能为力回转。这不仅仅是针对爱情的思索，更多的是作者对整个社会的认识。"引喻山河，指诚日月，生则同衾，死则同穴"誓言，最后也只能由来去自如的黄衫客这位"侠士"助成，这样的情节设置和矛盾处理无疑是对现实社会丑陋现状的无情鞭笞，也是对侠义的召唤。

如果说，《紫钗记》的美好爱情是由"侠"而成全，那么《牡丹亭》则是彻彻底底的情至之作。南宋初年，南安太守杜宝有个聪明美丽的女儿杜丽娘。一日，丽娘偷偷和春香去后花园玩耍，面对明媚春光，不禁感慨万千。她春慵欲眠，梦见一书生和她在牡丹亭畔梅花树下幽会。至此，念念不忘梦中情人，几番寻梦，伤感至极，抑郁成疾而亡。临死前，她命春香将一幅自画像藏在太湖石下，并要死后葬在牡丹亭畔。这时杜宝奉旨升迁，离开南安，遂将后花园改作道观。三年后，岭南秀才柳梦梅游学至南安，投宿观中，偶游后园，拾得丽娘画像。画中之人仿佛就是其梦中幽会的那位美人，他一片痴情，连声呼唤，之后人鬼每日夜间幽会、情意绵绵。后在石道姑的帮助下柳梦梅助丽娘回生，二人最终成就美满姻缘。"天下女子有情，宁有如杜丽娘者乎！……情不知所起，一往而深，生者可以死，死可以生。生而不可与死，死而不可复生者，皆非情之至也"。① 汤显祖的这番话可谓道出了《牡丹亭》核心的思想内涵，他歌颂的是至美、至真之至情。杜丽娘敢于追求自己的爱情，可叹痴情而逝，幸得又因情而复生。此等超越生死、战胜人鬼、打破阴阳的伟大力量皆来

---

① 汤显祖著，徐朔方、杨笑梅校注：《牡丹亭·作者题词》，人民文学出版社1963年版，第1页。

自那"一往而情深"的美好爱情。对情的推崇与浪漫主义的创作构思已然达到一种极致，学界已经达成了共识。

《南柯梦》讲的是供职军中裨将的淳于棼醉酒失官，落拓无聊至高僧契玄处问禅。契玄禅师见其有慧根可度，幻他入梦至槐安国了却前世今生因果。幻梦中，淳于棼被招选为"大槐安国"驸马镇守南柯郡，二十年来政绩卓著、妻贤子孝、风光无限。后因公主体弱病殁，淳于棼奉诏升迁，回京任左丞相。淳权势日盛，纵情声色，终失君宠，被逼返人间。一觉方醒，经契玄点化，乃顿悟槐安国实乃自家庭院古槐树下的蚁穴，故而宁心静性，参禅修法。上昆的《南柯梦记》共七场，分别是《情著》《引谒》《玩月》《围释》《生恣》《遣生》《情尽》。这部戏最后归结于佛家对淳于棼的点化，但是其中也蕴含着丰富的世俗生活的内容。淳饮酒误事被革职，壮志难抒，幻想再得功名。梦幻中他功成名就，荣华富贵，显耀至尊，一路升迁官居丞相；进而炙手可热，逸乐无度，尽情放纵，终被右丞相陷害排挤，赶出蚁国。剧中写了蝼蚁国中官场的黑暗、相互倾轧、纵情奢靡，以及世事无常的变化。汤显祖巧妙地借禅师点化淳于棼看似写蚁国之事，实则对现世的反映。"人间君臣眷属，蝼蚁何殊！一切苦乐兴衰，南柯无二，等为梦幻"的人生慨叹，又进一步道出人世间与非人世间一般，其苦乐兴衰均为梦幻。通过梦来阐释梦幻的社会，汤翁之思想卓异令人肃然起敬。

黄粱一梦的故事为大家所熟知，这正是通过神仙吕洞宾来度化卢生的"临川四梦"又一"梦"——《邯郸记》。山东卢生，醉心于功名富贵，时有不得志之慨。一日，与吕洞宾"巧遇"在邯郸县赵州桥西一小店，吕赠其磁枕，度其入梦。梦中卢生娶得富家千金崔氏，通过贿试夺得状元，除授翰林编修兼知制诰。但因此也得罪了权臣宇文融，受其倾轧，被遣往边关凿石开河，率兵靖边……虽建功立业仍屡遭陷害，欲置之于死地。后沉冤昭雪，卢生回朝被尊为上相兼掌兵权，位极人臣。暮年之卢生，沉溺于"采战"宴乐，身体严重透支，终至一病不起。大限到来，尚汲汲于身后国史之位置，子孙之封荫，叹一声"人生到此足矣"而溘然去世……梦醒来之时，店小二为他煮的黄粱饭尚未熟透。卢生大梦惊醒顿悟，升度为天庭扫役。卢生在梦中经历的一连串宦海风波，正是对封建官僚由发迹到死亡的丑恶历史的深刻揭示和无情批判。显然与汤显祖多年仕宦经历中体察到的科举腐败、官场倾轧和官僚奢侈腐化情形密不可分，很大程度上反映了明代官场的黑暗。功名富贵何足道，不过黄粱一梦来。

就思想内涵来看，汤显祖的"临川四梦"对现实社会的思考和认识都是极其深刻和独到的。这四部作品均与现实生活紧密联系，《紫钗记》批判了权势对美好爱情婚姻的破坏，《牡丹亭》颂扬了至情至爱超越生死的无限力量，《南柯梦》点破了宇宙间万事万物皆为梦幻，《邯郸记》鞭挞了功名富贵的腐败与黑暗……一流的文艺作品，必定蕴含着深刻的思想意蕴，汤显祖"玉茗堂四梦"以侠、情、佛、仙来超脱现实，是其浪漫哲学思想指引下伟大的艺术创造；在舞台艺术的二度创造中对其深刻把握尤为关键。

二、上海昆剧团创作的"四梦"遵循昆曲艺术美学特征，其歌舞并重、委婉细腻的特点得到了充分发挥

每一种艺术样式在其孕育、成长的过程中，或多或少地都会吸收和借鉴其他同类艺术的元素或是成熟经验；甚至还会向其他兄弟艺术汲取丰富的营养。诸如京剧艺术的形成、发展、成熟、壮大，就离不开汉调、徽剧、昆曲、梆子等戏曲剧种以及民间小调等艺术的滋养。从现在京剧的舞台上我们依然可以看到：很多剧目都来自地方戏，或移植改编，或直接搬演，有些剧目连唱腔都是外剧种的，如京剧《打瓜园》中丑的唱腔便是山西晋剧的腔。不过虽然这些剧本或音乐来源于别的剧种或其他艺术门类，一旦进入京剧舞台上多多少少总要发生变化。这也证明另一种艺术规律：一旦艺术形式、美学风格完善、确立以后，它就会反过来制约其创作并要求强化这样的风格特色。昆曲艺术形成的委婉细腻之表演特点、昆山腔严谨成套的曲牌体系，以及"无声不歌，无动不舞"、歌舞并重的舞台追求，无疑是昆曲创作必须遵循的舞台规律。

从"临川四梦"现场演出来看，无论是作为经典保留剧目的《牡丹亭》，还是新创作及加工整理的《邯郸记》《紫钗记》《南柯梦》，都力求表现昆曲的美学特色。这样的艺术理念和创作方法是值得肯定的，笔者也曾看过一些新创作的昆曲剧目，有些还涉及现代题材和现代理念，总感觉与昆曲剧种的气质不太贴切，至少是还没有找到合适的表达方式与手段。在长期的观赏剧目和从事戏曲研究评论的过程中，我逐渐认识到剧种美学集中体现了剧种艺术的魅力，同时也对剧目创作提出了要求和制约。新剧目创作中出现的许多不甚合理，或

符合生活逻辑但仍然与其他部分不融合,或者剧种风格不突出、特色缺失等一系列问题,似乎都与剧种美学发生冲突有密切关系。

进一步我们还可以得出这样的结论:戏曲剧种美学风格在创作演出中起着统帅作用,其文本的语言表述、逻辑方式、唱做表演等都要得到统一,从剧本创作上讲其叙事逻辑一开场就要确定。"临川四梦"单从剧本上就可以明显地感受到,汤显祖在创作的时候已然为剧本的文学思想与内在逻辑水到渠成地做好了铺垫,因此当八仙前来超度卢生时不会感到生硬,杜丽娘与柳梦梅的至情发生在人鬼之间而又超越生死时也感到合情合理。汤翁的剧本创作遵循了明清传奇的特点,上海昆剧团在舞台创作上把握了这些特点,尤其在对原著进行整理、压缩、改编时,也与昆曲表演艺术的特征关联在一起。戏曲艺术要适应时代的发展,要与当下观众的欣赏心理等结合在一起,这是我们对戏曲包括昆曲艺术做出的要求。但是,我们与时俱进的创新变化,绝非一味地讨好观众、取悦戏迷。从这次《牡丹亭》的演出来看,除了灯光、舞美与其他三部作品保持风格一致,做了新的设计以外,均保持这部经典作品的传统风格——昆曲艺术的本质特征。舞台上《游园》《惊梦》《寻梦》《离魂》《拾画》《叫画》《幽媾盟誓》各场的演出充满了浓厚的历史感和艺术积淀的厚重沉稳。在一定的审美环境下,这种演出能够伴随审美主体活跃的审美情感打通与古人、剧中人的情感交流,形成独特的审美体验和高度共鸣。《紫钗记》这部作品创作于 2008 年岁末,由唐葆祥对剧本进行了缩编,郭宇担任导演。此次上演的版本由郭宇和上昆老艺术家张铭荣联合执导,仍由黎安和沈昳丽担任主演。《紫钗记》的排演显然对汤显祖的原作进行了忠于原著的改编,甚至是一种创造,八年后的再次排演上昆同样进行了修改打磨。该剧的主要唱腔,均来自清代叶堂的《纳书楹曲谱》,"和老版略有不同的是,导演将《怨撒》一出进行了调整,把大段北曲变成南曲,调整唱腔的情绪,更有利于女主凄婉抒情,符合小玉的心境"。[①] 经过这些艺术处理和修改的新版与昆曲的剧种特色是贴切的,《观灯坠钗》《折柳阳关》《钗合梦圆》这几场在唱腔和表演上都具有委婉缠绵的特点。该剧的七场戏,在节奏上可以再紧一点,戏有点温;黄衫客的设置虽然是呼之即来、挥之即去的传统手

[①] 以上有关《紫钗记》剧目的创作情况,参照上海昆剧团"纪念汤显祖逝世 400 周年'临川四梦'"演出宣传册及其相关文字介绍。文中有关"临川四梦"创作基本情况,均参照上昆相关信息,不再一一赘述。特此说明。

法,但在剧情连接上还是有点生硬。①

三、上昆本次新版的"临川四梦"在戏剧结构、舞美设计、灯光设计等方面的创作,是推动昆曲发展的有益创造

戏曲艺术的传承和发展是活态的、当下的具体举措,因此传承和保护就不能成为原封不动地照搬和模仿。当前戏曲理论界强调对戏曲传统的尊重,反对大刀阔斧的、违背戏曲规律的所谓创新改造。不过,对于戏曲传承及创作而言,所谓一点儿都不能改动的继承而达到的原汁原味也是另一种极端。继承传统的目的还是为了创新发展,而且具体继承的过程中其创造也是随之并存的。上海昆剧团本次"临川四梦"的创排演出对剧本进行了必要的缩编、整理,还有相应的新的创造;在舞台美术、服装、造型、灯光设计等方面也进行了必要的设计与制作。这样的创作我觉得是符合艺术发展规律的,回顾各个剧种的诞生、发展直至成熟,一直都是在不断地变化、提高过程中完成的。诸如《邯郸记》《紫钗记》《南柯梦》全新创作的作品在以上几方面,包括唱腔设计和舞台呈现上都必须依照剧本进行独立的创造。

《邯郸记》原创作于 2005 年,由剧作家王仁杰整理改编剧本,谢平安担任导演,计镇华、梁谷音、方洋、刘异龙、张铭荣等十位老艺术家都参加了剧目的创作演出。今年,计镇华先生把这部戏传承给了蓝天、张伟伟、周喆等人,这部作品也由老艺术家张铭荣担任导演。导演把握了原著的精华,为整部作品营造了几多仙气,如在结尾的处理上八仙踏着仙云来度卢生,都体现了导演独特的创作才思。黄粱一梦,剧中卢生主要的戏剧活动都发生在梦中,无外乎追求名利权贵的举动以及由此受到的陷害排挤。戏进入很快,首场《入梦》吕洞宾赠其磁枕后,马上转入第二场《赠试》通过贿赂卢生得中欢喜一场,接下来《骄宴》《外补》《东巡》《勒功》《死窜》《召还》《生寤》的几场戏,都在起伏波澜中紧紧推进。蓝天、陈莉等的表演也符合人物,蓝天饰演卢生由青年演到老年,整个人物的过渡和整体把握都不错;贪恋女色、纵欲过度的卢生身体孱弱、贪恋名利的形象塑造得尤为逼真、生动。舞美制作上简约不奢

---

① 上昆版《紫钗记》七场戏分别是:《观灯坠钗》《豪侠借马》《花园惊报》《折柳阳关》《边愁寄诗》《怨撒金钱》《哭收钗燕》《钗合梦圆》。

华,服装和装扮采用传统手法值得称赞,这笔宝贵的艺术财富如今在各大新编剧目中已然被过多地抛弃、破坏。

由张福海整理改编,沈斌、沈矿父子联合导演,蔡正仁、张洵澎担任艺术指导的《南柯梦记》是上海昆剧团一部新创作剧目,并且由剧团最年轻的一代昆五班担任主演。全剧共七场,依次为《情著》《引谒》《玩月》《围释》《生恣》《遣生》《情尽》。该剧戏剧结构合理,舞台节奏紧凑,文戏武戏并重,舞台调度别具新意,是一部好听、好看的新编剧目。从演出现场我们很容易感受到导演轻重缓急、阴阳明暗的处理,昆曲细腻柔美,能排得作品棱角分明、节奏感强是不容易的。必须提及的是,武戏部分的设计十分巧妙、精致,如《引谒》一场大槐安国的蚁人们前来接卢生,随行的蚁兵们个个滑稽可爱,其舞台形象和行动极具观赏性;虚拟性的用车接卢生的表演均可圈可点,其顽皮的调笑、打闹也丰富了舞台的可看性,调剂了场上气氛。文武戏设置对男女主演也提出了文武兼备、唱念做打俱佳的高要求,卫立、蒋珂两位青年演员较好地演绎出昆曲声腔之美、身段之柔,武打场面也丝丝入扣、高潮迭起、英姿飒爽。整体上,两位主演对舞台的把控还需要在不断地演出中继续提高;服装设计制作上,似乎还不太讲究,花草图案元素有些过多,显得有些乱、脏,适当的点缀修饰即可。期待经过进一步的修改打磨,这部当下新编剧目中难得的文武并重的剧目取得艺术上更丰硕的成果。

"临川四梦"在舞美制作上,形成了一个完整的整体,舞美形式、舞台风格统一,舞台空灵、写意,简约、大气。开场二道幕统一用配有剧目和曲牌的幕板,做成线装书的样式,戏开始则升上去留在台口上方始终伴随着演出。《邯郸记》是【渔家傲】曲牌,《紫钗记》是【西江月】,《南柯记》是【清江引】,《牡丹亭》是大家熟悉的【蝶恋花】,同时还配了唱词。舞台天幕用的是纯白色的布,通过灯光来进行色彩变化,舞台后区运用了可以自由滑动的古版画调屏,皆与剧目剧情相匹配。在灯光设计上,也是从昆曲艺术的美学风格、"四梦"的思想意趣与情感变化出发,简洁、舒适,没有出现某些新编戏中诡异、搞怪的设计。这样有着明确创作理念、尊重剧种、为舞台表现服务的创作是值得肯定的,是推动昆曲艺术不断发展的有益创造与探索,是文化自觉的内在驱动。

四、在纪念汤显祖逝世400周年之际,"临川四梦"的整体出台巡演,形成了强大的文化效应,是上昆文化自觉、自信的有力表现

上海昆剧团是国家重点保护和扶持的专业艺术表演团体,成立于1978年,首任团长俞振飞,拥有王芝泉、方洋、计镇华、刘异龙、张洵澎、张铭荣、张静娴、岳美缇、梁谷音、蔡正仁等著名表演艺术家。剧团还拥有谷好好、黎安、吴双、缪斌、沈昳丽、刘洁、倪泓、余彬、袁国良等获得中国戏剧梅花奖、文华奖的中青年国家一级演员,以及胡刚、丁芸、侯哲、季云峰、赵磊、陈莉等一批优秀中青年演员。建团以来,抢救、整理演出了《活捉》《太白醉写》《挡马》《花判》等近300出精品传统折子戏和《墙头马上》《牡丹亭》《长生殿》《邯郸梦》《烂柯山》《紫钗记》《南柯记》等整本大戏近60部。原创、改编的《司马相如》《牡丹亭》《长生殿》《血手记》《班昭》《一片桃花红》《景阳钟》等新剧目广受国内外观众好评。多次荣获"国家舞台艺术精品工程精品剧目"、文华大奖、中国戏剧奖、中国昆剧艺术节优秀剧目奖、中国戏曲学会奖等国家级大奖。剧团剧目丰厚、行当齐全、阵容完备、群英荟萃,1986年荣获文化部振兴昆剧第一奖,被誉为是"第一流剧团、第一流演员、第一流剧目、第一流演出"。①

从上昆不仅着力于整理、恢复昆曲传统折子戏和大戏,还在汲取传统的基础上进行新剧目的创作演出,并取得了令人欣慰的好成绩,得到了良好的社会反响。足见,上昆在院团建设发展、剧目创作建设、人才引进培养等方面是有着明确思想的,这一点既要赞赏上昆人坚韧不拔的艺术精神,更要肯定院团管理者开阔的视野和较高的理论认识水平。现任团长谷好好谈道:

> "明代伟大的戏剧家汤显祖凝聚毕生心血创作的《临川四梦》以其深邃的思想内涵,成为人类戏剧作品中的瑰宝。《临川四梦》演绎纷繁世间事,无论儿女情长,还是社会风情,都蕴含鲜明的价值取向,更是中华民族灿烂文化中一颗夺目的明珠。……

---

① 参照上海昆剧团"纪念汤显祖逝世400周年'临川四梦'"演出宣传册及上昆相关介绍资料。

……对于昆曲人而言,《临川四梦》可以说是终其一生的理想,更是一个艺术院团综合实力的考量。作为全国唯一可以上演四部昆曲《临川四梦》的艺术团体,上海昆剧团励精图治,薪火传承,形成了今天"五班三代"枝繁叶茂的兴旺局面。

2016年是汤显祖大师逝世400周年,此时献演《临川四梦》正是对这位东方戏剧大师最好的纪念。上海昆剧团将全力以赴,把这四部杰出作品推向世界各地,为弘扬中华民族优秀文化贡献绵薄之力。"①

从这段简短的寄语中,我们可以充分地感受到谷好好团长所具备的艺术院团领导的较高素养——她对于昆曲事业,乃至戏曲事业有着强烈的责任感与使命感。值此汤显祖大师逝世400周年之际,"临川四梦"的集体亮相,并展开声势浩大的世界巡演,是有魄力、有思想、有计划、有影响的文化行动。这样的注重挖掘文化资源、打造独特品牌、加强国际交流的艺术演出,已然在中国乃至世界形成了纪念汤显祖的文化现象,充分表现了上海昆剧团的文化自觉、文化自信和文化自强的独立品格。7月16日至19日,上海昆剧团在北京国家大剧院依次上演了《邯郸记》《紫钗记》《南柯梦记》《牡丹亭》,演出吸引了老中青各行各业的观众,并且出现了一票难求的火爆局面,诸多业内人士也纷纷表示遗憾未能一睹"临川四梦"风采。

一个优秀的艺术院团,既要有进行具体艺术创作的踏实认真的作风,又要有高屋建瓴的宏观的整体规划和明确的艺术理念;作为管理者既要深入艺术创作实践,同时还要提高理论素养,做到理论和实践的高度统一。这也是上海昆剧团"临川四梦"的创演及其近年来艺术创作所取得的瞩目成就带给我们的重要启示。这些问题值得理论界、艺术院团及其他文化管理部门的认真思考,在文化建设和文化走出去的征途中,文化自信不是盲目的,必须具有成熟理论的有力支撑。

上海昆剧团"临川四梦"《紫钗记》《牡丹亭》《南柯梦》《邯郸记》的创作演出,是戏曲艺术在当下发展过程中的成功实践。上昆充分挖掘了古代文学资源,开发并弘扬了汤显祖的文化影响,激发了剧团青春勃发的创作力量,在尊重传统艺术精华、不断开拓进取的精神指引下,深入探索"四梦"的丰厚

---

① 上海昆剧团"纪念汤显祖逝世400周年'临川四梦'"演出宣传册·团长寄语。

的思想内涵，克服重重困难进行富有创造性的新探索。这四部作品，遵循昆曲艺术美学特征，并在戏剧结构、舞台节奏、舞美造型、灯光设计等方面进行了不同程度的创造，笔者认为是成功的，是对昆曲艺术在当下的传承发展具有推动作用的，是充满文化自信的突出表现。"临川四梦"得在上海昆剧团的不懈努力下全貌呈现给世人，有力推动了汤显祖及其作品在全世界的影响，这是具有创造意义的戏曲传承。

作者单位：福建京剧院

汤显祖二论

钟明奇

一、汤显祖与李渔怎样绘"牡丹"——古代戏曲家创作的当代启示[①]

近期,国务院办公厅印发了《关于支持戏曲传承发展的若干政策》的通知。我国政府专门为戏曲的传承与发展,出台具体的文件,给予经济、政策等方面巨大的支持与保障,这对戏曲的发展不啻一大福音。优秀戏曲剧本创作应当通过许多具体的政策措施得到有力的支持。但戏曲创作有其特殊性,有了经济资助与政策保障,固然能使戏曲工作者安心写作,而要真正创作出优秀的戏曲剧本,则要求戏曲创作者其人格境界、创作旨趣与审美追求等,都超轶凡庸,自成高格。历史的经验与教训都值得记取。简要比较汤显祖的戏曲创作尤其是《牡丹亭》的创作与李渔的戏曲创作,能给当今的戏曲创作者以诸多有益的启迪。

(一)大勇的人格境界

文学创作,就其最深刻处而言,乃是作家人格的逻辑展开。鲁迅曾深刻地指出:"美术家固然须有精熟的技工,但尤须有进步的思想与高尚的人格。他的制作,表面上是一张画或者一个彫像,其实是他的思想和人格的表现。"叶燮《原诗》则云:"无胆则笔墨畏缩""惟胆能生才"。因此,一个杰出的作家,包括戏曲作家,除了要有进步的思想与高尚的品格,同时也必定还是有铁胆铜肝的大勇之人。

汤显祖与李渔都是中国古代戏曲史上的大家,但就总体的戏曲创作成就而言,李渔固然有其显著的特色,如其特有的喜剧主义创作精神,但尚不能望汤

[①] 本节内容原载于《人民日报》2015年12月4日,第24版。

显祖之项背。个中原因,极为根本的一点,就是汤、李的人格有云泥之别。

汤显祖在《答余中宇先生》中说:"某少有伉壮不阿之气,为秀才业所消,复为屡上春官所消,然终不能消此真气。""伉壮不阿"四字,正道出汤显祖最为彰著的人格特征,他的确一生葆有此种"真气"。譬如,哪怕中不了进士,也敢于拒绝当朝首辅张居正的拉拢;甚至上《论辅臣科臣疏》,针砭万历皇帝登基以来的朝政。

客观地说,李渔入清前也颇有些骨气,富于批判精神,但入清后,为着生存与享乐,他没有保持曾有的刚健人格。其作于清初的《意中缘》有云:"从今懒听不平事,怕惹闲愁上笔锋。"这里一个"怕"字,充分显露了李渔入清后批判人格的蜕化,乃至成为一个"处处逢迎不绝"的帮闲式文人。同时代人批评李渔"善逢迎",正道出其入清后主要的人格特征。

要言之,汤显祖的戏曲创作特别是《牡丹亭》取得的创作成就,与其高蹈的人生境界——敢于直面时代与社会的本质问题密切相关。而李渔入清后则"善逢迎"。此种人格境界的截然不同,决定了他们的戏曲创作必然有重大的思想落差,而这也从根本上决定了李渔与汤显祖在中国古代戏曲史上创作成就的巨大落差。至于他们戏曲创作艺术水准的差异,乃是其次的事。

中国戏剧家协会名誉主席尚长荣先生说过:"要做有灵魂、有本事、有血性、有品德的戏曲人。这四点,本是军人的理想信念。但是,我以为对于戏曲工作者同样适用。"这就是要求戏曲作家必须是大勇之人。因此,当代戏曲作家,要在创作上取得卓越的成就,首先就要像汤显祖那样是"真的猛士",而绝不能像李渔那样畏首畏尾,远离当时社会现实的本质,以致埋没了自己的戏曲创作才华。

(二)高尚的创作旨趣

李渔与汤显祖戏曲创作成就显而易见的差距,也是由他们有本质不同的创作旨趣所决定的。汤显祖在《续栖贤莲社求友文》一文中说自己"为情作使,劬于伎剧"。"为情作使"确乎是他戏曲创作的根本旨趣所在,《牡丹亭》就深情地呼唤"生者可以死,死可以生"的"情之至"。本来,文学作品写情是情理中事。汤显祖之所以特别强调他从事戏曲创作,是"为情作使",乃是因为,他创作《牡丹亭》的时代,理学与礼教病态发展,广大妇女所受之迫害尤剧。据《明史·列女传》,明代被封建礼教吞噬的妇女"视前史殆将倍之"。因此,汤显祖理直气壮地倡言"为情作使",其要旨是对自由之爱情与美好之人性的热烈追求与赞颂，进而对残暴的封建礼教作痛彻的批判，借此严格拷问那一个病态的时代与社会。毋庸说，汤显祖戏曲创作的旨趣是伟大而高尚的，他站到了时代精神的最前沿，他的《牡丹亭》取得空前的成功绝不是偶然的。

与汤显祖相比，李渔则显得"实际""功利"。其《曲部誓词》云："不肖砚田糊口，原非发愤而著书。"黄鹤山农在《玉搔头序》中也说李渔家道中落后"挟策走吴越间，卖赋以糊其口"。李渔在顺治七年前后从兰溪移居杭州，过着卖文为生的日子；除写作、编纂大量诗文外，他的诸多小说、戏曲作品，也均完成于杭州。为"糊口"而写作，本也不必苛责。对于一个具体的创作主体来说，生存是前提，但是文学创作的主旨只为"稻粱谋"，为"五斗米"折腰，必不能尽心尽性。李渔戏曲创作的此种定位与格局，显然没有远大理想的寄寓。前人云："器大者声必闳。"李渔只有这样的文学创作胸襟，因而不能像汤显祖那样，在中国戏曲史上发出最洪亮的声音。

一切文学艺术家包括戏曲作家都会遇到一个为什么而写的问题，这从根本上说，有关创作旨趣。当代戏曲作家只有像习总书记所说的那样志存高远，真正切入时代与社会生活的底蕴，关心人民的命运，才能创作出无愧于时代的经典作品。如果脱离时代、脱离人民，满足于写"一己悲欢、杯水风波"，或者为某些功利乃至庸俗的目的而写作，如李渔那样基本为"糊口"而写作，则绝不可能创作出气魄宏大、格高志远的戏曲作品来。这一点，许多研究者也都提到了。

（三）崇高的审美追求

李渔与汤显祖戏曲创作境界的判然有别，无疑也与他们审美追求的悬若霄壤密切相关。汤显祖有崇高的审美追求，而李渔无此境界。汤显祖崇高的审美追求，集中体现在通过《牡丹亭》中女主人公杜丽娘喊出的"一生儿爱好是天然"一语中。这在今天看来似乎十分平常的话语，之所以昭示了汤显祖崇高的审美追求，乃是因为它生动展现了一个有非凡创作旨趣的作家，深刻感受时代精神，准确把握历史脉搏，在理学与礼教盛行的时代，凭借杜丽娘张扬自我意识与主体人格，表达高尚、热烈、美丽的情爱追求，喊出了个性解放的时代最强音。杜丽娘所钟爱的"天然"，其实包含着对自由、独立与美好人生理想的热切祈盼，是汤显祖对当时社会生活重大主题进行深度开掘和审美升华后的一种高度凝聚，显示了一个有自觉人文理想的作家戏曲创作的最高境界，因而彰显出一种崇高的美学追求。

李渔既明确地为"糊口"而写作,故其戏曲创作品位不高。他在给友人论及自己戏曲创作的信中写道,"弟则巴人下里,是其本色,非止调不能高",自道其戏曲创作崇尚"多买胭脂绘牡丹"这样的审美境界,由此他"从时好""从时尚",竭力媚俗。李渔所谓的"胭脂",主要是指其戏曲创作热衷于通过大量出人意表乃至不合人情的巧合、误会与不同形式的低格调写作等,制造故事的新奇性与娱乐性,由此吸引文化素养不高的读者的眼球。与此相关,他特别推崇"一夫不笑是吾忧"。这个戏曲创作主张固然有其合理性,比如对喜剧效果的关注,但只以观众为评判标准,也必然失去创作主体的美学引导自觉。当然,有人曾说李渔的戏曲创作也有批判性。是的,但这不是其主调。"有是格便有是调",李渔戏曲创作此种没有更高精神追求的自我定位与颇为浮躁的商业化创作实践,必然决定其戏曲创作审美追求中"崇高"的缺位。故不妨说李渔是"调不能高"的商人式之戏曲家,而汤显祖则是有着崇高审美追求的杰出的思想家之戏曲家。

要而言之,汤显祖之"绘"《牡丹亭》,与李渔之"绘""牡丹",即其戏曲创作,实多有大相径庭的地方。由此不难理解,李渔虽有成熟、系统的戏曲创作理论,却不能后出转精,像汤显祖那样登上中国古代戏曲创作之巅峰。在这个迎接戏曲创作繁荣的时代,实事求是地评判古代戏曲家汤显祖与李渔戏曲创作的不同境界,也许能为当代戏曲作家的戏曲创作,提供有价值的借鉴。

二、"高峰"是怎样耸起的?——汤显祖的《牡丹亭》创作及其当代价值①

今年是东西方伟大戏剧作家汤显祖与莎士比亚逝世400周年,他们都是耸立在世界戏剧史上的巍巍"高峰"。汤显祖一生创作"临川四梦",而尤以《牡丹亭》的成就为卓特。汤显祖曾说:"一生四梦,得意处唯在《牡丹》。"《牡丹亭》能取得如此辉煌的成就,汤显祖远大的政治情怀与伟大的艺术创造,乃是其中最为关键的因素。

(一)远大的政治情怀:"读书人把笔安天下"

中国古代戏剧创作传统每每强调教化与娱乐。若被誉之为"曲祖"的元

---

① 本节内容原载于《解放日报》2016年8月4日,第9版。

代高明在《琵琶记》第一出中自道其创作主张云："不关风化体，纵好也徒然。"而作为戏剧创作大家的李渔标举其戏剧创作之宗旨，如其《风筝误》末出下场的诗中所说："一夫不笑是吾忧"，竭力追求戏剧创作的娱乐性。戏剧作品固有其教育的功能与娱乐的价值，但像高明与李渔那样竭力崇尚教化与娱乐，无疑昭示了他们对戏剧价值认识的褊狭。此种戏剧创作之精神祈向，自有其可取之处，然往往缺乏直面社会与人生本质问题的宏大气象。

汤显祖从事戏剧创作则有着很不一样的创作境界。他的戏剧创作，特别是《牡丹亭》的创作，绝不是为着教化与娱乐，而寄寓着他伟大的政治理想。如果结合汤显祖的生平与思想，我们不难看出，《牡丹亭》中若干人物的言语，正道出个中消息。毫无疑问，《牡丹亭》中的男主人公柳梦梅并不是汤显祖理想中的人物，杜丽娘才是作者所要精心打造的；在《牡丹亭》中，柳梦梅把杜丽娘比作"玉树"，而自己只是"芦苇"，这显然代表了汤显祖的看法。但毋庸置疑，柳梦梅也是一枝有着不俗思想的"芦苇"，他在《牡丹亭》第四十九出中所说的"读书人把笔安天下"，实抒发了汤显祖远大的政治情怀。

汤显祖早年入县学后，曾写了一首诗给同学，抒发了他的非凡志向，中有"唐虞将父老，孔墨是前贤"等句；至其中举后，更有一番试图在政治上大展宏图的雄心壮志："历落在世事，慷慨趋王术。神州虽大局，数着亦可毕。"作为此种政治理想的具体实践，1591 年，在南京礼部祠祭司主事任上的汤显祖，上了一道《论辅臣科臣书》，旨在通过万历皇帝，以破其执政期间"前十年之政，张居正刚而有欲，以群私人嚣然坏之。后十年之政，时行柔而有欲，又以群私人靡然坏之"那样的腐败局面，进而由此"以新时政"，实现他所期盼的宏伟的政治蓝图。

与此种政治理想一脉相承，汤显祖从事戏剧创作，同样有着非同寻常的"安天下"的宏愿。钱谦益尝谓汤显祖"胸中魁垒，陶写未尽，则发而为词曲"，信乎其为知言。"临川四梦"中如《南柯梦》《邯郸梦》，固无不从反面写出了对黑暗社会的猛烈批判，而《牡丹亭》则从正面提出他对理想社会的美好构建，其第八出《劝农》有云："山也青，水也清，人在山阴道上行，春云处处生"，"官也清，吏也清，村民无事到公庭，农歌三两声"。这不妨说是汤显祖的"桃花源"世界，也即是他"读书人把笔安天下""以新时政"远大政治理想的具体而微。故从"安天下"的角度看，《牡丹亭》不妨说是汤显祖《论辅臣科臣书》的姐妹篇。

诚然，从表面看，《牡丹亭》写的是一个爱情故事，但汤显祖想真正解决的并不仅仅是当时社会中一般的男女情爱问题，而是由此作为切入口，解决一个重大的社会现实问题。明代妇女被礼教束缚空前严重，无数的年轻女性，其鲜活的生命因为罪恶的婚姻制度而被埋葬。据相关统计，《明史》所收的"节妇""烈女"，比《元史》以上的任何一部正史至少要多出四倍以上。这表明人们生活在一个人性被严重扭曲的畸形的社会中。显然，一个作家无论用何种形式写作，唯有真正深刻地揭示社会重大问题，才能成为伟大的作家。托尔斯泰之所以伟大，乃是因为他正如列宁所说，"无畏地、公开地、尖锐无情地提出了我们这个时代最迫切的和最难解决的问题"，即那些"有关现代政治和社会制度的基本特点问题"。因此，如果说《论辅臣科臣书》在很大程度上是试图解决当时社会的有关政治制度问题，那么，《牡丹亭》想着重解决的是包括婚姻制度在内的社会制度的基本特点问题。它们的形式不同，而指向一致，即"新时政"而"安天下"。要而言之，汤显祖是站在时代最前沿，以当时很多作家所没有觉察到的前所未有的重大的"问题意识"去创作《牡丹亭》的。这是他创作《牡丹亭》成功的关键。莎士比亚同时代剧作家本·琼孙曾把莎士比亚誉为"时代的灵魂"，与此相似，汤显祖的上疏切中时弊，而其《牡丹亭》又有理想的建构，我们不妨说他是那个时代的"灵魂"。汤显祖正如莎士比亚笔下的哈姆莱特，在那个"颠倒混乱的时代"，自觉地负起了"重整乾坤的责任"。反之，如果只满足于写一般的情爱故事，或如曹雪芹所批评的那些才子佳人小说作家那样去从事创作，那么，《牡丹亭》绝不可能成为世界戏剧史上的一个"高峰"。

（二）伟大的艺术创造："普天下做鬼的有情谁似咱"

《牡丹亭》能成为世界戏剧史上的"高峰"之作，自然也离不开其伟大的艺术创造。如同莎士比亚创作戏剧往往根据既有的题材而点石成金，汤显祖创作《牡丹亭》，题材主要原自话本小说《杜丽娘慕色还魂》而实脱胎换骨。《牡丹亭》伟大的艺术创造主要体现在人物塑造、主题提炼两方面，至于其辞藻的丰赡华美、典丽精警，实乃是其次的事。

就人物塑造而论，《杜丽娘慕色还魂》中的杜丽娘其性格是不发展的，即是平面的、单一的，诚如文中所叙，无非是因"春情难过"而"慕色之甚"。《牡丹亭》则生动地写出了杜丽娘这个人物心理的复杂变化过程，她的真挚与热烈，她的矛盾与困惑，她的抗争与喜悦等，汤显祖无不作了幽深入微、出神入化的个性化描写。读者不但能看到其性格，也让人看见其灵魂与思想。《牡丹亭》中的杜丽娘，较之刘兰芝、霍小玉、王娇娘与林黛玉等，诚如有的学者所说，不是死于爱情的被破坏，而是死于对爱情的徒然渴望，极富于时代特征，她是封建礼教盛行、令人窒息的晚明时代才能有的人物。但杜丽娘如莎士比亚笔下的女性形象，同样颇富于反抗精神与理想追求。杜丽娘所说的"一生儿爱好是天然"，"这般花花草草由人恋，生生死死遂人愿，便酸酸楚楚无人怨"，与《罗密欧与朱丽叶》中朱丽叶对其父亲所说的"你们不能勉强我欢喜一个我对他没有好感的人"，以及《仲夏夜之梦》中赫蜜雅声称情愿做"自开自谢、自生自灭的蔷薇"，而不愿做没有情爱追求自由的被人"炼制成香精的玫瑰"等，无不是个性解放时代的最强音；她们因此不妨说都是东方人文启蒙与西方文艺复兴时期凝聚了时代精神精华的"新人"。

　　就主题提炼而言，《杜丽娘慕色还魂》写的是男女自然之欲，并没有真正上升到"情"的层次；话本没有写出杜丽娘与柳梦梅彼此有相知，故话本中的杜丽娘主要是慕"色"还魂。《牡丹亭》写杜丽娘与柳梦梅，却能将他们始于男女自然之欲的相悦，上升到相知与真情，进而还上升到"情至"的境界，因此，杜丽娘主要是慕"情"还魂。《杜丽娘慕色还魂》客观上也有一定的反封建、反礼教的意蕴，但这并不是作者所祈盼的创作期待。而《牡丹亭》的写作，则有前无古人的伟大的理想建构，即大张旗鼓地高举"情至"之大纛，深情地呼唤个性解放。欧洲伟大的思想家早已指出：在任何社会中，妇女解放的程度是衡量普遍解放的天然尺度。因此，《牡丹亭》所写，正如上所说，是汤显祖所处时代极为严酷而重大的社会问题。《牡丹亭》的主题由此便有质的飞越，如同莎士比亚的许多戏剧作品那样，拥有巨大的思想价值。本来文学作品写情爱，写到男女主人公为情爱而死，不妨说已是情爱描写的极致，莎士比亚的许多戏剧作品如《罗密欧与朱丽叶》《奥赛罗》等正是如此；汤显祖却偏还要让杜丽娘为情爱而复生，"生而不可以死，死而不可以生者，皆非情之至也"。《牡丹亭》如此写，乃是因为汤显祖所处的那个时代，正常人性被极度压抑，高尚、热烈、美丽的情爱奇缺，他因之要借此大力反拨，声嘶力竭地呼唤真情，并热烈地歌颂真情的伟大力量，由此猛烈地批判其对立面，即体现封建礼教、吞噬无数鲜活生命之"理"对自由人性与美好情爱的残酷禁锢与无端扼杀。唯是之故，《牡丹亭》最后一出《圆驾》中杜丽娘所说的"普天下做鬼的有情谁似咱"，实曲终奏雅，乃是对杜丽娘这个时代典型人物形象与《牡丹亭》"情至"主题的进一步升华。《牡丹亭》如此赞赏超越生死的情爱，无疑具有震古烁今无比强大的思想冲击力与艺术感染力，不仅为古来一切戏剧家所不及，即使与莎士比亚的戏剧创作相比，也有其戛戛独造之处，这不能不说是汤显祖的一个伟大的艺术创造。

卢森堡说："没有伟大的个性和伟大的世界观，就没有伟大的艺术。"《牡丹亭》的创作，无疑彰显了汤显祖夫子自道的"伉壮不阿"的伟大个性即伟大人格，与其追求"情至"，即以"情"抗"理"昭示积极人文主义理想的伟大世界观。当代作家要创作出"高峰"之作，就应像汤显祖那样有"把笔安天下"的远大的政治情怀与自觉的使命担当，站在时代的最前沿，以大勇的人格精神，敢于抓住时代的核心问题，坚持为人民而写作，同时也必须像汤显祖那样，不满足于既往的艺术传统，而勇于与独特而伟大的艺术创造结缘。《牡丹亭》尽管是400多年前的戏剧作品，但正如同莎士比亚的许多伟大剧作那样，它给予当代人的创作启示无疑是永恒的。

作者单位：杭州师范大学人文学院

再谈青春版昆曲《牡丹亭》的传播

周 飞

由苏州昆剧院排演的青春版《牡丹亭》自 2004 年首演以来，截至 2016 年 9 月重返北大演出，12 年来已在海内外演出 290 场，直接进场观众超过 50 万人（其中青年观众超过了 58%）①。无论是演出场次或观演人次上，都创造了经典长篇戏曲剧目演出的上限。自首演以来，社会上掀起了欣赏昆曲的热潮，学界也迅速将目光聚焦到昆曲上。笔者认为，在当下传承和发展戏曲的大背景中，2016 年恰逢纪念汤显祖逝世 400 周年，回望青春版《牡丹亭》的传播并分析其成功经验，非常切实也很有意义。

一、名剧、名人、名师的汇聚

昆剧艺术最有光辉且成就最显著的时段约 230 十年，即从明代隆庆、万历之交到清代嘉庆初年。明万历以后，文人创作昆曲传奇形成风气，"量中求质"②使得昆曲创作一度繁盛，尤其汤显祖和他的"四梦"传奇，达到了昆曲传奇创作水平的巅峰。汤显祖的作品又以《牡丹亭》最具代表和影响力，"场义仍《牡丹亭梦》一出，家传户诵，几令《西厢》减价。"③ "杜丽娘事，甚奇。而著意发挥，怀春暮色之情，惊心动魄，且巧妙迭出，无境不新，真堪千古矣。"④ 时至今日，汤显祖的《牡丹亭》仍旧是昆曲界最炙手可热的经典排演剧目，若能上演全本就足见其院团实力。

---

① 《青春版〈牡丹亭〉——从一出戏到流动的文化博物馆》，载于《中国艺术报》2016 年 10 月 31 日。
② 胡忌、刘致中：《昆剧发展史》，中国戏剧出版社 1989 年版，第 510 页。
③ 沈德符：《顾曲杂言》，引自中国戏曲研究院编：《中国古典戏曲论著集成》（四），中国戏曲出版社 1959 年版，第 206 页。
④ 吕天成：《曲品》（下），引自中国戏曲研究院编：《中国古典戏曲论著集成》（六），中国戏曲出版社 1959 年版，230 页。

苏州昆剧院排演的青春版《牡丹亭》，其总策划、制作人是台湾著名作家白先勇先生，是国民党高级将领白崇禧之子、美国加州大学教授。由于身份的特殊性，白先勇在制作前已经募集到可观的赞助资金，并且召集到台湾文化艺术界的精英组成强大的创作团队，比如美术总监、服装设计王童、曾咏霓，舞台设计任永新，舞台及灯光设计林克华等。台湾学者许倬云、香港学者、昆剧专家古兆申、郑培凯等为演出做的配套讲座，不仅为学生欣赏青春版《牡丹亭》解惑，为该剧在高校的演出增添了学术光环。

在演员阵容方面，众所周知，张继青和汪世瑜两位昆曲大师是《牡丹亭》中杜丽娘和柳梦梅两位主角最受认可的扮演者。在青春版中，二人担任艺术总监和导演，并且直接担任杜丽娘扮演者沈丰英和柳梦梅扮演者俞玖林的师傅，在花甲之年，两位昆曲前辈将昆曲的精髓和毕生的绝活，毫无保留地传授给年轻演员。且不论年轻演员的艺术造诣，单从传承关系上看至少是正统的。这一点对于完全靠口传心授得以传承的昆曲而言是至关重要的。

名剧、名人、名师汇聚，隆重地推出一部传统戏曲，在近代戏曲史上尚属首次吧！

二、校园、青春与情感的合力

传统戏曲的剧场内，台下端坐的银发者居多。中国戏曲不被大多数青年人欣赏、喜爱的原因之一是青年人对戏曲表演的陌生。但青春版昆曲《牡丹亭》似乎成了扭转剧场观众构成的起点。

追溯青春版昆曲《牡丹亭》最早两年的演出情况，可以这样表述：2004年在香港连演三天：爆满；第七届北京国际音乐节期间在北京世纪剧院演出：好评如潮；上海第六届国际艺术节上的演出：天价票；2005年开始在全国十大高校的巡演：一票难求！截至2007年5月，短短3年时间，青春版《牡丹亭》在北京展览馆剧场演完第100场。时至今日，就青春版昆曲《牡丹亭》的校园演出情况看，在国内外28所大学共演出85场，校园演出最高单场观众达7000人。是什么让现当代素以"曲高和寡"而"高处不胜寒"存在的昆曲，可以自台北出发，巡演"脚步"遍及大江南北甚至远渡重洋到达美国西岸，并造就了如此让人热血澎湃的"票房"？笔者认为，校园、青春和情感的合力是其因素之一。

昆曲《牡丹亭》中，杜丽娘和柳梦梅"情不知所起，一往而深，生者可以死，死可以生"①的爱情，今日看来和现代爱情故事没有什么异样。《牡丹亭》剧本中的"美"与"情"原本就很打动人，青春版《牡丹亭》中以沈丰英、俞玖林为代表的演员们正值花样年华，青春逼人，不仅非常符合剧本中人物年龄形象，更能以美传情，使得情真意切。舞台下是大学校园里的青春学子，他们正经历着或即将经历着人生最美好的爱情。爱情的模样，古今如一，他们欣赏起来，毫无历史距离。舞台上散发的古典美学与汤氏情感极易征服年轻观众。

白先勇策划推广青春版昆曲《牡丹亭》的"目标"即是将昆曲引进校园，定名为"青春版"一是因为昆曲演员面临断层危机，所以要训练一批年轻演员；二是昆曲观众流失严重，必须培养观众。所以先从大学培养年轻观众开始，再往外扩展开去。（引自青春版昆曲《牡丹亭》碟片花絮）。事实证明，"2004年台北的两场演出观众60%以上是年轻人；高校首演选择了昆曲发源地苏州的苏州大学，70%是年轻观众，2000个座位的礼堂涌进2500人，上海、南京、杭州的大学生也赶来观看。在浙江大学，学生在烈日下排起长队索票。在北京、上海等地都座无虚席"，②优雅清丽的唱词、流丽悠远的唱腔、青春婀娜的身段，无一不契合着大学校园和青春学子的文化气息，一下就能激活或唤醒深藏在他们心中又不曾远去的传统根脉，台下青年屏息静气、全神贯注的样子可想而知。

校园、青春与情感的合力，实现了白先勇最初的目标。

三、诚意、匠心与创新的舞台呈现

中国戏曲因为虚拟的表演而摆脱了"物"的累赘，不仅在时空表现、场景转换方面显得十分自由，而且使舞台呈现出空灵的面貌，演员在这种虚拟化的空灵舞台上，能够更加自由地发挥自己的表演才能。③昆曲表演基于空灵的舞台有着高度凝练和程式化规制，遵循着"一桌二椅"的总体原则。青春版《牡丹亭》的舞台表演，核心仍是演员口传心授传承而来最传统的手眼身法、

---

① 汤显祖：《牡丹亭题词》，古典文学出版社1958年版，第1页。
② 人民网 http://www.people.com.cn。
③ 《试论中国戏曲虚拟性的成因》，载于《艺术百家》2004年第6期，第45页。

最经典的唱念做打，这是确保昆曲"正宗"的根本。所以说其舞台呈现是"出于蓝"的，即是传统的。但是尊重传统但并不意味着步步因循传统而不可突破，青春版《牡丹亭》在舞美和服装上下足了功夫，融入了创新元素和最有诚意的匠心。

首先，演出服装紧扣苏州水乡柔美的特点，全部采用纯手工苏绣，简约素雅却精致奢华，和昆曲高雅极致的品格非常匹配。演出服装无论从颜色还是舞台视觉效果都达到了对美的极致追求，可以使观众看完一场三小时的戏而不累。

其次，现代剧场的灯光舞美被运用到舞台制作中，这是一种被设计的运用，即在不妨碍舞台表演的情况下，将现代灯光舞美技术不露痕迹地融入昆曲舞台"抽象写意、以简驭繁"的美学传统中，使整个戏曲舞台既有古典美又有现代感，体现了"尊重古典又巧用现代"的原则。此外，台湾书法家董阳孜书写了多个条幅供青春版《牡丹亭》无偿使用，台湾著名画家奚淞为"拾画""叫画"创作了仕女图，这些书画大师的原作被用作舞美道具，在大部分戏曲舞台上也不多见吧！

所以青春版《牡丹亭》的舞台呈现是"青出于蓝而胜于蓝"的，即出于传统又巧妙叠加现代手段的舞台，是货真价实、奢华而有诚意的舞台。

四、系统、精准与多维的整合传播

青春版《牡丹亭》在现代营销手段的运用方面，可圈可点。由于创作之初就将目标群体定位为年轻观众，所以在高校通过讲座、公益巡演、低价学生票、选修课、校园昆曲传习所、昆曲网站等传播策略，吸引并培养了大批学生观众和昆曲爱好者。

2005年十大高校巡演之际，青春版《牡丹亭》每到一所高校演出之前必定先做各种宣传：在校园内营造与该剧相应的气氛（比如张贴大量、大幅演员剧照；销售与青春版昆曲《牡丹亭》相关的书籍、碟片、纪念品等）；白先生在电视台做专访（央视《艺术人生》栏目）；在网站与网友交流等。以2005年4月"北大之行"为例：3月31日下午，白先生举行了小范围的见面会，晚间在百年讲堂多功能厅进行了题为"古典美学与现代意识：青春版《牡丹亭》的制作方向"的演讲（2005年04月01日北京青年报）；4月7日下午白先勇做客人民网文化论坛，并与网友就"昆曲的保护与发展——兼谈文化全球化背景下如何发展中国传统文化"的话题进行在线交流（人民网）。

其次，在即将演出的大学做一场演讲，主要介绍昆曲和青春版昆曲《牡丹亭》。不仅白先生讲，他有时还请文化名人一起讲，最大范围扩大青春版昆曲《牡丹亭》在高校学子中的影响力。这样一来，原本不懂昆曲的学生在听了讲座之后，对传统戏曲的陌生变成了稍许了解，对经典名著《牡丹亭》的舞台演出自然会有更多的期盼。

白先勇讲演的一个重要组成部分就是播放青春版昆曲《牡丹亭》的制作花絮。制作花絮的播放，使得观众对青春版昆曲《牡丹亭》的了解，从策划人对演员的挑选、艺术总监对表演的排练、服装设计师对服装样式的构思和面料的选取到舞台美术的创新，从策划人、艺术总监到演员的内心独白，从开始排练到台北首演成功，组构成每个观众心中预想的《牡丹亭》。如果从营销策略角度讲，"制作花絮的播放"可以看作青春版昆曲《牡丹亭》的"试用装"。"制作花絮"中青春靓丽的演员、精致典雅的苏绣服装、传统而又现代的舞台美术经过精心剪辑，无一不震撼人、打动人。笔者最初看过"制作花絮"后，"相见恨晚"是对青春版昆曲《牡丹亭》最自然的流露。

2016年9月剑桥归来，青春版昆曲《牡丹亭》再次点燃世人对中国传统文化和昆曲的浓厚兴趣。由一部作品持久成功地演出而引发业界、学界对传统文化传承发展深入且持续的思考，不得不说青春版昆曲《牡丹亭》的传播既有当下的现实意义，又有长远的文化价值。

青春版昆曲《牡丹亭》的内在文化基因，唤醒了我们根植于内心深处的价值回归；青春版昆曲《牡丹亭》策略性的传播方式，更多纬度连接了经典与未来的无限可能；青春版昆曲《牡丹亭》"以古人之规矩，开自己之生面"，也给中国文化的传承、优化、演进带来更多的启示。

作者单位：江苏省文化艺术研究院

从汤显祖一则轶文说起

周巩平

2016年适逢我国著名戏剧家汤显祖逝世400周年,《汤显祖集全编》不失时机地推出,让业内外人士共同感受到"汤学"研究在史料搜集整理方面的成就和收获,也为今天人们了解汤显祖、了解汤显祖的生活时代提供了重要依据。但是,在目前条件下,要将汤显祖作品毫无遗漏地收集齐全,成为真正意义上的"全"编"全"集,则是件困难的事。仅在笔者识见范围内,亦可偶见被《汤显祖集全编》遗漏的、在家谱或手抄古籍中的汤显祖佚文。这些佚文对了解汤显祖生平创作和汤显祖的时代也有重要作用。因此,笔者将近几年查阅家谱所发现的一则汤显祖佚文公布,并期望佚文的发现对了解汤显祖的生平与文艺思想,汤显祖与吴江曲家之间的关系等问题提供更多的参考,对汤学研究,对汤显祖全集全编的补充修订有所助益。

笔者所见汤显祖佚文,是题写于吴江著名戏曲家顾大典画像上的一段像赞文字。顾大典(1540~1596),字道行,号衡宇,吴江人,是明代一位颇具风流名声的戏曲家。万历十四年(1586),他在赴福建按察司提学副使任上辞官,回到了自己的家乡吴江。此后便大兴土木修葺私家园林——谐赏园,在园中蓄养戏班,撰写《青衫记》等传奇新曲剧本,教习家伶搬演,观赏取乐,以此休闲养老。顾大典不恋官位,回乡筑园赏曲、教习家伶等一系列举动,引起了吴江乃至整个江南一带士绅的好奇和兴趣,他们纷纷效仿,遂演变成一时一域的社会风尚。正如清初钱谦益所说:"(顾)大典,……家有谐赏园、清音阁、亭池佳胜。妙解音律,自按红牙度曲。今松陵多蓄声伎,其遗风也。"①顾大典在世时,曾有人替他摹画过一幅肖像,该肖像得到了当时诸多名士的题赠,如河北李化龙、岭南欧大任、晋安林世吉、长洲张献翼等,其中也包括了

---

① 钱谦益:《列朝诗集小传》丁集,上海古籍出版社1983年版,第486页。

临川的帅机和汤显祖。题赠者均从各自的立场、角度、美学理念出发，来诠释、评价画像上顾大典形象，描述自己心目中的顾大典，点赞他的一生，因此题赠也反映了题赠者各自不同的人生观、价值观和艺术理念。这些题赠，应该说不仅是题赠者对顾大典的评价，也是他们与顾大典私人关系的一种折射，他们人生观艺术观的折射。因此，我们自然也可以从汤显祖的题赠中，看出一些汤显祖与顾大典私人交往的蛛丝马迹，他俩在人生观、价值观、艺术观方面的异同，等等。应该说，这对汤学研究也不无裨益。

顾大典的肖像和像赞文字，都被顾大典的后人搜集保存在《吴江顾氏族谱》这部文献中，为了叙述方便，笔者有必要介绍一下这部《吴江顾氏族谱》：

《吴江顾氏族谱》是一部记载吴江戏曲家顾大典他们家族历史的谱牒文献。由清顺、康年间吴江顾氏家族的顾绍业、顾绍龄等人纂修，有康熙四十二年务本堂刊本。居住在吴江原籍的顾氏家族后裔，曾长期保存着原刊本和手抄本。民国七年（1918）和民国十一年（1922）间，南社文人柳弃疾等发起整理吴江一邑文化遗产的活动，便从同乡顾氏后人手中借阅了这部家谱的刊本、抄本及后人的续修谱本，一并移录了副本。因内容庞杂，移录时柳氏挑选了其中主要内容，分类分册进行了移录。录毕，柳弃疾专门为录本题写了跋，成为留存于世的南社文献的一部分。这些文献后经辗转被上海图书馆收藏。而吴江原籍顾氏后裔所藏之刊本和抄本因则后来的兵燹和政治动乱原因而散失，不知下落。目前，记录该家族历史情况的家谱资料，在公共收藏范围内，仅见上图藏南社移录本可资参考。存本情况如下：（1）《吴江顾氏世系表》（总世系表），清初顾绍业、顾绍龄等纂，存抄本1册；（2）《吴江顾氏族谱（城中支谱）》（封面题《顾氏族谱残本》），清初顾绍业、顾绍龄等纂修，存抄本3册；（3）《同里顾氏世系表》（同里支世系表）清顾鼎瞕等纂修，存抄本1册；（4）《顾氏族谱（城中支某系谱）》（此为续修谱），清顾寅方等纂修，存抄本1册。

笔者所见之顾大典肖像和汤显祖为肖像所题写的像赞，就在顾绍业、顾绍龄等人纂修的《吴江顾氏族谱（城中支谱）》（封面题《顾氏族谱残本》）中，见其3册中的第1册（第1册内容主要就是画像、像赞、英贤纪略、家传等）。我们先来看一下顾大典的这幅画像：

图题："督学副使衡宇小像"。图中，顾大典身着福建按察司提学副使的官服，神情潇洒。从图题和他身着官服的情况推断，这幅画像的绘成时间应该至少在万历十三年（1585）八月顾大典升任提督福建学校按察司副使之后，此官职为顾大典仕途之终官，也是他一生的最高官职，因此绘成的时间也可能会在万历十四年（1586）正月顾大典弃官回乡之后，或其晚年吴江休闲生活的时期。因为家谱中选刊的族中名宦画像，一般均采用此人的最高职务终官官服画像，以此凸显家族的荣耀，这也是一般修谱的通例。因此，画像绘成的时间在万历十三年（1585）八月至万历十四年（1586）正月间或此之后，当无疑义。遗憾的是，目前所见的这幅画像并非原作，而是原画的摹画，因摹画的时间距原画创作的时间已过去了200多年，且描摹者绘画水平有限，因此，存本画像与当年画像中的顾大典乃至顾大典真人的形象能有几分重合，很难下断。但这毕竟是目前能见到的明清至民国肖像画中唯一的顾大典肖像了，权当聊胜于无吧。

再来看看汤显祖为顾大典画像所题写的像赞文字：

汤显祖这段像赞文字的题写时间是在哪一年？目前也很难断定，但像赞肯定是题写在画像绘成之后。其次，在这幅画像上题写像赞的共有10人：首先是顾大典本人自赞，接着依次是：岭南欧大任、晋安林世吉、年弟刘绍恤、河北李化龙、青庄朱玺、年弟蒋以忠、长洲张献翼、年弟临川帅机、门生王湛，最后才是临川汤显祖。这10人的排列顺序会不会是谁先题写置前，谁后题置后，按照题写时间顺序先后排列？很有可能。这也符合画像题辞排列的惯例。而从顾大典题写的自赞内容推断，顾大典的自赞肯定是写于他辞官回乡过上懒散生活之后，也即他筑园赏曲、教习家伶观赏取乐，休闲养老的阶段。如果汤显祖题写的时间发生在顾氏本人题赞的同一天，那也在顾大典筑园赏曲、教习家伶观赏取乐，休闲养老的时期。若更晚，则也可能在顾大典晚年临终或去世之后，但绝没有迹象表明汤显祖的像赞会题写在顾大典本人自赞之前。所以笔者认为，汤显祖题写像赞的内容应该涵盖了汤显祖对顾大典晚年在家修筑园林，沉湎在新园林中创制剧本、教习家伶搬演、观赏取乐生活的认识与评价。现存的汤显祖的题赞，也是民国年间抄写者照原题赠的抄录件，已看不到汤显祖书写的文字真迹了。但是，汤显祖题写像赞的文字内容则肯定是真实的。因为这部家谱刊印的画像，画像上顾大典本人及其他9人的像赞，都是有家族珍藏的绘画原件和书写手迹为基础刊印的，而这些原物都是顾氏家族的珍宝，族谱纂修的依据，曾被顾氏后人精心保存了几百年，除时间风霜侵蚀的因素外，画像、题字的原物理形态应基本保持完好，辨识无误。民国年间南社人士照原本描摹手抄时，画像也许因描摹者的绘画水平不高而出现摹写失真、失去神韵；但像赞题写的文字内容只要抄写者识字，辨认无误，虽录者书法水平与原题赠手迹有很大差异，但文字内容却不致因此发生变化，其表达的题赠者思想也不会因此发生改变。所以，笔者可以大胆地将像赞文字再次转录于下，并与诸位对汤显祖题赠文字所表达的思想和情感内容进行一些讨论。汤显祖题写的像赞文字全文如下：

> 朝霞之松，零露之竹。汉曲之珠，昆陵之玉。以比斯人，微余鉴局。渊容有晬，冲襟既淑。对此不言，知其逸俗。临川汤显祖赞

从汤显祖给顾大典题写的像赞来看，汤显祖对顾大典一生的评价是很高的。赞语以松拟顾氏不屈从官场规则的傲然品格，又以竹拟其性格的坚韧，虽在俗世而不随波逐流的生活态度。再用汉珠、昆玉作喻，凸显顾大典在士林群体中的鹤立鸡群，在文人混沌世界里的难能可贵。总之，寥寥几十字，汤显祖竭力赞扬了顾氏为人的潇洒，品格的"逸俗"。

为何汤显祖对顾大典画像会用如许赞美的言辞？又为何对顾大典一生有如此之高的评价？根据《吴江顾氏族谱》记载和其他与顾大典相的关资料，并参考汤学研究的一些成果综合梳理，笔者以为：可能是由于顾大典"于世味淡泊，能自决于进退之际"（王锡爵《衡宇墓志铭》）的人生态度触动了汤显祖仕途痛苦经历的记忆、才引发了他深深的感叹，才使汤显祖对顾大典产生了羡慕和钦佩之情的。

我们来看顾大典的仕宦经历：据《吴江顾氏族谱》所载之《顾大典传》、王锡爵撰《衡宇墓志铭》和王稚登撰《衡宇顾公传》等资料，顾大典生明嘉靖十九年（1540），于隆庆二年（1567）27岁中进士，先任浙江绍兴府儒学教授署山阴余姚县篆，历江西同考试官，处州府推官，浙江同考试官等职。万历二年（1573）33岁升刑部主事，因母亲年迈需照料，北上不便，疏请改南京留都任职，于是先后任南兵部主事，吏部主事，吏部郎中等职。在这十余年南京任职期间，他"不为轩裳桎梏"，"每吏散乌啼，酒人词客常满座"，"暇则出游，……弹筝邀笛"，"听曲赏伎，或挟伎外出"，在南京官场颇得风流倜傥的名声。至万历十二年（1584）43岁时他升为山东按察副使（正四品）离开南京。第二年，即万历十三年（1585）八月，又调任提督福建学校按察司副使，至万历十四年（1586）正月，他启程赴任履新，在途中，有忌者告他在南京为郎官期间放纵于诗酒，以考工论谪，被罢官。"当事者……再以大州起

公"，改任禹州府知府，但是，顾大典此时却不愿再当官了，他说"吾性麋鹿，而婴樊槛者余二十载，今获遂初志"，（王稚登《衡宇顾公传》）干脆就"自免归"，（王锡爵《衡宇墓志铭》）告老回到家乡吴江去了。① 顾大典在官时就任意随性，"弹筝邀笛"，听曲赏伎，不愿受规矩约束；而辞官回乡，则更是他觉得离开了囚笼，可以不受拘束，自由自在了。王稚登《衡宇顾公传》说他"归而葺故所为谐赏园者，奉太宜人板舆宴乐。其中名流胜侣相过从，必觞咏流连，卜夜申旦。家有梨园子弟奏郑卫新声，公性解音律，填词度曲，被之管弦。红牙金缕，与松风相间，翛然不知在百雉中也。"可见，他早就厌烦了官场受拘束的生活，正盼着有一天能回家过快活的日子呢！顾大典给自己画像所题写的像赞是这样说的：

懒嫚非倨，迂拙似愚。麋鹿之性，山泽之癯。金绯滥厕，竹素自娱。出振孔铎，入奉潘舆。栖迟陶径，偃仰班庐。或寄情于声伎，或玩志于玄虚。官减千金之产，家无儋石之储。置尔丘壑，涸迹渔樵，落落穆穆，殆天之放民而人之腐儒也欤。大典自赞

顾大典对自己休闲生活的描述是"置尔丘壑，涸迹渔樵，"虽然官减千金之产，家无儋石之储，但却悠然"或寄情于声伎，或玩志于玄虚"可见，顾大典对自己辞官后能沉湎戏曲，在家乡度过了这些些年的优哉游哉生活，是非常满意的，他炫耀自己是"天之放民"，自得之情溢于言表。

与顾大典相较，汤显祖的仕途经历显然就要坎坷得多，受到的挫折也多要多，而汤显祖欲"兼济天下"的愿望也要强烈得多。汤显祖的最终辞官回乡，远不如顾大典来得那么干脆，而是经历了反复的磨难过程。近些年汤学研究成果对汤显祖的仕宦经历有详尽的叙述，笔者在此只是引用众的人成果简述一下：汤显祖生于明嘉靖二十九年（1550），年龄要比顾大典小10岁。尽管他早负诗文盛名，众人满以为他可以少年金榜题名，但万历五年、八年的两次春试，汤显祖都落榜了，原因就是他才华横溢，却不屑趋附权贵，几次拒绝了权相张居正的结纳。直到张居正去世，万历十一年（1583）他34岁时，才考取

---

① 顾大典仕宦经历，参见《吴江顾氏族谱》2册所载《家传》之《城中支·九世·大典传》，《吴江顾氏族谱》3册所载之王锡爵撰《衡宇墓志铭》和王稚登撰《衡宇顾公传》，上图藏南社抄本。

进士，真正走上了仕途。中进士后，他又拒绝了权相申时行、张四维等人的结纳，故而失去了考取庶吉士的机会，结果被当权者边缘化，塞到了南京留都任闲职，为太常博士，此后他就在南京历詹事府主簿、礼部祭祀司主事等职，仕途始终不顺。虽如此，他却忧国忧民，时刻不忘为国效力，为君分忧。万历十九年（1591），在南京礼部祭祀司主事（正六品职）任上，他奋笔写下了《论辅臣科臣疏》，针砭时弊，欲上达天听，改变官场积弊。没料到反"被诏切责"，贬官成了无品级的广东徐闻县典史，理想信念遭到了极大挫伤，就在这人生极其艰难的时刻，汤显祖也没有想到要辞官去职，回乡养老，而是勉力为之。两年后的万历二十一年（1593），他量移浙江遂昌任知县，在一个偏僻山城做了一任不受朝廷重视的七品芝麻官，先后五年，尽管他事事勤勉，处处努力，但统治者的昏聩和官场的种种积弊终使其志不得伸，事不能成。至万历二十六年（1598）他四十九岁，他终于主动"向吏部告归"，不等批复，便弃职回乡了。三年后的万历二十九年（1601），吏部考察官员给他一个"浮躁"的罪名，正式将他免职。而此时他已在家乡生活了一段时间，从这点上看，汤显祖辞官也有当年顾大典辞官的那么点潇洒。而区别就在于顾大典是在任高官时不愿受官场拘束而辞职，汤显祖则在长期受压制、难以实现理想抱负的情况下，不堪忍受朝政的黑暗而弃职的。汤显祖的弃官，距顾大典辞官回乡的万历十四年（1586）已整整过去了十二年，甚至距离顾大典辞世的万历二十四年（1596）也已经过去了两年。想想顾大典当年的飘然离去，晚年在家乡拍板按歌的快乐，自己则官场困顿许久，自然对顾大典当时的先见之明感到由衷钦佩。当然，汤显祖告归的当年，就移宅沙井，居玉茗堂，并在当年秋天就创作完成了著名的剧作《牡丹亭还魂记》，此后也就和顾大典一样，把一腔热情倾注于文学创作和戏曲活动，拍板按歌，逍遥终老了。

从汤显祖给顾大典画像题赞的内容来判断，汤显祖与顾大典两人之间，应当是曾有过私人交往和良好关系的。至少，作为晚辈，汤显祖对顾大典这位年长曲坛前辈是很敬重的。遗憾的是，从现存的汤显祖和顾大典两人诗文中，笔者却没有找到任何两人往来唱和的诗文与信柬，也没有看到两人往来的记载。若从两人经历交叉的路径来进行梳理，似乎有两次他俩曾可能会发生交集：第一次是隆庆四年（1570），顾大典任江西秋试房考试官，而汤显祖恰是当年江西乡试中式。但是，顾大典此年分试《易》经，而汤显祖治《书经》；第二次是万历十二年（1584）八月初十汤显祖来任南京太常寺博士职，而顾大典恰在南京供职十年后于此年二月升为山东按察副使（正四品），离开南京。也就是说，这两次都差那么一点，汤显祖和顾大典都遗憾地擦肩而过了。那么，他俩的交往，最有可能会发生什么时候呢？笔者以为，很有可能是在万历十四年（1586）以后，即顾大典已辞官回乡过上了撰写新曲，蓄养戏班，观赏取乐的生活，而汤显祖又恰在南京先后任太常博士，詹事府主簿、礼部祭祀司主事等职期间，即万历十四年至万历十九年之间。由于南京与吴江的地理位置很近，两地文人往来频繁，此时，虽顾大典"归田后绝不入公府，冠裳几废。"但是，由于他的潇洒风流名声，与他交往的文人以及在职官员不在少数，王锡爵、王世贞、王世懋兄弟、张凤翼、张献翼兄弟、梅鼎祚、王稚登、欧大任等人，都与他有密切过从，万历十五年，谢肇淛、徐熥等人还曾特意逰其门下拜师学习书画，顾大典"门生故吏先后至大官，过松陵，无不停銮辍轵"。（王稚登《衡宇顾公传》）而张凤翼、张献翼兄弟，帅机等人，也都是汤显祖的好友。因此，近在南京为官的汤显祖慕名与顾大典有过往来也不足为奇。万历二十年，顾大典撰写了《青衫记》传奇，盛行天下，汤显祖此时虽已被贬官到徐闻，但对顾大典些风流潇洒的举动也应当是有所耳闻，心向往之。这一切，尽管笔者目前尚未见到其他的确切记载可做旁证，但史料的提示却使笔者：新资料的进一步发掘，将会有更多令人惊喜的发现。

目前，在汤学研究领域，我们能看到较多的热门材料，是临川汤显祖与吴江沈璟等人在曲学理念方面有较大分歧而产生龃龉，学界因此对"汤沈之争"也展开过诸多讨论。征引得较多的一条资料，就是万历年间山阴著名曲论家王骥德所说的：

> 临川之于吴江，故自冰炭。吴江守法，斤斤三尺，不欲令一字乖律，而毫锋殊拙。临川尚趣，直是横行。组织之功，几与天孙争巧；而屈曲聱牙，多令歌者齚舌。吴江尝谓："宁协律而不工，读之不成句，而讴之始协，是为中之之巧。"曾为临川改易《还魂》字句之不协者，吕吏部玉绳（郁蓝生尊人）以致临川。临川不怿，复书吏部曰："彼恶知曲意哉！余意所至，不妨拗折天下人嗓子！"其意趣不同如此。①

---

① 王骥德《曲律》卷四，《杂论第三十九下》，引自《中国古典戏曲论著集成》第 4 册，中国戏剧出版社 1959 年版，第 165 页。

这条资料，给笔者印象最深的，就是"临川之于吴江，故自冰炭"，似乎临川汤显祖与吴江沈璟等人之间，因曲学理念的差异，弄到了互相呵訾斥责，私人关系非常紧张，冰炭不容的地步。但随着近些年汤学研究的深入，人们视野不断地拓展，大家的看法也开始逐渐多样化。从目前发现的许多资料来看，汤显祖与沈璟在艺术理念上的差异和争论确实是存在的，分歧也是很深刻的，两人各自对曲坛造成影响也是深远的。但是，明清之际曲坛文人之间美学观艺术观价值观的分歧或争论，也未必就到了非要针锋相对，壁垒分明的程度，也并不见得都会导致人与人之间的关系紧张或友谊的破裂。反而在有些争论的过程中，文人之间还能保持着良好的私人情谊和交往，这是笔者在不断看到一些新史料后所产生的感受。就目前搜集资料最全的《汤显祖集全编》（上海古籍2015年12月）和《沈璟集》（上海古籍2012年9月版）两部汤、沈集子的资料来看，汤显祖与沈璟似乎素未谋面，也无直接的诗文书柬往还。但是，汤显祖对待同是吴江的著名曲家、与沈璟关系极为密切的顾大典，却是非常敬重，不遗余力地褒奖，这条资料却是实实在在的。

顾大典与沈璟的关系非常密切，当时人尽皆知。据家谱资料的翻捡和梳理，可知顾大典与沈璟同是吴江著名的戏曲家，沈、顾两家是当地世代联姻的家族，尽管沈璟和顾大典年龄相差很大，沈璟比顾大典小十三岁，但他们两人的关系却亲密无间，在戏曲方面是忘年交。顾大典于万历十四年（1586）辞官回乡，沈璟也于万历十七年以病告归（1589）。他俩都在家蓄声伎，在各自的园林中度新曲搬演；不仅如此，两人还因此互相酬唱。王骥德《曲律》记载说：

> 松陵词隐先生沈宁庵先生，讳璟。……放情词曲……雅善歌，与同里顾学宪道行先生，并蓄声伎，为香山、洛杜之游。①

就是说顾大典和沈璟两人的关系就像唐代诗人白居易和元稹那么亲密。元、白以诗唱和，而顾、沈则以曲唱和，自赏互赏，并相约携伎出游，交流心得。清初吴江同邑文人潘柽章在《松陵文献》中也说：

---

① 王骥德《曲律》卷四，《杂论第三十九下》，引自《中国古典戏曲论著集成》第4册，中国戏剧出版社1959年版，第163~164页。

顾大典……家有清商一部，……醉即为诗或自造新声被之管弦。时吏部员外郎沈璟年少，亦善音律，每相唱和。邑人慕其风流，多畜声伎，盖自二公始也。①

所谓"每相唱和，邑人慕其风流，多畜声伎，盖自二公始也，"就是说顾、沈两人的亲密关系无人不知，无人不晓，他俩的制曲演剧，互相唱和曾引起当地许多人的跟风模仿，故而形成吴地蓄声伎与园林演剧的风气。② 对此，汤显祖不会毫不知情。如果他明知如此而仍对顾大典赞赏有加，则与"顾沈"并称的沈璟之间关系，却会弄到冰炭不容的地步，也确实令笔者感到费解。由于笔者对汤显祖研究涉猎不深，加之生性愚钝，对许多问题都存在着疑惑，百思不得其解。故将所见资料和所思和盘托出，就教于诸位贤达。或许，进一步的新资料发现，能给我们解答疑惑，拓宽我们的视界，对这些问题能有更完整的认识？但愿。

作者单位：上海艺术研究所

---

① 潘柽章《松陵文献》卷九，康熙三十二年潘耒刻本，引自《续修四库全书》据复旦大学藏本影印，史部 541 册，上海古籍出版社 1995 年版，第 476 页。
② 顾大典与沈璟关系以及顾沈两个家族的关系，可参见拙著《江南曲学世家研究》第四章《风流曲家顾大典以及明清两代的吴江顾氏家族》的论述，上海文化出版社 2013 年版。

汤显祖与明代理学家交游考略

周固成

前学邹自振、罗伽禄《论罗汝芳对汤显祖的影响》① 论述明代著名的理学家罗汝芳与汤显祖之间的交往，认为罗师的思想观念对汤显祖影响深远，正是罗汝芳的"生生之仁""赤子之心"等论说内化为汤显祖的行为指导思想；但汤显祖与理学家罗汝芳交游之外，还与《明儒学案》中的章潢、顾允成、罗大纮等理学家有过诗文交往，通过梳理汤显祖与明代理学家的交游情况，对于探究汤显祖的生平、思想不无裨益。

一、汤显祖与詹在泮

汤显祖在万历三十一年（1603）创作《送詹参知督饷思归常山》，据《常山县志》记载："詹在泮，莱之子。万历己卯举人，登癸未朱国祚榜，授工部主事。……著有《国朝宏略》《诸儒微言》《禅宗语录》《说书随笔》等书，行世祀乡贤。"② 著作中得知詹在泮是一名理学家，同时也是一位佛学居士。

詹在泮与汤显祖还是同年进士，詹在泮是万历十一年（1583）癸未科第二甲，六十七名③；汤显祖是万历十一年（1583）癸未科，第三甲，二百七十一名④；"自我为兄弟，兴言二十秋"⑤ 可见汤显祖与詹在泮在万历十一年

---

① 邹自振、罗伽禄：《论罗汝芳对汤显祖的影响》，载于《福州大学学报》（哲学社会科学版），2007年第4期。
② 傅良言、詹莱纂修：《常山县志》，第374册，国家图书馆出版社2013年版，第1100页。
③ 朱保炯等：《明清进士题名碑录索引》，上海古籍出版社1980年版，第2564页。
④ 朱保炯等：《明清进士题名碑录索引》，上海古籍出版社1980年版，第2566页。
⑤ 《送詹参知督饷思归常山》，引自汤显祖著，徐朔方笺注：《汤显祖集全编》诗文卷十五，上海古籍出版社2015年版，第904页。

(1583)已经相识,已有二十年的交情了,结尾"谅随詹尹卜,灵均安所谋"①道出彼此情谊非同一般。詹尹是古卜筮者之名,此处指代詹在泮,灵均乃屈原之字,后引申为辞章之士,指代汤显祖自己,王国维云:"而知屈子者,唯詹尹一人。"②可见詹在泮此时已成为汤显祖的知己。

诗题《送詹参知督饷思归常山》指的是汤显祖在南昌送别詹在泮,而詹在泮此时应该是"转江西布政司,左参政督粮"③的赴任期间。"风土无暌旷,交知常阻修。"④江西临川与浙江常山相距不远,风土人情大致相同,却多年没有交往。"忽忽来豫章,我觌如旧游。"⑤豫章,即南昌,即詹在泮来到南昌与汤显祖会面。

"于役事军国,红粟常千艘。星言及春波,宾御争献酬。"⑥指的应该是詹在泮在颍州、苏松军事生涯的丰功伟绩;"中江出阳鸟,于淮恣归舟。纪纲在维楫,润泽宜安流。"⑦指的是詹任提督河西道时,治水有功,造福一方。据《行水金鉴》记载:"万历二十一年,淮水大涨,湖河泛溢。高邮南北中冲堤决,魏家舍等处,大小二十八口,共长五百余丈,又西老石堤,洪水漫过冲决东堤,……民罹昏垫,田皆淹没,郎中沈季文、詹在泮分调官夫,疏水运料。"⑧万历二十四年(1596)九月,河工告成,认为"通漕、护凌、分黄、导淮"⑨有功。对于所有参预官员,分别陞录荫叙。

二、汤显祖与章潢

汤显祖在万历三十四年(1606)丙午,五十七岁时创作了《章本清先生八十寿序》,本年章做八十寿辰,但实年是七十九岁,据《南昌县志》云:"章潢,字本清,南昌人。居父丧,哀毁血溢。构此洗堂,联同志讲学。辑群书百二十七卷,曰《图书编》。又著《周易象义》《诗经原体》《书经原始》

---

① 《送詹参知督饷思归常山》,引自汤显祖著,徐朔方笺注:《汤显祖集全编》诗文卷十五,上海古籍出版社 2015 年版,第 904 页。
② 王国维:《静安文集续编·屈子文学之精神》,引自《王国维先生初编》第 5 册,大通书局,第 1925 页。
③ 傅良言、詹莱纂修:《常山县志》第 374 册,国家图书馆出版社 2013 年版,第 1100 页。
④⑤⑥⑦ 《送詹参知督饷思归常山》,引自汤显祖著,徐朔方笺注:《汤显祖集全编》诗文卷十五,上海古籍出版社 2015 年版,第 904 页。
⑧ 《行水金鉴》卷六十四,引自《文津阁四库全书》第五八一册,商务印书馆 2006 年版,第 299 页。
⑨ 《行水金鉴》卷六十四,引自《文津阁四库全书》第五八一册,商务印书馆 2006 年版,第 305 页。

《春秋窃义》《礼记札言》《论语约言》诸书。……自吴与弼后，元锡、元卿、潢并蒙荐辟，号'江右四君子'。"① 可见章本清是江西王门学派的理学家，著述颇丰。《明史》记载："章潢，字本清，南昌人。……卒于万历三十六年年，年八十二。"② 而汤显祖生于嘉靖二十九年（1550）庚戌，章潢长汤显祖二十三岁，可称为忘年之交。

《章本清先生八十寿序》云："吾过南州时，从章本清先生谈天人之际，而嗒然于易'观其生'。观其自养，殆所谓乐而寿，寿而乐者耶。"③ 因此黄芝冈先生认为："汤是在南昌和章相识，并和他谈论过《易》学的。"④ 此时的"南州"与"南昌"是否同一地方？因为南州在中国历史上不同朝代分别指代的地方是不一样的，在东晋南昌时以今安徽当涂县为南州；在北周时，以四川万县西南武陵镇为南州；在唐武德二年时，为南州今四川綦江县北为南州，唐武德四年，以广西博白县为南州；五代与北宋以福建漳州市为南州⑤。笔者翻阅汤显祖年谱，汤未去过以上地方，显然不是。而这里的南州应为一地方名，不能简单等同于南昌，而在江西省中央，当赣、抚两河与鄱阳湖之交会，跨有南昌、新建、进贤、临川、丰城五县之地域⑥。此南州地段应是汤显祖与章潢相识之地。

三、汤显祖与顾允成

《明儒学案》云："顾允成，字季时，别号泾凡，兄则泾阳先生也。与泾阳同游薛方山之门。万历癸未，举礼部。丙戌廷对，指切时事，以宠郑贵妃、任奄寺为言。读卷官大理何源曰：'此生作何语，真堪锁榜矣。'御史房寰劾海忠介，先生与诸寿贤、彭遵古合疏数寰七罪，奉旨削籍，……光州告假归，十有四年，所积俸近千金。巡抚檄致之。先生不受。丁未五月卒，年五十

---

① 陈纪麟等修、刘于浔等纂：《南昌县志》，同治九年刊本。
② 张廷玉等撰：《明史》卷二百八十三，中华书局1974年版，第7293页。
③ 《章本清先生八十寿序》，引自汤显祖著，徐朔方笺注：《汤显祖集全编》诗文卷二八，上海古籍出版社2015年版，第1428页。
④ 黄芝冈：《汤显祖编年评传》，文化艺术出版社2014年版，第228页。
⑤ 复旦大学历史地理研究所：《中国历史地名辞典》，江西教育出版社1986年版，第590页。
⑥ 段木干主编：《中外地名大辞典》，人文出版社1981年版，第2296页。

四。"① 可知顾允成生于1554年，卒于1607年，万历十四年（1586）中进士，因言辞激烈被置于末第。

徐朔方认为汤显祖于万历二十九年（1601），家居时作《顾泾凡小辨轩记》，但小辨斋，始建于明万历三十三年（1605），为顾允成在城中读书讲学处。顾宪成兄弟为方便东林讲学，在书院建成后次年由顾宪成仲兄顾自成建造。与顾允成同年，明代著名戏剧家汤显祖亲自撰写斋记，云：用小辨"以名其居，称名以小而取数大"②。由此可见《顾泾凡小辨轩记》应创作于万历三十四年（1606）左右。

四、汤显祖与刘浙

汤显祖一生与刘浙交往甚密，张萱《西园闻见录》曰："刘浙，字君东，泰和人，号匡南，一曰约我，又曰约堂。隆庆丁卯科举人，故太仆逢恺之子。"③ 郑志良《新辑汤显祖佚文考释》中考证："刘浙卒于万历三十九年辛亥（1611），年七十一，其生年当为嘉靖二十年（1541），他长汤显祖九岁。"④ 笔者查阅汤显祖写给刘浙的诗歌共有十八首，现列表格统计如表1所示。

表1　　　　　　　　　汤显祖写给刘浙的诗

创作时间	诗题	创作地点	内容
万历十一年（1583）癸未	《刘君东下第南归》	北京成进士观政礼部	刘君东落榜，汤显祖送别
万历十一年（1583）癸未	《再送君东》	北京成进士观政礼部	送别
万历十一年（1583）癸未	《刘君东下第归西昌》	北京成进士观政礼部	刘君东落榜归泰和，汤显祖以诗慰之

---

① 黄宗羲：《明儒学案》卷六十，引自《黄宗羲全集》第八册，浙江古籍出版社1992年版，第837页。
② 《顾泾凡小辨轩记》，引自汤显祖著，徐朔方笺注：《汤显祖集全编》诗文卷三四，上海古籍出版社2015年版，第1570页。
③ 张萱：《西园闻见录》卷二十二，引自《续修四库全书》，第一一六八册，上海古籍出版社2002年版，第545页。
④ 郑志良：《新辑汤显祖佚文考释》，载于《文献》2012年4月第2期。

续表

创作时间	诗题	创作地点	内容
万历十一年（1583）癸未	《答君东天津夜泊》	北京成进士观政礼部	刘君东夜泊天津水域，汤显祖寄诗以赠
万历二十一年（1593）	《与刘浙君东》	归隐故乡江西临川县	因政治遭遇坎坷，有遁入空门之思
万历二十六年秋（1598）	《七夕醉答君东二首》	归隐故乡江西临川县	感叹《牡丹亭》难为世人理解的不平之气
万历二十九年秋（1601）	《与刘君东》	归隐故乡江西临川县	表达对刘君东深挚的感情
万历二十六年秋（1598）	《生日诗戏刘君东》	归隐故乡江西临川县	汤显祖生日时，戏谑刘君东
万历二十六年秋（1598）	《寄题刘君东远游楼》	归隐故乡江西临川县	拜访刘君东，君东未归
万历二十六年（1598）之后，万历二十八年（1600）之前；	《君东病足戏为临川之约》	归隐故乡江西临川县	君东病足，思念君东
万历二十六年（1598）之后，万历二十八年（1600）之前；	《醉答君东怡园书六绝》	归隐故乡江西临川县	讲究戏曲排演，扶植宜黄腔
万历二十六年（1598）之后，万历二十八年（1600）之前；	《刘君东病足远游楼，寄问四绝》	归隐故乡江西临川县	刘君东病足，以诗慰问
万历二十六年（1598）之后，万历二十八年（1600）之前；	《向君东四索泰和县方物》	归隐故乡江西临川县	向君东索要泰和特产

徐朔方《汤显祖集全编》没有记载《与刘浙君东》的创作时间，汤显祖在万历十一年（1583）考上进士，而这一年却是刘君东落榜之日，故汤显祖写下《刘君东下第南归》，此时夕阳映照之下，孤马嘶鸣，大雁南飞，满目悲凉，诗人不胜悲悯，以抒南下送别之情，这一年的科举也拉近彼此的情谊，而《与刘浙君东》中的一句"邻近无千里，交亲有十年"① 可初步推算此篇应作于万历二十一年（1593）左右；诗歌的结尾"八水将图佛，三山

---

① 《与刘浙君东》，引自汤显祖著，徐朔方笺注：《汤显祖集全编》诗文卷一八，上海古籍出版社2015年版，第1085页。

欲候仙。"① 这是摆脱政治烦恼的方便之门，汤显祖为何有遁入空门之思，笔者查阅汤显祖在万历十八年（1590）时，初会达观禅师于南京刑部主事邹元标家，汤诗《莲池坠簪题壁二首》诗序说："庚寅，达观禅师过予于南比部邹南皋郎舍中。"② 汤这次在邹的郎舍中和达观相见以后，曾患了一场大病。汤显祖有《达公过奉常，时予病滞下几绝，七日苏，成韵二首》③，和《苦滞下七日达公来》④ 两诗，都提到他这次生病的事。而《与刘浙君东》中的"莺花三月晚，贫病一生全。上药终难就，劳薪半已燃。"⑤ 也许就是万历十八年（1590）落下的病根，再次复发，前后相差三年。据黄芝冈《汤显祖编年评传》考证："可知汤从达观受记，是本年在南京的一件事情。"⑥ 此时的汤显祖已接受佛学思想。万历十九年（1590），因上奏《论辅臣科臣疏》，激烈抨击朝政，贬谪广东徐闻县典史，一系列的政治斗争，难免出现了"尘情多摆落，芳意久连绵"⑦的厌倦尘世之情，心生归隐之意。《与刘浙君东》中的"花林恒共蹶，草榻并曾眠"⑧与刘君东往事生活的回忆历历在目，"丹阳汝孤往，白下我悠然"⑨的抒发悠然坦荡，闲暇无事的心态，这一切都暗示汤显祖应该在江西临川县所作《与刘浙君东》。

徐朔方《汤显祖集全编》中记载《生日诗戏刘君东》作于万历三十一年（1603）⑩，据《泰和县志》推算刘君东的生卒年为1544～1614；郑志良《新辑汤显祖佚文考释》中认为徐朔方的推测有误，刘君东的生卒年以罗大纮所作行状为准，此诗作于万历二十七年（1599）⑪；黄芝冈《汤显祖编年评传》，认为是万历二十六年（1598）作《生日诗戏刘君东》，理由是"汤于去年脱稿的《还魂记》，也在本年秋天付刻。汤自作《题词》，尾署"万历戊戌秋清远道人

---

① 《与刘浙君东》，引自汤显祖著，徐朔方笺注：《汤显祖集全编》诗文卷一八，上海古籍出版社2015年版，第1086页。
② 《莲池坠簪题壁二首》，引自汤显祖著，徐朔方笺注：《汤显祖集全编》诗文卷一四，上海古籍出版社2015年版，第827页。
③ 《达公过奉常，时予病滞下几绝，七日苏，成韵二首》，引自汤显祖著，徐朔方笺注：《汤显祖集全编》诗文卷九，上海古籍出版社2015年版，第513页。
④ 《苦滞下七日达公来》，引自汤显祖著，徐朔方笺注：《汤显祖集全编》诗文卷九，上海古籍出版社2015年版，第513页。
⑤⑦⑧⑨ 《与刘浙君东》，引自汤显祖著，徐朔方笺注：《汤显祖集全编》诗文卷一八，上海古籍出版社2015年版，第1085页。
⑥ 黄芝冈：《汤显祖编年评传》，文化艺术出版社2014年版，第156页。
⑩ 《生日诗戏刘君东》，引自汤显祖著，徐朔方笺注：《汤显祖集全编》诗文卷一五，上海古籍出版社2015年版，第897页。
⑪ 郑志良：《新辑汤显祖佚文考释》，载于《文献》2012年4月第2期。

题"①。因为《还魂记》付刻时间与《生日诗戏刘君东》时间是同一年。笔者赞成黄芝冈的观点，除了《题词》之外，这里还有古人计算年龄的虚岁与周岁之分，周岁指的是一个人的实际年龄，而虚岁是在周岁上加 1 岁或 2 岁，在古代小孩从出生时就应该记为 1 岁，而以后每过一个农历新年，即春节，就增加 1 岁，因此虚岁就比周岁大，而汤显祖是生于嘉靖二十九年（1550），旧历八月十四日（公历九月二十四日），而古人生日都是按虚岁，因此万历二十六年（1598）49 岁时，在江西临川过的 50 大寿。

五、汤显祖与罗大纮

《给谏罗匡湖先生大纮》云："罗大纮字公廓，号匡湖，吉之安福人。万历丙戌进士。辛卯九月，吴门为首辅，方注籍新安山阴，以停止册立，具揭力争，列吴门于首。上怒甚，吴门言不与闻，特循阁中故事列名耳。时先生以礼科给事中守科，愤甚，上疏纠之，遂谪归。"②可知罗大纮是万历十四年（1586）进士。在礼科给事中任，以疏劾首相申时行谪归。但罗大纮生卒年无论《明史》还是《明儒学案》都无记载，汤显祖与罗大纮有过三封书信来往，其中两封书信《寄罗匡湖》与《答罗匡湖》书写时间尚待考证。

李维桢《明故礼科给事中罗匡湖公墓志铭》云："今年四月，公幼子匐匍叩门泣而言，公己未十一年六月卒矣。"又云："公卒之日，遡其生嘉靖丁未后九月二十九日，年七十有三"，③可知罗大纮生于嘉靖丁未年（1547）九月二十九日，卒于万历四十七年（1619）己未十一年六月。

汤显祖的《寄罗匡湖》应作于万历二十八年（1600）后，因其中一句"兑阳兄令子孤甚，惟仁者念之。"④可做推算，兑阳是刘应秋的别号，字士和，与汤显祖同年进士，卒于万历二十八年（1600）十月。《答罗匡湖》应作于万历二十九年（1601）后，因"二梦已完，绮语都尽。"⑤可做推算，"二

---

① 黄芝冈：《汤显祖编年评传》，文化艺术出版社 2014 年版，第 156 页。
② 黄宗羲：《明儒学案》卷二十三，《黄宗羲全集》第七册，浙江古籍出版社 1992 年版，第 636 页。
③ 罗训森主编：《中华罗氏通谱》第 3 册，中国文史出版社 2007 年版，第 1571 页。
④⑤ 《寄罗匡湖》，引自汤显祖著，徐朔方笺注：《汤显祖集全编》诗文卷四六，上海古籍出版社 2015 年版，第 1859 页。

梦"指的是《南柯记》和《邯郸记》，而《南柯记》于万历二十八年（1600）完成，《邯郸记》于万历二十九年（1601）完成。《又》作于万历四十三年（1615）乙卯正月父卒之后，去年十二月，母卒。《又》云："颓惫眩瘠，无复人形，时问栖梧土星何时划度尔。"① 汤去年就既衰且病，从去年十二月到本年正月，他的父母相继死亡，因此他的身体就更不能够支持，在万历四十四年（1616）六月十六日离开人世。

六、汤显祖与高攀龙

汤显祖于晚年家居时所作《答高景逸》《忠宪高景逸先生攀龙》云："高攀龙，字存之，别号景逸，常州之无锡人。万历己丑进士。"②

汤显祖在万历二十年壬辰（1592）作《贵生书院说》与《明复说》③，万历二十一年癸巳（1593），以《贵生书院说》《明复说》寄高攀龙④，而高攀龙也有《答汤海若》的回信，而"海若"是万历五年（1577）落第后，以海若为号。而高攀龙是万历十七年（1589）进士，授行人，以奏疏触犯杨应宿，谪贬为揭阳典史。万历十九年（1591）前后归无锡，家居近30年。可见万历二十一年的书信来往，应该是彼此第一次书信交往。

《答高景逸》云："门下为大道主盟，"⑤ 指的是万历二十二年（1594），顾宪成与高攀龙等人在无锡东林书院讲学，其学问以主静为主。万历三十二年（1604），东林书院完全落成，东林声望日高。因此《答高景逸》应作于万历三十二年（1604）之后。

余　论

以上是对汤显祖与明代理学家诗文交游的具体考证，从中可以窥探出汤显

---

① 《又》，引自汤显祖著，徐朔方笺注：《汤显祖集全编》诗文卷四六，上海古籍出版社2015年版，第1860页。
② 黄宗羲：《黄宗羲全集》第八册，引自《明儒学案》卷五十八，浙江古籍出版社1992年版，第755页。
③ 徐朔方：《晚明曲家年谱》第三卷赣皖卷《汤显祖年谱》，浙江古籍出版社1993年版，第328页。
④ 徐朔方：《晚明曲家年谱》第三卷赣皖卷《汤显祖年谱》，浙江古籍出版社1993年版，第339页。
⑤ 《答高景逸》，引自汤显祖著，徐朔方笺注：《汤显祖集全编》诗文卷四七，上海古籍出版社2015年版，第1909页。

祖交游之特点。其一，以科举考试为交游；万历年间的会试地点在北京，汤显祖在万历三十一年（1583）癸未考上进士、本年和汤同中进士还有万国钦、李伯东、吕胤昌、孙如法、梅国桢、梅国楼、李献可、于玉立、曹学程等，同年，顾允成举会试三十名。如与同科进士詹在泮自然是终生难忘的考友，与落第的刘浙之间也是多年的科场伙伴，隆庆五年起刘浙与汤显祖同赴春试五次，故有"同人秋鬓十三霜"之句。其二，以同乡地域为交游；詹在泮虽是浙江常山人，但临近江西南昌，故临行到南昌与汤显祖会面；汤显祖五十七岁时在故乡临川创作了《章本清先生八十寿序》为南昌章潢祝贺八十大寿；与汤显祖一生交往最为密切的刘浙是泰和人，同属于江西省。而其中两位故乡好友与汤显祖都发自内心恪守孝道，颇具魏晋之风，如詹在泮"文学议论，为士之师，忠信孝弟，作世之范。"① 章潢是"居父丧，哀毁血溢。"而汤显祖在父母双亡之后，"颓愈眩瘠，无复人形。"一年就离开人世。其三，以探讨理学为交游；汤显祖本身不是理学家，但对理学有自己独到的见解，与顾允成对"复"、"辨"关系的争论，对罗大纮"过耽绮语"的批评的回复等，与东林党人的理学思想既有共性也有分歧，同时汤显祖与东林党人顾允成、罗大纮三人都同样离经叛道，敢于直言，具备东林党人的狂狷精神，如万历十九年（1591），汤显祖在南京礼部祠祭司主事的任上，上了一篇《论辅臣科臣疏》，词弹劾首辅申时行，但到晚年落寞之时，其佛道思想却占据主体，略有消沉悲观之叹。由此可见，汤显祖对世道人心、忠贞奸佞等大是大非问题，毫不含糊，决眦而起，从中也可以映照出汤显祖集忠孝节义与离经叛道相统一的人格魅力，既维护了理学思想所强调的道德秩序与伦理规范，又发扬了心学的主体精神，张扬自我的个性色彩。

作者单位：南京师范大学

---

① 夏原吉，李湘撰：《夏原吉集 李湘洲集》，岳麓书社2012年版，第225页。

"爱花"的佳丽情结与"护花"的侠义情结
——汤显祖逝世400周年祭

周华斌

一

明代后期,汤显祖(1550~1616)的人生情结表现为"爱花"的佳丽情结与"护花"的侠义情结。

在他接近中年(37岁)的言志诗《三十七》里,他强调过年轻时关注佳丽和侠义的性格:

"留名佳丽城,希心游侠窟。"

儒家知识分子有"家国情怀",所以《三十七》诗又说:

"弱冠精华开,上路风云出",
"历落在世事,慷慨趋王术"。

汤显祖在20岁时已娶妻成家,进入社会后,他不想沉溺于柴米油盐、家长里短的琐事,立志走仕途,报效朝廷,这是当时知识分子为国效力、光明正大的"正"路。不过,汤显祖在科举和仕途上连连失利。凭才华,35岁才被荐为太常寺博士——七品芝麻官,从事的也不过是宗庙、礼仪、祭祀之类宫廷琐事。42岁,由于上疏抨击朝政,他被贬广东徐闻县一年。44岁,调任浙江遂昌县当知县——六品官员。

随着年龄的增长,汤显祖经历了官场沉浮。眼看六品知县将是自己仕途的鼎峰，他"慷慨趋王术"的宏志变得越来越消极，看待世事也越来越豁达，全方位进入"俗"世。49岁，汤显祖主动辞官回乡，在家乡修建"玉茗堂"，选择了雅俗之间"中隐"的"乡贤"生活①。

然而，关注佳丽和侠义始终是他的心结，并且贯串一生。《牡丹亭》等"玉茗堂四梦"，便是他辞官还乡、写在人生边上的戏曲文本。

明末清初李渔在《闲情偶寄》里说："文章者，天下之公器"。他特意提到了汤显祖：

> "汤若士，明之才人也，诗文尺牍尽有可观。而其脍炙人口者不在尺牍诗文，而在《还魂》一剧。使若士不草《还魂》，则当日之若士已虽有而若无。……若士之传，《还魂》传之也。"

所谓"天下之公器"，意思是文士走仕途不足为据，汤显祖不过当到六品知县，"虽有而若无"。汤显祖以文章为安身立命，其名得以流传，"在《还魂》一剧"。

其实，以《牡丹亭还魂记》为代表的汤显祖"四梦"，是他"写在人生边上"的文字——他以虚无缥缈的"梦"为依托，虚虚实实地表现了所体验的人生况味和人生情感。

二

众所周知，梦是非现实的，表现的是人的精神境界。

当代学者徐朔方概括：汤显祖的"四梦"写了两个好梦、两个坏梦，或者说两个善梦、两个噩梦。《紫钗记》《还魂记》以团圆结局，是好梦、善梦；《邯郸记》《南柯记》惊醒于噩梦，是坏梦、噩梦。

前辈学者吴梅称：

> "《还魂》，鬼也；《紫钗》，侠也；《邯郸》，仙也；《南柯》，佛也。……

---

① 中唐白居易诗称《中隐》："大隐住朝市，小隐入丘樊。丘樊太冷落，朝市太嚣喧。不如作中隐，隐在留司官。似出复似处，非忙亦非闲。……唯此中隐士，致身吉且安。"

鬼、侠、仙、佛竟是曲中之意。"

吴梅的意思："四梦"中的鬼、侠、仙、佛主宰着人生命运。剧中人物不过是场上傀儡而已——类似于西方古典戏剧中宿命的"命运戏剧"。

综合前辈哲人的看法，倘若对"四梦"进行人生读解，那末，现实中汤显祖有四个人生情结：佳丽、侠义、中隐、佛道：前两个梦《紫钗记》《还魂记》，表现的是青年男女的离合之情，即汤显祖青年时期的佳丽情结和侠义情结；后两个梦《邯郸记》、《枕中记》，表现的是看破红尘的脱俗之情，即汤显祖中年以后的"中隐"情结和佛道情结。

明清的戏曲"传奇"，以一生一旦为情节枢纽，尤其是青年男女的小生小旦。《紫钗记》和《还魂记》，分别演示佳丽的命运：霍小玉和杜丽娘，汤显祖"佳丽"情结不言而喻。而成全霍小玉与才子李益、杜丽娘与才子柳梦梅爱情的，是不受官府规范的侠士黄衫客；以及冥冥之间的花神、胡判官，此外还有超脱男女性别的石女（石道姑），以及植树老人郭橐驼（维护绿色生命）。这些形象，无论现实的或非现实的，都自觉或不自觉地成为"护花使节"，具有"侠与义"的精神，表现为汤显祖的"侠义"情结。

至于《邯郸记》《枕中记》，则表现汤显祖中年后的心境，是被佛门禅师契玄和道士吕洞宾点破的两个噩梦。佛道点破噩梦，相当于清初《桃花扇》中的栖霞山白云庵张道士，他在剧中喝破了李香君和侯朝宗两个"情种"的爱情之梦。今天看来，尽管这两个梦有揭露历史上官场腐败的认识意义，但毕竟已"走在人生边上"。汤显祖显然受到佛道影响，看破红尘了。

三

汤显祖年轻时关注佳丽和侠义的情结贯串了一生。与"四梦"密切关联的，是他根深蒂固的"传奇"观。

汤显祖曾在任职的"暇日"点校过的唐代的笔记小说集《虞初志》，并为之写了总序。在《〈虞初志〉序》中，他高度评价唐传奇中的飞仙盗贼、佳冶窈窕、花妖木魅、牛鬼蛇神。认为唐传奇"意有所荡激，语有所托归"，是小说家的"珍珠船"：

"以奇僻荒诞、若灭若没、可喜可愕之事，读之使人心开神释、骨飞眉舞。虽雄高不如《史》、《汉》，简淡不如《世说》，而婉娈流丽，洵小说家之珍珠船也。"

又选唐人笔记小说三十二篇，编为《续虞初志》。在《续虞初志》各篇的评语中，他对唐传奇赞誉有加。如：

《聂隐娘传》——飞仙、剑侠无如此快心。每展读之，为之引满。
《崔玄微传》——花神安可无此一传？
《东方朔传》——东坡诗云："狂语不须删。"又云："使妄言之。"读此当作此解。
《昆仑奴传》——剑侠传夥矣，余独喜虬髯客、红线、昆仑奴为最。后人拟之不可及。

"四梦"都取材于唐代的笔记小说——传奇，从题材内容到艺术表达，特别是《牡丹亭》，都体现着盛唐精神——不避怪、力、乱、神。

在艺术表达上，当时的戏曲批评家有一种说法，认为汤显祖创作《牡丹亭》，"意"之所至，"不妨拗折天下人嗓子"——看起来很有狂傲之气[①]。其实汤显祖不拘泥于固有的词曲定格，强调"意、趣、神、色"，同样反映着唐传奇式的美学理想。

52岁，汤显祖整体完成"四梦"以后，继续进行着"传奇文"和"花间词"的点校品评。

其临川同乡丘兆麟按"传奇"的观念编集了百余篇"合奇文"，汤显祖为之写了《合奇序》，认为：

"文章之妙，不在步趋形似之间。自然灵气恍然而来，不思而至，怪怪奇奇，莫可名状，非物寻常，得以合之……。或片纸短幅、寸人豆马；或长河巨浪，汹汹崩屋；或流水孤村，寒鸦古木；或岚烟草树，苍狗白

[①] 王骥德《曲律·杂论第三十九下》载：有人改《牡丹亭还魂记》中不协律的字句，汤显祖称，"彼恶知曲意哉。余意所至，不妨拗折天下人嗓子。"

衣；或彝鼎商周，丘索坟典，凡天地间，奇伟灵异、高朗古宕之气……神矣！化矣！"

其中涉及"形""神""意""奇""灵""气"等美学概念，提升为"自然灵气"的美学理论。汤显祖主张文章尚"奇"，奇风、奇俗、奇趣、合奇，方能成为奇文。同时，他批判了腐儒们应时而作、了无生气的时文、八股文，认为："世间唯拘儒老生不可与言文"，这些腐儒"耳多未闻、目多未见"，"出其鄙委牵拘之识"，对传奇文品头论足，乃是天下文章的灾难。他鲜明地提出了"宁为狂生，毋作乡愿"的主张。

万历四十三年（1615），汤显祖66岁，为福建刻板刊印的曲子词《花间集》写了序。

《花间集》十卷500首，是晚唐五代专门描写女人美、媚，包括装饰容貌、眉目传情、当筵歌舞、日常起居的"曲子词"专集。古代将女人喻作"花"，《花间集》软媚香艳的"曲子词"，文坛上称作"花间派"，曾被认为是我国的第一个词派，《花间集》也被认为是第一部文人词集。

汤显祖《玉茗堂评〈花间集〉序》称：该书久已失传，明代正德年间方在南方寺庙里发现了该书的一种版本。他在序中坦诚地说：对"花间词"，"余于《牡丹亭》二梦之暇结习不忘，之所以对"花间词"加以评点，是希望"有志于风雅者"，将被称作"唐调"的花间"曲子词"与唐诗宋词"互赏"。

汤显祖沿用当时文坛上提倡"文必秦汉，诗必盛唐"的前七子领军人物李梦阳的观念[1]，考证了《花间集》中所呈现的"唐调之始"。今天看来，随着敦煌曲子词等文献资料的发现，其关于诗词"由雅趋俗"的观念不无瑕疵，比如他在《〈花间集〉序》中慨叹诗的形态不断降格，悲观地感叹："诗其不亡也夫！诗其不亡也夫！"[2] 然而其求真务实的治学态度是值得赞许的。

---

[1] 李梦阳曾任江西提学副史，称"诗至唐，古调亡矣。"又说，"然自有唐调可歌咏，犹足被管弦。宋人主理不主调，于是唐调亦亡。"
[2] 该序认为："诗三百篇，降而骚赋；骚赋不便入乐，降而古乐府；乐府不入俗，降而以绝句为乐府；绝句少婉转，则又降而为词，故宋人遂以为'词者，诗之余也'。"又以"唐调"反观乐府、骚赋、诗三百篇，感叹道："诗其不亡也夫！诗其不亡也夫！"有"断代限体"的悲观意味。

晚年汤显祖贫病交加，但心中仍涌动着年轻时的佳丽情结和侠义情结。他不仅弘扬盛唐"传奇"精神，而且始终对《紫钗记》《还魂记》二梦"结习不忘"。第二年，六十七岁汤显祖便去世了（万历四十四年，1616.7.29）。

四

汤显祖逝世 400 年来，"四梦"中的《牡丹亭》超越时代，跨越不断更新的媒体，受到了世间普遍的关注。甚至跨越语言障碍，走上了世界文坛和艺坛。其主要原因，在于以人为本的"人本精神"——人性与人情，尤其表现为汤显祖年轻时"爱花"的佳丽情结和"护花"的侠义情结。

在中国文化艺术史上，400 年来，不断以汤显祖带有"传奇"色彩的戏曲文本《牡丹亭》为底本。明万历年间发端于苏州昆山地区的昆曲，扩散到江浙、江西、湖南、四川、广东等地，万历末期传入北京宫廷，乃至成为全国性的大剧种。时至当今，无论何种载体或媒体：戏曲舞台、唱片、广播、电影、电视乃至当代多媒体，《牡丹亭》都被精心制作，成为传统文化绕不开的精品。

进入 21 世纪，2001 年，昆曲被联合国列为第一批《人类非物质文化保护遗产名录》。

本文提供我所经历的与现代媒体电视相关的若干情况：

受中央电视台戏曲组委托，我写过几部关于昆曲的戏曲专题片。其中系列性的 4 集专题片《昆曲访古录》，包括两个小专题："园林梦"和"《牡丹亭》"。后者以汤显祖的《牡丹亭》为核心，引用了汤显祖文本中的名句：

"良辰美事奈何天，赏心乐事谁家院。"
"花花草草由人恋，生生死死遂人愿。"
"相思莫相负，牡丹亭上长生路。"

同时引用了昆曲中泣天地、动鬼神的"冥判"一场——阴阳之间，主持正义"护花"，充满阳刚之气的胡判官。

2004 年 4 月，由白先勇教授牵头，大陆（内地）、香港、台湾的艺术家联手打造青春版《牡丹亭》，在世界上巡回演出。随即，北京由某公司出面，面向海内外文化旅游者，制作了高档次的豪华版《牡丹亭》，以厅堂式小剧场的方式，进行商业性的定期演出。此外，还有欧美、澳大利亚华人组织演出的、涉及旧有民俗的汤显祖原本全套《牡丹亭》。这期间，为了免费提供中国传媒大学学生观赏青春版《牡丹亭》，我与白先勇先生在北京的一个大院里有过将近一晚上的交谈。

2009年8月，针对当时越来越热的《牡丹亭》现象，中央电视台新闻部门"重访"栏目组对我进行了专题采访主要涉及下列问题：

（1）昆曲的形成过程？

（2）顾坚是何许人？为何称他为昆曲鼻祖或昆曲创始人？

（3）《牡丹亭》讲的是怎样的故事？创作背景怎样？汤显祖怎么有的这个故事？

（4）《牡丹亭》美在哪里？好在哪里？它的艺术价值是什么？戏曲史上是怎样的地位？如何欣赏？从哪些角度欣赏？

（5）为何被称作"四梦"？为何用梦境表达自己的想法？"梦"是不是他独特的艺术手法？

（6）汤显祖写的《牡丹亭》是昆曲吗？

（7）其他。

作为中央电视台，需要面对全国广大观众，并接受监督。面对媒体，与参加学术研讨会有所不同。以上问题问题可浅可深，多半已有定论。有的比较专业，学界尚有不同看法。为此，我做了一些准备（见附录）。

汤显祖与英国文艺复兴时代的戏剧家莎士比亚同年去世。人称"说不尽的莎士比亚"。对于中国明代后期的汤显祖及其戏曲文本"四梦"来说，各种视角也有诸多言而未尽之处。值此汤显祖忌辰400周年之际，本文对汤显祖进行一次人生情结的回顾与总结，或许其贯串一生的佳丽和侠义情结，也是传统中国文明中人性与人情交融的普遍的人生品格。

谨以此文为"祭"。

作者单位：中国传媒大学戏剧戏曲研究所

附录

《〈牡丹亭〉采访准备》

周华斌

（1）昆曲的形成过程。

▲昆曲发源于江苏昆山县，更加具体地说，是离昆山县30里的千墩（现"千灯"）镇。时间在元代末年，也就是14世纪中叶，离现在有600年了。当时叫"昆山腔"。

明初朱元璋曾召见一位107岁的昆山老人（周寿宜），打听据说很"好听"的"昆山腔"的事。这个老人说他不会唱昆山腔，只会唱"吴歌"，还唱了一段"月子弯弯照九州"。朱元璋笑他是个"村老儿"（乡巴佬）。

▲明代后期的嘉靖年间（1523~1566），昆山的太仓（州府）出了一个音乐家，叫魏良辅（江西南昌人，流寓太仓）。他用10年工夫将昆山腔改革成柔软细腻的"水磨调"，就是"昆曲"（坐唱）。

▲随后，魏良辅的弟子、昆山人梁辰鱼写了部戏，叫《浣纱记》，成为用水磨调（也就是昆曲）演唱的第一个剧目。时间大概在嘉靖之后的隆庆末年（1567~1572）。

▲那么，昆曲被搬上戏曲舞台大约450年。

▲昆曲发祥于苏州地区，万历年间（1573~1619），扩散到江浙地区甚至江西、湖南、四川、广东等地，万历末期传入北京宫廷。康熙、乾隆年间尤其兴盛。

▲可以这样说：16世纪中叶到18世纪中叶，昆曲兴盛了200年。在明代南戏的四大声腔中（海盐、余姚、弋阳、昆山）中，作为雅音，它渐渐跃居首位。

（2）顾坚是何许人？为何称他为昆曲鼻祖或昆曲创始人？

▲顾坚是元末（14世纪中叶）文人，是昆山州千墩镇人，当过太学生。他善于写乐府歌词，会唱，自号"风月散人"。这个人有点民族骨气，元蒙贵

族曾经多次召他入府唱曲，他不伺候，宁肯与家乡的文人为伍。

▲据文献记载，这个人"精于南词，善作古赋"，"善发南曲之奥"，所以，在元末明初，他写的、唱的曲子在文坛上已经被称作"昆山腔"。后来昆山腔的改革家魏良辅就是这样说的。

▲至今，千墩镇还有宋代的古塔，还专设了顾坚纪念馆。

▲其实顾坚时期的"昆山腔"还不是"水磨调"的昆曲，但也不是通俗的"吴歌"，它有昆山地区文人乐府的底蕴，魏良辅的改革也是往文人厅堂的韵味上靠的。

(3)《牡丹亭》讲的是怎样的故事？创作背景怎样？汤显祖怎么有的这个故事？

▲《牡丹亭》讲的是锁闭在深闺的青春少女杜丽娘与赶考书生柳梦梅生生死死的浪漫的爱情故事。

▲是明代万历年间间江西、浙江地区的剧作家汤显祖写的。取材于唐代的笔记小说和明代的话本小说（《杜丽娘慕色还魂》），这本是一个人鬼相恋终成眷属的爱情传奇（"人鬼情未了"），强调"至情"、"至爱"。汤显祖假托杜丽娘是杜甫的后代，柳梦梅是柳宗元的后代，赋予它反封建宗法、反道学、反腐儒的现实内容。

▲是对宋代以来越来越禁锢的程朱理学"存天理，灭人欲"观念的反叛。这样的反叛在明代中叶以来的文坛上是一种进步的潮流，呼唤人性复归。汤显祖是顺应这样的进步思潮的。

(4)《牡丹亭》美在哪里？好在哪里？它的艺术价值是什么？戏曲史上是怎样的地位？如何欣赏？从哪些角度欣赏？

▲地位：古典文学史、戏曲史、艺术史上的经典。

▲人性的回归与复苏，东方文化艺术的永恒的美的魅力。既是感性的，又是富有人生哲理的。既是历史的，又能够跨越历史，令人遐想，可以是现代的。

▲从人类文明史的角度，明代后期，是与莎士比亚相同的历史时代的人性呼唤。

▲有文学的价值、艺术的价值；有案头文学的价值、有场上艺术的价值。如：文词凝练，诗的意境，耐得起咀嚼（游园惊梦："原来姹紫嫣红开遍，似这般都付与断井颓垣。良辰美景奈何天，赏心乐事谁家院？""朝飞暮卷，烟

波画船，雨丝风片，烟波画船"）。浪漫的、精神的依托如东方"睡美人"。"花花草草由人恋，生生死死遂人愿"；"但是相思莫相负，牡丹亭上三生路"，令人遐想。心灵的陶冶，雅乐层面的唯美追求。

▲ 传说：汤显祖宅名"玉茗堂"，寄情于诗文。其实他的住所并不宽敞，鸡窝猪圈边都备有笔墨。脱离了官场的污浊，脱离了尘世的喧嚣，纯净的文士间的交往，雕文琢句，感慨和思考人生。又：玉茗堂前有一棵高出房檐的树，枝叶茂盛，从不开花。《牡丹亭》写成后，汤显祖招来优伶表演，当晚玉茗树上鲜花怒放，从此年年开花。

▲ 仁者见仁，智者见智，其传说涉及观众学和文化传播学。

（5）为何被称为"四梦"？为何用梦境表达自己的想法？"梦"是不是他独特的艺术手法？

▲ 汤写了一共写了四部剧作：《紫钗记》《还魂记》《南柯记》《邯郸记》，都写到了"梦"，合为"临川四梦"或"玉茗堂四梦"。前两部是好梦，最终都团圆了；后两部是噩梦，都被惊醒了，原来是黄粱一梦。

▲ 梦是精神领域的现象。"日有所思，夜有所梦"。肢体休息了，大脑细胞仍在活动。梦虽然是虚幻的，却也是现实生活在大脑思维中的曲折反映。

▲ 梦是古今中外优秀文学作品中经常出现的题材，普遍的创作手法。现实生活中没有出现的可以在梦中出现；不能实现的可以在梦中实现；不能惩罚的可以在梦中惩罚。比纯粹的现实主义更加灵活、更加浪漫、更可以表现理想的真实。

▲ 信手拈来，比比皆是。如西方：《仲夏夜之梦》《王子复仇记》《神曲》。中国：《伐子都》《托兆碰碑》《活捉王魁》。包公戏中更多（元代《倩女离魂》《蝴蝶梦》《盆儿鬼》）。

▲ 还能把现实当作梦境：《红楼梦》《长生殿》《桃花扇》。毛主席《蝶恋花·游仙》何尝不是梦境？

▲ 所以，"梦"是一种普遍的、浪漫主义的创作手法。汤显祖巧妙地运用了古典文学和古典艺术中"梦境"的表现手法。

（6）汤显祖写的《牡丹亭》是昆曲吗？

▲ 不是，是明清戏曲通用的剧本文体，叫戏曲"传奇"，是曲牌组合的"曲牌体"、"联曲体"，明代四大声腔都可演唱。据学者考证，万历年间汤显祖所在的江西和浙江主要流行海盐腔。汤显祖尤其与江西宜黄腔的子弟有联

系，但宜黄腔比较土俗，不如海盐腔高雅。至于《牡丹亭》用昆曲演唱，可能是明末清初的事，清代有昆曲的曲谱（工尺谱）留存。

▲ 昆曲基本上是雅音，是在文人厅堂的环境中发展起来的：笙管、琵琶、弦子，音乐伴奏丰富，影响很大。而且，更适合《牡丹亭》，"珠联璧合"。（海盐、余姚已失，弋阳更多地走向民间）

▲ 梅兰芳早年是从昆曲起家的，他的爷爷梅巧玲主持的"四喜班"（嘉庆年间"四大徽班"之一）就以昆曲擅长。

▲ 当时的"皮黄"（京剧）比较土俗，唱、念、做、打需要从昆曲中吸收营养，才能提高艺术品位。

▲ 在北京和上海舞台上，经常是京剧和昆曲"两下锅"，京、昆同台演出。昆曲本是在江南一带流行的剧种，京剧中的昆曲剧目称"京昆"。属于"北昆"。

▲ 梅兰芳曾与韩世昌同演《游园惊梦》。1959年排的电影《梅兰芳的舞台艺术》，第一个剧目是昆曲《断桥》。

▲ 据我所知，苏昆、上昆、浙昆、京昆等昆剧团和各地票友都唱《游园惊梦》，是折子戏的传统本子，文字未改，曲调也大同小异，已成为经典教材。

▲ 折子戏的演出在乾隆以后已成潮流。《牡丹亭》的《游园》《惊梦》《堆花》《寻梦》《冥判》《拾画》《叫画》都是名段，未大更改，可以组合。

▲ 80年代以来，苏昆、上昆有压缩版的《牡丹亭》。90年代以来，白先勇的青春版《牡丹亭》、北京的厅堂版《牡丹亭》各有宗旨，基本上由有成就的老演员带青年演员，保持原味。青春靓丽，舞美灯光革新，颇受欢迎。此外，又有美国留学人员的全部原本《牡丹亭》演出，有争议，未见

（7）其他。

▲ 称昆曲为"百戏之祖"，在中国戏曲史上是一种形容。但昆曲的艺术营养确实融化在各个剧种之中。

▲ 汤显祖（1550~1616），66岁；莎士比亚（1564~1616），52岁。汤显祖比莎士比亚大14岁，同年逝世。

▲ 学界认为《梁山伯与祝英台》是东方的《罗密欧与朱丽叶》，但《罗密欧与朱丽叶》是关于爱情浪漫剧的一种比喻。为什么不说《罗密欧与朱丽叶》是西方版的《牡丹亭》和《梁山迫与祝英台》呢？只能说，在古典戏剧领域，尤其在题材方面，东西方文化有不少是相通的。

▲ 当时人说,此剧一出,"几令《西厢》减价。"

▲ 据载:明代娄江17岁女子俞二娘,用蝇头小楷详细圈点了汤显祖的《牡丹亭》,有感于身世,终日郁郁寡欢,断肠而死。汤显祖知道后,特意写诗表示悼念。

▲ 杭州商小伶,有个心上人,因无法结合,抑郁成病。她演《牡丹亭》非常投入,每演到《寻梦》一场,便泪流满面。据说有一次唱到"香魂一片,阴雨梅天,守得个梅根相见",居然伤心过度,扑地气绝。

▲ 清代有一青年女子叫小青,写诗道:"冷风凄雨不可听,挑灯闲看《牡丹亭》。世人亦有痴如我,岂独伤心是小青?"同病相怜,形成了共鸣。

▲《红楼梦》中林黛玉说:"原来戏文上也有好文章,可惜世人只知看戏,未能领会其中滋味。"

性·情·欲

——汤显祖至情观的内涵

周立波

汤显祖推崇至情，可以追溯到王阳明的致良知，良知出于本心，以无善无恶的性之体，从无入有，讲求良知的发用，从情出发，达到知行合一，即将性体与情用合于一心，排除私欲，只存天理。在对性的认识上，王阳明与朱熹存在根本的差别。朱熹归理于性，强调工夫的内外结合。王阳明则归理于心，强调工夫的内修。汤显祖的至情观正是秉承了王阳明的理论，从良知上体用性、情，并将性、情、欲严格地区分开来，从而通过具体的创作，尤其是戏曲作品的创作，充分展现了他的这一观点。

一、从王阳明到汤显祖

王阳明提倡童子教育当以情为中心，顺应儿童性情的自然抒发。他说："大抵童子之情，乐嬉游而惮拘检。如草木之始萌芽，舒畅之则条达，催挠之则衰萎。今教童子，必使其趋向鼓舞，心中喜悦，则其进自不能已。"（王阳明《训蒙大意示教刘伯颂等》）

他对情的阐释，在《答汪石潭内翰书》（辛未）中较为完全的表达出来，他认为："夫喜怒哀乐，情也。"又云："喜怒哀乐之与思、与知觉，皆心之所发。心统性情。性，心体也；情，心用也。"此乃阳明先生少见的关于情的论说，然阳明先生的"情"非仅指男女之情。在《答黄宗贤、应原忠》（辛未）中又说："凡人情好易而恶难，其间亦自有私意气习缠蔽，在识破后，自然不见其难矣。""情"与所有事物一样，需加一段"的实工夫"，方能达其境域。这里，王阳明明确地认为情就是喜怒哀乐，而喜怒哀乐与思想、知觉一样，都是发自内心深处的，那么这种"不虑而知、不学而能"的"是非之心"，正是阳明先生所说的"良知"。因此,他认为:"是非之心,不虑而知,不学而能,所谓良知也。良知之在人心,无间于圣愚,天下古今之所同也。"又谓:"古之人所以能见善不啻若己出,见恶不啻若己入,视民之饥溺犹己之饥溺,而一夫不获,若己推而纳诸沟中者,非故为是而以蕲天下之信己也,务致其良知,求自慊而已矣。"(丙戌《答聂文蔚书》其一)阳明先生并不排斥情,他从体用两方面来解释心,心之体是性,心之用是情。他一直坚持认为体用不能分为两截,只有将体用合为一体,才能使良知纯净光明。

关于性与情的关系,玄学家王弼在《周易·乾卦》曾经解释道:"不为乾元,何能通物之始?不性其情,何能久行其正?是故始而宗者,必乾元也;利而正者,必性情也。"很显然王弼是将性与情分为两事,那么在王弼眼里何为性与情呢?他在《论语释疑·阳货》中说:"不性其情,焉能久行其正,此是情之正也。若心好流荡失真,此是情之邪也。若以情近性,故云性其情。情近性者,何妨是有欲。若逐欲迁,故云远也;若欲而不迁,故曰近。但近性者正,而即性非正;虽即性非正,而能使之正。譬如近火者热,而即火非热,而能使之热者何?气也、热也。能使之正者何?仪也、静也。"在性与情之外,他又提到一个"欲"字。"以情近性"是"情之正",如果情脱离了性,则是"情之邪",欲念"流荡失真",自然违背了圣人的本意。很明显,"性其情"是一条要求很高的道德标准,在王弼那里,似乎只有圣人才能做到。

到了宋代,继承王弼性情说的是程颐。程颐首先解释了性与情,他在《程氏遗书》卷九中说:"仁者,公也,人此者也;义者,宜也,权量轻重之极;礼者,别也;知者,知也;信者,有此者也。万物皆有性,此五常性也。若夫恻隐之类,皆情也,凡动者谓之情。"后来他又在《颜子所好何学论》进一步阐发了性与情的关系:"天地储精,得五行之秀者为人。其本也真而静,其未发也五性具焉,曰仁义礼智信。形既生矣,外物触其形而动于中矣,其中动而七情出焉,曰喜怒哀惧爱恶欲。情既炽而益荡,其性凿矣。是故觉者约其情使合于中,正其心,养其性,故曰'性其情'。愚者则不知制之,纵其情而至于邪僻,其性而亡之,故曰'情其性'。"在这里,程颐尽管有扬性抑情之嫌,但他并不排斥情,因为喜怒哀惧爱恶欲七情乃动于中所至,属于人的本能,只是因为对待情的对象不同,或者说把握情的方式有异,才使得情向两个相悖方向发展。

但这种将性与情分而为二的说法,在阳明先生看来显然是不可取的。他强调知行合一，就是知与行、体与用、性与情合为一体，在"一念发动处，便即是行了；发动处有不善，就将这不善的念头克倒了。须要彻根彻底，不使那一念不善潜伏在胸中"（《传习录》）。此处的所谓"不善"便是欲念。所谓"欲识浑沦无斧凿，须从规矩出方圆"（王阳明《别诸生》），就是这个道理。

到了王艮，将欲念的概念扩大了，认为凡是"心有所向便是欲，有所见便是妄"。他对良知的理解仍然沿袭阳明先生的观点，认为良知是"分分明明，亭亭当当，不用安排思索，圣神之所以经纶变化而位育参赞者"（《与俞纯夫》）。但他却又将良知归于性，认为："夫良知即性，性焉安焉之谓圣；知不善之动而复焉执焉之谓贤；惟百姓日用而不知，故曰以先知觉后知，一知一觉无余蕴矣。"（《答徐子直》）又说："夫良知即性，性即天，天即干也。以其无所不包故谓之仁，无所不通谓之亨，无所不宜故谓之利，无所不正故谓之贞。"（《答朱惟实》）这里他显然没有把握住阳明先生的体用统于一心的认识，偏重于体，将性等同于良知，却忽视了良知之用，这就难怪他把情简单地归入到欲中，从而将用扩大到接近"欲"。

王艮的门人徐樾，最初学于王阳明，后从师于王艮。其对情的理解直接继承了王艮的观点，"指识曰心，名欲为情"，已完全把情看成欲，认为一有蠢动，便有私欲，有私欲便有情生。至于人最为可贵的东西，徐樾认为是"性之灵"。他说："惟灵也，故能聪能明，能几能神，能谦能益，能刚能柔，卷舒变化，溥博高明，出入乎富贵贫贱之境，参酌乎往来消息之时，安然于饮食居处，怡然于孝弟忠信。"（黄宗羲《明儒学案·泰州学案一·布政徐波石先生樾》）他此后提到的"民愚而神"，是指普通百姓虽资质愚笨，却灵明尤在。所谓神就是灵明，实即良知也。

徐樾的弟子颜钧，从孔子所谓"七十而从心所欲不逾矩"入手，申明自己对性、情、欲的理解，他在《辨精神莫能之义》说："夫是之谓'从心所欲不逾矩'。夫是之为一团生气育类人。"在《辨性精神莫互丽之义》中说："性情也，神莫也，一而二，二而一者也，如此申晰，是为'从心所欲不逾矩'之学。"在《日用不知辨》中说："所以一生贸贸罔罔，日用此生此仁，而皆不知此即己心之良知良能，此即'从心所欲不逾矩'之大学中庸也。"在《题敖子霁雪卷》中说："又曰人心霁雪，达天德哉！是以霁丽心明，雪沁心聪，聪明竭乎睿哲，即光天化日，六位时成之贞素也，仁之肫，知之灵，精之体，神之妙，细缊朕兆乎御天造命，大中学庸乎从心所欲不逾矩也。"他把性与情看成"一而二，二而一"的一体，人皆有所欲，但只要在"不逾矩"的框架内体用，情也是性，性也是情。这一看法与王阳明的观点是一致的。

颜钧的弟子罗汝芳对情的理解，有独到之处。他认为："夫惟其情之同深，故其念之独至，而所以为孝且弟者，必归之矣。岂独孝弟为然哉？推而君臣，而夫妇，而朋友，而万民，而庶物，固无一而不在好生之中，亦无一而或出于存心之外。"（《一贯编》）这里所说的情与其提出的"赤子之心"具有同一义理，即"平易之处"的人情，顺乎自然，生动活泼。他提出："只目下思父母生我千万辛苦，而未能报得分毫，父母望我千万高远，而未能做得分毫，自然心中悲怆，情难自已，便自然知疼痛。"（黄宗羲《明儒学案·泰州学案三·参政罗近溪先生汝芳》）这里所说的"疼痛"就是情。

对于欲的理解，罗汝芳认为："所谓欲者，只动念在躯壳上取足求全者皆是，虽不比俗情受用，然视之冲淡自得，坦坦平平，相去天渊也。"（黄宗羲《明儒学案·泰州学案三·参政罗近溪先生汝芳》）将欲附着在事物上，又把它与俗情分开，这正是罗汝芳的独到之处。他所说的欲，正是他提倡的赤子之心。他在提出"欲"的同时，又提出"乐"和"得"的观念，认为："所谓乐者，只无愁是也。若欣喜为乐，则必不可久，而不乐随之矣。所谓得者，只无失也。若以境界为得，则必不可久，而不得随之矣。"乐即无愁，得即无失。很明显，在罗汝芳看来，欲是晚明通常说的情，而俗情则是我们所指的欲。

罗汝芳对性的看法是生即性。在他看来，性是超越善与不善的东西，而善与不善的差别乃缘于天命和气质，是否能够化气质为天命之性，则取决于心之是否明觉，所以他说："吾心觉悟的光明，与镜面光明却有不同。镜面光明与尘垢原是两个，吾心先迷后觉，却是一个。……若必欲寻个譬喻，莫如冰之与水，犹为相近。"又说："冰虽凝而水体无殊，觉虽迷而心体具在，方见良知宗旨，贯古今，彻圣愚，通天地万物而无二无息者也。"

罗汝芳的弟子曹胤儒曾经对其师作过评价，总结得非常到位，他认为："天地万物为一体，使天地万物各得其所为极致，所谓大学，所谓明明德于天下，是吾师之门堂阃域；老吾老及人之老，幼吾幼及人之幼，所谓仁义之实，所谓道迩事易，是吾师之日用事物；赤子不虑之良知、不学之良能，与圣人之不思不勉，天道之莫为莫致，是吾师之运用精神。"

汤显祖少年时即从师于明德先生，汤显祖的《秀才说》谓其"十三岁时从明德游"，周大赉《汤临川先生书经讲意叙》谓"先生童年说经，师傅为之辍席"。罗汝芳对性、情、欲的看法，自然会直接影响到其弟子汤显祖。

二、从无入有，由性入情

　　王阳明的四句教是其心学的精髓，可概括其心学观点："无善无恶性之体，有善有恶意之动，知善知恶是良知，为善去恶是格物。"尽管他的后人在有无和体用上的侧重各有不同，但始终未离其良知之源。阳明先生的弟子王畿曾经在《抚州拟岘山会晤》中曾经说过："先师首揭良知之教，以觉天下，学者靡然宗之，此道似大明于世。凡在同门得于见闻之所及者，虽良知宗说不敢有违，未免各以其性之所近，拟议掺和，纷成异见。"他拟出了大约有六种良知说：归寂、修正、已发、现成、体用和始终。其中影响较大的当属左右两派和正统一派，而影响最为广远的当属左派，即以王畿、王艮为代表的主张良知现成论的王学左派。汤显祖就是王学左派的第五代传人。王学左派的现成论的主张概括起来有以下几点：一、无中生有。自无入有，本体即无，良知现成，排除玄虚，达到浑融。二、本体上下工夫，提倡顿悟，排斥渐修。三、良知即性。良知本无，无为性体。四、工夫简易直接。良知现成，不假安排。这几个方面可以说是王学左派区别于以聂豹、罗洪先为代表的王学右派和以钱德洪、邹守益、欧阳德为代表的正统派的最根本的依据。作为左派的传人，汤显祖自然传承了王阳明与王学左派的观念，并在这一基础上有所发挥。

　　在对心与性的认识上，汤显祖基本上是秉承王阳明的认识，认为体用于心，不假外求，知行合一。他在《玉茗堂书经讲意》中曾经认为："而钦体虚灵，又何明也？钦明莹以含章，可谓文矣。而明体沉几，又何思也？然皆德性之精，钦体而明用，悉根于自有之中。钦明之极，文显而思微，一运以默成之德，盖尧能尽其性，故心不烦于收敛。机无劳于作用，而钦明文思，若天心之自运也，惟其心法之精，故其德之外露也。"他在《复甘义麓》中又说："弟之爱宜伶学二《梦》，道学也。性无善无恶，情有之。因情成梦，因梦成戏。戏有极善极恶，总于伶无与。伶因钱学《梦》耳。弟以为似道。伶之以付仁兄慧心者。"在对性的认识上汤显祖显然继承了王阳明的观点，他认为情是有善有恶的，也正是阳明先生所说的"意之动"，即心之发用。汤显祖在《明复说》里同样认为："天命之成为性，继之者善也。"先有无善无恶的性，才有有善有恶的"意之动"，他的"明复"思想，则可以更加完全地阐明这一看法，他认为："何以明之？如天性露于父子，何以必为孝慈。愚夫愚妇亦皆有此，止特其限于率之而不知。知皆扩而充之，为尽心，为浩然之气矣。文王'缉熙光明'，故知其中有物而敬之，此知之外更无所知，所谓'不识不知，顺帝之则'也。《大学》'致知在格物'，即'其中有物'之物，帝则是也。君子知之，故能定静。素其位而行，素之道隐而行始怪，阂而不通，非复浩然故物矣。故养气先于知性。至圣神而明之，洗心而藏，应心而出。隐然其资之深，为大德敦化；费然其用之浩，为小德川流。皆起于知天地之化育。知天则知性而立大本，知性则尽心而极经纶。此惟达天德者知之。"在他看来，在知性之前还需养气，而知性则须尽心。他在《朱愚忠制义叙》中从养气谈到性情："养气有二。子曰：'智者动，仁者静；仁者乐山，而智者乐水。'故有以静养气者，规规环室之中，回回寸管之内，如所云胎息踵息云者，此其人心深而思完，机寂而转，发为文章，如山岳之凝正，虽川流必溶清也，故曰仁者之见；有以动养其气者。伶冷物化之间。叠睿事业之际，谓鼓之舞之云者，此其人心炼而思精，机照而疾，发为文章，如水波之渊沛，虽山立必破陆也，故曰智者之见。二者皆足以吐纳性情，通极天下之变。"

汤显祖继承了罗汝芳的生即性的理念，在他看来，"故大人之学，起于知生。知生则知自贵，又知天下之生皆当贵重也。然则天地之性大矣，吾何敢以物限之；天地之生久矣，吾安忍以身坏之"。这里的"知生则知自贵"，显然可以追溯到王艮的修身说。阳明先生讲心，万物皆本于心，心外无物也。心斋则说身，谓身为天地万物之本，而天地万物皆为末也。他认为："修身，立本也；立本，安身也。安身以安家而家齐，安身以安国而国治，安身以安天下而天下平也。"陈继儒在《牡丹亭题词》曾经记载这样的一件事："张新建相国尝语汤临川云：'以君之辩才，握座而登皋比，何渠出滚、洛、关、闽下，而逗漏于碧箫红牙队间，将无为青青子补所笑？'临川曰：'某与吾师终日共讲学，而人不解也。师讲性，某讲情。'张公无以应。"这就足可以说明，汤显祖所说的情乃缘于性的。

三、情理共存，去欲尚情

汤显祖曾经就理与情、法与情做过阐述。他在《南昌学田记》中曾经提出过"政之情""天下之情"的观点，他认为，学田能够"饰其器于礼乐，而讲其财于仁义",就是"政之情"。同时他认为圣明的君王治理天下是"情以为田,礼为之耜,而义为之种"。他把情看成与仁、礼、义具有同样地位的东西。因此他才会在《牡丹亭题词》中感叹:"人世之事,非人世所可尽。自非通人,恒以理相格耳。第云理之所必无,安知情之所必有邪。"汤显祖说这句话的意思,并不是把情当成与理相悖的东西,而是两个共生共存、不可或缺的必然物。他在《沈氏弋说序》中在提到情与理的同时还提到了"势"。他认为:"今昔异时,行于其时者三:理尔,势尔,情尔。以此乘天下之吉凶,决万物之成毁。作者以效其为,而言者以立其辨,皆是物也。事固有理至而势违,势合而情反,情在而理亡,故虽自古名世建立,当有精微要眇不可告语人者。"对于理、势、情的解释,汤显祖认为:"是非者,理也;重轻者,势也;爱恶者,情也。"落实到具体事物上,往往会出现"理至而势违,势合而情反,情在而理亡"的现象。

关于情与理,汤显祖曾经与达观有过讨论。达观在给汤显祖的《与汤义仍》之一中说:"夫近者性也,远者情也,昧性而恣情,谓之轻道……理明则情消,情消则性复,性复则奇男子能事毕矣。"(《紫柏老人集》卷二十三)而汤显祖在复信《寄达观》中说:"情有者理必无,理有者情必无,真是一刀两断语。使我奉教以来,神气顿王。谛视久之,并理亦无,世界身器,且奈之何。"汤显祖显然不同意达观的观点,这在他的几首诗中可以得到验证。《江中见月怀达公》:"无情无尽恰情多,情到无尽得尽么?解到多情情尽处,月中无树影无波。"《章门客有问汤老送达公被涕者》:"达公去处何时去,若老归时何时归。等是江西西上路,总是情泪湿天衣。"《归舟重得达公船》:"无情当作有情缘,几夜交芦话不眠。送到江头惆怅尽,归时重上去时船。"……汤显祖对情的推崇在此可见一斑。他还曾经在《南柯梦记题词》对情与佛有过精彩的论述,他说:"经云:天中有两足多足等虫。世传活万蚁可得及第,何得度多蚁生天而不作佛?梦了多觉,情了为佛。境有广狭,力有强劣而已。""梦了多觉,情了为佛",梦何时能觉?情何时才能了?这自然让人想起他的一首《梦觉篇》,他在诗的序中说道:"予归,春中望夕寝于内后,夜梦床头一女奴,明媚甚。戏取画梅裙着之。忽报达公书从九江来,开视则刻成小册也。大意本原色触之事,不甚记。记其末有大觉二字,又亲书海若士三字。起而敬志之。公旧呼予寸虚,此度呼予广虚也。"

晚明学者多崇儒辟佛,究其根本,就在于对性的认识上。他们认为,儒之性是理根，而佛之性是欲根。因为佛是反对以本体本源为有的，相反儒认为本体的本源为无。甚至有人认为，以欲障为当然而以理障为无的无心论，必将堕入纵欲的俗人陋习。（冯从吾《辨学录》）因此，理就成了区分儒佛的根本。达观所说的理，并非儒者所云的理。阳明学者的最基本观念就是心即理。汤显祖讲情，并不是为了反对理，因为在他看来，心就是理，"从心所欲不逾矩"，乃是他从师祖那里继承来的，只是他把"从心所欲不逾矩"的"理"冠之以"情"的名称。在他看来，"生者可以死，死可以生"都是天理，是"情之至"。而那种"必因荐枕而成亲，待挂冠而为密者"，都流于私欲，徒有"形骸"而已。（《牡丹亭记题词》）

汤显祖在论述情的时候，还曾经提到过"想"的观念。他在《续栖贤莲社求友文》："岁之与我甲寅者再矣。吾犹在此为情作使，劬于伎剧。为情转易，信于瘵疟。时以悲悯，而力不能去。嗟夫，想明斯聪，情幽斯钝。情多想少，流入非类。吾行于世，其于情也不为不多矣，其于想也则不可谓不少矣。随顺而入，将何及乎？应须绝想人间，澄情觉路，非西方莲社莫吾与归矣。"这里所说的"想"，与《韩非子·解老》中所说的"人希见生象也，而得死象之骨，案其图以想其生也，故诸人之所以意想者皆谓之象也"之"意想"同一个意思，也即阳明先生所说的"致良知"，而良知本体则是无善无恶的性体，而性体的发用，在汤显祖的认识上则统属于情。所以他说："情有所必穷，想有所必至。"情之至，则良知之致也。所以他说"人生而有情"（《宜黄县戏神清源师庙记》）、"深情合至"（《耳伯麻姑游诗序》）。

在汤显祖的世界观里与情相对立的不是理而是法。他在《青莲阁记》里曾经阐明了自己的看法："世有有情之天下，有有法之天下。唐人受陈、隋风流，君臣游幸，率以才情自胜，则可以共浴华清，从阶升，游广寒。令白也生今之世，浮荡零落，尚不能得一中县而治。彼诚遇有情之天下也。今天下，大致灭才情而尊吏法。"他将世界分为"有情之天下"和"有法之天下"，而这两种世界却又是格格不入的，尤其在当下的世界，"大致灭才情而尊吏法"。汤显祖自己则属于"有情之天下"。他的好友达观也曾经在《与汤义仍》之二中提出过相同的观点，认为："屡承公不见则已，见则必劝仆，须披发入山始妙。仆虽感公教爱，然谓公知仆，则似未尽也。大抵仆辈，披发入山易，与世浮沉难。公以易者爱仆，不以难者爱仆，此公以姑息爱我，不以大德爱我。昔二祖与世浮沉，或有嘲之者，祖曰：'我自调心，非关汝事。'此等境界，卒难与世法中人道者,帷公体幸甚。"

对于欲念,汤显祖是持排斥态度的。他在《骚苑笙簧序》中说:"天下英豪奇瑰之士,苟有意乎世容,非好色者乎。君父不见知,而有不怨其君父者乎。彼夫好色而至于淫,怨其君父而至于乱者,则有意乎世之极,而不得夫道者也。"好色与淫是有界限的。阳明先生曾经就好好色、恶恶臭作过精彩论述:"见好色时,已是好了,不是见后又立个心去好;闻恶臭时,已自恶了,不是闻后别立个心去恶。"(《传习录》)阳明先生借此以论证知行合一之说,好色是知的本体,属于良知,好好色则是良知的发用,属于体用。因此,在汤显祖看来,"有意乎世容"与"好色"都是"天下英豪奇瑰之士"的本色,但如果逾越了一定的界限,就落入淫的范畴,"不得夫道者"。

黄宗羲晚年在《偶书》一诗中高度肯定了汤显祖借情谈性的心性学意义。"诸公说性不分明,玉茗翻为儿女情。不道象贤参不透,欲将一火尽平生。"黄宗羲是理解汤显祖写作《牡丹亭》的初衷的,儿女之情只是其抒发自己说性观点的表象,其宣扬至情观的真正意义正在于以情说性。

作者单位:浙江艺术职业学院学报编辑部

参考文献:

[1] 王阳明:《王阳明全集》,上海古籍出版社1992年版。
[2] 王艮:《王心斋全集》,江苏教育出版社2001年版。
[3] 黄宗羲编:《明儒学案》,中华书局1985年版。
[4] 颜钧:《颜钧集》,中国社会科学出版社1996年版。
[5] 罗汝芳:《罗明德公文集》,明崇祯五年刊本。
[6] 汤显祖:《汤显祖集》,上海人民出版社1973年版。
[7] 冯从吾:《冯从吾集》,西北大学出版社2014年版。
[8] 紫柏:《紫柏老人集》,北京图书馆出版社2005年版。
[9] 汤显祖:《玉茗堂书经讲意》,江西人民出版社2016年版。

"临川四梦"中的战争描写述评[*]

周锡山

汤显祖所有的戏曲作品,都运用爱情和战争双线结构;作为爱情一线的衬托,都写战争。这是汤显祖戏曲的一个显著特点。

一、文臣带兵的历史状况和明代背景

"临川四梦"的战争描写,写的都是文臣带兵。

晚明之前,除了宋朝,中国古代极少有文臣带兵。文臣带兵的最早记载,最著名的有三国时期的曹操和诸葛亮,唐代的裴度和北宋的范仲淹,另有个别如唐代李德裕这样的宰辅,在京城正确分析形势,遥作总体战略决策。

因此在古代,边疆上的战争频繁,武将建功立业,文人尤其是诗人,一面讴歌战争的大捷或艰难,一面未免感叹自己"百无一用是书生"(清黄景仁《杂感》),除了上述的极少数个例,并无文人在军中建立彪炳史册的功业的事迹。

但是在晚明时期,文臣带兵成为常态。

明代第一位文臣带兵的是王守仁(王阳明,1472~1529)。

王阳明是中国哲学的一座高峰,对晚明及其以后的中国和东亚的哲学界、思想界影响极大。汤显祖即是他的后辈弟子。

在明代官场,王阳明是一位鞠躬尽瘁的政治家,治理地方的能吏。

王阳明又是一位战无不胜的军事家。他直到46岁时,才第一次带兵打仗。当时福建、江西一带盗贼蜂起,无恶不作。王阳明在作战前做了充分的准备,

---

[*] 本文收录于"上海高校高峰高原学科建设计划"资助项目《汤显祖与明代文学研究》一书,及国家古籍整理出版专项资金资助项目、周锡山编著《牡丹亭注释汇评》的《汤显祖与〈牡丹亭〉研究》中,两书皆由上海人民出版社出版。

在仔细了解和分析敌情，抓住一个盗贼后，果断地信任他，释放他，命他回去做内应。他然后带兵讨伐，势如破竹地连破四十寨，彻底肃清了盗贼。后来，宁王朱宸濠造反，以十万精兵直逼南京，他带兵迎敌，与之大战于鄱阳湖上。王阳明在大战前，下令制作大量免死牌，上面写着"宸濠叛逆，罪不容诛；协从人等，有手持此板，弃暗投明者，既往不咎"的策反语句，扔入鄱阳湖中。不久，叛军几乎人手一块，并迅即军心哗变。于是王阳明只用37天，就平定了叛乱。他57岁时已经身患重病，还平定了"思田之乱"。论者认为："他一个文臣带兵打仗，料事如神，每战必胜，主要是由于他掌握了人心的制高点——良知。他由人心入手来处理问题，站得高看得远，掌握了一把打开心灵的万能钥匙。"① 文臣带兵善用谋略，其最优秀者如王阳明，还善于攻心。

此后，自汤显祖生活的晚明至明末，众多文臣带兵作战，文臣成为军中栋梁，明代文官领兵作战已经成为时代的风气。

明代文官领兵作战形成了时代风气，这是从古未有的。宋代文人带兵者也颇多，但不及晚明更其盛行而且影响巨大。朱东润曾反复强调"明代有名的大臣皆由八股出身，即以谙练军事、有才有守的重臣而论"，"又哪一个不是由八股出身？"又列举明末有大将之才的文人：卢象升、洪承畴、袁崇焕皆由八股出身②。朱东润反复强调这些带兵的名臣都是八股出身的文官。

文官带兵，临危受命作战，此一则因明代文人包括汤显祖，都有心系天下安危的胸怀。

二则明代盛行八股，八股文的训练，使明代文人的智慧得到严格的规范锻炼和极大的开发。邓云乡说："明、清两代几乎百分之九十以上知识分子、学者、行政官吏等等，都是由写八股文训练出来的。"学习八股文起了"长期训练的作用"。"起到了重要的严格训练思维能力的作用。"思维能力包括记忆力、领会力、思维的敏锐性、概括性、条理性、全面性、逻辑性、辩证性、周密性和深刻性。③ 以写作八股文来消化儒家经典提供的智能，明代的杰出官员，精通文韬武略，故而善于带兵、指挥战争。

"临川四梦"的主角和重要配角都是文臣，李益、卢生、淳于棼的虚构故

---

① 周笃文、徐蓓：《人心的制高点是良知》，载于《解放日报》2016年5月27日。
② 朱东润：《陈子龙及其时代》，上海古籍出版社1984年版，第168页。
③ 邓云乡：《"八股文"三问》，引自《水流云在杂稿》，北岳文艺出版社1992年版，第165~173页。

事发生在唐代，杜宝的虚构故事则发生在宋代，他们领兵作战的情节都是虚构的，而其战争描写的现实背景是晚明的政治、军事形势所形成的人才格局。

综上所述，"临川四梦"都描写战争，都描写文人带兵，这与汤显祖所处的晚明时期，南北都有强敌入侵，明朝面临南北激烈战事有关；更与当时文人包括汤显祖心系天下安危的胸怀有关。尤其值得重视的是，明代文臣受到八股文有效的智力、智慧训练后，具有足够的信心和能力，既能在地方任官，从事钱粮税收管理、地方治安管理和审办各类案件的日常事务；能在中央政府甚或中枢任职，为管理国家大事或出谋划策；也能在前方管理和指挥军队，与敌作战。

二、《紫钗记》《南柯梦》《邯郸记》唐代战争描写的概况

《紫钗记》所据之《霍小玉传》无李益从军立功情节。《紫钗记》则写李益殿试，圣旨亲点状元，授翰林供奉，五日后，往朔方任丞相杜黄裳的参军。数年后，李益和杜黄裳出塞千里，破敌获胜，边境无事。后圣旨忽招杜李回京。

此戏的时代背景定为唐宪宗时期。

唐宪宗李纯（778~820，805~820年在位），初名李淳。唐朝中期皇帝，唐德宗李适之孙、唐顺宗李诵长子。李纯即位后，励精图治，重用贤良，改革弊政。他勤勉政事，力图中兴，他重用裴度，从而取得元和削藩、淮西大捷的巨大成果，使藩镇势力暂时有所削弱，重振中央政府的威望，史称"元和中兴"。此后却渐渐骄侈，任用皇甫镈而罢贤相裴度，政治日见衰败。他还信仙好佛，追求长生不老之药。元和十五年（820），为宦官陈弘志（一作弘庆）等谋杀，年仅四十三岁，在位十五年。

李益（约750~约830），字君虞，河西姑臧（今甘肃武威市）人，后迁河南洛阳。大历四年（769）齐映榜进士，于大历六年（771）参加制科考试，授官郑县（今陕西华县）主簿，多年不得升迁，直到建中四年（783）登书判拔萃科。后还因仕途失意，弃官在燕赵一带漫游。享年八十余岁，是唐代少数最长寿的诗人之一。李益是唐代著名的边塞诗人，尤工七绝。名作有《塞下曲三首》《夜上受降城闻笛》等。

李益两次参与军队活动。第一次，在郑县三年满秩后，从大历九年

(774)至大历十二年（777），李益西游凤翔，到凤翔节度使李抱玉幕府任职。参与了大历九年郭子仪、李抱玉、马璘、朱泚分统诸道兵八万的防秋军事行动。他创作了《从军有苦乐行》等诗。大历十二年李抱玉去世后，李益赴渭北，期间可能到过灵武。后转回内地。

第二次，建中元年（780）深秋或初冬，李益再次到灵武，依附朔方节度使崔宁。期间写下了《夜上受降城闻笛》《祝殇辞》《军次阳城烽舍北流泉》《从军北征》《盐州过胡儿饮马泉》《塞下曲三首》等名诗。

贞元十二年（798）到元和元年（806），李益到幽州刘济幕府。

刘济（757～810），幽州（今北京）人，唐朝藩镇割据时期任卢龙节度使，忠于朝廷。《新唐书》（卷二百二十五·列传第一百三十七）："济，字济。游学京师，第进士，历莫州刺史。（其父）怦病，诏济假州事。及怦卒，嗣节度，累迁检校尚书右仆射、同中书门下平章事。奚数侵边，济击走之，穷追千余里，至青都山，斩首二万级。其后又掠檀、蓟北鄙，济率军会室韦，破之。"刘济面对的是北方的强敌。李益在刘济幕府时期，并无边境战事记载。至元和"四年（809）属恒阳背命，公（幽州卢龙节度监军使董文萼）与节度侍中刘公济亲统戎马行营，誓剿狂寇。"（《大唐故董府君（文萼）墓志铭》，《隋唐五代墓志铭汇编》陕西卷第二册）此时李益已不在军中。

而《紫钗记》则说李益参与战事，地点定在关西，长官则改为刘公济，他定计助李公济破敌；李益后来独立带兵，正面御敌。

刘公济在边界为官，先后任同州刺史和鄜坊节度使（802～804），《旧唐书》（卷一百四十六，列传第九十六《裴玢传》）《唐会要》（卷八十《谥法下》）和《资治通鉴》（唐纪五十二·德宗神武圣文皇帝十一）皆有记载，后书说："冬，十月，鄜坊节度使王栖曜薨。中军将何朝宗谋作乱，夜，纵火。都虞候裴玢潜匿不救火，旦，擒朝宗，斩之。以同州刺史刘公济为鄜坊节度使，以玢为行军司马。"《柳宗元集》卷十二表志："刘公济，河间人。宽厚硕大，与物无忤。为渭北节度，（贞元十八年十一月，自同州刺史拜渭北鄜坊节度使。）入为工部尚书，卒。（二十年［804］正月，召为工部尚书。顷之，卒。）"

此人还有一个来头：刘公济是刘禹锡的"从叔"。其祖先，刘禹锡有《许给事见示哭工部刘尚书诗，因命同作》曰："汉室贤王后，（从叔望在河间。）孔门高第人。济时成国器，乐道任天真。"刘禹锡首先把刘公济看作"汉室贤王后"，但从诗中所描写的"护塞无南牧，驰心拱北辰"来看，则是冒充汉室的匈奴刘氏后裔。而刘禹锡称刘公济为"从叔",说明他们同出一源。考察刘崇望、刘公济的氏族渊源及其与刘禹锡的关系,可作为刘禹锡是匈奴族后裔这一结论的旁证。① 所以汤显祖挑此人做戏中李益的上司,与杰出的诗人刘禹锡有关。

《紫钗记》全戏五十三出。其中写及军事的有七出:

第十九出《节镇登台》刘公济官拜关西节制,即朔方(唐方镇有朔方,开元时置,治灵州,今宁夏灵武西南)河西二道节镇(第二十九出《高宴飞书》),走马升帐。众将官簇拥他登台上任。表现塞上守边将士一心为国立功的豪迈之气,有叱咤风云之势。

李益(字君虞)中了状元,没有到卢太尉府上谒见,得罪了卢太尉。卢太尉认为他狂妄如此,心生一计:昨日玉门关节度刘公济一本,奏讨参军,我就奏点李益前去,永不回朝。假借"公事",私写"敕书",发配逆他之意的李益,令他"永不回朝"。(第二十二出《权嗔计贬》)李益刚高中,就别妻上阵,离家赴边。小玉与他定下"八年之约",两人凄惨分手。(第二十五出《折柳阳关》)

第二十六出《陇上题诗》,李益来到胡汉分流的"陇头水,断肠流",他陇上题梅,吟诗一首。这里汤显祖将李益的原型——唐代诗人的作品《盐州过胡儿饮马泉》七律(《全唐诗》卷二八三)移入作品中。此出描写李益征途上的功名之思。这真切反映了唐代文人多有浓烈的报国之志,积极从军。他们满怀豪情,有志于驰骋边疆,抛妻别子,来到风沙严寒中为国参与征战,成就一番抱负。但严酷的现实诚如此诗末两句所说:"莫遣行人照容鬓,恐惊憔悴入新年!"在思乡的痛苦和现实的艰难的熬煎下,容颜憔悴,前程难测,浓郁的怅惘情绪围绕心间。此因诗人在西域恶劣的环境和残酷的征杀中,无力可使,只能任职使者、文书,只会写诗作文。付出了很大牺牲,却理想成空,得不到预期的成功。岑参《临洮泛舟,赵仙舟自北庭罢使还京》:"白发轮台使,遍功竟不成。云沙万里地,辜负一书生。"抒发了他们共同的心声,概括了中唐边塞诗的基调。此出虚构诗人李益在军中上阵、任职,所以写诗抒怀,以功名自欺。

此出最后一曲为【朝元歌】第四曲,末两句为"长笑立功勋,边城曲米

---

① 卞孝萱、卞敏:《刘禹锡评传》,南京大学出版社1996年版,第6~8页。

春"。表现塞上守边将士一心为国立功的豪迈之气,有叱咤风云之势。但是出末的下场诗,用的是李益《上黄堆烽》:"心期紫阁山中月,身过黄堆烽上云。年发从书剑老,戎衣今作李将军。"末句原为"戎衣更逐霍将军",今改作力战无功、不得封侯的"李将军",改豪迈为凄凉,对剧中李益隐含讽刺之意。第三十五出《节镇还朝》刘公济上场独白云:"独携堂印坐西州,一剑霜飞雁影秋。却笑班超容易老,焉知李广不封侯。"即遥相呼应此意,在豪情之中弥漫着悲凉。

第三十四出《边愁写意》,运用《夜上受降城闻笛》的诗意:"回乐峰(一作"烽")前沙似雪,受降城外(一作"下")月如霜。不知何处吹芦管(一作芦笛),一夜征人尽望乡。"

《紫钗记》第三十六出《泪展画屏》霍小玉收到李益的丹青和题诗,她读诗时,将首句"回乐峰"误作或有意改为"回雁峰",就更添愁绪,其中隐含著"衡阳雁去无留意"(《范仲淹〈渔家傲·秋思〉》)的意境。

第二十八出《雄番窃霸》,吐蕃大将,声称"近日唐宪宗皇帝中兴,与俺相争,要彼臣服。那大河西出葡萄酒,小河西出五色镇心瓜。正用骚扰时节,不免唤集把都们号令一会。"

第二十九出《高宴飞书》,叙刘公济近日移军玉门关外。他设酒欢迎今日到任的故人、状元李益,来此任参军。席间,刘公济"即有军中一大事请教",李益献计,以檄书慑服敌军。这篇檄书却通篇拿昔贤佚事装点自家门面,借古人豪语显尽今日威风,书生气十足,并无实际效用。但此剧却表达李益这种空城计的成功:矫诏威吓大河西小河西,竟然起效,他们接诏后臣服,唐军分兵守住回中受降城,断了吐蕃之路——

第三十出《河西款檄》,大河西、小河西回回和吐蕃武将打围。大河西、小河西接大唐檄书后,都决定降唐。吐蕃一贯骚扰大小河西,今见他们皆已降唐,正恼怒间,唐军分兵截了他的归路,使他不敢空国而西,于是边塞安静。

第三十一出《吹台避暑》,河西皆归附纳款,唐军新筑百尺高台,高宴避暑。赞颂李益文才之高。

第三十四出《边愁写意》,李益分兵回乐峰受降城,断截吐蕃西路。今夜巡塞各城堡,李益一望塞外风烟,与众将官猛听得笛声《关山月》和《思乡引》,夜景衬托军心之凄凉,李益作"征人闻笛望乡"画,画完题诗:"不知何处吹芦管,一夜征人尽望乡。"他托王哨儿将诗画带给小玉。

第三十五出《节镇还朝》叙刘公济镇守玉门关外三年，拓地千里，今奉旨还朝。前已述及，追敌（而非拓地）千里，是史实中李益的上司李济的功勋。

第三十七出《移参孟门》叙卢太尉镇守河阳孟门关外，奏准李益调来参军。卢太尉劝李益"贵易妻"，李益不从，卢太尉迫令小哨给小玉传假消息，说李益已经招赘太尉府，"好歹气死他前妻"。

此后，卢太尉将不从己意的李益困在"招贤馆"内，设计陷害。李益的从军生涯到此告终，他回到京城开始新的生活。

《南柯记》中的战事，据李公佐《南柯太守传》叙贞元七年九月，广陵郡东十里，淳于棼梦入蚁国。他受命携瑶芳公主镇守南柯郡二十载，政绩卓著。是岁，有檀萝国者，来伐是郡。王命生练将训师以征之。乃表周弁将兵三万，以拒贼之众于瑶台城。弁刚勇轻敌，师徒败绩，弁单骑裸身潜遁，夜归城。贼亦收辎重铠甲而还。生因弁以请罪，王并舍之。

贞元为唐朝第九个皇帝（除武则天和唐殇帝以外）唐德宗（李适[kuò]，742～805）的年号（785年正月～805年八月）。在位前期，以强明自任，坚持信用文武百官，严禁宦官干政，用杨炎为相，废租庸调制，改行"两税法"，颇有一番中兴气象。后任用卢杞等，政局转坏。

唐德宗李适在位时期，对外联合回纥、南诏，打击吐蕃，成功扭转对吐蕃的战略劣势，为唐宪宗的"元和中兴"创造了较为有利的外部环境。

此剧虚构的淳于棼梦入蚁国的贞元七年，名相李泌卒。淳于棼治理南柯郡的二十年中，第十四年即贞元二十一年（805），德宗驾崩。

唐德宗之后，是唐顺宗（李诵，761～806）继位，同年八月，禅位给太子李纯，自称太上皇。806年驾崩。

唐顺宗之后是唐宪宗（李纯）。贞元七年的二十年后，即《南柯记》战争发生之时，是唐宪宗元和六年。

全剧四十四出，涉及战事的有六出：

第十四出《伏戎》，槐安国东檀萝国王近日得得到文书，于槐安国上加一个大字，好不小视人也！隔江是他南柯郡，地方鱼米，不免聚集部落，抢他一番。

第二十六出《启寇》，檀萝国四太子好那查带领三千赤驳军，镇守全萝西道。昨日丧妻，急切要寻个填房，闻得大槐安国金枝公主、南柯郡守之妻怕热，单筑瑶台城一座避暑。于是特点精兵一千，要打破瑶台城，抢了公主。他差小卒儿扮作花郎打看去。小番儿回来报告打探到的情况，太子立即分一枝兵，亲自抢公主去。

第二十七出《闺警》，公主与宫娥在闺中对话，思念丈夫，接到边报。她一边派遣大儿子往南柯报知驸马，一边督率城中男女守城防备。公主下令：瑶台一卫老军丁男，出吊桥迎贼；军妻守垛四门，四个女小旗总领。城上旗婆们，按公主号令，都要演习武艺。这批婆娘不懂武艺，怎么防贼？贼上阵，热屎热尿淋头撒下去。我连马子、煮粥锅都搬上城来了。

第二十八出《雨阵》，前半出淳于棼在审雨堂听雨，下半出太守淳于棼接到边报后，调集军队排演阵法。边报说：檀萝兵起，一半攻打江城，一半向瑶台城来了。淳于棼听了，慌了，说：瑶台，公主所居；堙江，边城要路；贼兵两路而进，其意难量。我与田司农领兵去解公主之围；别遣周司宪带五千兵守御堙江城一带。他带三千兵星夜前救公主。

第二十九出《围释》，贼寇将城子紧围，紧急时，驸马淳于棼兵到，双方一战、再战，敌寇大败逃走。

第三十出《帅北》，另一支贼兵径抢堙江城，周弁领兵来救。到得城下，周弁"走饥渴"，立即要守城军提供酒喝。酒刚吃到一半，檀萝贼杀到城下，檀萝先锋挑战，周弁令众军乘酒兴杀出城去，酒醉战败；周弁命众军再取酒喝，接着又战，又败。周弁卸下征袍，月下单骑逃回。贼兵看天气，必要下雨涨江，妨碍归路，就搬着周弁剩下的余酒，唱着得胜歌而回。

《南柯记》周弁嗜酒如命，有勇无谋，终于落得身败名裂。

《邯郸记》所据《枕中记》叙"是时，神武皇帝方事夷狄。吐蕃新诺罗、龙莽布攻陷瓜沙，节度使王君㚟新被叙投，河隍战恐。帝思将帅之任，遂除生御史中丞、河西陇右节度使，大破戎虏七千级，开地九百里，筑三大城以防要害。北边赖之，以石纪功焉。归朝策勋恩礼极荣。"《邯郸记》描写的是卢生"枕中"的梦想，所以其从军和战事经历，全为向壁虚构。

此剧的时代背景为唐玄宗开元年间。史载唐开元间，王君㚟为河西节度使，防御吐蕃。开元十五年（727）九月，吐蕃悉诺逻、烛龙莽攻陷瓜州，又进攻玉门关和常乐县。县令贾师顺坚守八十日，吐蕃引退，王君㚟则为回纥余党所杀。又，《旧唐书·萧嵩传》："时悉诺逻恭禄威名甚振，嵩乃纵反间计于吐蕃，言其与中国潜通。赞普遂召而诛之。"萧嵩的反间计，剧中移为卢生的功绩。

全戏共三十出，涉及边境战事的共五出：

第九出《虏动》敘吐蕃发兵侵扰河西、陇右，"刀尖儿点着唐，锦绣样江山做一会子抢"，要夺唐朝江山。

第十二出《边急》，梁州都督羽林大将军王君㚟迎战吐蕃大将热龙莽，热龙莽佯败，王君㚟追击，领兵策应热龙莽的吐蕃丞相悉那逻，以生兵绕出王君㚟之后，两人夹击王君㚟，王君㚟兵败被杀。

第十五出《西谍》，河西大将王君㚟与吐蕃战死，河陇动摇，朝廷震恐，命卢生为大都督，挂印征西。卢生运用兵法云：臣主和同，国不可攻。他遣一尖哨，讲得三十六国番语，叫作打番儿汉，前往行离间，先除了悉那逻宰相，则龙莽势孤，不战而下。这个反间计的具体做法是，侦知在番中木叶山下，一道泉水流入番王帐殿之中。今用竹签儿一片，将一千片树叶儿，刺着"悉那逻反"四个字，就如虫蚁蛀的一般，在此泉的上风头放去，流入账中，他只道天神所使，断然起疑。此乃御沟红叶之计。此计与《旧唐书·萧嵩传》所记载的反间计及其结果皆相同，但此剧虚构了反间计的内容。

第十六出《大捷》，热龙莽率领吐蕃大军，杀过贺兰山，血染燕支塞，撞破玉门关，正要长驱甘凉，差人与智勇双全、一步九算、有胸怀、好兵书、好战策的悉那逻丞相商议，合力做得天大事。可是因赞普中了反间计，悉那逻被杀，他只能孤军奋战，被卢生杀败。热龙莽，裂帛为书，系于雁足之上，央求卢生放一条归路。

第十七出《勒功》，卢生总领胜军十万，抢过阳关，一面飞书奏捷，一面乘胜长驱，将次千里之程，深入吐蕃之境。他识破敌军埋伏，乘胜追击。他射下一雁，发现数行帛书："此地是天山，天分汉与番。莫教飞鸟尽，留取报恩环。"卢生深懂其意："飞鸟尽，良弓藏。看来龙莽也是一条好汉，且留着他。"

放走残敌后，卢生刻石记功，班师回朝。他加封定西侯、太子太保兵部尚书同平章军国大事。

以上三剧所写的时代都是唐代，按照时间的先后，次序与写作的前后倒过来，《邯郸记》最早，是唐玄宗执政时期；《南柯记》发生在唐朝第九个皇帝（除武则天和唐殇帝以外）唐德宗（李适，742～805）贞元的贞元年间；《紫钗记》则迟至唐德宗李适之孙唐宪宗时期。牵涉战事的剧情分别为五、六、七出，其共同的特点是，战争过程比较简单。只有《牡丹亭》写的是宋代，战况相对比较复杂。

三、《牡丹亭》的宋金战争的描写概况

《牡丹亭》共五十五出,《牡丹亭》描写或牵涉抗金战争的有十出:

第十五出《虏谍》(一作《虏踪》),大金皇帝完颜亮在灭辽之后,看到赵康王在杭州已有二十余年。他与众番兵垂涎西湖之美,说:"借他来耍耍。"他收编淮南贼汉李全,封他为溜金王,限他在三年之内,招兵买马,骚扰淮阳地方。

此出写出宋金对峙,金强宋弱的形势;南宋耽于安乐,金主则虎视眈眈,急欲南侵的态势。

第十九出《牝贼》李全说:"南朝不用,去而为盗。"他受命骚扰淮阳,却自感多勇少谋,幸有妻子杨氏智勇双全,万人无敌,于是夫妻上阵,大有威风。

宋廷消极防守,故而不懂利用各种力量一起抗金。金主狡猾,善于利用汉人盗贼,先期骚扰淮阳,自己可得渔翁之利。

第三十一出《缮备》出,安抚杜宝为因李全骚扰地方,加筑外罗城,巩固城防。今日落成开宴。杜宝誓言"身当铁瓮作长城",他登城远眺,看到盐山,众白"都是各场所积之盐,众商人中纳"。众唱:"文武官僚立边疆,好关防。休教坏了这农桑士工商。"

此出歌颂杜宝临危受命后,因儒家深入骨髓的"治国平天下"的教育和本人一切为公的志气和品格,马上上阵御敌,以其坚毅的精神,带领部将不顾个人安危,坚定守城。胜敌的基础在于文武官员团结一致,军民团结一致。

第三十八出《淮警》,金主南侵,命李全攻打维扬。李全感到扬州有杜宝镇守,急切难攻。他和杨氏商议,杨氏主张:先围了淮安,杜宝分兵来救,俺分兵扬州,断其声援,于中取事。

李全叛军,皆由其妻做主和指挥。他们不肯全力猛攻,围而不打,给杜宝守卫留下很大的余地。

第四十一出《耽试》,柳梦梅单独参加补试,他针对"和、战、守"孰为优的考题,答道:"天下大势,能战而后能守,能守而后能战,可战可守,而后能和"。这时急奏金人入寇,李全兵至淮阳左右,圣旨命杜宝迎敌。

第四十二出《移镇》,杜宝来到扬州已经三载,虽则李全骚扰,大势尚称平安。今闻金兵要来,十分忧虑。接着圣旨到,命他移镇淮安迎敌。他立即启

程。他本乘船，因军情紧急，他急走陆路，安排夫人转船归去。

夫人临别，嘱咐杜宝："也珍重你这满眼兵戈一腐儒"。"腐儒"意为固执坚守儒道、不顾个人安危名利的"腐儒"、富有牺牲精神而一心报国的知识分子。以一般势利人的眼光看，他们不懂趋利避害、一心死守儒家原则的"腐儒"。

此时杜宝夫妇两人都生死未卜，有诀别的悲壮，因此杜宝不禁哀叹："真愁促，怕扬州隔断无归路，再和你相逢何处"。

第四十三出《御淮》，杜宝来到淮阴，李全雄兵万余，把城围了七周遭。城内守军派兵接应，杜宝冲入城内。李全看到杜宝率兵来救淮城，说："杜家兵冲入围城去了，且由他，吃尽粮草，自然投降也"。城内守军诸将军心动摇，杜宝识破李秋安的"锁城之法"，说："怕的是（恐怕使用的是）锁城之法耳"。即围而不打，以观其变的策略，鼓励大家奋勇守城。

第四十五出《寇间》，李全围淮安许久，只是不下，正要觅得个人去淮安打话，兼看杜宝动定如何，正好陈最良被抓获，他们即派他去传话。李全夫妇设计欺骗陈最良，杜宝夫人和春香已被擒杀，陈最良信以为真。

第四十六出《折寇》杜宝心思一计可救围，恨无人与游说。正巧陈最良来，报告李全军中情况，杜宝即派他去李全处传话。

杜宝面对强敌围困多时，坚韧不拔，他发誓："你待要霸江山吾在此"。有我在前线坚决抵抗，决不让你们得逞。

杜宝听陈最良误传的夫人与春香被害的不幸消息，万箭钻心，痛彻心肠，不禁潸然泪下。众人也为他感到痛苦万分，而且联想到自己的前程凶多吉少，一起大哭。杜宝忙说："夫人是朝廷命妇，骂贼而死，理所当然。"杜宝唱："任牺惶，百无悔。"表示承担个人再大的牺牲，也不悔。爱国的豪情和宏大的志向，跃然纸上。

第四十七出《围释》出，李全攻打淮安，日久未下，外势虽然虎踞，中心不免狐疑：一来怕南朝大兵，兼程而进；二来怕北朝见责，委任无功；真个进退两难。这时，通事报告李全："谁知北朝，暗地差人去到南朝讲话"，李全此时"中心未免狐疑"，李全怀疑金使背着他们去南朝，使他们产生被出卖的忧虑。

金使北归路过，见了李全口出秽言，明目张胆地调戏其妻，他怒言："气也，气也！"

李全深感投靠金兵，下场可悲，正在此时，陈最良来送杜宝的劝降密件。

李全感到杜宝许诺的金银、封号虽然诱人，但投降后又怕被宋朝剪灭。最后决定撤兵下海，当海盗去了。

"临川四梦"中的唐代三剧，描写优势中的唐军的战事。

而《牡丹亭》写的是宋金战争，汤显祖是宋史专家，他熟悉宋代先后受辽金元压迫的史实，痛惜亡于金元的惨痛历史。

四、"临川四梦"战争描写简论

"临川四梦"中的战争描写，篇幅较少，情节简单。此因：
1. 四剧的战争描写是爱情描写而服务的，不是作品表现的重点。
2. 剧中人物参与战事的经历有限。
3. 由于戏剧在舞台上表现的局限。
4. 由于汤显祖本人缺乏参与或主事战事的经历。

因此"临川四梦"无法具体细腻描写战争，只能结合剧中情节发展和人物描写的需要，做有限表现。

"临川四梦"描写的战争，书生参战都只能以书生的特长，即善于作文，靠文章来战胜敌人。

《紫钗记》中，李益建议李公济以檄书慑服敌军。《邯郸记》中，卢生身为大都督，挂印征西，用离间计胜敌，不战而下。《牡丹亭》中，杜宝也仅靠一封劝降书，解了围城之围。

只有《南柯记》叙驸马淳于棼救助公主，双方一战、再战，敌寇大败逃走。另一支贼兵径抢堑江城，周弁酒醉后两次战败。至于双方作战的过程只能虚写。

其中《邯郸记》记叙卢生带兵深入吐蕃之境。他识破敌军埋伏，乘胜追击。他射下一雁，发现数行帛书："此地是天山，天分汉与番。莫教飞鸟尽，留取报恩环。"卢生深懂其意："飞鸟尽，良弓藏。看来龙莽也是一条好汉，且留着他。"他为了自己的利益，故意放走残敌。

这种做法的后果往往严重。以历史上的著名事例来说，唐僖宗干符六年（879）10月，黄巢军攻克广州后，由于岭表气候湿热，多患瘴疫死者，士气低落，黄巢乃决意北还。是年自桂州编木筏，沿湘江而下，进逼江陵，北向襄阳。在潭州（今湖南长沙）城下，黄巢挥兵力战，一日而下潭州，唐军十万人血染湘江。接着，山南东道节度使刘巨容和淄州刺史曹全晸合兵，大破黄巢军于荆门（今湖北荆门），俘斩十分之七八，黄巢与尚让收余众渡江东走，这时刘巨容以"朝廷无信"停止攻势。他将残敌放走，造成后来长安陷落，唐朝被彻底打垮、军民死伤无数、财产损失巨大、京城长安惨遭彻底破坏的不可弥补的毁灭性后果。

西方历史的显例是，拙著《汉匈四千年之战》①记载：公元451年，西罗马大将埃提乌斯和西哥特国王提奥多里克一世组成联军对抗匈奴国王阿提拉的大军。6月20日，双方共一百万大军，在巴黎东南的特洛伊城（Troyes，一译特里哀，法语的读音为"特瓦"，在塞纳－马恩省河的北岸）的郊外、卡塔洛尼亚平原（Catalonian Fields）大决战。战斗极其激烈，双方死亡惨重。西哥特国王提奥多里克一世阵亡，但由于匈奴军队长途跋涉、迂回行军，横扫欧洲，经过多场战争，已经师老军疲，因此在此战中逐渐处于劣势。可是在此关键时刻，西罗马大将埃提乌斯打起了自私的小算盘，他怕匈奴人被消灭后，造成西哥特人过于强盛，对自己很不利，以后西罗马就难以对付西哥特了。他就劝告西哥特太子图里斯蒙德急速回国，保住自己的王位要紧，又让法兰克人也回国。他自己也率领西罗马军队打道回府。图里斯蒙德经他提醒，想到夺权最重要，悠悠万事，以此为大，而且攘外必先安内，果然退兵而走。竟让匈奴人从容逃走。阿提拉临退却时却威胁说："我还要回来的！"这就留下了严重后患。

因此汤显祖在《邯郸记》中，描写卢生放走残敌的情节，意味悠长，或者干脆说："有深意焉"。

汤显祖留心边事，心思前线，可从他给抗清名将熊廷弼的信中看出其心怀。

抗清名将熊廷弼（1569~1625），为万历进士，由推官擢御史。他三次到辽东抗清前线任职。第一次，万历三十六年（1608）巡按辽东。第二次，万历四十七年（1619），以兵部右侍郎代杨镐经略辽东，招集流亡，整肃军令，造战车，治火器，浚壕缮城，守备大固。熹宗即位，天启元年（1621），努尔哈赤攻破辽阳，三任辽东经略。广宁（今辽宁北镇）巡抚王化贞冒失主战，终致兵败溃退，广宁失守。熊廷弼放弃辽东，退守山海关，入狱，为阉党所害。崇祯二年（1629）秋，年方二十的黄宗羲（1610~1695）到松江（今为上海松江区）畬山拜访年已七二的前辈陈继儒（1558~1639）时，留信宿而

---

① 周锡山：《汉匈四千年之战》，上海锦绣文章出版社2004年版。

别。陈继儒为黄宗羲书近诗《吊熊襄愍诗》于扇相赠，诗云："男儿万里欲封侯，岂料君行万里头。家信不传黄耳犬，辽人都唱白浮鸠。一腔热血终难化，七尺残骸莫敢收。多少门生兼故吏，孤坟何处插松楸。"此诗第二句"岂料君行万里头"，即指熊于天启五年（1625）斩首，并传首九边①。此诗歌颂其为国忠心，勇敢御敌，并为其被冤杀而鸣不平。陈继儒将此诗书赠黄宗羲，十七年后，黄宗羲投入抗清战争，可谓赠得其所。

汤显祖一六一六年已经去世，他当然不知熊廷弼的这个悲惨结局。汤显祖在熊廷弼任职辽东二年后给他去信："读大疏，始知巨人在边不在廷也。玉光剑气，时有白虹上见于天。行召公矣。郴州有奇士，曰陈元石，愿一趋风门下。与谈必有当也。天下士须有气力者承之。幸强食自爱。"（《与熊芝冈》）《熊襄愍公集》卷一载万历三十七年八月初二日熊廷弼巡按辽东申明款议疏，论者认为或即书中所指之"大疏"。汤显祖赞誉熊廷弼等"巨人"在边疆，而不在后方的朝廷；赞美其人其文，"玉光剑气，时有白虹上见于天"，是天下士中"有气力者"。万历三十九年，熊廷弼改差南畿督学，汤显祖得到熊廷弼信后，回信说："丈备规矩准绳之大器，莅诗书礼乐之名区，岂不盛与！而良书撝挹，第云章程是咨，如约而止。夫约岂足斤斤于门下哉。张弛在心，鼓舞尽神，弟虽老，犹能受人师陶铸也。"（《复熊思诚督学》）赞美熊廷弼负责教学，也足具才华，尊称小自己二十岁的熊廷弼为"丈"，自称为"弟"。这不是一般的客气敬语，其中包含着汤显祖真诚的敬意。

以上两信，可见汤显祖心向边地，留心军事；也可见晚明熊廷弼这类优秀知识分子，文能治国、治学，又能带兵，并皆能胜敌——其失败都是皇帝不明和朝廷掣肘的结果。文人带兵，是晚明一道亮丽的风景线，汤显祖虽不能至，而心向往之，于其戏曲创作中三致意焉。

又须特别指出的是，"临川四梦"中，《牡丹亭》描写的战争，内容比较丰富，其所蕴含的意义较多。三妇评本对此有颇为丰富和精彩的评论，故此不赘述。

作者单位：上海戏剧学院，上海艺术研究所

---

① 九边，明代北方的九个军事重镇，即辽东、宣府、大同、延绥、宁夏、甘肃、蓟州、太原、固原。后引申泛指　边境。

走近汤显祖
——新世纪汤显祖研究评析

朱恒夫

尽管对汤显祖的研究持续不断，但由于汤显祖思想复杂、作品丰富、交游广泛，人们对他和他作品的了解还是十分有限的。即如他所创作的大量的诗、词、曲、赋及文、牍，今天的学界还没有一个人敢说，对每一篇作品都能读懂。就是最为人们称道的、学界用功最多的"临川四梦"，除了《牡丹亭》之外，对其他"三梦"的探索也是较为肤浅的。21世纪以来，受昆曲被列为世界非物质文化遗产名录、青春版《牡丹亭》热演和纪念汤显祖与莎士比亚逝世400周年的影响，汤显祖及他的作品得到了前所未有的重视，成了古典戏曲剧作家中最热门的研究对象。迄今为止，共召开了36次专题的学术研讨会，发表了248篇论文。因研究的深入与领域的拓宽，大大缩短了我们和汤显祖之间的距离，使我们对他和他的作品有了更多的认识。为了继往开来，有必要回顾一下十多年来的研究成果，以让同道者知道该领域的难点、重点和误区，使汤显祖研究更加稳健地发展。

一、对汤显祖佚文的发现和对伪作的辨别

徐朔方先生笺校的《汤显祖全集》第五十一卷为"补遗"卷，收集了汤显祖不少的佚作，此后学界又陆续发现了一些汤显祖的作品，如江巨荣先生《剧史考论》所设的"汤显祖佚文拾零"六节，辑得汤显祖佚文七篇。吴书荫在《汤显祖佚文三篇》中介绍了这三篇文章：收录在明人俞安期汇编的《启隽类函》中的《上张洪阳阁下启》《贺王翰林启》《代谢少司马汪南溟启》，该文对这三篇佚作的真伪、写作年代以及汤氏与收信人的关系等作了考订。另外，徐国华、何天、汪超宏等人也搜集到了一些佚作。在辑佚上成就较大的是

郑志良，他在《文献》上发表了所辑得的汤显祖零章短笺十六篇，并对这些佚作及相关材料进行了考释①。近年，他又在中国国家图书馆查阅到所藏的汤显祖的《玉茗堂书经讲意》一书，该书共十二卷，近20万字，这是汤显祖研究《尚书》的学术著作，徐朔方先生笺注的《汤显祖集全编》未收录。根据汤显祖弟子周大赍所作序言，得知此书于万历四十年刻于南京。再证以汤显祖书信，可知此书即为朱彝尊《经义考》中提到的汤氏《尚书儿训》，乃一书而二名。

当然，发现的标注为汤显祖的文章也不一定就是汤显祖的，周明初就辨出了三篇伪文，分别是：《何母刘孺人墓志铭》《蕲州同知何平川先生墓志铭》《题叶氏重修宗谱序》②。

汤显祖作品的辑佚工作，远没有结束，因汤显祖成名较早，又喜欢交游，一生写作了大量的书信、贺寿文、宗谱序、墓志铭等，应该还有一部分留存于世。我们应该在他行旅驻足之地和交游的人中，寻找相关的方志、家谱、笔记乃至碑刻实物等，进行较为全面细致的钩沉稽考。

二、汤显祖与儒佛道的关系以及他的思想变化

汤显祖生活的时代，思想较为活跃。他自幼习读儒家著作，怀有济世安民的志向。然而在科考屡屡失利和仕途蹭蹬之后，便又接受了佛道的思想。如晚明佛教复兴运动的重要推动者紫柏大师，在弘法护教过程中，与汤显祖结下了深厚的情谊。他曾劝导汤显祖皈依佛门净土，而汤显祖对紫柏的人格则深为景仰，虽未脱离红尘，但接受了他的许多观点。除紫柏之外，王阳明的心学、罗汝芳的生生之仁的思想、李贽的"童心"说和狂狷豪侠的气质，对汤显祖的人生观、社会观以致人格的形成与变化，亦有着深刻的影响，并表现在他的代表作"临川四梦"之中，所谓"《邯郸》，仙也；《南柯》，佛也；《紫钗》，侠也；《牡丹亭》，情也。"

叶长海在《从"临川四梦"看汤显祖的人生观》③一文中提出了这样的观

---

① 郑志良：《新辑汤显祖佚文考释》，载于《文献》2012年第2期；郑志良：《汤显祖著作的新发现：〈玉茗堂书经讲意〉》，载于《文学遗产》2016年第3期。
② 周明初：《〈汤显祖全集〉中三篇文章辨伪》，载于《文献》2008年第1期。
③ 叶长海：《从"临川四梦"看汤显祖的人生观》，载于《戏剧艺术》2010年第6期。

点:"临川四梦"特别是后三梦,生动而深刻地表现了汤显祖对人生世事的看法与态度。《牡丹亭》表露出作者的亡女之痛,深情地表达了他对青年女子青春生命与爱情幸福的关怀;而写作后二梦,是在弃官家居之后,作者出于对现实的彻底失望,遂表现出与现实人世的决绝之念和"人生如梦"的感叹。在"临川四梦"中,汤显祖始终幻想着有一种超凡的力量来主宰或救助人生。从《紫钗记》到《牡丹亭》再到"二梦",这种力量由人间的走向超人间的,由现实的变为神秘的、虚幻的。这从另一面表现了作者对现实人世的失望与无奈,从作者的看破红尘中,表现了他的忧患意识与悲悯情怀。

关于汤显祖的后期思想的转变,王卓认为:汤显祖的思想有同时代人的特点——儒、释、道三者合一,但是这三者在他身上无法融合在一起,而是随时叠现,这也是与当时文人不同的地方。这就是我们在看他的"临川四梦"的时候,会发现作品中有很多矛盾之处的原因。汤显祖的思想由儒家向佛道的转变,并不是他思想意识上的一次根本性变化,只是同时存在的二者哪一个占了上风的问题而已。而且,汤显祖的思想变化有一个过程,并不是从万历二十六年(1598)写作《牡丹亭》才开始的,而是更早;也不是在写作《南柯记》与《邯郸记》时就已经完成了的,而是更晚。①

确实,汤显祖的思想在儒佛道的影响下,不断地变化着,但这变化不是直线的、单向的。有时儒学对他起着主导作用,有时佛教占着上风,也有的时候,道学在他的思想中有着支配性的地位。更有甚者,三者在他的思想中常常呈胶合状态,其合力牵引着他的行为。然而,目前的研究,还仅是一种"概观",并没有进行精细的描述,只不过从他的代表性作品中找出几个例证来说明一下而已。如果要真正弄清楚汤显祖在其一生中每一个阶段的思想状况,一定要凭借着他所生活的时代的政治状态、社会思潮和他本人在每一个时期的历程,结合他对应时期的创作,细细地梳理剖析,以探寻变化的原因与变化的表现。

三、对"临川四梦"多角度审视

汤显祖在中晚年何以热衷于戏剧创作?程芸在《"道学"与汤显祖的文体

---

① 王卓:《"临川四梦"与汤显祖后期思想的转变》,载于《北方论丛》2004年第4期。

选择》①中揭示了这样的原因：汤显祖早期最大的"立言"理想是"馆阁典制著记"，即参与朝廷制度、典章文献的制定。而实现这样的理想是有条件的，即仕宦生活的顺遂。然而，汤氏性格耿介，进士及第后拒绝了执政者的笼络，失去了进入翰林院的机会。万历二十九年（1601），又被朝廷以"浮躁"除名，终生都没有机会实现原先的理想。只好退而求其次，"常欲作子书自见"；博览诸子百家以成"一家之言"。然而，不管是诗赋、古文、八股还是词曲，汤显祖在这些文体中都没有寻获到最终的价值依托。生命有限的烦恼，固然可以通过"道学"的内在超越去减轻，然而，生命价值的无着，却不能通过"立言"的形式来弥补。而剧曲既具有诗文"言志""载道"的功能，又可以淋漓尽致地展现剧作者的才情从而使生命获得存在的价值。

于是，他的剧作，融入了他的人生理想、社会观念。即如《牡丹亭》的至情主题，应该这样看待：它的文化意义在于剧作者将自身破灭的政治理想与对人生"至情"的追求，由宦海尘世转嫁到了文学创作的实践和想象的天地中。作者的政治情怀潜在地存在于其剧作之中。②

对于《牡丹亭》的蓝本问题，许多学者认为是话本小说《杜丽娘慕色还魂》，并将何大抡本《燕居笔记》所收录的《杜丽娘慕色还魂》与余公仁本《燕居笔记》所收录的《杜丽娘牡丹亭还魂记》（正文题《杜丽娘记》）混为一谈。向志柱在《〈牡丹亭〉蓝本问题考辨》③中对此提出质疑，认为前人的研究是主观预设《杜丽娘慕色还魂》就是《宝文堂书目》著录的《杜丽娘记》；认定蓝本的依据，不是文本内容本身，而是假设的出版时间。其实，现有资料尚无法确定《杜丽娘慕色还魂》和《杜丽娘记》的具体成书时间，它们都有成为蓝本的可能，但是文本内证却更支持《杜丽娘慕色还魂》是受到了《杜丽娘记》和《牡丹亭》的影响。

《牡丹亭》往往被视为婉雅之作，但是，它的故事框架，是建立在民俗素材和民间传说的基础之上的。作者采撷了民间故事的情节，吸取了民间传说的精神，经过提炼、改造、加工、调整，许多场景也穿插了民俗仪典，使剧本的题旨以及人物性格，有了全新的意义。④这样的观点有着普遍的共识，姚小

---

① 程芸：《"道学"与汤显祖的文体选择》，载于《武汉大学学报》（人文科学版）2006年第5期。
② 尧鑫：《〈牡丹亭〉"至情"主题的文化意义》，载于《戏剧文学》2012年第1期。
③ 向志柱：《〈牡丹亭〉蓝本问题考辨》，载于《文艺研究》2007年第3期。
④ 黄天骥：《〈牡丹亭〉的创作和民俗素材提炼》，载于《文学遗产》2011年第4期。

鸥、李阳在《〈牡丹亭〉"十二花神"考》① 中说：《牡丹亭》"十二花神"有着悠久的历史传承和丰厚的民俗根基。花神在民间信仰中是司花的神祇，花朝节至晚在宋代就已经形成。作为一种民间歌舞表演"十二月花神"于明代即流行于安徽潜山一带。"十二花神"不仅见于雅部昆剧《牡丹亭》，且见于其他戏剧形态的剧目中。

"临川四梦"之"梦"依然是学者关注的问题。于真的《"临川四梦"叙梦结构探析》② 认为，汤显祖的"临川四梦"围绕梦境叙事展开，采用多重手法展现梦境，表现人物情感，将中国古代涉梦文学推向高峰。"四梦"主要采取了以梦贯穿主要情节、以梦推动情节、梦境与情爱线索交织等三种模式来记述梦境。叙梦与叙事在汤显祖的创作历程中关系不断加深。

学人对"四梦"的研究，不再局限于题材、剧旨与艺术性，而是多角度审视。这里，要特别夸赞一批年轻的学子，给汤显祖的研究带来了新的面貌。庞钦月的硕士论文《"临川四梦"神话意象研究》，根据"临川四梦"中神话意象的组合关系的不同分为两大类，即"神话故事意象"和"神话素意象"。神话故事意象主要包括"嫦娥奔月"神话、"弄玉箫史"神话、"牛郎织女"神话；神话素意象主要有"神仙意象""神物意象"和"神境意象"。神话意象在"临川四梦"中的详细分布体现出了"临川四梦"中神话意象的特点和作用。另外，韩江的硕士论文《"临川四梦"引诗研究》，从"四梦"直接引用、改用原诗、化用其境、集唐这四个方面，探讨汤氏"引诗入戏"的基本手法与惯用模式。杜爱英的硕士论文《"临川四梦"用韵考》，通讨考察发现："临川四梦"的用韵既不同于南戏的用韵，也不同于《中原音韵》的韵系，而有其通语和方音上的特点。

对"临川四梦"的研究，目前陷入了瓶颈阶段。这从 2016 年的十多场汤显祖学术研讨会上所宣读的论文即可看出。角度不新，观点陈旧，大多数是老生常谈。若想突破，建议从这几方面考虑：一是结合作品问世时的时代背景和民族的文化心理、审美趣味，对"临川四梦"的历史与现实的意义以及审美价值作出实事求是的评价；二是从接受美学的角度对"临川四梦"尤其是《牡丹亭》的生命力经久不衰的原因进行探讨；三是对"临川四梦"众多的改

---

① 姚小鸥、李阳：《〈牡丹亭〉"十二花神"考》，载于《文化遗产》2011 年第 4 期。
② 于真：《"临川四梦"叙梦结构探析》，载于《集美大学学报》（哲学社会科学版）2015 年第 2 期。

本进行比勘分析，找出改编的利弊之处；四是潜心搜集"临川四梦"演唱史资料，对其演唱的发展作精细的研究，然后正确地描述其变化；五是将"临川四梦"置于中国戏剧史乃至世界戏剧史的坐标系中，将"临川四梦"和古今中外的具有可比性的剧目进行比较，探讨异同的原因和各自的艺术长处。研究"临川四梦"，应带着"推陈出新"与"古为今用"的目的，以期为现在的戏曲振兴提供可资借鉴的经验。

四、汤显祖的交游

汤显祖为人洒达，性格开朗，一生交友无数。自然地，他在与别人的交往中，会在人生观、社会观与艺术观上相互影响。故而，要深入研究汤显祖的思想与艺术创作，就必须研究他的交游。这方面的工作，新世纪之前已经取得了一定的成果，但仍有许多空白点，因此，新世纪的学界在这方面继续推进。

徐永斌的《凌濛初与汤显祖》论述了凌濛初与汤显祖的交往以及他们在戏曲上的文学主张的异同。他们曾相互就戏曲创作进行过交流，彼此都主张戏曲创作应注重本色、自然，但前者批评后者创作的戏曲作品未能遵循昆曲的创作规则，后者亦曾就自己的创作原则进行了阐述。另外，二人在创作手法上，也有一定的相似之处。

廖奔的《万历剧坛三家论——徐渭、汤显祖、沈璟》，将徐渭、汤显祖、沈璟三位一时的曲学俊彦放在一起考察、比较，如他对徐、汤二人的评价为：汤显祖与徐渭在哲学思想、文艺观以及人格理想方面都有很多相同或相似的地方。两人都得力于明心见性的左派王学，也都受到佛、道的不同影响，崇尚性灵。两人都提倡以真情作文作剧，出于共同的文艺观念，两人在反对当时垄断文坛的复古主义文风时起到互相支持的作用。为人行世，两人也都孤高狷傲，只不过徐渭近狂，汤显祖趋狷，这与二人不同的生活道路和社会地位的影响有关。

在这方面，有一篇文章值得关注，即是汤开健的《汤显祖与澳门》[①]，该文考察了汤显祖贬官徐闻时路经澳门的情况，说他旅行澳门时留下了四首关于澳门的诗歌，这四首诗歌不仅在澳门文学史上有着极高的文学地位，而且还成

---

① 汤开健：《汤显祖与澳门》，载于《广西民族大学学报》（哲学社会科学版）2001年第5期。

为直接反映明代万历年间澳门历史及社会生活的生动史料。其《牡丹亭》中的一出戏《谒遇》,就是以明代澳门之事为背景的,戏中所反映的许多内容应有一定的历史真实性,为我们研究明代澳门史提供了不少珍贵的史料。

另外,还有论述汤显祖和王思任、屠隆、潘志恒、张位、臧懋循、臧懋中、韩敬、丁长孺、孙懋昭等人之间的关系的。

研究汤显祖的交游状况,不仅仅是为了了解他的思想与文艺创作素材、创作方法的来源,还有着弄清楚他的生平、为人处世之道和许多诗文创作缘由的功能。而这项工作是十分繁重的。仅他诗文中提及的与他有交往的人,就有356位。将这些人的主要状况考述出来,工作量是巨大的,而要深入研究汤显祖,这是绕不过去的一个问题。

五、《牡丹亭》在域外的译作与研究

近几十年间,汤显祖的剧作不仅在国内引发了人们观赏、研究的热潮,还受到了域外演出界与学术界的热捧。于是,国内外不少翻译家翻译了汤剧,当然,所翻译的作品主要是《牡丹亭》。

美国加利福尼亚州大学伯克利分校的伯奇(Cyril Birch)是第一个将《牡丹亭》全文译成英文的译者,该译本于1980年由美国印第安纳大学出版社出版。中国科技大学的张光前教授的译本《牡丹亭》是第二部全文英译本。该译本于1994年由旅游教育出版社出版,其修订版于2001年由外文出版社再版。除了翻译《牡丹亭》外,张光前还翻译过汤氏的《南柯记》(于2003年由外文出版社出版)。汪榕培的译本《牡丹亭》是第三部英文全译本。于2000年由上海外语教育出版社出版。汪榕培为了深入地理解《牡丹亭》,一直十分关注国内外"汤学"的研究动态,并撰写了一系列的有关《牡丹亭》译介的论文。近年,汪榕培又陆续推出了其他三梦的英译本。《牡丹亭》的第四部英文全译本,是由北京大学的许渊冲教授及儿子许明完成的,该译本于2009年由中国对外翻译出版公司出版。有人用许渊冲诗歌翻译的"三美"(意美、音美、形美)理论来概括其所译的《牡丹亭》。

除了上面提到的4部《牡丹亭》英文全译本外,还有改编本青春版《牡丹亭》的台本翻译,译者为美国加利福尼亚州大学伯克利分校的李林德。之后,还产生了一个选译本,这就是于2009年由外文出版社出版的汪班的《悲欢集》。《悲欢集》精选在国外经常上演的9种昆曲，共26出戏，包括《牡丹亭》《长生殿》等，译成英文，以英汉对照形式出版。其中《牡丹亭》选译了"游园""惊梦""寻梦"和"拾画"四出。这部昆曲选剧的英译本，一个重要特点是译自场上演出的台本，以流畅、活泼、富有诗歌旋律的英文，把昆曲经典剧目展现在读者面前。

域外的学人对汤显祖及其创作是如何评价的呢？张玲在《英语国家汤显祖戏剧的跨文本研究——互文性与元文性的视角》[①] 中做了详细的介绍：之前美国加利福尼亚州大学伯克利分校的伯奇（Cyril Birch）推出的《牡丹亭》英译本已经引起了英语国家学者的关注，而20世纪末在国外上演的不同版本的《牡丹亭》则再一次引起英语国家学界对汤显祖戏剧的研究兴趣。2000年以来，共发表了相关论文近百篇，专著三部。国外学者对汤显祖作品用心体会，被其巨大魅力深深吸引，发出由衷的赞美。其中伯特（Daniel S. Burt）的评价很有代表性："在世界戏剧中，没有比汤显祖的《牡丹亭》更广泛和美好地探索爱情了。《牡丹亭》55场戏，演出时间超过18个小时，称得上是一部史诗。剧本的主角少女杜丽娘在情欲的发现之旅中，勇敢地面对人间和阴间的生死考验，表现出一种文化的全部价值和传统。用西方的话语来说，《牡丹亭》融合了荷马《奥德赛》、维吉尔《埃涅伊德》、但丁《神曲》和密尔顿《失乐园》的种种成分。此外，它也许是第一部以复杂而可信的女性为主人公的伟大史诗。《牡丹亭》的规模宏大，既有心理深度，又有现实意义。它时而抒情，时而哲理，时而讽刺，时而荒诞，时而逗乐，把情感和幽默交织在一起，是理解中国文化和中国古典戏剧传统的一个重要的切入点。"梅尔文（Sheila Melvin）对《牡丹亭》的评价是："这部明代的作品完全可以与西方文化的伟大作品媲美。"宣立敦（Richard Strassberg）指出："《牡丹亭》值得所有研究中国文学和热衷于中国文学的人拥有。"

中国戏曲要进入世界戏剧体系之中，与他国戏剧形成互动关系，首先要做的就是翻译。而这项工作最好由既有较高的域外语言文化造诣又有深厚的民族传统文化修养的国内外华人来做，或参与其中。学界对于汤剧的翻译本要认真地研究，一一对照原本的曲词与说白，指出翻译的背离乖谬之处，以使译本尽

———

① 张玲：《英语国家汤显祖戏剧的跨文本研究——互文性与元文性的视角》，载于《剧本》2013年第7期。

可能地忠实于原著的精神，传导其艺术的特色。至于域外学者的研究成果，也应该高度重视，他山之石，可以攻玉，其研究视角、研究对象和研究方法都能给我们很多的启发。

六、"临川四梦"的传播

"临川四梦"共同构建了汤显祖的戏剧大厦，但是，其传播却严重的不均衡。从毛效同的《汤显祖研究资料汇编》所收集的资料来看，《牡丹亭》的资料有209篇，而其他三梦分述的资料总共也只有110篇。而且，徐扶明撰写的《〈牡丹亭〉研究资料考释》一书，还补充了《牡丹亭》传播的大量史料。从中国期刊网上所登载的论文看，以《牡丹亭》为研究对象的论文有近700篇，而其他三梦的论文总共不到120篇，这说明"临川四梦"的传播与接受都是不均衡的。从印刷传播来说，明清两代，"临川四梦"有9个合刻本，《牡丹亭》有16个单刻本，为各个时期的书商所刊印，而《紫钗记》《邯郸记》只有1个单刻本，《南柯记》也仅有4个单刻本。《牡丹亭》一书的单刻本是其他三梦单刻本总和的两倍半。不仅如此，《牡丹亭》的单刻本还衍生出两个新的评点本：一是《吴吴山三妇合评牡丹亭还魂记》，二是《才子牡丹亭》。这两个评点本在女性读者中产生了巨大的影响。①另外，学术界有关《牡丹亭》的研究涉及了方方面面，对一些问题也进行了深入的探讨，而对于其他三梦的研究却显得较为粗浅。

为什么《牡丹亭》的传播，在广度与深度上超过其他三梦，王燕飞的博士论文《〈牡丹亭〉传播研究》对此作了一定程度的揭示。该文认为，《牡丹亭》得到人们的赞赏，主要与时代环境有关。明代晚期，"心"学思潮涌动，作品对"情"的宣扬，与时代的要求高度契应。与蓝本相比，《牡丹亭》不仅继承了原作对"慕色"的表现，还提升到"至情"的高度，并以尊重、同情的态度突出了女性在情色中的主体性。

由于汤显祖的"临川四梦"传播广远，影响巨大，历来还流传着许多有关"临川四梦"的伶人及读者的故事。其中太仓俞二娘及扬州小青的故事尤为感人。传奇剧本《风流院》与《临川梦》让剧作家汤显祖与其剧本的读者

---

① 王省民：《"临川四梦"文本传播的不均衡现象》，载于《四川戏剧》2009年第5期。

及剧中人物同时登场。叶长海对此现象作了深入的研究，撰写了《〈风流院〉、〈临川梦〉与"临川四梦"》①的论文。他说，《临川梦》犹如一部"汤显祖传记"，以写实为主；《风流院》则是一部"汤显祖神话"，以想象为主。这两个汤显祖，寄寓了传奇作者对历史人物精神不同侧面的理解。在这两部传奇的想象剧情中，"寻找"是一大主题。读者寻找作者，剧中人寻找剧作家，这是《风流院》《临川梦》的一大创意。

白先勇团队所打造的青春版《牡丹亭》，对于激发本世纪的人们对昆曲尤其是《牡丹亭》关注的热情起到了巨大的作用。那么，青春版《牡丹亭》何以能够促进昆曲的复苏和人们对《牡丹亭》的眷恋呢？苏涵在《〈牡丹亭〉与当代戏剧的舞台生命——评白先勇"青春版"〈牡丹亭〉及其他》②一文中作了讨论。他认为，青春版《牡丹亭》在传播上取得成功的原因，最关键的倒不是新鲜的舞台语汇赢得了观众的欣赏，而是《牡丹亭》剧本所蕴涵的跨时代、跨国界的思想在用不同的舞台语汇"变形演绎"时所激射出来的夺目的光芒；不是演员的风韵与包装的光彩迸发出新的表现力，而是超常的戏剧想象焕发出来的迷人的魅力。

《牡丹亭》比起其他三梦，更受人们欢迎，这是一个不争的事实。但是，对于学人来讲，不能随着普通观众的喜好而喜好，只研究《牡丹亭》，而冷落其他三梦。应该认识到，"临川四梦"是一个整体，是汤显祖"规划"下的产物，它们从不同的角度表现了作者的世界观、人生观、道德观、政治观，等等。而且，它们的艺术表现方法也各不同。只有考察全部的"临川四梦"，我们才能完整地把握汤显祖的戏剧创作意图与超凡的戏剧表现方法。

新世纪的汤显祖研究尽管取得了丰硕的成果，但也有许多不尽如人意的地方。除了前文提及的许多论文没有新的视角、没有新的材料、没有新意之外，还有两大明显的不足。一是对汤显祖的思想与一些作品的价值赞誉过度。如《汤显祖与戏曲意境的开拓》一文是这样评价汤显祖对"情"的表现的："情"是汤显祖人生哲学和文学思想的核心，是他的传世作品"临川四梦"中一以贯之的主题。"因情成梦，因梦成戏"这一无与伦比的独特的思维路向，构成了汤显祖创作的灵魂和毕生追求的理想。汤显祖正是在这个基点上，把戏曲艺

---

① 叶长海：《〈风流院〉、〈临川梦〉与"临川四梦"》，载于《戏剧艺术》2015年第6期。
② 苏涵：《〈牡丹亭〉与当代戏剧的舞台生命——评白先勇"青春版"〈牡丹亭〉及其他》，载于《艺术评论》2005年第3期。

术推进到一个新的高峰。这种不以汤显祖真实的思想和作品为依据的"臆断",不但无助于我们认识真实的汤显祖,还会误导学界的研究方向。2016年,是汤显祖和莎士比亚逝世四百周年。于是,有人这样比较了这两位东西方的剧作家:汤显祖的成就远远超越莎士比亚,莎氏仅是个剧作家,而汤显祖则是一位杰出的政治家、思想家、诗人、散文家,"四梦"仅是他整个成就的一个部分。这样的论断,无疑表现出罔顾事实的狭隘的民族主义倾向与自卑的心理,而没有任何学术性价值。二是牵强附会。如《汤显祖与〈红楼梦〉》一文在论及汤剧对后世的影响时说:汤剧中的梦境构思和描写,以及所极力讴歌的"情至"观,曾给予《红楼梦》一定程度上的借鉴与启迪。曹雪芹借汤显祖剧作,丰富了小说所反映的社会生活,从而深刻揭示了"红楼"由盛转衰的历史命运。曹雪芹读过汤剧是肯定的,《红楼梦》中写到《牡丹亭》也是事实,但说《牡丹亭》对于《红楼梦》的内容建构起着决定性的影响,则言过其实。这是谈《牡丹亭》对后世的影响,那么,《牡丹亭》又是受谁的影响的呢?《〈牡丹亭〉中〈关雎〉的意义》一文说,《牡丹亭》的结构是依照《关雎》的结构而设计的,杜丽娘形象的异常鲜明与《关雎》颂扬窈窕淑女不谋而合,《牡丹亭》中的草木物象所烘托出的情感氛围与《关雎》之"兴"也有关。因研究汤显祖的人很多,新题目确实很难找,但这样的胡乱联系,对于该领域的学术,又有什么意义呢?!当然,瑕不掩瑜,新世纪以来汤显祖研究的成绩,总的说,还是很大的,超越前人的,但是,仍有很大的努力空间。

作者单位:上海师范大学